中国经济科学年鉴

(1992)

主　编

李京文　张卓元　晓　亮(常务)

副主编

张朝尊　肖灼基　刘福垣　张问敏

经济管理出版社

《中国经济科学年鉴》顾问

（按姓氏笔划为序）

于光远 （中国社会科学院研究员）
马　洪 （国务院发展研究中心总干事）
刘国光 （中国社会科学院副院长）
刘明夫 （中国社会科学院财贸物资经济研究所名誉所长）
孙尚清 （国务院发展研究中心副总干事）
宋　涛 （中国人民大学教授）
陈岱孙 （北京大学教授）
骆耕漠 （中国社会科学院经济研究所研究员）
董辅礽 （全国人大常务委员会财经委员会副主任、中国社会科学院经济研究所名誉所长）
薛暮桥 （国务院发展研究中心名誉总干事）

《中国经济科学年鉴》编辑委员会名单

（按姓氏笔划为序）

万光明　王　珏　王梦奎　王瑞荪　方　生　方民生　方恭温　尹世杰
田雪原　石世奇　代　成　冯子标　冯兰瑞　冯玉忠　冯宝兴　邓加荣
刘　科　刘诗白　刘国平　刘其昌　刘贵访　刘家声　刘福垣　朱铁臻
杜　一　佐　牧　宋廷明　汤在新　谷书堂　李成勋　李京文　肖灼基
吴宣恭　闵建蜀　何炼成　张元元　张问敏　张怀渝　张卓元　张朝尊
宛　樵　陆南如　陆南泉　陈　征　陈可焜　陈吉元　陈家骥　陈耀庭
林　凌　林白鹏　杨承训　罗元铮　周成启　周叔莲　周明俊　欧阳元松
金　碚　赵人伟　洪远朋　洪银兴　郑洪庆　胡企林　俞明仁　晓　亮
高增德　唐丰义　唐宗焜　秦　毅　贾履让　袁恩桢　黄　达　常修泽
曾牧野　蒋映光　韩志国　温伯友　塞　风　熊映梧　翟立功　霍俊超

前　　言

《中国经济科学年鉴》是中国社会科学院经济学科片主办的一本较全面地反映我国经济科学的发展历程，记载我国经济科学的研究成果，报道我国经济学界的活动和事件，并适当介绍国外经济学动向的年刊。它具有学术性、知识性和资料性的特点。自1984年出版以来，深受读者的欢迎。现在摆在您面前的这本《年鉴》，按顺序为第八卷。

根据年鉴栏目的设置应当具有相对稳定性和连续性，并不断改进的要求，本卷新增了"经济体制改革大事记"和"全国经济学会、研究会、协会"两个栏目；在经济学著作选介一栏中，增加了对译著的介绍。同时，继续注重反映了治理整顿的成效和问题，对90年代经济形势的展望，对以往研究的反思等内容；加大了经济学博士学位论文的篇幅；在"中外学术交流"栏目中，增加了中外学术会议介绍；在"国外学术动态"栏目中，除增大了信息量以外，还增加了诺贝尔经济学奖获奖者介绍。

本年鉴选用的资料，以自然年度为限。但由于有些资料出版较晚，或为了保证资料的完整性和连续性，在年度时间上也有少量的交叉。

经济科学是一个大学科。它涉及面广，同实际经济工作有紧密的联系。每年开展的学术活动，发表的论文、著作，讨论的问题很多。尽管本年鉴力争全面、客观地反映这些情况，但是由于我们的视野、水平有限，加上编辑力量薄弱，因而难免有所遗漏和不妥，欢迎读者批评、指正，并提出改进意见。

本年鉴在组稿编辑和出版过程中得到经济学界同仁和各有关部门、单位的大力支持，在此表示深切的谢意。

目　录

党和国家重要经济文献选编

对若干经济理论问题研究的评论

经济科学研究观点简介

经济体制改革

基本经济理论与现实经济理论

经济学著作译著选介

附:部分经济学著作、译著、工具书索引

经济学论文选介

附:部分经济学论文索引

经济学博士学位论文摘选

经济学学术会议选介

全国经济学会、研究会、协会

（1991 年重新登记）

经济学新学科介绍

企业经营管理纪实

已故经济学家

中外学术交流

国外学术动态(摘要)

海外经济学家对中国的评论

Outline of Content

Introduction to Research Viewpoints in Economic Science

党和国家重要经济文献选编

中共中央关于进一步加强农业和农村工作的决定(节录)

(中国共产党第十三届中央委员会第八次全体会议 1991 年 11 月 29 日通过)

农业是经济发展、社会安定、国家自立的基础,农民和农村问题始终是中国革命和建设的根本问题。没有农村的稳定和全面进步,就不可能有整个社会的稳定和全面进步;没有农民的小康,就不可能有全国人民的小康;没有农业的现代化,就不可能有整个国民经济的现代化。在建设有中国特色的社会主义,全面实现国民经济和社会发展第二步战略目标的过程中,全党同志要努力开创我国农业和农村工作的新局面。

一、八十年代农业和农村工作的成就与九十年代的主要任务

(一)八十年代,我国农村发生了历史性的变化。广大农民在党的领导下,表现了可贵的创业革新精神,农村改革和建设取得了巨大成就。农村普遍实行了以家庭联产承包为主的责任制,逐步建立起统分结合的双层经营体制,有利于集体统一经营的优越性和农户承包经营的积极性都得到发挥;在发展集体经济的同时,个体经济、私营经济也有了较大发展,以集体经济为主体的多种经济成分并存的格局已经形成;逐步调整了农产品价格和购销政策,发展了多渠道流通,农村流通体制改革有了良好的开端;科技、教育兴农和农业综合开发取得新的进展,粮食产量连续登上两个台阶,农林牧副渔各业都有了较快发展,长期困扰我们的农产品供给不足的状况有了明显改善;乡镇企业异军突起,非农产业的产值超过了农业总产值,农村工业产值已占全国工业总产值的三分之一,在国民经济中发挥着越来越大的作用;农民人均纯收入成倍增长,扶贫工作取得显著成效,绝大多数农民温饱问题基本解决;干部和群众的科学文化水平有了较大提高,商品经济意识日益增强,精神面貌发生了新的变化。我国农村的改革和发展,有力地支持了城市的改革和国民经济的发展,促进了社会的安定团结。实践证明,党的十一届三中全会以来,农村改革和发展的方向与基本政策是正确的。

在充分肯定成绩的同时,必须清醒地看到,农村经济和社会的发展很不平衡,还存在着不少问题和诸多制约因素。人口增长过快和耕地减少的趋势尚未有效控制。农业投入不足,物质技术基础脆弱,综合生产能力不高,抗御自然灾害的能力不强。双层经营体制和农业社会化服务体系还不健全,工农业产品比价不合理和农产品流通不畅的问题相当突出,近几年农民负担过重、收入增长速度减缓,粮食主产区出现增产不增收或增产多增收少的情况。一些地方基层组织软弱涣散,思想政治工作薄弱,社会治安不好,封建迷信等社会陋习重新蔓延,农村社会主义精神文明和民主法制建设还不适应新的要求。全党同志必须对农村的形势有一个全面认识,既要看到农业持续发展的巨大潜力,又要看到农村工作面临的新情况、新问题,任务还十分艰巨。一定要继续认真执行党的基本路线,下更大的决心,采取切实措施,加强农业基础,深化农村改革,发展农村经济。

(二)九十年代农业和农村工作要在八十年代的基础上取得新的突破。主要任务是:农业综合生产能力和效益要提高到一个新的水平,到本世纪末确保粮食总

产量达到五千亿公斤，农林牧副渔各业和乡镇企业持续发展，农村国民生产总值再翻一番；农村改革要有一个新的进展，逐步建立和完善适应社会主义有计划商品经济发展的经济体制和运行机制；农村社会面貌要有一个新的变化，形成经济繁荣兴旺、思想健康向上、社会安定团结的局面。总的目标是：在全面发展农村经济的基础上，使广大农民的生活从温饱达到小康水平，逐步实现物质生活比较丰裕，精神生活比较充实，居住环境改善，健康水平提高，公益事业发展，社会治安良好。

（三）根据新中国成立以来特别是八十年代的经验，完成九十年代的任务，建设有中国特色社会主义的新农村，进一步巩固工农联盟，必须遵循以下基本原则：

——经济建设，必须始终把农业真正摆在首位，切不可农业状况一有好转，就忽视和削弱农业的基础地位；

——农村改革，必须继续稳定以家庭联产承包为主的责任制，不断完善统分结合的双层经营体制，积极发展社会化服务体系，逐步壮大集体经济实力，引导农民走共同富裕的道路，切不可偏离这一深化农村改革的重点和总方向；

——制定和执行农村政策，必须切实保障农民群众经济上的物质利益和政治上的民主权利，切不可侵犯农民的合法权益；

——推进农业现代化，必须坚持科技、教育兴农的发展战略，多渠道增加农业投入，加快农用工业的发展，切不可放松农业物质技术基础建设；

——发展农村商品经济，必须尊重价值规律，重视流通领域的改革和建设，切不可忽视流通对生产的促进作用；

——农村经济和社会发展，必须严格控制人口增长，严格控制非农占地，合理开发利用资源，保护生态环境，切不可脱离国情，违反基本国策；

——建设社会主义新农村，必须加强以党组织为核心的基层组织建设，加强思想政治工作，发扬自力更生、艰苦奋斗精神，坚持物质文明和精神文明一起抓，切不可一手硬一手软；

——指导农村工作，必须坚持群众路线，一切从实际出发，因地制宜，分类指导，切不可违背群众意愿，不顾客观条件照搬照套，一刀切。

二、稳定和完善党在农村的基本政策继续深化农村改革

（四）我们党在领导农村改革的实践中，逐步形成了一系列基本政策。主要是：实行以家庭联产承包为主的责任制，建立统分结合的双层经营体制的政策；以公有制经济为主体，允许并鼓励其他经济成分适当发展的政策；以按劳分配为主体，其它分配为补充的政策；以共同富裕为目标，允许和鼓励一部分地区和一部分人通过诚实劳动、合法经营先富起来的政策；在确保粮食增产的同时，积极发展多种经营，鼓励和引导乡镇企业健康发展的政策；实施科技、教育兴农，鼓励科技人员深入农村、为农村发展服务的政策；建立国家、集体和农民个人相结合的农业投资体系的政策；推进农产品流通体制改革，逐步理顺农产品价格，实行多渠道流通的政策；扶持老少边穷地区脱贫致富的政策。上述基本政策适应我国现阶段农村生产力发展水平，深受广大农民群众的欢迎，必须长期保持稳定，并根据客观情况的变化不断加以完善，把改革引向深入。

（五）把以家庭联产承包为主的责任制、统分结合的双层经营体制，作为我国乡村集体经济组织的一项基本制度长期稳定下来，并不断充实完善。把家庭承包这种经营方式引入集体经济，形成统一经营与分散经营相结合的双层经营体制，使农户有了生产经营自主权，又坚持了土地等基本生产资料公有制和必要的统一经营。这种双层经营体制，在统分结合的具体形式和内容上有很大的灵活性，可以容纳不同水平的生产力，具有广泛的适应性和旺盛的生命力。这是我国农民在党的领导下的伟大创造，是集体经济的自我完善和发展，决不是解决温饱问题的权宜之计，一定要长期坚持，不能有任何的犹豫和动摇。

完善双层经营体制，包括完善家庭承包经营和集体统一经营。家庭承包经营不是“分田单干”，集体统一经营也不是“归大堆”。这两个经营层次相互依存、相互补充、相互促进，忽视任何一个方面，都不利于农村经济的健康发展。随着技术装备水平和生产专业化程度的提高，有些地方对不同生产项目分别采取承包到劳、户、队、场（厂）等专业承包的形式，也应注意处理好统与分的关系。林区、牧区、渔区的责任制，要充分考虑地区、民族和产业特点，从实际出发，进一步加以完善。

稳定和完善家庭承包经营，要认真完善土地和其他各业的承包合同管理，明确双方的权利、责任和义务。已经形成的土地承包关系，一般不要变动。

目前多数地方集体统一经营层次比较薄弱，要在稳定家庭承包经营的基础上，逐步充实集体统一经营的内容。一家一户办不了、办不好、办起来不合算的事，乡村集体经济组织要根据群众要求努力去办。要做到集体财产有人管理，各种利益关系有人协调，生产服务、集体资源开发、农业基本建设有人组织。这不仅不会影响家庭经营，而且会给家庭经营注入新的活力，推动全体农户共同发展。

（六）积极发展农业社会化服务体系，是深化改革的一个重要任务，是调动社会各方面力量，促进农村生产发展的一项战略措施。农业社会化服务体系，包括乡村集体经济组织内部的服务、其他各种服务性经济实体和国家经济技术部门为农业提供的服务。服务的内容，既包括农林牧副渔各业生产环节和生产资料供应的服务，也包括技术、资金、信息、经营管理以及农产品加工和销售等各项服务。目前这种服务体系有了一定基础，但很不平衡，在一些地方、一些方面还相当薄弱，要认真总结经验，不断充实发展。

乡村集体经济组织是农业社会化服务体系的基础，要努力把农民急需的产前、产中、产后的服务项目办起来，并随着集体经济实力的增强逐步扩展服务内容。同时要积极与其他服务组织联系，发挥其内联广大农户、外联国家经济技术部门和其他各种服务组织的纽带作用。

供销合作社、信用合作社以及各种农产品经销、加工企业和农民自愿组成的服务实体，是农业社会化服务体系的重要组成部分。要以不同的形式分别联系若干乡村集体经济组织和农户，为农业提供专项服务或系列化服务。农户自办、联办的各种服务组织，适应性强，要积极扶持。

国家经济技术部门对农业提供服务，既体现了国家对农业的支持，又是国家对农业进行指导和调控的一个重要手段。这些部门，要改进工作，积极创造条件，兴办农业服务实体，强化为农业服务的功能。

（八）深化农产品价格和流通体制改革，是广大农民强烈要求解决的紧迫问题，是进一步发展农村商品经济的关键环节。要遵循计划经济与市场调节相结合的原则，根据商品经济的一般规律和各类农产品的具体特点，采取恰当的措施，加快改革步伐。

除了国家规定的少数重要农产品实行国家统一收购经营或部分统一收购经营外，其余全部放开，实行市场调节。统的部分，要严格按照国家计划购销调存。要逐步理顺价格，使工农业产品之间和各种农产品之间保持合理的比价，有效地控制农业生产资料价格，在提高工农业劳动生产率的基础上，逐步缩小“剪刀差”。还要随着生产的发展，逐步减少国家统的品种和数量，扩大市场调节的范围。已经放开的农产品，要真正放开经营，反对垄断封锁，撤销一切滥设的关卡，做到货畅其流，发展全国统一市场。

坚定不移地实行多渠道流通。供销合作社和国营内外贸商业是农村商品流通的主渠道，要加快改革步伐，增强经营活力。供销合作社是农民集体所有制的合作商业组织，要真正与农民结成经济利益共同体，进一步鼓励和引导农民进入流通领域。凡是放开的农产品，集体或个体都可以收购、批发、加工、贩运，其中粮油等关系国计民生产品的批发经营，必须经过批准。

国营和集体商业组织、农产品加工企业，要充分发挥资金、技术、设备、信息等方面的优势，同农民建立产供销、种养加、农工商联合体，为农民提供稳定的产品销售渠道，为自己建立可靠的货源或原料基地。有关部门要为各种产供销联合组织的进一步发展创造条件。

加强国家对市场的宏观调控和管理，建立正常的流通秩序，促进市场机制的发育。对重要农产品，中央和地方都要逐步建立必要的储备调节制度，搞好市场吞吐，平抑市场物价。有计划地发展各类农副产品批发市场，扩大商品集散，加快商品流通。各级政府要增加流通设施的投资，并动员各方面力量建设仓储、运销、加工等基础设施。

加快粮食购销体制改革。有计划地解决粮食收购价格偏低和购销价格倒挂的问题。“八五”期间要在稳妥地做到购销同价的基础上，力争基本理顺价格关系，在国家宏观调控下，逐步放开经营。当前，要千方百计解决卖粮难问题。明年粮食定购价格适当上调。在粮食调出省，国家对定购以外的粮食，按保护价积极收购。与此相关的资金、仓储等问题，粮食、计划、财政、银行等部门要和各地方通力合作，尽快解决。在国家建立粮食储备制度的同时，集体和农民也要储粮备荒。

三、继续调整农村产业结构促进农村经济全面发展

（九）确保粮食稳步增长，积极发展多种经营。要警惕和防止放松粮食生产的倾向，始终把粮食生产摆在农业的首位，稳定播种面积，提高单产，提高品质，提高

商品率。继续执行各项扶持政策,认真抓好粮、棉、油、肉等商品基地建设。重点扶持商品粮大县,支持它们在保持粮食生产优势的同时,积极发展多种经营和二、三产业,使这些县的经济发展、财政收入和农民收入,在九十年代达到一个新水平。继续抓好菜篮子工程,搞好城市副食品的生产和供应。大力发展畜牧业,抓好品种改良、疫病防治、饲料生产和草地建设,提高畜产品的数量和质量。加快渔业技术改造,发展人工养殖和远洋渔业。

林业是农业和水利的生态屏障,对于保障农牧业稳产高产和水利设施发挥效能具有重要作用。要高度重视林业发展,全面实现造林绿化规划,严格执行采伐限额,加强资源培育和森林保护,抓好防护林体系建设和治沙工程,改善生态环境。

进一步办好农垦和其它国营农业企业,发挥它们在农业专业化、商品化、现代化过程中的示范作用。

(十)树立大农业观念,搞好农业综合开发,合理利用农业资源。我国人口多耕地少,要十分珍惜耕地,依法加强土地管理,建立基本农田保护区,严禁乱垦滥伐等破坏资源的行为。要充分利用农业资源调查和区域规划工作的成果,有计划地开发荒地、荒坡、荒山、荒水、荒滩等农业后备资源,扩大农业发展空间,保证本世纪末耕地面积稳定在现有水平上。农业开发以改造中低产田、提高单位面积产量为重点,要集中连片、统一规划、统一实施,采用先进科学技术,山水田林路综合治理,农林牧副渔全面发展,经济效益、生态效益和社会效益并重。

(十一)积极发展乡镇企业是繁荣农村经济、增加农民收入、促进农业现代化和国民经济发展的必由之路。要继续贯彻“积极扶持、合理规划、正确引导、加强管理”的方针,坚持不懈地办好乡镇企业。按照国家产业政策,有步骤地调整产业结构和产品结构,搞好技术改造,提高产品质量和经济效益。对粗制滥造、污染严重、浪费和破坏资源的企业,应抓紧治理。要因地制宜,分类指导。对起步较晚的地区,尽可能给以扶持,有计划地加快发展。鼓励城乡协作,优势互补,以城带乡,协调发展。今后兴建农产品加工业应主要放在农村,适合农村加工的工业品也应向农村扩散。对为国营大中型企业配套、农产品加工、出口创汇和劳动密集型企业,要制定新的扶持政策。引导乡镇企业参加或组建企业集团,对符合条件的外向型企业集团赋予外贸进出口权,鼓励其参与国际竞争。加强乡镇集体企业经营管理,稳定和完善企业经营承包制。引导个体经济、私营企业健康发展,要加强管理,照章纳税,依法经营,保护其合法权益,发挥其积极作用,限制其消极作用。

(十二)妥善安排农村富余劳动力,是保持社会稳定的重大问题。要通过精耕细作,植树种果,发展畜牧业和水产业等多种途径,向农业广度和深度开发,争取在农村第一产业内部多吸纳一些劳动力。有计划地开拓和发展第二、三产业,加强农村工业小区和集镇建设,开辟农业劳动力转移的门路。

四、抓紧实施科技、教育兴农的发展战略

(十三)振兴农村经济,最终取决于科学技术的进步和科技成果的广泛应用。要牢固树立科学技术是第一生产力的马克思主义观点,把农业发展转移到依靠科技进步和提高劳动者素质的轨道上来。省、地、县都应从实际出发,经过科学论证,制订具体规划,认真实施科技、教育兴农的发展战略,提高农村各业的技术水平,提高资源利用率、劳动生产率、投入产出率和经济效益。

(十四)把适用的先进技术送到乡村,普及到千家万户。要采取有效措施,进一步推动“星火”、“燎原”、“丰收”等计划的实施,使科技成果尽快转化为现实生产力。有关科技单位、大专院校,要在农村建立科学实验和示范基地,采取技术承包、有偿服务等多种形式,鼓励和选派科技人员到县乡工作,有条件的地方可以设科技副县长、副乡长。要尽快解决乡镇一级农业技术推广单位的编制和经费来源问题,落实国家计划内农、林、水等院校毕业生到这些单位工作的政策。乡镇技术推广单位,可实行技物结合,兴办经济实体,以增强服务能力和自我发展能力。对在农村从事技术推广工作的科技人员,有条件的地方可以实行基层岗位补帖。要重视推动民间各种专业技术协会、研究会和科技服务机构的发展,充分发挥其在推广适用技术和开辟新产业中的作用。要注意培养农民技术员和科技示范户,加强农业示范村、示范片建设。进一步完善县、乡、(镇)、村、户科技推广网络。中央和地方农业建设资金中,要有一部分用于科技推广。

(十五)改革和发展农村教育,提高农民文化科技素质。加快农村教育改革步伐,努力普及义务教育,继续抓好扫盲工作,大力发展职业技术教育,办好农业广播电视及函授教育、农业中等专业学校和农业职业中学;农村普通中学要积极创造条件,增设农业劳动技术课程。农林等高等院校和中等专业学校要根据农业和

农村现代化建设的需要，调整专业结构和内容。采取扩大定向招生等措施，改革招生和毕业生分配办法，并制定相应政策，使人才流向农村。省、地两级要建立农业技术培训基地，县、乡要举办各种技术培训班，办好农民文化技术学校，提高农村基层干部、广大农民的科学文化水平；对在乡的中学毕业生和退伍军人，要重点进行专业培训，使他们成为农村科技骨干力量。

（十六）加强科学研究，增加科技储备，提高农业整体科学技术水平。尽管与农业有关的各门现代科学发展很快，但我国农业科技储备不足的问题现在还很突出。有关部门要重视基础研究和应用研究，力求与开发研究、技术推广相结合，按照常规农业技术与现代生物技术结合发展的要求，统筹规划，组织重大项目的联合攻关，尽快推出一批突破性的科研成果。同时，积极参与国际农业科学技术合作与交流。要加强气象科学和各种灾害规律的研究，提高监测预报和防治水平，充分发挥它们在防灾减灾中的作用。中央和地方都要增加经费，改善农业科研装备和科技人员的工作条件、生活条件。对有重大贡献的农业科学研究和推广人员，要给予表彰和奖励，鼓励他们为我国农业发展做出新的贡献。

五、加快大江大河大湖综合治理 广泛开展农田水利基本建设

（十七）水利是农业的命脉，是国民经济和社会发展的基础产业。兴修水利是治国兴邦的百年大计。九十年代要加快长江、黄河等大江大河大湖的治理，在水利基础设施建设方面办成几件大事。要兴修一批防洪、发电、蓄水、引水的大型水利骨干工程，加强堤防和防洪排涝工程建设，搞好重点水土流失区的综合治理，抓紧病、险水库的加固处理，提高大中城市防洪标准，增强工矿企业和交通干线的防洪自保能力，逐步缓解北方严重缺水问题。各级政府和有关部门要认真抓好水利建设的综合治理规划和统一管理，发扬社会主义协作精神，贯彻《水法》，团结治水，合理用水。要把治理下游同治理上游、水利建设同林草业发展有机结合起来，切实保护和扩大植被，防止水土流失。

中央和地方都要在“八五”计划的基础上，提高水利基本建设投资比重，同时走依靠社会力量办水利的路子，多方开辟水利建设资金来源。要建立水利专项建设基金，增加长期优惠水利建设贷款，提高利用外资的比重，发行水利债券，完善水利工程有关收费制度。

（十八）发扬自力更生、艰苦奋斗精神，广泛开展农田水利基本建设。各地要按照综合治理、讲求实效、量力而行、合理负担的原则，制定切实可行的中长期规划和年度计划，充分发挥我国农村劳动力多的优势，组织群众年复一年地坚持干下去。努力扩大灌溉面积，积极推广节水型农业，增施有机肥料，大力发展农田林网建设，把有灌溉条件的中低产田大部分建成旱涝保收、稳产高产农田。重视中小河流和低洼易涝区治理。加强现有水利设施管理，切实解决水利工程年久失修、效益衰减的问题。在山区和丘陵区要加强水土保持，搞好小流域治理。积极搞好乡镇供水和牧区水利建设。加强水电建设及其他能源开发，加快农村电网和农村初级电气化县建设。到本世纪末，基本解决缺水地区人畜饮水困难，贫困山区做到人均半亩到一亩稳产高产的基本农田，在全国实现县县通电。

“八五”期间，国家继续采取以工代赈方式，扶持水利、农田基本建设及人畜饮水、交通等基础设施建设，各地要认真组织实施。

我国地域辽阔，自然灾害频繁。中央和地方各级党委、有关部门，都要长期重视防灾减灾救灾工作。

六、较大幅度地增加农业投入加快发展农用工业

（十九）中央、地方、集体和农民都要增加农业投入，逐步建立和健全国家、集体和农民个人相结合的投资体系。国家投入主要用于治理大江大河大湖的骨干工程、农业重点基础设施和商品粮棉基地等建设。农业生产投入和以农田水利为中心的基本建设，主要依靠集体和农民，特别是靠农民的劳动积累。

（二十）国家要逐步增加农业投入。“八五”期间，国家计划内、预算内农业基本建设投资和农用工业投资都要逐年增加，并提高农业利用外资的比重。财政支农资金也要稳步增长。县级机动财力应主要用于农业。已定的农业发展基金和其他各项农业专项资金，都要保证提足用好。部分财政支农资金继续有偿周转使用。

国家银行要继续把支持农业发展放在信贷工作的首位，确保农业贷款略高于全国银行贷款增长幅度。要扩大专项农业中长期低息贷款，安排好农副产品收购资金，适当增加乡镇企业流动资金和技术改造贷款。信用合作社在交足准备金、留足业务备付金后，适当多存多贷，支持农业生产。

加强各项农业资金的宏观协调，改变目前管理、使

用过于分散的状况，健全财务管理和审计监督等制度，提高资金使用效益。

积极发展农村保险事业，扩大险种范围，鼓励农民和集体投保。在各级政府的支持下，建立多层次、相互联系的农村专项保险基金，逐步建立农村灾害补偿制度。

（二十一）大力发展农用工业，推进农业机械化。保证化肥、农药、农用薄膜、农业机械和柴油等农业生产资料的供应量逐年有所增加，并努力调整产品结构，提高质量，降低成本。有计划地新建一批大化肥厂及化学矿山，加快改造中小化肥厂。重点建设一批农药科研开发基地，有计划地改造农药骨干企业。农机工业要根据各地农业生产的实际需要，大中小型协调发展，各类机具成龙配套，促进农业机械的推广和应用。国家对农用工业要实行投资倾斜和其他扶持政策，其所需的原材料和能源，要优先安排，保证供应。

（二十二）乡村集体经济组织要建立健全集体积累制度。集体资金要更多地用于农业基本建设，搞好“以工补农”、“以工建农”。继续办好农村合作基金会。要规定每个劳动力的集体积累工数量，由集体统一组织，本着互助互利的原则，改善当地生产条件和生活环境。引导农民正确处理生产与生活、长远利益与眼前利益的关系，把资金尽可能用于发展生产。

七、做好扶贫和地区间协调发展工作促进共同富裕

（二十三）实现共同富裕，是社会主义制度的本质要求，是广大群众的普遍愿望。在允许一部分地区、一部分农民先富裕起来的同时，必须进一步扶持少数民族地区、老革命根据地、边疆地区经济的发展，帮助贫困地区的农牧民尽快脱贫致富。“八五”期末要使现在尚属贫困地区的群众，基本解决温饱问题。

（二十四）坚持以经济开发为主的方针，做好扶贫工作。国家对贫困县继续实行扶持政策，发放支援不发达地区发展资金和低息、贴息贷款，安排扶贫专项物资，实行以工代赈，在税收、信贷、财政补贴等方面给予优惠。要从当地实际出发，因地制宜地选好扶贫开发项目，加强贫困地区水、电、路、通信等基础设施建设，改善经济发展的条件。

各地要动员社会力量，扶持当地的贫困乡、村、户，积极推动先富带未富。先富带未富，不是“均贫富”，应采取传播经验、经济协作、互助互利的办法。各级党委和政府要加强组织领导，安排有关部门和企事业单位进行对口支援，选派干部到这些乡、村帮助工作。共产党员、共青团员要在带未富、促共富中起模范带头作用。

扶贫工作要改变单纯救济的做法，在国家必要的扶持下，增强贫困地区和贫困户的内在活力和自我发展、自力致富的能力。还要与计划生育结合起来，严格控制人口过快增长。

（二十五）有计划地扶持西部不发达地区。这是关系国民经济协调发展、加强民族团结、巩固边疆、保障国家长治久安的大事，必须高度重视。西部地区要根据自己的特点和优势，积极创造条件发展经济。要按照优势互补、经济互利的原则，组织东部沿海地区和西部地区的经济联合以及各种形式的利益共同体，促进西部地区经济发展，使东西部地区之间差距拉大的趋势逐步得到缓解。中央各有关部门要加强对西部地区资源的勘探和综合开发，有计划地安排一些大型基础设施建设，为下个世纪西部经济更快发展打下基础。

八、切实加强农村基层组织建设（略）

九、继续深入开展社会主义思想教育加强农村精神文明建设和民主法制建设（略）

十、进一步加强党对农村工作的领导（略）

关于当前经济形势和进一步搞好国营大中型企业的问题 （节录）

——1991年9月23日在中央工作会议上的讲话

李　鹏

二、关于明年的经济工作

明年经济工作的指导方针是：进一步推进改革开放，在巩固治理整顿成果和继续保持总供给与总需求基本平衡的基础上，把经济工作的重点转移到调整结构和提高效益的轨道上来。

关于明年的计划安排，这里先讲一些初步设想。

——**保持适当的经济增长速度**。国民生产总值增长速度的计划安排不宜过高，其中工业增长速度比今年低一点，农业比今年高一点，第三产业争取有较大的发展。

——**大力加强农业**。农业是国民经济的基础，任何时候都不能忽视，今年局部地区灾害严重，明年尤其要坚持把发展农业放在更加突出的地位。

——**加快大江大河治理**。今年水灾暴露大江大河防洪标准低，有的地方排灌设备不足。加强水利建设顺乎民心，势在必行。首先是治理淮河和太湖。黄河、长江的水害历来是心腹之患，今后也要加快治理。进行水利建设，国家要增加一些投资，要特别注意发挥我国劳动力资源丰富的优势，适当多搞些以工代赈。

——**调整工业结构**。工业生产要防止盲目追求产值，坚持以销定产，坚决把质次价高、货不对路、供大于求的产品生产压下来，避免新的积压。适当增加投资和消费两个方面的最终需求，疏导流通，为企业拓宽市场。

——**加强基础设施建设和技术改造**。明年固定资产投资的重点是基础建设和大中型企业的技术改造。加工工业不铺新摊子，主要搞技术改造。对盲目追求"大而全，小而全"的重复建设，必须严格加以控制。

——**保持物价基本稳定**。价格改革必须坚持进行，目标是逐步理顺价格关系和形成合理的机制。明年应充分重视大灾之后的影响，物价调整从严从紧掌握。对供大于求的下游商品价格可扩大放开部分。为了保持物价的基本稳定，国家要保持必要的专项储备粮和周转粮。

——**继续执行合理的金融政策**。为了继续保持总量平衡，明年的货币发行和信贷规模都要适度控制。关键是合理调整贷款结构，用活用好信贷资金，努力减少工业企业产成品所占用的流动资金。

——**适当调整职工工资**。明年在大灾之后财政困难较多，调整工资的步子不能过大。对企业要严格控制工资总额，加强财务监督和管理。

——**努力压缩财政赤字**。广泛、深入、持久地开展增产节约、增收节支运动，力争明年财政赤字不超过今年的实际数。

——**积极发展进出口贸易**。努力扩大多元化的国际市场，保持对外贸易的继续增长。适当利用结存外汇，购买先进技术和关键设备，主要用于重点项目和技术改造。

——**进一步利用外资和扩大对外开放**。继续办好现有经济特区、沿海开放城市和经济技术开放区，加快上海浦东开发区的建设。支持和帮助办好现有外商投资企业，继续改善投资环境，并按照国家的产业政策，更多更好地吸引外商直接投资。要把利用国外资金和吸引外资，同加强我国基础产业、技术改造更好地结合起来。

——**继续深化改革**。这是我们坚定不移的方针。明年经济环境会比较宽松，深化改革的条件比较好。明年的改革，要继续按照发展社会主义有计划商品经济、计划经济与市场调节相结合的要求，在进一步推进农村改革的同时，以增强大中型企业活力为重点，进行配套改革。计划体制改革，要进一步缩减指令性计划的范围，扩大指导性计划和市场调节的作用范围。投资体制改革,要按产业政策和经济规模审批投资项目,避免重复建设,实行中央、地方、企业共同参与的投资机制。财政体制改革,要实行复式预算制度,经常性预算不打赤字,继续进行利税分流和分税制试点。银行体制改革,要在国家产业政策指导下发放贷款,减少对贷款的行政干预。要以深化商品流通体制改革为重点,促进全国统一市场的完善。要推进劳动工资制度改革,加快住房和社会保障制度改革的步伐。

1988 年 9 月十三届三中全会提出进行治理整顿,1989 年十三届五中全会作出进一步治理整顿和深化改革的决定,提出从 1989 年算起,用三年或者更长一些时间基本完成治理整顿任务。到今年底,三年时间到了。总的看,经过全国人民的共同努力,治理整顿的主要任务已经基本完成。通货膨胀得到有效控制,物价指数大幅度回落。农业得到加强,去年粮食总产和单产都创造了历史最高水平。产业结构调整取得一定进展,能源、交通、原材料的投资比重上升,生产稳定增长,供应紧张状况有所缓解。对外贸易保持了较好的增长势头,国家外汇结存大幅度增长。整个国民经济已经恢复到正常的增长速度。经济秩序有比较明显的改善。城乡人民生活水平继续得到提高。在治理整顿中,改革开放不仅没有停滞,而且在继续深入和发展。事实证明,进行治理整顿不仅为国民经济的健康发展,也为深化改革和扩大对外开放创造了有利条件。

鉴于治理整顿提出的主要目标已经基本达到,经济紧缩政策已经有所调整,经济工作的重点应当在保持总量基本平衡的基础上进一步转向结构调整和提高效益,努力保持国民经济的持续、稳定、协调发展。

三、关于进一步搞好国营大中型企业的问题

在今后的经济工作中,要把增强国营大中型企业活力和提高企业效益的问题,提到突出的位置上来。

国营大中型企业是国民经济的支柱,国家财政收入的主要来源。我国现有独立核算的国营大中型工业企业一万多个,占全国工业企业总数的 2.5%,而它们创造的工业产值却占全国工业总产值的 45.6%,上交国家的利税占 60%以上。进一步提高国营大中型企业的效益,对于增强我国经济实力,促进社会发展,提高人民生活水平,具有举足轻重的作用。建设有中国特色的社会主义,让社会主义制度的优越性充分发挥出来,从经济上讲,最重要的就要体现在国营大中型企业活力的不断增强和效益的不断提高上。只有这样,才能巩固公有制经济的主体地位,坚定广大人民走社会主义道路的信心,使我们永远立于不败之地。我们要从防止和平演变,巩固和发展社会主义制度的高度,来认识搞好国营大中型企业的重要意义。

坚持在公有制为主体的条件下发展多种经济成分,是建设有中国特色社会主义的一条基本方针。改革开放以来,多种经济成分有了较大的发展,但公有制经济仍然居于绝对优势,而且国营企业还掌握着关系国民经济命脉的重要产业部门。适当发展非公有制经济是完全必要和正确的,现在也决不是要刹车,而是继续鼓励它们适当发展,同时加强管理和引导,使之更好地成为社会主义公有制经济的有益补充。值得注意的是,不少国营大中型企业活力不强,发展速度和经济效益低于其它所有制工业,如果这种趋势任其延续下去,就有可能动摇国营经济的主导地位。

一段时间以来,大家都在谈论搞活国营大中型企业的问题。看来,对企业怎么才算有活力取得比较一致的共同认识,是很有必要的。根据一些搞得好的企业的经验,概括起来,企业的活力主要应该表现在:一,产品有竞争力;二,技术有开发力;三,资产有增值力;四,对市场有应变力;五,领导班子有团结进取力;六,职工群众有凝聚力。这几点讲得是否准确和完备,还可以讨论。从中央到地方,从主管部门到企业,都应该为企业创造出这样的活力而共同努力。

目前我国国营大中型企业的状况,大体上好、中、差各占 1/3,当然各地情况也有所不同。部分企业活力不强,效益不高,发展后劲不足,既有外部原因,也有内部原因,主要的有以下几个方面:**宏观上经济结构不合理**。由于重复生产,重复建设,许多企业开工不足,达不到规模效益。**价格尚未理顺**。能源、原材料价格偏低,一些下游企业又承受不了上游产品价格的上调。**大锅饭和铁饭碗的机制仍然没有得到根本改变**。人浮于事,生产效率不高。**职工个人收入增长速度高于生产增长速度,分配向个人倾斜**。许多企业保两头,即保税、保奖金福利,挤了技术改造和新产品的开发。企业商品经济意识和市场观念不强。许多企业产品畅销时要求放开经营,产品积压时又要求国家收购,还没有投身到国内外市场去参与竞争。**企业负担重**。国营企业税负和社会负担高于其它所有制企业,替国家承担了许多社会责任。**市场疲软的影响**。市场疲软的原因,有的是因为压缩基建使需求减少,有的是因为生产能力过大,有的是因为产品不适销对路。

为了增强企业活力和提高企业效益,从根本上说,

要靠深化改革、加强管理和进行技术改造，使企业逐步成为自主经营、自负盈亏的社会主义商品生产者和经营者，具有自我改造、自我发展和自我约束的能力。由于部分企业缺乏活力有着多种原因，这就需要进行综合治理，恐怕很难设想靠一两种办法就能奏效。关于如何提高企业活力和效益的问题，有一种意见强调改善企业外部条件，另一种意见强调挖掘企业内部潜力。企业外部条件不可忽视，需要继续改善，但往往同样的外部条件，同样类型的企业，有的搞得好，有的搞得差。按照唯物辩证法，内因是变化的根据，外因是变化的条件，外因只有通过内因才能起作用。作为企业，要积极改革内部机制，通过加强管理和依靠技术进步来挖掘潜力，来提高效益。作为各级政府，应当坚持政企职责分开，少对企业进行不必要的行政干预，努力为企业搞好服务，积极创造良好的外部条件。国务院已提出了改善企业外部条件的十一条措施，正在贯彻落实。下面，我按照十一条的原定顺序具体讲一些意见：

第一，增加企业技术改造的投入。明年国家安排的技改资金有较大的增加。今后每年还要拿出一部分国家外汇结存，用于技术改造。鼓励企业有更多的自有资金用于技术改造。

第二，逐步缩小对国营大中型企业的指令性计划。缩小指令性计划会产生连锁反应，要考虑企业和市场的承受能力，明年将选择一些企业的部分产品加以实施。

第三，适当提高企业折旧。有两个办法，一是提高折旧率，二是进行固定资产重估，增大基数。对大中型企业增提的折旧资金，具体落实到若干技术改造任务重的企业。逐步取消对折旧基金征收“两金”(能源交通重点建设基金和预算调节基金)。准备按国家产业政策，逐步落实到企业，分三年实施。

第四，增加新产品开发基金。要继续实行从销售收入中提取1%作为新产品开发基金，新提的部分免交“两金”。

第五，继续补充企业流动资金。近年来企业流动资金不足，一直没有得到解决。今后，随着市场好转和企业收入的增加，要求企业从自有资金中补充流动资金。计划由国家补充的，由财政陆续补充。

第六，对利率再做些适度调整。降低贷款利率是减轻企业负担的重要措施。经过三次调整，现在的利率已恢复到1988年以前的水平。明年，根据货币回笼的实际情况，对利率再做些微调。

第七，抓紧落实给予部分企业外贸自主权。这样做，可以促使企业加快技术改造，开发新产品，提高产品质量，增强在国际市场上的竞争能力。这件事，方针已经定了，外贸部门也已经拿出办法。要成熟一批，批准一批。

第八，继续对国营大中型骨干企业实行“双保”。“双保”，就是保证资金供应和国家分配的物资。这项工作已经做了两年，对于缓解部分骨干企业的困难，起了积极的作用。继续实行“双保”的企业，要为国家多做贡献，完成上交国家利税和统配产品。提高经济效益，发挥带头作用。随着经济形势的进一步好转，要逐渐减少对企业的“双保”。

第九，抓紧清理三角债。三角债已成为当前经济正常运转的严重障碍。要作为搞活国营大中型企业的突破口，组织力量，进一步解决三角债问题。清理三角债除了靠银行和财政投入资金外，也要靠企业投入自有资金。企业要纠正“欠债有理，欠债有利”的错误认识和做法，积极主动清理拖欠。为了防止前清后欠，要堵住基本建设资金缺口，决定上的项目，除了建设资金必须打足外，要考虑到贷款的利息、物价指数和流动资金。要坚决压缩或停止积压产品的生产。严肃财经纪律，采取托收承付、扣滞纳金等经济手段巩固清欠成果。

第十，进一步做好组建大型企业集团的试点工作。现在已经组建了55个紧密型企业集团，在取得经验后，可进一步扩大。企业集团应有利于生产要素的合理组合，有利于企业技术进步，增强自我发展的能力，从而提高在国内外市场的竞争能力，发挥企业的整体效益，企业集团绝不能搞成行政性公司。

第十一，坚决治理“三乱”。为了切实减轻企业负担，要继续治理“三乱”。乱摊派、乱收费、乱罚款对企业的生产经营干扰很大，必须加以根治。要把治理“三乱”与正在进行的清理整顿公司、廉政建设、纠正行业不正之风、精简机构等结合起来进行。对收费、罚款、集资项目的审批权，要集中到中央和省市两级政府；要坚持收支两条线，不能坐收坐支，罚没款决不能与执法单位的经济收入直接挂钩。要接受群众监督和舆论监督。现在检查评比也很多，企业穷于应付。当然，财政、税收、物价、审计等国家职能部门正常范围之内的监督和检查，是必要的，要依法进行。除此之外，一切干扰企业正常生产经营的检查评比，都要停止。今后要改变方式，由市场和用户去评价企业及其产品优劣。

第十二，降低国营工业企业的所得税率。除了以上十一条外，再增加一条，即在国家财政还十分困难的情况下，仍决定把国营工业企业的所得税率降低到33%，实行多种经济成分公平税负，创造一个平等竞争的环境。考虑到国家财政的承受能力，降低国营企业所得税率，要按照国家产业政策和技术改造的任务，结合扩大利税分流、税后还贷改革的试点，落实到企业，分三年完成。

增强国营大中型企业活力，除改善外部条件外，从企业来说，更重要的是通过进一步深化改革，转换经营机制，加强政治思想工作，加强企业管理，促进技术进步。以下提出八点意见：

第一，坚持完善承包经营责任制。实行承包制，调动了企业的积极性，但也带来了一些问题，比如负盈不负亏，技术改造资金得不到保证，以包代管等。总的看，承包制适合我国目前经济发展的实际情况，中央已经决定，"八五"期间继续实行承包制，但要进一步完善。要兼顾国家、企业和职工个人三者之间的利益，兼顾长远和当前利益。完善企业留利办法，合理确定生产发展基金、福利基金和奖励基金的比例，增强企业发展后劲。企业要按规定提取折旧、大修理基金和新产品开发基金，并正确地加以使用。对某些企业采取虚盈实亏的行为，要加以制止，要防止国有资产流失。同时，要选择一批对国民经济全局有重大影响、符合国家产业政策、经营管理水平较好的大型企业和企业集团，实行投入产出总承包，赋予企业更大的自主权。

第二，继续贯彻《企业法》，健全企业内部领导体制。在企业内部，厂长、党组织和职代会各自的作用，要以十三届七中全会通过的《建议》的提法为准，这就是：进一步发挥党组织的政治核心作用，坚持和完善厂长负责制，全心全意依靠工人阶级。这是健全企业领导体制的关键问题。解决好这个问题，既要有制度保证，也要有党性保证。对那些厂长、书记合作得好的，要予以表扬；长期合作不好的，要采取组织措施加以解决。现在一些地方和企业反映，《企业法》还没有得到很好的贯彻，应当切实改变这种状况。国务院已责成体改委起草《企业法》的实施细则。厂长、经理对企业中层干部有任免权。在行使这项职权时，要经过党政领导集体酝酿，是为了使干部的任免做得好，而不是改变厂长的职权。企业自身机构的设置有充分的自主权，各级政府和部门都不得干预，企业对这种干预有权拒绝。对企业在招工、用工和辞退职工方面的自主权，各方面都应该切实予以保障。关于防止不必要的检查评比、治理"三乱"和切实减轻企业负担，方针措施都有了，各级政府和部门要认真贯彻执行。

第三，积极推进劳动工资制度改革。改革开放以来，企业的人事、劳动以及工资制度进行了改革，取得一定成效，但是问题还不少。企业人事劳动制度的改革，主要是搞好优化劳动组合，或称合理劳动组合，主要内容是加强生产第一线，减少富余人员，以提高劳动生产率。由于各地方各企业情况不一，优化组合或合理组合，要因地制宜，因厂制宜，不要强求一律。裁减的富余人员要以企业消化为主，社会调剂为辅。出路是有的，如发展第三产业，厂内培训，厂内待业，提前退休，厂际交流和自谋出路。各级劳动部门要做好就业服务工作，建立和发挥待业保险基金的作用。企业内部要逐步实行全员劳动合同制，管理人员和技术人员逐步实行聘任制。

企业工资制度的改革，必须体现按劳分配原则，着重解决企业内部的平均主义问题。提倡实行以岗位技能工资为主要形式的企业内部分配制度，向苦、脏、累、险岗位和一线生产职工倾斜。真正把劳动报酬与劳动贡献挂起钩来。当前经济生活中的一个突出问题，是职工收入的增长超过劳动生产率的增长，国民收入分配过多地向个人倾斜。这是企业缺乏后劲的重要原因，对整个经济的发展也很不利。因此，企业工资制度的改革乃至社会其它方面的改革，都应该有利于缓解国民收入向个人倾斜，而不能加剧这种倾斜。今后要加强对企业工资总额的管理，凡是经营性亏损和虚盈实亏的企业，不能增发奖金和效益工资。产品无销路或经营混乱而停产半停产的企业，应停发奖金和减发工资。国务院已经成立了分配制度改革委员会，正在组织力量，进行研究，提出进一步改革的方案。

第四，把国营大中型企业推向商场。当前企业缺乏活力的一个重要原因，是市场调节的作用发挥不够。要按照政企职责分开，计划经济与市场调节相结合的改革方向，改善国家对企业的管理方式，逐步放开对企业生产经营、一般性技术改造和小型建设等经济活动的直接管理。缩小企业的指令性生产计划，由企业在国家计划指导下按市场的需要进行生产经营活动。逐步把部分指令性生产计划，改成国家合同订货的形式，做到以销定产。要改变价格形成机制，逐步使国家管理的产品按生产成本、平均利润率确定价格，使大多数产品通过市场形成符合价值规律的价格。国营大中型企业有很多优势，比如技术的优势，装备的优势，规模经济的优势和日益扩大的国内市场。国营大中型企业只要注意发挥优势，积极开拓市场，就不愁不能发展。我国人口多，消费品市场很大，各地消费观念和水平也不一样，企业既要关心城市市场，尤其要关心农村市场。这些年，由于重复建设和重复引进，造成了某些行业生产能力过剩。盲目扩大了的生产能力，超过了市场的需求。当前，机电、轻工、纺织和化工产品积压比较严重。对长线产品势必要进行限制，实行以销定产。在压缩积压产品生产的同时，还要积极促进销售。看来，为了提高国民经济的整体效益，有些长线产品必须限产，有些企业必须关停并转，实行兼并或联合。希望我们这次会议对这个问题形成共同的认识，以便采取坚决的措施。这是一项积极的工作，也是一项政策性很强的工作，必须在各极党委和政府周密指导下进行，妥善处理好改革和稳定的关系。这项工作只能有计划有步骤地进行，并尽量多采取经济手段，而少用行政手段。

国营大中型企业要积极面向国际市场，在国际市场竞争中发展和壮大自己。从发展来看，国际市场的前景是广阔的，要多方面地加以开拓。在继续发展对西方国家贸易的同时，还要积极发展对苏联和东欧国家的贸易，重视中东、非洲、拉美市场，重视周边国家的市场。

第五，进一步加快技术进步。科学技术是第一生产力。加快技术进步，是增强企业活力的重要手段和物质技术基础。凡是前几年技术改造抓得比较紧的，企业活力就强；没有搞技术改造，或者技术改造搞得少的，处境就比较艰难。所有国营大中型企业，都必须积极提高自己的技术开发能力，推广应用新技术、新工艺，使自己的产品更好地适应国内外市场的需要。长期以来，企业在技术改造中搞了不少单纯扩大生产能力的低水平重复的项目，技术水平提高不多，这种状况要改正过来。要坚决淘汰一批消耗高、性能差、污染严重的落后产品。

要特别注意开发和推广高新技术，加快高新技术的产业化和商品化进程。我国每年都有大量的科研成果。把科技转化为现实生产力的工作抓好了就可以大大提高企业效益。这对于缩小我国同发达国家在技术上的差距，也具有极为重要的意义。

要多渠道筹措技术改造奖金。适当提高折旧率、有计划地减免大中型企业的“两金”，以及增加新产品开发基金，都为企业技术改造提供了有利的条件。此外还准备对那些经济效益好、见效快的技改项目，给以利率比较优惠的贷款。还有一笔企业技改专项贷款，要用在工期短、效益好的技术改造项目上。企业还可以通过使用生产发展基金，发行债券等方式，筹集改造资金。吸引外资，要按照国家产业政策，正确引导资金投向，支持办技术先进型和出口创汇型企业。由于国际市场竞争激烈，在引进外资时要注意限制那些与我国争夺出口配额和国内外市场的项目。要注意把吸收外商投资与加快企业技术改造结合起来，推动我国技术进步和产品的升级换代。

第六，坚持从严治厂，加强企业内部管理。这些年来，我国企业管理水平是有提高的，一批企业建立了严格的科学的管理制度，管得井井有条。全国 133 个一级企业，主要产品质量达到国际 80 年代初的水平，资金利税率是大中型企业平均水平的 2.9 倍。4078 个二级企业，产品质量、物质消耗和利税水平都达到本行业先进水平。这说明我们有许多大中型企业还是管理得好的，只要把它们的经验加以推广，使更多的企业进入先进先列，就是一个了不起的力量，也是我们的希望所在。现在，也还有不少企业管理水平低甚至生产秩序混乱，给企业和整个国民经济带来很大损失。要通过改革来加强管理，向管理要效益。当前要着重建立健全企业内部的各种经济责任制，包括财务制度、质量管理制度、考勤制度、安全生产制度等。要加强企业的基础工作，包括各项定额制度、工艺标准和规程、以及班组建设等。企业领导干部要严字当头，敢抓敢管，深入到第一线，关心群众疾苦，倾听群众呼声，解决具体问题，这是加强企业管理的关键所在。同时，要大力提高企业领导干部的素质。要制定规划，加强企业干部的培训，争取在两三年内，对国营大中型企业的厂长、经理轮训一遍。

第七，全心全意依靠工人阶级。中国共产党是中国工人阶级的先锋队。工人阶级是国营企业的主人，他们当中蕴藏着建设社会主义的极大热情。充分发挥广大职工的聪明才智和创造力，是进一步搞活大中型企业的群众基础，也是我们社会主义企业的最大优势。搞活大中型企业，必须尊重群众的首创精神，真正作到职工当家作主，使每一个劳动者在自己的岗位上，以主人翁的姿态工作。要加强企业民主管理，发挥职代会的作用，保证和维护职工的正当权益。要加强职工队伍的建设，采取多种形式对职工进行培训，提高职工的文化素质、技术素质和政治素质。提倡和鼓励工人在工作中自学成才，注意从优秀工人中选拔管理干部。

第八，切实加强对国营大中型企业的领导。增强大中型企业的活力和提高企业效益，是全党的迫切任务，是各级党委，各级政府的责任，要高度重视这项工作，尽心尽力，把它作为一件大事来抓。各级领导干部，都要深入基层，深入群众，加强调查研究，及时总结和推广先进经验，做好协调工作，积极为企业排忧解难，认真帮助有困难的企业解决实际问题。

附：党和国家重要经济文献索引

（1991年1～12月）

企业法人的法定代表人审批条件和登记管理暂行规定（国家工商行政管理局1990年11月20日公布）

《中国工商报》1991年1月7日3

总会计师条例

《人民日报》1991年1月13日

中华人民共和国土地管理法实施条例

《人民日报》1991年1月15日

中共中央关于制定国民经济和社会发展十年规划和“八五”计划的建议

《人民日报》1991年1月29日

一九九〇年分地区重要经济指标统计资料

《人民日报》1991年2月5日

国务院关于开展“质量、品种、效益年”活动的通知

《人民日报》1991年2月10日

利率管理暂行规定

《金融时报》1991年2月8日

国务院办公厅就加强经济体制改革的协调工作发出通知

《人民日报》1991年2月11日

中华人民共和国国家统计局关于一九九〇年国民经济和社会发展的统计公报

《人民日报》1991年2月23日

大中型水利水电工程建设征地补偿和移民安置条例

《人民日报》1991年2月25日

国务院办公厅转发国家技术监督局、中国质量管理协会关于在全国开展学习武汉钢铁公司走“质量效益型”企业发展道路报告的通知

《中华人民共和国国务院公报》1991年第3号

国务院批转全国农业区划委员会关于进一步加强农业区划工作报告的通知

《中华人民共和国国务院公报》1991年第4号

企业职工伤亡事故报告和处理规定

《人民日报》1991年3月4日

中华人民共和国国家统计局关于“七五”时期国民经济和社会发展的统计公报

《人民日报》1991年3月14日

专利代理条例

《人民日报》1991年3月20日

中华人民共和国海关对外商投资企业物资公司进口物资保税管理办法

《人民日报》1991年3月22日

中华人民共和国海关关于入境旅客行李物品和个人邮递物品征收进口税办法

《人民日报》1991年4月1日

国务院办公厅关于一次性削价处理积压商品的通知

《中华人民共和国国务院公报》1991年第7号

国务院关于批准国家高新技术产业开发区和有关政策规定的通知

《中华人民共和国国务院公报》1991年第9号

国务院批准国家民委等部门关于加强民族贸易和民族用品生产供应工作意见的通知

《中华人民共和国国务院公报》1991年第11号

中华人民共和国国民经济和社会发展十年规划和第八个五年计划纲要（第七届全国人民代表大会第四次会议1991年4月9日批准）

《中华人民共和国国务院公报》1991年第12号

中华人民共和国外商投资企业和外国企业所得税法（1991年4月9日第七届全国人民代表大会第四次会议通过）

《中华人民共和国国务院公报》1991年第14号

水库大坝安全管理条例

《中华人民共和国国务院公报》1991年第14号

城市房屋拆迁管理条例

《中华人民共和国国务院公报》1991年第14号

国务院关于调整粮油统销价格的决定（1991年4月4日）

《中华人民共和国国务院公报》1991年第15号

国务院办公厅转发国务院贫困地区经济开发领导小组关于“八五”期间扶贫开发工作部署报告的通知

《中华人民共和国国务院公报》1991年第16号

中华人民共和国固定资产投资方向调节税暂行条例

《人民日报》1991年5月19日

中华人民共和国产品质量认证管理条例

《人民日报》1991年5月21日

中华人民共和国大气污染防治法实施细则

《人民日报》1991年5月28日

国务院关于进一步增强国营大中型企业活力的通知

《人民日报》1991年5月30日

国务院办公厅关于禁止发放使用各种代币购物券的通知

《中华人民共和国国务院公报》1991年第17号

国务院发出关于继续积极稳妥地进行城镇住房制度改革的通知

《人民日报》1991年6月10日

国务院批转国家体改委关于一九九一年经济体制改革要点

《人民日报》1991年6月21日

国务院关于企业职工养老保险制度改革的决定

《中国劳动报》1991年7月2日

中华人民共和国烟草专卖法(1991年6月29日七届全国人大常委会第二十次会议通过)

《人民日报》1991年7月3日

中华人民共和国水土保持法(1991年6月29日七届全国人大常委会第二十次会议通过)

《人民日报》1991年7月3日

中华人民共和国外商投资企业和外国企业所得税法实施细则

《人民日报》1991年7月4日

国务院办公厅转发国务院联合清理拖欠领导小组关于继续加强清理欠税工作指示的通知

《中华人民共和国国务院公报》1991年第21号

国务院发出通知要求整顿商品交易秩序,严格结算纪律

《人民日报》1991年7月26日

全民所有制企业招用农民合同制工人的规定

《人民日报》1991年8月4日

国务院办公厅转发十个部门关于整顿棉花质量、价格和严格控制国家调拨计划的意见

《人民日报》1991年8月12日

国务院关于继续严格控制固定资产投资新开工项目的通知

《人民日报》1991年8月30日

国务院批转农业部《关于进一步办好国营农场的报告》

《人民日报》1991年9月4日

中华人民共和国海关对进出境国际航行船舶及其所载货物、物品监管办法(海关总署1991年8月23日发布)

《法制日报》1991年9月11日

中华人民共和国城镇集体所有制企业条例

《人民日报》1991年9月18日

国家科委、国家体改委《关于深化高新技术产业开发区改革,推进高新技术产业发展的决定》

《人民日报》1991年10月7日

关于当前经济形势和进一步搞好国营大中型企业的问题——1991年9月23日在中央工作会议上的讲话　李鹏

《人民日报》1991年10月11日

关于1991年国民经济和社会发展计划执行情况的汇报(摘要)——1991年9月2日在第七届全国人大常委会第二十一次会议上　邹家华

《中华人民共和国国务院公报》1991年11月27日第33号

关于治理工作若干政策措施的意见

《中华人民共和国国务院公报》1991年11月27日第33号

国务院关于开展一九九一年税收财务物价大检查的通知

《中华人民共和国国务院公报》1991年11月30日第34号

国务院关于开展爱惜粮食节约粮食宣传周活动的通知

《中华人民共和国国务院公报》1991年11月30日第34号

国家预算管理条例

《中华人民共和国国务院公报》1991年12月2日第36号

国务院关于进一步搞活农产品流通的通知

《中华人民共和国国务院公报》1991年12月2日第36号

国务院关于加强农业社会化服务体系建设的通知

《中华人民共和国国务院公报》1991年12月21日第38号

对若干经济理论问题研究的评论

计划与市场关系问题的讨论和我国经济改革的取向

吴　敬　琏

一、关于“计划经济”和“市场经济”的概念

自从社会主义出现以来，计划和市场关系问题的讨论就没有停止过。但过去的讨论往往费时甚多而进展甚微。原因之一是，对有关的概念缺乏明确的界定，这样，讨论也就容易在低层次上徘徊，而不能取得实质性的进展。所以，为了使讨论能够深入，明确有关概念是必要的。

我们不妨从当前争论最多的两个概念“计划经济”和“市场经济”开始。

早就有人说过，在比较经济学的文献中，“计划”的定义众说纷纭，其含义往往因人而异。研究一下我国近年来讨论的文献也可以发现，在不少论文中，“计划经济”的含义是双重的：一是从这种经济的运行状态立论，指明在社会主义经济中，社会能够有意识地保持国民经济的平衡（即按比例）发展。二是从这种经济的运行方式，即稀缺资源的配置方式立论，指明在这种经济中，稀缺资源是由行政机关按照集中编制、层层分解下达、基层单位负责执行的计划，在各部门、各地区和各企业之间进行配置的。

上述两重含义显然是可以、而且应当分开的，但在传统社会主义经济理论中，却被看做同一事物彼此紧密联系的两种特性，从而排除了由建立在价值规律基础上的社会自觉调节所实现的平衡，只把“计划性”局限于完全靠人们编制的计划配置资源来建立平衡的场合。

这种把社会主义经济的“有计划”运行方式同它的“按比例”运行状态视为一体的思想，来源于马克思主义经典作家从对资本主义经济的批判性分析中得出的社会主义经济的最初设想。

概括起来说，马克思主义的经典作家认为，第一，资本主义经济（商品经济）的运行方式的特征在于，按一定比例分配社会劳动和其它资源的职能，是由随供求情况的变化而波动的市场价格承担的；第二，这种资源配置方式所必然导致的运行状态，则是生产的无政府状态和反复出现的经济危机。

马克思和恩格斯由此论证了消除商品生产及其有害后果的必要性。但同时也指出，在商品生产和商品交换被彻底否定的条件下，社会主义经济的运行方式和运行状态都将彻底改变。他们反复申论过以下观点：(1)公有制的建立意味着商品生产和货币经济的消亡；(2)在这种排斥商品货币关系的经济中，代替市场价格机制的，是社会对劳动和其它资源按照计划进行的直接配置；(3)社会按统一计划配置资源，将保证国民经济无危机的、平衡的发展。

总之，马克思主义经典作家把他们设想的未来社会的经济运行方式（按计划配置资源）同运行状态（按比例发展）看作同一事物的两个互相联系的侧面，而同资本主义经济（商品生产占统治地位的经济或货币经济）的运行方式（通过竞争制度配置劳动和其它资源）和运行状态（生产无政府状态）相对立。根据这种理解，社会主义传统经济理论得出了社会主义公有制与资本主义私有制之间、计划经济与商品经济之间、两种运行方式之间以及两种运行状态之间尖锐对立的完整体系。这一体系可以用简图表示以下：

（商品经济）

↙　↘

资本主义私有制→市场配置→无政府状态

社会主义公有制→计划配置→按比例发展

↘　↙

（计划经济）

这里需要说明的是，马克思和恩格斯都没有使用过“市场经济”这一用语。列宁也只在 1906 年和 1922 年两次使用过“市场经济”一词来同“计划经济”相对比。马克思和恩格斯之所以没有使用“市场经济”这样的词语，看来是因为他们同自己的先行者——古典经济学家一样，把分析的重点放在商品关系的质的方面，对于在商品生产中起着资源配置者作用的市场这只“看不见的手”，只是从原则上指出了它能迫使商品生产者为追求自身的利益跟着不断波动的价格走，被动地适应市场需求，而没有对市场配置资源的有效运行的机理作过细的研究。

“市场经济”一词，是在 19 世纪末期新古典经济学兴起以后才流行起来的。所谓市场经济（market economy），或称市场取向的经济（market－orientedeconomy），顾名思义，是指在这种经济中，资源的配置是由市场机制引导的。以 A·马歇尔、M·瓦尔拉、V·帕累托等人为代表的新古典经济学认为，在完全竞争的条件下，由市场供求形成的、能够反映各种资源的相对稀缺程度的均衡价格，能够引导社会资源作有效率的配置，达到所谓“帕累托最优”状态。这样，弄清了商品经济如何通过市场机制有效地配置资源，市场被看作商品经济运转的枢纽，货币经济或商品经济也就开始被通称为市场经济。所以，“市场经济”一词，从一开始就是从经济的运行方式，即资源配置方式立论的，它无非是货币经济或商品经济从资源配置方式角度看的另一种说法。

值得注意的是，新古典经济学中对社会资源配置原理作出了重大贡献的“新福利经济学”，虽然确信只有在均衡状态下资源才能得到最优配置，但是并不认为这种均衡状态只有通过市场的自发运行才能达到。相反，他们提出，只要“集体主义”经济（社会主义经济）的“生产部”（中央计划机关）能够求解经济均衡方程，据此确定各种稀缺资源的价格，经济计划也可以达到市场竞争力量所导致的相同结果，实现资源的最优配置。因此，他们把是用计划机制来配置资源，还是靠市场机制来配置资源，只看做一个实现均衡的、有效率的发展的方法问题。而且，由于不论用市场竞争法还是用计划计算法所求得的解，在数值上是相同的，是同一组均衡价格。因此，这两种方法在原则上是相通的。正因为这样，在这种理论的影响下形成的社会主义计划经济模式，如兰格模式，又被称为“市场社会主义模式”。

在“市场经济”的说法流行以后，马克思主义经济学关于社会主义计划经济同资本主义商品经济对立的公式，有时也用计划经济同市场经济对立的提法来表达。列宁于 1906 年第一次使用“市场经济”的用语，就是认为它是资本主义剥削制度，而同“社会主义”制度和“计划经济”相对立。他说：只要是存在着市场经济，只要还保持着货币权力和资本力量，世界上任何法律也无力消灭不平等的剥削。只有实行巨大的社会化的计划经济制度，同时把所有土地、工厂、工具所有权转交给工人阶级，才可能消灭剥削”。10 多年后，他再次指出：没有一个使千百万人在产品的生产和分配中最严格遵守统一标准的有计划的国家组织，社会主义就无从设想。

这里需要指出，马克思主义的经典作家并不拘泥于他们曾经作出的个别结论，而总是根据时间、地点、条件的变化来修正自己的原有论断。拿资本主义经济是否能够具有计划性的问题来说，当 19 世纪末生产社会化已推进到较高程度，资产阶级也不得不在事实上承认生产的这种性质而采取托拉斯的形式来组织生产时，恩格斯就指出过，在存在着支配和垄断性的托拉斯的情况下，资本主义生产的“无计划性也没有了”。列宁在酝酿采取新经济政策的时期还曾坚持认为，“周转自由就是贸易自由，而贸易自由就是说倒退到资本主义去”。而且，“真正的计划”必然是“完整的、无所不包的”；在引入市场机制的情况下，“真正的计划”会变成“空想”。在新经济政策正式施行以后，列宁的想法发生了改变，他明确指出，引入市场机制同计划经济并不矛盾：“新经济政策并不是要改变统一的国家计划，不是要超过这个计划的范围，而是要改变实现这个计划的办法”。

但是，对于那些坚持社会主义经济的本性排斥商品货币关系的人们，情况则有所不同。他们认为，社会主义计划经济同商品经济或市场经济决不能兼容。就是在这样的背景下，传统的社会主义经济理论往往把计划经济当做社会主义经济的同义语来使用，而把商品经济或市场经济当做资本主义经济的同义语来使用。同时，把国民经济的运行方式与运行状态相混同。斯大林表达得最为简洁。他说：社会主义制度下“国民经济有计划按比例发展的规律”，“是作为资本主义制度下竞争和生产无政府状态的规律的对立物而产生的”。

对于这种混同，我们应当看到它的历史原因，而不必苛求于前人。但是，对于生活于现代的我们来说，这并不能成为不努力根据实践经验来修正原有的认识、使之符合于实际的理由。

正像一些社会主义政治经济学的专家所承认的，社会主义经济建设的实践使人们逐步改变了自己的看法。现在绝大多数人已经认识到：

第一,社会主义经济是建立在公有制基础上的商品经济。传统的社会主义经济理论认为社会主义公有制的建立意味着商品生产和商品交换的消亡,或者即使承认在社会主义的特定的阶段还不能不容许商品货币关系在有限的范围内存在,也认为商品是社会主义经济中的异物,从而把商品经济同社会主义对立起来。这些过时的观念已经被人们所抛弃。既然事情正像党的十二届三中全会《关于经济体制改革的决定》所说,"社会主义经济同资本主义经济的区别不在于商品经济是否存在和价值规律是否发挥作用,而在于所有制不同",再要把商品经济(即市场经济,因为一切较为发展的商品经济都只能以市场为稀缺资源的基本的配置者因而都是市场经济)看作资本主义的专有物,同资本主义"划等号",就很难讲得通了。

第二,计划经济的两重含义是可以分离开的。就像同是市场经济运行状态也可以很不相同一样,集中计划的资源配置方式不一定能确保国民经济的按比例发展。我国在过去几十年中采取指令性计划制度并未能避免一再发生经济大起大落的波动。所以,为了避免经济的运行方式和它的运行状态这两种含义的混淆,人们往往用"集中计划经济"、"命令经济"或者"有计划商品经济"、"可调节的市场经济"、"社会主义市场经济"等用语来反映运行方式方面的特征;而用"按比例发展"、"持续稳定协调发展"、"平衡发展"之类的用语来反映运行状态方面的要求。

如果以上的分析成立,就可以认为,只有从经济的运行方式(资源配置方式)着眼,"计划经济"(命令经济)才是同"市场经济"(商品经济)相互对立的;前者按照人们编制的计划来配置资源,后者则以市场机制作为资源配置的基础。至于从运行状态的角度讲的"计划经济"(有意识地保持平衡发展的经济)既然同从运行方式角度讲的"市场经济"并不属于同一层次的问题,它们二者之间就并不存在彼此对立、相互排斥的关系。记得1959年薛暮桥同志在全国商品生产、价值规律讨论会上就指出过,国民经济有计划发展规律同价值规律之间并不存在黑白分明、互为盈缺的"太极图"式的关系。这是很有见地的。

当然,对于多数人已经达成的一致认识,人们也完全可以保持异议。不过,如果每一位讨论的参加者都能对自己使用的概念作出明确的界定,指明他们是在什么意义上使用"计划经济"、"市场经济"这一类字眼的,就至少可以避免许多"三岔口"式的争论,从而有助于降低"认识成本",使讨论不断深入。

二、什么是分歧的实质所在

明确了有关计划和市场的概念,我们就可以撇开语言含混带来的纷扰,探究事情的实质了。

摆在我们面前的问题是:在当前计划与市场问题的讨论中,双方意见的实质性分歧是什么,他们在社会主义经济定义上的区别,反映着什么样的实际经济体制取向上的区别?认为社会主义经济只能定义为计划经济,而不能定义为商品经济或市场经济的人所要肯定的和反对的,是些什么主张?

看来产生分歧的根源,并不在于对社会主义经济的运行状态的认识有区别。因为首先,几乎所有讨论的参加者都认为,社会主义作为一种公有制占主导地位的经济,它的领导有必要和可能自觉地保持国民经济的协调(按比例)的发展。从这个运行状态的意义上说,社会主义经济是"计划经济",这是肯定无疑的。其次,既然所谓"市场经济"是从运行方式即资源配置方式的角度上讲的,它同从运行状态的角度上讲的计划经济,并不是同一层次上的问题,那么,任何把计划经济(按比例发展的经济)同商品经济(市场经济)看做互相排斥、有此无彼的东西的观点就很难成立了。

不过,换一个角度看问题情况就不同了。我们已经说过,从社会资源的配置方式这一特定的角度看,以指令性计划作为社会资源的基本配置者(命令经济)同由市场机制充当社会资源的基本配置者(市场经济)之间,的确存在彼此排斥或相互替代的关系。不少用计划经济的提法反对说社会主义经济是市场经济的经济学家,正是从资源配置的角度立论的。所以,问题的焦点在于:社会主义经济是否只能按照国家计划在全社会的范围内配置资源,让指令性计划居于支配地位,使之成为稀缺资源的主要配置者。

一般说来,调节生产,或者说配置资源可以采取两种手段:一种是计划(行政命令)手段,另一种是市场(价格)手段。在经济生活的不同领域中,往往可以交错地使用这两种不同的手段。以下,我们就从资源配置这个特定的角度来考察这两种观点——"市场配置论"同"反市场配置论"之间的分歧。

在目前的争论中,反对以市场机制作为基本的配置者的同志常常把问题归结为对方主张搞"纯粹的市场经济"。事实上,这种所谓的"纯粹的"市场经济是根本不存在的,即使在所谓的"自由资本主义"时代也并不存在。萨缪尔逊明确指出,即使资本主义的市场经济也从来没有达到过完全自由放任的境地。他说,在资本主义发展的历史上,"在削减政府对经济活动的直接控制的倾向达到完全的自由放任的状态以前,潮流就开始向相反的方向转变。自从19世纪后期,几乎在我们所研究的所有国家中，政府的经济职能都在稳步增加。”所以，即使在萨缪尔逊这位“自由企业制度”的倡导者看来，当代西方经济也是一种建立在竞争性市场和价格制度基础上、“国家机关和民间机构都实施经济控制”的“混合经济”。

特别在后进国家，由于它们面临着工业化过程中经济结构的急剧转变，为了加速基础工业和基础设施的建设，为了强化创新活动和促进动态比较优势的发挥，一些发展中的市场经济国家的政府在赶超西方工业国的过程中有效地发挥了“行政指导”的作用。在市场经济的基础上实施强有力的计划诱导和行政干预，对这些新兴工业经济的发展起了良好的作用。这种市场经济＋行政指导的模式，被一些人称作“亚太模式”。

在这种情况下，很难设想有哪位严肃的经济学家会建议在我国实行“纯粹的市场经济”。恰恰相反，不少主张我国经济应当以市场机制作为资源配置的基础手段的经济学家，对于如何在市场取向的改革中加强宏观管理和行政指导，提出了积极建议或做出了具体的设计。毋庸赘言，在论战中把对方的观点推到极端再加以反驳的做法，无助于弄清问题，促进认识的深化，因而是不足取的。

同主张以市场调节为基础的人们的情况相似，主张指令性计划应成为基本的资源配置者的同志所主张的，也并不是“纯粹的计划经济”，而是在保持命令经济用国家计划来配置资源的基本框架的条件下，吸收某些市场的因素（所谓“自觉利用价值规律”）来刺激人们的积极性的体制。真正“纯粹的计划经济”，大概只存在于苏联战时共产主义的短暂的时期。一旦国内战争结束，这种体制的不可行性就变得十分明显，因而采取了“新经济政策”，在相当大的范围内引进市场机制。斯大林在30年代初期建立的集中计划经济模式同样也在一定程度上利用了商品关系，在全民所有制经济内保留了商品——货币的“外壳”，实行“经济核算制”，因此也算不得“纯粹的计划经济”。

所以，当前在计划与市场关系问题上的争论，并不是主张采取“纯粹的市场经济”，也不是主张采取“纯粹的计划经济”之争。事实上，争论双方都是主张把计划手段同市场机制结合起来的，只不过各自设想的结合方式完全不同：一部分经济学家主张以集中编制的计划作为社会资源的基本配置者，同时运用某些市场因素作为贯彻计划的辅助手段，甚至还可以开放一点无关紧要的经济领域，让市场力量去自发地进行调节；另一部分经济学家则主张以市场——价格机制作为社会资源的基本的配置者，同时用社会管理和行政指导来弥补市场的缺失。

在理论上比较容易证明，第一种资源配置方式有许多难以解决的问题。相对于第一种资源配置方式，第二种资源配置方式要有效得多。

命令经济是靠中央行政机关编制的统一计划来配置资源的。根据定义，要使这种体制有效率，就必须满足两个条件：第一，中央计划机关对全社会的一切经济活动，包括物质资源和人力资源的状况、技术可能性、需求结构等拥有全部信息（完全信息假定）；第二，全社会利益一体化，不存在相互分离的利益主体（单一利益主体假定）。不具备这两个条件，集中计划经济就难以有效运转。实际上，至少在社会主义发展阶段，这两个前提条件是难以具备的。因此，采取这种配置方式，就会发生严重的信息机制和激励机制的困难，从而导致低下的经济效率。

市场经济的有效运转也有两个必须满足的前提条件：第一，企业的数目足够多并能自由进入，不存在垄断（完全竞争假定）；第二，价格足够灵活，能够及时反映资源的供求状况，即它们的相对稀缺程度（价格灵敏性假定）。这两个条件不具备，市场制度也难以发挥有效配置资源的作用。以上两个前提条件也不可能完全满足。和集中计划经济下情况不同之处在于，它们有可能近似地得到满足。例如：在现代的条件下，完全竞争的市场不可能存在，但垄断竞争、寡头竞争等不完全竞争的市场，或称竞争性市场还是有可能建立的；价格对资源的供求状况作瞬时反映是做不到的，但是在竞争性市场的条件下，它们是能够大体上反映各种资源的相对稀缺程度的；如此等等。除此而外，由于所谓“外部性”的存在，天然垄断部门的存在，市场的竞争性要靠国家的强制力量来维持等等，“市场失灵”和“市场失误”的情况也是存在的。但是，这些缺陷是可以在一定程度上由政府干预和行政指导来弥补的。

总之，两种资源配置方式前提条件不具备，有很不相同的情况：前者的前提条件是完全不可能具备的。特别在现代经济中，科学技术飞跃进步，新的生产可能性层出不穷，需求结构极其复杂而且瞬息万变，在这种情况下，就更是这样。后者的前提条件不可能完全具备，但它们有可能基本具备。因此，这种资源配置方式是相对地有效的。特别是在社会主义的条件下，国家拥有多种手段加强宏观管理，进行行政指导，就更有可能实现资源的有效配置。

以上这些，不仅仅是从定义演绎出的结论，事实上，它已为本世纪经济发展的实践所证明。实行命令经济各国的僵化的体制极大地妨碍了社会主义潜力的发挥，使经济效率难以提高，说明这种运行机制存在着根本性的缺陷。

三、讨论的现实意义

在当前，计划和市场关系的问题再次引起人们的注意，是同近期经济发展提出了迅速改善我国的经济运行机制的要求有关的。

1988年秋，中共中央决定进行经济调整，治理经济环境，整顿经济秩序。经过一年的努力，到1989年秋季，通货膨胀得到明显的缓解，下半年零售物价指数下降到零。但与此同时，又出现了持续近三个季度的工业低速增长。在此期间，市场疲软，生产能力闲置，就业压力增大，经济效率下降，财政困难倍增。特别是国营大中型企业仍然回升乏力，而通货膨胀的潜在压力正在迅速积累。

面对这种情况，不少经济界人士努力寻求一条走出困境的坦途。

从当前的经济和社会情况出发进行分析，大致上有三种可供选择的路子：(1)在基本上保持现有体制，只做某些小的修补和调整的条件下，主要靠不断调整宏观经济政策保持经济社会的稳定和一定速度的增长。(2)强化对资源的集中计划控制，主要采用行政手段进行结构调整。(3)大力推进市场取向的改革，依靠市场竞争力量和依托于统一市场的宏观调控，促进企业潜力的发挥、整个国民经济效率的提高和国家财力的增强。解决问题办法取向上的这种区别，在相当大的程度上是由人们对于计划与市场的关系的不同认识产生的。

认为指令协调方式和市场协调方式可以平起平坐地“结合”的人们，大概会选择第一种路子。但是，理论的分析和实际经验都证明，社会的资源配置机制必须是一个有机的组织、一个控制系统，把行政手段和市场机制板块拼合起来，只会造成大量漏洞和严重摩擦，是不可能对资源进行有效配置的。既然现有的指令性计划和市场机制都不能有效地发挥作用的“双重体制”是目前我国经济整体效益低下、经济秩序混乱和企业缺乏活力的最深刻的体制根源，长期维持这种“体制失灵”的状况，就很难使我国经济转入良性循环，实现持续、稳定、协调的发展。长时期的低速增长和频繁的经济波动，是经济上和政治上难以承受的。因而许多经济学家在深入研究了我国经济的现状后一致认为，这种思路是不足取的。

主张采取坚决措施解决目前“体制失灵”问题的人们认为，“体制失灵”的原因在于当前的体制既非集中计划经济、又非有计划的商品经济，是一种上述两种体制都不能有效发挥作用的体制。可是怎么改，朝哪个方向改，却有两种完全对立的想法。

一种是“行政集权解决法”。认为社会主义条件下社会资源配置应以计划为主的同志大都持这种主张。他们认为，改革从一开始就有一个“取向”的问题。当时选择了市场取向，是一个错误。目前出现的种种混乱现象，正是政治经济学所说“市场经济的竞争与无政府状态”的典型表现。现在应当纠正这个错误。解决问题的办法是重新集中，把主要企业、主要投资、主要物资掌握在中央部门手里，由指令性计划调节；对企业的管理以“条条”为主；金融恢复到单一银行体系，强调专业银行的行政职能；等等。然后，凭借这一套行政协调体系，严格计划纪律，进行结构调整，提高经济效率。

从原则上说，行政集权解决法是可以在一段时间里恢复经济稳定的。在我国的历史上也有过运用这套办法调整国民经济的成功的例子。在这次调整中，不少同志赞成采取行政集权解决法。不过从1989年秋季以来，虽然尝试了好几次，却没有取得成功。我认为，在我国目前的经济发展阶段上，回到集中计划体制已经很少有可能性了。原因有二：一是我国目前的经济，其复杂程度已经比50、60年代高得不可比拟。二是利益主体多元化也已经走得很远。对于如此复杂多样、正在迅速变化的经济，恐怕是根本无法用指令性计划体制或指令性计划为主的体制有效地加以管理的。

另一种主张是采取“整合市场解决法”，即推进市场取向的改革(包括价格改革、企业改革、流通体制改革、财税改革、金融改革、外贸改革、社会保障体制改革等等)，把目前被切割得十分零碎、价格信号又严重扭曲的市场，比较快地整合为竞争性的国内大市场，在此基础上加强国家的宏观管理和行政指导，靠平等竞争来调动各方面的积极性，增强活力，改善结构，提高效率。

从解决资源有效配置问题的角度分析，采取这种办法是可以在一个不长的时期内见到成效的。但是，目前对于采取这种解决办法，当然，实行“整合市场解决法”也有不少的困难需要切实地加以解决。例如：短期失业的救助问题，就需要专门讨论。商业组织的发展和社会保障体系的建立，也是一项十分繁重的工作。但是，应当相信，这些问题是可以解决的，大步改革必然带来的风险，也是可以控制在人民能够承受的范围之内的。如果能够抓住有利时机，按照十一届三中全会以来历次党的中央全会、代表会议和代表大会指出的方向，大力推进改革，那么，我国社会主义经济的兴盛是大有希望的。

对1991年经济形势的评价及对1992年经济形势的预测

边 勇 壮

一年来，经济部门和理论界都非常重视对经济形势的分析。经济部门加强了对经济形势变化的统计和监测，理论界则侧重于对经济形势的分析和预测。

一、对1991年经济形势的基本估价

对经济形势的估价建立在统计数据和经济分析的基据之上。尽管各种分析都建立在相同的统计数据之上，但由于分析的方法、理论观点的不同，对经济形势的估价也有较大的差别。

(一)经济形势的基本特征

各种统计数据表明，1991年经济形势可以概括为：物价水平基本稳定，各种需求明显回升，工业增长速度加快，出口势头强劲不衰，财政困难有所加剧，金融形势较为平稳，产品积压仍然严重，经济效益低下。

1.物价总水平基本稳定。1～10月，零售物价指数比上年同期上升了2.7%，预计全年将上升3～3.5%。生产资料价格指数1～9月比上年同期下降1～2%，预计全年价格水平将与上年持平。值得注意的是，价格变化是不均衡的：城镇物价水平上升快于农村；计划价格上升而市场价格稳中有降；沿海地区价格涨幅较低，内地价格涨幅较高；商品价格涨幅较低，服务价格涨幅较高。

2.社会总需求明显回升。1～10月，社会商品零售总额比去年同期增长12.8%。其中，社会集团消费增长快于居民个人；城市消费增长快于农村；沿海省市消费回升快于内地。固定资产投资出现较大幅度的增长。预计全年固定资产投资将达5100亿元，增长16～17%。其中，地方投资增长快于中央，全民所有制单位投资增长快于集体与个人；新开工项目明显增多，在建规模扩大。

3.工业增长速度过快，产成品积压严重。1～10月，工业生产增长13.9%。其中，轻工业增长14.7%，重工业增长13.1%。全民所有制企业生产的增长慢于其它经济类型。由于生产的增长快于需求的增长，产成品积压的增势虽有减缓，但总规模仍然在不断扩大。清理“三角债”的效果并不十分明显。

4.财政困难加剧，金融形势平稳。在1990年财政赤字139亿元的基础上，1991年财政赤字进一步扩大，将超过预算赤字。预计全年财政收入比上年决算增长3%左右，财政支出比上年决算增长5.4%。银行贷款增长很快，预计全年将突破2100亿元的计划指标，但全年存款增长亦较快，居民存款增长将超过2000亿元。

5.国有经济单位的经济效益低下。1991年在经济明显回升的同时，国有经济单位的经济效益并未获得明显的改善。流通企业和工业企业的亏损额和亏损面都在扩大，亏损面已达50%。

6.进出口总额突破千亿元大关，出口势头强劲。年初，曾预期由于外贸体制改革和国际形势不稳定，1991年的进出口增长速度会放慢。1～10月，出口实际增长18%，进口实际增长16%，外汇储备超过300亿美元。同时，进出口结构有所改善，外贸企业的经济效益有所提高。

(二)对经济形势的不同看法

经济部门和理论界对上述统计数据所表明的经济运行状态并无大的争议，但据此作出的估价与判断却有较大分歧。主要有如下三种观点：

1.认为我国经济形势在进一步好转，但仍存在一些有待解决的深层次矛盾与问题。这种观点认为，物价基本稳定，生产与需求同时回升，出口增长等是经济形势进一步好转的主要标志。当前的主要困难是国有企业经济效益低下，存量结构调整缓慢和财政困难进一步加剧。因此，尽管治理整顿已经结束，但经济运行尚未进入正常运行、稳定增长的轨道。这种观点在经济学界较为普遍。

2.认为当前经济形势相当严峻。尽管物价总水平稳定，但经济已经出现过热的苗头。贷款的高速增长，货币的超经济发行，财政赤字扩大，使通货膨胀的危险大大增加。部分大城市物价指数接近两位数就是通货膨胀即将迅速反弹的前兆。这种观点认为，治理整顿并未解决体制问题，经济增长缺乏体制保障，经济运行很难处于平稳增长的状态，要么是市场疲软，要么是通货膨胀。产成品积压，“三角债”以及经济效益低下是经济处于疲软、衰退状态时的特征。如果不对经济体制进行根本性的变革，刺激经济复苏、启动市场的种种手段，并不能使经济进入正常运行的轨道，而只能把经济推到另一个极端:通货膨胀。因而,这种观点对注入资金启动市场的经济政策持批评态度。

3.认为中国经济正在进入一个稳定、高速增长的新阶段。这个阶段可能要持续2~3年。1991年,中国经济正处于经济全面回升时期,总的态势是好的。这种观点认为,我国经济不仅尚未受到通货膨胀的威胁,而且有效需求仍然不足。经济中所出现的各种问题都与有效需求相关。政府在前一阶段经济政策的失误不在于扩大了有效需求,而是没能有效增加最终需求而只偏重于扩大了中国需求。结果供给的增长仍然快于需求的增长。产成品积压必然导致"三角债"问题和经济效益低下。最终需求不能获得有效增长,既有体制原因也有宏观经济政策调节不力的缘故。

围绕以上三种基本观点,经济学界还有各种交错和综合的观点,这里就不展开讲了。

二、什么是经济运行中的主要问题

在有关经济形势分析的诸多争论中,什么是经济运行中的主要问题,始终是争论的焦点。

(一)关于通货膨胀问题

自1989年以来,经济形势分析中争论最多、分歧较明显的是,通货膨胀会不会迅速反弹。实际是通货膨胀率明显低于计划或预测的通货膨胀率。因此,认为通货膨胀已成为或即将成为经济运行中主要问题的人越来越少。1990年的主要统计公报中曾一再把潜在的通货膨胀压力加大视为当时的主要经济问题,1991年则很少提起。为什么实际和计划、预期会有较大偏差呢?主要有以下几点原因:

1.不能准确预测消费需求的变化。其一是把收入的增长等同于消费的增长,看不到消费倾向的变化,从而高估消费需求的增长速度;其二是只看到投资总额的增长,忽视生产资料价格上升和实际投资额下降的事实,从而高估投资需求的增长速度。

2.把贷款(广义货币)的增长等同于流通中的货币;把流通中货币量的增长等同于物价总水平的上涨,忽视了货币流通速度对价格水平变化的作用;只看到贷款数量的增长,忽略了贷款使用方向的变化,从而高估了通货膨胀压力。

3.只看到社会总需求的增长,忽视了有效供给的增长快于最终需求的增长,生产能力的增长快于生产增长的事实;只注意到与上年相比的速度增长,忽略了近两年来经济增长的恢复性质。

近年来,人们对通货膨胀的忧虑主要来自于超常增长的贷款总额。1991年,银行贷款增长额达2800亿元。人们普遍认为,过多的贷款尽管至今未推动物价上涨,但终究有一天会通过通货膨胀表现出来,因此,通货膨胀只是时间问题。这种观点忽略了一个最基本的经济关系即货币与通货膨胀是以商品市场的总供给与总需求为媒介的。只有当货币增长带动总需求增长时,才会影响价格水平。总需求的变化不仅仅取决于货币供给的变化,而是更多地依赖于收入增长和消费者的各种预期。

(二)怎样看待财政困难进一步加剧的问题

自治理整顿以来,财政连年出现较大的赤字。尤其是1991年,中央和地方财政均出现困难加剧的现象。据此,有些同志认为,财政困难是当前经济生活中的主要问题,是阻碍经济形势进一步好转的基本原因。这种观点强调,财政赤字的扩大将导致总量不平衡,加剧通货膨胀的威胁。

在现行体制下,财政困难确实不仅使政府对经济直接调控的能力削弱,而且在促使经济结构优化,实施产业政策的能力有限。但财政问题并未对整个经济运行构成现实的威胁。

1.虽然财政赤字的绝对额增长了,但在国民生产总值中的比重并不大,尚未超过1%,不会破坏宏观经济的稳定局面。

2.财政赤字的出现和扩大,并非由于财政的投资性支出增长过快,相反,财政性投资的比重一直在下降。因此,财政赤字的乘数效应很小,不会再次成为投资膨胀的源泉。

3.经常性支出增长是造成财政赤字的主要原因,但其在全部消费需求中所占的比例仅为15%左右,不仅不会导致消费膨胀,甚至不会改变消费需求相对不足的局面。

应该看到,财政困难加剧的主要原因是财政收入增长缓慢。要解决这个问题,不仅有赖于国有经济活力的增强,效益的提高,而且要考虑开辟新的财政收入来源。

(三)经济效益低下问题

大多数经济学家认为,当前经济运行中的主要问题是经济的低效增长,即有速度而无效益。但对于经济效益本身却存在着不同的看法。

较普遍的看法是,经济效益低下是指国有大中型企业的可比产品成本上升,上缴利税减少,技术进步迟缓,产成品严重积压以及资金利润率下降等。另一种观点则认为,经济效益低有着更为广泛的涵义。从宏观经济角度来看,国有大中型企业经济效益差仅仅是一个方面,衡量经济效益还应包括全社会的投入产出率,产品实现率,就业率等资源配置与使用效率的指标。因此，经济低效增长主要表现在部分产品上不能得到实现，大量生产能力闲置、待业和潜在的待业人口增加。如果仅仅以国有企业的经济效益来估价全社会的经济效益，可能会夸大经济效益低下的程度，也可能会使提高经济效益的措施不得力。

大多数经济学家认为，经济效益低下的根本原因是体制不顺。提高经济效益的唯一出路是深化改革。但对体制不顺怎样作用于经济效益却有不同看法。

有的观点认为，提高经济效益的关键是国有企业制度的改革。提高国有企业的经济效益和提高全社会的经济效益是一回事。有的观点认为，经济效益低下的直接原因是结构扭曲，即供给结构的变化不能适应需求结构的变化。而存量结构的调整和增量结构的改善都受到体制不顺和政策不灵两方面的制约。因此，要深化改革，调整经济结构。还有少数经济学家认为，经济效益低下是三种矛盾的综合反映：有效需求不足，结构矛盾突出，经济体制不顺。因此，认为应该继续扩大有效需求尤其是投资需求，在经济增长的过程中调整结构，深化改革。

三、对 1992 年经济形势的展望

经济部门和理论界对经济形势的预测和展望有三种代表性的看法：

(一)审慎的看法

大多数经济学专家对 1992 年的经济形势持比较审慎的看法。预测经济增长率大体与 1991 年持平，物价上涨率大概在 5～7%之间，物价上涨的原因主要是成本推动，财政赤字取决于国有企业的经济效益和财政支出的安排。宏观调控的出发点应该是稳住速度，调整速度，提高效益。深化改革应坚持市场取向。

(二)较为悲观的看法

这种观点认为，如果维持现行政策不变，1992 年的经济增长速度将低于 1991 年，下半年经济发展可能出现下降的趋势，但物价上涨趋势较猛，从而导致“滞胀”局面的出现。原因在于：国内消费增长难以持续，经济效益没有根本好转，企业机制不能在短期内有所转变。如果政府人为地避免经济增长速度下降的趋势，经济就会走上另一个极端：通货膨胀。因此，1992 年经济工作的重点应该是加快改革步伐。

(三)较为乐观的看法

这种观点认为，如果维持现行政策与体制不变，1992 年的经济增长速度将超过 8%，经济效益和经济结构都将在经济高速发展中得到改善。政府不应采取人为压制经济发展速度的政策，因为明年的通货膨胀率不会随经济增长而上升，市场不会出现过热现象。物价上涨幅度将主要取决于价格调整与改革的步伐，其中最重要的是计划价格的调整幅度。政府不应从增加财政收入，补偿国有企业的角度来调整计划价格。1992 年经济稳定高速增长的基础是目前仍然闲置的生产能力、较为多的生产资料库存和足够的外汇储备。1992 年宏观经济政策的重心应该是投资政策诱导，确保基础设施和产业的投资增长。深化改革的重点应该是投资、住房和工资收入制度的配套改革，形成新的融资渠道和消费格局。如果政策措施得当，改革进展顺利，1992 年将成为近年来经济形势最好的一年。

提高企业经济效益问题的讨论评介

宋 养 琰

关于如何提高全民企业经济效益的讨论，1991 年是建国以来最红火的一年。初步统计，有关这方面的全国性的研讨会就召开了上百次，发表的论文上万篇，还有不少专著。这个问题之所以重要，不仅是因为改革的深化，理论和实践都碰到了这个事关全局的难点，而且由于全民所有制大中型企业经济效益低下已经成为困扰我国国民经济进一步发展的障碍。

一、关于经济效益的概念

经济效益的讨论，开始主要是针对全民企业特别是全民大中型工业企业经济效益逐年下降提出来的，探讨为什么会下降和怎样解决这个问题？随着讨论的深入，下半年又讨论了如何正确认识经济效益的问题？

什么是经济效益呢？有些人认为，经济效益是投入与产出的对比关系。用公式来表示，即经济效益＝$\frac{\text{产出量}}{\text{投入量}}$.

另一些人认为，经济效益是劳动消耗与劳动成果的对比关系。用公式表示，即经济效益＝$\frac{\text{劳动成果}}{\text{劳动消耗}}$.

还有人认为，经济效益是费用和效用的对比关系。用公式表示，即经济效益＝$\frac{\text{效用}}{\text{费用}}$.

也有人认为，经济效益是指用最小的劳动消耗去求取最大的经济成果。用公式表示,即经济效益 $=\frac{\to\infty(\text{经济成果})}{\to 0(\text{劳动消耗})}$

以上可以统称为比例表示法。除此之外,还有人提出差额表示法。用差额表示法来表示经济效益,即经济效益=产出-投入。

另外一些人看来,上述各种看法大同小异,虽然它们都有一定道理,但存在一个共同缺点,即量界或量限比较模糊。比如说,投入、产出,劳动消耗、劳动成果,费用、效用究竟指哪些内容,很不清楚。他们认为,经济效益是指经济活动中活劳动和物化劳动消耗与取得的符合社会需要的劳动成果之间的对比关系。这种主张主要强调劳动成果对社会的有用性和有用程度。同时,对劳动消耗也作具体分解。用公式来表示:经济效益 $=\frac{\text{符合社会需要的劳动成果}}{\text{活劳动消耗}+\text{物质消耗}+\text{劳动占用}}$

1991 年有一个专门研究经济效益的课题组认为,经济效益的基本特征是要素的增殖。不管从理论上还是从实际上看,经济效益可以用正向效益和反向效益两种指标来表示。如投入量为 1,产出量大于 1 为有效益,大于 1 的比率越高,效益越大。这是正向效益指标。如产出为 1,投入量小于 1 为有效益,小于 1 的差率越高,效益越大。这是反向效益指标。前者直接反映的是投入要素的增殖状况,即马克思所称的“M”。从我国社会主义实践上看,相当于企业实现的利润加税金;后者直接反映的是生产和经营过程中的劳动节约状况,即在产出量不变的情况下,企业通过强化管理、提高技术、降低成本等措施,增加了利税。在实际经济运行中,一般说来,这种正反两类指标是并行不悖的:正向指标反映的情况好,反向指标反映的情况一般说来也会好。对于这样一种经济效益,如用公式表示,即:经济效益 $=\frac{\text{总产出量}-\text{生产要素总投入量}}{\text{生产要素总投入量}}$

或 $=\frac{\text{盈利(利、税总额)}}{\text{生产要素总投入量}}$

这一公式表明:在社会生产中,有产出并不一定有效益,必须有增殖才算有效益,增殖量越大,效益越高;生产增长速度快也不一定有效益,因为有些增长速度是由于投入增多引起的;只有产出的增长量及其发展速度超过投入的增长量及其发展速度才算有效益,超出的越多,效益越大。

如若不是从静态上看,而是从动态上看,即从前后年度对比上看,则用经济效益率表示更为恰当。经济效益率的公式是:经济效益率=

$$\frac{\text{利、税总额}}{\text{生产要素总投入量}}\times 100\%。$$

经济效益率的最大优点是,综合性强,反映问题简单明确。

一般说来,经济效益的内容包括微观经济效益和宏观经济效益。微观经济效益指的是企业效益,宏观经济效益指的是国民经济效益。在社会主义制度下,宏观经济效益的提高有赖于微观经济效益的提高;但宏观经济效益又不等于微观经济效益的简单相加,还必须包括对国民经济及其发展的统筹安排;按比例分配社会劳动,有效利用社会资源等。

二、关于我国改革十多年来全民工业企业的经济效益

绝大多数同志认为,我国全民工业企业的经济效益不好,而且呈下降趋势。国家计委课题组用全要素利税率测算,最好的年份是 1959 年为 30.91%,其次是 1978 年为 17.97%,1990 年下降到 8.3%。中国社会科学院工业经济研究所课题组以资金利税率方法测算,最好的年份也是 1959 年为 48.7%,其次是 1978 年为 24.8%,其它各年均在下降,1990 年下降到 12.4%。尤以近两年下降幅度为大。当然,在承认这一现实的同时,也不容否认,有一些企业效益较好或很好。

有些同志为了更准确和科学地说明工业企业经济效益状况,设计和采用了如上所述的“经济效益率”法;对我国全民工业企业经济效益进行细致测算和分析,按照这种新方法计算,我国全民工业企业的经济效益从 1985 年以来一直是下降的。其中,1986 年与 1985 年相比,下降幅度为 12.91%。1987 与 1986 年、1988 年与 1987 年相比,分别下降 6.9%和 2.3%。1989 年下降 14.2%。

也有少数同志认为,党的十一届三中全会以来,党和政府全力推进改革开放,使得物资丰富,经济繁荣,市场兴旺,国力增强,人民生活改善等,这一切表明,我国工业企业的经济效益不是下降了,而是明显地提高了。

持有这种观点的人还认为,对于工业企业的经济效益要进行全面、综合分析,不能以偏概全。虽然利税是重要的经济效益指标,但不是唯一的。还要从以下诸多方面看效益:

1. 从工业企业创造的国民收入看:1978～1988 年的 10 年间,工业企业提供的国民收入,从 1487 亿元增长到 5416 亿元,按可比价格计算,增长 1.42 倍,年均递增 9.24%。“七五”时期,以增幅较慢的 1990 年和“六五”时期增幅较快的 1985 年比较,五年增长 43.56%,年均递增 7.5%。

2. 从职工工资等收入的增长情况看:1978～1988

年的10年间，全民工业企业人均年工资从683元增长到1873.5元，扣除物价上涨因素，年均递增4.1%。按1978年人均工资计算，1988年全民工业企业增加工资总额503亿元。"七五"时期，预算内全民工业企业人均工资从1213元增长到2444元。按1985年人均工资计算，1990年，预算内全民工业企业增加工资总额429亿元。除工资外，还有名目繁多的隐性收入和非隐性收入等。

3.近几年来，铁路、水路、公路、航空、邮电等行业收费率提高幅度是前所未有的。这样做是应该的。但价格上调，直接从工业中拿走了一部分纯收入。

4.在过去的10多年中，农副产品的价格指数上升较快。这对于缩小由于二元经济结构所形成的"大剪刀差"是必要的，但是必然要从工业部门转移走巨额收益。影响工业实现利税的增长和企业留利。

5.从工业企业利息负担及其增长率看：1978～1988年的10年间，全民工业企业流动资金贷款应支利息从15亿元增长到175亿元，年均递增27.8%。"七五"期间，预算内全民工业企业流动资金贷款应支利息从60亿元猛增到301亿元，年均递增38%。1988～1990年，由于资金占用上升，贷款额度增加，预算内全民工业企业流动资金贷款应支利息两年翻了一番。马克思主义经济学常识告诉我们，利息是剩余价值的转化形式。所以，利息的增加，表明工业企业效益加速向银行转移。

6.从工业企业社会负担加重的情况看：改革改变了财政统收统支体制，相应地增加了企业的社会责任和社会负担，诸如名目繁多的各种基金、社会摊派，还有劳动保险、退离休金、教育经费等。所有这一切都使企业经济效益向社会性开支方面转移。

我们并不否认在实践中有对全民工业企业经济效益分割的情况，但是必须注意三点：

1.我们不是说全民工业企业在自我经济运行中光吃老本而没有经济效益，而是说这种经济效益在递减，有的指标甚至是绝对地下滑。

2.观察全民企业经济效益，不仅要进行纵比，即与自己的过去比，还要进行横比，即与其它非全民所有制工业企业比。这里，仅从工业产值增长率看，相对来讲也不高，见下表：

	全　国	全民企业	集体企业	乡村及村以下	"三资"及其它企业
1985年	21.4%	12.9%	32.7%	51.8%	39.5%
1986年	11.7%	6.2%	18%	21.5%	34.2%
1987年	17.7%	13.3%	23.2%	46.3%	66.4%
1988年	20.8%	12.6%	28.6%	37.1%	61.5%
1989年	8.5%	3.9%	10.5%	17.1%	42.7%
1990年	7.6%	2.9%	9.1%	13.5%	42.8%
1991年1～6月	13.4%	8.9%	19.4%	32.3%	42.4%

如果把我国全民工业企业经济效益放在国际范围内与一些发达的资本主义国家工业企业经济效益比，就显得更低了。

3.长期以来，我们的工业乃至整个国民经济发展，始终存在着投入多、产出少(相对而言)，质量差的问题。这几年这个问题表现得更为突出。以上这些，恐怕是任何人、包括持后一种意见的同志也难以否认的。

三、关于经济效益下降的原因

对于这个问题，仁者见仁，智者见智，各自从不同的角度摆了成堆的原因。其中主要的有：

1.在经济工作中重速度轻效益的思想未能根本改变和克服。仍把总产值及其增长速度作为考核地方、企业生产发展的主要指标以及各级政府和领导干部的"政绩"。这样必然导致人们把注意力集中在追求产值的增长速度上，忽略了经济效益，并导致经济效益每况愈下。

2.改革以来，政府经济管理部门，从计划、投资、财政、税制、金融、外贸、价格、劳动工资、人事等方面，仍然把财力、权力的大部分掌握在自己手中，使企业未能成为商品生产者和经营者，怎么谈得上经济效益呢？

3.总量失控，使企业失去了良好的宏观环境。据有关部门对1988年建成投产的56个大中型基本建设项目的跟踪调查，其中有2/3的项目的生产能力的利用率在70%以下，近1/3的项目投产后即发生亏损。还有人指出，国家对市场调节力度时松时紧，能源、原材料缺口大，资金紧张，工厂经常处于"停三开四"或"停四开三"、"找米下锅"的状态;债务锁链越来越长、越紧,这一切都严重影响了企业经济效益的提高。

4.国民经济结构失调。有些企业开工不足,造成生产能力闲置,直接或间接影响经济效益。在产业结构趋同的情况下,造成社会生产资源配置劣化,企业经济效益下降。

5.由于固定资产折旧率低,折旧时间过长,折旧基金支配和使用不当,造成了大量的设备维修欠帐,技术改造和更新停顿不前,致使设备老化、技术落后、产品粗制滥造,品种单一,效益下降。据国家统计局估计,由于受折旧率低和固定资产原值严重低于重置价值的影响,每年至少要少提700亿元折旧。这是企业吃老本和虚盈实亏的严重表现。

6."企业办社会"是制约全民所有制企业效益的一个重要因素。我们有许多企业不仅是"大而全"、"小而全",而且还肩负社会的任务,诸如职工子女的入托、就学和就业,职工的生老病死、吃喝拉撒睡,各种福利救济、支付离退休金等。有人说,除了"火葬场"以外,社会上有的企业都有。

7.我国大多数全民企业存在劳动力过剩的问题。冗员一般都达到20～30%。这样怎么能提高劳动生产率呢?又从何谈得上提高经济效益。

在我看来,以上这些都是表层原因,还有更为深层的原因:

1.财产约束弱化。所谓财产约束,就是指财产所有者、经营者以及所有的生产者,为了获得各自的利益,不得不使自己的行为符合财产运行所能达到最佳状态的要求。本来有效的财产约束应当是硬约束。可是,在我们的现实经济生活中,不论对于财产所有者,还是对经营者和生产者,其约束程度都显得软弱。例如:在全民企业中,由于财产归代表全民利益的国家所有,劳动者个人只能通过劳动并以工资的形式谋取消费利益,这样就使劳动者只关心自己的消费利益,而不关心财产所有者国家的利益。企业也不是财产的主体,它所要实现的只是国家的利益而不是企业自身的利益。企业在经营活动中所引起的产值的增大或减少,与其自身的利益不存在内在的必然联系。因而企业缺乏商品生产者和经营者所应有的利润最大化的冲动。企业也就不会时刻去关心对财产的有效占用、积累和增殖问题。由于人们对全民财产的关切度低,再加上管理又不善、不严,因而全民财产的跑、冒、滴、漏现象极为严重。

2.企业权利的弱化。作为商品生产者和经营者的企业,不外乎是两方面要素的集合:一是生产要素的集合,二是权利的集合。在企业运行中,如果光有前者的集合,而无后者的集合,至多可以称为工厂,而不能算作企业。我国的企业改革是从放权让利开始的,由于放权让利的实施,与改革前相比,企业确实获得了一定的权利。后来制定了《企业法》,把企业的权利明确规定了"13条"。但是,根据有关方面的调查,企业所得权利并未落实。

3.市场约束弱化。企业既是市场的主体,也是市场的受体。作为市场的主体,市场行为(买或卖)只不过是企业生产或再生产行为的继续和延伸。市场是企业的市场,因而没有发育健全的企业,当然也就没有发育健全的市场。市场对企业的约束力也是软的。企业作为市场的受体,由于自主权不多,企业的行为不能充分以市场信号——价格为导向去灵活地安排自己的生产,使自己的产品时时处处适合不断变化着的市场的需要,更谈不上适时地采取有效的对策了。

四、关于如何提高全民企业的经济效益

在如何提高全民工业企业经营效益问题上,一致的看法是:必须深化体制改革,为企业的经济运行创造一个良好的环境,又赋予作为商品生产者和经营者的企业以应有的权利。

国家在行政权力上,要实行三大转变:一是职能的转变。政府对于企业,该管的当然要管,不该管的一律不管。二是管理方式的转变。要把过去那套以行政管理为中心的管理方式逐步转移到以经济管理为中心的轨道上来。三是作风转变。政府职能部门要多做为企业服务的工作,政府对于企业,要当"警察",不要当"司机"。

国家在财政权力上,政府主要通过税制为国库开拓财源。目前,在财政、企业都有困难的情况下,应当首先顾企业。财政困难只能从以下三方面想办法:一是精兵简政;二是转换投资主体(由国家转给企业);三是开辟新财源。

国家在所有者权力上,既然实行"两权分离",就不要过多地干涉企业的行为。企业是企业家和全体职工的企业,企业的决策和一切经营活动,都应由企业自己作主并负一切责任。政府作为全民财产所有者,唯一的权力就是按照法律、契约定期和定量地从企业那里收取税利。这里的关键是深化企业本身的改革。

较多的同志认为,承包制是当前企业改革较好的形式。首钢是个好榜样。也有不少人认为,承包制不是企业改革的目标模式,因为它不能改变企业对政府的依附,也解决不了只负盈不负亏的问题。因此,越来越多的人认为,股份制是企业改革的必然选择。因为股份制能为社会主义构造商品经济赖以存在和发展的微观经济基础。

在如何提高企业经济效益问题上，人们对技术进步十分关注。为了更有效地利用和发挥新技术在我国国民经济中的作用，必须提高折旧率，从产品销售收入中适当提高技术开发基金。还要实行科研与企业的结合。

在1991年后半年的讨论中，对于转换企业经营机制成了热门话题。有人主张，要在全民企业中引入乡镇企业、"三资"企业的机制。有人认为，经营机制是经济条件的产物，条件不变，机制是引而不入的。也有人指出，在全民企业中，与其引入其它经济成份的机制，不如建立和完善自己应有的机制，比如决策机制、约束机制、积累机制、竞争机制、工资和奖金激励机制等。我认为这些问题确实值得深入研究。

评一年来关于承包制、股份制问题的讨论

张 朝 尊

1990年以来，我国的报刊对承包制和股份制都有所讨论，但比较起来，讨论承包制的文章要比讨论股份制的文章多得多。直到1991年3月，综合开发研究院和《改革》杂志社还在北京联合召开"完善股份制与股票市场试点研讨会"，会后发表了《会议纪要》和一组文章，对股份制进行了一次较集中的讨论。

一、关于承包制是否是企业改革的目标模式问题

在承包制的讨论中，由于1990年多数企业要开始新的一轮承包，因而讨论主要集中在如何进一步完善和发展承包制的问题上。提出了"滚动承包责任制"、"两段式全员承包"、"分段连续推进承包"、"双重承包制"、"全责承包制"、"风险抵押承包"、"比例承包"、"实行税利分流、税后承包"，等等。这些形式主要围绕解决承包制中存在的主要问题而设计的，诸如承包企业的短期行为问题，承包企业的自负盈亏问题，承包基数的确定问题，国家、企业、职工和承包者的利益分配问题，等等。对进一步完善承包制有积极意义。

但是，从讨论中提出的种种形式和方案来看，仔细推敲一下，没有那一种形式和方案能够较好地解决上述承包制中存在的种种问题。所以如此，根本的原因就在于，我国实行的是有计划的商品经济，必须理顺全民所有制经济的产权关系，使企业都成为真正的商品生产者和经营者。而从根本上说依靠承包制是做不到这一点的。

1.企业和国家之间的产权界限不清，企业缺乏自主经营和自我约束的经济基础。在承包制的条件下，企业和它的主管上级行政机关采用签订合同的方式取得经营权，这基本上是一种行政上的分权，而不是马克思所说的真正意义的财产本身的法律所有权和经济所有权的分离。因此，它不可能割断企业同行政主管部门的行政联系或"脐带"关系。据统计，目前北京地区的大部分企业的头上有26位"婆婆"，这些"婆婆"对企业的直接行政领导，使企业处于难于招架的地步，这就必然限制企业的自主经营权。同时，合同关系只是一种外部的控制关系，而有控制就必然有反控制。因此，在承包制条件下，很难避免承包者在承包期内过度地滥用其所取得的所谓经营权，搞掠夺性经营和个人收入最大化，从而使企业行为短期化。

2.产权界限不清引起利益分配关系混乱。这主要表现在以下的方面：一是在承包基数和比例的确定上，国家收益缺乏客观的规范化的量化标准。承包制是以收入刺激为轴心来划分国家和企业在一定时期内的收益分配关系的，承包基数和比例的确定主要取决于主管部门和承包者之间的"一对一"的讨价还价。在这种讨价还价的角逐中，承包者往往处于有利地位（包括隐瞒实情、拉关系、请客送礼和行贿等），使基数和比例的确定有利于承包者；同时，当物价上涨和货币贬值时，基数也会随之"贬值"。这些都会使国家利益受到损失。二是由于"一户一率"，很难通过企业间的横向比较来确定，因而容易形成行业间的苦乐不均和行业内部"鞭打快牛"，造成企业之间的利益关系不平衡。三是由于承包者的财力和企业自有资金有限，甚至没有，从而使承包只能负盈而无法负亏，因此，当企业亏损时，国家还要进行补贴。据统计，这种补贴目前已达600亿元之多。四是在确定承包者和职工的收益方面也有许多界限不清楚的地方，使他们的利益关系得不到合理的调整。

由上可见，承包制不可能使全民所有制的产权关系界定清楚，因而也不可能使企业成为一个具有自己经济基础的真正的商品生产者和经营者。在这种条件下，企业就不可能建立起适合发展有计划商品经济需要的激励机制、自我发展和自我约束机制，这也就不可

能有充足的活力，结果使企业在适应市场供求变化、价格变动、产业结构合理化、技术进步等等方面，都受到很大的限制。近年来，我国相当部分的国有大中型企业的经济效益比较差，甚至亏损。原因固然是多方面的，但也应看到，同承包制的缺陷，不能说一点关系没有。因此，承包制只能说是我国体制改革过程的过渡形式，而不可能成为目标模式。

二、关于股份制问题

在股份制的讨论中，在观点上还存在一些分歧。例如：有的同志在社会主义国有企业为什么要改行股份制、股份制何以就能使产权明晰等问题上仍然提出了一些疑问。但是，经过一年来的讨论和实践，使人们消除了疑问，取得了共识。例如：股份制既不姓"资"也不姓"社"，而是适合商品经济发展的一种中性的组织形式，资本主义可以利用它，社会主义也可以利用它，因此社会主义搞股份制，决不是复辟资本主义；实行股份制不一定都要公开发行股票，有的公司可以上市，有的公司可以不上市，这是我们完全可以控制的；实行股份制会出现部分私人持股，但决不会演变为私有化，即我们完全可以建立起以公有制法人持股为主的股份制；实行股份制既不会引起基本建设投资膨胀，也不会导致消费基金膨胀；实行股份制不会产生食利者阶层，等等。如上所说，这些共识是在总结试点经验的基础上取得的，因而有很强的说服力。例如：深圳金田实业股份有限公司，原为一家国营企业，1988年后实行股份制，三年来，年工业产值增长16倍，年利润增长3倍；上海真空电子器件股份有限公司是1986年底成立的全民所有制股份企业，4年来，完成工业总产值和销售收入，平均每年分别递增11.75%和12.8%，等等。

股份制所以能显示出较强的生命力，根本原因就在于，它是以公有制为主体的产权关系明晰、能够很好地适应有计划商品经济发展的组织形式。有的同志说，全民所有制就是人民的总代表国家所有制，国家根据人民的利益和意志行使所有权和管理权，产权不存在"虚置"和"模糊"的问题。我认为，这个意见是不正确的。因为这种说法，从根本上忽视了社会主义经济是有计划的商品经济，全民所有制商品经济是它的主体这一基本事实。而全民所有制内部所以存在商品关系，其基本原因在于，全民所有制经济的所有权客观上必然分离为法律上的所有权和经济上的所有权，或分离为法律上的所有者和经济上的所有者。这就要求采取一定的组织形式，在国家与企业之间和企业与企业之间界定清楚产权关系。否则，它们就不可能发生商品交换关系，因为商品交换在本质上是所有权的交换，对属于别人的劳动产品的获取，必须以让渡属于自己的劳动产品为前提。

同时，在发达的现代商品经济条件下，不仅产权要界定清楚，而且要求产权本身商品化，使它能够进入流通并进行流动。否则，发展起来的只能是小商品经济。

只有具备了上述两个条件的企业，才能成为一个真正的现代商品生产者和经营者，并建立起适合现代商品经济发展的激励机制、自我发展机制和自我约束机制，使企业充满活力，以促进社会主义有计划商品经济的迅速发展。而采用股份制形式组织起来的企业，就能够较好地适应这些要求。

1.股份制能保证政企分开，使企业不再受行政机构的直接干预。因为在股份制条件下，国家通过购买企业股票对企业进行投资，因而他就只能和其他股东一样，仅有权派其代表参加股东大会或董事会，并按股票多少取得股息和红利(即法律所有权的经济实现)，而无权干预企业的经营管理(法律所有权其所以成为法律所有权，就是因为它是财产所有权在直接生产过程之外的一种表现形式)。

2.股份制保证了企业的经济独立。在股份制条件下，企业通过发行和出售股票筹集起来的资金，归企业自己所有，归企业自己经营，别人无权干涉(即经济所有权的实现)。这样，企业就有条件和必要实行自主经营和自负盈亏，从而迫使企业去适应现代商品经济发展的要求，搞好经营管理。否则，就有破产的危险。

3.股份制保证了企业的资金来源。这是因为，股份制企业可以向国家出售股票，也可以向企业法人、个人和一切可以购买股票的购买者出售股票，使资金来源多元化，保障和扩大企业的资金来源。

4.股份制保证了产权的商品化。由于股份制企业的股票(即产权)是可以买卖的，因而必然出现证券市场，使产权可以自由流动，为资金和资源的优化使用创造了条件。

5.股份制为现代企业家的形成创造了条件。因为在股份制条件下，不仅在企业外部实行财产所有权的两权分离(即法律所有权和经济所有权的分离)，而且在企业内部也实行所有权和经营权的分离，即董事会代表所有者行使所有权，对企业的大政方针进行决策并任命经理，而经理则根据决策对企业进行具体的经营管理，两者互相制约、责任共负、利益共享、风险共担，这不仅有助于企业行为合理化，而且也为企业家的形成创造了条件。

6.为了保证工人阶级的主人翁地位，企业除在经营管理上实行民主制度外，"公司法"还可以特别规定，工人即使没有持股也应有一定名额的代表进入董事会，参与决策和经营管理，以体现社会主义股份制的特色。

7.股份制保证了社会对企业的监督。因为在股份制条件下，特别是上市公司，必须定期向社会公开公布公司的财务报表、资金运用、盈利预测等基本情况，这就为企业的社会监督创造了条件。

总之，只有实行股份制改革，才能把企业改造成一个真正具有自己的经济基础的自主经营和自负盈亏的商品生产者和经营者，以适应和促进有计划商品经济的繁荣和迅速发展。除此而外，股份制还有以下作用：

1.有利于企业集团的组建和发展。企业集团在我国实现现代化事业的过程中将起重要作用，而组建和发展企业集团没有股份制是不行的。李鹏总理曾说过："企业集团不搞股份制，利益不能合理分配，就不会做到一条心。股份制是企业集团的组织形式，通过股份制使集团核心层实现一体化。"

2.有利于我国跨国公司的组建和发展。我国要开展国际化经营，在外国组建和发展子公司，不实行股份制是绝对不行的。

发展具有中国特色的股份制，是一项极其复杂的社会系统工程，不能一哄而上，要经过试点，稳步前进。从目前的情况看，可以把试点的范围扩大一些，并积极地规划实行股份制的方案、步骤，制定法规和条例，使条件成熟时再行推广。

关于商品经济问题讨论的评介

晓 亮

近年来，社会主义商品经济问题又引起我国理论工作者和实际工作者的关注，并开展了争论。这是以往长期争论的继续，也是对社会主义商品经济的重新认识。尽管党的十二届三中全会作出的《关于经济体制改革的决定》中，确认了社会主义经济是公有制基础上的有计划商品经济，在社会主义经济思想史上占有极其重要的地位，但是，人们在这一问题上的不同认识并没有因为《决定》中这么一讲就解决了，同时这里面确有一系列问题需要继续探讨。因而这个问题也必然要争论下去。争论的目的当然不是要纠正某些人的错误看法，而是推动人们继续研究，在讨论中提高认识，使我们的改革和发展沿着正确的方向进行。

这里，我要说明的是，这篇评论是有倾向的。因为我往往是争论中的一方。但我力求作全面的介绍。

近年来关于商品经济的讨论，主要集中在以下三个问题上。

一、对商品经济的作用和商品经济本身的不同认识

1989年以前，我国经济学界许多人高度评价有计划商品经济理论，发表的文章不胜枚举。当然，其中有些论点是可以讨论的。1989年下半年后，有人开始批判这些观点，从而引起了争论。

情况大致如下：

1986年，《经济研究》第10期刊登了薛暮桥《〈中国社会主义经济问题研究〉修订版日译本跋》的文章。文章第二部分是专门谈发展社会主义商品经济的。其中有这么一些话："唯物主义者对商品经济不应抱敌视态度。……在历史上商品经济跨越几个社会形态，对社会生产的进步起着巨大的推动作用。在奴隶社会和封建社会漫长岁月里，自然经济占统治地位，生产力发展很慢。在社会分工和商品生产发展逐步冲破自给自足的自然经济以后，生产力迅速发展，使小生产走向社会化大生产，造就了资本主义几百年的统治。在商品经济形式中社会化大生产的进一步发展超出私有制所能容纳的范围，又为社会主义提供物质基础。历史事实是没有商品经济的发展就没有社会化的大生产，而没有社会化的大生产也就不可能有社会主义的胜利。……拒绝发展商品经济，社会主义经济就不能顺利前进。"暮桥还不无遗憾地说，他这本书有些文章在这个问题上认识不够，直到体制改革开始以后，他才获得了新认识。

然而，就是这样一些观点，却遭到了胡钧的强烈批评。他发表在《教学与研究》1989年第6期的文章《正确认识商品经济的作用，打破商品经济的"神话"》，就是针对暮桥同志上述观点的。当然文章还批评了《光明日报》1985年8月10日一篇文章的观点，但主要是反驳暮桥的观点。胡钧的文章说："决定一种经济制度兴衰的是生产方式而不是交换方式"。"商品经济存在于各种不同的社会形态之中，商品关系不可能成为任何一个经济制度的本质关系。社会主义的本质关系是生产资料公有制基础上的等量劳动互换关系即按劳分配。"

按马克思的说法，是用计划经济代替商品经济。他认为商品经济在社会主义制度下是应当立即消亡的东西（他在后来的文章中讲，商品关系对社会主义建设事业造成了危害），怎么可以让它发展呢！这些我认为都是可以讨论的。然而下面的话就难以让人容忍了。他说，“商品经济的作用一度被夸大为人类历史发展的决定力量，从而演化出商品经济的‘神话’。其谬误在于把商品经济直接等同于资本主义经济，直接等同于生产力。”甚至说，“有人利用夸大商品经济的地位这一片面看法为反对公有制、发展私有制作理论依据。”这就无端地给暮桥同志扣政治帽子了。

我认真地阅读了薛暮桥这篇文章，觉得暮桥的观点没有错误。错误的恰恰是胡钧自己，他不仅把商品经济等同于资本主义经济，而且把商品经济同计划经济对立起来了。所以，谁要大谈发展商品经济，他就认为是发展资本主义、搞私有化了。

由于商品经济问题是社会主义经济理论中重大的问题之一，直接关系到社会主义经济发展和当前的改革，由于近年来确实出现了一股反对商品经济的思潮（例如：有人在文章中把货币骂为“魔鬼”；有人把当前社会经济生活中出现的种种问题，统统赖到发展商品经济上；还有的出版社出版的书中认为社会主义商品经济一无是处，对社会主义建设只能起瓦解、破坏作用，认为允许有计划商品经济是完全错误的；在一次研讨会上，有人提出，社会主义经济应概括为带有某些商品性质的计划经济，等等），如不引起注意，不仅会出现理论上的倒退，还有可能使原来那种排斥商品经济的旧体制复归，因而我便写了一篇《否定商品经济——一个值得注意的理论动向》的拙文，发表在《理论内参》1991年第1期上。但这篇文章只是提出问题，没有展开论证。为了弥补不足，接着我又写了一篇《社会主义商品经济面临的新挑战》，刊登在《经济研究》1991年第3期。文章把当前对社会主义商品经济的质难，归纳为这样三点：商品经济只是社会主义经济的外壳，而不是它的实质；说商品经济对于生产力的发展有巨大的推动作用，纯属夸大和吹嘘；当前经济生活中的种种困难和问题都是发展商品经济造成的。同时讲了我自己的观点。这些观点包括：商品货币关系存在于社会主义经济的全过程，是社会主义经济的实质所在；要建设强大的社会主义祖国，不发展商品经济是不行的；发展商品经济虽然可能带来某些副作用，但它的积极作用是主要的，正象《决定》所说，商品经济的充分发展，是社会经济发展不可逾越的阶段，是实现我国经济现代化的必要条件；必须按照有计划商品经济的要求改革我们的经济体制。

这期间，还有一些报刊发表了高度评价商品经济的文章。例如：《江苏经济探讨》第3期发表的毛系鋆文章：《正确认识商品经济的历史作用》，明确地说，如果让否定商品经济的观点蔓延，不仅会干扰社会主义的经济建设，而且会搅乱人们的思想。文章认为商品经济“是人类迄今发展生产的最强大推进器”。《人民日报》1991年3月11日发表的林若文章：《对发展社会主义商品经济的几点认识》，是从实践的角度谈自己的体会。文章说：“发展社会主义商品经济确实有意想不到的威力，它不仅促进了生产发展，为市场提供越来越丰富的商品，提高了群众的生活水平，而且促进了人们的思想解放。在发展商品经济的条件下，开放意识、时效观念、竞争意识、重视人才、重视科技、注重信息等一系列新观念，汇集成推动社会发展的新潮流，冲破了许多束缚生产力发展的条条框框，给经济运行机制注入了新的活力。”还有的文章是直接与胡钧商榷的。例如：慕锡凡发表在《延安大学学报》的文章，引证马克思、恩格斯的一系列论述，认为分工和商品经济的发展，对生产力确实有推动作用。周立群发表在《争鸣》的文章，认为商品经济是社会主义经济的内在属性，不同意胡钧把商品经济看成为表层的观点。

胡钧不赞成这些观点，很快就在《理论内参》第5期发表了同我商榷的文章。接着又在《中国社会科学》1991年第5期发表了《关于社会主义商品经济的几个认识问题》的长篇论著，继续批判薛暮桥和我的观点。但是我拜读这些文章以及他在《中国社会科学》1989年第6期的文章之后，恕我直言，不仅没有什么新鲜观点，而且充满了混乱，有些观点甚至倒退到了起码70年。因为他直到现在还认为，工资收入是“劳动券”而不是货币；认为马克思关于商品关系消亡的理论，“已经成为社会主义经济生活中的现实”。但是，他在《中国社会科学》发表的文章，确实带有一些理论色彩，不可等闲视之。

对于胡钧这些观点以及他在批判薛暮桥同志时的任意歪曲和无限上纲，卫兴华同志已经做了令人信服的分析（见《理论内参》1991年第8期卫兴华文章《批评错误与错误批评》，以及《经济研究》1991年第8期刊登的他在一个会上的发言），这里就不一一介绍了。

我想请读者注意的是，不要以为这只是我们少数学者之间的学究式的争论，它确实是关系到社会主义经济发展和改革的极为重大的理论问题，不讨论清楚是不行的。

为了把讨论推向深入，我想把胡钧等同我们另一些人的分歧再归纳一下。

1.在商品经济的作用问题上,胡钧认为,商品经济仅仅是被决定,它对生产的发展没有什么作用;而我们另一些人认为,商品经济的发展对生产力的发展确实有巨大的推动作用。

2.在商品经济的属性问题上,胡钧认为,商品经济等同于资本主义经济;而我们另一些人认为,商品经济同资本经济相结合就是资本主义商品经济,商品经济如果建立在公有制基础上就是社会主义商品经济。

3.在社会主义经济的本质问题上,胡钧认为,社会主义的本质是等量劳动互换关系,社会主义建立以后就要用计划经济代替商品经济;而我们另一些人认为,不能把按劳分配、计划经济同商品经济对立起来。尽管马克思讲过,随着社会主义公有制的建立商品经济即要消亡,但实践已经证明,商品经济不仅不会马上消亡,而且要大大发展。在这个问题上我们要发展马克思主义,而不能用马克思当年某些论述限制我们的行动。

4.在对商品经济本身的认识上,胡钧认为,商品经济只能显示一种特殊的交换方式,在社会主义公有制中处于表层地位;而我们另一些人认为,商品经济是商品生产和商品交换的总称,把它仅仅看成为交换方式而与生产方式对立起来是不正确的。在社会主义条件下,商品经济作为一种经济关系与公有制不可分割地交织在一起,共同构成社会主义经济的深层内的联系和基本特征。

5.在对发展社会主义商品经济的问题上,胡钧认为,这仅仅是党的政策,是现象形态,不是实质,实质是商品经济要消亡;而我们另一些人则认为,发展商品经济是不依人的意愿为转移的,党的政策不过是正确反映了这种需要罢了,商品经济不仅不会很快消亡,而且要大大发展。

不知胡钧是否同意这个概括。我是希望把争论的焦点弄明确为好。

二、公有制与商品经济兼容问题的讨论有进展

这个问题是在1987～1988年提出来的。当时,一些人的提法是:公有制特别是国家所有制同商品经济的发展存在着尖锐的矛盾,需要通过深化改革来解决。我在一些场合也讲过类似的观点。但是,这个命题很快为搞私有化的人所利用。因此,1989年下半年,有人便批判这个命题,从而引起了争论。

我认为这个命题是可以成立的。按照马克思的设想,随着公有制的确立,商品货币关系即行消亡。当然,他们说的公有制,是社会所有,并且是单一的、全部生产资料的社会所有。在这种公有制下,人们的劳动一开始就是直接的社会劳动,自然无须表现为商品了。这些在理论上是说得通的。其实,真正的国有制内部也不应该有商品货币关系。因为国家自己不能同自己相交换。问题是我们现实中的公有制并不是纯粹意义上的社会所有或国家所有制,因而它与商品经济的发展既有相联系、相适应的一面(不然的话,为什么所有社会主义国家,即使是曾经想消灭商品经济的国家,都没有消灭了商品经济呢！),又有尖锐矛盾的一面(如果没有矛盾,为什么许多的公有制企业活力不强,在市场上竞争不过私有制企业呢！)。改革就是要探索如何把我们的公有制搞好,使之更加适应商品经济发展的需要。

所以,在这个问题上,我们同搞私有化的人是可以分清界限的。搞私有化的人说,公有制同商品经济存在矛盾,是企图从根本上否定公有制;而我们另一些人说,公有制同商品经济存在矛盾,是敢于正视事实,目的是要通过改革,使我们的公有制充满活力,发挥社会主义制度的优越性。只是近年来人们在探讨这个问题中,为了避免引起误解,一般都采用了公有制与商品经济兼容的提法。这是可以的,即既承认现实的公有制形式同商品经济的发展有矛盾,又在一定程度上能够协调。着眼点仍然是改革,探索适合商品经济发展的公有制的实现形式。

但是,我始终不赞成公有制与商品经济相结合的提法。它们之间不是这样一种关系。正象人与气候的关系,是结合关系吗?不是,是适应与不适应,或相互适应的关系。或者如有的同志所说,社会主义经济可以包容商品经济,或者社会主义经济本身就是一种商品经济的内在机制或本质。怎么能说是外在的结合关系呢！

在公有制与商品经济如何兼容的问题上,一年多来讨论的进展主要表现在以下三个方面:

1.越来越多的人认识到,现实中的公有制,不论是全民所有制还是集体所有制,确实存在着诸多的产权关系不明晰、产权边界不清的问题。改革的重要内容之一就是要明确产权(财产权利)。这是发展社会主义商品经济的前提条件。因为只有产权明确,才可能有真正的市场主体,从而市场机制才可能顺利进行。正如有的同志所说,“市场体系的形成,是以存在不同的、边界清楚的产权主体为前提的。”但是,我们也要看到,直到现在,仍然有些同志反对产权关系不明晰的提法,把明确产权关系和产权人格化与私有化等同起来,认为明确产权就是否定公有制(见《真理的追求》1991年第11期的一篇文篇)。这说明在产权问题上人们的分歧还很大。在我看来,现实中产权关系不明晰的问题比比皆是,闭眼不承认是不行的。明确产权怎么就是否定公有制呢？难道公有的资产归属和权利义务等不需要明确起来吗？

2.许多人还认识到，在现代商品经济条件下，企业作为法人，必须拥有独立的、明确的财产，才能真正成为自主经营、自负盈亏、自我发展的商品生产者和经营者。从而才能彻底摆脱国家行政关系对企业的干预，实行政企分开，使企业具有活力。因此，"两权适当分离"应当过渡到"两权彻底分开"，使企业不仅有完全的经营权，而且要有法人所有权，国家只保留对国有资产的终极所有权。明确产权的最好形式是股份制，但是又不仅是股份制，责任有限公司也可以使国家只负投资的有限责任，使企业具有明确、独立的财产。只是在这个问题上人们的意见还很不一致，还需要深入探讨而已。

3.在如何增强国有大中型企业活力的讨论中，人们逐渐把企业活力理解为企业的竞争力，即企业适应市场的能力、企业的生存和发展能力。要把企业推向市场，让优胜劣汰的原则发挥作用。董辅礽同志在一篇文章中指出，必须以发展社会主义商品经济这个大前提下来考虑增强国有大中型企业的活力问题。让国有企业成为市场活动的主体，具有适应市场变化和参与竞争的能力，就要下狠心淘汰一批长期亏损、技术设备和产品十分陈旧，无法或不值得改造，无法或不值得挽救的国有企业。要让国有企业有作为市场活动主体所必须具备的各种自主权，同时应参照对其它非国有企业的办法向它们征税，政府作为国有企业的所有者可分取企业的一部分利润。（见《广州日报》1991 年 8 月 27 日《要按商品经济的要求增强国有企业的活力》）看来，实行倾斜，给企业开"偏锅饭"不是办法，开展平等的竞争才是出路。

以上情况说明，不论从理论上看还是从理论与实践的结合上看，公有制与商品经济兼容的讨论都是有进展的，人们对这个问题的认识在一步步地前进。但是，我们也不要把讨论进展，估计过高。因为讨论刚刚开始，许多问题还不清楚，也有一些细节还要在改革的实践中才能逐渐明确。

三、可否把市场经济作为资源配置的一种方式来看待

我国经济学界对于市场经济的讨论是随着有计划商品经济的概括的确立而引起来的。1986 年前后，有不少人认为，既然社会主义经济是有计划的商品经济，这无异于说，社会主义经济是有计划的市场经济。因为商品生产和商品交换离不开市场。只不过商品经济的说法带有从本质上表述的意思，而市场经济的提法则是从表层上概括。只承认社会主义经济是商品经济而不承认社会主义商品经济是市场经济，这种观点是不彻底的。但这种看法从一开始就为卫兴华等人所反对。他们认为，市场不等于市场经济，市场经济是一个制度性概念。在一些资产阶级经济学家看来，市场经济就是建立在私有制基础上的资本主义经济；西方有些研究机构也往往这样使用市场经济概念，把资本主义国家称为自由市场经济国家，而把社会主义国家称为中央计划经济国家。在这种情况下，我们有什么必要一定要把发展社会主义商品经济，发挥市场机制作用，等同于发展社会主义市场经济呢？

近一两年来，持这两种不同观点的人继续开展争论。卫兴华、胡代光等人不仅反对社会主义市场经济的提法，而且写文章讲，中国决不能搞市场经济。高狄发表在《人民日报》1990 年 12 月 17 日的文章说，"市场经济，就是取消公有制，这就是说，要否定共产党的领导，否定社会主义制度，搞资本主义。"但缺乏论证。而影响大、有论证的是卫兴华发表在《北京日报》1990 年 11 月 3 日的文章。

与此同时，赞同市场经济提法的人也发表了自己的观点。例如：薛暮桥在一次回答记者的采访中说，商品经济与市场经济，有计划的商品经济与有控制的市场经济，"本质相同，都不能等同于资本主义，只要保持生产资料公有制为主"（《特区时报》1991 年 1 月 11 日）。吴敬琏则说，"正如商品生产和商品交换可以存在于不同的社会中一样，市场经济也并不是资本主义的专有物，并不必然要以财产私有和西方民主为前提。市场经济是可以建立在实现形式经过改革的公有制的基础上和以社会主义民主为政治外壳的。"（《经济学人》1991 年 1 月 6 日）他还在另一篇文章中指出，"市场经济"一词，是在 19 世纪末期新古典经济学兴起以后才流行起来的。其涵义"是指在这种经济中，资源配置是由市场机制来引导的"。市场经济"无非是货币经济或商品经济从资源配置方式角度看的另一种说法。"尽管传统的社会主义理论往往把计划经济当作社会主义经济的同义语来使用，而把商品经济或市场经济当作资本主义经济的同义语来使用，并把国民经济的运行方式与运行状态相混同。"但是，对于生活于现代的我们来说，这并不能成为不努力根据实践经验来修正原有的认识，使之符合实际的理由。"（《改革》1991 年第 1 期）

把市场经济和计划经济都作为资源配置的两种方式来看待，而不是当作制度性概念来使用，这不仅符合这两个概念形成时的本来含义，而且对于进一步解放思想有积极意义。正如皇甫平在《解放日报》1991 年 3

月2日文章《改革开放要有新思路》中所说："有些同志总是习惯于把计划经济等同于社会主义，把市场经济等同于资本主义，认为在市场调节背后必然隐藏着资本主义的幽灵。随着改革的进一步深化，越来越多的同志开始懂得：计划和市场只是资源配置的两种手段和形成，而不是划分社会主义与资本主义的标志。资本主义有计划，社会主义有市场。这种科学认识的获得，正是我们在社会主义商品经济问题上又一次重大的思想解放。"这种认识，我认为不论从对多年来形成的传统理论来说，还是对前期的讨论多半停留在概念之争来看，都是一个进展。只是这个认识还没有为所有人所接受，有些人还明确地加以反对，说明在这个问题上的争论还要继续下去罢了。

对国有资产管理问题讨论的评述

刘 国 良

国有资产管理是我国经济体制改革中的关键问题，近年来一直受到理论界的关注。当前的讨论，主要集中在国有资产管理状况和存在问题，国有资产管理体制改革的重点，国有资产管理新体制、新方法的构建等问题上。

一、国有资产管理状况和存在的问题

理论界比较一致的看法是，我国10多年来的经济体制改革取得了巨大成绩，但是，尚存在许多问题，突出的是国有资产管理体制改革严重滞后，国有经济活力不足，主张积极推进国有资产管理体制改革。比较有代表性的观点有：

王珏认为，我国十年改革在经过放权让利、两步利改税、承包经营责任制改革后，企业具有了部分经营自主权，市场得到了初步发育，经济效益有所提高，但是这种行政性放权的改革并未触动传统国有资产管理体制的病根，在旧的格局下又出现了新问题。(1)企业财产边界不清，产权约束乏力，企业行为短期化；(2)由于财产终极所有权与法人所有权的分离工作进展缓慢，企业既没有自主经营的权力，又没有自负盈亏的财力，造成企业将市场运行中的利益留给自己，风险推给国家，企业行为被扭曲；(3)行政性分权后，过去的资产条块分割、行政垄断的体制不仅没有改变，而且得到了某种程度的增强。上述情况导致企业"造血"机能衰退，利润下降，积累减少，技术进步动力不足，分配向个人方面过分倾斜，企业折旧基金不足，有些企业面临空心化危险。因此，我们在改革与发展进程中迫切需要完成的一项重大任务，那就是改革国有资产管理体制。

高尚全认为，传统国有资产管理体制赖以存在的制度基础至今尚未得到根本改造，所以目前仍在影响和制约着我国经济的发展和改革的深化。这些制度基础可以概括为：(1)缺少国有资产人格化代表，财产关系不明晰的公有制财产占有制度；(2)产权关系单一，所有权与经营权集中于国家一身的传统公有制产权制度；(3)没有独立的产权，缺乏对自己经济行为负责的财产保证，企业不是独立的商品生产者和经营者的制度；(4)国有资产非价值化、非商品化的实物管理制度。显然，以上几方面的制度改革属于深层次的、难度较大的改革。从某种意义上说，这些方面的改革对于推动整个经济体制改革具有牵一发而动全身的作用，必须积极稳妥地进行。

我认为，国有资产管理体制改革滞后，是当前我国经济发展中的深层次问题，这个问题不解决，国有企业活力不强以及我国经济发展中的许多问题都难以解决。解决的办法是积极推进国有资产管理体制改革。应当看到，经过三年多的治理整顿，目前我国出现了经济稳定、政治稳定的大好形势，为深化改革创造了条件。我们要抓住有利时机，适当加快国有资产管理体制改革的步伐。

二、国有资产管理体制改革的重点

推进国有资产管理体制改革，重点应当放在哪里？理论界比较一致的看法是：政府双重职能分离；产权机制进入企业。

理论界普遍认为，政府的社会行政管理职能与所有者职能不分，既是部门所有制、地方所有制存在的根源，也是政企不分、所有权与经营权难以分开的根源。在政府双重职能不分的情况下，各级政府和部门都具有双重身份，既是企业的所有者，又是经济行政管理者。这样，政府在管理企业的活动中，就很难分清所有者行为与行政管理者行为的边界，并必然发生用行政手段执行所有者职能和以所有者权力达到行政目的的行为。在双重职能不分的条件下，无论是集权还是分权，只能在地方、部门权力大小上作出取舍，而企业作为商品生产者所要求的权力却不会有什么实质性变化。

有的认为，所有者权力的存在，要以拥有资产经营收益的分配决定权为条件。人们占有一定生产资料的目的，是通过对生产资料的占有来取得一定的物质利益，生产资料的所有权与经营收益的分配两者是不可分离的，所有者失去或放弃这一权力，也就不成其为所有者。所以，只要实行两种职能一体化，各级政府和部门作为本地区、本部门国有资产的所有者职能执行者，就必然对企业生产经营进行这样那样的干预，企业成为政府附属物的地位就难以改变。同时，政府双重职能一体化，也与设立国有资产管理局，对国有资产实行专业化管理的改革要求相矛盾。因为在宏观管理上把两种职能捆在一起，进行行政性分权，各经济主管部门都可以执行所有者权力，当然，国有资产专业化管理的改革也就无从谈起。总之，只要政府双重职能一体化不改变，无论国有资产的宏观体制或是微观体制，都不可能有所创新，这就是当前国有资产管理体制改革步履艰难，难以到位的症结所在。要开创国有资产改革的新局面，只有紧紧抓住这一主要矛盾，以两种职能分开为突破口，方能实现。

如何实现政府双重职能分离？理论界比较有代表性的观点是，宜实行"一府二线"的组织形式。即在政府内设置一套机构管理社会(包括象管理外资企业和私营企业那样管理国营企业)，同时设置另一套机构或建立另一个系统，管理企业内的国有产权。这样做，一方面可以通过经济规则(包括分配方式)真正建立国有产权的管理体系；另一方面，又能保证政府的社会管理部门集中精力搞好宏观管理及其改革，以改变某些政府部门"种了企业的田，荒了自己的地"的现象。

许多人认为，国有经济缺乏生机和活力，从微观上说，主要是企业内部缺乏产权约束和激励机制，企业不是所有权主体，不承担财产责任。这就从根本上软化了企业的预算约束，淡化了企业的经营风险和责任，弱化了企业的积累意识。现在，大量存在的企业短期行为，争投资、争项目，负盈不负亏，收入分配严重向个人倾斜等问题，根源概出于此。目前，国家对企业采取的各项管理措施(包括实行承包制)大都是一种企业外部制约，其作用必然有限。要解决企业活力问题，从根本上说，必须通过国有资产管理体制改革，使所有权进入企业内部，在企业内部形成自我激励和自我约束的机制。

产权机制如何进入企业？比较有代表性的观点是：(1)通过产权的双重化，将资产终极所有权与法人所有权相分离。确立企业的法人所有权地位和权力，使企业可以支配全部财产，并对企业经营活动作出全权决策；迫使政企分开，政府资产所有者的职能与社会管理者的职能分开，形成资产终极所有权对整个国有资产运行的有效监督。(2)在企业内部形成权利制衡机制。办法是：董事会行使法人所有权，决策企业中长期经营目标；经理负责企业的日常经营活动；职工代表大会代表全体劳动者的利益，参与企业重大决策。在企业内部形成法人所有者、经营者和劳动者的权责利统一的相互制约机制，保证企业行为合理化。(3)企业具有独立财产支配权，并对财产运营负全部责任。收益与风险、权利与责任相对称，真正实现企业的自负盈亏。

许多人认为，产权机制进入企业的最佳组织形式是股份制。它可以形成一种新的经济运行机制，使企业财产和经济活动正常运转。(1)股份制的双重产权运行可以强化国有产权约束功能，建立新的产权约束机制；(2)股份制的股票可以流通，有利于建立资源合理配置的调节机制；(3)股份制多元产权集合功能，使企业内部建立起权力制衡机制；(4)股份制所有权的两层次分离，有利于塑造国有企业市场主体的地位。

我认为，目前理论界把政府双重职能分离，产权机制进入企业作为国有资产管理体制改革的重点的认识是完全正确的。目前，有的人虽然赞同政府双重职能分离，但又担心国有资产专职管理机构管不了全国几十万户国营企业。我认为，在对国营企业管理上，国有资产专职管理机构的管理与以往行政主管部门的管理有根本上的不同。以往主管部门对于国营企业的管理是直接管理，即企业的产供销、人财物都由主管部门管理。国有资产专职管理机构则是按照新的管理体制和方法来管理，即主要是通过各级、各类中介性经营机构，用经济手段来管理国营企业。国有资产专职管理机构主要是管方针政策制定和实施监督，在建立所有权约束机制的同时，放开企业经营。

三、国有资产管理新体制和新方法的构建

理论界从不同的角度出发，对国有资产管理新体制和新方法的构建，提出许多颇有见地的设想。这些设想，大体上可归纳为以下三种：

1. 占主导地位的观点认为，构建国有资产管理新体制的要点是：(1)要在国家的社会管理职能和所有权管理职能分开的基础上，强化所有权的专职管理，逐步建立从中央到地方的国有资产管理体系，分别代表中央和地方各级政府行使国有资产所有者的职能；(2)中央和地方政府的国有资产管理部门一般不直接经营资产，而是按照所有权同经营权适当分离的原则，以多种方式授权或委托各类中介性产权经营组织或企业经营;(3)中介性国有资产经营组织依据产权关系向企业派出产权代表,在企业内部形成所有者、经营者、劳动者职责分明,权利和义务对称的相互激励、相互制约的机制;(4)要对众多的国营企业逐步实行公司化改造,广泛发展国有资产的交叉持股经营。国有资产的不同经营主体之间可以合股投资,相互转化产权,允许中央和地方在一个企业内部交叉持股。关系国家经济命脉的重要企业,主要由中央投资或控股,其它企业地方可以控股,产权收益按股权比例分配,并分别纳入中央和地方的建设预算。

与之相适应的国有资产管理方法是:(1)逐步分开企业的商业性目标和社会性目标,绝大多数国有企业必须以盈利为主要目标,按资金利润率进行考核;(2)每个国营企业都从其法人财产,承担有限责任,独立从事生产经营,自负盈亏,自我约束,自我发展,对所有者负有不断提高资产运量效益和扩大资本积累的经济责任;(3)国有资产管理部门通过产权经营组织,依据产权关系对企业经营绩效,主要是投入产出的全过程进行监督、考核、评价和奖惩;(4)国营企业要在市场中同其它企业进行平等竞争,优胜劣汰。

2.认为应通过逐步推进的三个阶段,最终建立起置于人民代表大会领导下的国有资产管理体系。持这种观点的人认为,近期,国有资产管理体制改革的重要内容是完善承包制,建立有企业主管部门、财政、同行业代表等组成的行业性发包委员会,同各级国有资产管理部门签订国有资产管理合同,按合同上的规定比例与国有资产管理部门分享收益。中期,随着政企分开,承包制向股份制的过渡,逐步取消企业发包委员会,建立国有资产管理局——国有资产经营公司——股份制企业三个层次的国有资产管理体系。长期,我国国有资产管理体制应在实行股份制的基础上有较大改革。其要点是:在各级人民代表大会下设全民财产委员会,代表全体人民管理全民财产,按照投资来源而不是按地域划分国有资产范围,主要采取委托中介机构进行经营的方式,并凭其产权相应取得资产收益。全民财产委员会只管全民所有制经济,不管社会经济。各级政府通过宏观调控方式管理全社会经济,取得税收,但不再直接管国有资产及其收益。

以上两种观点所设想的国有资产管理目标模式有很大不同。但都认为,在国有资产经营上应形成国有资产管理机构——国有资产经营的中介性组织——法人企业这样有机联系的三个层次。也有一些人不赞成这种观点。认为,应当由国有资产管理部门直接委托企业(主要采取股份公司形式)行使企业层次上的所有权,切忌在国有资产管理部门和企业之间建立各种形式的中介性管理机构,以免重新把全民所有制企业在经营权和投资权两个方面束缚起来。

3.认为应建立在保持所有权统一前提下的国有资产分层管理体制。持这种观点的人认为,从保持国有资产管理权的全民性和统一性出发,应在国务院下设一个同所执行的职能相适应的有权威性的国有资产管理机构,在政府统一领导下相对独立地行使职权。国有资产管理机构要象中央银行那样,在全国不同层次的中心城市设立自己的分支机构。这样做,主要是便于管理,属纯经济的需要。这种分支机构无论设在何处,都不能破坏国有资产所有权的统一性,在业务上必须是独立的。国有资产应分别不同情况,实行直接管理(指特殊重要的大中型企业)和间接管理(指大多数竞争性国有企业,办法是实行法律所有权同经济所有权相分离),而以间接管理为主要形式。

以上三种观点,各有所长,而且都体现着强烈的改革思想。从方案的完整性和可行性来说,我更倾向于第一种观点。国有资产管理新体制、新方法的构建,是我国经济体制的重大改革,必须要触动现行经济关系和利益格局。对此,我们要有充分的认识。

四、尚待深入研究的问题

尽管国有资产管理问题的研究有了进展,但仍有一些问题尚需进行深入研究。比如:(1)社会主义有计划商品经济条件下,公有制产权理论的构建与实现形式问题;(2)在国有资产管理中,中央与地方的关系问题;(3)在实现政府双重职能分离条件下,国有资产专职管理机构与社会行政管理机构的关系问题;(4)在过渡时期内,国有资产专职管理机构与财政、计划、行业主管部门的关系问题;(5)在国有资产经营使用过程中,所有者、经营者、使用者之间的责任、权力、利益关系问题;(6)在国有资产管理上,将所有权分解为终极所有权与法人所有权的必要性及相互关系问题;(7)在社会主义有计划商品经济条件下,国家投资的管理方式、国有资产的流动及优化配置问题;(8)国有资产专职管理机构与国有资产经营中介机构、企业之间相互关系问题;(9)国有资源性资产所有权在经济上的实现形式及加强管理的可行途径;(10)企业集团的公司化改造与国有资产管理问题;(11)我国国有资产价值量真实反映的办法与合理补偿政策的制定;(12)国有资产所有权界定,特别是集体所有制企业中国有资产界定问题;(13)国营企业经营机制转换问题等等。

城镇集体经济实践中的产权问题

唐 宗 焜

进入90年代以来，城镇集体经济研究逐步趋向深化，其标志是在80年代对集体所有制一般问题研究成果的基础上把重心移到了对集体企业产权问题的具体探讨上。这是同集体经济的改革和发展进程紧密相联的。一方面，改革以来，各种组织形式的城镇集体经济突破国有经济一统天下的传统体制而获得了迅速发展，集体经济在城镇中已经成为仅次于国有经济的第二大经济力量，同国有经济一起作为社会主义公有制经济的基本组成部分构成了多种经济成份并存的所有制结构的主体。另一方面，由于受到尚待深化改革的整个经济体制的牵制，城镇集体经济改革和发展的每一步都碰到体制和政策上的障碍，步履维艰，迄今仍未根本改变传统体制下形成的对国有经济的依附地位。这两方面情况的综合，使城镇集体经济当前面临着若不改革和理顺其产权就难以深化改革和进一步发展的局面。正是在这样的背景下，集体企业产权问题引起了从事集体经济理论研究和实际工作人士的普遍关注。中国合作经济学会等学术团体和一些集体经济刊物从不同侧面分别组织了对这个问题的讨论。讨论中涉及的问题比较广泛。本文拟就其中一些主要问题谈点个人看法。

一、集体所有制与集体企业产权

集体所有制是集体企业产权的基础，集体企业产权是集体所有制的受法律确认和保障的实现形式。产权作为以财产为客体的各种权利的总和，不仅包括财产所有权，而且包括占有、使用、收益和处分等所有权的各种权能。集体所有制这种在集体范围内劳动者同生产资料直接结合的社会形式，它的实现表现为劳动者集体对生产资料和产品的所有权。同时，劳动者集体作为所有权主体直接占有即实际控制其资产，为实现该集体的经济目标而使用它的资产，从集体经营和劳动中获得的收益则在集体内进行分配即用于资产增殖和个人收入，并以独立的商品生产者身份同其它组织或个人发生契约关系，按自愿让渡原则处分其资产。这就是劳动者集体的所有权和自主经营、自负盈亏、自我积累、自主分配的统一。

然而，在实践中集体企业这种产权经常受到侵犯而未能得到法律的有效制止，这除了由于缺乏明确、具体的法律规范以外，还有更深刻的体制上的原因。因此，尽管现在有了我国关于城镇集体企业的第一部综合性行政法规《城镇集体所有制企业条例》(1991年9月发布，1992年1月1日起施行)，为依法保护集体企业产权提供了依据，但是，它的真正落实还有赖于集体经济体制以及相关体制的改革深化，集体经济的所有制关系和产权关系的理顺。

二、政企关系与集体企业产权

政企不分是导致集体企业产权模糊并经常受侵犯的体制根源。而政企不分本身又有其形成的历史原因。我国在50年代对资本主义工商业的社会主义改造时，曾经总结出一条经验，就是在原料供应和产品销售两头卡住其流通领域，就能迫使其不得不接受改造，通过公私合营改造成国营经济。遗憾的是，在国营经济占统治地位的条件下，这条经验事实上也被推广到了对待集体企业，尽管这种推广未必是自觉的。正是因为国营经济控制了原料供应和产品销售，并实行原料和产品的行政分配，就使集体企业难以维持其固有的独立商品生产者地位，不得不屈从于国营经济，进而接受政府的行政控制，纳入政企不分的轨道。

政企不分造成行政权对产权的侵犯。这种侵权的表现形式多种多样，诸如：(1)政府委派企业领导人，剥夺了集体企业所有者选择企业经营者的权利；(2)在生产经营上，政府决策代替企业决策，取消了集体企业的经营自主权；(3)政府收缴企业本该用于扩大再生产的利润，侵犯了集体企业的收益权和投资自主权；(4)政府强制集体企业实行固定工资制度，并规定其工资标准必须低于国营企业，使集体企业的分配自主权化为乌有；(5)政府依靠行政命令按行政层次上收集体企业或在不同行政系统之间划转集体企业，直接侵犯集体所有权；(6)政府强制某些集体企业转变或过渡为国营企业，从根本上剥夺集体企业所有权。

改革以来，集体企业政企不分的状况有所松动，但是迄今尚未根本改变。这是集体企业深化改革的主要障碍。而改革政企不分的体制又必须突破有关体制的牵制。

三、集体企业产权与补偿职能、积累职能

集体企业的补偿职能和积累职能的实现是集体企

业产权的重要组成部分。

积累职能是所有者的职能，而积累就是利润的资金化。集体所有制经济的积累职能只能由集体经济组织的劳动者集体来承担，不能、也不应由国家或政府来承担。在我国，国家只给国有企业投资，不给集体企业投资，这个界限历来都是明确的。但是，集体企业和国有企业在财政上缴义务上的区别却并不明确。国有企业的财政上缴义务，无论“利改税”以前利税合一于利润上缴或“利改税”以后利税合一于税金上缴，事实上包含着体现国家政权职能的税收和国家作为所有者的投资收益两部分。国家既然不给集体企业投资，集体企业的财政上缴义务当然只应包含前者，而不包含后者。目前，集体企业和国有大中型企业尽管实行不同的所得税制，前者为八级超额累进税制，最高税率55%，后者为税率55%的比例税制，然而，集体企业所得税的平均实际负担率，据许多城市的二轻系统统计，都在50%以上，同国有大中型企业的所得税率55%相差无几。而且，在国有企业于1987年普遍推行承包制，因而降低所得税实际负担率以后，财政部门还发文规定集体企业不得承包所得税，这样就使集体企业所得税的实际负担率反而高于国有企业。所以，现行集体企业所得税制事实上把集体企业应留作自身积累的利润也上缴给了国家财政。这是集体企业普遍缺乏自我投资能力的基本原因。

同时，城镇集体企业(除街道企业和合作商店)还要以税后利润的15%缴纳国家能源交通重点建设基金，10%缴纳国家预算调节基金。这不仅把集体企业本已不多的留利又收走了25%，而且混淆了集体所有制和国家所有制的界限。国家能源交通重点建设基金和预算调节基金本来是对国有企事业单位和地方政府等预算单位的预算外资金的一种调节，即以一部分预算外资金来补预算资金的不足。集体企业不是预算单位，国家向它征收“两金”，就不是把国家资金从预算外变成预算内，而是把集体资金变成国家资金。而且，在非国有经济中，对其它经济成份并不征收“两金”，唯独对城镇集体企业征收，这就把城镇集体企业摆在比它们显然不利的竞争地位。

更不合理的是，城镇集体企业的固定资产折旧基金也要以其1/4缴纳国家能源交通重点建设基金和预算调节基金。折旧基金是企业资产存量的组成部分，属于企业的老本。集体企业只能靠自己的折旧基金补偿已损耗的固定资产。对集体企业的折旧基金征收“两金”，就是把集体企业的补偿基金变成国家财政收入。这是对集体企业产权的直接侵蚀。

四、集体企业资产增殖中的劳动贡献与集体企业产权

劳动者在集体范围内共同占有生产资料和共同劳动的统一是集体所有制经济的本质属性。集体资产的增殖是二者在他们统一支配下相互结合的成果。他们的劳动是创造价值的源泉，他们所有的生产资料及其货币形态资金又是他们的劳动创造价值的必要物质条件。集体资产增殖成果既然来自他们的劳动贡献和资金贡献的统一，就理应归他们这个劳动者集体所有。

问题是城镇集体经济在历史上由于“升级”、“过渡”和改自负盈亏为统负盈亏等折腾而搞乱了产权关系。许多集体企业是当地主管局用统负盈亏时期集中所属集体企业的税后利润投资兴办的，这些企业的资产不宜只归本企业成员共同所有。同时，企业隶属关系和成员也有不少变化，主管局投资于某个企业的具体资金来源现在已难以在所属企业间划分清楚。在这种情况下，近年来各地采取的处理办法是，经过清产核资，把这些资产划归联社所有。这样划分归属尽管不尽合理，却尚属可行。然而，它只顾及了初始投资及其增殖，忽视了本企业成员的劳动对资产增殖的贡献，没有把与此劳动贡献相应部分的资产界定为该企业劳动者集体所有，这就有违于劳动者的资金联合和劳动联合相统一的集体所有制经济的本质属性，有损于集体企业产权。

这一点，在清理国有企事业单位扶持兴办的集体企业的资产归属时更需注意，因为它涉及两种不同的公有制之间的界限。集体企业使用国有企事业单位的扶持资金必须实行有偿原则，不能化国家所有为集体所有。同样，在划分资产归属时，也不能损害集体企业产权，化集体所有为国家所有。国有企事业单位扶持了集体企业，集体企业也为扶持单位做了贡献，并履行了社会义务。扶持资金，凡当初没有明确是投资关系还是借贷关系的，现在处理以作为集体企业向扶持单位的借用款为宜，按双方约定偿还。扶持资金作为扶持单位投资的，在划分现有资产的归属时，也应顾及集体企业成员对资产增殖的劳动贡献。

五、职工持股与集体企业产权

近几年，一些地方在集体企业推行了“股份合作制”试点。试点内容是，在企业资产中形成股权结构，一般分为企业股(集体股)和个人股。企业股或集体股是由企业历年积累的资产折成的股权。个人股主要由企业成员以现金入股构成，称为个人投资股；也有一些企业同时把近几年新增积累的一部分按各成员劳动贡献大小折股到个人名下，但个人不能把它取走，只是作为

分红的依据，称为个人积累股。企业股在股份制意义上是不规范的，但对集体所有制来说就是集体积累。个人积累股实际还是集体共有，只是按份共有而已。成员个人投资入股，适当分红，更是合作制本身的要求。所以，上述内容的股份合作制，实质就是集体所有制形式的合作制。试点地方和企业称它为股份合作制，是为了强调集体成员的入股或持股，以区别于改革以前的模式。实践表明，集体企业成员入股或持股是集体所有制经济的一种比较有效的产权形式，它的试行增强了职工对企业经营的关心，提高了企业效率。

但是，股份合作制概念在实践中也存在着涵义混淆的问题。除了上述集体企业的改革措施，有些地方对私营企业和个体户只是按其税后利润的一定比例提取少量公共积累，其它经济关系都无改变，也称为股份合作制。其实这是两种性质有别的经济形式。前者是劳动者在集体范围内的劳动合作和资金合作的统一，而以劳动合作为基础，不存在雇佣劳动。后者并不以劳动合作为基础，而是容纳雇佣劳动，且在资金方面基本上也是各自分离，只是在提取少量公共积累上有一定联合。

有些地方在集体企业改革中也有把股份合作制混同于股份制的做法。其实，合作制和股份制无论在产权结构还是运行机制上都是不相同的。合作制的股金是合作经济组织的成员实现劳动联合的条件。股份制的股金只是体现股东对企业的投资关系，股东和企业的劳动者一般是分离的。合作制实行其成员一人一票制的决策原则，股份制则实行按股权多少分配投票权的决策原则。

城镇集体企业改革的基本方向是，它的成员入股或持股的合作制，不是股份制。某些集体企业如果转成股份制企业经实践证明确实更有效率的话，在保护集体企业原成员合法权益的前提下也不妨转变为股份制企业，但是，它就不再是集体所有制企业了。

六、信贷、税收与集体企业产权

近年来，在清产核资中有关部门提出了集体企业税前还贷中相当于应纳所得税部分以及其它减免税的产权归属问题，主张将它们视同国家投资，连同历年投资收益一起，划归国有资产。这种主张在社会上引起了强烈反应。

要解决税前还贷的资产归属问题，首先要分清投资与信贷两个范畴。投资形成的企业经营资金是不能抽回的，它要在再生产过程中不断循环并增殖。只要投资关系没有终止，投资者始终要对投资风险承担责任，同时有权获取投资收益。信贷形成的债权、债务关系，在债务人履行了偿债付息义务后，即告终止，债权人再无索取投资收益的权利，也不对投资风险承担责任。在负债投资情况下，投资主体是债务人，而不是债权人。集体企业利用银行贷款进行技术改造的投资，同集体自身的劳动直接结合起来而形成并增殖的资产，是集体所有的资产。

至于减免税与资产归属之间的关系问题，则不能脱离税收的本质和功能来讨论。税收是国家凭借政治权力强制征收的贡款。依法纳税和依法减免都是纳税人与政府之间的法律行为。政府通过减免税解除的企业纳税义务，具有法律效力，没有再追索的理由。相当于减免税金额的那部分留在集体企业里的资金本是集体所有的资产，并没有由于减免税而发生所有权的转移，因而没有任何经济的或法律的根据转变成为国家投资。同时，减免税是政府运用税收政策调节经济的一种手段。事后追索无异于对既有减免税政策在实际生活中已经发生的良好调节功能的事后否定，势必引起人们对今后类似政策的怀疑，造成社会经济生活的紊乱。

税利分流和分税制问题讨论的述评

王 绍 飞

税利分流和分税制是有区别又有密切联系的两个问题。其区别在于：税利分流主要是讲国家和国营企业的分配关系；分税制主要是讲中央和地方政府的分配关系。其联系在于：税利分流是实行分税制的前提；分税制是促进税利分流的条件。二者的有机结合构成现实经济生活中利益分配机制的主导环节，在整个经济体制改革中占有重要地位。从某种意义上讲，国家和国营企业的分配关系及中央和地方政府的分配关系始终是我国经济体制改革的焦点。

一、税利分流的理论和实践

税利分流是针对税利合一的各种弊端提出的深化经济改革的一项重要措施。经过几年讨论，得到了理论界和实际部门多数人的认同，当然也有少数人持反对意见。理论界对税利分流的讨论主要集中在两个方面：

(一)税利分流的理论依据

在多种所有制并存的经济结构中,税利分流是发生在国营经济中的特殊问题,与其它经济成份没有关系。国家与其它经济成份的企业和个人的分配关系历来是,国家征税,税后利润归企业和个人,不存在税利合一现象,也不发生税利分流问题。只有在国营企业才形成国家职能和所有者职能的混淆,造成税利合一。在旧体制条件下,国营企业实际上是政府的附属物,企业的生产由国家统一安排,产品由国家统一分配,实行统收统支的产品经济,税利合一有其客观必然性。但是,在多种所有制并存的商品经济中,国营企业必须作为独立的商品生产者和经营者具有自主经营能力,才能面向市场适应商品经济发展和市场变化的需要。这就要求按照商品经济发展的需要,在对待国营企业的问题上,区分国家和所有者的不同经济职能,实行政企分离;按照国家征税、税后利润归企业的原则改革国家和国营企业的分配关系,实行税利分流,使国营企业和其它经济成份的企业一样具有支配税后利润的自主权。这是使国营企业成为商品生产者和经营者不可缺少的条件。如果在多种所有制并存在经济结构中,国家对其它所有制形式的企业都是而且只能是按照税利分流原则,实行国家征税,税后利润归企业的政策,而只对国营企业实行税利合一,把国营企业的税后利润统统收归国家财政,那就必然会使国营企业在市场竞争中处于不利地位,削弱国营企业自我发展的能力,使国营企业的经营陷入缺乏财力、失去活力的困境。这已为近几年国营企业活力不足,经营困难的实践所证实。

从经济上讲,税利分流是区分国家职能和所有者职能、实现两权分离的经济标志。税收体现国家职能;税后利润体现所有者和经营者的职能。至于税后利润在所有者和经营者之间如何分配,这是企业管理体制研究的问题,与国家职能没有直接联系。概略地讲,税利分流的理论依据是:(1)按照商品经济发展的客观要求,在多种所有制并存的经济结构中,必须正确区分国家和所有者的不同职能,才能保持国营经济的主导地位,促进各种经济成份协调发展;(2)在商品经济中,只有使国营企业和其它经济成份的企业在平等纳税的基础上展开竞争,并使国营企业和其它企业一样具有支配税后利润的自主权,才能使国营企业具有自立经营能力,适应市场变化的需要,发挥国营企业的优越性。

反对税利分流的人则认为,国营企业归国家所有,国家对国营企业只能以所有者的身份取得利润,不能征收所得税,因为国家不能对自己征税。这是50年代搞产品经济时的老观点,在承包经营体制中重新泛起。也有个别人认为,税利分流是资本主义国家的做法,社会主义国家不能采用。这当然是一种违反常识的看法。

(二)实行税利分流的目的或宗旨

为什么要实行税利分流?税利分流对经济改革和经济发展有什么意义?这是讨论税利分流问题的出发点,也是讨论的焦点。

多数人认为,税利分流的目的是理顺国家和国营企业的分配关系,转换经济机制,为建立计划与市场相结合的运行机制创造条件。计划与市场相结合涉及整个经济体制的改革,需要有一系列深化改革的措施相配合,税利分流是建立计划与市场相结合的运行机制的重要条件。从参与经济运行的主体来看,所谓计划实际上就是国家利用财政、税收、金融、物价等经济杠杆对微观经济的导向和制衡作用,即宏观控制;所谓市场实际上就是企业自主经营过程发生的买卖关系。计划和市场相结合,就是既要国家导向和制衡,避免全社会的无政府状态;又要发挥企业自主经营的积极性,避免政府过多的行政干预,使企业失去活力。在所有制性质已定的前提下,只有从调整利益分配入手造成一种互相制约的经济机制,保证企业有充分的活力,又有自我约束的条件,使企业的经营与国家导向趋于一致。

税利分流的意义就在于为建立这种机制提供条件:(1)税利分流,即国家征税,税后利润归企业,可以在实践中区分两种不同的经济职能,理顺国家和国营企业的分配关系,使国家利益和所有者的利益有不同的体现形式,为两种利益关系的协调发展创造条件;(2)税利分流,使国营企业和其它企业一样具有支配税后利润的自主权,具有自我发展的能力,为搞好国营企业提供可能;(3)税利分流为制定统一的企业所得税法,平衡各种经济成份的税收负担,为各种经济成份的企业在平等纳税的基础上进行竞争创造条件;(4)税利分流为取消税前还贷,改革投资体制,建立企业投资对税后利润的依存关系,塑造企业自我约束机制创造条件;(5)税利分流可以使国家财政和企业经营转入同步运行轨道,消除目前承包体制中人为的矛盾。总之,税利分流关系到深化改革的历史进程,不是单纯的财政问题。

当然,在主张实行税利分流的人中,也有些人认为税利分流的主要目的是改变国民收入分配向企业和个人倾斜的偏向,提高财政收入在国民收入分配中的比重,增加国家财力。反对税利分流的人正是抓住这个问题作文章,认为税利分流会进一步加重国营企业的财政负担,使企业的经营更加困难,引起企业的反对,给税利分流增加困难。

理论上的分歧来自实践，反映了企业、部门以及中央和地方之间的现实矛盾。从1987年开始，在大面积推行承包经营的同时，许多地方在搞“税利分流、税后还贷、税后承包”的试点，从不同角度出发对试点的情况反映不一。从试点的实践来看，实行税利分流有两个问题需要研究：一是国营企业的税后利润能不能归企业支配，是否还要上交国家财政？如果说国营企业的税后利润归所有者，由谁代表所有者参与国营企业税后利润的分配，这涉及到企业管理体制和国家机关的调整，在这里不能展开讲。简单地讲，按照税利分流原则，国营企业的税后利润不能再直接上交国家财政，应由国营企业的所有者和经营者支配。如果国营企业的税后利润仍然上交国家财政，税利分流就会徒有其名，没有任何实际意义，最后只能是税利合一。至于国营企业的税后利润如何分配，我认为毛泽东同志在50年设计的“四马分肥”原则可供参考。二是税前还贷问题如何解决？按照中央工作会议确定的原则，国营企业所得税率降低到33%，税后利润归企业，以后发生的贷款由企业用税后利润归还是可行的，企业不难接受。问题是税利分流以前的贷款如何处理？现在，税前还贷的贷款余额达2700多亿元，有的企业要几年甚至十几年才能还清。如果税利分流以前的贷款也要企业用税后利润归还，大部分企业将无力负担，经营会更加困难，甚至比税利分流以前更困难，因而使税利分流难以推行。如果按照财政部在一些试点地区实行的办法，即税利分流以前的老贷款分两部分，一部分由企业用税后利润归还；一部分用税前利润归还。这不仅达不到转换经济机制的目的，使改革裹足不前，而且很难达到搞好国营企业、增强国家财力的目标。比较可行的办法是，按照中央确定的原则加速实行税利分流，对税利分流以前的贷款全部挂帐停息，首先转换经济机制，使企业活起来。至于这些贷款如何处理，待核实以后另行研究。也可以转作银行对企业的投资参与企业税后利润分配。总之，税利分流能否推行的关键是如何解决实践中存在的这两个问题，这是关系试点成败和税利分流前途的问题。

二、分税制的可行性研究和实施步骤

分税制虽然主要是财政体制问题，但又不仅仅是财政体制问题，因为它涉及中央和地方政府的职权划分和各级政府的事权，与国家行政机制改革有直接联系。所以，讨论分税制必然要涉及政治体制改革、财源划分、税制建设等一系列全局性问题，牵涉面很广。这里只能就讨论中的主要问题作概略述评。

(一)分税制的涵义

什么叫分税制？以分税制为基础的财政体制与“分灶吃饭”的财政体制有什么不同？

有少数人认为，以分税制为基础的分级财政体制与现行“分灶吃饭”的体制没有什么区别，因而对分税制持怀疑态度。

多数人认为，分税制与“分灶吃饭”有原则的区别，实行分税制的目的正是为了消除“分灶吃饭”体制产生的各种弊端。分税制是按照财源共享原则，依据中央和地方政府的事权划分税种，分别设置中央税和地方税。中央税由中央立法，收入归中央；地方税则由地方立法机关根据法律规定的权限进行立法，收入归地方，保持财权与事权的统一，使各级政府都能按照法律程序自收自支，自求平衡，中央和地方收支界限明确，不会再发生争基数、互相挤占收入和越权减免税现象。为实行规范财政和建立良好的经济和政治秩序奠定基础。

(二)分税制的优点

绝大多数人认为，与统收统支、总额分成、财政包干体制相比，分税制的主要优点有：(1)以分税制为基础的财政体制，按照财源共享原则划分税种，使财政收入不受企业隶属关系变化的影响，不管企业归哪一级政府所有，都要平等地负担中央税和地方税，排除了各级政府对不同隶属关系企业的“偏爱”或“歧视”，关心所有企业的发展；(2)以分税制为基础的财政体制，有助于强化国家的宏观控制能力，消除财政包干体制引起的税收逆向调节，消除地区“封锁”，促进产业结构合理化和统一市场的形成；(3)分税制可以改变中央和地方争基数、争财力、互相挤占收入的情况，能更好地协调中央和地方的利益，充分发挥中央和地方两个积极性。

(三)实行分税制的条件

无论是赞成分税制还是反对分税制的人，都认为实行分税制需要有一定的条件。赞成分税制的人主张通过改革积极创造条件实行分税制；而反对分税制的人则认为，中国现在和以后相当长的时间都不具备实行分税制的条件，不能实行分税制，需要继续实行多种形式的财政包干。

多数人认为，实行分税制需要具备的主要条件是：(1)按照商品经济发展的客观要求，合理确定中央和地方政府的职权范围，明确规定各级政府的事权，并依据事权划分财政支出范围；(2)根据经济发展水平制定切合实际的、科学的支出标准，规范财政支出程序；(3)健全税制，合理配置税种、税率，保证中央和地方都有相应的财源。

也有人认为，分税制不是单纯的财政问题，它与整个政治经济体制有直接关系，目前政治和经济体制上的党政不分、政企不分，地区经济发展不平衡，以及价格体系的扭曲，都给实行分税制造成了困难。

(四)分税制的实施步骤

经过几年的讨论，多数人形成一种共识，认为以分税制为基础的财政体制是经济改革的方向，应该创造条件逐步向分税制过渡。但是，由于条件不具备，改革不可能一步到位，需要采取逐步过渡的办法，逐步推行。对过渡阶段可以采取的过渡形式有以下几种主张：(1)主张实行有差别的分税制，即根据地区经济发展的差异，区别对待，分税形式多种多样；(2)主张实行分税分成制，即把分税和收入分成相结合，有的地区分税，有的地区分成；(3)主张实行分税包干制，即有的地区实行分税制，有的地区实行包干制，或者在同一省区内同时实行两种形式；(4)主张实行有弹性的分税制，即在不同地区税种划分也可以不同，等等。也有人把各种过渡形式称作准分税制，待条件具备时过渡到完全的分税制。

对生产资料价格双轨制问题研究的看法

温　桂　芳

1991年是我国对国民经济进行治理整顿的第三年。治理整顿已经取得了显著成效，使得价格改革的深入和双轨向单轨的归并，有了一个较为宽松的经济环境。过去一年关于生产资料价格双轨制问题的研究，也就集中到双轨价格的并轨上，并且主要是围绕并轨的条件、方向、方式选择等展开的。

一、关于并轨的条件

生产资料价格双轨制作为价格模式转换中的过渡形式，是在改革的一定经济条件下产生的，在我国有其客观必然性。生产资料价格双轨制的消亡，同样需要具备一定的经济条件，并不以人们的主观意志为转移。因此，在讨论双轨价格的并轨时，首先碰到的就是并轨的条件问题。

对于这个问题，多数同志认为关键在于要有一个总供给与总需求大体平衡的经济环境。有的同志则认为除此之外，还要加上价格合理、管理灵活和实现计划经济与市场调节的有机结合两个条件。还有的同志认为，能不能并轨和能不能取消双轨制，主要取决于双轨制内部要素的组合方式与外部的社会经济环境。这些主张表明了一个共识，即并轨要受到一定条件的制约，不能随心所欲。1985年正式实行双轨制时，主要出于两方面的考虑：一是绝大部分生产资料严重短缺，计划分配无力承担全部企业和建设项目的需要，不少企业尤其是乡镇企业不得不从市场上高价购买生产资料；二是许多重要生产资料价格严重偏低，若通过调价解决，财政及各方面将难以承受，若全部放开由市场调节，又怕引起过大的社会震动。时至今日，这两种情况依然存在，说明完全取消双轨制的时机还不成熟。虽说近两年来经济环境比较宽松，但还不能认为已经实现了国民经济总供给与总需求的平衡。目前实现的某些平衡只是结构性的，有些生产资料的供给仍然相当紧张，这是一方面。另一方面，在供求比较缓和、环境相对宽松的背后，还潜伏着经济过热、通货膨胀的威胁。稍不注意，就有可能出现新的一轮经济过热和通货膨胀。可见，不要说保持总供给与总需求在较长时间内的大体平衡，就是保持目前的结构性的平衡状态，也还需要经过一番努力。就近期来说，进行生产资料价格的并轨，还将遇到以下困难：一是由于能源等基础产品价格水平偏低，已经出现全行业亏损，需要较大幅度地提高其价格水平，加上由此产生的连锁反应，将推动物价总水平大幅度上涨，使"八五"时期稳定物价的任务难以实现。二是在财政"分灶吃饭"、企业承包的体制下，要改变双轨制所形成的利益格局相当困难。三是享受按计划价格分配比重较大的大工业城市、大型骨干企业和重点建设项目将受到重大冲击，加上持续的市场疲软，已使不少企业的生产经营处于非常困难的境地，对并轨的承受能力脆弱。四是并轨与现行的所有制结构和计划管理体制存在矛盾。对那些全部实行计划价格的商品，不可能对其生产所需的生产资料全部相应按计划价格供应，而不纳入计划管理的集体和个体企业，将难以得到纳入计划管理的生产资料，这会影响非国营经济的发展。五是价格并轨还与物资、流通、外贸、投资、财政、金融等体制改革、企业改革以及市场体系的发育和完善密切相关，需要协调配套进行，不可能一蹴而就。为此，要防止只强调没有具备全面并轨的条件而看不到某些品种已经具备并轨条件的倾向，把现在可以办到的事拖到将来，从而贻误这些品种并轨的时机。但从一年来的讨论看，在并轨问题上尤其要防止头脑发热，急于求成的倾向。对此有两种情况：一是全盘否定生产资料价格双轨制，把它看成是既否定计划、又破坏市场机制的罪魁祸首，恨不得立即"绑赴刑场，执行枪决"。二是盲目乐观，只看到目前并轨的某些有利因素，看不到并轨的制约条件，企求在短期内就把价格双轨制的所有问题都解决。这两种认识都脱离实际，因而都是不可取的。从1985年实行生产资料价格双轨制以来的实践看，生产资料价格双轨制利弊共存，有目共睹，无论否定其任何一方面都是不行的。对价格双轨制必须采取实事求是和辩证分析的态度。当然，双轨终究是要归并的，这是价格模式转换的客观要求，但这毕竟需要一个较长的时期才能实现。如果在客观条件不具备的情况下强行并轨，其结果只会适得其反。

二、关于并轨的方向

在生产资料双轨价格并轨的方向上，涉及两个重要问题：

(一)两种不同的价格双轨制应该并哪一种

在现实经济生活中，通常认为客观上存在着两种不同的生产资料价格双轨制。一种是指同一种生产资料商品中，在同一市场、同一时间有一部分受计划机制的作用而形成计划价格，另一部分受市场机制的作用而形成市场价格，一般称为"比例"双轨；另一种则指全部生产资料商品中，有的受市场机制的作用而形成市场价格，有的则受计划机制的作用而形成计划价格，即通常所说的"板块"双轨。由此，在讨论生产资料价格双轨制并轨的时候，首先需要明确：并轨是指取消两种形式的价格双轨制，还是只取消其中一种；如果只取消一种，那么需要取消哪一种？很明显，就现阶段来说，由于条件所限，要把比例双轨和板块双轨都同时取消，是根本不可能的。若是保留"比例双轨"，取消"板块双轨"，则与价格改革的目标相悖。这样，所谓"并轨"是特指比例双轨的并轨，即在并轨后同一种生产资料不论其生产经营企业所有制如何，都统一实行计划价格或市场调节价格。而"板块双轨"的存在将是长期的，不属于目前的并轨讨论范围。

(二)双轨制价格的并轨方向

生产资料双轨价格向哪一轨并？对此，在讨论中存在两种截然相反的意见。一种意见主张向计划价格靠拢，通过"并轨"使大部分生产资料由国家定价，实行计划价格，少数次要的生产资料实行市场调节价格。另一种意见主张并向市场轨，使大部分生产资料实行市场调节价格，少数关系国计民生的重要生产资料实行计划价格。此外，还有的同志主张实行一种过渡性的办法，即先把大部分生产资料的定价权集中起来，实行计划价格，然后再视条件分期分批地逐步放开，最终达到大部分生产资料实行市场价格。

可见，在生产资料双轨价格并轨问题上，反映了价格改革是坚持市场取向还是计划取向两种意见的尖锐对立。它不仅涉及如何正确评价过去几年以实行双轨价格为特征的生产资料价格改革，而且还关系到价格形成机制和价格管理体制的选择，关系到今后深化价格改革的方向，进而关系到经济体制改革的方向的大问题。对此，党的十三大作出的要逐步建立关系国计民生的少数重要商品和劳务价格由国家管理，其它一般商品和劳务价格由市场调节的价格管理制度的决定，实际上已为我们指明了生产资料价格的并轨方向，这就是必须继续坚持价格改革的市场取向，让大多数生产资料价格重新回到市场交换中形成。这已成为大多数人的共识。应该说，第二种意见才符合我国价格改革的方向和目标。如果按照第一种意见进行并轨，使生产资料价格重新回到过去高度集中统一的计划管理体制中，等于宣告生产资料价格改革的失败。很明显，这种认识和主张只会把生产资料价格的改革拉向倒退，因而是不可取的。同样，第三种意见一方面主张在将来大部分生产资料实行市场调节价格，另一方面又主张在目前把大部分生产资料价格的定价权重新集中到中央，实行统一的国家定价，实际上是在肯定价格改革大目标的前提下否定前段生产资料价格改革，因而也是不可取的。

在这里，有必要指出的是，开始于去年以来的生产资料双轨价格并轨的实践，并非按照第二种意见而是按照第一种意见进行的。这在水泥、橡胶等生产资料价格的并轨上得到了较为充分的反映。本来，近几年来我国水泥不仅供求总量大体平衡、出口大量增加，而且水泥产品结构的矛盾也有所缓解，计划内外的价差明显缩小，有的地区甚至出现计划价高于市场价的现象。同时，国内水泥价格也低于国际市场价格。这都表明，水泥价格由双轨并为市场轨，既有物质条件，又有并到市场轨的客观要求，还遇到并到市场轨的好时机。但并轨的结果，既不是把双轨并向市场轨，又没有并为计划轨，而只是把统配水泥的计划内外多种价格合并为统一的综合价格，非统配水泥继续实行市场调节价格。根据上述对并轨的界定，现行对水泥价格的"并轨"，只是解决了统配水泥的"比例双轨"问题，并没有消除水泥存在两种价格形成机制的现象，因而还称不上真正的并轨，充其量不过是对统配水泥价格的一次整顿。正因为如此，实行的结果并未尽如人意，而且带来不少问题，尤其是不仅没有解决统配水泥企业的经营自主权问题，反而随着比例双轨价格的取消而加强了行政上对这些企业的管制。应该说，选择这种"并轨"方向和办法与价格改革和搞活大中型企业的指导思想和目标是背道而驰的，因此，值得重新研究。

三、关于并轨的方式

由于在目前还不具备将全部生产资料双轨价格实行并轨的条件，在近期(如"八五"时期)内解决生产资料价格双轨制并轨，只能实现有限的目标。在并轨方式的选择上，讨论中存在多种意见或主张。归纳起来，主要有：(1)分类逐步推进，即根据不同产品品种，不同的市场竞争条件，资源丰缺程度，生产经营的垄断(或容易产生垄断)程度，供需弹性的大小及在国民经济中的重要程度，采取不同的并轨方式和并轨方向；(2)按行业、地区、产品和环节推进，即按不同行业、不同地区(经济特区、沿海开放地区、内陆地区、边远地区)、不同产品(指初级的、基础产品和中间产品)、不同环节(生产和流通)选择不同并轨方式；(3)按产品序列推进，即根据生产中客观存在的技术经济联系，将生产资料划分为不同的产品序列，如原油—炼油—石化等，并按这种序列来把握和设计并轨的方向、范围和步骤。

上述各种并轨的选择方式，从不同角度考虑到了并轨的实际，对解决问题都有一定的可行性。但是，任何一种并轨的方式，都不可能完全解决生产资料价格双轨制的问题，都不是包治百病的良方。我们所面临的环境和问题相当复杂，矛盾众多，不能把解决双轨价格的希望寄托在一两种办法上，更不能强求并轨方法、范围、品种、时间、并轨后的价格等的一致，搞"一刀切"、"齐步走"。而必须从实际出发，因品种、因地、因时制宜，根据不同的情况，分别采取效果好且可操作的对策。为此，解决生产资料价格双轨制问题，既需要有一个长远的规划，又要有近期的目标；需要有全国统一的部署(对某些生产资料)，还需要给予各地更多的权力，让它们能够根据本地区的具体情况和特点，采取相应的并轨措施。

总之，一年来关于生产资料双轨价格并轨问题的讨论，已经起到明确方向、确定对策的作用，对今后的并轨工作是很有意义的。但是，对于并轨问题的讨论，除了上述需要进一步研讨的问题外，还有许多问题尚需继续深入研究。例如：如何通过并轨有效地实现计划与市场的有机结合；如何通过并轨进一步搞活大中型企业；并轨后的计划价格水平应该如何确定才是合理的；并轨如何与计划、物资、流通、投资等的体制改革和企业改革相配套，等等。

住房制度改革及其研究的进展

石　小　抗

1991年，我国城镇住房制度改革开始进入高潮。根据10月7日召开的第二次全国房改工作会议的信息，全国住房制度全面配套改革方案出台的已有12个城市，13个县镇，另有300多个城镇进行了单项改革。全国房改工作会议后，又有一批城镇房改方案陆续出台。

现在，大体形成了三种主要的房改模式：(1)以提高房租并给予相应工资补贴的模式。这种模式以扭转低工资低房租为基本手段，分阶段将现有房租调整到完全成本水平，实现住房资金良性循环和住房补贴"由暗转明"，推动住房分配合理化。(2)优惠售房为主的售房模式。这一模式的基本做法是根据居民家庭的实际支付能力，将住房以优惠价格售出，通过转移产权的途径解脱国家和企业的大量补贴负担并迅速回收一部分投资用以"解困"。(3)以住房融资为主的模式。这种模式借助若干信用手段如公积金、债券、保证金等，既提高了公有住房的实际租金(或称租用成本)，同时明显增加了住房投资的资金来源。这种模式的出现扩大了整个房改的思路与视野，成为1991年我国城市住房制度改革的主要标志之一。

在房改实践大步推进的同时，1991年围绕住房制度改革的理论研究、政策探讨也空前活跃。

在分析我国城市住房制度特征及运行方式方面，一些人从宏观上进行研究，并认为，经过十年改革，我国城市住房体制已变为一种既不同于传统计划经济也不同于典型市场经济的颇为特殊的住房体制。我国城市每年住房投资结构已发生根本性变化，在投资总额中，政府只占23%，企事业单位占60%，个人占17%。单位成为投资主体。投资结构的变化，引起了整个城市住房的权属关系、开发、分配、使用和管理等方面的变化。市场关系有所发展，但局限于单位之间，单位和家庭之间的住房福利关系并未触动。整个城市住房体系中两种截然不同的资源配置和收入分配机制之间的矛盾和冲突正在加剧。

在住房体制的微观层次上，有人认为，我国城市住房体制是一种基于权属关系不清和缺乏价值评估基础的独特的"双轨制"。在这种"双轨制"下，住房开发的成本与价格形成严重偏离正常的核算准则和投资选择的技术经济分析依据，其结果往往是商品住房价格畸高，供给与需求脱节，短缺与闲置并存。

我国住房问题研究取得进展的一个重要标志是，住房权益问题得到关注，并且从较为笼统的产权分析逐步进入权益束的分解、界定与运用的研究。这是住房使用、交易、租价确定和资产管理的基础。当然，住房权益束的分解与界定的程度是受现实经济和社会关系发展程度制约的，因而如何正确处理两者的协调性是这方面研讨的一个焦点。对权益束分解与界定的研究显示我国城市住房改革理论与实践已逐步摆脱长期以来将不动产与普通商品混为一谈，缺乏明确制度创新目标的状态，向更高层次前进了一步。1991 年，我国各地推出的房改方案中大都采用了"完全产权"、"有限产权"、"部分产权"以及"租赁保证"、"抵押条件"等概念，这不能不说是得益于权益束理论与认识的发展。

城市住房改革研究中的另一个进展是，对全国和城市住房需求与可动用资源的分析和预测得到加强，发展的目标与规划得到论证和确立，并以发展的目标和资源的约束来统帅房改方案的设计和政策的选择。这对摆正改革与发展的关系，增强改革信心和保持政策连续性与可行性，无疑是十分重要的。

住房融资的研究也取得长足进展。这方面的研究不仅指出住房融资对我国实现住房由福利制向商品化转换的极端重要性，同时也不同程度分析了我国特殊条件下住房融资发展的可行性和具体形式。许多研究人员通过对实际运行的模拟和计算，揭示了正确运用住房融资手段，可以在租金不变的条件下显著提高实际租赁成本和增加建房资金来源，并能减低房改风险性。在我国国民收入分配结构发生重大变化后，住房融资对住房加速发展与市场形成以及实现国家、单位、家庭共同负担的原则提供了一条必由之路。如果通过实践能够正确确定存贷条件、利率和期限等，就可能将长期独立的住房投资纳入整个社会的信贷资金循环机制，这对提高住房资金效率和改善整体经济的资源配置都有极大好处。

新建城市住房除了建筑成本以外，还必须占用一定土地与空间，配之以一定的基础设施和其它配套设施。目前，在商品住房价格中，住房本身造价之外的费用往往占据相当大的比重。随着城市用地日益紧张和基础设施的完善，住房价格由于土地成本和基础设施投资支出的推动还会上升。我国大城市商品住房每平方米价格已达 1500～2000 元，其中土地成本、基础设施投资和住房造价大约各占 1/3。如此高昂的商品住房价格对我国城市住房发展和住房制度改革形成巨大障碍。

1991 年，我国住房问题研究的一个热点是对住房价格过高的原因及对策的分析和探讨。就土地成本而言，有的研究提出产权不清和缺乏价值评估基础，导致城市土地收益中的大量"经济租"从所有者(国家)手中流失于使用者(单位和个人)手中，是住房建设中土地成本过高的主要原因。应当通过正确的资产评估与补偿来替代目前的征地拆迁方法，以降低土地成本。就城市基础设施投资费用而言，许多研究者认为，由于我国缺乏不动产价值评估与土地收益测算系统，加上不动产市场不完善，城市基础设施投资费用过多地来自于不动产增量而不是不动产存量，造成住房开发总成本迅速上升，偏离了公平与效率的原则。因此，逐步发展切合中国国情的不动产评估及土地收益测算技术与组织，推动不动产市场的发展与完善，改革城市财政与税收体制从而逐步解决城市基础设施投资资金来源稳定和合理负担问题，这对降低住房成本和价格具有重要意义。造成住房本身建筑安装造价不断增加的原因，除了设计、质量和室内设备条件改善引起的正常成本上升外，原材料浪费、施工组织低效率、劳动成本增大，工期拖长等，也是导致住房建筑安装造价上升的原因。研究中有这样一种观点，即现行住房开发"双轨制"造成投资判断的技术经济分析过程紊乱，驱使开发公司不断提高住宅开发区建筑容积率，尤其是不断提高住房层高和高层住房的比重，从而使单位面积建筑安装成本成倍上升，超过单位面积土地成本的下降，是我国城市住房成本价格普遍上升的最值得重视的原因。这种观点认为，片面发展高层住宅不利于有效利用资源，不符合中国国情。但是，也有许多人提出与此不同的看法。

1991 年，住房体制改革研究中还需提出的是，住房改革与货币工资收入关系的探讨得到普遍关注。经过十年的经济改革，我国城市居民货币收入已经多样化并且变得十分不清晰。工资以外的货币收入普遍存在，这类收入在有的阶层和行业中数额相当大。居民货币工资收入结构和住房使用结构几乎完全脱节。居住宽敞的家庭货币工资收入不一定高，而一部分高货币工资收入的家庭居住状况却不佳。这种状态使住房商品化改革的难度增加。一些研究机构通过调查分析和运用数学模型，对房租调整对不同家庭支出影响的测算等，向决策部门提出了许多有益的政策建议和思路。普遍赞同的观点是：住房改革的目标是逐步实现住房商品化，那就应该坚持“商品面前人人平等”的原则，政策不能太具选择性，以新的扭曲取代旧的扭曲。房租调整应该步调一致，确实有困难的家庭可考虑以其它形式解决收入低的问题，应避免收入方面考虑太多太细而耽搁事关重大的住房制度改革。在研究过程中也有人提出应利用住房改革的时机，把住房形式的实物收入货币化，与现行货币工资收入通盘考虑，一并解决住房与收入合理化的问题。这些意见都是值得重视的。

经济预测研究的进展和展望

李京文　汪同三

1991年，在我国国民经济开始走向正常发展轨道的同时，对国民经济形势的预测和分析的理论研究和应用工作也进入了一个新的发展阶段。

下面分别就一年来经济预测工作的开展情况，对1991年的经济形势分析和1992年的经济发展预测，以及经济预测工作目前存在的问题，作一些介绍和评论。

一、经济预测和分析工作的开展情况

中国社会科学院根据党中央和国务院领导同志的指示，已经将开展经济预测和分析工作正式列为社科院的重要工作项目之一，并在数量经济技术经济研究所成立了“经济形势分析预测课题组”。一年来，这个课题组进行了以下三方面的工作：

1. 与国家统计局合作研制了中国宏观经济（年度）模型。该模型能综合反映和预测国民经济生产、投资、消费、财政、金融、价格、对外贸易等方面的主要经济变量的运行和发展情况。在这个模型的基础上，每年春季提出当年的预测和分析报告，每年秋季提出当年的修正报告和下年的预测和分析报告。

2. 每年春秋两次组织召开“经济形势分析预测座谈会”。参加座谈会的同志除了对数量经济技术经济研究所的预测分析报告展开讨论并提出补充修正意见外，还分别提出自己的预测与分析报告。“经济形势分析预测课题组”将大家的意见综合整理，报告给党中央和国务院及有关部门，并在每年的秋季会之后编辑出版一本蓝皮书，综合反映各单位对当前经济问题的分析和对下年的经济预测结果。这项工作对制订我国经济社会发展计划和科学决策起到了越来越明显的作用。

3. 开展以数量经济方法为基础的经济预测与分析的理论和应用技术研究。目前，该所除了积极承担国内有关的课题研究之外，已与美国著名经济学家、诺贝尔经济学奖获得者克莱因教授，美国著名经济学家、斯坦福大学刘遵义教授合作研制了中国宏观经济模型；并正与英国著名经济学家、英国皇家经济学会主席亨德里教授等人进行动态季度模型的合作研究。这些都为提高经济分析与预测的水平奠定了基础，也为建立具有中国社会主义特色的预测与分析理论和应用技术体系创造了条件。

除了中国社会科学院之外，其它单位，如国务院发展研究中心、国家统计局、国家经济信息中心等，也把经济预测和分析工作作为一项经常性工作。国务院发展研究中心预测研究部1991年主要完成了三方面的预测工作：(1)对国民经济走势的基本判断和预测；(2)对地区经济发展格局变动的预测；(3)对90年代中国经济发展的预测。国家统计局每月25日对下月的主要经济指标提出预测，同时每年年初提出当年一季度预测，第一季度末提出上半年预测，年中提出全年预测。预测内容涉及国民经济各个方面和重要总量指标。该局进行经济预测的主要方法有：专家经验判断法、利用时间序列分析的ARIMA模型的单指标预测法，经济计量模型预测方法。国家经济信息中心经济预测部在1991年全面及时地开展了宏观经济预测和分析工作，为国务院和国家计委制定计划和采取重大改革措施提供了辅助决策的资料。同时，向社会发布了一些重要的经济信息，对引导社会经济活动和企业的生产经营活动产生了较大影响。该中心开展的主要活动有：制度化的季度宏观经济形势分析，在全国10省、市5000家左右企业进行的季度工业景气调查，组织全国29个省、市、自治区和14个计划单列市进行的地区半年度经济预测，国民经济和社会发展两年滚动预测及结果的编辑发行，以及参与若干个国际经济预测项目。航空航天工业部710所自1984年就已开始采用系统工程方法对国民经济的发展趋势进行预测和综合分析，并将系统工程方法应用到国民经济宏观决策过程中。钱学森同志将该所的方法总结概括为定性与定量相结合的“综合集成方法”。

除了综合部门之外，一些专业部门也加强了本部门的经济预测工作。

二、对1991年的经济形势分析和1992年的经济发展预测

根据中国社会科学院数量经济技术经济研究所等单位的预测，对当前我国宏观经济形势的分析及对下一年发展趋势的预测可概述为：

1.1991年经济形势。我国从1989～1991年进行了有计划的治理整顿，三年来取得了显著成效，国民经济经过下降、低谷、回升过程后，目前已进入正常发展阶段。另一方面，经济发展基础尚不稳固，存在的主要问题是：(1)经济增长走出低谷，并很快向高峰逼近，但经济效益仍处在低谷；(2)财政困难加深，与经济效益紧密相关的国家财政收入增长仍远低于工业增长速度；(3)产业结构不合理的矛盾仍然存在；(4)银行信贷规模增长过猛，货币发行过大，形成潜在通货膨胀压力。以上这些问题是多年积累下来的，其深层原因是旧体制与新环境相互摩擦的结果，只能靠全面深化改革来解决。对此专家们认为，1989年开始的治理整顿的主要目标已基本实现，1992年应取消治理整顿中出台的一些临时性行政措施，把深化改革作为1992年工作的指导思想。

2.1992年经济发展。1992年既存在经济过快增长的因素，也存在抑制其过快增长的因素，若宏观调控适当，经济增长可维持1991年的水平。

促使经济过快增长的因素主要有：(1)现行经济体制及其所决定的利益分配格局，仍然使国家、地方、企业、劳动者四个行为主体存在着使经济向上过快增长的内在冲力。他们仍习惯于通过维持较高增长速度来保证即期收入的增加。这种内在的冲力仍不可低估。(2)目前生产能力继续大量闲置，既不能报废更新，又难于转移，这为经济过快增长提供了物质条件。一旦外部环境稍有可能，这些闲置生产能力仍会以原有产品开工生产，这是获取即期收益的最省力办法。(3)能源、原材料等基础产业也出现了开工不足现象，因而对加工工业中间需求的供给相对宽松。(4)技术相对简单、条件要求不高的乡镇企业，下得快，上得也快，在国民经济中所占比重不断提高。(5)国家外汇结存不断增加，外汇储备达到历史最高水平。

抑制经济过快增长的因素主要有：(1)市场制约。目前，市场制约仍然存在，消费品和生产资料的库存积压仍很严重，供求结构不匹配。(2)消费制约。城市居民消费需求处于正常状态，短期内不会有大的增长；农村居民因受收入影响，短期内有效需求也难以大幅度提高；社会集团消费增长仍需要控制。(3)投资制约。国家投资受国家财力和银行贷款规模限制，同时企业和个人自筹投资受效益低下、预期收益不高的影响，投资规模不可能有太大增加。(4)居民购买力制约。目前正在进行和计划中的改革措施，如住房制度改革、社会保险制度改革和医疗制度改革等，都需要居民多拿钱，对居民购买力有一定的负影响。(5)政策导向制约。目前，国家宏观经济调控政策已表现出控制速度的意向。

以上这些促使和抑制经济过快增长的诸因素的交互作用，使得对1992年的经济预测变得较为困难。综合各单位的预测，1992年国民经济仍将继续增长，若宏观调控得力，增长速度将与1991年基本持平，物价指数有进一步上扬之势。各单位对1992年主要经济指标的综合预测结果为：国民生产总值增长率为6～7%；国民收入增长率为6～7%；农业总产值增长率为3～3.4%；工业总产值增长率为10～13%；全社会固定资产投资为5800～6000亿元；零售物价指数增长5～7%；职工收入增长12～14%；居民消费增长12%左右；财政收入增长8.4%左右；财政赤字为120～150亿元；新增贷款规模2700～3200亿元；居民储蓄增加30%左右；社会商品零售总额增长12%左右。

根据以上分析和预测，1992年的经济工作必须坚持改革开放的方针，不失时机地加大改革的分量。在宏观经济调控中应该注意三个重要问题：(1)稳住速度，调整结构，提高效益。在保持经济稳定增长的同时，实现以调整结构、提高效益为中心的战略转变，走出经济效益下降的低谷。(2)适当安排投资总量，严格把握投资方向，努力提高投资效益，解决好怎样实现必要的投资规模和怎样使用投资这两个问题。(3)继续控制信贷规模，努力压缩财政赤字，防止物价上升过猛。保持经济稳定增长，扭转经济效益下降局面的根本出路在于：坚持继续进行稳妥的、全面的宏观与微观配套的经济体制改革。

三、经济预测工作目前存在的问题

我国目前开展经济预测和分析工作尚存在的主要问题是：

1.现有的经济模型水平和预测与分析工作的水平还不高，表现在模型尚不能全面反映经济运行机制，预测有时误差相对较大，政策模拟应用不够广泛。造成这些问题的主要原因是：(1)我国目前处于经济体制转变时期，不确定性因素影响较大，经济理论研究跟不上实际形势的发展。(2)适合中国特色的经济预测技术方法有待进一步完善和提高。(3)专业人员素质也有待提高,需要配备必要的现代化设备。(4)短期预测需要的数据还不够充分,不够及时。

2.国内各个开展此项工作的单位之间联系交流不够,缺乏协调和合作。

3.由于各种原因,例如:政府有的部门对此项工作的理解和重视不够,缺乏必要的经费等,已建立的经济模型缺乏长期的维护、更新、改进,不利于经验的积累和迅速提高整体水平。

4.经济预测和分析还很少应用于对企业行为进行指导,未能充分发挥预测和分析结果的应有作用。

5.数据的公开化和准确性存在较大问题,这是造成经济分析和预测工作目前不能令人十分满意的一个重要原因。

今后需要加强的工作是:

1.加强对经济预测和分析工作的宣传,扩大这项工作的影响。实现重大经济决策的科学化和民主化。

2.加强对预测理论和技术,特别是经济模型预测理论和技术的研究工作。要按照经济理论——数理分析——经济计量分析的线索,研究实际经济问题。目前,使用经济模型方法进行预测还是一项"科学加艺术"的工作。因此,必须进一步加强与实际经济工作部门的联系和交流,使这项工作具有更大的现实意义。

3.在提高预测的准确性的同时,要加强政策分析的模拟工作,为经济发展和改革政策的制定和执行服务,并在指导企业行为方面发挥作用。

4.建立可进行国际比较的、适合中国实际情况的统计核算体系。加强数据资料的时效性和公开性。对缺损的而又必要的历史数据进行整理和补充。

5.加强与国外学术界和从事经济预测与分析工作的国际机构及各国有关机构的交流和合作,学习国外先进经验,引进先进的预测技术,提高自己的工作水平。

1991年的人口科学研究

田 雪 原

1991年的人口科学研究,主要是对90年代我国的人口形势、解决人口问题的基本立足点、学科发展趋向等问题进行探讨,具有较强的实证研究性质和一定的学术价值。

一、90年代的人口问题研究

90年代的中国人口形势会怎样呢?可以概括为"三次浪潮"的冲击。第一次是始于80年代中期直至1997年左右才能结束的新的生育高潮的冲击。这次生育高潮主要受1962～1973年生育高潮期间出生的大量人口形成的年龄结构的影响。这一庞大人口群中有女性人口1.5亿以上,已于1977～1988年陆续进入15岁育龄期;并在1982～1993年陆续进入20岁,达到可以结婚年龄;1985～1996年陆续进入23岁,达到生育峰值年龄。这次生育高潮是不可避免的,我们可能做到的是,尽量使生育高潮所掀起的波峰低一些。

与这次生育高潮并行而且持续时间还要长一些的是,生产年龄人口激增的高潮。按照现存人口年龄结构推移,15～64岁生产年龄人口可由1990年的75639万,增加到2000年的85800万,10年净增1亿多人,所占比例也将相应有所升高。同时,生产年龄人口在2000年以后的10多年中还会有较大幅度增长,2010年可达95600万左右,即比目前约增加2亿,比2000年再增加1亿左右。伴随生产年龄人口激增而来的是,新的就业高潮,就业人数相应增加。

90年代中国在经历新的生育高潮、生产年龄人口激增高潮的同时,还将不可避免地经受人口年龄结构变动的重要影响——人口老龄化的冲击。1991年人口普查,65岁以上的老年人口为7460万,占总人口的比例为5.6%;2000年可增加到8648万,所占比例可上升到6.8%;其后老龄化步伐将有所加快,到2040年老龄化高峰年代,老年人口数量可上升到25653万,所占比例将上升到17.4%左右。可见,虽然90年代还不属中国老龄化时代,其老龄化速度将比其后三四十年慢一些;但这10年将基本完成中国人口年龄结构由成年型向老年型的过渡,堪称老龄化高潮的前奏,并由此揭开老龄化的序幕。

二、人口控制研究

面对90年代新的生育高潮和本世纪末全国人口将达到13亿左右的严峻形势,如何有效地控制人口增长,仍是1991年人口科学研究的首要课题。这类研究可分成两个领域。一是主要从分析现实的生育状况出发,寻求解决的途径。这方面的研究分析了目前生育的孩次构成,多胎率的分布,早婚早育特点等。从这些分析中提出加强计划生育管理,落实人口政策等措施。这方面的研究具有“硬件”的性质,有些则为政府有关部门的招标课题。二是积极吸取国外有关研究成果,特别是微观人口经济学研究的科学成份,在同中国实际相结合中探求中国当前的孩子成本——效益状况,并从这种状况中提出解决人口问题的基本思路。一些研究成果表明,尽管西方孩子成本——效益理论有它的局限性,而且各学派之间的观点有颇大差别;但将人们的生育行为同经济利益原则联系起来,作出量的考察,则从根本上说明了生育子女数量的动机;中国目前生育率继续下降的困难所在,根源在于边际孩子的质量成本没有得到应有的提高,其效益没有得到应有的下降,多生多育有着明显的利益,尤其在经济、文化发展比较落后的乡村。在肯定当前人口控制必须坚持现行以行政手段为主的前提下,从长远和根本上着眼,必须逐步实现个人生育行为利益选择的转变和人口管理机制由以行政手段为主向以利益调节为主的过渡。即实现由投入孩子不变成本或数量成本向可变成本或质量成本的转移,谁少生谁受益多,谁超生谁损失大,使人们自愿选择少生优育道路;政府对人口的管理也逐步转向为兑现奖罚政策,真正为他们的利益服务的备受欢迎的机构。这方面的研究现已有了较好的基础,但尚需能够反映实际的有说服力的调查材料。

三、人口老龄化研究

在对中国人口老龄化的研究中,一般认为中国人口老龄化具有以下特点:一是老龄化的速度比较快,达到的水平比较高;二是老龄化不是平行推进的,在时间上具有阶段和累进的性质;三是老龄化的空间分布差异较大,具有地区不平衡的特点。在此共识的基础上,从中国国情出发,探讨了解决的途径。

老龄化的挑战主要是两方面的问题:一方面是老龄化的加速到来对我国经济、科技、社会发展的影响,尤其是总体人口老龄化到来之前对劳动力相对老龄化的影响,老龄化对科技进步的有利和不利影响,为适应老龄化经济结构需要做哪些调整,消费结构会有什么样的变动等;另一方面是社会如何应付老龄化的到来,做好未雨绸缪的准备。鉴于中国经济处于发展中国家的一般水平,而人口年龄结构却越来越接近发达国家水平,老龄化的提前到来,在解决各种老龄问题中,养老占据中心的位置。总结西方国家发展社会保障的经验教训,从我国情况出发,只能走“兼顾型”的养老道路。即一方面积极发展老年社会保障事业;另一方面继续提倡子女供养,充分发挥家庭养老的作用。这是由于举办老年社会保障事业受到国民经济发展的制约,覆盖面有限,水平不可能很高。因此相当数量的老年人口赡养不得不依靠家庭子女,尤其是在广大农村地区。另外,鼓励老年人口自养,组织老年人口就业,让他们在健康允许的条件下,从事一些力所能及的劳动。这样,可以补充上述社养和家养的不足。只有实行社养、家养、自养相结合,形成互相补充“三位一体”的养老保障体系,才能经受人口老龄化严重阶段的冲击。

四、沿海与内地人口发展的比较研究

1. 研究沿海与内地经济发展上的差异对生育率的影响。有的学者提出,人口与经济、科技发展之间存在两种类型的循环:高生育率——低人均收入——低科技文化——高生育率初级循环;低生育率——高人均收入——高科技文化——低生育率高级循环。目前,我国总的说来处在由初级循环向高级循环的过渡阶段,但沿海与内地有差别。沿海总体上处于由初级向高级循环过渡的后期,一些先进地区已进入高级循环阶段;内地总体上处于由初级向高级循环过渡的起步时期,一些贫困地区则处在典型初级循环阶段。沿海发达地区步入人口与经济发展高级循环的实践,揭示出解决人口问题的根本道路,应当创造条件,加速由初级向高级循环的过渡。

2. 人口迁移和流动的影响。改革开放使人口移动大增,移动的特点是:大量人口由内地涌向沿海,由人口密度较低地区流向较高地区,而不是相反;迁移和流动人口以生产年龄人口为主,且文化或技术较高,男性为主,大有类似于发展中国家人才外流至发达国家的情形。按照人口迁移和流动的“推拉理论”,人口由内地流向沿海主要是沿海“拉”力所致。这种人口迁移和流动对沿海和内地的经济发展都有一定促进作用。要注意产生的不利影响,特别是对人口变动的影响。

3. 人口文化素质、人口城市化水平进一步拉大的趋势。目前,沿海人口文化素质较内地要高许多,城市人口比例也要高许多,但从改革开放10多年的情况看,差距不但没有缩小,反而扩大了,今后一段时期内有可能继续扩大。

五、中国文化与人口发展研究

人口变动的终极原因在于经济,但其它因素,尤其是文化因素的作用是不容忽视的。人口观和生育观始终是传统文化的支柱之一,从孔子“庶矣哉”的人口观,孟子“不孝有三,无后为大”的生育观,到程灏、朱熹的“三纲五常”、“三从四德”、“忠孝节义”的封建道德和礼教规范,形成了一套系统的观念,对中国的人口发展产生了莫大影响。这中间虽有从韩非到洪亮吉等人的反对派学说，但不构成主流，影响甚微。在现代生活中，国内外的大量事实表明，人口的文化程度同生育率成反比，构成高生育率——低文化——高生育率，低生育率——高文化——低生育率两种循环。因此，人口文化素质的提高，全民族教育、科学、文化的提高，就是生育率的降低。

对于中国文化对生育的影响，也有学者提出了不同观点：认为中国文化会导致生育率下降，并举出发展中国家受中国文化影响较大国家生育率下降最快作例证。对此，多数人不大赞同，对不同国家或地区的生育率下降要作具体分析，不能套用。

六、少数民族人口研究

从 1991 年的研究中少数民族人口有几点共识：

1. 从总体上看，少数民族人口增长速度大大快于汉族，体现了党和政府的民族政策；但分开来看，55 个少数民族之间也存在较大差别。

2. 少数民族人口身体和文化素质都有较快的提高，对人口发展起到了十分良好的作用；但是各少数民族之间发展不平衡，有些同汉族没有多大差别，有些则相差甚远。

3. 少数民族计划生育取得长足进步，但关于制订少数民族生育数量规定的科学依据是什么，长期后果怎样，值得进一步研究。

4. 相对于我国少数民族较多这一情况来说，少数民族人口科学研究力量较弱，成果较少，应当重点加强。

除上述六个问题外，1991 年的人口研究还在婚姻、家庭、人口文化素质、人口与粮食、人口与资源、人口与环境以及人口经济学、人口社会学、老年人口学等方面取得了一些进展。如关于当前离婚率上升问题的研究，家庭小型化趋势的研究，人口文化素质指标体系的研究，老年人口学研究的对象、方法、主要内容等，都有一定的突破。值得一提的是，以老年人口学为基础的老年经济学、老年社会学专著陆续问世，这对该学科的建设和实证研究，会有推动作用。

“科学技术是第一生产力”讨论述评

詹 小 洪

1988 年 9 月，邓小平同志明确提出了“科学技术是生产力，而且是第一生产力”的重要论断。1991 年，江泽民同志多次号召全党全国深刻理解这个马克思主义的观点，强调要在实现我国现代化及今后十年第二步战略目标的高度来贯彻科学技术是第一生产力的思想。一年来，理论界对这个论断展开热烈讨论，使人们的认识有所提高。

一、关于科学技术在生产力系统中的作用

长期以来，国内未见与“生产力里面当然包括科学在内”相异的观点出现。但是，学术界也未将“科学技术生产力”作为一个严密的科学术语使用。多数学者认为，生产力中包含科学技术是无庸多言的，但是在谈到生产力时通常只讲劳动者，劳动手段和劳动对象三要素，这三要素是生产力的实体要素，而科学技术等则是作为附着性、渗透性因素提及的。因此，以往的主流观点似可概括为：科学技术是生产力的一个因素，它通过渗透或附着在三要素上而成为生产力的组成部分。也有的学者认为，说技术是生产力是可以的，说科学是生产力有点勉强。近年来，随着邓小平同志“科学技术是第一生产力”论断的提出，理论界对科技在生产力系统中的地位和作用有了进一步的认识。学者们分别从不同角度来比较科学技术这个“第一生产力”与其它生产力要素的关系。主要有下面几种观点。

1. 渗透转化论。持此观点者基本上因袭了前几年的观点。认为在生产力系统中，劳动者、劳动资料和劳动对象是生产力中的实体性因素；分工、协作、管理、劳动组织等是综合性或联结性因素，而科学技术是渗透性因素，它主要是通过对生产力三要素的横向渗透并入劳动过程，而物化为生产力的。

2. 首要因素论。说科学技术是第一生产力，也就是说它较之其它生产力或生产力的其它因素或要素成了最重要的部分。认为这与原来生产力学说中只讲科学技术是渗透在劳动者、劳动手段、劳动对象三个实体要素中的生产力相比，确实前进了一步。

3. 质量效益论。持此观点者主要是从效应的角度来谈科技在生产力系统中的地位和作用的。这里又有两种不同的提法：(1)乘数效应论。认为生产力＝科学技术×(劳动者＋劳动资料＋劳动对象)。在这个公式中，科学技术不是作为第四项加到这个公式中去，而是作为乘数乘到了这三项头上。因为科学技术发展越来越快，这个乘数增大越来越快，从这个意义上讲，它成了“第一”。(2)指数效应论。我国一个著名的科学家在谈到科技的能量究竟有多大时表示，上面那个乘数效应公式已经不够了，新的公式是：生产力＝(劳动者＋劳动资料＋劳动对象)^{高技术}。也就是说，科技对生产力三要素所起的作用不只是用乘法按倍数计算，而是按几何数量增殖，呈指数增长。

4.历史决定论。这种观点主要是从生产力发展史角度来理解这个问题的。认为科学技术是生产力，是随着生产力的发展提出来的。生产力发展史可分为三个时期：手工工具时期、大机器时期和以计算机为标志的时期。科学技术只是近几百年来才愈益成为生产力的。手工工具时期把科技作为生产力是难以理解的，但今天科学技术在经济发展中起着越来越重要的作用，再把它视作为生产力就很容易理解了。如80年代以来GNP增长的60～80%来自科技的贡献，这种情况使人不能不承认科学技术是生产力，而且是第一生产力。

我赞同第三种观点。“科学技术是第一生产力”的论断，是说科学技术在生产力各要素中的含量越大，生产力的质量及效益就越高，因此是第一位的。科学技术与生产力中的其它各要素之间的关系，不是半斤八两的并列关系，也不是简单的排序关系，而是包含在各要素之中，并决定各要素的质量，从而决定生产力总体质量和效益。

二、如何完整地理解“科学技术是第一生产力”的论断

上述讨论主要还是从科技与其它生产力要素比较来谈科学技术是第一生产力的。随着讨论的深入，讨论的重点则更多的放在如何完整、全面地理解科学技术是第一生产力，即为什么说科学技术是第一生产力上。从讨论中的观点可以概括为以下几点：

1.科学技术是增大生产力其它要素能量的关键要素。如科学技术可以使劳动者的素质提高；科学技术决定劳动资料的质量；科学技术是劳动对象改革的杠杆；科学技术使管理不断改进。

2.从人类社会生产力发展的阶段来考察，现在已经进入了科学是第一生产力的阶段。有人认为，生产力的发展大体上说有四个阶段：(1)以自然资源为主的第一阶段；(2)以劳动力为主的第二阶段；(3)以劳动工具为主体的第三阶段；(4)以科学技术为主体的第四阶段。科学技术是第一生产力，是对第二次世界大战以来生产力发展的新情况的总结。

3.从经济发展的现实来看，科学技术是经济增长的核心因素。据估计，现在工业发达国家的GNP增长有60～80%是科学技术进步的结果。目前，对劳动者科学技术水平的要求越来越高，脑力劳动所占的比重越来越大，脑力劳动的主导作用越来越明显，科研成果转化为生产力的时间越来越快。我国改革开放以来取得的经济成就也证明：在我国，四项基本原则是立国之本，改革开放是强国之路，而科学技术是富国之源；三位一体构成了建设有中国特色社会主义的巨大支柱。

4.从发展趋势来看，科学技术的发展是永无止境的。它不仅能解决现实生活中提出的问题，而且为生产力的发展开辟道路。人类所能支配的生产力也是无穷无尽的。从这个意义上说，科学技术也是第一生产力。

5.现代科学技术是一个国家综合国力的决定因素。

三、“科学技术是第一生产力”这一论断中的科学技术是否包括社会科学？

对于这个问题的讨论，主要有三种观点：

1.认为科学技术不包括社会科学。因为科学技术是指能直接应用于生产，并能取得经济效益的科学技术。自然科学界一般把科学技术理解为发明、专利、新设备、引进高水平的生产线与设备等。

2.认为科学技术是生产力当然包括社会科学在内。因为当马克思谈到这个问题时，并没有专指自然科学，而是说“一般社会知识”、“一般智力”，这当然包括自然科学和社会科学。

3.认为科学技术有宽、窄两种理解。窄派把“科学技术”仅仅理解为自然科学和工程技术；宽派除这些硬技术外，还把与经济发展关系极为密切的管理与决策这些软科学也包括进来了。

我认为，理论工作者讨论中使用的“科学技术”概念界定较明确，而政府与大众传播媒介中所使用的科学技术概念则比较模糊。政府与大众传播媒介在从一般意义上或战略高度谈及科学技术时，通常包括了社会科学，而在提及科学技术对经济建设的作用，制定相应的政策时，却又常常没有包括社会科学。

四、关于科学技术如何转化为现实生产力问题

大家都认识到，科学技术转化为生产力在我国是个远未解决的大问题。在我国各条战线上，都有大量的科技成果停留在专利品、展品、样品的阶段，没有变成现实的生产力。这是什么原因呢？

有人着重从科学技术内部结构及形成、运用规律中找原因。并认为基础理论研究与应用研究、开发研究构成了科学技术的三台阶结构。我国目前是前一个台阶上得还行，但第二、第三个台阶上得太慢，乃至使科学技术转化为现实的生产力缺少联系中介和转化环节。因此，要花大气力解决好基础理论研究和应用研究、开发研究的联系问题。

另有人认为，关键是要提高全民族的科学文化素质。要在一个文盲充斥、人口素质低下的国度里，迅速发展科学技术事业并使之转化为生产力，重点是要解决科学技术的“人化”问题。要通过发展教育和加强技术训练的途径使先进的科学技术为生产过程的能动的主体——劳动者所掌握，变为劳动者的智能与技能。要在全国形成尊重知识、尊重人才的风气。

也有人认为，重点是实现科学技术的“物化”，就是要运用高新技术造出高水平的劳动资料和劳动对象，其具体做法是实现科研成果的“产业化”。产业化包括几个层次：第一层是产品化，即科研成果经过中间的试生产，成为技术上和经济上都可以投入生产的样品；第二层是工厂化，即为市场而进行批量生产；第三层是系列化，即在企业内大批量生产，在地域范围内形成同类企业群；第四层是产业化，即形成行业和产业群。我国目前的问题是在这个链条上有薄弱环节。解决问题的关键是要形成一套有利于科技成果转化的机制：(1)以利益机制为基础，遵循价值规律的客观要求去组织科技成果的转化；(2)以市场机制为依托，通过市场这个筛选器和指路标，形成科技成果的商品化；(3)以计划机制为主导，充分发展社会主义制度的优越性；(4)以权力机制为辅佐，解决经济与科技的管理体制“两张皮”的问题。

还有人认为，我国缺乏完备的科技立法，知识产权往往得不到保护，因而对科技的发明者、推广者、使用者都是不利的。要促使科技转化为生产力，就要有专门的、一系列的科技立法，使科技成果、知识产权获得法律上和制度上的保障。

但更多的人则认为，科技转化为直接生产力的落脚点在企业，或者说企业是知识生产力转化为物质生产力的转变环节，科技和生产的结合处。如果企业没有不断更新技术、不断开发新产品的机制、活力，要实现这个转化是很困难的。而实际情况是，我国企业缺乏使用科学技术、开发新产品的机制和动力。原因是多方面的，诸如由于折旧率低，企业缺乏更新改造的资金；由于承包责任制，部分企业产生经营短期行为；生产短线产品的企业有“皇帝女儿不愁嫁”思想，无须考虑采用新技术，上新产品，等等。而大多数人认为，企业对科技热情不高是造成我国科技进步对经济增长所作贡献低的一个最直接也是最重要的原因，要通过深化企业机制改革来解决。

农业社会化服务研究评介

王　松　霈

农业社会化服务问题，是作为健全农村双层经营体制，壮大集体经济，发展有计划商品经济而提上日程的。近年来所研究的问题主要集中在以下三个方面。

一、农业社会化服务的概念与内涵

讨论中首先提出一个农业社会化服务的“边界”问题。一种意见认为，农业集体经济内部，集体经营层次对农民家庭经营所做的服务不应算作社会化服务，这只是一个统一经营单位内部的分工。否则，农民家庭经营就成了脱离集体统一经营的单干。另一种意见则认为，各种经济关系都是相互的，因而各种经济单位之间都是互相服务的关系，包括农村经济部门对农民家庭经营的组织领导也是服务。因此，多数人认为前一种勾画的边界过窄，而后一种则过宽。

对于农业社会化服务的概念，可以简单概括为：各种经济单位(包括国家经济技术部门、乡村集体经济组织和农民自办服务组织)对农民家庭经营所提供的产前、产中和产后的各种帮助。农业社会化的实质是农业的分工和协作。随着农业生产力和商品经济的发展，农业的分工愈来愈细，致使原来由农民一家一户依靠自己力量完成的全部生产和销售过程，改变为由许多生产经营者共同协作才能完成，即由过去在农民家庭范围内进行的分散、孤立的生产过程转变为在整个社会范围内集中统一进行的社会化生产过程。根据以上对农业社会化服务的概念和内涵的认识，农业集体经济组织对农户家庭经营所提供的各种生产和销售服务，虽然是在一个集体统一经营的内部，但却体现了农业生产社会化分工和协作的经济关系。因此，也应属于农业社会化服务的范围。而各个农村经济管理部门对农民家庭经营所作的一般性组织领导，尽管是在其生产经营的外部，但由于并不体现农业生产社会化分工和协作的经济关系，因此不应属于农业社会化服务的范围。

二、农业社会化服务的产生和意义

对于农业社会化服务在我国当前条件下产生的客观必然性，目前，主要有三种意见：

1. 认为农业社会化服务问题的提出，与我国当前农业发展阶段的特点相联系。我国农业目前正处在从自给半自给经济向商品经济的转化和从传统农业向现代化农业的转化过程中。现代社会化大农业已经开始形成。在此基础上，必然提出发展农业社会化服务的要求。

2. 认为农业社会化服务的产生是由于农业家庭承包经营下出现了新矛盾和新问题：(1)农业家庭经营小规模与社会化大生产的矛盾；(2)农业家庭经营自给半自给性与商品经济和大市场的矛盾；(3)农民家庭经营生产力低下与现代先进生产力发展要求的矛盾。归根到底是由于农民家庭经营的局限性与商品经济条件下现代社会化大生产要求之间的矛盾。

3. 认为农业社会化服务的产生体现了我国农业从"小而全"——"小而专"——"专而联"的发展过程。我国农村经济改革，首先建立了以"小而全"的农民家庭经营为基础层的农村双层经营体制。随着农业生产力和生产社会化的发展，农民家庭经营的"小而全"必定要走向"小而专"，继而就要求"专而联"。这里的"联"不是指重新要农民"归大堆"，回到过去"集体经济"的老路上去，而是要加强他们之间的社会化经济联系。这就提出了发展农业社会化服务的要求。

（二）开展农业社会化服务的意义和作用

在讨论中，认为开展农业社会化服务的意义和作用有以下四个方面：

1. 促进社会生产力的提高。有的文章提出，开展农业社会化服务，在农业生产上起着生产要素合理组合的作用：(1)它可以使单家独户农民原来无法使用的科学技术措施得到采用，在更广阔的范围内实现科学技术与农业劳动者的结合，使潜在的生产力变为现实的生产力。(2)通过社会化服务，为农民解决产前、产后的多种负担，使之可以专心钻研技术，精心致力于农业的生产和管理，从而有利于提高劳动者的熟练程度和提高劳动生产率。(3)通过社会化服务，在专业化协作的基础上互通有无，有利于在全社会范围内发挥生产力要素互补的作用，使农业现代化从生产资料现代化、科学技术现代化和管理现代化等三个方面更快地得以实现。

2. 巩固农村双层经济体制。开展农业社会化服务，首先是发展农村集体经济对农户生产和经营的服务，这将对农村集体经济两个经营层次的巩固和发展都有利。就集体经济来看，开展对农民提供服务，就是对其本身经济工作的加强。同时，开展这些服务需要有较大的经济实力，这就要求集体经济努力发展乡镇企业，扩大积累，从而就促进了集体经济的巩固和发展。就农户经济来看，以农民家庭经营作为我国农村经济的基础经营层次适合我国国情，具有自身的优越性，但也存在其局限性。开展农业社会化服务，将有助于克服其局限性，解决在进一步发展生产上遇到的各种困难，因而也有利于促进其优越性的充分发挥。

3. 加强社会主义计划经济管理。有人提出，农业社会化服务是社会主义条件下，计划经济管理的一个重要手段。它是我国宏观经济和农业微观经济的一个结合点。农业社会化服务，一端联系着国家和市场，一端联系着农民千家万户。通过农业社会化服务这个中介，国家可以把需要什么、需要多少的计划指标，连同一些资金、物资和技术的扶持一起，连结成一种政策导向，以引导农民的生产经营，从中体现出对农民生产的鼓励和限制，从而把农民分散的生产经营活动纳入到社会主义国家有计划商品经济的轨道。这样，就能把分散无序的农户经营与国家宏观计划的需求有机结合起来，把计划经济与市场调节有机结合起来。

4. 推动县乡经济改革。有人根据典型地区农业社会化服务发展的经验提出，发展农业社会化服务，推动了县乡有关经济技术部的工作，加强了其经济服务职能。有些部门已经举办了各种经济实体，并逐步提高其企业化经营程度。这样做，有利于把县乡各部门过剩的经济技术人员组织起来，使之在服务农业上发挥作用，改变了"上面有人没事干，下面有事没人干"的状况。同时，也能提高这些经济技术人员的收入，使县乡逐步摆脱日益沉重的财政负担，从而推动县乡经济改革。

三、农业规模经营与农业社会化服务的特征

（一）农业规模经营与农业社会化服务

在讨论中，有人提出了开展农业社会化服务与实现我国农业规模经营的关系，这是农业社会化服务研究中的一个重要理论问题，对指导我国当前农业的发展有积极意义。我国农业必然要实现社会化的大规模生产，这种社会化大规模农业的实现有两种形式和途径：一种是以土地集中统一使用为特征的农业大规模经营。其具体做法是：通过土地的集中，把众多的农业劳动者组织在一个统一经营的场所，实现一个经营单位内部的专业化分工和协作，同时，也与整个的社会分工和协作联结起来。另一种则是以土地以外的其它各种生产要素的集中使用为特征的农业大规模经营，其具体做法是：不改变土地的农民家庭使用权和农民分

户经营的组织形式,而是通过农业的社会化服务,增加各个生产环节上生产要素的投入,从其社会范围的分工协作结合上,来扩大整个农业生产的经营规模。

对于我国农业实现规模经营的选择,我认为应该主要采取后一种形式。这是因为:(1)农业家庭联产承包责任制是我国农业的基本组织形式,具有长期的经济活力,符合我国国情,不应轻易改变。(2)在我国目前的生产力水平下,实现土地规模经营的条件尚不具备。在农村实现土地"向种田能手"集中,至少需要以下两方面的条件:一是乡镇企业和农村第二、三产业有较大发展,使农村劳力较大规模地转向非农产业;二是经营农业有较高的比较利益。这两个条件在我国当前都不具备。而通过农业社会化服务,在不改变农户家庭经营的情况下,实现农业的规模经营,既能满足农民对发展生产的要求,又不触动其最敏感的生产经营自主权,因此是我国当前应该采取的正确途径。

(二)农业社会化服务的特征

对于农业社会化服务的具体特征,讨论中提出了以下四个方面:

1.多样性。有人提出,农业生产内容的多样性和农业生产力的多层次性决定了农业社会化服务组织形式的多样性。具体表现在以下四点:(1)多行业。包括对种植业提供的服务和对林、牧、渔各业提供的服务。也包括对农业各生产环节,如种子、肥料、灌溉、植保、销售产品等提供的服务。(2)多成份。包括由全民所有制的国家经济技术部门提供的服务,农村集体经济组织提供的服务,农民个体、联合体经济组织提供的服务。(3)多渠道。包括由供销社、商业、物资、外贸、金融、科技、教育等部门对农业提供的服务。(4)多层次。包括从县级、乡级、村级,以及县以上各层次对农业提供的服务。

2.体系性。有人认为,农业生产依托于农业经济系统的存在和运动来进行。这一系统是由农业各个生产和流通环节有序排列结合形成的。这些环节相互联结,相互依存,结成统一的生产销售链条,在这个链条上每个环节都是不可缺少的。农业社会化服务是针对这一链条的各个生产和流通环节所进行的服务,其目的是维持整个农业经济系统的正常运行,在此前提下,取得整个系统运行的最大经济效益。因此,这就决定了农业社会化服务必然是多项的,而不是单项的;必然是成体系的,而不是杂乱无章的。在实践中,具体地区的农业社会化服务体系建设,大都首先从当地最迫切需要、又能获取最大成效的某些环节开始,但随着它的不断发展,都必然要走上全过程综合配套服务的发展方向。

3.先进性。即它是以先进科技为支柱的。有人提出,开展农业社会化服务,是实现我国现代社会化大农业的要求,因而我国的农业社会化服务必须以先进的科学技术为支柱,即在先进的生产力基础上进行我国的农业社会化服务体系建设。因此,在农业社会化服务体系建设中要以科学技术是第一生产力的思想为指导。

4.有偿性。讨论中提出了三种不同的看法:一种看法认为,农业社会化服务应当是无偿的。服务不应是营利活动。另一种看法认为,服务应当是有代价的。在商品经济条件下,社会上的一部分组织为另一部分组织提供服务,都应当有代价,但不以盈利为目的。还有再一种看法认为,农业社会化服务也是一种经营,应当办成以经济效益为中心的经济实体。我认为在农村商品经济条件下,服务与补偿应是统一的。一方面,农民需要服务;另一方面,服务单位也需要自我维持、自我积累和自我发展。当前的农业社会化服务首先要强调明确服务的概念,一些地方实行保本无利、保本微利或保本低利,都是有益的。但在此基础上,也要逐步纳入商品经济的轨道,使之走上独立经营和自我发展的道路。

一年来的讨论中,在上述各个方面都有不同程度的展开和深入。同时,也提出了一些需要进一步深入研讨的问题:一是具有我国特色的社会主义农村经济体制的建设问题。这一问题过去在以农民家庭经营为基础和农村经济两个经营层次有机结合上已经做了研究。今后,随着农业社会化服务体系这一经济纽带的形成和发展,将会从理论上给人以新的启示并推动它的深入研究。二是农业社会化服务走向产业化的问题。有人认为,这是农业社会化发展的必然趋势。随着农业社会分工的发展,在继续保持农业作为一个独立产业的基础上,农业社会化服务也将逐步成为一个兼有第二、第三产业性质的相对独立的产业。这是我国农村农业劳动力大量转移的新的重要渠道,它是仅次于我国乡镇企业发展的第二大转移途径。

消费经济学研究的动向和进展

尹世杰 尹向东

近年来，消费经济学已从初创阶段进入繁荣与发展阶段，从局部研究逐步转向多方位、多角度的研究，并且取得了一些进展。

一、关于消费在国民经济中的地位和作用问题

现在对于这个问题的讨论，已经不再停留在简单解释消费与生产的关系上。有人认为，消费在社会再生产过程中具有动力功能、生产功能、调节功能、检测功能、联结功能和制约功能。另有人认为，消费是再生产前三个环节的显示器，又是下一个生产过程的指示器。也有人从计划经济与消费的关系角度来考察，认为我们不能再置国力和消费需求不顾而片面追求高速度，必须真正重视消费需求在计划经济中导向的决定性地位。还有人认为，在再生产四个环节之前，应加上"需求"环节，形成"需求→生产→分配→交换→消费"五环节。所有这些，都比以往更加强调消费在再生产中的地位和作用。

但是，要进一步考察消费的作用和地位，最好是把消费放在国民经济运行中去考察。这样，我就赞同"消费是实现国民经济良性循环的关键"这一观点。因为：(1)消费是国民经济循环的先导和动力；(2)消费是国民经济运行的导向和出发点；(3)消费需要的满足又是国民经济运行的归宿；(4)消费需求上升规律是国民经济不断发展的基本动因；(5)消费是实现两种生产相互转化、相互促进的中介，也是促进国民经济重大比例关系协调的重要因素。可见，解决好消费问题，才能保证国民经济的良性循环。

二、关于消费波动与消费市场疲软问题

1989年下半年以来，市场供求关系由严重的供不应求突然转化为严重的市场疲软。对于消费市场疲软的原因，众说纷纭。有人认为，治理整顿政策效应、存量调整急剧变化的滞后效应和消费者预期的改变，是导致消费市场疲软的直接原因；而经济周期性波动、宏观经济调控有效性不足，产业结构与产品结构不合理，有效供给不足等，是产生消费市场疲软的深层原因。这种观点有一定的可取性。但是，我认为，考察消费市场疲软的深层原因还应从消费活动内部来考察，要看到消费波动是导致消费市场疲软的最深层原因。因为消费波动与市场波动、经济波动呈明显的相关性，消费波动在这次市场疲软中是诱因和主导。从消费波动与市场疲软的联动关系上看，由于消费需求从波峰突然跌入谷底，导致消费市场出现严重的疲软，由消费市场疲软带动生产资料市场疲软，两个市场的严重疲软又引发和加剧了国民经济的波动。在消费市场疲软中，消费需求波动与消费供给波动严重错位是加剧市场疲软的主要因素。而这种错位便决定了市场疲软是结构性的疲软。

由于消费市场疲软的出现，引起人们对消费波动问题的重视。有人对改革开放以来消费波动问题进行了分析，认为我国近期消费波动具有一定的阶段性，波动幅度很大，呈畸型运行的态势。其波动大致可分为5个阶段：(1)适度超前阶段(1979～1980年)；(2)调整阶段(1981～1983年)；(3)膨胀阶段(1984～1985年)；(4)恶性膨胀阶段(1986～1988年)；(5)疲软阶段(1989～1990年)。这种划分基本上反映了我国消费波动的实况与走势。但我认为还应加上一个回升阶段(1991年下半年开始)。

为什么会出现消费的剧烈波动呢？其波动与经济波动关系如何？我认为，产生消费波动的原因是多方面的，但主要有以下几方面：(1)近年来消费政策、收入分配政策的变化快，缺乏必要的稳定性和连续性；(2)消费者收入增长很快，而收入预期又不稳定；(3)价格波动与价格预期的非理性以利息率的变化为导向；(4)消费需求的速变与层次的快速递进以及消费偏好的不断转移与消费供给变化和规模不相吻合；(5)消费需求与消费结构变化的不合理性。

消费波动与国民经济波动呈明显的相关性和一致性，这是消费波动的重要特征之一。近年来，我国消费波动主要是通过耐用消费品需求的波动反映出来的。以耐用消费品需求为导向的消费波动与经济运行紧密相关。新兴高档耐用消费品需求的膨胀，拉动了耐用消费品工业的超常发展，并带动了其它工业乃至整个国民经济的高速发展。相反，当消费需求跌入谷底特别是耐用消费品市场疲软时，便抑制国民经济的发展。这主要是由于消费需求波动的幅度过大，消费结构变化过猛，而拉动供给能力大幅增加。但在消费需求波动与消费供给波动中，消费需求的波动呈明显的超前性，而消

费供给的波动则呈明显的滞后性，两者之间的矛盾成为导致总供给与总需求不平衡的主导因素之一。因此，消费需求的变化与波动，是影响国民经济增长的主要因素。同时，国民经济波动与消费波动相吻合，又进一步强化了消费波动。

三、关于消费模式问题

对于消费模式的涵义，有人认为，消费模式"是消费者收入、消费水平、消费结构和消费方式的总和"。另有人认为，消费模式"是指一定时期消费的主要特征，它包括消费内容、消费水平、消费结构、消费方式、消费爱好等重要特点"。也有人认为，消费模式是对消费的人为规定，而不是人们对消费实践的客观结果，因而只限于对未来时期人们的消费作出规定，用以指导人们的消费活动。还有人认为，消费模式是指消费体制中最根本、最重要的部分，是消费体制的骨架、基本规定性和主要原则。有人也认为，消费模式是人们消费关系和行为规范的综合表现，是从总体上反映人们消费行为的主要内容、基本态势和质的规定性，是指导人们进行消费活动，并对人们的消费行为进行社会价值判断的理论概括和依据。我认为后一种观点比较科学，因为它反映了消费模式的本质。

关于我国目标消费模式的基本特征，有人认为，主要有：(1)从消费商品化、市场化程度的变化看，正经历着由自然经济、半自然经济的消费模式向商品经济的消费模式转化；(2)从消费的层次性变化看，正在由低层次转向较高层次，高层次逐步递进，绝大部分人已摆脱贫困，大多数人的温饱问题已得到解决，有一部分人已进入小康生活；(3)从消费选择性的变化看，虽然由于消费市场比较狭窄等多种因素限制了消费的选择性，但消费选择性的不断加强，这是商品经济发展的必然结果；(4)从消费的差别性的变化看，消费的差别性呈由小而大，又由大而小的变化趋势，这必然给消费模式带来深刻影响。我认为，这种分析是适合我国国情的。

对我国消费模式的战略选择，有人提出了八个方面。这就是：(1)从我国人口状况所作的选择是：建立消费水平逐步提高和共同富裕的消费模式；(2)从资源条件出发所作的选择是：建立资源节约型和效益型的消费模式；(3)从管理体制出发所作的选择是：建立国家从宏观上有效控制的需求导向型消费模式；(4)根据开放政策所作的选择是：建立开放型消费模式；(5)从追求个人的全面发展作出的选择是：建立注重满足发展需要的消费模式；(6)选取注意时间的合理分配和具有合理的闲暇消费的模式；(7)追求提高生活质量与环境改善相适应的消费模式；(8)选取物质生活和文化生活并重的消费模式。

四、关于小康水平问题

什么是小康水平？其主要标志是什么？有人认为，小康水平的主要标志应是：(1)人民在基本生活资料方面已得到保证，且有宽裕，生活舒适，而不奢华；(2)生存资料仍然是消费的主体，发展资料在消费中占有重要地位，享受资料占有一定比重；(3)消费领域逐步扩大，生活方式多样化、社会化；(4)到小康阶段，支付能力对人们消费高档商品的限制作用将大大减弱，高档耐用消费品的支出所占比重将大大上升。这种观点虽然有相当的道理，但是，太抽象，应当进行具体的分析的描述。

中央在十年规划和"八五"计划《建议》中明确指出："所谓小康水平，是指在温饱的基础上，生活质量进一步提高，达到丰衣足食。""人民生活从温饱达到小康，生活资料更加丰裕，消费结构趋于合理，居住条件明显改善，文化生活进一步丰富，健康水平继续提高，社会服务设施不断完善。"这些是对小康水平内容的高度概括和总结。

小康水平的主要标志是什么？我认为，应是：(1)居民收入水平较高，消费水平较高(如我国目前城镇居民人均月收入在140～200元之间，农民家庭人均年纯收入在800～1200元之间)；(2)对生存资料的需要已大体得到满足，享受资料、发展资料占的比重增大，特别是发展资料增长较快；(3)消费结构中恩格尔系数较低(如我国目前城镇居民在50%左右)，穿、用占的比重较大；(4)消费品不仅数量多，而且质量也较高；(5)不仅物质生活得到改善，精神生活也得到充实。总之，消费质量进一步提高，达到丰衣足食。在我国，目前这类居民大约占15%左右。

另有人提出，小康水平的统计指标体系应由消费基础指标(主要包括国民收入、人均主要产品占有量等)、消费实力指标(主要包括衡量居民收入方面的指标)、消费倾向指标(主要包括人均储蓄额、平均消费率等)、消费水平指标、消费结构指标、消费条件指标(如每万人中零售商业网点或人员数、民用电话普及率等)、消费效果指标(如死亡率、平均预期寿命、闲暇时间等)七大类指标组成。这样，才有利于建立科学的、适合我国国情的、能准确反映和衡量我国小康水平的指标体系。

五、关于消费者问题

消费者是消费的主体，是一切消费活动的主体，是消费领域多种关系的主体。过去，经济科学(包括消费经济学)中很少对消费主体进行专门研究,而是注重对消费客体的研究。近两年来,消费者问题逐步受到人们的重视,有的人提出,要加强对消费者的研究,这很有现实意义。因为促进人的全面发展,是人们进行消费的目的。加强对消费者的研究,就要加强对消费者的消费需要的研究,加强对消费者心理和行为的研究,还要加强对保护消费者权益的研究,以及加强对如何提高消费者质量的研究。我认为,目前应重视对如何提高消费者素质和提高消费者抗逆能力的研究。树立消费者的主体地位,构建由消费者抗逆能力的蓄养机制、释放机制、协同机制、调控机制等构成的较完备的消费者抗逆机制系统,以适应新形势下的消费活动的要求。

发展经济学在我国的发展

洪银兴　陈志标

发展经济学是一门新兴的经济学科,产生于第二次世界大战以后。它以发展中国家的经济发展为研究对象,研究发展中国家经济从落后状态发展到现代化状态的规律性。

发展经济学最初是西方经济学的一个分支。一些西方学者出于发达国家的经济利益,利用西方经济学的分析框架,研究发展中国家经济发展问题,从而形成了发展经济学。实际是发展中国家经济发展的实践不断丰富了发展经济学的内容。各个发展中国家在不同的历史条件、社会经济基础和文化传统下,选择不同的发展道路、发展战略和发展政策,便产生不同的发展效应,由此累积的经验和教训便成为发展经济学取之不尽的源泉。这样,发展经济学发展到今天,正在摆脱西方经济学的理论框架,并日益成为发展中国家自己的经济学。发展中国家已涌现出了一大批发展经济学家,由西方学者把持发展经济学讲台和论坛的时代正在宣告结束。

发展经济学在中国的命运,绝然不同于在西方国家的命运:当它在西方悄然兴起和得到迅速发展的时候,中国却对之茫然无知,只有少数从海外归来的经济学家在研究和思考;当它在80年代的西方命运不济,走下坡路时,在中国却得到了异乎寻常的欢迎和传播。从介绍性教材到联系中国发展实际的专著、论文,成果累累。可以毫不夸张地说,发展经济学是中国80年代以来发展最快的一个经济学科。

发展经济学在我国有如此快的发展决非偶然。40多年来,中国的社会主义建设取得了举世瞩目的成就。但也出现过挫折,经济发展战略和政策多次失误。这都证明了建立科学的社会主义发展经济学的必要性。

但是,在我国建立自己的发展经济学,需要引进西方发展经济学的积极成果。发展经济学不仅系统地总结了发达国家从落后状态发展为现代化状态的经验,还要在分析发展中国家经济发展特殊性的基础上,将其发展进程同发达国家的历史进程进行比较,从中寻求发展中国家经济发展的规律,以预测一个国家由低收入到高收入的发展大致需要经历一个什么样的过程和结构变动。尽管由此得出的结论不一定符合发展中国家的实际,但它所包含的国别研究、比较分析、结构分析等方法却是值得引进和借鉴的,它所总结的一些经济发展的共同规律,也是后起国家所要遵循的。可喜的是,国内近几年来不仅出版了系统阐述西方发展经济学的教材,还翻译出版了一批西方发展经济学的专著和教材,推动了发展经济学在中国的传播。

不可否认,西方发展经济学考察的发展中国家主要不是社会主义国家,其为发展中国家开的有关发展的"药方"是以资本主义发展道路为基础的。社会主义发展中国家经济发展的进程和规律又具有社会主义制度的规定性,不可能走资本主义的发展道路。因此,社会主义国家在引进和吸收西方发展经济学原理时必须作两个方面的改造。一是根据以公有制为主体和坚持计划经济同市场调节结合的制度背景对其作社会主义化的改造;二是根据底子薄人口多的经济现状对其作中国化的改造。除此以外,还要从中国经济发展的经验和教训中概括出新的发展经济学范畴和理论。这是建立社会主义发展经济学的基准。这种观点已成为共识,可以说是近几年来研究发展经济学的一大成就。

发展经济学在我国的发展呈现出的一个显著特点,就是它同我国经济改革和经济发展的实践密切结合。许多经济学者利用发展经济学的有关理论和方法,结合中国国情,深入探讨中国的经济发展问题,从而建立了一系列有中国特色的经济发展理论。例如:借鉴罗斯托的起飞理论建立的中国经济起飞理论,借鉴刘易斯的二元结构理论建立的中国城市化和农村工业化的理论,借鉴库兹涅茨、钱纳利等人的结构分析方法建立的中国产业结构高度化理论，借鉴佩尔鲁克顿的发展极理论和缪尔达尔的地区增长的累积性因果原理建立的中国区域间平衡发展的理论，借鉴古典学派的比较利益理论和刘易斯、普雷维尔等人的国际贸易理论建立的中国外向型经济理论，借鉴舒尔茨的改造传统农业理论建立的中国农业发展的理论，借鉴哈罗德一多马模型和罗森斯坦一罗丹的大推进理论建立的中国资金积累理论，等等。

发展经济学是一门理论学科，但与其它经济理论学科相比，它有很强的应用性，依据发展经济学原理，可以对一个国家或地区的经济发展战略和发展政策，提出一些有理论深度的对策性意见。正因为如此，发展经济学在我国广泛传播和发展，对我国的经济改革和发展产生了非常积极的影响。1985年发表的两篇关于中国经济发展的研究报告——世界银行1984年经济考察团写的《中国：长期发展的问题和方案》和发表在《经济研究》的中国年轻学者的关于国民经济新成长阶段的研究报告——曾经在国内经济界和经济学界产生不小的轰动效应。产生轰动的原因就在于这两篇报告中运用的发展经济学原理和方法当时还鲜为人知。时隔几年，发展经济学影响之广，以致于几乎篇篇有份量的关于中国经济发展的研究报告和政策咨询报告都要用到发展经济学的原理和方法。

概括起来，近几年来运用发展经济学对经济发展战略的研究主要取得以下几方面进展。

1.确立以提高人的生活消费水平，改善人的生存环境，实现人的全面发展为中心目标的发展观。这意味着，发展不应该片面地追求经济增长率，应该以提高人民的实际收入，提高其营养水平、健康水平、物质生活水平，增加其受教育机会为目标。发展不仅要消除绝对贫困，还要消除相对贫困，实现共同富裕。发展过程中应该注重生态平衡、保护环境，注意资源的合理开发和利用。

2.明确起飞阶段的特征和实现起飞的条件。起飞是各国经济成长不可逾越的阶段。进入起飞阶段意味着束缚增长的阻力最终被克服，增长成为正常的条件，经济进入自我持续增长的阶段。从我国目前经济增长起伏过大、束缚增长的阻力仍然较大的现状来看，很难说我国的经济已成长到起飞阶段。为起飞创造条件，除了提高资金积累率外，还要有最低限度的社会基础设施建设、扩大国内外贸易、训练劳动力等。其中基础设施建设和企业家的涌现是实现起飞的“先行资本”。

3.明确增长与发展的区别，增长不等于发展。经济发展除了包括经济增长的内容外，还包括增长所依赖的产业结构、技术状况和体制变革。因此，我国推进经济发展，不能限于短期的经济增长率的提高，而是要致力于产业结构的高度化，技术的进步，自然资源供给条件的改善，经济体制的优化，从根本上提高社会产品的供给能力。

4.明确人力资本对经济增长的巨大作用。在现代经济增长中起作用的“资本”不仅有物质资本，还有以人的知识和技术存在的人力资本。对经济增长起作用的劳动因素主要不是简单劳动力，而是具有较高知识和技术存量的复杂劳动力。对发展中国家来说，以人的知识和技术存在的人力资本是最有价值的资源。因此，安排投资，不能偏爱固定资产投资，还要重视人力资本投资；引进外资，不能只是引进机器设备，还要注重引进人力资本。

5.明确改变二元结构现状的途径。二元结构是发展中国家经济落后性的标志。中国的二元结构又有自己的特点。中国二元经济现代化的途径不应该是进一步拉大二者的差距，也不应该以削弱或牺牲一方为代价，而是要在二元经济分别得到繁荣和发展的基础上走向现代经济增长。按此思路，改变农业落后性的一条重要途径是将农业剩余劳动力向非农业产业转移，以提高农业劳动生产率，充分利用劳动力资源；另一条途径是增加农业投入，在提高农业投资的收益率的基础上，在农业中引入资金、科技等新的生产要素，使传统农业得到根本的改造。发展乡镇企业和建设小城镇是农业剩余劳动力非农化和实现农村工业化城市化的重要途径。

6.明确结构变动中的大国特征。结构变动指的是资源在部门间的配置结构和国民收入在投资和消费间的分配结构变动。在一定的经济发展水平上，结构变动的方向和速率有规律可循。钱纳利等人在对一些国家实证分析基础上得出的“标准结构”和“大国一般结构”可以成为一定规模国家结构变动的参照系。在结构变动中，大国的特征主要是：(1)大国可以在收入水平较低时进入以工业化为内容的结构变动时期，并能较早地建立起比较完整的工业生产体系；(2)在同样的人均国民生产总值水平上，大国的积累率明显高于小国，大国的工业产值比重也高于小国；(3)在外贸方面，大国的进口比例相对要大，净出口的比重则不如小国高，对外贸易的扩大对国内生产结构转换的贡献则要小于小国；(4)从宏观调控的角度来看，大国调整产业结构的困难比小国大。我们在注意到本国的结构和大国一般结构的正常偏差外，还要注意到因体制、发展战略和策略的选择失误造成的异常偏差，从中发现结构调节的方法。

7. 明确产业发展的次序。在发展经济学中对产业发展有平衡战略和非平衡战略之争。从我国的实际情况来看,这两种战略需要有机地并用。一方面要自觉地组织非平衡,寻求和选择优先或重点发展的产业部门,并通过强有力的产业政策对这些部门"倾斜"。另一方面,自觉地组织平衡。这一过程不仅仅是依赖计划平衡,还要自觉地利用市场的平衡功能,借助优先发展的产业或主导产业的联系效应,迫使各产业部门自求平衡,以求得在更高的产业结构层次上实现产业结构的平衡。

8. 明确我国的外向战略。在现代社会中,任何一个国家的经济发展都有其国际背景。后起的发展中国家需要在对外开放中求得发展。从发展的角度来说,我国的进出口结构亟待调整和优化。我国不仅要从保护本国幼稚产业考虑实行必要的进口替代,也要努力发展高新技术产品出口,实行出口替代。只有这样,才能使对外贸易带动本国产业结构的优化。就引进国外生产要素来说,现代经济增长的重要特征是各国广泛利用世界范围内的技术和知识存量。世界范围的知识和技术对我们来说,可供选择的范围很大。我们需要依据自己进入增长阶段的时间、资源条件、经济结构及政治制度,对采用的新技术和引进方式作出合理的选择。为此,我们需要创造优越的吸收外资、吸收新技术的环境。

发展经济学在西方的停滞、衰落,自然而然地使中国经济学界关注它在中国的前景。有识之士对西方发展经济学的局限性作了梳理。它偏重发达国家的利益,偏重小国的研究(除印度外);忽视国别研究,忽视经济外因素的分析。所有这些便堵塞了发展经济学发展的道路。发展经济学之所以在中国前景广阔,就是因为中国的学者在以下几方面推动了发展经济学的发展:(1)紧密结合中国的特点研究发展问题。我国人口众多,人均资源缺乏,经历过漫长的封建社会,有很深的旧文化传统。以此为对象研究发展问题将大有作为。(2)更新研究方法,调整研究角度。如重视对区域发展不平衡的大国研究,重视对文化、历史、政治、社会心理等非经济因素的研究,所得出的理论对现实的经济发展有更强的指导性。(3)将实行计划经济体制的国家的发展纳入发展经济学研究范围,发展经济学便有了新的生长点。

发展中国家处于发展中,发展经济学也在发展中。在中国,虽然发展经济学的研究才起步,但是,中国在建设自己的发展经济学的过程中可以充分吸收外国发展经济学的有益成果,借鉴其它国家经济发展的经验和教训,认真总结中国社会主义建设的经验,特别是有马克思主义世界观方法论的指导,后起的中国的发展经济学一定能尽快地建立和成熟起来,并能在中国的经济发展中起越来越大的作用。

世界经济理论研究的新理论及新观点

郭 世 贤

一年来,世界经济形势与国际经济格局都发生了重大变化。同时,国内外学者亦提出了一些有关世界经济问题的新理论与新观点。本文拟对世界经济的新理论与新观点作一简要评述。

一、关于当前世界经济的特点

有的学者认为,当前世界经济出现了两大特点:一是经济进一步国际化,其主要导源于生产国际化与资本国际化的不断加强;二是在经济国际化的基础上出现了世界经济区域集团化进程的加速,这种区域集团化是经济国际化的高层次的体现。

世界经济理论研究的重要任务之一是把握住当前世界经济发展的大趋势,并将其进行理论概括。与其说目前世界经济领域的经济国际化在进一步增强,倒不如说全球经济一体化趋势正在加强更恰当些。尽管世界经济出现了多极化趋势,但80年代下半期以来,生产国际化与资本国际化的步伐空前加快,跨国公司的经济实力已在世界经济中增长到举足轻重的地位。全球经济一体化的加速正意味着全世界180多个国家和地区根据各自不同的经济实力,以不尽相同的经济联系方式参与了这一有机体。近几年来,由于欧洲经济与货币联盟进程的加速推进,迫使美国与加拿大亦签订"美加自由贸易协定",旨在建立北美自由贸易区。与此同时,日本亦通过若干国际经济合作方式试图筹组亚太经济圈。因此,便出现了当前世界经济朝集团化方向大步迈进的形势。诚然,世界经济区域集团化似乎对全球经济一体化会起某些阻碍作用或"分裂"作用,但更重要的是它可以明显地直接或间接地推动国际贸易、国际金融、国际投资、国际劳动力转移以及国际高科技转移的迅速发展。从这些方面来看,世界经济区域集团化无疑是标志着全球经济一体化进入了一个新的阶段。

有的学者把世界经济集团化的特点归纳为:世界经济集团的有形性与契约性,契约的优惠性,集团的排他性,集团内大国的核心性。同时,将世界经济区域集团化的经济社会根源,归结为大国的重要的政策扶植;大国获利多,落后的小国获利少。

我认为,上述对世界经济集团化的特点的概括基本上符合实际情况,是正确的。

二、关于世界经济区域集团化的理论

世界经济区域集团的"有形性"主要是指区域集团是有形的、实实在在存在的经济实体,加速发展壮大的欧共体是如此,正创建的美加自由贸易区是如此,就是连日本正积极构想筹组的亚太经济圈亦将肯定是一个有形经济实体。所谓"有形经济实体",其含义应是具有十分强大的经济实力的经济集团,即无论在国民总产值、国际储备总额、国际投资总额及国际高科技水平等主要经济指标都明显超过任何一个大国。关于契约性,创立或组成任何一个区域集团都离不开"契约",不过,这种契约当然决不是一般概念上的"合同"或"契约",而是区域集团成员国之间的国际性的或超国家的国际协定、协议或条约。这种国际性"契约"的具体内容必须具有优惠性,即契约条款中必须规定给予缔约国以贸易、金融、投资与科技合作等方面的较有吸引力的优惠,没有这些优惠或优惠非常微小,"契约"即成为一纸空文,经济实体便有瓦解之虞,至少也会趋于松散,缺乏强大凝聚力。另外,每个区域集团都具有一定的排他性。这种排他性是指区域集团所签条约或协定之内所涉及的优惠,仅给予成员国而不给予非成员国,但决不意味着对外封闭。因为一个封闭式的区域集团只会给其本身在国际经济领域的许多方面带来重重困难。因此,一个经济区域集团在对外经济关系上必然是"排他性"与"对外开放性"二者的协调。此外,把产生区域集团化的原因归结某些大国的重大政策选择,这一观点虽是正确的,但并不能完全概括产生区域集团化的原因。我认为,除大国政策抉择之外,还有当代世界经济发展不平衡加剧的因素。当代世界经济发展不平衡进一步加剧,美国、日本与欧共体三大资本主义经济中心竞争日趋激烈,于是促使某些大国做出筹组区域经济集团的重要决策,即推行集团化经济战略。另外,关于参加区域集团的利弊,一般而言,对所有成员国都应利多弊少。当然,大国或核心国得利最大最多,落后的小国得利不会多。决不可把参加经济集团看作有百利而无一弊之事。决不是任何国家都必须加入一个经济区域集团。我国亦是发展中国家,参加经济集团与否尚需慎重考虑。

三、关于继续建立国际经济新秩序问题

80年代的"南北对话"曾为建立国际经济新秩序付出过一些努力,但无奈因发达国家决策者不够明智以致未能获得进展。近年来,随着国际政治与经济格局的巨大变化,建立国际经济新秩序问题又被重新提上日程。

近年来,西方学者提出了一种叫"第三世界消亡论"的理论。其内容是:(1)冷战结束后,美、苏争夺亦已结束,第三世界作为争夺对象也就自然消亡;(2)第三世界在发生两极分化,一分化,"第三世界"这个总体便消亡;(3)第三世界走的是第三条道路,因为苏联已经衰落,于是走第三条道路便行不通了。中国学者则与上述理论针锋相对地提出了"第三世界继续存在论"。其主要内容是:(1)美、苏争夺虽然已结束,但是130～140个发展中国家作为第三世界的总体依然存在,它们的经济落后的共同的经济特征并未改变;(2)发展中国家的经济发展不平衡加剧,两极分化亦是事实,但分化出来的新兴工业化经济实体却是极少数,而绝大多数发展中国家仍处于贫困落后的经济状态;(3)根本就没有什么"第三条道路",只有社会主义和资本主义这两条道路。第三世界不会因苏联衰败而走向资本主义。在当前国际经济格局下,区域集团化对第三世界会产生不可忽视的影响,发达国家间的经济关系将进一步加强,发达国家同发展中国家的经济关系的发展将更加放缓。当前的国际资金短缺是长期性的,对第三世界十分不利。第三世界应积极为继续创建国际经济新秩序而斗争。

我认为,"第三世界消亡论"与"第三世界继续存在论"之间的争论是非马克思主义世界经济理论与马克思主义世界经济理论之间的斗争。"第三世界消亡论"的出现有其深刻的国际政治背景,它对当前继续为建立国际经济新秩序而进行的斗争无疑是一付麻醉剂。任何一种正确的理论无不导源于实践。"第三世界消亡论"表面上似乎导源于"美苏冷战结束"这个实践,但却无视于130～140个发展中国家的客观存在这个事实。第三世界分化是当前的实际情况,分化的结果,一端是130～140个发展中国家,另一端则是少数几个新兴工业经济实体。130多个发展中国家作为一个第三世界总体仍然存在,并未演变成像新兴工业化经济实体那样的"准发达国家",在可预见的未来也不会出现这种情况。至于第三条道路,是根本就不存在的,只有社会主义与资本主义两条道路。社会主义在苏联确实遭到了失败，那失败的原因决不能归咎于社会主义制度缺乏优越性，社会主义优越性在中国的社会主义建设中已经充分体现出来，不仅证明社会主义道路行得通而且将取得伟大胜利。另外，应当承认，发达国家间的经济关系的发展要比发达国家同发展中国家间的经济关系的发展要快得多。虽然发达国家同发展中国家间在贸易、金融、投资及技术等方面经济关系发展趋于缓慢，国际经济环境对发展中国家来说十分严峻，但第三世界作为一个总体仍应为建立国际经济新秩序继续作出不懈地努力。

四、关于西方经济衰退的新观点

1990年第二季度至1991年上半年爆发了温和的资本主义世界经济衰退。世界经济学家对此次经济衰退提出了一些与往常迥然不同的观点。

有的学者提出了“西方经济周期同步性减弱论”，其事实根据是：从1990年第二季度至1991年，美、英、加、澳等国先后陷入经济衰退，而与此同时，日本和德国却未发生经济衰退，仅出现经济增长速度放慢现象。从事实来看，这次西方经济衰退并未完全演变成同期性、同步性西方世界经济衰退，或者说这种同步性已经明显减弱。这种西方经济衰退的同步性减弱仍将是90年代今后几年还要出现的一个特征。因为美国采取大量削减赤字的计划使美国仅可能发生温和经济衰退；经济发展不平衡的加剧，美、日、欧三足鼎立之势的形成，区域集团化趋势的加强，都有可能避免或推迟发生同步性经济衰退。另外，高科技的迅速发展亦可使那些占优势的大国产生抗衰退的能力。

我认为，我国学者以马克思关于经济危机的理论为指导，通过对这次西方经济危机的深入考察而提出了“西方经济周期同步性减弱论”，这对马克思主义经济危机理论是一个新发展。这次西方国家经济衰退只发生在一部分西方国家，而日本和德国这两个经济大国竟未发生经济衰退，这在自1825年首次发生资本主义周期性经济危机以来的165年的西方经济危机史上还是第一次。这次西方经济衰退的非同步性的出现是发达国家经济发展不平衡加剧的结果，美国作为世界上经济实力最雄厚的发达国家，由于得利于海湾战争，加之，美国大量削减财政赤字的计划亦将付诸实施，结果使美国经济衰退程度减轻，从而也减小了对日本和德国经济的影响。世界经济区域集团化趋势的加强可使参与国获益，也可能出现使某一集团发生经济衰退，另一集团成员国则维持经济低速增长的现象。另外，国际高科技的迅速发展已产生巨大的生产力，使高科技产业生产总值在一些发达国家国民生产总值中所占比重愈来愈高，因此，高科技占优势的经济大国便具有一种抗衰退的能力或使衰退暂时潜伏存在。总之，在当前世界经济格局不断发生巨大变化的形势下，出现的许多错综复杂的因素已使得西方经济衰退的同步性同期性减弱，这一实践已验证了“西方经济周期同步性减弱论”的正确性。

有的学者还提出了一种名为“服务业危机”的新观点。这种观点认为，服务业危机是一种非物质生产性的危机，由于其所包括的行业特性各异，不能简单地用“产品”是否过剩来判断，这次经济危机中，工业危机对服务行业的影响已相对减弱，而服务业本身的波动则有可能对工业产生较大影响。美国在这次经济危机中，其服务业充当了先导。从危机传导机制上看，传统危机的传导机制是：工业企业销售额下降——库存商品大量积压——企业利润下降——企业倒闭、生产下降、投资锐减、失业大增——经济衰退；而服务业危机所形成的传导机制则是：房地产和股价下跌——投资者破产——银行倒帐、银行盈利下降——银行破产、银行裁员、压缩信贷——工商业倒闭、削减生产与投资规模、解雇职工——经济衰退。另外，生产过剩危机周期性发生的物质基础是固定资本更新周期，而服务行业中所包括的各行业性质各不相同，不可能具有共同的物质基础，除房地产业有其特殊的更新周期外，其它诸如商业、金融业、纯服务业以及交通运输业等便很难确定其共同的物质周期。因此，目前要深入探讨服务业危机的一般周期性规律仍是个疑难问题。

上述有关“服务业危机”的观点，对马克思的经济危机理论同样是一个新发展。历史上发生的周期性经济危机大都属于工业危机与商业危机，以服务业为先导的经济危机这还是有史以来的第一次。目前，鉴于服务业已在发达国家国民生产总值中占很大比重，1990年在外国对美国直接投资总额中服务业占51%，同期，美国对外直接投资总额中服务业也占46%，预计今后的发达国家经济危机还将以服务业危机为先导，这个新特征将是越来越明显而不会轻易消失。另外，虽然这次服务业危机仅发生于美国，而尚未发生于其它同期陷入经济衰退的英、加、法、澳等国，这说明服务业危机尚未成为西方国家同步性的经济衰退的一个共同性特征。

五、未来世界经济的“板块结构说”

有的学者认为，目前世界经济正处于新的“造地”运动之中，引起这一运动的动因是多方面的：经济周期运动正在经历下降波到上升波的转换阶段；新技术革命的规模正迅速扩大;经济运行与发展的新轨道正在形成(指各类国家在经济理论、经济政策与战略以及经济体制方面的全面调整)以及国际政治局势的进一步趋向缓和。在上述动因作用下出现的区域集团化不是一般现象而是各方面变化的综合表现,其实质含义是世界经济力量的分化与重组,是世界经济运动的转轨。世界经济是个统一体,是一个具有"板块"结构的统一体。有的学者断言,世界经济将会出现5～6个"板块":已经出现、未来仍将存在的有西欧板块、北美板块;尚在酝酿、日后可能形成的有东亚板块(指"亚太经济圈"等);未来可能形成的板块有拉美板块(已有拉美经济体系等组织)、西亚北非板块(石油生产国等)、大洋洲板块(指在加盟战略普遍化推动下,澳、新似乎会加速合作步伐,结成一个小型经济集团)、东欧板块(在西欧援助落空、加入欧共体困难重重的情况可能形成一个经济区域集团)。

上述关于世界经济的未来的构想的"板块结构说"虽然是借鉴于地震学上的"板块结构说",但并非生搬硬套,而是从当前世界经济格局与大趋势出发的大胆设想,应该说是一种创见。从目前而言,虽然仅存在着欧洲板块和北美板块,但这两个板块对世界经济已产生了巨大的震撼力和促变力。亚太板块虽正拟议、筹组中,但在可预见的历史时期内会形成。若世界经济形成欧洲、北美和亚太三大板块,即使其它板块难以形成,这三大板块亦具有决定世界经济命运的雄厚的经济实力。另外,世界经济分为若干个经济区域集团,或若干个相互联系、相互"碰撞"的板块,看来是完全可能的。这是今后长时期内世界经济格局变化的大趋势,是不以任何国家决策者或任何集团领导人的意志为转移的。今后,世界经济研究工作者应着重剖析世界经济中已出现的各板块间的联系与对抗,预测未来形成的板块的进程与影响,为我国制定对外经济发展战略提供科学依据。

对"生产要素"混同于"劳动要素"的质疑

许 紫 耀

在深化改革中,人们越来越频繁地使用"生产要素"这个范畴。但是,学术界对生产要素范畴的理解(参见许涤新主编:《政治经济学辞典》上册,第11页;宋涛主编:《资本论辞典》第548页)既不符合马克思的原义,也不能正确地概括社会主义生产的实际,因而对指导社会主义生产和改革开放是不利的。

在理论上,把生产要素仅仅归结为劳动者(或劳动力)和生产资料,包含双重的错误。(1)它把生产要素混同于"劳动要素"。这种混同必然导致把具有特定社会性质的生产过程混同于为一切社会所共有的抽象劳动过程。但是,"用这些抽象要素不可能理解任何一个现实的历史的生产阶段"(《马克思恩格斯选集》第2卷,第91页,人民出版社1972年5月版),因而就不能揭示任何东西。"于是资产阶级关系就被乘机当作社会一切的颠扑不破的自然规律偷偷地塞了进来。这是整套手法的多少有意识的目的"(《马克思恩格斯选集》第2卷,90页,人民出版社1972年5月版)。例如,庸俗经济学家萨伊就是这样做的。他用一般劳动偷换雇佣劳动,用生产资料偷换不变资本,把资本主义生产归结为一般物质资料而不是剩余价值的生产,由此导出了他的"三位一体的公式"的辩护理论。100多年前,这种混同就被马克思科学而彻底地批判过了(参见马克思:《资本论》第3卷,第48页,人民出版社1975年6月版)。(2)马克思概括出的劳动过程的简单要素是"有目的的活动或劳动本身,劳动对象和劳动资料"(马克思:《资本论》第1卷,第202页,人民出版社1975年6月版)。但两部《辞典》都把"有目的的活动或劳动本身"改变为劳动者(或劳动力)。这个改变把一个科学的抽象变成了机械的割裂。因为,正是有目的的活动本身,媒介着作为自然力的劳动力与作为自然物的劳动资料、劳动对象之间的运动,使高度抽象的劳动过程依旧是一个真实的矛盾运动过程。而劳动者和劳动资料、劳动对象之间则完全没有媒介运动,成了一个一个互不相干的孤立要素。这种割裂使真实的劳动过程不见了,如何谈生产过程。

马克思在分析资本主义生产方式时阐述的生产要素,除了各种以商品形式出现的实物形态的要素,如劳动力、不变资本、地产等等以外,更重要的是指明了另一类生产要素即各种以流动形态出现的物质生产要素,如生产、消费、分配、交换,等等(参见《马克思恩格斯选集》第2卷,第91～102页,人民出版社1972年5月版)。我们且把前一类生产要素叫做物化的生产要素，把后一类生产要素叫做流动的生产要素。正是由于把生产要素从一类扩大到了两类，才使劳动过程和生产过程得到了区分。由此，马克思主义经济学才得以和庸俗经济学划清了界限，公然显露出自己的无产阶级党性锋芒。因为，资本主义生产方式中的生产要素之所以不是一般劳动而是雇佣劳动，不是生产资料而是不变资本，不是土地而是地产等等，完全是由这些要素本身特有的社会运动形式、由生产的资本主义性质规定的，是由它们各自怎样生产、怎样消费、怎样分配、怎样交换决定的。这些流动的生产要素规定着抽象的"劳动要素"到具体的生产要素的转化。只是由于这个转化的完成，一般的劳动过程才变成了社会的生产过程、资本主义的生产过程。必须指出，这些流动的生产要素本身也在不断地运动和变化着，也有自身的运动规律。所以，它们也是客观的物质要素。例如：从生产弓箭到生产导弹，从消费畜力到消费电力，从生产劳动分配给奴隶或自耕农到分配给工资雇佣劳动者，从小手工业者间的交换到资本家间的交换等等，这些流动的生产要素本身也都在经历着实际的、历史的物质技术变化过程。

严格区分劳动过程与生产过程是马克思主义经济学的一个基本原理，而严格区分"劳动要素"与生产要素则是坚持这一原理的理论前提。因为，政治经济学不是工艺学，研究实际的劳动过程是工艺学的任务，政治经济学不是研究实际劳动过程而是研究社会生产过程的。所以，生产要素不能混同于"劳动要素"。如果生产要素仅仅是劳动者和生产资料，即仅仅是一类物化的要素，那我们就无法从"生产"要素这个基本点上把社会主义生产方式和资本主义生产方式区分开来。而且，由于缺少这种区分，也就难以发现它们两者到底有什么样的联系。由于缺少对这两种生产方式之间区别和联系的理论分析，我国经济工作中或则闭关自守，或则照搬外国，甚至有人鼓吹"全盘西化"等。认识上的摇摆、偏差及错误，其理论根源之一正在这里。马克思早就指出，"生产过程同资本相分离，这是一般的劳动过程。"（马克思：《剩余价值理论》第3册，第547页）。经济范畴只不过是生产的社会关系的理论表现，"只有对于这些关系并在这些关系之内才具有充分的意义"（《马克思恩格斯选集》第2卷，第108页，人民出版社1972年10月版），混同于"劳动要素"的生产要素范畴在这里又有什么意义？如果我们抽去了劳动者的社会主义自主劳动的性质，抽去了生产资料的社会主义公有财产性质，那么，我们和100多年前的萨伊之流又有多少差别？要知道，这些社会主义的性质正是流动的生产要素赋予物化的生产要素的。顺便指出，两类生产要素统一的理论，不仅有助于我们认识社会主义生产方式的运动和变革，而且有助于我们认识不同资本主义国家生产方式的异同及其变化，从而避免把它们统统当作铁板一块或始终不变的形而上学偏差，有助于我们在对外开放中从政治经济学方面加以鉴别和选择。

生产要素之所以必须包括上述两类要素，归根到底是辩证唯物主义世界观的必然要求。我们只能从物质的特殊运动形式中具体地认别一定物质的特征。只有物化的要素而没有流动的要素，就像只有物质而没有运动一样，真实的社会生产是不可想象的；只有流动的要素而没有物化的要素，就像只有运动而没有物质一样，真实的社会生产同样是不可想象的。

流动的生产要素也是一类真正的生产要素。这一马克思主义的科学原理，已经为我们经济建设的丰富实践从正反两面反复验证了。由于我们长期不把各种流动的生产要素当作真正的生产要素，当作推动生产发展的内在因素，造成了种种经济上的严重损失，一度导致经济体制越来越僵化。对直接生产过程的理论研究，至今未能提到首要生产要素的高度上作分析，致使劳动过程的社会主义特征，即优越于资本主义生产的特征，至今还是模糊的。我国国营大中型企业经过10多年改革，至今在总体上缺乏活力，或许与此有关。与生产直接同一的消费要素，如生产资料的劳动力的生产性消费方面，实践对理论提出的问题更加尖锐。生产资料的闲置、浪费、滥用等等固不待说，劳动力如何消费的问题尤其突出。据统计，我国企事业中冗员达到千万；职工劳动时间的利用率仅一半或略多些，已经利用的那部分劳动力也有许多是重复的或低效的；许多科技人员的任务很不饱满等等，制约了我国经济的发展。甚至可以说，劳动力科学消费问题的逐步解决，是决定我国经济状况根本好转，把我国巨大的人口压力转化为举世无双的劳动优势的基本前提之一。对"决定着生产的全部性质和全部运动"（马克思《资本论》第3卷，第994页，人民出版社1975年6月版）的劳动条件的分配要素的理论研究不够，使我们曾经长期为越大越公越好的"生产资料"所有制升级所牵制，改革以来又对国有企业承包制在理论上莫衷一是，在实践上举棋不定。在交换要素方面，家庭承包以来每次农产品丰收后的"卖难"，严重挫伤农民的生产积极性；治理整顿以来的"市场疲软"与地区分割及"三角债"等问题妨碍社会主义扩大再生产的顺利实现，都反映出我们未能把交换作为社会生产的一个内在要素来对待。总之，对上述流动的生产要素没有从理论上予以认定，没有把它们放在和物化的生产要素同样重要的地位，没有从两类要素的统一与转化的高度上进行综合的研究，妨碍了我们对社会主义生产实践作出马克思主义的理论概括。

经济科学研究观点简介

经济体制改革

搞好国有大中型企业

1991年关于如何搞好国营大中型企业的讨论，是在新条件下进行的。自1990年以来，国有大中型企业普遍陷入资金缺乏、产成品积压、成本增高、效益低下的困境，直接影响着全国工业生产和经济的发展。为什么会出现这种状况，怎么才能增强大中型企业活力，走出低谷呢？这就成为经济界、理论界研究讨论的热点。

一、搞好大中型企业的重要性和迫切性

大家一致认为，能否搞好国有大中型企业，是关系到国民经济能否顺利发展，社会主义制度能否巩固的重要问题。

何建章认为，社会主义最终战胜资本主义，归根到底要创造出比资本主义更高的劳动生产率。作为社会主义公有制经济主体的国营经济，必须在这方面作出有力的证明。否则，资本主义复辟的危险、和平演变的威胁始终都会存在（晓理：《搞活国有企业的三大难题》，《记者观察》1991年第10期）。

马洪认为，"首先，大中型企业是我国国民经济的命脉。如果大中型企业缺乏活力，今后10年整个工业部门的产业成长和技术升级都会受到影响，整个经济就难以实现由低水平的数量扩张向结构不断优化的集约化发展模式的转变。其次，搞活大中型企业是坚持社会主义公有制经济为主导的要求。大中型企业的活力如何，决定着全民所有制企业的前途与命运，实际上，也关系着社会主义经济改革的方向。只有真正搞活大中型企业，全民所有制经济的主导地位才能巩固。第三，近几年来，大中型企业，特别是全民所有制企业的效益下降，经营恶化已经成为一个极为迫切的问题。"（《关于搞好大中型企业的几个问题》，《经济研究》1991年第11期）。

王东进指出，搞活大中型企业的重要性可从五个方面来理解，"其一，我们国家的'家底'主要在国营大中型企业，我们所坚持的是社会主义公有制经济。国营大中型企业是社会主义中国赖以'举家立业'和'安身立命'的物质基础和可靠阵地。其二，国家80%以上的财政收入源于国营大中型企业。其三，当前经济生活中各种困难的'焦点'集中在国营大中型企业。其经济潜能未能充分释放出来。其四，深化改革的重点在国营大中型企业。其五，国家的前途和希望也寄托于国营大中型企业。其经济潜能是否最大限度地得以释放，直接关系到社会主义事业的兴衰成败，关系到社会主义中国的前途命运（《增强大中型企业活力要靠深化改革》，《改革》1991年第5期）。

吕政、金碚认为，"搞活大中型企业，不仅仅是为了缓解国家财政和企业生产经营中的困难，更重要的是为了解决经济运行中一系列深层次矛盾，推进经济运行方式的全面转轨，为实现国民经济持续、稳定、协调和高效率地发展奠定可靠的微观基础。"（《谈搞活大中型企业的难点与对策》，《经济管理》1991年第5期）。

二、关于企业活力的定义

袁宝华认为，企业活力是一种进取力。"所谓企业活力，首先是指企业要有一种奋发进取、一往无前的态势。"（《增强活力，提高效益，办好国营大中型企业》，《求是》1991年第21期）

杨建荣认为，企业活力是一种生命力。"所谓企业

活力，是指企业在生产经营过程中所具有的生命力。”(《增强国有大中型企业活力的理论思考》,《财经研究》1991年第10期)

任传俊认为，企业活力是一种摆脱力。他指出“其基本含义，就是通过改革传统的经济体制，将企业从政府附属物、社会大工厂的车间地位中解脱出来，使之成为自主经营，又具备自我发展能力的社会经济细胞。”(《搞活大中型企业的思考》,《经济管理》1991年第10期)

有人认为，企业活力是一种综合力。其中又有两种说法：

王志军、丁番明认为，“企业活力是指企业生产经营活动得以迅速发展的内在力量，是内在动力、潜在能力和外在压力之要素有机结合所形成的一种社会经济力量。”(《浅谈如何增强企业活力》,《现代管理科学》1991年第3期)

谢雪、耿生认为，“所谓企业活力是指企业自身所应具备的自我积累、自我改造、自我发展的能力；对市场和环境的开拓能力、应变能力、竞争能力和对技术与组织管理的创新能力的有机结合。”(《优化分配机制是搞活大中型企业的关键》,《山西财经学院学报》1991年第5期)

三、关于搞活企业的标准

李家镐认为，要具备五种机制。“(1)具有对市场或国民经济需求变化的自我适应机制；(2)具有对社会生产力重组、融合、高素质化的自我组织机制；(3)具有体现竞争与共存、激励与约束的优胜劣汰机制；(4)具有为生产力发展服务的企业管理变革、组织结构调整的重组机制；(5)具有适应生产力素质提高、企业组织和管理变革的人员再培训、再选择机制。”(《关于搞活全民所有制企业的基本思路》,《上海经济》1991年第3期)

任纪涛认为，五种比率的状况是衡量的标准。“企业活力的标志大体集中表现在五个经济指标上：一是销售增长率；二是资源利用率；三是人机效益；四是资金周转率；五是销售利润率。”(《企业活力来自外部环境的改善与内部机制的转换》,《经营与管理》1991年第8期)

裴彤顺认为，应具有“四自”标准。“企业搞活的标准应该是，也只能是‘四自’，即形成自主经营、自负盈亏、自我发展、自我约束的经营机制。”(《关于搞活国营大中型企业的思考》,《经济管理》1991年第9期)

彭致圭认为，主要是实现“五高”。即：“(1)利益机制形成，广大职工的主人翁意识确立，积极性和创造力被充分调动起来，工作效率显著提高。(2)自主经营、自负盈亏、自我发展、自我约束，在市场竞争中居于优势地位。即高自主。(3)在价格基本合理的前提下，经济效益显著提高。即高效益。(4)技术进步，产品发展，资产增殖，装备得到更新和改造，发展后劲足。即高后劲。(5)广大职工有较高的政治觉悟和职业道德。即高觉悟。”(《对搞活国营大中型企业问题的思考》,《技术经济与管理研究》1991年第4期)

王秋克认为，应具备八种因素。“搞活国营大中型企业的标准综合起来包括以下几个方面：(1)应具有自主经营权；(2)应具有较高的经济效率；(3)应具有强烈的发展欲望；(4)应具有强烈的创新能力；(5)应具有较强的市场应变能力；(6)应具有较强的凝聚力；(7)应具有素质较高的企业家集团；(8)应具有对国家和社会较大的贡献力。”(《搞活国营大中型企业的内涵和标准》,《企业管理》1991年第6期)

四、国有大中型企业活力不足的表现

彭致圭认为，企业活力不足主要表现在“六低”上。“(1)社会主义的按劳分配原则并没有落到实处，这就必然造成工作效率不高，劳动生产率低下，即所谓低效益运行。(2)企业依然是受制于许多‘婆婆’的小媳妇，即所谓大权旁落，只能低速度前进。(3)生产、技术、经济、管理和体制方面的诸多制约因素交互作用，经济效益低下，即所谓低效益循环。(4)企业‘大而全’、‘小而全’，社会负担极其沉重，即所谓低精力经营。(5)企业的自我积累能力弱，发展投入不足，即所谓低后劲发展。(6)从广大职工的思想境界看，为什么劳动、为谁劳动的问题还很不明确，建设强大国家的精神动力不足，敬业意识不强，职业道德较差，等等，即所谓低水准意识。”(《对搞活国营大中型企业问题的思考》,《技术经济与管理研究》1991年第4期)

裴彤顺认为，企业活力不足表现在“六权”不到位。“(1)生产经营权不到位，指标完成难。(2)销售自主权不到位，产品销售难。(3)拒绝摊派权不到位，降本增效难。(4)人事管理权不到位，执行厂纪难。(5)劳动工资权不到位，分配制度改革难。(6)资金使用权不到位，自我积累难。”(《关于搞活大中型企业的思考》,《经济管理》1991年第9期)

邱靖基等人认为，企业活力不足表现在缺乏“三力”上。“一是没有灵活机动的经营决策权，缺乏适应市场需求变的应变能力;二是缺乏增强后劲的更新改造能力;三是缺乏调动职工积极性、不断提高生产效率和经济效益的能力。"(《关于影响企业活力内外部条件的调查研究》,《改革》1991年第6期)

吕政、金碚认为,企业活力不足表现在四个重要因素上:"(1)国营大中型企业还没有真正摆脱对政府的依赖关系。80年代中期提出的搞活大中型企业的各项措施,绝大部分没有得到落实。(2)企业自有流动资金的比重过低,难以维持正常的资金周转。(3)大多数企业人均留利低于人均福利和医药费的实际支出,因此企业缺乏依靠自我积累进行技术改造以实现自我发展的能力。(4)企业经营管理状况恶化,难以继续深化,劳动纪律松弛,职工队伍人心涣散等。"(《谈搞活大中型企业的难点与对策》,《经济管理》1991年第5期)

朱东尧认为,企业活力不足主要表现为全民所有制工业在各方面都低于非全民所有制工业。"(1)全民所有制不是一般地、简单地低于非全民所有制的增长速度,而是呈现出一种极为显著的减速发展态势。(2)全民所有制工业在产出增长的绝对量上越来越低于非全民所有制工业。(3)随着规模的扩大、地域分布集中程度的提高,全民所有制工业在发展的速度与效益上趋降,形成一种通常的经济学理论无法作出合适解释的很不正常的规模不经济和集聚不经济现象。(4)全民所有制工业经济效益迅速下降,并且明显低于非全民所有制工业。"(《改革、发展、与企业——搞活国有大中型工业企业的理论与政策》,《学习与探索》1991年第5期)

五、关于搞活企业的难点

张今声认为,搞好企业面临着一组"两难"选择。"(1)增强企业财力和国家财力的两难。一方面企业负担过重,缺乏自我积累能力;另一方面,国家财政连年赤字,入不敷出。(2)搞活企业与加强宏观管理的两难。一方面企业反映应有的自主权没有落实,已放的又收回去;另一方面,确又存在宏观控制不力,宏观管理出现许多漏洞的现象。(3)鼓励先进与保护落后的两难。一方面,搞活企业理所当然的应支持先进的企业,使效益好、潜力大的先进企业获得更为有力的发展条件;另一方面,在现实生活中又相当普遍存在'鞭打快牛'保护落后的现象。(4)眼前应急措施与长远治本措施的两难,某些地区为帮助企业渡过目前难关,采取了某些加强行政直接干预,追求近期产值和保护主义等措施,这不仅不能不增强企业活力,反而为搞活企业制造了新的障碍。"(《增强国营大中型企业的系统思考》,《辽宁计划经济管理》1991年第10期)

晓理认为,在政企关系方面存在着三大难题:"(1)税负过重。企业没了钱,又要维持运转,只有向银行大举借贷,而负债经营新增效益又被各种税负、利息收去,结果企业的包袱越背越重。(2)价格。目前仍执行指令性计划和国家定价的主要是属于少数关系国计民生的短缺产品,而国营大中型企业恰恰承担着这些产品的生产和销售任务。其它产品涨价,不少要进入这些企业成本,但这些企业的产品关系国计民生,影响深远,国家一般不轻易调价,要求企业内部自行消化。(3)自主权。企业的法人自主权不落实,应有的职能不能到位,所谓经营自主权只能是一句空话。"(《搞活国有企业的三大难题》,《记者观察》1991年第10期)

尤启亭、郭仁庆认为,搞活企业面临的难题是:"(1)改革的措施与改革的目标脱节;(2)计划体制与市场体系失调;(2)市场调节与市场规则扭曲;(4)财政体制改革的重点有效节支和提高税率相悖。"(《对搞活全民大中型企业的探讨》,《上海经济研究》1991年第1期)

有人认为搞活大中型企业的障碍在于理论上、认识上存在着偏差或误区。陈有生、侯建中认为,主要在于理论上的误区。"误区之一:'放权让利'。首先放权让利还不是真正意义上的改革,企业仍然没有改变行政机关附属物的地位。因此,放权让利既不是企业活力的源泉,也不是取之不尽、用之不竭的改革资本。误区之二:'倾斜保护'。倾斜保护政策将导致公平竞争原则的破坏。对国营大中型企业在资金、原材料、能源等方面实行倾斜供应,是靠减少其他企业对这部分资源的占用来实现的,其结果必然影响这部分企业的活力。同时,也会滋长国营大中型企业对国家的依赖性和惰性。误区之三:'急功近利',由于国营大中型企业在国民经济中所处的重要地位,人们对国营大中型企业的发展寄予很高的期望值,对搞好国营大中型企业有着迫切的愿望和要求。在这种情况下,产生了急功近利、毕其功于一役的情绪和思路。"(《搞活大中型企业的三大理论误区》,《现代企业导刊》1991年第9期)

杨建荣认为,"根子"在于我们对企业本质认识的偏差和错误。"在潜意识和实际行为中,企业,尤其是国有大中型企业则被认为不仅是一个经济组织,而且还是一个社会组织和政治组织。因此,要求企业具有三种功能。就经济功能而言,它必须向国家上交利税,满足政府财政支出的要求;就社会功能而言,它必须负责职工及其子女的生老病死及各项社会保障工作;就政治功能而言,它必须承受国家安全和稳定等要求所带来的负效应。可以说,处于这种地位的企业,即使在良好的外部环境和完善的内部管理条件下,也不可能有真正和持久的'活力'。"(《增强国有大中型企业活力的理论思考》,《财经研究》1991年第10期)

六、关于影响企业活力的外部因素

贺建强认为,宏观调控部门缺乏有效的制导作用。"由于经济部门各自强调本部门的利益,在政策制定和间接调控的运行中缺乏协调配合,使得国家经济管理和宏观调控无力,微观运转混乱,生产、分配、交换和消费四个环节失调;由于经济部门缺乏有效配合,职能弱化,使得一般企业和乡镇企业的经营行为变得越来越不规范,诱发起争夺资金、原材料、能源等种种'大战';加重供给渠道和分配环节的混乱,使得企业'跑、冒、滴、漏'严重,影响了经济效益的提高;由于主要经济部门缺乏有效配合,助长了企业'重基建、轻生产、重扩大再生产、轻技术改造和挖潜搞活'的错误经营思想滋长。'三角债'不仅成了困扰国营大中型企业的难题,也成了困扰当前经济发展的大问题。"(《联合导致:搞活国营大中型企业的探讨》,《经济学动态》1991年第10期)

董玲认为,分配制度影响了搞活企业。"(1)国家参与企业收入分配的双重身份一体化。在社会主义条件下,国家是作为社会管理者和资产所有者参与企业收入分配的。作为前者参与分配,直接表现应该是税收,作为后者参与分配则应通过分利的形式实现。如果将二者间的根本区别加以混淆,从而使税收涉足过深,必然会使国营企业在竞争中处于不公平的地位,企业很难以独立的商品生产者和经营者的姿态出现于经济舞台。(2)政企不分,企业对政府的过分依附乃是分配机制丧失其外部压力的诱因。(3)由于现存的生产关系的作用,我国的企业管理者与职工形成了分配利益的同构体。而企业工资内在约束机制不健全,国家宏观间接调控手段不完备,加之刚性就业、刚性工资收入、刚性福利政策的约束,使分配利益机制弱化。(4)职工利益分配优化问题尚未引起决策者的重视。'调资按年头'、'发奖按人头'的分配效应,在很大程度上是对分配乃至用工制度中竞争效应的否定。"(《强化受托责任,提高承包企业经济效益》,《山西财经学院学报》1991年第5期)

高军波认为,影响企业活力的外部因素主要有以下几个方面。"(1)企业经营自主权不落实,严重障碍了企业活力的发挥;(2)计划管理上存在的问题较多,影响了企业活力的发挥;(3)国营大中型企业税费负担重,各种摊派名目繁多;(4)国营大中型企业设备陈旧,技术老化,发展后劲不足;(5)国营大中型企业生产周转金严重不足,贷款包袱越背越重;(6)国家对不同所有制企业的政策差别,形成宏观政策上的'反倾斜'现象,即政策不是向国营大中型企业倾斜,而是向集体、乡镇、私营及'三资'企业倾斜。"(《谈搞活国营大中型企业的外部环境》,《首都经济》1991年第5期)

七、影响企业活力的其他因素

刁永祚认为,影响企业搞活的主要原因是:"第一,缺乏合理的产权制度,产权不清是我国企业制度中一直存在的问题。第二,缺乏正常的竞争机制,企业吃国家大锅饭的局面仍严重存在。第三,缺少有效的激励机制,无法有效地调动起职工的积极性。第四,缺乏约束机制。改革以来,国家给企业下放了许多权力,使企业自我活动的余地扩大了,但却没有相应地形成内外部的约束机制。"(《深化企业改革的思考》,《改革与理论》1991年第5期)

有人认为,企业缺乏活力是经营承包制所致。尹文书认为,"企业改革在两轮承包衔接过程中,许多关系没有理顺,使得承包制最初实施时所发挥的激励功能没有进一步发挥,是企业活力不足的一个重要原因。市场疲软使得'包死基数'这一原则得不到保证。结果'确保上缴'也就无从谈起。不仅如此,由于基数包不死,基数不得不进行调整,承包制本身又受到另一个考验,就是'一户一率'。这种完全不规范的办法,在具体实施过程中往往造成畸轻畸重,势必加重人们心理上的不平衡(《进一步增强国营大中型企业活力的理论思考》,《经济纵横》1991年第8期)。但是,有人不同意这种观点,认为企业陷入困境,不是承包制之过,而主要是财政上的重税政策和宏观调控失误造成的。杨培新认为,"近年来,财政从四个环节向企业加税:(1)从成本环节征收的,有土地使用税、车船使用税、房产税、印花税、资源税、烧油特别税;(2)从销售收入中征收流转税;(3)征收承包利润;(4)从企业留利中征收能源交通基金,还有预算调节基金。此外,企业还需支付各种补贴,认购债券,交纳建筑税、奖金税等。由于国家税收几乎全部由国营企业承担,在实行计划经济的名义下,不断上收国营企业的经营自主权,国营经济正在日趋萎缩。"(《谈如何搞活大中型企业》,《经济管理》1991年第4期)

彭学明、干化淳认为，“惰性”是障碍搞活企业的重要原因。其“表现在三个不同层次，即部门和条块的惰性、企业的惰性、经营者的惰性。部门和条块的惰性——对企业自主权随意地截留和传统式的干预。企业的惰性——依赖政府。一是对国有资产的安全、增殖、盈亏缺乏责任感，二是不关心建立企业得以平等竞争的统一、开放、发达有序的社会主义生产要素市场；三是难以实行责、权、利、效一致，富有竞争力的劳动分配制度。企业经营者与生产者的惰性。企业经营者的惰性——思想疲软，贪图享受，缺乏竞争意识和克服困难的决心；生产者的惰性——超然度外，观望等待，士气低落。”(《惰性——搞活企业的障碍》，《企业经济》1991年第9期)

彭致圭认为，企业不活是历史、制度等多方面原因造成的。(1)历史原因。社会主义初级阶段的生产力水平，决定了企业生产经营的初级水平。世纪的差距不可能在短时期内得到解决。(2)基本制度方面的原因。基本制度主要是：所有制形式、分配制度和组织人事制度方面的障碍。(3)运行机制方面的原因。一是旧的经济体制的制约，优胜劣汰的市场竞争环境没有完全形成；二是企业自身的运行机制较弱。(4)素质方面的原因。企业的技术素质、管理素质和职工素质是企业生产力系统的基本要素，它们的现实状况，相互结合，相互作用的状况，直接影响着企业的运营效率和质量。(5)企业组织结构方面的原因。其严重弊端在于：一方面企业的社会负担极其沉重，领导精力分散，严重地削弱了生产经营工作；另一方面是专业化生产很难组织起来，规模经济能力和规模效益难于实现。(6)外部环境条件方面的原因。(《对搞活国营大中型企业问题的思考》，《技术经济与管理研究》1991年第4期)

八、搞活国有大中型企业的思路

马洪认为，搞活大中型企业的唯一选择是完善企业经营机制。“完善企业经营机制至少包括以下四个内容：一是解决好动力机制或激励机制；二是形成有效的约束机制；三是完善企业的积累机制；四是完善宏观的调控机制。”(《关于搞好大中型企业的几个问题》，《经济研究》1991年第1期)

杨培新认为，要搞活企业必须坚持和完善承包制。为此，“(1)要明确承包制是企业体制改革的目标和方向。在社会主义初级阶段，承包制是社会主义企业的最佳模式。(2)要通过学习和推广首钢承包制的经验，实现承包制的规范化。(3)要进一步发展承包制，尽早给大中企业以投资自主权和外贸自主权。”(《谈如何搞活大中型企业》，《经济管理》1991年第4期)

对此有人持反对意见，认为第二轮承包流于形式使企业潜伏着更深刻的危险。杜海燕认为，“当前国有大中型企业问题的严重性还在于第二轮承包的质量令人担忧。目前，市场疲软，预期收益不稳定，企业自主权不落实的大气候，给承包带来很多困难，第二轮承包不得不采取一系列变通做法。第一是包而不死，在一户一率的基础上，根据外部环境和企业经济效益状况调整承包基数，调整幅度增大，调整范围扩宽。第二是变厂长个人承包为党政工领导集体承包。第三是缩短承包期，改变承包内容。所以，新的一轮承包向软约束、低责任的方向发展。第二轮承包势必对国有企业特别是大中型企业今后生产经营产生不利的影响。因此，国有大中型企业问题的严重性更加不容低估。”(《国有大中型企业的困境、原因和出路》，《中国工业经济研究》1991年第11期)

丁登奎认为，建立企业集团是增强大中型企业活力的突破口。“这是由企业集团的功能和它对深化经济改革的作用决定的。(1)能较好地解决资金短缺的问题。组建企业集团，利用集团金融机构，积极吸收社会闲散资金，能在很大程度上缓解企业发展与资金短缺的矛盾。(2)能促进我国经济结构的调整。打开区域界限，使地区经济结构、产业经济结构得到合理调整，并进而调整产品结构。(3)能实现优势互补，提高规模经济效益。(4)能促使经济体制改革的深化。经济体制改革目标之一是确立企业的独立的商品生产经营者的地位，企业集团是加速这一过程的有效方式。”(《增强大中型企业活力的突破口和途径》，《改革》1991年第3期)

王珏、石霞等认为，股份制适应社会化大生产的要求，“第一，通过股份制使所有权发生两层次的分离，打破传统的条块分割、行政垄断的产权模式。第二，利用股票特有的流动性，建立资源合理配置的调节机制，实行国有资产管理方式的转变即由实物管理方式转向价值管理方式，由垂直凝固化管理转向横向流动管理。第三，利用股份制的多元产权集合功能，吸收、控制非公有资产，强化公有制主体地位和作用。”(《股份制，搞活大中型企业的正确选择》，《中国工业经济研究》1991年第11期)

(秦　青)

关于企业集团问题

工业企业集团问题

一、企业集团的概念

李源潮认为，企业集团是对较高层次的企业联合体的一种特称，企业集团反映的是商品经济发展过程中企业重组生产的经济现象。国外对企业集团的概念有多种表述，有的把企业集团定义为企业群所衍生的集团；有的把企业集团定义为特殊方式的大企业结合形态；有的把企业集团定义为从技术或其它经营方面的各职能出发，以经营补充为目的，以各参加成员的自主性为方针，在平等的原则下联合起来的持续的经营结合形态，是一种经营合作体制。在后一种定义中，对企业集团的目的、功能、结合方式、活动特点和持续时间作了定性描述，似乎比较明确（《中国企业集团的现状与发展趋势》，《中国社会科学》1991 年第 2 期）。

陈浩月、姜近勇认为，企业集团是由不同企业联合起来共同经营的经济实体或以经营合作体制为特征的企业组织形式，它不同于一般的多边经济联合体、企业群体或企业性公司。从主导企业的性质上划分，企业集团可以分为产品集团模式、行业集团模式、职能集团模式和综合性集团模式。其中，综合性集团模式是以若干实力雄厚的大中型骨干企业为核心，联合不同行业的有关工业企业、商业企业、金融机构、科研单位等组成的以生产为主同时开展多种经营活动的企业集团（《论综合性企业集团》，《管理世界》1991 年第 3 期）。

刘国忱、马金成认为，企业集团是区别于大型实体企业法人和松散型企业联合体的新型组织形式，从它的行为特征、经济功能和内部产权关系上看，应属于类实体化的企业组织形式（《论类实体化企业集团》，《财经问题研究》1991 年第 9 期）。

蔡贤哲认为，企业集团是以一定的经济纽带联结若干独立企业组成的法人联合体。根据企业集团这一基本含义，我们至少应明确以下三点：一是一个企业（包括联合企业）规模再大，也不是企业集团，企业集团必须由多个企业组成；二是联合企业集团的纽带只能是经济的，任何行政性的撮合或带有行业管理色彩的组合，都会步入行政性公司的老路；三是企业集团不是一个法人，是企业法人的联合体（《企业集团资产经营一体化浅见》，《大众企业管理》1991 年第 10 期）。

二、企业集团的类型

李锋认为，从联合的内容和组织形式出发，企业集团基本上可以划分为七种类型：一是产品型集团，即以生产某种或某几种产品为目标来组建的企业集团；二是行业型集团，即以同行业的几个大型骨干企业为核心，带动一批本行业企业而组成的企业集团；三是多行业联合型集团，即以实力雄厚的大型企业为核心，联合不同行业的企业，组成以生产为主，多种经营的企业集团；四是多元配套型集团，即以几个大型骨干企业和相关的科研设计单位为主体，以一项或若干项相关的工程项目为对象，实现从设计、供应、制造、安装、调试和相关服务一体化联合；五是产品资源联合型集团，即由若干个加工企业和原材料企业组成的集团；六是科研生产型集团，即由工业生产单位与科研机构或大专院校共同组成的集团；七是职能型企业集团，即以不同部门的设计、科研单位或第三产业部门的企业联合一体，以提供各种专门服务为内容的企业集团（《关于大力发展企业集团几个问题的探讨》，《吉林财贸学院学报》1991 年第 1 期）。

易国祯认为，企业集团的模式多种多样，从联合的动力的角度来分，可分为强强联合、强弱联合和弱弱联合，联合的动力是优势互补和劣势转化，在优势互补中最多见的是强弱联合；从市场的导向角度来分，可以分为内销企业集团和出口企业集团，如果再以产业导向视头雁企业为生产企业或商业企业，又可进一步分为出口生产企业集团、外贸企业集团与内销生产企业集团、国内商业企业集团；企业集团还可以从联合的程度、企业所有权、财政上交渠道以及隶属关系能否改变等角度来划分，如松散型企业集团，紧密型企业集团、混合型企业集团等（《企业集团的机能、作用和趋势》，《河南财经学院学报》1991 年第 1 期）。

邱小平认为，根据参加企业集团的成员企业的情况，可将企业集团分为三类：第一类是水平型企业集团，它是由同一部门内部生产同类产品的不同企业组成，如我国已有的万宝电器集团、联想集团等；第二类是垂直型企业集团，其成员企业之间的关系是垂直型分工关系，如由科研单位（从事某产品的研究开发）、某产品的原料、零部件的半成品企业、最终产品生产企业所组成的企业集团；第三类是混合型企业集团，参与混合型企业集团的企业既有与生产过程相关企业，也有与生产过程无关的企业，例如：美国的通用汽车公司在吞并了许多企业后，就成了一个混合型企业集团(《论我国企业集团的建立与发展》，《经济问题》1991 年第 4 期)。

三、我国企业集团的发展障碍与现存问题

李源潮认为，当前还存在着一些制约集团健康发展的矛盾。从经济方面看，一是企业集团内产权分割的矛盾制约着集团发展；二是企业集团内利益分配的分割制约着集团的发展；三是企业集团内生产要素的分割制约着集团的发展；四是企业集团的计划渠道的分割制约着集团的发展。除此之外，还有不少与社会结构相关的非经济矛盾：一是我国企业集团的经济法律与其它现行法规的矛盾；二是我国企业集团经营管理的横向结构与中国现行行政管理纵向结构的矛盾；三是我国企业集团按经济规律活动与地方按社会发展指标约束的矛盾；四是我国企业集团任命管理者的非经济因素竞争与对企业家素质要求的矛盾(《中国企业集团的现状与发展趋势》，《中国社会科学》1991 年第 2 期)。

罗良忠认为，当前企业集团面临的主要矛盾有四点：一是国有资产理论上“全民所有”与实际存在的“部门、地方所有”之间的矛盾；二是企业集团的“利益一致”与集团内部利益主体多元化的矛盾；三是企业集团要求的“紧密性”、“统一性”与目前实际存在的“分散性”的矛盾；四是资本的积聚和集中与目前承包经营责任制的矛盾。这些矛盾不解决，企业集团就不可能获得较大的发展(《股份制——企业集团发展的必然选择》，《武汉经济研究》1991 年第 3 期)。

张冀湘认为，企业集团的发展困难重重，最根本的在于产权管理体制改革相对滞后，使得作为国有资产所有者的国家与企业劳动集体之间，企业与企业之间的产权关系模糊；产权利益无法按合理的规则规范化地进行协调，使得产权权利与政府宏观经济管理权力相混淆，造成政府部门或企业在组建和发展企业集团过程中的种种不符合社会主义有计划商品经济运行规则的经济行为。其突出表现在三个方面：不能按照商品经济运行的内在规律，形成企业之间的资产联合；企业集团发展中存在着“政企不分”的倾向；国有资产产权管理方式与企业集团发展不相适应(《产权体制改革滞后是企业集团发展的主要障碍》，《经济改革》1991 年第 3 期)。

邱小平认为，我国企业集团在发展中还存在许多问题，突出地表现在这样几个方面：企业集团组建中存在较为严重的盲目性；现有企业集团的发展层次偏低，多是一些松散的联合体；我国企业集团的垄断化程度高；现有的企业集团普遍缺乏银行作后盾；部分从事价高利厚产品生产的企业集团只追求生产规模的扩大，忽视技术进步和开发新产品。此外，观念的约束、经济利益的约束、企业集团和成员企业两级法人并存等方面的因素，也制约着企业集团的组建和健康发展(《论我国企业集团的建立与发展》，《经济问题》1991 年第 4 期)。

缪洁认为，企业集团的进一步成长和发展没有金融的支撑是很难想象的。但是，目前我国的金融体制从整体上看还不适应企业集团的发育和成长。具体表现在：一是企业集团生产建设资金吞吐量大与企业集团成员开户行资金紧缺或使用分散形成矛盾；二是企业集团资金的横向流动与专业银行信贷资金的纵向分配之间存在矛盾；三是企业集团对金融服务的综合性要求与银行按专业分工的矛盾；四是企业集团和金融资本相互渗透的要求与目前双方各自封闭的经营格局形成矛盾；五是金融业的国家高度统制与企业集团金融亟需发展之间存在矛盾(《银企财团：我国发展企业集团的一种选择》，《新金融》1991 年第 9 期)。

四、发展我国企业集团的对策与战略

吕元琮认为，要使我国的企业集团尽快发育成型，充分发挥其特有的经济功能，一要统一企业隶属关系，彻底突破“三不变”的束缚；二要实行股份制改造与重组，促使集团发育成型；三要建立集团金融机构，筹集、融通及合理运用资金；四要政府施行“积极干预”，引导和扶持集团正常发展(《进一步发展企业集团的若干思考》，《开发研究》1991 年第 4 期)。

张彦宁认为，当前，第一要端正发展企业集团的指导思想。要明确目的性，防止一哄而起；要坚持基本条件，务求发挥实际作用；要坚持集权与分权结合，防止集权过度或分权过度的倾向；要提倡“三个突破”(按：指突破地区、部门和所有制的界限)，防止自我封闭。第二，要努力抓好现有企业集团的完善、提高工作。国家体改委明确了完善、提高的三项任务，即壮大集团核心、发展紧密层、强化联结纽带。第三，要认真抓好一批大型企业集团的试点。试点分期分批进行，第一批先在工业、交通部门的生产企业中选择，在试点取得成功的基础上，才能形成法律规范。第四，要研究制定促进企业集团发展的政策。企业集团的发展，既要靠自身努力来完善、提高，又要靠国家的政策引导(《发展企业集团的意见》，《改革之声》1991 年第 5 期)。

牛根颖认为，为推动企业集团顺利发展，应做好以下工作：一要加强法制建设；二要制定企业集团发展规划，特别要规划好企业集团在各产业中的布局；三要制定保证企业集团实行跨地区、跨部门经济联合的配套政策；四是国家承认的企业集团必须具备相当的经济规模，并作为审批企业集团的重要条件之一；五是国家政策倾斜的对象应当是产业，而不应当是企业集团；六要明确产权关系，在建立国有资产管理机制的同时搞好资产评估，在实行股份制的企业集团中，要保证公有制经济的主导地位，保证按劳分配的主体地位，并逐步实行规范化、法制化；七要充分认识到发展企业集团的基础在企业，企业集团的活力来源于企业的活力(《发展企业集团的几个问题》,《改革》1991年第5期)。

谭少杰认为，当前企业集团发展的关键，主要是五个方面的创新：一是组织创新。要把集合对象由以“强弱”协作型为主，转变为“强强”联合型；要建立健全企业集团的投资中心、利润中心、技术中心和成本中心；要因地制宜，采取多种联合方式和联结纽带，提高集团的稳定性。二是产品创新。要不断开发新产品、新品种，提高集团的吸引力和竞争力。三是营销创新。企业集团要通过经营战略和营销组织的变革不断开拓市场，扩大市场占有率。四是金融创新。如组建企业集团财务公司；银企联合，组建银行的企业集团分理处；不具备条件组建财务公司或银行分理处的企业集团，可把“厂内银行”转化、扩展为“集团内银行”等。五是产权制度创新。即通过理顺财产关系，为集团的行为规范化、联合关系稳定化提供制度保障(《创新：企业集团发展的关键》,《国内外经济管理》1991年第6期)。

马连洪、张宝哲认为，从总体上说，我国的企业集团应该走多元化开放式的社会主义新型支柱产业经济的道路，它包括五方面：一是必须走多元化的道路；二是必须走跨国公司的道路；三是必须走新型支柱产业经济的道路；四是必须走生产与服务一条鞭的道路；五是必须走生产科研一体化的道路(《简论我国企业集团的发展道路》,《城乡经济》1991年第8期)。

樊民认为，按股份制模式组建或改造企业集团，不仅可以突破一些重大障碍，使企业集团能较顺利地建成，或使已建成而名不副实的企业集团被改造成为真正的企业集团，而且能够把股份制与企业集团两者的优势合在一起，使企业集团具有更强大的生命力。其方式与做法包含三方面的内容：一是全资作价入股，组建股份有限公司，作为企业集团的核心层——集团公司；二是通过控股、吸收并控制若干企业，形成企业集团的紧密层；三是通过参股，联合一批企业，形成企业集团的第三个层次——半紧密层(《用股份制建立与改造企业集团》,《企业家》1991年第12期)。

（欣　欣）

商业企业集团问题

一、商业企业集团的涵义和特征

关于商业企业集团的一般定义，异议不大，即商业企业集团是指以大型批发或零售企业为核心由具有内在经济联系的若干企业组成的一个具有多层次组织结构、多种功能的经济组织。它与一般企业集团相比，有两点明显区别：一是主体不同，它必须以商业企业为核心；二是主要业务不同，它以购销活动为第一的、基本的、主要的职能。但在讨论中，对商业企业集团特征的概括则有不同看法。

李翠芳认为，商业企业集团的特征有如下几点：(1)结构的多层次性。一般应有四个层次，即核心层、紧密层、半紧密层和松散层；核心层和紧密层是集团的必备层。(2)功能的分工性。集团内部应形成不同的责任中心，各个层次亦互相分工，各司其职，各负其责，以使集团形成整体力量，发挥集团的系统优势。(3)多元化经营。(4)以经济中心城市为依托。经济中心城市是商品产销地、集散地及交通枢纽地，具有广阔的辐射面，以它为中心组建商业企业集团，可以达到按经济区域及自然流向组织商品流通的目的(《商业集团的成熟形态及其过渡形式》,《江苏商论》1991年第10期)。

马义爽认为，商业企业集团的特征是：(1)从企业联结方式分析，商业企业集团是以商业信誉为纽带的，商业信誉包括商店信誉、商品信誉(商标、质量、价格、品种等)、服务信誉、经营信誉等。(2)从组织结构分析，商业企业集团的组成形式以多元主体复合型为主，即以几个实力相当的骨干企业为核心，联合其它企业形成由初级加工到最终产品的一条龙系列化企业集团，而单元主体辐射型和交叉复合型较少。(3)从经营战略上分析，商业企业集团是多角化、全方位经营。(4)从经营范围分析，商业企业集团的业务经营是多领域的，商业企业集团多领域内的多元化、跨行业、国际化经营，已被现有商业企业集团证明是成功的，并成为其发展方向(《浅论商业企业集团的特征与作用》,《经济与管理研究》1991年第3期)。

万典武等认为，商业企业集团集团化程度比较低，相对工业等领域的企业集团而言，商业企业集团无论在所属企业、资金、人员、经营额等方面，在全行业的比重均比较低(《关于组建商业企业集团的几点看法》,

《财贸经济》1991年第3期)。

林文益认为,商业企业集团是从高层次的资金融合为中心的众多企业的联合。因此,它首先不同于联合企业,后者多为紧密型联合;其次不同于商业部门中联锁商店;再次不同于固定购销关系或调剂货源、库存的联营公司之类的松散型经济联合体;最后,它作为高层次的企业联合,也不同于一般的商业股份制企业,而是包括若干个股份企业在内的众多企业在不同程度上联合所构成的群体,必定是垄断组织(《必须按照企业集团的涵义来规范"商业企业集团"》,《山西财经学院学报》1991年第2期)。

二、现有商业企业集团的类型

比较一致的意见是,我国商业企业集团尚处于起步试办阶段,属于初级形态。从发展现状看,呈现出多样化特点,我国的商业企业集团会随着经济的发展逐步成熟定型。

有人认为,商业企业集团从理论意义上可以有多种划分类型的方式。(1)从组织结构上划分,主要有两种类型:一是单元主体型;二是多元复合型。(2)从组建形式上划分,主要有四种类型:一是自我发展型;二是股份联合型;三是合同契约型;四是职能转变型。(4)从所有制上划分,也有四种类型:一是国有经济型;二是集体经济型;三是合作经济型;四是混合经济型。(5)从商业经营内容上划分,也有三种类型:一是批发商业集团;二是零售商业集团;三是综合商业集团(商业经济研究中心《企业集团》课题组:《商业企业集团研究报告》,《山西财经学院学报》1991年第3期)。

林文益认为,就我国现有挂牌的商业企业集团看,可作如下分类:(1)以原有国营批发专业公司为依托,组建或转变成以商业经营为中心,以名牌产品为龙头的贸易开发公司,以此为核心,结集一批企业组成多层次有方向的综合经营联合体;(2)以大型国营零售商业企业为依托,组建或转变成以零售商业经营为主,以名店为龙头的贸易开发公司,以此为核心,结集一批企业组成多层次、跨行业、多功能的综合经营联合体;(3)由商业企业与工业企业或其它部门的企业为骨干组织产销结合或供产销一条龙的行业性协作的经济联合体;(4)由消费集中地的和集散地的国营或供销合作社的大型批发公司,利用市场优势,联合各主要产区的商业批发公司,从建立生产基地入手的专业化联营的经济联合体;(5)国营商业批发企业和工业企业在经营上联结在一起组成合股公司;(6)由同行业企业组成的松散型的经济联合体,其中有批发联营、零售联营,或者批零联营;(7)各类商业企业联合,组成大型商业企业,其中较大的为分支企业,小型的则为外围企业;(8)以两个或几个商业骨干企业的合并联成的大型企业为核心,向外扩张,开设新企业,形成跨行业的商业企业群的联合体;(9)以新建大型商业大厦为依托,以若干个商业企业为骨干,组建各种商场和批发公司,成为中小型企业混合型的联合体;(10)撤销原来的商业行政管理机构,组建经济联合体,把原来所属商业企业作为其成员(《必须按照企业集团的涵义来规范"商业企业集团"》,《山西财经学院学报》1991年第2期)。

三、我国现有商业企业集团存在的问题

万典武等人认为,我国商业企业集团在发展过程中的主要问题有以下三方面:(1)数量少,大量的商业企业各自为战,盲目竞争,处于散兵游泳,群龙无首的状态。(2)不规范,多数名为集团,实际是松散型企业群体,有些贸联会、经联会等松散型企业群体也称做企业集团;一些行政性单位改组的企业集团,内涵未变,根本不具备集团的特征。(3)难度大,行政隶属条块分割,"三不变"的原则和不正当的行政干预,使商业企业集团只能在地区内组建,难以向外扩展;集团的产权关系不明朗,内部的统一协调和管理能力比较薄弱,经济实力有限,资金普遍短缺,难以增强凝聚力;商业行政部门管理方式老化,束缚了集团的发展;缺乏必要的法律规范和保障,集团的自主权得不到落实(《关于组建商业企业集团的几点看法》,《财贸经济》1991年第3期)。

(恺 辰)

国有企业产权制度改革

一、国有企业产权制度改革的必要性和紧迫性

谷书堂、龚唯平通过企业改革实践不同思路的比较分析,论证了产权制度改革的紧迫性和正确性,认为国有企业改革的实质是产权制度改革,产权制度改革是经济体制改革的核心和关键。"实践结果与改革初衷相悖,固然有许多具体的原因,但根本原因是企业改革以不改变传统的国家所有制为前提条件,因而无法克服国家所有制下产权边界模糊的根本弊端。无论是放权让利,还是两权分离,都以绕开产权界定、不触动所有制关系为出发点,试图通过利益刺激来搞活国有企业,这必然难以克服原有的矛盾。"因此,根本出路在于进行产权制度改革。当然,他们也认为,"产权制度改革是一个长期的历史过程,它只能在与商品经济发展相互作用中逐渐成熟和完善。急于求成是不行的。"(《略论产权制度改革》,《改革纵横》1991年第8期)

也有人从如何搞活国有企业、提高其经济效益的角度提出和讨论问题。如有的认为,改革12年来,国有企业的活力有所增强,但总的说来目前还是活力不够,经济效益在下降,其根本性的制度原因在于"产权关系模糊,缺乏财产关系的约束力量。对国有财产责权利关系难以清楚地划定并对称性落实,企业总是负盈不负亏"(《九十年代企业改革与发展研讨会在复旦大学召开》,《经济学动态》1991年第10期)。杜海燕认为,影响国有企业活力的首要原因是"财产约束偏软,几乎所有的利益约束条件都具有某种可以讨价还价的性质;财产责任不明确,许多企业决策引起的财产损益,往往不了了之;利益政策不稳定,人们只能急功近利。"(《关于搞活企业的几个问题》,《光明日报》1991年9月13日)

从目前国有资产严重流失这一方面进行分析,认为产权关系的明晰化是解决这一问题的关键。如有的人认为,不仅有形的国有资产正在大量流失,而且隐形的国有资产也正在大量流失,只不过后一方面的严重性目前尚未引起人们的足够重视。有人把这些流失产生的后果称作"国有资产收益的空洞"或国有企业的空壳化",并认为将进一步引发"产业结构和产业组织中存量与增量的矛盾"及"要素市场残缺不全、成本高昂和规则混乱"(王忠民:《对国有资产隐形流失的透视》,《中国社会科学院研究生院学报》1991年第4期)。与此相类似,必达等人从国有资产管理中现实存在的问题出发来阐释建立国有资产所有权约束机制的必要性和紧迫性:(1)国有资产投资主体分散,投资权与所有权分离,投资结构失衡;(2)资产所有者对资产经营者没有建立起有效的约束机制,导致所有者权益受损;(3)资产所有者收益的民事主体未能确立,投资回报观念模糊。这三方面的问题证明,要"在搞活企业的同时,建立国有资产所有权的约束机制,制约和规范经营者的行为,维护国有资产所有者的合法权益。"(《关于国有资产所有权约束机制的探讨》,《经济管理》1991年第8期)

张承耀从国有企业组织结构的现状及其调整的角度来讨论这一问题,认为:"现在,一方面企业不能享有物权,自主权过小;另一方面,出资者(国家)没有组成董事会和任命董事会成员,让厂长(或经理)作为唯一的法人代表,其权限又过大。或者说,国家该给的权没给,不该给的权给了,这就是目前企业产权错位或产权空位的主要现实。"因此,亟需在法律规定上进行调整(《国有企业改革亟需解决的几个问题》,《经济参考报》1991年12月4日)。

二、产权概念的内涵和本质

彭力疆认为,"产权是指经济主体在市场交易中拥有的具有法律形式规范的复合财产权利和必须遵循的行为准则。它是物权(自物权、他物权)、债权及衍生权利相互交叉和融合而形成的权利体系。使用权、转让或处分权和收益权是产权的基本行使权利。从深层次讲产权是一种行为性关系。"这样理解产权本质的现实意义在于:(1)明确产权的行使主体应是企业,而不是国家;(2)有利于正确认识所有权、产权、经营权的关系,即"所有权与产权分割,经营权从属产权";(3)明确商品交换的实质是产权交换,转让或处分权是产权的核心权(《产权本质新探》,《学术论坛》1991年第6期)。

王晋通认为,"产权是与财产相关联的各种权利的总和。在这种观念下,各项权利可以被称为产权权能,而'所有权'则只是部分产权权能之和而已。这样,'经营权'作为产权的另一部分权能,才有可能与'所有权'分离。"(《国有企业产权制度变革的思路》,《中国社会科学院研究生院学报》1991年第5期)

刘伟从所有权的权能结构角度来分析,认为"商品关系中所有权的权能包含三方面,即所有权(剩余索取和外部监督),市场交易支配权,企业管理权"。而"这里的支配权又包含两个层次,一是对资产本身价值的市场交易活动的直接支配权,支配者并不一定是所有者,所有者也并不一定直接支配其资产价值的市场活动。但获得对他人资产价值的支配权是有条件的,在经济上须从价值形式上满足所有者的利益要求,保证其剩余索取权的实现;同时,须对所有者承担一定风险责任,即负一定财产责任。二是指对企业资本(金)的运用上的内部监督管理权,即通常所说的管理权,它直接受资产市场交易支配权规定,如经理对董事会负责。"(《所有权的经济性质、形式及权能结构》,《经济研究》1991年第4期)。

也有人认为,产权就是财产权力或所有制权利,有广义和狭义之分。狭义的产权就是《资本论》里讲过的单纯的所有权;广义的产权则不仅包括单纯的所有权,而且还包括占有权、支配权、使用权和收益权。他们认为,社会主义公有制基础上所以存在商品经济,原因就在于虽然狭义的所有权没有发生变化,但广义的所有权却发生了重新组合,即占有权、支配权、使用权通过交换发生了变化(《社会主义公有制与商品经济结合理论研讨会综述》,《经济学动态》1991年第7期)。

三、产权制度改革的目标模式

毛鹏程认为,这种改革的基本目标应该是:"通过国有资产产权结构关系和组织形式的合理调整与构造,重新确立国有企业的产权主体地位,使国有企业真正成为自主经营、自负盈亏的商品生产者和经营者；建立合理的国有资产经营机制，保证国有资产在实际营运过程中不断保值、增殖；同时，也为其它方面的改革创造必要条件。"据此，所要选择的改革模式是：构造双重产权结构，即在国有企业内部进行产权划分，明确界定企业资产的原始产权与法人产权及其主体；选择多样化产权实现形式，即根据国有企业的产业分布特点及其在宏观经济运行中所起的作用，来确定具体的产权组织实现形式；建立多层次管理机构，即国有资产管理局、产权经营机构和法人企业（《产权制度改革目标、模式及其过渡方式》，《财经问题研究》1991 年第 10 期）。

蒋一苇认为，可以用"劳动共有股份制"来处理不同公有制的产权关系。"劳动共有就是公有制中的各种所有制基本上都是劳动者所有，把它联合起来成为劳动者共有。这里可以有全民股或者叫国有股，也可以有企业集体股和职工个人股。"企业集体股就是这笔财产为企业全体职工共同所有，即职工进这个企业作为正式职工，就可以对这笔财产当家作主，但不能分红，不能按人头分，更不能带走，只是集体可以拿一部分做奖金、福利。职工个人股严格说应叫职工合作股，因为这里是专指本厂职工入股（有一定限额），职工参加了劳动，除按劳分配外，还在一定限度内按资分配，对象是自己创造的剩余价值，因而是公有制性质（《企业集团与股份制》，《管理世界》1991 年第 2 期）。

王忠民主张实行产权明晰化条件下的市场配置模式。"如果说产权关系的明晰化是消除资产收益流失的关键，那么消除资产收益矛盾的关键就是所有资金和资产（和所有要素）的市场运行，特别是国有资产的市场运行化。"而"产权明晰化的具体操作形式就是以股份制为主体的财产制度"，即"无论是国有资产，还是企业自有资金，或者是居民手中的储蓄，都无差别地以股份的形式进入生产领域。"（《对国有资产隐形流失的透视》，《中国社会科学院研究生院学报》1991 年第 4 期）

也有人主张改善全民所有制而不是否定和改变全民所有制。认为"全民所有制经济的改革要沿着增强全民所有制经济的活力和确保它在国民经济中的主导地位的方向前进"，因而基本思路是所有权和经营权的"适当分离"。以此为基点，这种意见反对在全民企业中设置职工个人股和企业股，认为这样会改变全民所有制的性质（恽希良：《中国当代所有制理论述评》，《经济学动态》1991 年第 8 期）。

四、产权制度改革的方式和途径

蒋一苇、唐丰义主张按照"国有资产商品化、价值化"的观点来考虑国有资产的管理和产权制度的改革。首先一点是要实行"政"、"资"分开，即政府的行政管理职能与国有资产管理职能分开，为此要设立中央和地方的国有资产管理机构。其次是建立投资公司或类似财团的企业集团，作为国有资产的经营者，其组建办法"可以考虑把现有的企业资产进行产权界定，在弄清原始投资来源和份额的前提下，经过重新评估，划拨给相关的投资公司"。第三是在被投资的企业与投资公司之间形成一种产权关系，而不是行政隶属关系，即根据股份制公司企业的制度，投资公司"通过投资对被投资的企业进行参股或控股，但并不直接干预企业的日常生产经营活动。"（《论国有资产的价值化管理》，《经济研究》1991 年第 2 期）

吴光锋、项钊虹认为，"应该把国家对资产的所有和国家对资产的经营两者分开，实现政资分开"。但"政资分开，不是要改变资产的国家所有制，变资产为其它所有制，而是使国有资产以经济组织的形式来体现其所有者，国家所有制经济的资产所有权应该归国家，国家所有的资产不能分割为劳动者集体或劳动个人所有。"（《社会主义公有制与商品经济的理论分析》，《社会科学论坛》1991 年第 4 期）

杨启先主张直接从股份制的功能特点入手来讨论具体的改革方式和步骤。如有人认为，从股份企业本身的股份构成来看，尽管在许多情况下仍是国家股占大头，但由于持股单位是多元的，除投资公司本身外还有地方、部门持股，由此产生的董事会也就不代表某一部门的利益，因而不会受某一部门的绝对控制；企业亏损也不会有某一部门愿意单独给予补贴，且企业负的是财产有限责任，即使破产倒闭，也只能在企业公司范围内依法清偿债权债务，由此将形成企业自负盈亏、自我约束、自担风险和优胜劣汰的机制（《九十年代深化企业改革的思考》，《改革》1991 年第 2 期）。

王珏、石霞认为，(1)通过股份制使所有权发生两层次的分离，即把国家终极所有权和企业法人所有权互相分开，实现"政财分开"和政企分开，打破传统的条块分割、行政垄断的产权模式；(2)利用股票特有的流动性，建立资源合理配置的调节机制，实现国有资产管理方式由实物管理向价值管理、垂直凝固化管理向横向流动化管理的转变；(3)利用股份制的多元产权集合功能，吸收、控制非公有资产，强化公有制主体地位和主导作用。但是，鉴于目前股份制的推广存在各方面的困难，可考虑选择"逐步过渡、先易后难、先外围后攻坚、内外配合、全面配套、分阶段完成"的战略思路（《股份制：搞活大中型企业的正确选择》，《中国工业经济研究》1991年第11期)。

刘世锦主张在国有制范围内解决问题,只不过解决后的国有制将不再是原来意义上的国有制。如有人提出的命题是:国有制古典形态到现代形态的转变。在这一转变过程中解决国有制古典形态的各种矛盾的侧重点虽有差别,"但对改革后的新体制的特征有着共同要求:(1)代理者、经营者和宏观经济管理者三重职能的分解;(2)分离后的代理者和经营者之间形成了兼有资产配置、收益分配、双方经营实绩显示多项功能的高效率机制。建立这样的新体制,便构成了我们称之为国有制古典形态向现代形态转变的基本内容。"(《公有制经济内在矛盾及其解决方式比较》,《经济研究》1991年第1期)

马庆泉认为,虽然国有制演变的历史将是国家所有权逐渐淡化以至最终消灭的历史,但"在全民所有制的最初形式与其最后形式之间,在国有制最后退出历史舞台的过程中,必然要经历一系列中介环节和过渡阶段;与此相应,全民所有制也将依次采取和放弃若干过渡形式。大体说来,国家契约所有制、国家间接所有制、成熟的社会所有制,是全民所有制由其最初的国家直接所有制形式向其成熟和高级形式过渡的三种基本形式。"(《论国家所有制改革的规律和方向》,《经济研究》1991年第3期)

严闻广从企业产权市场如何建立的角度提出对策建议,认为我国目前工业经济效益低的重要原因之一是没有形成企业作为整体能有偿转让的产权市场。解决这一问题的方法除提高思想认识、贯彻"扶优限劣"政策、建立救济保险体系和加强市场管理外,还要在体制上撤掉"三不变"(即所有制不变,隶属关系不变,财税渠道不变)的围墙和企业行政等级制,因为"企业产权市场的形成前提是企业,是独立的商品生产者和经营者。从这个意义上讲,企业是无上级的,尤其是竞争性领域的企业,市场信号是企业的指挥者。有偿转让产权就是改变企业所有权的性质。因此,今后大型企业集团的建设要通过企业产权市场来形成,克服目前的主管部门的行政命令'捆绑成妻'的做法"(《论企业产权市场难以形成的障碍及对策》,《经济与管理研究》1991年第3期)。

岳福斌从国有资产宏观管理的角度讨论了问题。认为加强国有资产管理的重点,首先要放在存量保护上。具体方式:一是本着"谁投资,谁所有"的原则对国有资产进行产权确认;二是对国有资产进行存量普查;三是实施新的计价核算办法;四是加强国有资产的价值补偿。其次,要切实抓住资产收益实现这一环节。第三,要实现国有资产结构优化。在当前,还要把加强国有资产管理落实在推进完善企业经营承包制的过程中,即首先"要把企业所用国有资产不受损失作为承包的重要内容",并"把国有资产收益最大化作为推进完善企业经营承包制的国家目标。"(《关于加强国有资产管理的几个问题》,《求索》1991年第4期)

五、科斯定理与我国的产权制度改革

高鸿业认为,"科斯定理的主要作用在于以产权明确化为手段进一步夸大私有制下的市场机制的作用",因而不能把它"作为我国所有制改革的理论基础"。具体地说,科斯定理所宣称的产权明确化可以导致最有效的帕累托最优的说法,甚至在西方学者中,也趋于被否定,主要表现在:"第一,科斯定理假设交易费用为零,而事实并不如此";"第二,即使交易费用为零,也还存在着'策略性行为'的情况,这种情况可能使社会达不到最有效率的状态";"第三,科斯定理忽略了收入分配效应"。而进一步联系到我国,"首先,我国所有制改革的方向是多种所有制的共存,从而决不可能完全否定公有制企业的存在,而在科斯定理中,根本没有公有制存在的余地。""其次,我国所有制改革中所提到的效率主要是指劳动生产率而言",与科斯定理所指的西方经济学中的帕累托最优状态根本不同。因此,"科斯定理不能被应用于我国所有制改革的讨论。"(《科斯定理与我国所有制改革》,《经济研究》1991年第3期)

陈郁认为,科斯的工作为我们从事改革的"成本与收益"分析提供了若干可借鉴的范式和框架,而不是开出了政策药方。因此,"单单以'科斯定理'作为我国所有制改革的理论基础,并要求实行私有化,显然是不恰当的;另一方面,由此将'科斯定理'说得一无用处,也是毫无道理的"。全面理解科斯的思想将会看到,"科斯定理"恰恰表明:"在正交易费用情况下,法律在决定资源如何利用方面起着极为重要的作用。"详而言之,"合法权利的初始界定会对经济制度运行的效率产生影响。权利的一种安排会比其它安排产生更多的产值。但除非这是法律制度确认的权利的调整,否则通过转移和合并权利达到同样后果的市场费用如此之高,以致于最佳的权利配置以及由此带来的更高的产值也许永远也不会实现。"可见,"权利调整对资源配置的重大影响进而在这种调整的成本较小的情况下存在着增加产值的潜力",它"使得经济学家不得不将权利也作为一种生产要素来考虑",而在科斯以前,"这是一直为人们所忽视的。"(《寻求生产的制度结构——理解科斯和认识"科斯定理"》,《经济研究》1991年第9期)

(郑红亮)

国有资产管理体制改革

一年来,国有资产管理的研究受到了理论界的高度重视,形成了从产权理论到国有资产管理体制改革的一系列热点。

一、国有资产管理体制改革在深化改革中的地位

(一)对原有国有资产管理体制的评价

高尚全认为,改革以前,"公有制产权关系模糊,缺乏责任、权益、权力的严格界定,""使国有资产往往成为谁也不所有、任何人都可随意侵占的无主财产。国有资产所有权实际上处于虚置状态。"这种产权制度的基础可以概括为:(1)缺乏国有资产人格化的代表,财产关系不明晰;(2)产权关系单一,所有权与经营权集中于国家一身,企业没有独立的产权,缺乏对自己经济行为负责的财产保证;(3)国有资产非价值化、非商品化的实物管理(《国有资产管理体制改革在我国经济体制改革中的地位、意义及作用》,《国有资产管理》1991年试刊)。刘国良认为,"我国长期以来,实行的是一种模糊的、很不完善的产权制度。所有国有企业的产权都归属于国家这个唯一的产权主体,国家又集社会行政管理职能和资产所有管理职能于一身,对企业的产、供、销,人、财、物进行直接管理,对企业资产无偿调拨,企业无权成为产权主体,既不对自己的经营后果承担财产责任,也不能从资产增值中获得产权收益。这种产权制度,严重扭曲了国家与企业之间的经济关系,束缚了生产力发展。"(《继续推进产权制度改革》,《国有资产管理理论与实践》第281页,经济科学出版社1991年版)

蒋乐民等不同意笼统地批评原有国有资产管理体制"所有者缺位"、"产权虚设"、产权"关系模糊",等等。认为,"我国原来的集中管理的经济体制,实际上是以国家掌握国有资产所有权为基础的。在这种体制下,对国有资产的管理从一开始就是与国家对整个国民经济的管理紧密结合成一个整体进行的。国有资产管理已被溶合到国家的国民经济管理之中,从未有过专门的国有资产管理体系,以至在思想认识上,也从未明确提出过国有资产产权管理的观念。这当然不是说,那时就没有对国有资产的管理,只是它不是采取产权管理的形式,而是采取政府对经济的行政管理形式,由政府各经济行政部门,包括综合部门、各专业职能部门和各行业主管部门,在纵横交错的分工体系中,通过各自的行政权力范围,分别从不同的侧面共同对国有企业及其所拥有的国有资产的运营进行着集中的直接的管理。"(《国有资产管理通论》第9~10页,经济科学出版社1991年版)

(二)国有资产管理的现状

郭岩等人认为,10多年的改革"初步实现了所有权与经营权的相对分离,在某种程度上缓解了经营权行政化所带来的问题。但是,所有权分散化与经营权回归企业法人的矛盾却充分暴露出来了。因为政府不同部门分别行使所有权是适合国家直接经营企业国有资产的需要的,即为了固化所有权与经营权不分的格局。"现在的问题是所有权分散化,一方面造成两权分离的障碍;另一方面,也妨碍着建立有效的产权约束机制(《中国社会主义国有资产管理:体制目标与现实突破》,《国有资产管理理论与实践》第58~59页)。

高海燕认为,如今,企业仍然没有对自己经济行为负责的财产能力和财产保证,它们与国家之间还未形成对国有资产运营及价值增殖的经济的和法律的责任关系,可以说,在国有企业向独立的商品生产者、经营者转变方面,我们至今仍未取得实质性进展。

王珏认为,过去的改革主要是行政性放权,"未能触动传统国有资产管理体制的病根,在旧的格局下又出现了新问题。首先,企业财产边界不清,产权缺乏约束力,企业行为短期化;第二,由于财产终极所有权与法人所有权的分离工作进展缓慢,企业既没有自主经营的权力,又没有自负盈亏的财力,造成企业把市场运行中的利益给自己,风险推给国家,企业行为被扭曲;第三,行政性分权后,过去的资产条块分割、行政垄断的体制不仅没有改变,而且得到了某种程度的增强。"(《国有资产管理体制改革是发展有计划商品经济的客观要求》,《国有资产管理》1991年第9期)

(三)国有资产管理体制在深化改革中的地位

郭岩等人认为,"改革还只迈出了第一步,只是触及了经营权的行政化,有待消除'护身符'——所有权的分散化。因而,国有资产所有权体制的改革是深化改革合乎逻辑的发展,是建立社会主义有计划的商品经济新体制的必经之点和枢纽。"(《中国社会主义国有资产管理:体制目标与现实突破》,《国有资产管理理论与实践》第61页)

郑洪庆认为,"解决国有企业产权虚设问题,切实强化产权约束,使国有资产获得本来应有的竞争性、流动性、增值性,已成为企业改革乃至整个经济体制改革的关键。不在这个方面取得突破,无论是收、是放,都不会有好的效果。"(《超越放权,强化产权》,《国有资产管理理论与实践》第276页)

薄越亮认为,"试图通过放权、让利来解决企业不

活问题,使企业改革依照囿于经营机制的变革范围,既没有对传统的产权管理制度进行改革,也没能从根本上打破旧有的利益格局,企业仍然不能真正成为自主经营、自负盈亏的经营主体。""企业改革应该逐步由经营机制变革进入产权管理制度改革的领域,才能重新构造企业这个微观基础。"(《强化产权:深化改革的抉择》,《国有资产管理理论与实践》第328~329页)

柯贵通过调查分析,从搞活国营大中型企业的角度,说明了改革国有资产管理体制的地位。认为,目前国营大中型企业经济效益不高、发展后劲不足等问题仍十分突出。其"根本原因在于产权关系不顺。(1)政府社会管理者职能与国有资产所有者管理职能不分,政企不分,对企业干预过多。""(2)政府作为社会管理者,没有相应承担起应当承担的责任,使企业增加了不必要的负担。""(3)政府作为国有资产所有者,没有为企业生产经营提供足够的条件。""(4)企业内部缺乏产权约束机制。""要从根本上改变这种状况,也必须从理顺产权关系入手。"(《理顺产权关系,搞活国营大中型企业》,《国有资产管理》1991年第12期)

二、国有资产管理体制改革的目标与重点

(一)国有资产管理体制改革的指导思想

张冀湘等人认为,推进国有资产体制改革,必须明确这样的指导思想:(1)坚持发展有计划商品经济的改革方向,使国有企业真正成为自主经营、自负盈亏的社会主义商品生产者和经营者。"适应我国现阶段以内涵扩大再生产为主的经济发展战略,努力实现国有资产投资主体的多元化与多元主体投资的有机结合。"(2)"坚持改革的社会主义方向,切实加强国有经济在国民经济中的主导地位和全社会劳动者在国有资产管理中的主人翁地位。"(3)"充分认识改革的长期性和复杂性,依据生产力发展的客观要求,有计划、分阶段地稳步推进国有资产的统一产权管理工作。"(《九十年代我国国有资产管理体制改革的基本构想》,《管理世界》1991年第1期)

蒋乐民等人提出了国有资产管理体制改革的五项原则,即经济效益原则,国家行政管理职能与所有者职能分开原则,所有权与经营权适当分离原则。政企职责分开原则,社会主义民主原则(《国有资产管理通论》,第66~68页)。

(二)国有资产管理体制改革的目标

一种是国家社会经济管理职能与所有权管理职能完全分离的思路。王开国认为,"按照有计划商品经济发展的要求,我国国有产权制度的目标模式可以概括为:最终国有产权主体一元化,法人产权主体多元化,产权权力结构明晰化,宏观调控和产权管理职能离散化,产权操作管理商务化、价值化,企业组织经营股份化、目标单一化。"(《我国国有产权制度改革的若干问题》,《国有资产管理理论与实践》第301页)刘国良对改革的基本构想是:(1)"将政府双重职能分离、政企分开。由国有资产管理部门专门行使国有资产所有者管理职能"。(2)"按照谁投资、谁管理、谁受益的原则,将国有资产在中央与地方间进行合理划分,分别由同级国有资产管理部门行使产权,使产权归属明晰化,管理责任化。"(3)"在财产利益主体多元化的基础上,按照股份制规范化作法和自愿原则,提供各方财产利益主体相互参股、入股,实行股份经营。"(4)"企业作为产权主体,行使法人产权,按照政府法令和市场信号自主经营、自负盈亏、自我积累、自我发展。"(5)"实行产权商品化。"(《继续推进产权制度改革》,《国有资产管理理论与实践》第289~290页)

另一种思路是国家所有权职能与社会经济管理职能实行分工,在国有资产管理上实行"统分结合"的体制。郭岩等人认为,其基本构想是,"建立综合性的专职国有资产管理机构,实现与社会经济管理各部门的分工协作,以国有资产双优配置(从宏观到微观一体化的优化配置)为中心,健全所有权导向、激励、约束机制,实行所有权一体化的责任管理,形成与社会主义有计划的商品经济相适应的国有资产管理体系。"(《中国社会主义国有资产管理:体制目标与现实突破》,《国有资产管理理论与实践》第64页)

关于国有资产管理体系,张冀湘等人认为,"可以从社会、政府、企业三个既相对独立又有机联系的组织层次来建立。""在各级人民代表大会中设置专门的国有资产管理委员会。""建立独立于政府系统的国有资产经营帛计、监察机构。""在实行国有资产产权管理职能专门化的基础上,以国有资产管理职能部门为中心,在政府机构内部建立一个开放性的、相对独立的国有资产行政管理组织体系。"国有资产的企业管理层次将逐渐显示出如下五个基本特征:(1)资产经营组织形式的多样化。(2)资产经营控制的多层性。(3)国有资产经营活动的一体化。(4)国有资产配置的计划调节与市场调节相结合。(5)企业实行管理委员会下的厂长(经理)负责制(《九十年代我国国有资产管理体制改革的基本构想》,《管理世界》1991年第1期)。

郭岩等人提出,国有资产管理网络是由所有权政务管理、所有权商务管理和资产经营管理所构成的。"具体进行国有资产的投资、整体处置、收益分配和监督的经营性业务,直接对国有资产的配置效益负责。我们称之为所有权商务，以便同所有权政务，以及资产经营即企业经营区别开来。建立特定机构把所有权商务同所有权政务分离开来，从而通过国有资产所有权政务管理，确保国有资产的社会性并制定所有权管理的法规和公平竞争的规则，确立所有权管理的政策目标。并转化成各种参数和导向信号，对所有权商务进行稽核、考评，并掌握重要的最终决策权，协调所有权商务机构与资产经营者的关系。所有权商务机构处理涉及国有资产投资、整体处置、收益分配和监督等权能的日常业务，独立核算。""根据条件的成熟程度，可以组建两种不同的所有权商务机构，一是产业集团，一是金融财团。""对不宜通过或暂时不能通过产业集团、金融财团管理的国有资产，必须实行行业归口管理。它是根据专业化协调和分类管理的需要建立起来的所有权计划管理方式。它以国有资产管理部门为总代表并授权有关行业管理部门作为分代表，改用所有权机制管理国有资产。"(《中国社会主义国有资产管理：体制目标与现实突破》，《国有资产管理理论与实践》第68～69页)

李家镐认为，"现有的全民所有制企业应当由国有资产管理部门代表国家直接对企业行使国家层次上的全民所有权，而由国家的国有资产管理部门直接委托企业行使企业层次上的所有权，并对国有资产管理部门负责。切忌在国有资产管理部门和企业之间建立形形色色的中介管理机构，即使这种中介管理机构以'公司'形式出现，例如，种种全国大一统或地方大一统的'国有资产经营公司'、'国有资产投资公司'，等等，重新把全民所有制企业在经营和投资权两个方面束缚起来。"(《国有资产管理体制和社会主义经济体制》，《国有资产管理》1991年第8期)

何振一不同意各地方、各部门在两种职能分离的基础上，建立自己的国有资产管理机构，来管理隶属于本地区、各部门的国有资产。认为"这实际上是维持条块分割现状的思路。"主张"实行所有者职能集中化改革"。"所有者职能集中化包括两层含义，一层是国有资产所有者职能集中于中央，各级地方政府不再对国有资产拥有所有者权能，各级地方政府设置的国有资产管理机构，则属于中央派出机构，执行中央委托的日常管理职能。""另一层是国有资产所有者职能专业化管理，即国有资产所有权集中于中央的一个专门机构行使，其它各经济主管部门和机构，不再执行所有者权能。"(《国有资产体制改革的宏观思考》，《国有资产管理理论与实践》第50～51页)

(三)国有资产管理体制改革的主要内容和重点

王开国从我国产权管理制度改革的角度，把国有资产产权管理体制的改革概括为三个"重新塑造"，即"产权主体制度和重新塑造。它包括国家作为财产终极所有权主体以及国家权利结构的重新塑造，财产权调控主体即产权商务操作机构的重新塑造和企业法人主体制度的建立。""财产权利结构的重新塑造。它包括对各类产权主体地位、权力、利益、责任、义务加以确定和规定，或对财产权在运动中所分解的所有权、支配权、使用权、收益分配权、资产最终处置权的范围和边界加以界定，防止不同产权主体的侵权和越权行为"。"对财产权客体制度规定的重新塑造。""财产权客体制度是国家对财产的支配、使用、交换等方面的限制、约定。"(《重新塑造公有制产权管理制度》，《经济日报》1991年5月18日)

陈文通认为，"狭义的国有资产管理制度，主要涉及三个层次的问题：(1)国有资产管理职能是否应该独立，职能机构如何设置。(2)国家对国有资产以何种方式进行管理，国有制经济采取何种实现形式，如何处理作为国有资产所有者的国家同占用国有资产的企业之间的经济关系。(3)企业对其所占用的国有资产如何管理，在管理国有企业资产中企业的劳动者处于何种地位。"(《对我国国有资产管理制度的理论思考》，《国有资产管理理论与实践》第102～103页)

高尚全认为，"我国国有资产管理体制改革工作的重心，应当放在改革旧体制的制度基础、建立新体制得以确立的制度基础工作上。""目前和今后一个时期，制度改革和制度创新工作"主要包括，"确定国有资产所有权的人格化代表，建立、健全国有资产管理机构；尽快推出《公司法》，实现所有权与经营权分离；严格界定不同产权主体的责任、利益和权力"，"建立企业法人制度"，"建立国有资产价值管理制度，形成国有资产合理流动和优化组合机制。"(《国有资产管理体制改革在我国经济体制改革中的地位、意义及作用》，《国有资产管理》1991年试刊号第1期)

唐宗焜认为，"要通过改革对国有资产实行有效的产权管理，必须从职能分离着手理顺国有资产的产权结构。在这个意义上，可以说，职能分离是我国国有资产的产权制度改革的关键。"职能分离的内容是："国家财政经常项目收支同国家投资及其收益相分离，使国有资产的产权得以独立运行。""政府作为国家所有权代表的职能同它的行政管理职能相分离，使国有资产的产权运行脱离行政控制的轨道。""国家投资职能和国家银行信贷职能相分离，使国家银行摆脱事实上被迫包揽国有企业资金供给的困境。""资产管理职能、资产经营职能和业务经营职能相分离，使三者职责边界分明，各自的权利和义务对称。”“企业实现经济目标的职能同实现社会目标的职能相分离”(《职能分离：国有资产产权制度改革的关键》，《改革》1991年第5期)。

三、如何处理国有资产管理与财政、计划和行业管理的关系

(一)在实际工作中如何处理国有资产管理与财政的关系

宁学平认为，“国有资产管理部门是国家财政系统的一个重要组成部分。它的设立改变了财政系统多年来只侧重管财政收支流量的状况，对加强国有资产的存量、投资和收益的统一管理具有重要作用。”“首先，国有资产的登记、统计、评估，以及国有独资、合资企业的财务监督、考核等职能，应逐步移交给国有资产管理部门，以便于对国有资产实行专业化管理。其次，国有资产收益应视财政状况的逐步好转以及税利分流的实施，在国家预算的统一安排下由国有资产管理部门负责支配、运用，并根据资产配置状况决定再投资的规模及其方向。再次，在实行复式预算的条件下，建设性预算应由国有资产管理部门初编、初审，会同财政部门终审”。“以财政部门为主导，以税务部门和国有资产管理部门为两大基点，构成宏观财政系统”。(《略论加强国有资产的宏观管理》，《国有资产管理》1991年试刊号第3期)

陈文通则认为，“国有资产管理职能应和财政管理职能分离开来。”“财政职能主要是维持国家的经济存在。”“国有资产管理职能则是以所有者代表的身份，管理和维护国有资产，并使其在再生产过程中不断增值。”“这样，国家作为一个整体将有两本帐，一本是财政收支帐，一本是国有资产投入产出帐。它们并行纳入国家经济计划。”(《对我国国有资产管理制度的理论思考》，《国有资产管理理论与实践》第108页)

(二)国有资产管理与计划管理的关系

宁学平从资产存量与增量管理的关系上研究国有资产管理与计划管理的分工，认为“关键是对增量资产和存量资产实行一体化管理，把计划部门管理增量的职能转交国有资产管理部门。”“国家投资计划应由国有资产管理部门初编、初审，会同计划部门终审，纳入国家的经济、社会发展计划。”(《略论加强国有资产的宏观管理》，《国有资产管理》1991年试刊号第3期)

李贤沛、李晓丹认为，“要把国有资产管理和计划管理恰当地结合起来，发挥国有资产管理对计划管理的支撑作用。”国有资产管理部门行使所有者权能时“要优先考虑国家既定的经济发展战略、产业结构政策、产业组织和企业规模政策、技术政策和地区经济布局政策等，配合计划部门实施计划。”“计划部门、物资部门等仍将有必要把国有经济纳入统一的计划管理之中，今后也不会把国有经济这一块拿出来交给国有资产管理部门去单独管理，另建立一套计划管理体系。”“国有资产管理部门应在宏观层次上参与国家计划的制定工作”，“可以考虑将国家投资划分为两个部分，一部分是保证国家重点需要的投资，以计划部门为主管理，资产部门参与管理，另一部分则由资产部门根据国家计划负责管理。”“对各类国家投资公司、国有资产经营公司，资产部门均应派出代表参与分配、管理和监督。”(《建立我国国有资产管理新体制的初步探讨》，《国有资产管理》1991年创刊号)

(三)国有资产管理与行业管理的关系

宁学平认为，“产权管理是国家作为所有者应有的职能，它标志着所有权的实现。行业管理是国家作为宏观调控者履行其职能的表现。两者有质的区别”。行业管理的“特点是制定全行业发展规划并组织实施，制定行业标准及本行业的法规、制度等，并为企业提供技术经济等方面的服务，同企业不再有行政上的隶属关系。”“不分所有制性质，实行全行业归口管理。”(《略论国有资产的宏观管理》，《国有资产管理》1991年试刊号第3期)

张冀湘等人主张，“国有资产管理部门对国有企业资产经营活动将实行分类管理。”对于具有自然垄断技术经济特征的公益性行业或特殊行业中的国有企业，把大部分所有者管理职能委托给相应的政府主管部门行使。“对于金融性国有企业，由于它们所具有的特殊经济功能以及全行业的国家垄断经营特征，国有资产管理部门将与中国人民银行共同选派代表参与企业管理委员会，行使所有者监督管理职能”。“国有资产管理部门将主要对大中型国有骨干企业资产拥有直接所有权。”(《九十年代我国国有资产管理体制改革的基本构想》，《管理世界》1991年第1期)

(郭基岩)

价格改革问题

深化价格改革的思路

薛暮桥认为,应管住货币,放开价格。管住货币就是加强计划管理,是用经济方法进行的国家干预;放开价格就是利用市场调节,让价值规律充分发挥对价格的调节作用。两者必须密切结合,大的方面管住管好,小的方面才能放宽放活。只要做好国民经济综合平衡,即社会总供给和总需求保持平衡,并保持国民经济各部门之间合理的比例关系,就可以管住货币、逐步放开价格,而不会导致物价全面上涨和经济振荡(《关于深化改革的几个问题》,《管理世界》1991 年第 1 期)。

陈舸林主张逐步过渡。认为放开价格并不能建立合理的价格体系。合理价格体系的形成虽然是取决于市场上供求双方的竞争,取决于价格的放开而不受行政的直接控制,但在市场经济体制还没有确立之前,指望放开价格,通过市场竞争就能给出反映价值的均衡价格,仍然是不现实的。因此,价格改革的顺序应该是:(1)产品经济体制向商品经济体制转化;(2)由供求决定价格的价格管理体制的确立;(3)作为上述改革的结果,原来扭曲的价格体系在竞争中趋向合理(《对"合理价格体系论"质疑》,《经济学动态》1991 年第 9 期)。

王积业认为,应采取"有计划调价与部分放开价格相结合"的方针。评价改革成效不能简单地以价格放开的程度为标准,要瞻前顾后、统筹安排。有条件放开的价格要坚决放开;需要放开但眼下还不具备条件的,要创造条件准备放开;在较长时期内没有条件放开的,要根据供求关系的变化和价值规律的要求,实行有步骤的计划调价。在近期,对于供求态势特别是长期供求态势看得比较清楚的一些重要生产资料和生活必需品可以实行有计划调价的办法,使供求矛盾有所缓解,使价格水平和比价关系趋于合理,争取形成有利于产业结构合理化的价格机制。对于大量的供求关系比较复杂特别是短期需求瞬息万变的轻纺产品和日用消费品,则可采取进一步放开价格的办法,通过市场竞争,促使供求关系保持大体平衡(《不能简单地根据价格放开的程度来评价改革的成效》,《价格理论与实践》1991 年第 1 期)。

沙训教等人认为,今后价格改革的重点应转到体制改革方面来。这包括两个方面:一是进一步放开价格,把绝大部分商品从国家定价形式中解放出来。在放权过程中,通过立法程序建立市场秩序和竞争规则,保证放开商品的公平竞争。同时,建立国家的宏观调控体系,以保证竞争有序和市场平稳。二是改进和完善国家管理价格的定价机制。要按照完全成本、劣等资源并要考虑供求关系的变化来确定价格(《中国价格学会十二年价格改革经验讨论会会议纪要》,《中国物价》1991 年第 7 期)。

林良友认为,应建立行业价格管理协会,参与价格管理。不论哪种价格形式,都要尊重价值规律,不应一下子放到企业,而应放到由企业自觉组织起来的行业协会;在国家物价局和业务主管部门的指导下,使企业自觉组织起来,形成自我约束的价格形成机制(《中国价格学会十二年价格改革经验讨论会会议纪要》,《中国物价》1991 年第 7 期)。

(刘家声　刘　力)

价格领域如何坚持计划经济与市场调节相结合的原则

张卓元认为,管住宏观价格,大量放开微观价格是在价格领域体现计划经济与市场调节相结合的具体形式。一方面政府要管住(调节和控制)宏观价格,主要是控制物价总水平,工农产品、基础产品和加工产品、轻重工业品等最主要的比价关系以及利率、工资、汇率等战略性价格;另一方面,大量放开微观价格即各种具体商品和劳务的价格,建立市场价格体制。只有这样,才能使价格结构趋于合理,从而使经济逐步转入良性循环(《保持宏观经济稳定,推进市场取向改革》,《财贸经济》1991 年第 6 期)。

有人认为,国家定价,国家指导价和市场调节价三种价格形式是在计划经济与市场调节结合条件下较为可行的价格管理形式。三种价格划分的原则取决于该商品在国民经济和人民生活中的重要程度以及是否适应于竞争等。这种划分要经常调整,不能一成不变(《价格领域实现计划经济与市场调节相结合讨论观点综述》,《中国物价》1991 年第 1 期)。

刘家声提出,计划经济与市场调节相结合的经济体制下的三种价格形式应该是:国定市场价、国家指导市场价和自由市场价。现行的国家定价、国家指导价和市场调节价的分类、概括仍存在板块划分的缺陷,为了反映我国计划经济与市场调节内在有机统一体制的本质，应以"国定市场价"、"国家指导市场价"和"自由市场价"来取而代之(《关于价格形式分类问题的理论思考》，《价格调查研究》1991年第10期)。

也有人认为，在价格领域内实现计划经济和市场调节的结合有四个层次：一是计划价格与物资的计划分配一致，即"保量又保价"；二是物资的分配可实行计划，但价格上放开，即"保量不保价"；三是一定幅度的浮动价格；四是市场调节价(《价格领域实现计划经济与市场调节相结合讨论观点综述》，《中国物价》1991年第1期)。

还有人认为，价格体制不仅要在形式上，而且要在内容上体现计划和市场的结合。价格体制除了在形式上建立少数重要商品和劳务价格由国家管理，其余一般商品和劳务价格由市场调节的制度外，还必须在内容上塑造包括价格形成机制、运行机制和调控机制在内的一整套新的价格机制(《全国高校物价教学研究会第十次年会述要》，《价格月刊》1991年第10期)。

(刘家声　刘　力)

搞好国有大中型企业的价格对策

一般认为，价格不是影响国有大中型企业活力的主要因素，但又有很密切的联系。结合目前大中型企业面临的价格问题，主要提出了如下对策：

(一)扩大企业的价格自决权

许多人认为，目前价格管理权限仍然过于集中，而且在治理整顿期间许多企业已经得到的自主权又被收了回去，这是国有大中型企业搞不好的原因之一。因此，主张进一步扩大企业定价自主权。

肖少彬等人认为，要对现行价格政策、价格形式、管价办法进行一次全面清理，凡国家已明确放开的商品价格要坚决还权于企业(《深化价格改革增强大中型企业活力的思考》，《成本与价格资料》1991年第15期)。

逄镜瓒等人认为，要依据计划经济与市场调节相结合的原则，调整价格分工管理权限，放开部分商品的价格，进一步扩大企业价格自主权(《搞活国营大中型企业的价格对策》，《中国物价》1991年第10期)。

(二)理顺价格体系，改革价格双轨制

许多人认为，大中型企业在价格政策上处于劣势，应结合理顺价格体系、价格双轨制来缓和这一劣势。逄镜瓒等人认为，一要逐步提高基础原材料产品的价格，解决生产企业亏损问题；按照工商利润大致相等的原则，调整流通领域的各种差价，并统一商业内部调拨作价方法，解决国营商业亏损问题。二要改价格政策向所有制倾斜为向产业倾斜，逐步把乡镇企业产品价格纳入三种价格形式管理的轨道(《搞活国营大中型企业的价格对策》，《中国物价》1991年第10期)。

曹建军等人认为，要整顿流通领域中的价格秩序，尽量减少中间环节，以减少出厂价和到厂价之间的"价格损失"(《搞活大中型企业的价格思考》，《价格月刊》1991年第7期)。

肖少彬等人认为，生产资料价格双轨制严重扰乱了市场秩序，应该加快双轨向单轨的转变，为企业开展竞争创造平等的条件(《深化价格改革增强大中型企业活力的思考》，《成本与价格资料》1991年第15期)。

(三)改革定价制度和方法

在讨论中提出如下一些具体措施：有人提出了这样几条措施：(1)原材料价格应与产出品价格相适应，应允许企业自筹一部分原材料生产指导性产品并制定指导性价格；(2)序列产品价格问题应用一条龙办法来解决，以分摊政策性亏损；(3)采用行业成本利润率作价，以促进公平竞争(《搞活大中型企业有关价格问题座谈会综述》，《成本与价格资料》1991年第15期)。

肖少彬等人提出了以下措施：(1)对照国民经济计划和工业生产发展规划，实行差别价格；(2)实行按企业等级、按产品牌誉定价，拉开质量差价；(3)实行按产品寿命周期定价制度，使企业通过价格指示器的作用及时调整再生产(《深化价格改革增强大中型企业活力的思考》，《成本与价格资料》1991年第15期)。

(四)价格改革要兼顾生产企业的利益

李继珍等人认为，国家制定价格计划和调整价格不能急于求成，应考虑最终产品的消化能力(《秦皇岛市大中型企业调查》，《价格理论与实践》1991年第6期)。

沈兆兴等人认为，电力、石油、铁路运输等垄断行业的价格在制定和调整时，要充分考虑到各方面的连锁反应，保证垄断行业与其它行业之间利益的合理分配(《找出难点、寻求对策》，《价格理论与实践》1991年第7期)。

也有人认为，在价格管和放的关系上，重点是摆平各方面的利益，放的目的是促使企业加强管理，增加花色品种，提高管理水平，价格放开后要注意协调和指导(《搞活大中型企业有关价格问题座谈会综述》，《成本与价格资料》1991年第15期)。

（五）价格调整与承包合同挂钩

刘旭明认为，（1）中央或省级政府物价部门对原材料价格的调整、原材料购进价格的上涨幅度应在企业承包基数中加以反映，应根据企业投入品价格和产出品价格的关系对所承包的利税基数作出相应调整，以保证承包合同中所确定的利益格局。（2）发包方要根据计划经济、计划价格的要求，向承包方发产品成本价格，承包方经协商接受成本价格，并以合同形式将成本价格固定下来，以维护成本的合理性（《利用价格机制搞活大中型企业》，《首都经济信息报》1991 年 3 月 9 日）。

（六）物价部门要强化对企业的服务功能

逄镜璜等人认为，一方面要强化价格信息工作，及时传递大中型企业所需的各类价格信息，为大中型企业的价格决策提供参考依据；另一方面，物价部门应转变职能，搞好调查研究，加强对放开价格的协调，及时解决大中型企业生产经营中的价格问题，指导企业开展竞争（《搞活大中型企业的价格对策》，《中国物价》1991 年第 10 期）。

（刘家声　刘　力）

生产资料价格双轨制问题

（一）生产资料价格双轨制的历史命运

杨圣明认为，生产资料价格双轨制必然消亡。生产资料价格双轨制既有历史进步性，又有着不可克服的历史局限性，因此，它必然随着条件的成熟而消亡。"消亡"是说双轨价格的"并轨"是一个随着条件成熟而发生的自然过程，非人为地强制而实现，因此，应以"消亡"取代"并轨"这种提法。双轨价格并轨（消亡）的方向是向市场轨（市场价格）靠拢，使 70%或 80%的生产资料定价权下放给企业，实行市场价格，20%或 30%的生产资料定价权仍留在各级物价部门，实行政府定价或计划价格（《价格双轨制的历史地位与命运》，《经济研究》1991 年第 4 期）。

还有人认为，生产资料价格双轨制不会消亡。在有计划的商品经济条件下，不同种商品的价格可以分别由国家管理和市场形成，同种商品的不同部分的价格也可以有不同的形成机制。一般来说，国家只管产品指令性计划部分的价格，其余部分可以由市场形成。价格同时由两种机制形成，是由商品的供求状况决定的，供求差异很大的商品，产生双轨价格的可能性则大，只有供求大体平衡的商品，才可能保持由一种机制形成的价格。因此，在有计划商品经济中，生产资料价格双轨制最终不会消失，只是它适应的范围将比现在大大减小。

（二）双轨价格并轨的思路

路南提出了"四结合"的思路。（1）调整计划价格和放开价格相结合。在治理整顿取得一定成效之后，应较多地推出一些提高生产资料计划价格的措施。与此同时，有些产品也可进一步放开，使市场调节价所占比重增大一些。（2）分年度有重点地推进和分步推进相结合。既要突出重点，又要对每年的出台项目进行搭配组合，以避免造成过大的震动。同时，考虑到有些基础产品欠账过多，也必须进行分步推进。（3）提高计划内价格和修订计划比重相结合。可以是在提高计划内价格的同时又加大计划外比重；也可以是在提高计划内价格的同时提高计划内比重，只要保证计划外价格不失控就行了。计划内价格的确定以计划内外混合平均价为参照指标。（4）分产品推进和分地域推进相结合。各地经济发展水平不同，生产资料市场发育程度不同，生产资料的计划内外比重各异，供需状况也有所不同，因此，必须实行分产品推进和分地域推进相结合。

也有人提出了"分类逐步推进、控管缩并结合"的思路。"分类逐步推进"，就是根据不同产品品种、不同的市场竞争条件、资源丰缺程度、供需弹性的大小及在国民经济中的重要程度，采取不同的并轨方式；"控管"即是通过经济、行政、法律的宏观调控和管理，为双轨合一创造良好的经济环境和市场环境；"缩并"则是缩小双轨的轨距和品种范围，或者双轨合一。对于并轨条件暂不成熟的，要在加强宏观调控，抑制计划外价格上涨的同时，有计划地提高计划价格，使计划内外价格差距缩小，为并轨创造条件；对于并轨条件成熟的，则应尽快向计划轨或市场轨合拢（《生产资料价格双轨制问题研讨会综述》，《价格理论与实践》1991 年第 1 期）。

另有人提出了"按行业、产品、地区和环节推进"的思路。（1）按行业推进：石油、电力、铁路、航空、邮政、住房等少数国家垄断经营行业的商品价格和收费实行调高国家定价；机械、电子等行业的商品采取有调有放的办法，逐步并轨。（2）按产品推进：上游产品以调为主，中游产品调放结合，下游产品以放为主，实行有控制的市场调节。（3）按地区推进：对于一地生产、全国分配且又占相当比重的产品应尽快并入计划轨，实行统一的国家定价；有些边远地区地产地销的生产资料价格应放开，实行市场调节价。（4）按环节推进：生产环节、流通环节区别对待，放宽对生产领域价格的控制，而对流通领域差率实行严格控制（《生产资料价格双轨制问题研讨会综述》,《价格理论与实践》1991 年第 1 期)。

还有人提出了“先退后进”的思路。即国家先收回全部生产资料价格决策权,形成一物一价,然后再根据各种生产资料的市场供求状况,分期分批地逐一放开价格(《全国高校物价教学研究会第十次年会纪要》,《价格月刊》1991 年第 10 期)。

费玉清提出了“市场发育和价格改革双向推进”的思路。主要途径是:(1)阶段推进。双向推进是一个渐进的过程,必然由于其内外部条件的不同而呈现阶段性逐步推进的特点。近期主要靠治理整顿,缓和供需矛盾,改善市场环境;远期主要靠深化改革,重构宏观调控系统和市场微观基础,建立供求制衡机制。(2)区域推进。双向推进过程应该考虑到各地方的市场发育程度和经济利益,以经济区为基础,把区域推进作为一种手段和推动力,努力消除地区分割,加快国内统一市场的形成,促使双轨制问题的逐步解决。在双向推进过程中,要做好国家宏观调控机制的强化、要素市场的健全完善、企业经营机制及价格改革的进一步深化等配套协调工作。

杨鲁提出了“大步多调、一次到位”的思路。即矿产品按劣等资源条件合理成本加平均利润定价,中下游产品基本上按平均利润连锁反应定价,大步多调、一次到位,分批从上游初级产品着手,按系列将上、中、下游主要产品统筹安排。这种思路与小步微调相比,更有利于调整产业结构和提高经济效益,也更有利于国民经济持续、稳定、协调发展,其影响也不是不能承受的。

(刘家声 刘 力)

农产品价格问题

(一)对我国农产品价格水平的基本估价

谢兆璋认为,农产品价格基本合理,近期不宜再作大的调整,以避免造成经济振荡。主要理由是:(1)主要农产品价格的上涨快于农业生产资料价格的上涨;(2)农副产品收购价的上涨快于农村工业品零售价的上涨;(3)我国粮食、棉花价格已经接近于国际市场价格,有的品种甚至已高于国际市场价格;(4)主要农产品的劳动日净收益并不低于城市一般职工的日收入。因此,我国农产品价格偏低的问题已基本得到解决。另外,农民对农产品价格调整的反应程度很小,再考虑到国家、企业和城市居民的承受能力,农产品价格不宜再作大的调整(《农产品价格改革应稳步前进》,《价格理论与实践》1991 年第 1 期)。

黄赞强认为,那种主张农产品价格已基本合理的理由是站不住脚的,或者是因为计算方法和对比口径不科学,或者是由于抹杀了历史因素,或者是无视城乡工农之间的差别,而得出不科学的结论(《我国当前的农产品价格是否合理》,《价格理论与实践》1991 年第 9 期)。

夏永祥认为,农产品价格调整对农民种粮积极性的影响是很大的,这不仅涉及到农民有无积累和扩大粮食再生产的能力,而且关系到正确处理我国工农城乡关系等重大经济和社会问题。因此,必须提高仍然偏低的农产品国家收购价格。鉴于国家财政困难,可以采取销价与购价同时提高的办法,让城镇居民承担这部分提价,并且他们也是完全有能力承受的(《价格问题是制约我国粮食生产发展的主要因素》,《中国农村经济》1991 年第 11 期)。

(二)农产品(粮食)价格改革的模式

有人提出了市场价格模式。即政府间接调控下的统一市场价格模式。其主要内容是:(1)政府放弃对农业和农产品流通的直接数量(计划)控制,将职能转变为间接性的调节;(2)农产品价格由市场机制形成,政府不再通过制定价格来保证所谓“等价交换”,而是通过提供法律保障来促进形成稳定高效的流通体系;(3)取消对农民的实物性收购任务,代之以市场控制,以消除数量控制对农业资源配置的扭曲作用;(4)将稳定政策的目标由稳定价格转变为稳定人民收入和生活水平;(5)建立按经济合理性形成的竞争性商业组织,以提高农产品流通效率(农产品价格、成本和产品收入课题组:《我国农产品价格的变化趋势和调控政策选择》,《农业经济问题》1991 年第 5 期)。

也有人提出了双轨制模式。即对粮食价格做到管一块、放一块,既要使国家管理的部分粮食价格反映价值和市场供求,又要保证放开部分的粮食得到有效控制。其基本思路是:(1)粮食定购价格逐步转向保护价格或支持价格;(2)城市定销粮价仍由国家控制,根据情况逐步提价,对粗米、粗面仍实行补贴和低价政策;(3)购销倒挂仍然存在,并仍由财政补贴,且总量不能减少,但补贴对象和补贴结构要进行调整;(4)相应地要求拉开各类差价,改革粮食调拨体制和调拨价格,建立粮食储备和丰欠调剂机制等(《七省市粮价改革课题汇总会议纪要》,《中国物价》1991 年第 10 期)。

还有人提出了三种价格并存模式。即粮食价格要长期实行国家定价、国家指导价和市场调节价三种价格形式并存的模式。其改革目标是:(1)提高偏低的粮食合同定购价和统销价;(2)拉开粮食的质量差价;(3)

调整或放开省际之间的粮食调拨价；(4)完善国家对粮食价格的调控机制；(5)改革粮价形成机制；(6)减少财政补贴，优化补贴结构(《七省市粮价改革课题汇总会议纪要》,《中国物价》1991年第10期)。

另有人提出了租税+市场+双保险模式。“租税”指农民向国家上交的农业税采用实物税的形式，同时取消国家定购，以农业税无偿征收的粮食作为国家粮食库存，用作储备，是计划供应粮食和调控粮食市场供求的物质基础。“市场”是指建立多层次、多形式经营的粮食市场体系，农民上交农业税以外的余粮都通过市场出售，国家无偿征收农业税粮食后的不足部分也通过市场收购，地区之间的粮食余缺调剂也通过粮食市场进行购销。“双保险”包括两个方面：一是指国家对城市低收入居民的定购口粮实行低价，保证其维持一定的生活水平；二是指国家在丰收年景对农民的余粮实行最低保护价(《七省市粮价改革课题汇总会议纪要》。《中国物价》1991年第10期)。

(刘家声 刘 力)

中央与地方的分税制问题

1991年，对于分税制的讨论，主要集中在全面推行分税制存在的难点，实施分税制具体办法的设想，等等。

一、推行分税制的难点

刘光第认为，实行分税制的难点有二：“(1)摆脱政府与企业在财政利益上耦合过紧的关系。”“如果企业成为国家的附属物，无论是属于中央政府或地方政府，都会因为利益关系而使分税制难于实现。”“(2)实行分税制必须一国各地区的经济发展比较平衡，……如果地区经济发展极不平衡，就会使得体制和措施极不规范，规范化的分税制就难以实现。”(《利税分流和分税制试行理论初探》,《中央财政金融学院学报》1991年第4期)

王金江认为，实行分税制的困难在于条件尚不成熟，“主要表现在：(1)国家的政治经济体制正处于改革之中，还没有建立起较为规范化的政治经济体制，中央与地方各级政府的财权、事权划分不太清楚。尤其是经济权益与经济责任尚不太明确。在此基础上建立的分税制，必然是不稳定和不完善的。(2)承包经营责任制被引入企业，使得利改税后较为明确的税利关系，再次变得模糊起来，使税收失去刚性，给分税制的实施增加了一定的难度。”此外，“我国现行的税收制度还有待于进一步完善与发展。”(《实行分税制的条件不成熟》,《税收理论与实践》1991年第9期)

二、关于实施分税制的具体形式

马大强认为，“要在尽快终止财政包干制以及抓好试点、摸索经验的基础上，逐步从分类分成制过渡到分成分税制，将分成分税制作为中期的改革目标，在实行分成分税制过程中，要充分考虑现有基础和条件，针对不同地区经济发展水平，既要分税，又要确定收支基数；既要按税种划分，也要按税源分享；既有实行分税制的大多数地区，也有实行包干分成办法的地区。在这种过渡性体制中，地方拥有适度的税收管理权和立法权，即中央税的管理权和立法权归中央，地方税的管理权和立法权，中央与地方之间适当分割，决定性的权限必须掌握在中央手中。”(《关于理顺中央与地方财政关系的思考》,《经济纵横》1991年第2期)

宿玉海认为，要分类实行即“按人均税利，把全国划分为三类地区，一类地区是指人均税利大大高于全国平均水平的地区，实行完全的分税制；二类地区是指人均税利接近或略超过全国平均水平的地区，实行财政相对份额包干制，一定五年不变。随着经济条件的逐步成熟，该地区最终将过渡到完全的分税制。三类地区是指人均税利大大低于全国平均水平的地区(主要是指少数贫困省和八个少数民族省区)，可实行地方财政收入全留和动态补助预算管理体制。随着经济条件的逐渐成熟，逐渐过渡到完全的财政相对份额包干制，最终将过渡到完全的分税制。”(《深化国家预算管理体制改革的设想》,《财政研究》1991年第7期)

吴吟涛、谢传娟、芦明认为，要以“税种划分和预算包干的适度结合”办法作为过渡，来“加速分税制进程”为妥(《对现行预算体制改革的几点看法》,《财政》1991年第3期)。

(孙蕴素)

税利分流试点的评价

1991年，关于税利分流问题，仍然是一个讨论的热点。

(一)能否实行税利分流

杨培新从根本上反对实行税利分流，认为“根据对税利分流的试点结果的考察，税利分流的实质是‘否定承包制’，‘是实施第三步利改税’，‘是实行重税政策’，这样做，势必更加减少企业留利水平，使企业丧失发展后劲。同时，利改税和税利分流这两个概念，都是来自对资本主义国家状况不确切、不科学的概括，理论上是站不住脚的。”(《税利分流问题需要深入探讨》,《经济

纵横》1991年第2期）

方正则坚决主张实施税利分流，认为“税利分流不是凭空想出来的，它是我国分配关系改革的历史总结。它立足于适应当前新的经济格局，着眼于解决财政经济工作中存在的某些矛盾，吸取了利改税和承包经营责任制之长，尽可能地克服这两种分配体制之弊，力求满足宏观和微观两方面的需要。它是在企业承包经营责任制基础上的前进，是企业改革的深化。”（《论税利分流、税后还贷、税后承包》，《财政》1991年第1期）

（二）税利分流与承包制的关系

税利分流与承包制两者是对立的，还是相容的，存在两种对立的意见。

陈共认为，税利分流和承包制是相容的。“税利分流不是否定承包制，而是完善承包制，一是征收所得税后再实行承包，缩小了承包范围，把承包制的规范化程度提高了一步；二是保留承包制激励机制的同时，强化了对企业的约束。”（《实行税利分流是进一步完善承包制》，《财政》1991年第3期）

杨培新认为，税利分流和承包制是“有你无我，有我无你，彼此排斥”的。“税利分流与承包制，这是两个截然不同的体制，一是为增加财政收入服务的‘税利分流’，一是为建成企业自主经营、自我积累、自我发展机制服务的承包制。打着‘完善’承包制的口号推行税利分流，实际上是‘狸猫换太子’。”（《税利分流问题需要深入探讨》，《经济纵横》1991年第2期）

楼继伟认为，承包制和税利分流虽然可以相容，但税后承包并不可取。“提出在承包的基础上实行税利分流。事先套上这个框框不利于探索科学合理的企业税制。应当在历史的、客观的、比较全面的比较之后，做出科学合理的设计，笔者做了初步比较之后，认为应当在第二步利改税的原则基础上实行综合改革。”而不是搞税后承包，因为“（1）‘承包制’是作为对二步利改税的否定而提出来的，但否定的不是其失误的部分，却是二步利改税中最为合理的部分。二步利改税最为合理的部分是实行所得税制，承包制对在二步利改税时建立起来的流转税制触动不大，改动的主要是所得税部分，实行了‘包税制’，承包了所得税和调节税”，这“把调节税最为不合理的方面，也就是一户一率，不但继承下来，而且扩展到极端。把一户一率的办法扩展到所有的承包企业，从某种意义上说，承包企业都是实行‘调节税’。”“（2）承包制是在利改税基础上的倒退。仅仅三年，弊端丛生。”（《在利改税的原则基础上实行税利分流的综合改革》，《税务研究》1991年第3期）

（三）对税利分流试点的评价

杨培新认为，“这次税利分流自1988年起试点，在重庆、牡丹江等地又重演了利改税的过程。竭泽而渔而不是留水养鱼。”（《税利分流问题需要深入探讨》，《经济纵横》1991年第2期）

方大浩等人认为，“从重庆市试行三年的初步实践看，税利分流至少在以下几方面有明显的正效应：（1）税利分流可改善国家与企业的分配格局。（2）税利分流可硬化企业投资的自我约束。（3）税利分流为企业创造了‘公平税负’、‘平等竞争’的外部经营环境。（4）税利分流可促进企业强化内部管理。（5）税利分流有利于推动改革的深化和产业结构的合理调整。”（《重庆市试行“税利分流”的考察报告》，《改革》1991年第3期）

刘跃国、怀鹏飞认为，“税利分流试点正在健康地发展，改革已初见成效。（1）税利分流发挥了税收的弹性功能，兼顾了国家和企业的利益，保证了财政收入的稳定增长。（2）税利分流增强了企业投资责任感，对控制投资规模，促进企业投资效益的提高起到了积极作用。（3）税利分流确保了企业的发展后劲。（4）实行税利分流有利于加强对企业的监督管理。（5）税利分流使国家与企业利润分配结构基本上趋于合理（《税利分流改革试点已初见成效》，《财政》1991年第3期）。

（四）从税前还贷改为税后还贷的利弊

戴新民赞成税后还贷，认为“税后还贷使投资主体发生转移，投资责任更加明确，有助于消除企业盲目争投资、争项目的弊端，促使企业更加注重新上项目的建设周期和经济效益。同时，税后还贷也促使银行更加注重发放贷款的可行性分析，从而有利于企业投资约束机制的形成。”（《实行税利分流试点的成效、问题及对策》，《财政》1991年第8期）

杨培新不赞成税后还贷，认为如果“企业税后还不了贷，就只好不再借款。这就从企业内部和外部两个方面使企业丧失自我积累、自我改造、自我发展的功能，封死企业扩大再生产和维持再生产的渠道。”（《税利分流问题需要深入探讨》，《经济纵横》1991年第2期）

许健认为，“实行税前还贷是对企业作为技术改造投资主体的一种否定，也是对财税制度改革的否定，更是对企业改革的否定，短期内的确是解决了企业部分技改资金不足，长期的弊病却使改革走入岐途，使国家与企业的分配关系无法固定下来，进而影响改革全局。”（《建立技改投资体制是推行“税利分流”的关键》，《财贸经济》1991年第7期）

（孙蕴素）

关于专业银行改革问题

解决政策性贷款问题，是理论界和实际工作部门长期关注的热点问题之一，它关系到金融体制改革、信贷计划的制定和资金的使用，同时也牵扯到专业银行的业务经营和企业化改革。目前，我国专业银行所承担的政策性和经营性业务混在一起，这种格局很难适应有计划商品经济发展的需要，已成为金融体制深化改革的焦点，特别是去年以来研究和制定"八五"规则，这个问题再度引起了广泛的讨论，出现了一些不同的意见。

刘光第认为，现在应当着手建立政策性银行，重组金融体系。如果象现在这样把专业银行确定为主要承担宏观调控职能和国家政策性贷款的银行，同时又要求进行企业化管理，逐步建立独立核算、自负盈亏、自求平衡、自担风险、自我约束、自我发展的经营管理机制，这样的任务不容易落实，要求也不容易达到；政策性贷款和商业性贷款混同使用，必然出现"软挤硬"，即应该用于政策性的贷款被市场调节部分所挤占，或者出现"硬挤软"，即应该用于市场调节部分的贷款被政策性贷款所挤占。为此，需要建立政策性银行和商业性银行，即把专业银行办成政策性银行，主要承担国家政策性贷款任务；同时把商业性贷款(或自主发放的贷款)从专业银行中分离出来，单独设立商业银行(《加大改革份量促进国民经济的良性循环》，《中国金融》1991年第6期)。

韩雷认为，银行体制实行"双轨制"，即建立政策性银行和经营性的商业银行，是行不通的。因为：(1)社会主义的国家银行的贷款，贷给谁、贷多少、利率高低，都是按照国家的信贷政策、综合信贷计划、利率制度进行的，在信贷工作中没有"政策真空"。(2)建立政策性银行最大的特点就是不计盈亏，存贷利率就会倒挂，资金就没有来源，只有靠财政拨款和中央银行给资金，这样的"银行"，实际上是地道的财政机构，它就不可能具有银行的特殊职能作用，也不可能有好的经济效益，对实现提高社会资金使用效益的目标是有害无益的。解决的办法是：(1)政策性的任务(如收购农副产品、粮、棉、油的储备)，按其资金性质，分别由财政预算和中央银行拨出，由专业银行代办发放和收回。(2)仿照日本"制度金融"的办法，由财政部设一个局，专门规划和管理扶贫贷款、救济性贷款等，预算拨款后，交各专业银行代理发放和收回。(3)贴息贷款，"谁出主意谁拿钱。"这样，银行就完全可以按照企业经营原则办事，提高社会资金的使用效益，同时国家的政策也能及时地贯彻了(《治理整顿时期对若干问题的思考》，《农村金融研究》1991年第1期)。

卢汉川认为，从我国的实际情况看，设立政策性银行不可行。目前比较可行的办法是，农业银行把部分特殊性信贷业务从帐户上分开管理，分别计划，单独核算。关于开发和扶贫贷款，要求各部门同心协力，做好工作，保证贷款的及时收回；农副产品收购每年增量增值所需资金，由中央银行打足并列入年度计划，不留缺口；粮棉油加价款和粮食政策性亏损补贴，财政部门应及时拨补，不得占用银行收购贷款。"这些问题不解决，设立政策性银行也无能为力，当前的任务主要是理顺各方面的关系，减少摩擦和内耗，共同努力把工作做好，不宜在机构上动来动去。"(《设立政策性银行不可行》，《金融研究》1991年第3期)

谭岳衡认为，目前将专业银行所承担的政策性和经营性两类业务相分离，积累经验，逐步创造条件向从机构上彻底分开，过渡到建立政策性银行。这是专业银行企业化改革的必然步骤。如果把两种业务分开来，实际上等于划分了金融机构具体的事权范围，使银行承担的责任和经营效果一目了然，考核才有依据，一些改革措施才能落到实处。同时，两类业务相分离有利于控制货币发行，既保证重点照顾一般，又能有效地减轻宏观总量平衡的压力，使货币和信贷总规模尽可能地控制在计划之内。但是，目前，由于国营企业自主经营机制尚未根本确立，市场尚未发育成熟，价格关系也没有理顺，若立即成立政策性银行，现有专业银行仍然缺乏全面实行企业化经营的成熟条件。另外，政策性贷款总量较大，成立政策性银行难以落实其资金来源。加之，金融体系还有不完善之处，立即成立政策性银行还不具备成熟的条件。但从长远来看，成立政策性银行符合发展方向(《政策性贷款确定范围及解决途径》，《金融研究》1991年第7期)。

(赵一新)

证券市场问题

一、证券市场的作用

厉以宁认为，中国证券市场的发展，固然与经济改革的继续推进有关，同时不能忽略另一个重要因素，即证券市场的发展有助于减轻财政压力，缓和当前财政的紧张程度，尤其在近期内，证券市场在筹集资金方面的巨大作用则是最明显的、最不易被否认的。如果作进一步考察，在不久的将来，证券市场对我国经济的最重要意义将转移到促进资源重新组合、优化资源配置方面。由于产品结构、产业结构的调整可以通过证券交易进行，以及由于资源流动渠道比较畅通，资源将流向经济效益较高的行业、地区和企业，因此，证券市场的完善与发展将成为优化我国资源配置的重要条件。从长期看，证券市场对于我国经济的最重要意义在于：证券市场将成为保证我国经济持续、稳定、协调发展的手段之一。证券市场体现了市场对经济的自发调整和政府对经济的有计划调节的结合。通过证券市场，在宏观经济运行中，对资金、储蓄、消费总量进行调节；而在微观经济方面，对企业经济效益的提高将起到促进作用。如果投资、储蓄、消费三者的比例适当，企业经济效益又能不断提高，那么，我国经济的持续、稳定、协调发展也就可以指望(《发展证券市场与深化经济发展》,《中国证券市场(1991)》,中国金融出版社 1991 年版)。

金建栋认为，证券市场的迅速发展，对国民经济发展起了如下作用：一是我国的股票、债券发行规模与整个国民经济计划和社会信贷总规模相结合的，有利于探索出计划经济与市场调节相结合的宏观金融管理具体模式；二是拓宽了企业融资渠道，通过直接融资，提高了企业筹集资金的效率和资金运用效果；三是通过股份制和股票市场试点，对改革企业的经营管理体制进行了有益的探索，促进了国有资产的流动和在市场评估中不断增值，为搞活国营大中型企业探索了一些成功的经验；四是有效地将一部分消费基金转化为生产建设基金；五是为利用外资找到了一条新渠道(《建设有中国特色的证券市场》,《中国证券市场(1991)》,中国金融出版社，1991 年版)。

刘光第认为，根据我国情况，发展证券市场的主要作用是：(1)为企业开辟资金来源。企业可以利用证券市场，发行股票、债券，面向社会集资；也可以利用股票市场，使企业之间的商业信用票据化，发展票据承兑、贴现和中央银行的再贴现；还可以利用外汇市场适当举债；利用保险市场解除企业后顾之忧，等等。总之，通过证券市场可开辟一条利用内资，但不增加内债，利用外资，但不增加外债的路子。(2)促进产业结构调整。在发达的国家里，相对总量而言，结构矛盾并不突出，这就是由于市场机制健全，市场发达所致。股票是按市场规律运行的，大量资金向有生命力、有前途的企业“输血”，优胜劣汰，产业结构自然走向优化，这已为许多发达国家的情况所证明，也为我国特区的情况所证明。(3)提高资金使用效益。(4)为横向经济联合提供了广泛、灵活的融资环境。(5)促使金融资产多样化和风险分散化。(6)加强和改善金融宏观控制。我国中央银行的宏观调控机制过于单一，主要是运用行政手段，缺乏弹性，信息反馈不灵，宏观调控的目标要求难以实现。如果借助于证券市场，就可以弥补许多不足。(7)便于建立多元化、多层次的金融中心，以打破原有的纵向资金分配体系，开辟多种融资渠道(《关于发展直接融资的几个问题》,《金融研究》1991 年第 4 期)。

二、发展证券市场的模式

王广谦等人认为，中国未来证券市场的目标模式是“计划管理的证券市场”。比如，怎样体现计划管理的要求，如何设计市场的运行模式，如何有步骤地推进市场的建设，以及市场利率如何调控、融资工具如何选择、发行规模如何控制，等等。应在遵循计划管理的基础上，明确证券市场发展的若干大原则，建立中国证券市场的理想模式。主要是从以下方面加以构造：一是证券市场与其它金融市场并重。在西方发达资本主义国家，股票和债券是金融市场上最活跃、最主要的金融资产，证券市场的交易覆盖了整个金融市场，它是金融市场最主要的组成部分，甚至可以说是金融市场的同义语。中国金融市场从萌芽到初步形成，由于社会经济制度和政治、文化传统的不同，并没有出现证券市场一马当先的格局。相反，却是以银行同业拆借为先导，证券市场、票据贴现市场、外汇调剂市场紧跟其后的成长，这有其独特的道路，各种子市场都服务于某一特定的领域，有着不可替代的作用。所以，中国的证券市场只能与其它金融市场并重。二是以债券市场为中心，慎重推进股票市场。在西方，股票是证券市场的主要支住，股票价格的上浮下跌都深深地影响社会经济，是西方经济的晴雨表，在证券交易所内，几乎是清一色的股票交易，所以，西方的证券交易所又称作股票交易所。中国证券市场的发展模式必须从中国的国情出发，股票不可能成为证券市场的主要支柱。这是因为，中国的经济体制是有计划的商品经济，公有制是国民经济的主体，从本质上看，公有制与股份制是有矛盾的。因此，中国证券市场模式，债券应成为主要的融资工具。三是以柜台交易为主，稳步发展交易所。一般来说，西方发达资本主义国家证券交易是以交易所交易为中心的。中国证券交易市场的模式构造与西方不同，当前中国信用经济远远没有达到成熟的地步。因此，在中国实行广泛的交易所交易就缺乏现实的经济基础，股票不可能在中国证券交易中占主导地位，以交易股票为主要内容的证券交易所也就不可能有大的发展。另外，在中国居民中，银行信用已有良好的信誉，居民在选择交易方式时，宁愿与银行打交道，也不愿意跨进对他们来说是相当陌生的交易所大门，在探索证券交易方式时，必须对此给予重视(王广谦主编:《中国证券市场》,第404～411页,中国财政经济出版社,1991年版)。

李玉新认为,中国社会主义证券市场发展的目标模式应是:复合型、开放式、非均衡的证券市场。具体内容包括:一是循序渐进的发展。我国证券市场的发展可分为三个阶段:(1)基础阶段,主要任务是继续推进金融体制改革,实行商业信用票据化,金融机构企业化,大力发展债券市场,规范证券发行市场,适度开放股票流通市场;(2)形成和发展阶段,主要内容是在证券柜台交易的基础上建立证券交易所,逐步推广股份制,增加股票供给,非货币的金融中介机构和少数职业投资者成为债券投资的主体,银行垄断格局逐渐被打破,直接融资对经济发展起着越来越大的作用;(3)逐步走向成熟阶段,主要标志是证券交易的现代化和国际化,证券市场成为一种重要的调节机制,在全社会范围内发挥优化资源配置的作用,并与其它市场共同构成市场体系。二是推进式地区布局。在一些发达地区,可重点发展高级证券市场(股票市场等),在经济发达的中心城市逐步形成一个金融中心,以此带动周围地区的"金融成长"和经济发展,而在金融不发达的落后地区可先着手发展初级证券业务,发行一些质量稳定、风险较小的债券,如国债、金融债券等,逐步培养这些地区居民的商品经济观念和证券投资观念,随着商品经济和金融业务的发展,再逐步开展高级证券发行和交易业务。三是自我控制和政府监督相结合的运行机制。应着重推行"实质管理"(指在公开性原则指导下通过周密的立法,由专门的管理机构依法对证券市场实施全面监督),辅之以"自我管理"(指证券交易所是完全自由的,不受政府干预,证券交易所通过内部严密的规章制度实行自我约束),通过立法使证券市场运营制度化、法律化。同时,使各个证券交易所和证券公司享有充分的自主权。就目前看,最为重要的是通过颁布"公司法"和其它法规来规范证券发行市场。四是专业银行与证券业务分流制。五是开放型、复合式的证券市场。从长远看,证券市场国际化是我国证券市场开放发展的必然结果。目前,在开放证券市场中应采取灵活、优惠的投资政策和措施:(1)开放离岸金融市场,作为证券投资国际化的基地;(2)多渠道开拓国际证券投资业务。

张福生认为,建立具有中国特色的证券市场的基本模式应该是:具有权威的全国统一的证券市场,即以上海、北京为中心的南北呼应的具有较强辐射能力的证券市场。其基本内容:一是具有规范化的证券交易所,实行会员制和经纪人制,具有法人地位并为非盈利性质。二是具有全国统一的自动报价系统,能够密切区域间的信息传递,搞好价格管理,抑制黑市交易。三是在以上海、北京为中心的全国统一证券市场的框架中,中小城市以各省为龙头,加强柜台交易的网点建设,有条件的地方可以发展一批会员和经纪人;同时建立省内统一报价系统,密切与中小市场的联系。四是证券发行市场机制比较完善,并能保持一定数量的能够上市的证券。必须逐步完善发行市场的各类机构,尤其是证券发行评估公司,制定权威的、统一的评估标准;建立和健全法规,保护集资者和投资者的权利和保证其承担相应的义务;改进证券税收办法,减轻集资者的负担,保护投资者的利益;简化证券发行审批手续等,使相当一批企业的股票和债券,既能跨地区发行,又可跨地区交易。五是扩大规范化股份制企业改革范围和发行企业债券城市的范围,通过市场竞争和实践的锤炼,培植一批优秀企业,其债券和股票可以进入证券交易所,股票在证券市场上有相当的比重。六是有一套完善的证券市场管理办法。包括证券交易法、证券交易管理办法、经纪人管理条例,以及证券发行法、证券投资法、企业股份法等,以确保我国统一证券市场的真正形成(《浅谈我国证券市场的目标模式》,《银行与企业》1991年第5期)。

张晓柯认为,我国证券市场的发展模式应以国债为主导,企业债券、股票相辅的具有中国特色的证券发行与交易市场,使证券市场配置资源的功能得以发挥。其具体内容有:一是建立和发展以国债为中心的我国证券发行与流通市场。我国实行的是公有制基础上的有计划的商品经济,在这一经济下,国债是一种财政收入形式和国家对经济实行宏观调控的有力工具,发行国债将作为一项国策长期坚持下去,不仅发行中长期国债,也可发行短期国债;国债发行逐步推向市场发行;发行方式除代理发行外,还可采取承销、包销等方式。二是扩大企业债券、股票的发行,推动证券市场向纵深发展(《我国证券市场的现状与发展方向》,《河南城市金融》1991年第12期)。

三、完善证券市场的对策

证券市场的开放也给金融管理工作带来一些新的问题。由于没有相应的立法和管理手段,证券市场的发展出现了一些混乱现象,尤其是股票市场在试点城市开放后,一度出现了股价持续上涨和炒股投机活动;有些企业未经批准,就擅自发行债券、股票以及用其它方式变相集资,用来扩大自筹固定资产投资规模,或发行不规范的高利率和高股息率的债券、股票,增加不合理的个人收入分配。这些问题的出现,对证券市场健康发展是极为不利的。对此,经济界提出了许多建立和完善我国证券市场的对策和措施。

厉以宁认为，目前急需采取的措施主要有：一是抓紧立法，制定和完善有关债券发行、股票发行、证券交易、经纪人管理等法律和法规，使证券市场在运行中有法可依，有章可循，违法违章要受到相应的处理。二是从规范化的角度对已发行证券的企业和已运行的证券市场进行整顿，使证券的发行和交易逐步纳入正规，使证券市场健康地发展。三是开展证券交易的信息服务，通过现代化的手段，建立连接全国各主要城市的证券市场网络，以便利不同城市之间的证券成交与结算。四是充实证券市场的管理队伍，健全证券市场的管理机构，培训经纪人，以适应证券市场发展的需要。五是应当随着股份制试点的扩大，增加上市股票的种类和数量。如果没有新的股票上市，那么证券市场只可能在少数几种上市的股票(况且它们的数量也是十分有限的)有买无卖的情况下维持，或者只可能凭债券的交易来维持，证券市场就很难发挥其应有的作用。六是在股票交易过程中，应严格执行个人所得税制度。这是保证证券市场健康发展的一项重要措施(《发展证券市场与深化经济改革》,《中国证券市场(1991)》中国金融出版社1991年版)。

评论认为，当前应注意抓好以下几项工作：一是积极开展理论研究，围绕"建设有中国特色的社会主义证券市场"这一中心课题，努力探索我国证券业的发展方向、发展道路和战略，在深入调查研究的基础上提出各种方案和建议，制定出证券发展的中长期规划，从而使我国的证券业有一较大的发展。二是加强对证券市场的法律、行政和证券管理，建立和完善证券的行业自律管理制度。同时，还要研究制定一些证券业务管理办法和实施细则，督促证券管理机构建立健全内部各项管理制度，逐步使证券业的管理制度化、规范化。三是积极组织证券从业人员的专业培训，建立资格考核制度，提高证券业的整体综合素质和行业经营管理水平。四是大力开展咨询服务，向社会普及证券知识，宣传证券投资风险，促进全社会证券投资意识的提高和形成健康的投资心理，为证券业的发展创造一个良好的外部环境。五是积极开展对海外证券界的国际联络和交流工作，使我国证券市场更好地发挥作用。六是抓好证券从业人员的队伍建设，选就一支有社会主义思想觉悟、有良好的职业道德风范、有较高业务水平的新型证券从业队伍(《建设和发展有中国特色的社会主义证券市场》,《中国金融》1991年第10期)。

刘光第提出，为了便于证券市场能比较健康地发展，应注意：一是必须严格加强管理。我们是在社会主义条件下从事证券交易的。在发展证券市场的同时，必须加强管理，加强教育，减少投资者的盲目性，力求避免出现大的风潮。对于股票投机应有所限制，要把投机限制在一定的范围之内，更多地引导人们如何进行投资。二是必须逐步扩大股票发行。发展对象主要是"三资"企业和选择适量国有企业。"三资"企业应先行跨入股份制行列，少数国有企业可以扩大股份制试点，发行股票，并争取上市流通。三是股票市场应努力向国际化、规范化方向发展。一方面，可以利用国际惯用形式，到国际金融市场上去发行股票，筹集资金；另一方面，可以吸引外资来华投资(《关于发展直接融资的几个问题》,《金融研究》1991年第4期)。

陈运贤从证券投资的规律对经济运行的影响的角度，探索建立和完善证券市场，其中：一是在开展证券融资、证券投资活动中，首先应该预测证券投资(或者说证券发行)量。决定证券投资量的因素比较复杂，但有两点是最基本的，即对证券平均持有期的概率估算和对一定时期内证券流通中可能有的货币量的预测，尤其是对证券平均持有期的测定极为重要。适时总结实践经验，可以大概估算出一定时期内证券发行应允许的规模。二是公开市场业务是执行货币政策的一项有效工具，应充分加以利用。中央银行在证券市场上抛售有价证券，能使货币流通量减少；反之，收购有价证券，能使货币流通量增加。这是调节货币流通量的一个重要手段。三是由于证券价格＝预期收益÷市场利率，所以，也应视证券流通中的情况适时调节货币利息率。四是由于在一定时期内证券流通所需要的货币量＝证券投资量÷证券平均持有期(影响证券持有期及投资量的因素还包括一些中介机构的作用)，所以，货币政策的有效实施还应有对这种中介机构活动的调节和管制。这里，最重要的是对证券交易经纪人贷款规模的控制。五是如果是对国际间的有价证券运行的调节，有效的货币政策还应包括对各国货币汇率的变动和利率差异的运用，投资于各种国际证券或发行各种国际证券以融集资金(《证券投资三大规律及其对我国经济运行的影响》,《经济研究》1991年第7期)。

四、如何正确处理证券市场经营活动中遇到的问题

(一)股票投机问题

刘鸿儒认为，股票市场本身就是投资者对上市公司经营水平、经济波动情况和政治因素具有不同预期而产生的股票买卖行为，从这个意义上讲，股票市场的投机是不可避免的。但我们建立股票市场的目的是鼓励投资，不是鼓励依靠投机去赚钱。因而对于利用内幕

消息和证券从业便利而进行的股票投机活动，必须进行严厉打击(《积极试行股份制，发展股票市场》，《中国证券市场(1991)》中国金融出版社1991年版)。

也有人认为，证券交易和证券交易中的投机行为本无本质区别。没有投机行为就不可能有证券市场，证券交易中的投机产生于证券市场的价格波动。证券投机行为使证券交易趋向活跃，资金流向趋于合理，产业结构得到及时调整。所以，证券市场上根据价格预测产生的投机行为是正常的商品经济行为。这种“投机”类似于投资活动。当然，对于一些“黑市买卖”、“买空卖空”等违反了交易双方平等竞争原则的行为，则不属正常的商品经济行为。对于这类行为，不应用含糊不清的“投机”一词来概括，而应当用不正当证券交易或违法交易行为来表述(上海社会科学院经济所证券市场课题组:《上海证券市场考察》，《经济研究》1991年第7期)。

(二)证券价格的暴涨暴跌问题

李蒙军认为，证券市场是属于市场机制的范畴，而且证券市场这个特殊的市场机制是信用资本的虚拟运行，易出现暴冷暴热。1929年10月28日，美国股市大暴跌，酿成了资本主义经济史上空前的大衰退，这个西方经济史上著名的“黑色星期一”给人类留下难以逝去的可怕梦魇;时下，上海、深圳有的摇身一变几十万元就装进腰包。那么，我们能否将计划经济与证券市场成功结合，有效地抑制证券市场狂涨狂跌的负作用，同时正确利用投机而避免社会财富的分配不公，是我们需要认真研究解决的难题之一(《话说证券风云》，《银行与企业》1991年第2期)。

刘鸿儒认为，从股票市场本身看，股价暴涨暴跌是政治、经济、社会诸方面因素影响的综合反映，不存在正常与否的问题。只是自本世纪大危机以来，由于股价波动对社会经济可产生极大影响，政府才采用行政与经济手段干预股市。从我国情况看，必须逐步改进与完善政府对股价的干预，既要遵循市场规律，使股价随行就市，自由波动，灵敏反映供求;又要学会运用经济方法，调控股票市场价格，尽量减少和避免直接的政府行政干预(《积极试行股份制，发展股票市场》，《中国证券市场(1991)》中国金融出版社1991年版)。

(赵一新)

劳动工资体制改革

岗位技能工资制问题

1990年春，劳动部就开始酝酿改革基本工资制度，并逐步形成岗位技能工资制的雏形。1991年，全国各地试行岗位技能工资制。那么，如何看待岗位技能工资制呢?在理论界和实际工作部门都存在不同的看法。

一、岗位技能工资制的特点

陈祖培认为，基本工资制度是依据劳动标准确定工资标准的制度，是体现潜在劳动差别的制度。岗位技能工资制是基本工资制度的一种，是劳动标准与工资标准直接结合的制度(《基本工资制度的理论与改革》，《中国劳动科学》1991年第12期)。

钱世明认为，企业内部分配存在两个层次:第一层次是确立一个工资支付的依据;第二层次是把工资的实际支付搞活。基本工资制度就是要找到一种或几种比较科学、比较规范的劳动评价方法，预测出每个职工正常发挥劳动潜能所能提供的劳动量，按照劳动报酬标准，在劳动之前为其确定“模拟工资”额。岗位技能工资制就是一种按分解法设置的基本工资制度(《改革企业基本工资制度三题》，《中国劳动科学》1991年第1期)。

练岑认为，工资制度的本质是支付工资的标准。在社会主义按劳分配规律条件下，支付工资的标准是职工提供的劳动量。劳动量决定于劳动的内涵量(质)和劳动的外延量(劳动时间)，基本工资制度是劳动内涵量的表现形式。劳动内涵量可用岗位评价来计量。建立在岗位评价基础上的工资制则为岗位工资制，它是基本工资制度的一种形式。

二、从技术等级工资制过渡到岗位技能工资制的机理

陈光荣提出了生产力决定论。认为我国生产力水平已由解放初期的手工作业和半机械化发展为机械化、半自动化、全自动化。同岗位劳动间的差别在缩小，不同岗位间的劳动差别在扩大。技术等级工资制度已不适应生产力水平和劳动差别的变化。既然劳动差别主要表现为岗位差别，客观上要求实行岗位工资制（《化工企业基本工资制度改革的探讨》，《劳动理论与实践》1991年第4期）。

贺天中提出了制度决定论。认为技术等级工资制度过渡到岗位技能工资制由两个原因所决定：一是技术等级工资制度有偏重技能的缺陷，过份强调技术等级，而且对劳动标准的体现过于简单划一，难以适应各企业和各类工人的劳动实际；二是执行当中没有建立工资制度正常的运行机制。工资标准未能随着生产发展和物价上涨而经常调整。在长期内又不升级，使工资等级与技术等级严重脱节，平均主义日益严重。等级工资制度名存实亡（《关于岗位技能工资制的几点看法》，《经济管理》1991年第7期）。

三、岗位工资和技能工资的关系

闪淳昌认为，岗位和技能二者是并列关系，分属两个序列，因此，岗位工资和技能工资是两个独立的工资单元。岗位工资以岗位测评为基础，反映客观的岗位劳动差别。技能工资主要体现劳动者本身素质的差别，如技术水平、文化程度、身体条件、劳动态度等（《积极稳妥地逐步实行以岗位技能工资为主要形式的内部分配制度》，《中国劳动报》1991年3月19日）。

钱世明认为，技能工资依附于岗位工资，两者是从属关系。一般地说，每个职工都要落实到某一岗位，都应有一定的技能，岗位同技能存在必然联系。岗位对技能形成制约。不同的岗位对技能都有特殊要求。因此，技能工资等级线必须按岗位分类设定，而不应把岗位工资和技能工资搞成互不联系的两张皮（《改革企业基本工资制度三题》，《中国劳动科学》1991年第1期）。

四、在岗位技能工资制问题上对国家与企业分配权的界定

有人认为，对于岗位技能工资制，国家在宏观上只制订最高和最低岗位和技能工资标准，规定企业经营者与工人工资差距的幅度、具体的岗位类别、技术级别及其工资标准应由行业或企业根据企业生产规模、生产经营情况、技能复杂程度、岗位类别多少和企业家承受能力等实际情况具体制订（《京沪两市部分化工企业谈岗位技能工资制》，《中国劳动科学》1991年第7期）。

印仁炽认为，国家除控制工资总量外，还要对工资标准进行调控，国家规定工资标准，是调节各地区、各部门、各企业之间工资关系的主要手段。国家调控的内容有：制定最高、最低工资标准，规定技能工资单元和岗位工资单元的等级数目，确定岗位工资和技能工资单元的比重等。产业部门和地区拟定各类人员的岗位技能工资（《对岗位技能工资制的几点认识》，《化工劳动工资》1991年第8期）。

五、一岗一薪还是一岗多薪

练岑认为，应实行一岗一薪。因为职工工资不是按"人"分配，而是按"岗位"分配。谁在这个岗位上劳动，谁就按这个岗位的工资标准领取工资。同岗同薪体现劳动平等。一岗一薪、岗变薪变是岗位工资的特点（《按劳分配理论和按劳分配规律的实现》，《建材劳动》1990年第4期）。

也有人认为，应实行一岗多薪。因为一岗一薪会使工人感到没有奔头，难以提高工人学习技术的积极性，而且在同一岗位内，刚进岗的新工人与在岗做了多年的老工人在岗位工资上没有区别，不能体现劳动积累报酬问题，产生新老工人的矛盾（《京沪两市部分化工企业谈岗位技能工资制》，《中国劳动科学》1991年第7期）。

（练　岑　王学力）

劳动合同制问题

劳动合同制始于1981年。1986年国务院规定，新招工人全部实行劳动合同制。1987年开始对固定工实行合同化管理。对于如何看待劳动合同制问题，存在一些不同观点。

一、劳动合同制的历史必然性

刘贯学认为，劳动合同制最早产生于以生产资料私有制为基础的资本主义生产关系，属雇佣合同。这种合同是工人阶级为了取得生存的权利与资本家斗争的产物。社会主义经济是有计划的商品经济，企业是自主经营、自负盈亏的商品生产者，用工主体由国家变成了企业，需要用合同形式，规范劳动者和企业的责权利，使两者建立一种命运与共，共担风险的、既互相依存又互相制约的关系。作为企业改革主要内容的劳动合同制，方向没有错（《论劳动合同制的经济基础》，《中国劳动科学》1991年第3期）。

任扶善认为，劳动合同制是参加社会劳动所必要的法律制度，不论社会制度和发展状况，世界上大多数国家，都实行了劳动合同制。因而劳动合同制不是中国特色的劳动制度，也不是我们的伟大创举（《劳动合同是世界通用的法律制度》，《中国劳动报》1990年8月4日）。

刘庆唐认为，劳动合同制是一个历史范畴。我国目前实行劳动合同制是由社会主义初级阶段的生产关系的特点所决定的。社会主义劳动者在公有的生产资料面前只能是平等的一员，都需经过一定的批准手续才能获得同生产资料相结合的权利。这种有条件的结合需要在法律上予以体现。同时，公有制基础上的有计划商品经济，客观上要求实行劳动合同制，使企业和职工都可以按照自己变化了的实际情况及时调整自己所需要的职工和就业岗位。再者，社会化大生产也要求实行劳动力与生产资料的动态的、按比例的组合（《谈谈实行全员劳动合同制的客观必然性》，《中国劳动报》1990年8月4日）。

二、合同制是否比固定工制优越

廖启桂等人认为，固定工制压力小，没有责任制约，缺乏竞争机制，成为落后职工的“保护伞”。合同制解决了“能进不能出”的问题，引进了竞争机制，使责权利、动力与压力相结合，调动了职工积极性。合同制与生产力发展状况相适应，与有计划商品经济的运行模式相吻合。因而，比固定工制优越（《劳动用工制度改革：现状与发展》，《湖南劳动》1991年第8期）。

程为敏认为，固定工制度尽管有弊端，但应具体分析，弊端的产生除了由于制度本身统得过死、包得过多的原因外，还与平均主义的分配制度密切相关。单纯稳固的就业关系对工厂、工人都不是坏事，固定工这一用工形式并不应该为用工制度的僵化、低效负完全责任。这一点可以从日本的终身雇佣制的实施效果得到证明。因此，对于固定工的用工形式，可以根据生产的客观需要长期存在下去（《全员劳动合同制是对用工制度的改革》，《中国劳动报》1991年8月4日）。

三、我国现阶段是否适合实行合同制

刘贯学认为，我国劳动制度的改革，实行合同制，是伴随着经济体制改革的开展而提出和发展起来的，经济体制改革的方向决定了劳动制度改革的方向。我国经济体制改革的理论支撑点是有计划的商品经济，这就决定了劳动用工制必须从固定工制向合同制转变。这是有计划商品经济的内在要求。是“国家职工”变为“企业职工”的重要步骤（《论劳动合同制的经济基础》，《中国劳动科学》1991年第3期）。

承纪中等人认为，看劳动合同是否适合我国国情，必须研究我国政治经济环境对劳动制度改革的推动与制约。劳动合同是在当时就业压力暂时缓解，而准备在经济体制改革上“闯关”，经济已明显过热的环境下出台的。当时设想从推行劳动合同制，搞活用工制度，形成灵活吞吐、调节劳动力的市场机制，把劳动力纳入商品市场的运行轨道，从而全面落实企业在使用劳动力上的自主权力。但从1988年秋治理整顿以来到今天，还看不出劳动合同制可能起到使企业劳动力能进能出的调节作用。当时改革的目的并未达到。由于劳动制度改革受社会经济、政治环境制约，我们必须进一步研究劳动调节、管理和使用上如何贯彻计划经济和市场调节相结合的办法（《三次改革劳动制度的思考》，《中国劳动科学》1991年第3期）。

四、劳动合同期限长短问题

夏积智认为，理想目标模式除临时工签订定期合同、特殊工作需要签订以完成一项工作（工程）为期限的合同外，企业绝大多数职工都订立不定期合同。在现阶段，究竟是订定期合同，还是不定期合同，应由企业和职工协商确定。但对管理人员、技术骨干应倡导订立不定期合同，对国家统配人员，也可以订立不定期合同（《关于完善劳动合同制的若干建议》，《中国劳动科学》1991年第4期）。

舍予认为，根据经验，签订较长期劳动合同的职工应占多数，这样才会形成一个稳定的职工队伍；新进厂的青年职工合同期限可以短一些，中老年职工和续签第二期合同的青年职工，多数签订长期的甚至不定期合同（《劳动合同制漫谈》，《湖南劳动》1991年第2期）。

承纪中认为，合同期限长短应根据生产技术岗位的需要，企业的人才培养方向以及企业对劳动者进行人力投资能得到的最大经济效益原则进行考虑（《三次改革劳动制度的思考》，《中国劳动科学》1991年第3期）。

（练 岑 王学力）

社会保险基金统筹问题

随着经济体制改革的深入，社会保险制度改革已提到日程上。由于社会保险范围的扩大，项目的增加，保险基金采用“社会扣除”的模式已行不通了，保险基金社会统筹成为迫切需要解决的问题。

一、保险基金统筹范围

1984年全民所有制企业开始实行了退休费用社会统筹的办法。目前，全民企业退休费用社会统筹的市县已达2274个，占全国市县的96%。退休费用社会统筹的方向是什么呢？

韩良诚认为，由于市县统筹的社会化程度低，应付劳动风险的能力弱，不利于劳动力在更大范围内合理配置，主张退休费用统筹应逐步由市县向省级统筹过渡，最后实行全国统筹（《社会保险制度改革刻不容缓》，《经济参考报》1991年7月8日）。

李华明认为，由于我国情况复杂，社会保险将包括各种所有制的职工，职工养老金统筹应以市县为单位，不能搞省级或全国统筹(《职工养老保险金统筹保险初探》,《湖南计划经济》(长沙)1991年第1期)。

二、个人是否缴费问题

阮崇武认为,养老保险、医疗保险个人承担部分费用,能够"增强职工的社会保险参与意识,增加社会保险的经费来源,减轻国家和企业的负担。个人缴费是享受社会保险权利所应尽的义务。"(《积极推进我国社会保险制度改革》,《求是》1991年第5期)

符学东认为,国家对原有的负担退休金的承诺不变,为了要求个人交费,国家另拿出一部分钱来放在个人帐上,个人帐户的建立不仅没有减少国家的支出,反而增加了国家的负担(《推进养老保障制度改革应注意的几个问题》,《经济日报》1991年6月15日)。

尹伯成认为,国家机关和事业单位工作人员依然要实行统一的社会保险,其经费主要由国家财政负责(《社会保障制度发展原因及其启示》,《社会科学》(上海)1990年第11期)。

(练　岑　王学力)

城市住房制度改革

一、我国目前推行的房改模式及其利弊比较

齐亮认为,我国目前推行和部分试点中实施的房改方案主要可以归纳为4种模式:(1)提租补贴,空转起步"和"提租补贴,分步实转"。这种模式,按住宅折旧费、维修费、管理费、投资利息和房产税5项费用计租,同时根据当地租金水平和工资水平确定补贴系数。按一系数发放补贴,可以使提租额与补贴额保持平衡。(2)"优惠出售公房"模式。即将公有住房以低价出售给住户。(3)"以息抵租"模式。这实际上是一种变相提高住房租金的模式,根据住宅的价值和使用价值,由住户向产权单位交纳抵押金,用抵押金的利息充抵房租。(4)"小步提租,不发补贴"模式。在不发补贴的前提下,逐步增加职工个人的住房消费支出,实现住宅商品化。"上述四种房改模式,除了第一种(提租补贴)弊大于利之外,其余三种基本上是利大于弊,特别是'小步提租,不发补贴'模式,逐渐被公认为是优越性比较大的一种模式。目前,在许多地方的房改方案中,往往都综合了第二、三、四种改革模式。"(《我国住房制度改革的情况和建议》,《经济社会体制比较》1991年第3期)

戴香不同意"提租补贴"模式弊大于利的观点,认为实行"提租补贴"的房改模式,即通过提租增资,可以将住房经济运行机制的四个领域逐步实现合理化:(1)理顺租金价格,实现消费结构合理化;(2)矫正企业成本,实现负担合理化;(3)变住宅基建投资为商品生产,实现投资合理化;(4)变住房实物分配为货币分配,实现分配合理化(《试论"提租补贴"的房改模式》,《光明日报》1991年3月1日)。

另有人对所谓"利大于弊"的优惠出售公房模式提出异议。刘鸿儒认为,现在房改中所出售的公有住房,其价格大大低于市场价格,仅仅为标准价,有的比标准价还低,而国家和企业承担的小区配套费、城市配套费,甚至征地拆迁补偿费等成本则占了整个住房价值的大半部分。这种商品房国家只收回了部分成本,没有盈利,仍带有部分的福利性(《住房制度改革》,《中国经济体制改革》1991年第9期)。

许绍基认为,目前实行的住宅分配制度"是以'单位所有'为基础,以职务——即所谓'官本位'为主要依据"。因此,出售住宅、提高房租回收的资金,基本上为产权单位所有,甚至会形成所谓"马太效应":过去建房越多的单位,回收的资金越多,增建住宅也越多,其职工的居住水平必然是高上加高;过去无力建房的单位,回收的资金很少甚至没有,增建住宅依然无力,早已存在的居住困难问题也就难以解决。因此,提租补贴、优惠售房的改革模式"仍然存有局限性,特别是未能解决住宅分配不公这个社会问题。"(《研究房改问题应扩展垤住宅社会学领域》,《建设报》1991年5月3日)

左红指出,买房不宜成为大方向。他对住房商品化的模式提出了三方面的问题:(1)现代化的生活将逐渐改变封闭式的生活方式,人们居住地的变更会变得越加频繁。(2)尽管买房政策会为买主提供各种优惠,但一般人即使把买各种家电的资金全部集中起来恐怕也换不回来一套所需的住房。(3)即使置下了一套属于自己的住房,随之而来的维修问题也会令人后悔不及的。他还指出:"社会主义公有制决定了住房这种特殊消费品的所有权应当保持公有性质。"(《买房不宜成为大方向》,《经济日报》1991年5月8日)

二、工资中是否应包含住房消费

张凤山认为,工资中应包含住房消费,"论据来自职工工资的最初制定和随后演变"。那么,含量是多少?尽管角度不同,方法各异,但人们论证的结论却相似:"个人的房租支出部分应逐步达到占家庭平均收入的6～10%。"(《房租:个人掏几多?》,《工商时报》1991年1月12日)

晓亮持相反意见,认为"职工工资住房消费含量"的提法就值得商榷。(1)工资就是劳动报酬,不是按照消费项目的数量一一确定的。(2)按实物消费量来定工资,实际就是按照劳动者的需要来定工资。在社会主义初级阶段，还不能实行按需分配。(3)混淆了住房支出在职工工资收入中的比重同提高房租需提高工资的多大比重为宜这样两者概念。前者只能是一个经验数，是统计结果；后者是应当根据提租的幅度来确定的调控数(《城镇住房制度改革的若干认识问题》，《改革》1991年第4期)。

三、住房制度改革的主要矛盾和难点

徐振良认为，现行以供给制为内核的住房制度，其特征及缺陷在于：(1)住房投资渠道狭窄。主要依靠财政拨款和企业自筹，而忽视了民间资金的巨大潜力，加剧了住房供不应求的矛盾。(2)住房资金不能回流。住房所有权属于国家或企业，使用权的让渡也不履行等价交换的原则，住房投资既不能通过出售住房一次性收回，也无法通过商品性租金逐渐回流，使得住房的简单再生产和维修难以为继。(3)住房分配苦乐不均。供给制的分配方式把住房当作福利品无偿馈赠，如再掺进不正之风，住房苦乐不均现象就难以消除。(4)住房消费缺乏约束。住房分配的无偿性与消费的福利性，必然刺激住房需求的畸形发展(《住房制度改革的取向与目标》，《文汇报》1991年1月5日)。

袁世明认为，在房租改革过程中首先要认识到的问题是：(1)供求缺口继续扩张。供给不足表现为：一是住宅生产能力不足；二是住宅生产资料不足。需求膨胀趋势表现为：一是住宅投资需求膨胀；二是住宅消费需求膨胀。(2)调节机制转换中的摩擦。其表现为：一是旧机制中行为的惯性；二是房租改革中预期效果的不稳定性；三是利益刚性是改革中的关键问题。(3)房租改革的"时滞"因素。由于旧有调节机制惯性作用，改革中的各方面经济利益会产生摩擦，因此，改革方案的实施不会立刻收到明显的效果。(4)住宅出售价格与房租的比价关系。目前，房租之低不足以吸引消费者去买房(《房租改革过程中预期出现的问题与对策》，《南开经济研究》1991年第2期)。

王育琨认为，新建住房超越居民支付能力。统计数字表明："平均每套住房价格与平均城镇住户年收入之比，国际上一般在2∶1与6∶1之间浮动，在中国这个比例却超过20∶1。有些新建住宅月成本租金额甚至超过居民户月收入额的70%。""这种高价房子，成本租金一般在15～16元/平方米，房租高了，工资调整的幅度就要相应增大，体制转换的难度也就要大大增加。"(《中国城镇住房改革的新思维》，《经济学动态》1991年第10期)

徐康宁认为，"住宅商品的高价化，使商品房建设的本来意义不复存在"。能承担起如此高价的，只有两类：一是一小部分(不到1%)收入大大超过普通职工的高收入者。在我国还存在着比较严重的社会分配不公现象的情况下，这在一定程度上使得分配不公现象由分配领域转移到消费领域，社会分配不公由表面的货币现象变成实际内容。二是机关、企业、事业各单位，也就是公家买房。目前，公家买房占商品房销售的95%以上。单位把住宅买下来，再分配给本单位的个人使用，住宅在实际消费时仍然是作为福利产品进入消费领域的，它的商品属性依旧没有得以体现(《对我国住宅商品价格的几点思考》，《新华文摘》1991年第2期)。

四、造成城市商品房价格过高，涨势过猛的原因

徐康宁认为，主要原因如下：(1)建筑材料价格上涨过快，住宅工程造价越来越高。(2)土地征用、拆迁费用越来越高，直接影响住宅建设费用。(3)住宅基础设施、附属设施建设费用和各种捐费等非直接成本部分越来越大，住宅售价水涨船高。(4)各种税收较多，利润水平较高，商品房售价居高不下。"根据分析可看出，住宅的直接成本仅占总成本的25.8%，占售价的19.8%。住宅商品价格的80.2%都是由其它因素构成的。"因此，"住宅商品的高售价主要由于其它费用过多过高造成的。"(《对我国住宅商品价格的几点思考》，《新华文摘》1991年第2期)

石小抗认为"商品住房价格过高的原因不在'需求拉动'，而在'成本推进'。"集中表现在："(1)由于缺乏对征用地过程中产生的'经济租'的明确有效的公共政策与调节，致使土地成本极高；(2)由于土地权属严重不清和缺乏对地上附属物的价值评估基础，致使新建住房中相当大部分为原居民或单位无偿获取，商品房价格畸高；(3)由于不存在现代城市基础投资的资金机制，基础投资的负担经由缺乏效率与公平的行政性收费，过多地转移到住房开发之中；(4)片面提高建筑容积率，通过兴建高层或超高层住房，导致建安成本上升超过土地成本下降，从而商品房总成本和售价上涨。"(《我国城市商品住房价格畸高的机理性原因剖析》，《经济研究》1991年第9期)

杨继瑞认为，"现阶段的住宅价格畸高，与建筑材料涨价、施工费用的上涨等若干方面的涨价因素极为相关"，但"并非最主要因素。关键性因素在于，商品住宅理论价格构成客体的繁杂和无序"。因此，"合理调控商品住宅价格的着力点，必须放在界定商品住宅理论价格构成的多元客体上"。以理论价格构成的多元客体为参数，住宅商品理论价格构成模式大体是：(1)补贴价＝建筑安装工程造价＋建设性生产费用；(2)成本价＝补贴价＋流通费用；(3)优惠价＝成本价＋税金；

(4)完全价＝优惠价＋利润。“毋庸讳言,以补贴价售房,在经济上是不合算的,因而只是一种权宜之计”(《论住宅理论价格的制定》,《城市开发》1991年第1期)。

五、住房制度改革的步骤和措施

(一)住房改革的观念转变

徐振良认为,有必要在居民中树立起三大新观念:住房商品观念、住房投资观念和住房支出观念。要引导人们调整消费结构,增强心理承受力(《住房制度改革的取向与目标》,《文汇报》1991年1月5日)。

刘鸿儒认为,要树立起住房属于个人财产的观念。但是,“这种个人财产是与国家、企业共有的,个人享有完全的占有和使用权,其处分权则须与国家、企业共同行使”。你如果以后想卖掉这个共有财产,只有在其它两个共有权人放弃优先购买的情况下,你才可以拿到市场上去自由出售。当然,出售该住房所得到的收益,共有权人应当按各自出资的比例进行分配(《住房制度改革》,《中国经济体制改革》1991年第9期)。

(二)住房改革的步骤

郝汉之认为,“房改应先从机关和事业单位开始,先行一步,摸索出经验,再在企业中推行。”原因有二:一是城市住房制度改革实属政策性强、涉及面广的大事,开始时需多花一些时间,多投入一些精力,机关和事业单位系非生产性企业,有这个条件;二是机关和事业单位的职工住房,一般来说比企业宽裕,一些“空房”大都也是机关的(《企业职工对房改的反应》,《经济日报》1991年6月8日)。

王才认为,“住房产权改革应先由企业起步”。好处有:一是比较容易推开;二是可逐步为企业卸包袱;三是有益于企业工资的配套改革(《住房产权改革应先由企业起步》,《经济日报》1991年5月15日)。

(三)住房改革的措施

王育琨认为,房改应首先“切断工作单位与住户住房选择之间的脐带,成立住房出租公司”。过渡措施有:(1)为维护企业的住房投资热情以适应快速城市化过程的要求,可以让企业对新投资所形成的房产有分配权,但建什么标准的住房,却由住房公司来定。(2)在房租水平一时还达不到成本租金时,住房公司的生存又不能离开住房基金。上海的公积金制、烟台的三级住房基金,都是对现有住房资金如何转换的有益探索。(3)在房产存量上可把房租提到维修管理费水平,然后等待时机进一步提租增资。而在房产的增量上,却可以步子稍快一点,尽快提到成本租金并优先相应增加所涉及住户职工的工资,形成新房新制度之态势(《中国城镇住房改革的新思维》,《经济学动态》1991年第10期)。

许绍基认为,可以考虑的措施有:(1)过去用国家投资建(购)的住宅,出售之后回收的资金应返还给国家,由城市政府掌握,统筹解决全社会的居住困难问题。(2)实行分配新房收取保证金制度。(3)在租金标准未提到成本或商品租金水平之前,新分配住房的居民,应按面积大小购买住宅债券。(4)在全民和集体所有制职工中实行住宅公积金制度。(5)以住宅合作、公私合建、政府筹建等多种形式共建平价住宅,出售给住房困难户中的中下收入者。高收入者应购买商品住宅(《研究房改问题应扩展到住宅社会学领域》,《建设报》1991年5月3日)。

高沈淮认为,大城市可以考虑采用小步提租不给补贴的办法,建立租房押金制。“好处是回收资金的效果与补贴出售相同,又不触动住宅的产权,避免了因产权问题而带来的许多麻烦。”因此,“不仅新房采用新方法,老房也可以采用新方法。押金和小步提租也可以同时实行”。“收缴的押金原则上归住宅产权单位使用,用于建立住宅建设基金”。“租房押金制,从金融的角度讲是变居民短期储蓄为住房建设的长期投资。”(《大城市房改的可选方案——租房押金制》,《城乡建设》1991年第4期)

朱开悉认为,房改应该引进招标制度。实行住房先招标拍卖,后招标出租制度具有重要意义:(1)制度简便易行。(2)在改革第一阶段就引入竞争机制,能够使房改的第一和第二阶段有机结合。(3)有利于减轻国家和企业负担,限制各种不合理因素。(4)有利于房价和房租的合理确定(《引进招标制度推进住房改革》,《改革时报》1991年5月28日)。

(戴　玲)

基本经济理论与现实经济理论

生产力理论

生产力内涵及要素

周民攸认为，生产力应分为生产力的一般和生产力的特殊。从功能上看，前者就是指人和自然之间的物质变换能力；后者是随着经济形态的发展而发展的。在自然经济时代，生产力基本上是生产使用价值的能力，维持自给自足的能力；在商品经济时代，它是生产商品的能力，或增殖财富的能力；在资本主义经济条件下，它是为资本生产剩余价值的能力；在社会主义经济条件下，它是增殖社会财富、改善人民生活的能力。从这一观点出发，认为协作和技术是生产力构成的两个本质因素。生产力的发展就是在这两者对立统一的矛盾运动中进行的，一定水平的协作和技术的矛盾运动形成一定阶段的生产力总体。现代社会生产力就是以社会结合的、用科学处理的、以工业技术为特征的社会生产力总体(《关于生产力内涵的若干问题》,《生产力研究》1991年第1～2期)。

邬永明、张宽认为，任何时代的社会生产力，都是由各种各样的具体劳动组成的，各种具体的劳动可归纳为3种：一是科学劳动。其任务是认识自然规律和物质的属性，认识物质、能量如何相互作用、相互转化，才能产生有利于人的结果，以及如何把这些相互作用、转化关系变为现实的劳动过程。二是管理劳动.其任务是把生产力的各要素组织匹配为有序的系统，它又包括确定工艺流程、把各个生产力细胞匹配和藕合为具体的生产力，以及把各个具体的生产力组织为整个社会生产力三个层次。三是物质劳动。其任务是操作工具、作用于对象，使物质及能量相互作用，相互转化(《试探生产力跳跃发展的关键环节》,《生产力研究》1991年第1～2期)。

杨一民从生产力经济原则出发，把生产力定义为人在自己与外界进行物质、能量和信息交换过程中经济行为的能力。在这个意义上，对生产力内在要素及其组合，生产力的布局、发展趋势等，在评价时应坚持精确性、适应性和有效性等标准，也就是坚持经济性原则(《生产力经济原则刍议》,《生产力研究》1991年第2期)。

洪远朋认为，生产力可分为广义的、一般意义上讲的社会生产力和具体的、有用的现实生产力。前者既包括物质生产力，又包括知识形态的生产力；既包括潜在的生产力，又包括直接生产力，还包括间接生产力(《坚持和发展马克思主义关于科学是第一生产力的理论》,《复旦大学学报》1991年第5期)。

吉言认为，通常所说的三要素生产力是一般生产力。此外，还有这样一些生产力：资源型的生产力、工具型的生产力、体力型的生产力、智力型的生产力。科学技术就是智力型的生产力(《科学技术是第一生产力观点述评》,《经济分析与政策建议》1991年第2期)。

对“科学技术是第一生产力”的认识

一、“科学技术是第一生产力”的函义

马振国认为，生产力要素包括实体性要素和智能性要素(即科学技术)，后一类要素是认识自然、控制物质生产活动的精神生产要素，它是不能独立存在的(《对科学技术是第一生产力的几点理论思考》,《中央财政金融学院学报》1991年第5期)。对于这一命题是否包括社会科学问题，李守身认为不包括(《论科技和生产属性与经济发展》,《江淮论坛》1991年第5期)；孙凯飞认为包括，因为马克思在谈到这个问题时并没有单指自然科学，而是说“一般社会知识”、“一般智力”，这当然包括自然科学和社会科学(《科技现代化关键在于社会科学现代化》,《哲学研究》1991年第8期)。

洪远朋从广义生产力概念出发，认为科学技术是第一生产力是指，科学是知识形态的生产力、是精神生产力、是一种潜在的或间接的生产力，而不是现实的直接生产力(《坚持和发展马克思主义关于科学是生产力的理论》,《复旦大学学报》1991年第5期)。

刘国光认为，说科学技术是第一生产力，也就是说它较之其它生产力或生产力的其它因素或要素是最重

要的部分。这与原来生产力学说中只讲科学技术是透渗在劳动者、劳动手段、劳动对象三个实体要素中的生产力因素相比，是一个巨大的飞跃(《在科学技术是第一生产力座谈会上的讲话》,《经济研究》1991年第9期)。

徐风臣认为,“科学技术是第一生产力”的基本涵义是说,科学技术在生产力各要素中的含量越大,生产力的质量及效益越高,因此是第一位的(《对落实“科学技术是第一生产力”的预测》,《理论与实践》1991年第17期)。

张德霖认为,“科学技术是第一生产力”首先是一个随人类社会生产力发展而发展的历史性命题,这一命题不是从来就有的,或者至少可以说它不是一个起源于人类社会初期的永恒命题。就此而论,与其说这是一个一般性的历史性命题,还不如说它只有在当代及未来社会中才是第一生产力的时代性命题更为确切。其次,“科学技术是第一生产力”是一个马克思主义命题,马克思恩格斯最先提出生产力范畴,进而科学地揭示并分析科学技术与生产力及竖立其上的生产关系,以及由此总和而构成的经济基础之间的内在辩证关系。再次,这一命题是一个来源于客观实际的实践性命题,如果说“科学技术是第一生产力”在发达国家中已经成了不言而喻的事情了,那么它在我国则是一个现实性和急迫性更强的实践性命题。从长远看,其意义并不亚于经济改革本身。此外,这一命题还是一个相对命题,即相对于第一代生产力(古代、手工生产力)和第二代生产力(近代、机器生产力)而言;相对于生产力的其它构成要素而言(《对“科学技术是第一生产力命题的分析”》,《科学与管理》1991年第6期)。

二、科学技术在生产力系统中的作用和地位

塔玉斌认为,科学技术水平直接决定了劳动者的素质;科学技术发展使整个工业机器的性能发生了质的变化,使劳动手段更加现代化;现代科学技术的发展使劳动对象发生了根本性变化;科学技术在工艺流程的应用,使之更加合理化、更加先进化;科学技术进步还使生产过程的组织形式更加合理化、科学化(《科学技术是促进社会经济发展的动力》,《光明日报》1991年12月16日)。

杨正午认为,从社会生产力的结构上理解,生产力里面包括科学技术在内;从脑力劳动的作用和地位上理解,它的主导作用越来越明显;从社会财富的增长上理解,现代社会财富的增长主要是依靠科技进步;从整个社会的变革来理解,科学既是推动生产发展的动力,又是一种革命的精神力量(《深刻理解“科学技术是第一生产力”的论断》,《光明日报》1991年9月6日)。

李京文认为,在我国,四项基本原则是立国之本、改革开放是强国之路,而科学技术是富国之源。这三位一体构成了建设有中国特色的社会主义的三大支柱(《社会科学要加强对科技进步的研究》,《哲学研究》1991年第8期)。

俞正兴认为,现代科学技术是新的社会生产中最活跃的和决定性的因素;它在当代社会经济和社会生活中的作用越来越突出;它是组织、管理和协调生产力诸因素的要素;它是标志一国综合国力的决定性因素(《科学技术是第一生产力的理论与实践》,《争鸣》1991年第5期)。

龚育之认为,生产力＝科学技术×(劳动者＋劳动资料＋劳动对象)。在这个公式中,科学技术不是作为第四项加到这个公式中去的,而是作为乘数乘到这三项头上。因为科学技术越发展越快,这个乘数增大越来越快,从这个意义上说,它成了第一(《关于“科学技术是第一生产力”的几点理论思考》,《经济管理》1991年第10期)。

刘能杰也持类似的观点,认为科学技术同生产力的三要素是乘法关系,在近代生产中,人与科学技术起同等作用,现代生产中,科学技术起决定作用,是第一生产力(《关于科学技术是第一生产力的探讨》,《生产力研究》1991年第1～2期)。高萍认为,上述乘数效应公式已经不够了,科技对生产力三要素所起的作用不只是用乘法按倍数计算,而是按几何数量增殖,呈指数增长(《科技的能量有多大?——中国科协副主席吴阶平访问录》,《半月谈》1991年第21期)。

三、科技生产力转化为现实生产力问题

王晨认为,科技生产力的转化需要解决的问题很多,但首先还是要提高思想认识,特别是各级领导干部的认识。领导干部带头增强科技意识,对于提高全党、全民的科技意识,动员全社会共同向科技革命进军,使我国走出一条依靠科技进步提高综合国力的新路子是至关重要的(《领导干部要自觉增强科技意识》,《光明日报》1991年12月15日)。徐则林从科学技术在现代社会发展中的地位、作用并结合我国的实际情况出发,认为当前我们对待科学技术应具有科学技术“决定论”、“先行论”、“投入论”和科学技术“产业化”、“社会化”、“加速化”的6大观念(《科学技术:观念之变革——论强化全民的科技意识》,《生产力研究》1991年第3期)。

樊根耀认为,科学技术转化为直接生产力的条件、机制问题,主要是一个科学理论与生产实践之间的联系中介、转化环节问题。主要有4个方面：一是从科学技术内部结构来讲，是要解决基础理论研究与应用研究、开发研究的联系问题，要完善现代科学技术体系的三台阶结构，即把基础理论、技术科学、工程技术三个层次的结构完善建立起来；二是从社会组织机构来讲，学校、科研机构和生产经营企业要联系起来，形成技工贸一体化；三是从社会制度、经济、政治、文化体制来讲，要有利于转化，有利于科技教育事业的发展，而且要有专门的、一系列的科技立法来保证，使科技发展进入法治化；四是从企业是科技转化为直接生产力的落脚点来讲，就是要使企业的生产经营的发展真正转移到依靠科技进步和提高劳动者的轨道上来。总之，调整有关政策，建立和完善转化中介机制，应该是今后努力的方向(《从科学技术到生产力：现状与对策》，《生产力研究》1991年第1～2期)。

薛永应认为，首先要选好一个模式，即选择当代最优越的发展模式——"智能化成长加结构型发展"。就是说在保证必要的外延型增长的前提下，更加注重内涵型增长和结构型增长。其次要加速两个转化，即科学技术的"人化"和"物化"。前者是指要造就有科学知识的人才，其基本措施是开展"劳动力工程"；后者是指要运用高新技术造出高水平的劳动资料和劳动对象，其基本措施是实现科研成果的"产业化"(包括产品化、工厂化、系列化三个层次)。解决这些问题的关键是形成一套有利于科技成果转化的机制，即以利益机制为基础，按价值规律去组织科技成果的转化，以市场机制为依托，通过市场这个筛选器和指路标，形成科技成果的商品化，进而逐步培育社会主义的技术市场体系；以计划机制为主导，充分发挥社会主义制度的优越性；以权力机制为辅佐，解决经济与科技的管理体制"两张皮"问题(《在科学技术是第一生产力座谈会上的发言》，《经济研究》1991年第9期)。

周业昌认为，通过发展教育和加强技术培训，使先进的科学技术为劳动者所掌握，这是实现转化的主渠道；通过技术创新，使科技成果迅速物化，提高科技成果的物化率和应用率；通过科学管理，使劳动组织管理科学化、合理化、制度化；通过科技立法，使知识产权获得法律保障；通过企业和科技市场，加快企业技术更新改造；通过促进自然科学和社会科学的联盟，创造发展大科技的更好环境；通过实施国家新型科技发展计划，推动工农业生产和全社会的进步(《科学技术是第一生产力》，《广西师范大学学报》1991年第2期)。

王佛松认为，一是转化。指科学发展转变为技术发明，进而成为直接生产力的过程。在经济工作中，不能单纯地把科学技术是生产力或第一生产力，误解为是直接生产力或现实生产力，将注意力过多地集中在向科技索要直接经济效益，要求科学研究"立竿见影"，而忽视科技事业本身的发展及转化为直接生产力所需的物质基础、法律和文化环境的建设。二是渗透与结合。科学技术向生产力的其它要素，主要是劳动者、劳动资料、劳动对象的渗透，是科学技术转化为生产力的必由之路。三是优化。即优化与科学技术有关的诸要素，为科学技术顺利实现向生产力的转化创造一个良好的社会环境(《论科学技术向生产力的转化》，《经济日报》1991年1月22日)。

(张德霖)

生产力评价

1991年，理论界对如何评价生产力，新提出了如下几种方法。

薛永应提出了系统评估法。他认为，应以系统方法并分3个层次进行评估。其一是生产力因素的评估。包括对劳动力、工具、能源、基础设施、材料、科学技术、信息、教育、管理9个因素的评估。其二是生产力因素组合方式的评估。包括对质态组合方式及其作为现实形态的经济结构(包括产业结构、技术结构、劳动力结构、产品结构、地区结构、企业规模结构等)、量态组合方式及其作为现实形态的规模经济、空间组合方式及其作为现实形态的布局经济、时间组合方式及其作为现实形态的时序经济。其三是生产力系统的评估。即对生产力4种组合方式的总体组合及其作为现实形态的发展战略的评估。上述三个层次的评估又应从质和量两个方面进行(《对我国"生产力国情"的再认识》，《生产力研究》1991年第1～2期)。

张德霖提出了生产率评价法。他认为，生产率是生产力量态评价的最基本的指标。因为生产率是社会生产和再生产过程中投入与产出相比较的效益和效率的关系，它如实地刻画了人类与自然之间相互作用的能力和力量及其相应的效应。至于反映一国经济运行与发展状况的若干其它指标，如GNP增长率等，虽然它们也可以显示一国生产力水平及发展状况，但它们不是直接的和严格意义上的生产力量化指标(《中国生产率增长与经济增长相关变动趋势分析》，《生产力研究》1991年第1～2期)。

也有人提出了整体功能评价法。认为生产力的整体功能是衡量一国家或地区生产力整体发展水平和运行状况的主要指标。生产力的整体功能，是指生产力系统的各个要素或子系统或整合作用而形成的生产力的综合功能。对生产力的整体功能进行考察评价，须以它的发展水平为基础。一是看它在当时的生产力条件下，是否以一种最为科学合理的方式将生产力各要素与子系统组成一个整体；二是看这个整体是否最大限度地发挥了各个要素与子系统的积极力量，并将它们组合起来有效利用；三是看这个整体的功能是否大于部分之和。良好的生产力整体功能应是这三个方面的统一。以此来评价我国的生产力现状就不难发现，一方面我国的生产力具有一定的整体功能；另一方面，其整体功能与生产力的发展水平不相称，没有达到本可达到的水平。可以说，我国生产力整体功能差，不仅制约了生产力自身的发展，而且带来了一系列不良影响，它已成为我国生产力发展中最突出的缺陷和最大的制约因素。90年代生产力的发展必须以强化其整体功能为主题。

熊映梧提出了总体评价法。他认为，应该从四个方面对当代中国生产力进行总体评价。其一，目前中国的社会生产力基本上呈手工生产力、机器生产力、现代生产力的“三元结构”的特殊格局，各代生产力之间的“代沟”很深，“融合度”很差；其二，国民经济总量大，而人均量小；其三，生产力的局部先进，而整体功能差；其四，在封闭系统内，中国生产力发展迅速，而同急剧变化的外部世界相比较，则差距还很大(《关于中国社会生产力的总体评价》，1991年第1～2期)。

(张德霖)

生产力发展战略

薛永应提出了系统战略观。他认为，科学的、正确的生产力发展战略，应该以整个社会生产力规律体系为其理论依据。在现代生产力条件下，人们对这一规律体系的正确认识体现为三条原则，即“现代化原则”、“整体化原则”和“智能化原则”。这三条原则构成现代生产力发展战略的最一般和最根本的指导思想。据此提出了我国社会生产力发展战略的基本模式，即：在依靠科学技术的进步去实现生产力因素的内涵优化的同时，更加依靠正确而周密的产业政策去实现生产力系统的结构优化，以及依靠这两者去取得适度的经济增长。简言之，就是“智能化成长兼结构型优化”的战略模式(《中国生产力发展战略大思路》，人民出版社1991年版)。

邬永明、张宪提出了跳跃战略观。他认为，在人类历史上，生产力的跳跃前进，经济的超常发展，无一例外不是发生在那些科技、文化相对落后，人才相对短缺的国家和地区。这一发展战略成功实施的关键环节是管理劳动。因为生产力超阶段发展的主要途径是移植和引进别人的技术和设备。在这一过程中，如果没有新的组织、管理方式，不能正确处理生产力各细胞之间的关系，不能和外部环境联成协调运转的大系统，先进的设备、技术便不可能得到合理的利用，不可能转化为现实的经济效益。从我国管理劳动的现状看，人才流动不合理，导致生产第一线的科技力量太弱；缺乏现代企业家，致使企业管理陈旧、落后；社会管理劳动的职能未变，造成其管理功能残缺不全，这是制约我国经济腾飞的关键。在这三个层次中，主导方面是改革和提高社会管理劳动的功能(《试探生产力跳跃发展的关键环节》，《生产力研究》1991年第1～2期)。

刘佳、赵汉平进一步指出了实现生产力跳跃发展战略所要具备的四个基本条件：一是重视科学技术，积极引进外国先进的科学技术成果，在消化、吸收、创新上下功夫，使生产力迅速转化、膨胀；二是抓住机遇，扩大开放，加快产业结构的调整；三是发展教育，提高人的素质；四是保持安定团结的政治局面，为生产力跳跃发展创造良好的社会环境(《实现生产力跳跃发展规律的基本条件》，《生产力研究》1991年第3期)。

刘宇指出，跳跃式发展战略的最佳适用空间是落后地区。它有益于落后地区迅速实现由落后变为先进。在我国现阶段，落后地区唯全面推行跳跃式发展模式，在技术、经济、社会各个方面力争较之于先进地区更快的发展速度，方能缩短与先进地区客观存在的差距，逐步赶上并超过发达地区，成为区域经济技术发展方面的后起之秀。实现这一发展模式最为基本、最为一般的条件实质上是社会生产力构成的几大基本要素(劳动者、劳动对象、劳动资料)，以及把这几大要素紧密连接起来的交通信息手段等。进而切实地、正确地处理与协调好两个基本关系：技术的先进性与适用性之间的关系；经济发展推进过程中的利益行为关系(《论经济落后地区的跳跃发展模式》，《生产力研究》1991年第3期)。

刘解龙提出了强化整体功能观。认为90年代生产力的发展，必须以强化整体功能为主题。因为生产力自身的发展运动规律必然促使其整体功能强化；强化其整体功能是社会主义经济发展的客观要求。强化我国生产力的整体功能有四层涵义：一是对已经表现出来的整体功能加以强化，使它们发挥更大的作用；二是将生产力系统中潜在的整体功能加以发掘和显化，使生产力系统中的所有的整体功能都表现出来；三是根据生产力系统运行发展状况和规律，对其整体功能自觉地进行培养；四是在强化的基础上对生产力的整体功能加以优化和升级，促使生产力的整体功能得以最大和最佳地发挥，并进入更高级阶段。从我国现阶段生产力整体功能差的主要表现来看，强化其整体功能，一是增强生产力系统的内在凝聚力和组织力；二是强化生产力系统的调节机制；三是增强生产力系统的均衡性、有序性与和谐性或协调性。而大力发展商品经济则是强化我国生产力整体功能的根本途径(《90年代，我国生产力发展战略应以强化整体功能为主题》，《生产力研究》1991年第3期)。

(张德霖)

社会主义商品经济的命运

一、经济体制改革的取向

(一)主张"市场取向"的意见

张卓元认为，市场取向的改革应予肯定。市场取向的改革是建立有计划商品经济新体制的应有之义。否定或抛弃市场取向的改革，将导致否定建立社会主义有计划商品经济新体制的种种努力。他的理由是：(1)社会主义国家的经济体制改革，从本质上讲，就是要大力扩展商品货币关系，发展市场关系，充分发挥市场机制的作用。新旧体制的根本区别，正在于发展还是排斥商品——市场关系。改革正是要通过商品化、市场化来带动经济的社会化和现代化。传统的体制之所以要改革，就是因为它排斥商品货币关系，排斥市场机制，把经济搞死了，窒息了其生机和活力，从而不利于社会生产力的发展。(2)市场机制是商品经济的内在机制，市场协调是商品经济运行的主要形式。要发展商品经济，就要充分发挥市场机制的作用。价值规律是商品经济的基本经济规律，而价值规律是通过市场机制对商品经济的运动起支配作用的。(3)十多年的经济改革说明，改革要深化就在于继续推进市场取向的改革。只有推进市场为取向的改革，才能摆脱价格双轨制的困扰，才能改变市场秩序混乱、官倒私倒盛行和分配不公等现象。当然，强调"市场取向"的改革目标，并不否认和排斥计划机制的作用(《有计划商品经济与市场取向改革》，《改革》1990年第2期)。

吴敬琏从资源配置方式的角度阐述改革应坚持市场取向。他说，当前讨论的根本分歧不在于社会主义的经济运行状态，而是资源的配置方式。一部分经济学家以集中编制的计划作为社会资源的基本配置者，同时运用某些市场因素作为贯彻计划的辅助手段，甚至还可以开放一点无关紧要的经济领域，让市场力量去自发地进行调节；另一部分经济学家则主张以市场——价格机制作为社会资源的基本配置者，同时运用社会管理和行政指导来弥补市场的不足和缺失。接着他论证了集中编制计划作为资源配置者的困难性和市场配置资源的有效性。他说：命令经济是靠中央行政机关编制的统一计划来配置资源。要使这种机制有效率，必须满足两个条件：(1)中央计划机关对社会的一切经济活动，包括物质资源和人力资源的状况、技术可行性、需求结构等拥有全部信息；(2)全社会利益一体化。实际上，在现阶段，这两个前提条件是难以具备的。因此，采取这种配置方式，就会发生严重的信息机制和激励机制的困难从而导致效率低下。他还提出，市场经济的有效运转也有两个必须满足的前提条件：(1)企业的数目足够多并能自由进入，不存在垄断；(2)价格足够灵活，能够及时反映资源的供求状况，即它们的稀缺程度。这两个条件不具备，市场制度也就难以发挥有效配置资源的作用。以上两个前提条件也不可能完全满足。和集中计划经济情况不同之处在于，它们有可能近似地得到满足，例如，在现代的条件下，完全竞争的市场不可能存在，但竞争性市场还是有可能建立的，价格对资源的供求状况作瞬时反映是做不到的。但是，在竞争性市场条件下，能够大体上反映各种资源的稀缺程度的，如此等等。除此之外，由于所谓"外部不经济"的存在，天然垄断部门的存在、市场的竞争性要靠国家的强制力量来维持，等等，"市场失灵"和"市场失误"的情况多有存在，但是，这些缺陷是可以在一定程度上由政府干预和行政指导来弥补的。所以这种资源配置方式是相对地有效的。因此，应该大步推进市场为取向的改革，只有这样，社会主义经济的兴盛才是有望的(《计划与市场关系的讨论和我国经济改革的取向》，《改革》1991年第1期)。

戴园晨从克服市场疲软、优化结构、实现经济根本好转的角度，提出了推进以市场为取向的改革思路。他的基本观点是：市场疲软，一方面是市场的限制；另一方面是结构不合理。要解决市场的限制，就要推进以市场为取向的改革，要解决结构不合理，也只能推进以市场为取向的改革。那种认为依靠行政命令可以实现产业政策，认为实行生产许可证制度或者定点生产可以使结构优化想法都未免失之于天真(《在市场疲软中推进以市场为取向的改革》，《改革》1991年第1期)。

于祖尧也认为应该坚定不移地推进以市场为取向的改革，但不能全盘推行西化的市场取向。他说：现代社会化商品经济的生机和活力正是渊源于市场体系的生成和市场功能的完善。否定市场和市场体系，也就否定了现代商品经济；阻挠或限制市场体系的发育，就会给生产力发展设置障碍。我们只能顺应社会化生产力性质的发展趋势，促进市场体系的发育，加速市场体系的形成，学会自觉地驾驭和管理好市场。这是我们所能作出的唯一正确选择。从这个意义上说，改革的市场取向是不可逆转的，必须坚持的。但是，不能推行全盘西化的市场取向，其后果必然是国有经济失去在市场上的领导地位，公有经济丧失在市场上的主体地位，公有制最终蜕变为官僚垄断资本；实行西化的市场取向，不可能形成统一的市场和完整的市场体系；全面西化的市场取向，将导致“诸侯经济”林立，宏观调节失控；推行西化的市场取向，在中国不可能发挥市场和市场机制在实现资源合理配置方面的调节功能，使产业结构趋向合理化；推行西化市场取向，不可能增加企业活力，因此整个经济也不可能有生机和活力；推行西化的市场取向，将使中国丧失经济上的独立自主地位，沦为西方大国的经济附庸(《论计划与市场一体化的改革取向》,《改革》1990 年第 5 期)。

(二)不赞成“市场取向”的意见

许毅认为，市场取向的改革，扭曲了改革开放的正确指导思想，同时也是经济秩序混乱的原因。他说：现在有一种倾向，认为国民经济是个大系统，不太容易把握，加上过去的计划工作发生了一些失误，计划管理中存在一些缺点，就认为对于客观经济的认识是很难的，自觉依据和运用价值规律也是做不到的，以致在实际工作中产生了否定计划，否定综合平衡，否定人的主观能动性，否定上层建筑对经济基础的能动作用，否定人对客观经济规律的可驾驭性；崇拜自发，崇拜市场，崇拜资本以增殖为根本属性的内生机制。于是，一时间把“市场经济取向”作为经济体制改革的方向，市场经济成了社会主义的经济模式。这种理论上的迷误，扭曲了改革开放的正确指导思想，也是经济秩序紊乱的原因。要扭转国民经济的混乱状况，必须从市场经济的轨道上回到计划经济的轨道上来(《治理整顿必须克服理论混乱，坚持社会主义方向》,《改革》1991 年第 1 期)。

袁恩桢、顾光青认为，80 年代后期，经济之所以出现了严重的混乱，是因为改革陷入了市场化的误区，实践证明，市场化的改革在我国走不通。他们认为，80 年代后期我国经济运行体制改革，是沿着这么一种弱化以至于排斥计划机制的片面市场化的思路在展开。这主要表现在两方面：一是否定指令性计划存在的客观必然性，认为指令性计划是短缺经济的特有产物，是命令经济、强权经济，决不是社会主义商品经济正常运行的客观要求；二是把指令性计划说成是计划的主导的甚至是唯一的形式，寄希望于国家用金融、财税等经济杠杆控制市场，并通过市场以协调企业的微观经济活动。把协调国民经济的希望寄托在宏观计划、微观市场这样一种双层次调节机制的模式，从理论上似乎相当合理，但在实际上又谈何容易。80 年代后期不少事实表明：不是国家运用经济杠杆通过市场去调节企业，而是企业通过市场在调节和影响国家行为；大量的指导性计划有名无实，难以发挥它调节经济的作用；最后是少数的指导性计划升格为上级指示和行政命令，实际上大量的是流于自发的市场调节。指令性计划遭排斥，指导性计划有名无实，那么，依靠市场能不能协调我国经济的平衡发展呢？不一定能行。这是因为，(1)我国市场状况极不完善，机制也不成熟；(2)还由于我国是以公有制为主体的社会主义经济，它相应有一些与市场机制所不同的因素。还认为，在片面市场化的思路下，一方面计划机制严重削弱；另一方面，市场机制又不完善，最后就必然出现调节机制的严重真空。于是，社会主义经济中的无政府状态与混乱频频出现(《关于经济改革理论的几个问题》,《经济研究》1991 年第 2 期)。

(三)主张把计划与市场结合起来，不要把改革仅仅局限在某一个方面

卫兴华认为，把社会主义经济体制改革称作是市场取向的改革是可以的，但把改革的理论和实践仅仅集中在市场取向上，则是片面的，应该把计划经济与市场调节结合起来。他说：商品经济和市场机制不是经济制度的范畴，可以为不同的社会经济制度服务。不同性质的社会经济关系的实现也需要通过或借助于商品市场关系实现自己。同样，社会主义经济关系的实现也需要通过或借助于商品市场关系，社会主义经济的运行也需要发挥市场机制和市场调节功能。针对旧的经济体制下忽视商品经济和市场机制作用而带来的弊端，把社会主义经济体制改革称作是市场取向的改革是可以的。但把改革的理论和实践仅仅集中在市场取向上，恐怕有点片面性。社会主义超越资本主义的优越性的发挥，单靠市场取向的改革是不行的，因为发达资本主义国家的市场发育程度更为成熟。经济体制的改革，一是完善经济管理体制，二是要转换经济运行机制。这种改革，包括非市场取向的一面，但要重视市场取向的一面，重视发挥市场机制的功能和市场调节的作用，将计划经济与市场调节有机结合起来(《光明日报》,1990 年 3 月 31 日)。

(四)主张“市场取向”和“计划取向”相结合的意见

刘国光认为，实行市场取向，但不要迷信市场；坚

持计划经济,但不要迷信计划。他首先论述了这几年的改革是市场取向的改革,今后的改革也应坚持市场取向,运用市场机制、扩大市场调节范围,并向间接调控为主的宏观管理体制过渡。但是,他又认为,不能迷信市场,不要以为价值规律能够把一切事情弄好。在他看来,有这么几件事情是不能完全交给"看不见的手"去管的:(1)经济总量的平衡;(2)大的经济结构的调整;(3)公平竞争问题;(4)外部不经济问题;(5)公正与效率的关系问题。同时,他也强调,要坚持计划经济,但不要迷信计划。计划经济只是在公有制基础上,提供了自觉地按比例发展的可能性,但并不保证经常按比例发展的可能性,并不保证经常按比例发展的必然性,所以要把计划与市场有机地结合起来(《计划与市场问题的若干思考》,《改革》1991年第4期)。

马洪认为,单纯的"计划取向"和"市场取向"都存在着一定的片面性,所以应该把计划与市场结合起来。他说:(1)无论是计划取向论,还是市场取向论,都容易给人一种计划和市场相互对立的感觉,实际上自觉不自觉地把二者对立起来,否定和排斥二者结合的可能性和必然性。(2)计划取向和市场取向这种说法比较含糊,缺乏定义的准确性,容易给人造成一种误解。计划或市场"取向"取到何种程度的边界不清。(3)计划取向和市场取向的说法容易给人形成一种主次概念,而现在大家一致的看法是二者都相互覆盖,有机结合,不是主次结合。(4)单纯的"计划取向"和"市场取向"改革不利于克服目前的经济困难。因此,当前改革中既要加强宏观调控,又要注意更好地发挥市场机制的作用,使计划与市场更好地结合起来(《关于计划与市场的关系问题》,《改革》1991年第1期)。

二、商品经济和市场经济的关系

社会主义经济是商品经济,这在理论界基本上取得了共识,但商品经济是否就是市场经济,理论界却存在着严重的分歧,甚至可以说是严重的对立。

(一)市场经济是反映资本主义经济制度的概念

吴树青认为,市场经济是指总体上由价值规律自发调节的经济,国民经济的发展方向、基本格局和各种重大的比例关系是作为市场调节的结果在经济的不断波动和震荡中自发形成和改变的。市场经济的基本特征是无计划性,是一种无政府状态的经济。他还认为,市场经济与市场调节是两种既相联系又相区别的概念,二者分属于不同的层次。市场经济是较深层次的概念,表明经济活动的总体特征;市场调节则属于较表面层次的概念,指调控手段。它可以是市场经济的实现形式,即表现价值规律自发调节生产的过程;它也可以是实现计划的一种手段,即国家自觉运用价值规律来调节生产的一种方式。因此,社会主义就其本质来说不是一种市场经济(《人民日报》海外版1990年1月23日)。

(二)市场经济概念本身反映的是资本主义经济制度

卫兴华认为,不仅列宁在1906年的《土地问题和争取自由的斗争》一文中把市场经济和计划经济作为两种对立的制度加以评述,就是资产阶级经济学,提出市场经济的背景也是为了将其与社会主义或计划经济加以对立,用以突出资本主义的特点,反对社会主义。在西方经济学著作和有关重要文献、新闻媒介和政治家的论述中,"市场经济"一般已成为一个比较规范性、有其特定内涵的概念。最根本的一条,就是市场经济以私有制为基础。另外,是决策高度分散化;市场支配经济活动;承认市场分配的不公平和两极分化等。全社会范围内、发育成熟的市场经济,是资本主义经济,市场经济的概念最能反映资本主义的经济特征(《在当前经济学领域若干重要理论问题座谈会上的发言(摘要)》,《经济研究》1991年第8期)。

卫兴华还认为,"市场经济一词在西方已是一个较规范的、有其特定内涵的、较流行的概念。它的主要内容和特点是:(1)私有制为基础;(2)决策高度分散;(3)一切经济活动和经济过程完全或主要由市场支配;(4)承认市场分配不公平和两极分化。试问,这样内容的市场经济怎么能与社会主义结合在一起呢?""我们不能引进西方流行的市场经济概念却随意改变它已有的内涵"(《社会主义经济理论中的两个问题》,《学术论坛》1991年第1期)。

(三)现代商品经济必然是市场经济,市场经济就是以市场配置资源为主的经济

吴敬琏认为,"所谓市场经济,或称市场取向的经济,顾名思义,是指在这种经济中,资源的配置是由市场导向的。所以,'市场经济'一词,从一开始就是从经济的运行方式,即资源配置方式立论的。它无非是货币经济或商品经济从资源配置方式角度看的另一种说法。""既然事情正像《决定》所说,'社会主义经济同资本主义经济的区别不在于商品经济是否存在和价值规律是否发挥作用,而在于所有制不同",再要把商品经济或市场经济看作资本主义的专有物,同资本主义'划等号',就是很难讲得通的。""事实上,正如商品生产和商品交换可以存在于不同的社会中一样,市场经济也并不是资本主义的专有物,并不必然以财产私有和西方民主为前提。市场经济是可以建立在实现形式经过

改革的公有制的基础上和以社会主义民主制为政治外壳的。"市场经济"与从运行状态的角度讲的计划经济并不处在同一层次上，任何把计划经济(按比例发展的经济)同商品经济、或市场经济(以市场配置资源为主的经济)看作互相排斥、有此无彼的观点都很难成立。"(《论作为资源配置方式的计划与市场》，《中国社会科学》1991年第6期)

(四)能不能使用"社会主义市场经济"一词是可以讨论的

刘国光认为，这个问题，"尽管有些敏感，但我以为不是不可以继续讨论的。就是：能不能提'社会主义市场经济'？'市场经济'是不是资本主义社会专有的概念，还是社会化生产和商品经济社会可以共有的概念？如果回顾一下，过去孙冶方提出社会主义利润概念时引起的争论和后来的结局，再回顾一下，改革初期对社会主义经济只可提'商品生产和商品交换'而不能提'商品经济'时所引起的争论和后来的结局，就不难预见'市场经济'这一概念最后能否在社会主义政治经济学中落户，或者只能成为被否定的少数经济学者的偏执之见。不要说社会主义市场经济的概念难以被广泛接受，就连社会主义商品经济和市场调节的概念过去在社会主义政治经济学中也是站不住脚的。随着改革的前进，我们不断刷新理论认识，不断丰富社会主义政治经济学的内容。我们逐渐认识到，社会主义经济是公有制基础上的有计划商品经济，需要市场调节，需要把市场同计划结合起来，于是出现了种种不同的计划与市场关系的提法。""过去认为，市场和公有制是不相容的，只能以私有制为基础。现在认为，不仅仅私有制才有市场，也不仅仅资本主义才有市场，公有制经济也可以有并且需要有市场的运作，市场与公有制是相容和可以结合的。市场、市场机制、市场调节，都是社会化生产和商品经济发展的产物，它们与计划、计划机制、计划调节，都是资源配置的不同方式，不是区别资本主义与社会主义的标准。社会主义之所以区别于资本主义，不在于这些市场概念，还是要按照邓小平同志历来讲的两条，一条是公有制为主体，一条是共同富裕。"(《计划与市场问题的若干思考》，《改革》1991年第4期)。

卫兴华说：在宣传实行市场经济的思潮中，有三种互有差异的观点：一种观点是，有商品经济就有市场，因而商品经济就是市场经济。社会主义实行商品经济也就是实行市场经济。另一种观点是，市场经济是生产高度社会化的商品经济，市场成为资源的主要配置者。我国要建立一种用宏观管理的市场来配置资源的经济，这种经济可称作社会主义的市场经济。第三种观点是，中国应废除公有制和计划经济，实行私有制和市场经济。上述第一、二种主张实行市场经济的观点，可作为理论和学术问题进行探讨和争鸣；第三种观点则是和"和平演变"战略相呼应的(《学术论坛》1991年第1期)。

三、商品经济是社会主义的"实质"还是"外壳"

商品经济在社会主义经济当中处于什么样的地位？是实质还是外壳，是形式还是内容，是本质特征还是现象特征，是内含的还是借用的，在理论界的的确确存在着分歧。这种分歧有时表现的隐讳一些，例如，讲到社会主义经济时，只说计划经济，而着意不谈商品经济，或者只谈商品经济，而回避计划经济；有时就表现的直接、公开一些，例如，说商品经济不是实质是外壳，或者说是实质不是外壳，等等。这里只就直接、公开的争鸣作些介绍。

(一)主张"外壳"论

胡钧认为，商品经济处于社会主义公有经济的表层地位，是社会主义经济的现象，甚至也可以说是"外壳"。他说，商品关系存在于极不相同的社会经济关系体系中，这就表明商品关系在一定特殊社会关系系统的层次联系中不能处于最深层次的地位。(1)它的存在与一定的特殊生产方式的深层本质关系没有直接联系。(2)在一定的生产关系体系中，在生产关系系统的层次联系中，商品关系总是一种表面过程，是本质关系的表层。(3)商品关系不能现成地构成本质关系的表层，它还必须按照本质关系的要求加以改造。(4)商品关系总是从属于某一种特殊的生产关系，其规模、作用范围和力度，以及发展趋势都是由本质关系决定的(《对公有制和商品经济兼容问题的思考》，《中国社会科学》1989年第6期)。他还认为，斯大林提出了社会主义制度下生产资料已不是商品的著名论断，"仅仅保留商品的外壳"。从一般理论和方法来看，说商品在公有制经济中只是"形式"、"外壳"，这本身并没有什么错误。马克思只是把商品生产看作"生产形式"，而不是生产实质。马克思一再强调商品关系只是资本主义经济的"形式"、"表层"、"表面过程"、"假象"，是"质"的形式化，等等。商品关系在资本主义生产关系体系中尚且如此，在社会主义经济中当然更是如此(《关于社会主义商品经济的几个认识问题》，《中国社会科学》1991年第5期)。

余军认为，商品经济不能作为社会经济形态的本质特征。他讲了三层意思：(1)商品关系在任何社会形态里都是一种表层关系，而不是本质关系。划分社会经济形态的是生产关系或经济关系。(2)就商品经济一般而言，它并不是与生产资料所有制性质有关的事物。商品经济可以在不同的生产资料所有制的基础上存在和发展。因此，它并不是某一特殊性质的所有制的特殊要求，从而它就不可能成为某一社会经济形态的本质特征。(3)自然经济、商品经济、产品经济只是划分社会经济联系形式的标准。而社会经济形态和社会经济联系是不同的(《福建论坛》1990年第5期)。

朱学敏认为，商品经济是一个极抽象的范畴，它存在于极不相同的社会经济关系体系中，因而它不可能处于社会经济关系系统的深层，而只是一种表面过程，是本质关系的表层，不可能成为任何一种经济制度的本质关系和深层关系(《论社会主义公有制与商品经济》，《河南大学学报》1990年第6期)。

(二)主张"实质"论

晓宪认为，社会主义商品经济同公有制、按劳分配等一样，都是社会主义经济的实质所在。原因有三：(1)尽管我们在很长的时间内，不承认社会主义经济是商品经济，但从社会主义制度在地球上出现时起，没有一个国家能够消灭商品货币关系。而且，谁越否定商品经济，谁的经济发展就慢，谁越承认和发展商品经济，谁的经济发展就快。(2)商品货币关系内在于社会主义经济本身。社会主义公有制的各个环节，从生产、交换、分配到消费，都是通过商品货币关系进行运转的。在社会主义的再生产过程中，一时一刻都离不开商品货币关系。可以说，社会主义经济的再生产过程，也就是社会主义商品经济的运行过程。(3)社会主义社会仍然存在私人劳动和社会劳动的矛盾。尽管从总体上说，人民之间、各个单位之间的利益在根本上是一致的，但是他们之间又有不同的利益关系。要以不同的所有者的身份相互对待，这就决定了社会主义必须要搞商品经济。谁想否定也否定不了(《社会主义商品经济理论面临的新挑战》，《经济研究》1991年第2期)。

唐丰义、夏光庆也认为，商品经济是社会主义公有经济的内在属性，是社会主义经济的实质。他们讲了三点理由：(1)商品经济是一种更接近于生产力范畴的中性经济关系，它只有同某种特定的生产关系结合在一起(共生)，才成为现实的经济形态。因此，在历史上，从来也没有存在过"纯粹"的商品经济。作为商品经济一般，它不可能不依赖于周围的经济条件而孤立存在，而只能寓于各种特定的生产关系之中。换句话说，商品经济与某种特定的、具体的生产关系共生为一体，才是商品经济存在的现实形态。由此可看出："商品经济"应该是小商品经济、资本主义商品经济和社会主义商品经济某种共同特性的理论抽象，它不等于私有制，更不能等同于资本主义，应该是不言而喻的。另外，商品经济一般既然是不同形态商品经济的一个理论抽象，逻辑上就应该是囊括这三者的共性。在分析其存在原因、性质和特征时，也就不是二元的：似乎非社会主义商品经济是一回事，而社会主义商品经济是完全不同的另一回事，甚至只是一种"外壳"、"形式"。(2)商品经济决不是私有制的产物，凡是商品经济，它们赖以存在和发展的经济条件是一致的，其最关键的条件就是存在着不同的商品所有者或不同的产权主体。(3)公有制经济，主要是指国有经济，实质上仍然存在着产权分立的不同的商品生产者，这是社会主义经济仍然是商品经济的最深刻的根源(《商品经济是公有制经济改革的重要依据》，《改革》1990年第5期)。

刘光第认为，社会主义经济的实质是商品经济。商品经济是社会主义经济的主体，计划经济是社会主义经济的发展形式，社会主义国家的计划经济就是社会主义商品经济的有计划地发展和运行的经济(《社会主义有计划商品经济的实质》，《求索》1991年第4期)。

张朝尊从商品经济存在原因的角度，论证了商品经济的存在是全民所有制经济的本质特征。他认为，在全民所有制实行所有权和使用权分离的情况下，全民所有制企业就获得了经济上的所有权。所谓经济上的所有权，是相对于法律上的所有权而言的。在国家和企业之间实行分离的情况下，就使国家对全民所有制财产获得法律上的所有权，成为法律上的所有者，这就使企业对全民所有制财产获得经济上的所有权，成为经济上的所有者。而这就为全民所有制内部存在商品经济奠定了基础。因为在企业成为经济上的所有者，因而有了自己的经济基础和经济利益的条件下，企业彼此间因分工而互通有无，就不可能是无偿的，而必须各有各自的产品作为商品，实行等价交换，并各自实行独立的经济核算。这种商品关系不是形式上的商品关系，而是以不同的经济上的所有权为基础的不同的经济上所有者之间的真正的商品关系(《商品经济的存在是全民所有制经济的本质特征》，《改革》1991年第6期)。

四、商品经济在社会主义经济中的作用

社会主义要搞商品经济，这一点在理论界认识上基本是统一的。虽然说倾斜度有差别。但商品经济在社会主义经济发展中具有什么样的作用，在理论界却存在不同看法。

薛暮桥说："在历史上商品经济跨越几种社会经济形态，对社会生产的进步起着巨大的推动作用。在奴隶社会和封建社会的漫长岁月里，自然经济占统治地位，生产力发展缓慢。社会分工和商品生产逐步发展逐步冲破自给自足的自然经济以后，生产力迅速发展，使小生产走向社会化大生产，造成了资本主义几百年的统治。在商品经济形式中社会化大生产的进一步发展，超出了私有制所能容纳的范围，又为社会主义提供了物质基础。历史事实是没有商品经济发展就没有社会化大生产，而没有社会化大生产也就不可能有社会主义的胜利。”(《<中国社会主义经济问题研究>修订版日译本跋》，《经济研究》1986年第10期)

胡钧认为，这种观点是“神话”，“不符合历史事实”。并说：“为什么一些人把商品经济吹嘘得那么脱离实际呢？主要是因为他们把商品经济与资本主义经济直接等同起来了。”(《正确认识商品经济的作用，打破商品经济的“神话”》，《教学与研究》1989年第6)。1991年，胡钧再次发文批评了这种观点，他说：有的人为了论证商品经济在社会主义制度中的巨大作用，对它在人类历史发展上的作用作过度的夸张，把它的作用提到了不适当的地步。这种倾向主要表现在四个方面：(1)把自然经济说成是绝对不利于生产力的发展，把商品经济说成是生产力发展的绝对的、永恒的巨大推动力。(2)为什么必然导致资本主义生产方式的产生并使它最后巩固了自己，商品经济本身的发展是根本解决不了的。说商品经济冲破自然经济，使小生产走向社会化大生产，造就了资本主义几百年的统治，这是一个缺乏历史真凭实据的判断。(3)商品经济本身既不具备摧毁一种旧制度的力量，更不具备创造一种新生产方式的力量。相反，它本身的发展反而仰赖它所依附的特定的生产方式。(4)用修改马克思原话的办法来证明商品经济对生产力发展的决定作用。如把《共产党宣言》中的“资产阶级”创造的生产力改为“商品经济”创造的生产力等(胡钧：《关于社会主义商品经济的几个认识问题》，《中国社会科学》1991年第5期)。

卫兴华不同意胡钧的看法，并从不同角度进行了商榷。他从文风角度说了自己的看法。他认为，薛暮桥这段话的内容，既符合历史事实，又符合马克思的论述，也符合党的十一届三中全会以来中央关于发展商品经济的理论和思想。但批评者却说“薛文”把商品经济“夸大为人类历史发展的决定力量”；“其谬误在于把商品经济直接等同于资本主义经济”，“缺乏通过思维把工商(指商品经济与资本主义)分离开来的能力”；“是对马克思理论的一种不严肃态度”；是“利用夸大商品经济的地位这一片面看法反对公有制，发展私有制的理论依据”，“既然把商品经济与资本主义等同起来，那么，为了大力发展商品经济，要求用私有制代替公有制，就是题中应有之义了。”“为了坚持社会主义公有制，驳倒主张全民财产私有化的谬论”，就要批判“薛文”的商品经济“神话”说。请把薛暮桥的受批评的那段话，同批评者所加的一连串罪名相对照一下，就会看出，批评者把“薛文”根本没有的思想，硬强加于它。而且是从反对资产阶级“自由化”的高度去进行批判的。这种批评缺乏基本的、实事求是的科学态度，而且任意进行歪曲，进行毫无根据的、无理的批判。所加之“薛文”的罪名，全是无中生有的武断的不实之词。这种文风实在要不得，此风切不可长(《在当前经济学领域若干重要理论问题座谈会上的发言(摘要)》，《经济研究》1991年第8期)。

晓亮认为，撇开扣帽子不说，争论的实质在于：发展商品经济对生产力的发展有没有巨大的促进和推动作用？薛暮桥和其他一些人认为有，而有的人则认为没有。主张有巨大推动作用的人认为，不论从马克思、恩格斯的论述看，还是从实践看，商品经济的发展有助于调动大家的积极性，有助于把经济搞活，有助于科学技术的进步。第二次世界大战以来资本主义还有一定活力的原因，就是因为商品经济有了进一步的发展。我国10年来经济发展的实践也证明，不极大地发展社会主义商品经济，我国经济不可能有今天这种局面。而持反对上述观点的人则认为，这些说法纯属“神话”。我的看法是，不是薛暮桥和《经济体制改革决定》的说法过头了，而是这些人脱离实际，不承认商品经济是发展生产力的重要推动力量(《社会主义商品经济理论面临的新挑战》，《经济研究》1991年第2期)。

慕锡凡认为，商品经济不仅是生产力发展的产物，而且也是发展社会生产力的重要推动力量，这条结论应该作为一条历史唯物主义的原理而确定下来(《商品经济与生产力的发展——和胡钧同志商榷》，《延安大学学报》1991年第1期)。

宋养琰也认为，商品经济强劲地推动着社会生产力的发展，才推进了社会制度的变革，才推动人类历史步入一个又一个别开生面的历程。他说：商品经济之所以具有如此巨大甚至难以估量的威力，主要是因为它本身蕴藏着自然经济所不具备也无法具备的功能。如果不搞商品经济，也就不可能有真正的科学社会主义(《功能·弊端·调控——对商品经济和有计划商品经济的再认识》，《中央财政金融学院学报》1990年第3期)。

五、公有制与商品经济的关系

(一)公有制与商品经济的矛盾

吴振坤等人认为，公有制与商品经济存在着矛盾，主要表现在三个方面：(1)全民所有制经济注重经济利益的一致性与商品经济追求经济利益的差别性的矛盾;(2)全民所有制经济运行的计划性与商品经济运行的盲目性之间的矛盾;(3)全民所有制经济的协作性与商品经济内在的竞争性之间的矛盾(《论全民所有制与商品经济的兼容性》,《中国社会科学》1989年第6期)。

谷书堂、常修泽认为,公有制与商品经济的矛盾基本上与吴振坤等的观点相同,其中有一条不同。那就是:全民所有制结构内部的隶属性与商品经济所要求的平等性之间的矛盾(《社会主义与商品经济论纲》,《经济研究》1990年第6期)。

朱学敏与上述不同的一个观点是:商品经济要求企业具有独立的生产经营自主决策权力与全民所有制经济只能给予企业相对独立自主权力之间的矛盾(《论社会主义公有制与商品经济》,《河南大学学报》1990年第6期)。

裘逸娟认为,商品经济与公有制的矛盾是:社会主义公有制以直接社会化劳动为基础,商品经济却是和直接社会化劳动截然不同的生产方式。在这个总矛盾支配下,表现出一系列矛盾:在收入分配上,全民所有制只承认劳动差别,以及在劳动差别和负担差别基础上的利益差别。商品经济则有所不同,它不仅承认劳动差别,而且必然默认生产资料占有或使用上的不平等,并通过交换,使这种不平等在利益上得到体现。这发展下去,导致分配不公,走向贫富悬殊。这是公有制的等量交换与商品经济等价交换的矛盾。在生产目的上,以满足社会需要的生产目的,是全民所有制经济的内在要求。商品经济则不同,它仅仅以商品价值的实现,生产经营者自身利益的获取为目的。在财、物与人的关系上,公有制要求否定财和物对人的统治,商品经济却产生并不断强化这种统治。在资源配置上,或在运行机制上,一个是事先性、自觉性和统一性,另一个是事后性、自发性和分散性(《关于社会主义公有制同商品经济结合的几点认识》,《当代财经》1991年第8期)。

(二)公有制与商品经济兼容的基础

吴振坤等人认为,公有制与商品经济不仅有矛盾,而且可以兼容。兼容的基础在于:(1)全民所有制经济内部存在经济利益的差别性可以同商品经济追求利益差别性进行兼容;(2)按劳分配可以通过等价方式来实现,二者的利益的调节方式可以兼容;(3)较高程度的生产社会化的客观条件,可使计划调节和价值规律调节兼容(《论全民所有制与商品经济的兼容性》,《中国社会科学》1989年第6期)。

周月义认为,由社会化大生产的发展程度所决定的现阶段的公有制与商品经济共存,二者在现实经济运行中表现出了一致性:(1)公有制所要求的计划性与商品经济所要求的比例性具有一致性;(2)公有制生产的目的性与商品经济实现的社会性具有一致性。即社会主义公有制企业生产的最终目的是为了满足整个社会日益增长的物质文化生活需要。因而公有制生产要服从计划指导,服从社会需要。而商品经济运行,则强调交换,强调为别人、为社会生产。在社会主义社会,这种为别人、为社会生产和交换同社会主义公有制企业、为满足人民日益增长的物质文化生活需要达到了有机的统一(《公有制与商品经济在运行中的一致性与矛盾性的探索》,《沈阳师范学院学报》1990年第1期)。

方恭温认为,社会主义公有制与商品经济容纳的基础是:(1)说它们是可以容纳的,是因为它们有共同的物质基础,即社会化大生产。公有制与社会化大生产相适应,商品经济也与社会化大生产和高度发展的社会分工相适应。(2)公有制经济在个人消费品的分配领域通行着与商品经济相同的原则。(3)公有制与商品经济在实现按比例组织社会生产方面有相容性。自觉遵守并运用价值规律,就是有计划地实现按比例组织生产的重要途径。(4)公有制和商品经济在生产目的上有相容性。就企业作为商品生产者来说,它生产的直接目的是利润;就企业作为公有制经济单位来说,它的利润不是为了满足任何个人的私利,归根结底是用于满足人民的物质文化生活需要的。企业利润越多,上激国家越多,国家则将这些利润直接或间接满足人民的物质文化需要(《论社会主义公有制与商品经济的结合》,《中国社会科学》1991年第3期)。

(三)公有制与商品经济如何进行兼容

吴振坤等人从三个方面论述了二者的兼容:第一,要实现兼容,必须改革全民所有制经济的产权制度。在这个问题上,他们讲了两点:首先是改革全民所有制产权制度的原则:坚持公有制,反对私有化;坚持全民所有制经济与商品经济在现行运行中的相互规定;明确企业财产关系,保证全民资产有人负责;保证劳动者的主人翁地位。其次是正确确定全民所有制的产权关系:在国家这个层次上,实行宏观经济管理权职能与全民资产所有权职能的分离;在国家与企业这个层次上,实行法律上的所有权与经济上的所有权的分离;在企业这个层次上,实行经济所有权与经营权的分离。第二,实现二者的兼容,必须创造多样化的全民所有制实现形式。这种实现形式的主要内容,包括全民所有制的财产组织形式和运营形式两个方面。在财产组织形式方面,如国有制、股份制;营运形式,如承包经营、租赁经营等。第三,实现二者的兼容,必须重新构造全民所有制企业产权运营机制。这种产权运营机制包括：在国家与企业之间，建立资产的法律所有者与经济所有者之间相互制约的机制，以保证全民资产的完整性和资产收益的最大化；在企业内部，建立起所有者与经营者之间相互制约的机制；在企业之间，建立产权转让机制，保证全社会范围内劳动者与生产资料的最优结合(《论全民所有制与商品经济的兼容性》，《中国社会科学》1989年第6期)。

裘逸娟认为，要使二者更好地结合起来，必须：(1)建立起计划经济与市场机制相结合的运行机制，确保计划调节的主导地位；(2)进行全民所有制企业的改革，侧重点是改革公有制的实现形式，使之适应商品经济的要求，使企业成为自主经营、自负盈亏的、真正的商品生产者和经营者(《关于社会主义公有制同商品经济结合的几点认识》，《当代财经》1991年第8期)。

方恭温认为，在二者的结合上，(1)应当承认公有制企业是独立的商品生产者和经营者，为此，公有制本身应该进行改革。这不是要改掉公有制，而是指要改革公有制内部的所有权、占有权、支配权、使用权的关系，使企业必须真正拥有生产资料的占有、支配、使用权。(2)按照商品经济的等价交换原则，组织社会经济活动，企业与企业之间应遵循这个原则，国家与企业之间也要遵循这个原则。(3)应该按商品经济的特点实行按劳分配。(4)要探索出一条计划调节机制与市场调节机制相结合的路子，这是公有制与商品经济结合的一个重要内容(《论社会主义公有制与商品经济的结合》，《中国社会科学》1991年第3期)。

(慕锡凡)

计划经济与市场调节相结合问题

一、对计划经济与市场调节相结合原则的不同理解

(一)强调在计划经济基础上运用市场调节

罗季荣认为，计划经济与市场调节相结合的提法"直接同社会主义经济制度联系起来，能够更准确地反映社会主义经济的本质特征。""以生产资料公有制为基础的计划经济，是有计划的商品经济，是以生产资料的社会主义公有制为主体的，它自觉地、有意识地利用计划机制与市场机制的作用并使两者正确地结合起来，成为有市场调节的计划经济，在计划经济中的市场调节。"这一提法"能够准确地反映在社会主义经济的总体中，计划调节起主导作用，它体现了以生产资料公有制为主体的客观要求，指明了是在实行计划经济的同时，适当地运用市场调节。"(《论计划经济与市场调节相结合的形式、范围和程度》，《经济学家》1991年第3期)

(二)强调在社会化大生产的基础上，计划机制与市场机制相结合

有人认为，计划、市场都是配置资源的手段，机制的运用尽管与社会制度有联系，要为社会制度服务，但并不决定于社会制度；它们发挥作用的共同基础是社会化的大生产，是社会化大生产要求计划机制与市场机制相结合(《中国计划学会学术年会简介》，《经济学动态》1991年第10期)。

王琢认为，"计划经济是调节机制，市场调节也是调节机制，都以调节商品经济运行为对象，使商品经济成为有序运行的经济。商品经济以社会化大生产为基础，客观上要求结合运用以国家为主体的和以市场为主体的两种调节机制，才能确保商品经济有序运行。"(《实现计划经济与市场调节相结合的主要矛盾》，《经济研究》1991年第8期)

二、计划与市场的结合方式

(一)板块式结合

陈秀山、周晓明认为，"由于计划和市场都存在'失灵'，都有其功能达不到的领域和方面，这就决定了在经济运行的某些领域和方面应主要地运用有效的经济调控机制，而排除失效的或不必要的经济调控机制，这就是计划与市场采取板块式结合的必要性。正是从这点出发，我们认为那种简单地否定外部板块式结合方式的观点是不足取的。"(《计划与市场功能分析和结合模式探讨》，《经济理论与经济管理》，1991年第1期)

赵汉平认为，"在社会主义国民经济当中，对关系到国计民生的少数重要产品的生产以及关系到社会全局的重大经济活动，就应该将其明确地划出来，由指令性计划调节。与此同时，对日用小商品、部分农副产品、服务业、修理业等，划出明确的范围由市场调节。'板块式结合'不能说不是一种结合"(《计划经济与市场调节相结合的理论思考》，《奋斗》1991年第5期)。

张塞认为，板块式结合是计划与市场结合方式发展过程的初始阶段，而且，"从总体上看，现阶段计划机制和市场机制在经济运行的各个层次上还是各自独立地发挥作用，缺乏协调配合，基本上处于一种板块式结合状态。"(《计划与市场结合的发展方式、目标模式研究》，《财贸经济》1991年第6期)

刘国光认为，板块式结合还将要在一定范围里长期存在(《计划与市场问题的若干思考》，《改革》1991年第4期)。

王军旗认为，板块式结合并不是计划与市场的真正结合。在板块结合模式中，计划与市场不一定产生互补效应，搞得不好，还可能带来互斥效应。从更深的层次上讲，板块论表面上看来分析的是计划与市场的结合，实际上描述的是二者并列的状态。”(《计划与市场相结合：起步模式·过渡模式·目标模式》，《理论探讨》1991年第3期)

(二)渗透式结合

蒋家俊认为，计划与市场的关系“是互相渗透的关系，计划是覆盖全社会的，市场也是覆盖全社会的，计划与市场你中有我，我中有你，两者互相渗透，有机地结合在一起。一方面，社会主义国家计划是建立在商品经济基础上的计划，计划不是独立于市场之外，而是依赖于市场，并通过市场机制来实现；另一方面，社会主义国家依据有计划按比例发展规律和价值规律的要求，有计划地组织商品流通和经济运行，在全国范围内形成一个计划指导下的统一的社会主义市场。计划不仅为市场规定方向，而且还通过行政手段和经济手段来指导和控制市场，对市场施加影响。所以，市场也不是脱离于计划之外，而是在国家计划指导和管理下的市场。”(《论计划与市场相结合和价格体制改革》，《当代经济科学》1990年第6期)

宋涛不赞成渗透式结合论，他说，“持渗透论观点的同志所以认为计划经济与市场调节是互相渗透的，我认为他们是对于市场和市场自发的调节这两个范畴没有弄清楚。在制订经济计划时，必须依据市场的供求状况；在实施经济计划进行调节时，还必须依据市场供求关系的变化而变化。但这是经济计划中对市场的利用。”“这里起调节作用的，仍然是计划经济。从每一次生产过程来看，调节是在生产过程之前进行的。对市场的利用与市场调节是完全不同的。市场调节是自发的调节，起主导作用的是市场的自发性。显然，把制订经济计划时利用市场供求关系和市场调节混同起来是不对的。”(《论计划经济与市场调节相结合》，《经济学家》1991年第3期)

(三)双重覆盖结合

何炼成认为，“在社会主义有计划商品经济条件下，从总体上说计划调节与市场调节是一种内在的全面的结合，它们作用的范围都是覆盖全社会的。”(《中国计划体制改革的目标模式》，《经济改革》1991年第1期)

厉以宁认为，“市场之所以覆盖全社会，是因为在商品经济中，价值规律处处发挥作用。”“计划之所以覆盖全社会，是因为在计划工作的三项主要内容中，规划和计划协调这两项无疑覆盖于全社会。……计划配额的效应也会覆盖全社会。”(《计划配额与市场机制》，《经济理论与经济管理》1991年第1期)

卫兴华不同意这种观点。他认为，强调计划与市场都是覆盖全社会的，未必是科学的论断，因为它不符合客观事实。‘全社会’的概念很不明确，是否也包括政治、教育、军事、计划生育等领域。这类非经济领域，一般并不存在市场机制与计划调节。只就经济领域来说，企业内部的多方面关系不是商品市场关系，农村联产承包、包产到户，不是市场关系。另外，各个经济职能部门内部也不是市场关系，工商行政管理部门、税务部门对企业的管理和征税活动，也不是商品市场关系。另就计划来说，它也不是覆盖全社会的”。“无论指令性计划或指导性计划，并不覆盖个体经济、私营经济、外资企业等。”(《有关经济体制改革几个理论问题的探讨》，《经济纵横》1991年第10期)

(四)纵向结合

魏杰认为，“计划调节和市场调节之间应主要是一种纵向关系，而不应是层次不分的横向关系。……计划调节和市场调节的现实运行过程表现为：计划调节从纵向上渗入市场，使计划机制加入市场机制的运行并调节市场机制，在市场机制内部各要素之间形成合乎计划目标的联系，让市场机制循着计划规定的轨道运行，从而使市场机制在运行中体现和发挥计划机制的功能，最终使国民经济的运行通过市场机制而实现计划目标。计划调节和市场调节的这种活动过程，可以简要地概括为：计划调节市场，市场调节企业。”(《经济自由与经济约束的和谐——计划与市场相结合》，第95～96页，陕西人民出版社1991年版)

(五)多样化结合

高尚全认为，“由于经济发展的不平衡，以及各个领域和各个部门的商品化、货币化程度不同，在不同发展时期里，在不同性质的企业、不同的产业和行业、不同的领域和地区，两者结合的形式和方法是不同的，因而计划与市场相结合的具体形式将会呈现多样化。”主要形式有，(1)通过指令性计划实行计划与市场的有机结合，主要适用于少数关系国计民生的重要产品需要国家掌握的部分和关系社会全局的重大经济活动。(2)通过指导性计划实现计划与市场的有机结合，即国家主要通过制定和贯彻产业政策，同时制定带有方向性的、粗线条的发展计划供企业参照，并通过经济参数控制。(3)通过价格管理实现计划与市场的有机结合。(4)通过税收和市场管理实行计划与市场的有机结合(《论计划经济与市场调节的有机结合》，《人民日报》

1991年2月8日)。

(六)综合式结合

持这种观点的人认为,计划与市场的结合方式,"归纳起来有两个层次:一是根据发展战略目标的需要计划调节和市场调节共同调节经济活动,依不同领域、行业、产品等分别采用不同的计划形式和市场形式。二是计划与市场在不同层次上结合,即首先是由计划规范市场、组织市场、指导市场、调节市场,而市场在下一个层次上调节企业的经济活动。这种结合,被认为是实现计划调节与市场调节有机统一的较好方式。但在实践中上述两种结合将会同时采用。因此,即使主要运用不同层次结合的方式,也仍然需要由计划对国营经济的某些活动实行直接的计划调节。有些同志把这种结合方式,称为综合式或立体式的结合方式。"(《中国计划学会学术年会简介》,《经济学动态》1991年第10期)

三、计划与市场的结合点

(一)价值规律是计划和市场的结合点

朱森林认为,"从市场调节看,通过市场和市场机制的商品运行,必须尊重和运用价值规律这一商品经济的基本经济规律。""从计划调节看,计划以什么作为客观依据,计划的合理性怎么检验,都要依据价值规律。所以说,只有在遵循价值规律的基础上,才能达到计划调节和市场调节的统一。"(《对计划经济与市场调节相结合的探索》,《党政干部论坛》1991年第3期)

王启生认为,坚持按客观经济规律和价值规律办事是两者重要的结合点。这主要是因为无论是计划调节部分,还是市场调节部分,都不能违背客观经济规律和价值规律(《关于计划经济与市场调节相结合的几个问题》,《学术交流》1991年第2期)。

(二)价格是计划与市场的结合点

汤五云认为,"价格既是市场调节的杠杆,又是计划调节的工具,离开了价格当然无所谓市场调节,同样,离开了价格要在商品经济条件下来有计划地分配社会劳动也是不可能的。"(《价格是计划调节与市场调节的结合点》,《中南财经大学学报》1991年第3期)

曹玉书认为,"价格机制一方面联结着市场调节,另一方面又联结着计划经济。""因为市场调节主要是通过价格信号等媒介作用来调节商品供求,引导生产要素合理流动,使社会资源合理配置。""价格调控机制的重要目标是物价总水平控制。而物价总水平是宏观综合平衡和国民经济计划的主要指标之一。而且,国家管理的重要产业的价格调整,在一定程度上,对经济结构调整具有重要促进作用,是计划经济的重要工具。另外,作为广义的价格机制,包括工资、地价、利息、汇率等要素价格,这就不仅仅是市场问题,而且是计划经济的组成部分。"(《计划经济与市场调节相结合的纽带——价格机制》,《价格理论与实践》1991年第8期)

(三)两大部类间的交换关系是计划与市场的结合点

金定鎏认为,生产生产资料的第Ⅰ部类应实行计划调节,而生产生活资料的第Ⅱ部类应实行市场调节。两大部类之间存在着密切的交换关系。一方面,第Ⅰ部类的职工要用工资购买消费品;另一方面,第Ⅱ部类的企业要购买生产资料。通过对第Ⅰ部类中为第Ⅱ部类提供生产资料的部门的计划调节,就可以实现对生活消费品生产的调节(《试论计划经济与市场调节的结合点与结合方式》,《江海学刊》1991年第1期)。

(四)市场是计划与市场的结合点

罗季荣认为,"不论计划机制和市场机制的机能作用,都是发生、进行在商品交换的场所里,或者在更广泛的涵义上,国家对企业或经济活动的间接计划管理,要通过市场并发挥市场机制的调节作用,同时又通过市场向综合部门反馈信息。"(《论计划经济与市场调节相结合的形式、范围和程度》,《经济学家》1991年第3期)

四、在各个部门或领域里计划与市场如何结合

(一)在物资流通领域计划与市场的结合

杨小苏、欧晓理认为,物资流通领域计划经济与市场调节的结合具有以下一些特点:(1)"在生产资料流通领域内,目前事实上已存在着计划经济和市场调节的结合状态。"(2)"在物资流通领域内,既不存在纯粹的计划经济和市场调节板块结合的方式,也不存在笼统的渗透结合方式,而是两种结合方式的现实结合。"(3)"无论是直接计划和间接计划,还是所谓发挥市场调节的作用,最终都要落实到企业,都要通过国营物资企业直接参与市场活动去实际体现和实施。"(《物资流通领域计划与市场结合初探》,《经济理论与经济管理》1991年第3期)

叶杰刚认为,"要根据不同种类生产资料的差异情况(如产需矛盾尖锐程度、资源状况等),选择不尽相同的结合方式。主要有:(1)供求矛盾比较缓和的物资,在其流通过程中,可采取放开物资和物价的办法。(2)在经济生活中处于重要地位,而从长期来看供求矛盾比较尖锐以及某些垄断性的产品,其流通过程中宜采取直接计划控制的办法来协调产、供、需关系。"(《在生产资料流通领域中实现计划经济与市场调节相结合的几点思考》,《中国物资》1991年第1期)

(二)在投资领域计划与市场的结合

周汉荣认为，在投资领域计划与市场相结合的形式可以从以下几个角度考虑：(1)"从宏观与微观的角度划分，固定资产投资规模、结构、重点项目建设及其布点等宏观经济活动实行计划管理；一般性技术改造和小型建设项目，在国家计划和产业政策指导下由市场调节；至于投资筹集使用、项目设计、设备订货、建筑安装施工等大量微观经济活动，除少数特殊情况外，均应实行市场调节。"(2)从建设项目级别来划分，"一定限额以上的项目实行计划管理，限额以下的小项目通过市场调节"等(《投资建设领域实行计划经济与市场调节相结合的依据与对策》，《投资研究》1991年第9期)。

(三)在农业中计划与市场的结合

魏杰认为，"农业是一个比较特殊的生产部门，即使是在西方的完全市场经济条件下，计划也要对农业进行必要的干预。从全世界的现状来看，几乎找不到一个国家对农业是实行完全的市场调节，所有的国家都在不同程度上以不同的方式对农业进行计划干预。因此，在农业中坚持计划与市场相结合是完全正确的。我们应该继续完善和发展农业中计划与市场相结合的体制。从我国具体国情来看，我国农业中计划与市场相结合的具体过程表现为：农户的具体经营活动主要接受市场调节，使经营活动具有市场性；在此基础上，计划从宏观上校正市场调节和弥补市场调节的不足，并且完善市场调节的运行环境，使市场调节符合整个国民经济的发展要求，从而保证农业的稳定协调发展。"(《经济自由与经济约束的和谐——计划与市场相结合》，陕西人民出版社1991年版)

许经勇认为，"根据我国农村经济是有计划商品经济的特点，应当把国家对农村经济的计划调节的重点放在流通领域"。同时，"还应以调节农业与农村其它产业的比较利益作为一项重要内容"，"农村经济计划调节手段应以经济手段与法律手段为主，辅以必要的行政手段。"(《略论现阶段农村计划调控的重点和手段》，《中国农村经济》1991年第5期)

(四)在价格领域计划与市场的结合

魏杰认为，"具体来说，价格体制中的计划与市场相结合，主要表现为价格形成机制市场化，即价格的形成及变动是在市场运行中自动地形成和变化的；在此基础上，计划利用宏观经济变量与价格的内在联系，通过调节宏观经济变量而调节价格总水平及价格结构与相对价格。也就是说，在全部放开价格、使价格形成机制市场化的同时，计划间接地调节价格总水平及价格结构与相对价格。因此，价格中的计划与市场相结合，可以简单地概括为价格形成市场化、价格总水平及价格结构与相对价格计划化。"(《经济自由与经济约束的和谐——计划与市场相结合》，陕西人民出版社，1991年版)

张本友认为，"国家指导价是价格管理中计划与市场相结合的直接形式，它既为一定的计划性，又考虑了市场因素。"(《国家指导价中计划与市场的结合》，《价格理论与实践》1991年第9期)

五、如何促进计划与市场的有机结合

有人认为，计划与市场的有机结合首先需要有效的市场和产权制度重组。"10年改革的经验和教训说明，在市场低效的条件下，计划难以与市场有效结合。计划与市场的结合也就是充分发挥市场的作用，而市场如能有效地配置资源，这一市场就应是统一的而不是分割的，是完善的而不是初级的。因此，计划与市场能否有机结合的问题可归结为是否存在着有效市场的问题。"其次，"需要产权制度的重新安排，计划与市场的有机结合以有效市场的形成为前提，而有效市场能否形成则取决于产权制度与市场是否相容，"要提高市场的效率，就必须从硬化企业的预算约束入手，通过对目前国有制的进一步改造，使企业真正成为自主决策自负盈亏的商品生产者。"(《国务院发展研究中心"计划与市场"课题组：《计划与市场：中国改革与发展的关键》，《管理世界》1990年第6期)

柳随年认为，要把计划经济和市场调节的优点和长处更好地结合起来，就要进一步深化改革，着重解决好以下几个问题：(1)进一步搞活企业特别是大中型国营企业。(2)改进计划工作，提高计划质量。(3)下决心改变以行政管理经济和财政包干的体制。(4)建立健全市场制度，发展完善市场体系。(5)完善宏观调控体系，增强宏观调控能力(《谈谈计划经济与市场调节优点和长处相结合的问题》，《人民日报》1991年7月26日)。

也有人认为，要使计划与市场结合好，(1)"以社会主义公有制为主体，适当发展其它经济成份的所有制结构，这是实行'结合'的社会经济基础"；(2)"使企业成为依法自主经营、自负盈亏、自我约束的法人，这是实现'结合'的微观保证"；(3)"形成完善的社会主义市场体系，这是'结合'的基本前提"；(4)"合理的国民收入分配格局和以按劳分配为主体的、完善的个人分配制度，是实现'结合'的必要条件"；(5)"健全有效的宏观调控体系，这是实现'结合'的关键。"此外，"下决心解决按行政层次实行'财政包干'和管理经济的体制问题，否则就没有计划经济的优势，也没有全国的统一市场。""提高计划的科学性、完整性和严肃性。"(《中国计

划学会学术年会简介》,《经济学动态》1991 年第 10 期)

（许光建）

宏观调控问题

一、宏观调控的理论依据

有人认为,是社会主义初级阶段理论、社会主义公有制理论、社会主义有计划商品经济理论以及计划经济与市场调节相结合的经济运行机制。因为我国目前正处于社会主义初级阶段,需要大力发展商品经济,提高生产力,社会主义公有制内在地要求有较高的劳动生产率和发展社会化大生产,社会主义有计划商品经济要得到健康发展,计划经济与市场调节有机地相结合,这一切都要求建立宏观调控体系(《宏观平衡调控》课题组:《建立宏观平衡调控体制框架的基本设想》,《财贸经济》1991 年第 2 期)。

尹文书认为,是发达的现代商品经济和社会主义经济特有的计划性。他说:"社会主义商品经济与资本主义商品经济的共同点,在于两者都是建立在社会化大生产基础上的现代商品经济。正是这种发达的现代商品经济,加上社会主义经济特有的计划性,成为我们确立宏观调控目标模式的基本依据。"(《我国现阶段宏观调控模式的选择》,《社会科学战线》1991 年第 3 期)

还有人认为,是社会主义公有制。持这种观点的指出:"在社会主义条件下,建立了以公有制为主体的经济基础,使社会主义经济的发展通过国家有计划的调节和市场机制作用,实现经济协调发展成为可能"。"但是,要使这种'可能性'变为现实,还要把计划与市场机制的作用在内在有机结合下,充分发挥出来,并相应地建立起一套能够体现这一要求的适合我国国情的宏观调节体系。"

二、宏观调控的模式选择

有人认为,我国宏观调控的基本模式应该是:"政府运用经济、行政、法律等手段对国民经济活动进行有力的宏观调控,为市场提供一个稳定、宽松的环境。""具体形式是,在中央统一调控下的分权分责分层调控,中央政府以宏观综合平衡为目标,从控制总需求出发,以计划、财政、金融为主要手段,三种手段紧密结合协调一致,在自我平衡的基础上相互平衡、相互制约,形成中央级的调控体系。在中央调控制约下,中央与地方政府分权,分责实行分层管理与分层自负平衡,进行分级调控。"(《宏观平衡调控》课题组:《建立宏观平衡调控体制框架的基本设想》,《财贸经济》1991 年第 2 期)

尹文书认为,现阶段切实可行的宏观调控模式是:"从总体上看,应该是间接控制与直接控制相结合的模式。具体讲,它包括三个方面:从横向看,它是'板块'与'渗透'的结合;从纵向看,它是国家参数调节市场与国家模拟市场的结合;从手段上看,它是经济手段、行政手段和法律手段等多种手段的结合。"(《我国现阶段宏观调控模式的选择》,《社会科学战线》1991 年第 3 期)

还有人主张,我国宏观调控体系的基本模式应该是:"建立以政策调节为主体,以价值量调节为重点内容,以一定时期国家经济发展目标为中心的分层次、分序列的调控体系。"

三、宏观调控的目标

尹文书认为,宏观调控目标是双重的。他说:"资本主义宏观控制目标是单一的,即社会总供给与社会总需求的总量平衡。社会主义宏观控制目标则是双重的,它既包括供给与需求的总量平衡,又包括供给与需求的结构平衡。而且,对于社会主义宏观控制而言,经常性的任务不是总量控制,而是结构控制。"(《我国现阶段宏观调控模式的选择》,《社会科学战线》1991 年第 3 期)

农合认为,宏观调控目标是多重的。他说,"宏观经济调控的政策目标,在西方国家是稳定通货、经济增长、充分就业、国际收支平衡。在我国具体情况下,政策目标中还应包括经济结构的合理化和提高企业经济效益等两项。"(《关于宏观调控体制改革》,《谋略对策》1991 年第 2 期)

也有人认为,宏观调控目标在不同国家不同时期是不同的。持这种观点的人认为,"确立宏观调控的目标,是宏观调控的首要任务,每一个国家在不同的时期宏观调控的主要目标是不同的。90 年代,我国宏观调控的主要目标大体有七项:(1)适度的经济增长率。"(2)"较低的通货膨胀率。"(3)"适度控制信贷总规模和利率总水平。"(4)"可承受的财政赤字和补贴。"(5)"低度的价格上涨。"(6)"保持较好的城镇就业率。"(7)"国际收支大体平衡。"(《宏观平衡调控》课题组:《建立宏观平衡调控体制框架的基本设想》,《财贸经济》1991 年第 2 期)

还有人认为,宏观调控目标是一个体系。基本内容主要包括两个方面:(1)调节序列的划分;(2)调节内容的确定。调节序列就是区分不同层次、不同内容的调节体系。"根据我国实际,我国宏观调节序列可以划分为甲乙丙三个序列:甲序列涉及宏观经济总体问题,应实行中央为主的一级调控;乙序列涉及中央与省级经济目标,实行中央与省两级分层调控;丙序列涉及局部经济目标,可以实行以地方为主的区域调控。大型企业集团一般可以实行中央与集团两级调控。甲序列调节的内容主要是:(1)社会总需求与总供给;(2)税收总量与预算赤字额度;(3)货币供给量与信贷总规模;(4)国际收支差额与外汇储备量;(5)国家产业政策大纲;(6)物价总水平指数。乙序列调节的内容主要是:(1)经济发展速度与主要产品产量;(2)投资总规模与投资结构取向;(3)人口增长率与劳动力总量配置;(4)消费基金增长与职工工资总额;(5)社会购买力与社会商品可供量;(6)能源、交通、原材料供求总量协调。丙序列调节的内容主要是:(1)本级财政预算收支平衡;(2)本地区信贷差额运用;(3)人口与就业的调节;(4)以粮食供求平衡为主体的城乡经济协调;(5)以'菜篮子工程'为重点的市场供求平衡。这三个序列之间,乙序列要服从于甲序列要求,丙序列又要服从于乙序列要求。"

四、宏观调控的主体和对象

有人认为,宏观调控的主体是中央和地方政府,调控的对象是市场。持这种观点的人指出:"宏观调控的主体是中央和地方政府,以中央政府为核心。宏观调控的对象是市场,政府对市场进行宏观干预。但近期内,在政府行为没有界定清楚和政企不分以及市场发育不完善的情况下,地方政府和大型骨干企业,企业集团也可作为宏观调控的对象。"(《宏观平衡调控》课题组:《建立宏观平衡调控体制框架的基本设想》,《财贸经济》1991 年第 2 期)

农合认为,宏观调控的主体是国家,调控的对象是经济活动者。具体经济活动者包括企业、个人和企业主管部门等。(《关于宏观调控体制改革》,《谋略对策》1991 年第 2 期)

五、宏观调控的手段

农合认为,宏观调控的手段是国家计划,财税政策,货币政策等三个方面。他认为,"宏观经济调控的手段,在西方市场经济国家主要是财政政策和货币政策两大手段。我国是社会主义有计划的商品经济,国家计划也是重要手段之一,因此,我国宏观经济调控手段是国家计划、财政政策、货币政策等三个方面"(《关于宏观调控体制改革》,《谋略对策》1991 年第 2 期)。

尹文书认为,宏观调控的手段是经济手段、法律手段和行政手段。他说,实现宏观调控,"必须建立包括经济手段、法律手段、行政手段等多种手段的宏观调控体系。"(《我国现阶段宏观调控模式的选择》,《社会科学战线》1991 年第 3 期)

刘溶沧从宏观调控手段的运用形式角度,又把经济手段、法律手段、行政手段等三种基本手段概括为法律手段和政策手段两大类别。他说:"国家调控市场的三种基本手段,即法律手段、行政手段和经济手段,从它们的运用形式来看,实际上又可分为法律手段和政策手段两大类别。行政手段、经济手段的运用,往往都是通过国家制定的各种政策来体现的。"(《试论国家调控市场的政策功用和政策协调》,《经济与管理研究》1991 年第 3 期)

大多数人认为,宏观调控手段必须协调一致,配合使用。但对各种宏观调控手段的功能和作用的认识却存在差异。

有人认为,宏观调控应以经济手段为主,综合使用其它调控手段。持这种观点的人说:"我国的宏观经济管理,由实物量的平衡转向价值量的平衡,所以宏观调控的手段也应以经济手段调控为主。"但"这几种宏观调控手段的使用侧重点不同:经济发展计划用于宏观调控的长远目标;经济手段主要用于阶段性和年度的调节;行政手段较多地用于随机调控;法律手段则用于制定经济职能部门的管理规则和保证社会目标的实现。"(《宏观平衡调控》课题组:《建立宏观平衡调控体制框架的基本设想》,《财贸经济》1991 年第 2 期)

尹文书认为,法律手段的功能在于为宏观调控奠定微观基础,经济手段和行政手段是宏观调控的两大手段。他说:"在现阶段的宏观调控体系中,经济手段、法律手段、行政手段各自的具体作用是不同的。法律手段的功能在于'微观管理'从而为宏观调控奠定微观基础。经济手段和行政手段则是宏观调控的两大类具体手段。"(《我国现阶段宏观调控模式的选择》,《社会科学战线》1991 年第 3 期)

刘溶沧认为,法律手段主要调整较为稳定的经济利益关系和经济行为,行政手段和经济手段主要调整具有波动性、易变性的经济利益关系。他说:"国家调控市场的三种基本手段,即法律手段、行政手段和经济手段,从它们的运用形式来看,实际上又可分为法律手段和政策手段两大类别。"法律手段和政策手段的主要区别是:(1)"法律以规范、调整较为稳定的经济关系、利益关系和经济行为为主,具有连续性、普遍适用性和强制性调控特点;而政策则以调整具有波动性、易变性的经济关系、利益关系为主。"(2)"与此相联系,一般地说,在较长时期内适用的规则和制度,往往采取法律规范、法律约束的办法;而短期内适用的制度和规定,则通常采取政策的形式。"(《试论国家调控市场的政策功用和政策协调》,《经济与管理研究》1991 年第 3 期)

六、宏观调控体制如何深化改革

农合认为,国民经济的八个方面应实行国家计划和政府干预，其它方面则实行计划指导和政策导向下的市场调节。这八个方面是："(1)社会总需求和总供给的平衡，包括财政、信贷、外汇、物资(包括主要消费品)的总量平衡。根据总量平衡情况对经济发展速度与规模做出计划安排。""(2)经济发展战略，发展的方向和重点，应由计划确定。""(3)根据总量平衡情况和经济发展战略，正确安排国民经济的重大比例关系。""(4)基础设施建设如铁路、港口、电力以及对实现上述三项要求具有决定意义的重大建设项目的建设。""(5)国家直接掌握一部分主要物资并进行计划分配。""(6)近几年内，在价格方面可继续实行四种价格：一是国家定价；二是浮动价，即国家定标准价，允许上下一定范围内浮动；三是煤炭和水泥等少数产品暂时实行双轨价；四是市场价。""(7)建立和健全各项社会保障制度。""(8)建立和健全各项经济法规。"(《关于宏观调控体制改革》，《谋略对策》1991年第2期)

陈元认为，应加强权力集中。他认为"当前总量膨胀的问题虽有所缓解，但在我国抑制总量膨胀的体制性基础尚未形成，投资和消费'双膨胀'不断被'再生产'出来的机制并没有从根本上改变，结构性矛盾仍然十分尖锐。""结构性失衡与总量失衡有着密切的关系。如果当前的结构性矛盾不能及时加以解决，就必然会再次冲击总量的平衡。""长期积累下来的结构性矛盾，归根结底，就是分散和膨胀的格局所导致的。""当前，摆在我们面前的首要任务，就是要在权力调整中，增强中央政府的权威和权力，再造宏观调控体系。这也是深化改革的首要任务。""毫无疑问，这意味着一次新的集中。能否在较短的时间里，使必要的权力，特别是以财政集中为核心的经济权力重新集中到中央政府的手里，是解决当前及今后主要矛盾的关键。"(《我国经济的深层问题和选择(纲要)》，《经济研究》1991年第4期)

马户奇、冯根福认为，应建立起对微观金融企业和中观金融市场灵活管理和有效约束的间接调控体系。他们指出："我国今后宏观金融深化的战略重点应由中央银行框架的构建转移到宏观调控机制的培育，逐步建立起对金融企业和中观金融市场灵活管理和有效约束的间接调控体系。""中央银行为了监测和控制中介目标(贷款总规模、货币供应量)，一方面运用计划型调控手段(特种存款、年度贷款、临时贷款、贷款规模)和市场型调控手段(存款准备金、再贴现、利率等)对专业银行和其它金融机构的间接信用行为进行控制；另一方面，运用市场型调节手段(公开市场业务、利率、再贴现)和法律手段对企业、居民、政府、银行等的市场直接融资行为进行控制。再通过(广义)金融市场机制的消化、作用完成层次调控；然后把初次调控的信息反馈到中央银行，中央银行通过分析总结进行金融再调控，最终实现货币政策目标(稳定通货)。"(《关于宏观金融调控的深化问题》，《中央财政金融学院学报》1991年第4期)

产 业 结 构

一、产业结构的定义

缪经栓认为，"产业结构一般是指国民经济各产业的组成、比例及发展趋向。"(《产业结构调整与经济效益提高》，《华东经济管理》1991年第3期)

潘树芬认为，产业结构是产业及其各种元素的功能耦合系统。他说："产业结构是指各产业间，产业内的质的联系为基础的产业组成和生产要素(资源)在产业中的配置比例，是社会再生产过程中部门之间、企业之间资源配置、变化、及内在的复杂的均衡关系和过程，是一定的时空与环境状况下，产业元素的功能耦合系统。"(《浅析产业结构的演化机制》，《首都经济》1991年第3期)

二、产业结构调整的含义

夏江海认为，产业结构调整主要是实现资源配置的优化。他认为"产业结构的调整，归根到底是改变稀缺的资源在各产业间的配置，使其更好地适应社会需求结构的变化，从而提高资源利用效益，也即实现资源配置的优化。"(《产业结构调整与深化改革》，《经济纵横》1991年第2期)

夏振坤、廖丹清、陈文科等人认为，"产业结构调整就是生产力要素重新组合与结构调整，重点是调整资源配置不合理状况，以提高国民经济的总体效益。"(《加重改革力度，推进结构调整》，《中州学刊》1991年第5期)

杨兴华认为，"产业结构的优化是一个动态的概念，其含义是按照客观规律的要求，通过产业结构的调整和转换，实现资源的最佳配置，形成最大的综合生产能力，取得最好的经济效益(《论产业结构的变化动因和优化原则》，《计划经济探索》1991年第1期)。

三、我国产业结构存在的问题

金晓彤、杨笑山认为，我国产业结构现存的问题，主要表现在短缺与过剩悖逆并存；地区产业结构趋同化；产业部门间的存量调整刚性化；资源配置效率低下；技术结构偏向中低水平(《谈我国产业结构优化问题》，《吉林财贸学院学报》1991年第2期)。

陆道生认为，产业结构当前的主要问题有：(1)三次产业结构发展水平仍然较低，而且彼此之间关联度也较低；(2)工业结构发展尚未走完重化工业化的过程；(3)全部产业的生产技术装备水平不高，导致了生产率极低、商品率不高的状况(《九十年代我国产业结构调整战略设想》,《学术月刊》1991年第6期)。

吴厚德认为，现阶段我国产业结构由于多年积累而形成的失调状况相当严重，主要表现在：(1)总体产业结构失衡；(2)机器设备陈旧、技术落后；(3)第三产业严重滞后第一、第二产业(《试论我国产业结构的调整与改造》,《江海学刊》1991年第5期)。

周叔莲、金碚等人认为，我国产业结构严重失衡，主要表现在：(1)农业生产基础薄弱，后劲不足；(2)基础产业和加工工业比例失调，基础产业发展严重滞后；(3)经济发展的粗放性特征尚未改变、技术结构水平低下；(4)产业组织结构过度分散化、规模不经济现象突出，专业化程度低(《产业政策与有计划商品经济的发展》,《经济理论与经济管理》1991年第5期)。

王积业认为，我国现阶段产业结构中，存在着五个方面的矛盾，即人口急剧增长与农业发展滞后的矛盾；农业与工业、基础工业与加工工业的矛盾；发挥地域优势与地区产业结构趋同的矛盾；引进产业与国内原有产业的矛盾以及三次产业间的矛盾(《我国产业结构的调整与优化》,《中国社会科学》1991年第3期)。

四、我国产业结构失衡的原因

江平安、赵重国认为，产业结构优化的实现机制尚不完善。我国产业结构出现新的严重失衡状态是由多种因素的作用形成的，而从根本上看则是产业结构调整与优化的实现机制尚不完善。第一是价格体系不合理，基础行业与加工行业的相对价格差距相当大。第二是财政体制变革中出现投资主体化。第三是基础产业的自然特性在现有经济体制下转变为投资进入壁垒(《论我国产业结构调整与优化机制的转轨》,《改革与理论》1991年第5期)。

金祖钧、黄景洲认为，计划经济和市场调节结合不力。这表现在以下几个方面：(1)计划调节的方向与市场调节方向相悖；(2)计划欠科学，国家指导性计划落空，而市场调节缺乏指导；(3)计划调节和市场调节各自发挥作用的范围不明确，使二者都没有扬其长、避其短(《计划经济与市场调节相结合的产业结构调整方式》,《企业经济》1991年第7期)。

吴厚德认为是由于传统产业结构理论导向的失误。这种传统产业结构理论主要表现在二个方面：(1)重生产、轻消费的限制消费的产业结构理论；(2)不加分析地套用西方发展经济学家提出的“二元经济结构”向“一元经济结构”过渡的理论，而拒绝产业结构高度化、现代化和信息化的新理论(《试论我国产业结构的调整与改造》,《江海学刊》1991年第5期)。

夏振坤、廖丹清、陈文科认为，主要原因在于经济体制的双轨制徘徊。在双轨制徘徊下，生产关系各方面改革蹒跚不前，新旧体制之间出现叠加，形成传统体制和双轨体制短处的共同作用，特别是缺乏使产业结构趋于合理的、有效的经济运行机制，从而使我国产业结构失衡不可避免(《加重改革力度，推进结构调整》,《中州学刊》1991年第5期)。

金晓彤、杨笑仙认为，产业结构失衡的主要成因是：(1)经济过热和行政性紧缩，严重影响了国民经济结构自我平衡机制作用的充分发挥；(2)市场机制不健全、价格体系扭曲对资源配置过程起了错误的导向作用；(3)地方割据是造成同构化的渊源；(4)产权关系不明确，存量调整始终处于冻结状态；(5)投资决策不科学，导致投资结构偏斜(《谈我国产业结构优化的问题》,《吉林财贸学院学报》1991年第2期)。

陈祖煌认为，产业结构失衡除扭曲的价格体系、产权关系不明确、市场机制不健全之外，还有三个原因：(1)现行的承包体制强化了产业结构的失衡，(2)产业结构调整的政策措施乏力；(3)随着货币总量的过度增加，总需求日趋扩大，经济增长速度偏高，成为导致结构失衡的直接原因(《我国产业结构调整的难点、原因及对策》,《经济管理》1991年第5期)。

五、我国产业结构调整的途径

何宝林、李经勇主张通过技术改造改善产业结构。(1)技术改造有助于对传统产业进行改造；(2)依靠技术进步可以缓解产业结构调整需要大量资金与我国资金供应不足的矛盾；(3)技术进步是发展新兴产业的需要，从而为产业结构的调整创造条件；(4)技术进步可以从根本上改善我国的外贸结构(《谈技术进步对产业结构调整的作用》,《辽宁经济》1991年第6期)。

夏江海认为，只有通过深化改革，才能完成产业结构调整。主要是要推进价格体系改革、调整利益分配机制、建立健全有利于优化产业结构的投资机制、推进外贸体制改革以促进我国产业结构的高度化和现代化(《产业结构调整与深化改革》,《经济纵横》1991年第2期)。

金祖钧、黄景洲认为，科学地制定并严格执行产业政策是我国产业结构调整的最佳选择。因为产业政策本身就是要提出优化产业结构的方向、目标和实施方案，选择和发展重点产业，发展新兴产业，组织对萎缩产业的资源转移，将已有的产业结构更加合理，以获得更高的效益(《计划经济与市场调节相结合的产业结构调整方式》，《企业经济》1991年第7期)。

吴厚德认为，关键是要正确处理农业与工业、重工业与轻工业、能源和原材料加工与加工工业、交通运输业和通讯业与整个国民经济之间的比例关系(《试论我国产业结构的调整与改造》，《江海学刊》1991年第5期)。

王积业认为，应选择向基础产业适度倾斜，轻重型产业协调发展的战略。为此，应着重把握以下问题：(1)把产业结构调整与消费结构的变动结合起来；(2)把我国劳动力资源丰富和已经形成的基础工业二个优势同时发挥出来；(3)把农业与工业，基础工业和加工工业的发展速度和比例关系协调起来；(4)把产业的部门结构与地区布局结合起来；(5)把经济的内向型发展和外向型发展衔接起来(《我国产业结构的调整与优化》，《中国社会科学》1991年第3期)。

陈祖煌认为，关键在于构造和完善产业结构的成长机制。为此，要在深化改革的基础上制定系统配套的政策措施，包括：(1)深化体制改革，构造产业结构均衡发展的动力机制；(2)实施正确的产业政策；(3)建立健全生产要素市场，促进各生产要素合理流动；(4)提高科学技术水平，促进产业技术进步；(5)加强产业组织的改造与重组，逐步使企业由“封闭全能型”向“开放协作型”转化，推动产业组织的优化组合(《我国产业结构调整的难点、原因及对策》，《经济管理》1991年第5期)。

(臧　兰)

产　业　政　策

一、产业政策的定义

周叔莲、金碚认为，产业政策是一种综合政策体系。他们指出：“产业政策是从整个国家产业发展的全局着眼而系统设计的较完整的政策体系”(《产业政策与计划商品经济的发展》，《经济理论与经济管理》1991年第5期)。

邹筱乐认为，“产业政策是政府有关产业的一切政策的总和。”(《合理的产业结构是提高经济效益的保证》，《发展研究》1991年第7期)

潘淑芬认为，产业政策是国家干预产业发展的一种经济政策。他指出：“产业政策主要是指一国在对产业结构演变规律及一定时期内的变化趋势认识的基础上，对各个产业在国民经济发展中的地位和作用的规定以及对产业结构合理化高度化目标的选择与相应的政策措施”(《试析产业结构的演化机制》，《首都经济》1991年第3期)。

二、制定产业政策应遵循的原则

邹筱乐认为，要制定出科学有效的产业政策，必须遵循以下几条原则：(1)应符合产业结构演变的一般规律；(2)要从国情出发正确制定产业发展的重点，使我国的产业政策既符合产业发展的一般规律又符合中国国情；(3)要能迎接国际产业结构调整的挑战，积极参与国际分工(《合理的产业结构是提高经济效益的保证》，《发展研究》1991年第7期)。

金祖钧、黄景洲认为，制定产业政策应遵循以下原则：(1)经济发展阶段不同、层次不同、范围不同，产业政策就应有所不同。所以，产业政策的制定要体现出产业政策的阶段性和层次性。(2)产业政策对主导产业的选择必须明确、具体、便于贯彻执行。(3)产业政策的制定要着重行业管理，形成政策环境，实行利益引导，使计划调节方向和市场调节方向相一致。(4)产业政策必须明确规定重点发展的产业和限制淘汰的产业，各项经济政策应协调一致。(5)制定产业政策时必须进行科学咨询，充分论证和广泛协商。(6)产业政策应规定企业进入和退出各产业时，国家、企业所各自承担的义务和责任，尽量明确计划调节机制和市场调节机制各自发挥主作用的范围(《计划经济与市场调节相结合的产业结构调整方式》，《企业经济》1991年第7期)。

三、有效实施产业政策的条件

李平安认为，当前实施产业政策的关键要为实施产业政策创造必要的经济环境和条件。首先要使产业政策具有法律效力，各级政府都要遵照执行。其次，国家指令性计划和财政、金融、价格政策都应围绕、支持产业政策的实施(《合理调整产业结构、提高经济整体效益》，《经济改革》1991年第2期)。

王玉祥认为，要使国家产业政策真正得到实施，必须妥善处理好以下几个问题：(1)产业政策与保证措施要配套。包括财政、信贷、税收、物价、投资、物资等经济杠杆的区别和倾斜政策。(2)在实施产业政策的过程中，必须把产业的数量结构调整同产业的技术素质提高结合起来，实行补短和升级相结合的方针，努力解决我国长期存在的产业技术发展低水平的问题。(3)在当前实施产业政策当中，还要注意研究和制订区域产业发展政策问题，要把产业倾斜和区域倾斜结合起来。(4)在前一段贯彻实施产业政策过程中，最难推动的就是对既存产业存量的调整。因此，在今后的产业政策实施中，要有效地调整产业存量结构，必须采取计划配置产业增量和市场调节产业存量相结合的方法(《当前产业政策实施中值得注意的几个问题》,《计划与市场》1991年第7期)。

(臧　兰)

关于市场疲软问题

一、关于市场疲软的性质

有人认为,1989年以来中国的市场疲软是总体性的有效需求不足。持这种观点的人认为,1989年市场疲软的主要表现是:(1)社会商品零售额的增长速度下降幅度大并实际出现负增长。(2)相当部分畅销的工业品趋向滞销、积压。(3)市场零售物价增长幅度呈现逐月回落的态势。(4)消费者购买行为从盲目抢购向理智性选购和储币待购转化。(5)相当部分工商业经营企业销路不畅、存货过多、超储积压、资金紧张。因此,我国出现的市场疲软是一种供过于求局势下的市场疲软。从供求情况看,商品生产能力和实际供给能力均大于实际需求,因此出现了实际需求不足的问题。总体性市场疲软与结构性市场疲软交织,成为1989年消费品市场的显著特征。其中,农村消费品市场疲软的程度高于城市消费品市场(权利霞:《关于我国市场形势问题讨论综述》,《当代经济科学》1991年第2期)。

也有人认为"市场疲软"是一种暂时的、特殊的经济现象。从总体上、长远上看,商品供应相对不足是基本的趋势。当前经济困境的类型和性质,是在总需求大于总供给格局未变的情况下,时序性现实消费需求不足与结构性供给相对过剩并存。所谓时序性现实消费需求不足,是指在总需求大于总供给的长周期内,出现的实际消费需求小于可供消费的收入水平的短期现象,这是与总趋势相悖的;结构性相对过剩只是需求格局制约下的结构性过剩,即不同消费者集团的收入不均所引起的对市场现有产品需求的不平衡现象:现实中持币者不购,欲购者无币。进一步看,我国社会总需求大于总供给的基本格局没有改变,而且在相当长的一个时期内,我国还是短缺经济。当前出现的市场疲软状况,并非生产过剩,也没有真正转换成买方市场,只是国家加强宏观调控而出现的一种阵痛现象。这可从三个侧面来分析:(1)社会商品购买力超过了社会商品可供量的增长,致使结余购买力到1990年底达7000亿元左右;(2)近年来累计投放的货币大大超过国民经济增长和物价结构性调整的正常需要,有待于今后几年由市场逐步消化;(3)居民手持现金的增长超过零售商品总额和商品库存的增长幅度。据历史经验数据测算,在正常情况下,市场流通的现金与社会商品零售额之比为1∶8和1∶7左右,市场上流通的现金与商品库存之比应为1∶5或1∶4。而1990年9月底市场流通的现金与社会商品零售额之比仅达到1∶4.78,市场上流通的现金与商品库存(包括工业消费品库存)之比仅达到1∶1.48,远远低于正常水平(权利霞:《关于我国市场形势问题讨论综述》,《当代经济科学》1991年第2期)。

还有人认为,"市场疲软"是市场波动的正常现象。持这种观点的人认为,市场波动是具有周期性、规律性的经济现象,当前的市场疲软只是市场波动的一部分。他们在研究了1978年以来社会商品零售总额指数、社会商品购买力指数、企业亏损指数后发现:(1)市场商品零售总额大约第4年出现一个低——高——低的短周期;(2)市场销售由低谷爬上高峰一般需要3年左右,而从波峰跌入谷底大约为1年左右;(3)随着时间的推移,市场运动的波幅具有不断加大的趋势,波峰的高度与波谷的低度反差越来越大。1988年的波峰比1985年的波峰高出了0.3个百分点,但1989年的波谷比1988年的波谷低6.1个百分点(权利霞:《关于我国市场形势问题讨论综述》,《当代经济科学》1991年第2期)。

另有人认为,1989年市场波动基本正常。因为,1989年的市场波动主要是耐用品消费支出的波动,而整个社会消费品零售额的波动基本处于正常幅度之列,还算不上"市场疲软"。具体理由是:(1)数理统计分析,1979～1988年各类消费品零售额的波动情况表明,食品类、衣着类和日用品类与消费品总额增长率的极差、均方差都比较接近,而耐用品类(缺历年统计资料,只好用文娱品代替)的极差和均方差则是其它类消费品的3倍左右。(2)1989年,从实物量看,在全国统计的29种主要消费品销售中,除鲜蛋增长9.3%外,吃、穿和一般日用品大多下降一成左右,只有个别下降二成,而耐用消费品普遍下降二至四成。(3)销售普遍下降并不等于市场疲软。居民消费的增长受到国民收入增长水平的制约,这是其一;居民的消费支出受实际收入增长幅度的制约,这是其二;最后还要考虑到1988年消费品抢购的滞后影响。因此,根据有关数据显示,1989年吃、穿和一般日用品销售量多数下降一成属基本正常,只有耐用品销售下降二至四成的波动幅度较大(权利霞:《关于我国市场形势问题讨论综述》,《当代经济科学》1991年第2期)。

二、关于市场疲软的成因

柳思维提出了"紧缩效应论"。他认为,市场疲软是治理整顿初见成效的必然结果。自1988年第四季度开始，为解决总需求过度膨胀问题，国家采取了以下措施：(1)控制银行贷款规模和货币发行量；(2)压缩固定资产投资，清理削减在建项目；(3)压缩控制社会集团购买力；(4)加强税收管理，减少国家正常收入的泄漏和向消费需求的转化。通过这些措施，大大减少了对市场的购买力的投放，从而在市场运行的总体态势出现了市场疲软的现象(《略论市场疲软的表现、成因及对策》，《财贸研究》1990年第2期)。

乔刚等人提出了"投资需求不足论"。他们认为，市场疲软是一定时期内总需求相对不足的产物。在我国目前的需求不足中，投资需求不足起着主要的牵动作用。因此，市场疲软的主要原因是投资需求不足。1989年，全社会固定资产投资比上年减少约500亿元，扣除价格因素，全社会固定资产投资规模实际下降了28.4%，由此产生了一系列国民经济的收缩效应。首先是与固定资产投资特别是与基本建设密切相关的建筑材料和机械设备的生产普遍下降或增加了较多的库存。这又会引发相应的中间需求萎缩。根据投入——产出关系计算，每压缩1亿元的固定资产投资，将影响工业产值1.45亿元。其次，1989年新开工项目减少4.1万个，停建缓建项目达1.8万个，这直接导致建筑行业的萎缩，使大量的建筑工人(主要是民工)闲置或返乡，减少了他们的收入，加速了加工工业和轻纺工业生产的滑坡。最终使消费需求进一步减弱，形成生产下降与市场疲软的不良循环(《适当增加最终需求，逐步消除市场疲软》，《经济研究》1990年第5期)。

郭树清等人提出了"消费需求不足论"。他们认为，居民消费需求的收缩是有效总需求疲软的关键。我国居民消费结构失衡，严重偏离国际常态，在长时期中积累了许多内在矛盾。实施治理整顿之后，消费品价格的猛烈上涨，一方面带动了生产供给的超常扩张；另一方面，也逐渐形成为抑制购买热潮的坚固堤坝，而储蓄存款利率的大幅度上调，又为剩余收入开辟了另一条出路，于是居民消费需求便迅速松弛下来(《走出经济困境的战略抉择》，《经济研究》1991年第5期)。

赵想林用"消费层次论"来解释消费需求不足现象。他认为，市场疲软的症结在于温饱型消费层次上出现了相对供过于求。经过十年的改革，人们得到了较多的实惠，居民家庭已经拥有了满足温饱需求必备的消费资料。但却没有能力进入高一档的消费替代，同时还受到消费抑制的影响。在这样的条件下，生产消费达到或接近达到增长的极限，原有产业结构的潜在和现实产出能力都已大于温饱型消费需求，最终产品市场必然疲软，由此波及到中间产品市场，形成温饱型消费层次上低水平的、脆弱的、短期的供过于求和市场疲软(《关于市场疲软成因与对策的不同意见》，《经济参考报》1990年6月6日)。

戴园晨则用消费者预期理论来解释消费需求的不足。他认为，目前消费品市场疲软并不是因为消费者没有支付能力，而是在消费者有足够的支付能力的前提下，由于消费者通货稳定预期所决定的；同时，消费者的储蓄动机也发生了明显的转变。因此，消费者预期和储蓄动机发生变化，是导致"市场疲软"的最主要的原因(《对"市场疲软"的几点理论思考》，《学习与研究》1990年第12期)。

有人提出了"结构失调论"。持这种观点的人认为，1990年的市场疲软，是生产结构和需求结构不相适应的反映，属于结构性疲软所导致的总量疲软。具体来看是：(1)耐用消费品生产线引进过多，而且又多属同一水平档次，生产能力大大超过实际需求，各地又要维护这些企业生产，生产出来的商品当然会积压滞销；(2)地方基于本身利益，盲目发展了一批中小企业，产品结构基本相同，如棉纱厂很多，而16支以下的粗支纱和100支以上的高支纱却很少，生产能力集中在20～40支的普通纱上，使得有限的棉花资源不能有效利用，国内外市场有需求的纺织品供应不足，大量的同一档次纺织品则积压滞销，很多商品都有类似状况；(3)旧"四大件"和新"四大件"在城镇中等以上收入家庭已基本饱和，但未推出新的消费热点，城镇和农村低收入家庭又无力购买。结构矛盾导致了生产与消费不相适应，并最终表现为市场疲软(《1991年会出现通货膨胀反弹吗?》，《经济研究》1991年第3期)。

厉璠认为，是企业机制不健全。他认为，政企不分，企业机制不灵活，生产经营不能适应不断变化的市场需求，是造成市场疲软的一个重要原因。在激烈的市场竞争中，企业必须及时收集市场信息，研究消费心理，不断开发创新，生产出花色新、质量好、价格合理、适销对路的新产品，才能满足市场要求。可是，我国目前政企不分、"吃大锅饭"的企业管理制度，导致企业经营机制不灵活，对市场变化反应比较迟缓，缺乏经营活力，很难及时调整产品结构，适应市场消费需求。这就是为什么许多式样陈旧、质量较差、缺乏市场竞争力的一般产品积压滞销的根本原因所在(《市场疲软的深层原因分析及对策》，《上海经济》1991年第1期)。

还有人提出了体制决定论。持这种观点的人认为，目前的市场疲软是社会有效需求萎缩，而决非产业结构失衡所致。它起源于过度的需求紧缩政策，但市场约束才是其日趋增强的深层原因。10年改革在中央计划经济中引进了市场因素，这些市场因素在我国高度集中的计划运行机制中浸润性生长，潜移默化地改变了我国资源配置体系的基础。正是这些变化，大大强化了紧缩政策对中国经济增长的负效应。具体包括以下几方面：(1)企业间产品供销以中央高度集中计划指令下的统购包销制度，向企业间产品供销自由签约制度转化，沟通了企业生产对市场的直接依赖关系，形成了极为敏感的市场对经济增长的约束机制。(2)企业供销自由签约制度，确定了企业供求之间互为因果的市场关系，这种自发性市场关系正是“乘数”作用的经济基础。(3)轴心产业的转移，促使产品的生产更加依赖于市场。(4)由于体制方面的原因，企业维持简单再生产对银行信贷资金的依赖程度不断提高，因而出现了发展中国家典型的“金融深化”现象。(5)社会尚未确立有效的企业间债务清偿机制，工商企业间自由签约的产品供销制度确立以后，企业间产品供销关系在财务上则表现为企业资金的信贷关系(《短缺经济的市场约束》，《上海社会科学院学术季刊》1991年第1期)。

三、如何启动市场问题

王元京等人认为，应适当扩大投资需求。他们认为，只有增加最终需求，才能启动市场，而投资需求对市场需求形势具有决定性影响，从投入产出模型看，每增加100亿元投资，可以增加265亿元的产值，增加社会消费需求42亿元。通过适度增加投资需求可以带动工业生产及社会消费，从而使被阻滞的社会再生产环节启动和重新运转起来，达到启动市场的目的。投资启动市场的关键在于把握投资启动的力度，一般认为，采取中速增长的投资启动力度，对经济增长和市场稳定最为妥善；(中速，即投资规模年增长率为10～20%左右)超过中速增长，将会导致总量失衡，使投资启动引发通货膨胀。与此同时，投资启动的着力点应放在完成在建项目上，这是因为：(1)市场疲软，商品供求不畅源于资金债权债务链中断，而大量累积的“三角债”又囿于尚未启动的几百亿的在压建设项目。只有启动包括楼堂馆所在内的在建项目，严格控制新建项目，才能使建设规模与综合国力相适应，消除“三角债”，推动有效供求的均衡增长。(2)已压缩的几百亿投资项目并没有完成，停缓建项目的续延需要新增投资来弥补，这样，要把投资控制在合理限度内，只有着重抓在建项目，带动生产资料、消费资料市场的活跃。否则就会新建老建一齐上，投资分散，有效供给依然不足，势必给下一周期经济发展带来更大的困难(《投资启动：当前市场态势与深层矛盾》，《管理世界》1991年第3期)。

詹国枢认为，投资启动的着力点应放在企业技术改造上。因为：(1)技改投资将刺激企业对生产资料的需求，从扩大需求入手达到启动市场的目的。(2)技改投资将有助于企业设备更新换代和技术进步，解决我国企业老化的痼疾。(3)技改投资与基建投资相比，成本低、周期短、见效快。1元的技改投资可产生1.5～2元的产值，在历年的新增产值和利税中，约有60%左右来自企业技术改造，而不是来自基建投资。(4)企业有了技改投资，也就有了调整产品结构的资金，基建投资最多只能解决结构调整中的增量调整问题，而技改投资却能从一定程度解决存量调整问题(《启动市场从何着手?》，《经济日报》1990年10月18日)。

朱明春认为，应着力促进结构调整。他认为，结构调整无实质进展意味着治理整顿的目标还未达到，如果在这种状态下发起下一轮经济增长，其结果很可能会在原有格局上扩张，重新造成结构矛盾恶化，并有可能并发通货膨胀进而转化为经济滞涨。因此，当前应在坚持总量适当紧缩的条件下，把调整的重点放在结构存量上。具体是：(1)变单纯扩大中间需求为适度扩大总需求，以增量带动存量调整，在增量调节上应做到，用活现有资金为主，增加货币投入为辅；以一当十，重视预算内投资的诱导作用，增量扩张必须是结构性的。(2)存量调整的基本方式是企业兼并与联合，短期内的产业结构调整虽然不能不在一定程度上靠行政性的关停并转，但应着眼于和体制改革结合起来，逐步建立优化存量调整的机制。只有这样，才能达到启动市场的目的，并由启动稳步导向繁荣(《结构调整：稳步启动生产的基点》，《经济理论与经济管理》1991年第1期)。

郭树清等人认为，应把宏观政策的调整和体制改革结合起来，即在采取一般的扩张有效需求的政策的同时，坚决地推进改革。这种思路的目标是：凡是国民经济所必需的各种产业都要获得一个能够维持其生存发展的、正常的价格、税收环境，各种产业都要有外部压力和内在动力，各种产业都能够平等地拥有筹集投资资金的渠道，各种产业都能够从国际交换中获取先进的技术和管理经验。其具体做法是：(1)调整利率、信贷政策，转变对固定资产投资的控制重点和控制方式，以鼓励短线部门长期建设投资，抑制长线部门短期流动资金需求，从严控制长线部门的固定资产投资和其它各种规模不经济的小项目，在重点加快基础设施发展的前提下扩大固定资产投资规模，大幅度降低流动资金投资的增加速度。(2)扩大社会福利和保险制度改革的宣传动员声势，切实加快住房、医疗、养老保险改革的进度，建立和完善失业保险制度，这都有利于稳定和提高居民的储蓄倾向。(3)以解决储蓄资金转化为有效固定资产投资为中心,实施金融体制和财政体制改革。(4)加快价格改革步伐,将国家定价的消费品价格原则上全部放开(包括城镇定量粮油价格);将水泥、木材、金属、化工等原材料价格并入市场轨道,国家统配部分采取优先订货的过渡形式以保证不出现太大混乱,但价格也执行统一市场价,为稳定计,可以规定原材料市场价格受政府监督;对煤炭、石油价格,采取清理中间环节,国家重新审定特许机构经营购销,统一价格,政府制订最高价格,并严加监管等步骤;清理电价和运价,由国家制订新的价格并统一调整。(5)以国营企业为重点,展开理清产权、重构公有制实现形式、建立企业约束机制的全面改革。(6)继续深化外贸体制改革,保持商品和劳务出口的良好势头。这种思路的核心即是把启动市场和调整结构结合起来,把加快改革与持续增长结合起来,是中国经济真正走出困境的稳妥出路(《走出经济困境的战略抉择》,《经济研究》1991年第5期)。

赵想林认为,要积极引导消费。他认为,市场疲软要从引导消费找出路。对城乡居民有支付能力的购买力和正常的消费需求不仅不宜压抑,而是要积极引导。要划清超前高消费与正常消费的界限,逐步改变群众的消费心理,以促进市场销售。具体的措施有:(1)重点应放在建立新的消费层次和与此相适应的产业结构上。要重视消费对生产的作用,倡导新的消费时尚,提倡合理的适度消费,引导消费层次的升级。(2)改变消费者致冷型同向预期。可以通过放开某些耐用品消费价格,适度降低储蓄利率、实行永久性保值储蓄、鼓励消费者将部分存款转化为长期债券和股票等手段来实现这一目的。(3)稳定正在回落和已回落的消费品价格,使居民进入正常购买。同时,提高产品质量,加强售后服务,使居民不再延期购买、消费,以启动市场复苏(《关于市场疲软成因与对策的不同意见》,《经济参考报》1990年6月6日)。

刘元顺认为,应适时进行价格改革。他认为,走出"市场疲软",唤起适度社会需求已刻不容缓;而目前生产相对过剩,市场萎缩,进行价格改革不会使市场出现过度波动。这就是进行价格改革现实的必要性和可能性。价格改革应先放开耐用消费品等非基本生活消费品的价格。物价放开后,商品价格必然会有升有降。这样,居民根据自己的观察和预测,认为某种商品有继续升价的趋势而及早选购,有的消费者认为某种商品价格已足够低廉而乐意购买。价格放开改变了居民目前存在的居安心态。现在,人们对市场过于放心,几乎不用去观察,市场越是疲软,他们越是珍惜手中的储蓄,这是和国家的经济政策意图相背离的。价格放开后,消费者时时刻刻得观察市场,按自己的意图进行有选择的消费,这样无疑能刺激消费需求的增加,从而有利于市场的复苏和经济的发展(《市场复苏方式的抉择》,《广西经济研究》1991年第6期)。

李蒙军认为,启动市场,要从流通领域着手。他认为,搞活市场,首先要搞活流通领域,搞活流通领域又必须靠深化改革。从企业外部看,(1)是价格、利率和税收要适当向流通领域倾斜;(2)是缩小公共消费领域,为逐步形成稳定的消费品市场创造条件,建立需求引导供给而非供给推动消费的消费模式,并以此引导结构调整,增加有效供给。从企业内部看,企业要不断建立健全经营机制,成为真正的市场主体,以增强市场竞争力(《消费品市场:现状、趋势及改革思路》,《改革纵横》1991年第6期)。

郝伊清认为,在市场疲软,经营困难的情况下,商业企业要实行正确的经营策略。具体是:(1)充分重视市场信息的搜集与研究运用,要有超前意识,把握发展趋势,指导生产,开辟货源;(2)高度重视商品质量,广泛开辟进货渠道,把好进货关;(3)主动开拓销售,在促销上下功夫;(4)坚持信誉第一,加强售后服务,使顾客"放心"(《根据市场变化决定经营策略》,《商业经济研究》1991年第5期)。

商崇钊认为,要启动市场还必须打破区域间市场的封锁。区域市场封锁具有很大的危害性,它排斥先进,保护落后;导致产业结构趋同化,造成严重损失和浪费;人为割据市场供求的社会联系,导致此处积压、彼此脱销,市场供求和区域供求失衡,致使市场动荡不安,对市场启动极为不利。因此,必须加以消除(《启动市场必须打破"筑垒封界"》,《黔南党校学报》1991年第2期)。

葛文耀认为,从微观上树立以市场为导向的经营观念是克服市场疲软的基点。他认为,当前的市场疲软并非是消费品需求真正饱和,企业重视市场则大有可为。我国目前消费水平还很低,有一个庞大的国内市场,且这个市场是多层次的和动态发展的。因此,企业可以从中去寻找市场,即把人们日常生活的不同需要,作为自己的目标市场。而要做到这一点,就要相应地调整企业的组织结构,设立专门机构,培训专门人员,为捕捉市场信息提供条件和保证(《对市场问题的思考和探索》,《中国轻工业经济》1991年第9期)。

(恺 辰)

关于市场发育问题

一、我国市场发育的现状分析

有人认为,市场发育有明显进展。市场发育中最深刻的变化,是八亿农民从人民公社三级集体所有制的束缚下解放出来,成为自主经营、自负盈亏与自我发展的商品生产者;企业也成为具有一定自主权的市场主体。另外,所有制结构多元化,改变了单一公有制的经济结构和企业组织结构;价格改革逐步改变了由国家统一定价的体制,有一半以上的产品由市场来定价;流通领域的改革使市场初步形成"三多一少"的局面,生产资料、劳动力、技术、资金、房地产以及企业产权市场、区域市场、与国际市场的联系都有了较大进展。这一切为深化改革积累了经验,显示了市场经济的活力和调节功能(《深化改革搞好流通发育市场富国强民》,《财金贸易》1991年第1期)。

也有人认为,我国市场目前面临严重困难和障碍,市场发育目前处于颓势。持这种观点的人认为,我国市场体系仍然很不健全、很不平衡,特别是要素市场严重滞后;企业还没有真正实现自主经营,自负盈亏;国家直接控制大部分经济的格局还没有根本改变;治理整顿在清理公司、控制通货膨胀、打击投机、降低工业过快发展速度方面取得了显著成果,但深层次的问题还没有根本解决,产业结构调整困难,产品结构调整乏力,技术进步缓慢,资金融通受阻,商品流通不畅,产品积压严重,经济效益不佳,财政困难严重。市场发育面临的困难很大。有的人分析了区域市场的演变后指出:1988年以来,我国国内市场出现了时而的冷清,敞开的城门又有关闭或半关闭的颓势。80年代初期,对开放市场的强烈呼唤有所淹没;80年代中期,推进市场繁荣的热浪趋于消退。有人指出,有一大城市对本地产品的市场占有率严重萎缩,工业企业亏损面高于全国平均水平,工业产值在全国16个大城市中排名位次下落,归咎于大开城门,广招天下客商,转而采取了地方保护主义、贸易堡垒等作法(同上)。

董辅礽认为,市场在我国经济运行中已经起着不小的作用,但市场还很不发达和完善。前者的主要依据是:在治理整顿中,市场已经在某种程度上发挥了它的功能。为解决总需求和总供给的严重失衡,政府必须主要地运用经济杠杆,借助市场力量,从1989年第4季度起,政府逐步放松紧缩的力度,这些措施逐渐在市场中反映出来,社会需求增加,市场疲软开始缓解,市场调节供求的功能已经相当明显。与此同时,市场对供求调节的同时,也调节着资源配置,特别是市场对国有经济部门的资源配置的优化,也起到了一定作用。那些产品和劳务没有市场的国有企业大量停产、半停产;国有经济部门也在生产、销售等方面表现出对市场的不同程度的重视。而市场不发达不完善的表现是:(1)在不同领域,市场调节功能呈现出很大差异,特别是1990年2月放松紧缩力度后,非国有企业迅速活跃起来,适应并推动市场启动,国有企业则大多行动迟缓;(2)在不同的产品的生产和销售方面,市场调节功能的表现也有所不同;(3)市场的竞争很不充分,还未建立公平的竞争秩序;(4)市场信号失真;(5)市场调节的灵活性、灵敏性低;(6)市场运行缺乏规则。市场中存在的这些问题,一方面同我国经济落后,社会分工的不发达有密切关系;另一方面,也与改革中的经济体制密切相关(《治理整顿中的市场状况与市场的发展和完善》,《管理世界》1991年第2期)。

二、市场发育中的问题及对策

高海燕认为,市场主体不健全,是市场发育中的主要问题,特别是国有企业作为整个国民经济的骨干和基础力量,它难以取得市场主体地位,在很大程度上影响着中国市场的发育和市场机制作用的发挥。事实上,国营大、中型企业缺乏活力,不能成为真正独立的商品生产者、经营者,构成了90年代中国经济发展的深层矛盾之一。解决这一问题的对策是:(1)用法的形式,使国有企业所有权与经营权分离得到严格界定,从而形成企业对自己经济行为负责的财产利益约束和企业自主经营、自负盈亏的制度保证;(2)打破国有资产及生产要素不能流动的封闭格局,实行国有资产管理体制的改革,实现国有资产存量的调整,生产要素的全面流动和重组,从而促进生产要素市场发育和市场体系的建立(《健全市场体系解决经济发展深层次矛盾》,《财贸经济》1991年第9期)。

卢中原认为,解决这一问题的关键是建立财产主体多元化的公有财产组织制度。这意味着大、中型国有企业在财产制度上来一番根本创新。具体是:(1)以企业资产的终极所有权和法人所有权相分离为前提,对国有企业的产权关系予以明确界定;(2)企业内部形成风险共担、利益分享、集中指挥、独立经营的合理组织结构;(3)在国有企业内部引入多种所有制成份,国有资产或其它公有制成份向非国有经济部门渗透。事实上,沿着这条路子,我国大、中型国有企业会分期分批地向股份有限公司过渡,从而成为真正意义上的市场主体(《效率、市场机制和产权关系改革》,《财贸经济》1991年第5期)。

吴勤学认为,我国市场发育中存在的问题是长期的、全局性的问题。他认为,我国市场发育中还存在许多困难,要把我国经济由长期处于集中化、实物化和封闭性状态,转变到能灵活运用市场机制,还面临着一系列问题:(1)市场发育程度不平衡,市场参数僵滞脱节,市场结构失调,市场机制调节逆向化;(2)市场力量与行政力量双向渗透,超经济屏障排斥公平竞争;(3)市场发育中人际组织的过分发育和人际关系过分渗透以及严重的平均分配意识;(4)要素市场发育迟滞,运行性市场规则混乱以及制度性市场规则的欠缺,使市场边界模糊,阻碍了市场主体的生成;(5)"诸侯经济"严重阻碍了统一大市场的形成;(6)传统体制基因与当前新形成的体制仍阻碍着国内市场与国际市场的有效连接。基于这些问题,我国市场发育的思路是:(1)转换宏观调控手段,建立计划与市场协调运行的有效机制;(2)在治理整顿、深化改革的过程中,自觉地加大改革份量,力争在90年代使我国市场发育取得突破性进展,建立起完善的市场体系;(3)伺机进行价格体系的改革,加速价格双轨向单轨的转换;(4)深化改革,健全现代企业制度,按有计划商品经济的要求,塑造市场主体(《我国市场发育态势判断及对策思路》,《山西财经学院学报》1991年第2期)。

李由鹏认为,中国在市场形成过程中出现了一些问题,有些是属于市场调节本身的缺陷,但更多的是由于体制改革未到位,各种经济关系未理顺所造成的,或者是由其而放大了市场调节的缺陷。针对这些问题,要采取的措施是:(1)加强和完善计划指导和宏观调控,在宏观总量上创造一个有利于市场发育的相对稳定的经济环境;(2)提高市场组织化程度,促使市场升级换代,由初级自发市场组织结构向现代市场组织机构过渡;(3)加强市场规则和法规的建设,采取一些措施,积极促进全国统一市场的形成(《中国经济模式转换过程中市场调节的现状和发展趋势》,《财贸经济》1991年第9期)。

陈元认为,市场发育中的许多问题直接缘于对计划机制运用不力。他认为,在现阶段直接计划机制不仅是市场发育与运转的依托,而且也规定着市场扩张的客观边界。直接计划所具有的这一重要功能,是基础性的,将会长期存在。过去,凡是计划被重视并得到合理利用的时候,国民经济及社会的稳定发展,市场发育和市场秩序就会得到保障,市场机制的调节能力空前增强。所以,计划是市场发育的必要前提,没有直接计划的支撑,市场将迅速衰竭、瓦解、枯死。但随着基础短线的发展,这种直接计划会逐步退出宏观调控,间接调控就成为主体了(《计划支撑下发育出市场》,《人民日报》1991年3月6日)。

宋飞翔等人认为,市场发育的困难缘于我国的社会经济结构。他们认为,我国的市场发育存在三大障碍:(1)"官本位"制对市场发育的自然逆向力,"官本位"制自身是一个相当封闭的系统;这一系统本身为维护自身利益本能地排斥市场,使本来力量、功能相当弱化的市场发育变得相当困难;(2)职权经济阻碍市场发育。首先,职权经济造成市场主体模糊,其次,职权经济排斥公平竞争,再次,职权经济造成市场封锁与分割,对形成统一市场设置障碍,最后,职权经济还造成市场规则变异;(3)大众公平心理是市场发育的陷井。公平心理反对竞争,助长民众的惰性,这种惰性主张利益均沾,反对分配市场化。因此,市场要发育就必须从社会经济的深层次解决这三个问题(《我国市场发育的三个障碍》,《河北财经学院学报》1990年第6期)。

(恺　辰)

关于消费品市场周期波动

一、周期性波动是我国商品市场运行的基本特征

强赤华认为,市场周期波动所反映的是因社会化大生产周期性收缩与扩张所引起的市场变量在连续过程中出现涨落的状态(《市场周期波动与商业政策》,《经济体制改革》1991年第4期)。

商业部信息中心以社会商品零售额为基准指标,根据1975年以来300多项与商品市场有关的经济指标的数据,测定出以社会商品零售额为基准指标的我国市场,存在着周期性波动规律,波动的周期大体每四年一次,零售额波动中谷底出现的时间,取决于从上一个峰顶下降的速度,两峰顶之间波形的上升与下降存在着相反的变化,市场周期变化的原因是社会化大生产本身周期性收缩和扩张的反映,市场需求和供给从适应到不适应再到新的适应的矛盾运动,构成市场周期变化规律(赵尔烈:《1990年商业理论研究概述》,《财经科学》1991年第5期)。

林文益认为,社会主义现阶段并不存在周期性的市场波动。因为:(1)社会主义社会尚未成熟,尚未进入典型阶段;(2)传统工业化尚未完成,我国至今尚是农业——工业国,还不是工业化的国家,更谈不上是现代化国家;(3)社会主义经济虽然是主体,但多种经济并存,非社会主义经济比重还较大,整个经济还不能说完全纳入社会主义经济运行的轨道中;(4)社会主义经济运行中是否有周期性问题,要靠长期的统计资料与科

学的分析和研究才能得出结论。连已有三四百年历史的资本主义的长波和短波也尚未有定论，更何况社会主义的历史仅有几十年。当然，我国也存在市场波动，甚至剧烈波动，但并不是制度性波动，不是社会主义经济运行的必然结果，而是经济运行的外在原因(《中国现阶段尚不存在周期性的市场波动》，《中国商报》1991年8月29日)。

张采庆等人认为，我国市场周期是非本质性的现象。他们认为，建国以来的实践表明，我国消费品市场确实存在着较大的波动现象，既有社会商品零售总额增长方面的逆转，即零售总额的绝对下降的波动(古典周期含义的波动)现象，也有社会商品零售总额增长方向不变，增长率呈现出的扩张和收缩(增长周期含义上的波动)现象。我国消费品市场波动是客观的，带有某些周期性的现象。但我国消费品市场波动本质上是非周期性的，其原因是：(1)市场波动直接受投资波动的影响，而投资波动又受到很强的人为影响，目前投资波动的周期性本质并没有得到证明。(2)天灾在自然界发展变化过程中，呈现了某种规律，但它也不能说明市场周期波动的原因。(3)供求波动对单个商品市场作用明显，但各种商品自身的周期各不相同，其共同作用于总体市场，产生的总体波动或者说对市场波动的影响是必然的，但不具有周期上大体一致的特性，也不能成为市场周期波动的原因。(4)三次市场大落的涵义各不相同，1961～1962年大落是经济工作失误，自然灾害以及苏联背信弃义所致；第二次大落是政治运动给国民经济带来巨大破坏的结果；1989年市场疲软，是市场上有效需求不足，制约经济增长，三次大落各有原因，也证明了市场波动的本质是非周期性的(《我国市场周期是非本质性的现象》，《北京商学院学报》1991年第2期)。

(恺　辰)

农 村 经 济

建立农村社会化服务体系问题

一、对于农村社会化服务体系的理解

唐洪潜等人认为，农村社会化服务体系，是指根据农村社会分工和商品经济发展的要求而建立的一系列为农村经济服务的社会生产组织和部门。它主要有三个方面：(1)机械、化肥、农药、种子、饲料、燃料等农业生产资料供给的产前服务体系；(2)制种、育苗、灌溉、耕作、植保、收割等农业内部劳动分工的产中服务体系；(3)收购、包装、贮存、加工、运输、销售等产品流通的产后服务体系(《农村社会化服务体系发展中的问题及其对策》，《中国农村经济》1991年第7期)。

司马军认为，所谓社会化服务体系，是指围绕农业生产，由农业有关部门提供的生产资料、科学技术和农产品加工、储运、销售等服务项目的供销经济体系(《试析农业社会化服务体系对发展农业生产的积极作用》，《世界经济与政治》1991年第7期)。

陈锡根认为，农村社会化服务体系，总的来看有三个方面：(1)农村合作经济组织内部的自我服务；(2)社会上各种独立的经济实体之间的相互服务；(3)来自各级政府为农业生产设立的各种事业单位的国家服务(《试论农村服务体系建设》，《农业经济问题》1991年第11期)。

郑青认为，在理论探讨中，应将农业社会化服务体系与农村社会化服务体系区分开来。虽然从逻辑上讲，农村和农业都属于集合概念，但是二者既有联系又有区别。农村作为有机整体，是包括农村生态系统和农村社会系统的复合系统。因此，研究建立和健全农村社会化服务体系，不单是指农业，它还包括工业、商业、服务业、交通运输业，还有政治、文化、教育、卫生，等等。而农业社会化服务体系，则主要包括农、林、牧、副、渔各业。当前，迫切需要解决的应当是农业社会化服务体系的问题(《关于建立农业社会化服务体系的理论和实践问题》，《改革时报》1991年11月26日)。

二、农村社会化服务的主要内容

温思美、孙良媛认为，农村社会化服务应包括以下几个内容：(1)协调各种服务组织及其与农民之间的经济关系的行政服务；(2)为农民提供良种、种植技术、防疫、植保及产后处理的技术服务；(3)为农村经济发展提供低成本资金，并引导农民的积累和投资行为的资

金融通服务；(4)提供产前的要素供给和产后的产品销售的市场营销服务；(5)提供准确、及时的经济信息，引导农民优化资源配置的信息服务；(6)提供决策咨询、日常管理方面的指导及经济保险业务的风险管理服务(《农村经济持续稳定发展若干政策问题的思考》,《中国农村经济》1991年第8期)。

金福寿认为，农村社会化服务，从广义上看，应包括为农村各业生产和居民生活所提供的全部服务活动。如果仅从为农村生产所提供的服务来看，则农村社会化服务，按其经济循环的过程划分，大体可分为产前、产中、产后三个阶段；按其服务内容划分，则包括信息、生产、科技、购销、信用、加工、储运、经营指导、保险、利益保障、农用工业等多方面；按照服务组织的经济成份划分，又可大体分为国家部门服务、乡村合作服务和民间专业服务(《农村社会化服务形式的创新》,《中国经济体制改革》1991年第6期)。

李华认为，社会化服务，一般是指社会各团体和个人，从再生产全过程为农业生产经营提供的信息、科技、物化劳动或活劳动服务，有许多项目实行自主经营、服务收费、独立核算、自负盈亏。它既是一种重要的经济活动，同时也是相对独立的农村"第三产业"(《对提高农业社会化服务质量的思考》,《农民日报》1991年12月25日)。

三、农村社会化服务的作用

赵若生认为，社会化服务的作用是：(1)有利于坚持和完善农村家庭联产承包制；(2)有利于促进农村社会分工，推动农业科技进步，实现农业生产的商品化、社会化和现代化；(3)有利于发展农村集体经济，是壮大农村经济实力的重要途径；(4)有利于沟通城乡关系，加强工农联盟；(5)有利于转变干部作风，密切党群关系，加强农村基层组织建设(《谈发展农村社会化服务的社会意义及其指导原则》,《东岳论丛》1991年第5期)。

杨雍哲认为，除了以上的几个方面以外，农村社会化服务的作用还应有：(1)可以在不改变家庭分散经营的情况下，达到整体的规模经济；(2)实现大面积均衡增产增收，消除农户间因素质不同、条件不同而产生的经营效果的差别，创造有利于社会公平分配和共同富裕的机制；(3)可以加速农村专业化分工，促进第三产业发展，改变大批劳动力困守在狭窄耕地上的畸型结构(《抓住农业服务，深化农村改革》,《人民日报》1991年12月18日)。

罗洪陔认为，社会化服务是以解决农业综合生产能力为主要目的的外部因素。从表面上看，是解决农业生产的需求问题，但在实质上，它包含着在农业问题上对生产力和生产关系某些方面的改进和调整。从生产力角度看，一切与农业相关的产前、产中和产后服务，只要能够按照农业生产经营的需求科学到位，且能产生最佳效益，则综合构成了农业社会生产力；从生产关系角度看，它反映了一定社会形态下农业经济运行过程中最本质的方面，是指在保障农业经济按照国民经济总体需求和目标发展的一种关系体系(《论有计划的商品经济体制下的农业社会化服务》,《探索》1991年第5期)。

张少刚认为，推进农村社会化服务是深化农村改革的"牛鼻子"。因为：(1)作为覆盖全社会的社会化服务体系，要包括全民所有制、地方国营及多层次的集体、合作经济成份，因此通过社会化服务体系的建立和完善，预示了农村及全国范围经济体制和运行机制的创新；(2)在社会化服务中，通过发挥集体经济"统"的功能，可以接通集体经济和农民家庭经营之间的"脐带"，随着社会化服务的广泛形成和深入发展，必将产生一种适应我国社会主义初级阶段的新型的农村生产方式。因此，从顺应农村改革和农村经济发展的需要出发，把建立和健全全社会化服务体系当作中心环节来抓是十分必要的(《正确把握深化农村改革的内涵》,《农业经济问题》1991年第6期)。

陈锡根不同意这种看法。他认为，服务体系建设虽是农村深化改革的一个重要任务，但不是中心任务。因为开发耕地、增加灌溉、植保、收割、脱粒和储运等各种农业机械动力，培养服务队伍、提高劳动力的科技水平、改善农田水利条件等任务，仅靠改革是不能实现的，而着力提高和增加农业综合生产力要素，才是实现农村服务体系建设的主要方面(《试论农村服务体系建设》,《农业经济问题》1991年第11期)。

四、农村社会化服务体系建设中存在的主要问题

罗洪陔认为，社会化服务中反映出来的问题大都不是来自市场不足，而是来自国家对农业责任履行的不足，集中反映在哪些与农业生产相联系的，而且是至关重要的环节上，如在生产条件、技术、物资、资金、销售等问题上。原因就在于多元利益动因作用下的"诸侯经济"体制：(1)多元利益产生和形成了不同的服务动机，从而"利大大干、利小少干、无利不干"。(2)条块分割、条条自主的体制使服务难以一步到位，如管计划的不管生产，管生产的不管物资、资金，管物资、资金的不管生产需求，等等。(3)农村经济残缺不全，主体经济功能后天不足。农村集体经济的物质基础薄弱，在"统"的方面力不从心。(4)基层农业管理者服务意识淡薄，履行服务不力。主要是农村干部(特别是基层干部)变换频繁,缺乏对农业服务的长期性和连续性管理思想,以及农村工作多中心,干部精力分散和素质不足,等等(《论有计划商品经济体制下的农业社会化服务》,《探索》1991年第5期)。

唐洪潜等人认为,农村社会化服务体系建设中存在的主要问题,是几个方面的因素相互作用、相互强化的结果。(1)行政化倾向。不是完全根据经济发展条件和农民的需要来组织、引导社会化服务体系的发展,而是以各级政府和部门的行政性需求为首要出发点,结果是相当数量的服务体系实际上是以行政性组织网络的形式产生和发展的。(2)扩大化倾向。不少地方把社会化服务的特定内含无限制地扩大,把各级政府和部门管理协调农村经济发展的职能,以及农村公益事业的发展统统纳入社会化服务之中,使之成了无所不包的体系。(3)超前化倾向。一些落后地区,农民对社会化服务的需求有限,但也在片面追求服务的系列化、网络化、规范化,及体系的完整和成龙配套。由于缺乏必要的社会经济基础,使社会化服务体系建设流于形式,功效甚微。(4)一刀切倾向。一些地方不是从本地的实情出发,选择和发展适宜本地条件的社会化服务体系,而是照搬既有模式,千篇一律(《农村社会化服务体系发展中的问题及其对策》,《中国农村经济》1991年第7期)。

五、农村社会化服务体系的完善

(一)关于指导思想

杨雍哲认为,加强社会化服务体系建设的方向和原则,应当是鼓励各地在实践中勇于探索创造,努力建设一个适合不同地区生产力发展水平的、多样化的服务体系。服务内容应从农民最急需的项目入手,由单项到多项,逐步向产前、产中、产后全过程系列化服务发展(《抓住农业服务、深化农村改革》,《人民日报》1991年12月18日)。

罗洪陔认为,完善农村社会化服务体系应考虑我国农业生产所处的客观环境。即:(1)国家所确定的计划与市场相结合的经济运行机制;(2)农业主要的生产资料的公有制和农户承包后的分散经营;(3)国民经济和社会对于农产品的不可缺少的需求;(4)农业生产对于自然环境和经济技术条件的依赖;(5)农业生产所特有的季节环节要求及农民的技术素质和农业生产力水平的因素,等等。因此,不顾我国已经或正在建立的经济体制这个根本前提,希望国家或集体包揽全程服务,或是希望仿照国外农业服务方式,完全依靠市场调节的服务都是不正确的(《论有计划商品经济体制下的农业社会化服务》,《探索》1991年第5期)。

赵若生认为,农村社会化服务体系的建设除了要因地制宜、循序渐进以外,还应当注意:(1)精简有效。服务组织是经济组织,应用经济手段来管理,讲求经济效益。服务组织应精简,服务项目要切实有效,避免以任何形式加重农民负担,在生产发展和积累增加的前提下,逐步扩大服务内容。(2)上下协同。县、乡、村及省、地、市都应统一、协调、以形成整体效应(《谈发展农业社会化服务的意义及其指导原则》,《东岳论丛》1991年第5期)。

唐洪潜等人认为,从根本上看,农村社会化服务体系的发展和完善涉及的是宏观经济利益的合理调整问题,所以仅仅局限在农业或农村内部考虑是不够的,必须拓宽视野,立足全局,以政策投入为主要手段,利用一切可以利用的组织资源,突破行政区、所有制和城乡界限,建立起多样化、多层次、多形式、民办公助、民办为主的农村社会化服务体系(《农村社会化服务体系发展中的问题及其对策》,《中国农村经济》1991年第7期)。

(二)具体措施

唐洪潜等人认为,应当将农村民办的专业性技术经济服务组织作为农村社会化服务体系的发展重点。因为这类组织对于满足农民在商品化过程中产生的多样化服务需求发挥了重要作用,是我国农村社会化服务体系发展中最具生命力的新生长点。因此,应在各方面对其加以扶持,不断提高其发展的规范化和组织化程度,使之逐步成长为我国农村社会化服务体系的重要支柱(《农村社会化服务体系发展中的问题及其对策》,《中国农村经济》1991年第7期)。

刘子学、周志锋认为,农业服务体系应当以村级合作经济组织为基础。因为这类组织具有经营与服务的双重功能,能够根据农民的需要,依靠自己的力量组织资金和物资,及时开展服务,并可视能力大小确定服务规模,风险极小。同时,这也可使基层农村具有统一的服务项目和时间,有利于解决农民因缺乏某种生产要素,造成生产、销售等内部经营环节不衔接的问题。此外,由于其能够直接为农民提供系统服务,随机性强,在一些方面比县、乡两级服务系统的作用更直接、更广泛,而且服务收费较低,不会给农民造成负担(《农业服务体系的基础是村级合作经济组织》,《中国农金报》1991年11月8日)。

杨雍哲认为,在农村社会化服务体系的发展中,应当注重以县乡有关经济技术部门和各类加工企业牵头而发展起来的不同形式的产供销一条龙、贸工农一体化的经营组织，这类组织是农村商品经济发展中的新生事物，在为农民提供系列化服务方面发挥了很好的作用，深受农民欢迎。尤其是那些村级经济力量薄弱的地方，人才、技术缺乏，服务困难较多，这种做法可以充分发挥县、乡，特别是县级机关各部门人才、技术、资金、设施的优势，带动乡村集体经济组织的服务体系建设和商品经济的发展（《抓住农业服务，深化农村改革》，《人民日报》1991年12月18日）。

张孝理认为，应当建立以县为中心、乡为纽带、村为基础的服务体系。即(1)把县一级的分散的服务力量适当集中，建成综合的或专业性的服务枢纽系统，形成优势力量；(2)在乡一级建立分工明确的各种服务站或多种经营联合站，形成条块结合、以乡为主的领导管理体制，以利于统筹安排工作任务和实行统一服务；(3)发挥社区性合作经济组织和专业性合作经济组织的作用，以此办好为农户的直接服务（《积极发展农村社会化服务体系》，《农村建设》1991年第2期）。

李彦立认为，完善农村的社会化服务体系，必须：(1)应发挥农业管理部门统揽全局的作用，以此为主体，理顺体制，调动农业生产资源和社会力量，形成服务体系的主骨架；(2)由国家技术经济部门提供生产技术及其物化产品，同时发挥农技部门、科研院所、大专院校的作用，实现技物结合；(3)注重各种经济技术承包集团和实体、农民专业技术协会等多种形式的服务组织的作用，从而形成以农业主管部门为主体、国家技术经济部门为依托、多种服务组织并存互补、匹配成套的社会化服务体系（《发展社会化服务，促进农业持续增长》，《科技日报》1991年4月30日）。

（国鲁来）

工 业 经 济

工业企业经济效益

工业企业经济效益是“八五”期间乃至整个90年代我国经济发展中的关键问题，所以它一直是理论界、企业界和各级政府部门研究、讨论的焦点。但是，人们对于经济效益的内涵、长期以来我国经济效益低下的原因以及今后如何提高经济效益等问题，仍存在着许多不尽相同的意见。

一、经济效益的定义及其评价标准

（一）经济效益的定义

一般认为经济效益即生产中投入（占用、耗费）与产出（成果）之比。但也有不同的观点或表述：

有人认为，“从最本质的方面看，所谓经济效益即是产出的增殖”（国家计委工业一司课题组：《关于提高我国工业经济效益的意见》，《计划经济研究》1991年第2期）。

何振一认为，“为了用有限的劳动更多更好地满足各种需要，人们就不能不对实现目的的各种方法加以比较，比较所耗费的劳动量及可能达到的目的程度，就是讲求经济效益。”（《经济效益若干问题新探》，《求索》1991年第1期）。

唐丰义认为，经济效益不仅仅是投入与产出之比，更重要的是生产的产品必需符合社会的需要。他指出：“经济效益的概念，比之经济效果的概念，除了包括所费与所得之间的关系这个基本规定外，至少又多了两方面的内涵：一是生产成果（产品）适合社会需要的程度，即把产品质量和适销程度包含在内，更多地强调了价值的实现，而不仅仅是物质结果；二是它强调了社会成果的可比性和整体性。价值形式便于综合和比较，从而使其社会整体成果得到反映。”（《提高经济效益与深化企业改革》，《经济理论与经济管理》1991年第4期）。

马德安认为，“比较确切地说，用投入与产出比来概括经济效益是不全面、不完整的，而应是投入与市场总收益之比。”（《市场选择＋公有制效应＝经济效益》，《城市改革与发展》1991年第4期）

（二）评价经济效益的指标（标准）

邵宁、韩秀文认为，衡量经济效益高低应同时使用两类指标，“一是净产值水平指标，一般采用工业净产值率，该指标在价值上反映了工业生产过程中物质投入与产出的比例关系；二是利税水平指标，该指标反映的是在全部工业产出中留给国家和企业的剩余产品的比重。”（《对我国工业经济效益状况的宏观分析》，《中国工业经济研究》1991年第10期）

吕荣胜认为，“评价经济效益的准则有两种表示方式:即经济效益等于效果同劳动消费量之比,或经济效益等于效果同劳动消费量之差。"(《企业经济效益评价的指标体系》,《科学与科学技术管理》1991年第11期)

王珂认为,"技术经济学中衡量经济效益的一般标准是:(1)使用价值与社会需要的比较;(2)使用价值与劳动消耗的比较;(3)使用价值与劳动占用的比较;(4)使用价值与资源利用的比较。"(《论质量与经济效益》,《管理现代化》1991年第3期)

二、我国工业企业经济效益低下的原因

对我国目前工业企业经济效益低下的原因,人们看法颇多,具有代表性的有如下几种:

1.认为经济效益下降是由于体制方面的原因。但具体分析,又有区别。秦毅认为,"市场疲软、销售不畅,是导致经济效益下降的直接原因。而在这种现象的背后,则反映出经济体制改革的核心问题——经济的运行和调控机制并没有根本改变。还没能完全脱离主观意志——直接调控——行政手段的旧轨道,转变为真正以市场为中心的商品轨道上来。"(《重视流通领域的改革与发展是提高经济效益的重要出路》,《财贸经济》1991年第11期)

何振一认为,主要是由于现行经济体制中利益分配机制存在着问题。"由于现行经济体制中的利益分配机制不顺,造成了投资冲动失控,也就使粗放经营成了地方、企业决策者取得本地区、本单位和个人利益扩张而又不承担风险责任的捷径。这才是当前经济效益低下,难以把经济工作重点转移到以提高经济效益为中心的轨道上来的中央精神真正落实到实处的最深层原因。"(《经济效益若干问题新探》,《求索》1991年第1期)

尤工认为:"产品质量低、经济效益差,关键是传统的速度型经济体制以产值产量为中心,追求外延扩大而忽视质量效益造成的。就是在改革开放十几年后的今天,现行的一些政策仍然在鼓励速度型的经济发展。"(《建立质量效益型经济体制的思考》,《企业活力》1991年第8期)

对此殷东星持反对意见,认为长期以来我国经济效益低下,不是由于"重速度、轻效益"造成的,主要是产权不落实造成的。"因为如果企业产权不落实,缺少来自资产所有者的约束;如果政企职能不分,企业需要追求多种非盈利的社会目标,一旦亏损又有国家兜起来,则企业经营者和劳动者的积极性、主动性仍然是一句空话,由此可见,归根到底是由于企业的微观机制以及国家与企业间的经济关系没有理顺。"(《我国经济效益的体制性因素分析》,《企业经济》1991年第10期)

2.认为经济效益下降主要是政策造成的。王绍飞认为,经济效益下降的原因有:"其一,价格政策不合理。其他所有制形式的企业价格放开,随行就市,高进高出,甚至低进高出;国营企业价格控制过死,高进低出,不等价交换,使效益转到外资和私营企业。其二,承包经营和创收政策造成国民收入超前分配,在企业经济效益未形成以前变为单位和个人收入,冲减了企业实现利润和国家收入。"(《把提高国营企业经济效益摆在战略地》,《财贸经济》1991年第11期)

3.认为经济效益低的原因是我国经济内在质量与整体素质长期低下。赵凌云认为,经济效益低下的原因是:"(1)要素素质低下。要素主要包括物和人两个方面。从物的因素看,劳动资料的技术素质低下。首先,从部门来看,相对先进的工业与落后的农业并存。其次,从工业部门内部看,一部分现代工业,同大量落后于现代水平几十年甚至上百年的工业同时并存。再次,从现代工业内部看,主要生产设备技术水平低。(2)经济社会化水平低下。建国后前30年,经济体制排斥商品经济和市场机制,经济商品化、社会化水平自50年代一直被压抑在低水平上。(3)规模经济效率水平低下。资源合理流动受阻,主要行业和企业的规模未达到规模经济的水平。(4)经济比例与结构协调程度低下。首先,工农等产业与基础结构失调,其总体特征是基础结构严重滞后。其次,产业结构内部不合理状况一度好转之后,又开始趋向失调。"(《宏观经济效益低下归因论》,《学术论坛》1991年第2期)

4.认为经济效益下降的根本原因,是没有在全社会范围内正确运用价值规律。何炼成认为,"首先,从商品生产的基层单位来看,全民企业的自主经营权很小,不可能自负盈亏,或者只负盈不负亏,因此就不可能实行严格的经济核算,切实进行投入和产出的比较,根本谈不上用最小的劳动耗费取得最大的经济效果。这就从商品基础上违背了价值规律。其次,从整个国民经济的安排看,我国过去对社会劳动的分配(主要是投资)并不是按价值规律的要求进行的,而是根据政治和军事的需要分配,从而形成了我国工业体系中的重型结构,与民品生产的落后成了明显的反差。再次,从流通领域看,至今尚未完全建立起社会主义市场体系,生产资料市场很不健全,资金市场很不发达,劳动力、科技产品、房地产等市场仅仅开始,再加上近年来地区、行业等各自为政,互相封锁,社会主义竞争很难开展,市场价格被严重扭曲,等价交换原则基本上得不到贯彻。复次,从分配领域看,在消费品的分配中实际上并未体现按劳分配,也是造成我国近几年来经济效益低下的重要原因。最后，从消费领域看，由于只抓生产，只讲速度和数量而不讲产品质量与品种，不考虑商品的实现问题，从而造成有些商品积压，市场部分疲软的畸型现象，也是我国近年来全民工业企业经济效益滑坡的主要原因。"(《提高经济关键何在——在全社会正确运用价值规律》,《经济纵横》1991年第10期)

5.认为经济效益低是由于生产力发展存在着问题。赵彦云认为，主要原因是："从生产力发展因素考查，我国宏观经济效益水平低和不断下降问题主要形成于以下四个方面：(1)劳动者素质低；(2)生产设备、工艺技术水平低，原材料质量及其技术性能低；(3)规模极不经济；(4)部门或行业之间的资源配置极不合理，浪费严重。"(《我国宏观经济效益实证研究新体系》,《经济理论与经济管理》1991年第4期)

6.认为制约经济效益还有更深刻的原因。朱廷福认为，主要原因有：第一，随着技术进步和有机构成的提高，平均利润率下降规律对经济效益的遏制作用；第二，随着资源开发强度和稀缺程度的提高，资源报酬递减律对经济效益的制约作用；第三，由于我们坚持社会效益和生态效益优先原则，往往也要以牺牲一些经济效益为代价(《对我国经济效益下降问题的深层思考——论制约经济效益的若干客观因素》,《中南财经大学学报》1991年第6期)。

三、如何提高工业企业的经济效益

1.认为提高经济效益，最根本的是要变革国有资产的运营观念和产权制度。唐丰义认为，对国有资产的运营观念，要从自然经济或半自然经济的实物形态的管理观念，转变为商品化、价值化的管理，把管理的目标放在运营质量(效率和效益)和资产增殖上来，为此，要进行管理体制和管理模式的一系列改换。其中，最关键、最基础的改革，则是产权制度的改革，务使资产的运营实体，具有产权主体的功能和产权意识，从而最终由产品的商品化走向资产的商品化、产权的商品化(《提高经济效益与深化企业改革》,《经济理论与经济管理》1991年第4期)。

2.认为产品质量的提高，是经济效益提高的关键。陈华认为，"质量是数量的前提，质量不合格，商品价值也就不能实现，再生产的四个环节就被破坏，再生产也就无法进行，更谈不上扩大再生产，企业也将失去存在的前提和基础，经济效益就不可能实现。只有高质量的投入，才有可能生产出高质量的产品。工业产品质量是衡量一个国家生产力发展水平、技术和经济水平的一个重要标志。"(《关于质量和经济效益问题的思考》,《研究生文汇》1991年第4期)

3.认为提高经济效益主要在于降低成本与调整效益结构。李斌、张明认为，"扭转经济效益低下的局面，走出低效困境，必须采取标本兼治远近结合的方针。从治标的近期对策看，不外有扩大销售和降低成本两种办法。从治本的长远对策看，解决经济效益的根本出路在于调整效益结构，在转换经济发展模式和经济机制的基础上，实现效益结构优化，提高经济效益水平。合理的效益结构应以经济适度增长效益、技术进步效益、资源节约效益和产业结构及经济规模效益为主导构成。"(《关于走出低效困境的思考》,《社会科学》1991年第12期)

4.认为提高经济效益要从宏观和微观两方面入手。汪海波认为，"一是宏观方面提高生产资源配置效益，二是微观方面提高生产要素运营效益。最基本的途径是实现计划调节与市场调节的有机结合，根本转变企业的经营机制，根本改变国有企业作为国家行政机关的附属物的地位，使绝大多数国营企业真正成为自主经营、自负盈亏的社会主义商品生产者和经营者。"(《关于提高经济效益问题的一点思索》,《财贸经济》1991年第11期)

5.也还有人提出，要从多方面入手来改善经济效益。邵宁、韩文秀认为，"我们必须从全局的大角度来看待我们所面临的工业经济效益问题，并从多方面入手来改善我国的工业经济效益。(1)正视我国农业发展中存在的问题，控制工业国民收入的转移量。(2)整顿经济秩序，节约费用支出，降低国民经济的运行成本。(3)深化和完善企业改革，抑制工资对利税的侵蚀。(4)加强行业管理和价格管理，维护企业正常的效益水平。"(《对我国工业经济效益状况的宏观分析》,《中国工业经济研究》1991年第10期)　　(秦　青)

商 业 经 济

如何搞好国营大中型商业批发企业

1. 认为搞活国营大中型批发企业的唯一出路在于深化改革。林金平认为,必须把企业推向市场,真正实现自主经营、自负盈亏、自我约束、自求发展,成为相对独立的社会主义的商品经营者。做到这一点,从政府看,应及时调整政策,实行四个放开,即经营放开,允许国营批发企业在搞好主营商品经营的前提下,扩大经营与主业相关、相近、相联、相配套的商品和生产资料等;价格放开,除中央定价以外,市及市以下所管商品的定价权放给企业;用工放开,以"国家计划指导、企业自主用工、多种形式并存、全员合同管理"为原则,并可按《企业法》规定及劳动合同规定辞退违纪职工;分配放开,通过松绑还权,适当减轻税赋,为批发企业参与市场竞争创造条件。从企业看,则要做到四个搞活,即搞活经营,做到经营与服务结合,批发与零售结合,工商和商商结合,内贸与外贸结合;搞活价格,采取正确的定价策略,以扩大商品销售,同时要建立健全企业价格管理制度;搞活用工,打破"铁饭碗",搬掉"铁交椅",实行内部优化组合,解决一线购销人员不足等问题,逐步实现人力、物力、财力的最优组合;搞活分配,结合批发企业特点,内部分配可采取多种形式,如"内部承包,联利计酬"等,真正做到按劳分配,拉开差距,奖勤罚懒,调动职工积极性(《搞活国营大中型商业批发企业》,《重庆经济研究》1991年第3期)。

2. 认为搞活大中型批发商业企业应从内部和外部同时入手。马晓华认为,从外部看,首先是进一步疏理流通渠道,治理外部环境;其次是要结合价格改革,合理调整工、商之间利益分配,提高流通环节的利润水平。可以考虑把批发企业进销差价率调高到15%左右的水平,把整个批发、零售环节的进销差价扩大到30~40%的水平。从内部看,一是要深化商业企业经营管理体制改革,在打破地区封锁的前提下,应当改变按市、县行政区域组建批发企业的体制,积极发展期货贸易,组建跨地区、跨部门的批发企业集团和期货贸易中心,同时积极进行产销一体化改革,将大型生产企业和批发公司有机结合起来,逐步改变生产、流通相互脱节的再生产机制,打破目前存在的工业自销、零售自采、批发企业成为滞销产品大仓库的格局。二是要完善商业企业经营机制,按照两权分离的原则,真正把经营权交给企业。要在有条件的大中型批发企业积极进行税利分流、税后还贷、税后承包的改革试点,同时,要逐步完善、深化企业内部的领导体制、人事制度、劳动工资制度、留利分配制度、财务会计制度和审计制度的改革(《搞活大中型商业企业的几点思考》,《财贸经济》1991年第8期)。

3. 认为搞活大中型批发商业企业的关键在于外部环境的改善。秦兴俊认为,首先是要继续清理整顿流通领域内的批发公司,纠正批发市场混乱局面,建立活而有序的批发秩序;其次,要深化完善国营批发商业体制,从机构上保证其主导作用的发挥,应恢复传统的三级站体制和相应的行政隶属关系,因为已实施的企业内外部改革措施,是可以克服恢复归属后的弊端,而发挥其优势的;第三,国家应从政策上实行优惠,扶持国营批发商业;第四,应整顿、限制工业自销、保证批发商业稳定货源和合理利润(《深化批发商业体制改革的几条建议》,《河北财经学院学报》1991年第2期)。

(恺 辰)

关于商业企业股份制问题

一、股份制是否是商业企业改革的最终目标

1. 认为股份制对我国国有商业是一种比较完善的经营机制,应使之成为一种比较稳定的企业组织形式。万典武认为,尽管承包制在新旧体制转移时期具有比较广泛的适用性,但它不是改革的最佳模式;只有股份制提供了企业稳定、长期发展的条件,消除了租赁制和承包制下企业行为短期化问题(《股份制是深化国有商业企业改革的重要内容》,《改革》1991年第1期)。

2. 认为股份制只是部分商业企业的改革目标。张井认为,在全社会中,应当实行承包制企业与股份制企业长期并存。股份制只可能和只适宜在部分大中型企业实行(《论股份制》,《商业经济文荟》1991年第2期)。

二、商业企业股份制的形式

比较一致的意见是,商业企业要坚持公有制基础上的股份制,但对于股份制所采取的具体形式,则有不

同看法：

1. 认为大中型国营商业企业实行股份制，在公有制基础上，以不同的股份的量的比例来区分，可以有不同的形式，分别适用于不同经营环节和不同类型的商业企业。陶琲等人对此提出了具体形式：(1)纯粹的国有股份制，即一种股份无限公司，它适用于某些经营重要商品的商业批发企业，在这种企业里，实行商品资源的国家管制；(2)混合的公有股份制，企业的资产存量、增量由国家股和其它公有性质的股份所组成，属公有股份有限公司；(3)非国有的公有股份制，资产存量与增量均由国家股以外的公有性质的股份构成，这类企业一般属于那些经营范围与国计民生关系不甚密切但对市场变化方向有一定影响的企业；(4)以国家为主体的公有股份制，企业资产存量全部为国家股，资产增量则由国家股以外的公有性质股份构成，在这种企业，国家是通过其企业大股东地位的董事会的决策权来实现的；(5)以国家为主体的混合股份制，企业资产存量为国家股，增量则由个人股组成，但增量的股份小于存量，如将会员抵押基金与退休保险金折为职工股，有利于调动职工的积极性；(6)公有的混合股份制，企业的资产存量与增量之中，均有一定部分为国家股，其它为公有股和个人股，但个人股比重低于公有股的比重。持这种观点的人认为，无论折股方式如何，都不能把国营商业企业的资产存量有偿转让给社会个人；从资产增量来说，无论来自国家投资部门还是来自生产企业，只要并非全部来自社会个人，就不必担心目前和未来会发生性质变化(《关于大中型商业企业股份制的几个问题》,《商业经济与管理》1991 年第 4 期)。

2. 认为在我国现阶段社会主义商业，包括全民所有制商业在采用股份制时应以合股公司，即有限责任公司为主要形式，即通过股份形式明确产权关系，特别是国有资产的产权，不向社会发行股票，但职工可以参股。这种企业集股比较方便，伸缩性较大，形式亦可多种多样，但比需要复杂的社会条件和自身发展条件的股份公司简单得多。当这种企业发展到一定阶段，大量需要有高度的物质技术来武装的大型商业企业、公司和企业集团出现时，企业竞争达到一定白热化的地步，有了强烈的扩张欲望时，相当多的合股公司也可以转化为股份公司(林文益：《关于我国商业股份制形式的探讨》,《商业管理纵横》1991 年第 2 期)。

3. 认为在小型商业企业可以实行股份合作制。即在股份设置上由公司集体股和职工个人股两部分组成。公司集体股由企业原有积累折成股份，由原主管单位持有；个人股则由本企业职工投资形成。两部分的比例可视情况而定，何者都可以为多。股份合作制，实际是劳动者与生产资料所有权和使用权的直接结合，职工既是商店的所有者，又是劳动者，这种直接结合方式，使企业形成比较健全的经营机制，朝着有计划商品经济新体制迈出了实质性的一步，它将成为小型零售企业改革的一个方向(饶贵才：《股份合作制——小型商业零售企业改革的一种有益探索》,《商业经济论坛》1991 年第 6 期)。

三、关于股利分配及其遇到的问题

1. 在现行体制下，有些商业企业对股票实行股息和红利两种分配方式。国家股和企业股不计息，只分红。社会法人股和个人股既付息又分红，股息税前列支，红利分配以企业利润多少而定。同股不能同利，主要在于适应现行税制，在现阶段，国营企业的所得税大大高于其它企业，实际上是把国家作为行政管理者依法征税和作为国有资产所有者收取利润这两种职能合在一起，使国营企业的大部分盈利都上交给财政。因此，公司在收入有限的情况下，只能实行同股不同利的办法。此外，公司把股息也作为费用在税前列支，且实行固定的股息率，混淆了股票与债券、所有者与债权人的区别。鉴于以上情况，理顺股份制企业股利分配关系的关键在于实行真正的税利分流，在此基础上，实行同股同利，并改变税前列支股息，保息分红，实现股利分配的规范化(余厚康等：《股份制使企业获得了大发展》,《商业经济研究》1991 年第 1 期)。

2. 有些企业每年年终决算后进行利润分配，分配时坚持：(1)先税后红，确保国家财政收入；(2)股权平等，等股等红；(3)个人股票分红依法缴纳个人收入调节税，由公司代为扣缴。分红采取上不封顶，下不保底，根据公司当年创利的实际情况决定分红水平。这里的问题是，商业企业在实行股份制后，仍要按原税率纳税，在企业留利部分，国家又按股份再次分红，形成两次纳税。为此，国家应对股份制企业重新制订税收率(30%为宜)，以保护股份制企业的发展(武建华：《走股份制道路促进企业发展》,《财贸经济》1991 年第 6 期)。

(恺 辰)

财　政

振兴财政问题

一、为什么提出振兴财政

陈共认为,“自改革开放以来,国家财政一直处于紧运行状态,十多年积累下来,造成当前国家财政状况十分困难,形势相当严峻。提出振兴财政的口号,有助于统一认识,振奋精神,齐心协力,争取财政状况逐步有所好转,并进一步通过整顿财政,促使整个国民经济走上健康发展的轨道。”(《振兴财政之思考》,《财贸经济》1991年第11期)

许毅认为,“国家财政面临的重重困境,已经到了前所未有的地步。财政困境是国民经济的深层次矛盾日益激化,‘造血机能’衰退的综合反映。就财政经济来说,它集中表现在两方面,一是作为国家财政收入主要来源的国营大中型企业,它们的再生产活动发生严重障碍,结构失衡,效益降低,资金周转不灵。二是财政职能受到严重削弱,分配机制紊乱,分配格局扭曲,宏观调控乏力,甚至连‘吃饭财政’都难以维持。”(《康复“造血机能”,振兴财政》,《中国财经报》1991年8月14日)

二、振兴财政的立足点

如何克服财政困难,振兴财政?当前应当从何着手,是立足于发展生产,还是理顺分配机制,整顿分配秩序?人们对此认识很不一致,于是发生了所谓做“蛋糕”和切“蛋糕”的争论。

1. 阎卡林认为,解决财政困难,“必须从增强企业活力,激励企业去把‘蛋糕’做大这一目标出发。”“把立足点首先放在怎样把‘蛋糕’做大,而不是局限于‘蛋糕’如何分法上。”“当年实行第二步利改税把‘蛋糕’绝大部分切给国家,确实使财政收入增加了,但由于企业失去了生产积极性和技术改造的动力,‘蛋糕’再也做不大了。”(《怎样把‘蛋糕’做大?》,《经济日报》1990年10月31日)

2. 许毅认为,当前关键在于切“蛋糕”,指出“财政困境从根本上说,是国民经济‘造血机能’衰退、经济效益下降的结果。但是当前急待解决的问题是财政在分配环节的主导地位丧失,分配主体多元化,分配过程被扭曲。1990年国民收入总额达到14000多亿元,比1978年国民收入总额3000多亿元增长了四倍多,在这样的大好形势下,财政却陷入连年赤字,连‘吃饭’等履行正常职能都很艰难。这就是说‘分蛋糕’上出了大问题(《康复“造血机能”,振兴财政》,《中国财经报》1991年8月14日)。

何振一认为,不能把切“蛋糕”与做“蛋糕”两者完全对立起来,“经济决定财政,要切‘蛋糕’,首先要有‘蛋糕’的存在,没有做出‘蛋糕’,也就无从切‘蛋糕’,未有经济无基础,而可以解决财政困难的。未有经济不发展而可以使财政充裕的,只有切实解决了生产问题和经济效益低下问题,把‘蛋糕’做大,财政分配才会有较大的回旋余地,财政困难才能从根本上得到解决。从这个角度来说,解决财政困难问题,必须从发展经济着眼,决不可以单纯地在分配上打圈子。但决不能因此而忽视分配问题,否定切‘蛋糕’的重要性。生产决定分配,分配也反作用于生产,切‘蛋糕’也是做‘蛋糕’的问题,只讲做‘蛋糕’而否定正确切‘蛋糕’的问题,‘蛋糕’是无从做大的。当前正确处理切‘蛋糕’的问题,更有其迫切的现实意义。想避开分配问题去寻找把‘蛋糕’做大做好的途径是不现实的。”(《“蛋糕”:做与切的学问》,《中国财经报》1991年8月14日)

三、振兴财政的对策

姜维壮认为,要注重理论宣传,唤起人们对振兴财政必要性的认识。他指出,“当务之急是要大力开展宣传活动,宣传马克思列宁主义的财政经济思想,宣传党和国家的有关方针政策,宣传世界各国发展商品经济的财政历史实践,用以唤起从上到下对财政的理解和重视,为振兴财政和促进有计划商品经济的持续、稳定、协调发展创造重要的理论认识条件。”(《从商品经济发展的历史看财政的地位和作用》,《中国财经报》1991年8月14日)

何振一认为,“克服财政困难的根本出路在于实现效益观和利益分配机制的转变。即在效益观上从粗放经营效益观转向集约经营效益观”,以“提高投入产出效益为根本着眼点来调整现有的宏观经济管理体制,调整各方面的利益分配机制。”(《树立集约效益观念,摆脱财政困境》,《中国财经报》1991年9月21日)

王绍飞认为,“振兴我国财政必须采取以下措施:(1)深化改革,调整分配格局,转换运行机制,疏通渠道，其办法一是实行税利分流；二是用分税制代替地方承包。(2)统一财源，实现财政平衡，一是分解预算外收入，建立统一的分级财政；二是取消遗害无穷的创收政策，统一经费供给来源和供给标准，一切上层建筑机构不能自谋收入，一切执行国家职能的收入要全部纳入同级财政；三是统一规费收入，集中罚没收入。(3)集中财权、强化宏观控制。一要集中精力解决国家计委对财权的拦截；二要解决部门对财权的肢解；三要协调财政系统内部的职权关系。"(《调整分配格局是振兴财政的重要途径》，《中国财经报》1991年7月31日)

叶振鹏认为，应当以加强财政职能为着眼点，"加强财政在宏观经济中的分配、调节和监督管理作用，通过整顿分配秩序，理顺财政关系，深化财政改革"，才能摆脱财政困难，走上振兴财政之路，为此提出以下措施："(1)把加强财政对社会总财力分配集散度的可控性放在首位。(2)清理分配渠道，整顿分配秩序，加强财政立法，树立财政分配的权威性，硬化财政分配。一要整顿企业分配程序，包括整顿企业的成本利润分配制度，企业的非生产性支出和企业的投资权限；二要整顿流通中的秩序，加强流通领域中的分配秩序；三要整顿承包、租赁和股份经营中国有资产收益的占有与支配。(3)整顿预算管理，维护和强化国家预算分配的集权。(4)发展国家的政策金融，开发经济建设的财源。"(《整顿分配秩序，强化财政职能》，《中国财经报》1991年8月14日)

陈共认为，当前主要对策应是："(1)治理分配秩序，整顿分配格局。一要结合搞活大中型企业，严禁在法定的税费之外任意向企业摊派，切实减轻企业负担，二要结合廉政建设，整肃以权谋私、贪污受贿以及大吃大喝和挥霍国家资财等违法乱纪行为和不正之风。三要整顿预算外资金，有的纳入预算内，减少预算外资金项目和规模，对余下的加强管理。四是彻底查处分散在千家万户的'小金库'，与此同时整顿十分混乱的'创收'政策。五要对居民个人的货币收入，不合理的高收入要控制泉源，对合理的高收入通过个人收入调节税加以调节。六要加快价格改革，取消双轨或多轨价格，切断投机倒把和牟取流通暴利的泉源，并为合理调整分配格局提供前提条件。(2)完善税收制度，摆正税收地位，加强税收征管。(3)解除'两个包干制'对提高'两个比重'方针的困扰。(4)优化支出结构。"(《振兴财政之思考》，《财贸经济》1991年第11期)

(孙蕴素)

税负问题

一、企业税负是否过重

有人认为，当前企业税负过重。"企业负担呈现出多环节、多层次的特点，通过多种渠道使企业效益大量向税金、费用、利息和社会各种摊派转移。"(中国工业经济协会：《关于工业企业税负情况的调查报告》，《改革》1991年第4期)

张培森、刘丽坚、刘宝柱认为，企业负担和税收负担不是一回事。"简单地把企业负担重归咎于税收负担重，这是一种认识上的偏差。目前企业负担大致分为(1)税收负担；(2)企业税收支出以外的财政负担；(3)部门负担；(4)社会负担；(5)其他负担。从各项税收总额占国民生产总值之比、占国民收入之比、工商税收占工业总产值之比，1978～1990年基本上是逐年下降的趋势。""从各项税收总额与国民生产总值和国民收入的增长看，1978～1990年各项税收总额平均每年递增6.3%，国民生产总值和国民收入均为年均增长12.5%，各项税收的增长慢于经济的增长。1985～1989年全国国营企业的实际税负分别为46.0%、42.0%、39.2%、36.5%和36.9%，逐年降低。""在企业所得中，企业净留利不足，主要原因是非税负担过重。"(《关于企业负担的辩证思考(一)(二)(三)》，《中国税务报》1991年9月12、19、30日)

二、农业税负能否调高

杨光明、曹建辉认为，要调高农业税负，认为"目前常年产量与实际产量过于悬殊，造成名义税率与实际税率相差过大，农业税税负过轻，全国年征收农业税折合金额约60亿元，大体相当于粮食产值的3%，与《农业税条例》中税率为常年产量的15.5%的规定相比，税负显然偏低。""结合粮食购销政策，农业税实际税率定为5%较为合理。"(《关于农业税改革的思考》，《财政研究》1991年第2期)

唐仁健、王忠海反对提高农业税，认为："'八五'期间，不宜提高农业税负并恢复征收实物。(1)1989年以来粮食生产获得丰收，并不意味着制约粮食生产发展的一系列深层次矛盾已经解决，也不意味着农民种粮的比较效益已经提高。(2)1979年改革以来，尽管农民得到了很大的实惠，但是，当前农民的整体收入和生活水平仍然很低，正确估计农民的富裕程度仍然是我们制定农村政策的基础和前提。(3)长期以来，我国农民的农业税负确实较轻，但是，农民的其它税收负担却逐年增加，特别是税外负担更为沉重。(4)税外国家定购的粮食在相当长时期内不可能实行议购，更不可能放开实行市场收购，因而农民缴纳的税收不可能通过多卖议价粮弥补回来,换言之,提高农业税负只能意味着农民负担的净增加。(5)把农民的社会负担纳入税收序列征收,再由财政部门返还乡镇财政使用,实际操作起来很困难,其结果必然是税收增加了,而负担却没有减下来,形成双重负担。"(《提高农业税并征收实物是得不偿失的政策选择》,《改革》1991年第3期)

(孙蕴素)

国债问题和对策

一、当前国债发行与运用上的问题

李亚芬、刘沪生认为,当前国债发行上的"一个严峻问题"是"规模过大,负担越来越重。"(李惠贤、余功斌:《改进我国国债工作的对策建议》,《财贸经济》1991年第3期)。"前十年借入的大量内、外债已经陆续进入偿还期,在80年代末90年代初形成偿债高峰。据测算,1992年国内公债的还本付息额将高达400多亿元。偿债高峰对国民经济和国家财政带来的压力将是十分沉重的。"(《债务高峰的成因与对策》,《财政》1991年第9期)

朱忠明认为,债务规模不大,"从1978～1988年十年中,我国年均出口增长率为17.2%,远远高于世界同期的出口增长率;我国偿债率和债务率指标均低于国际公认的安全标准线,虽有接近的危险,但只要我们警惕仍不会达到的(《我国外债面临的问题及应对政策》,《中央财政金融学院学报》1991年第1期)。

黄敏、徐开东认为,当前主要问题是"技术和方法上的问题。(1)国债推销方式呆板。(2)国债利率不尽合理。(3)国债流通仍缺乏活力。(4)国债使用透明度低。(5)国债结构失衡,清偿压力大。"(《从透视国债运行机制看国债制度的创新》,《财政研究》1991年第3期)

二、解决国债问题的对策

杨志安主张从管理方面着手。在外债方面要"(1)实行外债的集中统一管理。集中借债窗口,加强统一对外,对外债要有统一的规则、统一的政策和法规,不能各行其是。(2)外债结构包括债种、币种结构、利率、汇率结构、期限结构、地区和市场分布结构等要多样化。(3)严格控制外债规模。(4)优化外债投向,提高使用效益。(5)实行偿债的责任制和基金制。(6)积极争取国外的直接投资。(7)力求做到社会总供需的平衡。"(谭本源:《外债管理的改革方向》,《经济纵横》1991年第5期)。在内债方面要:"(1)调节国债结构,渡过偿债高峰;(2)改进发行方式;提高国债声誉;(3)完善流通市场,健全国债体系;(4)增加国债使用透明度,实现'以债养债'。"(《对"八五"时期国债问题的若干思考》,《经济纵横》1991年第4期)

李亚芬、刘沪生则主张控制规模和改进管理结合起来,认为"要渡过债务高峰,最好的办法是把治标和治本结合起来,使我国债务管理的内部和外部环境得以改善,使债务管理逐步走上规范化和良性循环的轨道。(1)控制债务规模,优化债务结构。国内公债和外债的规模都应控制在一个适度的界限以内,即控制在国家经济实力和国家财政所能承受的范围以内。在总量确定的前提下,还应重视优化债务结构。……(2)健全债务机构,提高管理水平。(3)深化体制改革,理顺资金渠道,建立和不断完善国内金融市场,使社会资金的融通渠道比较畅通。"(《债务高峰的成因与对策》,《财政》1991年第9期)

(孙蕴素)

金　　融

通货膨胀问题

一、通货膨胀能否反弹

多数人认为,经过近年来的治理整顿,经济金融生活的许多方面发生了显著变化,已经取得了明显的成效:(1)过热的经济明显降温,经济基本恢复正常增长;(2)供求失衡矛盾明显缓解,通货膨胀得到控制;(3)市场供应充足,居民消费心态趋向正常;(4)基础产业得到加强,产业结构的"瓶颈"矛盾有所缓解;(5)进出口贸易由逆差转顺差,国家外汇储备大量增加;(6)宏观调控手段趋向多元化和不断完善,为提高宏观调控的科学性和有效性创造了更为有利的条件;(7)改革取得了新进展,创造了一个相对宽松的经济环境,国民经济摆脱了剧烈波动的困境,促进了政治和社会的稳定。总之，当前我国经济金融形势正在进一步向好的方向发展。在这种形势下，通货膨胀不会反弹。

也有人认为，1991年要警惕通货膨胀反弹，当前存在很大的"潜在的通货膨胀压力"，社会零售价格指数超过计划指标6%的可能性很大；如果在政策上处理不当，价格上升，甚至有出现两位数的可能。原因是：(1)这些年来，经济扩张比较严重，累计的总供求差额很大，尤其是信贷资金已连续两年过大，1988年是人所共识的需求过大的一年，在此基础上，1989年的信贷资金比1988年上升22%，而1990年又比1989年上升近50%，这是通货膨胀的货币基础；(2)固定资产5000亿元的计划投资，对价格上涨也有压力；(3)财政赤字对"潜在的通货膨胀"也有重大影响。累计的财政赤字已逾600亿元，而赤字对通货膨胀的作用又是倍加的；(4)企业经济效益差、成本上升对通货膨胀的推动作用压力也大；(5)在经济复苏中各类经济行为由"冷"到"热"，这对通货膨胀反弹有决定性的作用。

郭红玉认为，通货膨胀不是能否反弹的问题，而是根本就没有消除。这是因为，(1)近几年通货膨胀只是由显性转为隐性，这一事实应成为选择今后一个时期货币政策不容回避的问题；(2)紧缩之初令人感到最难控制的预算外投资，超过了预算内投资的增长速度，这也说明目前的经济运行机制与紧缩以前并没有实质性的变化；(3)1990年的价格结构性调整还将对1991年的价格总水平产生向上推动的作用；(4)各方面的承受能力大大下降(《对1991年经济金融形势的一点看法》，《金融研究》1991年第3期)。

二、通货膨胀与经济增长的关系

通货膨胀与经济增长，历来是许多学者探索的一个重大的理论和实践问题，并取得了很大的进展。但是，由于通货膨胀与经济增长的关系是个非常复杂的问题，因而至今仍是讨论的难点和热点。1991年，对通货膨胀与经济增长的关系的讨论又有新的进展。

丁鹄认为，通货膨胀有百害而无一利。人们所谓对生产有暂时的刺激作用，不管怎么说，分析到最后，都是利用了人们的感觉迟钝，一时没有觉察到物价上涨，即所谓有"货币幻觉"。其实纯经济帐也算得很不够，没有把重要的、甚至更重要的几点考虑到：(1)价格上涨预期使生产丧失了许多本可增产的机会；(2)价格水平持续上涨，相对价格也会从有序变为无序，从无序进一步变得混乱，这是很不利于从事经营的，这是通货膨胀的另一个大破坏作用；(3)通货膨胀使国力向外不断泄漏。一是由于自由市场或黑市汇价持续上升，最初产生投机，有资金的先买外汇，然后过些时候卖出，赚取差价，等到产生了汇价下降预期后，由于外汇是所有保值物品中最合适的一种，因而产生资金外逃；二是由于外汇下降产生了预期，也由于外逃资金持续下去，所产生的压力，必然迫使市场汇价的下降幅度大于国内物价上涨率，使贸易条件更加恶化。因此，必须稳定币值。还说，我国"银行，特别是中央银行必须保卫货币、保卫币值，这是第一位的职能"，美哉斯言(《我的反通货膨胀观》，《金融研究》1991年第11期)。

冯根福认为，在现代商品经济条件下，提出彻底根除通货膨胀，实现零通货膨胀的经济增长在实践中是很难行得通的，对经济发展也是有害无益的。世界经济发展史告诉人们，自从19世纪末20世纪初以来，世界各国的物价总指数基本上是呈持续上升的趋势。其主要原因是：(1)纸币具有一种必然贬值的趋势。纸币投入流通后，由于诸如部分产品滞销、变质损失等原因，就会形成货币的"空投放"，从而可能会使纸币不断贬值。(2)矿产资源的稀缺性，决定了矿产品价格持续上升是一个不可逆转的规律。因为基础产品价格的上涨也就会引起其它工业产品价格的上涨。(3)工资收入的刚性也会引起产品成本和价格的持续上涨。因此，通货膨胀却是现代商品经济条件下获取经济的持续、稳定、适度增长必须付出的代价和牺牲。在认识和处理通货膨胀与经济增长关系时，决不能因噎废食，而只能考虑如何以最低的通货膨胀获取最佳的经济适度增长。至于什么样的通货膨胀率成本最小，这必须同经济增长加以比较才能说明。比如，如果一个国家在一个较长时期的通货膨胀率是3%，经济增长率是4%，而在另一个时期的通货膨胀率是4%，经济增长率7%，那么，在这两个时期中，哪一个时期的成本较小呢？显然不是前者而是后者(《我国的通货膨胀与经济增长问题》，《财贸经济》1991年第9期)。

宋光茂认为，"在物价稳定、经济停滞不前甚至负增长和适度的物价上涨伴以适度的经济增长两种格局之间选择，我宁愿选择后者。不管在经济环境发生了怎样变化的情况下，我们在理论上始终应高举起自己的旗帜：适度的物价上涨会促进经济增长；物价指数＝2～5%！"(《经济增长过程中的通货膨胀幻觉》，《财贸经济》1991年第6期)

刘迎秋认为，需求总量伴随6%以下的通货膨胀率而适度扩张，也是与改革中货币在供给增长中所具有的"润滑剂"和"大轮毂"作用不断加强密切相关的。在我国现阶段，需求总量适度扩张有助于保持总需求和总供给的持续稳定适度增长。这是实践证明了的一种客观必然性。把需求总量适度扩张简单地等同于"凯恩斯的需求刺激经济的措施”是不恰当的。否定需求总量适度扩张反而有可能导致国民经济陷入“滞胀”的困境(《我国需求总量变动的供给效应剖析》,《经济研究》1991年第10期)。

吕益民、宋学宝认为,在货币虚幻轨迹曲线的形成时期,货币扩张对经济增长的暂时推动作用,往往成为“促进论”观点的根据,但它恰恰忽视了“货币幻觉”的滞后影响。实践证明,任何形式、任何程度的通货膨胀都是不可取的,政府更不能采用通货膨胀政策(《我国经济增长中的货币幻觉与价格幻觉》,《经济研究》1991年第7期)。

(赵一新)

居民储蓄问题

“七五”期间,我国居民储蓄事业有了很大的发展,城乡储蓄存款余额大幅度增长。这对于金融机构筹集资金,支持生产发展、扩大流通和技术进步,对于稳定市场,稳定货币,抑制需求过热,治理通货膨胀,都起了重要作用。但是,由于近年来社会经济生活中出现了某些新情况、新问题,理论界对储蓄的增长是否影响了消费,导致市场的疲软;储蓄存款增加越多,银行自身经济效益是否越受影响;储蓄的增加有没有数量界限等问题,亦引起了新的争论。

曹文炼认为,必须研究“适度储蓄”问题,合理调节居民的边际储蓄倾向。因为储蓄的这种超常增长在现行体制下有一定的负效应:(1)边际储蓄率与边际消费率是一种互为消长的关系,在当年的收入增加额中,储蓄份额上升必然伴随消费支出的下降,因此不能说储蓄的猛增对促成近两年的市场疲软没有一定影响;(2)在现行的信贷管理体制下,各级银行吸收的储蓄存款超计划过多,不利于贷款限额的控制,资金多规模小的矛盾是迫使中央银行去年数次调增信贷规模的重要原因之一;(3)在近年实际正利率水平较高的情况下,居民储蓄存款的大幅度增加带来了可观的资产性收入,使国民收入分配更多地向个人倾斜,尤其是向高收入阶层倾斜,这不利于分配机制的校正。因此,“八五”期间,应避免“七五”时期边际储蓄率大起大落的现象。这里的关键是要增强居民对物价基本稳定的预期和及时灵活地运用调整利率的手段。根据改革以来的经验,边际储蓄率控制在35%左右是一个较合理的界限(《储蓄增长分析与“八五”时期的政策选择》,《金融研究》1991年第11期)。

李茂生、柏冬秀认为,不存在储蓄过多的问题,相反,还应花大力气去动员储蓄,促进人民储蓄事业的发展。因为:(1)储蓄影响消费只在两种情况下发生,一是出现了普遍的强制储蓄,使一部分人被迫放弃某些必要的消费;二是银行普遍以过高的利率诱使居民过分追求价值增殖而放弃当前消费。然而,我国并不存在这类问题,“存款自愿,取款自由”,根本不存在“强制储蓄”;第二种情况也基本不存在。近几年的情况表明,储蓄率与储蓄增长率在一般情况下与利率的相关度不高,并不存在用过高利率诱使储蓄畸形发展的问题。(2)储蓄存款利息不致于导致国民收入分配向个人倾斜。首先,资金是一种资源,具有时间价值,从质上说,对储蓄支付利息就是合理的;其次,我们来具体算算帐,看居民这几年通过储蓄究竟得了多少利息,是否对国民收入分配格局产生了不利影响。事实上,“七五”时期是共和国历史上低经济效益、高通货膨胀持续并存的时期,也是财政收入占国民收入比重最低、负利率情况最严重的时期。这期间,我国居民储蓄有两年得利、三年受损,五年总算帐,全国居民因储蓄存款共损失109亿元。因此,不存在居民通过利息从国民收入中多拿走一块,以致不合理地改变国民收入分配格局的问题。(3)怎样看待储蓄的数量界限?储蓄作为资金这种资源的存在形式,其量的界限只能从社会对资金资源的需要中去寻找。在现阶段,相对于社会主义现代化建设的需要来说,资金不足始终是我们面临的困难之一,因而从总体上看,我国国内储蓄不足,不存在居民储蓄过量的问题。日本在二次世界大战后把儿童的零花钱都动员出来了,他们的储蓄率比我们高得多。可是,在日本从来没有人说他们的储蓄太多了,相反都认为高储蓄是日本经济高速成长的基本因素之一。我们应该从中得到启迪(《关于居民储蓄存款的若干认识问题》,《财贸经济》1991年第12期)。

王隆昌认为,储蓄的主要作用之一在于稳定通货,但是,在一定条件下,如市场疲软、生产萎缩、物价大幅度上涨等,它对市场又是一种潜在的压力。随着我国银行储蓄规模的膨胀,这种压力与日俱增。因此,在某种意义上说,它又是通货膨胀的潜在因素。因为:(1)我国银行资产的形成,目前已由向企事业单位负债为主转变为向城乡居民负债为主,这种负债结构的转变对银行调控货币流通、稳定通货十分不利。首先,它加大了货币供应量的压力。国家若要稳定经济,启动经济,维持企业原有经营规模,或低速增长,银行必须注入更多的货币量。一旦启动无效,通货膨胀将不可避免。其次,它扩大了储蓄存款的挤兑基数。储蓄存款规模越大,挤兑的能量也越大,从而对稳定通货的威胁也越大。(2)

银行的经营风险主要表现在两个方面：一是挤兑储蓄存款集中在银行；二是信贷资产的坏帐损失集中在银行。在我国，有过60年代初的农贷核销，70年代初的机电行业部分贷款核销的历史教训。今天的“三角债”中的最终坏帐部分也将表现为银行信贷资产损失。如果说，当年储蓄规模较小，且信贷实行指标控制，对银行经营风险不大的判断是合理的，那么，今天的储蓄规模和信贷管理方法完全可以导致银行经营风险的扩大。如果现在到基层处、所，清理一下呆帐，有不少处、所应该列入破产的行列。因此，如何克服储蓄的不稳定，使之成为稳定通货的坚固防线？从今天的市场疲软中的储蓄膨胀来看，引导消费已不再是理想的选择，根本的出路在于：“储蓄分流，引导投资”。就是引导城乡居民把储蓄存款资产转化为多样化的投资性金融资产，如股票、债券等，以构造我国新的国民储蓄体系（《储蓄分流　引导投资　提高效益　稳定通货》，《金融研究》1991年第11期）。

胡立平、陶青认为，近年来储蓄存款迅猛增长的原因很多，除少量真正属于“居民消费后剩余”的部分外，有相当部分是由于国民收入的超分配、银行发给企业的救济贷款、个体户和专业户的经营款以及各种巧立名目的公款转化而来。因此，储蓄的本来意义已被扭曲，其质量日益下降。现实表明，最大限度地聚集资金并没有带来高效率地使用资金，不仅造成了“虚假储蓄——虚假贷款——虚假产值——虚假分配”的恶性循环，而且由于存款的数量巨大和存贷利率倒挂，使银行的吸收储蓄成本大大提高，对银行经济效益的滑坡起了推波助澜的作用（《对我国专业银行经济效益滑坡的分析与思考》，《财贸经济》1991年第10期）。

夏长文认为，研究储蓄对银行自身经济效益的影响，应当是全面、客观和实事求是的，应该从银行资金运动和循环的全过程去分析，从银行整体经济效益的形成去研究。只用简单的数字对比，忽略银行信用的“派生”再“派生”，“创造”再“创造”这一特殊机能，不能说明复杂的经济问题。储蓄存款是银行赖以生存的基础，任何情况下也要理直气壮地抓好储蓄存款。理由是：(1)储蓄存款引发出大量低息“派生存款”，是增加银行自身效益的重要因素。例如，中国工商银行1990年末企业存款余额有2078亿元，但贷款户企业的自有流动资金都比较少，有相当多的企业自有流动资金不足其资金占用的10%，却还有一定数量的企业存款，显然都是贷款直接、间接“派生”出来的，储蓄存款的资金成本虽然高些，但它派生出大量的低成本的企业活期存款，这是银行“旱涝保丰收”的道理所在。(2)从直观看，储蓄年综合利率也小于贷款年综合利率。利率是一定时期内利息额同存入或贷出本金的比率。由于存贷款期限有长有短，因而利率有高有低，所以，单一或某一项存贷款利率是不能反映银行利率总水平的。因此，在考核银行成本时，应当采用综合利率。也以中国工商银行为例，1989年储蓄年综合利率为11.165%，是改革开放以来最高的，但当年实现利润152亿元，也是最高的。1990年储蓄年综合利率为8.54%，贷款年综合利率为8.985%，利差为0.445%，实为“毛利”。这其中也得不出因为储蓄存款搞多了，银行自身的经济效益受影响的结论（《试论储蓄存款的增加对银行自身经济效益的影响》，《中国金融》1991年第9期）。

（赵一新）

城　市　经　济

中国城市化道路问题

一、城市化的概念

史育龙、艾南山认为，“城市化是指人口向城镇或城市地带集中的过程，这个集中化过程表现为两种形式：一是城镇数目的增长；二是各个城市人口规模的增的大。”（《我国干旱区城市化道路初探》，《兰州大学学报》1989年第4期）

高佩义认为，“城市化是一个变传统落后的乡村社会为现代的城市社会的自然历史过程。”（《关于城市化概念含义的研究》，《城乡建设》1991年第1期）。

孟晓晨认为，“城市化从表面上看是一个人口由农村向城市流动的过程，其本质上是生产的三要素——土地、劳动和资本的重新组合过程。这一重新组合是通过劳动力的两种转移而实现的，即空间迁移与职业转换。”（《中国城市化的“双轨归一”道路》，《城市问题》

1990年第1期)

二、城市化道路的选择

(一)从城市规模体系看,有三种不同观点:

1.大城市重点论(也叫集中式城市化)

李迎生认为,"由于我国社会经济基础薄弱,与之相应的我国现阶段的城市化战略,应当选择以发展大中城市为重点,走"集中式"城市化道路。选择"集中式"城市化道路,能够集中现阶段我国有限的资金和技术力量,以较小的投入,获得较大的经济效益。经济效益基本上与城市规模呈正比例变化的。小城市经济效益和大中城市相比存在着相当大的距离。"(《论我国城市化战略的阶段特征与区域差别》,《未来与发展》1989年第5期)

王辰则持相反意见的人。他认为,"不能把大城市的聚集效益随意夸大,也不能仅仅以单一的经济效益指标为依据选择城市化发展道路。(1)人口和工业的过度集中,会引起环境恶化、地价上涨、能源不足、供水不足、交通紧张,等等,从而会使企业和居民因城市聚集高所得到的收益被抵销一部分或大部分,居民的综合生活质量并不是很高。(2)我国城市经济效益,在很大程度上是由于大城市所能分配到高水平的管理人员、技术人员以及先进的设备和较多的投资。如果把大城市的这些高素质企业,迁移到某些中小城市,经济效益未必会降低。(3)在我国传统的经济体制下,受不合理价格体系的影响,城市的经济效益本身可能就是扭曲的。某些较高的经济效益本身就很难说明什么问题,盈利企业由于受价格影响可能还没有亏损企业更具效率。"(《中小城市:我国城市化道路选择的均衡点》,《江苏社会科学》1991年第3期)

2.中等城市重点论

刘纯彬认为,中等城市才是中国城市化道路应选择的重点。因为"中等城市的经济效益与社会效益能够获得较好的统一。积极促进小城市和县城向中等城市发展,不是农民盲目大量涌入城市,而是农民采取多种多样的方式来建设城市,从而自然地进入城市,使几亿农民真正地离开农民的队伍,真正地离土进城。"(《中国城市化要以建设中等城市为重点》,《财经科学》1988年第7期)

3.小城市重点论(也叫集约式城市化)

王辰认为,"中小城市是我国城市化道路选择的均衡点"。其理由有四:"(1)农村劳动力溢出与大城市人口有限容量的均衡点。农村人口向大城市转化,它不仅仅取决于农村对其过剩劳动力的排挤力量,更重要的是取决于城市是否具有足够的吸纳能力。这种吸纳能力,则又受制于城市产业的发展规模和结构类型。让数以亿计的农村劳动力在短期内全部流入城市,势必超越城市经济的承受能力。(2)兼顾经济效益和社会效益的均衡点。在我国,有许多大城市尤其是特大城市,由于自身规模超出了所在市域水资源的供水能力限度,只得长期承受供水不足所造成的巨大经济损失。同时,由于大城市工业密集程度过高,污染也相对较多。(3)充分利用人力资源与节约使用土地资源的均衡点。我国国情的基本特征是人口多而耕地少,节约使用土地资源更显得重要。新增一个百万人口的大城市,有人推算过需要投资约1万亿元,这是国家财政难以负担的。(4)城市体系从无序到有序的均衡点。城市经济学的研究表明,一个国家的城市体系,除了个别的情况以外,一般来说都应当是金字塔型的。规模越大的城市数量越少,规模越小的城市数量越多,各个等级的城市同时并存,分布合理,坐落有序。纵观建国以来各个等级城市的发展,大中小城市之间人口分布呈现"头重脚轻"的倒金字塔型状。不但促使城市之间极不平衡的人口分布,而且影响到整个社会人力资源的合理配置。不仅会加剧"城市病",而且还会影响其中心作用和幅射能力的发挥。而小城市一般人口密度低,建筑层次低、间隔宽,发展余地大;同时小城市市内交通里程短,经济结构较大城市简单,发展或调整的可塑性和适应性强,便于组织社会生产和人民生活。"(《中小城市:我国城市化道路选择的均衡点》《江苏社会科学》1991年第3期)

刘纯彬则持相反观点。他认为,小城市重点论站不住。其理由是:"(1)浪费耕地。就中国中等城市与小集镇用地对比看,容纳同样数量的人口,小集镇用地大约相当于中等城市的10倍。(2)浪费能源,污染环境。大量生物能源作燃料,分散在几万个小集镇上的几百个小工厂,处置污物、治理污染的费用是高昂的,只有一定规模的城市集中处置污物和治理污染,才可能把费用大幅度降低。"(《中国城市化要以建设中等城市为重点》,《财经科学》1988年第7期)

(二)从地域角度看,有两种不同观点:

1.梯度递进战略

彭躬仆认为,应"大力发展东部沿海发达地区,次递是中部地区,再次是西部地区,由东向中向西梯次推进,以东部的发达带动西部的不发达。这样,就能充分发挥现阶段我国有限的资金和技术力量,以较小的投入,获得较大的经济效益,加快实现东中西的平衡发展。"(《我国城市发展战略研究》,《计划与市场》1991年第5期)

李霆则持反对意见。他认为，东部决定论是中国城市化道路选择的误区。因为东部土地少，人口多，经济发展程度远高于西部，并且差距日益拉大的现实，决定着必须控制大城市发展。由于中国资源与生产能力，资源与经济要素的双重错位，东部大城市多以加工业为主，为了适应世界经济结构的调整，这些东部大城市担负着较快调整产业结构的重任。一方面需要新技术产业的移入；另一方面，又需要传统加工业的移出，转移到邻近资源产地的中西部地区。这样，不仅有利于控制东部大城市经济过快及不协调发展，减少部分原材料的运输对铁路的压力，还有利于缩小与西部地区的差距。对于中部地区，应该走"适度发展大中城市，合理发展小城市"的道路。对于西部地区，应该走"在自然环境和经济发展允许的条件下，大力发展各类城市，主要是大中城市"的道路。在陇——兰亚欧大陆桥沿线发展大中城市，对于解决中国的经济社会问题与城市发展有许多好处：(1)有利于改变中国东、西部两大地区经济社会发展极不平衡的现状。(2)有利于改善中国东西部人口分布极不平衡的状况，从而减轻对东部城市的人口压力。(3)有利于利用国际政治局势缓和和世界结构调整的时机，加快对外开放的步伐。(4)有利于充分利用陇——兰亚欧大陆桥。(5)有利于充分利用黄河上游十二个梯级电站的能源促进大西北的发展，并防止西北产业结构进一步失衡。对于西部的大西南，由于其面临的国际、国内环境，以及沟通外部世界的交通条件不如西北，因此不宜走西北那样的城市化道路。四川、云南、贵州应走中部地区"适度发展大中城市、合理发展小城市"的城市化道路(《中国城市化道路选择的新思考》,《当代经济科学》1991年第6期)。

(三)从综合因素考虑城市化道路看，又有两种模式：

1.多元、复合城市化模式

管益忻认为，"我国初级阶段城市化的依托基础无论是在总体发展、产业结构，还是在空间开拓、效益追求上，都是多层次、多元化的复合发展"模式。其机制类型主要有三种："(1)规模城市化。规模城市化是随着规模经济的生成发展而生成发展的城市化，指依靠在一定地点上大规模投资，形成企业群、产业体系，以及相伴而建起来的基础设施、服务系统等，使城镇、城市从无到有，从小到大的发展过程。""(2)据点城市化。这是一种借助乡镇企业的生成发展而形成的城市化，是直接同农业——农村工业化相对称的城市化。""(3)高科技城市化。这种城市化同以上两种城市化都不同。在本质上属于现代化的城市化。或者说，能直接同人类社会发展的第三大形态——信息社会联接起来的城市化。"(《论多元、复合城市化》,《江海学刊》1990年第2期)

2.四层结构体系模式

康就升认为，中国城市化道路的选择应是四层结构体系模式。即："(1)现有城市和城市人口的继续城市化。是指城市体系的现代化质量。""(2)集镇体系的延伸城市化。指一部分处于交通枢纽点、商品交换频繁和活跃、经济发达的集镇羽化为城市。""(3)农村社区和农村人口的递进城市化。指一部分农村地区变为城镇地区，农村人口呈现出分阶段、有层次、多形式向城市化演变的过程。分阶段，即与城市化阶段相适应。有层次，指农村人口城市化是分层次的，即农村人口的初次转化(就地转移)、中层转化(向集镇转移)和高层转化(向城市转移)交织并存。多形式、所含内容包括乡村城市化、农村人口'离土不离乡'；农村人口集镇化、大量农村人口转移到集镇；农村地区变为城镇地区，农村人口以'农转非'的形式向城镇迁移；以流动人口的方式向城镇移动的潜在城市化(主要指农村人口在城乡之间的钟摆式流动)等等。(4)村落区域和乡村居民生活方式的跟踪城市化。指随着整个社会经济的发展和农村的繁荣，村落区域自身在生产方式上逐渐向城市跟踪、看齐，并在条件成熟时接近或达到城市居民的水平"的过程(《中国城市化道路的再思考》,《农村经济与社会》1990年第4期)。

(张　虹)

区 域 经 济

区域经济发展战略与政策

1991年，区域经济理论讨论的中心议题是"八五"期间和90年代我国区域经济发展战略与政策的抉择

问题。归纳起来,大致有以下几种观点:

一、适度倾斜、协调发展论

陈栋生、魏后凯认为,"'八五'乃至90年代,我国经济布局和地区经济发展仍不得不走倾斜发展的道路。但我国是一个多民族的大国,东部沿海、内陆腹地和边境地区,汉族地区和少数民族地区之间、城乡之间的协调发展,不单纯是经济问题,更涉及到民族团结、社会安定以至政局稳定的大问题"。因此,"倾斜发展必须以保持社会稳定与经济协调为前提,地区倾斜必须适度,必须与区域间协调发展相结合。适度倾斜和地区协调发展相结合,应作为'八五'时期乃到90年代我国经济布局和地区经济发展的指导方针和基本战略。"(《我国经济布局与地区经济发展的指导方针》,《开发研究》1991年第1期)还有人对此进一步补充说:"如果倾斜过度,将会产生两方面的严重后果:一是导致地区经济发展不平衡的程度严重加剧,使地区间差距急剧拉大,并超越人们社会心理所承受的范围,从而不利于社会稳定和民族团结,有悖于稳中求发展的方针;二是破坏长期形成的区际产业关联,不利于合理的区际分工格局和地区产业结构的形成,从而降低宏观经济效益。"(中国区域经济学会区域经济政策课题组:《90年代中国区域经济政策研究》,《管理世界》1991年第1期)

二、非均衡增长论

朱明春认为,"作为发展中的大国,非均衡增长应该成为我国区域经济增长中长期战略的基本取向"。(1)从理论上看,"随着国民经济增长,区域间差异呈倒'U'型变化,即在一国经济增长初期,区域间收入水平差异会逐步扩大,而进入成熟增长阶段后,这种差异则会趋于缩小";(2)"从现实选择上看,发展中国家在处理区域经济问题时,必须以效率为第一目标,也只有通过高效率的发展才能得到真正的平等"。因此,"采取区域经济非均衡增长战略不仅能提高国民经济整体效率,促进整体发展,同时也能缩小区域间收入差距。"(《论我国经济发展中的东西部关系》,《经济纵横》1991年第7期)

三、效益与均衡兼顾论

刘再兴认为,"国家的宏观布局有两大政策目标:一是效益;二是均衡。""全国宏观布局合理的政策目标取向,应是寻求效益与均衡最佳的'结合区间',即如何处理东西关系、相对发达地区与不发达、欠发达地区间的关系,既保证有较好的整体效益和适度的速度,又不致过分拉大地区间的差距以至差距有所缩小,至少是把差距的扩大幅度控制在较低点上"。"在本世纪内,两个政策目标合理的'结合区间'应当是,区间的一端,以不影响2000年全国第二步战略目标的实现为界限,即保证后10年全国国民生产总产值年增长6%,经济效益至少回升到80年代初的水平,全国人均消费水平在1989年700元/人的基础上再翻一番,达到1400元/人,大体上是小康水平;区间的另一端,以不致出现两极分化、保证社会安定为界限,即使东西差距不再扩大或适当缩小,至少是把后10年东西差距的扩大幅度控制在较低点上,如3个百分点内。"(《协调区域关系改善生产布局》,《开发研究》1991年第5期)

四、产业倾斜论

王学军、刘建武认为,要"坚决摒弃那种单纯的地区倾斜政策,确立以产业倾斜为主带动区域经济发展的思想"。"各类政策(包括中央政府的区域发展和布局政策)必须确立产业政策的中心地位,区域经济发展必须服从国家产业政策的指导,一定时期的重点发展地区或重点扶持地区将通过产业政策倾斜来实现。"(《关于区域经济关系的治理和整顿》,《科学·经济·社会》1991年第2期)

五、分层重点区域倾斜论

有人认为,"对向东部重点倾斜的政策,不能完全否定,但是需要补充完善,克服其片面性"。今后,我国应实行"以产业倾斜为主的分层次的重点倾斜政策",即"从国民经济长期持续稳定协调发展需要出发,以国家规定的产业政策为主要依据,以优势区位和发展条件为导向来布置区域经济发展"。"由于东部地区在经济技术和对外开放等方面在整体上具有更大的优势,因此在发展高加工产业、高技术产业、外向型经济方面还是全国最大的重点地区。但是,对于中、西部的一些资源密集、发展能源原材料工业条件优越的地区,对于一些具有大中型企业和'三线'工业优势、经济技术条件好的中心城市、经济发达地区,也应当根据国家发展能源原材料工业和高水平的投资类机电产业,进口替代产业及出口创汇产业的需要,扶植相关产业发展,实行重点倾斜"。这样,"以产业倾斜为主的分层次重点倾斜政策,表现在区域关系上也就是以东部为主的中部西部多层次的区域重点发展。"(西安交通大学西部地区生产力研究课题组:《我国西部地区经济发展战略研究》,《中国工业经济研究》1991年第5期)

六、三环结构论

张宝通认为,应该"用三环结构去指导区域经济发展",逐步建立区域经济新格局。即"处于周边地带的沿海和边疆构成外环,重点发展外向型经济,以各自不同的模式发展出口导向产业;处于内地中心地带的武汉为中心的江汉平原、西安为中心的关中地区、重庆为中心的成渝地区构成内环，主要面向全国市场，提高水平，重点发展进口替代产业；介于内外环之间的黄河流域和皖—赣—湘—黔—滇—川一线，构成中环，重点发展能源、原材料及其相关产业，既为外环服务，又为内环服务，三环合理分工，各展所长，互相补充，互相促进。"(《建立我国区域经济的新格局》,《开发研究》1991年第4期)

七、一个半重点论

徐炳文认为，如果将全国划分为一、二、三、四线地区，那么，"全国生产力布局呈波浪型：一线最高，二线稍低，三线稍高，四线较低"。从生产力区域分布(其中也包括科技生产力的分布)看，我国生产力布局格局已经形成"一个半重点"的战略态势。即"一线地带占60%左右，二线地带占15%左右，三线地带占26%左右，四线地带占1.6%左右。"由此出发，我国的生产力布局应采取"一个半重点"的发展战略。即"一线地区是重点，三线地区是半个重点，或叫非重点中的重点地区。它们之间不是平分秋色的关系，而是一个重点带动半个重点，半个重点保证一个重点，最终实现一个半重点相结合，全面带动整个国民经济持续、协调、稳定地向前发展。"(《中国生产力分布的现状及区域发展政策》,陈栋生主编:《区域经济研究的新起点》,经济管理出版社1991年版)

八、"弗"字形网络布局论

杨承训、阎恒认为，"我国的生产力布局，应当在'三'字型梯度推移论的基础上，加以完善、补充，弥补它的缺陷"。今后，采取"'弗'字型网络布局比较合适"，"这就是东中西三大地带，中间横穿两大东西向的经济条带，一个是长江经济带，一个是沿黄——陇兰经济带。此外，南北两边还有其它小型东西向的经济带。"(《论"弗"字型网络布局》,陈栋生主编:《区域经济研究的新起点》,经济管理出版社1991年版)

(魏后凯)

世界经济

世界政治经济新格局

一、世界政治经济新格局的特征

目前，世界政治经济格局正处在大变动时期。新格局的形成，将直接影响到世界经济的发展和国际经济新秩序的建立。因此，我国世界经济学家们结合世界政治的新发展，深入讨论了世界政治经济格局的特征问题。

李琮认为，随着苏联东欧的剧变，美苏两极体制已结束。"从经济上说，世界正在走向美、日、德三极格局，至于从综合国力方面看，前苏联仍然是强大的，中国的国际地位也在进一步提高。总之，世界格局从两极走向多极的大趋势已经形成。"(《加强世界经济与政治的研究，为建设有中国特色的社会主义服务——纪念中国共产党成立七十周年》,《世界经济》1991年第7期)罗肇鸿也认为，"美苏争霸的冷战格局已经结束，以美国为主的美欧日三极体制的新格局已见端倪。""在这个新旧交替时期，世界局势可能更加动荡不安。"(《海湾危机演变为战争，影响波及世界》,《世界经济》1991年第3期)

裘元伦认为，正在形成中的世界经济新格局有四大特征："第一，社会主义暂时进入低潮；第二，在整个世界经济中，西方的有利地位进一步增强，美国、西欧、日本企图共同主宰世界，前苏联将经历一个长期的困难过程；第三，在西方经济中，美国相对衰落，日本地位继续上升，统一后的德国将变得比以前更加强大，它们三国正在逐渐形成三足鼎立之势；第四，在南北经济关系中，由于原先就存在的力量不对称性的进一步增强和时局急剧变动等因素合力作用的结果，大多数发展中国家处境困难，暂时削弱了'南方'的地位。"(《国际经济新秩序：从"二战后"走向"冷战后"》,《世界经济》1991年第9期)

李述仁从另一个视角分析了90年代国际经济格局，认为，其基本特征可概括为："一个焦点、南北两极、三个三角、四个层次和五大利益集团"。具体是：(1)国际竞争的焦点——高科技。(2)穷国和富国——南北两极。(3)三个经济三角：发达资本主义国家、社会主义国家和发展中国家为一个大三角；西欧、北美和西太平洋地区是一个中三角；美国、欧洲共同体和日本是一个小三角。(4)经济发展四个层次，即国际分工的四个梯级：

工业发达国家、新兴工业化国家(地区)、正在工业化的国家和初级产品生产国。(5)五大利益集团:经济发达国家、新兴工业化国家和地区、石油输出国组织、重债务国和主要初级产品出口国(《90年代国际经济格局的基本特征》,《世界经济研究》1991年第1期)。

周纪荣在分析了东西方冷战结束,缓和成为世界的大趋势,世界力量对比开始有利于西方发达国家的两个重大变化后指出,当前世界格局的新特点是:(1)这次世界格局的重大变化是在和平条件下发生和发展的;(2)冷战局面虽已结束,但冷战的"惯性效应"在一个时期中对国际社会仍起作用;(3)国际形势复杂多变,有许多捉摸不定的因素,使我们对未来5~10年世界格局变化的预测遇到很大困难;(4)建立冷战后国际秩序的前景,取决于世界各种力量特别是大国之间的较量变化(《世界格局变化的趋势》,《现代国际关系》1991年第2期)。

赵桂林从世界战略格局的高度,分析了国际政治格局演变的过程,认为与两极格局时代的基本特征相比,多极战略格局将呈现新的特征:(1)各极在战略组合中的多边性;(2)各极在发挥作用时的非主导性;(3)各极在对抗关系中的可控性;(4)各极在运用手段中的多样性;(5)各极在权衡相互利益时的兼容性(《关于世界战略格局的几个问题》,《现代国际关系》1991年第2期)。

二、西方国家经济的滞胀

80年代,我国学术界曾就"西方经济是否已走出滞胀"问题进行过认真讨论。进入90年代,西方经济再度恶化,我国学者再次展开争论,但重点已深入到滞胀与周期性经济危机的关系。

仇启华等人认为,滞胀是反映资本主义经济发展过程的一个本质的、长期的、全面的规律性现象,而不是一种表面现象。滞胀的根源在于国家垄断资本主义所固有的矛盾。滞胀可以缓解,也可以恶化。从根本上说,这是70年代以来周期性经济危机与持续性经济"滞胀"两个因素共同作用的结果。"持续性的'滞胀'与周期性的危机是两个规律性,而非同一个规律性。但是,持续性的经济'滞胀'与周期性的经济危机并不排斥,而是并存共进,共同决定资本主义经济发展过程。一方面,经济发展仍会出现时高时低的周期性波动,在周期的繁荣阶段仍会出现较高的增长率;另一方面,经济发展在一个较长的时期内平均地看,仍处于一种持续性的低水平,故不能说经济已经走出了'停滞'状态"。西方经济"滞胀"之所以不可避免和不易摆脱,这是由国家垄断资本主义所固有的矛盾所决定的。国家调节政策侧重点的变动,也会影响西方经济的发展过程。"在'滞胀'的条件下,当实行严厉的紧缩性政策时,'胀'可以缓和,但'滞'却会变得突出;当实行扩张性政策时,'滞'可以缓和,但'胀'却会变得严重;当采用某种特定的政策,有可能以牺牲经济的其它方面为代价,在一定时期提高经济增长率或压低物价上涨率,特别是在经济周期的复苏、高涨阶段。但这只是'滞胀'的缓解,而不是'滞胀'的摆脱。因为其病根并未消除,只是病痛向其它经济因素的转移。"(《西方经济"滞胀"发展变化探源——基于美国经济的分析》,《世界经济》1991年第5期)

薛伯英认为,越来越多的经济指标证明,美国经济中的"停滞膨胀"现象已再次由隐性变为显性。他引用美国《纽约时报》创造的新词"呆滞膨胀"来概括"呆滞的经济增长"与"通货膨胀"相结合的现象,以证明美国经济已重新陷入滞胀之中。他认为:"'滞胀'是美国经济所患综合症的一种表现,是它的一个组成部分,但不是全部。'滞'与'胀'这两种现象之所以同时出现,并共生在一起,直接地是由美国政府长期推行赤字财政政策和信贷膨胀政策所导致的"。"'滞'与'胀'并存,加上孪生高赤字、高利率、高债务和频频发生的美元危机,它们相互交织,彼此掣肘,此消彼长,便构成为美国今天的经济综合症。结论只能是,70年代以来的'滞胀',充其量经过短暂的、部分的缓和之后,又再次在不只美国一国由隐性变成显性,而且充分证明它具有难以治愈的性质。"(《从"停滞膨胀"到"呆滞膨胀"看美国的经济病》,《世界经济》1991年第2期)

刘传炎不同意美国经济在80年代并未走出"滞胀"的观点。他认为,80年代美国经济和西方经济经过几年回升,已经暂时从"滞胀"中走出来,但却陷入"高失业——高赤字"的新困境中。美国"高失业——高赤字"的新病长期不愈,他认为有如下两个因素:"一是在高失业与孪生赤字之间以及财政赤字和外贸赤字之间存在互相加剧的内在机制;一是美国政府在决策上又存在顾此失彼的矛盾,难以解脱"。美国经济陷入"高失业——高赤字"的新困境,"这说明国家垄断资本主义内在矛盾并没有解决,而是改变了这一矛盾借以表现的形式,美国经济长期没有从这一困境中走出来,又说明美国政府尚未摆脱调节政策的危机。"(《是"持续滞胀"还是"高失业——高赤字"》,《世界经济》1991年第9期)

三、西方国家经济发展的周期

从1990年7月开始,美国经济在经历了长达92个月的持续增长后,陷入了一次新的衰退。我国世界经济学界对此进行了深入的讨论。

李长久认为,“在90年代,西方国家经济周期的同步性可能进一步减弱,这些国家即使都发生一次经济衰退,很可能还是非同步性的”。主要依据是:(1)美国财政赤字问题有可能趋于缓解,加上其它有利因素,美国经济发生严重衰退的可能性减少。(2)西方国家之间的经济发展越来越不平衡,正在逐步形成美国、日本和欧洲共同体三足鼎立的经济格局。但随着跨国公司的发展,西方经济又越来越相互依存。(3)世界经济区域化、集团化的进程加快,特别是欧共体内部统一大市场的建设、北美自由贸易区的形成和东亚经济圈的筹建,将导致在90年代末形成以三个地区为主的世界经济格局。(4)科学技术将加快发展,但各国仍将存在差别,哪个国家在科技领域,特别是在开发高技术产业的竞争中处于优势,那个国家抗经济衰退的能力就将大大提高。(5)90年代西方国家之间的经济关系,仍将是既竞争,又协调(《西方经济周期同步性可能进一步减弱》,《世界经济》1991年第8期)。

陈宝森在分析这次美国经济衰退的新特点时认为,“金融方面的问题的确很大”,“债务爆炸以及由此造成的恶果给这次衰退刻上了自己的印记。但是,债务爆炸的影响首先还是推动了物质生产部门的过度发展”。“信用的扩张支持了80年代物质生产的高涨和经济的长期繁荣,但也导致生产过剩,它反作用于金融业又使银行和信贷协会被迫清理、裁员、倒闭。于是就给人以金融疫病流行的感觉。这种金融病在历次经济危机中也是有的,不过这次更加突出而已。其所以突出的另一个原因是相对说来生产过剩在制造业领域不如过去严重。”(《美国1990年经济衰退的新特点》,《世界经济》1991年第8期)

黄苏认为,80年代的持续经济增长,并没有积累起严重的生产过剩。将美国经济引向这次衰退的,主要不是堆积在仓库或码头的钢铁、服装或其它制成品,而是战后以来一直稳定增长的服务业和金融业产生的动荡(《浅谈美国这次经济衰退的背景》,《世界经济》1991年第8期)。陈耀庭、汪全银、陈漓高等人也持这种看法(见《世界经济》1991年第8期)。

郑伟民不同意上述看法。他认为,“科学技术革命及其引起的产业结构的变化和服务业在国民经济中的比重增大,虽然对周期性的生产过剩危机起了缓冲作用,改变了经济危机的展现形式,却并没有消除资本主义国家周期发生的经济危机,也没有改变危机的生产过剩的性质”。“在当前这一次美国经济衰退中,服务业尤其是金融领域中存在的一些问题应该引起人们的高度重视,建立在庞大债务基础上表现得十分尖锐的金融危机已构成这次经济危机的一个引人注目的特点。可是,我们如果过分强调这次危机在服务业尤其是金融方面的特点,而无视危机的根子仍深植于物质生产领域,无视这次危机是一次新的周期性的生产过剩危机,那是不妥的”。“各种经济指标表明,美国这次经济衰退仍然是由物质生产领域中的日益加剧的生产过剩引起的,金融危机只是加剧这次经济衰退的一个重要因素”。“有的学者认为,服务业在国民经济中比重的迅速增大,使其越来越独立于经济周期的运动之外,越来越不受生产过剩危机的影响,这也不符合事实”。“这个现象有力地证明,服务业包括金融业不可能完全独立于资本主义经济周期的运动之外,不可能完全摆脱物质生产领域中周期性发生的生产过剩经济危机的冲击。因此,在资本主义制度下,科学技术革命可以与其它因素一起影响经济周期的运行,使各次经济危机具有各种特点,有时可以起到推迟危机爆发和缓和危机的作用,但科学技术革命不能消除资本主义周期爆发的经济危机。”(《服务业不能完全独立于经济周期的运动之外》,《世界经济》1991年第8期)

四、在新的世界经济格局中“四小”的外向型经济转型

吴能远认为,外向型经济是发展中国家为实现工业化而实行的发展战略。作为一种特殊的机遇,亚洲“四小”已完成了工业化,目前经济增长速度开始放慢,因此,其外向型经济已经完成了历史使命,到了必须扬弃的阶段,以建立起类似发达国家的经济体制(《东亚地区外向型经济的发展与转型》,《世界经济》1991年第1期)。

谈世中对此提出了不同意见。他认为,(1)发展战略是人们为实现某种目的而制定的较为长期的、综合的、全面的计划或规划,是人们主观的东西。外向型经济,作为经济的客观形态,反映了人们在一定条件下的生产活动。其重要特征是:经济增长的出口导向化;产业结构的出口中心化;生产要素的国际化;企业经营的跨国化;经济机制运行的自由化。因此,外向型经济是根据比较利益原则,发挥本国或本地区的资源相对优势,积极参与国际分工与国际交换,使其与国际市场紧密相连,成为世界经济一体化一部分的经济。(2)外向型经济不仅仅属于发展中国家,它最早起源于西方资本主义国家,是其生产力发展超越国界的必然结果。帝国主义经济实际上是建立在掠夺殖民地基础上的外向型经济。战后,日本将外向型经济推到顶峰。亚洲“四小”是受日本经济成功的启示,走上发展外向型经济道路的。因此，外向型经济包括发达国家的发达外向型经济和发展中国家的不发达外向型经济。(3)实行外向型经济的确需要机遇，但机遇不是绝对的，真正起作用的是其内部因素。而且机遇是经常出现的，关键是能不能及时抓住它。外向型经济的发展将促进国际市场的扩大，这又增加了实行外向型经济的机遇。(4)亚洲“四小”已基本完成了工业化，目前增长速度放慢，进行经济调整，这仅是外向型经济的深化，其目的是使外向型经济更好地适应变化了的国际新环境，而不是外向型经济的“转型”和“扬弃”。如果说在深化中有什么“转型”，仅是其产业结构的转型，即从劳动密集型产业结构向技术密集型产业结构的过渡(《亚洲“四小”外向型经济已完成历史使命，必须扬弃吗？——与吴能远同志商榷》，《世界经济》1991年第5期)。

(张宝珍)

经济集团化和国际化

一、经济集团化和国际化的关系

目前，世界经济呈现国际化和集团化并存的大趋势。随着科学技术和国际分工的发展，世界经济也越来越联成一个有机整体，“纯粹的民族经济”已经不再存在。但是，与此同时，欧共体筹建统一市场、北美自由贸易区的形成和亚太经济合作的加强，标志着世界经济区域集团化进入了一个新阶段。如何看待经济集团化和国际化的关系，观点不一。

郑伟民认为，“区域集团化虽然是资本主义经济发展不平衡的一种表现，但不应把它同经济国际化对立起来，二者不是此长彼消的关系。当前的区域集团化恰恰是经济国际化趋势加强的一种表现，是经济国际化发展过程中的一个更高层次。”(《经济国际化与区域集团化》，《世界经济》1991年第1期)

施岳群的观点稍有不同，他认为，“经济国际化和地区集团化之间是相互依赖、相互矛盾的辩证关系。可以说国际化中有集团化，集团化中又有国际化。集团化是国际化大趋势中的集团化；国际化又是集团化过程中的国际化”。“二者有矛盾的一面；但它们有以生产国际化和国际分工向纵深发展的共同基础，因而又同时存在，并且都在发展，并不是一种趋势完全排斥另一种趋势”。“地区性经济集团化是经济国际化在其发展的一定阶段必然会存在的特定形式，或许是世界生产力发展一定阶段的一种优化组合形式，有其存在的合理性。当然，它只是走向全球经济国际化的一种过渡形式，不会永恒存在。”(《论90年代经济国际化和地区集团化的趋势》，《世界经济文汇》1991年第1期)

二、经济集团化对世界经济的影响

徐康宁认为，“经济区域集团化由世界经济不平衡发展引起，但反过来又会加剧世界经济发展不平衡的矛盾”。首先，世界经济区域集团化的发展趋势，使得在全球范围内发达国家与发展中国家经济发展不平衡的矛盾更加突出，拉大了发达国家与发展中国家的经济差距。其次，世界经济区域集团化的趋势激化了发达国家之间的摩擦和矛盾，发达国家之间的经济竞争将更加激烈，发展不平衡的现象将更加突出。再次，经济区域集团的形成和发展，也不能消除集团内部经济发展不平衡的现象。最后，世界经济区域集团化趋势又从经济上使发展中国家(地区)之间的经济差距进一步扩大(《经济区域集团化与世界经济不平衡发展》，《世界经济》1991年第10期)。

郑伟民不完全同意这种看法。他认为，“区域集团化无疑会削弱多边贸易体制，加深各经济集团之间的抗衡和矛盾，从而为世界经济和世界贸易的发展带来消极影响。可是，现阶段的区域集团化对世界经济和世界贸易的发展也会产生积极的影响，在各个区域经济集团内部，由于妨碍生产要素自由流动的各种障碍减少和消除，资源可以获得更合理和更有效的分配，竞争和兼并活动的加剧，将加快产业结构的调整，提高生产效率和经济效益，降低成本，从而有助于世界经济的发展和世界贸易的扩大”。“当前的区域集团化或区域经济一体化的趋势恰恰是经济国际化趋势加强的一种表现，是经济国际化发展过程中的一个更高的层次。在区域集团内部生产要素的自由流动，大大加强了资本的相互渗透，加深了国际分工和经济上的相互依存，这些又加速了生产和资本的国际化。”(《经济国际化与区域集团化》，《世界经济》1991年第1期)

有人认为，经济集团化对世界经济的影响，还表现在它势必使贸易保护主义加强，这同关税与贸易总协定的自由贸易体制相违背。但也有人认为，关贸总协定对有关贸易集团有法律约束；而且，通过集团的贸易创造效应，能促进总协定下的多边贸易发展。集团间的贸易摩擦，需要总协定来协调和解决。所以，经济集团化与关贸总协定的自由贸易体制并不违背(《当前世界经济格局——中国世界经济学会第四次全国中青年学术讨论会纪要》，《世界经济》1991年第9期)。

世界经济集团化趋势在实践中对国家主权问题产生了冲击，从观念上对国家主权提出了挑战。首先是国家主权是否可分的问题。现代经济中，货币、信贷、技术、信息和投资等因素在经济实力对比中的决定作用，远远超过土地的作用，而这些因素的运动日益摆脱国界的限制，一些传统主权中认为是以本国为主的事务，如税收、产量权等，具有超越国界的影响。“由于与土地相脱离，这部分主权可以同其它主权相分离，这种分离并不意味着失去，而是不再单独行使属于自己主权的权力”。其次是主权是否能共享的问题。在现代经济中，由于主权是可分的，集团内各国出让的主权将组成一种可共享的新的主权——“集团主权”。这种集团主权在推动成员国实现最大化利益的过程中更为有效(《当前世界经济格局——中国世界经济学会第四次全国中青年学术讨论会纪要》,《世界经济》1991 年第 9 期)。

三、经济发展水平差别较大的国家能否形成经济集团

对于这一问题的看法，大致有两种观点。一种观点认为经济发展程度比较悬殊的发达国家与发展中国家之间很难形成经济集团，经济集团化只能在发达国家之间进行。至于发达国家与发展中国家，特别是社会制度不同的国家，很难形成经济集团。发达国家和发展中国家结成经济集团，对前者有利而对后者不利。

另一种观点则主张，经济发展水平参差不齐的国家可以组成经济集团。理由是:其一，在当前经济国际化日趋加强的情况下，任何一个国家的经济都不能单独存在，势必通过各种渠道同外界发生经济联系。而不同类型国家组成同一个经济集团，不仅适应了经济国际化之需要，也是促使这些国家经济获得发展的重要保证。其二，随着科学技术的日新月异，社会生产力获得了迅速发展，而生产力的发展又促使国际社会分工朝着多层次的方向发展。经济发展水平参差不齐的国家组成经济集团，可以通过扩大国际分工，使比较落后国家的经济结构得到调整。其三，当前有的经济圈中的发达国家与发展中国家已经搞起了经济联合(《关于世界经济集团化趋势几个理论问题的探索》,《世界经济》1991 年第 10 期)。

(张宝珍)

关于对资本主义再认识问题

在对资本主义再认识过程中，有人认为，资本的社会化缓解了资本主义社会的基本矛盾。栗思提不同意这种看法。他认为，“基本矛盾表现为资本主义生产无限扩大的趋势和劳动人民有支付能力需求相对缩小之间的矛盾。问题就出在战后西方经济的高度发展和产品泛滥，生产无限扩大已经达到即使用数万亿美元的国内外负债也无法吸收的地步，于是传统工业衰落了，长期萧条出现了。这种状况只能证明基本矛盾是加强了而不是缓和”。“从长期看，大规模经济结构的调整和新的科技革命是摆脱长期萧条的两个强大的力量。从本质上、从历史规律看，结构调整和科技革命则是基本矛盾激化的表现”。长波论将科技革命作为决定经济发展的唯一因素，实际上是对科技的迷信。“70 年代中期以来出现的长期萧条和世界范围的大规模经济结构的调整以及国家垄断体制的改革，都是国家垄断的生产关系严重束缚了生产力发展的反映”。因此，他认为，战后资本主义经济发展的基本趋势不是迅速发展。尤其在 70 年代和 80 年代，西方已经进入长期萧条时期。针对某些文章关于“资本主义不是垂死、腐朽而是具有很强或者具有强大的生命力”的观点，他认为，“说它垂死是不对的，但说它腐朽还是成立的，因为资本主义社会的大量腐朽现象都是在严重的经济危机之后产生和蔓延起来的。说资本主义还有相当的生命力是可以的，但说它还有强大的生命力未免言过其实。”(《“对资本主义的再认识”与长期萧条问题》,《世界经济》1991 年第 1 期)

在对资本主义再认识的过程中，有人曾提出过“趋同论”的观点，认为当代资本主义制度和当代社会主义制度越来越具有相似的特征，从而使两种制度互相靠近，走向一种既非资本主义也非社会主义的混合型社会。张文儒从所有制、经济运行体制、管理方式三个方面对趋同论进行了分析，认为它把现代社会许多表面上相同或类似的现象片面地摘取，并加以夸张，却忽视了它们之间更为持久和更为重要的差异，其主要理论基础之一是唯技术决定论，具有迷惑性(《评“趋同论”》,《北京大学学报》1991 年第 1 期)。

(张宝珍)

中　国　经　济　史

中国经济思想史

一、新的研究内容

巫宝三认为，各个时代、各个思想家的经济思想，大抵可分为三个方面：一是“作为经济思想基础或出发点的哲学思想”；二是“对于各种经济问题的见解、主张和政策方案”；三是“对于各种经济现象和问题内在外在关系的分析”。而在古代，一位思想家的经济思想往往只涉及其中的一两个方面，而且以前两方面的思想居多。所以，除了要着重说明经济哲理和政策性思想之外，还要努力探索思想家在政策性论述中连带所做的经济分析，并阐明其重要意义（《论中国古代经济思想史研究主要方面及其意义》，《中国经济史研究》1991年第1期）。他还提出了在编译中国古代思想家最卓越的经济论著选集、开展专题经济思想、断代经济思想方面深入研究的设想（《富国富民——立足于宋代的考察·序二》，北京出版社1991年版）。

二、研究模式

赵靖认为，不能将只适用于特定社会形态或特定历史条件的经济思想研究模式，作为一个普遍适用的理论模式。中国经济思想史与西方经济思想史的研究对象有所不同。西方经济思想史一般以资本主义时代的经济思想作为重点研究对象，所以，其基本模式为“商品——资本”的研究模式；而从中国历史来看，中国从未经过资本主义时代，商品——资本关系在中国社会从未有过充分的发展，对商品经济有关范畴的探讨、论述也较少，所以不能照搬“商品——资本”模式作为中国经济思想史的研究模式。中国经济思想史以中国封建时代的经济思想作为其主要研究对象，当时，地主土地所有制所产生的劳动者剩余劳动形式为地租、赋税和徭役的形式，封建地产及其地租、赋役成为封建社会一切经济问题的中心，对这些问题的讨论，也就自然而然地构成了封建时代经济思想的中心。因此，研究中国经济思想史应当采用“地产——地租、赋役”的模式（赵靖主编《中国经济思想通史·导论》（第一卷），北京大学出版社1991年5月版）。

三、中国经济思想史的史料学

叶世昌认为，研究中国经济思想史必须重视搜集广泛的史料，并对史料进行深入细致的考证，然后在此基础上正确、恰当地分析和运用史料。他认为，研究历史人物的经济思想，容易造成研究者轻视史料的倾向；不注意掌握史料，仅凭历史人物的几本著作来研究中国经济思想史，是很难对该历史人物的思想进行正确分析和评价的。再者，只有充分掌握史料，才能正确地判断每个历史人物思想的来源及对前人的发展（《关于中国经济思想史的史料学》，《河南师范大学学报》1991年第1期）。

（魏　众）

市场价格理论

何炼成将中国古代的市场价格理论分为轻重理论和其它理论两类。他将西周的轻重贵贱观、单旗的子母相权论，《墨子》的轻重贵贱论和《管子》的轻重价格论归入轻重理论这一类，并认为这些思想之间存在着明显的发展脉络，是对货币与商品供求关系等轻重问题进行的理论分析；而在中国古代，除轻重理论外，还存在着“供求决定论”、“货币数量决定论”与“功力决定论”等多种市场价格决定理论。其中，明代丘浚的价格的“功力决定论”已接近了劳动价值理论（《中国历代思想家的市场价格理论》，《西北大学学报》1991年第1期）。

（魏　众）

道家是儒家经济思想的深层土壤

陶一桃认为，从道家的道法自然导出的无为无不为原则，是道家学说的哲学依据；而其所设想的顺应自然的最好方法是“返朴归真”。所有这些，形成了儒家经济思想的深层土壤。他认为，儒家强调“仁”与“礼”，即是迫使人们在“克己复礼”的过程中丧失人的主动性。故而对一般人而言，“仁”和“礼”不是自为的，而是他为的，久而久之，其结果似有为而实无为。此外，儒道均以内省的方法教育人，亦即将外部力量向自身压来，以外来力量战胜自己。人们越“有为”——按封建礼教修炼自身，就越变得“无为”——越发消极保守，囿于封建纲常礼教之中。儒道的融合,使儒家的思想发生了变形。由于道家无为思想的掺入,先秦儒家"贵义贱利"的思想,发展为反对求利的思想,从以"用之以礼"为前提的相对崇俭观,发展为形儒内道的绝对崇俭观。在分配问题上,"损有余补不足"取代了先秦儒家"不患寡患不均"的思想,成为此后绝对平均主义的思想渊源。儒道的融合,产生了儒家经济思想的惰性,更加剧了传统经济思想对中国社会经济发展的消极影响(《儒家经济思想之深层土壤——兼论中国经济思想史中的儒道融合》,《求是学刊》1991年第6期)。

(魏 众)

孟轲的赋税思想

张守军认为,孟轲的赋税思想是孟轲"恒产论"和井地方案的重要组成部分。其中,"恒产论"是孟轲赋税思想的理论基础,"劳心者治人,劳力者治于人"是孟轲赋税思想的基本前提,因为"劳心者"的物质生活需要及国家机器运转所需的物质资料必须由"劳力者"所提供的赋税来保证。他认为,孟轲赋税思想遵循"薄税敛"的征收原则,主张只征农业税,不主张对其他行业征税;而农业税的征收办法,亦只实行"助"法(即劳役税),而反对"贡"法(即实物税),把西周时代通行的什一税率和井地方案中提出的"九一而助"看作是最合适的税率。同时,他还十分注意保护农业生产的发展,反对赋俭过多和徭役征发破坏农时。其中,他的只征农业税而不向其他行业征税的思想,成为后人反对重农抑商的理论依据(《孟轲的赋税思想》,《齐鲁学刊》1991年第5期)。

(魏 众)

许行经济思想的学派属性

唐任伍认为,划分学派的标准"应当以中心思想的异同为标准"。他认为,从许行及其门徒产生的社会基础来看,许行主张自食其力,先秦不少避世之士以此为务;从许行代表的"先王观念"来看,同道家一样崇尚"神农之法",而"非先王尧舜之道";从许行思想一贯精神来看,主张"君民同耕",而反对国君"厉民自养",是道家"无为"思想的继承和发展;从理想人物的人格形态来看,将与人民同耕作、自食其力、不取租税的人物尊为"贤者";从其思想联系来看,与老子剖斗折衡的小国寡民思想有千丝万缕的联系。所以,许行经济思想渊源于道家,即许行经济思想学派属性应为道家(《论许子的学派属性及其思想》,《中国经济史研究》1991年第2期)。

(魏 众)

《大学》《中庸》中的经济思想

朱家桢认为,《大学》《中庸》中涉及到的经济思想,反映了先秦儒家经济思想发展的一些重要内容。《大学》的德本财末思想,是孔子"为政以德"思想的发展,它并非为了回答人民所需物质生活资料重要性的问题。而是为了解决维持国家政权这一基本问题。《大学》的财民聚散论认为,聚民则民财两得,聚财则民财两失。它是以儒家民本主义思想为基础,是从治国战略的角度而非财政的角度去解释问题的。《大学》的义利论和生众用舒论,在理论上丰富和发展了儒家义利论和富国富民论。《中庸》中的来百工论,是儒家来民思想的发展,其将手工业者提到与农业并重的经济地位,是儒家经济思想中仅见的。《中庸》的素位不外论,是对儒家传统等级财富观所作的新的理论论证(《<大学><中庸>中的经济思想》,《中国经济史研究》1991年第2期)。

(魏 众)

宋代经济思想研究

叶坦的《富国富民论》是研究宋代经济思想的一部专著,该书对许多中国经济思想史的传统观点进行了再认识。

一、王安石新法的阶级利益分析

叶坦从免役法、青苗法、均输法、市易法等多条重要法令出发,对王安石新法进行了分析,认为王安石新法是《管子》、桑弘羊、刘晏富国思想的继续,它一方面抑制了大地主富商的经济特权和利益;另一方面,也扩大了对广大贫苦劳动者的剥削,而中小地主及中等商贾"所受影响较小或许受益",从而在阶级或阶层利益方面呈现出两头小、中间大的枣核形曲线。

二、《农书》中的农业技术经济思想

叶坦认为,《农书》中提出了在土地利用问题上要统筹兼顾、综合治理的系统工程思想,这也是《农书》中经济思想的最突出特点。此外,《农书》中还提出了财力相称、地力常新的经营主张,并要求人们尊重自然规律,能动地利用资源,因地制宜开展合理经营。而且,

《农书》中还将养牛、桑蚕业同种田一起组成全书的统一体系，体现了大农业的思想。在该书中还贯穿着重视效益、提倡合理经营的思想观点。

三、提出了“工商皆本”的思想

叶坦认为，中国经济思想史中“本末”观念的演变，大体经历了三个主要阶段。首先是战国思想家韩非确立了“农本工商末”的概念和“重本抑末”的政策观念；尔后，东汉的王符提出各业并重，农工商业均有“本末”之分的观点，这是对战国以来传统观念的修正；而第三阶段则为南宋的叶适和陈耆卿，提出了“抑末厚本，非正论也”和“士农工商皆本业”的论点，对传统本末观进行了彻底的批判与否定。所以，叶坦认为，“工商皆本”思想始于宋代，此后的思想观念则是对宋代“工商皆本”思想的继承和发展。

四、“称提”和“称提之术”

叶坦不同意叶世昌、胡寄窗等人对“称提”的解释，提出“称提”的本义在于权衡，也就是使不同物品符合一定比例、平衡、对应关系，而“称提之术”则是从“称提”本义引申出的稳定与提高纸币的币值之理论与措施(《富国富民论——立足于宋代的考察》，北京出版社1991年1月版)。

（魏　众）

朱元璋的经济政策思想

程念祺认为，明太祖朱元璋的经济政策思想的根本，在于“理财之道，莫先于农”，他不遗余力地大规模推行以军屯为主的屯田政策。为建立一个广阔的、有利于国家实行超经济强制剥削的小农经济体制，推行黄册制度和鱼鳞图册制度，进行人口和土地清查，他确定以里甲制度为基础收取实物与劳役地租。同时，他还将商业和手工业税率减至三十税一，客观上放松了对手工业和商业的限制。在财政来源方面，朱元璋唯一重视的是通过发展小农经济来获取赋税与劳役。根据他制定的小农经济体制，只要用度有节，国家财政自然入多出少，又何须较工商业的“细利”；而不较工商业的“细利”，正是为了保护和发展小农经济(《论朱元璋的经济政策思想》，《上海经济研究》1991年第2期)。

（魏　众）

王流玉、王茂荫货币思想比较

陈玉光、王煜对王流玉、王茂荫的货币思想进行了分析比较。他们认为，在鸦片战争前后，由于白银外流、银贵钱贱，造成了清政府的财政紧张，王流玉和王茂荫为解决银荒问题，提出了各自的发钞主张。但由于他们各自所依据之货币思想的不同，造成了他们发钞主张的异同。其主要异同为：(1)发钞出发点不同，王流玉主张发钞的最直接目的是“足君尤先”；王茂荫则明确提出发钞的出发点是“既有利于国，又无累于民”。(2)在纸币的性质方面，两人都赞同发行不兑现纸币，观点比较接近。(3)在纸币的发行数量方面，王流玉从名目主义货币观出发，不承认金属货币与纸币的差别，因而无法提出限制纸币发行数量的合理依据；王茂荫作为一位“承认不兑现纸币可以加入流通的特殊金属主义论者，已经较深入地认识到了纸币流通和金属币流通的关系”，他提出了限制发钞，反对通货膨胀的政策主张(《王流玉、王茂荫的货币主张比较与启示》，《金融研究》1991年第4期)。

（魏　众）

张之洞的经济管理思想

陈钧认为，张之洞论证了工业与商业、工商业与农业以及交通与各经济部门发展之间的关系，提出了以农业为基础、工业为中心、交通和商业为手段的国民经济整体性思想；以及各部门间协调发展的思想。在此基础上，张之洞主张积极的经济开发，并采取优惠措施，以鼓励社会发展。他还提出以物质基础为后盾的自强方略，以加强与外来经济侵略的抗争。而同时，他还倡导以“官权”为中心的经营方式，以加强对企业的干预与控制。所有这些都表明了张之洞经济管理思想的过渡型特质(《张之洞经济管理思想简论》，《中国经济史研究》1991年第7期)。

（魏　众）

张謇的会计理论

赵友良认为，张謇已经认识到固定费用与变动费用的关系问题，具备了规模增加会使单位成本降低的思想。他破除一年一次预算的旧理论，提出了在垦殖业中宜以较长时期进行预算，并在执行中严格掌握的新预算思想。他还将公积金从资产净值中抽出来，作为偿债基金。张謇已具有较高的会计理论水平(《张謇——一位具有较高会计理论水平的企业家》，《财经研究》1991年第10期)。

（魏 众）

孙中山“耕者有其田”思想萌于何时

胡显中不同意“孙中山的‘耕者有其田’思想形成纲领是在1924年，公开表露是在1912年8月对袁世凯的谈话”的说法。他认为，早在1899年孙中山与梁启超、章太炎的谈话中，就已讨论了土地国有问题，提出了“必能耕者而后授以田”、“夫不稼者不得有尺寸耕土”的思想。在1905年，孙中山向国际社会党执行局书记胡斯曼介绍他的党之纲领时谈到：“土地全部或大部为公共所有……由公社按一定章程租给农民”。所以，胡显中认为，“孙中山关于革命后实行‘耕者有其田’的思想萌蘖的时间……大约在19世纪末”。他又认为，孙中山早年的“耕者有其田”的主张没有公诸于世，没有写进革命组织的经济纲领，其原因在于“完全是为了争取更多、更广泛的同盟者、同路人，为了求同存异，为了化解革命道路上的阻力。”（《对孙中山早期土地思想的再认识——〈孙中山集外集〉披露一则史料读后》，《学术月刊》1991年第6期）

（魏 众）

孙中山的人口思想

余德仁认为，从谋求祖国繁荣昌盛的角度出发，孙中山反对马尔萨斯人口论，将人口数量多寡视为决定国家和民族盛衰兴亡的一个重要因素，主张人口众多，才能御侮图强。他认为，孙中山将实行民生主义作为解决中国人口问题的关键，强调发展农业生产以解决吃饭问题，以全国统筹计划解决穿衣问题，以“节制资本、制造国家资本”来解除人民的痛苦，从而提高人口数量。在解决中国人口分布不平衡的问题时，孙中山提出了“殖边移民”的主张。他还将提高人口素质，“恢复民族精神”作为恢复民族地位，改变祖国贫困面貌的首要问题（《孙中山的人口思想研究》，《河南师范大学学报》1991年第1期）。

（魏 众）

穆藕初经济思想

钟祥财认为，穆藕初提出了棉业为中心的实业主张，充分肯定了农业的基础作用，将商业兴衰看作衡量国力强弱的一项重要标准。穆还论证了金融、交通运输与经济发展的关系，提出了对税收制度的改进意见。可以说，穆藕初对国民经济各部门有着广泛而全面的认识。在企业管理方面，他大力宣传和推广了机器化大生产和科学管理理论，并提出了许多独到的见解与主张（《穆藕初的经济思想》，《上海经济研究》1991年第4期）。

姚中利则从经济发展思想的角度分析了穆藕初的经济思想。他认为，穆藕初已充分认识到经济发展在近代中国的重要意义，并认识到坏败的政治、落后的经济制度和人才资源的缺乏，都是中国经济发展的制约和阻碍因素。穆还认为，工业能提高农业产品的价格，促进商业的繁荣，因而是“惠民益商裕民足国之枢纽”。而在发展顺序上，他又将农业放在了首要的地位（《穆藕初的经济发展思想与现代发展经济学》，《北京大学学报》1991年第3期）。

（魏 众）

陈嘉庚经济管理思想

郑学益认为，陈嘉庚的经济管理思想可以用“诚”、“信”、“果”、“毅”四个字加以概括。陈嘉庚在经营企业时，把“诚”摆在首要位置，以忠诚国家、真诚服务社会作为企业全体成员的价值观念和目标追求；与此相适应，他又突出强调“信”，以作为公司调节处理各方面关系的主要道德规范；“果”即果敢，是陈嘉庚企业在竞争中图生存、求发展的精神基础；陈嘉庚在经营企业过程中体现出的惊人的毅力，则代表了他的经营风格（《著名华侨实业家陈嘉庚的企业经营管理思想》，《科技导报》1991年第1～2期合刊）。

（魏 众）

中国近代经济史的中心线索问题

中国近代社会是一个半殖民地半封建社会。这是当前学术界的共识，没有分歧。但是，这个社会发展的趋向是什么？贯穿着一个什么样的中心线索？对此则所见各有不同。从50年代开始的关于中国近代史的历史分期问题讨论中引出的一个重要成果，是首次提出应把中国资本主义的产生和发展放在中国近代史中心线索的重要位置上。最近10年间，学术界在再讨论中又出现一些不同的观点。

李时岳认为，“近代中国社会的发展，实际上存在着两个而不是一个趋向：一是从独立国家变为半殖民地(半独立)并向殖民地演化的趋向;一是从封建社会变为半封建(半资本主义)并向资本主义演化的趋向",形成一个"向下沉沦"、一个"向上发展"同时并存的趋向(《中国近代史重要线索及其标志之我见》,《历史研究》1984年第2期)。

汪敬虞提出了"两种趋向"论。他认为,"把半殖民地半封建这个统一体割裂开来,把帝国主义的侵略同中国封建社会的变化对立起来",便"没有指出一个总的线索,也就是没有明确贯穿整个中国近代历史的中心红线";此论"把资本主义的发展作为中国近代史的中心线索",是"符合本质的","至少,在中国近代经济史研究的领域内",是"富于指导意义的"。但是,"又没有概括事物本质的全部"。他从宏观上分析了中国近代经济史事,并以此作为论据,认为,"一个完全符合中国社会本质的中心线索,应该是中国民族资本主义的发展和不发展";而在这个线索中,"不发展是主导的一面"。宜据此"研究中国近代经济的半殖民地性和半封建性,研究中国近代经济的内在症结和它的历史走向"。关于发展和不发展问题,汪敬虞作了如下补充:它"既有历史进程上的同时出现,即有所发展而又不能充分发展的同时出现;又有点面之间的并存,即城乡之间以及经济部门和领域之间的发展和不发展的并存。"(《论中国近代经济史的中心线索》和《中国近代经济史中心线索问题的再思考》,《中国经济史研究》1989年第2期和1990年第2期)

丁日初赞成以资本主义经济的发展作为中国近代经济史研究的中心线索。认为,任何新生事物的成长,都要经历一个曲折的过程;中国资本主义,包括国家资本和私人资本,在近代中国有发展,但不能充分发展,就其基本趋势说,是向前发展的,获得了显著的成长,是发展过程中的主流;殊不必把"不发展"归结于中心线索中去。

凌耀伦认为,为了确切地表述这一中心线索应以"中国资本主义经济的缓慢发展这一提法为宜"。

李时岳则认为,汪敬虞的构想——中国资本主义的发展和不发展,实际上是"沉沦观"的一种新形式;即承认资本主义的发展是历史的进步,但随即用"不发展"来淡化乃至取消这种进步的意义,实际上仍是"历史的沉沦"。又对汪敬虞所概括的中国资本主义的发展和不发展的历史条件,对史事的叙述,认为至少是缺乏历史观点的。

代鲁认为,中国近代经济史的中心线索,只能以外国资本——帝国主义的入侵作为中轴线,辅以本国资本主义发展与不发展和封建制的破坏与保持,方较妥贴。

在"笔谈"中,还另外有些看法。如:有人认为,要重视中国近代经济落后的内因,"既要看到帝国主义侵略的作用,更要着眼于内部封建经济结构,不能把后者'置于次要地位"。

杜恂诚同意研究中国资本主义的"'不发展',较之研究它的'发展',具有更重要和更深刻的历史意义和现实意义的观点。"

李时岳认为,"外国资本主义是近代中国社会经济中极为重要的成份,以往我们仅仅着眼于它的掠夺和奴役,而讳言它的推动和促进,也就不可能揭示近代中国社会经济发展的全貌;""我们又何必讳言外国资本主义充当历史的不自觉的工具的作用呢?"(以上均见《笔谈:关于中国近代经济史的中心线索》,《中国经济史研究》1989年第3期)。

此外,严中平对汪敬虞的看法提出了不同意见。他认为,一般说来,出现在中国土地上的资本主义,包括中国的资本主义、官僚资本主义和民族资本主义,它们又各有自己的特殊性,最显著的一条是帝国主义在中国的资本主义和官僚资本主义都只有发展,没有不发展的问题。从这一角度说,不能把民族大资本主义的发展和不发展看作是中国资本主义,而它虽有了某些发展,但没有成为中国社会经济的主要形式,不能对其它矛盾发挥领导和决定的作用,不能成为中国近代史的中心红线。还指出,"撇开半殖民地半封建这两个主要矛盾,另立中国资本主义的发展和不发展作为近百年史的中心红线,把视线引向纯经济现象上去,忽视政治、军事的强制作用,就经济论经济,我以为不足取。"(《关于中国近代经济史中心线索问题的追讯——严中平致汪敬虞》,《中国经济史研究》1990年第4期)

(夷 贞)

中国近代化问题

一、中日两国近代化指导思想的比较

作为中国和日本两国近代化起点的洋务运动和明治维新,历来有颇多的比较研究。近十年来,在经济史领域也屡有论文从不同角度进行分析。江秀平认为,洋务运动和明治维新既是中日两国近代化的起点,又是中日两国造成差距的关键阶段。其原因固然是多方面的,复杂的,而指导思想和理论基础的差异,毕竟也是关键原因之一。

江秀平剖析了洋务运动指导思想"中体西用"和明治维新指导思想"和魂洋才"的实质后,指出:二者有许

多相似之处;但在运用上,存在着明显的差异。首先表现在对西方文化态度的不同上。中国传统文化深忌"用夷变夏"有失国体,带着防范心理,抱着忍辱负重的态度,被迫引进西方文化,其目的仍是为了加强和维护"中体",在器物的层面上接受西学即"西用"。日本则不然,它对西方文化持积极主动态度。正当中国拘守在"以中国之伦常名教为原本,辅以诸国富强之术"之际,日本却在派遣"欧美使节团"考察、研究"欧美诸洲开化最盛之国"之行中,决定"凡是可予我国有益之事,概当研究熟览"(〔日〕《派遣欧美使节事由书》中语)。这样,"中体西用"把中西文化二者隔裂开来;而"和魂洋才"则把二者融合起来,但不是"简单地掺和在一起",而是"兼取东西方文化之长,重新创造出具有本民族特色的新的文化"。

其次,在运用上也互不相同。这里单以经济方面为例。洋务运动和明治维新中之创办近代企业,都不是从本国的工场手工业发展起来的,都不是本国资本主义萌芽发展的结果,而是在短期内移植西方的大机器工业所形成的。中国由于只局限在引进西方科学技术和工厂企业,不仅制度没有作出相应调整,以保护物质文化的创造和发展,而且企图以军火武器和科学技术的"西用",来维护古老的封建制度和伦理纲常的"中体"。这样,虽然所作的引进符合那个时代的迫切需要,具有积极意义,但封建主义的中体和资本主义的西用毕竟存在着不可调和的矛盾,幻想在封建的生产关系的基础上发展资本主义,到头来,封建的生产关系总是顽固地抑制和阻碍先进生产力的发展。"官督商办"就是这种矛盾的产物。矛盾的结果,总是官权侵吞商利,压制企业的经营积极性,使它的进一步发展受到抑制。另一方面,在企业外部,官督商办凭借"官权",对市场和行业在不同程度上实行垄断,使资本主义的自由竞争和价值规律无法充分展开,阻碍了资本主义的自由发展。而在日本,明治维新虽和中国一样,也有过创办官办和半官半民企业的曲折,但能够及时总结经验教训,从1881年起,在"殖产兴业"政策下,由官办示范劝导改为将官办企业廉价处理给私人资本家,从而壮大了私人资本的实力,促进了商业资本向产业资本的转化,终于成为中日两国近代化拉开差距的关键性的一步(《洋务运动与明治维新指导思想之比较》,《厦门大学学报》(哲学社会科学版)1991年第3期)。

二、中国资本主义未能顺利发展的原因

帝国主义侵略对中国近代资本主义的产生,在客观上起了某种刺激和促进作用。可是,从鸦片战争起,到中华人民共和国成立的109年间,中国资本主义并未得到顺利发展,社会生产力尤其是农业生产力长期停滞,甚至大幅度倒退,其原因何在?刘克祥对此做了探索,认为是帝国主义的"自觉"的残酷掠夺和破坏,缩小和抵销了"不自觉"的刺激和促进作用,最后成为"负数",乃至严重阻碍和窒息了中国资本主义的发展。

首先,帝国主义的掠夺手段,主要是勒索赔款,高利贷剥削、公开盗窃等。仅仅赔款一项,从鸦片战争到清灭亡,总额近白银13亿两,比1885～1895年10年间中国财政收入总和还多4亿两。如果用这笔赔款来创办企业,可以创办象清代最大军工企业——江南制造局那样的企业2400家;或者象最大的民用企业——汉阳铁厂那样的企业220多家。如此巨款源源流入帝国主义的腰包,中国焉能不穷?中国资本主义和整个国民经济发展的资金焉能不匮乏?

其次,帝国主义更主要和经常的掠夺手段,是凭借条约特权和经济优势,在原料收购和工业品倾销中实行不等价交换;中国生产者不但普遍得不到盈利,连生产成本也收不回来,甚至不能维持简单再生产。从表面上看,帝国主义的侵略确实刺激了中国商品经济的发展,但由于这种发展是生产者的生产规模不断缩小,投入市场的不少商品是生产者的消费必需品,或生产资料所形成的一种萎缩的、畸形的商品经济;这样,希冀发展资本主义,不啻南辕而北辙。

再次,关于商品经济的普遍规律,资本主义发展的必由之路的两极分化在中国的反映问题,作者认为,由于大部分商业和工业利润流往国外,其结果,主要是贫困一极的积累极少、甚至没有货币一极的积累。这种"一头沉"的两极分化,导致大量的劳动力失去了生产资料。在资金异常短缺的情况下,数量过多、价格过于低廉的劳动力的存在,不仅严重阻碍手工业和工场手工业向机器工业的过渡,也影响现有企业对先进机器设备的采用和资本有机构成的提高;在某种场合甚至连畜力的使用在经济上也不合算,导致社会生产力和劳动生产率的下降,最终影响了资本主义的发展。

他还认为,帝国主义侵略对中国近代资本主义发展的阻碍,最严重和最深远的,还是对农民的掠夺。这又反映在两个方面:(1)近代农村经济随着帝国主义侵略的深入,发生了相当大的变化,一些地区商业性农业扩大,农产品商品化程度明显提高,但是,农村中的资本主义生产关系并没有得到相应的发展。作为近代农业资本主义经营主要形式的富农经济的极度虚弱,使农民既不能给工业提供足够的商品粮和原料,也无力购买工业品,反过来限制和窒息了城市资本主义即新式工业的顺利发展。(2)帝国主义的侵略固然给予小农经济以一个不小的冲击，促使自然经济趋向解体，但这种解体并没有给破产农民提供新的、相应的就业门路，他们只能继续求救于农工合一的经济结构；农业经营规模愈小，愈需要"以副补农"。农工合一的小农的商品生产，除了延缓和阻止着自然经济的解体过程，从它本身也不能分化出资本主义企业主和手工业工场主外，还挤占了资本主义的部分原料和产品市场。这样，便更难以期望资本主义的顺利发展了(《<中国近代经济史，1840～1894>评价》，《中国经济史研究》1991年第1期)。

(夷 贞)

中国近代国情

一、人口和耕地的量的估计

人口和耕地构成国情、国力的基本要素，在相当程度上制约和影响着社会经济的发展；尤其是对旧中国这样一个农业大国，其重要性更为明显。章有义认为，我们对历代人地数量的研究仍较薄弱，他根据自己所掌握的史料，做了一番"有根有据的估计"，把中国近代各个时期的人口数和耕地面积，分别制成一表。这里予以简化，按四舍五入处理，改制如表1，供进行宏观研究的同志们参考。

表1　　单位：万人、万市亩

人、地＼年	1817	1851	1887	1912	1928～1936	1949
人口	36543	43630	37617	45524	51079	54583
耕地	105026	107685	112596	125927	141696	144440

根据表1，他把1812～1949年这137年间的人口、耕地和人均耕地的变动趋势，制成表2。

表2

	1812年	1851年	1887年	1912(或1914)年	1932(或1933)年	1949年
人口指数(%)	100.00	119.39	102.93	124.57	139.77	149.36
耕地指数(%)	100.00	102.53	107.21	119.90	134.92	137.53
人均耕地(市亩)	2.87	2.47	2.99	2.77	2.77	2.65

根据表1和表2，他提出：在这137年间，不论是人口还是耕地，除了1860年前后的20余年间的农民战争和清军的残酷镇压造成大量人口损失以外，其余年份都在持续增长，且人口的增长比耕地的增长快。与此相适应，人均耕地面积由期初的2.87市亩降至期末的2.65市亩。人们往往误认为人均耕地不到3亩是近代或解放后新出现的问题，其实早在19世纪初年即已如此了。

这137年间人口平均增长率仅为2.9‰，不但远低于清代中期的1741～1793年的15.14‰和1793～1849年的4.95‰；即使与同一期间世界各国(除法国外)相比，也是较低的。国内外一些人口论者，把这样低速增长的人口压力说成是近代中国贫穷落后的主要原因，这是缺乏充足根据的。

近代中国人口和耕地增加较快的时期，是19世纪末叶至抗日战争前夕。其中，人口增加较快的年代是1887～1912年，耕地加速扩大的年代是1914～1933年。这些事实都同许多近代史家的印象相反。

最后，作者着重指出：不能无条件地把耕地面积的扩大归结为农业生产力的增长。由于农民贫困又兼劳动力不足，也有可能"俭种薄收"，农业生产力实际在下降。只有结合耕地的实际有效利用率和单位面积产量，才能正确估量农业生产力的水平(《近代中国人口和耕地面积的再估计》，《中国经济史研究》1991年第1期)。

二、中国近代的资本和产业资本估值

吴承明就自己以往所写的和参与主编的论著中有

关中国资本集成和工、农、交通运输业的估计，作了修订和重新估算。这里把有关资本估值和产业资本估值的两表转录如下：

表 3　　**资　本　估　值**　　单位：万元

	1894 年	1911/1914 年*	1920 年	1936 年		1947/1948 年***国统区(1936 年币值)
				关内	东北	
资本总额	113719	483845	719882	2014543	565844	1424518
C 产业资本	12155	178673	257929	554593	444463	654992
D 商业资本	74884	234168	317000	500295	60932	382348
E 金融业资本	26680	71004	144953	957156	38783	387178
其他				2499	21666	
外国在华企业资本	21370	184608*	239000	501174	426667	111650
C 产业资本	5406	102125	133000	195924	375834	73414
D 商业资本	9284	67968	87000	119295	18932	15348
E 金融业资本	6680	14515	19000	183456	10235	22888
其他				2449	21666	
官僚资本	4757	52296*	90205	765625	47647**	767079
C 产业资本	4757	47807	66952	198925	23529	420079
D 商业资本	—	—	—	3000	—	3000
E 金融业资本	—	4489	23253	563700	24118	344000
民族资本	87592	246941*	390677	747744	91530	545789
C 产业资本	1992	28741	59977	159744	45100	161499
D 商业资本	65600	166200	230000	378000	42000	364000
E 金融业资本	20000	52000	102700	210000	4430	20290

* 外国资本为 1914 年统计数，官僚资本为 1911 年统计数，民族资本为 1913 年统计数。

** 指伪"满洲国资本"，其产业资本中未包括由南满铁道会社托管的财产 147060 万元。

*** 原则上是两年中的较高值。

表 4　　**产业资本估值**　　**单位：万元**

	1894 年	1911/1914 年*	1920 年	1936 年		1947/1948 年国统区(1936 币值)
				关内	东北	
产业资本总额	12155	178673	257929	554593	444463	654992
A 工　业	7745	66622	106484	324001	176379	370812
制造业	5755	38686	64505	217466		
公用事业	213	9673	15042	65342		
矿冶业	1777	18263	26937	41193		

续表

	1894 年	1911/1914 年*	1920 年	1936 年		947/1948 年国统区(1936 币值)
				关内	东北	
B 交通运输业	4410	112051	151445	230592	268084	284180
铁　路	691	98417	128950	120493		151490
公　路	—	—	—	52435		62240
轮　船	3248	12711	20247	48413		} 57280
民　航	—	—	—	2866		
邮　电	471	923	2248	6385		13170
外国在华企业资本	5406	102125*	133000	195924	375834	73414
A 工　业	2791	37690	50000	145128	108750	62446
制造业	2587	21236	28000	84486	75417	26052
公用事业	204	5107	7000	39699	24167	27552
矿冶业	—	11347	15000	20943	9166	8842
B 交通运输业	2615	64435	83000	50796	267084	10968
铁　路	—	56064	73000	15714		
轮　船	2615	8371	10000	33516		} 10968
民　航	—	—	—	1566		
官僚资本	4757	47807*	66952	198925	23529**	420079
A 工　业	3063	8417	11414	34034	23529	159874
制造业	1561	2284	2945	15937		
公用事业	—	939	1983	8847		
矿冶业	1502	5194	6486	9250		
B 交通运输业	1694	39390	55538	164891	(147060)	260205
铁　路	691	36467	51043	100993		151490
公　路	—	—	—	52435		62240
轮　船	532	2000	2247	3778		26130
民　航	—	—	—	1300		7175
邮　电	471	923	2248	6385		13170
民族资本	1992	28741*	57977	159744	45100	161499
A 工　业	1891	20515	45070	144839	44100	148492
制造业	1607	15166	33560	117043	44100	116261
公用事业	9	3627	6059	16796	—	19471
矿冶业	275	1722	5451	11000	—	12760
B 交通运输业	101	8226	12907	14905	1000	13007
铁　路	—	5886	4907	3786	—	—
轮　船	101	2340	8000	11119	1000	13007

＊外国资本为 1914 年统计数,官僚资本为 1911 年统计数,民族资本为 1913 年统计数。

＊＊"满洲国资本",又括号内数字系委托南满铁道会社经营的财产,已计入外国企业资本。

＊＊＊原则上是两年中的较高值。

(《中国近代资本集成和工农业及交通运输业产值的估计》,《中国经济史研究》1991 年第 4 期)。

三、近代中国的二元经济结构

王翔认为,近代中国的二元经济结构是构成今日中国国情的最重要的内容。这种二元经济结构突出地表现为一系列的不平衡。首先是区域之间的不平衡;如在口岸城市商品贸易的迅速发展,各类大小工厂的纷纷设立,居民消费水平中的生活方式的相应变化呈现出畸形资本主义的繁荣。与此形成鲜明对照的是,中国农村基本上仍然滞留在中世纪的古老的沉寂之中。近代中国的城市与农村、内地与沿海的发展脱节,达到了惊人程度。

其次,是经济结构的不平衡。又分两个方面:一是出现了资本主义和近代机器大工业；但直到1949年，远未实现向资本主义工业社会的过渡，仍然是一个极端贫弱落后的农业国，居于主体地位的仍是以小农经济为核心的封建经济。二是行业之间和行业内部的不平衡。就前者而言，近代中国并没有形成一个基本完整、相互协调的国民经济体系。以工业部门为例，饮食、纺织等行业得到了一定程度的发展，机器制造和钢铁冶炼等重工业则相当薄弱，代表当时工业发展方向的高科技尖端行业则寥若晨星。就后者而言，同一行业内部也总是新旧生产方式的合二而一：资本主义经营的高级形态、低级形态和前资本主义经营形态并行，近代机器生产与传统手工操作并举，以及各种不同经济成份并存。

作者认为，社会生产力的孕育、诞生、成长和蜕变的过程，总离不开纵向的继承和横向的渗透；在任何一个历史时段上都会合乎逻辑地出现两代甚至三代生产力并存共生的"二元结构"。他对近代中国经济的二元结构"已往论者大多对之持否定和批评的态度"表示了自己的看法，认为，与其说这是社会生产力发展水平低下的原因，不如说是它的结果。并认为，它的消失，也必须有待于社会生产力的充分发展，想要人为地过早消灭它，最终不是加速，而只会延缓现代化的过程(《现代中国经济转轨与现存二元经济结构》，《江苏社会科学》1991年第2期)。

(袁　贞)

"洋务运动"中的几个问题

一、中国近代资本主义发展道路问题

徐泰来认为，"从官办到官督商办、官商合办、再到商办，这是中国资本主义发展所走过的一条特殊道路。"(徐泰来：《洋务运动新论》第200页)

王承仁、刘铁君不同意这个观点，认为这种看法不符合中国近代资本主义发展的历史实际。他们论证道：按时序说，中国近代资本主义首先产生于商办企业，它不是从官办企业开始的。其次，洋务派自己办的工厂企业，也没有循着上述那条"特殊道路"发展。历史事实说明，中国近代资本主义一开始就存在两种不同性质、不同经营形式的企业，没有同一的发展轨迹。所谓统一沿着一条"特殊道路"发展的论点，完全是虚构的。他们认为，李鸿章等对于中国当时社会经济发展趋势和外国经济侵略的深化对中国的危害也有一定认识，但都没有利用自己所掌握的权力和对清政府的影响，在力所能及的范围内，给商办企业以支持、鼓励和保护。其办民用企业，并不象日本明治政府那样，是示范、推动和带动私人创办企业，而是用官督商办去限制、压抑私人办企业。这种做法虽然能在一定时期和一定范围内满足部分人投资于近代企业的要求，对中国近代资本主义的产生起了一定的积极作用，但限制和阻挠私人兴办企业，却从根本上束缚了中国资本主义的发展，是人为地扭曲了中国资本主义发展的正常轨道，是一条发展官僚买办资本主义的道路，严重阻碍了民族资本的发展，没有正确反映中国社会经济发展的方向(《略论洋务派民用企业的性质和作用》，《武汉大学学报》(社科版)1990年第4期)。

二、关于北洋官僚资本的议论

从70年代末起学术界对官僚资本展开了热烈讨论。一种意见认为，在中国近代出现过官僚资本，而且从清末到民国的国民党统治时期。"一脉相承"。另一些人则对官僚资本的存在持异议，认为这是个政治概念，无论是洋务企业还是北洋政府经办的企业，都是民族资本中的国家资本主义企业(《中国近代史年鉴》，1985)。

在这两年里，杜恂诚就所谓"一脉相承"说，兼及官僚资本的问题发表了自己的见解。认为在北洋军阀统治时期，由于政权不统一，造成了官办和官商合办企业的不稳定，这些企业中有的转为民营，有的沦于相互割据的地方军阀之手。因此，国家资本主义即曾经被认为是官僚资本主义的企业，不仅没有发展，反而瓦解中断(《北洋政府时期国家资本主义的中断》，《历史研究》1989年第2期)。

姜铎认为，近代中国有过官僚资本，至于名称上是否叫做国家资本主义，这个问题可另行讨论。他认为，北洋企业的性质应该属于官僚资本。虽然北洋企业确实存在着向民族资本转化的倾向，但毕竟只是北洋企业的一部分和一个方面。如果从其大多数和大框架来看，北洋企业基本上仍然保持着官僚资本的形态。不能把局部当作全体，片面地、笼统地把北洋企业统称为民族资本。他对官僚资本的经济学上的概念，是旧中国的国家资本主义的看法没有异议，但分歧的基本点在于旧中国国家资本主义究竟属于何种性质。他认为，旧中国历届政权具有买办的、封建的性质，有一个发展过程：晚清政权是从纯封建性质逐渐倾向买办化；北洋政权的封建性质很浓厚，买办性有所发展；国民党政权的买办性大大加强，封建性则有所减弱，发展成大地主大资产阶级政权的完整形态。三届政权所拥有的国家资本主义的性质，也伴随政权性质的演变而演变。买办性和封建性的有无和多寡，是区别旧中国官僚资本和民

族资本的主要标志。而对北洋企业中“出现解体、失控和转化”现象，作为北洋官僚资本的特点来研究是可以的，但作为北洋官僚资本中断的根据则不足。北洋官僚资本还是上承洋务企业，下沿国民党四大家族企业而客观存在的(《略论北洋官僚资本》,《中国经济史研究》1990年第3期)。

三、早期洋务企业举借外债是一种正当手段说

招商局于1883年首开洋务企业举借外债之先例。此后约十年间，其它企业，如湖北织布局、铁政局和上海织布局等，也先后举借。对于这些史事，竺菊英认为，以往论者之“苛责”，认为是对外国资本的“乞求”，有失“偏颇”。她认为，鉴于1883年上海金融风潮冲击下的金融环境，在国内资金难筹的情况下，谋求外资是一种正当手段。当时借款态度谨慎，对一切过份、非法的条件概不接受；而且借款期间从未将企业管理权授予外人，与此后之因举借外债而使企业沦于外国债权人控制之下不可同日而语。她认为，当时一些洋务企业虽然借了外债，遭到外国资本主义的盘剥与压制，但是，假若不借债，势必陷企业于破产。二者比较，实是“两害相权取其轻”，应该有其可予以肯定的一面(《论19世纪80年代洋务企业资金来源的变化》,《江海学刊》1991年第3期)。

(奭　贞)

近代、现代农业史中的几个问题

一、关于地主经济制问题

赵冈认为，《本世纪二三十年代我国地权分配的再估计》(于《中国社会经济史研究》1988年第2期)一文，对中国近代农村中论定地主、富农占70～80%的说法是偏高了，实际的比例在50～60%之间的论断“举证丰富，推理谨严，说服力很强”。并同意文中的如下叙述：“长期以来，人们惯于把土地关系狭隘地理解为租佃关系，即地主和佃农的关系，而把农民小土地所有制视为无足轻重的因素，不是一笔带过，就是根本不提。实际是，小自耕农占有土地达40～50%，或者说40%左右，乃是中国近代土地关系的一个重要组成部分。”但有两点“质疑”：(1)认为事实上地主经济制此一理论的提出，不但无人为之举证，而且从一开始就有许多破绽。主张此说者，都同时持有下面三个并存的结论：一是地主所有制下地主、富农占总人口不足10%，但占有70～80%的耕地。二是封建社会是自然经济，自给自足；地主经济是封建制度的诸种形式之一，所以也是自然经济。三是地主经济的残酷剥削，地租率都在50%以上，有时甚至高达60～70%直至80%。如果这10%的人占地80%，平均收租60%，则全国农产量的48%要到达他们手中。如果他们食用了10%，尚余38%，是烧掉?还是无偿送还佃农？若地主、富农把这些农产品卖到农村之外，则这种经济就不是自然经济。这是个内在矛盾。(2)租佃制不好的地方不重复论述，但愿意指出，租佃制有一项明显的作用，那就是透过地主之征收地租，一部分粮食可以由农村销至城市。换言之，租佃制有破坏自然经济的强大力量。而且，租佃制度使产权单位与经营单位分离，灵活性很大，可以视经济效率所需，做必要的安排。现代国家的租佃，仍是朝这个方向发展，众多的小地主把土地租给大农户，以专业知识及现代化的农机与栽培技术经营大农场。他进而论定：租佃制可以根据不同的经济条件，不同的时代，发挥不同的制度灵活性，使资源作较合理的分配。租佃制对于现代国家，如比利时、法国、荷兰、前联邦德国等国扩大农场规模的贡献，是功不可没的(《地主经济制质疑》,《中国社会经济史研究》1989年第2期)。

二、近代农业生产数字史料的辨伪利用问题

近几年来，中国经济史——包括农业史——领域，出现了一个计量研究的可喜现象。但这些研究所引以为据的统计和估计，在可靠程度上却彼此相差悬殊。追溯其原因，可作出如下评价：首先，张仲礼著《中国绅士的收入》(英文)，由于时代条件所限，缺乏可靠材料，所提供的农产数字，大都出于猜测和臆断，算不上有根有据的估计。〔美〕费维恺采用了张仲礼所著书中耕地面积数字，又嫌面积太少，将农业产值提高1/3(〔美〕费正清主编：《剑桥中国晚清史，1800～1911》(中译本)第9、19页)，“只能被认为是一种猜测”，“被看作虚构的数字”，据以得出什么近代农业发展的趋势，当然是不能反映实际，不能令人置信的。北洋政府农商部编辑的《农商统计》，早已受到种种非议，但至今仍在有人在利用。实际上，其中矛盾百出，错误之处举不胜举，是不足凭信的。相对而论，国民政府和金陵大学农业经济系的调查统计，如分别刊载于《统计月报》和《农情报告》中的数字，则较为可信；但也不应盲目信赖，全然信以为真，须作具体分析，谨慎斟酌。计量分析对于历史，尤其是对经济史的研究固然重要，但必须有比较切实的数量可据。否则，表面上给人以具体的、确切的印象，而实际上反而使读者为数量之外衣所迷惑，容易接受不正确的结论(《关于中国近代农业生产计量研究的几则根据》,《中国社会经济史研究》1990年第2期)。

三、关于永佃制

永佃制在19世纪60年代以后成为江南地区一种

主要的租佃制度。段本洛对有人根据这一事实便以为“封建剥削减轻了”,“甚至认为江南无封建”的看法提出异议。他认为,永佃制其时在江南所以盛行的起因,在于经过农民战争的风暴,地主阶级为了解决农业劳动力的不足便于招徕佃户,因而在租制上所进行的一种变革。此制的普遍流行,由于农民取得田面权——也是一种土地的产权,“具有相对的独立性,地主不能随意夺佃,租额也较普遍租佃略低”,因而起过促进农业生产力发展的作用。可是,由于土地的所有权仍然控制在地主手里,佃农所取得的永佃权只是“在保证足额交租的前提下”才存在。因此,“佃农取得永佃权,便被拴缚在土地上”,“所受到的封建剥削并未减轻。”“有‘田面权’的租额虽略低,但如果把佃农购买‘田面权’所付价格的利息计算在地租内,则实际的租率并不比普通租田低”。他认为,地主运用政权力量收取地租的情况依旧;地主阶级从太平天国一失败起,请准官府创设“收租局”,旋改“租栈”,直到本世纪20～30年代“田业公会”和40年的“田业联谊会”的设置,名称虽有异,但“实际换汤不换药”。而且“同政府的勾结更为紧密”,“使地租日益增加超经济的强制性”。他的结论是,永佃制在江南的盛行,既没有减轻农民所受的封建剥削,更不是所谓“江南无封建”。

段本洛又认为,永佃制这种“租佃关系,把佃农拴缚在土地上,固定在小农经济的结构里”;“经过多子分居,分裂出一个个的小农经济体”。这种“以私有制为基础的依附于统治地位的封建经济”,对于小农业同家庭手工业结合的经济结构“起着胶合作用,严重地阻滞着自然经济的瓦解”。“它的发展只能增强自然经济或半自然经济的坚韧性”。“这是中国社会生产力长期停滞,小农经济长期汪洋大海般存在,农民群众陷于贫穷与落后的一个重要根源”(《永佃制与近代江南租佃关系》,《苏州大学学报》(哲学社会科学版)1991年第3期)。

四、关于货币地租

货币地租作为自然经济的对立物,一般地说,既是封建地租的最后形态,又是封建地租的解体形态。有些学者据此就把清代地租形态的变化与货币地租的发展,称作中国资本主义萌芽的三大历史前提之一;也就是认为若没有清代的货币地租,便不可能有中国的农业资本主义的萌芽。陈克平对这种观点提出异议。他认为,“清代货币地租的发展水平,远不足以承担起作为新的生产方式萌芽的历史前提的重任”。他同意前人某些结论——在中国历史上货币地租最早出现在官田或半官田上和多半见之于菜园杂粮地、沙地、洲地或山场,等等。但此外,他又补充以货币地租还可推而及于宗族的和地方的共有田上。他认为,之所以形成这些特点的原因,是官田(如学田)和宗族、公共设施的共有田收纳货币济用比收纳实物后上市出售更为方便。而就土质一般比较差的山地、杂粮地而言,则主要原因有二:一是因为所种植的多半是经济作物,地租也就用货币来交纳了;二是山场、旱地往往过于荒瘠零碎,每年生产所获不稳定,田主管理也不便,难以计租,不如折钱省事。根据这些特点,他认为,对清代的货币地租的地位和作用,应有一个新的认识。即:中国货币地租的实际情况与马克思在《资本论》中所描述的中世纪末西欧的情景有所不同,且相差甚远。清代东南地区农村货币地租的出现,与当时社会生产、商品经济有一定的联系,特别是在山地租佃和种植经济作用的场合,货币纳租对繁荣山地商品经济有一定的促进作用。但不能因此就认为,这种现象的出现已经和资本主义生产方式的萌芽相去不远了。他认为,学田等官田、半官田性质土地的租佃中出现货币地租,只是封建赋税演变的一种方式,与所谓的经济发展和促进生产的关系甚微,它是不可能成为农业资本主义萌芽的发展前提的。

陈友平认为,其时这个地区货币地租大多与许多落后的经济因素,如劳役租、附租、分成租等等纠缠在一起,而采取不同地租形态的主动权又始终掌握在地主,特别是乡族地主的手里,更使此地此时货币地租不能有效地刺激生产者的劳动积极性。而且,它在地租总体中所占比重很少,因此,对于清代货币地租做出过高估价,是不符合历史事实的(《清代东南地区货币地租质论》,《学术研究》1991年第3期)。

五、抗日战争前农民租税负担估计

近代中国农民收入很低,负担非常沉重,生活极端贫困,这一事实已为众所共知。但究竟负担多重?章有义对此做了大致的估计,并以1933年为代表年份,制成下表,并做了一些说明。

1933 **年全国农业收入和农民负担**

单位:千元

项　　目	数　　额	占农业收入(%)
农业收入	16066737	100
农民负担	6658380	41.44
其中:		
田赋及附加	1613534	10.04
其它税捐	1037272	6.46
临时摊派	550000	3.42
地　　租	3457574	21.52

田赋名义上是由业主负担的，但地主们常常通过“飞洒”、“卖田不过税”及其它办法，将负担转嫁给农民。附加的情况也大体类似。实际上，“农民负担着田赋和附加总额的70%”。关于地租的比重，估计其总额为全国农作物总产值的30%。表中所计的各项负担，不外地租与赋税两类，尚未包括商人和高利贷者的盘剥，“已超过农业总产值的40%。再扣除农业生产中物质消耗的20%，则所剩不到40%，可以想见农民负担之沉重”。作者最后特别指出：“各项负担中，除地租系地主土地所有制的集中反映外，田赋及附加也和地主所有制有关”。其中有很大一部分本应由地主负担却转嫁到农民头上。所以能这样，在于“地主所有制造成的”地主之有“权势”。“于是，地主占地愈多，农民的田赋负担就愈重”。并指出，“有人以为农民贫困的主要原因不在于地权分配不均，而在于官僚政府的横征暴敛”，乃是“一种表象之见”(《抗日战争前我国农民租税负担的估计》，《中国经济史研究》1991年第4期)。

六、近代中国的资本主义农场

近年来，对这个问题颇多论述(参看《中国近代史年鉴》1988)1989、1990两年又续有论述。汪敬虞基本上持否定的观点。他认为，从20世纪初开始，中国不少地方传出举办农场的讯息，到1912年止，全国出现的各种农牧垦殖公司达到171家，已缴资本据说有630多万元。不管它们开垦的土地在全国耕地中所占的比重如何，如果中国近代史上，真正有过171家拥资600多万元的资本主义农场，那也算得是中国农业中的一个重大的变化。但是，事实并非如此。他举了江苏南通张謇创办的、被认为是一个比较成形的资本主义农场为例：这个公司在1901年就以资本14万元、土地12万余亩的态势出现；公司的组织者标榜“成集公司用机器耕种”，“召佃开垦”。实际开办时，“机器耕种”变成为一纸空文，“召佃开垦”则全部实现。公司与承佃者之间，基本上仍是收租与纳租的关系；地租额仍与一般地区相差无几。它虽以资本主义企业形式出现，内部的生产关系却基本上是封建租佃制(《论中国近代经济史的中心线索》，《中国经济史研究》1989年第2期)。

章有义持有相似观点。他认为，直到抗日战争前夕，已有30多年历史的新式农垦企业虽比辛亥革命前略有增长，但在中国近代农业中，一直处在无足轻重的地位。抗日战争结束后，在整个国民经济陷入全面崩溃的形势下，更无生机可言。这些农垦企业创设主旨，在圈占土地；利用很少资金，占取很多官荒，并趁机侵夺民田，很多公司在章程上明白规定：“垦熟后即行分地”，经若干年后，不变成为“公司”。一些多半是工业资本家或华侨商人兴办的自行经营的农场，在耕作技术上，除内蒙、东北、苏南等少数地区有个别农场备有少量农业机器外，一般都是依靠畜力和手工劳动。在雇佣劳动方面，往往采取落后的包工方式，与其说是雇工经营，不如说是“伙种制”，还算不上十足的资本主义经营。这类企业不仅在数量上无足轻重，而且在性质上，绝大多数又都不是真正的资本主义企业(《天津开源垦殖公司1924年营业报告书摘要并序》，《中国经济史研究》1989年第2期)。

毛德鸣认为，中国近代新式农垦企业，就其性质来说，多少带有资本主义性质，在中国近代史上并没有多大影响，但是对当时社会经济起了一定的作用。这些农垦企业形成的原因是：近代工业发展对农作物生产的促进，清末民初放荒奖垦政策的实行和20世纪初大量游民的流徙。由于资本主义工业的发展，市场上需要日益增多的农副产品，又具备了土地和劳动力条件，加上社会上已有人愿意投资经营，农垦企业乃应运而生。可是，在整个社会条件的制约下，这些企业除少数从事真正的资本主义商品生产外，绝大部分采取招佃开垦、收取地租的封建经营方式，其中有相当一部分实行残酷的包佃制，因而使这些企业徒有“新式企业”之名。在土地经营上，表现了很强的垄断性，有依仗政治势力以发展私人资本的现象，与完全意义上的资本主义农场有着不少区别(《中国近代新式农垦企业初探》，《中国经济史研究》1989年第2期)。

七、中国农村土改后出现的是“两极分化”还是“中农化”

从1952年底土地改革基本完成，到农业集体化高潮前，对中国农村的形势有一个权威性的结论，即农村中的资本主义自发势力一天一天地在发展，新富农已经到处出现，如果让它发展下去，农村中的两极分化现象必然一天一天地严重起来。从事经济史研究的同志对这个观点提出质疑：真实的形势究竟是两极分化，还是中农化？或者说，是广大农民逐步走向共同富裕的道路，还是广大农民逐渐失去土地和其它生产资料，财富日益集中在少数剥削者手中？苏少之说，在土地改革以后，认为农村开始了两极化的重要证据，就是农村中存在着土地买卖和租佃关系、雇佣关系。但就土地买卖来看，则有如下三个特点：(1)从土地改革到农村集体化高潮前，农村中真正由于生活困难而出卖土地的农户及其出卖土地的数量很少。通过土地买卖，并没有出现广大贫农和中农逐渐失去土地，富农日益集中更多土地的现象。相反，从整个阶层看，富农占有土地的绝对量和相对量都在下降。(2)通过土地买卖，一部分农民调整了土地，更便于生产和经营。有的农民因转业卖掉土地，劳动力的转换有利于提高农业生产率；一部分劳力强、善于经营的农户，积累资金购买土地，扩大生产规模，对生产发展有利。(3)确有极少数农民因种种原因在逐渐甚至完全失去土地，大体可分为三类。第一类有劳力、能经营、肯劳动，但因缺乏生产资料或偶因天灾人祸发生困难，被迫出卖土地；第二类是从非农业劳动转来的，因不习惯从事农业劳动而出卖土地；第三类是鳏、寡、孤、独、老、弱等无劳动能力者和懒汉、二流子，他们无力从事劳动或不愿劳动，与土地分离或暂时分离。所有这些，如何解决他们的生活出路问题，已非一般的经济问题；而从生产力的发展而言，倒不一定是坏事。如就租佃和雇佣关系来看，当时农村中虽然存在一定的租佃关系，但主要发生在劳动群众之间，使部分无劳力者及转业者的土地不致抛荒，对生产是有利的。租出租入的土地数量很少，仅占农村耕地的2.3%，其中富农出租的还不到全部耕地的0.3%。当时租佃关系的存在，不能说明农村中出现了两极分化。据国家统计局的调查，在农村中有近60%的农户雇工，54%的农户出雇。在各阶层中，只有富农是净雇入。但因富农户很少，富农雇工数仅占农村雇工总数的12%，这表明雇佣关系主要发生在劳动群众之间。而就性质看，当时农村中的雇工属于调剂与临时"抢火"的居多数，把雇工作为经常性的主要劳动力使用的不多。所有这些说明，虽然存在土地买卖、雇佣关系、租佃关系的现象，却不能简单地作为出现两极分化的依据，甚至不能用剥削一言以概之。而土地改革的完成，实现了农村生产关系的变革，极大地激发了广大农民的生产积极性，促进了农业生产的恢复和发展。根据统计资料，从土地改革完成到1954年，农村各阶层占有的生产资料都有所增加，意味着生产规模都有不同程度的扩大。其中，贫农的增长速度超过平均水平，表明农业生产的发展不是少数人剥削其他农户劳动所得、吞并其它农户财产积累财富的过程，而是广大农民，尤其是原贫雇农普遍扩大生产的过程。由于农民经济收入普遍上升导致的农村阶级构成的变动，在同一期间，在农户总数中，贫农从57.1%下降到29%，中农从35.8%上升到62.2%，接近2/3。新富农虽有产生，但仅占0.6%，而且作为一个阶级，不断受到削弱。所以，当时的农村形势，是两极缩小，向中间集中；是中农化，不是两极分化(《论我国农村土地改革后的"两极分化"问题》，《中国经济史研究》1989年第3期)。

（夷　贞）

南京国民政府的农村经济政策和发行内债、利用外资问题

一、十年内战时期国民政府农村经济政策

国民政府于成立后不久，面对日益破产的农村经济和日益高涨的农民革命，不得不重视农村问题。对于它的农村经济政策，陈梅芳认为，"固然有对付共产党的一面，但并不象传统所说完全是为了装扮门面"；是"曾经花了一定的精力来从事土地改革和救济农村"(或"复兴"农村)的。实践表明，它的某些具体的农业改良措施"不能说是毫无成绩的"；但"总的说来，是失败的"。对于失败的原因，陈梅芳认为，首先，它的农村经济政策"只是一种维护旧有土地制度的改良性政策"。这样"进行的各种改良，诸如农村合作、农业技术改良、整顿田赋和农产品统制，等等，自然不可能取得实质性的成效，无济于农村问题的真正解决。"其次是缺乏保障，以及政治经济的不统一。总括一句是："农村中土地占有和土地使用的极其尖锐的矛盾，不仅造成农村经济凋敝和农户破产，而且也动摇了整个国民经济基础，影响着社会政治的安定"，"对于农村经济问题，不仅具有经济意义，而且具有重大的政治意义"。"国民党口口声声继承总理遗志，奉平均地权和耕者有其田为土地纲领，但其政权性质决定了它必然竭力维护旧有的土地所有制，而不能将这些土地政策真正付诸实施"。它的"土地政策的失败，不仅使30年代的社会政治经济危机加深"，而且不能也没有"赢得农民"，最后终于被赶出大陆(《试论十年内战时期国民党政府的农村经济政策》，《中国经济史研究》1991年第4期)。

二、国民政府的内债、外资

关于南京国民政府发行内债、利用外资问题，近十年间论述颇多，年内又有进一步的探索。现择要介绍如下。

关于这个政府在头十年的内债政策及其发行经过、政治背景和用途等方面，金普森、王国华在对之做了系统探讨之后，提出了如下看法：这个政府自1927年4月建立后，经过关税自主、整理盐税和征收统税，使政府税收有巨大增长。但是，不间断的战争，为军费付出巨大开支，加上庞大的旧债务偿付，财政赤字以举借新债来弥补。在1927～1931年五年间，共发行29种共计10亿多元内债，其用途大致如下表：

南京国民政府内债用途分配及比重(1927～1931 年)

用　途	数额(百万元)	比重(%)
军　费	200	19.23
政　费	433	41.63
善　后	148	14.23
整理或调剂金融	175	16.53
赈灾、生产建设事业	84	8.08
合　计	1040	100.00

作者认为,这种军政开支占绝大比重,而用于建设事业则少得可怜的状况,“既有当时的实际困难,也是南京政府本身所决定的”。南京政府的内债,在完成北伐前“以强制发行为特点”;北伐后,“以高利率、大折扣的优厚条件吸引公众(特别是上海的资本家)”购买;进而“彻底改变了它与上海资本家的关系”:后者以“吸收了 1/2 至 2/3 的政府公债”而“把自己的命运与南京政府联系在一起”;前者则“通过发行公债不仅解决了财政困难”,而且“获得了维持统治的社会经济基础”。但是,“这种浪费性极大的发行办法也给其财政和公债政策埋下了危机”(《南京国民政府 1927～9131 年之内债》,《中国社会经济史研究》1991 年第 4 期)。

三、关于国民政府的利用外资活动

曹均伟提出对此该怎样认识和评价的问题。他认为,这个政府举借外债,具有军事意义大于经济意义的特征,在后期更为突出。这种消耗性的债务越多,加剧政府财政的日趋恶化,是使引进外资最后走向失败的一个内在原因。作者还认为,当时引进外资与内资相掺合,是同清末和北洋政府时期引进外资活动有别的一大特征。这既与当时中国金融组织比较健全、金融市场已经出现有关,但也“被官僚资本扭曲地利用来积累资本”;于是,形成国家引进外资越多,财政负担越重,而国内官僚资本积累越多的极不正常的现象。这是构成这个政府引进外资走向失败的又一个内在原因。

曹均伟认为,“虽然国民党政府利用外资活动在后期走向了失败,但是,它的前期活动具有积极的意义,取得了一定的成效”。首先是促进了实业的发展,推动了国家近代化的进程;其次,在利用外资中引进先进技术,推动了生产力的发展,并为抗战事业做出了一定的贡献,对于反法西斯战争也起了一定的积极作用。

作者最后指出,“过去,国内史学界把当年通过易货偿债方式利用外资”斥为“出卖国家资源”,“显然是忽视了当时特殊的客观历史背景”(《国民党政府的利用外资活动》,《学术月刊》1991 年第 9 期)。

(夷　贞)

经济体制改革大事记

（1991年1～12月）

1月7日　李鹏总理邀请部分企业厂长（经理）到中南海，就如何进一步搞活国营大中型企业进行座谈。

1月12日　国务院发出关于调整粮食购销政策有关问题的通知，通过稳购、压销、调价、包干，缩小国家粮食收支缺口，使粮食流通走上健康发展的轨道。

1月12日　国务院办公厅发出关于加强经济体制改革协调工作的通知，要求各部门的改革措施出台前要经国家体改委进行协调，国家计委等6个综合部委局分管改革工作的副职任国家体改委的兼职委员。

1月14日　李鹏总理在天津考察时，就如何提高企业效益提出8点意见，强调要加强企业管理，向管理要效益；企业要进行劳动保险制度、医疗保险制度、住房制度改革。

1月14～19日　国家体改委在首钢召开搞活国营大中型企业研讨会，有24位厂长（经理）参加。会议认为，应注意发挥企业的主观能动性。

1月23日　全国农业工作会议提出，农村深化改革的重点是完善联产承包责任制，壮大集体经济实力。

1月23日　《人民日报》报道，我国外贸体制改革新方案出台。

2月3日　国务院批准财政部、经贸部《关于改革和完善外贸财务管理的若干意见》。

2月7～10日　全国企业工作会议在京举行。会议提出，以提高经济效益为中心，开创企业工作新局面；搞活大中型企业，既要改善外部环境，更要加强内部管理。

2月12日　《经济参考报》报道，1991年，国家对234户重点骨干企业继续实行"双保"政策。

2月25～3月1日　国务院召开的全国经济体制改革工作会议在京举行。会议讨论了《经济体制改革"八五"纲要和十年规划》和《1991年经济体制改革要点》等文件。3月1日，李鹏总理作了重要讲话，强调加强对改革的领导，加快改革进度。

3月3～5日　全国企业集团工作会议在京举行。全国将组织100个大型企业集团，国家体改委和国家计委等部门提出试点意见。

3月13日　国务院发出关于加强外资企业重大项目审批工作的通知。

3月18日　国务院发出通知，批准建立26个国家高新技术产业开发区，加上原已批准的北京新技术产业开发实验区，目前，国家高新技术产业开发区已有27个。国务院还批准了国家科委制定的国家高新技术开发区高新技术企业认定条件和办法。

3月19日　国务院办公厅发出关于调整国务院住房制度领导小组组成人员通知，陈锦华任组长，其办事机构设在国家体改委。

3月26日　全国七届人大四次会议在京召开，李鹏总理作关于十年规划和"八五"计划纲要的报告。报告第五部分论述了经济体制改革的任务。

4月2日　新华社报道，经国务院批准，国家建材局和国家物价局联合发出通知，自1991年4月1日起，取消统配水泥价格双轨制，实行计划内外统一出厂价格。

4月9日　七届全国人大四次会议结束。会议批准了《中华人民共和国国民经济与社会发展十年规划和第八个五年计划纲要》，并通过了《中华人民共和国外商投资企业和外国企业所得税法》，自7月1日起施行。

4月15日　《经济参考报》报道，我国首批远期粮食交易合同于3月22日在河南省郑州粮食批发市场签订。

4月17日　《人民日报》报道，我国证券市场初具规模，目前全国有专业证券公司46家，700多个证券营业部。

4月19～23日　中国经济体制改革研究会在山东泰安举行1991年年会，对当前经济改革中一些问题进行了探讨。

4月20日　国内58家金融机构自愿组成国债承销团，与财政部签订承购包销25亿元国库券的合同。

4月27日　新华社报道，国务院决定自1992年5月1日起，调整粮油统销价格。

4月29日　《人民日报》刊登《中华人民共和国海关关于进口货物实行海关估价规定》，自1991年5月1日施行。

5月1日　国务院办公厅发出关于禁止发放使用各种代币购货券的通知。

5月11日　我国首家高科技专业化市场——北京市新技术产业科技贸易中心正式开业。

5月11～13日　国家体改委、财政部、商业部联合在天津举行全国粮食企业改革讨论会，重点推广天津市粮食企业经营改革经验。

5月20日　国务院发出批转国家体改委关于1991年经济体制改革要点的通知。

5月28日　《经济日报》报道，辽宁省有21家企业进行劳动制度综合配套改革试点。

5月30日　《人民日报》全文刊登国务院《关于进一步增强国营大中型企业活力的通知》。

6月2日　我国房改试点工作取得成绩。据《经济参考报》报道，目前全国有12个城市、13个县镇全面展开房改工作，有20个省市的300多个城镇进行了单项改革。

6月7日　国务院发出关于继续积极稳妥地进行城镇住房制度改革的通知。

6月7日　国务院举行第85次常务会议，审议并原则通过《国务院关于企业职工养老保险制度改革的决定》。

6月13日　《经济参考报》报道，甘肃省用招标择优办法，选出18家中型工业企业进行“放开经营，配套改革”的试点。

6月18日　国务院住房制度改革领导小组在京通报城镇住房制度改革思路和部署。

6月24日　《经济日报》报道，人事部最近下发了《经济员资格考试暂行规定》及其《实施办法》，规定每年举行一次经济员资格考试。

6月26日　《人民日报》报道，国家物价局、国家技术监督局联合发文规定，从7月1日起，轻工产品实行优质优价。获国家金质奖可加价15%，银质奖加价10%。

6月26～28日　国家体改委、联合国开发计划署共同在北京举行“国有企业经营机制改革国际研讨会”。

6月30日　李鹏总理签署国务院第85号令，发布《中华人民共和国外国投资企业和外国企业所得税法实施细则》，7月1日起施行。

7月1日　江泽民同志在庆祝建党70周年大会上发表重要讲话，指出，在中国必须建立适应社会主义有计划商品经济发展的、计划经济与市场调节相结合的经济体制和运行机制。

7月3日　《人民日报》报道，天津市开始实施搞活大中型企业方案，强调深化改革、转换企业机制，实行“蓄水养鱼”政策。

7月4日　新华社报道，国务院选定辽宁省进行清理“三角债”试点。

7月16日　新华社报道，国务院最近撤销国务院生产委员会，成立国务院生产办公室。

7月17日　《经济参考报》报道，我国金融体制改革向纵向稳步推进，注意配套和完善及发展金融市场。

7月24日　陈俊生在全国十大城市蔬菜产销体制改革经验交流会上指出，国务院决定发放5000万元贴息贷款，建设40个蔬菜批发市场。

7月25日　李鹏总理签署国务院87号令，发布《全民所有制企业招用农民合同制工人的规定》。

7月31日　物资部、国家体改委联合发文，原则同意江苏省人民政府关于《无锡市物资流通综合改革试点方案》。

8月1日　新华社报道，吉林省深化国营商业企业改革，在部分商业企业实行经营、价格、用工、分配四放开。

8月6～9日　国家体改委在北京召开部分省市有关部门负责同志参加的农村改革座谈会，讨论了深化农村改革问题。

8月14日　财政部、国家体改委印发《国营企业实行"税利分流、税后还贷、稳定承包"的试点办法》。

8月27日　《人民日报》报道，河南省自1988年开始实行宅基地有偿使用改革试点。

8月28日　中国证券业协会在京成立。

8月30日　《人民日报》报道，辽宁省农村社会养老保险制度完成试点工作。目前，有30个县、12万人投保。

8月31日　《人民日报》报道，财政部发出通知，同意大中型企业从销售收入中提取技术开发费，比例不超过1%。

9月2日　《人民日报》发表题为《要进一步改革开放》的社论。

9月3日　全国企业工资工作会议提出，要积极推进企业工资改革深入发展。

9月10～14日　国家体改委召开城市改革试点工作座谈会，进一步探讨深化城市经济体制改革。

9月13日　国务院办公厅发出关于成立国务院分配制度改革委员会的通知。

9月23～27日　中共中央在京召开中央工作会议。会议主要研究如何进一步搞活大中型企业问题。江泽民主持会议并作了总结；李鹏总理受中央政治局委托，作题为《关于当前经济形势和进一步搞好国营大中型企业的问题》的讲话。

9月25日　全国劳动制度改革工作会议在京举行。会议提出，"八五"期间改革的重点是全员劳动合同制试点。

9月28日　新华社报道，全国有431家生产企业有进出口经营权。

10月5日　国家科委、国家体改委作出关于深化高新技术产业开发区改革、推进高新技术产业发展的决定。

10月6日　新华社报道，国务院最近决定自1992年4月1日起提高小麦定购价格，全国平均每50公斤提高6元。

10月7～11日　全国第二次住房制度改革工作会议在京召开。会议提出，从1992年起实行新房先卖后租、新房新租等制度。

10月9日　新华社报道，国务院最近作出关于企业职工养老金保险制度改革的决定。

10月11日　人事部新闻发布会指出，我国将用五年左右的时间初步建立起公务员制度。

10月13日　新华社报道，我国将建立国家、单位和个人三级住房基金。

10月27日　　新华社报道，国家税务局决定在企业集团中推行增值税。

10月28日　　国务院发出关于加强农业社会服务体系建设的通知和进一步搞活农产品流通的通知。

10月28日　　新华社报道，国家统计局从明年起，采用包括10个领域133项量化指标在内的衡量我国各地发展状况的社会及经济发展综合性指标体系。

10月31日　　新华社报道，我国批准在101个国家和地区开办非贸易性企业901家，协议总投资24亿多美元。

11月7日　　国务院发出通知，调整食糖经营管理的有关政策。

11月11日　　全国粮食工作和粮食储备工作会议提出，加快粮食流通体制改革，建立、健全社会主义粮食市场体系。

11月15日　　中国企业改革与发展研究会在北京正式成立。

11月16日　　李鹏总理签发国务院第91号令，发布《国有资产评估管理办法》。

11月18日　　新华社报道，经国务院批准，又有14个市对外开放。目前，全国有747个市县对外国人开放。

11月26日　　《经济参考报》报道，吉林省推出全员资产承包制，进一步明确企业所有权、占有权和经营权。

11月28日　　《人民日报》报道，1991年我国调整了原油、钢铁、铁路货运价和粮油经销价格，扩大了市场调节范围，物价总水平保持稳定。

11月29日　　中共中央十三届八中全会发布公报，全会通过了《中共中央关于进一步加强农业和农村工作的决定》，强调要进一步深化农村改革，促进农村经济全面发展。

12月3～5日　　全国少数民族地区经济体制改革座谈会在京召开。

12月14日　　国务院批转国家计委、国家体改委、国务院生产办公室关于选择一批大型企业集团进行试点的请示报告。

12月27日　　《人民日报》报道，我国有21个农村改革试验区发挥了验证、探索、示范和积蓄的功能，为农村改革决策提供了实践依据。

12月31日　　国务院发出通知，调整国家机关事业单位工作人员工龄津贴标准。

经济学著作译著选介

中国社会主义政治经济学四十年

（1～4卷）

王　珏主编

中国经济出版社　　1991.3　　144.2万字

本书共分四卷。第一卷：中华人民共和国成立初期和社会主义改造时期；第二卷：全面开展社会主义建设时期；第三卷："文化大革命"的十年动乱时期；第四卷："文化大革命"结束到1989年。

本书研究的对象为中国政治经济学社会主义部分理论的发展过程。目的是回顾过去，联系现在，展示未来，从中探究其规律性和真理性。即从经济理论发展史的角度，研究中国政治经济学社会主义部分是如何发展的。将基本的经济理论放在历史的长河中加以考察，史论结合，论从史出，由此构成一部中国社会主义政治经济学40年基本理论的发展历史。

本书各卷分别考察和研究了社会主义政治经济学的对象，社会主义联合劳动和社会主义所有制，社会主义的生产目的和社会主义的基本经济规律，社会主义公有制和社会主义商品经济及其相互关系，计划、市场机制和价值规律的作用，综合平衡和宏观经济调节机制，企业赢利、生产经营目的和经济运行机制，国家、集体（企业）、个人三者的利益关系，积累和消费，收入分配，以及政治经济学社会主义部分的理论在发展中的新观点，等等。

社会主义经济理论发展史

张友仁　李克纲著

北京大学出版社　　1991.2　45万字

本书全面、系统地阐述了马克思、恩格斯、列宁、斯大林等人的社会主义经济理论，以及苏联社会主义建设时期，我国自建国以来，前前后后100多年时间社会主义经济理论的发展过程，特别是近10几年来我国社会主义经济理论的新发展和新突破。

长期以来，虽然我们出版了许多有关社会主义政治经济学的著作，但是，从历史的角度，全面、系统地研究这一学科的著作并不多见。本书研究探讨了社会主义政治经济学的研究对象、生产资料所有制、经济规律、基本经济规律、商品和价值、按劳分配、经济效益、经济核算、地租和人口理论的发展演变过程，纠正了不少传统说法中的偏差，在理论上有独到之处，同时也为进一步研究社会主义经济理论打下了良好的基础。正如著名经济学家陈岱孙教授在《序言》中所说的那样：本书的问世是对过去几十年社会主义经济理论曲折发展过程的回顾与总结，对于社会主义政治经济学课程的讲授和学习都有极大的参考价值。

（符　丹）

《资本论》与社会主义商品经济

王儒化著

中共中央党校出版社　1991.2　24.4万字

本书以商品经济为主线，采取专题研究的形式，在分析和论述《资本论》中一些重要原理的基础上，深入研究和论述了社会主义有计划商品经济和经济体制改革中的一些重大问题，并对理论界有争议的某些疑难问题，提出了自己独到的见解。全书内容包括：《资本论》总论；劳动价值理论及其应用；货币理论与社会主义货币；关于价值转化理论的论争；供求关系与市场价值的几个问题；生产劳动和非生产劳动的问题；股份资本理论与社会主义股份经济；两权分离的原理及其现实意义；《资本论》的基本原理与社会主义商品经济。

本书的主要特点是：(1)以社会化大生产为着眼点，通过专题研究的形式，侧重于对商品经济一般理论的分析，既阐述了《资本论》中关于商品经济的一般特点和一般规律的理论，又深入探讨了社会主义有计划商品经济的若干重大理论问题。(2)针对一些理论疑难问题和理论界长期争论的问题，提出了自己独到的见解。(3)理论同实际密切联系。作者在阐述每一个问题时，都联系社会主义经济的实际进行理论探讨，以加深对社会主义经济建设规律的认识。

政治经济学若干问题研究

吴树青　王梦奎等著

经济科学出版社　1991.9　28万字

本书是为了加强和改进我国高等院校马克思主义政治经济学教学工作而编写的。其内容主要是对当代资本主义发展和社会主义经济建设中一些亟待解答的重大理论问题和现实问题进行系统、深入的分析。

全书内容有四大部分，分别就当代资本主义发展、社会主义经济理论、我国经济体制改革和西方经济学等方面的问题进行了阐述。

第一部分就当代帝国主义的本质与特征、战后国家垄断资本主义的发展、发达资本主义国家的阶级结构和阶级关系、发展中国家和发达国家的矛盾及斗争等问题进行了全面的阐述。第二部分就社会主义经济制度的完善与发展、社会主义宏观经济理论等问题作了论述。第三部分就当前国内经济形势，深化财政、金融体制改革和价格改革方面的成效与问题、教训与出路等作了较为详细的总结和阐述。第四部分对我国经济体制改革中如何借鉴西方经济学的问题作了阐述，提出了新的见解。

马克思的生产劳动理论

骆耕漠

经济科学出版社　1990.12　30万字

本书的主要内容包括：关于物质生产领域内和精神生产领域内的生产劳动和非生产劳动，商业资本和商业费用的非生产性质，马克思的服务理论，当代两种国民经济核算体系(MPS 和 SNA)及我国统计制度改革问题等。

作者提出了区分生产劳动和非生产劳动的三层限定：(1)劳动是否生产出人们物质和文化生活所需的产品；(2)劳动是否参加社会化分工生产和有偿交换(即是否把产品作为商品)；(3)劳动是否创造剩余价值，并给生产劳动定义为：凡生产交换品和创造国民收入的劳动就是生产劳动，否则就是非生产劳动。

作者把当前资本主义国家和社会主义国家内各方面经济活动中的劳动活动区别为四个劳动领域：(1)物质生产劳动领域；(2)精神生产劳动领域；(3)军政劳动领域；(4)纯粹流通(商业和金融业)劳动领域。利用区分生产劳动和非生产劳动的三层限定，分别对四个领域的劳动进行了分析。

作者认为，当前世界上通行的较有代表性的两种国民经济核算体系，都有重大弊端；而我国 1985 年的统计制度改革，也还存在一些问题需要解决。

资本积累理论与现代资本主义

高 峰著

南开大学出版社 1991.9 31.4万字

本书对资本积累理论与现代资本主义进行了理论的和实证的分析。全书共四章：马克思的资本积累理论和围绕这一理论的长期论战；资本有机构成理论；相对过剩人口理论；一般利润率下降趋势规律理论。

作者认为，20世纪与19世纪相比，积累过程中若干基本变量（如资本有机构成、剩余价值率、失业率、一般利润率等）的长期波动加剧了。各种变量背离趋势的变动，可以存在较长时期。在资本主义经济大起大落的过程中，资本积累的某些规律的作用强度减弱了。但是，积累规律并未消失，各种经济变量仍在缓慢曲折地向着固有的趋势发展，仍在顽强地表现自己的作用。积累过程中各种主要变量的制约关系和机制作用并未发生质的变化。资本构成提高仍然是产生过剩人口的根本原因；失业率的高低仍然是调节工资变动和影响剩余价值率变动的重要因素；资本构成、剩余价值率和产品实现条件仍然是决定利润率的三个基本变量；利润率变动仍然是支配投资率和经济增长率的决定性力量，仍然是支配周期变动的决定性因素。分析这些变量的变动规律及其原因，仍然是科学地说明资本主义客观经济运动的基本手段。

当代资本主义：结构·特征·走向

吴大琨主编 陈耀庭 黄 苏副主编

上海人民出版社 1991.2 41.2万字

本书是系统研究当代资本主义的专著，是国家“七五”重点研究课题。

本书根据资本主义发展的历史和现状，以当代垄断资本主义为主线，设置了7篇25章。第一篇，史的考察；第二篇，当代资本主义国家的所有制形式；第三篇，当代资本主义经济运行机制；第四篇，当代资本主义的分配制度；第五篇，当代资本主义社会的阶级结构；第六篇，当代资本主义世界体系；第七篇，当代资本主义的历史走向。

本书的主要特点是：(1)以发达资本主义国家经济发展的大量实际资料为基础，对当代资本主义经济及其在世界体系中出现的新现象和新问题，从理论上作了分析和探讨，把坚持和发展马克思主义结合起来，把理论和实际结合起来；(2)在理论问题和认识问题上，本书不回避问题，对一些有争论的理论问题和疑难的认识问题，都表示了作者的见解；(3)在分析问题和叙述问题时，本书力图透过现象看本质，阐明当代资本主义经济现象的客观规律，以求对问题能有比较准确、比较深刻的认识。

（晨 星）

马克思主义的经济理论与中国社会主义

项启源主编 冒天启副主编

重庆出版社 1991.6 38万字

本书是由汝信主编的《中国马克思主义研究丛书》中的一部。内容包括：第一编：以社会主义公有制为主体的所有制结构；第二编：以按劳分配为主体的社会消费基金的多种分配方式；第三编：社会主义经济运行和宏观管理；第四编：中国农村经济的变革与发展；第五编：社会生产力的发展与中国的现代化。每编3～6章不等。书中一些重要的观点和见解，大都是本书作者项启源、冒天启、戴园晨、陈吉元、刘方棫多年来研究有关问题的成果。

（梁学明）

经济学向何处去

杨欢进著

中国物价出版社　　1991.3　25万字

本书是探讨中国经济学整体发展问题的一部专著，共分为3篇12章。作者从整个经济科学发展的大背景和经济规律分类的大前提出发，对我国经济学发展中关于研究对象、生产力、所有制、劳动力所有制、分配、交换、消费以及经济政策等经济学基本问题进行了深入系统的研究，提出了新经济学体系中处理这些问题的基本原则。

本书在以下方面或进行了深入的分析，或有新的见解：(1)经济科学分化发展过程与趋势。把20世纪经济科学的分化拓展分为三个阶段，认为一些部门学科、边缘学科、应用学科、交叉学科都应纳入经济科学的研究体系。这种研究预示着一门新的学科——经济科学史的诞生。(2)经济规律的分类。作者区分了经济规律和生产关系规律，首次提出了“生产方式规律”的概念，将科学经济规律、生态经济规律纳入了经济规律研究体系。(3)当代西方经济学的研究对象。认为当代西方经济学基本理论部分的研究对象是国家垄断资本主义社会的经济运行机制以及在此基础上为达到一定的经济目标所采取的经济政策。(4)从四个方面提出了社会主义经济学的研究具体化的方向，并指出，具体化不能替代或包揽其它经济科学的研究。(5)马克思“生产方式”之谜。从史论结合的角度对此问题进行了深入研究，论证了其本来含义。(6)政策研究与对策研究的区别及联系。

毛泽东经济思想研究

倪大奇著

复旦大学出版社　　1991.2　25万字

本书较全面地阐述了毛泽东思想科学体系的重要组成部分——毛泽东经济思想，着重论述了建国以来毛泽东指导我国社会主义革命和建设的重要经济理论原则，并适当联系了他在民主革命时期的有关观点。作者坚持从正面阐明毛泽东及老一辈无产阶级革命家是如何把马列主义的经济学说同中国的实际相结合，并取得了革命和建设方面的巨大成就的。同时还对一些独特的或有争议的经济理论及经济工作失误的原因进行了深入的探讨。本书最后设有“从毛泽东到邓小平”的专章，论述了邓小平对毛泽东经济思想的新发展，这是本书的一大特点。该书的出版，对于深入研究毛泽东经济思想，建设有中国特色的社会主义事业将起到积极的促进作用。

（徐惠平）

马克思主义经济思想史

中国人民大学马列主义发展史研究所

中共中央党校出版社　　1991.6　45.1万字

本书是我国学者撰写的第一部研究马克思主义经济思想形成和发展过程的专著。

全书共四篇，包括：揭示资本主义经济发展规律，建立无产阶级政治经济学；研究资本主义发展新现象，建立垄断资本主义经济学；探索建设社会主义经济的规律，创建社会主义的政治经济学；马克思主义经济思想在当代。

本书对从19世纪40年代到20世纪80年代近150年间的马克思主义经济思想史进行了全面的论述。在以下几方面作了开创性的研究：(1)注重对马克思主义经济学的发展与马克思主义整体理论发展之间的有机联系的研究；(2)注重对19世纪中叶以来马克思主义经济学在资本主义经济关系和社会主义经济关系发展的不同阶段中得到丰富和发展的研究；(3)注重对马克思主义经济学在批判各种反马克思主义经济思潮的斗争中不断得到传播和发展的研究。

本书不仅深入探讨了马克思、恩格斯、列宁等在马克思主义经济思想史上的重要地位，而且认真探讨了同时代的其他经济学家对马克思主义经济思想发展的贡献；不仅探讨了马克思主义经济学在社会主义国家的发展，也探讨了马克思主义在当代西方国家的传播和发展，从而比较科学、全面地再现了马克思主义经济学发展的全过程。

（王　杰）

中国经济思想通史

(第一卷)

赵 靖主编 石世奇副主编

北京大学出版社 1991.5 57万字

本书共六卷、200余万字,是建国以来第一次以通史形式撰写的纵贯中国三千多年经济思想发展全过程的、系统的大型学术专著。

作者运用辩证唯物论的观点分析中国经济思想发展的脉络,总结经济思想发展的历史规律,在思想发展史的研究中做到了"通古今之变"。全书突出了四个字:"通、全、深、新"。

"通"是指本书研究的时间跨度从古至今,即从夏商直至新中国成立之前的中国经济思想演变发展的历史过程。

"全"是指本书力求概括和反映中国经济思想史发展的全貌,注意分析和阐述经济思想本身的纵向和横向的联贯和交错。

"深"是指本书作者运用唯物史观的方法论,挖掘祖国极其丰富的经济思想的遗产。

"新"是指本书作者从新的视角去观察和挖掘对今人有启迪和借鉴的宝贵思想,开拓思想史研究的新园地。

本书(第一卷)论述了从夏商到西汉中叶的经济思想和经济政策,分析和探讨了这一时期的代表人物和重要著作的经济思想。

(胡美香)

利 息 论

曾康霖 邓映翎编著

西南财经大学出版社 1990.12 35.7万字

本书共分四篇:第一篇,早期的利息理论,论述了资产阶级古典经济学派前期和资产阶级古典经济学派的利息理论;第二篇,马克思的利息理论;第三篇,近、现代西方的利息理论,论述了资产阶级古典庸俗学派和现代庸俗学派的利息理论;第四篇,我国的利息理论与政策,探讨了在社会主义有计划商品经济中利息的性质和功能、利率的决定、利息与其相关经济范畴的关系、利率政策的改革等理论问题。这样一部以马克思主义作指导,对中外古今的利息理论作如此系统、全面评述的著作,在国内尚无前例。它不仅可以使我们正确地理解和认识古往今来的各种利息学说,便于借鉴,为我所用,而且对于正确地认识社会主义制度下利息的产生和性质,制定社会主义有计划商品经济条件下的利率水平,建立完善的利率体系,都具有重要的学术价值和实践意义。

本书材料丰富,观点明确。

发展经济学通论

洪银兴 林金锭

江苏人民出版社 1990.7 22万字

本书原为《社会主义国家经济发展中的资金积累和集中》课题,得到了国家社会科学基金的资助。在写作过程中,作者有选择地从国外的发展经济学论著及国内已出版的介绍国外发展经济学的书刊中,寻找对我国适用的一般理论,研究这些一般理论在中国的适用度及运用条件,同时还试图从中国发展的经验教训中概括出一些带有规律性的理论,对我国经济发展提出一些对策,故将书名定为《发展经济学通论》。内容包括:第一篇,导论;第二篇,经济增长;第三篇,结构优化;第四篇,对外开放;第五篇,发展管理。谭崇台在《序》中认为,作者在书中指出的中国经济发展中应当注意的几个问题，不仅系统、深刻，而且富有创见。

（梁学明）

数量经济学的新发展

李京文 张守一主编
刘树成 汪同三副主编

社会科学文献出版社 1991.11 46万字

十年来，我国数量经济学获得了很大发展。十年前（1980年6月），诺贝尔经济学奖获得者、美国宾夕法尼亚大学克莱因教授，曾带领一个由美国7位教授组成的专家组来我国讲学，办了一个为期7周的"经济计量学讲习班"。这个讲习班对我国数量经济学的发展起了重要作用。十年后，为纪念讲习班举办十周年，于1990年6月在我国召开了"数量经济学及其在中国90年代经济发展与改革中的应用国际会议"。会议对诸如经济增长、产业结构、通货膨胀、科技进步、生产率计量、国际经济关系等问题，进行了定性与定量相结合的分析，并提出了一系列建议。本书就是这次会议的重要成果，反映了数量经济学在国内外的发展。

（梁学明）

保险经济学

刘茂山编著

南开大学出版社 1991.7 41.2万字

作者运用马克思主义政治经济学的基本原理，吸取西方经济学的一些合理的学术思想，结合我国的客观实际，对保险活动全过程中所体现的经济关系，作了全面系统的分析和论证。全书由导言、保险经济原理、保险经济市场、保险经济运行、保险经济效益和保险经济管理等部分组成，形成了一个比较完整的体系。

本书在学术上有六点新贡献：一是首次明确提出保险经济学的研究对象是保险经济关系，并且首次提出保险经济关系包括保险经济利益关系、保险经济分工关系、保险经济数量关系和保险经济效益关系这四方面经济关系的新观点，突破了经济关系仅指经济利益关系的传统观点；二是提出并详细论证了保险是劳务形态的商品以及保险劳动也形成价值的新观点；三是首次提出保险基金是只能用于恢复简单再生产的生产性基金的新论点；四是首次提出保险经济市场是以市场机制为主体调节保险经济活动的系统工程体系，并首次提出市场机制是价值规律、供求规律和竞争规律相互作用、互相制约的关系的新论断；五是首次提出保险经济效益是社会投入保险的劳动总量与社会所获得的经济补偿量、经济损失减少以及由于保险而使经济新增量之和的对比关系的新思想；六是首次提出考核保险经济效益的指标体系的新见解。

物资市场学

郝渊晓 蔡燕农主编

中国物资出版社 1991.2 29.2万字

本书是为了适应深化物资体制改革和生产资料市场发展的需要，并为物资企业提供一些实用促销策略和方法的著作。全书共13章，计有：物资市场学概论；物资企业市场营销环境分析；物资企业目标市场决策；物资市场营销战略；物资市场营销信息及市场调查；物资市场营销预测；物资市场营销决策；物资市场营销商品策略；物资市场营销价格策略；物资企业市场营销渠道策略；物资企业市场促销策略；物资市场宏观调控与管理；物资企业国际市场营销策略。

本书主要从物资企业的角度，以生产资料商品为对象，研究物资市场的特性和企业市场营销的策略与方法，并吸收、借鉴国内外市场营销学的合理内核，既有一定的理论阐述，又着重实际应用。

财力经济学

尹文敬　郭彦岗　汪祖鼎

上海社会科学院出版社　　1991.11　30万字

本书是一门以经济学原理为基础，以研究财力为中心，分析财政与经济关系的新兴学科的专著。全书分为两大部分，即财力通论和财力运动。前者包括财力的开发，财力的承受，财力的后备和财力的持续等四大能力的论述；后者也包括财力的优化配置，财力的宏观调控，财力的平衡，财力的监督管理等四个问题。这些论述既有一定的理论深度，又密切联系实际，尤其是结合改革开放以来的经济和财政形势，提出了独到的见解。书中既对改革开放之前旧的财政体制的种种弊端进行了剖析，又对改革开放以来出现的新问题作了较深入的分析，指出了如何进行财力的优化配置、宏观调控及其监督管理的新思路，对于深化财政体制改革具有一定的参考价值。书中阐述了陈云同志关于财力方面的一系列思想，并运用这些思想阐明了财力平衡的重要性，提出了一些颇有见地的设想和措施。

（曹均伟）

价格学原理

贾秀岩主编

南开大学出版社　　1990.11　43.5万字

本书共7编28章。各编编名是：总论；价格形成；价格构成；价格体系；价格规律；价格模式；价格管理。本书内容反映了我国有关价格理论的最新成果，其中包括作者的创见，如价格学体系的内容；科学价格理论的创立；价格的社会经济属性；价格的基本职能；价格的习性（价格运动的特点）；工农业产品价格“剪刀差”的历史进步作用；价格总水平的运动刚性；价格信息的基本特征与运行，等等。

本书科学性、理论性、应用性和系统性都很强，观点明确，结构严谨。自问世以来，得到社会广泛的好评，获得国家教育委员会优秀教材奖。

现代会计学（第二版）

胡文义编著

复旦大学出版社　　1991.3　62.9万字

本书是在1984年版的基础上修改而成的，全书共计4篇21章。第一篇基础会计，着重阐述了会计学概说、资金平衡表、利润表和复式记帐、会计资料的处理程序和方法、会计的基本理论及其组织工作等。第二篇财务会计，着重阐述了我国企业财务会计中有关固定资产、流动资产、无形资产、长期投资、专项资产、负债和基金（企业净值）、利润确定和利润分配、会计报表等基本原理和方法，并适当介绍企业承包制、租赁制和股份制会计。第三篇管理成本会计，着重阐述了我国管理成本会计的基本原理和方法。主要包括管理成本会计概述、全额成本计算、直接成本计算、计划（预算）控制、标准成本计算、责任会计和长期投资（现金流量）分析等。第四篇审计，主要包括审计概述、内部会计控制制度和统计抽样审计以及企业审计等。书末附录有通货膨胀会计等当代会计发展方面的内容，有利于扩大视野。

比较审计学

萧英达主编

中国财政经济出版社　　1991.6　40万字

比较学科是一门新兴的学科，比较审计更是新的探索。本书在“面向现代化、面向世界、面向未来”的方针指引下，比较研究了世界上种种审计理论和各国审计制度，探索了与中国实际结合的可能性，试图为建立具有中国特色的社会主义审计铺平道路。

比较审计学的研究对象，是审计理论的不同观点和各国不同的审计制度；而审计制度又可分为审计组织制度和审计工作制度。因此，本书的八章中，在第一章阐述比较审计学的意义、对象、方法之后，第二章便进行审计基本理论不同观点的比较，包括审计理论的结构体系、审计的目的、审计的分设、审计的独立性、审计的对象、审计的职能、审计的性质和定义等。第三章阐明审计制度的基本结构与分类；第四、五、六章比较各国审计组织制度，包括政府审计、民间审计和内部审计；第七、八章比较各国审计工作制度。全书以横向比较为主、纵向比较为辅，即主要比较各国现行的审计制度，对它们的历史发展只用很少的篇幅介绍。每一章最后都有"本章小结"，对全章作简要的概括、比较和评论。

经济学方法论

廖士祥主编

上海社会科学院出版社　　1991.11　20万字

本书内容包括：经济学方法论的历史演变、特点、作用及其研究的意义；马克思主义经济学方法论；当代西方经济学方法论和系统科学方法论等几大部分。

书中对马克思主义经济学方法论，尤其是对《资本论》的方法论的分析和研究，不仅角度新颖，而且对于加深理解马克思主义经济学特别是《资本论》的内核大有裨益。书中对当代西方经济学方法论的详尽评述，有助于我们正确认识和评价西方经济学理论。同时，书中还介绍了关于科学方法论的争论、历史描述法和逻辑抽象法的争论、证伪法和证实法的争论在经济学研究领域中的影响，介绍了动态经济分析法、经济数学分析法、实证经济分析和规范经济分析论等现代经济研究的新方法。本书对于系统科学方法论如系统论、控制论、信息论、耗散结构论、突变论和协同论在经济学研究中的应用也作了详尽的解释和介绍。特别是，书中专门论述了我国经济学研究应用现代经济学方法论的新动向及其展望。这是一本将哲学和经济学融为一体进行研究的学术性专著，对经济学研究具有"方法论"的意义。

（曹均伟）

经济研究论

万东铖著

湖北人民出版社　　1991.5　32万字

本书主要探讨经济科学的研究方法。正如于光远在为本书的出版而写的题词中所说，"研究要讲求方法，靠方法来保证正确，也靠方法来保证效率。方法必须研究。对方法的研究，即方法论。方法论也要研究。方法论也要论。"这实际是本书的宗旨。

本书共分九章。前三章主要论述经济科学研究的一般规律，包括经济科学与经济研究、经济研究原则、经济研究程序。第四至第七章专门讨论经济研究的方法及技术，包括逻辑研究、调查研究、模拟研究和分析研究。最后两章探讨怎样撰写经济科学研究文章和著作。

（梁学明）

经济系统的自组织理论
——现代科学与经济学方法论

沈华嵩著

中国社会科学出版社　　1991.4　18.6万字

本书为方法论著作，系跨学科研究成果。本书从现代自然科学与社会科学交叉应用的角度，对建立新范式经济学与经济学的中国化，对区域经济问题，分工和产业分化问题，技术创新理论，制度起源，社会自治，组织管理理论等领域，均提供了解决问题的方法。

本书详尽地描述了自然系统从混沌到有序的结构与功能这一自组织原理，即通过涨落达到有序原理，并从"人天同构"的思想出发，力图把这种现代知识体系引入经济学，以革新经济学传统的分析方法。本书以经济系统的时间、不确定性和非线性相互作用为线索展开讨论，以期为经济学从微观到宏观、从存在到演化、从实物经济到符号经济的描述，提供一个统一的方法论框架。

新古典经济学自19世纪末产生以来，到20世纪30年代以后，逐渐丧失了原有的科学性。此后，现代西方经济学便没完没了地遇到危机，不断地受到批判，不断地进行修补。迄今为止，它所受到的批判和修补的方向，都没有超出它具有的范式——一般均衡模型和一系列严格的形式条件，并使其自圆其说，而这些基本假设又是建立在所谓牛顿—拉普拉斯范式基础上的。本书正是从范式的角度，向现代西方经济学提出了挑战。

（韩育良）

西方经济学研究

方崇桂主编

上海人民出版社　　1991.12　35万字

本书在结构上不是按照学派或人物，而是抓住西方经济学的若干主要理论，分章进行研究和评论。全书共十章，第一章为总论，其它九章分别为：对象理论、价值理论、工资理论、剩余价值理论、利润理论、利息理论、地租理论、国际贸易理论和经济危机理论。

本书在分析研究中，比较清晰地阐述了各个不同时期的西方经济学之间的继承、扬弃和发展的关系，可以使人们从中看出西方经济学演变的过程和发展的脉络，既有助于认清它们的阶级局限性和辩护性质，又便于我们参考、借鉴它们中的合理成份，对完善和发展社会主义经济学体系有所裨益。

本书的另一个特色，是在论述西方经济学的各种主要理论时，比较注意分析经济学说与西方国家经济政策的关系，即研究这些经济学说如何被政府所采纳，据以制定经济政策，缓和矛盾，暂时克服危机，促使经济得到发展。这就启示我们要一分为二地对待西方经济学，批判它们为资产阶级服务的一面，同时吸取其符合现代商品经济运行规律的成份，以便为我所用。

（魏允和）

当代中国社会生产力考察

熊映梧主编　吴国华　孟庆琳副主编

人民出版社　　1991.2　21.7万字

本书是国家社会科学"七五"计划重点研究课题之一。全书包括4篇、10个专题。第一篇，中华人民共和国40年经济发展的纵向考察。包括两个专题。首先是如实地描述新中国成立时的经济状况，这是本书考察的"起点"；进而对新中国40年社会生产力的运行过程作总体考察，揭示其特点。第二篇，中国社会生产力现状的横向分析。包括三个专题。一是从"产业结构——技术结构"方面分析中国社会生产力的现状；二是从"企业的规模结构——组织结构"方面继续这一分析；三是从"地区结构——城乡结构"扩展这个分析。第三篇，中国社会生产力运行的国内外环境。包括两个专题。一是研究中国生产力运行的国内环境，着重考察体制、资源环境及人口问题对中国生产力发展的影响；二是研究中国生产力运行的国际环境，着重研究了"和平与发展"、"世界新技术革命"的影响。第四篇，对中国社会生产力的总体评价、预测和对策建议。这是全书的总结。

本书是一部实证考察的研究报告，作者试图用实证考察来验证生产力经济学理论的应用价值。本书也是有关新中国社会生产力状况的第一部著作。

中国社会生产力发展战略大思路

薛永应

人民出版社　　1991.2　13.2万字

本书是国家社会科学"七五"计划重点研究课题之一。本书对中国社会生产力的发展提出了六条大思路。大思路之一，低二元结构：现状和起点；大思路之二，高二元结构：目标和基础；大思路之三，劳动力素质工程：关键和首位；大思路之四，中国的绿色革命：捷径和坦途，大思路之五，节约型工业生产力系统：困境和转轨；大思路之六，有机化和高度化：主旋律和大政策。大思路之一和之二，分析的是任何经济社会发展战略都必须首先解决的“战略依据”和“目标选择”的问题；大思路之三，讲的是我国生产力发展战略的特殊性——制约着我国过去、现在和将来国民经济发展成败的“关键”所在和“首要”任务；大思路之四和之五，剖析我国战略的“两翼”——农业和工业，既可以看成是“战略重点分析”的继续，又可以看成是“经济发展方式”的选择；大思路之六，实际上是对前述各条大思路的归纳和提炼，既是指导思想的集中阐释，又是基本国策的更高概括。

本书在研究方法上也有所创新。例如，以生产力系统论为基础，先分层、后综合地评估社会生产力现状的方法，改进了传统的评估，更加提纲挈领、虚实结合；以新设计的类型指数和综合指数去评估和比较不同年代、不同地区、不同部门、不同国家的劳动力文化素质的方法，不但解决了可比性问题，而且把劳动力的升级换代、变形转轨的历史演进过程具体化了。

科学技术是第一生产力

国家科学技术委员会　中国科学技术协会等编

山东科学技术出版社　　1991.6　15万字

本书是有关“科学技术是第一生产力”的论文集。书中有一部分论文是国家科学技术委员会、中国科学技术协会等发起征文活动的部分获奖论文，还有一些是专家学者在研讨会和座谈会的发言，包括钱学森、钱三强、周光召、朱丽兰、李效时、龚育之、李宝恒等的发言或文章。这些论文大多是从科学技术本身的发展和应用来论述科学技术是第一生产力的。

（梁　文）

中国人口(总论)

袁永熙主编　李慕真等副主编

中国财政经济出版社　　1991.9　48.1万字

本书是“六五”期间全国哲学社会科学规划中的重点科研项目。全书以我国大陆1953、1964和1982年三次人口普查资料，1982年全国1‰人口生育率抽样调查资料，以及国家统计部门经常性统计资料为主要依据；同时还使用了各部门提供的统计及调查研究资料，撰稿人亲自进行的各种抽样调查和典型调查资料；新中国成立以前的人口分析，主要运用当时官方发布和学者搜集的资料，以及历史典籍中记载的有关人口的估测资料等。

全书共分16章。内容包括：绪论，历史人口概况，中国人口总量的变化(1949～1989年)，人口的出生与生育率，人口的死亡与死亡率，国内人口迁移，人口的地区分布，人口城镇化，人口的性别与年龄构成，劳动人口，人口的婚姻与家庭状况，少数民族人口，人口的素质，计划生育，未来人口发展趋势的预测，中国人口数据的来源及其可靠性等。

国有资产管理通论

蒋乐民　李贤沛　李晓丹主编

经济科学出版社　　1991.5　30万字

随着经济体制改革的深入发展，建立一套与社会主义有计划商品经济相适应的国有资产管理新体制，已成为我国社会主义改革中亟待解决的重大课题。本书在回顾和总结我国国有资产管理历史经验教训的基础上，比较全面系统地阐明了国有资产管理的一般概念，国有资产管理体制改革的理论与原则，我国社会主义国有资产管理体制的建立，国有资产所有权的界定和管理，国有资产存量调整的管理，国有资产保全的管理，国有资产收益分配的管理，国有资产增量的管理，国有资源管理，非经营性国有资产的管理，国有资产清产核资与评估，国有资产的报告制度，外国国有资产管理概况等一系列问题。

本书注意将近几年改革实践中出现的较为成熟、成功的国有资产管理经验上升为理论,力求使书中阐述的理论与改革实践相结合,使本书介绍的国有资产管理新体制与今后改革实践发展的趋势一致。因此,本书不仅是对我国这几年国有资产管理体制改革实践的归纳和总结,也是对今后进一步深入改革的理论探讨。

中国社会主义土地经济问题

张朝尊主编

中国人民大学出版社　　1991.7　20万字

本书为国家教委"七五"计划科研项目成果。主要论述了三个方面的问题:(1)我国社会主义土地制度的沿革和社会主义地租理论;(2)我国城乡土地制度的改革方向;(3)我国城乡土地资源的合理利用。全书除绪论外,共设三篇:理论篇、农村篇和城市篇。理论篇包括三章:土地制度,社会主义绝对地租,社会主义级差收益和级差地租;农村篇包括三章:农村现行土地制度存在的问题及其改革的目标选择,农村土地利用,我国农村土地利用的三种模式;城市篇包括四章:城市土地的有偿使用,社会主义土地价格,地产市场与地产管理,城市土地利用。

本书的特点是:理论联系实际,贯彻"百家争鸣"方针,不回避学术界的不同意见和争论,鲜明地阐述了作者自己的观点。

(林时时)

中国社会资金流量核算

张可兰　杨祥凯等著

中国财政经济出版社　　1991.8　30.8万字

社会主义有计划商品经济的管理难点之一,是对宏观经济的有计划管理和控制。实行计划管理不可能全部采用实物指标,而应主要采用价值指标。因此,对社会资金流量和流向的核算管理,就成了宏观经济调控的中心环节。这也是我国软科学领域需要解决的一个重要课题。本书是这一课题研究的最新成果。

所谓社会资金流量,实际上是社会经济活动的价值描述。50年代,西方发达国家对社会资金流量的核算方法已日臻完善。但是,国外的社会资金流量核算方法并不完全适合中国。本书的上篇力图从中国的实际出发,借鉴国外的经验,提出一套具有社会主义特色,科学性、可操作性较强的社会资金流量核算理论和体系,以及适于我国使用的资金流量表的具体编制方法。

本书的下篇,是以上述理论和方法为基础,采用典型分析法,对武汉市1984～1995年资金流量的数据进行分析预测,找出存在的主要问题和原因,提出宏观调控的对策建议。作者认为,从1984年以来,企业留利使用过度向消费倾斜,资金总量比较紧张,并伴有结构性过剩,即日益严重的资金坏死和沉淀。因此,必须在稳定经济的同时,加大改革份量,调整资金流向,理顺国家、企业和个人的关系。

(姜志辉)

物资工作与物资体制改革

柳随年著

中国物资出版社　　1991.6　42.7万字

本书收入了柳随年任物资部长以来对我国物资流通部门的改革和发展进行探索的文章74篇。全书分为六篇,即:关于综合理论问题;关于深化改革问题;关于治理整顿问题;关于物资工作问题;关于公司建设问题;其它问题。

作者长期从事理论探索和实际工作。他在本书中提出,搞好我国新时期的物资流通工作,首先要提高对于流通在国民经济中的地位和作用的认识。流通是经济发展到一定阶段的必然现象;流通的发达程度在某种程度上反映了一个国家现代化的成熟程度。鉴于此,他提出,要发挥物资流通的作用,一方面必须把物资流通作为第三产业的重点部门加以扶持,加快物资流通的社会化、合理化、现代化进程;另一方面,必须深化物资体制改革,通过进一步搞活流通,加强宏观调控,发展计划指导下的生产资料市场,实现建立高效、通畅、可调控的物资流通体系的目标。

本书的理论和实践探索，是从实际出发的理论概括和经验总结，它不仅对当前，而且对今后我国的经济工作，特别是对物资流通工作，都会产生积极的、重要的影响。

中国能源供求趋势区域平衡及对策

国家物资部燃料司　国家计委地区经济司　中国燃料总公司等著

中国物资出版社　　1991.4　27.5万字

本书共计5篇、12章，各章的标题分别为：能源需求与经济发展，我国能源供求概况，治理整顿期间的能源供需状况，1995和2000年能源供需预测，1995和2000年能源分区平衡预测，我国能源生产和运输布局，能源的区域平衡与需求合理化，我国现行燃料价格体系及管理，燃料价格体制存在的问题，燃料价格改革途径，我国燃料流通体制及其利弊分析及燃料流通和改革思路等。

能源对我国实现四个现代化具有重要的战略意义。我国虽然是一个能源产量大国，但从人均消费量看，却是一个资源贫国。现在，我国人均消费量不到世界人均能源消费量的一半，只相当于美国的1/10、苏联的1/7。因此，能源的生产与消费，始终是制约我国经济发展和实现四个现代化的主要因素。作者根据我国能源的现状，通过分析，提出了许多宝贵的见解。

（袁健畴）

就业·改革·出路

李辰主编

中国社会科学出版社　　1991.7　27.3万字

本书是中国社会科学院“七五”期间的重点科研项目“经济体制改革中劳动就业问题研究”课题的最终成果。编者从我国实际出发，着重探讨了新时期的劳动就业理论，即由计划为主的农产品经济条件下的劳动就业理论，向计划经济与市场经济相结合的商品经济转化的就业理论；分析了我国的劳动力供给与需求的状况，以及就业结构变化影响劳动就业的诸因素，提出了适合计划经济与市场经济相结合的劳动就业改革的战略构想，强调提高劳动力素质的重要意义。同时，对当前我国城镇就业和农村就业的变革及人口城市化与就业、劳务市场的培育和发展等问题进行了探索，提出了关于解决劳动就业问题的根本出路的设想。还对21世纪我国劳动就业的发展作了展望，对深化劳动就业体制改革，提出了不少有益的设想，对完善和健全我国的劳动就业体制有较重要的借鉴作用。

（韩育良）

中国的经济体制改革

高尚全

人民出版社　　1991.4　27.8万字

本书是全面论述中国经济体制改革的专著。全书共15章，即：中国原有的经济体制是怎样形成的；中国为什么要坚定不移地进行改革；中国经济改革的成就和问题；中国的对外开放；中国发展外向型经济必须深化改革；中国的农村经济体制改革；中国的企业改革；中国的社会主义市场体系探索；中国的宏观经济管理体制改革；中国的收入分配和社会保险制度改革；中国经济体制改革的历史经验；中国特色的社会主义经济体制；中国社会主义商品经济的理论与实践；中国的治理整顿和深化改革；中国正在进行人类经济史上伟大的试验——答中外记者问。

本书在总结中国经济体制改革的历史经验时，提出了要正确处理以下关系：正确处理改革与发展的关系；正确处理企业、市场和宏观管理的关系，坚持以企业改革为中心环节；正确处理计划与市场的关系；正确处理微观与宏观的关系，使微观搞活与宏观控制更好地结合起来；正确处理国家、企业以及各种利益群体之间的关系；正确处理中央与地方的关系；正确处理多样化和规范化的关系，加强对改革的分类指导；正确处理近期安排与中期目标模式的关系，使改革有步骤地、配套地进行；正确处理经济改革与经济立法的关系，巩固和保护改革的胜利成果；正确处理经济体制改革和政治体制改革的关系，保证改革的顺利进行。

（梁学明）

中国改革之研究

何 伟主编

中国财政经济出版社 1990.12 33.2万字

本书以生产力标准、社会主义初级阶段和有计划的商品经济三大理论为基础，对中国的经济、政治、科技、教育等方面的体制和改革的情况进行全面的分析。重点是研究分析经济体制改革。

作者在本书中提出，中国城市的经济体制改革，主要是以搞活企业为中心环节，使其逐步成为自主经营、自负盈亏、自我发展的商品生产者和经营者。根据这些原则，十年来的经济体制改革大体上经历了三个阶段：1979～1984年为第一阶段，改革主要以放权让利为中心；1985～1986年为第二阶段，改革主要以利改税为中心；从1987年起进入第三阶段，主要是对企业实行各种经营责任制为中心的改革。本书对经济体制改革的每一个问题的分析，大致都依据历史的、现状的、未来的顺序进行研究，即首先指出对原有体制进行改革的必要性，然后对改革以来所取得的成就和出现的问题进行评述，最后指出今后改革的前景和设想。

八十年代中国经济改革与发展

刘国光等著

经济管理出版社 1991.7 40万字

这是一本研究报告集。

收入本书的，除了刘国光的《稳中求进的改革思路》、《中国经济改革理论十年回顾》等文章以外，还有《对几年来经济建设与经济改革的反思》（中国社会科学院《经济建设与改革研究》课题小组）、《双向协同稳中求进》（中国社会科学院《经济体制改革纲要》课题组）、《中国经济体制中期（1988～1995）改革纲要》、《社会主义经济体制改革理论的反思》（中国社会科学院经济研究所课题组）、《论经济运行机制》（中国社会科学院财贸物资经济研究所《财贸综合问题》课题组）、《工业企业亏损调查研究综合报告》等由课题组写作的24篇研究报告。

（梁 文）

中国十年经济改革理论探索

张卓元 黄范章主编

中国计划出版社 1991.5 24万字

本书的宗旨在于回顾与总结十年来各方面经济改革的经验、成就和问题。主要内容有：中国经济改革战略问题的分歧与选择，计划体制改革，企业管理体制改革，农村经济体制改革，所有制形式改革，价格体制改革，商业体制改革，物资流通体制改革，外贸体制改革，财政体制改革，税收体制改革，银行体制改革，劳动体制改革和社会保障制度改革。

改革·稳定·发展
——稳中求进的改革与发展战略

刘国光著

经济管理出版社 1991.7 26万字

这是一部论文集，选辑了作者自1988年初至1990年末三年间的文章、讲稿及报刊对他的专访稿。这几年作者对中国经济问题的研究，基本上是围绕着经济过热、治理整顿、总结以往经验以及剖析前景这些主题展开的。中心思路是中国的经济要以改革来促进稳定，在稳定中求得发展，这样才能真正实现持续、稳定、协调、高效发展。本书还选了由作者负责、中国社科院一些同志参加写作的《中国经济体制中期(1988～1995年)改革纲要》和《"八五"时期"稳中求进"的发展和改革的基本思路》两篇研究报告,作为附录,供读者参阅。

(梁学明)

宏观经济计划与管理

谭作平等著

中山大学出版社　　1991.12　23万字

本书立足于我国当前新旧体制转换时期的实际,吸收了改革开放以来的新经验和理论研究的新成果。

全书共11章。第一至第三章,主要阐明宏观经济计划管理的基本目标是保持社会供求总量与结构的基本平衡,并就建立符合有计划商品经济运行机制要求的宏观经济计划管理作了具体的论述。第四至第十章,着重分析了当前体制改革中社会总需求与总供给矛盾的诸种表现,对解决这些矛盾提出了相应的对策与措施。第十一章则主要阐明实现供求平衡必须建立宏观调控机制。

不宽松的现实和宽松的实现
——双重体制下的宏观经济管理

刘国光　戴园晨等著

上海人民出版社　　1991.8　78.4万字

本书是国家社会科学"七五"规划重点项目《中国宏观经济问题研究》课题的三个成果之一。

本书共计22章,分为绪论,上篇:体制篇——不宽松的现实(共6章),中篇:政策目标篇——适度增长和稳定增长目标(共5章),下篇:政策手段篇——宽松的实现(共10章)。另有附录——我国需求和供给平衡与宏观调节理论的发展。

作者认为,我国长期处于"短缺经济"状态。近十年来,虽然我国的经济建设取得了很大的成就,但又面临着新旧经济体制交替中出现的一系列新问题,经济环境并不宽松。为了解决新旧经济体制交替中出现的摩擦和冲突,进一步理顺各种经济关系,使我国的改革开放和经济运行有一个比较宽松的环境,从而使我国的国民经济持续、稳定、协调地发展,作者深入地探讨了一系列关于双重体制下加强宏观经济管理的问题,对进一步深化改革提出了很有价值的思路和观点。

(王国平)

中国GNP的分配和使用

郭树清　韩文秀著

中国人民大学出版社　　1991.11　18.9万字

本书分为八章,即:国民收入分配使用的若干理论问题;我国国民收入和国民生产总值的总量测算;国民收入分配的基本结构及其演变;国民收入的来源和结构;最终消费支出;储蓄和积累;资本形成;国民收入分配的结构和机制问题;国民收入使用结构的总体分析。

本书的特点是:(1)理论深。即把对现实问题的研究上升到理论上来分析,避免简单的实例堆砌和表象描述。它所研究的尽管是一个具体的统计实践问题,但它所体现的理论背景却是深刻的。作者在深入的理论认识的基础上,解决了一系列较难处理的核算原则和核算技术问题。(2)方法新。它力图运用新的分析方法和分析工具,来研究新现象、新问题。它所运用的虽然是国际上通行的较成熟的国民核算体系的核算方法,但有所创新,而且,"国民核算体系"(SNA)对中国来说,本身就是一种新的统计核算方法。(3)视野远。即以宽广的角度分析现实问题,不仅注重研究成果的长远意义,而且注重国际的可比性。(4)逻辑严。它以明晰的逻辑线索、较严密的推理过程和朴实的论述风格,为我们提供了一幅关于中国GNP的核算体系和一系列测算结果的系统画面,在整体结构上具有很好的内在一致性。

(梁　晶)

中国经济效益问题研究

汪海波主编

经济管理出版社 1991.5 51万字

本书是国家"七五"哲学社会科学重点研究项目的成果之一。本书内容包括:总研究报告(代序言)、导论及11章。其中,第一章为中国国民经济效益;第二至第十章分别为工业、农业、建筑业、交通运输业、消费品流通、物资流通、对外贸易、金融业和固定资产投资的经济效益现状、成因和对策,是在九个分报告的基础上写成的;第十一章为中国科学技术、教育、卫生和体育部门的经济效益。本书对于经济效益概念和对这一概念的剖析,以及全社会综合要素生产率的计算,都有自己独特的见解。

(梁学明)

经济发展与宏观筹资

金 碚著

中国人民大学出版社 1991.9 25.8万字

本书内容包括:导论、上篇——宏观筹资理论、下篇——中国经济发展的宏观筹资过程,共12章。主要是从资金筹集和配置的角度,研究社会主义经济发展的有关理论,研究社会主义经济发展的中心问题——资金的筹集和配置过程。

本书系统地研究了社会主义经济的资金筹集和配置过程,为理解和解释社会主义经济发展过程及其基本特征提出了一个理论框架和分析思路,同时也为研究我国的经济发展和体制改革开辟了一种新的认识角度。

作者认为,现实的资金积累是在一定的经济制度下,由各类经济主体通过一系列决策过程形成的。而基本的决策行为又分为两类:经济人理性主义为基础的决策和社会理性主义为基础的决策。而社会主义商品经济的发展,则要求实现经济人理性主义与社会理性主义的有效结合。社会主义制度的这一基本性质,决定了社会主义经济发展资金筹集和资源配置过程的一系列主要特征,以及社会主义经济发展模式和经济体制模式的内在逻辑构造。

(梁 晶)

产业政策的经济理论系统分析

周振华著

中国人民大学出版社 1991.4 24.6万字

本书是国内首次从经济理论角度对产业政策展开系统分析的学术著作。作者全面考察了一国的发展战略、体制模式、环境特征、产业基础等因素对产业政策制订与实施的综合影响。在总结国内外产业政策的丰富实践经验的基础上,对政策指导思想的确立、政策目标的设定、政策手段的运用、政策实施方式的选择、政策机构的设置以及政策效应的评价等作了深入细致的理论阐述,提出了一系列富有新意的观点。作者还探讨了产业结构政策、产业组织政策与产业关系政策之间的系统性关联,并结合我国的实际,分别对这些不同层次的产业政策作了理论分析,提出了一些政策建议。

本书的特点是:(1)把产业政策提到经济理论的高度进行深入系统的研究,能为产业政策提供理论依据。(2)研究方法上的创新。根据影响产业政策的基本变量,构造了一个产业政策分析的基本框架,强调经济发展战略和经济体制模式对产业政策的制定和实施所具有的决定性的影响;建立了产业政策总体模型和产业政策结构模型,并据此展开分析。(3)提出了许多新见解。例如,作者把创新和协调看作是产业政策的根本指导思想等。

(梁 晶)

投资决策的经济分析

王 旭 郭惠容 曾纪川编著

中山大学出版社 1991.2 26.6万字

本书系统地阐述了投资决策经济分析的基本理论、基本方法、通货膨胀对投资过程的影响和投资过程的不确定性分析等，还通过实例论述了这些理论和方法在项目投资、证券投资、房地产投资和企业管理中的应用。

全书共分11章，分别论述了投资与投资决策、投资决策经济分析的理论基础、投资决策经济分析的基本方法、通货膨胀对投资过程的影响、投资过程的不确定性分析、项目投资(Ⅰ)——项目投资决策经济分析所需的信息、项目投资(Ⅱ)——项目投资决策微观经济分析的步骤与方法、项目投资(Ⅲ)——项目投资决策的宏观经济分析、证券投资、企业经营管理中常见的几种投资决策问题、房地产投资等问题。

经济技术开发区研究

郑 宁主编

中国财政经济出版社 1991.8 31.8万字

本书是"七五"期间国家重点研究课题。全书共13章，分别论述了经济技术开发区的发展战略、投资环境、土地开发和土地使用权有偿转让、法制建设、外商投资企业、中资企业、产业结构、技术引进、经济技术开发区与国际市场、经济技术开发区的金融体系和金融机制、资金平衡、投资规模的宏观调控和管理体制。

本书在深入研究经济技术开发区的成就、经验和问题的基础上，对经济技术开发区建设中的许多根本性的问题，提出了独到的见解和对策性意见。例如，关于用较长时间，分阶段、有步骤地实现经济技术开发区的战略目标问题；关于从各地的实际出发，按照不同的情况，形成各开发区自身的特点问题；关于经济技术开发区的建设规模、发展速度及其制约因素问题；关于经济技术开发区的建设从粗放型向集约型转变的问题；关于正确处理开发区同母城、腹地之间的关系问题；关于加强国家对经济技术开发区的宏观调控和各开发区之间的统一协调问题，等等。

本书在研究中采用了定性分析与定量分析相结合的方法，将现代数学方法同电子计算机的应用结合起来，对经济技术开发区建设的若干重要方面，如战略目标、投资环境、产业结构、技术引进等，提出了评价指标体系和评价方法。

农村振兴和小城镇问题
——中日学者共同研究

费孝通 鹤见和子(日)等著

江苏人民出版社 1991.4 30万字

本书由中日双方共11篇(其中日方5篇)论文组成。作者分别以乡镇工业发达的江苏省和日本"振兴乡村"运动的典型大分县为背景，从不同的角度和侧面，比较、研究了两个既有联系、又有区别的"农村振兴与小城镇"问题。

农村振兴与小城镇问题和现代化、工业化、城市化紧密相关，而当代国际上还没有哪个国家能取得完全成功。因此，重视农业、农村和农民问题的研究，尤其是在中国正处于由农业——工业国向工业——农业国转换的历史阶段，具有一定的现实意义。

(王 田)

中国国防经济宏观分析

蒋宝祺主编 张胜旺副主编

国防大学出版社 1991.12 22万字

全书分为国防经济规模、国防经济结构、国防经济布局、国防经济体制和国防经济效益5篇，共19章。

本书站在世界政治、经济和军事的高度，从国家全局出发，运用现代科学方法，从经济发展战略和国防发展战略相结合的角度，对我国国防经济发展的宏观方面进行了比较全面系统的分析,对许多重大而又有长远意义的问题进行了富有创见的论述,是一部具有开创性、科学性和指导性的学术著作。它填补了我国国防经济宏观研究上的空白,进一步完善和丰富了我国国防经济学的学科体系。

本书坚持理论与实际相结合的原则,在进行大量调查研究和占有丰富材料的基础上,以马克思主义政治经济学和国防经济学为指导,系统地分析了我国国防经济的历史与教训,并进行了国际间的对比研究,得出了相应的带有规律性的结论。本书提出的一些重大原则和政策性建议,根据充分,符合实际,对今后的国家决策和有关的实际工作,具有重要的参考价值。

(李　路)

国防人口论

樊恭嵩　张忠义著

黄河出版社　　1991.7　25万字

本书主要探讨国防、军事与人口的关系,是作者试图建立一门新学科的研究成果。作者认为,研究国防人口学的目的,在于使人们确立人口发展的国防观念和国防建设的人口观念。这两方面的问题,构成了本书的主线。全书共3篇、16章。第一篇为国防军事与人口的关系论;第二篇为国防人口本体论;第三篇为国防人口环境论。在论证这些问题的过程中,作者特别强调了提高国防人口素质,教育训练等的要求和措施。

(梁学明)

企业集团:模式构想与道路选择

邱靖基　陈佳贵主编

经济管理出版社　　1991.7　23万字

本书为中国社会科学院工业经济研究所《企业集团问题研究》课题组的研究成果之一。内容包括企业集团的基本概念、兴起原因、模式构造、道路选择、组建方式、规模选定、领导制度、利益分配、外向发展、市场结构、法律地位、宏观调控、计划单列等。这些问题,都是从理论与实践的结合上进行科学分析与论证的,从中可以看出我国企业集团的发展情况。对于我国企业的发展趋势,特别是如何把股份制的组织形式运用到企业集团的组建中来,作者也谈了自己的看法。

(梁学明)

国有制企业模式探索
——玉溪卷烟厂企业体制的深层次思考

褚时健　魏　杰著

中国金融出版社　　1991.9　30.8万字

本书以玉溪卷烟厂企业体制的改革为背景,从实践到理论,从特殊到一般,对我国十余年来国有大中型企业的体制改革作了系统的总结,并对如何增强国有大中型企业的活力作了深刻的论述。

作者从微观经济运行分析的角度,首先分析了作为微观经济运行主体之一的国有大中型企业的性质,提出了国有大中型企业是自主经营和自负盈亏的经济实体的观点,并对实现企业的这种性质的途径作了分析:(1)要处理好国家与大中型企业的财产关系(实行新的两权分离,即法人所有权与资产终极所有权分离);(2)要处理好国家与大中型企业的宏观调控关系(建立国家与企业之间的间接宏观调控体制);(3)要处理好国家与大中型企业的分配关系。作者还分析了微观经济运行主体(大中型企业)与微观经济运行中枢的关系,即大中型企业与市场的关系。作者认为,增强大中型企业活力的关键是企业的市场意识,即大中型企业在市场竞争中按市场导向安排企业的生产和经营活动。为此,要加强两个方面的改革,一是要主动组织要素市场;二是要积极争取销售市场。

(毛春明)

论我国所有制和企业制度的改革

佐　牧著

改革出版社　　1990.8　9万字

本书是作者多年来研究我国所有制与企业制度改革的成果。作者认为,对我国的所有制和企业制度,都有必要进行大的改革。改革的关键,是从根本上改革所有制的实现形式,改变公有制企业的经营方式,在企业资产的所有者、经营者和劳动者之间建立起正确的利益关系。对于国有企业,作者主张在所有权不变或只能在一定条件下进行有偿转让的前提下,可以通过使用权的商品化,把企业经营搞活。办法是搞股份制。对于小型的集体所有制企业,作者主张搞合作社社员所有制,实行劳动者自带资金,先分配、后积累的方式。对于现阶段的个体企业、私营企业,以及租赁、承包、资产转让等,作者都根据国内外经验,提出了自己的见解。作者还提出了一些问题,如认为自负盈亏的"自"只能是所有者;全民所有制就是社会所有;半社会主义的股份制,等等。

(晓　亮)

军事韬略与企业竞争

李　非　马　宏著

广西人民出版社　　1991.7　28.9万字

二次大战后,世界各国的经济都有了不同程度的发展,国际间的竞争变得日益激烈。为了赢得竞争,许多国家的实业家们越来越多地从军事理论中汲取营养,寻求致胜的法宝。本书就是一部有关兵战与商战的专著。

全书除导论外,分上下两篇共8章,上篇主要探讨战略理论纲要、竞争环境分析和战略主持人——企业家。通过军事战争的实例,结合发达国家企业战略管理的实践,粗线条地构造出企业市场竞争战略理论的框架。下篇着重研究五大战略原则,即集中原则、协同原则、士气原则、权变原则和组织原则。

作者认为,军事科学与管理科学,从来就是互相联系、互相渗透的。无论是军事组织,还是企业组织,都面临着生存的问题,即捕捉机会、转化风险,以求得生存和发展。因此,军事战略理论与企业竞争战略理论,在较高的层次上必然出现交叉和重合。作者引入军事上"战略"的范畴,站在企业市场竞争的立场上,根据军事战略的原则,并与现代管理相联系,比较全面、系统地探讨了博弈活动的一般特征,成功地开发出军事战争、市场竞争、政治外交等活动的一般战略原理和原则,在军事科学与企业管理之间架起一座桥梁。

(张　平)

中国社会主义股份制研究

陈永忠著

人民出版社　　1991.2　23万字

本书是"1989年国家社会科学基金资助项目"和四川省哲学社会科学"七五"规划重点研究项目的研究成果之一。全书共13章,包括:马克思恩格斯的股份制理论;社会主义股份制的性质;社会主义股份制同资本主义股份制的比较研究;有计划商品经济和社会主义股份制;社会主义股份制与国有制的改革;经济体制改革和社会主义股份制;社会主义股份制模式及发展方向的探讨;股份制企业集团;社会主义股份制企业的组织与管理;股息和红利;股票的流通和社会主义股票市场;股份制与承包制、租赁制的比较研究;我国社会主义股份制企业的发展和基本经验。

本书从理论与实践的结合上,比较系统地阐明了社会主义股份制的性质,探讨了社会主义股份制与国有企业的改革,以及宏观管理的配套改革。研究了社会主义股份制企业和股票市场的组织与管理,初步总结了我国试行股份制的经验,提出了进一步推行股份制的措施。作者试图对社会主义股份制的实践作出理论概括,形成社会主义股份制理论体系,以指导社会主义股份制的实践活动,推动股份制的进一步发展。

企业文化概论

管益忻　郭廷建著

人民出版社　1990.12　23.9万字

本书以马克思主义基本原理为指导，批判地吸收了国外在企业文化研究方面的新成果，并以我国上百家先进企业的管理实践为基础，系统地阐述了企业文化理论。本书注重实际操作需要，立足于企业管理实务，紧紧以生产经营为中心，以职工积极性开发和人本（人的精神）素质"升级换代"为主线，以塑造有中国特色的社会主义的企业精神与企业价值观为基本"底色"，构建起一个包括企业哲学、企业目标等12个子系统的企业文化理论体系。作者对企业文化的理论与实践来源、构建模式、生长发育机理以及企业精神与价值观都有创新性的研究。此外，本书还对美国、日本、中国的企业文化进行了比较研究，从而使我们更加明确了中国企业文化的特色。

（魏志强）

商业运行概论

高涤陈　唐伦慧　陶　琲主编

中国物资出版社　1991.8　34.1万字

本书是"七五"时期国家社会科学基金资助科研项目——《中国商业改革与发展》课题的最终研究成果，全书由5篇、19章组成。作为一本商业经济理论专著，本书的特点是：(1)以其独具一格的结构体系，分别对商业范畴和商业运行方式、商业客体（商品）运行、商业主体（企业）运行、商业运行环境和商业运行的宏观调控等方面的问题，作了全面系统的研究；(2)对商业范畴作了既有别于国外及港台地区的过宽解释，又有别于我国传统的过窄解释，把生产资料流通也包括在内的科学界定，即把商业定义为以买进卖出商品为手段，实现价值增值为目的，并构成社会经济运转有机组成部分的经济组织及其有关活动；(3)配合我国经济体制改革深入进行的需要，对商业改革与发展提出了比较切合实际的"四自运行模式"，即企业自主经营、商品自由流通、市场自动调节、国家自觉调控的运行模式；(4)弥补了传统商业经济理论的不足，把影响商业运行的环境，即经济、政治和文化等环境，首次作为商业经济问题的重要组成部分，进行集中而又深入的研究，为本学科的发展开辟了新的研究领域；(5)在研究与表述方法上，较好地做到了理论与实际相结合。

（霍俊超）

流通经济论
——高涤陈文集

高涤陈著

中国商业出版社　1991.4　43万字

作者多年从事流通过程和商业经济理论及实践问题的研究，对深化商品流通体制改革有独到见解。例如，作者近几年提出的流通体制改革不仅要遵循经济规律，还要遵循流通领域中的自然规律的观点，就在理论界引起了较大反响。

本书是反映高涤陈30多年科研成果的论文汇集。全集分为六篇：第一篇，流通基本理论，主要是根据马克思的社会扩大再生产原理，在整个社会再生产过程中考察流通过程；第二篇，商业机制与体制改革，从宏观和微观两方面论述商业体制和企业改革；第三篇，农村市场与农产品流通，主要研究农村商品的流通渠道和组织形式，强调供销社对发展农村商品流通的作用；第四篇，服务业的改革与发展，其中论述了服务劳动和服务质量的关系；第五篇，对外贸易理论与体制改革，探讨了国际价值规律的特殊性；第六篇，流通生产力与商业文化，对胡平同志近年来倡导的商业文化从理论上进行了简要论述。

（刘洪涛）

中国市场概论

赵石宝　杨　敏著

中国经济出版社　1990.6　32万字

本书分上下篇,共14章。上篇着重从市场理论出发,系统论述了社会主义市场的基本原理;下篇着重从我国实际出发,具体考察了社会主义市场的基本要素。

本书的主要特点是,以社会主义有计划商品经济的理论为依据,以十年经济体制改革的实践为基础,全面系统地阐述了社会主义市场一系列重大问题,构筑了中国社会主义市场体系的基本框架,从而为我国社会主义市场的发展提供了一幅导向图。这本书所涉及的问题覆盖着我国政治、经济、技术、社会各方面,尤其对社会主义各类市场的基本原理、本质特征、目标模式和发展对策等问题,作了比较深入的论述和探索。同时,对一些有争议的问题也发表了具有理论分析的独到见解。本书选材广泛,结构完整,是我国目前一本较系统的市场理论著作。

工农产品比价剪刀差——从鸦片战争前后到新中国建国之际的历史考察

黄　达著

社会科学出版社　1990.12　8.8万字

本书历史地研究我国工农业产品的剪刀差问题,汇集整理了我国近百年来有关的统计资料,描绘出剪刀差长期变化的轮廓图象,对我国自鸦片战争开始到新中国成立初期工农业产品比价剪刀差的发展变化情况,进行了比较全面、系统的回顾和分析。作者认为,我国工农业产品比价剪刀差的出现,始于鸦片战争之后,到新中国成立之时,可分为三个阶段来考察:第一阶段为鸦片战争后至19世纪末,其特点是剪刀差的变化趋势越来越不利于我国的土产"生"货,而大大有利于洋人的工业"熟"货;第二阶段为20世纪初到1920年前后,剪刀差达到高峰;第三阶段为抗日战争、解放战争时期,其特点是剪刀差的变动具有猛烈性,其余波一直影响到解放初期。

作者认为,从长期趋势来看,剪刀差似乎总是趋于扩大;但它达到一定的限度后,便被迫往回退,否则便将导致农业破产。这是价值规律强制性的表现。其次,从工农业产品比价长期变动过程的考察看,要想找出一个不存在剪刀差的点,是没有现实可能性的。而关于工农业产品在怎样的比价水平上可以视为基本符合等价交换原则,则是个相当复杂的问题,有待进一步探索。

(韩育良)

论商业文化

胡　平著

中国商业出版社　1991.1　6万字

1989年,商业部长胡平在《中国商报》首倡商业文化学,引起商业系统以及社会各界的积极反应。美国、日本、香港及西欧的一些国家和地区的专家、学者,也都不同程度地对这个新课题予以关注。

本书收入了胡平自1989年2月～1990年11月有关商业文化思想的13篇谈话、演讲和专论。作者认为,商业文化是渗透在商品流通领域中各行各业、各个过程、各类商品中的文化现象。全书从弘扬民族优秀文化传统和吸收外来进步文化的角度出发,阐明了研究和建设商业文化的必然性和必要性,对商业文化的概念、主要内涵及其历史作用作了明晰的勾勒和提示。作者指出,商业文化不是游离于商业经济活动之外的"异己物",而是贯穿其中的支柱和动力。激烈竞争是外在形式,内在因素是商业文化。商品文化、营销文化、环境文化、伦理文化等,都是从更深层次提高商业服务素质以及竞争能力的重要手段。

(刘洪涛)

治理整顿中的经济与财政

许 毅著

经济科学出版社 1991.9 20.6万字

本书是作者近年来发表的论文及所作的学术报告的汇编。

本书系统地回顾了近年来经济体制改革的历程，尤其是对财政体制改革的成就和存在的问题作了系统的分析，提出了进一步改革财政体制、促进整个经济体制改革的措施。

书中主要论述四大类问题：改革的成就；改革中存在的失误及其形成的问题；为解决这些问题，必须进行治理整顿；治理整顿必须坚持社会主义方向。

关于改革中存在的问题，作者着重分析了“双轨”价格的弊端，认为双轨价格造成倒买倒卖现象，搅乱了社会主义统一的物资市场，影响企业生产资料的合理供应，造成企业成本上升，形成国民收入大量流失；分析了银行取消托收承付结算方式后对资金流通造成的影响；分析了当前存在的“三角债”问题；分析了近年来农业出现徘徊的原因，认为工农业产品剪刀差正在缩小，而不是扩大；分析了国民经济面临的三大困境，即财政、信用和债务困境；分析了因削弱财政在国民经济中的地位和作用而导致的严重后果，等等。此外，本书还探讨了金融体制改革过程中的失误及原因，以及农业等问题。

财政赤字研究

袁振宇著

中国财政经济出版社 1991.8 23.8万字

本书是一部系统研究财政赤字问题的专著。作者认为，财政赤字不是一个单纯的财政问题，而是涉及整个经济的问题。作者从分析财政赤字的一般原理出发，论述财政赤字发生、发展的过程，及其在经济发展中产生的作用，而不是简单地评价财政赤字的有益或有害。本书第一章至第六章，论述了财政赤字的一般原理，包括财政赤字的概念和口径、政府职能的发展与财政赤字、经济发展与财政赤字、财政赤字的弥补、财政赤字与公债、财政赤字与通货膨胀。本书第七章至第十章，分析了新中国成立以来产生的赤字问题，讨论了能否在短时期内消灭赤字，以及应采取哪些相应的财政政策和控制财政赤字的问题。作者对我国经济体制改革以来出现的财政赤字，进行了比较深入的研究，在剖析了财政赤字的严重危害性之后指出，改革过程中出现的赤字，是与我国进行的一系列改革措施直接相关的。这是因为，改革是在经济比例关系严重失调、各方面矛盾重重的困难情况下进行的。这些年出现的赤字，实质是建设性赤字。这是政府为适应改革和建设的需要，在财政政策上作出的重大调整。作者认为，财政赤字对于支持改革的进行、理顺经济关系、推动经济的发展，起了一定的积极作用。

（陈洪钧）

财税管理概论

邱震源著

厦门大学出版社 1991.6 28.4万字

本书共计八章，包括财政管理总论和收支管理、我国税制体系和税收管理、对国营企业的资产与收益分配管理、财政支农资金管理以及财政管理体制等。

本书的特点是：(1)从历史和现状的考察入手，深刻揭示了财政的本质、财政与社会再生产的内在联系、与国家的有机联系，并强调要把供给型财政转变为经营型财政，以充分发挥财政的职能作用。(2)财税管理是国民经济管理的重要方面，财税杠杆是国民经济宏观调控的重要手段。作者联系实际对此作了具体的阐述，因而有一定的现实意义。(3)对庞杂、交错的财政管理，根据其不同性质，科学地划分为若干类型，并提出相应的管理方式。(4)充分反映和实事求是地评述财税领域的改革成果，大胆探索深化改革的趋势。(5)着重阐明国家财政与国营企业的经济关系，对如何增强国营大中型企业的活力、自我发展能力和自我约束机制，作了有益的探索。

金融控制论

刘鸿儒编著

中国金融出版社 1991.2 36.7万字

本书是作者在不断学习马列主义有关理论的基础上，通过总结几十年的金融工作的经验教训，借鉴国外的金融理论和实践经验而形成的专著。

全书共计3篇、16章。第一篇，货币供求。主要讲基本理论，内容包括：货币供求的几个基本概念；货币供给理论与分析；货币供应量及其管理；货币需求及其分析；货币供求的平衡和不平衡。第二篇，通货膨胀。介绍一些理论和各国治理通货膨胀的经验教训，着重分析中国通货膨胀的发展、成因和治理的指导思想。具体内容是：关于通货膨胀的几个概念问题；世界主要国家和地区治理通货膨胀的经验教训；中国通货膨胀的表现与成因；中国在不同时期治理通货膨胀的对策。第三篇，货币政策。主要讲我国的货币政策变迁和货币政策工具，具体分析了近几年的成功经验与失误教训，以及今后治理的政策措施。

本书的主要特点是理论紧密联系实际，既有理论深度，又切合实际。

（李祥玉）

体制货币与通货膨胀

逄锦聚 霍学文著

中国物价出版社 1991.4 28.5万字

本书是专门研究"通货膨胀问题"的理论专著，共有九章。作者运用实证分析与规范分析相结合的方法，对我国改革以来通货膨胀的形成和扩展过程，及其赖以发生的特殊条件进行了系统的、透彻的分析，揭示了我国通货膨胀发生的根本性原因和形成机制，提出并论证了我国通货膨胀属于体制型通货膨胀的论点。在此基础上，对我国通货膨胀的走势进行了预测，对我国经济是否可能陷于滞胀等敏感问题给予了回答，并提出了治理通货膨胀的政策建议。

本书有三个特点：(1)学术观点不落窠臼。作者把我国改革以来的通货膨胀，归因于改革过程中形成的计划体制与市场体制孤立的或"板块"式结合的二元体制，提出在加强和改善宏观调控机制的前提下，努力发展商品经济，培育社会主义市场体系，结束二元体制的对峙，实现有计划的商品经济体制，是治理通货膨胀的根本性措施，并提出了相应的配套措施。这种研究开拓了通货膨胀研究的一个新层次。(2)思路和结构比较新颖。作者跳出传统思路的框框，把通货膨胀的形成和发展分成三个层次进行分析，顺乎事物发展规律，使本书具备了完整性、系统性和严密性。(3)分析方法比较全面。贯穿全书的基本研究方法是唯物辩证法，在此方法指导下，采取了规范分析与实证分析相结合、定性分析与定量分析相结合、静态分析与动态分析相结合的方法。

（郭爱东）

通货膨胀机理与预期

李拉亚著

中国人民大学出版社 1991.11 18.9万字

通货膨胀是我国实行改革开放后经济生活中出现的新问题。当前对通货膨胀的理论研究，大多是描述其现象，归纳其类型，分析其成因，探讨其治理的手段与途径。本书的贡献则是将通货膨胀理论与经济预期结合起来，通过揭示二者之间的关系，提出了通货膨胀粘性预期理论，使我国的通货膨胀理论研究有了新发展。

本书从宏观经济理论入手，在对总供给、总需求理论研究的基础上，对通货膨胀的形成机理作了全面、透彻的分析，然后引入了西方的经济预期理论，将其同通货膨胀理论结合起来。现实的通货膨胀引起人们对通货膨胀的预期。人们出于维护自己利益的动机，纷纷抢购商品，生产者则囤积原材料。结果，一方面造成了总需求的扩大，加剧了市场短缺；另一方面，增加了对货币的需求量，迫使银行增发货币，从而推动了通货膨胀的进一步上升，使人们预期中的通货膨胀变为现实。

（陈 莹）

本书观点明确，内容丰富，论证严密，资料翔实，有较高的学术研究和参考价值。

我国当前社会问题透视及治理方略

谷书堂主编

天津人民出版社 1991.7 22万字

本书选择当前我国发生的通货膨胀、分配不公、经济效益下滑以及增强民族凝聚力、进一步反腐倡廉等问题，进行了多学科的调查研究和联合攻关，分析了形成这些问题的原因及机制，提出了综合治理的政策建议和措施。

本书是国家教委“七五”期间的博士点基金项目之一。全书由7个分研究报告组成，各研究报告虽然独立成章，但全书又以治理经济问题为中心，形成了较严密的结构体系。

本书抓住改革和经济建设中出现的重大问题(也是人们关注的热点问题)，进行多学科综合研究，由此形成了本书的突出特色。书中提出的一些新观点和政策建议，不仅具有较高的学术价值，而且对决策部门具有较高的参考价值。(天津人民出版社经济编辑室)

中国社会集团消费概论

《我国社会集团消费问题研究》课题组

西南财经大学出版社 1991.6 18.2万字

本书运用马克思主义的立场、观点和方法，分析不同社会形态中社会集团消费的本质特征，回顾了我国建国以来控制社会集团购买力的历史过程，研究我国社会集团消费与国民经济其它经济指标的对比关系，从理论与实践的结合上，把社会集团消费作为科学研究的对象进行探讨。通过对我国社会主义条件下社会集团消费的本质分析，尤其是对我国一度出现的社会集团消费膨胀的现象、特点、危害及深层次根源的剖析，对我国社会集团消费的性质、地位和作用作了理论概括，提出了近期可操作的一系列治理对策，并勾画出在社会主义有计划商品经济条件下建立具有中国特色的社会集团消费模式的轮廓。

历史的经济大思路——中国近代经济思想史100题

刘永佶 张 华 王郁芬著

中国青年出版社 1991.1 27.5万字

本书用专题的形式，论述了从鸦片战争到“五四”运动中国经济思想的基本状况和发展脉络。论述了地主阶级的“正统”派谢阶树、徐鼎、许乃济；地主阶级的改革派龚自珍、包世臣、林则徐、魏源；太平天国的农民革命派洪秀全、洪仁玕；资产阶级的改良派康有为、梁启超、严复；统治集团中的顽固派刘锡鸿、曾廉；统治集团中的洋务派李鸿章、张之洞；资产阶级革命派孙中山、朱执信、章太炎等众多派别和主要人物的经济思想。作者用历史唯物主义的观点，翔实的历史材料，深入分析了中国近代以来经济思想发展的规律，探讨了现代中国经济矛盾的历史原因，批判了现实中出现的照搬资本主义经济制度的思潮，揭示了只有社会主义才能救中国、才能发展中国的经济发展大思路。

本书立意新颖，既吸收了理论界对中国近代经济思想史研究的丰硕成果，又不乏作者新颖独到的见解，是一本简明精要的中国近代经济思想史著作。

(江 沛)

20世纪末期世界经济发展趋势

储玉坤 周建平主编

经济科学出版社 1991.1 26.5万字

本书是全国哲学社会科学“七五”计划重点研究课题。全书分为四大部分：(1)绪论部分从世界经济格局的概念界定及其历史沿革入手，展望了20世纪末期世界经济格局的新特点。(2)第一编深入剖析了影响世界经济格局的诸因素，即新技术革命的兴起，特别指出信息技术和信息产业将成为推动90年代世界经济高涨的动力；国际直接投资的变化——国际直接投资的国别分布仍将主要在发达资本主义国家，但发展中国家和社会主义国家将更加积极地利用这种资金形式；国际债务问题的缓和；国际贸易的发展；能源供求情况及油价涨落；经济区域化、集团化的趋势。(3)第二编着力分析了美、日、欧三个经济中心的力量消长及其经贸关系，分别介绍了美、德、日、英、法战后以来，特别是80年代以来的经济结构变化及其政策调整，并对90年代资本主义经济危机和周期进行了预测。(4)第三编客观地评价了发展中国家战后经济发展的业绩，同时对它们的发展前景进行了展望。

国际经济合作概论

王世浚主编

中国对外经济贸易出版社　1991.1　39.1万字

本书共计三部分、17章。第一部分为总论，阐述了国际经济合作学的研究对象及研究国际经济合作的重要意义、国际经济合作的产生与发展、国际经济相互依赖、生产要素的国际移动、国际经济协调机制、国际经济合作主体权利的法律保护等问题。第二部分研究国际经济合作的主要形式，即国际投资合作、国际信贷合作、国际科技合作、国际劳务合作、国际经济援助。这是生产要素国际移动的具体形式。第三部分探讨不同类型国家之间的经济合作，如发达国家之间的经济合作、发达国家与发展中国家之间的经济合作、发展中国家之间的经济合作(南南合作)、社会主义国家的对外经济合作、以及国际经济合作的区域化和集团化等。

作者认为，国际经济合作是战后世界经济的一种普遍现象。但同时也必须看到，霸权主义下的不合理的国际经济秩序，阻碍了国际经济合作事业的前进。

现代国际经济贸易问题

韩克信著

中国对外经济贸易出版社　1990.12　42.5万字

本书分为四部分，共38章。第一部分包括6章，主要阐述一般国际贸易理论，包括交换与生产、货币与交换、交换理论的发展、政策与等价、关税及其影响、返销贸易。第二部分包括7章，主要研究国际经济贸易的若干重要理论问题，如比较成本、国际商品交换中价值与使用价值的测度、商品的使用价值与价格、不等价交换问题、国际债务与世界经济等。第三部分包括7章，主要探讨发展中国家的经济问题。首先分析了发展中国家的十大经济问题，即人口问题、经济发展与计划问题、农业问题、工业问题、财政金融问题、能源问题、对外贸易问题、外债问题、南北问题、南南问题。然后分析发展中国家出口商品构成的变化、发展中国家的货币问题、非洲的粮食问题等。第四部分包括18章，着重研究中国的对外经济贸易问题，如对外贸易的经济效益、对外经济战略、对外贸易发展战略、外贸逆差、外资引进、人民币汇率、外汇政策、外汇储备、香港和澳门在中国对外贸易中的地位和作用、中国经济特区的前景等。

国际经济实务

唐赓尧主编

经济科学出版社　1991.8　39.3万字

本书包括国际金融实务、国际投资实务、国际贸易实务三篇，共19章。第一篇，国际金融实务。其主要内容有：外汇基本知识，国际金融市场，即期、远期、掉期外汇交易及其它外汇业务，外汇风险的弥补和预防，外汇管理等。第二篇，国际投资实务。其内容有：国际筹资，国际投资环境，国际直接投资，国际证券投资及国际投资管制、鼓励、保护及其适用法律五个方面。第三篇，国际贸易实务。主要介绍进出口业务的一般程序，国际贸易中的商品价格术语，货物的交付与运输保险，货款的支付，货物的检验、索赔和仲裁及国际贸易方式。

本书有以下特点：(1)理论与实际相结合，注重实用。有关概念是按国际通行的方式进行解释的，有关实际业务的操作程序等都按国际惯例进行论述。(2)系统、全面。集国际经济活动的主要内容——金融、投资、贸易为一体。(3)体例上采用教科书的篇章结构，论述上条理清楚，重点突出。

（刁其武）

国际财政制度比较

姜维壮主编

中国财政经济出版社 1991.7 39.8万字

本书对各国的财政制度进行了一些纵向和横向比较研究。全书共计17章。第一章为各国财政管理体制，主要进行横向比较；第二至第十七章分别论述原民主德国、匈牙利、原苏联、波兰、罗马尼亚、南斯拉夫、日本、巴西、加拿大、印度、法国、英国、美国、原联邦德国、瑞典和意大利的财政制度，主要进行纵向比较。横向比较体现在各国之间财政制度的一些共同点和特点的专题比较研究中，即各国财政管理体制的结构、中央与地方之间的财政管理体制、国家与企业之间的财务管理体制、税收管理体制、财政监督体制。

法国宏观经济管理

黄文杰著

复旦大学出版社 1990.12 30.9万字

本书集中解剖了西方发达资本主义国家中具有特色的法国宏观经济管理。

全书包括三个方面，共11章。一、概述（第一章）。二、政府对有关经济领域或部门的管理及政策（第二至第十章）。包括：法国的公共财政与财政监督体系、法国的金融体系与银行信贷管理体制、法国的财政政策与货币政策管理、法国的公营企业与国家管理、法国的宏观计划调节及其作用、法国的领土整治政策及其效果、法国政府在价格与工资领域中的管理、法国政府的产业政策管理、法国政府在对外经济领域中的管理。三、总的评析（第十一章）。评析了法国宏观经济管理的性质问题、作用问题以及关于法国宏观经济管理的几种议论。书后附录了法国政府公布的计划化改革法。

本书是我国哲学社会科学“七五”计划期间国家重点研究项目“法国政府对经济的干预”的最终成果。

日本对外贸易概论

马成三著

中国对外经济贸易出版社 1991.5 27万字

作者写作此书的着眼点是：作为亚洲唯一工业发达国家的日本，长期以来一直奉“贸易立国”为基本国策。它在当今国际经济竞技场上之所以能够连续摘取“经济大国”、“金融大国”和“最大债权国”等桂冠，也确实主要依赖对外贸易这根“魔棒”。我们要全面了解日本的经济，就不能不考察它的对外贸易。日本发展对外贸易的经验，可以成为我们发展外向型经济的借鉴。

本书共分十章，分别论述了二次战后日本对外贸易的发展、出口贸易结构、进口贸易结构、振兴出口政策、进口政策的变化、对外贸易的尖兵——综合商社、对外直接投资与对外经济援助、贸易摩擦与经济结构调整、90年代日本的通商政策与亚太合作、中日贸易的发展与课题。

本书资料相当丰富，并附有1945年8月～1989年12月的日本对外贸易大事记。

区域经济学导论

［美］埃德加·M.胡佛著

艾尔弗雷德·A.克诺夫出版公司 1975 第二版 王翼龙译 商务印书馆 1990.11 34.7 万字

本书提出了构成复杂的经济活动区位结构和大多数区域经济学重要问题的三个基本因素——自然资源、集中经济和运输成本。本书共 13 章。前 7 章着重对各种经济活动的区位问题作了抽象的理论论述。作者以自然资源、集中经济、交通运输三要素为主轴，从理论上论述了三要素在各种产业区位结构中所起的作用；不仅讨论了单个区位单位的区位决策，也探讨了整个工业部门的区位结构问题，以及各种产业之间的联系，既包括各种产业在空间结构上的相互竞争，也有各种产业在地域上的相互依赖，即集中经济问题。本书的后 6 章着重讨论了一些实际的问题：区域与区域之间通常存在着差异，区域之间地理位置、交通条件和规模经济效益的差异及工资差异，对人口的区位选择产生了重要影响，从而导致各区域内的结构变化。作者指出，已经形成的各区域内的产业结构并不是一成不变的，作者在研究各产业区位决定的同时，研究了因国际贸易和要素变动而引起的区域增长，以及因供给和需求变化、投入产出变化而引起的区域变化，进而讨论了区域的目标和政策问题。区域的增长和集中经济给社会带来了方便和好处，但也产生了各种各样的社会问题，如贫民区的出现、交通拥挤，等等。

本书不仅研究了工业的区位问题，而且研究了住宅、非营利的公共机构及其服务等非经济活动的区位结构问题。

（蒋建国）

国际经济政策理论（第一卷 国际收支）

［英］J.E.米德著 石士钧等译

商务印书馆 1990 35 万字

本书是 1977 年诺贝尔经济学奖获得者米德的主要著作。本书分两卷，第一卷由牛津大学出版社于 1951 年出版。本卷阐述经济政策对国际贸易的影响，深入探讨“开放经济”中有关稳定经济的政策问题。本卷在理论分析方面，被认为是建立了一种适用于经济决策的经济分析工具；“成功地”把凯恩斯理论同传统的、特别是一般均衡理论结合起来；还把传统的国际收支理论中的国际收支帐（只包括贸易和当前收支两项）扩展到包括国际资本的移动。本卷的主要内容是考察财政政策和货币政策的变化和“价格调整”（包括货币工资或汇率调整）对于就业和国际收支的影响；并且论述运用政策工具以同时实现“内部平衡”（充分就业）和“外部平衡”（国际收支平衡）这两个政策目标问题。这样，作者一方面把政策变化所能产生影响的理论的实证分析，转变为实现政策目标所需政策措施的规范研究；另一方面也提供了一种两个政策目标（内部和外部平衡）和相应的两个政策工具（总需求和国内与国外的商品的相对价格）的简明体系。

（程秋珍）

经济学与经济政策

［英］亚历克·凯恩克劳斯著

巴兹尔·布莱克韦尔有限公司 1986 年 李琮译 商务印务馆 1990

本书作者亚历克·凯恩克劳斯是英国著名经济学家，曾任英国政府经济事务部部长，贸易委员会经济顾问，OECD 经济顾问，牛津大学圣彼得学院院长。现任格拉斯哥大学校长。他曾多次访问我国，参加有关我国经济体制改革的学术会议，对促进中英两国间的学术交流做出了贡献。

本书收入了近年来作者在各种场合发表的演讲13篇。这些文章涉及了西方经济学和经济政策中广泛的理论和实际问题,包括如何看待经济理论,如何把理论应用于经济政策的制订;如何发挥经济学家的作用,如何使经济学家与实际工作者结合;对市场调节和国家调节二者短长的分析,如何使二者互相配合;对凯恩斯主义的评介;计划工作应遵循的原则;如何在变化不定的条件下进行计划工作和决策;影子价格的作用;技术创新在经济发展中的重要性;对经济发展理论的评价;货币政策和财政政策的比较;对作为政策手段的汇率的分析;就业政策的历史演变和如何对付失业问题,等等。本书对我国目前进行的经济体制改革和对外开放,颇有参考价值。

(宗 理)

经济分析史(第一卷)

[美]约瑟夫·熊彼特著 朱泱等译

商务印书馆 1991.11 39.3万字

经济分析史分三卷共130万字,是迄今为止西方经济学界关于经济学说史,特别是关于经济分析方法的演变史的最广泛而又详尽、分析评论颇具特色的第一部巨著。该书不同于一般的经济思想史或经济学说史,它十分重视经济分析方法和分析工具以及它们的演变和发展。

全书分为三卷五编(本卷有两编)。第一编是导论,主要讨论经济学科的研究范围和研究方法。第二至第四编则按照年代顺序,分别评述从公元四五百年前的希腊——罗马时期起到本世纪40年代末期止的绵延2400年的经济分析发展史,包括各个时期的重要人物、思想观点、学说体系、分析工具和方法、贡献和影响、评价等。本卷写到“重商主义”止。

本书的特点是:(1)博大精深。凡是应涉及的不同人物和学说派别,以及各具特色的分析方法和所用工具,本书无不包罗在内,并加以描述和评论。为了阐述各个时期经济学说和分析方法的发展,作者还不得不涉猎众多的有关学科,如历史学、社会学、心理学等。(2)学术性强。著名经济学家、诺贝尔经济学奖获得者萨缪尔森等人都认为,该书是一部不朽的学术性著作,这一点已为国际经济学界所公认。

本书对西方的市场机制、竞争机制、企业创新、技术进步、自由贸易、保护政策、财政金融等特点,以及有关学派人物的学说主张和分析方法的来龙去脉和发展过程,都有详尽而深入的分析。这些对我们进行经济体制改革,引进市场机制和竞争机制,把计划管理与市场调节有效地结合起来,都有着重要的参考价值。

(张胜纪)

理性预期

[美]史蒂文·M·谢弗林著

剑桥大学出版社 1983年 李振宁译
商务印书馆 1990.7 14.3万字

本书是《剑桥经济文献研究》丛书之一,也是第一部比较系统地概述“理性预期”理论的发展和争论的学术专著。它通过大量的文献和不同观点的比较验证,全面、系统地阐述了理性预期思想及其对西方经济学理论发生的重大影响。其特点是:不是把理性预期作为一种经济学流派加以论述,而是把它作为一种新经济思想和方法来考察。其基本论点是:理性预期理论不仅对理解宏观经济学、微观经济学和金融市场是重要的,而且对其它领域同样有重要的意义。这种思想很有说服力,因而不会成为理论舞台上的匆匆过客,无论出现什么样的正统理论,这种思想注定要发展。它超出了经济理论本身,更多地带有方法论色彩——它内在一致地会推导出包含在一般均衡宏观经济模型结构方程中的理性预期和理性行为,不仅能提高“看不见的手”的地位,还能用来说明信息不完全、长期合同和其它协议、资本市场的不完善,以及人所共知的许多其它现象的原因和结果。

(淑 荣)

经济增长因素分析

［美］罗伯特·M.索洛等著 史清琪等选译

商务印书馆 1991.1 34万字

西方经济理论界为探索经济增长因素的奥秘，创立了一门新兴的经济学学科——增长经济学。这一理论的方法和特点是：侧重于从宏观总量分析出发，探索经济发展的规律，同时运用数学工具，根据严格的数学理论来描述各种经济现象。决定经济增长的因素很多，其中技术进步是经济增长的重要因素，其作用表现为内涵的扩大再生产。本书选译的主要是世界著名经济学家罗伯特·M·索洛、爱德华·F·丹尼森、戴尔·W·乔根森等人的论著。他们对经济增长因素进行了系统的分析，得到世界经济学界的赞誉，索洛为此还荣获了1987年诺贝尔经济学奖。

本书共选译了14篇论文，反映了从50年代到80年代著名的增长经济学家的代表作。本书还选入了丹尼森与乔根森有关增长因素分析方面的部分争论文献，这场争论因涉及增长因素分析的理论、方法而倍受瞩目，也促进了经济增长因素分析的研究工作更深入地发展。

（淑 荣）

欧洲经济史（1～6卷）

［意］卡洛·奇波拉主编

意大利方坦纳出版公司和英国科林斯父子公司联合出版 商务印书馆 1989～1991 200多万字

本书原名《方坦纳欧洲经济史》，共6卷9册。第一卷题为《中世纪》，论述15世纪以前（追溯到公元500～1000年不等）欧洲人口、城市模式、技术传播、农业和工业、商业和货币、经济政策和公共财政等问题。第二卷题为《十六和十七世纪》，论述人口、需求结构的变化、科学革命时代的技术和经济、欧洲的工农业生产状况、大陆贸易和海外贸易、现代货币和金融制度的形成等。第三卷题为《产业革命史》，论述了1700～1914年间欧洲人口、需求模式、技术进步和产业革命、银行业和工业化的关系、国家和产业革命、服务业的革命、工业资产阶级和工人阶级的兴起、农业和产业革命、经济学作为科学的兴起等。第四卷题为《工业社会的兴起》，叙述的时间与第三卷相同，介绍1700～1914年间法、英、哈布斯堡皇朝、德、低地国家、北欧、俄、西、瑞士的经济概况及国际经济的兴起。第五卷题为《二十世纪》，论述1920～1970年左右欧洲人口、需求结构、劳动力问题、管理问题、能源问题、科技的社会关系、凯恩斯革命、农业、欧洲的经济政策、国际贸易与资本、货币管理问题。第六卷题为《当代各国的经济》，介绍荷、比、卢、法、英、德、意、西、瑞士、俄、北欧和东欧诸国的经济概况，论述欧洲在世界经济中的地位等。

本书的特点是：虽然内容涉及面广，但叙述简明扼要；内容兼具通史与专史、综合史与国别史之长；厚今薄古，现代和当代部分较为详细；主要以探讨各国经济发展与增长中的成败得失、经验教训为目的；各卷都自为起讫，独立成书。

（桑 伍）

国家预算与财政管理

［美］杰克·瑞宾 托马斯·D·林奇主编
丁学东等译

中国财政经济出版社 1990.11 53.8万字

本书是一部全面介绍美国各级政府如何进行财政管理和决策过程的著作。美国政府每年通过预算集中的财政资金达万亿美元之多。对于这么巨大的一笔资金，如何进行科学的分配和管理，又如何使这种管理成为国民经济宏观管理中的一个“自动稳定器”，这些方面的经验，可供我们借鉴。

本书共3篇17章。第一篇，国家预算及财政管理的发展过程，研究阐述国家预算和财政管理制度；第二篇，国家预算及财政管理技术，分析介绍国家预算和财政管理的技术和方法；第三篇，国家预算及财政管理的几个专题研究，研究探讨国家预算和财政管理中的几个重大理论和实践问题。

本书的特点是：(1)理论与实践结合，论述的内容广泛，几乎涉及到同财政有关的所有经济活动；(2)研究介绍了世界历史上近千名专家、学者的财政思想和观点，博采众长，分析透彻；(3)融财政、经济、法律于一体，联系紧密，有助于人们增强对预算的民主及法律意识。

亚洲流通革命和日本经商方法

日经流通新闻编 陈 晋译

中国商业出版社 1991.11 15.3万字

本书比较系统地阐述了有关流通理论和世界流通领域的趋势，描述了日本企业在东南亚及中国的经营战略。同时，还介绍了韩国、香港、泰国、台湾等国家和地区的流通革命；介绍了欧美的大百货公司为了争夺广阔的亚洲市场，如何通过加盟连锁店、特色店等形式同日本展开激烈的角逐。

商品销售和服务的竞争，同时也是一种文化同另一种文化的竞争。人们在接受日本式的先进经营方式的同时，也在不同程度地受到日本文化的影响。作者从分析百货商店的变化入手，沿着百货店——超级市场——方便商店——外食加盟联锁店的顺序，探讨了经营服务方式由简单的销售到提供全面服务的商店的发展规律。另外，还介绍了亚洲各国政府为了抵御外来经济力量的进入，在接受先进的服务方式的同时，也在制定相应政策，发展本国的商业服务业。

本书还列举了日本大百货店在亚洲的经营设想和对市场前景的估计。 (刘洪涛)

附：部分经济学著作、译著、工具书索引*

著　作

政治经济学·经济思想史

《资本论》和我国社会主义经济问题　何炼成主编　西北大学出版社　1990.6　577 页

对《资本论》若干理论问题争论的看法　陈征著　福建人民出版社　1990.9　335 页

《资本论》与现代经济问题——全国第四届《资本论》学术讨论会文选　宋涛主编　上海人民出版社　1990.7　315 页

马克思《资本论》节选本　全国高等财经院校《资本论》研究会选编　西南财经大学出版社　1990.8　637 页

《资本论》体系与社会主义经济：扩大商品经济论　卓炯著　中国财政经济出版社　1990.7　498 页

经济哲学论纲　杜吉泽　曹维源著　石油大学出版社　1991.2　285 页

马克思的经济学说　施正一　鲁筱玲编　时事出版社　1990.8　194 页

马克思主义政治经济学教程　李家英　郭促藩主编　湖南出版社　1991.4　327 页

马克思主义政治经济学原理　陈绍辉主编　江苏人民出版社　1991.2　475 页

马克思主义政治经济学原理　袁光木　朱达海编著　武汉测绘科大出版社　1990.9　394 页

马克思主义政治经济学教程　王怀阳主编　经济管理出版社　1990.7　385 页

政治经济学　陈复之等主编　江苏人民出版社　1991.3　477 页

马克思主义政治经济学　谭乃彰等编　四川人民出版社　1990.6　402 页

政治经济学　张俊华　杜东悦主编　辽宁人民出版社　1990.8　405 页

政治经济学概论　吴世泰主编　四川人民出版社　1990.12　371 页

新编政治经济学　陈铭书　赵中社主编　河南人民出版社　1990.6　575 页

政治经济学综论　郑继典　李锐编著　北京工业大学出版社　1990.8　362 页

政治经济学原理　王广信主编　中国人事出版社　1990.9　402 页

政治经济学　俞鸿伯主编　陕西人民出版社　1990.7　346 页

政治经济学解疑　李万春　朱维芬主编　大连理工大学出版社　1990.12　261 页

---

* 本栏选收的是 1991 年国内正式出版的经济类新书，其中包括一部分 1990 年出版但在 1991 年问世的图书。因篇幅所限，主要选收学术性、资料性和实用性较强的书籍，并力求反映经济学界在经济改革、经济建设和各学科发展等方面取得的成果。关于选收范围、编排体系与著录规则，与历年版本相同。

经济词语辨析与规范　孙绪森著　黑龙江科学出版社　1990.7　152页

现代经济文化　沈华嵩等主编　中国经济出版社　1990.10　351页

政治经济学：资本主义部分　程恩主编　海洋出版社　1990.8　321页

政治经济学教科书：资本主义部分　蔡玲　李文哲主编　吉林大学出版社　1990.9　459页

政治经济学：资本主义部分　田戈　周训太编著　山西经济出版社　1990.8　325页

政治经济学教程　资本主义部分　蒋明克主编　吉林大学出版社　1990.6　308页

政治经济学：资本主义部分　邱锡洪　李诚春主编　福建人民出版社　1990.5　209页

政治经济学：资本主义部分　王吉明　周玉衡主编　北京出版社　1990.7　239页

政治经济学：社会主义部分　陈德华主编　北京大学出版社　1990.9　315页

政治经济学：社会主义部分　王书相　黄思谦主编　高等教育出版社　1990.9　333页

政治经济学：社会主义部分　王福成主编　中国商业出版社　1991.5　332页

政治经济学：社会主义部分　张品修主编　安徽人民出版社　1990.5　326页

政治经济学：社会主义部分　蒋明克主编　吉林大学出版社　1990.6　308页

双重运行机制论：社会主义政治经济学再探索　雍文远主编　上海人民出版社　1990.8　474页

政治经济学范畴辨析　江河编著　浙江大学出版社　1990.12　290页

政治经济学：方法与模型　龚德恩等编　中国人民大学出版社　1990.9　358页

宏观经济论　钟朋荣　吴同虎著　经济科学出版社　1990.7　312页

宏观经济学　杜富军、冯涛主编　陕西人民出版社　1990.3　405页

公有制宏观经济理论大纲　樊纲等著　三联书店上海分店　1990.6　685页

宏观经济控制论　乌家培主编　辽宁人民出版社　1990.11　465页

宏观经济调控分析　罗季荣主编　厦门大学出版社　1991.1　284页

宏观经济学基础　潘群儒编　中国科技大学出版社　1990.11　296页

微观经济学　邵东涛　赵永泰主编　西北大学出版社　1990.6　438页

微观经济学导论　毛子洄等编著　西南交大出版社　1990.3　509页

劳动价值的动态定量研究　吴鸿诚著　重庆出版社　1990.7　260页

增加价值论　霍德发著　吉林人民出版社　1990.5　362页

灰色价值学　孙万鹏著　山东人民出版社　1991.2　190页

国与国价值之比较：劳动生产率与外向型经济　李建中著　西北大学出版社　1990　126页

国外经济增长理论比较研究　胡乃武　金碚主编　中国人民大学出版社　1990.12　249页

竞争论　陶琲　谢朝斌著　辽宁人民出版社　1990.9　414页

补偿经济论　孙毅　张如石著　中国财政经济出版社　1991.4　399页

协作生产力论　王道义著　湖南出版社　1990.10　243页

怎样看待生产力标准的理论与实践　丘挺主编　华南理工大学出版社　1991.1　249页

科学生产力效应理论导论　钟阳胜著　科学普及出版社广州分社　1990.4　176页

生产力系统理论与应用　唐元虎主编　中国大百科出版社上海分社　1991.6　299页

利益理论研究　张兴让等主编　湖北科技出版社　1990.12　204页

节约经济学　黄铁苗主编　中国金融出版社　1990.12　445页

发展经济学通论　洪银兴　林金锭著　江苏人民出版社　1990.7　278页

农业国工业化问题：发展经济学通论　第一卷　张培刚著　湖南出版社　1991.3　412页

比较经济学　荣敬本　刘吉瑞著　辽宁人民出版社　1990.8　352页

比较经济学：发展　体制　政策　刘伟　杨云龙著　中国财政经济出版社　1990.12　454页

生产力经济学概论　周学曾主编　山西人民出版社　1990.6　294页

简明生产力经济学　时保棠编著　科技文献出版社　1990.2　201页

技术经济学　高茂林主编　甘肃人民出版社　1990.9　246页

技术经济学教程 黄明柏等主编 上海人民出版社 1990.8 439页

技术经济分析 周静娴编 华东化工学院出版社 1990.5 329页

技术经济评价 陶树人等编著 高等教育出版社 1991.1 250页

消费经济学 苏志平 张克昕编著 中国商业出版社 1990.11 255页

社会主义消费经济学 黄健 袁培树著 华南理工大学出版社 1990.8 287页

中国消费经济学 文启湘主编 西北大学出版社 1990.10 250页

经济信息学 张南保著 华东化工学院出版社 1990.4 157页

信息经济学 刘希印等编著 大连理工大学出版社 1990.6 239页

经济传播学 周培仁主编 江苏人民出版社 1990.8 295页

投资经济学 庄俊鸿主编 华南理工大学出版社 1990.6 375页

现代西方经济学 金泉源等编 北京出版社 1991.4 390页

西方经济学 范家骧 高天虹著 吉林人民出版社 1990.8 3册

现代西方经济思想评价 刘静波主编 蓝天出版社 1990.10 136页

现代西方经济学的理论和方法 越秀臣 刘新立编著 中国经济出版社 1990.8 281页

第一位剑桥经济学家:T·R·马尔萨斯思想研究 朱彤书等著 三联书店上海分店 1990.10 131页

马克思主义与当代资本主义经济新特征 唐思文著 中国金融出版社 1990.10 180页

矛盾·失衡·震荡:评当代资本主义经济 葛局成 许明政著 经济管理出版社 1991.1 147页

两种不同经济制度比较论 陈本善等编著 大连出版社 1991.2 281页

当代资本主义经济评介 许荫松编著 北京航空航天大学出版社 1990.9 276页

西方经济学名著介绍 朱彤书主编 华东师范大学出版社 1991.6 463页

社会主义经济概论 宋子和 钟生坦主编 广东人民出版社 1990.10 287页

社会主义经济理论 贾衍邦等编 中国建筑工业出版社 1991.4 247页

社会主义初级阶段经济理论 臧志风主编 中共中央党校出版社 1990.5 191页

社会主义初级阶段经济问题 刘守恒 姜超峰主编 机械工业出版社 1990.7 194页

中国社会主义初级阶段基本经济特征初探 赵秀臣 刘新立著 中国经济出版社 1990.8 224页

中国社会主义经济理论问题争鸣:1985～1989年 《经济研究》编辑部编 中国财政经济出版社 1991.3 509页

社会主义宏观经济论:理论·对策·参照系 杨坚白主编 东北财经大学出版社 1990.6 622页

相互兼容中的新形态:公有制商品经济体制 陈文通著 陕西人民出版社 1991.5 346页

社会主义经济的结构、运行和管理 胡钧等主编 山东人民出版社 1990.8 442页

社会主义商品经济规律体系 董书城等著 安徽人民出版社 1990.6 271页

经济利益概论 恽希良著 四川人民出版社 1991.5 297页

经济利益·政治秩序·社会稳定:社会主义社会矛盾的深层反思 王伟光著 中共中央党校出版社 1991.2 289页

社会主义经济增长理论 吴光辉等著 重庆 1990.8 508页

社会主义宏观经济学 蒋学模主编 浙江人民出版社 1990.7 592页

宏观经济运行与调控研究 张风波主编 上海人民出版社 1990.12 480页

社会主义经济运行学概论 侯宏博主编 陕西人民出版社 1990.11 264页

经济周期与预警系统 毕大川 刘树成主编 科学出版社 1990.6 230页

经济效益学 詹启智 陈魁武主编 中国财政经济出版社 1991.5 267页

社会主义微观经济效益 温德俊等主编 吉林大学出版社 1990.4 196页

社会主义价格理论与实践 蒋家俊主编 四川人民出版社 1991.4 374页

社会主义价格问题研究 詹宏松著 广西人民出版社 1990.7 186页

社会主义价格与管理 徐树龙 罗吉义主编 云南大学出版社 1991.3 442页

社会主义市场运行分析 黄泰岩著 中国人民大学出版社 1990.12 257页

需要价值理论:富国裕民论 李炳炎著 云南人民出版社 1990.11 804页

合作经济学概论 杨坚白主编 中国社会科学出版社 1990.2 416页

合作经济理论与实务 严芬芬主编 北京出版社 1990.5 584页

社会主义商品经济与精神文明 许川著 四川人民出版社 1990.10 178页

社会主义的过去与现在:对"一切向钱看"的历史考察 武文军著 甘肃人民出版社 1990.1 225页

经济工作的辩证法 王英 黄智权主编 江西人民出版社 1991.2 313页

经济论丛 杭州大学经济研究室主编 杭州大学出版社 1990.11 282页

南开经济所年刊:1989～1990 《南开经济所年刊》编委会编 南开大学出版社 1990.12 336页

骆耕漠求知集 骆耕漠著 中国财政经济出版社 1991.1 453页

卓炯自选集 卓炯著 云南人民出版社 1991.3 546页

孙孺经济论文选 广东省社科院《孙孺经济论文选》编辑部编 中山大学出版社 1990.6 451页

西方经济学说史概要 鲁明学 纪明山编著 南开大学出版社 1990.6 513页

外国经济思想史新编(上) 陶大镛主编 江苏人民出版社 1990.6 550页

马克思主义经济思想史:外国经济思想史新编(下) 陶大镛主编 江苏人民出版社 1991.6 353页

近代西方经济学史 汤在新主编 上海人民出版社 1990.9 646页

社会主义经济理论发展史 张友仁 李克纲著 北京大学出版社 1991.2 569页

社会主义政治经济学史纲 袁庆寿主编 黑龙江人民出版社 1990.6 439页

中国经济思想通史 第一卷 赵靖主编 北京大学出版社 1991.5 675页

中国古代经济管理思想 叶世昌主编 复旦大学出版社 1990.7 334页

富国富民论:立足于宋代的考察 叶坦著 北京出版社 1991.1 273页

历史的经济大思路:中国近代经济思想史100题 刘永佶等著 中国青年出版社 1991.1 366页

儒家心态与近代追求:张之洞经济思想论析 陈钧著 湖北人民出版社 1990.10 226页

走向世界的历史足迹:中国近代对外开放思想研究 郑学益著 北京大学出版社 1990.3 205页

中国社会主义经济思想大事记 李发胜主编 江西人民出版社 1990.5 716页

世界经济·中国经济·经济史·经济地理

世界经济学 下册 仇启华主编 中共中央党校出版社 1990.3 294页

世界经济 卫仰霞主编 新华出版社 1990.10 294页

产业政策与各国经济 李泊溪 钱志琛主编 上海科技文献出版社 1990.12 491页

国际经济合作 吴亚卿等编著 中国经济出版社 1990.8 203页

国际经济活动惯例 唐建宇主编 北京出版社 1990.12 508页

国际技术经济比较:大国的过去、现在和未来 李京文 方汉中主编 中国社会出版社 1990.9 1086页

外向型经济的国际比较 季崇成主编 山东人民出版社 1990.9 263页

亚太地区经济环境和中国东部地区经济开发 程极明主编 江苏人民出版社 1990.8 440页

东方的复兴:中印经济近代化对比观照 章开沅主编 范铁城著 湖南出版社 1991.1 202页

亚洲"四小"崛起的奥秘:其战略和体制的比较 金泓汛主编 中国财政经济出版社 1990.9 370页

南朝鲜、台湾、香港、新加坡经济述评 沈祖良、陈继勇著 湖北人民出版社 1990.10 302页

南亚国家经济发展战略研究 孙培钧 刘创源主

编 北京大学出版社 1990.5 289页

南朝鲜经济开发战略和展望 金世和著 黑龙江朝鲜民族出版社 1990.8 256页

日本崛起论 宋绍英著 东北师范大学出版社 1990.6 408页

现代日本经济的发展与对策 色文编著 北京大学出版社 1990.10 318页

日本经济控制论纲:兼论对我国的启示 白成琦著 吉林大学出版社 1990.8 267页

瑞典经济管理掠影 中国赴瑞典高级经济管理研修团编著 文津出版社 1990.7 192页

美国经济实力的衰落:技术·竞争·霸权 黄素庵著 世界知识出版社 1990.2 415页

美国经济 储玉坤 孙宪钧编著 人民出版社 1990.8 427页

中国社会主义经济概论 曹益武主编 东南大学出版社 1990.8 352页

改革开放中的中国社会经济问题 周作仁等主编 吉林大学出版社 1990.4 390页

中国十年改革的回顾与展望:《1979～1988中国十年经济改革的回顾与展望》国际研讨会文集 国务院发展研究中心等编 陕西人民出版社 1990.6 487页

改革十年:在治理整顿中走出经济困境 唐明峰主编 北京出版社 1990.4 418页

治理整顿的理论与实践 张文杰 赵发胜主编 山东人民出版社 1990.6 367页

经济改革三大难题深思 冯子标等著 山西人民出版社 1990.4 207页

中国经济走向稳定发展之路:治理整顿深化改革与中国经济展望 翟泰丰 李连仲主编 云南人民出版社 1990.4 264页

中国改革十年宏观经济调控分析 郝成鸣等著 中国经济出版社 1990.5 153页

治理整顿深化改革研究文集 张江垠等编 广西师范大学出版社 1990.5 404页

中国经济发展与改革 魏礼群著 中国财政经济出版社 1990.12 354页

中国宏观经济活动分析 毛蕴诗主编 南开大学出版社 1990.6 536页

论中国经济体制改革 薛暮桥著 天津人民出版社 1990.12 576页

发展与改革:若干重大经济问题研究 林炳秋等主编 上海人民出版社 1990.12 764页

中国当代经济思潮:1949～1989年 杨建文等编 三联书店上海分店 1991.2 546页

新中国的黄金时代:1979～1988年,经济大改革大发展的十年 熊映梧 金南浩著 黑龙江教育出版社 1991.4 150页

发展与改革:中国当代经济的主旋律 李松林著 辽宁人民出版社 1990.6 340页

社会主义经济建设与我国改革实践 胡金元编著 黑龙江教育出版社 1990 321页

经济研究与探索 史殿荣著 辽宁人民出版社 1990.10 362页

伟大的变革,成功的探索 侯树栋主编 国防大学出版社 1990.9 115页

中美学者论中国经济的热点问题 劳动部劳动科学研究所编 人民出版社 1990.9 474页

经济改革十论 宋廷明著 重庆出版社 1990.8 159页

避开通货膨胀的改革 洪银兴等著 四川人民出版社 1991.1 269页

走出困境:90年代中国经济的思考 王林元 李建国主编 大连理工大学出版社 1990.12 334页

社会主义经济体制改革的理论与实践 方文编著 中共中央党校出版社 1990.8 229页

改革的回顾与探索 王宝秀 鲁春秋主编 黑龙江人民出版社 1990.9 352页

中国宏观经济调控模型 吕洪范等著 东北财经大学出版社 1990.7 229页

经济建设与经济改革 李稼蓬著 安徽人民出版社 1990.12 221页

我国经济建设和改革的理论与实践 张学仕等主编 大连理工大学出版社 1990.11 241页

中国开发经济:反思与选择 赵瑞彰 沈贵进著 中国经济出版社 1991.3 220页

社会主义基本经济理论与政策 刘忠一 黄念铭编 福建人民出版社 1991.4 174页

改革的目标:计划经济与市场调节相结合 王梦奎 王昭栋主编 经济日报出版社 1990.8 275页

计划与市场 山东省委宣传部 山东体改委编 山东人民出版社 1991.4 318页

价格——改革的难关 宋醒民等编著 西南财经大学出版社 1991.6 138页

经济自由与经济约束的和谐:计划与市场相结合 魏杰著 陕西人民出版社 1991.4 342页

非均衡的中国经济 厉以宁著 第2版 经济日

报出版社 1991.4 235页

深化企业改革 增强企业活力 李平等主编 吉林大学出版社 1990.12 252页

搞活企业的最佳机制 梁文福等主编 辽宁大学出版社 1991.5 225页

我国国有企业股份制探讨 李国杰主编 宁夏人民出版社 1990.9 281页

股份经济的基本理论与实践 张振环主编 河北人民出版社 1990.8 369页

中国社会主义股份制研究 陈永忠著 人民出版社 1991.2 348页

股份公司的运行机制与外部环境 李明义 贾常先著 中国城市经济社会出版社 1990.4 320页

集体经济理论与实践 谢万霖 周岐主编 黑龙江人民出版社 1990.7 187页

中国现阶段私营经济探索 王克忠主编 复旦大学出版社 1990.6 303页

中国现阶段私人雇工经济研究 游联璞主编 西南财经大学出版社 1991.1 169页

个体工商业的命运和前途 聂景康等编著 山东人民出版社 1990.12 293页

中国个体经济 陈宝荣著 上海社会科学院出版社 1990.9 174页

个体经济管理 《个体经济管理》编写组 中国财政经济出版社 1991.5 206页

国情与决策 中国科学报社编 北京出版社 1990.9 249页

回顾·探索·选择:1949—1989 全国高校"纪念中华人民共和国成立40周年暨社会主义经济理论与实践研讨会"学术组编 四川人民出版社 1991.2 542页

"七五"时期国民经济和社会发展概况 国家统计局编 中国统计 1991.4 267页

国民经济和社会发展十年规划的第八个五年计划纲要讲话 桂世镛主编 中国计划出版社 1991.4 552页

走向新世纪的伟大纲领:学习《中共中央关于制定国民经济和社会发展十年规划和"八五"计划的建议》 桂世镛等主编 中国财政经济出版社 1991.1 403页

我国城乡关系工农关系发展趋势研究 本书课题组编写 西南财经大学出版社 1990.11 172页

历史的思考和思考的历史:社会主义再生产和我国经济社会发展战略若干问题 李学曾著 中国社会科学出版社 1990.8 229页

中国产业政策研究 周叔莲等主编 经济管理出版社 1990.12 527页

中国地区产业结构 高纯德 张万清主编 中国计划出版社 1991.4 611页

中国社会生产力发展战略大思路 薛永应著 人民出版社 1991.2 197页

科技进步与宏观经济 林启俭等编 西北工业大学出版社 1991.4 327页

科技进步与经济腾飞 朱英培著 江西人民出版社 1990.4 301页

国土开发整治与规划 吴传钧 侯锋编著 江苏教育出版社 1990.7 485页

国土规划文稿 吕克白著 中国计划出版社 1990.8 290页

中国山区经济对策 吕东升著 云南人民出版社 1991.4 427页

中国海洋区域研究 蒋铁民主编 海洋出版社 1990.11 558页

少数民族地区经济发展与改革的理论和实践 王冰等著 北京出版社 1990.8 169页

中国现代化的脊梁:国家重点建设项目掠影 新华社《中国记者》杂志社编 新华出版社 1990.12 336页

当代中国的消费之谜——困惑与思考 黄苇町 李凡编著 中国商业出版社 1990.11 330页

县域经济研究 刘朝 邓宝权著 辽宁人民出版社 1990.11 363页

县级改革的理论与实践 高昌礼主编 山东人民出版社 1990.5 306页

发展与改革:民族地区财政经济研究 王捷著 新疆人民出版社 1991.1 304页

民族经济学《鄂西民族经济》编辑部著 广西民族出版社 1990.4 322页

中国少数民族经济新论 黄万纶 李文潮主编 中央民族学院出版社 1990.12 541页

中国扶贫开发 岳润生等编著 新华出版社 1991.2 422页

从沿海到边区的考察 费孝通著 上海人民出版社 1990.11 221页

过渡试验区道路探索 李亚水主编 湖南出版社 1990.9 286页

利用外资与发展外向型经济 林树众编著 中信出版社 1990.7 248页

外资利用与管理 张贵乐等编著 东北财经大学出版社 1990.12 255页

外向型经济专题 张惠中等主编 鹭江出版社 1990.9 307页

优化产业结构:发展外向型经济面临的新抉择 施修霖主编 福建人民出版社 1990.7 348页

外向型经济高效发展探索 周善乔 王军主编 江苏人民出版社 1990.9 286页

广东外向型经济研究 梁钊主编 广东人民出版社 1991.5 280页

中国经济特区简志 林雨如主编 广东人民出版社 1990.5 673页

中国特区经济论 廖月晖著 海天出版社 1990.12 311页

中国特区外向型经济发展战略 许隆 黄兰淮主编 东北财经大学出版社 1990.8 347页

开放区体改理论与实践 李克华著 天津社会科学院出版社 1990.9 541页

新兴产业的摇蓝:高技术开发区研究 赵文彦等编著 科技文献出版社 1990.12 281页

中国地区经济社会发展战略选编 于光远主编 中国财政经济出版社 1990.7 558页

地区经济发展战略概论 王谦光等著 上海社会科学院出版社 1990.12 238页

区域经济研究的新起点 陈栋生主编 经济管理出版社 1991.3 344页

中国地区产业政策研究 周叔莲等主编 中国经济出版社 1990.6 429页

黄土高原地区工业发展与城市工矿区的合理布局 中国科学院黄土高原综合科学考察队编 科学出版社 1991.2 193页

黄土高原地区重点县综合治理与经济发展战略规划:黄土高原地区综合治理开发考察系列研究 中国科学院黄土高原综合科学考察队编 科学出版社 1991.2 240页

南方山区的出路:南方山区综合科学考察总报告 中国科学院南方山区综合考察队编 科学出版社 1990.10 131页

环渤海经济研究 马野主编 中国计划出版社 1990.5 162页

西南开发研究:论文汇编(1) 高等学校西南开发研究协作组编 重庆大学出版社 1991.2 214页

辽宁资源开发与工业交通布局研究:大渤海地区整体综合开发与治理 陆大道等著 中国计划出版社 1990.8 316页

辽宁半岛科技经济战略 杨廷郊 王英主编 辽宁大学出版社 1990.10 250页

股份合作制在辽宁:城镇集体经济深化改革的探索 田稳等主编 辽宁大学出版社 1990.12 412页

沈阳经济改革的思路与探索 唐守山 吴承昌主编 沈阳出版社 1990.5 355页

吉林省产业结构与产业政策研究 刘希林主编 东北师范大学出版社 1990.3 340页

吉林经济形势与展望:1990～1991 田雨丰等主编 吉林人民出版社 1991.4 282页

长白山中的探索与开发 中共浑江市委政策研究室等编 吉林人民出版社 1990.7 352页

敦化朝鲜族经济 金光哲主编 延边人民出版社 1990,4 125页

中国国情与北京市情 宋柏主编 北京出版社 1991.2 395页

内蒙古经济发展战略与产业政策研究 内蒙经济研究中心编 内蒙古人民出版社 1990.12 518页

兴鲁强国路 山东省经济体改委编 山东人民出版社 1990.8 410页

山东地区经济发展战略研究 季星如 郭新璋主编 济南出版社 1990.12 294页

青岛宏观经济模型研究(一) 《青岛宏观经济模型》课题组编 青岛海洋大学出版社 1990.10 125页

诸城贸工农一体化 季星如主编 山东人民出版社 1990.12 389页

探索上海科技与经济优化组合之路 第二卷 林起章 翁征祥主编 上海科技文献出版社 1990.12 563页

江苏小城镇投资环境综览 吴大声主编 江苏人民出版社 1990.6 855页

南通经济结构调整思考 顾德山主编 上海人民出版社 1990.9 310页

浙江1979～1988年经济发展报告 浙江十年经济发展的系统分析课题组编 杭州大学出版社 1990.12 214页

浙江省科技成果转化为生产力的现状与对策 陆立军主编 杭州大学出版社 1991.1 188页

宁波发展之研究 朱宁康主编 浙江大学出版社 1990.12 338页

后发对策论:江西产业结构塑造探索 熊承忠著 江西人民出版社 1990.7 225页

福建经济发展战略研究:1990～2000 福建省计委 福建省经济研究中心课题组编 福建人民出版社 1990.9 244页

闽西经济研究 邱炳皓主编 中国计划出版社 1990.11 309页

湄州湾开发研究 金文亨主编 厦门大学出版社 1990.5 199页

广东十年经济体制改革研究 吴奕新编著 中山大学出版社 1990.8 292页

广东传统产业和新兴产业的现状与发展趋势 黄翊等著 广东高等教育出版社 1990.10 107页

深圳十年的理论探索:社会主义初级阶段理论与深圳经济特区 杨广慧著 海天出版社 1990.8 2册

简明当代香港经济 沈元章编著 科学出版社 1990.10 350页

广西经济政策研究 张礼正主编 广西人民出版社 1991.1 418页

广西产业经济研究 孙可庸编著 广西师范大学出版社 1990.5 396页

梧州地区外向型经济发展战略研究 中共梧州地委政策研究室编 广西人民出版社 1990.7 366页

海南开放改革新思路 张运文 徐林发主编 广东高等教育出版社 1990.11 233页

湖北经济大观:1979～1989 王文良 李卓汉主编 中国统计出版社 1990.9 133页

湖北省国土资源综合评价:综合部分 湖北省计委 湖北省国土办公室编 湖北人民出版社 1990.10 134页

科技兴陕文集 第2集 林启俭等编 西北大学出版社 1990.6 546页

区域战略研究:渭南2000年 郝景帆主编 陕西人民出版社 1990.8 462页

甘肃民族地区经济发展战略研究:1990～2000 腾品文主编 甘肃民族出版社 1990.6 302页

甘肃产业政策研究 魏武峰等编著 甘肃人民出版社 1990.10 497页

新疆产业结构与产业政策研究 黄宝璋等主编 新疆人民出版社 1990.9 465页

新疆产业经济概论 吴茂栋主编 新疆人民出版社 1991.1 297页

2000年新疆经济发展战略研究 金云辉 刘宗灏主编 新疆人民出版社 1990.3 247页

青海产业结构与产业政策研究 卞辉武等主编 青海人民出版社 1990.8 524页

重庆经济对外开放战略研究:重庆产业发展蓝皮书 第三号 陈之惠主编 中国计划出版社 1990.10 103页

峨边民族经济的崛起 中国少数民族经济研究会著 时事出版社 1990.7 229页

贵州省地域结构与资源开发 蔡运龙著 海洋出版社 1990.5 281页

云南地区宝地开发:亚热带丘陵山地经济开发研究 李文林 朱平主编 1990.10 134页

起飞前的宏观经济研究:滇中协作区发展设想与方略 熊清华主编 云南人民出版社 1991.3 540页

西双版纳国土经济考察报告 刘隆等主编 云南人民出版社 1990,7 601页

纪念梁方仲教授学术讨论会文集 汤明檖 黄启臣主编 中山大学出版社 1990.6 421页

梁方仲经济史论文集集遗 梁方仲著 广东人民出版社 1990.7 377页

中国经济史研究 武建国主编 云南人民出版社 1990.11 366页

楚国经济史新论 郭仁成著 湖南教育出版社 1990.8 214页

南北朝经济史略 韩国磐著 厦门大学出版社 1990.10 351页

简明中国近代经济史 李清雅主编 中国统计出版社 1990.11 274页

中国资本主义发展史 第二卷 旧民主主义革命时期的中国资本主义 许涤新 吴承明主编 人民出版社 1990.9 1088页

旧中国的资源委员会:史实与评价:1932～1949 郑友揆等著 上海社会科学院出版社 1991.5 375页

天津近代经济史 孙德常 周祖常主编 天津社会科学院出版社 1990.5 327页

近代厦门社会经济概况 厦门市志编委会《厦门海关志》编委会编 鹭江出版社 1990.6 503页

中国东北地区经济史 第1卷:清代东北地区经济史 孔经伟主编 黑龙江人民出版社 1990.7 735页

中华人民共和国经济简史 陈昌智主编 四川大学出版社 1990.4 360页

上海社会主义经济建设发展简史:1949～1985年 孙怀仁主编 上海人民出版社 1990,7 891页

牡丹江资本主义工商业的社会主义改造　中共牡丹江市委统战部等编　黑龙江人民出版社　1990.8　413页

历史性的变革:常州市资本主义工商业社会主义改造资料汇编　李镇瀛　黄元裕主编　江苏人民出版社　1990.9　656页

伟大的变革:镇江市资本主义工商业的社会主义改造　中共镇江市委统战部、党史办编　中国文史出版社　1990.12　229页

外国经济史　近代现代　第4册　樊亢　宋则行主编　人民出版社　1990.5　369页

经济地理学原理　曹廷藩等著　科学出版社　1991.5　288页

经济地理研究论文集　经济地理研究论文编辑组编　科学出版社　1990.12　119页

胡焕庸人口地理选集　胡崇庆编　中国财政经济出版社　1990.4　677页

中国经济地理学　俞坤一主编　中国商业出版社　1990.8　423页

中国经济地理　赵仲海等编著　山西经济出版社　1990.6　411页

新编中国经济地理　宋学林主编　中国商业出版社　1990.6　350页

中国经济地理概论　叶裕惠主编　中国经济出版社　1990.10　348页

辽宁省经济地理　梁喜新主编　新华出版社　1990.2　326页

山东经济地理　滕荣祥等主编　中国商业出版社　1990.12　187页

江西省经济地理　易宜曲主编　新华出版社　1990.5　276页

香港、澳门地区经济地理　吴郁文主编　新华出版社　1990.11　334页

宁夏回族自治区经济地理　蓝玉璞主编　新华出版社　1990.5　214页

国民经济计划与管理

国民经济计划管理学　胡荣涛　宋荣海主编　中国劳动出版社　1990.12　422页

国民经济计划学　赵贺春主编　机械工业出版社　1990.7　398页

国民经济计划学　杨兴国　刘晓薇主编　吉林大学出版社　1990.11　389页

经济管理学基本原理　沈宝麟　张辉主编　新疆人民出版社　1991.1　342页

宏观经济管理问题　王积业著　东北财经大学出版社　1990.6　639页

优秀经济管理论文选编　九十年代丛书编委会编　中国经济出版社　1990.11　247页

计划管理的理论与实践　徐承茂等主编　中国计划出版社　1991.2　335页

计划工作纵横谈　王达让著　成都出版社　1990.5　228页

现代经营管理意识　李亚梅主编　文津出版社　1990.9　365页

政策应用研究　柳州市政策应用研究会编　广西人民出版社　1990.10　466页

当代经济管理新方法大全　姚锡棠主编　福建人民出版社　1990.8　950页

经济监督学　宋玉昆　刘国忱主编　大连理工大学出版社　1990.10　352页

经济预测与决策方法　张平　郑中天编著　吉林大学出版社　1990.9　356页

经济发展决策与实践　方星等主编　黑龙江人民出版社　1990.6　497页

经济管理决策——决策学、经济数学在经济管理决策中的应用　李同明主编　中国人民大学出版社　1990.7　508页

经济管理中的定量决策方法　盛承懋　钱君燕编　上海科学技术文献出版社　1990.9　226页

经济信息管理概论　杨槊　徐德祥编著　广东高等教育出版社　1990.12　256页

协调发展理论与天津的实践　马洪主编　大地出版社　1990.6　352页

产业结构论　李国强　陈明著　浙江教育出版社

1990.7 274页

产业结构·机制·政策 朱明春 中国人民大学出版社 1990.6 270页

产业经济管理学 刘志彪 王国刚主编 江苏人民出版社 1990.6 467页

产业结构产业政策研究 钱建耀主编 天津社会科学院出版社 1990.6 350页

经济社会生态环境协调发展 高群主编 吉林大学出版社 1991.3 282页

区域经济探索 张树彬著 山西经济出版社 1990.7 258页

中国地区计划管理研究 钟契夫主编 中国人民大学出版社 1990.2 678页

县级计划管理 周用榜主编 人民出版社 1990.7 245页

地区国民经济核算体系的建立与应用 郝敬恒主编 中国统计出版社 1991.4 399页

社会总供给与总需求平衡问题研究 何廷试著 中国计划出版社 1990.12 186页

国有资产管理体制改革研究 张冀湘著 中国财政经济出版社 1990.8 316页

国有资产产权与评估 刘铁城主编 中国财政经济出版社 1990.9 177页

国有资产管理原理 曾昭倍主编 中国财政经济出版社 1990.8 171页

加强国有资产管理 完善社会主义制度:第一次全国国有资产工作会议材料汇编 第一次全国国有资产工作会议秘书处编 中国财政经济出版社 1990.6 301页

外国国有资产管理 任远主编 中国财政经济出版社 1990.8 213页

固定资产投资技术经济管理 陈世荣等主编 中国财政经济出版社 1990.8 446页

项目控制论 王金良著 天津科技翻译出版公司 1990.8 215页

项目管理与建设监理 宋俊岳 周芹编著 企业管理出版社 1990.11 436页

技术引进的理论与实践 林光 袁守启编 山东人民出版社 1990.9 276页

引进项目的技术经济分析 李志广主编 中国林业出版社 1990.8 148页

中外合资经营项目评估 陈琪等编著 山东人民出版社 1990.8 311页

建设项目经济评价参数:1990年调整发布 国家计划委员会建设部 中国计划出版社 1990.9 21页

经济法学 吴文 杨继瑞主编 四川人民出版社 1990.6 642页

经济法概论 贵立义主编 东北财经大学出版社 1991.2 350页

实用经济法学 张钢成主编 蓝天出版社 1990.7 532页

中国经济法学 梁茂邦主编 黑龙江人民出版社 1990.9 540页

经济犯罪论 苏惠渔等著 浙江人民出版社 1990.9 200页

中国经济审判原理 张晋红 朱兴有主编 陕西人民教育出版社 1990.8 326页

中国经济法概要 郭鸥一主编 中国商业出版社 1990.11 346页

土地法全书 王先进主编 吉林教育出版社 1990.5 1387页

乡镇企业经济法概论 陈昭铭 任志实主编 新疆大学出版社 1990.6 201页

国有资产法概论 符方照主编 中国财政经济出版社 1990.10 247页

技术合同法概论 郭鸥一主编 山西科学教育出版社 1990.7 158页

企业与法 牛属真主编 黄河出版社 1990.10 561页

中国联营企业的法制管理 王河著 广东高等教育出版社 1990.7 488页

企业涉外经济活动法律咨询 曹建明等编著 上海辞书出版社 1990.7 582页

国家赔偿法原理 金立琪等著 中国广播电视出版社 1990.8 200页

当代中国商业法制 薛军等编著 中国商业出版社 1990.5 374页

保护消费者权益理论与实践 徐洪烈 王树林主编 北京出版社 1990.7 347页

金融法概论 杨有振 张辛巳主编 山西经济出版社 1990.6 376页

银行法概论 刘隆亨编著 北京大学出版社 1990.12 248页

保险与保险法 关浣非编著 吉林人民出版社 1990.6 348页

台湾涉外经济法选要 陈安 刘智中编 鹭江出版社 1990.6 714页

数学与经济 史树中著 湖南教育出版社

1990,6 224 页

经济计量学 庞皓主编 西南财经大学出版社 1990.12 302 页

经济计量学 张明星编著 中南工业大学出版社 1991.3 284 页

经济管理数学 第三册:概率·预测·决策 赵恒普主编 黑龙江科学技术出版社 1990.12 288 页

宏观经济管理与数量经济学模型 张守一主编 中国经济出版社 1990.9 450 页

经济计量模型方法及其在财政中的应用 张辉人 王勋编著 吉林人民出版社 1991.4 363 页

随机经济系统优化决策 卢焕忠著 云南教育出版社 1990.12 206 页

经济应用数学 上册 刘应辉主编 中国财政经济出版社 1991.4 428 页

经济应用数学 下册 刘应辉主编 中国财政经济出版社 1991.5 266 页

基础会计学新编 裘宗舜主编 中国财政经济出版社 1991.3 310 页

社会主义初级阶段财务管理体制 郭复初主编 西南财经大学出版社 1991.1 260 页

会计基本理论问题探索 葛家澍 吴水澍主编 立信会计图书用品社 1991.3 294 页

会计管理结构:对中国会计理论建设的若干思考 阎达五著 北京出版社 1990.12 362 页

治理整顿中财务成本改革的理论与实践 中国中青年财务成本研究会秘书处编 东北工学院出版社 1991.1 374 页

1990 年成本管理文集 中国成本研究会编 北京经济学院出版社 1991.1 515 页

中国会计管理模式研究 毛伯林 赵德武著 西南财经大学出版社 1990.5 237 页

论会计改革 余秉坚主编 中国财政经济出版社 1990.10 212 页

经济特区会计改革论文集 深圳市财政局编 中国财政经济出版社 1990.10 243 页

总分会计论 高焕云著 西北大学出版社 1991.4 176 页

会计信息系统 张毅著 清华大学出版社 1990.9 165 页

现代成本管理的数量分析技术 吴少平著 中国标准出版社 1990.12 394 页

现代财务分析与决策 王永平 宋有明主编 经济管理出版社 1990.6 320 页

会计素质概论 李志霖主编 山西教育出版社 1990.6 154 页

审计学原理 姜彦秋等编著 浙江大学出版社 1990.8 235 页

经济效益审计学 段兴民主编 西安交通大学出版社 1990.6 424 页

审计理论纵横 审计署审计科研所编 北京出版社 1991.1 211 页

专业审计研究 审计署审计科研所编 北京出版社 1991.1 197 页

审计工作法制化制度化规范化 审计署审计科研所编 北京出版社 1991.3 360 页

西方审计 苏辉主编 大连出版社 1990.11 380 页

内部审计原理与实务 单庆林主编 黑龙江科学技术出版社 1990.5 351 页

定期审计理论初探 夏仲霖主编 黑龙江人民出版社 1990.12 216 页

承包经营责任审计研究 中国审计学会承包经营责任审计课题组编 天津人民出版社 1990.8 496 页

工商审计 郑邦杰等主编 新疆人民出版社 1990.8 372 页

企业与审计 安亚仁主编 吉林大学出版社 1990.11 256 页

中外合资经营企业审计 王永庆 程鸿编著 中国财政经济出版社 1990.12 346 页

商贸审计学 《商贸审计学》编写组编著 上海交通大学出版社 1990.11 379 页

商业经济责任审计 李凤鸣 陈东主编 中国商业出版社 1990.10 298 页

交通审计学 刘沛雨主编 上海科学技术文献出版社 1991.1 367 页

金融审计 黄如之等主编 南京大学出版社 1990.5 437 页

农业银行审计学 张亚山编著 吉林大学出版社 1990.6 311 页

国际审计 李宝震 郝振平等 辽宁人民出版社 1990.7 165 页

中国革命根据地审计史料汇编 中国审计学会,审计署审计科研所编 北京工业大学出版社 1990.12 486 页

国民经济统计学 钱伯海主编 上海人民出版社 1991.6 531 页

统计学原理　周爱民编著　中国建筑工业出版社　1990.12　249页

社会经济统计学原理　吴德义　郭毅主编　电子工业出版社　1990.10　337页

社会经济统计学原理疑难问题解析　任栋等编　西南财经大学出版社　1990.7　288页

国民经济综合平衡统计　牛烽主编　机械工业出版社　1991.2　226页

宏观经济调控与统计　郑家亨著　中国城市经济社会出版社　1990.7　238页

1989年统计文章摘编　《统计研究》编辑部等编　中国统计出版社　1990.5　275页

基层统计分析征文选　九省市统计杂志编辑部编　江苏人民出版社　1990.4　241页

西方应用经济统计　沈学民编著　吉林大学出版社　1990.8　262页

中国统计职能的理论与实践　国家统计局政策法规司编　中国统计出版社　1990.12　277页

统计预测:方法与应用　易丹辉编著　中国人民大学出版社　1990.11　318页

农业统计学　周育群主编　云南教育出版社　1990.12　323页

农村经济统计学　李富海编著　华南理工大学出版社　1990.7　353页

乡镇企业统计　徐云池编著　高等教育出版社　1990.10　246页

统计学原理与工业统计　孙元三主编　立信会计图书用品社　1991.1　359页

企业经济统计学　钱伯海　庞皓主编　上海人民出版社　1991.6　503页

市场经济分析　钱尚玮编著　立信会计图书用品社　1991.1　198页

劳动经济学概论　陈平　安鸿章编　机械工业出版社　1991.1　322页

劳动就业原理　刘庆唐　王守志编著　北京经济学院出版社　1991.4　338页

企业劳动组织学　常广琴主编　北京经济学院出版社　1991.3　348页

就业与保险　李本立主编　河南科学技术出版社　1990.8　322页

就业·增长·现代化:中国劳动力转移的历史与未来研究　何道峰等著　中国华侨出版公司　1990.12　270页

中国的二元经济与劳动力转移:理论分析与政策建议　蔡昉著　中国人民大学出版社　1990.3　222页

中国有计划劳动市场研究　段兴民主编　陕西人民出版社　1990.12　288页

中国劳动服务公司　陈刚主编　农业出版社　1990.6　576页

国外劳资争议处理概论　刘东升著　北京师范学院出版社　1990.4　380页

劳动报酬学　傅晓声主编　辽宁科学技术出版社　1991.1　524页

工资学　金世和　李守衡主编　吉林大学出版社　1990.7　298页

工资理论与实践　赵延主编　北京经济学院出版社　1991.3　338页

工资改革研究文集　曾献国编著　广西民族出版社　1990.10　213页

工农业收入差异　刘福垣著　重庆出版社　1990.8　196页

企业岗位结构工资方案选粹　姚巨寰主编　湖南出版社　1991.1　360页

农垦企业工资改革的实践与探索　农业部农垦司劳动工资处编　中国劳动出版社　1990.7　274页

社会主义商业工资概论　纪良纲等编著　河北人民出版社　1990.11　417页

西方工资理论　张晓枫　孙家砥编著　吉林大学出版社　1990.7　203页

中国劳动经济史　袁伦渠主编　北京经济学院出版社　1990.11　395页

物流学概论　史世鹏编著　山东人民出版社　1990.9　213页

物资计划管理学　王瑞钦等编著　东北财经大学出版社　1990,6　329页

物资经营管理研究　朱振兴　吕景岳主编　南京出版社　1991.1　347页

物资市场营销概论　王晓非等编著　山东人民出版社　1990.10　300页

物资贸易中心完善与发展论文集　杨庆文主编　中国物资出版社　1990.4　262页

黑龙江省物资体制改革与发展　刘野等主编　黑龙江人民出版社　1990.12　745页

改革中的中国物资企业　本书编辑组编　人民出版社　1990.10　437页

企业物资管理现代化　陈振环主编　煤炭工业出版社　1990.10　395页

企业经营管理学 赵海山主编 湖南出版社 1991.2 357页

现代企业管理学 李占祥 杨先举编著 中国人民大学出版社 1990.12 224页

现代企业管理原理 张新国主编 中国文史出版社 1990.11 342页

外国企业管理概论 李海婴 王彦主编 武汉工业大学出版社 1990.8 359页

社会主义企业管理学 肖走主编 中国经济出版社 1990.7 346页

企业承包经营责任制概论 郭元晞等著 中国财政经济出版社 1990.8 454页

企业承包合同管理 李嵘盛著 中国商业出版社 1990.8 293页

儒家思想与东方型经营管理 杨敏著 湖北人民出版社 1990.5 192页

企业经营管理纵横谈 隋敏等主编 广西民族出版社 1990.11 278页

企业管理行为学 甘本佑主编 西南财经大学出版社 1990.11 313页

现代企业经营管理信息、方法、手段 陈景艳主编 浙江人民出版社 1990.12 432页

企业管理哲学原理 尹家振主编 云南人民出版社 1991.2 370页

企业之魂:论中国企业精神 张毅 史彤彪著 辽宁大学出版社 1990.12 176页

企业家之声:厂长经理文章精选 刘新田主编 河北科学技术出版社 1990.9 299页

当代中国企业家获奖论文集 范广兴主编 中国经济出版社 1990.9 200页

企业家论文集 王虹章等主编 吉林人民出版社 1991.1 195页

当代企业文化研究 柏松 车占柱主编 吉林人民出版社 1991.2 230页

当代企业文化建设 萧秀清著 重庆出版社 1991.1 202页

企业文化导论 苏振芳主编 福建人民出版社 1991.4 317页

策略与艺术:中国企业文化的建立 熊德斌 聂正安编著 中国商业出版社 1991.1 278页

中国企业文化理论 李默之 朱双全著 新华出版社 1990.11 231页

活力:上海企业文化集锦 许一春 白石主编 上海人民出版社 1990.8 178页

广州企业文化 杨钦泉主编 广东高等教育出版社 1990.10 725页

职工民主管理概论 李培荣编著 北京航空航天大学出版社 1990.11 164页

深圳特区企业现代化管理 徐森忠 余荣光主编 云南教育出版社 1990.5 390页

工商企业经营探索 邓文亮 陈福祥编著 中山大学出版社 1991.2 249页

企业创造力开发 魏文英等主编 中国经济出版社 1991.3 307页

当代企业管理诊断 夏震藩主编 上海人民出版社 1991.6 178页

企业诊断学 夏伯忠主编 辽宁大学出版社 1990.7 517页

新方法 新技术 新途径:企业管理信息系统开发成功之路 国家体改委经济管理研究所编著 中国经济出版社 1990.5 420页

企业风险与管理 金润圭著 江西人民出版社 1990.12 299页

企业管理与经济监督 李金华主编 浙江人民出版社 1991.2 480页

企业投资决策 刘莉 戴大双编著 辽宁大学出版社 1990.9 325页

企业利益共同体概论 杨新科等编著 甘肃人民出版社 1990.12 364页

企业管理标准化 娄成武 李书正主编 东北工学院出版社 1990.12 170页

世界百家知名企业的兴衰 《企业管理参考丛书》编委会编 文津出版社 1990.12 470页

海外成功企业管理实例精编 方劲戎主编 上海科学普及出版社 1990.6 249页

联邦德国企业制度 张仲福著 中国法制出版社 1990.7 338页

如何办好外商投资企业 李得龙编著 吉林人民出版社 1990.6 621页

城市学概论 黄继忠 夏任凡著 沈阳出版社 1990.7 327页

城市管理概论 张跃庆等编著 北京经济学院出版社 1990.8 286页

市政学 夏书章主编 高等教育出版社 1991.1 415页

社会主义城市经济学 蔡孝箴主编 南开大学出版社 1990.6 333页

城市计划学 安合祥 张鸿羽主编 中国计划出

版社 1991.3 307页

城市经济管理比较 王茂湘主编 湖南科学技术出版社 1991.2 322页

未能归一的路：中西城市发展的比较 谭天星 陈关龙著 江西人民出版社 1991.2 292页

中心城市综合改革研究 国家"七五"哲学社会科学重点科研项目《中心城市的综合改革研究》课题组编 中国城市经济社会出版社 1990.4 373页

中国城郊发展研究 包永江主编 中国经济出版社 1991.5 509页

小城市发展的理论与实践 全国小城市发展促进会编 中国城市经济社会出版社 1990.4 451页

中国城镇集体经济研究：国家教委高校博士点基金项目研究成果 高群主编 吉林人民出版社 1990.7 247页

城市综合开发 周敏敏 王京京主编 中国建筑工业出版社 1991.2 366页

城市涉外经济与管理 杨资元主编 中国城市经济社会出版社 1990.9 323页

房地产行政管理学 桑荣林 吴报璋主编 中国建筑工业出版社 1991.2 140页

房地产经济学 屠永良主编 中国建筑工业出版社 1991.2 214页

城市土地经济问题 张跃庆 张连城著 光明日报出版社 1990.6 278页

房地产经营 潘其源 国中河编著 中国建筑工业出版社 1991.6 262页

城镇住宅商品化的理论与实践 杨继瑞 吴文著 科学技术文献出版社重庆分社 1990.8 203页

城市土地制度改革研究 赵怀顺 黄荣武主编 四川人民出版社 1990.9 366页

中国城市基础设施的建设与发展 中国市政工程华北设计院 中国城乡建设经济研究所编 中国建筑工业出版社 1990.9 387页

世纪之交的城市建设：天津十年建设纪实 傅崇兰主编 科学出版社 1991.6 345页

实践与探索：石家庄市城市科学研究文集 李树声 郝贵斌主编 中国建筑工业出版社 1991.4 154页

当代山西城市建设 《当代山西城市建设》编辑委员会编 山西科学教育出版社 1990.12 293页

1990上海市房地产市场 上海市土地使用制度改革领导小组办公室 上海市统计局编 上海人民出版社 1990.9 133页

上海公用事业：1840～1986 上海市公用事业管理局编 上海人民出版社 1991.1 474页

现代日本城市管理 唱新著 吉林大学出版社 1990.12 263页

农 业 经 济

农业经济学 郭庆海、郭正涛主编 长春出版社 1990.6 438页

农业经济与管理概论 邸文祥 马烈主编 农业出版社 1990.12 198页

农村经济学 李景惠 吕东升主编 吉林大学出版社 1990.9 287页

土地经济学 毕宝德主编 中国人民大学出版社 1991.1 486页

农村经营学 王德民著 山西经济出版社 1990.12 196页

家庭经营学 羊贵祥著 西南财经大学出版社 1990.7 398页

农业宏观经济管理的理论与实践 王叔云主编 西南财经大学出版社 1990.9 336页

农村经济发展探索 丁文锋著 西北大学出版社 1990.7 288页

论商品农业 冯平著 广东人民出版社 1991.2 332页

社会主义农业经济学 郑景骥等主编 西南财经大学出版社 1990.11 578页

农村经济改革的调查与思考 马鸣棠编著 山东人民出版社 1990.4 125页

中国农业问题：一九八九年的思考 夏莫 濮健著 东北师范大学出版社 1990.8 253页

农村:在历史的新挑战面前:民盟中央农业问题研讨会论文选编 民盟中央经济委员会编 农业出版社 1990.10 244页

中国农村经济问题 王韶光 杨培之著 中国财政经济出版社 1991.5 204页

农村合作经济比较研究 荆建林 杨治业编著 农业出版社 1991.1 269页

中国农村生产社会化趋势 王复三等著 山东大学出版社 1990.6 240页

中国农村新的致富之道:兼论农村发展资金和投资效益 孙普 陈舒编著 北京出版社 1991.1 256页

中国农村经济分析 农业部综合计划司编 农业出版社 1990.12 209页

中国乡镇经济管理学 苏东水主编 山东人民出版社 1990.6 456页

农村经济纵横谈 阎纯和著 辽宁人民出版社 1990.10 195页

刘瑞龙农业文选 刘瑞龙著 农业出版社 1990.9 291页

中国农村改革与发展十年 郭书田主编 农业出页版社 1990.5 284

深化农村改革 加强经营管理: 华东地区农村合作经济经营管理处长研讨会文集 张永甲 曲国庆主编 山东人民出版社 1990.12 258页

探索与创新:来自农村改革试验区的报告 陕西省农村改革试验区领导小组办公室编 陕西人民出版社 1990.9 433页

双层经营与集体经济 史迁臻等编著 山西经济出版社 1991.3 236页

农业系统工程 陈士宾著 甘肃民族出版社 1990.12 449页

思考与选择:关于中国农村改革和发展问题研究 杜润生等著 中共中央党校出版社 1990.10 388页

农村改革的微观透视 徐万山等主编 中国人民大学出版社 1991.1 258页

中国农业的振兴之路:深化农村改革论文选编 王昕朋主编 红旗出版社 1991.3 300页

农村改革调查 连荣德 籍希俭主编 山西经济出版社 1990.6 293页

有益的探索 可贵的经验:社区合作组织典型事例 农业部经营管理总站管理处编 农业出版社 1990.9 160页

农村承包合同管理概论 张永甲 姚锡洪主编 山东人民出版社 1990.6 296页

农村家庭经营论 赵世荣著 湖南出版社 1991.2 194页

共同富裕之路 中共山东省委研究室《共同富裕之路》编辑组编 山东人民出版社 1990.7 359页

农业组织与规模——理论·实践·比较研究 刘运梓著 中国计划出版社 1990.9 168页

农业普查 徐志全等编 海洋出版社 1990.9 98页

中国农业资源与利用 全国农业区划办公室,全国农业区划学会编 农业出版社 1990.12 195页

中国农业自然资源和农业区划 全国农业区划委员会编 农业出版社 1991.4 298页

农业资源经济的理论与实践 陈迭云 黄学平著 农业出版社 1990.8 296页

土地问题研究 宋珠贵主编 河北科学技术出版社 1990.10 219页

土地开发复垦管理 国家土地管理局土地利用规划局 湖北省土地管理局编 湖北科学技术出版社 1991.1 276页

土地资源调查 上册 李庚主编 河南科学技术出版社 1990.6 228页

土地资源及生产力研究:黄土高原综合治理定位试验示范综合研究 中国科学院、水利部西北水土保持研究所主编 科学技术文献出版社 1991.1 260页

地价理论与土地估价方法 南京市土地管理局地政研究丛书编辑组编 江苏人民出版社 1990.11 272页

现代土地行政 邱利和主编 中国人事出版社 1991.3 276页

优化农业投入的理论与实践 廖文田著 经济管理出版社 1990.9 263页

农业资金管理 范玉革等编著 黑龙江人民出版社 1990.12 474页

农业信息管理 黎明之 何竟成主编 江西科学技术出版社 1991.4 236页

农业全程服务体系的建立与发展 杨振超主编 广西科学技术出版社 1990.4 242页

科技兴农新论 本书编委会编 广东科技出版社 1991.2 298页

科技兴农理论与实践 李进杰主编 广西教育出版社 1990.8 163页

农业推广学 殷长锁等主编 河南科学技术出版

社 1990.11 277页

实用农业推广学 唐泽智 罗永藩主编 科学出版社 1990.6 473页

生态农业模式与效益 山东省农业环境保护监测站编著 山东大学出版社 1990.6 212页

农业项目投资评估 杨秋林主编 农业出版社 1990.10 339页

农业机械化经济管理 王长安主编 机械工业出版社 1990.7 314页

水利工程经营管理 方一新主编 水利电力出版社 1990.10 210页

区域研究与农业区划 梁溥著 中山大学出版社 1991.1 182页

山区农村庭院经济 贵州省农村经济委员会编 贵州科技出版社 1990.10 193页

村级经济建设与管理 汪水波等主编 杭州大学出版社 1990.8 307页

粮食经济学 金自坚等主编 沈阳出版社 1990.8 318页

中国粮食——多角度研究与思考 郭书田著 农业出版社 1990.5 197页

中国粮食发展战略对策 何康主编 农业出版社 1990.9 655页

粮食自给问题研究 张钢彦主编 内蒙古人民出版社 1990.5 509页

粮食管理与改革论文集 王颖修主编 吉林大学出版社 1990.10 352页

畜牧业宏观经济理论研究:全国畜牧业经济优秀论文集 农业部畜牧兽医司等编 天津社会科学院出版社 1990.8 211页

农区畜牧业生产经营管理 祁兴业等主编 中国计划出版社 1990.12 464页

渔业经济学 毕定邦主编 浙江人民出版社 1990.7 323页

中国渔业经济研究:中国渔业资源调查和区划之十二 高润英主编 农业出版社 1990.5 103页

渔业经济管理概论 王振月主编 海洋出版社 1990.7 584页

渔业基地建设和经营管理 贾俭编著 农业出版社 1990.8 154页

中国农副产品加工区划 农业部乡镇企业司,中国农业机械化研究院编 农业出版社 1990.6 140页

大中城市肉禽蛋供求战略与体制研究 包永江主编 天津社会科学院出版社 1990.5 343页

平原林业发展道路探索 中国林业经济学会编 中国林业出版社 1990.12 273页

林业企业发展战略若干问题 仲维波 刘家顺著 东北林业大学出版社 1990.10 208页

乡镇企业发展战略研究 李廷威主编 山西经济出版社 1990.12 332页

乡镇企业发展的大思路 刘琦等主编 海洋出版社 1990.5 201页

乡镇企业出口创汇前景预测与发展对策 吴添祖 程惠芳主编 浙江大学出版社 1990.12 122页

我国乡镇企业外向发展的道路与选择 林青松 杜海燕编 山东人民出版社 1990.9 178页

乡镇企业兴隆之路 吕振涛 朱志明主编 黑龙江科学技术出版社 1990.12 306页

乡镇企业股份制 周泰来主编 山东人民出版社 1990.8 230页

乡镇企业经营管理概论 汤以新主编 河北人民出版社 1990.9 439页

乡镇企业营销策略与经营管理 庞传智主编 上海人民出版社 1990.10 432页

河北农村四十年 河北省农村社会经济调查队编写 河北人民出版社 1990.7 194页

今日内蒙古畜牧业 布赫主编 内蒙古人民出版社 1990.5 191页

刻在时代的年轮上:白城地区粮食战线十年改革纪实 孟庆国主编 吉林人民出版社 1991.1 463页

黑龙江农村发展研究:1990 黑龙江省人民政府农村发展研究中心编 黑龙江人民出版社 1990.12 338页

改革与发展中的黑龙江省农村:1988~1989年农村社会经济调查 黑龙江省人民政府农村发展研究中心编 黑龙江科学技术出版社 1990.8 339页

山东农业基地建设 果宪庆 王长荣主编 农业出版社 1990.12 265页

齐鲁大趋势:农业分册 齐可友等主编 山东人民出版社 1990.9 182页

福建食物发展研究:“福建省食物发展学术讨论会”论文选编 福建省科学技术协会编 福建科学技术出版社 1990.7 395页

福建国营林场 福建省林业厅编 福建科学技术出版社 1991.1 275页

太湖地区乡村地理 马湘泳等著 科学出版社

1990.8 286页

热土沧桑:1978～1989肥西农村纪实 黄松泉 佘林明编著 安徽人民出版社 1990.8 141页

河南省农业区划论文选集:纪念河南省农业区划开展十周年 河南省农业区划委员会等编 气象出版社 1990.12 216页

湖北农业综合开发研究 肖传荣 周志纯主编 湖北科学技术出版社 1990.6 423页

孝感农村经济发展概况:1978～1990 盛发清 许金明主编 中国统计出版社 1991.3 549页

陕西农村发展再探索 陕西省农村发展研究中心编 陕西人民出版社 1990.8 269页

陕西土地危机与对策 何金铭主编 陕西人民出版社 1990.12 206页

三秦农业论说集 陕西农村发展研究中心编 陕西人民出版社 1990.10 318页

陕西省农业发展新突破问题研究第一集 陕西省科学技术委员会主编 陕西科学技术出版社 1990.6 292页

新疆农牧区改革发展典型调查 中共新疆维吾尔自治区委员会农村工作部编 新疆人民出版社 1990.9 429页

四川省县级农业地貌区划及耕地分布规律研究 刘淑珍 沈镇兴主编 成都地图出版社 1990.6 173页

成都农业开发与三三工程 中共成都市委政策研究室编 成都出版社 1990.9 662页

改革中的贵州农村经济:贵州省全国10个农村调查固定观察点调查报告 贵州省农村经济委员会 贵州省农村调查领导小组编 贵州人民出版社 1990.5 182页

云南三村 费孝通 张之毅著 天津人民出版社 1990.11 563页

中国农民负担史 第三卷:中国新民主主义革命时期革命根据地的农民负担:1927～1949年 财政部《中国农民负担史》编辑委员会编著 中国财政经济出版社 1990.9 810页

近代山西农业经济 山西省农业区划委员会编 农业出版社 1990.5 341页

黑龙江农业合作史 黑龙江省农业合作史编委会编 中共党史资料出版社 1990.9 688页

中国粮食经济史 李全根著 江苏人民出版社 1991.2 322页

林业史志文集 《云南省志·林业志》编辑办公室等编 云南大学出版社 1991.4 364页

洪泽湖渔业史 本书编写组编 江苏科学技术出版社 1990.10 138页

中国地方志茶叶历史资料选辑 吴觉农编 农业出版社 1990.12 749页

南路边茶史料《南路边茶史料》编辑组编 四川大学出版社 1991.1 212页

印度农村经济问题 朱昌利著 云南大学出版社 1991.1 174页

论美国家庭农场 蓝益江著 厦门大学出版社 1990.11 174页

英国农业地理 曾尊国等编著 商务出版社 1990.8 292页

工 业 经 济

工业经济管理概论 线志新 张慰冰主编 上海人民出版社 1990.5 336页

工业发展学 王志忠 韩旭编著 中国人民大学出版社 1990.5 266页

工业经济——宏观调控与管理 冯达志 周永义编 西南交通大学出版社 1990.7 414页

现代工业经济管理 詹启智主编 世界图书出版公司 1990.12 440页

工业社会学 余荣佩编著 华中理工大学出版社 1990.12 301页

新工业文明 冯昭奎著 中信出版社 1990.12 166页

机会,还是挑战:发展中国家未来工业化 侯若石著 中信出版社 1990.12 170页

生产要素流动与优化组合 张浩主编 黑龙江人民出版社 1990.7 242页

地区性工业经济研究:一个青年经济师的思考 李效伟编著 经济科学出版社 1990.5 160页

工业部门结构学导论 陈淮著 中国人民大学出版社 1990.12 349页

科技进步与工业发展 林启俭等编 西北大学出版社 1990.11 339页

技术改造可行性研究 陆兆华等编著 广西教育出版社 1990.8 312页

工业技术经济学 傅家骥 仝允桓主编 2版 清华大学出版社 1991.3 424页

工程技术经济学 刘国政 赵凤山编著 东北林业大学出版社 1990.12 235页

质量工程学:全面质量管理基础 陆首群著 机械工业出版社 1990.9 318页

高效率 尚海涛主编 科学技术文献出版社 1990.10 346页

高效率管理法的启示 任天成等编 中国经济出版社 1990.9.222页

中国工业现状 许刚 王积业主编 人民出版社 1990.5 630页

中国工业普查:中国1985年工业普查资料分析国际研讨会论文集 中国1985年工业普查资料分析国际研讨会秘书处编 中国铁道出版社 1990.6 596页

中国工业劳动生产率概论 宗寒编著 江苏人民出版社 1991.1 380页

中国工业经济效益问题研究 马洪等主编 中国社会科学出版社 1990.7 2册

十年技改巡礼 张皓亮 祝昌荣主编 江苏人民出版社 1990.4 680页

搞活大中型企业的目标与对策 余惕君著 上海翻译出版公司 1990.8 146页

企业集团的组织与发展 国家计划委员会地区经济司 中国企业管理培训中心编 科学技术文献出版社 1990.4 397页

经济联合·企业集团·企业兼并 戴伯勋等主编 辽宁大学出版社 1990.5 345页

中国企业集团的兴起 李富阁主编 江苏人民出版社 1990.12 455页

大中型企业内部管理方法 钟茂初著 南开大学出版社 1991.3 171页

中小企业发展问题研究 孙鸿武等著 天津社会科学院出版社 1990.10 268页

工业普查和工业统计论文选 中国统计出版社 1990.6 336页

大庆精神赞 中共黑龙江省委党的生活杂志社编 上海人民出版社 1990.5 197页

县级工业经济管理 林耐伟主编 上海科学普及出版社 1990.6 322页

中国原材料工业发展与对策 中国原材料工业发展与对策课题组编 中国科学技术出版社 1990.11 227页

当代中国的有色金属工业 《当代中国》丛书编辑部编辑 中国社会科学出版社 1990.2 566页

冶金工业经济管理学 刘惠文 杨文普主编 东北工学院出版社 1990.8 266页

冶金工业企业管理 李自如主编 中南工业大学出版社 1990.12 249页

冶金技术经济 毕梦林主编 科学出版社 1990.6 301页

能源经济 李植华编著 原子能出版社 1991.2 262页

热经济学 杨东华著 华东化工学院出版社 1990.5 72页

依靠科学技术进步提高经济效益成果集 中国煤炭工业企业管理协会组织编写 煤炭工业出版社 1991.2 438页

乡镇矿业开发管理 李嘉曾主编 江苏人民出版社 1990.7 260页

石油工业企业管理论文集(二) 中国石油企业管理协会编 石油工业出版社 1990.8 335页

辽河油田企业管理论文集:1981～1990 刘沐主编 石油大学出版社 1990.7 515页

石油化工技术经济学 郑策主编 中国石化出版社 1991.5 438页

小型水电站综合经济评价 蒋水心著 水利电力出版社 1990.7 156页

核电站经济与管理 王成孝编著 原子能出版社 1991.2 320页

化学工业发展战略研究:山西煤化工研讨会论文集 政协山西省委员会编 科学出版社 1990.11 664页

当代中国的机械工业 《当代中国》丛书编辑部编 中国社会科学出版社 1990.10 2册

中国建筑业改革十年 肖桐主编 中国建筑工业出版社 1990.8 584页

当代中国的建筑材料工业 《当代中国》丛书编辑部编 中国社会科学出版社 1990.12 687页

轻工业企业生产经营管理 邢良嘉 顾有为主编 轻工业出版社 1990.5 396页

日本机电企业的活力 杨书臣编著 机械工业出版社 1990.10 154页

现代工业企业管理学 田雨等编著 广西师范大学出版社 1991.1 344页

工业企业管理总论 王琛等主编 吉林人民出版社 1990.7 201页

工业企业管理原理与方法 程国良 金光华主编 复旦大学出版社 1990.10 409页

集体建筑企业经营管理 刘振汉主编 中国建筑工业出版社 1990.8 259页

企业管理现代化方法浅说及其应用 上海市郊县工业管理局编 上海社会科学院出版社 1990.12 326页

管理工作标准化 晓标 郭云主编 兵器工业出版社 1991.2 603页

企业民主管理学 高维义主编 山东人民出版社 1990.8 261页

如何办好社会主义企业:吉林化学工业公司经验总结 上册 李德增等主编 化学工业出版社 1990.11 172页

企业管理机制理论与实践 徐荣堂 李建华主编 湖北人民出版社 1990.12 397页

走向成功:中国企业管理的基本经验 中国企业管理协会研究部编著 企业管理出版社 1990.1 460页

企业活力与企业承载力原理 周为尧编著 上海科学技术文献出版社 1991.5 427页

论共保合同制 鲍建宾主编 科学普及出版社 1991.4 205页

企业经济效益问题研究 宋绍华等编著 山西经济出版社 1991.3 269页

企业经济效益分析与预测 高重生主编 中国经济出版社 1990.10 336页

工业企业专业管理 黄德服主编 中国经济出版社 1990.4 2册

外向型企业经营战略 林光 袁守启编著 山东人民出版社 1990.9 243页

工业统计概论 匡平南主编 机械工业出版社 1991.3 284页

工业企业生产经营统计分析 邱克惠著 机械工业出版社 1990.10 352页

企业管理与技术经济 唐齐千主编 上海交通大学出版社 1990.10 380页

工业企业技术管理 王在编著 上海科学技术文献出版社 1990.8 144页

企业经营投资决策指南 吴惠涛著 中国大百科全书出版社上海分社 1990.11 291页

企业科技进步的探索与实践 杨建章等主编 东北工学院出版社 1990.7 326页

企业技术创新的理论与方法 李廉水 杨浩余编著 东南大学出版社 1990.6 269页

企业科技进步新探 雷爱祖主编 广西教育出版社 1990.8 150页

企业开发研究 张品一等主编 青岛海洋大学出版社 1990.6 308页

企业资金经营与管理 李洪彩 汤鹰主编 中国经济出版社 1990.9 321页

全面质量管理经验汇编 王维群等主编 河北人民出版社 1990.5 340页

质量成本管理 李文兴著 科学普及出版社 1991.4 75页

商品质量监督概论 张瀚闻主编 辽宁科学技术出版社 1990.10 529页

辽宁工业交通发展研究 黄宝英主编 中国计划出版社 1990.7 617页

山西电力发展历史与未来 王龙主编 机械工业出版社 1990.12 351页

山东冶金志:1904～1987 《山东冶金志》编纂委员会编 冶金工业出版社 1990.9 405页

江苏机械工业四十年 江苏省机械工业厅编 江苏人民出版社 1990.12 659页

江苏企业集团科技开发活动系统分析 胡士莲主编 江苏人民出版社 1990.6 283页

上海工业40年:1949～1989 上海市经济委员会编 三联书店上海分店 1990.3 373页

新亚的历程:上海新亚制药厂的过去、现在和将来 陈兆正 袁恩桢主编 上海社会科学院出版社 1990.5 153页

福建食品工业四十年 福建食品工业公司编 新华出版社 1990.2 134页

江西煤炭工业大全 江西煤炭工业大全编委会编 南海出版公司 1990.12 289页

奋进中的华中电业 戚大安主编 湖北人民出版社 1990.6 96页

陕西工业结构研究　陕西省经济委员会编　中国经济出版社　1990.2　238页

广西工业四十年:1949～1989　广西壮族自治区统计局等编　广西人民出版社　1990.4　990页

云南优势工业发展战略研究　张怀渝主编　云南人民出版社　1990.10　261页

云南省重点骨干企业100户　云南省经济委员会编　云南人民出版社　1990.12　201页

鞍山市机械工业志　胡盛军主编　辽宁人民出版社　1990.10　464页

牡丹江机车工厂志　牡丹江机车工厂志编辑工作委员会编　黑龙江朝鲜民族出版社　1990.3　430页

无锡市丝绸工业志　钱耀兴主编　上海人民出版社　1990.7　525页

汉冶萍公司志　湖北省冶金志编纂委员会编　华中理工大学出版社　1990.5　289页

广丰糖厂志　袁庆禧主编　中山大学出版社　1990.7　155页

广西糖业四十年:1950～1990　广西壮族自治区糖业公司编　广西人民出版社　1991.1　580页

中国地方志煤炭史料选辑　祁守华　钟晓钟编　煤炭工业出版社　1990.8　639页

简明中国石油史　王文杰等编　石油大学出版社　1990.8　157页

中国近代煤矿史　《中国近代煤矿史》编写组编　煤炭工业出版社　1990.3　345页

中西药厂百年史　中西药厂　上海社会科学院经济研究所编　上海社会科学院出版社　1990.4　195页

茅台酒厂志　茅台酒厂编著　科学出版社　1991.5　158页

中国印刷史简编　张树栋　张耀崑编著　百家出版社　1991.1　176页

交通运输经济、旅游经济

交通运输经济概论　李维斌主编　机械工业出版社　1990.3　294页

交通大讨论文集　鲁勤智主编　人民交通出版社　1990.10　383页

经济论文集　中国铁道建筑总公司编　河北人民出版社　1991.4　390页

郭洪涛交通文集　中国交通运输协会　中国交通年鉴社编辑　中国铁道出版社　1990.4　440页

道路运输市场分析　向仲益主编　中国商业出版社　1991.3　322页

铁路企业现代管理初探　王瑞章编著　黑龙江人民出版社　1990.10　196页

辽宁铁道论文选萃　王景志主编　辽宁人民出版社　1990.10　356页

铁路企业文化建设　吴秉元等主编　中国铁道出版社　1990.7　320页

水运经济学　陈贻龙　苏培基主编　人民交通出版社　1991.6　377页

港口经济学　黄大明　陈福星编著　重庆出版社　1990.2　290页

中国外运40年　《中国对外贸易运输总公司发展史》编写组编　中国工人出版社　1990.10　309页

艰难历程　光辉业绩:广州远洋运输公司成立三十周年:1961～1991　广州远洋运输公司编　广东人民出版社　1991.3　423页

国际航运经济　蔡桂英等编　人民交通出版社　1990.6　325页

交通史学概论　魏启宇编著　兰州大学出版社　1990.2　210页

江西苏区交通运输史　《江西苏区交通运输史》编写组编　人民交通出版社　1991.1　296页

中国少数民族地区交通运输史略　杨聪编著　人民交通出版社　1991.1　252页

风雨成昆二十年　刘德枢主编　四川人民出版社　1990.5　423页

南京近代公路史　江苏省南京市公路管理处史志编审委员会编　江苏科学技术出版社　1990.3　231页

湖北公路运输史　第一册:古代道路运输、近代公路运输　湖北公路运输史编纂委员会编　人民交通出版社　1991.1　179页

广西公路运输史　第一册:近代部分　广西壮族自治区公路运输管理局编　广西人民出版社　1990.6　236页

河北省地方铁路史　河北省地方铁路局史志编写委员会编　河北科学技术出版社　1990.9　309页

中国交通运输地理　李润田等编著　广东教育出版社　1990.5　312页

旅游学概论　李天元　王连义编著　南开大学出版社　1991.3　264页

中国旅游经济研究　孙尚清主编　人民出版社　1990.9　555页

旅游服务管理心理学　张鼎衡编著　吉林教育出版社　1990.12　265页

旅游市场营销与饭店管理　温力虎等编著　中山大学出版社　1990.12　427页

旅游经济管理初探:上海旅游业总经理研训班论文选　张包镐　梅钧主编　华东化工学院出版社　1990.7　515页

桂林旅游研究十年回顾　向才德　丛少金主编　漓江出版社　1991.3　447页

如何发展少数民族地区的旅游业　李竹青著　北京出版社　1990.9　165页

邮 电 经 济

邮电经济学　诸幼侬　李国樑编著　北京邮电学院出版社　1990.7　500页

城市邮电通信规划　曹永明主编　中国建筑工业出版社　1990.10　75页

邮电统计学教程　郑人权主编　北京邮电学院出版社　1990.7　412页

中华民国邮票目录:1912～1949　本书编写组编　人民邮电出版社　1990.8　302页

中国解放区邮票史:苏区卷　中华全国集邮联合会《集邮研究》编辑部编　人民邮电出版社　1990.8　165页

贸易·国际贸易

商业经济学　黄国雄　曹厚昌编著　中国商业出版社　1991.2　323页

哲学与商业　汪泌涛主编　中国商业出版社　1991.2　237页

商业信息学　李兴平主编　中国商业出版社　1991.1　262页

实用商业心理学　下编:广告与销售心理　李小融　钟杨编著　中国商业出版社　1990.12　232页

论商业文化　胡平著　中国商业出版社　1991.1　148页

商业伦理学　唐能赋　秦汝恒主编　贵州人民出版社　1990.11　320页

简明工商行政管理学　刘恒飞　周明书主编　黑龙江人民出版社　1990.3　364页

国外商业研究　张其泮主编　中国商业出版社　1990.8　394页

市场学　许绍李等编著　高等教育出版社　1991.4　404页

消费品市场研究　郭冬乐等著　重庆出版社　1990.8　98页

社会主义市场理论比较研究　高铁生著　河南人民出版社　1990.11　222页

社会主义市场学概论　张儒珍等主编　河南人民出版社　1991.4　194页

中国市场概论　赵石宝　杨敏著　中国经济出版社　1990.10　386页

商品流通体制改革十年:1979～1988　万典武主编　中国商业出版社　1990.2　349页

城市商业改革的理论与实践　马向东著　辽宁人民出版社　1990.9　356页

组织农村市场　发展商品经济:山东省寿光县经济发展研究文集　季星如　王伯祥主编　山东人民出版社　1990.8　298页

我国商品流通体制与改革　朱运涛编著　宁夏人民出版社　1990.6　208页

供销合作社经济　沈瑞林主编　云南人民出版社　1990.12　290页

当代城市供销社研究　赵永华著　中国商业出版社　1990.11　238页

新兴生产资料市场　杨玉川　张延衡主编　中国商业出版社　1990.12　287页

农商结合之路:论商品基地建设　王以恂　蒲明礼主编　西南财经大学出版社　1990.8　242页

直辖市　计划单列市　主要副食品基地布局与开发建设研究　孙述林主编　黑龙江科学技术出版社　1989.12　368页

消费者市场研究　周行　陈阳主编　辽宁大学出版社　1990.4　269页

消费品与标准化　李玉祥编　河南科学技术出版社　1990.7　274页

商业企业股份制原理与实务　万典武等著　中国商业出版社　1990.2　320页

价格学原理　胡昌暖主编　中国人民大学出版社　1991.1　439页

价格学概论　孙文库　吴连簧主编　辽宁大学出版社　1990.9　343页

产业价格学原理　谢佑权主编　厦门大学出版社　1991.1　334页

中国价格模式转换的理论与实践　张单元主编　中国社会科学出版社　1990.5　351页

实用价格学　冯亚凡等编　水利电力出版社　1990.6　427页

物价大观　刘慧勇著　中国人民大学出版社　1990.2　154页

社会主义市场学　李炳炎主编　东南大学出版社　1990.5　486页

市场营销学:理论与实践　赵国柱等编著　中国商业出版社　1991.1　444页

销售理论与实务　张崇礼　张变枝编著　中国商业出版社　1990.12　532页

协同竞争论:东西方市场竞争理论比较研究　肖炼著　中国金融出版社　1991.5　317页

开放型的市场营销　李克华著　中山大学出版社　1990.6　227页

市场调研:方法与实务　张云源编著　上海科学普及出版社　1990.10　170页

当代广告学:广告理论与应用　叶金良　张永康编著　中国文史出版社　1991.3　308页

广告传播学　刘志明　倪宁编著　中国人民大学出版社　1991.2　218页

商标广告管理理论与实务　贾祥章主编　中国经济出版社　1990.12　702页

商标管理　中华人民共和国国家工商行政管理局教材编审委员会编　新华出版社　1990.7　255页

实用广告管理　聂振峰等编著　河南人民出版社　1991.2　345页

美国广告内幕:广告——美国工商业的一面镜子　王宁　钱婷著　中国经济出版社　1991.1　286页

中国四大米市　王涌主编　漓江出版社　1990.2　343页

煤炭合理供应　韩春田编著　煤炭工业出版社　1991.1　463页

商业企业管理学　刘林熙主编　中国财政经济出版社　1990.9　393页

商业企业业务管理学　苗长瑞等主编　吉林大学出版社　1990.9　368页

商业企业管理规范　张建平等编著　机械工业出版社　1990.9　143页

商业企业规范化管理　毛冬声主编　湖北人民出版社　1990.7　170页

古今经商谋略与诀窍　马华珩编　中国财政经济出版社　1990.10　313页

商业公共关系学　赵翠珍等主编　北京经济学院出版社　1990.11　196页

商业企业定价与物价管理　谢枭溢主编　黑龙江人民出版社　1990.6　187页

新编商业会计　水振国　刘英汉主编　黑龙江人民出版社　1991.4　403页

商业责任会计　郑家荣编著　中国财政经济出版社　1990.11　286页

供销合作社经营管理　向祖庚　张新华主编　中国商业出版社　1990.12　418页

餐饮服务与管理　傅启鹏主编　高等教育出版社　1991.4　410页

改革中的吉林流通　尤国主编　吉林人民出版社　1991.5　1334页

山西市场　景银强主编　山西人民出版社　1990.6　560页

福建对外贸易与海关史　林仁川著　鹭江出版社　1991.4　361页

齐鲁大趋势:供销社分册　朱本伟等主编　山东人民出版社　1990.3　434页

杭州丝绸市场　鲁灿松　叶康先主编　浙江人民出版社　1990.7　75页

深圳商贸的发展与探索　章列兵等主编　海天出版社　1990.10　285页

走向中东:新疆对西亚诸国开发战略研究　张保国主编　新疆大学出版社　1990.8　317页

惊险的跳跃:云南民族地区商品经济研究　郭正秉等主编　云南大学出版社　1991.1　258页

中国商业经济思想史　蒋建平等编著　中国财政经济出版社　1990.7　496页

台湾商业史　黄福才著　江西人民出版社　1990.8　291页

当代中国价格简史　李子超　卢彦编著　中国商业出版社　1990.11　272页

中国商业地理学　陆大壮主编　中国财政经济出版社　1991.4　479页

日本资本主义国内市场的形成　孙承著　东方出版社　1991.3　283页

商品经济学　许纯桢　徐国仁主编　吉林人民出版社　1990.8　360页

国际贸易　潘永源等主编　中国林业出版社　1991.1　213页

国际贸易教程　李育良主编　甘肃教育出版社　1991.3　381页

国际贸易理论与实务　袁槐主编　中国商业出版社　1991.1　310页

对外经贸概述　蒋瑞成主编　江苏科学技术出版社　1991.3　288页

国际贸易与国际经济合作概论　汪熙主编　复旦大学出版社　1990.6　447页

国际贸易与金融:原理、实务与应用　崔新有等主编　东南大学出版社　1990.6　466页

经营管理大系:对外经济关系卷　孟宪杨主编　上海人民出版社　1990.10　726页

国际市场营销　张玉清著　江苏人民出版社　1991.1　257页

对外贸易心理学　谢少安主编　武汉工业大学出版社　1990.12　334页

国际营销学　乔作田等编著　东北财经大学出版社　1990.9　303页

涉外经济概论　汤安中等主编　山东人民出版社　1990.10　491页

涉外经济理论与实务　邱长濂　刘成安主编　中国文史出版社　1990.7　412页

出口商品结构研究　金祥荣等主编　杭州大学出版社　1990.8　208页

世界市场预测与管理　张立波　李汉川编著　山西经济出版社　1990.6　506页

世界市场行情　乔作田编著　东北财经大学出版社　1991.2　267页

世界市场行情调研　钟慧中主编　中国商业出版社　1990.9　269页

国际煤炭市场研究　鲍琳洁编著　中国经济出版社　1990.4　682页

不同类型国家引进外资和技术剖析　张士元等主编　南开大学出版社　1990.5　239页

对外经贸统计概论　李天德编著　四川大学出版社　1990.12　549页

企业进入国际市场要略　李文军等编著　山东人民出版社　1990.9　301页

世界市场与我国营销对策　尹焕三主编　海洋出版社　1990.2　336页

中国对外贸易企业经营与管理　对外经济贸易部人事教育劳动司编　北京大学出版社　1990.3　321页

齐鲁大趋势:外贸分册　牟华德等主编　山东人民出版社　1990.12　207页

香港对外贸易　甘长求著　广东人民出版社　1990.8　295页

中苏贸易口岸　杨新华等主编　黑龙江人民出版社　1991.3　591页

中俄边境贸易的起源与沿革　卢明辉著　中国经

济出版社 1991.4 168页

财　政

财政金融概论 安体富等编著 中国财政经济出版社 1991.1 560页

财政与金融 张玉文 赵雪恒主编 中国财政经济出版社 1991.4 276页

财政学概论 李杰主编 河北人民出版社 1991.4 297页

财政信用概论 陆学秀等编著 上海交通大学出版社 1991.2 271页

社会主义财政学 刘海涛 李列东主编 黑龙江人民出版社 1991.2 296页

综合财政的理论与实践 李海等主编 中国财政经济出版社 1991.3 491页

综合财政概论 高坚著 中国财政经济出版社 1990.12 166页

综合财政学 李德章主编 中国财政经济出版社 1990.6 385页

税收学 袁纯贞主编 吉林人民出版社 1990.11 269页

税收理论研究 董庆铮编著 中国财政经济出版社 1991.1 370页

国家税收教程 胡荣昌 叶新主编 中国财政经济出版社 1991.1 705页

公债经济学 夏锦良主编 中国财政经济出版社 1991.4 307页

财政理论与实践的探索 王国祥 崔正华编著 中国财政经济出版社 1990.7 371页

财政与治理整顿 财政部财政科学研究所编著 人民出版社 1990.5 104页

关于财政改革的思考 潘心城主编 福建人民出版社 1990.9 323页

第九次全国财政理论讨论会文选 中国财政学会编 中国财政经济出版社 1990.11 996页

第二次全国农村财政理论研讨会论文选 中国财政学会农村财政研究会编 中国财政经济出版社 1990.10 598页

财政金融政策与宏观调控:1989中国国际学术会议文选 邓子基主编 中国财政经济出版社 1990.6 332页

内蒙古财政科研优秀论文集:1979～1989 高振源等主编 内蒙古人民出版社 1990.7 332页

戎子和文选 戎子和著 中国财政经济出版社 1991.5 444页

治理整顿中的财政秩序研究 柴文主编 湖北人民出版社 1990.8 265页

现代财政管理 张秉臣 李世春主编 黑龙江人民出版社 1990.6 282页

财政管理与监察 冯周杰主编 山西人民出版社 1990.9 520页

振兴财政之探索 黑龙江省财政厅 《黑龙江日报》社编 中国财政经济出版社 1990.10 364页

全国财政收入超亿元县经验汇编 财政部地方预算管理司 国务院研究室办公室编 河北人民出版社 1991.2 798页

财政补贴经济分析 李杨著 三联书店上海分店 1990.5 316页

中国预算外资金分析 邓英淘等著 中国人民大学出版社 1990.6 312页

理财探索 朱耀华 江苏科学技术出版社 1990.9 547页

中国少数民族自治州财政理论与实践 韩启方 卿太金主编 西南财经大学出版社 1990.6 408页

乡镇财政管理 邓季达等编著 云南人民出版社 1990.7 398页

国家税收 《国家税收》编写组编写 中国财政经济出版社 1991.3 339页

88国际税收研讨会文集 中国税务学会编 东北财经大学出版社 1990.9 260页

中国现行税制 谭光明 蒋菊香编著 中国商业出版社 1990.9 537页

税收税率税法 元春 润生编著 山西经济出版

社 1991.4 294页

中国税务大全 姜润洲等主编 辽宁人民出版社 1990.9 1003页

信息·参谋·服务 国家税务局办公室编 经济日报出版社 1991.3 356页

税收与社会 许建国著 中国财政经济出版社 1990.10 225页

企业与税收 李德华 胡金山主编 湖北人民出版社 1991.1 366页

中央大型企业所在城市财政问题研究 陈秦安主编 中国财政经济出版社 1990.12 212页

个体户与税收 董晓天等编 吉林大学出版社 1990.7 476页

民族税收研究 金声振 傅继舜主编 延边大学出版社 1990.7 372页

上海城市财政展望 上海市财政科学研究所编著 上海人民出版社 1990.12 214页

甘肃财税改革 刘国权主编 甘肃人民出版社 1990.7 231页

深圳税收十年:1980.8～1990.8 邵明均主编 中国财政经济出版社 1991.5 305页

各国税则条款 影印本 江苏广陵古籍刻印社 1991.1 一函十册

金 融

货币银行学 张玉文主编 中国财政经济出版社 1991.3 329页

金融学导论 王一丁等主编 河南大学出版社 1990.10 295页

当代西方金融理论 王广谦 李健编著 中央广播电视大学出版社 1990.10 371页

社会主义货币银行学 张铭 张强主编 云南科技出版社 1990.4 346页

金融经济学多维透视论 杨友才等主编 吉林大学出版社 1990.6 509页

货币流通管理 朱新蓉 熊南京编著 广西人民出版社 1990.7 329页

金融调控论 刘鸿儒编著 中国金融出版社 1991.2 457页

货币控制论 李松龄 黄深谋著 吉林大学出版社 1990.10 263页

货币供求均衡论 郑先炳著 中国金融出版社 1990.5 431页

货币流通系统控制理论 郭明奇著 中国金融出版社 1990.10 250页

社会资金的动态分析和控制 刘海虹著 武汉工业大学出版社 1990.7 186页

中国金融改革与发展 江其务著 福建人民出版社 1990.9 203页

金融改革探索 傅文龄主编 吉林人民出版社 1991.2 354页

十年金融改革学术观点概论 王志编著 中国金融出版社 1990.11 552页

通货膨胀——人民的灾难:对中国当前要不要实行通货膨胀的论战 杨培新著 中国经济出版社 1990.8 209页

金融改革与法制建设 张明富主编 浙江大学出版社 1990.11 368页

中国的货币需求:理论与实证的考察 邓乐平著 中国人民大学出版社 1990.6 329页

中国:农村金融改革和发展 吴强主编 中国财政经济出版社 1990.12 278页

中国农村经济发展中的资金运行机制 李建勇著 陕西人民出版社 1990.12 226页

中国农村合作金融概论 方庆 尤行超主编 湖北人民出版社 1990.6 296页

农村信用合作论文集 李景惠主编 吉林大学出版社 1990.6 577页

改革中的金融市场 王立勋等编著 山西经济出版社 1990.11 220页

中国投资经济 王加春著 科学普及出版社 1990.12 237页

金融管理 康书生 孙健夫编著 中国经济出版

社 1990.8 173页

现代金融管理人才概论 史学谦主编 吉林大学出版社 1990.12 301页

城市金融问题探索 张德新主编 黑龙江人民出版社 1990.5 317页

证券投资原理 李春常等编著 上海科学技术出版社 1991.1 276页

股票与股市交易 则冰 东星著 广东高等教育出版社 1990.12 223页

投资金融学 庄俊鸿主编 江西高校出版社 1990.8 257页

投资战略学 徐文通主编 中国金融出版社 1990.12 282页

信托与投资 张醒初等主编 黑龙江人民出版社 1990.10 358页

投资项目经济学 蒋同初编著 中国财政经济出版社 1990.4 574页

投资项目经济评价 李东阳主编 东北财经大学出版社 1990.11 369页

投资决策的经济分析 王旭等编著 中山大学出版社 1991.2 328页

投资信用改革新探 李永城 张亦春主编 厦门大学出版社 1990.8 286页

银行理论与实务 张兵 李进闯主编 江苏人民出版社 1990.9 377页

现代银行领导学 张国杰主编 济南出版社 1990.5 340页

中央银行宏观经济分析 戴根有著 中国金融出版社 1990.11 606页

中央银行信贷资金宏观管理 中国人民银行资金管理司编著 甘肃人民出版社 1990.9 377页

信贷资金组织与运用 广西农村金融学会编 广西人民出版社 1990.9 320页

实用储蓄心理学 徐小清著 上海社会科学院出版社 1990.7 147页

新编银行会计学 李秋芳 谢素琴主编 吉林人民出版社 1991.3 452页

银行审计 曾和笙著 中国金融出版社 1991.5 379页

金融统计分析 杨凤虎 王顺主编 河北人民出版社 1990.8 364页

内蒙古农业资金投入研究 宝音图主编 内蒙古人民出版社 1990.11 283页

广东金融体制改革研究 张元元主编 广东高等教育出版社 1990.11 211页

深圳股市 王健 禹国刚著 海天出版社 1990.12 225页

在金融史园地里漫步 洪葭管著 中国金融出版社 1990.3 393页

中国历代金融文献选注 杨兴发主编 西南财经大学出版社 1990.6 458页

国际金融学 牛岳尊等编著 广西人民出版社 1990.3 326页

现代国际金融理论与实务 贾墨月编著 中国经济出版社 1991.3 374页

欧洲货币市场:国际金融知识 陈凤书等著 上海社会科学院出版社 1990.10 150页

国外证券市场 李世光编著 中国财政经济出版社 1990.6 357页

各国金融制度 黄宝奎编著 厦门大学出版社 1990.8 262页

日本通货膨胀的治理与物价政策 徐振等编著 中国计划出版社 1990.5 275页

经济发展与通货膨胀:拉丁美洲的理论和实践 陈舜英等编著 中国财政经济出版社 1990.6 270页

保险计划管理理论与实践 曹树增主编 内蒙古人民出版社 1990.5 315页

社会保险问题研究 李本立主编 河南人民出版社 1990.12 312页

社会保险和职工福利概论 李怀康 刘雄主编 北京经济学院出版社 1990.10 208页

灾害后的保险补偿 赵庆祥主编 黑龙江科学技术出版社 1990.6 264页

中国保险业的发展 “保险业发展研究”课题组编 中国金融出版社 1990.12 232页

河北省保险志 本书编纂委员会编 河北科学技术出版社 1990.10 465页

崛起与保险:1989年湖北省保险发展战略研讨会文集 湖北省保险公司 湖北省保险学会编 武汉大学出版社 1990.4 348页

译　著

马克思的经济学:价值和增长的双重理论　(日)森岛通夫著　袁镇岳等译　上海人民出版社　1990.4　225页

当代资产阶级经济理论评述　(苏)依·特·马依鲍劳德主编　商德文等译　青海人民出版社　1990.6　290页

世界十五大经济学　(日)现代经济学研究会编著　王名　李庆华译　求实出版社　1990.4　280页

经济发展理论的十位大师　(美)吉拉德·M·米耶　都德莱·西尔斯编　刘鹤等译　中国工人出版社　1990.4　385页

结构主义宏观经济学　(美)兰斯·泰勒著　颜泽龙译　经济科学出版社　1990.3　227页

发展中国家宏观经济学　(美)埃德温·查理著　刘伟译　商务出版社　1990.11　258页

经济政策学　(日)野尻武敏等著　魏杰等译　陕西人民出版社　1990.2　267页

充满灵性的经济学　(美)保罗·A·萨缪尔逊著　胡承红等译　三联书店上海分店　1991.4　276页

经济学为什么还不是一门科学　(美)阿尔弗雷德·S·艾克纳主编　苏通等译　北京大学出版社　1990.9　213页

开放经济下的宏观经济理论　(英)保尔·D·克劳威著　赫朋译　中国金融出版社　1990.4　361页

经济学的三个世界　(美)劳埃德·G·雷诺兹著　朱泱等译　商务出版社　1990.7　295页

理性预期　(美)史蒂文·M·谢弗林著　李振宁译　商务出版社　1990.7　185页

经济学家与说教者　(美)乔治·施蒂格勒著　贝多广等译　三联书店上海分店　1990.6　377页

经济学方法论　(英)马克·布劳格著　黎明星等译　北京大学出版社　1990.2　335页

价值问题的论战　(美)伊恩·斯蒂德曼等著　陈东威译　商务出版社　1990.8　285页

资本主义,价值和剥削:一种激进理论　(英)杰弗霍奇森著　丁树生　陈东威译　商务出版社　1990.9　270页

经济增长理论　(美)W·阿瑟·刘易斯著　梁小民译　三联书店上海分店　1990.10　549页

无通货膨胀的经济增长　(法)莫里斯·阿莱著　何宝玉　姜忠孝译　北京经济学院出版社　1990.12　266页

通货膨胀经济学　(英)理查德·杰克曼等著　程向前　袁志刚译　上海译文出版社　1991.5　222页

价格理论　(美)乔治·斯蒂格勒著　施仁译　北京经济学院出版社　1990.12　380页

经济分析基础　(美)保罗·安东尼·萨缪尔逊著　甘华鸣等译　北京经济学院出版社　1990.12　441页

外围资本主义危机与改造　(阿根廷)劳尔·普雷维什著　苏振兴　袁兴昌译　商务出版社　1990.6　330页

两个世界的对话:凯恩斯经济学的危机　(英)杰奥费里·裘灵著　王旭琰等译　吉林人民出版社　1990.6　176页

开放经济和世界经济　(美)约翰·威廉森著　马建堂等译　三联书店上海分店　1990.7　512页

国际经济关系:1850年以来的国际经济关系的演变　(英)J·F·佩克著　卢明华等译　贵州人民出版社　1990.12　406页

2000年全面经济展望　欧洲经济委员会编著　杨文朴等译　中国经济出版社　1991.3　289页

全环预警:1990年世界形势评述　(美)莱斯特·R·布朗等著　贡光禹等译　科学技术文献出版社　1991.5　261页

(世界银行)1990年世界发展报告　国际复兴开发银行　世界银行编　中国财政经济出版社　1990.9　260页

发展中国家吸收外国直接投资的经验　世界银行国际金融公司编　陆鼎文等译　山东人民出版社

1990.9 212页

超越“坐蹭车”与一国繁荣主义 (日)猪口孝著 杨伯江译 中国经济出版社 1991.4 118页

国际企业的经济环境 (美)雷蒙德·弗农等著 沈根荣译 三联书店上海分店 1990.6 298页

开放经济:发展中国家政策制订者的工具 鲁迪格·多恩布什等编 章晟曼等译 中国财政经济出版社 1990.8 473页

南朝鲜经济论 (南朝鲜)全哲焕著 延边人民出版社 1990.6 453页

中国——计划与市场 世界银行经济考察团编 章晟曼译 中国财政经济出版社 1991.1 198页

中国宏观经济稳定与工业增长 世界银行经济考察团编 世界银行驻中国代表处组织译 中国财政经济出版社 1990.10 121页

战后台湾经济分析 (日)刘进庆著 雷慧英译 厦门大学出版社 1990.5 476页

台湾的经济之路:改进分配、加速增长:1952~1979 郭婉容等著 许邦兴等译 中国经济出版社 1991.1 154页

质量与竞争:日本经济腾飞的奥秘 (美)W·爱德华·德明著 张兴佳 龚洁译编 鹭江出版社 1990.6 273页

日本即将来临的经济危机 乔恩·伍郎洛夫著 关国强 赖元华译 高等教育出版社 1990.7 248页

世界经济当中的日本:后福特制时代 (日)伊藤诚著 陈建等译 中国人民大学出版社 1990.5 211页

英国工党的民主社会主义经济纲领 (英)彼得·诺兰等著 章宗炎等译 陕西人民出版社 1991.1 346页

美国经济模型 (美)奥托·埃克斯坦著 蒋怙译 中国计划出版社 1990.9 166页

转变中的美国经济 (美)马丁·费尔德斯坦编 彭家礼等译 商务出版社 1990.6 2册

战后日本经济政治史 (日)正村公宏著 上海社会科学院世界经济研究所日本经济研究室译 上海人民出版社 1991.1 883页

欧洲近代经济史 约瑟夫·库利舍尔著 石军 周莲译 北京大学出版社 1990.9 350页

纳粹德国经济史 (法)夏尔·贝特兰著 刘法智 杨燕怡译 商务出版社 1990.9 278页

区域经济学导论 (美)埃德加·M·胡佛著 王翼龙译 商务出版社 1990.11 450页

迈向21世纪的国土规划:城乡事融合系统设计 (日)岸根卓郎著 高文琛译 科学出版社 1990.10 176页

国民帐户分析 (英)G·斯图威尔著 铁大章 江健桐译 中国统计出版社 1990.6 203页

数理经济学导论 (英)J·W·S·卡塞尔著 吴碧英 郑沐霖译 福建科学技术出版社 1990.6 117页

投入产出经济学 (美)沃西里·里昂惕夫著 崔书香等译 中国统计出版社 1990.7 478页

经营数学概论:科学的意思决定的基础 (日)臼井 功著 何平译 大连理工大学出版社 1990.12 240页

统计学:数量经济研究导论 (美)D·B·休茨著 张树宝译 上海译文出版社 1991.2 303页

会计理论 (美)阿迈德·贝克奥伊著 杨进等译 陕西人民出版社 1991.3 404页

实证会计理论 (美)R·L·瓦茨 J·L·齐默尔曼著 黄世忠等译 中国商业出版社 1990.6 518页

会计发展史 (苏)Я·B·索科洛夫著 陈亚民等译 中国商业出版社 1990.7 378页

审计理论结构 (美)罗伯特·K·莫茨 (埃及)侯赛因·A·夏拉夫著 文硕等译 中国商业出版社 1990.6 348页

蒙哥马利审计学 (下) 杰里·D·沙利文等著 汤云为等译 中国商业出版社 1990.8 481页

现代内部审计实务 (美)劳伦斯·B·索耶著 汤云为等译 中国商业出版社 1990.6 2册

内部审计师手册 (美)保罗·希森 劳伦斯·索耶著 张大艺等译 煤炭工业出版社 1990.9 224页

计算机审计 (美)托马斯·波特 威廉·佩里著 李大庆等译 中国财政经济出版社 1990.9 369页

西方劳动经济学 (美)比尔顿·M·弗雷雪尔 汤姆斯·J·克尼斯勒著 文跃然等译校 中国华侨出版公司 1990.10 469页

人力资源 (美)赫伯特·S·帕纳斯著 张明清等译 黑龙江教育出版社 1990.8 321页

论人力资本投资 (美)西奥多·W·舒尔茨著 吴珠华等译 北京经济学院出版社 1990.12 239页

企业发展战略 (美)小阿瑟·A·汤普森著 原梅生等译 山西经济出版社 1990.7 356页

企业经营国际化战略:日本会社如何进入国际市场 (美)詹姆士·C·阿伯格伦 乔治·斯托克著 林新生等译 新华出版社 1990.8 364页

中小企业的国际技术转让 大卫·迪奇尔等著 中国中小企业对外合作协调中心编译 吉林人民出版社 1990.12 215页

小型企业初探:世界经济的潮流 (美)盖伦·斯潘塞·赫尔著 汪念郴译 广东人民出版社 1990.8 255页

企业文化:理论和实践的展望 (联邦德国)E·海能著 张庆洪等译 知识出版社 1990.6 197页

承包计划制与公营企业经营成绩:世界银行讨论文件 约翰·R·内里斯著 杨光辉译 中国财政经济出版社 1990.6 84页

世界超级富豪 (英)威廉·戴维斯著 谢德辉译 上海人民出版社 1990.12 249页

日本企业战略和结构 (日)小野丰广著 吕梦仙 戎积鉴译 冶金工业出版社 1990.8 324页

转变中的日本企业 (日)中谷岩男著 许斌著企业管理出版社 1990.10 124页

拼搏、开拓、成功:日本企业巨子精言百句 杨达民编译 北京航空航天大学出版社 1990.10 166页

"本田"经营之路:一种渗透着文化内涵的生产经营革新 (美)勒·里..休克原著 (日)崎谷哲夫日 师震富等译 辽宁大学出版社 1990.12 182页

日本股份公司内幕 乔恩·伍朗洛夫著 韩德平 时宏伟译 高等教育出版社 1990.7 232页

英国十大首富成功秘诀 (英)贝里·里奇 沃尔特·戈德史密斯著 何茂春等译 中国经济出版社 1991.1 265页

猛醒:通用汽车公司沉浮奋斗史 (美)玛丽安·凯勒著 吴则田 罗素冰译 经济日报出版社 1991.4 263页

城市经济学 (美)沃纳·赫希著 刘世庆等译 中国社会科学出版社 1990.8 503页

中国封建社会晚期城市研究:施坚雅模式 G·W·施坚雅原著 王旭等译 吉林教育出版社 1991.2 307页

农业经营学概论 (德)弗·艾瑞葆著 刘潇然译 农业出版社 1990.11 667页

什么决定粮食价格:发展中国家农产品价格政策 (美)保罗·斯瑞丁著 李玉林 季亚宏译 中国商业出版社 1990.11 140页

土地利用 (美)A·S·马瑟著 国家土地管理局 土地利用规划司译 中国财政经济出版社 1991.6 248页

江苏农村非农化发展研究 (加拿大)塞缪尔·何保山等著 上海人民出版社 1991.4 293页

工业经济学 (英)劳杰·克拉克著 原毅军译 经济管理出版社 1990.7 318页

工业与组织心理学 (美)E·J·麦考密克 D·R·伊尔根著 卢盛忠等译 科学出版社 1991.5 401页

再创完美:技术开发与经营革新的较量 (日)石井威望编 李铁锤 宋琳译 中国财政经济出版社 1990.8 266页

矿产经济学:自然资源开发与管理 (美)O·鲁道斯基著 杨昌明 李万亨译 中国地质大学出版社 1991.5 121页

俄汉工业产权词汇 中国专利局信息中心编译 专利文献出版社 1990.11 56页

德汉工业产权词汇 中国专利局信息中心编译 专利文献出版社 1990.11 84页

汽车运输经济 (苏)A·N·马雷谢夫著 咸同庆 裴壮吾译 人民交通出版社 1990.7 299页

宏观市场学 (美)里德·莫耶 迈克尔·赫特著 程东跃等译 商务出版社 1990.11 229页

不用货币的贸易:易货贸易和对等贸易 (美)利奥·G·B·韦尔特著 钱乐贤等译 上海翻译出版公司 1991.2 246页

伦敦金属交易所及期货交易 王新政等编译 中国物资出版社 1991.4 79页

娱乐业经济学 (美)哈罗德·沃格尔著 吴瀚飞等译 陕西人民教育出版社 1990.9 393页

色彩销售学 (日)伊吹 卓著 陈禾译 科学普及出版社 1991.2 150页

走向世界:跨国营销与国际市场 王彦等编译 中国工人出版社 1991.2 291页

地下黑经济 (美)李朴·班·维克尔著 董小平 邱梅译 四川人民出版社 1990.1 180页

1990年国际贸易条件解释规则 俞浩明等译 上海翻译出版公司 1991.3 97页

国际贸易政策问题与发展情况:国际货币基金组织《不定期刊物》选编 玛格丽特·凯利等著 朱忠等译 中国金融出版社 1990.12 190页

华侨商法的秘密 (日)南康文著 侯荔江译 四川人民出版社 1990.4 178页

国际货币和金融 (美)迈克尔·梅尔文著 张志

超等译 华东师范大学出版社 1990.6 203页

货币万能 (英)雅各布·范德林特著 王兆基译 商务出版社 1990.11 133页

货币、银行和金融市场原理 (美)劳伦斯·S·里特 威廉·L·西尔伯著 武汉大学管理学院国际金融教研室译 上海翻译出版公司 1990.7 509页

通货膨胀的居高不下与稳定政策 米居尔·A·基居尔 尼桑·利维亚坦著 宋光炜译 中国财政经济出版社 1990.6 49页

发展中国家的金融 (英)理查德·L·基钦著 周晓寒等译 黑龙江人民出版社 1990.7 469页

金融结构与金融发展 (美)雷蒙德·W·戈德史密斯著 周朔等译 三联书店上海分店 1990.4 555页

房地产金融译丛 齐国相主编 辽宁人民出版社 1990.11 448页

投资评价与相关决策 (英)斯悌芬·鲁比著 吴孟飞 孙康平译 中国石化出版社 1991.7 257页

利率、市场与新的金融世界 (美)亨利·考夫曼著 李青原译 中国金融出版社 1990.12 185页

汇率决定论 (美)安妮·支鲁埃格著 张志超等译 中国金融出版社 1990.6 209页

投资学 (美)赫伯特·E·杜格尔 弗朗西斯·J·科里概著 任淮秀等译 中国人民大学出版社 1990.8 636页

农业金融管理 (美)P·J·巴里等著 王志武译 西南财经大学出版社 1990.12 486页

电子银行 (美)阿伦·H·利普斯等著 朱田顺译 中国金融出版社 1990.10 257页

联合国关于发达国家和发展中国家避免双重征税协定范本注释 刘金枝译 中国财政经济出版社 1991.2 259页

世界主要国家和地区外汇管制概况 黄跃等译 四川大学出版社 1991.1 354页

法国 英国 日本公司税 国家税务局税收科学研究所编译 东北财经大学出版社 1990.9 482页

发展中国家资本形成与财政金融政策 陈克俭 刘平译 厦门大学出版社 1990.2 230页

日本现代财政学 (日)井手文雄著 陈秉良译 中国财政经济出版社 1990.7 374页

现代日本金融论 (日)铃木淑夫著 徐笑波等译 三联书店上海分店 1991.1 299页

美国国际货币政策:市场、力量和观念是政策转变的根源 (美)约翰·奥德尔著 李丽军 李宁译 中国金融出版社 1991.1 283页

保险经济学 (英)S·R·戴康著 张正德 姚建平译 新时代出版社 1990.1 228页

社会经济地理学概念术语辞典 (苏)3·6·阿拉耶夫著 李德美等译 测绘出版社 1990.4 301页

英汉劳动辞典 赵天东编译 劳动人事出版社 1990.2 284页

中小企业审计手册 (美)弗兰克·活克著 李大庆译 中国审计出版社 1990.8 189页

俄汉英对外经贸词汇会话手册 高贵成等编译 黑龙江人民出版社 1990.4 364页

工 具 书

新编简明经济学辞典 吴振坤主编 天津人民出版社 1990.11 741页

当代经济新术语 张素秋 吕宝海主编 中国财政经济出版社 1990.6 423页

中国少数民族经济词典 施正一主编 上海辞书出版社 1991.3 576页

中国经济史辞典 赵德馨主编 湖北辞书出版社 1990.8 948页

英汉经济与管理大词典 刘焕德 周立华主编 电子工业出版社 1990.8 1460页

汉英经济词典 王国梁主编 石油工业出版社 1990.3 1250页

汉英技术经济分类词汇 仇道仁主编 中国经济出版社 1990.10 411页

中国经济科学年鉴 1989 晓亮主编 经济管理出版社 1990.12 470页

经济师知识手册 王时杰等主编 经济管理出版社 1990.9 1091页

实用世界经济辞典 张素叶等主编 甘肃人民出版社 1991.3 744页

世界经济年鉴 1989年版 中国社会科学院世界经济与政治研究所主办 中国社会科学出版社 1989.12 892页

世界金融机构概览 陈正英等编著 中国金融出版社 1991.3 507页

中国统计摘要 1991 国家统计局编 中国统计出版社 1991.5 117页

中国社会统计资料 1990 国家统计局社会统计司编 中国统计出版社 1990.5 340页

全国各省、自治区、直辖市历史统计资料汇编 1949～1989 国家统计局综合司编 中国统计出版社 1990.8 948页

中国城市统计年鉴 1990 国家统计局城市社会经济调查总队编 中国统计出版社 1990.8 760页

1989年中国城镇居民家庭收支调查资料 国家统计局城市社会经济调查总队编 中国统计出版社 1990.8 275页

中国农业年鉴 1990 中国农业年鉴编辑委员会编 农业出版社 1990.12 600页

中国农村统计年鉴 1990 国家统计局农村社会经济统计司编 中国统计出版社 1990.10 393页

中国农业统计资料 1989年 中华人民共和国农业部编 农业出版社 1990.10 471页

中国乡镇企业年鉴 1989 中国乡镇企业年鉴编辑委员会编 农业出版社 1990.7 325页

中国乡镇企业年鉴 1990 中国乡镇企业年鉴编辑委员会编 农业出版社 1991.2 435页

中国分县农村经济统计概要 1988年 国家统计局农村社会经济调查总队编 中国统计出版社 1990.5 469页

全国林业统计资料汇编 1949～1987 中华人民共和国林业部编 中国林业出版社 1990.6 985页

中国工业经济统计年鉴 1990 国家统计局工业交通统计司编 中国统计出版社 1990.12 464页

中国企业升级年鉴 1990(二) 陈兰通主编 吉林人民出版社 1990.7 417页

中国产品信息年鉴 1989 国家信息中心经济信息部 北京市经科信息咨询公司编 中国计划出版社 1990.2 7册

中国钢铁工业年鉴 1990 冶金工业部《中国钢铁工业年鉴》编辑委员会编 冶金工业出版社 1990.11 316页

中国机械电子工业年鉴 机械卷 1990 中国机械电子工业年鉴(机械卷)编辑委员会编 机械工业出版社 1990.11 254页

中国煤炭工业年鉴 1990 《中国煤炭工业年鉴》编审委员会编 煤炭工业出版社 1990.10 201页

中国水力发电年鉴 1984～1988 中国水力发电年鉴编辑部编辑 学术书刊出版社 1990.4 880页

中国食品工业年鉴 1989 《中国食品工业年鉴》编辑部编辑 轻工业出版社 1990.8 773页

中国旅游年鉴 1990 中国旅游年鉴编辑委员会编 中国旅游出版社 1990.10 682页

中国商业外经统计资料 1952～1988 国家统计局贸易物资统计司编 中国统计出版社 1990.4 648页

中国物价统计年鉴 1990 国家统计局城市社会经济调查总队编 中国统计出版社 1990.8 331页

中国国内市场统计年鉴 1990 国家统计局贸易物资统计司编 中国统计出版社 1990.12 460页

中国对外经济贸易年鉴 1990年 对外经济贸易部《中国对外经济贸易年鉴》编辑部编 中国财政经济出版社 1990.10 847页

辽宁经济统计年鉴 1990 《辽宁经济统计年鉴》编委会编 中国统计出版社 1990.8 642页

沈阳经济统计年鉴 1990 《沈阳经济统计年鉴》编委会编 中国统计出版社 1990.7 669页

吉林社会经济统计年鉴 1990 吉林省统计局编 中国统计出版社 1990.7 635页

吉林城市统计年鉴 1990 吉林省统计局编 中国统计出版社 1990.8 378页

黑龙江经济统计年鉴 1990 黑龙江省统计局编 中国统计出版社 1990.8 721页

哈尔滨统计年鉴 1991 《哈尔滨统计年鉴》编辑部编 中国统计出版社 1991.6 660页

佳木斯经济统计年鉴 1990 《佳木斯经济统计年鉴》编辑委员会编 中国统计出版社 1990.9 489页

齐齐哈尔经济统计年鉴 1990 齐齐哈尔市统计局编 中国统计出版社 1990.7 610页

北京社会经济统计年鉴 1990 北京市统计局编 中国统计出版社 1990.8 814页

天津经济年鉴 1990 《天津经济年鉴》编辑部编 天津社会科学院出版社 1990.10 859页

天津统计年鉴 1990 天津市统计局编 中国统计出版社 1990.8 491页

河北经济统计年鉴 1990 河北省统计局 河北省社会科学院经济研究所编 中国统计出版社 1990.8 821页

山西统计年鉴 1990 山西省统计局编 中国统计出版社 1990.8 850页

内蒙古统计年鉴 1990 内蒙古自治区统计局编 中国统计出版社 1990.8 638页

内蒙古统计年鉴 1991 内蒙古自治区统计局编 中国统计出版社 1991.8 648页

呼和浩特铁路局年鉴 1989 呼和浩特铁路局年鉴编纂委员会编 内蒙古人民出版社 1990.11 561页

华东地区统计年鉴 1990 华东地区统计信息网络编 中国统计出版社 1990.8 424页

山东统计年鉴 1990 山东省统计局编 中国统计出版社 1990.6 628页

济南统计年鉴 1990 济南市统计局编 中国统计出版社 1990.9 537页

上海统计年鉴 1990 上海统计局编 中国统计出版社 1990.7 441页

江苏统计年鉴 1990 江苏省统计局编 中国统计出版社 1990.7 411页

江苏省市县经济 1990 江苏省统计局编 中国统计出版社 1990.7 483页

江苏分乡农村经济统计概要 1980、1985、1989 江苏省农村社会经济调查队编 南京大学出版社 1990.10 593页

苏州统计年鉴 1990 苏州市统计局编 中国统计出版社 1990.6 329页

常州统计年鉴 1991 常州市统计局编 中国统计出版社 1991.6 494页

浙江统计年鉴 1990 浙江省统计局编 中国统计出版社 1990.6 547页

浙江统计年鉴 1991 浙江省统计局编 中国统计出版社 1991.6 583页

浙江经济年鉴 1990 马瑞康主编 浙江人民出版社 1990.11 629页

福建统计年鉴 1990 福建省统计局编 中国统计出版社 1990.6 532页

福建工业经济统计年鉴 1990 福建省统计局编 中国统计出版社 1990.8 337页

福建省商业统计年鉴 1988～1989 福建省统计局贸易处 福建省经济委员会贸易处编 中国统计出版社 1990.6 416页

福建对外经贸年鉴 1990 杜辉泰等主编 福建人民出版社 1990.5 82页

福州经济年鉴 1990 《福建经济年鉴》编辑委员会编 中国统计出版社 1990.8 613页

厦门经济特区年鉴 1990 厦门经济特区年鉴编辑委员会编 中国统计出版社 1990.9 470页

闽南三角地区社会经济概况:1990 厦门、漳州、泉州市统计局编 中国统计出版社 1990.9 209页

广东省统计年鉴 1990 广东省统计局编 中国统计出版社 1990.8 574页

广州统计年鉴 1990 广州市统计局编 中国统计出版社 1990.6 595页

汕头经济特区年鉴 1990 汕头经济特区年鉴编纂委员会编 广东人民出版社 1991 535页

广西经济社会纵览 韦家国主编 广西人民出版社 1990.4 698页

广西统计年鉴 1990 广西壮族自治区统计局编 中国统计出版社 1990.8 540页

广西统计年鉴 1991 广西壮族自治区统计局编 中国统计出版社 1991.6 612页

桂林统计年鉴 1990 桂林市统计局编 中国统计出版社 1990.7 699页

海南统计年鉴 1990 海南省统计局编 中国统计出版社 1990.9 760页

香港经济统计资料汇编 港澳研究所编 中国统计出版社 1990.6 226页

河南经济统计年鉴 1990 河南省统计局编 中国统计出版社 1990.7 664页

河南城市统计年鉴 1990 河南省城市社会经济调查队编 中国统计出版社 1990.9 460页

安徽统计年鉴 1990 安徽省统计局编 中国统计出版社 1990.6 693页

江西统计年鉴 1990 江西省统计局编 中国统计出版社 1990.8 622页

湖北统计年鉴 1990 湖北省统计局编 中国统计出版社 1990.7 491页

湖南统计年鉴 1990 湖南省统计局编 中国统计出版社 1990.8 444页

陕西统计年鉴 1990 陕西省统计局编 中国统计出版社 1990.8 503页

宁夏统计年鉴 1990 宁夏回族自治区统计局编 中国统计出版社 1990.8 607页

吴忠统计年鉴 1990 吴忠市统计局编 宁夏人民出版社 1990.6 499页

甘肃统计年鉴 1990 甘肃省统计局编 中国统计出版社 1990.9 859页

甘肃农村经济年鉴 1990 甘肃农村经济年鉴编辑委员会编 甘肃人民出版社 1990.11 582页

青海省社会经济统计年鉴 1990 青海省统计局编 中国统计出版社 1990.8 557页

新疆统计年鉴 1990 新疆维吾尔自治区统计局编 中国统计出版社 1990.7 669页

新疆财政年鉴 1987～1988 新疆维吾尔自治区财政厅编 新疆人民出版社 1990.8 553页

新疆生产建设兵团统计年鉴 1990 《新疆生产建设兵团统计年鉴》编辑委员会编 中国统计出版社 1990.7 597页

四川统计年鉴 1990 四川省统计局编 中国统计出版社 1990.9 614页

重庆统计年鉴 1990 重庆市统计局编 中国统计出版社 1990.7 246页

四川交通年鉴 1989 四川省交通厅年鉴编委会编 四川人民出版社 1990.2 352页

贵州统计年鉴 1990 贵州省统计局编 中国统计出版社 1990.7 340页

云南统计年鉴 1990 云南省统计局编 中国统计出版社 1990.5 646页

西藏社会经济统计年鉴 1990 西藏自治区统计局编 中国统计出版社 1990.10 510页

经济大辞典 计划卷 刘国光主编 上海辞书出版社 1990.8 859页

经济大辞典 数量经济学卷 乌家培主编 上海辞书出版社 1990.10 492页

计划经济工作文件汇编 1989 国家计委办公厅编 中国计划出版社 1990.5 356页

国有资产管理实用手册 王凤岭主编 辽宁人民出版社 1991.5 1236页

中外合资文件汇编 中国石油化工总公司计划部编 烃加工出版社 1990.10 473页

物资管理法规汇编 1989 物资部体制法规司编 中国城市经济社会出版社 1990.7 601页

审议国民经济计划·财政预算知识手册 张月明主编 湖南出版社 1990.10 308页

工程项目管理实用手册 田振郁主编 中国建筑工业出版社 1991.2 424页

经济大辞典:会计卷 杨纪琬 娄尔行主编 上海辞书出版社 1991.5 723页

会计审计大辞典 成圣树主编 中国财政经济出版社 1991.1 763页

会计大辞库 第1卷 杨树枝主编 黑龙江朝鲜民族出版社 1990.9 780页

会计大辞库 第2卷 杨树枝主编 黑龙江朝鲜民族出版社 1990.11 1575页

会计大辞库 第3卷 《会计大辞库》编辑委员会编纂 黑龙江朝鲜民族出版社 1991.2 1册

会计大辞库 第4卷 《会计大辞库》编辑委员会编纂 黑龙江朝鲜民族出版社 1991.5 1册

会计大辞库 第5卷 《会计大辞库》编辑委员会编纂 黑龙江朝鲜民族出版社 1991.6 1册

会计管理新词典 丁平准编著 经济管理出版社 1990.12 754页

新编会计大辞典 王文元主编 辽宁人民出版社 1991.1 1386页

审计学辞典 邢俊芳主编 人民出版社 1991.1 640页

中国审计大辞典 张鸿杰 贾丛民主编 辽宁人民出版社 1990.8 618页

实用审计大全 王文元主编 辽宁人民出版社 1990.10 1403页

内部审计工作手册 审计署驻机电部审计局编 机械工业出版社 1991.2 454页

常用财经审计法规检索 王振武等编 中国审计出版社 1990.11 358页

中国劳动人事百科全书 贾湛主编 修订版 兵器工业出版社 1991.2 1165页

实用劳动工资干部工作手册 汪钧等主编 吉林科学技术出版社 1990.11 768页

劳动工资统计工作手册 内蒙古自治区统计局社会处编 内蒙古人民出版社 1990.11 433页

粮食经济统计手册 孙茂文主编 中国财政经济出版社 1990.12 307页

技术经济手册 水利卷 何孝俅主编 中国科学技术出版社 1990.12 1065页

中国水利百科全书 中国水利百科全书编辑委员会 水利电力出版社中国水利百科全书编辑部编 水利电力出版社 1991.3 2782页

农业信贷实用手册 孙涛 杨帆主编 黑龙江人民出版社 1990.11 280页

农业税收实用大全 于建勋主编 辽宁人民出版社 1990.11 452页

全国农业机构名录 中国农业科学院科技文献信息中心编 农业出版社 1990.10 257页

中国企业管理百科全书 增补卷 中国企业管理百科全书编委会 中国企业管理百科全书编辑部编 企业管理出版社 1990.7 900页

中国企业监督:国家有关部门对企业的政策文件汇编 陈英茨主编 中国城市经济社会出版社 1990.7 1037页

企业管理公式辞典 易国庆等主编 湖北人民出版社 1990.6 710页

私营企业法规汇编 河北省税务局编 河北人民出版社 1990.8 254页

中国工业产权指南 黄坤益等编著 海天出版社 1989.12 331页

企业管理手册 农业部企业管理办公室编 农业出版社 1990.10 712页

工业企业管理实用大全 曹序等主编 吉林人民出版社 1990.10 686页

新编承包租赁股份制手册 丁力主编 中国建筑工业出版社 1990.11 490页

中国企业家知识大全 黄焕春主编 上海科学技术文献出版社 1990.11 1298页

英汉旅游词典 程润明 程洁编 上海外语教育出版社 1990.10 355页

旅游经济工作手册 张玉玑主编 中国大百科全书出版社 1990.10 683页

中国经贸新辞典 韩明安 李浚源主编 哈尔滨出版社 1990.6 731页

最新英汉经济贸易词汇大全 孟昭蓉 杨春生编 中国青年出版社 1991.1 1298页

简明英汉财经百科词典 第2辑 票据·凭证·合约 胡式如主编 中国财政经济出版社 1990.12 323页

简明英汉财经百科词典 第3辑 市场·商品劳务·供需 胡式如主编 中国财政经济出版社 1990.12 467页

民族贸易大事记 1949～1989 杨德颖等编 中国商业出版社 1990.6 212页

经济大辞典:对外经济贸易卷 石林主编 上海辞书出版社 1990.8 596页

现代国际商务大辞典 陈琦伟主编 知识出版社 1990.12 467页

财经大辞典 上卷 何盛明主编 中国财政经济出版社 1990.11 1181页

财税金融法制词典 孙膺杰等主编 延边大学出版社 1990.6 1292页

现代实用税收辞典 张富珍等主编 辽宁大学出版社 1990.8 510页

简明英汉财经百科词典 第1辑 股票·债券·证券投资 胡式如主编 中国财政经济出版社 1990.6 347页

财经法律法规手册 刘铁锐等主编 江西人民出版社 1990.6 1499页

中国财税 工资 保险福利大全 云鹏 王文华主编 辽宁人民出版社 1991.3 1393页

投资大辞典 黄汉江主编 上海社会科学院出版社 1990.8 1092页

中国金融百科全书 黄达等主编 经济管理出版社 1990.11 2册

中国金融实务大全 周正庆等著 吉林人民出版社 1991.2 1304页

(中国社会科学院经济研究所刘厚成、葛鑫芳、刘艳伶编辑)

经济学论文选介

关于社会主义经济的若干理论问题

薛暮桥　（载《中国社会科学》1991年第1期）

文章根据历史经验，系统地探讨了社会主义经济的一些理论问题。

作者首先指出，政治经济学本来是一门理论经济学，是说明各种社会经济形态的客观发展规律的科学。现在（原）苏联和我国的所谓社会主义政治经济学，实际上是政策经济学，没有深入说明社会主义经济发展的客观规律。由于迄今还没有一个成熟的社会主义经济模式，因而尚不具备建立完善的社会主义政治经济学体系的条件。但是这并不意味着对社会主义政治经济学的研究就无所作为，可以从实践、认识，再实践、再认识的过程中积累一些历史资料。沿着这样的思路，文章探讨了商品、货币、价格、市场和商品流通、计划经济、生产资料所有制、劳动工资制度、财政制度、金融制度、企业管理制度等10个理论问题。

关于商品问题。作者提出，社会主义有计划的商品经济，究竟是应该自觉运用价值规律来为各类商品制定计划价格，还是应该让价值规律在市场上自发调节价格？实践证明，过去，所有社会主义国家制定的计划价格都背离价值，所谓“自觉运用价值规律”，实际上是抛弃价值规律。

关于物价问题。一是要求稳定，二是要求合理。稳定物价的根本办法是管住货币，不发生通货膨胀。在此基础上，可以有步骤地放开价格，让价值规律自发调节，使各类商品的价格自发地趋向价值。管住货币是坚持计划管理，放开价格是实行市场调节。

关于计划经济。作者认为，肯定计划与市场都是覆盖全社会的，就必须对它们赋予新的涵义。即使是列入指令性计划的产品，也应当逐渐从计划分配过渡到商品交换。所谓计划经济，不仅是指令性计划，更重要的是指导性计划（类似日本的诱导性计划）。

关于生产资料所有制问题。党的十三大提出，私营经济是社会主义公有制的补充。但对私营经济有不同看法，有人甚至有一种恐惧心理。实际上，我们既然不怕引进规模较大、技术先进的外国资本主义，为什么要害怕这些小而土的中国资本主义呢？

（欧　阳）

社会经济发展与脑力劳动

张熏华　（载《学术月刊》1991年第5期）

文章指出，生产知识的劳动（脑力劳动），即从事科学研究和技术实验的劳动，是复杂劳动。依靠科学技术，能极大地提高劳动生产率。但是，知识自身的扩大再生产却是比较复杂的。科学是历史发展总过程知识的精华，生产科学的精神劳动者在继承前人和他人成果的基础上，继续探索客观世界的内在联系，揭示别人还没有发现的客观规律，发展前人的学说，实现科学的内涵的扩大再生产。新的科学发现需要支付大量的复杂劳动，但如果把它用于社会化大生产，就能反复使用，生产产品所节约的劳动就成为一个持续的增量。由于科学并不是直接生产力，生产科学的成果不直接体现为经济成果，科学家的大量复杂劳动往往得不到应有的报酬，这应该引起国家的重视。教师的劳动是传播科学知识的劳动，是使已有的科学成果横向扩展的劳动。就高校教师来说，他们不仅传授知识，还从事科学研究工作，他们也必须受到社会的尊重。

发展生产力必须发挥知识和知识分子的作用。这在资本主义大生产中尤为明显。当然，在资本主义社会，知识分子只是生产剩余价值的手段，他们本身也是雇佣劳动者。在社会主义社会，知识分子已经不是雇佣劳动者，而是国家的主人，是工人阶级中的脑力劳动者。

（高明华）

中国宏观社会劳动生产率变动趋势分析

张德霖 (载《经济科学》1991年第4期)

作者在对宏观社会劳动生产率进行综合分析后,得出了两个结论:

1.社会劳动生产率在1953～1988年期间,就环比增长速度而言,是在频繁波动、大波幅中不平衡地增长的;就定基的发展速度而言,呈现出不断长升的趋势,尤其是1978年以后,更是如此;就平均增长率而言,始终是在低于国民收入平均增长速度中变动,增长显著的是"一五"和十年改革时期,有一半以上的年份不尽如人意;就弹性系数相关系数和贡献率而言,我国社会劳动生产率的变动不仅对产出量的变动有较高的反应灵敏度和相关性,而且其贡献率超过了劳动力投入增长的贡献率,这意味着提高劳动生产率是增加国民收入最重要的源泉和最基本的途径;就变量排列和经济类型而言,在相当长的时期里囿于曲折、不平衡的高速运行状态。

2.十年改革期间我国三次产业劳动生产率变动趋势分析结果说明:就环比增长速度而言,始终处于上下波动状态,波动周期基本与宏观经济运行状态一致;就定基速度而言,第一次产业动荡剧烈,第三次产业最为平衡,这说明农村改革的中心地位转向城市后,产生了不小的振荡。从平均增长率分析得出的结论是,我国农业只有建立和完善充满活力的机制,才能使其劳动生产率平稳增长。改革使三次产业劳动生产率的增长格局发生了新的变化,第二、三次产业比重上升,但令人忧虑的是,这种增长是以第一次产业平均增长率下滑为代价的,缺乏长久而牢固的根基。从弹性角度看,第一次产业劳动生产率对产出量变动的灵敏度较高,但呈下降趋势,第二、三次产业的灵敏度在增强;从贡献率看,经济增长取决于劳动生产率本身和劳动力投入量的增长。改革期间,第二、三次产业劳动生产率增长率贡献低的原因,在于劳动力投入量的过快增长引致的劳动生产率的大大下降。因此,控制人口增长意义更大。

(彭丽红)

实证经济分析与经济学的变革

周冰 (载《经济学家》1990年第6期)

文章认为,近年来,我国的实证经济分析方法热是适应社会主义政治经济学全面变革的需要而出现的。这一时期有两种偏颇的思想倾向,对经济学的研究产生了较大的影响:一种意见主张为干预现实而研究实际经济问题;另一种意见认为应抛弃传统的抽象的逻辑演绎方法,而推崇所谓"归纳的实证经济分析方法"。前者实际上否定了学术研究的独立价值和存在的意义;后者则对实证经济学的逻辑方法做了颠倒的理解和说明。

实证经济学是现代西方经济学主流学派对经济学性质的一种认识。它有两个基本特征:其一,它诉诸可感知的经验事实,而不是依据人们的主观意愿或伦理道德,它的真理性需要由事实材料加以检验;其二,其思维形式以抽象的逻辑演绎为主,而不是具体直观的描述与归纳,这就要通过建立范畴体系或者理论模型来把握现实。抽象法并不是马克思特有的方法,而是经济学研究的一般的和共同的方法。抽象法在思维形式上是以演绎逻辑为主的。抽象的逻辑演绎方法是形成科学理论体系的基本方法,无论是马克思的《资本论》体系、西方新古典经济学体系,还是社会主义的传统政治经济学体系,莫不如此。

传统政治经济学的基本缺陷,是脱离社会主义的实际。主要表现在:(1)缺乏能够准确反映现实经济关系的、深刻揭示其本质规定的和具有广泛内在联系的范畴;(2)对社会主义经济现实的解释苍白无力。究其原因,并不是因为它运用了抽象的演绎方法,而是因为它是从马克思所设想的发达的社会主义社会这一假定前提出发,推演出主要的理论范畴,建立起理论体系。因此,社会主义经济学变革的关键,在于把理论体系的基点转移到实践中的社会主义经济上来,即转移到初级阶段的有计划的商品经济的基础上来。

(雪 凌)

公有制经济内在矛盾及其解决方式比较

刘世锦 (载《经济研究》1991年第1期)

文章认为,公有制的内在矛盾表现为:(1)公有制成员追求自身利益与以集合方式共同占有财产之间的矛盾。(2)公有制成员集体行使权利的特定要求与这种行使方式费用过高之间的矛盾。(3)代理组织条件下所有者目标与代理者目标之间的矛盾。

文章分析了矛盾在国有制古典形态中的演化。认为当全民所有制在国民经济中居主体地位、代理组织又直接管理全民所有制财产时,政府充当代理组织就有了必然性。政府充当代理组织,同时履行了代理者、经营者和宏观经济管理者三重职能,这是国有制的古典形态的典型特征。公有制内在矛盾无例外地存在于国有制古典形态之中,并演化出了若干新的矛盾。

文章还分析了国有制从古典形态到现代形态的转化问题,并就矛盾解决方式作了比较。国有制古典形态包含了两个主要矛盾:(1)所有者目标经济化与作为代理者的政府成员目标非经济化之间的矛盾;(2)政府理性有限性与经济活动趋于复杂化之间的矛盾。对解决第一个矛盾来说,要求在政府职能分解的基础上,实现代理组织及其目标的独立化和代理目标的经济化,并设置能经常地、客观地评价代理者实绩的机制。对解决第二个矛盾来说,则要求通过代理者与经营者职能的分解,大幅度减少代理组织管理企业的事务量,同时在分离后的代理者与经营者之间建立恰当的责、权、利关系,以及能从代理者角度对经营者实绩作出正确判断。两个矛盾的解决均与代理组织的平衡有关。此外,文章从不同方面对矛盾解决方式进行了比较:(1)政府组织规模扩张方式与政府职能分解方式的比较;(2)政府有选择的行政协调方式与市场协调方式的比较;(3)市场协调不同的具体方式的比较。

文章最后作出的基本结论是:国有制在从古典形态向现代形态的转变中,政府三重职能分解有着重要意义;在分离后的代理者和经营者之间,选择那些与代理组织动力和能力状况相适应的资产关系协调方式,特别是那些要求代理组织处理的事务量较少的市场协调方式,将有利于代理组织双重平衡的实现。

(戴 凌)

关于我国农村土地租赁经营的理论思考

石成林 (载《经济与管理研究》1991年第5期)

文章认为,农村土地租赁经营与实际存在的联产承包责任制相比,有以下特点:(1)租赁经营的所有权明确,土地管理严格;(2)租赁经营的土地要交纳租金,而联产承包经营的土地却是无偿使用的;(3)租赁经营的土地必须竞争承租,含有一定的风险机制,而联产承包经营的土地带有较重的福利性,基本按人口公平均包;(4)租赁经营的土地是可以流转的,而联产承包经营的土地基本处于静止状态。租赁经营把土地所有者与使用者的关系建立在共同利益的逻辑起点上。租金归村集体提取,为本村农民集体所有,大部分用于农业生产投入,间接返回给了农民。

文章认为,应在租赁经营中全面引进有计划的商品经济机制。

(毛元斌)

论国家所有制改革的规律和方向

马庆泉 (载《经济研究》1991年第3期)

文章认为,传统经济体制核心的生产资料国家直接所有制,其本质特征在于国家不仅享有生产资料的所有权,而且直接掌握和行使生产资料的经营权。国家直接所有制从根本上造成了企业对国家的依附地位,堵塞了社会生产力发展的微观源泉。从最初的国家直接所有制形式,只能首先过渡到国家契约所有制,这是全民所有制改革的客观规律。所谓国家契约所有制,是以"两权分离"为其理论基础的。在国家契约所有制之下,国家与企业根据相应的契约(合同),分别享有全民生产资料的所有权和经营权,并享有相应的受益权。目前,绝大多数企业中推行的承包制,是国家契约所有制的一种实践形式。但是,它的缺陷在于契约约束关系的非平等性,从而会导致向有利于国家干预的方向上恒定偏斜。解决这个问题,有待于把国家契约所有制转化为一种新的所有制形式,即国家间接所有制。国家间接所有制是以"二阶分离"理论为基础的,即在所有权方面所有者身份与所有权职能的分离;在经营权方面占有权与支配权的分离。这种由经济组织代行而不是由国家行政机构直接行使生产资料处置权的全民所有制形式,是国家间接所有制。国家间接所有制并不是全民所有制的最后归宿。以社会主义财团为主导的、成熟的社会所有制,是全民所有制的一种崭新的形式,它的出现意味着国家所有制的终结。在它之下,国家不仅放弃了所有权职能,也放弃了所有者身份。所有者身份和所有权职能,都复归于生产资料的真正主人:整个社会和全体人民。

文章认为,变革的上述三个基本阶段和所采取的三种实现形式中,每一种形式都有较长的生命周期。因此,在所有制改革方面,要避免变动过于频繁。

(戴 凌)

中国企业集团的现状与发展趋势

李源潮 （载《中国社会科学》1991年第2期）

文章认为，"企业集团"是对较高层次的企业联合体的一种特称，它反映的是商品经济发展过程中企业重组生产的经济现象。企业联合和企业集团的产生，是商品经济进入社会化大生产时的一般规律。企业集团的组建，从本质上说，是生产要素组合优化的需要。

中国的企业集团，一般具有四个基本特征：(1)群体性（集团是一组有法人资格的企业群体）；(2)整体性（组成集团的企业群必定是由特定的经济纽带有机地连接成的经济活动的整体）；(3)层次性（用经济纽带联系的企业，应形成紧密程度不同的层次结构）；(4)实体性（集团的核心必须是具有法人地位和投资功能的经济实体）。由此，一个企业集团的组合属性应该包括六个方面：经营目标的一致性；经济利益的共同性；相互结合的自主性；经济技术联系的稳定性；扩大投资的独立性；生产经营的实体性。但在实际经济生活中，现有的企业集团大多数还不能完全体现出这六种组合属性，甚至不能具备上述四个基本特征，因而往往具有一些非规范特征。

中国企业集团的内部结构一般有三个层次：第一层是核心层，它是企业集团的公共部分，是集团的领导核心与经济导向；第二层是基本层，是一批组成企业集团基本主体的法人群；第三层是外延层，它由与集团保持稳定协作关系的企业组成。

从生产结构的优化形式来划分，企业集团可分为四类：第一类是规模优化型；第二类是分工优化型；第三类是经营优化型；第四类是开发优化型。中国企业集团产生和发展的途径一般有两个：一是横向联合；二是大企业扩张。

文章还指出，中国的企业集团尚处于幼稚阶段，其内部结构和外部联系都有许多深刻的矛盾制约其健康发育。为了克服这些矛盾，中国企业集团的发展方向应为集团资产股份化，集团管理规范化，集团联系金融化，集团经理专业 化。国家应该运用经济和法律手段来扶持和引导企业集团的发育，并防止可能出现的偏向。

（欧 阳）

论国有资产的价值化管理

蒋一苇 唐丰义 （载《经济研究》1991年第2期）

文章指出，建国以来就有了国有资产，也就有了国有资产的管理，即全民所有的全部资产由国家（政府）代表全民进行管理。随着改革的深入，对此有必要重新认识，并需要从理论上作些分析。就资产管理这一范畴而言，至少有两个概念需要推敲。(1)资产和资本这两个概念的异同问题。通常认为，资本与资金（或资产）、剩余价值与剩余产品（剩余劳动）之间有本质区别，是资本主义和社会主义的分水岭。其实，资本范畴也同工资、利润、企业这些范畴一样，是中性的，可以包含资本主义的生产关系，也可以包含社会主义的生产关系。从这个意义上，作者认为，国有资产叫做国有资本也未尝不可。各种资本的性质区别，在于它同所有制关系的关联。(2)管理体制的立足点或基础问题。经过十年改革的实践，已明确我国经济体制是在公有制基础上实行社会主义有计划商品经济。现在探讨国有资产管理，已不是产品经济条件下的资产管理，而是立足于社会主义商品经济的资产管理。因此，在理论上不但要解决国有资产的商品化问题，还要解决价值化的问题。

基于此，作者提出，在社会主义有计划商品经济体制下具体实施对国有资产的管理，首先要解决"政"、"资"分开的问题。有人把"政资分开"概括为"一府两线"，即政府对经济的管理应有两条线：一条是一般的行政管理线，另一条是国有资产管理线。在两线分开的前提下，才好具体研究国有资产的管理体系问题。从国有资产管理这条线来说，必须处理好国有资产管理部门、投资公司、被投资企业三者之间的关系。具体的设想是：(1)国家设立国有资产管理部门；(2)设立各级、各种投资公司；(3)投资公司和被投资企业之间的关系是一种产权关系，而不是行政隶属关系。

（戴 凌）

我国工业所有制结构的合理配置

李运福 陈涪备 向平虹 唐元虎 （载《学术月刊》1991年第10期）

文章指出，利用灰色系统理论相关分析原理，通过不同所有制成份对生产力发展水平影响的定量分析，可以科学地确定各种所有制成份的比例关系。文章首先采取可能满意度法研究了工业所有制结构中公有制成份与其他类型所有制成份的比例关系；接着又运用集值统计原理，讨论了工业所有制中公有制内部的比例关系，并将坚持社会主义方向等基本原则综合进来，得出如下结论:所有制结构中全民所有制成份、集体所有制成份和其他所有制成份所占比重分别为49%、31%和20%,这是现阶段我国工业所有制合理的数量结构。

文章认为,目前我国工业所有制中公有制成份偏高,应有所下降,但以不低于80%为度。具体可以采取三方面措施:(1)对全民工业企业中的传统工业主要进行技术改造,不再铺摊子,而对于其中耗能高、原材料供应没有保证者则要大力压缩;对部分社会化程度低、设备陈旧、长期亏损的小型工业企业实行非国有化,拍卖或转让产权;在中小型企业中推行股份制,使其由纯全民企业改变为混合股份制企业;大力推行以全民大型骨干企业为核心、中小型股份企业和其他类型工业企业为外围的协作企业群体;以及实行灵活的投资政策。(2)采取切实措施,增加集体工业固定资产投资;在集体所有制工业中加快推行股份制,采取切实措施,解除束缚和阻碍集体企业前进的条条框框,还集体企业真面目;调整集体工业内部的产业结构和组织结构。(3)对其他类型工业,要发展个体、私营工业企业以及外商独资企业,提高它们在工业所有制结构中的比重。

(高明华)

我国社会发展水平的国际比较

朱庆芳　盛兆荣　(载《中国财政金融学院学报》1991年第2期)

要反映社会的全面发展,正确衡量社会的进步与差距,必须建立一套由有代表性的指标组成的社会指标体系。作者在借鉴国外专家用社会指标进行国际比较的理论和方法的基础上,结合实际,选用几个主要社会指标体系,并进行综合计量评价。

评价结果表明,世界平均分为76分。我国68分,居世界第70位,社会发展水平大致属于中等偏下水平。从分项指标看,大致是:我国经济、社会结构居世界后列,人口素质和生活质量居世界中等偏上水平。1987年与1985年两年的位次比较,我国世界总位次虽然没有变化,但在分项指标上却发生了一些变化。(1)我国人均国民生产总值居世界102位,比1985年的93位下降9位。造成这种结果的原因很多,主要是人口众多、生产力水平低。此外,也由于计算方法不合理,人为地夸大了我国与发达国家之间的差距。(2)社会指标居世界第96位,与1985年比较,得分增加5分,位次提前了3位。影响社会结构仍然得分较低的原因有:城市化水平低;非农业就业人口占总农业人口的比重不高;农业增加值占国民生产总值的比重还较大;第三次产业劳动力比重在世界上处于后列;出口能力比较薄弱;公共教育支出比例远低于国际平均水平。(3)人口素质居世界第57位,居中等偏上水平。其中,除教育指标外,人口增长率、平均寿命、婴儿死亡率指标均好于低收入国家和中等收入国家水平,居世界33～35位,好于人均国民生产总值的指标。我国中等教育入学率1987年仅为36%,居世界70位,高等学校入学率1987年仅为2%,居世界91位,文盲绝对数多达2亿多,略少于印度,居于第2位。几个教育指标如实地反映了我国教育事业落后的情况,教育经费偏低必然影响人口素质的提高。(4)生活质量指标高于中等收入国家,居世界第43位。

(王　平)

所有权的经济性质、形式及权能结构

刘　伟　(载《经济研究》1991年第4期)

文章认为,所有权本质上是指一定主体对财产的排他性的权利。商品经济关系对所有权有两个基本要求:一是所有权必须是经济权利,而不能具有超经济性质;二是财产权利界区清晰,财产所有必须具有排他性。

文章还认为,从价值形式上看,商品关系中所有权的权能包含三方面,即所有权(剩余索取和外部监督)、市场交易支配权和企业管理权。在商品经济关系中,生产社会化程度越高,越要求所有权采取三权分离的价值运动形式。这种分离不是所有权作用的弱化,而有所有权作用方式的转化。在资本主义条件下,这种转化一方面使生产社会化与资本私人占有间的矛盾得以缓和;另一方面,使所有权更广泛地采取价值——有价证券形式,减少了对所有权运动的特殊实物形式的束缚,从而使所有权运动方式更适应社会化的商品经济关系对财产制度的要求。

实现社会主义公有制本身的三权分离,是社会主义经济体制改革和发展公有制条件下商品关系的基本要求和重要内容。这种分离包括以下含义:(1)根据商品经济的发展要求,努力保证所有权运动的价值形式化和三权分离的权能结构,使所有权运动的价值形式化、货币化;(2)保证所有权的经济属性,排除所有权普遍与政治权力的直接融合,排除超经济性;(3)三权分离过程中权利、责任界区必须清晰,必须具有排他性,尽管这种排他性不能建立在私人间的排他性基础上;(4)三权分离作为一种对产权运用的社会分工,必须与社会的生产社会化程度相适应。哪些领域和企业适合于三权分离，应视生产力发展的要求而定。

（戴　凌）

论社会主义公有制与商品经济的结合

方恭温　（载《中国社会科学》1991年第3期）

文章认为，在社会主义社会，生产资料公有制与商品经济不是互相排斥的，而是应该也能够互相容纳的。这是因为：(1)它们有共同的物质基础。社会主义生产资料公有制，社会主义商品经济，都是以社会化大生产为基础，共存于统一的社会主义经济中的。(2)公有制经济在个人消费品的分配领域，通行着与商品经济相同的原则，即都是等量劳动相交换。这个共同点成了公有制与商品经济的衔接点。在公有制条件下，既然个人消费品分配领域实行等量劳动相交换，那么，在其他经济交往过程中也实行(更确切地说是"保留")这一原则就不困难了。(3)公有制和商品经济在实现按比例组织社会生产方面有相容性。(4)公有制和商品经济在生产目的上有相容性。

公有制与商品经济之间也存在矛盾。(1)社会的整体利益与商品生产者局部利益之间的矛盾；(2)计划性与市场之间的矛盾；(3)商品经济的自发倾向与巩固发展公有制之间的矛盾。过去十年间，随着社会主义商品经济的迅速发展，公有制经济的实力也大大加强了。但在这个过程中也出现不少问题，如企业行为短期化、产业结构不合理、经济秩序混乱、经济犯罪增加，等等。原因虽然十分复杂，但也不可否认，这些现象也从不同的侧面和不同的程度上反映了商品经济与公有制之间的矛盾。

文章还认为，要使公有制与商品经济实现结合，必须对传统的社会主义公有制进行一些改革。(1)应承认公有制企业是独立的商品生产者和经营者，为此，公有制本身应改革其内部的所有权、占有权、支配权和使用权之间的关系；(2)按照商品经济的原则——等价交换原则——组织社会经济活动，企业与企业之间应遵循这个原则，国家与企业之间也应遵循这个原则；(3)应根据商品经济的特点实行按劳分配。

（欧　阳）

论社会主义公有制和有计划商品经济的统一

吴宣恭　（载《高校理论战线》1991年第5期）

文章认为，公有制与商品经济不是两种不同的经济关系，而是同一种经济关系的基础，以及同在这个基础上建立起来的经济交往形式的关系。公有制与商品经济之间虽然也存在一定的矛盾，但彼此不是对立、异己的力量，原来就存在内部的统一性，不能视之为"兼容"的、外部结合的。

文章还认为，在所有制和商品经济的关系上，有两个比较根本的理论认识问题。(1)所有制同商品经济之间哪一个是主导的问题。商品经济是人们的经济交往的形式，是生产关系的组成部分，受生产资料所有制的制约，不能以发展商品经济的要求作为出发点，去探讨改造社会主义公有制，公有制的建立和完善不是由商品经济的发展程度决定的。(2)不能抽象地、笼统地讲商品经济。与社会主义公有制相结合、相适应的，只能是社会主义的商品经济，即有计划的商品经济。研究商品经济和所有制的关系时，必须明确，目标是建立在社会主义公有制基础上的有计划的商品经济。

私有制是商品经济存在的典型条件，却不是它在所有制方面的唯一条件。在社会主义初级阶段，公有化程度还比较低，企业还是具有局部利益的相对独立的所有制主体劳动者的局部劳动还不能直接成为社会劳动。上述这些公有制的特殊性，是商品关系存在的根本条件和原因。

社会主义公有制与有计划商品经济之间存在着内在的统一性。(1)通过商品关系实现经济关系，符合社会主义公有制的产权关系，是社会主义公有制的内在要求；(2)全民所有制企业实行两权适当分离的体制，既保证了企业成为独立的法人，也为商品经济的存在和发展提供了前提；(3)全民所有制的产权关系，保证劳动产品成为真正意义的商品。全民企业在交换产品时，伴随着一部分所有权的转移，因而是商品交换。

（毛元斌）

社会主义商品经济理论面临的新挑战

晓　亮　（载《经济研究》1991年第2期）

文章认为，社会主义商品经济理论现在又遇到了新的挑战。这个挑战的特点，倒不是从根本上否定有计划商品经济这一提法，而是抽取其丰富的内涵，使其对实践不发生多大作用。

针对"外壳论"，即把商品经济视为社会主义经济的外壳，而不是实质的观点，作者提出了批评，并认为社会主义商品经济同公有制、按劳分配等一样，都是社会主义经济的实质所在。其主要依据是：(1)从社会主义制度诞生起，没有一个国家能够消灭商品货币关系；(2)商品货币关系内在于社会主义经济本身；(3)社会主义社会仍然存在私人劳动同社会劳动的矛盾。

“对商品的作用不要吹嘘得那么高”的问题，作者认为，争论的实质在于：发展商品经济对于生产力的发展有没有巨大的促进和推动作用？不论从马克思、恩格斯的论述看，还是从实践看，商品经济的发展有助于调动大家的积极性，有助于把经济搞活，有助于科学技术的进步。

关于是否应把现实中存在的困难和问题通通归罪于发展社会主义商品经济的问题，作者认为，改革开放的10年，成绩很大，这是发展社会主义商品经济的结果。当然，我们也有失误，并且带来一些困难和问题，对此要做具体的、实事求是的分析。把困难和问题都归到改革的头上，赖到发展社会主义商品经济上，是说不通的。

要不要按照商品经济的要求进行改革，这是讨论社会主义商品经济问题的落脚点和归宿点。这一点应是明确的，就是我们的经济体制改革，必须按照社会主义商品经济的要求进行，走老路是不行的。

（戴　凌）

关于社会主义商品经济的几个认识问题

胡　钧　（载《中国社会科学》1991年第5期）

文章认为，有些同志在论证、解释发展社会主义有计划商品经济的正确性与重要性时，自觉或不自觉地宣传了一些非科学的观点，主要表现在对商品经济在社会主义经济中的地位与作用的认识上。

1.用我国当前发展社会主义商品经济的政策否定马克思关于商品关系消亡的理论。不少人把马克思关于商品关系在公有制下将消亡的理论，说成是“旧的传统观念”，“是具有空想性质的个别结论”，应该加以“突破”、“否定”。作者分析了马克思关于在公有制下商品关系将消亡的根据。从深层的本质利益关系上来考察，随着公有制的建立，全体社会成员在生产资料的占有方面已处于完全平等地位，人与人之间的本质利益关系必然是在根本利益一致的基础上实行等量劳动互换。从运行层次上考察，公有制的建立，决定了全体成员都自觉地把他们的许多个人劳动力当作一个社会劳动力来使用，个人的劳动已直接地作为总劳动的构成部分存在。

2.错误地估计和片面地夸张商品经济在生产力发展和生产关系变革中的地位和作用。这种倾向主要表现在以下四个方面：(1)用非历史的态度对待自然经济和商品经济在生产力发展不同阶段上的作用；(2)对商品经济在资本主义生产方式的产生、巩固和发展中的作用，作了不真实的过分夸张；(3)把社会主义必然代替资本主义说成是商品经济进一步发展的要求；(4)用修改马克思原话的办法，证明商品经济对生产力发展的决定作用，如将“资产阶级在它不到一百年的阶级统治中所创造的生产力，比过去一切世代创造的全部生产力还要多，还要大“中的”资产阶级“改为“商品经济”。

3.把商品经济说成是社会主义经济的实质。

（欧　阳）

技术商品价值决定初探

朱秋白　（载《经济论坛》1991年第4期）

文章指出，技术商品是指用来交换的技术发明、科研成果、技术诀窍等知识形态的劳动产品，包括专利权、商标权、版权、专有技术图纸、设计方案、技术说明书、经济技术情报等等。它是一种特殊商品。使它区别于一般商品的显著特征主要有三个：(1)商品的生产者和所有者是唯一的；(2)技术商品在交换中一般只让渡使用权而不让渡所有权；(3)技术商品的使用价值一般表现为提高劳动效率或降低劳动消耗，产生较大的经济效益。技术商品的价值决定也应符合马克思劳动价值论，但作为特殊商品，它的生产者是唯一的，它的生产具有唯一性。因此，决定技术商品的社会必要劳动量，在数量上只能由生产某种技术商品的唯一的劳动量来决定。但根据社会必要劳动量的质的规定性，技术商品的价值又不是由其“个别劳动时间”或“全部劳动耗费”决定的，它应该由生产技术商品的全部劳动耗费中为社会所承认的那一部分劳动量来决定。生产技术商品的社会必要劳动量，必须通过交换才能得到确认。按照等量劳动相交换的法则，技术商品中包含的社会必要劳动量，应等同于与它相交换的全部一般商品中所包含的社会必要量，并由这一劳动量所决定。

（夏明芳）

论计划和市场与经济制度的关系

卫兴华　黄泰岩　（载《光明日报》1991年9月20

日）

文章认为，市场是商品经济范畴。市场的存在并发挥作用，是商品经济存在和发展的客观要求。计划作为管理国民经济、调节经济运行的一种方法和手段，是和生产的社会化相联系的，不具有特定的社会制度属性。因此，计划和市场相结合是社会化商品经济的一般要求，是社会化商品经济的一般调节机制。这同时也表明：资本主义运用计划调节，社会主义引入市场调节，并不意味着两者发生了经济制度上的趋同。

但是，经济运行机制作为一定经济制度的具体实现形式，不可能脱离开经济制度的制约而任意加以选择和建立。首先，计划和计划调节，对资本主义来说，只产生于生产的社会化，而非产生于资本主义制度；对社会主义来说，则不仅是生产社会化的要求，更是社会主义制度的要求。其次，社会经济制度的不同性质，还制约着计划和市场的作用范围和作用强度。在不同的制度下，计划和市场的地位及其作用存在重大差别的原因在于：在资本主义制度下，市场与私有制是完全一致的，而计划与私有制则不完全一致，即二者有矛盾的一面，因而私有制就会限制计划的作用范围和强度。在社会主义制度下，公有制与计划是完全统一的，但同市场既有统一的一面，又有矛盾的一面，因而公有制必然制约市场的作用范围和强度。

因此，我国大力发展商品经济，充分发挥市场调节积极作用的市场取向的改革，必然包含以下规定：(1)市场取向的改革是相对于排斥市场机制的传统集中体制而言的，因而我国从旧体制向新体制的转变过程，就是市场不断发育、市场作用不断增强的过程；(2)市场取向的改革是从经济运行机制转换的主要方面或基本方面讲的，并不意味着可以把各个方面的改革都归结为市场取向的改革；(3)市场取向的改革所要达到的目标，是建立计划经济与市场调节相结合的经济运行机制，而不是要全面推行市场经济。

（雪　凌）

计划与市场结合的必要前提、基本要素和职能界定

赵人伟　倪吉祥　（载《经济社会体制比较》1991年第6期）

作者通过对我国改革前后经济体制的考察，侧重阐述了现有经济体制所存在的弊端，提出计划与市场结合问题需要搞清三大问题。

1. 计划与市场的必要前提。作者从条条体制即部门管理体制、国有资产管理、财政体制和银行管理体制四个方面，分析了现有经济体制同建立计划与市场有机结合体制的不适应性。认为，“引入市场机制解决法”不仅没有吸收计划与市场两者的长处，而且在一定程度上出现了计划与市场两者短处的并存，形成了既有计划失灵又有市场失灵的格局。从而得出这样一个结论：传统体制框架是不利于计划与市场两者的结合的。因此，改革这个框架就成了计划与市场结合的必要前提。

2. 计划与市场的基本要素。作者认为，计划与市场的有机结合，必须要有其结合的基本要素。政企职责分开；所有权机制进企业；统一的、完整的、开放的竞争性市场和以间接调控为主要手段的宏观调节，构成计划与市场有机结合的基本要素。

3. 探索计划与市场相结合的具体途径——正确界定市场的机能和政府的职能。作者在对发展中国家经济发展分析的基础上，总结了市场的机能和政府的职能的界定原则与范围，从而得出计划与市场结合的理想方式似应是：在那些市场运转的领域，政府需要做得更少些；而在那些不能单独依赖市场的领域，政府需要做得更多些。

（李腊生）

论二重市场的宏观调控模式

刘长文　徐荣梅　（载《中州学刊》1991年第3期）

文章将企业划分为A、B、C三类。A类是指以能源、交通、重要资源及设备等为主的基础性产业，兼及军工等国家特建企业；B类是指以重要产品生产为主的大型骨干企业及企业集团；C类企业是指其他大量的一般企业。在此分类基础上看我国的市场，可以认为是二重市场，即它在总体上是不可控的，而在某一个层次或某一水平是可控的。因为，我们在相当长的时期内，对经济的驾驭还做不到全面地自觉地利用价值规律和市场机制，从而自觉地调节经济运行。但市场又不是完全竞争的市场，A、B两类企业的经济行为服从预算并恪守计划，其供销活动呈相对稳定的非竞争状况。同时，C类企业也要执行指导性计划，从而使市场也有低水平的相对稳定性。另外，C类企业的一小部分也会在国家的预算之内，国营商业在商品市场中起着主渠道作用，国家对其他要素市场的建立也始终持审慎态

度。因此,市场在一定程度上又是可控的,尽管可控的水平未必很高,但它的影响力却令因经济的计划体制而充分施展。

二重市场调控模式的运行机制是:国家依照价值规律,通过诸多政策,从企业和市场两头抓起,造成A、B两类企业决定可控市场,可控市场影响总体市场,总体市场影响C类企业,C类企业反过来又影响总体市场和可控市场,进而又影响A、B两类企业,从而形成"国家调控企业、企业影响市场"和"国家调控市场,市场引导企业"的经济格局。

二重市场宏观调控模式应遵循的原则是:(1)企业原则。即重视企业的独立性,培养自我约束机制,提高企业素质和企业效益,并使产品结构合理化;(2)市场原则。即依据等价交换原则,启动和增强市场机制,促成市场正效应,更多地利用市场调节,不断调整供求关系,从而实现总量平衡。

(雪 凌)

论我国现阶段的市场运行问题

李 军 宋光茂 (载《天津社会科学》1991年第2期)

作者在对我国现阶段市场运行的诸因素及其动态特征进行了分析后,认为,制约市场结构的两个突出因素,是技术因素和体制因素。技术因素具有一般性。从这一制约因素分析我国的市场结构,有利于吸收国外的某些成型的做法。体制因素则具有特殊性。体制因素对我国市场结构的制约关系主要表现在四个方面:(1)所有权关系;(2)政府在经济中的作用;(3)市场竞争方式;(4)垄断与竞争。作者认为,在传统体制下,按照市场的充分自愿让渡原则判断,我国基本上不存在商品交换关系。改革以后,虽然自愿让渡的范围扩大,但我国的市场结构仍具有非常态的混乱与扭曲现象。加上政府的强制性干预,使我国经济活动的自愿让渡特征进一步萎缩,市场竞争方式由"建立关系"取代了价格竞争,市场机制难以充分发挥作用。

在对市场运行的动态特征的分析中,作者阐述了三个问题:(1)在政府采取断然措施,重新配置资源之前,价格的轮番上涨是一种必然趋势;(2)资源的市场配置与政府配置两种机制并用,使得经济波动无收敛趋势;(3)以行政调节为基本特征的资源再分配过程,必然呈现出种种弊端。

作者的结论是:(1)目前引入市场机制,重要的工作是有效地培育市场条件;(2)进一步扩大市场覆盖面是值得肯定的改革方针,但不要将它简单地理解为放权过程;(3)要处理好几个细节问题,包括:要肯定最高限价的积极作用;对我国来说,资源再配置的最佳时机应该选择在关停并转一批低效企业之时;要改变银行隶属于政府所导致的市场低效运行。

(倪志良)

西方市场经济理论的发展及其对我国的借鉴意义

周立群 (载《经济学家》1990年第6期)

西方市场理论以私有制下的经济运行作为研究对象,其市场运行逻辑的描述和分析,对我们探索社会主义有计划商品经济的运行逻辑具有启迪和借鉴意义。

市场成功和市场失败,是市场运行逻辑的两个侧面。市场成功强调在市场系统中各种力量运动及其交互作用的客观规律性,并着力于展示市场运行的动态过程。市场失败强调市场系统中的运行矛盾,并着力于展示市场运行非稳定性起源和发生机制。由市场成功理论到市场失败理论的发展,是人类对市场运行认识的深化。把握市场运行成功和失败的程度、范围、条件和机理,有助于把握计划调节和市场调节的结合点及结合度,保证社会经济高效率、稳定、协调地发展。

文章认为,成功的市场运行需要具备一定条件,市场运行的有效性隐含着一些假定前提。在缺乏有效的市场调控手段和市场行为规则的情况下,单靠市场的放开,会使市场成功无法实现,甚至会增大经济的不稳定性。政府运行不同的干预手段整顿市场秩序,培植市场组织,确定市场行为规则,建立完善的市场交易、竞争和仲裁制度,乃是当务之急。

市场失败理论提出,在发展和完善市场机制作用的同时,必须对经济实行干预和计划管理的看法具有参考价值。首先,我国市场体系刚刚发育,市场机制的功能还不健全,如果没有有效的计划管理和政府干预,只靠市场自身的力量去启动、协调和稳定经济,显然是不可能的。其次,减轻调整时期的巨大摩擦,避免经济和社会的震荡,加强计划调节和政府干预是必要的。再次,在垄断竞争市场的环境中,处于主导和垄断地位的企业在确定垄断价格、决定产出量和产业结构变动方面,具有举足轻重的作用,这种市场模式本身就要求计划的有效调节。

(陈永生)

论双轨体制改革与二元结构转换

姜月忠　阿　岩　（载《经济研究》1991 年第 1 期）

文章指出，我国体制模式正由高度集中的计划经济体制向有计划的市场导向的经济体制转变，经济发展模式正由外延扩张的粗放型向内涵发展的集约型转变。与上述两个转变相适应，当前我国正处于双轨体制并存时期和经济二元结构转换的阶段。

文章分析了双重转轨的关系。在变化着的经济系统中，二元经济和双轨体制形成了互相联系、互相作用、互相促进和互相制约的关系。双重转轨中的现实矛盾表现在：(1)资金来源分散倾向与资金使用集中要求之间的矛盾；(2)企业规模小型化与规模经济效益之间的矛盾；(3)产业结构轻型化与产业结构高级化之间的矛盾；(4)生产要素自由流动与地区、产业均衡发展之间的矛盾；(5)地区行政性割据经济与建立开放性区域市场经济之间的矛盾；(6)经济主体行为短期化与经济发展长期目标之间的矛盾。形成上述矛盾的深层原因，是中国传统社会经济运行机制和发展机制下产生的双轨体制与二元经济的双重错位。其具体原因是：(1)在不同特点、不同时序的二元结构转换中，计划机制调节与市场机制调节不相协调；(2)对二元经济中不同经济主体的动力刺激和制度约束不平衡；(3)二元经济中不同部门、不同企业、不同地区之间供给弹性的差异性。

文章提出的协调体制改革和结构转换的战略是：打通双轨体制改革与二元结构转换之间的联系通道，探索符合双轨体制现实的、现代部门与传统部门发展的协调方式，寻求适应二元经济的计划机制与市场机制之间的沟通形式。

（戴　凌）

两种体制下经济调整的比较及启示

逄锦聚　（载《南开经济研究》1991 年第 5 期）

文章界定了经济调整的含义，并据此对建国以来的历次特殊经济调整进行了比较研究，提出了若干政策建议。

经济调整即在一个确定的经济系统中经济主体和经济机制对经济运行状态进行的调节。从不同的角度，可区分为若干种调整：根据经济调整主体的不同，可分为自觉调整和自动调整；根据经济调整发生的背景和时期不同，可分为正常调整和特殊调整。其中，特殊调整是指在经济运行处于严重非均衡状态时期所进行的经济调整。

作者具体分析了两种体制下的四次特殊经济调整：1961～1965 年，1979～1981 年，1985～1986 年和 1988 年开始的治理整顿。历次经济调整的差异，除体制背景的根本差异外，还可归结为以下几方面：(1)调整所面临的问题及严重程度不同，前两次面临问题的严重程度远超过后两次；(2)调整内容和重点不同，四次经济调整虽然都包括压缩总需求的内容，但后两次重点在于克服通货膨胀，除压缩投资需求外，还压缩了消费需求；(3)方针和措施不同；(4)后果不同。

文章认为，经济调整的一般性质是自觉地改变国民经济运行中已发生的总量失衡、结构失衡状态，使之走向协调发展的轨道。共同内容包括：(1)都是压缩社会总需求，增加总供给；(2)都进行了国民经济的结构调整；(3)都涉及到经济发展指导思想的调整；(4)都程度不同地进行经济体制的调整和改革。历次调整的启示是：(1)进行经济调整的同时必须进行经济体制改革，实行改革与调整相结合；(2)坚决抛弃急于求成的经济发展指导思想，努力实现政府行为合理化；(3)经济调整要实行总量调整和结构调整相结合。

（李贵权）

制度创新面临的理论危机
——建立制度分析理论的一些思考

周呈今　（载《经济理论与经济管理》1989 年第 5 期）

文章认为，经济改革本质上是一个制度创新过程。只有进行系统的制度创新，才能奠定有计划商品经济发展的制度基础。因此必须建立指导实际制度创新的制度分析理论。而中国经济学中的制度分析存在着价值观念的危机：(1)制度分析没有明确追求，即对构成制度分析理论框架的基本概念不能给出规范而又确定的内涵。比如，公平被当作平均主义，从而与效率对立起来；(2)制度分析价值观念游移，即制度分析未能给出判别经济现象和经济过程的标准；(3)制度分析哲学基础薄弱，主要是经济学家在进行制度分析时缺乏作为思想方法的哲学思考。

要摆脱这种危机，建立制度分析理论，必须确立制度分析的两个基本概念，即制度结构和制度功能。制度结构的两个基本要素，是权利结构和利益结构。合理的制度结构，是均衡的权利结构和利益结构的总和。制度功能是由制度结构决定的制度效用，有效地维持社会经济秩序和刺激经济动力产生，是制度功能的两个基本方面。

制度分析理论是指导改革的系统科学，具有相当大的理论容量。(1)人既是建立和调整制度的主体，又为既成制度所规定，这使制度分析具有广泛的意义。(2)关于一种制度的优劣，可确定两个能够量化的评价标准，一是制度成本，即推动一定规模的经济所付出制度费用的高低；二是公众对政府官员的信任水平。(3)制度创新具有两个理论支点，一是必须对作为实现社会主义目标的手段的财产制度作出科学的认定；二是必须克服制度创新的阻力，避免改革误入改良主义的陷井。作者认为，改革的阻力可能主要不是来自公众，而是来自政府本身。(4)在社会主义初期，制度的调整是影响社会经济生活的最大变量，经济学中的总量分析和结构分析 无法代替制度分析。因此，建立实际指导改革的制度分析理论，是中国经济学家最为迫切的使命。

（雪　凌）

论我国宏观经济调控的法律问题

肖学文　（载《兰州大学学报》1992年第2期）

文章从法律机制的角度论述了我国宏观经济调控。

作者在对法律与宏观经济调控的关系进行了历史的回顾与反思后指出，自党的十一届三中全会以来，虽然颁布的法律不算少，但自觉地把宏观经济调控的社会关系上升为法律关系却不够。主要表现为：(1)经济立法远远落后于宏观经济调控的法律需求；(2)经济立法与国家宏观经济调控仍然是“两张皮”；(3)行政执法机关的行为未能法制化。

作者分析了法律与宏观经济调控行为的关系，认为应当使法律有效地约束宏观调控行为。其中包括建立适应计划与市场相结合的宏观调控体系的社会基础以及用法律确立和限制各种主观因素对经济的影响两个基本方面。

文章提出了宏观调控立法的原则及内容。这些原则包括：(1)坚持以公有制为基础的原则；(2)坚持计划与市场调节相结合的原则；(3)坚持公平和效益相结合的原则。立法的内容则涉及计划（计划法、银行法、货币发行法）、流通（工商行政管理监督法、证券交易等市场管理法、经济合同法、公司法）、投资（固定资产投资法）、财政（预算法、税收征管法）、消费（社会购买力管理法、企业工资基金管理法、工资调节税法）、对外开放（外资法、海关法、外债法）、科技（科技奖励法、中外科技合作交流法）、物价（控制物价上涨法）、资产管理（国有资产管理法）、政府行为（政府行为法）等各个方面。

（郭　勤）

走出经济困境的战略选择

郭树清　韩文秀　臧跃茹　（载《经济研究》1991年第5期）

关于走出经济困境的政策建议，主要有两种思路。第一种思路认为，紧缩过头，当前经济困难盖源于有效需求不足，走出困境就要启动市场，恢复增长速度；第二种思路认为，市场疲软带来了经济界多年盼望的“宽松环境”，不能“叶公好龙”，而应继续治理整顿，控制总量和增长速度，加大改革份量，解决经济生活中的深层次问题。

文章提出了第三种思路，认为应把启动市场和调整结构结合起来，把加快改革与持续增长结合起来。因为当前国民经济的基本态势是结构失衡导致了总量问题和有效需求不足；居民收入增长过快，居民储蓄倾向却不断增强，积累了巨额资金；迫切需要发展的产业长期投资陷入筹资困境，居民储蓄大都以流动资金贷款形式回流到长线部门。

文章认为，十多年改革取得了历史性成就，长期困扰社会主义国家经济的一般消费品短缺和重工业自我循环问题，在我国已得到缓解；居民收入连续多年快速增长，生活水平有了极大提高；高储蓄率提供了巨额资金；封闭经济已初步转变为开放经济。基于上述基本判断，文章提出了走出经济困境思路的六点实践性内容：(1)调整利率、信贷政策，转变对固定资产投资的控制重点和控制方式；(2)扩大社会福利和保险制度改革的宣传动员声势；(3)以解决储蓄资金转化为有效固定资产投资为中心，实施金融体制和财政体制改革；(4)加快价格改革步伐，将国家定价的消费品价格原则上放开；(5)以国营企业为重点，展开理清产权、重塑公有制实现形式和建立企业约束机制的全面改革；(6)继续深化外贸体制改革，保持商品和劳务出口的良好势头。

（戴　凌）

近期投资形势与宏观经济变动格局分析

田江海　姜　明　岳国强　刘立峰　（载《经济研究》1991年第12期）

文章认为，1991年投资形势的特点是：(1)当前投资回升的水平与经济回升的状态基本适应，但已达紧张的边缘；(2)投资资金来源更加依赖国内贷款，信贷政策的松紧程度将决定今后一段时间的投资增长；(3)全民单位投资回升快，成为全社会投资增长的主要因素，并使投资结构向基础产业倾斜；(4)受计划周期的影响，新开工项目大量增加，使投资效应进一步恶化，并有可能在后年形成投资高峰，导致新一轮投资膨胀。

作者对1992年投资形势进行了预测。认为合理的经济增长速度是测算年度投资增长的前提。基于此，设定了5.5%、6%、6.5%和7%四个GNP增长速度，作为测算1992年投资的前提。(1)投资率。适度投资率并非是一个固定不变的数值，尽管在今后几年中，投资率的趋势值和波动值都趋于上升，但投资率的上升幅度将取决于经济增长速度的快慢，对立于四个GNP增长速度，1992年的实际投资率预计分别为21.01%、21.18%、21.35%和21.52%。(2)投资规模。由不同的GNP增长速度和对应的投资率，测算出1992年的投资规模(不包括城乡个人投资)为4585～4856亿元(当年价格)；如扣除价格因素，则为4431～4603亿元。按同口径计算，这部分投资的增长速度约为6.77～10.92%。1992年，城乡个人投资将比1991年略有增加，可达到1050～1100亿元，增长速度大约在5～6%之间。(3)投资结构。测算结果在总体上给我们以比较乐观的印象。与"七五"时期相比，全民单位的投资在继续向基础产业部门倾斜，与"八五"时期经济发展的客观需要基本吻合。(4)投资的资金来源。投资的资金来源包括积累基金、各类补偿基金和外资。就目前情况看，如果国家的各项宏观政策特别是货币金融政策保持稳定，则下一年的实际执行结果可能是经济增长速度在6%左右，或略高一点，投资规模大约为5800亿元(当年价格)。

（戴　凌）

论投资吸收能力

仲济垠　（载《社会科学》(上海)1991年第2期）

文章指出，吸收能力是相对于效益而言的。经济体系对投资的吸收能力，则指经济体系所能有效吸收的投资水平。犹如消化能力反映了一个人的身体素质一样，投资吸收能力也反映了一个经济社会的系统效率。投资吸收能力的形成，与以下几个因素密切相关：(1)创新与技术进步会提高投资吸收能力。经济增长的主要动力是技术进步；每一次重大的科学技术发明，都会带来一次巨大的投资浪潮；创新——投资——增长，构成了经济进步的基本节奏。提高投资吸收能力的关键，是技术转移和技术扩散，以及产品的发明与革新。(2)人力素质越高，投资吸收能力也越大，战后的日本和联邦德国，能够大规模投资，取得高速高效发展，正是因为战争损毁了他们的物质资本，却留下了高素质的人力。我国地区间人力素质和技术水平上的差距，比许多国家间的差距更大，这使落后地区吸收先进地区资金也比先进地区吸收外资更难。国家财政调拨资金往往被落后地区直接或间接(通过替代)地用于消费，其中固然有一些非经济性原因，但也不能不看到，主要是落后地区投资吸收能力低下这一因素所致。(3)合理的资产流转会促进投资吸收能力的提高。合理的资产流转，是指资产从不善经营者手中向善于经营者手中转移。我国尚未形成有效率的资产交易市场，一些零散的资产交易费用极高。环节众多的关卡、中间税，也使资产流转增加成本。在国营企业中，行政命令下的关、停、并、转等资产调整方式效率极低，并且，在组织资产流转方面，"文件"要比货币笨拙得多。自由交易是使一种资产流转到最善于经营它的人手中的最有效方式。政府所应该做的是创造条件，减低资产流转费用，以促进资产的合理流转。(4)提高货币化水平也会提高投资吸收能力。货币化水平越高，货币发挥作用的领域越大。货币的积极性越强，人们越多储蓄货币而较少贮存实物。货币储蓄具有较高的流动性，可以很容易地通过金融中介转化为社会最需要的各类资产。储蓄的合理流动，会提高经济体系的资源配置效率和生产率，从而提高投资吸收能力。

（米云雁）

论资金积累机制的调整和完善

洪银兴　（载《中国工业经济研究》1991年第1期）

文章认为，资金供求的尖锐矛盾是长期困扰我国经济发展的难题。超过国内积累能力的高积累，从来没能缓解资金不足的矛盾。现在所讲的积累问题，已经不是继续提高积累率问题，而是调整和优化积累机制的问题。改革以来，我国的积累机制没有发生根本的变化，追求高积累的机制没有变，强制提供积累的机制也没有变。其结果是积累效益下降。今后我国资金积累的重点，将是改革和完善资金积累机制，推动各个自主经营的主体增加自愿性积累，使现有资金在运动中充分发挥自行积累的功能，从而以提高积累效益来支持经济增长。

积累来源结构多元化以后，资金积累的关键是企业积累。无论是居民储蓄还是政府储蓄，只有通过进入企业的资金运动才能执行积累职能。在保障企业必要的可支配收入的基础上动员企业自愿积累，是现阶段资金积累的关键。

改革以来，居民收入增加幅度很大，我们不能仅仅把居民收入视作消费基金，也不能仅仅把居民储蓄看作是推迟消费。动员居民积累的关键是动员其长期储蓄。动员居民长期性自愿储蓄的机制是引入市场调节，健全和完善流动性不同、风险程度不同的金融资产结构。

现实的资金积累不仅有各个经济主体的收入转化为资金的积累机制，还有资金运动过程中的积累机制。缩短资金在每一阶段上滞留的时间，加快资金周转的速度，使一定量的资金多次执行资金职能，也是一种积累机制。因此，在资金呆滞在某一阶段时，启动呆滞资金的意义，不仅在于克服其在缩小的规模上执行职能，更重要的是要使资金在扩大的规模上执行职能。

（雪　凌）

公有制商品经济条件下的资产重组探讨

常修泽　（载《经济纵横》1991年第10期）

文章指出，资产重组是对社会再生产过程中存量资产的重新组合以及由此引起的企业组织结构的调整和企业组织形式的更新过程。但在传统体制下，国有企业的存量资产这样一笔宝贵的社会资源却没有用足、用好、用活，其潜能远未发挥出来。比较突出的问题有：(1)存量资产的分布与合理的经济结构不完全吻合，即在配置上存在一定程度的偏离；(2)存量资产在运营方面的粗放性，突出表现在我国大中型企业中存在着资产的严重“滞存”问题；(3)存量资产具有格局的凝固性。从国有大中型企业来说，存在着一种“刚性资产结构”，在国有企业之间以及国有企业与其他企业之间存量资产实际上处于一种隔绝、凝滞的状态，彼此之间需要互换的资产不能互换，需要互补的资产不能互补。由于资产不能流动，难以尽其所能，从而使名义的物质资本总量与实际发挥作用的物质资本总量之间存在着相当大的差距。

资产重组是社会化大生产的产物，只要有社会化大生产，就存在资产在社会范围内重新组合的问题。立足于公有制和商品经济兼容基础上的资产重组，具有如下特点：(1)重组对象以公有企业的存量资产为主体；(2)重组活动的主体主要是国家资产管理中心及其投资公司；(3)重组的内在机制是计划指导和市场机制相结合。

作者就资产重组提出的基本构思是：(1)产权边界明晰化，即界定产权。(2)组合结构均衡化，在产业和地区分布方面使资产合理配置，以及使所有制本身结构合理化。(3)资产运营集约化。全面清产核资，建立按国有资产的价值总量考核企业盈亏的经营管理方式以及建立投资公司、组建企业集团。(4)存量资产流量化，推进“政资分离”的改革，发展并完善产权交易市场，制定鼓励和促进存量资产流动的财政、金融政策。

（毛元斌）

资产存量重组与经济结构调整

方　杰　（载《经济纵横》1991年第8期）

文章分析了我国经济结构基本调整方式侧重点的现实选择和建立资产重组机制的基本条件，提出了实现资产存量重组的几种主要方式。

文章认为，在当前增量调整受国家财力、物力制约而难以奏效的情况下，以存量重组作为经济结构调整的侧重点十分必要，目前大量闲置的国有固定资产也为资产存量重组提供了物质基础。

建立资产存量重组机制的基本条件是：(1)确立企业资产经营权，对国有资产实行价值化管理。资产所有权的法律内涵是资产的归属，是法律确认的主体对资产的占有、使用、处置和收益的权利。其经济意义是实现资产的保值和增殖。(2)完善利益制导系统，对资产存量重组实行宏观调控。在价格上表现为调整不合理的差比价关系；在财政上表现为增强财政杠杆调节功能，引导资产存量重组向着优化经济结构的方向进行。但必须清理、控制财政补贴，加强对减免税的管理，明确体现国家产业政策，完善并全面实行增值税，取代现行的产品税，以调整税负。(3)建立产权交易市场。(4)健全社会保障制度。

实现资产存量重组的主要方式是:(1)以买卖方式进行的部分资产有偿转让;(2)以购买式兼并、接收式兼并和控股式兼并三种方式为主的兼并;(3)破产和组建各类企业集团。

(王 宏)

产业指向移动及其对经济发展的影响

陈惠雄 (载《社会科学》(上海)1991 年第 5 期)

文章认为,产业指向性是指导产业布局的重要依据。它是指一种产业对诸生产要素的需求程度不同,为了以较小成本取得最大产业发展效益而形成的产业布局的地域归宿。在产业形成过程中,不同产业对于技术、原料、市场、能源等要素具有不同的需求,所受各生产要素的制约性也不同,因而形成不同的产业指向类型,并使它们设置于不同的经济区域与区位。

产业指向移动是经济进步的客观反映。从工业发展史看,一般一种工业兴起时,受原材料、市场的制约较小,而受技术因素的制约与对技术协作条件的需求最大,故多显示为技术指向性,并在经济技术发达区首先培养与发展起来。随着工业发展与诸产业技术的进步(一般随之而来的还有投入——产出增加),使技术因素对相关产业发展的制约性减少,而对原料、动力等物质要素的需求以及这些物质要素的运输成本在总成本结构中的比重相对增长。此时,移动技术到资源丰裕区比移动原料到技术发达区的成本更节约。于是,技术与设备的移动取代了原料的移动。这些产业就由发展初期的技术指向性改变为原料、市场等指向类型,形成产业区位的移动与调整。

从另一角度看,可把多种产业的相继产生看作是一个产业链上的连续递进过程。这些按一定序列与规律增长起来的不同产业,其各自的指向性亦互有差别。如历史上长期发展的农产品加工业为生物原料指向型与市场指向型产业,故多定位于农业资源丰富与人口集中的区域;而现代各种技术成熟的冶炼业则多是动力、矿物资源指向型产业,产业区位必须确定于矿产、能源丰富区域。这样,就成了从一个过程看的不同产业指向的移动现象,进而形成了产业区位的历史性演变——由生物资源丰裕区向非生物资源区扩散与移动。

(朱云雁)

产业结构成长中的创新扩散与群集
——兼论若干模型在我国的运用

周振华 (载《南开经济研究》1991 年第 4 期)

文章认为,在我国 90 年代的经济发展中,以结构成长为主线的资源高效配置将成为基本方式。而产业结构成长的关键在于创新,创新成为结构成长的支点的核心,则在于创新本身具备扩散和群集能力。

创新扩散通常是指一项创新在单个部门内的扩散,即某一创新在同一部门内被其他企业所采用的范围扩大。创新扩散有三种模型:(1)传染病模型;(2)戴维模型;(3)梅特卡夫模型。三种模型在我国的应用具有极不相同的特点。

创新群集是指一定时期内相当规模的产业部门同时出现的创新的集合。作者提出了技术联系型创新群集和松散型创新群集。前一种创新群集的核心,是通用技术的创新、改进与扩散;后一种创新群集的关键,则是需求的全面增加以及其他宏观经济条件的共同刺激。创新群集越迅速,结构成长越快;创新群集的次数越多,结构转换能力越强。因此,应创造条件保证创新群集的形成。

创新扩散与群集的政策意义在于:(1)它们与行为主体的利益密切相关,因此,要使企业成为真正的商品生产者和经营者,就要在法律和制度上保护知识产权;(2)在利益机制既定的情况下,厂商规模对创新扩散和群集具有重大影响,因此,要对厂商规模进行政策调节;(3)不同类型的创新形成不同的形状的扩散曲线,因此,在政策上要区别对待,重点援助技术复杂、成本昂贵的创新;(4)创新、改进有助于技术成熟化,因此,在政策上要鼓励创新后的改进。

(郭 勤)

我国产业重组与产业组织政策的创新

陈明森 (载《中国工业经济研究》1991 年第 5 期)

文章认为,我国传统产业的弊端,不仅在于产业结构失衡,导致资源配置的扭曲,而且在于产业组织不合理,造成产业组织低效。

关于产业组织模式的演进。全面地刻划特定的产业组织,必须引进两个基本变量:产业集中度和产业关联度。产业组织作为这两个二元变量的函数,随着这两个变量的不同变化和多样化组合;构成纷繁复杂的具体形态。其中最基本的产业组合模式有四种:模式Ⅰ:低关联度、低集中度;模式Ⅱ:高关联度、低集中度;模式Ⅲ:低关联度、高集中度;模式Ⅳ:高关联度、高集中度。

从模式Ⅰ到模式Ⅳ,正是产业组织模式的演进过程。

关于我国产业重组的市场障碍。我国传统的产业组织与产业组织模式Ⅰ有许多相似之处。在商品经济和社会专业化协作体系迅速发育的今天,我国产业组织问题的严重性不仅在于形式落后,而且在于僵化和缺乏活力,存在严重的市场失效和市场缺位。具体表现为:市场障碍一:企业规模刚性,缺乏产业集中的生成机制;市场障碍二:社会化、专业化协作体系在现有市场机制中发育艰难。作者认为,市场结构行政调节的随机性以及产业组织传导机制的紊乱和失灵,是我国传统产业组织政策失效的根本原因。

当前我们亟需解决的问题是:破除传统产业组织政策的框框,实现社会主义产业组织政策的创新。产业组织创新的政策选择应体现在以下几个方面:(1)产业政策的方针,应从以控制市场结构为主转为控制市场结构和市场行为并重;(2)产业政策的方针,应从调整产品结构入手,促进产业组织的协调与整合;(3)促进产业组织创新应深化横向经济联合,发展横向联合的新形式。

(汪永华)

中国工业发展的长期展望

刘世锦　江小娟　(载《中国工业经济研究》1991年第11期)

作者借助钱纳里等人提出的标准模式,判断出中国工业化进程处于工业化的第二个时期,即560～1120美元的增长时期。实现工业化,从人均收入来说,是要从标准模式中目前中国所处的600美元位置上升到2100美元。从时间序列上说,工业化任务的完成大体上需要跨越两个台阶。第一个台阶是从现在起到20世纪末,实现标准化模式中工业化阶段第二个时期的目标,即人均收入达到1120美元。第二个台阶是从21世纪初到2015年左右,实现标准化模式中工业化阶段第三个时期的目标,即人均收入达到2100美元。

完成中国工业化所要跨越的两个阶段,人均GNP需增长2～3倍。这样的展望,作者认识是比较谨慎的。从二次战后工业化的国际经验看,有三条经验值得重视:(1)当人均收入大体进入工业化阶段后,人均收入和国民生产总值的增长率会开始一个加速过程,直至发达阶段的第二个时期才减慢;(2)工业后起国家与先行国家相比,在相同的发展阶段,增长速度一般有显著的提高;(3)随着人均收入增加,汇率偏差趋于缩小,后起国家用国际通用货币(如美元)表示的收入水平,在某个阶段会由于汇率变化而急剧提高。以上三个方面有利于后起国家赶超先行国家的因素,都可能出现在中国未来的经济发展过程中。此外,推动中国工业增长加速还有某些独特的因素,(1)部门间非均衡所蕴含的效率改进和经济增长的可能性;(2)先进与落后部门并存有利于加快技术进步;(3)城乡消费水平差异对某些工业部门成熟期的延伸;(4)劳动力供给充裕所导致的低工资与高技术的结合,可能形成中国产品在国际市场上的独特竞争优势。这些因素相互联系、相互作用,会在中国工业化进程中演变成一些特定现象,推动工业增长。

文章也认为,中国未来工业发展存在着某些严重的困难,比如人口多,资金不足,经济发展不平衡等。然而,在诸多的约束中,唯有体制的约束是最重要的。但从现实显示的图景看,中国工业发展的前景是乐观的。

(王　平)

论企业组织制度的积累功能

王国刚　(载《南京大学学报》1991年第4期)

文章认为,积累总是指生产要素或资金的增加。生产资料、劳动力和技术是生产活动的三大"硬件"。企业组织制度是根据资源配置要求、经济规律要求和经济目标要求来设立企业、组织企业活动、界定企业行为的机制原则,它规定着企业的经济性质、运营宗旨、权利关系及运行机理。企业组织制度虽属企业运行的"软件"系统,但它对资源配置的性状、结构、规模、效率等具有决定性意义,对积累也影响极大。

传统经济体制实行的是生产单位式企业组织制度,它使资源配置和资金积累在一系列相互矛盾的机制中进行,主要表现为:效率、利益与积累的机制相互矛盾,约束、激励与积累的机制相互矛盾,功能、规模与积累的机制相互矛盾。这些矛盾的根源,是行政原则与经济原则的矛盾。经济体制改革以来,随着企业组织制度的变化,企业积累机制也有了一些重要变化。但是,以"放权让利"为主思路的改革,未能突破传统企业组织制度的框架,反而在克服传统体制缺陷过程中产生了一系列新的矛盾和行为反差,如企业的积累主体地位的"名"与"实"差距甚大,企业在提高资金使用效率和增加资金积累方面仍缺乏足够的动力和压力,许多企业仍缺乏主动进行资金积累的内在机制,等等。

文章认为,深化企业改革,必须重视从改革企业组织制度入手,实现企业积累机制的转换。由于企业为数众多,它们的产业性质、经济目标、经营规模、市场条件不尽相同,对产权关系、信息系统、激励系统的要求也各不一样。因此,切忌采取一种模式来塑造企业组织制度。当前,对民用品产业中非垄断性的企业,应实行以经营性产权独立为基本规范的组织制度,应改革就业制度,建立就业——失业机制;应改革企业领导的行政等级制度,实行企业法人代表制度;应改革企业与政府之间的收入分配关系,不能简单地用市场竞争原则来塑造公用品产业中的企业组织制度。

(雪 凌)

建设我国货币需求理论初探

林志远 (载《金融研究》1991 年第 5 期)

文章认为,货币需求理论是货币政策理论的核心部分。要指导货币政策的操作,首先应建设货币需求基础理论。货币需求理论是一系列研究方法的总称,最终目的是解决货币政策的量度问题,要知道特定经济条件下的货币需求量、货币不同数量的变动实际影响经济过程的方向和程度,以及每一时点的均衡货币量与实际的货币存量的比较,以便采取对策或进行具体操作。所有这些都是货币存量同经济变量的相互关系。

文章就一些基本概念作了探讨,认为货币存量是实际存在于流通中的货币总量,即统计的货币数量。货币需求是决定货币存量的需求因素之总和。货币需求量则是达到或保持宏观均衡的货币存量,其定义口径必须与统计的货币存量一致。这样,才能事后评价统计存量即货币供给的过度或不足,才能事前预测将来的经济水平对货币存量的需求。

货币需求理论的内容,大致可分为三个部分:(1)宏观的货币需求;(2)微观一般的货币需求;(3)不同经济主体的货币需求。宏观的货币需求理论,研究货币总存量同收入、利率、物价水平等宏观经济变量的相关性,研究货币存量自身统计的规律性。微观一般的货币需求理论,则从最一般的货币交换行为出发,阐明货币需求的微观原因及其对货币持有量的决定。不同经济主体的货币需求,主要指消费者和生产者的货币需求。

文章还探讨了经济改革的不同措施对货币需求决定可能产生的影响:(1)与生产和消费直接相关的经济管理制度改革倾向于增加货币需求;(2)与货币供给相关的改革倾向于减少货币需求。宏观货币需求的确定,必然考虑这两个基本方面的影响。

(高明华)

关于国家债务监督的若干问题研究

龚仰树 (载《财经研究》1991 年第 1 期)

文章认为,我国目前的国家债务监督还有一些薄弱环节,需要加以完善。(1)国债监督的客体是一个国家的国债经济活动,包括决策过程、举债过程、债券流通过程、偿债过程以及债务资金使用过程。当然,并不是每一笔债务都经历所有这些过程。(2)国债监督的主体是对国家债务活动实施监督的组织和机构,可分为直接主体和间接主体。就内债监督主体而言,财政部门、银行系统、全国人民代表大会、审计部门是直接主体;各党派、各人民团体和政协则为间接主体。就外债监督主体而言,国家计委、中国人民银行、经贸部及财政部等为直接主体;各党派、各人民团体和政协等为间接主体。(3)国债监督的总体目标为:通过各种监督主体,利用各种监督方法,对国家债务活动各过程进行监督,促进国家债务决策的正确制定和执行,保证国家债务活动对国民经济发挥最大的积极作用。但监督的具体目标在各阶段则有所不同。(4)国债监督的方法是指为了实现国债监督目标而运用的监督手段。对于不同的监督主体和客体,监督方法有所不同。(5)国债监督的标准是国债监督的依据和准绳。对于内债规模,一是国家公债规模的最大限度;二是在最大限度下的合理规模。对于外债规模,一是偿债率指标,即一个国家当年外债还本付息额占当年出口及劳务吸汇额的比率;二是负债率指标,即一个国家外债余额占国民生产总值的比重。另外,合理外债规模的确定,还要考虑本国的具体情况。

根据上述分析,作者对于健全国债监督提出了建议:要加强国债决策的监督,既要加强决策机构的科学化、民主化决策过程,又要加强决策机构的外部监督;加强国债理论的研究;健全债务法规;建立有关工作人员的责任制;加强有关的信息统计等基础工作。

(高明华)

关于新时期财政职能的思索

刘溶沧 (载《财贸经济》1991 年第 1 期)

文章认为,多年来,我们把社会主义财政职能一般地概括为分配、调节、监督(或管理)等三大职能,有很大的局限性。在理论创新和体制变革的大背景下,有必要对社会主义财政职能问题进行重新思考和理论概括。社会主义有计划商品经济条件下的财政职能可以归纳如下:(1)对社会财力的集中性、主导性分配职能。集中性分配是财政一般的共同特点,在社会主义制度下，它是实行计划经济的一种现实需要和必要的财力基础或财力保证。主导性分配包括二重涵义：一是保证财政性分配在社会财力资源分配中的优先地位；二是通过国家财政分配及其收支机构的优化与调整，带动、影响和促进国民经济的综合平衡，发挥财政分配在社会财力综合运用中的主导地位。(2)财政的宏观调控职能。主要内容是：控制、调节和促进社会总供求的动态平衡；促进宏观经济结构合理化，保持社会和国民经济持续稳定、协调发展；增强有计划商品经济特别是微观经济的活力，提高社会经济效益。(3)国家资财的有效配置和价值管理职能。前者是指通过对国家资源的有序有偿使用，实现对社会资源的有计划开发、优化配置和高效利用；后者则是指通过对财政投资、国家财产的有偿占用，并以其保值、增值为中心，为财力的不断增长奠定可靠的基础。

(高明华)

试论商品经济中的财政职能

王绍飞　(载《中州学刊》1991年第1期)

文章指出，在经济改革中，由于生产关系的调整和经济运行机制的转换，使分配过程的权益关系发生变化，新旧机构的权益矛盾和对新权益的追求造成生产关系体系各环节特别是分配环节不协调，使财政职能被扭曲。主要表现是：(1)财政收入被单位和个人所挤占，使应该归财政支配的剩余产品通过被扭曲的形式转化为单位及个人收入和银行利息，使财政分配在国民收入分配中的比重逐年降低；(2)多轨制财政分配使预算内收入下降和预算外收入膨胀，财力分散；(3)重叠的机构分割了财政职能，阻塞了运行渠道，使财政系统本身处于互相掣肘的内耗状态，失去了宏观控制机能。这三个层次的扭曲，搞乱了财政分配秩序，分解了财政职能，形成微观制约宏观、局部控制全局的反常状态，使财政分配陷于困难境地。

文章认为，要改变这种状态，使财政走出困境，必须从改革分配格局入手，采取以下改革措施，使财政分配转入正常轨道：(1)整理分配关系，理顺国民收入的分配过程，协调分配主体、分配依据和分配形式的关系；统一财政分配轨道、预算体系和经费关系；取消遗害无穷的"创收政策"，从根本上消除产生行业不正之风的经济来源。(2)深化财政体制改革，理顺财政分配关系。首先，财政分配要区分国家和所有者的两种不同职能，区分税收和利润的不同性质，把税收和税后利润分配区别开来；其次，要归并现有权力分散、职能变形、调控失灵的职能机构，建立统一有效的职能机构体系。(3)把财政体制纳入商品经济运行轨道，把财政分配这种控制器装在商品经济的机制上，以增强财政的宏观控制能力。

(雪　凌)

论信息商品与信息市场

乌家培　朱幼平　(载《财贸经济》1991年第6期)

文章认为，信息商品和其它物质商品一样，也是使用价值和价值的统一，是用来交换的劳动的产品。但从信息的角度看，它又具有独特的使用价值和价值。

信息商品使用价值的特点是：(1)共享性或非对称性。信息商品的使用价值在商品交换中为购买者所获得时，销售者并没有失去它。(2)层次性。信息商品的使用价值因生产者素质、消费者素质及相应的生产方式、消费方式的程度而不同。(3)依附性。其内容要由物质载体作形式。

信息商品的价值特性在于：(1)价值的不统一性，即效用价值、效益价值与劳动价值量不统一。(2)信息商品效用价值的多维性和累积性；(3)信息商品劳动价值具有不确定性，主要是因信息内容的更新和生产方式的变化往往具有很大的不确定性。

信息商品的价格更多地取决于市场上的供求关系，而不是决定于信息商品的价值；稀缺性和获利可能性是制约信息商品价格的重要因素。其定价形式主要有：费用价格、效用价格、供求价格、协商成交价格、专利价格等。尤其值得注意的是，有必要用设置专利的办法来维护信息商品的流通秩序，使各方的合法利益得到保证。

信息市场按其种类，可分为经济信息市场、科技信息市场、综合信息市场等；按其流通方式，可分为单向对应型、网络咨询型、大众传播媒介型、通讯型等；按其存在方式，可分为固定型、流动型、临时型。和非信息市场比较，信息市场的特征有：(1)经营信息商品的灵活性与信息市场交易的多样化；(2)随着社会信息化，信息市场逐步由卖方市场向买方市场转化；(3)信息市场的发展要求有合理的价格制度和较高的法治系统。

(汪永华)

高技术竞争与传统产业改造

李京文 方汉中 （载《数量经济技术经济研究》1991年第11期）

高技术的定义目前国内外尚无权威说法。国内较多的人认为，高技术是指那些对国家的经济、军事有重大影响，具有较大的经济社会意义或能够形成产业的新技术。高技术经济竞争是指组织和管理高技术研究、开发，产品生产、销售，建立新产业，改造传统产业，从而在高层次上提高经济效益，增强综合国力的竞争。作者认为，当今世界高技术竞争已逐步让位于高技术经济竞争。而且80年代以来，高技术经济竞争形成了既竞争又联合，注重经济效益，人才日益重要，国家干预加强四大趋势。

传统产业在新技术革命中的发展前途应该是经过组织管理系统的调整，设备更新和生产工艺的改进，并调整产品结构，同时提高劳动者的素质，就可在现代化国民经济中再立新功。同时，高技术产业的兴起，既有赖于科学技术及其应用的新进展，也离不开传统产业的支持。因此，把高技术产业与传统产业的改造割裂开来是不现实的。

文章认为，当今世界最重大的变化有两点：第一，目前时代正处在全球高技术经济竞争时代。第二，世界经济已进入相互依存，整体发展阶段。我国也发生了重大变化：(1)改革开放以来，我国科技和经济得到了很大发展，综合国力大大加强，有能力迎接新技术革命的挑战，改造自身的传统产业；(2)我国落后的传统技术和生产工艺很多，改造任务繁重，不可一蹴而就。由此提出依靠高新技术改造传统产业的方法应该是：由近及远，强制淘汰落后技术，制订技术进步法规，坚定以改为主的投资等。

根据我国国情和世界技术经济的变化，作者提出了传统产业的改造途径为：(1)立足国内自主开发；(2)利用外力加速“脱毛”，含义为：利用外贸引进先进技术加速改造和厂校所互相促进改造；(3)自负盈亏式的风险集资；(4)微电子技术开道；(5)走专业集团化道路。

（曹晓华）

中国经济开放中的土地成片开发探讨

何国钊 常修泽 （载《南开学报》1991年第2期）

自从中国实行改革开放以来，一种新的经济开发模式——出让国有土地的使用权，由企业投资、成片开发的模式正在兴起。所谓成片开发，是指在国家划定的区域内，由企业通过有偿受让的方式，在一定期限内成片承包一定规模的土地，并按照政府批准的规划，进行系统开发，面向市场，自主经营，并再行转让土地使用权的经济活动。这一涵义包括六个要点：(1)国家规划；(2)企业投资；(3)有偿受让；(4)成片承包；(5)系统开发；(6)综合补偿。

考察中国大陆土地成片开发的实践，其中突出的有四种模式：(1)中资企业的成片开发模式——蛇口工业区模式；(2)中外合资企业成片开发模式——赤湾开发模式；(3)外商独资成片开发模式——天津MGM开发模式和拟议中的海南洋浦开发模式；(4)国内资本成片开发模式——中信天津工业区模式。

对于中国大陆土地成片开发的经济价值，文章作出如下四点判断：(1)成片开发是对外开放进一步向深度发展的重要标志；(2)土地成片开发是筹集资金、克服资金短缺的途径之一；(3)土地成片开发是优化土地资源配置、提高土地经济效益的有效方式；(4)成片开发区域是建立商品经济运行机制的综合试验区。

文章根据土地成片开发的实践，探讨了如下问题：(1)关于成片开发的投资主体问题。(2)关于成片土地出让的价格和年限问题。土地出让价格的构成因素大致有两个方面，一是开发成本，二是市场供求关系——再转让时还计入土地的经营利润。出让年限一般不宜超过50年。(3)关于外商成片开发土地的管理。应包括三个层次：一是对土地开发者开发活动的管理；二是对项目投资者投资活动的管理；三是对地块内所有企业日常经营活动的管理。此外，政府应充分加强对成片开发的宏观控制，防止“优惠经济”的滋生和蔓延。

（毛元斌）

城市土地有偿使用的几个理论问题

陈 征 （载《福建论坛》1991年第1期）

文章认为，要顺利进行城市土地的有偿使用，应注意以下几个理论问题：

1. 要弄清城市土地有偿使用和土地价格的关系。土地价格是由土地所提供的地租的购买价格，是资本化的地租，并非是购买土地的价格。城市土地使用是让渡该地在一定时间的使用权，并不出卖土地的使用权。

从量上看，土地价格是由地租资本化决定的，它不是地租的量，而是由地租所折算的资本的量。在现实经济生活中，土地价格的概念是存在的，我们通常所说的征地费即为土地价格。土地价格表现为所有权的转移，而土地使用权的转让实质上不是买卖问题。

2.要弄清城市土地有偿使用和地租的关系。真正的地租是由土地所有权产生的，包括级差地租、绝对地租、垄断地租，它是超过平均利润以上的余额，即相当于剩余价值m中的一部分；城市土地使用费是由于使用土地而由土地使用者向土地所有者交纳的费用，它包括地租、土地资本（资金）的折旧和利息。可见，两者都是劳动者所创造的价值的一部分，但是，两者的构成在实质上是有区别的。为什么土地使用费中要包括土地资本（资金）的投资，因而取得折旧费和利息？这是因为，虽然土地是没有价值的，但投入土地的资本是有价值的，由于资本（资金）对土地的投入，形成了地产。

3.要弄清城市十地有偿使用和土地税的关系。土地税是国家政权在经济上的实现形式，体现了国家政权与土地所有者、土地使用者双方权利与义务的关系；土地使用费则是国家地产产权在经济上的实现形式，它体现着土地所有者与使用者之间的经济关系。具体表现为：(1)土地使用费是租赁性质，土地税反映的是权利与义务的关系；(2)土地使用费是由于对土地的垄断造成的，不具有强制性，而土地税则是凭借国家政权，具有强制性；(3)土地使用费向土地使用者征收，土地税则向财产所有者征收。

（汪永华）

中国城乡劳动力流动的实证分析与理论模型

吴柏均 费梅苹 （载《财政研究》1991年第8期）

文章指出，中国经济发展的阶段性特征和劳动力市场发育的现状，决定了很长时期内培育中国劳动力市场的核心，在于建立城乡统一的劳动力市场。农村劳动力流动的终极目标在于向城市转移。作者提出了一种“就地转移”的城乡劳动力流动方式，即“层级流动模型”。该模型首先建立于下述前提条件之上：(1)假定农村劳动力处于无限供给状态，边际劳动生产率趋向于零；(2)城市就业者预期收益高于农村就业者水平；(3)城市传统的经济体制不进行根本的改革，城市创造的职业空位是有限的。基于这些假设，要达到城乡经济均衡发展和农村劳动力适度流动，“层级流动模型”可能是一个有效的方式。

所谓“层级流动”，即界定为镇（包括县级城镇）作为农村流动劳动力的主要吸纳地或第一级流动去处，中小城市为镇流动劳动力的主要吸纳地或第二级流动去处；依此类推，大城市和特大城市为其次级城市劳动力的流动去处。此模型中，每一级吸纳地吸纳的劳动力具有不同的技能，流动的城市等级越高，要求流动者的技能也越高。同时，由小城镇到大城市，流动量呈逐级递减之势。其它一切越级流动或低技能劳动力流动至高层级城市，均视为非模型规范状态或作为一种特例。

（金忠义）

中国农村劳动力深分工问题探讨

石成林 （载《理论教学》1991年第1期）

文章认为，解决我国农村剩余劳动力问题，必须依赖农村劳动力的深分工。所谓深分工，指的是农村户籍（包括在城市务工经商的农村籍劳力）中非农产业劳动力超过农业劳动力，并初步实现分工上的专业化。

劳动力深分工具有十分重要的意义。(1)过低的农业劳动生产率只有在劳动力深分工中才能得到根本解决；(2)窄小的耕地生产规模只有在劳动力深分工中才能实现适度规模经营；(3)落后的生产手段只有在劳动力深分工中才能得到彻底改造，只有大量的农业劳力转向非农业，才可能有大量的资金投向农业，促进农业机械化和自动化；(4)封闭的农村只有在劳动力深分工中才能全面开放，隔离的城乡只有在劳动力深分工中才能形成一体化的发展。总之，建立现代化农业就必须实行农村劳动力的深分工。

作者认为，现阶段农村深分工的基本对策应包括：(1)加强农业综合开发，增加农业劳力就业的深度和广度；(2)适当打开城门，坚决稳定已进城的农民；(3)鼓励乡镇企业发展劳动密集产业，进一步拓宽就业渠道；(4)努力疏通劳务输出渠道，开拓国际劳务市场；(5)开发人力资源，提高农民素质；(6)逐步建立健全劳务市场，促进农村劳动力的健康流动；(7)坚决执行计划生育的国策，严格控制人口增长。

（谢思全）

农村剩余劳动力转移的理论模式和现实选择

刘品安 （载《中国社会科学院研究生院学报》1991年第2期）

文章认为，到本世纪末，中国既面临着劳动力急剧增长而被迫解决低层次的就业，又面临着提高资本有机构成以加速赶超发达国家的两难选择，因此，应建立一门以社会剩余劳动力的良性流动和协调发展的规律性为研究对象的新学科——“剩余劳动力流动学”。

作者通过对当今西方经济学界研究发展中国家农村剩余劳动力转移问题的具有代表性的四种理论模式（刘易斯的二元就业转换两阶段框架论；费景汉——拉尼斯的就业转换三阶段和转移中部门间协调发展论；舒尔茨的开发人力资本改造传统农业论；钱纳里——塞尔昆的就业转换滞后于产值转换论）进行比较，得出的结论是：这四种模式从不同角度揭示和论证了一切社会经济发展所共同遵循的一条客观规律——超过劳动者个人需要的农业劳动生产率决定着农业剩余劳动力转移到非农业的比率。我国是一个典型的二元经济结构国家，非农业产值增长所带动的劳动力就业增长水平，平均低于发达国家和发展中国家。我国人均资源、资金紧张，农村剩余劳动力数量庞大，农业基础脆弱，城市对农村劳动力吸纳能力有限，因此，农业人口向非农产业转移是二元经济结构向工业社会转换的结果，是社会发展的趋势，要以促进农村经济增长为中心，制定战略目标，控制人口增长。具体思路是：改革农村经济管理体制，把工业发展从牺牲农业型转变为工农业共同发展型，建立协调的城乡利益机制；稳定发展农业，使经济总量增长与经济结构变革协调进行；调整政府的投资结构，确保农业基建投资占总投资的比例；制定引导农业人口流动的宏观政策，调节城乡劳动力供给；城乡互补，走农村城市化道路；内外分流，积极开拓劳务输出门路；努力发展农村教育，提高农村人口素质。

（彭丽红）

军费结构优化的理论思考与实证分析

黄瑞新 （载《军事经济研究》1991年第12期）

文章指出，研究军费结构优化，必须先阐明军费结构优化的层次与状态。否则就难以确定军费结构优化的标准，也无法评价军费结构优化的水平。

军费结构优化可分为最优化、次优化和欠优化三个层次。最优化的条件是：(1)军费规模与防务需要相适应；(2)军事上的各项基本的、最低限度的需要得到经费保证；(3)为达到战斗力结构管理，使战斗力极大化，除了满足各项基本需要外，还要在满足重点需要、协调各种需要方面有回旋余地，包括一定弹性的预算。军费结构次优化是指因军费不足或军费规模过大使军费结构无法达到最优化时对军费结构优化的追求。欠优化是指军费结构处于不优化层次。

军费结构优化是一个庞大的系统工程，要真正体现其整体性、协同性、有序性和动态性高度统一的特点，还必须把握其制约因素。即：(1)国际局势的变化会导致防务压力的变化，从而对战斗力结构优化提出新的要求，影响军费结构优化；(2)国家财政的军费增拨与取得军队生产经营效益的可能，在军费总量上制约军费结构化的质量；(3)军费技术构成理论是军费结构优化的依据；(4)军费预算的科学性、灵活性是军费结构优化的关键；(5)军队财务管理是军费结构优化的基础。

我国国防费支出结构，由于划分方法不同，包括几种形式：(1)海陆空之间的国防费分配比例；(2)国防费中科研费、生活费、武器购置费、教育训练费等之间的比例（或生活费、维持费、发展费之间的比例）；(3)各战略防区的国防费分配比例。文章对以上各种支出结构如何优化作了具体分析。

文章最后分析了优化国防费分配结构的途径：(1)保持军费的合理增长是治本之策；(2)再一次大裁军是不切实际的设想；(3)立足于分项支出的效益比较，增量调整与存量调整并举是优化军费支出结构的方向。

（欧　阳）

90年代我国国民收入的分配和积累

肖灼基 （载《经济学家》1991年第6期）

文章指出，研究和总结社会主义国民收入的生产和分配问题，特别是处理好90年代国民收入的分配和积累，是我们面临的重大理论与实践课题。

文章认为，处理好积累与消费的关系，首先要保持国民收入生产总量和分配总量相平衡；其次要统筹兼顾扩大再生产和改善生活的关系；第三要确定合理的积累率和消费率。确定积累率时，要注意考虑国民收入的水平和增长速度、国民收入的实物构成、人民的消费水平、生产现代化的要求和国民经济的发展目标；第四要提高积累的使用效益。在90年代,建立合理的分配格局,协调各方的经济利益,对于社会稳定和经济健康发展有重大意义。

我国80年代形成的分配格局大体比较合理。90年代需要相对稳定,并根据经济发展情况作适当调整,但不宜变动过大过快。具体设想是:(1)保持国家财政稳定增长,"八五"期间适当提高财政收入在国民收入中的比重。(2)协调城乡经济利益,适当提高农村国民收入的比重。国家要逐步增加农业的投入,努力改善农业生产的基本条件;提高农副产品价格,缩小工农产品价格剪刀差;发展乡镇企业,增加农村就业人口。(3)藏富于企业,保证企业在发展生产和提高效益的基础上增加留利。(4)继续稳步提高城乡居民生活水平。

(邵　昱)

90年代分配体制改革的战略选择

高书生　(载《改革》1991年第6期)

文章首先指出了分配体制改革面临的战略选择。因为80年代的改革实践从根本上忽视了总体改革和单项改革以及单项改革和单项改革之间的协调性。90年代推进分配体制改革,要明确改革的总体目标和总体思路,在总体把握和总体制约中推进单项改革。

90年代分配体制改革的任务十分艰巨,一方面因为促进经济高效率运行的分配机制尚未形成;另一方面,传统的分配的稳定机制亟需从根本上转换。建立更高层次上协调平等和效率两大目标的新型分配体制,是90年代改革的总体目标。文章指出,一般而言,如果国民收入首先流入微观分配领域,经过微观分配之后,国家再以税收和租息、红利等形式聚集一部分,形成宏观分配的对象,就可以达到在充分放大微观分配的功能效应(刺激功能和效率效应)的基础上,强化宏观分配的功能效应的目标。然而,在现行分配体制中,国民收入中的相应部分并没有经过微观分配,就径直流入宏观分配领域,因而放大了宏观分配的功能效应,却使微观分配的功能萎缩。基于上述认识,作者提出了"增大微观分配的国民收入流量、疏通财政收入新渠道"的90年代改革的总体思路,主张以逐步降低乃至取消流转税为契机,引发和牵动分配体制改革的全面深化。

(曾　柘)

改革中利益格局调整的理论思考

周振华　(载《上海经济研究》1991年第4期)

文章认为,改革的实质是利益格局的重大调整。调整方向是否正确,调整过程是否顺利,直接关系到改革的命运。利益格局分为由生产力发展水平及其生产方式决定的潜在利益格局和由体制重新界定的实际利益格局,二者的偏差客观上成为利益格局调整的依据。原因在于动力来自于利益,利益的满足是潜在利益要求的满足,实际利益偏离潜在利益要求时,会抑制积极性的发挥。因此,调整的目的在于使实际利益格局趋向潜在利益格局。作为一种常态的偏离,有一个偏离容忍区域。在此区域内,可以不改变原有利益格局,而只进行某些利益关系的调整,通过政策措施,实现利益转移和再分配,防止偏差扩大,甚至缩小偏差,起到调动积极性的作用。超出这一区域,则必须对社会诸群体利益重新界定、重新耦合。调整会出现自然摩擦和人为摩擦。前者包括分化和重组中的摩擦,利益实现程度的差异所引起的摩擦,既得利益变动的摩擦,以及新的利益关系耦合中的摩擦。后者是由于调整失误造成的,不是内生的,包括调整方向偏差的摩擦、利益调节机制选择或使用不当引起的摩擦、调整缺乏系统性和缺乏秩序引起的摩擦。因此,寻求调整利益格局稳定的形式,就是消除人为的摩擦,尽快使利益格局从无序走向有序。

为保证调整的顺利进行,应注意以下几个问题:(1)明确利益格局调整的方向和目标;(2)正确选择利益调节机制,并使两种调节机制较好地结合起来;(3)把利益格局调整作为一项系统工程,注意配套和衔接;(4)尽快建立调整的良好秩序,以法的形式界定各利益主体的利益世界,规范其利益的实现方式,努力创造良好的外部环境。

(彭丽红)

国家与企业分配关系的回顾与思考

张大明　吴兆华　(载《经济学家》1991年第1期)

文章认为,10多年来,我们在国家与企业分配关系的改革方面取得了一些成效。但到目前为止,国家与企业的分配关系还处于一种不清、不顺、不稳的状态。理顺国家与企业的分配关系,还存在一些制约因素,主要有:(1)分配政策频繁调整,经营方式频繁变动。这是因为在财政和财力的分配上，宏观决策具有随意性，调控秩序紊乱，调控目标不明确，未能及时有效地在财政下放、财力分散的同时建立宏观间接调控机制。(2)新旧体制摩擦严重，体制转换出现真空，同时，经济发展遇到了结构转化的震荡，使财政政策在很大程度上无力顾及综合平衡的要求，分配政策的偏差时有发生。(3)企业约束机制缺位，短期行为作祟，造成国家与企业分配关系的改革不彻底、关系不规范。(4)分配形式选择不准，国有企业之间分配依据不明。由此造成的分配办法变动频繁、税利不公、留利悬殊、苦乐不均等现象十分严重。(5)中央与地方分配关系未理顺，利益驱动激化了分配矛盾。

文章在总结历史经验的基础上，提出了进一步理顺国家和企业分配关系的几点建议：(1)在治理整顿中加大改革的份量，尽可能多地采用经济手段来调整国有企业分配关系；(2)在计划经济与市场调节相结合的原则下，分类理顺国有企业分配关系；(3)按照国家的两种职能和企业的“两权分离”原则，完善承包制，逐步推行税利分流、税后承包；(4)完善所得税制度，逐步关闭“税前还贷”之门，明确投资主体，增强企业约束机制；(5)正确处理中央与地方的关系，加强综合配套改革，为理顺国有企业关系创造良好的环境。

（邵　昱）

我国经济改革中个人收入分配的特点

《中国城乡居民收入分配》课题组　（载《改革》1991 年第 5 期）

文章指出，我国现有的个人收入分配上的差距及其特点是：(1)二元经济结构下的城乡差距。改革之初，城乡居民收入差距有所缩小；但 1985 年以后，差距又逐渐拉开，由此构成农民流向城市寻找就业和收入的动机。(2)乡村不均等的非农业就业机会和收入的不均等。乡村非农产业的迅速扩张，为农民家庭提供了新的收入来源。由此造成非农业的收入不均等，而且这种不均等在很大程度上反映的是地区之间非农业就业机会的不均等。(3)城乡经济中并存的两种收入分配机制。当前的体制存在着计划内和计划外两个系统，前一个系统内平均主义不但没有解决，反而还有所加剧；后一个系统内则出现了一部分人和部分经济活动收入偏高的现象。而且，“灰色收入”的出现使人们反感强烈。(4)地区差别和贫困人口。作者对 10 个省、市的调查后指出，东部与中、西部地区收入差距扩大，尤其在全国大多数人口收入大幅度提高的 80 年代，西部的贫困格外醒目。

对此，作者提出以下收入改革的选择：(1)通过中央政府的财政收入再分配，增加对欠发达地区的基础设施投资，改善当地的发展条件；制定刺激个人投资的政策，促进当地的资金积累，创造更多的就业机会。(2)以缩小城乡差距为目标，一方面取消城市居民相对于乡村居民的特权，建立城乡统一的社会保障制度，一方面稳定鼓励乡村居民集资建镇、带资进城和促进乡村地区工业化、城市化进程的政策。(3)允许民间金融机构与国有银行并存，以竞争促进金融系统提高服务效率，从而借助银行系统监测收入分配。

（谢思全）

劳动生产率提高与工资增长的关系新论

胡昌暖　（载《经济研究》1991 年第 11 期）

文章指出，过去和现在一直认为，劳动生产率提高速度必须超过工资增长速度是永恒的客观规律。其实，这是就整个国民经济总体而言的。从个别部门或行业来看，并不存在劳动生产率增长速度一定要超过工资增长速度的原则。如果硬要一概用这个原则去约束，不仅会有损某些部门、行业的发展，也会阻碍整个经济的增长。文章从三个方面作了分析：(1)农业、林业、矿业和部分材料工业，工资的增长速度应高于其劳动生产率的增长速度。因为这些部门或行业的劳动生产率增长速度慢，并非职工劳动熟练程度差和劳动强度低的结果，而是自然条件影响大和科学技术条件还没有充分发展的必然结果。按照按劳分配原则，这些部门或行业的职工工资收入没有理由比其它部门或行业低。(2)对一般加工工业应当提倡工资增长速度低于其劳动生产率增长速度。这些部门或行业的生产，受自然条件的直接、间接影响比较小，受技术条件的影响比较大。其劳动生产率提高速度超过社会产品平均劳动生产率增长速度，主要不是由于这些部门职工劳动熟练程度和劳动强度增加引起的，而是由于使用先进的技术和工艺引起的。因此，这些部门或行业的工资增长速度应大体上与其他部门或行业的增长速度相当。(3)新兴工业部门有必要提出劳动生产率增长速度大大快于其工资增长速度的要求。新兴工业部门主要包括电子、塑料、化纤、航空航天工业以及与之相联系的新型材料工业。新兴工业在国民经济中劳动生产率增长速度最快，大大超过工资增长速度。采取新兴工业部门劳动生产率高工资也高的做法，不仅会破坏按劳分配原则，而且由于成本高、价格高，在国内、国际市场上没有竞争力，最终也不利于新兴工业本身的高速度发展。

（戴　凌）

对中国城镇住房制度改革的若干思考

郝寿义（载《天津社会科学》1991年第3期）

文章从三个方面分析了影响我国城镇住房制度改革的深层原因。(1)城镇居民的承受能力差，是住房制度改革的一个重要制约因素。首先，改革本身的不稳定性和不统一性，削弱了城镇居民心理承受能力。十余年来，城镇住房制度改革的方案、政策变动无端，使城镇居民在心理上产生了不安感，不敢贸然参与改革。其次，改革的不完整性，使其不能充分挖掘和扩大城镇居民的经济承受能力。房改一直没有纳入整个经济体制改革的运行，没能建立起有效的住房金融体系，从而失去了挖掘增强城镇居民可扩张经济承受能力的可能性。再次，改革的某些不合理性，也削弱了城镇居民对改革的积极性。(2)地方政府和企业是房改的执行者，其态度和行为直接关系到改革能否深入推行。企业作为独立的经济实体，有独立的经济利益。当房改要求企业付出一定的经济代价时，它们往往会从自身的物质利益出发，采取消极敷衍的态度。而地方政府也不得不照顾本地区企业的经济承受能力，从而对改革采取慎之又慎的态度。同时，改革方案几度改变而又相互衔接不够，使得地方政府和企业无所遵循，不敢贸然起步。(3)中央政府作为改革的领导者和决策者，其对改革所作的决策对改革的成败起着决定性的作用。但是，由于中央政府在房改中的特殊利益取向和隐性目标，以及住房制度改革在经济体制改革总体方案中没有占据应有的地位，从而陷入了孤军奋战，难以深入的境地。

文章还就推进住房制度改革提出了一些对策意见。

（信　欣）

论我国消费需求的不断上升及其规律

刘迎秋　（载《南开经济研究》1991年第3、4期）

文章运用实证分析和动态分析的方法，通过对我国40年来消费需求长期变动的考察，论证和说明了我国消费需求的不断上升及其规律。

作者根据消费需求长期变动的基本因果联系，提出和阐明了人均消费需求函数和人均消费需求差额简单模型与人均消费需求差额增长率模型，论证了收入、人口(劳动)、储蓄(投资)之间的关系，确立了消费需求不断上升假说。

文章运用人均消费需求差额模型，根据对我国1952～1989年人均消费需求的统计测算，归纳出了我国消费需求长期变动的四个主要特点：(1)持续上升是其总特点；(2)低水平上升是其基本特点；(3)改革前呈明显的低水平波动上升；(4)改革后则呈明显的持续上升。同时，分别从社会主义经济制度的根本要求、我国国民经济发展水平、人口及其构成的变化以及生产力的组织、消费刚性等方面，分析了我国消费需求不断上升的内在必然性。

文章在阐述消费需求不断上升规律对于调节消费需求规模、消费需求结构、人口增长、投资需求等方面的作用的基础上提出，这一规律的实现，关键是处理好投资需求增长与消费需求增长、消费品生产与投资品生产、消费需求上升与货币供给增长、市场引导与计划引导四个方面的关系。

（郭　勤）

1984～1989年居民消费倾向分析及对策研究

李　立　孙成正　（载《经济理论与经济管理》1991年第2期）

作者为了深入揭示1989年起出现的市场销售疲软和随后出现的一些企业产品积压、资金积占、效益下降的原因，选取对国民经济运营状况有重大影响的居民消费和储蓄活动作为研究的出发点，依照时间序列资料，计算得出了1953～1989年各重要年度的居民消费倾向，并对照这些资料所反映出的不同阶段的变化特征，从总体上勾画出了一幅居民收入函数、消费函数、储蓄函数的变化图，为分析1989年后市场形势的变化提供了可靠的背景材料。

在对居民消费、储蓄行为的分析中，结合经济的和非经济的、历史的和现实的因素，剖析了1989年后居民消费、储蓄行为中蕴含的非常规性偏差及其产生的原因，提出了适度引导居民消费规模扩张和购买力分流的政策建议。

文章为说明上述主张的合理性，阐述了四点理由：(1)储蓄余额不能超出合理的临界规模，鉴于我国目前居民储蓄存款的增长速度及其在国民收入中已占的份额，我们已不能再一味地提倡“最大限度地鼓励其总量扩张”；(2)由于消费基金和消费需求是两个不同的概念，因而，我们面临的抑制消费需求膨胀的任务与合理引导消费的要求并不矛盾；(3)由储蓄存量相对稳定的特性和1989年后的市场状况决定，适度鼓励居民消费，从总量上看，目前一般还不致出现缺乏物资保证的情况，但因结构性矛盾突出，若要使规模扩张奏效，须鼓励消费结构的合理调整；(4)若就手段的易繁、成本的高低等方面比较，它也更符合以最小投入获取最大收益的原则。

（雪　凌）

中国社会福利体制的改革

岳颂东　（载《管理世界》1991年第4期）

文章指出，中国目前实行的是社会福利功能和企业生产功能相混合的体制，社会福利的重担主要由企业、事业单位，即居民的就业单位负担。这种社会福利体制的弊端主要是：(1)拉长了企业的生产周期，加大了资金费用，造成了企业规模的虚假性；(2)分散了企业家的精力，给企业家经营企业造成了沉重的负担，福利事务掣肘已成为中国企业的普遍现象；(3)把职工的福利、社会保障与企业生产置于一个组织中，不仅对生产形成掣肘，而且福利和社会保障工作也不易做好；(4)给劳动力合理流动带来了困难；(5)这种体制是隐蔽性消费基金膨胀的主要根源之一；(6)不利于调节不同收入之间的差距；(7)还带来了企业内部人际关系的紧张和“内耗”，影响了企业的效益。

中国社会福利体制当前所面临的新问题是：(1)商品经济的深入发展必然要求劳动力和技术力量的流动和合理配置，但由于社会福利由企业承担，特别是不同所有制的企业社会福利的标准不同，无疑会影响生产要素的合理流动。(2)我国的社会福利体制很不健全，项目也不完善，在农村显得更加突出。(3)由于价格改革难以配套进行，总需求大于总供给的矛盾经常不能缓解，引起了通货膨胀，使目前的一些城市离退休职工的生活水平明显下降。(4)国家包揽社会福利的负担过重。(5)国家对社会福利缺乏系统性和规划性的管理，法制不健全，体系不完善。

文章认为，社会福利体制改革的方向，应以企业内的生产经营和社会福利两大功能分离为先导，使企业真正成为以营利为目的的经营实体，然后再逐步过渡到社会福利由社会承担的终极目标。

（张孝清）

发展中国家的城市化研究

高佩义　（载《天津社会科学》1991年第2期）

文章指出，从总体上看，发展中国家的城市化，从1980年已开始进入较快发展阶段。发展中国家城市化的主要特点，在于它们都曾不同程度地遭受过长期的殖民统治，并由此形成一种畸型的社会经济结构——二元经济结构。(1)受殖民主义影响大。发展中国家拥有世界著名的大城市，这是适应殖民者的投资需要而发展起来的；在经济上被当成是获得出口产品的中转站。(2)经济动力不足。发展中国家政治独立是第一位的目标，经济发展是为政治服务的；城市发展的主要目标是确保现有城市居民的就业和生活。(3)“六化”脱节。即：发展中国家的人口城市化与政治民主化、经济自由化、产业革命化、市场革命化以及社会现代化严重脱节。(4)发展畸型。城市吸引力强烈，但农村向城市转化障碍重重；原有城市缺乏对农村人口的吸收能力，新城市又兴不起来；大城市多、位度高、城市座数少。

文章认为，发展中国家城市化面临的最严重、也是最根本的问题在于：势不可当、日渐加快的世界城市化潮流与发展中国家的由来已久、积重难返的城市化畸型定势之间的矛盾。具体表现在四个方面：(1)不可遏止的城市化潮流与庞大的人口压力。尽管乡村居民向城市转移面临重重阻碍，从乡村向城市的移民运动仍一如既往，形成一种无坚不摧的巨大社会冲击力。(2)艰巨的城市化任务与低下的生活水平。国民收入水平低，增长缓慢；人均收入水平低；高度畸型的分配模式；大部分人口绝对贫困；卫生状况恶劣；文化水平低。(3)严重的失业问题与畸型的产业结构。(4)沉重的外债负担与不利的外贸条件。

（信　欣）

关于完善社会经济统计学体系的探讨

李成瑞　（载《统计研究》1991年第5期）

文章讨论了社会经济统计学的体系问题，即它的理论——方法体系及其学科体系。

文章认为，作为社会经济总体数量方面方法论的社会经济统计学，其理论——方法体系包括四个层次：理论基础、认识过程、统计活动和统计方法。在社会经济统计学的理论基础中,马克思主义哲学是最高层次的指导理论,马克思主义政治经济学和科学社会主义是实质性理论,而数学和其它有关方法论则是方法论基础。社会经济统计学的认识过程可以概括为:定性——定量——定性与定量相结合。这种概括从头到尾抓住了本学科的特殊矛盾,更加符合统计认识的规律,可以对统计实践更好地发挥指导作用。统计活动过程是:指标和分组的设计——统计调查——统计整理——统计分析与统计资料的开发利用。这一过程的各个阶段,是与上述认识过程的各个阶段相对应的,两者存在着内在的统一性。统计方法不仅指本学科特有的方法,还指哲学方法、一般认识方法等适用于统计活动的方法;统计方法系统是开放的,而不是封闭的。上述理论——方法体系,使社会经济统计学体系走向完善。

文章认为,社会经济统计学的学科体系可以分为四个层次:(1)综合性学科,主要包括社会经济统计学原理,也包括统计史。(2)纵向学科,即按统计认识活动的各个环节分别建立相应的学科。(3)横向学科,即按社会经济统计的各个领域(经济、社会等)建立学科。(4)边缘学科,包括社会经济统计学、管理科学和与新兴方法论科学相交叉的边缘科学。学科间的相互交叉、渗透,是当代科学发展的一个特点和优点。

(高明华)

对水资源开发利用管理中若干经济理论问题的初步探讨

李文治 (载《水利经济》1991年第1期)

文章指出,水资源规划、开发、利用、管理、经营、保护等都涉及到经济理论问题,都需要用马克思主义的经济理论来衡量、判断,寻求正确的答案。

关于水资源的所有权管理和使用权管理问题。水资源是一种自然资源,为国家所有,理应实行统一管理。而《水法》又明确规定,"与分级、分部门管理相结合",这看来是矛盾的。而根据马克思主义的所有权与使用权可以分离的原理,水资源由水行政主管部门统管,即水资源所有权的管理集中于水行政主管部门,但水资源的使用(经营)权管理可以分散,即各级地方政府、国家各有关职能部门均可使用、经营水资源,享受相应的权利和义务。

关于水资源的主管与分管问题。作者针对现实的所谓"龙多不治水,治水一条龙"的观念,认为水资源管理需要"天下统一",但不是把水的兴利除害的所有工作都集中于水利部门来"一统天下",这也不符合马克思主义的社会分工和生产专业化的原理。事实是水利(防洪、灌溉、排水、供水、供电等)、电力(水力发电)、交通(水运)、地矿(地下水勘测)、城建(城市地下水使用管理、自来水)等有关部门都在治理江河、开发利用资源。

关于水资源的有偿使用问题。作者运用马克思主义的劳动价值论,提出了区分原生自然与人化自然的界限。认为原生自然是自然界原来就存在着的;人化自然是受到人类活动的直接影响而使原生自然的成份、结构、功能、属性发生明显变化以后的自然。从理论上区分原生自然与人化自然,则是研究水资源有偿使用的理论依据。

作者还分析了《水法》规定的"农业集体经济组织所有的水塘、水库中的水,属于集体所有"。认为原生自然状态的水资源属国家所有,而投入劳动的水已是人化自然的水,谁投入劳动即为谁所有,明确规定集体农民投入劳动的水塘、水库中的水为集体所有,有利于调动农民兴修水利的积极性。

(杜 一)

亚洲地区出口加工区的发展与可供我借鉴的经验与教训

汪慕恒 (载《厦门大学学报(哲社版)》1991年第3期)

自1965年到现在,亚洲地区出口加工区的发展经历了三个时期:(1)1965~1980年的黄金时期。这一时期发展的背景,是第三次工业技术革命引起了发达国家产业结构的变革和对发展中国家、地区转移劳动集约型加工工业的趋势;资本主义世界经济的迅速发展,为出口加工区扩大出口贸易提供了有利条件;联合国贸易与发展会议规定发达国家为发展中国家提供普遍特惠关税待遇。(2)1980~1985年的衰退时期。这一时期发达国家普遍经济衰退,贸易保护主义抬头;发达国家已由利用出口加工区转向直接资本投资,而发展中国家、地区之间的竞争日趋增强。(3)1985年至今的复苏时期。这一时期的特点是北北经济关系的协调,日元、台币、韩圆升值,美元贬值等。

亚洲出口加工区的发展,为我国提供了可借鉴的经验和启示。(1)我国的经济特区应着重引进先进生产技术和企业管理经验,加以消化、吸收、改造,向全国各地扩散,成为改造原有企业和提高工业技术结构的动力。(2)加强对世界经济和世界市场发展趋势及信息的系统调查研究。日本正在向亚洲发展中国家和地区转移劳动集约型出口加工工业乃至部分技术集约型出口工业,中国的台湾省、韩国的中小资本也在大量向国外转移,我国应认真研究这种趋势并抓住这种机会。(3)适当开放部分市场,换取先进技术的引进。制订我国需引进的先进技术项目,排列成优先引进顺序表,给予不同程度开放国内市场的优惠待遇。(4)为保证政策的稳定性和连续性,还应重视分别签订投资保障协定,参加"有关解决各国与各国公民之间投资纠纷协定"的国际组织,争取国际组织到特区投资,提高经济特区管理人员的素质,以及重视台湾中小企业在大陆的投资。

(毛元斌)

列宁的金融资本理论与当代美国经济现实

刘传炎 (载《世界经济》1990 年第 5 期)

作者以美国官方最新的调查报告和私人研究成果所提供的新情况为依据,对金融资本集团发展中出现的几个新问题进行了探索性的研讨。

关于银行资本和产业资本新的分化和融合。(1)银行垄断资本分化和产业资本分化。尽管商业银行迄今仍是银行垄断资本的主要形式,但随着生产的发展,从商业银行分化出各种金融机构,诸如人寿保险公司、火灾伤亡保险公司;从产业垄断资本中不断分化出工业垄断资本、商业垄断资本、服务业垄断资本以及高技术产业垄断资本。(2)银行垄断资本同产业垄断资本融合。这二者互相融合形成金融资本的过程,衍化为各种形式的银行垄断资本。而且这一过程是双向的,既有银行垄断资本向工、商、服务以及高技术产业渗透、融合,形成金融资本的一面;也有工、商、服务和高技术产业向银行渗透、融合,形成金融资本的一面。

关于金融资本集团所有制结构的新变化。(1)股票由家族私有到法人所有的转变;(2)集团核心银行的互相持股的格局业已形成。在这方面,作为股份公司的大银行现已发展到仅仅用自己十分微小的股份资本(例如自己持股份额低于 1%),便能绝对地支配别人庞大资本的惊人程度。

关于组织形式的新发展。文章认为,混合生长形成的、控制严密的金字塔式的组织形式已逐渐被淘汰,代之而起的是家庭色彩淡化或消失、其核心银行同产业公司的联系较松散和不稳定、金融资本集团核心银行之间横向联系有较大发展的横向蛛网式组织形式。核心银行同产业公司仍存在控制与被控制的关系。金融资本集团核心银行之间的关系是互相竞争与互相依赖并存,互相钳制与互相协作并存。

(岩 贵)

90 年代世界经济发展的主要趋势

王怀宁 (载《中国对外贸易》1991 年第 9 期)

对 90 年代世界经济发展的主要趋势,作者做了如下预测和估计:(1)世界经济将继续维持当前这种低速而不稳定的局面。因为造成当前这种局面的世界经济严重失衡,在 90 年代仍难以解决和消除。世界经济的严重失衡主要有以下三个方面原因:一是世界第一经济大国美国发生了严重的经济失衡;二是发达资本主义国家之间在贸易上发生了严重的失衡;三是发展中国家与发达国家在经济上的差距拉大。(2)世界经济进一步走向多极化。战后,美国成为资本主义世界的霸主,建立了相对统一的国际贸易和金融制度与秩序。与政治、军事上的美、苏两极体制一样,在经济上也是美、苏两极。随着西欧和日本的经济实力迅速增长,美、苏的国际经济地位日益下降,世界经济逐步形成三足鼎立的局面。(3)世界经济将迈入地区集团化的新阶段。经济多极化必然导致地区集团化。经济多极化乃是地区集团化的基础,而地区集团化则是经济多极化的表现与结果。可以预见,在 90 年代,美国、日本和德国这三大经济强国鼎足而立之势,必将扩大为美洲、欧洲和西太平洋三大经济地区集团的竞争与较量。游离在地区集团外的国家便成了它们激烈争夺的对象。对这些国家来说,它们虽不能利用地区集团的优惠,但也提供了利用它们之间矛盾的机会。

90 年代世界经济的上述主要趋势表明,世界经济将以相当沉重的步伐走向 21 世纪。竞争激烈,动荡而不稳定,但也存在不少的机遇。

(毛元斌)

科技革命新高潮与西方经济的若干结构性变化

李 琮 (载《管理世界》1991 年第 5 期)

文章指出,二次战后,西方国家掀起了一场空前的科学技术革命,导致一系列新生产部门、新产品的问世和产业结构的变革,劳动生产率空前提高。可以预计,在90年代，一场新的科技革命将以其巨大的威力席卷西方世界，并将波及世界广大地区。

由新科技革命高潮引起的产业结构的变化也更加高级化。(1)第一、二次产业在国民生产总值中的比重下降，第三次产业所占的比重不断上升；(2)各大产业内部各部门比例关系和地位变化；(3)各大部门内部新部门愈来愈多。与信息的收集、处理、传播有关的部门，如计算机软件、通讯、无线电、印刷出版等，将迅速发展成为第四次产业；而与生产力的发展，特别是人的智力开发有关的部门，如教育培训、医疗保健、旅游、文化体育等，同样将获得巨大发展，以致将独立形成第五次产业。同时，正在出现的新科技革命，必将引起企业形式和企业结构的新变化，如小企业的大量涌现，大公司之间的合并和吞并，使公司的规模和实力更加强大，跨国公司的进一步发展和全球联合企业迅速发展等。

文章认为，新科技革命还将引起国际劳动分工的出现，如生产天然原料的发展中国家与进口这些原料进行加工生产的发达国家之间的分工，加工工业部门之间的分工，各分部门和主要产品生产的分工等。国际劳动分工的发展，也将对国际经济关系产生影响。

(张孝清)

欧共体统一大市场与世界经济多极化

郭吴新　(载《武汉大学学报(社会科学版(》1991年第1期)

欧共体的建立和发展，是战后世界经济中一个具有重大意义的变化；而多极化即多中心化，则是70年代以来世界经济中引人注目的发展趋势。文章将两者结合起来，提出了自己的观点和论断。(1)欧共体的发展是世界经济转向多极化格局的关键性因素。战后45年中世界经济格局的演变，可分为三个阶段：第一个阶段是美国在经济力量上拥有绝对优势的单极格局过渡到美、苏两大国并立的两极格局；第二个阶段是欧共体发展成为新的一极，从而开始了美、苏、欧的三极格局；第三个阶段是日本的崛起，进一步实现了美、欧、日、苏四极格局。可见，自进入三极开始的世界经济多极化趋势，是以欧共体的壮大为其关键因素的。(2)欧共体建设统一大市场，是改善本身在多极化竞争格局下的重大战略决策，也标志着更高层次的区域经济一体化的开始。但也面临一系列尚待解决的问题，如共同农业政策的困境与矛盾，德国统一和东欧形势剧变可能带来的影响。(3)欧共体统一大市场建设对世界经济多极化趋势有很大影响。主要是：促使美、日等国加紧组建本地区的经济集团，使世界经济已有的多极格局趋于稳定。在美、日的区域经济集团尚未组建和经互会待改组的条件下，欧共体在多极格局中的地位可能加强；在区域经济集团化日益发展的情况下，各极之间将出现更剧烈的竞争和相互之间渗透，同时促使第三世界国家大力发展经济联合及区域一体化。

(邹惠卿)

世界经济一体化是90年代国际经济新结构的特征

罗龙　赵京霞　(载《对外经济贸易大学学报》1991年第1期)

文章认为，集团化结构基础上的世界经济一体化，已成为当代国际经济结构的主要特征和趋势。90年代世界经济一体化的加强，首先表现在世界经济集团化趋势的继续加强。世界范围内形成的这些以集团为单位的区域经济体系，既立足于本区域经济的整体发展，又着眼于与其它集团的合作与竞争。因此，世界经济的整体性在区域集团化基础上将得到进一步加强。此外，许多原先制约一国经济发展的问题。如生态、能源、环境、汇率、利率等，日益成为世界性经济问题，需要各国和各国家集团共同协调努力来研究解决。国际间的经济联系已由国家和国家之间的竞争和联系，越来越多地表现为各区域集团之间在贸易、金融、科技、交换方式与合作手段等方面的竞争与协调。各区域集团不断实现和完成区域经济一体化的过程，它们之间相互影响和制约、联系与抗衡的过程，就是世界经济一体化实现的过程。

随着区域集团化结构基础上的世界经济一体化的发展，国际经济活动将出现一些新的特点和趋势。如热点地区投资增长迅速，企业兼并盛行，科技进步受到普遍重视，贸易保护主义与反贸易保护主义的斗争更加激烈与深入等。同时，国际货币金融体系进一步走向多极化，要求以主要发达国家货币为主体的国际货币金融体系在联合协调利率差别和汇率波动方面做出新的努力。

文章指出，90年代在现有经济集团基础上，不同制度的国家组成的集团和市场将会有很大发展，这是世界经济多种依存关系的必然反映。我国应采取有效措施，迎接挑战，积极参加区域经济合作，集中力量建设企业集团和跨国公司，直接参与国际交换和国际化生产。

（刘传志）

评西方国有化与私有化两种经济思潮

傅殷才 （载《武汉大学学报(社会科学版)》1991年第6期）

国有化和私有化是西方的两种思潮。资产阶级经济学家为什么时而宣扬国有化，时而又鼓吹私有化呢？作者认为，私有制是统治阶级赖以产生、存在和发展的必不可少的条件，资产阶级经济学家都直接地或间接地、公开地或隐蔽地为资本主义私有制辩护。但由于私有制带来了许多“弊病”和无穷的祸害，使得某些资产阶级经济学家不得不在保持私有制基础的前提下，主张实行部分企业的国有化。在法、英、意等国家，国有化曾为其战后经济发展起过十分重要的积极作用。

80年代以来，许多资本主义国家出现了大批出卖国有企业归私人所有的现象。从某种意义上说，私有化浪潮是历史的倒退。它加强资本巨头和金融寡头的直接统治，加强竞争和市场的自发性，而且使私有化企业中的劳动者的状况恶化。私有经济不能保证经济效益和经济的顺利发展，这是资本主义的经济危机史所反复证明了的。

文章指出，是私有化还是国有化，取决于许多具体情况，即取决于金融资本的利益、该国的阶级力量对比、执政党更替的情况，以及政府的意识形态和政治方针等。国有化和私有化都是资产阶级进行统治和剥削的工具。但是，这并不是说这个问题对无产阶级是无所谓的。国家所有制在民主管理的情况下，有可能成为消灭资本主义剥削制度的前提条件。没有社会主义制度，在资本主义下也可以实行国有化；但没有国有化，就不可能有社会主义。在这种革命的意义上，我们马克思主义者是赞成国有化的。

（邹惠卿）

附：部分经济学论文索引

政治经济学

对社会主义政治经济学研究对象的一点思考　马敏　财经研究 1991.3

社会主义政治经济学的研究对象是否包括生产力　肖金忠　财经研究 1991.3

关于经济学社会场论　邱海平　河北学刊 1991.3

吸收现代系统论，丰富政治经济学方法论　刘永佶　学术月刊 1991.5

经济学方法论：新古典主义与制度主义　盛洪　天津社会科学 1991.3

坚持和发展列宁的帝国主义理论，推进世界经济研究工作　仇启华　世界经济 1991.7

怎样认识马克思主义政治经济学？——关于马克思主义经济学特点问题的研究　李泽中经济学动态 1991.4

《资本论》研究：关于"重新建立个人所有制"问题的讨论　奚兆家　中国经济问题 1991.1

《资本论》研究：马克思货币理论的精髓　蒋绍进　中国经济问题 1991.3

《资本论》研究：新技术革命条件下劳动与资本交换关系的变化　陈家志　中国经济问题 1991.4

论马克思的货币价值观和货币数量公式——学习《资本论》的宏观分析札记　赵志平　经济科学 1991.4

关于《资本论》第二卷中几个问题的研究　胡世祯　财经理论与实践 1991.6

《剩余价值理论》手稿与《资本论》第四卷　李善明　经济学家 1991.4

《资本论》的方法是研究社会主义经济内部结构的根本方法　胡钧　经济学家 1991.1

《资本论》的多重意义和现实生命力　鲁从明　江汉论坛 1991.4

试论恩格斯晚年对《资本论》第四卷的独特理解　顾海良　江淮论坛.1991.5

江苏省《资本论》研究会第五次学术讨论会观点述要　经济学动态 1991.1

《资本论》第二稿的写作阶段和思想进程　汤在新　经济学家 1991.4

《资本论》的商品经济运行理论初探　杨永华　江汉论坛 1991.4

马克思研究分配方式的方法论原则及其现实意义　赵学清　夏　蔡　社会科学(上海)1991.5

马克思的工资——价格理论与西方国家的工资——物价螺旋上涨现象　江瑞平　世界经济 1991.1

服务的性质与马克思再生产理论　李泽中　中国统计 1991.3

马克思恩格斯关于不发达国家对外贸易理论　唐洪照　张鸿高　江海学刊 1991.1

关于第三产业生产性质的研究——重温马克思劳动价值学说　李朝鲜　北京商学院学报 1991.4

马克思主义合作制理论与中国农业合作制的实践　张庆中　中国农村经济 1991.10

对马克思小农经济改造理论的几点认识　潘云　中国农村经济 1991.10

如何认识马克思劳动价值理论的基本内容　陈振羽　河南财经学院学报 1991.2

对马克思生产价格理论的形成及有关问题的探讨　沈志求　经济学家 1991.1

马克思的社会资本再生产理论与《经济学手稿(1857～1858 年)》——问题和争论　王辅民　经济学家 1991.4

马克思股份公司理论的几个问题　侯恒　崔朝栋　中州学刊 1991.5

关于对马克思"两权分离"理论问题的研讨　侯恒　崔朝栋　河南财经学院学报 1991.2

马克思个人所有制理论研究　孟晓苏　经济理论与经济管理 1991.4

怎样正确理解马克思的"重建个人所有制"

——与余陶生同志商榷 杨胜刚 胡艳超 江汉论坛 1991.3

马克思"重建个人所有制"的确切含义 李国莱 河北学刊 1991.5

论马克思对生产力范畴的两种使用 蒋建华 江淮论坛 1991.4

对马克思货币流通规律的再探讨 王 太 南开经济研究 1991.6

从科学技术的演进看马克思主义生产力理论的发展 白国儒等 经济问题 1991.10

全面准确地理解马克思的价格理论 陈德尊 价格理论与实理 1991.5

马克思的社会发展理论与现代化 丰子义 北京社会科学 1991.2

论马克思的两个"预言"与我国集体所有制经济 严闻广 江汉论坛 1991.3

马克思主义关于主体经济的理论与社会主义经济改革 王永锡等 经济学家 1991.1

马克思经济学说的均衡观 靳新中 中国社会科学院研究生院学报 1991.1

马克思的未来社会商品命运理论新探 卢东华 学习与探索 1991.3

略论马克思主义的理财观 徐日清 叶相治 社会科学(上海)1991.7

试论马克思关于跳越资本主义"长夫丁峡谷"设想的本义及其思想价值 刘新宜 天津社会科学 1991.4

论坚持马克思主义的几个问题 潘 石 吉林大学社会科学学报 1991.5

论完整准确地研究列宁的新经济政策思想 叶卫平 中国人民大学学报 1991.1

论马克思主义利益理论 王义豪 贺银风 河北学刊 1991.2

我党对马克思主义商品经济理论的创建性发展 屈炳祥 中南财经大学学报 1991.5

毛泽东财政思想研究会简述 黄宇光 经济学动态 1991.8

邓小平经济思想学术研讨会综述 述 祖等 经济学动态 1991.7

张闻天经济思想初探 马文奇 经济科学 1991.5

现代资本主义发展的总趋势 吴 健 社会科学(上海)1991.2

资本主义国家经济周期的历史与现状(上、下) 薛敬孝等 南开经济研究 1991.1、1991.2

资本主义若干经济问题研究(一)(二)(三) 邓启惠 张学安 中南财经大学学报 1991.3、4、6

科学地认识当代资本主义的稳定和危机 李同明 经济科学 1991.3

"对资本主义的认识"与长期萧条问题 栗思提 世界经济 1991.1

利润率趋向下降规律与资本主义发展三阶段 马建行 江淮论坛 1991.1

当代资本主义通货膨胀与失业之关系的再考察 谢 平 经济学家 1991.4

如何认识战后资本主义国家经济的发展变化 魏埙 南开学报 1991.3

对当代资本主义社会合作制经济的考察 解德源 中国社会科学 1991.2

当代资本主义社会剩余价值的生产和分配 杜厚文 章 星 中国社会科学 1991.1

试论现代国有垄断资本剩余价值生产的新特点 郝寿义 南开经济研究 1991.2

论第三市场在资本主义经济发展中的作用——从自由放任到国家干预 林云生 上海经济研究 1991.3

论当代金融资本 张 帆 社会科学战线 1991.3

广义再生产论 冯光明 学术研究 1991.5

论社会再生产过程中的货币循环关系 邹惠卿 武汉大学学报 1991.2

第Ⅲ部类与社会再生产 顾宝孚 学术月刊 1991.11

对社会总资本扩大再生产前提条件公式的探讨 孙 引 社会科学(上海)1991.6

产品周期理论的重温与思考 高筱燕 姚益龙 世界经济文汇 1991.1

非生产性固定资产价值补偿问题 高映珍 江汉论坛 1991.8

生产社会化与所有制结构的理论思考——兼与王雯、杨坚瑛同志商榷 杨继瑞 北京社会科学 1991.1

关于生产社会化问题的探索 郭培基 社会科学(上海)1991.1

战后劳动力价值的变动趋势新探——兼与郑绍增同志商榷 庄寿康 学术月刊 1991.5

社会主义取代资本主义的历史必然性依然存在 费利群 山东大学学报 1991.1

社会发展战略若干理论问题简论 朱钧侃 河北学刊 1991.3

经济理论争鸣中的若干问题 张薰华 学术月刊 1991.2

经济理论与经济政策的关系体系及其协调原则

李含琳 学术月刊 1991.7

在当前经济学领域若干重要理论问题座谈会上的发言 何 伟等 经济研究 1991.8

关于社会主义经济理论争鸣的现阶段 于光远 经济研究 1991.3

计划·市场·改革——全国高校社会主义经济理论与实践研讨会第五次会议主要观点综述 刘迎秋等 南开经济研究 1991.1

历史唯物主义的科学体系不容否定 石云霞 高校理论战线 1991.3

论意识形态领域四项基本原则与资产阶级自由化的对立和斗争 中共浙江省金华市委宣传部 高校理论战线 1991.3

坚定地站在反和平演变斗争的最前沿——前沿理论问题研讨会综述 李 鑫 高校理论战线 1991.5

"万里长征走完了第一步"——在经济落后国家建设社会主义国家是艰难曲折的 蔡仲德 高校理论战线 1991.4

首都经济学界座谈当前经济学领域若干重大理论问题 赵天晓 经济学动态 1991.8

剖析"趋同论"论据三则 程桂芳 财经研究 1991.10

三次产业的划分、比较、基准 郑小蓉 张胜荣 四川大学学报 1991.2

论经济有机体的运行及其发展的机制 李国旺 河南财经学院学报 1991.2

正确认识社会主义经济制度的优越性 杨培德 山东大学学报 1991.3

社会主义经济是计划经济——兼评否定社会主义经济有计划按比例发展的观点 宋 涛 经济理论与经济管理 1991.3

论生产力的衡量标准 晓 亮 社会科学战线 1991.3

关于生产力标准的几个问题 肖 前 学术研究 1991.1

论结构生产力 洪 艳 何圣俊 云南社会科学 1991.4

论第一生产力 唐昌黎 经济问题 1991.7

生产力、商品经济、经济制度 王树春 山西财经学院学报 1991.2

论生产力的组织要素 荣兆梓 经济问题 1991.5

对生产力的重新认识——从传统生产力概念的矛盾谈起 李新家 湘潭大学学报 1991.4

论科学技术为什么是第一生产力 李庆臻 东岳论丛 1991.5

论科技的生产力属性与经济发展 李守身 江淮论坛 1991.5

生产力还表现为人们改造社会的能力 谢英浆 争鸣 1991.4

发展社会生产力三题 裘宗舜 争鸣 1991.2

现代科学技术进步与生产力发展 郭瑞光 山西财经学院学报 1991.5

生产力发展基本规律探索 唐晓阳 经济科学 1991.4

论生产关系内部结构矛盾性与对社会变革的规定 吴惠之 财经研究 1991.4

社会经济发展与脑力劳动 张薰华 学术月刊 1991.5

也谈应当如何把复杂劳动还原成简单劳动 钱津 争鸣 1991.6

社会主义商品经济本体论 高伟梧 学术研究 1991.5

社会主义实践与社会主义商品理论的发展 张卓元 中南财经大学学报 1991.2

发展社会主义商品经济不是完全实行市场经济 陈秀山 中国人民大学学报 1991.3

社会主义公有制与商品经济的理论分析 吴光辉等 中国经济问题 1991.4

商品经济与社会主义制度 牛宝德 河南财经学院学报 1991.2

从商品到社会主义与商品经济 李义平 张翼翔 学术月刊 1991.7

经济分层论与商品经济 张冀南 学术论坛 1991.3

有计划商品经济发展论纲 马德安 学术研究 1991.4

试论有计划商品经济的特殊性 马黎元 财经问题研究 1991.9

关于社会主义商品经济的几个认识问题 胡 钧 中国社会科学 1991.5

商品经济处于公有经济的"表层"吗?——与胡钧、侯孝国二同志商榷 周立群 争鸣 1991.5

从商品经济的实质看社会主义的必然性——自组织理论的新应用 胡义成 西北大学学报 1991.1

社会主义与商品经济之我见——与谷书堂、常修译同志商榷 李义平 争鸣 1991.4

社会主义商品原论(上、下) 胡乐云 南开经济研究 1991.1、2

商品经济是社会主义经济的本质关系吗？——兼论商品关系在社会主义生产方式中的地位　傅军胜　高校理论战线 1991.5

“非国有化”思潮析　何建章　经济科学 1991.3

全民所有制有其自身发展的规律性　肖　梦　财经问题研究 1991.1

关于社会主义初级阶段所有制结构和社会主义经济运行的初步思考　陈国泰　暨南学报 1991.1

也谈所有制性质的决定——与唐未兵同志商榷　朱立平　争鸣 1991.2

社会主义公有制和商品经济的共融及其现实基础之构造　单　东　学术月刊 1991.9

坚持公有制与发展商品经济统一论——论坚持社会主义公有制与发展社会主义商品经济的关系问题　周训太　河南财经学院学报 1991.2

论社会主义公有制与商品经济的结合　方恭温　中国社会科学 1991.3

关于公有制与商品经济兼容的两个问题　林　岗　学习与探索 1991.3

论社会主义公有制的效率、动力及其实现机制　胡　钧　教学与研究 1991.1

论社会主义全民所有制经济所有权与经营权的分离　刘光杰　温端云　经济学家 1991.1

评“所有制趋同论”　辛向阳　云南社会科学 1991.3

评“国民自由经济”说的所有制观　徐维德　华东师范大学学报 1991.6

公有制经济运行机制的描述与选择——与樊纲等同志商榷　戴柏华　贵州财经学院学报 1991.1

公有制与商品经济结合的几个问题　张永惠　中国社会科学院研究生院学报 1991.6

商品经济的存在是全民所有制的本质决定的　张朝尊　改革 1991.6

公有制经济内在矛盾及其解决方式比较　刘世锦　经济研究 1991.1

关于建立多元主体的股份形式的公有制的探讨　刘品安　城市经济研究 1991.10

坚持公有制与发展商品经济统一论——论坚持社会主义公有制与发展社会主义商品经济的关系　周训太　山西财经学院学报 1991.2

论社会主义公有制和有计划经济的统一　吴宣恭　高校理论战线 1991.5

探寻公有制与商品经济统一的微观基础　郑红亮　改革 1991.6

从小私有制的历史走向看“重建个人所有制”　陈敦厚　文辉璧　贵州财经学院学报 1991.3

对“重新建立个人所有制”的新探索　余陶生　江汉论坛 1991.2

个人公有制试探　肖毅敏　学术月刊 1991.7

论生产要素所有权分配规律　章瑞华　争鸣 1991.1

价值规律是商品经济的基本规律吗　胡乐宁　经济问题 1991.8

价值规律的二重性浅议　张倩肖　经济问题 1991.4

关于价值规律的作用机制及运用价值规律问题　郑克中　东岳论丛 1991.4

价值规律、价格机制和价格体制的内在联系　陈承明　学术月刊 1991.5

价值规律与股权收益　臧志风　改革 1991.3

经济效益与价值规律　胡逢吉　财经研究 1991.8

价值转形问题论战 100 年的回顾与展望　纪玉山　社会科学战线 1991.3

论价格与价值的背离　时　珍　韦　奇　财经理论与实践 1991.2

关于社会主义经济的若干理论问题　薛暮桥　中国社会科学 1991.1

经济效益系统与经济规律系统　乔葆和　经济学动态 1991.10

劳动价值论不容否定　汤为本　中南财经大学学报 1991.1

论效益价值　王毅武　西北大学学报 1991.4

关于提高劳动生产率的几个问题　马　镔　中州学刊 1991.3

平均利润率：呼求与生成　王忠民　西北大学学报 1991.4

社会平均资金利润率——促进社会主义商品经济发展的强大杠杆　郝广成等　价格月刊 1991.2

马克思按劳分配理论与社会主义现实分配模式　冯爱民　中州学刊 1991.2

按劳分配新探　王国平　学术月刊 1991.9

对按劳分配的再认识　李松龄　财政研究 1991.4

按劳分配与价值规律的对立与统一　余陶生　武汉大学学报 1991.3

必须高度重视按劳分配问题的研究　康永和　经济管理 1991.4

在有计划商品经济条件下实现按劳分配的两个问题　何　伟　经济研究 1991.10

对按劳分配讨论中的几个问题的再认识 高书生 中国经济问题 1991.2

从按劳分配规律的本质规定谈收入差距 刘淑琪 东岳论丛 1991.5

社会主义分配机制研究 高书生 河北学刊 1991.4

公有经济发展中的收入分配差别理论模型与假说(I):劳动差别——生计剩余模型 陈宗胜 南开经济研究 1991.3

公有经济发展中的收入分配差别理论模型与假说(Ⅱ):两部门模型、总模型及倒u假说 陈宗胜 南开经济研究 1991.4

论社会主义的级差收益与级差地租及其分配 张朝尊等 经济科学 1991.1

劳动生产率提高与工资增长的关系新论 胡昌暖 经济研究 1991.11

论垄断足够价格——关于地租理论和生产价格的变形问题 蔡继明 经济研究 1991.2

社会主义国家与资本主义国家经济发展比较的几个问题 冯进 中南财经大学学报 1991.3

社会主义的与资本主义的经济运行机制是否在"趋同"——兼论经济运行机制的二重性质 陈秀山 教学与研究 1991.2

社会主义商品经济的特殊性及其运行机制 湛永杰 改革与战略 1991.5

中国现实经济研究

总 论

中国当代所有制理论述评 恽希良 经济学动态 1991.8

两权分离法律制度的历史沉思 侯水平 经济体制改革 1991.4

有计划商品经济的实施问题 杨坚白 中国社会科学院研究生院学报 1991.6

论建立商品经济的公有产权制度 唐丰义等 管理世界 1991.4

我国生产力发展战略模式的回顾与构想 唐元虎 学术月刊 1991.4

用存量、增量、闲置、流动概念来研究现实生产力 晓亮 东岳论丛 1991.4

90年代中国生产力运行前景展望 熊映梧 社会科学战线 1991.3

中国宏观社会劳动生产率变动趋势分析 张德林 经济科学 1991.4

中国经济周期的实证分析(上、中) 卢建 管理世界 1991.4、5

经济周期的测定 原毅军 辽宁大学学报 1991.4

中国文化与中国经济发展的道路与模式取向 朱乐尧 学习与探索 1991.2

试论如何向新的计划体制模式过渡 王春永 上海经济研究 1991.2

建立我国经济新体制之历史必然 杨旭丽 中南财经大学学报 1991.6

论经济体制的择优 张宇燕 管理世界 1991.1

关于我国社会主义经济运行机制的两个问题 吴佩钧 武汉大学学报 1991.2

在温和的紧缩中解决经济运行的深层问题 张健君 江汉论坛 1991.1

经济运行控制职能的含义、成因与构成特征——对社会主义经济运行过程中一个新范畴的探讨 陈雨光 王有权 财经理论与实践 1991.1

运行机制转换与产权制度改革 王国平 华东师范大学学报 1991.6

市场态势、企业行为、运行效绩 周立群 学习与探索 1991.1

论国民经济运行与利益导向 李松龄 经济问题 1991.1

我国经济运行中的动力短缺及其启动 孙可娜 学术月刊 1991.1

国家经济实体论——国家调节经济的根据和限度 高玲珍 学术月刊 1991.3

二元经济论不能概括当今中国经济的基本特征

李松林 经济学家 1991.6

论我国经济的三元结构 李克强 中国社会科学 1991.3

乡镇企业发展与我国二元结构的变动 邹东涛 西北大学学报 1991.3

试论我国城乡二元经济的运行 曾寅初 江汉论坛 1991.5

九十年代我国国民收入的分配和积累 肖灼基 经济学家 1991.6

改革以来我国国民收入使用情况分析 郭树清 中国社会科学院研究生院学报 1991.3

论适度经济增长率 靳新中 数量经济技术经济研究 1991.9

关于适度积累率确定方法的探讨 肖 帆 辽宁大学学报 1991.6

积累率经济界限的计算方法 赵忠胜 贵州财经学院学报 1991.3

论新时期的积累问题 朱明春 中国工业经济研究 1991.5

经济体制改革中的分配机制转换 杨思远 江淮论坛 1991.4

中央与地方财力分配量的分析与选择 黄 明 经济管理 1991.5

论国家与企业分配关系的改革方向 王方武 经济管理 1991.3

国家与企业分配关系的回顾与思考 张大明 吴兆华 经济学家 1991.1

国家与农民分配关系的历史考察 苏 明 中国农村经济 1991.4

国民收入分配研究中的难点和误区 韩文秀 经济科学 1991.3

浅谈我国现阶段按劳分配的不完全性 晴 梅等 财经理论与实践 1991.4

论社会收入分配中的几对关系 郭元晞 财经问题研究 1991.8

我国经济改革进程中个人收入分配的特点 《中国城乡居民收入分配》课题组 改革 1991.5

中国居民收入分配的调整和改革:从经济发展角度所作的理论思考 张道根 财经研究 1991.10

论收入差异与效率的关系 刘凤琴 财经问题研究 1991.9

中国收入差距判断 解学智 财经问题研究 1991.11

我国城乡收入分配政策效应的比较分析 朱儒顺 经济科学 1991.5

我国现阶段收入分配理论的三大矛盾 赵 磊 中南财经大学学报 1991.5

经济发展中的收入分配 陈宗胜 南开学报 1991.2

居民收入分配变动与经济增长中的结构变动 张道根 经济学家 1991.5

地区间居民收入差距扩大问题初探 李若建 社会科学(上海)1991.3

超经济分配的成因及对策 于 海 中国社会科学院研究生院学报 1991.5

论社会主义公平与效率的关系 易炼红 争鸣 1991.6

实物分配:我国收入分配研究的盲区 王忠民 西北大学学报 1991.1

社会收入分配不公的界定、特征及成因分析 陈金甫 财经问题研究 1991.3

论收入分配不公的表现、原因及对策 陈庆基 复旦学报 1991.6

造成经济分配不公的若干原因 滕锡文 财经研究 1991.11

对我国现阶段平均主义的反思 张 远 争鸣 1991.2

社会总供给与社会总需求定义辩析 白雪梅 财经问题研究 1991.7

略谈社会总供给与总需求平衡状况的分析与核算 吴丕斌 经济研究 1991.10

我国需求总量变动的供给效应剖析 刘迎秋 经济研究 1991.10

关于我国总供给和总需求的研究 周春生 管理世界 1991.3

我国供求关系的发展趋势和启动市场的途径 初玉岗 江汉论坛 1991.1

“供给”与“需求”再探讨 张理智 学习与探索 1991.1

我国现阶段供需矛盾的态势特点及出路 熊应明 财政研究 1991.1

经济发展的最终需求效应分析 石良平 社会科学(上海)1991.4

1990 年社会供求平衡状况和近期发展前景 章钟基 管理世界 1991.4

1979～1989 年综合平衡问题的考察 综合平衡课题组 管理世界 1991.5

关于国民经济持续稳定协调发展的几个问题 刘

秋生 经济与管理研究 1991.5

国民经济持续稳定协调发展的理论思考 洪银兴 经济学家 1991.1

尽快实现国民经济的协调发展——一手抓价格改革,一手抓投资政策 杨 鲁 经济与管理研究 1991.3

论我国经济稳定协调增长的机制 郭克莎 中国社会科学院研究生院学报 1991.4

试论适度经济增长 汤为本 中南财经大学学报 1991.6

"适度经济增长"的理论与对策 熊映梧 经济学动态 1991.1

论合理适度的经济增长 张今声 辽宁大学学报 1991.3

对中国大陆九十年代适度经济增长率的预测和分析——从经济的适度增长论起 汪海波 经济学家 1991.2

论中国经济发展与增长的"脱钩"和"联动" 赵凌云 江汉论坛 1991.6

1979～1988年我国经济增长中的结构变动分析 郭克莎 经济理论与经济管理 1991.2

我国宏观经济效益实证研究新体系 赵彦云 经济理论与经济管理 1991.4

对我国经济增长速度与效益关系的综合测度与趋势展望 梁 华 经济管理 1991.2

对速度与效益的再认识 马孝琦 数量经济技术经济研究 1991.3

重视速度效益与管理效益的统一 季祥康 沈雷 经济与管理研究 1991.1

把提高经济效益作为全部经济工作的中心 贾庆林 福建论坛(经济社会版)1991.3

对我国经济效益下降问题的深层思考 朱延福 中南财经大学学报 1991.6

关于我国经济效益问题的思辩 吴 微 数量经济技术经济研究 1991.7

从生产力因素的结合状况谈经济效益下降原因 翁义章 连廷广 东岳论丛 1991.5

关于经济效益的几个问题——兼论质量与效益的关系 郭克莎 中州学刊 1991.5

论经济效益质的规定性和量的规定性——兼谈我国生产力发展应以提高经济效益为中心 张江根 刘贵访 学术论坛 1991.3

宏观经济效益低下归因论 赵凌云 学术论坛 1991.2

速度·结构·效率 杨坚白 经济研究 1991.9

经济效益持续下降之原因探索 刘诗白 经济研究 1991.11

走出经济低效增长困境的若干思考 中国社会科学院经济学科片形势分析小组 经济研究 1991.10

国有资产形态所有权探索 汪家星 经济体制改革 1991.4

国有资产"三权分离"模式的新构想 齐桂珍 中国人民大学学报 1991.6

九十年代我国国有资产管理体制改革的基本构想 张冀湘等 管理世界 1991.1

关于国有资产管理规律的探讨 王凤岭 财经问题研究 1991.9

论国有资产管理体制改革的分类实施问题 白益民 经济问题 1991.7

论国有资产的价值化管理 蒋一苇 唐丰义 经济研究 1991.2

加强管理、完善机制、提高国有资产管理水平 张鸿义 特区经济 1991.4

论建立我国新型的社会主义国有资产管理体制 张冀湘 中国工业经济研究 1991.2

我国设备拥有量现状及其对经济发展的影响 傅家骥 数量经济技术经济研究 1991.9

关于设置国民经济总量指标的思考 胡宗义 财经理论与实践 1991.1

国民生产总值指标的几个理论问题 张 衔 财经理论与实践 1991.4

环境与经济协调发展对策研究 李金昌 管理世界 1991.5

我国主要经济政策着力区域及力度初探 张金才 杜 莉 吉林大学社会科学学报 1991.5

"八五"期间的经济政策体系研究 李泊溪 侯永志 管理世界 1991.3

论经济政策 王慎之 李久军 江海学刊 1991.1

制订国民经济的方法 宋 涛 社会科学战线 1991.3

关于中国第八个五年计划的构想 李培育等 中国对外贸易 1991.1

中央计划的改进:方向、方法和限度 周小川 改革 1991.1

计划失效问题研究 信卫平 江海学刊 1991.2

中国指导性计划实践考察与理论思考 牛江涛 社会科学战线 1991.2

论共同富裕的经济发展道路 厉以宁 北京大学

学报 1991.5

论政府公共关系在促进经济发展中的作用和有效开展　谭洛非　经济体制改革 1991.3

政府转换经济职能的研究　陈敏之　管理世界 1991.5

论依靠科学技术振兴经济　刘茂才　经济体制改革 1991.5

需求调整不能解决中国经济的根本问题　王五一　改革 1991.4

对 1991 年我国经济形势的预测与分析　李京文　经济学动态 1991.2

利用国际环境,振兴我国经济　刘　平等　中国金融 1991.1

当前经济形势和对潜在问题的思考　胡　季等　管理世界 1991.5

面临难题的抉择——经济发展的三大难题及其出路　萧述祖等　中国经济问题 1991.3

走出经济困境的战略抉择　郭树清等　经济研究 1991.5

中国:90 年代的抉择——用全方位的对外开放带动生产力发展　郑炎潮　经济问题 1991.1

对 1991 年我国经济形势的预测与分配　中国社会科学院经济学科片经济形势分析与预测课题组　经济研究 1991.6

对当前若干经济问题的宏观思考　刘秋生　中国统计 1991.4

市场·效益·活力——谈当前经济生活中的若干问题　罗明空　城市改革与发展 1991.1

亟等解决国民经济中深层次的几个问题　杨培新　改革 1991.1

对我国经济波动的分析和验证　殷克胜　中国社会科学院研究生院学报 1991.2

中国计划制度下的经济不稳定问题　陈　越　经济学家 1991.3

我国经济发展失衡的深层原因　范海滨　江淮论坛 1991.5

我国经济的两难问题及对策　周彦文　雷丰新　中南财经大学学报 1991.2

转换桥和经济问题　蔡　文　数量经济技术经济研究 1991.12

总量疲软与经济失衡——当前经济态势辨析之一　曹之虎　上海经济研究 1991.2

从经济发展理论的基本观点看我国的两个经济问题　谭崇台　武汉大学学报 1991.2

九十年代我国高技术产业发展现状及对策　寇作鹏　经济理论与经济管理 1991.5

关于我国高技术产业概念及其有关问题的讨论　王缉慈　中国工业经济研究 1991.11

我国现阶段私营经济性质剖析　潘　石　中国经济问题 1991.1

论中国私营经济存在的历史方位　耿　刚　吉林大学社会科学学报 1991.4

关于我国私营经济剥削问题的几点认识　成　磊　江汉论坛 1991.10

论我国现阶段的私营经济　晓　亮　学术研究 1991.1

中国私营经济的发展及其局限性　张仲礼　袁恩桢　社会科学(上海)1991.4

治理整顿

马克思的再生产理论与“治理整顿”工作　王录庆　河南财经学院学报 1991.2

治理整顿必须克服理论混乱,坚持社会主义方向　许　毅　改革 1991.1

深化改革:治理整顿中的力度与政策选择　黄泰岩　中国人民大学学报 1991.1

治理整顿面临攻坚战　黑爱堂　管理世界 1991.1

我国超常经济波动发生的原因及治理措施　逄锦聚　经济学家 1991.5

对总需求膨胀治理与调节的刍议　魏贵庭　经济与管理研究 1991.2

从三次经济大波动与调整的异同看当前的治理整顿　郑京平　经济与管理研究 1991.1

治理整顿的阶段划分与宏观经济政策选择的探讨　章锐夫　张湘祥　财经理论与实践 1991.2

结构调整中的经济效益原则与社会稳定原则　陈浩武等　中南财经大学学报 1991.5

论我国经济结构的高效调整　贺建强　学术论坛 1991.2

经济结构调整中的难点、成因及对策　张汉如　陆长芳　河南财经学院学报 1991.4

经济结构调整专题研究会综述　王素萍　金融研究 1991.4

合理调整经济结构保证国民经济持续稳定协调发展　李振亚　经济科学 1991.3

有必要统筹兼顾系统安排——谈谈当前论述调整经济结构时的一种偏向　陈瑞铭　经济学动态 1991.

10

两种体制下经济调整的比较及启示　逄锦聚　南开经济研究 1991.5

经济体制改革

中国共产党关于经济体制改革的理论与实践　何建章　经济研究 1991.6

论坚持改革的社会主义方向　陈益寿　中国人民大学学报 1991.3

论国家所有制改革的规律和方向　马庆泉　经济研究 1991.3

对改革我国全民所有制产权制度的设想　曾令华　湘潭大学学报 1991.4

国家所有制改革模式选择　刘烈龙　中南财经大学学报 1991.5

我国所有制改革面面观　陈文科　江汉论坛 1991.7

国家所有制改革之我见　李运福　学术月刊 1991.1

总结十年改革实践把理论研究继续推向前进　薛暮桥　中国经济体制改革 1991.2

论我国经济体制改革的理论依据　毛　健　吉林大学社会科学学报 1991 增刊

关于深化经济体制改革的几个问题　李泽中　中国社会科学院研究生院学报 1991.3

经济体制改革系统论研究　孙效良　经济理论与经济管理 1991.3

生产力、生产关系的结构要素与我国经济体制的改革　李恒瑞　江汉论坛 1991.5

明确社会经济基础内涵及对深化改革的意义　顾铭德等　天津社会科学 1991.5

关于推进改革的若干问题　王　琢　经济学家 1991.5

关于我国经济发展和改革的若干思考　言　凡　经济管理 1991.3

中国经济体制改革概述　陈锡文　北京社会科学 1991.3

当前我国计划体制的新格局及今后改革的初步设想　柳泽伟　经济与管理研究 1991.1

关于我国经济体制改革与经济发展若干问题的理论思考——"中国经济改革与发展的理论思考研讨会"纪要　经济研究 1991.11

中国经济体制改革的方向、方针和问题　蒋学模　经济研究 1991.4

九十年代深化经济体制改革若干问题探讨　汪海波　经济研究 1991.6

经济发展、经济改革和经济理论问题座谈会纪要　赵天晓　经济学动态 1991.9

九十年代中国的经济改革：深层次规范化的改革——九十年代中国经济改革总体思路理论研讨会综述　经济学动态 1991.7

有计划商品经济理论的再认识：兼谈当前改革必须注意的一个问题　余　军　福建论坛(经济社会版) 1991.7

改革中的哲学思考——我国经济体制改革中的不同文化价值观研究　刘茂才　经济体制改革 1991.3

深化改革，推进经济形势的进一步好转　陈栋生　财经问题研究 1991.1

改革过渡论　王　琢　特区经济 1991.2

对当前经济发展与改革的几点看法　王　琢　中国工业经济研究 1991.1

深化经济体制改革的几点思考　苏　星　改革 1991.1

非均衡条件下的中国经济改革　厉以宁　改革 1991.2

优先稳定经济，加快改革步伐　张卓元　改革 1991.2

只有全力改革才能解决中国的主要经济问题　唐明峰　经济体制改革 1991.1

市场机制的内生化与经济体制改革的市场取向　宋　则　经济体制改革 1991.4

我国经济发展的新阶段与经济体制改革　张道根　中国工业经济研究 1991.9

通过企业集团化深化经济体制改革　马　洪　中国工业经济研究 1991.4

对我国经济体制改革的回顾和思考　谷书堂等　南开经济研究 1991.5

八十年代改革的回顾和思考　袁恩桢　上海经济研究 1991.1

九十年代中国的经济发展和体制改革　周叔莲　经济学家 1991.2

我国经济改革战略的探讨　孟晓苏　中国经济体制改革 1991.5、6

"八五"期间经济改革的重心及政策研究　袁一堂　东岳论丛 1991.1

加重改革力度，推进结构调整——兼论我国改革的真正难点　夏振坤等　中州学刊 1991.5

论改革与发展的有机结合 赵国良 河南财经学院学报 1991.2

“八五”时期各部门投资增长与体制改革 华 荣 管理世界 1991.5

论深化经济改革的取向 陈 宏 争鸣 1991.4

论资源配置结构优化为中心的改革战略的重新选择 张道根 上海经济研究 1991.1

经济机制与经济体制改革的深化 魏 杰 东岳论丛 1991.2

进一步加强对我国经济改革与经济发展问题的历史研究和理论探讨 刘国光 经济学动态 1991.10

存量调整与体制改革 王忠民 改革与战略 1991.5

论九十年代中国经济的发展与改革——兼论调节需求、推进有效供给的宏观政策选择 刘迎秋 南开学报 1991.6

科斯定理与中国经济体制改革——兼与高鸿业先生商榷 王育才 争鸣 1991.5

通货膨胀

通货膨胀定义新论 汤明远 赵宏斌 河北财经学院学报 1991.4

关于通货膨胀的几个问题 马 凯 改革 1991.5

寻求通货膨胀与经济增长的最佳结合 万存知 江汉论坛 1991.1

我国成本推进型通货膨胀分析 王育琨 叶小叶 管理世界 1991.3

我国通货膨胀的价格体制因素分析 凌联平 改革 1991.5

我国通货膨胀的价格分析 凌联平 中国物价 1991.8

通货膨胀与价格总水平 杨 林 价格月刊 1991.6

我国通货膨胀成因的深层思考 生柳荣 贵州财经学院学报 1991.3

1985——1989 年中国财政赤字与通货膨胀定量实证分析 甘 耘 财经理论与实践 1991.5

通货膨胀压力的衡量、成因及释放 李晓西 经济研究 1991.10

宏观经济态势与通货膨胀隐患 罗 旋 管理世界 1991.2

试析通货膨胀的体制根源 张 伟 东岳论丛 1991.2

“通货膨胀促进论”评价——论我国不具备实行通货膨胀政策之条件 武建奇 河北财经学院学报 1991.5

论通货膨胀、市场疲软与发展商品经济 郭元晞 经济体制改革 1991.1

适度的经济增长与通货膨胀——当前中国经济政策的现实选择 王 赋 价格理论与实践 1991.4

治理通货膨胀不应急刹车 胡昌暖 价格理论与实践 1991.10

对通货膨胀与市场疲软、生产滑坡关系的思考 刘建平等 山西财经学院学报 1991.2

关于防止通货膨胀再现的思考 陆百甫 管理世界 1991.3

对当前潜在通货膨胀压力的分析 林志鹏等 数量经济技术经济研究 1991.6

高通货膨胀率重现的内在机制 顾铭德 中国经济问题 1991.6

通货膨胀与税收负担 叶 青 上海经济研究 1991.3

国民收入分配流程变化与通货膨胀 罗德明 中国社会科学院研究生院学报 1991.2

通货膨胀压力与宏观经济对策 王大用等 数量经济技术经济研究 1991.6

中国对外贸易对通货膨胀的影响 姚 林 南开学报 1991.6

通货膨胀惯性及其克服的办法 朱 刚 世界经济文汇 1991.5

论通货失衡的具体形式及危害 魏 杰 学术论坛 1991.2

我的反通货膨胀观 丁 鹄 金融研究 1991.11

价格理论与价格改革

论社会主义商品经济条件下的价格形成 周 永 社会科学战线 1991.1

论我国价格形成基础问题 凌 晨 北京物价 1991.9

浅谈社会主义生产价格的存在基础和预期作用 张崇和 经济与管理研究 1991.4

生产价格新探 石景云 中国社会科学 1991.2

指导价格形成调控与运行问题的理论考察 胡跃龙 价格理论与实践 1991.8

价格形成机制的转换与马克思的劳动价值论 刘家城 湖南物价 1991.9

影响价格决策效应的原因及对策　覃向云等　广西物价 1991.4

供求规律是市场交换的规律——再谈关于价格问题的几个基本观点　王桂五　价格理论与实践 1991.4

对“合理价格体系论”质疑　陈躬林　经济学动态 1991.9

相对价格的积累效应分析　王光伟　南开经济研究 1991.6

在保持宏观经济稳定的前提下推进价格改革　张卓元　价格理论与实践 1991.2

理顺物价、平整市场、深化改革　薛暮桥　改革 1991.1

计划与市场结合的优化与价格改革　汪祥春　中国物价 1991.7

价格改革的重点和策略(上、下)　李鸿江等　上海经济研究 1991.1、2

价格改革与价格理论的发展　许光建　教学与研究 1991.5

价格改革要处理好十大关系　曹英耀　中南财经大学学报 1991.3

深化中国价格体制改革刍议　蒋家俊　学术月刊 1991.6

价格体制改革的回顾与前瞻　许光建　中国人民大学学报 1991.1

中国的价格文化与价格改革　卢　彦　价格月刊 1991.10

价格改革应坚持量力而行适度推进的方针　苏增添　价格月刊 1991.1

把握好再次出现的价格改革时机　贾秀岩　价格理论与实践 1991.2

推进价格改革的难点　栾　军　价格理论与实践 1991.3

关于90年代价格改革的几点理论思考　陈德尊　中国物价 1991.6

关于我国价格改革的思路　杨启先　中国物价 1991.7

价格改革与经济发展　李尚峰等　中国物价 1991.7

价格改革的目标与我们应做好的几项工作　吴燕诗　北京物价 1991.9

关于深化我国价格改革的理论研究——我国价格改革若干理论与实践问题讨论综述　曹振良等　南开经济研究 1991.4

论我国价格改革的新阶段　温桂芳　中国物价 1991.9

不失时机地推进价格管理体制改革　左延栋　江苏物价 1991.9

价格杠杆是启动市场的重要因素——兼论我国价格改革的近期对策　张　驰　江苏物价 1991.5

推进价格改革,培育商品市场　杨一清　湖南物价 1991.11

论坚持价格改革的若干问题的思考　毕井泉　湖南物价 1991.7

“八五”期间价格改革若干问题的思考(续)　毕井泉　湖南物价 1991.8

关于价格改革思路的几个问题　乔刚等　经济研究 1991.3

我国十二年价格改革的经验教训　李建平　朱坤等　河北财经学院学报 1991.4

对我国粮食价格改革的思考　赵　峰　赵　晓　东岳论丛 1991.1

对农业经济发展战略中的农产品价格改革政策的思考　鲁晓龙　价格月刊 1991.8

农业生产与价格改革　郝广成等　价格月刊 1991.3

关于粮价改革的几个重要问题　吉林省物价局　价格理论与实践 1991.9

农产品价格改革势在必行　郭书田　中国物价 1991.6

粮食价格改革取向的探讨——兼答韩志荣同志　彭鸿林　中国物价 1991.4

中国粮食价格改革:回顾与展望　李玉琳等　中国物价 1991.9

论生产资料价格改革　樊　纲　价格理论与实践 1991.5

价格改革要为大中型企业增活力　向进武　北京物价 1991.9

搞好国营大中型企业与价格改革　邵宗抒　北京物价 1991.6

住房价格改革研究　湖南省价格研究所课题组　湖南物价 1991.11

土地的有偿使用与价格改革　蔡继明　价格理论与实践 1991.8

第三产业价格的现状与改革　曹礼和　价格月刊 1991.10

“八五”期间铁路运价面临的问题及进一步改革的建议　国务院发展研究中心市场流通研究部　中国物价 1991.3

价格管理体制改革方向的探索　周建远　价格理论与实践 1991.2

形势、时机、选择——当前中国价格问题研究报告　肖四如等　价格月刊 1991.1—4

关于价格问题的若干基本观点　王桂五　中国经济体制改革 1991.10

我国价格结构与理论价格的偏差分析　曾力生　数量经济技术经济研究 1991.8

商品质量变化与隐性价格运动　李治国　学术研究 1991.4

论价格调控　辛均林　价格理论与实践 1991.1

关于价格如何实施计划经济与市场调节相结合的问题　张自强　北京物价 1991.2

价格领域中实现计划经济与市场调节相结合的前提　王家治　北京物价 1991.3

计划经济与市场调节相结合下的价格形成机制　杨兴斌　北京物价 1991.1

论计划与市场相结合的价格管理　吴仲道　价格月刊 1991.5

运用价格杠杆启动市场的思考　朱尧平　湖南物价 1991.2

指令性价格与市场调节价格相结合的形式与管理　陈树谷　广西物价 1991.8

论价格与利益导向　李松龄　湖南物价 1991.1

关于价值规律的计划机制思考——兼论建立计划市场价格制度　石成林　江苏物价 1991.2

从价格角度思考工业经济效益下降问题　彭耿宁　广西物价 1991.11

商品质量及其与成本、价格的关系　彭　杰　价格月刊 1991.5

建立具有中国特色的价格信息运行机制　董占泉　陆慧平　江苏物价 1991.1

生产资料价格实行单轨制的必然性　杨根基　广西物价 1991.11

生产资料双轨制价格是计划经济与市场调节相结合的怪胎　叶善蓬　价格月刊 1991.1

关于价格"双轨制"的作用和命运的探析　张　剑　东岳论丛 1991.4

走出方法论上的误区——对生产资料价格双轨制并轨方向选择的深层思考　孙剑平　价格月刊 1991.11

生产资料价格双轨制纵横谈　王淑琴　北京物价 1991.2

生产资料价格实行单轨制的必然性　杨根荃　广西物价 1991.11

价格双轨制的历史地位与命运　杨圣明　经济研究 1991.4

价格并轨的深层障碍　任建平　经济理论与经济管理 1991.5

论我国价格比价复归现象的出现及对策　蒋三庚　北京商学院学报 1991.1

论价格双轨制的规范化与多样化　杨圣明　经济与管理研究 1991.4

生产资料价格双轨制改革的方向及对策　武爱民　经济管理 1991.5

1991 年上半年全国生产资料价格变动分析　张利群　广西物价 1991.9

能源工业品价格双轨制问题的探讨　姜绍俊等　中国物价 1991.9

关于自然资源价格研究的意义和视角　吕福新　经济学家 1991.2

关于煤价"并轨"的思考　戈　夫　经济管理 1991.1

对我国煤炭价格的考察　胡昌暖　中国社会科学 1991.6

搞活大中型企业价格问题讨论会纪要　江苏物价 1991.11

运用好价格杠杆为搞活国营大中型企业服务　沈福全　卢水清　中国物价 1991.8

价格政策影响企业活力　赵小平等　价格理论与实践 1991.7

抓好了价格杠杆就能搞活经营　刘建章　价格理论与实践 1991.10

价格工作如何为搞活大中型企业服务　张显武等　价格理论与实践 1991.6

对大中型企业主要价格矛盾的思考　刘旭明　价格理论与实践 1991.6

搞活大中型企业的价格对策研究　曹玉书　中国物价 1991.6

企业短期价格行为问题研究　朱尧平　经济与管理研究 1991.5

大中型企业面临削价冲击波　唐永绥　广西物价 1991.5

农产品价格同货币发行关系研究　吴子平等　数量经济技术经济研究 1991.3

我国工业化过程中的农产品价格及其财政补贴　国家计委经研所　管理世界 1991.1

也谈农产品生产成本中的活劳动工价　孔令强　争鸣 1991.2

我国农副产品价格补贴中的突出问题与缓解对策　段　勇　财经理论与实践 1991.2

农产品内部比价的分析和建议　陈元春　价格月刊 1991.2

论农产品价格机制的特点　胡家夫　北京物价 1991.9

我国工农产品价格剪刀差变动趋势的理论分析　黄建军　价格月刊 1991.3

剪刀差、级差地租和农产品价格水平的若干思考　叶善蓬　价格月刊 1991.4

论比价复归　成小洲等　经济问题 1991.6

农产品比价复归问题探究　童　珂　中国农村经济 1991.4

剪刀差理论与价格改革　胡逢祥　中国农村经济 1991.5

关于商品房价格管理形式的探讨　李国文　城市开发 1991.11

论住宅理论价格的制定　杨继瑞　城市开发 1991.1

进口商品价格管理问题及建议　国家物价局涉外司与人民大学涉外价格课题组　中国物价 1991.5

试论技术商品的定价　沈玉春　王振权　江汉论坛 1991.5

合理确定科技商品的价格　赵宏越　经济与管理研究 1991.5

区域价格歧视问题管见　张　鹏　钟　鸣　中国经济问题 1991.6

国内市场价格趋近国际市场价格的几个问题　高涤陈　孙祥剑　国际贸易问题 1991.4、5

第八个五年计划时期进出口商品价格管理　杨兴斌　中国人民大学学报 1991.6

关于出口商品价格回归的对策思考　高滨滩　国际贸易问题 1991.7

出口收购价格管理的若干问题　杨　帆等　国际贸易问题 1991.4

有关涉外价格几个问题的探讨　成致平　价格理论与实践 1991.5

我国近年价格总水平起伏的原因与启示　姚今观　河北财经学院学报 1991.2

价格总水平的波动与控制　胡昌暖　北京物价 1991.7

当前物价形势及今后走势分析　方玉鹏等　价格月刊 1991.10

并非多余的谨慎——从 1991 年价格走趋预测谈警惕通货膨胀再起　李晓西执笔　价格理论与实践 1991.5

计划调价项目出台顺利　价格涨幅低于控制目标——1991 年上半年价格形势分析　陈　峻等　价格理论与实践 1991.8

1990 年物价报告及 1991 年物价趋势　乔　刚等　中国物价 1991.4

谈谈价格水平的横向比较　张晓波　价格理论与实践 1991.10

近三年来价格走势分析　杨圣明等　中国物价 1991.3

中国城市土地价格形态变动趋势问题与对策　石小抗　中国物价 1991.8

论自然灾害对价格变动的影响　陆满平　江苏物价 1991.10

价格波动趋势与价格改革的选择　张　宇　中国物价 1991.10

我国价格周期透视　卢　彦　价格月刊 1991.2

对投资、消费和物价变动的分析　常　清　经济学家 1991.3

我国物价上涨的必然趋势和对策　倪红日　价格理论与实践 1991.7

消费品市场的价格、价格补贴以及利率调整的实证研究　胡　斌　经济科学 1991.1

价格补贴的经济分析　雍　同　财经研究 1991.7

我国现行价格补偿方式的比较与选择　张红灵　广西物价 1991.8

价格补贴的暗补和明补问题　舒福荣　价格月刊 1991.9

试论价格双轨制　郑超愚　改革与战略 1991.2

计划经济、市场调节

探讨计划与市场的关系问题　孔　敏等　北京物价 1991.2

再解计划和市场关系之谜　刘学敏　山西财经学院学报 1991.5

计划与市场关系的讨论和我国经济改革的取向　吴敬琏　改革 1991.1

计划调节与市场调节综合配置论　李含琳　经济体制改革 1991.5

计划与市场：在一个新的层次上的探讨　林子力

改革 1991.1

计划与市场问题的若干思考　刘国光　改革 1991.4

关于计划与市场的关系问题　马　洪　改革 1991.1

从三个层次上探索计划与市场的关系　孙剑平　江海学刊 1991.3

计划经济与市场和市场调节与计划　宋　涛　中国人民大学学报 1991.4

关于计划与市场的关系问题　马　宾　财政研究 1991.3

论计划经济与市场调节的关系——国家调节为主导还是市场调节为主导　王　琢　广东社会科学 1991.1

近年来关于计划与市场关系问题讨论述评　于祖尧　经济学动态 1991.3

正确处理三种计划管理形式之间的关系　胡昌义　中南财经大学学报 1991.5

计划与市场关系问题讨论述评　肖　黎　张景学　中州学刊 1991.5

从经济规律是"本质联系"的深度再探计划与市场的结合　李五四　山西财经学院学报 1991.3

对计划经济与市场调节相结合问题的几点认识　管锦法　城市经济研究 1991.1

再论计划经济与市场调节相结合的问题　柳随年　改革 1991.4

计划经济与市场调节有机结合问题的探讨　高尚全　改革 1991.1

计划与市场的结合是我国经济体制改革的新创造　顾龙生　中国经济问题 1991.4

计划与市场相结合的三对原则　罗蝉双等　经济问题 1991.10

实现计划经济与市场调节相结合的主要矛盾　王　琢　经济研究 1991.8

试论计划经济与市场调节的有机结合　袁盛旺　北京社会科学 1991.2

用非平衡系统方法研究计划与市场结合问题　徐桂华　吉　龙　世界经济文汇 1991.2

论计划经济与市场调节相结合　宋　涛　经济学家 1991.3

略论计划经济与市场调节的有机结合　王富初　暨南学报 1991.1

如何理解计划经济与市场调节相结合——与白永秀同志商榷　黄克雨　学术论坛 1991.3

也谈计划经济与市场调节相结合　赖相桓　广东社会科学 1991.4

试论计划经济与市场调节的有机结合　郑　延　经济管理 1991.7

论计划与市场的要素融合和机制融合　张明龙　经济理论与经济管理 1991.1

计划经济与市场调节：有机结合的基础及对体制框架的要求　高海燕　经济学家 1991.3

计划经济与市场调节相结合的体制障碍及其出路　范新成　中南财经大学学报 1991.5

论计划与市场及两者结合的障碍和出路　左柏云　湘潭大学学报 1991.1

计划经济与市场调节相结合的若干问题　廖锡顺　中国经济体制改革 1991.8

关于计划与市场关系的几点思考——兼评几种不同的观点　汪海波　中国社会科学院研究生院学报 1991.6

计划经济和市场调节相结合的几个问题　杨小苏　社会科学战线 1991.2

关于计划调节与市场调节相结合的几点思考　潘连科　经济与管理研究 1991.4

论计划经济与市场调节相结合的现实目标选择　葛守昆　金　毅　江海学刊 1991.3

计划经济与市场调节有效结合的理论分析　章新华　云南社会科学 1991.4

计划经济与市场调节相结合若干问题新探　李克华　财经问题研究 1991.1

计划经济与市场调节相结合新探　向　东　财经理论与实践 1991.1

计划经济与市场调节相结合辨析　詹连富　吉林大学社会科学学报 1991.2

计划经济与市场调节相结合的基本方式新探　何盛元等　经济科学 1991.2

论计划与市场的非均衡结合方式　陈甬军　中国经济问题 1991.4

时间眼界及其连续性：计划与市场的动态结合方式　刘志彪　学术研究 1991.3

论计划经济与市场调节相结合的形式、范围和程度　罗季荣　经济学家 1991.3

欠发达商品经济条件下计划与市场相结合方式选择　李　斌　社会科学战线 1991.4

论计划与市场相结合的基础与方式　丁任重　经济理论与经济管理 1991.1

现阶段计划与市场结合形式的选择　韩小明　经

济理论与经济管理 1991.3

试论计划经济与市场调节的结合点与结合方式 金定銮 江海学刊 1991.1

计划经济与市场调节相结合的内在逻辑 华学忠 福建论坛——经济社会版 1991.7

关于计划与市场结合的模式 张为民 河北财经学院学报 1991.5

计划与市场功能分析和结合模式探讨 陈秀山 周晓明 经济理论与经济管理 1991.1

论计划与市场调节相结合及微观机制之再造 单东 北京社会科学 1991.3

论计划经济与市场调节相结合运行机制中国家干预的作用 宋文昌 马芝蕾 经济与管理研究 1991.6

计划经济和市场调节结合的运行机制 魏民 程建荣 学术月刊 1991.4

经济机制运行的条件和计划与市场的结合 黄成 数量经济技术经济研究 1991.2

谈计划经济与市场调节相结合经济运行机制的建立 贺光辉 中国经济体制改革 1991.4

建立双层次的计划与市场相结合体制 魏杰 经济理论与经济管理 1991.1

计划机制与市场机制调节功能的比较分析 陈秀山 雷达 经济社会体制比较 1991.2

计划经济和市场调节理论的回顾与展望 简新华 武汉大学学报 1991.5

关于计划与市场相结合的政策演变和理论与论争 乔刚 陈共炎 管理世界 1991.1

计划调节探析 傅泽平 四川大学学报 1991.1

计划配额与市场机制 厉以宁 经济理论与经济管理 1991.1

论市场调节的社会主义经济属性 包锡盛 经济科学 1991.5

宏观调控

论社会主义经济的宏观调控 周训太 山西财经学院学报 1991.4

国民收入分散化与宏观调控 姚长辉 经济科学 1991.2

试论建立和完善宏观调控体系 臧志风 中国工业经济研究 1991.1

搞好协调配套改革加强宏观调控体系的建设 黄振奇 经济科学 1991.2

关于建立分层次宏观调控体系的构想 李春洪 吴奕新 广东社会科学 1991.3

论我国宏观经济调控方式的转变 章奇顺 章均 南京大学学报 1991.3

我国现阶段宏观调控模式的选择 尹文书 社会科学战线 1991.3

二重市场的宏观调控模式探析 刘长文等 经济问题 1991.5

论治理整顿中宏观调控手段的运用 王维舟 河北财经学院学报 1991.4

试论国家调控市场的政策功用和政策协调 刘溶沧 经济与管理研究 1991.3

论调节需求,推进供给的宏观政策选择 刘迎秋 经济学家 1991.5

国民经济调整中宏观经济政策运用的比较分析 李晋生 剧锦文 管理世界 1991.4

对近期宏观经济形势的分析——兼谈近期宏观经济政策的选择 杨玉华 天津社会科学 1991.1

宏观经济政策导向与提高经济效益 郑邦才等 经济学家 1991.6

宏观经济政策选择刍议 陈郁 社会科学(上海)1991.3

论治理整顿后期宏观经济政策的战略转换 朱明春 经济学家 1991.6

当前的经济形势与宏观经济政策的选择 张宇 争鸣 1991.1

当前宏观调控中需要注意的两个问题 罗毅等 财政研究 1991.11

近期宏观经济分析——兼谈经济启动的困难与选择 林叶 孙伟化 学习与探索 1991.1

宏观经济形势的回顾与展望 卢中原 管理世界 1991.2

当前我国宏观经济运行与政策的回顾和前瞻 朱明春 管理世界 1991.2

论财政政策对国民经济的宏观调节 陈秋华 学术论坛 1991.5

以利益机制协调计划与市场的关系——强化当前我国宏观经济管理的思考 朱明春 经济体制改革 1991.2

试论政府直接配置资源的合理规模 罗德明 经济理论与经济管理 1991.3

政府调控分配水平费用效应的分析方法浅见 季建林 社会科学(上海)1991.10

省级经济调控研究 王泳 江连海 经济学家 1991.6

试论省级宏观调控体系的改革途径 尹汉宁 经济理论与经济管理 1991.4

论我国宏观经济调控的法律问题 肖学文 经济与管理研究 1991.3

中国宏观经济管理面临的挑战 冯立新 经济学动态 1991.10

产业结构

对"八五"期间产业结构调整的思考 张兆明 河北财经学院学报 1991.2

我国产业结构调整的难点、原因及对策 陈祖煌 经济管理 1991.5

目前我国产业结构调整的双重任务及其对策 周振华 经济学家 1991.1

产业结构失衡的金融诱因及治理对策 任宝元 财政研究 1991.9

我国产业结构转变面临的基本问题及主要对策 王朗玲 学习与探索 1991.2

"八五"时期优化产业结构所面临的难题及对策 王玉祥 中南财经大学学报 1991.3

我国产业结构调整困难的深层原因及对策 冯中越 杨培峰 北京商学院学报 1991.4

我国产业结构的调整与优化 王积业 中国社会科学 1991.3

论产业结构调整中的宏观与微观协调问题 安丰明 龚建生 江海学刊 1991.3

优化产业结构与税收调节问题 陈秀荣 学术论坛 1991.5

论质态的产业结构优化 文力 学习与探索 1991.2

确立主导产业是我国产业结构合理化的核心 王黎 学术月刊 1991.8

对经济发展和结构转换理论的考察 解书森 中国工业经济研究 1991.11

积极推进产业结构合理化和现代化 王积业 中国工业经济研究 1991.7

产业结构调整的资金约束与对策 劳苑 经济体制改革 1991.3

论产业关系调整 周振华 中国经济问题 1991.1

论产业结构调整的主体和机制 李命志 经济问题 1991.5

产业结构调整必须系统考虑 李玲玲 经济科学 1991.3

摆脱产业结构调整"两难"处境的思考 雷功 经济问题 1991.10

企业兼并:产业结构调整的捷径 崔爱国 经济问题 1991.3

产业结构调整与宏观经济环境 周喜安 经济与管理研究 1991.1

九十年代我国产业结构调整战略构想 陆道生 学术月刊 1991.6

九十年代世界经济变动与中国的产业结构调整 李京文等 数量经济技术经济研究 1991.1

中国的产业结构及当前的产业调整 林水源 广东社会科学 1991.2

结构调整:稳步启动生产的基点 朱明春 经济理论与经济管理 1991.1

论产业结构调整的现期适应性与长期主动性 邹薇 武汉大学学报 1991.4

我国产业结构的转化与出路 刘鹤 管理世界 1991.1

产业结构:80年代的问题与90年代的调整 孙尚清 马建堂 管理世界 1991.2

资金、资金效率和调整产业结构 姜洪章 经济科学 1991.3

关于产业结构失衡几个问题的研究 苏明 财政研究 1991.2

关于结构失衡的两个问题 魏杰 河南财经学院学报 1991.3

中国产业结构失衡与资金动员分析 王光伟 经济学家 1991.3

矫正结构失衡,促进经济协调发展 刘秋生 中国经济体制改革 1991.4

产业指向移动及其对经济发展的影响 陈惠雄 社会科学(上海)1991.5

试论经济增长中工农业结构转换的若干问题 王元京 翟应龙 辽宁大学学报 1991.2

产业政策体系分析 周振华 江淮论坛 1991.2

中国产业结构的现状和调整对策 周叔莲 俞恒 中国人民大学学报 1991.4

对我国产业政策的评价及其改进完善的构想 吴强 财经理论与实践 1991.2

我国产业重组与产业组织政策的创新 陈明森 中国工业经济研究 1991.5

从产业结构的一般演变进程看我国产业结构政策的应有选择 刘文烈 经济科学 1991.3

论我国产业结构政策的实效和调整机制的转变

江小涓 经济研究 1991.2

产业政策与有计划商品经济的发展 周叔莲 金碚 经济理论与经济管理 1991.5

产业结构协调配置分析 王东京 学术论坛 1991.2

产业结构协调配置模型研究 王东京 经济理论与经济管理 1991.2

中国不发达地区产业结构的特征及其优化设想 何异煌 方承 改革与战略 1991.3

企业经济

对增强我国企业活力的思考 贺阳 中国工业经济研究 1991.4

搞活大中型企业的对策分析和出路 吕政等 改革 1991.3

关于当前搞活企业的思考 杨启先 中国工业经济研究 1991.10

从企业亏损调查看国营大中型企业的机制转换 吕东 中国工业经济研究 1991.11

逐步调整政策,搞活国营大中型企业 吕东 改革 1991.6

如何搞活国有大中型企业研讨会纪要 卢世琛 中国工业经济研究 1991.7

深化改革,强化管理,增强国有大中型企业的活力 中国社会科学院工业经济研究所增强大中型企业活力课题组 中国工业经济研究 1991.6

搞活大中型企业关键在于深化改革 刘文林 中国工业经济研究 1991.6

关于搞好大中型企业的几个问题 马洪 经济研究 1991.11

大中型企业经营战略决策与智囊团的设置 罗隽 广东社会科学 1991.3

增强大中型企业活力的突破口和途径 丁登奎等 改革 1991.3

关于增强国营大中型企业活力问题的探讨 袁宝华 改革 1991.4

关于搞活大中型企业的思考 白立忱 管理世界 1991.4

关于进一步搞活大中型企业的几点意见 张奇先 经济管理 1991.10

建立搞好国营大中型企业的新机制 陈雅妮 杨木寿 中国经济体制改革 1991.11

切实增强大中型企业活力 朱耀华 财政研究 1991.11

增强全民所有制大中型企业活力的政策走向 郭振英 天津社会科学 1991.4

优化分配机制是搞活大中型企业的关键 谢雪等 山西财经学院学报 1991.5

增强国营大企业活力迫在眉睫 董齐亮 段有郁 世界经济文汇 1991.5

当前国营大中型企业面临的困境、原因及对策 王勇 经济管理 1991.4

谈如何搞活大中型企业 杨培新 经济管理 1991.4

搞活大中型企业的三点意见 康永和 经济管理 1991.6

对搞好大中型企业的趋势分析 王德培 经济管理 1991.6

关于大中型企业资金问题的思考 严毅 管理世界 1991.3

论公有制企业与非公有制企业的股份制 魏杰 争鸣 1991.5

国有企业在公有制基础上实现股份制的途径 厉以宁 改革 1991.1

“完善股份制与股票市场试点研讨会”会议纪要 改革 1991.3

关于股份制的若干理论问题 樊纲 改革 1991.4

关于股份合作经济的若干思考 曹麟章 财经研究 1991.10

股份制是产权制度改革的一条思路 黄家声 经济问题 1991.8

公有股份制:国有企业改革的主体思路 陈佳贵 经济体制改革 1991.1

股份制企业所有权刍议 陈炳富等 中国工业经济研究 1991.10

股份制:搞活大中型企业的正确选择 王珏等 中国工业经济研究 1991.11

国有大中型企业股份制试点中的几个问题 陈永忠 经济学家 1991.3

现阶段大中型企业不宜实行股份制 李石 特区经济 1991.5

企业集团垄断问题的辨析 侯旭华 财经理论与实践 1991.1

论我国企业集团的建立与发展 邱小平 经济问题 1991.4

关于企业集团问题研讨会综述 孙胜利 经济学

动态 1991.10

企业集团:模式构想与道路选择 中国社会科学院工业经济研究所企业集团研究课题组 中国工业经济研究 1991.7

企业集团所有制是我国公有制新模式 王 河 财经问题研究 1991.2

略论企业集团的规模 陈佳贵 中国工业经济研究 1991.4

企业集团与股份制 蒋一苇 管理世界 1991.2

谈谈组建中国式的企业集团 张 涛等 山西财经学院学报 1991.2

中国企业集团:理论与实践的几个问题 邢 成 罗 亭 天津社会科学 1991.2

论我国企业集团的特征 邓碧泉 广东社会科学 1991.5

中国企业集团的现状与发展趋势 李源潮 中国社会科学 1991.2

论企业集团的现状与发展 江 红 江淮论坛 1991.4

关于组建和完善企业集团的意见 《企业集团与股份制》课题组 改革 1991.2

企业集团的垄断、竞争与市场选择 王玲玲 改革 1991.2

组建商业集团,促进企业发展 于 容 改革 1991.2

探索发展有福建特色的企业集团 王振雄 福建论坛(经济社会版)1991.7

轻工业企业集团的现状、发展趋势及对策 穆 源 经济管理 1991.1

纺织企业集团的现状及其发展对策 李友润 经济管理 1991.1

论我国企业基本形态的变革 倪学鑫 江淮论坛 1991.4

我国社会转型时期企业组织的改革与完善 李培林 天津社会科学 1991.5

关于国有企业改革的几个争论问题 周叔莲 中国工业经济研究 1991.5

九十年代深化企业改革的思考 邢幼青 管理世界 1991.5

必须尽快改善企业改革的外部环境 卢嘉瑞 经济科学 1991.5

转换经营机制,深化企业改革——国有企业改革与经营机制理论研讨会纪要 经济研究 1991.8

九十年代深化企业改革的思考 杨启先 改革 1991.2

完善企业经营机制的系统思考 刘永成 天津社会科学 1991.1

论企业经营机制体系 佟德钧等 经济管理 1991.6

国有企业与“三资”企业,乡镇企业经营机制比较研究 刘立峰 中国社会科学院研究生院学报 1991.5

国营大中型企业与三资企业经营机制的比较 郝觐桓等 改革 1991.6

论企业经营的资金市场环境 王述英 南开学报 1991.6

我国企业管理的现状和对策 周叔莲 管理世界 1991.1

发展企业规模经济 陈天庚 管理世界 1991.3

我国企业规模结构合理化初探 刘 英 经济问题 1991.7

企业规模结构与市场运行 《企业结构与市场组织》课题组 改革 1991.4

国有企业产权制度运行效率分析 吴子魁 方 方 辽宁大学学报 1991.1

国有企业制度创新的若干思考 陈清华 天津社会科学 1991.2

完善社会主义企业制度的三十条建议 中国企业改革与发展研究会课题组 改革 1991.6

跳出旧体制的框架,创立新的企业制度 王 珏 改革 1991.1

论集体所有制企业产权构建 严闻广 经济学家 1991.6

我国企业行为研究与现代产业组织理论 马建堂 经济研究 1991.11

国有企业微观行为类型与对策思考 苏福论 中国经济问题 1991.1

国有企业自负盈亏机制为何运转不灵 汪祥春等 财经问题研究 1991.10

重造企业管理体制的几点思考 贺笑中 山西财经学院学报 1991.4

企业所有权与经营权的分离与结合 邱志忠 经济问题 1991.6

全民企业产权营运探索 高建龙 山西财经学院学报 1991.4

论企业市场 赵石宝 经济体制改革 1991.3

国内外市场与企业发展战略 李铁锤 城市改革与发展 1991.4

关于影响企业活力内外部条件的调查研究 邱靖

基等 改革 1991.6

关于搞活企业问题的性质、难点和选择 杜海燕 改革 1991.6

我国企业经济效益的分析和建议 项镜泉等 经济学动态 1991.7

企业经济效益状况的定量分析结构模型 孙嘉政等 中国工业经济研究 1991.8

现代企业经济分析的几个基本理论问题探讨 王道海 山西财经学院学报 1991.2

企业成本居高不下的成因及其对策 高志仁 经济科学 1991.5

强化受托责任,提高承包企业经济效益 董玲 山西财经学院学报 1991.5

论坚持、完善和发展承包制 杨培新 经济学家 1991.3

理论界关于完善承包制的观点综述 杨萍 经济体制改革 1991.1

推动新一轮承包制完善和发展的思考 耿刚 经济科学 1991.1

我国经济发展不平衡规律与承包制的历史地位 宋廷明 经济管理 1991.9

论利润承包指标的确定与考核 丁建荣 经济管理 1991.5

对工业企业承包经营责任制十年实践的理论思考 冯宝兴 社会科学战线 1991.2

企业兼并若干问题初探 陶长春等 特区经济 1991.3

论公有制企业与非公有制企业之间的兼并 魏杰 天津社会科学 1991.4

从天津市转换国营工业企业经营机制试验得到的启示 董绍华 经济管理 1991.9

试论我国工业企业规模及其结构优化 张理泉 刘海泉 经济与管理研究 1991.4

提高质量效益是我国社会主义企业发展的必由之路 邱麟 经济科学 1991.3

浅谈质量问题及对策 张彦民 经济科学 1991.2

向质量要效益,促进国民经济稳定协调发展 陈祖湘 城市改革与发展 1991.2

企业发展环境与企业家的素质 厉以宁 改革 1991.5

谈企业党委在企业经济建设中的责任 张嘉国 改革 1991.5

论国有企业技术创新机制的构造 伍长南 经济体制改革 1991.1

企业文化内涵探索 刘惠坚 中国工业经济研究 1991.11

企业文化理论与实践的几个问题 高宏德 中国工业经济研究 1991.11

建设企业文化增强企业活力 罗超凡 城市开发 1991.7

试论我国企业文化 尹春兰 山西财经学院学报 1991.5

为乡镇企业辩——与吴树青教授商榷 冷磊 争鸣 1991.3

切实把乡镇企业提高到一个重要的战略地位 王茂林 经济问题 1991.2

乡镇企业产业结构分析 杨伟民 经济科学 1991.4

对90年代乡镇企业发展的展望 陈乃醒等 中国工业经济研究 1991.6

90年代乡镇企业的健康发展与宏观调控 李炳坤 中国工业经济研究 1991.7

中国企业国际化的有关问题 谭力文 国际贸易 1991.3

企业国际化的趋势和对策 张仲深 广东社会科学 1991.2

我国跨国企业初探 刘云清 夏友富 国际贸易 1991.4

对我国企业创办跨国公司的思考 冯雷鸣 河北财经学院学报 1991.5

区域经济

论区域经济与城市发展 孟祥生 城市开发 1991.3

区域经济非均衡性成长的理论基础及其空间组织形式 周克瑜 城市经济研究 1991.5

“八五”时期的中国区域经济政策 中国区域经济学会区域经济政策课题组 中国工业经济研究 1991.1

中国区域经济政策模式的转变与重新选择 蒋清海 经济科学 1991.5

区域政策的理论考察与实证研究 张文合 学习与探索 1991.3

九十年代中国区域经济政策研究 区域经济政策课题组 管理世界 1991.1

论区域经济规划与区域政策 李世华 社会科学战线 1991.1

城郊经济——新兴的区域性经济 包永江 中国

农村经济 1991.3

当代中国区域经济研究三思 李淳燕 云南社会科学 1991.1

我国区域经济增长过程的比较 刘 源 经济问题 1991.8

论我国经济的区域性倾斜战略 吕 沛 经济学家 1991.1

我国区域经济增长的比较研究 张立球 江淮论坛 1991.2

中部地区经济发展的产业政策研究 朱建中 湖北社会科学 1991.4

贯彻国家产业政策与发展地方经济的碰撞 章迪纯等 财经理论与实践 1991.2

论区域利益关系的扭曲与协调 蒋清海 财经理论与实践 1991.6

论地区产业结构的构造 李燕萍 经济问题 1991.7

我国地区发展政策的战略思考 吴克烈 社会科学(上海)1991.1

区域调整:结构改善的空间对策 陈 耀 中州学刊 1991.2

论我国的五大地带及其发展战略 谭国刚 天津社会科学 1991.5

重南兼北:“双经济圈”中的湖南经济发展战略 刘服农 周登科 财经理论与实践 1991.6

九十年代加速西部开发的若干建议 西部课题组 管理世界 1991.5

我国不发达地区二元经济结构探索 何异煌 方承 学术论坛 1991.1

贫困地区经济与环境的协调发展 厉以宁 中国社会科学 1991.4

论我国的贫困状况与发展农业区域经济 何承金 赵学董 四川大学学报 1991.1

山东农村改革与县域经济发展 高昌礼 农业经济问题 1991.8

关于县域经济改革与发展的若干问题 何 康 农业经济问题 1991.8

我国地区封锁的经济政策效应分析 徐 华 中国经济问题 1991.3

论“区域封锁”:危害、根源、对策 汤 兹 财经理论与实践 1991.2

论“块块经济”:产生、后果、治理 武建奇 财经理论与实践 1991.2

云南“八五”经济发展目标和对策选择 黄建国 云南社会科学 1991.3

广东省经济发展情况及可供我省借鉴的一些做法 张明修 湖北社会科学 1991.4

广东经济增长因素分析 陈 洪 滕成业 中山大学学报 1991.4

论上海浦东新区经济结构的“桥型”特点 黄贞谕等 社会科学(上海)1991.1

因素分析法与区域经济比较研究 姚愉芳等 数量经济技术经济研究 1991.10

试论我国民族区域发展战略 周民良 改革与战略 1991.2

对外开放

浅议对外开放与反“和平演变” 吴剑杰 高校理论战线 1991.3

论坚持对外开放的经济必然性 丁任重 江淮论坛 1991.1

要充分肯定十年改革开放的成功经验 吕 东 改革 1991.2

强化外经意识,开创改革开放新局面 陈宽金 改革 1991.2

对我国三大经济地带开放战略的构想 李海舰 中国社会科学院研究生院学报 1991.4

世界经济格局变化与中国对外开放策略 朱家健 中山大学学报 1991.2

开放经济的宏观分析:理论与进展 黄 谷 世界经济文汇 1991.1

九十年代的国际经济环境和我国的对外经济发展战略 张磐 亚太经济 1991.1

对开放型经济的再认识 李滋仁 亚太经济 1991.3

1979——1990:开放的突破与进展 沈贵进 港澳经济 1991.10

论西南地区面向东南亚的开放 阳 坚 云南社会科学 1991.1

中国在“八五”计划时期的经济建设和对外开放 刘日新 中国对外贸易 1991.9

不同开放战略的出口产业选择 周振华 社会科学(上海)1991.6

关于我国吸收外商直接投资的分析 武 超 管理世界 1991.3

九十年代初期我国利用外商直接投资战略研究 韩继云 辽宁大学学报 1991.5

论有效利用外资的内部条件　潘英丽　华东师范大学学报 1991.6

利用外资对经济增长的影响　林宜宝　亚太经济 1991.2

我国利用外资适度规模的确定　刘欣华　经济理论与经济管理 1991.4

我国沿海地区吸收外资能力探讨　唐　斌等　亚太经济 1991.4

增强对台资吸引力的若干思考　蔡嘉源　福建论坛(经济社会版)1991.6

我国吸收外商投资的回顾与展望　童宜中　中国对外贸易 1991.4

我国引进外资现状与问题讨论会综述　安晓枫　经济学动态 1991.9

浅析中外合资项目管理模式　刘京平　对外经济贸易大学学报 1991.4

中外合资企业的完善与发展　邹凤岭　经济问题 1991.4

我国外商投资企业管理中的几个问题及对策　桑百川　特区经济 1991.4

发展外向型经济的初步探索　陈祥兴　经济社会体制比较 1991.4

试论沿海地区发展外向型经济的产业结构转换　施修霖　上海经济研究 1991.1

九十年代广东沿海地区外向型经济成长阶段初步研究　张炳申　暨南学报 1991.2

我国外向型经济应向北方倾斜　刘天福　中国社会科学院研究生院学报 1991.3

发展外向型经济对国内供需平衡的影响及对策　黄卫光　北京商学院学报 1991.2

外向型经济模式的回顾和展望　徐　岿　亚太经济 1991.1

论发展外向型企业集团　顾壬章　经济管理 1991.6

关于发展外向型企业集团的几点思考　陈家勤　经济管理 1991.6

对发展外向型经济的回顾与思考　孔祥琯　山西财经学院学报 1991.2

农业经济学

工业化的成长阶段与我国农业发展政策的调整　冯海发　李　溦　经济学家 1991.5

对九十年代我国农业发展政策的思考　马海发等　农业经济问题 1991.9

论农业中的计划与市场相结合　魏　杰　经济学家 1991.5

对我国农村三大经济调节机制的初步分析　欧阳柏林　天津社会科学 1991.4

科学评价农业在国民经济增长中的作用　许径勇　贵州财经学院学报 1991.1

农业在经济发展中作用的历史分析　邢建国　江淮论坛 1991.3

关于农业经济基础理论问题的研究　周　诚　农业经济问题 1991.11

农业基础论的再认识　韩亚珠　中国农村经济 1991.11

试论我国传统农业向现代化农业的转变　王国敏等　经济体制改革 1991.4

以科技为先导加快中国农村经济现代化步伐——星火计划回顾与展望　唐杰等　经济学家 1991.3

中国农村现代化问题探析——农村工业化、城市化和农业现代化问题研究　郭书田　农业经济问题 1991.11

关于农业现代化的实践和思考　陈壁显　江海学刊 1991.1

我国农业现代化问题的若干思考　邵　宁　中国农村经济 1991.2

中国农业现代化道路与精细农业的构思　刘巽浩　王宏广　中国农村经济 1991.3

浅析我国农业现代化的几个问题——与邵宁同志商榷　陈　凯　中国农村经济 1991.7

论农业现代化的几个问题　凌　岩　农业经济问题 1991.11

农业现代化指标体系及其应用　黄文新　黄在鸣

中国农村经济 1991.9

对传统农业向现代化农业过渡概念的商榷　杨世基等　农业经济问题 1991.8

中国农村深化改革的思路比较与目标抉择　李含琳　经济体制改革 1991.1

中国农村经济改革总论　国务院发展研究中心农村部　北京社会科学 1991.3

深化农村改革的若干问题　夏振坤　中国农村经济 1991.6

农村改革与发展的基本任务　艾云航　中国经济体制改革 1991.5

农产品短缺与农民剩余:中国农村发展的基本制约和改革的基本方向　曹　阳　农村经济问题 1991.2

福建农村深化改革的研究　省农村深化改革课题组　福建论坛(经济社会版)1991.3

试论比较收入状况与农业经济体制改革　黄桂田　经济问题 1991.4

制约农业发展的因素分析　徐国柱　贵州财经学院学报 1991.1

我国农业发展的深层分析　陈凯等　经济问题 1991.8

必须密切跟踪农业的结构性波动　刘　华　中国经济问题 1991.5

四十年农业发展的基本经验和教训　陆学艺　中国经济体制改革 1991.2

对中国农业波动的几点分析　王群会　中国农村经济 1991.3

对我国农村经济问题的几点看法　付伯昕　中国社会科学院研究生院学报 1991.6

当前农业面临的问题和十年发展任务　刘中一　管理世界 1991.1

我们面临的严峻挑战——关于人口、耕地与农业问题的研究　杨坚白　中国社会科学院研究生院学报 1991.1

农村小康社会指标体系和 2000 年的发展目标　朱庆芳　农业经济问题 1991.10

依靠科技进步振兴农村经济的几个问题探析　徐柏园　北京社会科学 1991.2

我国农业技术进步迟缓的原因、后果与对策　廉保华　江淮论坛 1991.4

科技兴农战略目标研究　贾文身　农业经济问题 1991.7

我国农业指标增长规律实证研究　顾海兵　经济理论与经济管理 1991.1

关于我国农村土地租赁经营的理论思考　石成林　经济与管理研究 1991.5

中国农村土地制度改革的目标模式　林　叶　经济学家 1991.3

我国新的土地收益制度初探　王陆进　财政研究 1991.10

1990:中国农村土地承包经营制度及合作组织运行考察　农业部农村合作经济研究课题组　农业经济问题 1991.8、9

"双田制"是引向耕地适度规模经营的最佳选择　林春今等　中国农村经济 1991.2

中国农地制度现状及其分析　蒋亚平　中国农村经济 1991.7

论我国土地使用制度的改革　蔡继明　南开学报 1991.5

当前农村土地制度中几个问题的探讨　王品潮　中国农村经济 1991.10

农地有偿使用中有关问题的理论思考　孙自铎　农业经济问题 1991.2

当前几种土地经营形式的利弊分析　王品潮　中国农村经济 1991.2

完善农村双层经营体制的新尝试　徐志刚　城市改革与发展 1991.1

论农业双层经营体制的客观性及两个经营层次的结合　吴为汉　河北学刊 1991.6

论建立农村双层经营的内在经济机制　李含琳　李振昱　中国农村经济 1991.3

论农业经营体制的形式及其形成与发展　谭锦维　中国农村经济 1991.4

中国农户土地经营规模问题的实证确定　中国土地制度课题组　中国农村经济 1991.9

公有私营——我国现阶段土地经营方式的必然选择　何济川　争鸣 1991.3

中国农户土地经营规模研究　黄青禾等　管理世界 1991.4

上海农业经营机制的优化和目标模式的选择　姜国祥　华东师范大学学报 1991.1

论农业家庭联产承包责任制的规范　石成林　云南社会科学 1991.5

对农村新经济联合体的剖析　谢仁生　彭告文　争鸣 1991.1

论提高我国农业土地生产率的途径　卢荣善　张远秀　江淮论坛 1991.5

从国际比较中谈我国农业投资比例的选择　张莲

英 山西财经学院学报 1991.3

农业投入结构战略研究 胡朝晖等 山西财经学院学报 1991.5

农业收入中资本形成的困境 钱彦敏 经济科学 1991.1

我国农业扩大再生产良性循环的新思路 李向民 学术月刊 1991.3

"七五"时期我国农业生产投入与产出效益的初步分析 李 平等 农业经济问题 1991.9

我国农业发展中的资金问题 张忠法等 中国社会科学 1991.1

农业投资运行及其分析 罗剑朝 学习与探索 1991.1

农业投入的生产力问题探讨 康云海 云南社会科学 1991.5

农业资金运动与农业发展 国家计委经济研究所农村室 经济研究 1991.6

关于我国农业综合生产能力的研究 万宝瑞等 农业经济问题 1991.9

论农村资源发展战略 严立冬 中南财经大学学报 1991.6

关于强化农业经济管理的几个问题 王玉中等 南开学报 1991.2

推动农村社会化服务体系的建立与发展 凌启鸿 经济社会体制比较 1991.4

农业社会化服务体系问题的探讨 池 磊 社会科学战线 1991.4

中国农村合作经济问题研究述评 马 力 中国农村经济 1991.8

关于农业生产区域化的几个问题 张 英 王傲兰 江淮论坛 1991.4

搞活农村商品流通的新思路 杨增杰 经济问题 1991.8

四十年来我国粮棉油猪生产增长规律的实证研究 顾海兵 数量经济技术经济研究 1991.3

中国农村粮食购销体制改革 农业部农村改革试验区办公室 北京社会科学 1991.3

论困扰我国粮食开发的八个现实问题 孙明浩 经济管理 1991.1

我国粮食及农业生产的警度测定分析 顾海兵 农业经济问题 1991.8

中国未来粮食政策的选择:坚持自给还是扩大进口? 杨启荣 中国农村经济 1991.5

中国式畜牧业集约经营的道路 包永江 农村经济问题 1991.7

论农业劳动力转移的战略管理模式 杨小苏 贵州财经学院学报 1991.2

试论我国现阶段农村剩余劳动力市场的发展 侯晓红 河南财经学院学报 1991.2

我国农村劳动力流动的六大制约因素 王 敏 学术研究 1991.2

农村剩余劳动力转移的理论模式和现实选择 刘品安 中国社会科学院研究生院学报 1991.2

中国农业剩余劳动力就业与转移的战略思考 卢嘉瑞 陈素梅 吉林大学社会科学学报 1991.1

论我国农业过剩人口再配置运行及其约束 潘琦 经济学家 1991.3

中国农业劳动力转移模式述评 杨小苏 江淮论坛 1991.1

我国农业劳动力转移的深层制约与战略抉择 郭晓鸣等 中国农村经济 1991.3

我国农业劳动力转移的启示:前景及对策思路 黄祖辉 中国农村经济 1991.8

论农业剩余劳动力转移的制约因素 罗 兴 经济科学 1991.2

工业经济学

坚决走有中国特色的社会主义工业化道路 周叔莲 经济管理 1991.11

中国工业发展战略:转折与变化 韩 旭 经济理论与经济管理 1991.3

九十年代我国工业发展及相关政策研究 邵 宁等 管理世界 1991.5

我国采取倾斜政策加强基础工业的发展　杨建民　中国对外贸易 1991.3

我国工业所有制结构的合理配置　李运福等　学术月刊 1991.10

对我国全民所有制工业状况的初步分析　刘　力　中国工业经济研究 1991.4

论九十年代我国工业的发展与改革　中国社科院工经所工业发展问题课题组　中国工业经济研究 1991.11

中国工业发展的长期展望　刘世锦等　中国工业经济研究 1991.11

1980—1989 我国工业行业结构变动分析　卓勇良　中国工业经济研究 1991.8

谈工业速度与利税增长的关系　张奇光　经济管理 1991.2

我国工业经济增长和经济效益分析　陈　正　中南财经大学学报 1991.3

对我国工业经济效益状况的宏观分析　邵　宁等　中国工业经济研究 1991.10

我国工业经济效益的状况、特点及对策　刘富江　中国工业经济研究 1991.10

工业经济效益的现状及其成因　王玉平　河北财经学院学报 1991.4

我国工业经济效益的困惑与宏观对策　余明勤　贵州财经学院学报 1991.2

提高我国工业经济效益的若干构想　仲　臣　经济与管理研究 1991.4

我国工业经济效益下滑的原因分析　花霞萍　经济与管理研究 1991.5

中国工业经济效益低下的实证研究与成因剖析　仲　臣　财经理论与实践 1991.4

广州工业发展的经济效益问题与对策　赵瑞彰　暨南学报 1991.3

福建工业经济效益的实证分析　苏增添　福建论坛(经济社会版)1991.4

中国工业资金分析研究　乔仁毅　管理世界 1991.4

我国地区工业比较优势的实证分析　马　骏　邹　刚　管理世界 1991.4

限量升质是当前我国机械工业发展的基本思路　杨世璋　经济管理 1991.2

交通运输经济学

中国交通运输发展战略与政策研究　邹逸安　未来与发展 1991.2

我国交通运输投资、能耗、运能动态模拟分析　叶庆余　铁道运输与经济 1991.5

谈铁路多种经营的特点、难点与重点　唐玉兴　铁道运输与经济 1991.6

九十年代我国铁路的发展形势与对策　罗冬树　铁道运输与经济 1991.4

对当前铁路若干重大经济问题的一些思考　许庆斌　铁道运输与经济 1991.4

对我国兴建高速铁路的几点认识　胡新明　铁道运输与经济 1991.6

天津铁路枢纽建设的几点基本经验　王策勋　铁道运输与经济 1991.4

试论铁路运输企业计划工作的和谐管理　谢敬昌　铁道运输与经济 1991.12

浅析边远地区铁路特点和发展方向　于双莹　铁道运输与经济 1991.5

铁路“八五”必须继续走承包之路　曾庆水　铁道运输与经济 1991.4

关于完善铁路经济承包责任制的建议　邹惠康　铁道运输与经济 1991.4

改进铁路运输企业经济承包的几点建议　赵光明　铁道运输与经济 1991.5

对运输的生产站段“七五”承包的思考及“八五”综合指标考核的建议　汤志全　铁道运输与经济 1991.6

铁路施工企业管理模式探讨　郑永涛　铁道运输与经济 1991.4

浅谈汽车运输企业更新改造基金短缺问题　郑飞白　上海企业 1991.7

长江航运与流域经济开发 王保畲 经济科学 1991.3

航空运输的特点及管理对策 柯德路 管理世界 1991.2

运输统计监察的现状剖析及改革对策 俞泉义 铁道运输与经济 1991.6

铁路客价调整实证分析 龙志和等 数量经济技术经济研究 1991.2

商业经济学

在治理整顿中深化商业经济理论的研究 黄国雄 北京商学院学报 1991.1

改革以来我国商品流通理论的新发展 李明义 河北财经学院学报 1991.4

社会主义商业市场供求均衡论 王希久 北京商学院学报 1991.3

商品流通中计划与市场关系的几点思索 沈立人 经济体制改革 1991.3

论建设和发展中国商业的三根支柱 贺名仑 北京商学院学报 1991.2

论国有商业主导作用难以发挥的体制原因 周建仁 财经理论与实践 1991.2

关于发挥国营商业主渠道作用的调查研究 薄庆继等 河北财经学院学报 1991.1

"三多一少"模式浅析——兼谈"主渠道作用" 赵方平 北京商学院学报 1991.1

国合商业主渠道作用萎缩的原因与对策 王晓亮 商业经济研究 1991.5

商品流通渠道分析 纪宝成 中国社会科学 1991.6

论我国的物资体制改革 柳随年 经济研究 1991.3

国营批发商业改革与发展中的几个问题 冯成华 经济与管理研究 1991.1

深化批发商业体制改革的几条建议 秦兴俊 河北财经学院学报 1991.2

商品流通体制改革的回顾和思考 万典武 经济理论与经济管理 1991.3

总结经验 推进改革——对深化商业流通体制改革的意见 胡楚 北京商学院学报 1991.2

深化商业体制改革的几个理论问题 李金轩 中国人民大学学报 1991.1

关于深化国营批发商业改革的基本思路 王学斯 陈晓新 商业经济研究 1991.7

论我国现阶段的市场运行问题 李军 宋光茂 天津社会科学 1991.2

论二重市场的宏观调控模式 刘长文 徐荣梅 中州学刊 1991.3

论建立和完善可调控的市场体系 贾庆云 社会科学战线 1991.2

论完善社会主义市场体系 宋养琰 中国社会科学 1991.4

商业要阔步走向国际市场 郑普青 中国经济经济问题 1991.5

国营商业"三级批发"的出路探讨 周常云 经济与管理研究 1991.4

关于市场疲软问题的讨论综述 曹建 经济科学 1991.3

在市场疲软中推进以市场为取向的改革 戴园晨 改革 1991.1

市场发育的理论思考 郭恒军 中国经济问题 1991.3

关于如何启动市场问题观点综述 陈意华 中国经济问题 1991.2

商品质量与市场启动 李君 河北财经学院学报 1991.1

论有计划地运用市场势力——市场势力效应原理及其启示 陈宏 河北财经学院学报 1991.1

论市场发育的生产力基础 宋则 经济与管理研究 1991.4

中国市场发育问题研究 林文益 中州学刊 1991.4

论社会主义市场三态 胡逢吉 廖涵 中州学刊 1991.1

对我国市场现状的剖析 罗 勇 河北学刊 1991.2

研究商品供求规律,正确对待市场疲软 朱一凡 北京商学院学报 1991.3

治理整顿中的市场状况与市场的发展和完善 董辅礽 管理世界 1991.2

商业企业集团研究报告 商业经济研究中心《企业集团》课题组 山西财经学院学报 1991.3

浅论商业企业集团的特征与作用 马义爽 经济与管理研究 1991.3

关于发展商业企业集团的几个问题 贺名仑 王奇华 北京商学院学报 1991.4

完善国营商业企业承包、租赁制的意见 商业部社会商业管理司 商业经济研究 1991.2

农副产品流通体制改革之我见 江永中 吴文兴 经济体制改革 1991.1

我国农产品流通体制改革若干断想 何子阳 农业经济问题 1991.11

论农产品流通对经济周期的影响 杨孚平 财经问题研究 1991.7

在粮食批发市场基础上建立粮食期货市场 李俊英 经济问题 1991.5

构造有中国特色的粮食批发市场 朱玉辰 农业经济问题 1991.11

粮食流通走出困境的对策研究 吴 硕 相 敏 经济体制改革 1991.2

论增强农村市场容量的弹性问题 陈良珠 福建论坛(经济社会版)1991.3

中国生产资料市场发育初探 张德霖 中州学刊 1991.3

科学地认识商业文化 刘秀生 北京商学院学报 1991.3

浅论我国特色的商业文化建设 李志强等 山西财经学院学报 1991.5

对外贸易经济学

九十年代中国对外贸易的发展前景 李雨时 国际贸易 1991.1

九十年代我国对外贸易发展瞻望 曾伯牙 中国对外贸易 1991.7

当代中国对外贸易若干理论问题的探讨 孙玉宗 管理世界 1991.3

九十年代我国对外贸易必须实现三大转变 张宇贤 经济学动态 1991.6

外贸战略演变的一般规律及多种模式 陈朝阳 国际贸易问题 1991.3

我国90年代对外经济发展战略设想 季崇威 改革 1991.1

论中国的对外经济发展战略和对外竞争战略 何炼成等 中国经济问题 1991.2

对外经济贸易战略新论:效益竞争战略 徐康宁 国际贸易 1991.8

从对外贸易理论看我国经济战略选择 全 毅 亚太经济 1991.1

国际贸易的重要意义及我国外贸战略的选择 黄先荣 世界经济文汇 1991.2

我国对外经济贸易政策制定原则初探 章昌裕等 对外经济贸易大学学报 1991.5

国际经济集团化与我国对外经济贸易战略的调整 徐康宁 国际贸易问题 1991.10

谈过渡时期的外贸体制改革 华晓红 国际贸易 1991.3

出口商品结构与外贸体制选择 江小涓 管理世界 1991.3

我国进口体制的选择 周小川 管理世界 1991.3

深化外贸体制改革是提高经济效益的根本途径 李大全 国际贸易问题 1991.1

当前外贸新体制运转中六大矛盾分析 杨崇艺 国际贸易问题 1991.8

十余年的外贸巨变——历史新时期我国对外贸易体制的变化 许 煜 对外经济贸易大学学报 1991.5

中国外贸体制的进一步改革和完善 张松涛 中国对外贸易 1991.5

当代管理贸易现状和趋势与我国的对策 杨家林

国际贸易 1991.2

对外贸易与我国经济增长　唐海燕　华东师范大学学报 1991.2

我国外贸出口及其对经济形势的影响分析　郭廷选等　吉林大学社会科学学报 1991.6

中国对外经济贸易持续发展　曾伯牙　中国对外贸易 1991.5

中国外贸市场向多元化开拓　江　帆　中国对外贸易 1991.10

我国出口贸易市场的地域结构及其调整　焦华富　亚太经济　1991.4

论我国出口贸易提高经济效益问题　储祥银　对外经济贸易大学学报 1991.4

我国的工业发展与技术出口　童书兴　对外经济贸易大学学报 1991.2

九十年代我国出口市场战略设想　马成三等　国际贸易 1991.9

结构型出口增长与经济发展略考　程惠芳　经济学家 1991.1

对现阶段我国纺织品出口基本态势的研究　徐信和　经济管理 1991.3

外贸企业工资与效益挂钩初探　翁新志　社会科学(上海)1991.1

对我国外贸企业结构宏观思考　马　刚等　国际贸易问题 1991.9

如何完善外贸承包经营责任制　许　煜　对外贸易大学学报 1991.1

试论外贸经营集团化　卢圣亮　国际贸易问题 1991.5

我国将保持适度的进口规模　曾伯牙　中国对外贸易 1991.7

试论中国国际储备适度规模的决定　刘红忠　世界经济文汇 1991.6

关于外贸收支理论模型的争论和发展　马建堂　经济科学 1991.5

我国国际收支管理目标及其调节政策　于立新　上海经济研究 1991.1

中国的国际收支和经济变动　唐国兴　数量经济技术经济研究 1991.2

财政学　金融学

论综合财政问题　朱耀华　江海学刊 1991.1

关于加强财政法制建设的探讨　李　彪　山西财经学院学报 1991.5

论速度型财政问题效益型财政转轨　章　克　学术论坛 1991.1

在深化改革中强化财政职能　李达昌等　经济学家 1991.4

试论商品经济中的财政职能　王绍飞　中州学刊 1991.1

宏观财力分配模型论纲　刘立新　财政研究 1991.9

1991 年财政经济运行的主要特点及发展的基本态势　汪义达　数量经济技术经济研究 1991.6

关于理顺财政分配关系的思考　寇铁军　财经问题研究 1991.3

财经体制改革的理论与实践　巫建国　经济科学 1991.1

解决我国财政困难的思路选择及对策　周　凯　学术论坛 1991.5

财政体制改革探讨　邬守国　中南财经大学学报 1991.5

财政改革的成效、问题与对策　冯宗容　四川大学学报 1991.2

90 年代财政体制改革的困难与战略选择　陈为群　改革 1991.6

我国财政预算工作的改革问题　刘义鹏　改革 1991.5

论深化财政体制改革　安体富　中国人民大学学报 1991.1

浅谈财政十年改革和今后的深化改革　阮钧开　河南财经学院学报 1991.4

关于财政失衡的几点不同看法——与魏杰同志商

榷 夏海舟 争鸣 1991.1

试论我国现行财政运行机制的扭曲及其矫治 齐守印 河北学刊 1991.2

论财政的提高经济效益功能 杨良初 财经理论与实践 1991.4

我国财政面临的困难与对策 王庆良 贵州财经学院学报 1991.1

剪刀差与财政补贴 杨万铭 经济学家 1991.4

近年来我国财政补贴存在的问题与对策 胡建军 贵州财经学院学报 1991.2

财政收入占国民收入比重问题的再思考 黄宇光 财经研究 1991.7

对我国税制改革若干重大问题的新思路 王雍君等 财经问题研究 1991.8

试论我国税制与税收政策中的公平与效率的问题 葛正良 华东师范大学学报 1991.3

税利分流问题需要深入探讨 杨培新 经济管理 1991.1

试论税负转嫁——税制改革急需的理论突破 黄年山 辽宁大学学报 1991.1

宏观税收负担衡量指标的选择 杨元伟 财经研究 1991.10

我国国内债券若干问题相关研究 武汉人行研究所课题组 金融研究 1991.2

我国建立国债偿债制度的必要与可能 张 玮等 财经研究 1991.9

关于我国国债战略研究的几点思考 席克正 财经研究 1991.9

我国的外债问题和管理对策 胡稚清 经济体制改革 1991.4

国债的现状及未来 赵全厚 经济问题 1991.2

加强外债的宏观控制与管理 陈秋华 财经理论与实践 1991.2

论外债规模 王东京 刘 彪 经济学家 1991.5

我国外债的现状、预测及建议 郭志航 国际贸易 1991.6

我国外债的规模、结构及其相关的政策建议 秦海 改革 1991.5

论金融计划调节与市场调节相结合 吴 强 经济问题 1991.4

计划金融和市场金融相结合的若干理论探讨 范正平 经济研究 1991.4

试论金融业在企业集团跨国经营中的地位和作用 蔡涵刚等 经济研究 1991.5

宏观经济金融运行情况述评 时文朝 中国金融 1991.11

计划经济与市场调节结合的金融调控作用 周正庆 金融研究 1991.8

目前的金融形式与任务 周正庆 中国金融 1991.1

自主金融模式探讨 周月秋 天津社会科学 1991.4

金融体制改革中的问题及原因 俞天一 金融研究 1991.5

当前金融改革中面临的难点问题 王 强 经济体制改革 1991.5

深化改革中需要研究的几个金融问题 赵海宽 金融研究 1991.6

金融体制改革的发展趋势 杨培新 中国金融 1991.6

试论我国金融体制改革的方向 叶金生 改革 1991.4

未来十年我国金融体制改革的思考 耒祖荫 财经理论与实践 1991.4

金融体制改革:回顾、现状、展望 孟广德 财经理论与实践 1991.3

中国金融体制的重大变革 李晓波 武汉大学学报 1991.4

金融改革与发展 周 骏 中南财经大学学报 1991.5

金融深化理论与中国经济的适应性 黄志凌 经济学动态 1991.2

金融改革的回顾与瞻望 黄如之 财政研究 1991.8

金融体制改革的有益尝试 汤 枫 经济问题 1991.6

企业机制与金融体制改革的联动效应 李 晓等 经济问题 1991.10

九十年代中国金融改革的若干思考 中国人民银行武汉市分行金融研究所课题组 经济研究 1991.7

论"诸侯金融"产生、危害、对策 张国杰 财经理论与实践 1991.2

论我国金融机构分工与管理 课题组 金融研究 1991.8

中国规模经济化的金融压制——形式、后果与政策 戴玉林 财经问题研究 1991.5

从生产力角度看金融网点的配置 张 宪等 经济问题 1991.8

关于发展直接融资的几个问题　刘光弟　金融研究 1991.4

改进中央银行和专业银行宏观经济调控的思考　卿　旭　金融研究 1991.11

我国银行职能的再认识　郑先炳　江汉论坛 1991.10

银行的宏观调控作用与局限　郑先炳　学术研究 1991.4

论发展中国家跨国银行　林　叶　河北学刊 1991.4

“八五”计划期间银行的宏观调控要加强　历以宁　中国金融 1991.6

中国银行集团论纲　尹全洲　山西财经学院学报 1991.3

设立政策性银行不可行　卢汉川　金融研究 1991.3

利率杠杆与宏观金融调节　王文超　财经问题研究 1991.2

论我国城乡居民储蓄存款的宏观调控　褚高峰　山西财经学院学报 1991.5

简析宏观紧缩中的储蓄作用　蒋勇生　山西财经学院学报 1991.3

论我国储蓄的形势和政策　席长庚　经济科学 1991.1

对城乡储蓄存款增长形势的分析　夏长文　金融研究 1991.1

1991 年中国金融学会储蓄理论研讨会综述　储蓄研究委员会　金融研究 1991.11

对储蓄利率调整效应的思考　蔺俊杰等　金融研究 1991.6

资金市场发展中的若干问题　张才杏　金融研究 1991.1

流动资金流失，对经济发展的影响　刘沂平　中国金融 1991.9

改革的核心问题在于建立资金集约营运机制　黄志凌　金融研究 1991.2

加强预算外资金管理的对策　谈　通等　江海学刊 1991.3

资金积累机制及其矛盾　洪银兴　经济学动态 1991.4

培育我国金融市场的理性思考　李桂兰　财经理论与实践 1991.6

论国债市场　杨志安　辽宁大学学报 1991.4

对我国农业资金短缺问题的思考　刘凤全　财经理论与实践 1991.3

论国库券交易市场　李太尧　经济科学 1991.3

调动利率机制　增强企业活力　房郁琴　金融研究 1991.8

乡镇企业信贷政策的回顾与思考　王醒春　农业经济问题 1991.10

贷款量、利率与企业利息负担的相关分析　熊年红　南开经济研究 1991.6

强化信贷管理　努力盘活资金　黄玉峻　中国金融 1991.9

信贷资金财政化的演变及其后果　李麦秋　金融研究 1991.2

技改贷款：效应、问题、对策　刘志刚　金融研究 1991.3

信贷与贷币对经济增长的效应　课题组　金融研究 1991.11

信贷规模宏观控制浅议　常亮功　经济问题 1991.6

落实信贷资金　增加农业投入　安芳枝　经济问题 1991.6

调整信贷结构为何步履维艰　贾孟飞　经济问题 1991.7

调整信贷结构的宏观再思考　周建松　经济问题 1991.5

试析我国信贷规模的超经济增长　邵享林　经济问题 1991.2

投资中的计划与市场相结合　魏　杰　财经问题研究 1991.6

中国经济面临的转机与投资政策选择　顾伟国　经济研究 1991.2

当前投资领域若干问题分析　靳新中等　中国工业经济研究 1991.10

试论我国 90 年代经济增长中的投资战略问题　谭兴民等　中国工业经济研究 1991.2

关于完善投资宏观调控体系的看法　周福祥　中国工业经济研究 1991.8

积累、积累率和适度投资规模的确定　郭树清等　中国工业经济 1991.7

促进我国投资结构合理化的财政思考　黄国政等　经济体制改革 1991.5

论投资结构及其调整取向　廖　承　财经理论与实践 1991.5

我国投资决策的若干问题　刘少东　中南财经大学学报 1991.5

投资体制改革与证券市场再造 王 里 中南财经大学学报 1991.6

发展我国高技术投资的现实选择 李 楠等 上海经济研究 1991.2

论我国投资模式转轨过程中的"地方主义"倾向及其治理 冯继康 江海学刊 1991.1

投资体制改革的回顾与思考 罗云毅等 中国工业经济研究 1991.1

"八五"时期投资体制改革的思考 张学平 争鸣 1991.3

防止投资再度膨胀 保持经济适度增长 程中秋 南开经济研究 1991.5

投资饥渴、短缺经济、预算约束 陶增骥 财政研究 1991.10

努力提高经济效益的几个问题 耕 之 经济与管理研究 1991.2

正确处理提高投资效益的几个关系 仲肇明等 辽宁大学学报 1991.1

中国对外投资管理存在的问题及其政策选择 宋则 福建论坛(经济社会版)1991.4

试论我国海外直接投资的模式选择 杜亚斌 福建论坛(经济社会版)1991.4

从证券投资发展看我国财政金融体制改革 曹秀珍 经济科学 1991.5

可资借鉴的证券投资方略 古 新 国际贸易 1991.6

证券投资三大律及其对我国经济运行的影响 陈云贤 经济研究 1991.7

对发展我国证券市场的思考 路建华等 中国金融 1991.11

中国的证券交易市场 孙凌燕 中国对外贸易 1991.10

发展我国证券市场的金融创新战略 田俊庆等 山西财经学院学报 1991.4

略论证券市场发展的"税收环境" 章康虎 福建论坛(经济社会版)1991.4

发展证券市场 积极利用外资 方晓丘 福建论坛(经济社会版)1991.4

上海证券交易所建立的利弊刍议 李春平 社会科学(上海)1991.5

股票的虚拟特征及投资者行为分析 陈云贤 学术研究 1991.1

对现阶段我国发行股票的理论思考 翟云玉 暨南学报 1991.2

中国股票投资的回顾与展望 陈云贤 福建论坛(经济社会版)1991.4

我国现行股票融资风险对金融的影响 邓映翕等 财经研究 1991.7

制约我国股票市场发展的六大因素 季有社 经济问题 1991.6

中国股票市场的作用及其条件 张明德 经济科学 1991.3

发展和健全中国股票市场的新探——中国股票市场发展研讨会观点综述 王美英等 经济学动态 1991.10

谈谈社会主义社会中的股票市场——我对这个问题的初步经济理论思考 于光远 特区经济 1991.1

发展中国家股票市场成长的一般性分析——兼谈我国的对策 李鸿洋 特区经济 1991.5

股票市场发展方向及改进措施 艾学锋 金融研究 1991.8

中日证券投资比较与借鉴 陈云贤 北京大学学报 1991.1

对近期两次汇率调整背景与影响的思考 余文治 江淮论坛 1991.4

人民币汇率的几个理论和政策问题 钱荣堃 南开学报 1991.1

关于人民币汇率制度改革方向的几个问题 王子先等 国际贸易问题 1991.7

论汇率调整时机的选择 厉以宁 经济学家 1991.1

论货币控制"度"的掌握 郑先炳 贵州财经学院学报 1991.2

我国货币供给及其影响因素分析 陈 洪等 中山大学学报 1991.2

宏观经济良性运行的必要条件——稳定型货币政策与波动型利率政策的搭配 顾铭德 学术月刊 1991.2

我国经济发展中的货币政策选择 韩文亮等 学术月刊 1991.5

货币增量与生产力提高相适应 平见同 经济问题 1991.10

我国经济增长中的货币幻觉与价格幻觉 吕益民等 经济研究 1991.7

对货币流通规律的再认识 李惠芬 山西经济学院学报 1991.5

论经济改革对货币主义理论的借鉴 黄瑞新等 山西财经学院学报 1991.5

对我国货币供给控制模式的反思 李备远 山西财经学院学报 1991.4

关于货币本质的再探讨 李一芝 山西财经学院学报 1991.2

货币需求理论的比较研究 王晓芳 金融研究 1991.5

论货币需求分析的微观角度与宏观角度 王松奇 金融研究 1991.11

我国宜取稳定币值为重点的双重目标的货币政策 容 欣 中国经济问题 1991.1

人民币汇率的决定与变动 肖庆平 对外经济贸易大学学报 1991.5

关于人民币汇率改革的效益探讨 恒 源 北京物价 1991.10

不断探索逐步完善外汇调节市场 上海外汇调节中心 中国金融 1991.7

用系统思维认识保险业在社会、经济发展中的作用及其发展战略 周 英等 保险研究 1991.6

外贸新体制下汇率体系改革的探讨 陶士贵 国际贸易问题 1991.11

试论保险需求与险种开发 马玉和等 保险研究 1991.3

保险与风险管理 赵明顺 保险研究 1991.4

积极推进我国社会保险制度改革 阮崇武 中国劳动科学 1991.5

区分不同性质的保险 慕 鸿 保险研究 1991.4

对社会主义保险企业竞争的几点认识 杨守文等 保险研究 1991.6

我国经济特区保险业发展趋势展望 叶长卿 保险研究 1991.4

我国现代劳动保险制度必须改革 尹伯成 特区经济 1991.1

城镇待业职工与职工待业保险制度 李建中 经济体制改革 1991.2

新形势下企业对保险的新要求 陈林宝 中国金融 1991.6

开办养老保险是解决老有所养的根本出路 宋军武 中国金融 1991.8

试论政策性金融机构与政策性养老保险 林增余 保险研究 1991.6

与人寿保险相结合改革我国现行社会保险制度 崔利贞等 保险研究 1991.6

试论建立相对独立的人寿养老保险体系 胡文富等 保险研究 1991.4

要建立独立经营的人寿保险体制 土兴生 保险研究 1991.1

关于人身保险业务发展现状及改进意见 张洪涛 保险研究 1991.3

对两全家财保险统保中几个问题的探讨 侯寿泰等 保险研究 1991.4

谈谈建立国内再保险市场的必要性 曹燕萍 保险研究 1991.5

建立农村保险模式的思考 梁绍玉等 保险研究 1991.4

关于我国农村保险现状、问题与出路的思考 郭永利 农业经济问题 1991.10

关于建立我国保险公证行制度刍议 姜 林 保险研究 1991.6

劳 动、工 资

劳动制度的改革轨迹——历史、现状和未来 杨小苏 学术论坛 1991.1

我国劳动市场的涵义、特征和发展模式初探 赵石宝等 经济科学 1991.4

劳动力商品租赁制——兼论劳动力成为商品的历史起点 董 藩 财经问题研究 1991.7

论劳动力文化素质的计量和对比 薛承应 经济研究 1991.6

劳动力宏观调控体系的若干特点及对策建议 辛仁周等 经济与管理研究 1991.6

双重体制下的劳动力流动与工资分配 戴园晨等 中国社会科学 1991.5

上海就业问题浅析 赵 敏 社会科学(上海) 1991.2

关于劳动就业制度改革的构想 蒋学毛 经济与管理研究 1991.2

90 年代的就业形势与对策 杨宜勇 经济与管理研究 1991.1

“八五”时期我国城镇劳动就业的对策思路 许东 中国经济体制改革 1991.1

试论社会主义失业的若干问题 范新成 中南财经大学学报 1991.3

在业失业与无效供给 李伟等 争鸣 1991.2

就业失业和社会保障 杨德志 河南财经学院学报 1991.4

关于现阶段我国失业问题的探讨 施有文 华东师范大学学报 1991.1

当前我国的失业现象及其形成原因初探 张长弓 四川大学学报 1991.1

适度劳动力人口容量与我国劳动力的就业转移 周天勇 经济研究 1991.5

我国城镇劳动就业的宏观分析 朱乐尧 财经问题研究 1991.2

体制转换时期的工资分配问题 潘金云等 中国经济体制改革 1991.6

90 年代工资制度改革取向初探 刘志华等 改革 1991.4

工资分配结构与住宅商品化 贺天中 改革 1991.1

结构工资制度下的平均主义倾向分析 吴志国 经济问题 1991.1

工资适度增长:理论、现状、对策 李由 经济问题 1991.6

工效挂钩中几个需要完善的问题 唐云景等 经济与管理研究 1991.1

岗位技能工资制及其特点 刘建华等 财经理论与实践 1991.5

关于岗位技能工资制的几点看法 贺天中 经济管理 1991.7

试论企业工资改革的四个转变 高书生 经济与管理研究 1991.1

论企业双轨工资制 翟祥松等 经济管理 1991.7

国有企业工资分配关系的实证研究 晓梅 经济理论与经济管理 1991.3

对我国高等学校教师工资制度改革的思考 南开大学工资改革课题组 南开学报 1991.1

老年退休再就业与青年就业的关系 梁中堂等 社会科学(上海)1991.5

职工退休养老金制度改革的思考 张毓祥 经济问题 1991.3

城 市 经 济 学

关于城市经济学研究对象、内容的理论思考 阎玉英 城市经济研究 1991.3

关于城市经济学的“外在因素内在化”的理论初探 张蕾 城市经济研究 1991.3

城市经济发展模式的选择 陈凯 城市经济研究 1991.1

城市化模式与城市体系 西敬亭等 山东大学学报 1991.2

试论城市商业中心系统发展的动态模式 刘博敏 城市规划 1991.1

现代城市规划管理和控制性规划 吴明伟等 城市规划 1991.3

对城市和城市规划的再认识 金经元 城市规划 1991.4

论城市规划的综合效益 王先琦 城市开发 1991.3

试论现代城市规划的三个重要支柱 邹德慈 城市规划 1991.2

建立功能性的城市规划工作体系 段险峰 城市规划 1991.1

关于我国城市化道路问题的探讨 高佩义 经济科学 1991.2

浅谈城市建设的十个基本关系 董福山 经济问题 1991.4

发展我国城市的正确方针 张文和等 城市开发 1991.5

论城市社区服务的基本特征和社会功能 王来华 天津社会科学 1991.5

论我国城市信息功能建设 张 静等 吉林大学社会科学学报 1991.1

简论城市专业化 黄继忠 辽宁大学学报 1991.1

简论我国城市的统一管理 吴青萍 城市改革与发展 1991.3

十年来我国城市发展的成就及问题 朱京钢 城市经济研究 1991.11

沿海中心城市经济的外向型发展探讨 丁 健 城市经济研究 1991.11

高科技产业与城市经济 高 勇 城市改革与发展 1991.5

中国城市发展的历史轨迹 郑定铨 城市改革与发展 1991.2

城市经济发展与产业结构调整初探 刘建武 城市经济研究 1991.2

城市产业结构演变趋势的一致性与差异性 谷 卫 南开经济研究 1991.6

时代赋予我们的历史使命——论我国的城市现代化 陈敏之 城市经济研究 1991.8

城市现代化问题探讨 方 金 城市经济研究 1991.4

试论城市基础设施与经济发展的关系 廉 仲 城市经济研究 1991.7

城市开发项目经济效益评估研究 高炳华 城市开发 1991.7

论城镇体系的发展与调控 王发曾 社会科学(上海)1991.6

论我国城市中的收入分配不公 温海池 南开学报 1991.2

我国城市财政管理的若干问题 杨之刚 经济社会体制比较 1991.1

城市工业发展一般规律探寻 张新伟 中国工业经济研究 1991.8

90年代:上海经济发展战略面临新的调整 历无畏等 社会科学(上海)1991.1

九十年代上海经济发展的若干战略思想 胡延照 经济学家 1991.3

再造上海贸易中心的战略构想 许学武等 经济学家 1991.6

90年代上海改革、开放与发展新路探索 蔡米兴 社会科学(上海)1991.4

上海经济发展的最终需求效应分析 石良平等 经济管理 1991.1

九十年代上海改革的战略构想 《九十年代上海改革》课题组 上海经济研究 1991.3

九十年代天津经济发展若干问题 吴敬华 管理世界 1991.3

论广州市的产业结构及其调整趋向 傅介声等 中山大学学报 1991.2

房地产经济学

发展房地产经济从宏观上的几点思考 田 谨 中国房地产 1991.9

我国房改的战略目标研究 朱泳敏 城市开发 1991.8

中国住房制度的改革制约因素 杨 鲁 北京物价 1991.10

住房制度改革与住房商品化建设 彭启金 城市开发 1991.1

住房制度改革研究 建设部住宅研究所课题组 中国物价 1991.3

对住房制度改革中几个基本问题的认识 张化中 中国物价 1991.10

全国住房制度改革政策理论研讨会综述 国务院房改领导小组 中国房地产 1991.2

我国住房制度改革的情况和建议 齐 亮 经济社会体制比较 1991.3

关于住房改革的几点经济分析 周小川 经济社会体制比较 1991.3

住房制度改革中有关问题的探讨 束克欣等 中国房地产 1991.8

住房制度改革的探索与回顾　张中俊等　中国房地产 1991.10

中国住房制度改革的措施剖析和政策设计　杨鲁　中国房地产 1991.11

房改必须把住房制度从福利制改为商品制　唐伟雄　特区与港澳经济 1991.4

浅议住房的商品化与福利政策——兼与杨业臣同志商榷　刘少波　中国房地产 1991.11

住房有偿分配浅析　吴凯元　中国房地产 1991.4

“住房有偿分配”是一个含义不明确的概念　晓亮　中国房地产 1991.9

回顾、思考、选择——90 年代城市住房发展战略散论(一)　卢　卫　中国房地产 1991.11

我国现行城市住房制度模式剖析　顾云昌　消费经济 1991.1

我国城镇住房制度改革述评　汪家凤　中南财经大学学报 1991.5

对中国城镇住房制度的若干思考　郝寿义　天津社会科学 1991.3

中国城镇住房改革的新思维——世界银行中国住房改革报告述评　王育琨　中国房地产 1991.9

中国城市住宅建设回顾　林志群　城市规划 1991.2

对住房集资形式的利弊及其改革的思考　高　生　中国房地产 1991.9

建立住房基金的理论和政策依据　华伯棠　中国房地产 1991.5

中国住房改革总体描述(一)　蔡穗声等　中国房地产 1991.8

房租改革过程中预期出现的问题与对策　袁世明　南开经济研究 1991.2

房租改革中的两种模式及选择　李谋林　经济体制改革 1991.5

推行延长分期付款售房的可行性　林锡恩　中国房地产 1991.1

实行住房租赁保证金制度的利弊　刘建国　中国房地产 1991.9

对住房租金和售价的研究　王晓东　中国房地产 1991.8

职工的承受能力与房改　张建国等　中国房地产 1991.7

“提租补贴”方案的合理性和可行性　李成林　中国房地产 1991.10

商品房采取最高限价的管理模式好　李国文　中国房地产 1991.8

试论当今城市住房问题　杨贵庆　城市开发 1991.9

理顺上海住房分配体制的构想　顾丽萍　社会科学(上海)1991.5

上海(住宅)公积金制度的社会经济效应前瞻　高柳根　社会科学(上海)1991.2

我国商品房为什么滞销　胡海峰　经济体制改革 1991.4

浅谈住宅建设的投资控制　高小慧　中国房地产 1991.1

中国房地产业的形成与发展　刘维新　中国房地产 1991.7

积极探索城市房地产综合开发经营管理模式　郭涛　中国房地产 1991.2

浅议房地产市场管理　程淑琴　中国房地产 1991.5

对发展房地产金融业的构思　袁龙豫　中国房地产 1991.2

房地产商品化与房地产金融深化　刘少波　中国房地产 1991.6

房地产项目经济效益评估的尝试　匡亦农　中国房地产 1991.5

房地产开发企业的资金运筹　王　岩　城市开发 1991.7

关于房地产开发企业多元化经营的探讨　张经秀　城市开发 1991.6

增强房地产经营企业活力的若干思考　沈建中　中国房地产 1991.5

全国房地产综合开发管理工作经验交流会综述　建设部房地产业司开发处　城市开发 1991.6

土地制度改革的核心是建立新型的产权制度　高尚全　经济研究 1991.3

关于开发区有偿出让土地使用权的探讨　李传忠　亚太经济 1991.1

土地价格的特点及其计算(上)　戚名琛　中国房地产 1991.11

对土地使用制度改革的几点建议　储继明等　城市经济研究 1991.7

推进城市土地有偿使用的困难与对策　高秉坤　中国房地产 1991.3

城镇国有土地有偿使用的困难与研究　邓宏乾　经济体制改革 1991.2

论我国城市土地增值的形成分配和使用　李代胜

中国房地产 1991.10

房地产部门管理城市土地的优越性 李炳琢 中国房地产 1991.8

对我国城镇土地"多轨制"的思考 李 玲 中国房地产 1991.3

关于土地有偿使用的土地价格和价格政策 刘天同 城市经济研究 1991.7

关于城市土地有偿使用的几个问题 张朝尊 经济理论与经济管理 1991.5

关于城市土地增值问题的思考 郑文浩 中国房地产 1991.3

谈城市土地投机及对策 李代理 中国房地产 1991.9

城市土地收益理论(一、二) 于永璋 中国房地产 1991.8、9

我国城市土地市场的基本特点 陆 宁 中国房地产 1991.11

旅游经济学

关于我国境内旅游的几个理论问题的探讨 蔡树堂 旅游学刊 1991.2

我国旅游业的产品反思及其战略 肖潜辉 旅游学刊 1991.2

我国旅游产业的政策刍议 李 赓 北京财贸学院学报 1991.5

1990 年我国国际旅游业恢复发展概述 旅游学刊 1991.2

我国旅游涉外饭店的发展、现状及对策研究 张俐俐 南开经济研究 1991.1

江苏沿海地区旅游业发展与布局研究 唐发华 南京大学学报 1991.3

论山西民俗旅游资源的开发利用 李 彬 技术经济与管理研究 1991.2

略论楚文化旅游的开发与建设 晏昌贵 湖北大学学报 1991.3

对广东旅游业的几个问题的再认识 罗福群 广东社会科学 1991.4

深圳特区旅游业的回顾与思考 李冠利 特区经济 1991.4

对国际旅游社行业跨国经营的思考 朱谔言 旅游学刊 1991.2

特区经济研究

经济特区性质的再认识 苏君正 江汉论坛 1991.8

特区成型论 刘文韶 广东社会科学 1991.4

略论经济特区发展中十个关系 孙晓刚 特区经济 1991.1

特区经济运行机制的特点 曾曲宏 中国经济体制改革 1991.5

中国经济特区的现状和发展趋势 林其辉 中国对外贸易 1991.12

中国特区十年 许 隆 港澳经济 1991.6

"经济特区创办十年理论研讨会"论点综述 高伟梧 经济研究 1991.1

特区产业结构剖析 王光振等 学术研究 1991.1

九十年代特区外向型经济发展的对策 唐寿春 港澳经济 1991.8

特区"三资"企业的"价格转移"及其管理初探 阎

达凯 特区经济 1991.4

特区企业集团发展中的问题与对策 王军昭 港澳经济 1991.9

论特区证券市场的法制管理 郭渝丽 经济体制改革 1991.2

关于经济特区资金市场的若干问题 郑方辉 经济研究 1991.1

试论我国经济特区的会计模式 林碧芬 中国经济问题 1991.6

论经济特区企业的负责经营问题 蔡木生 特区经济 1991.1

特区人才引进体制的退化、危机与改革 傅小随 港澳经济 1991.3

把经济特区与港澳的经济合作关系推向更高层次 周维平等 广东社会科学 1991.1

九十年代加强深港经济合作若干问题浅析 沈元章 广东社会科学 1991.2

深圳经济特区的崛起与中国的现代化 徐景安 经济学家 1991.3

中国深圳特区经济改革的特点、成效及其对深化体制改革的启示 张难生等 广东社会科学 1991.4

深圳市个体私营经济情况分析 廖普登 特区经济 1991.4

深圳外向型经济的发展的特点与启示 高伟梧等 特区经济 1991.5

深圳股市的建立与发展 余金灿 港澳经济 1991.5

对深圳特区经济发展若干问题的新思维 李克华 广东社会科学 1991.2

深圳特区外向型经济发展现状及对策 廖建祥等 广东社会科学 1991.2

论 90 年代深圳特区对外经济发展策略 林 江 学术研究 1991.5

促进深圳产业升级的对策 张 帆 港澳经济 1991.7

深圳特区地产改革进程及深化改革的方向 裴赞华 港澳经济 1991.2

论进一步推进深圳市农场的成长 殷克胜 特区经济 1991.1

深圳市国营企业产权有偿转让问题探讨 李 汀 特区经济 1991.3

深圳劳动力管理政策分析与评价 张可云 特区经济 1991.5

深圳股市的发展及完善初探 蔡木生 中国金融 1991.5

调整中稳步发展 保速度再创效益——深圳经济回顾与展望 张 溯 特区经济 1991.2

试论深圳商业系统扩大引进外资的必要性 李元辰 特区经济 1991.5

关于开展深圳证券评级工作的探讨 吴邦举 特区经济 1991.4

深港两地股市合作的前景 梁柏松 港澳经济 1991.9

深圳股份制企业和市场的发展及其启示 黄伟雄 中国工业经济研究 1991.5

论深圳特区经济由“速度型”向“效益型”的转变 梁文森 经济科学 1991.2

国家调控市场、市场引导企业的成功尝试——关于深圳经济特区的调研报告 国家体改委赴深圳调查组 特区经济 1991.5

深圳商业改革十年 王福谦 特区经济 1991.1

深圳特区房改的效果、问题及深化改革的措施 董日臣等 特区经济 1991.5

企业股份制改革的新探讨——深圳特区股份制试点调查 国家社会科学基金课题组 特区经济 1991.2

深圳试行股份经济与股票市场的启示 综合开发研究院课题组 改革 1991.3

深圳股票市场的监督管理初探 张学勤 特区经济 1991.4

厦门特区横向经济联合的现状和发展方向 胡刚等 中国经济问题 1991.5

珠海特区引进外资情况分析 童雪琼 港澳经济 1991.3

对海南特区发展目标的重新思考 周向峰 特区经济 1991.4

会计学、统计学、审计学

论会计的改革与发展　毛伯林　会计研究 1991.1

关于会计模式的现实思考　李端生　山西财经学院学报 1991.4

会计要素论　陈毓圭　会计研究 1991.4

关于会计制度中的几个理论和实践问题　徐九如　财经理论与实践 1991.2

试论会计原则理论体系　冯学武　会计研究 1991.2

略论我国会计规范体系的系统构造　张兆国等　会计研究 1991.5

会计科目编码及其系统的设计与维护　姚靠华　财经理论与实践 1991.1

论会计是一种决策活动　肖　伟　中南财经大学学报 1991.3

也谈会计学中几个基本概念——兼与杨昌斌同志商榷　易腾高　财经理论与实践 1991.5

我国社会主义会计管理体制初探　李文胜　山西财经学院学报 1991.3

论建立有中国特色的会计准则　张明宽　北京商学院学报 1991.3

中国会计的未来环境与战略　夏博辉　财经理论与实践 1991.6

质量会计新论　王广明等　财经理论与实践 1991.2

我国企业会计的现状及改革途径　秦荣生　财经理论与实践 1991.4

论企业会计与经济效益　莫伟国　财经理论与实践 1991.3

浅论加强预算会计分析　樊行健　财经理论与实践 1991.5

论会计预测　阎达五等　会计研究 1991.1

会计国际化及其对我们的启示　王善平　财经理论与实践 1991.1

论我国产业结构存量调整的成本问题　朱明春　经济科学 1991.5

试论成本刚性　于晓雷　会计研究 1991.2

关于完善社会经济统计学体系的探讨　李成瑞　统计研究 1991.5

社会经济统计理论体系的思考　黄良文　统计研究 1991.4

具有中国特色的社会主义统计面临的迫切问题　王一夫　统计研究 1991.5

统计指标体系方法论初探　郑菊生　统计研究 1991.5

关于统计标准化问题　李恢宏　统计研究 1991.2

统计分析略论　郑家亭　统计研究 1991.4

宏观经济效益统计的核算、评价与分析　赵产云等　统计研究 1991.3

统计体系改革的实践与思考　李建功　中国统计 1991.9

社会经济统计活动　李成瑞　统计研究 1991.1

对统计专业理论及教学体系的思考　刘延年　统计研究 1991.1

对现行固定资产投资效果统计指标的意见　谢钱根　中国统计 1991.8

工业产品质量统计的几个问题　许剑毅　中国统计 1991.6

论人力投资与人力投资统计指标体系的建立　徐立年　财经问题研究 1991.11

关于商业统计改革面临的若干理论问题　曾申先　财经理论与实践 1991.3

试以 TFP 指标核算我国技术进步对生产增长的促进作用　支道隆　南开经济研究 1991.3

经济分析的方法论问题　张　塞　统计研究 1991.1

我国企业的目标函数和工资成本——对《我国企业的供给行为》一文的商榷　孙来祥　经济科学 1991.4

南开大学外贸指数研究　李惠村　南开经济研究 1991.6

环比指数与定基指数关系的质疑　屠德根　中国统计 1991.1

财政审计工作的几个问题 王道成 中国审计 1991.2

当前财政审计存在的问题及对策 段大波 财经理论与实践 1991.1

经济效益审计的若干问题 高子宏 中南财经大学学报 1991.5

关于审计工作向较高层次经济监督方向发展的问题 蔡克儒 中国审计 1991.2

关于加强审计工作制度化建设的探讨 姚建华 中国审计 1991.4

审计监督体系的现状、透析与优化 刘明义 财经理论与实践 1991.5

论审计是较高层次监督 彭及时 武汉大学学报 1991.5

健全审计自我约束机制刍议 李文学 中国审计 1991.5

试论审计质量控制 李俊贤 中国审计 1991.11

也论内部审计的地位、职能及对象 廖 洪 武汉大学学报 1991.3

数量经济学 技术经济学

科技投入产出模型研究 张守一等 数量经济技术经济研究 1991.2

块状投入产出表和模型 佟仁成 数量经济技术经济研究 1991.2

投入产出表转移矩阵的数学调整法 龚飞鸿等 数量经济技术经济研究 1991.6

投入产出——系统动力学全国经济模型 张鸿博等 数量经济技术经济研究 1991.10

建立中国劳动投入数据库系统初探 张国初等 数量经济技术经济研究 1991.9

经济数学模型理论中的若干问题 刘剑平 中南财经大学学报 1991.6

计划商品条件下一个市场的两个非均衡模型 王少平 数量经济技术经济研究 1991.4

经济增长模型分析 雷钦礼 山西财经学院学报 1991.4

国民经济整体效益及其衡量 李玉荣等 数量经济技术经济研究 1991.12

一维迭代模型与国民经济系统的预测和控制 沈华嵩 经济学家 1991.6

投资模型研究的两个问题 聂宗筠 数量经济技术经济研究 1991.10

设备更新决策的动态费用模型 吴贵生 数量经济技术经济研究 1991.5

关于超大型工程国民经济评价方法的若干问题 钟学义等 数量经济技术经济研究 1991.5

国有企业的复合公有制方案的探讨 金周英 数量经济技术经济研究 1991.5

广西农村经济发展模型 任兆璋 数量经济技术经济研究 1991.3

广西价格计量分析 任兆璋 数量经济技术经济研究 1991.10

上海经济增长与产业结构变动的需求因素分析 司春林等 数量经济技术经济研究 1991.10

自然资源核算的理论与方法 李金昌等 数量经济技术经济研究 1991.1

评价地区工业发展合理性的指标体系探讨 王应明等 数量经济技术经济研究 1991.3

我国城市土地价值测算方法的选择 石小杭等 数量经济技术经济研究 1991.11

技术生成的数量分析 金千里 数量经济技术经济研究 1991.3

技术进步对产值增长贡献的度量方法 贾凤和等 数量经济技术经济研究 1991.5

变参数非均衡模型的分类建模法 张世英等 数量经济技术经济研究 1991.12

利用时间序列与截面数据结合模型估计潜变量的影响 杭 斌 数量经济技术经济研究 1991.8

资源经济决策支持系统原型 英定义 数量经济技术经济研究 1991.9

适度国际储备需求的定量研究 张美玲 数量经济技术经济研究 1991.10

人口经济学

中国人口规模现状与90年代展望　杨书章　中国人口科学 1991.2

现阶段我国人口产业结构的发展模式及其选择　李新建　人口与经济 1991.3

论我国国民经济发展战略目标与人口问题　翟泰丰　学习与探索 1991.3

发展经济，促进转变，寻求人口与经济发展的良性循环　田雪原　中国人口科学 1991.1

关于人口与经济发展关系问题的思考　张志刚　人口研究 1991.1

试论我国人口与经济发展的关系　胡国强　河南财经学院学报 1991.2

中国人口素质与经济发展　许金声　人口研究 1991.4

人口质量在中国经济增长中的作用　朱国宏　中国人口科学 1991.1

试论控制人口数量　提高人口质量的社会经济对策　曾　毅　人口动态 1991.3

中国人口问题透视　杨云彦　中国财经大学学报 1991.6

我国人口容量问题新议　戴星翼　社会科学(上海)1991.2

人口控制：现实与未来的思考　陈　剑　人口与经济 1991.2

构造宏观微观相协调的人口控制机制　宋瑞来　人口与经济 1991.2

关于人口控制的运行机制　魏津生　中国人口科学 1991.4

改革以来中国就业人口结构演变之宏观考察　冯立天　人口与经济 1991.1

中国工业化道路与城市人口增长机制　翟振武　人口与经济 1991.1

关于城市流动人口问题的几点思考　黄立佳　人口与经济 1991.2

我国城市人口空间特征变化分析　李若建　人口研究 1991.5

天津市区人口空间分布及其动态特征　宗跃光　人口研究 1991.1

北京市人口移动模式简析　黎　强　人口与经济 1991.4

我国西部地区人口、环境与发展　杨兴宪　人口与经济 1991.1

试论近代以来中国农村中人口对生产力的压迫　汪润元等　人口研究 1991.1

中国农村人口增长的经济机制(1949～1979)　翟振武　人口研究 1991.4

农村人口流动与经济收入的增长　张纯元　中国人口科学 1991.5

关于人口与耕地、粮食、生态问题的思考　陆庆余　人口研究 1991.3

辽宁人口与耕地资源的“剪刀差”模式及对策　蒋志学　人口研究 1991.3

家庭经济功能的转化及社会保障　李洪强等　人口研究 1991.2

人力资源开发浅析　荣志刚等　人口与经济 1991.5

中国老龄人口再就业问题　吕荣侃　人口研究 1991.2

建立具有中国特色的养老机制　刘长茂　人口研究 1991.4

生殖崇拜与中国人口发展　李竞能　中国人口科学 1991.3

人口流动与婚姻的历史关系回顾　朱　农　中国人口科学 1991.3

中国出生性别比的现状及有关问题的探讨　徐毅等　人口与经济 1991.5

论影响生育观的微观因素与宏观因素　何　彦　中国人口科学 1991.5

劳动力老化和中国劳动力老化趋势　刘长茂　中国人口科学 1991.3

四十年来中国人口年龄性别死亡率与寿命研究　阎　瑞等　中国人口科学 1991.2

中国人口减寿年数与减寿率分析　罗家有等　人口与经济 1991.5

中国历史人口政策初探　姚　远　人口研究 1991.2

中国历史人口周期性巨大波动的自然原因初探　张善余　人口研究 1991.5

消费经济学

学习马克思关于消费需要的理论　尹世杰　湘谭大学学报 1991.2

学习马克思关于劳力和劳务消费的理论　尹世杰　消费经济 1991.1

市场消费经济学与消费者　周万钧　消费经济 1991.1

马克思消费计划思想及其现实意义　刘平量　消费经济 1991.4

创立新闻消费学的构想　金明正等　消费经济 1991.1

边际学派与消费经济学　白国华等　消费经济 1991.2

消费效益:概念的深化　李伦源　经济科学 1991.2

消费信息论　李家新等　中国经济问题 1991.6

论消费宏观控制　白国华　学术论坛 1991.3

论适度消费——对我国消费与经济增长的实证分析　殷敏芳　消费经济 1991.5

适度消费初探　张问达　辽宁大学学报 1991.6

试论三位一体型消费调控模式　余　颂　贵州财经学院学报 1991.1

经济运行与消费模式　蔡德容　消费经济 1991.5

我国消费模式的战略选择　李新家　消费经济 1991.5

浅论中国近代消费模式的特征　柳思维　消费经济 1991.4

论我国消费模式的城乡差异　邱晓华等　消费经济 1991.4

论消费竞争机制　张明龙　消费经济 1991.4

我国居民非市场化消费的表现形态及其弱化对策　向常青　消费经济 1991.4

近年来我国市场消费行为对经济的影响分析　刘宗跃　消费经济 1991.4

对消费者决策行为的理论分析　刘方棫　等　消费经济 1991.5

1984—1989 年居民消费倾向分析及对策研究　李立等　经济理论与经济管理 1991.2

我国消费政策的评介及完善　国世平等　江汉论坛 1991.7

我国消费品供求结构变动特征、矛盾及其对策　周振华　中国工业经济研究 1991.9

我国居民文化消费结构的问题和对策　黄泰岩等　消费经济 1991.2

浅论消费结构变动中的矛盾与调节　陈为群　经济科学 1991.1

消费结构变化对我国近期经济的影响　王中华　消费经济 1991.2

消费结构与经济复苏　丁任重　经济学家 1991.3

论我国消费需求的不断上升及其规律(上、下)　刘迎秋　南开经济研究 1991.3、4

储蓄消费与社会总供求平衡　胡继之　经济科学 1991.4

我国消费需求的三元结构——兼论市场疲软的客观基础　廖　涵等　中国经济问题 1991.3

开放经济的消费形态与消费政策　徐康宁　争鸣 1991.6

谈消费中的反文化选择　陈怀远　争鸣 1991.4

消费波动分析及其对策设计　杨胜刚等　消费经济 1991.5

试论消费需求再度膨胀的早期防治　张　强　消费经济 1991.4

中国消费非均衡分析　乌家培等　改革 1991.5

新 兴 学 科

建立社会主义市场管理统计学的构想 叶天勇 辽宁大学学报 1991.3

关于经济学学科体系分类的研究 郑贵斌 经济研究 1991.5

生产力经济学的书约论 鲍步云 学术月刊 1991.6

混沌理论与经济学 李京文等 数量经济技术经济研究 1991.2

新发展经济学学科建设之我见 夏振坤 江汉论坛 1991.1

发展经济学的困境与出路 杨建文 江汉论坛 1991.1

论发展经济学的再发展 徐长生 江汉论坛 1991.2

产业经济学研究对象及其学科体系形成的思考 郑林 河南财经学院学报 1991.1

试论劳动经济学的地位与意义 郭军 河南财经学院学报 1991.1

试论中国预测学 刘苐中 北京商学院学报 1991.1

创建社会主义分配经济学的理论探索 高书生 学术月刊 1991.1

宏观经济学的特殊问题与逻辑结构——兼论总供求缺口形成的原因 樊纲 天津社会科学 1991.3

论信息经济学体系的建立与发展 郑奚隆 经济科学 1991.5

论信息经济学及其未来 乌家培 数量经济技术经济研究 1991.8

国土经济学体系探讨 李青 数量经济技术经济研究 1991.11

生产力布局与区域经济学 陈栋生 贵州财经学院学报 1991.3

生态经济学的学科建设与发展构想 迟维韵 中国农村经济 1991.6

加强生态经济学研究 促进经济、社会、生态协调发展 刘国光 经济研究 1991.4

关于经济法学科建设的新思考 谢次昌 社会科学(上海)1991.1

台港澳经济研究

世界经济的变动对海峡两岸和香港经济发展的影响 罗肇鸿 改革 1991.2

中国大陆与台湾、香港的经济合作与联合 方生 特区经济 1991.1

从九十年代西方经济形势看海峡两岸经济关系 黄范章 经济学家 1991.2

九十年代剧烈国际经济竞争中两岸和港澳的因应对策 戴园晨 经济学家 1991.2

海峡两岸经贸关系现状与今后趋势 温汉宏 特区经济 1991.3

九十年代海峡两岸经贸关系的展望 石伟 福建论坛(经济社会版)1991.4

台湾经济发展策略分析 李根延 特区经济 1991.3

台湾经济发展阶段论 李非 亚太经济 1991.3

台湾经济的发展及其问题 王文玫 世界经济文汇 1991.1

论台湾的经济波动 李非 台湾研究集刊

1991.2

台湾经济发展模式特征与困境　李　非　台湾经济集刊 1991.4

台湾财政收入的变化与展望　邓利娟　台湾经济集刊 1991.2

台湾财政支出浅析　邓利娟　台湾研究集刊 1991.4

台湾金融"国际化"问题浅析　张文棋　亚太经济 1991.3

大陆、香港、台湾间的直接投资现状与前景　徐剑峰　国际贸易 1991.8

台湾在印尼投资的新趋势　周明伟　国际贸易问题 1991.9

80年代以来台湾对外直接投资的发展及其趋势　李　南　福建论坛(经济社会版)1991.3

台湾保险市场初探　许心鹏　台湾研究集刊 1991.2

台湾利率管理制度变革之研究　方上浦　亚太经济 1991.5

台湾劳工问题浅析　左克鑫　南开经济研究 1991.3

现阶段台湾外贸的特征与发展趋势　何其帼　台湾研究集刊 1991.1

对台湾当局调整大陆经贸政策的研究　李宏硕等　南开学报 1991.1

香港经济的高速发展及目前面临的问题　张瑞德　世界经济文汇 1991.5

过渡期香港经济策略的选择　陈达明　港澳经济 1991.4

香港的经济体制:现在与未来　王跃生　经济科学 1991.5

香港资本构成现状及变化趋势　彭　申　港澳经济 1991.3

香港的通货膨胀与经济结构　宋运肇　港澳经济 1991.5

香港工业的发展与对内地投资　傅春寰　港澳经济 1991.4

香港信息产业的发展及其地位作用　金　健　亚太经济 1991.1

评述香港政府的价格制约机制　叶锦泰　港澳经济 1991.7

论香港贸易模式　李　中　广东社会科学 1991.1

90年代香港服务贸易前景　岳咬兴　国际贸易 1991.8

香港房地产市场状况及前景　蔡胜年　港澳经济 1991.4

澳门经济发展的主导政策及其未来取向　陈　尧　亚太经济 1991.3

九十年代澳门经济发展政策取向　郑泽清　港澳经济 1991.5

1990年澳门经济的发展和面临的问题　泰　健　港澳经济 1991.1

澳门的中兴与区域经济合作　杨允中　亚太经济 1991.1

论澳门在珠江口西岸的地位和作用　青　枫　港澳经济 1991.6

经济史、经济思想史

论社会主义政治经济学史的分期　李家祥　南开经济研究 1991.1

中国封建社会商品经济的特点　姜守鹏　社会科学战线 1991.2

价值规律在封建社会农民生产中的作用　方　行　中国经济史研究 1991.2

铜钱与中国历代封建王朝的财政经济　李若愚　中国经济史研究 1991.1

浅论中国古代纸币　戴建兵　河北财经学院学报 1991.4

10—13世纪我国运动的时代特征　葛金芳　江汉论坛 1991.6

魏晋南北朝林业、渔业考查　刘汉东　中国社会经济史研究 1991.3

汉代田税及其有关问题　臧知非　中国社会经济史研究 1991.3

唐代城市构成的特点 张泽咸 社会科学战线 1991.2

北宋物价变动原因之研究 高聪明 河北学刊 1991.4

宋代丁税制度略论 刁士军 河北学刊 1991.6

关于明代“倭寇”与中国资本主义萌芽的一些问题——与唐力行同志商榷 孙玉琴 中国经济史研究 1991.3

明代海南岛的进出口贸易 张云慧 中国社会经济史研究 1991.4

略论雍乾时期社会经济的结构性变迁 叶显恩 中国社会经济史研究 1991.4

关于清代族田分布的初步考察 张 研 中国经济史研究 1991.1

从地权形式的变化看明清时代地主制经济的发展 李文治 中国社会经济史研究 1991.1

清代中期的三级市场结构 刘秀生 中国社会经济史研究 1991.1

晚清经济政策的演变及其社会效应 周 武等 江汉论坛 1991.3

清代湖南商业的发达及其原因 李 华 中国社会经济史研究 1991.3

上海近代轮船航运业的兴起 张赛美 上海经济研究 1991.1

近代上海工业结构历史演进分析 黄汉民 学术月刊 1991.4

论近代福建木材业 戴一峰 中国社会经济史研究 1991.2

江苏省近代植棉业概述 张 丽 中国社会经济史研究 1991.3

一战期间中国民族资本主义的发展 范小方 中南财经大学学报 1991.4

辛亥革命对中国民族资本主义经济的推动 石波 中南财经大学学报 1991.6

荣家企业的创办及其经营管理 曲从规 中国社会经济史研究 1991.2

国民党政府的币制改革及其意义 刘 枫 上海经济研究 1991.1

建国初期稳定物价的斗争 张祖国 上海经济研究 1991.2

1952—1984 年中国农业生产领域个人收入分配方式的历史变革 戴银秀 中国经济史研究 1991.3

中国工资水平发展史的数量分析(1953—1987) 段 宾 中国经济史研究 1991.3

论中国古代经济思想史研究主要矛盾及其意义 巫宝三 中国经济史研究 1991.1

中国历代思想家的市场价格理论 何炼成 西北大学学报 1991.1

中国古代经济管理思想与我国的宏观经济管理 何炼成 经济学家 1991.6

论西汉时期两种宏观管理思想体系的形成 韦苇 经济学家 1991.2

论朱元璋的经济政策思想 程念祺 上海经济研究 1991.2

叶适经济思想研究 叶 坦 中国社会经济史研究 1991.3

张之洞经济管理思想简论 陈 钧 中国经济史研究 1991.3

袁世凯晚清经济思想及其政策措施 朱 英 天津社会科学 1991.2

亚当·斯密的经济思想 荀旸 辽宁大学学报 1991.1

亚当·斯密价值理论之迷 吴健明 四川大学学报 1991.3

古典所有权理论的经济学批判 郭跃进 贵州财经学院学报 1991.3

西方经济学

对西方经济学发展中“沟通—融合”思潮的思考 张雷声 学习与探索 1991.2

当代西方经济学“资本主义变形”理论述评 傅殷才 世界经济 1991.11

西方经济学中的“阶级调和论”述评 傅殷才 江汉论坛 1991.11

西方经济学方法论中的个人主义传统 马慈和 世界经济 1991.6

也论西方政府经济学 王国青 经济学动态 1991.3

应该重视西方经济学界关于马克思经济理论的研究 杨玉生 辽宁大学学报 1991.2

西方宏观经济学与微观经济学结合趋势的理论述评 周 学 经济学动态 1991.4

西方经济学的探索——国际合资企业理论评介 杨 鹏等 对外经济贸易大学学报 1991.4

当代经济增长理论与古典学派增长理论的异同 程 琳 中州学刊 1991.1

略论新古典经济学的资本理论 张凤林 辽宁大学学报 1991.5

凯恩斯与弗里德曼的通货膨胀理论之比较 梁平等 湘潭大学学报 1991.2

资产阶级商业循环理论的历史演变及其本质特征 康有枢 对外经济贸易大学学报 1991.3

突破储蓄外汇的双约束——西方发展经济学两缺口模型述评 龙步海 华东师范大学学报 1991.6

经济增长的均衡与非均衡 靳新中 中国工业经济研究 1991.2

非结构均衡与短缺的相关性分析 石 磊 经济学家 1991.5

约束均衡与短缺均衡理论的区别 费方域 学术月刊 1991.11

“非线性经济学革命”与经济混沌 沈华嵩等 世界经济 1991.2

西方决策模式简论 赵曙明 南京大学学报 1991.1

世界经济研究

世界经济一体化是九十年代国际经济结构的新特征 罗 龙等 对外经济贸易大学学报 1991.1

世界经济研究中若干理论问题的探讨 罗 龙 对外经济贸易大学学报 1991.4

论九十年代世界经济格局的演变趋势 李俊江 亚太经济 1991.3

1990年世界经济形势综述 李坤望等 南开经济研究 1991.4

世界经济回顾与展望 许 扬 特区经济 1991.2

九十年代世界经济发展的主要趋势 王怀宁 中国对外贸易 1991.5

新旧格局交替中的世界经济 范新宇 世界经济文汇 1991.6

论九十年代经济国际化和地区集团化的趋势 施岳群 世界经济文汇 1991.1

国际经济政策协调:内容、方法与效果 鲁佳青 世界经济文汇 1991.5

略论九十年代世界经济发展的一些特点 林进成 复旦学报 1991.6

当前资本主义世界经济中的矛盾与协调 黄 苏 教学与研究 1991.2

九十年代世界经济发展中几个值得注意的问题 罗 龙 国际贸易问题 1991.5

国际经济秩序:从“二战后”走向“冷战后” 裘元伦 世界经济 1991.9

经济国际化与区域集团化 郑伟民 世界经济 1991.1

论世界经济三大集团的形成前景——兼论发展中国家为何适应这种形势 易梦虹 南开经济研究 1991.6

经济区域集团化与世界经济不平衡发展 徐康宁 世界经济 1991.10

关于世界经济集团化趋势几个理论问题的探索 佟福全 世界经济 1991.10

八十年代世界主要国家经济结构的演变趋势 殷甦 世界经济 1991.8

论国际经济组织形成、性质和作用 周启元 吉林大学社会科学学报 1991.1

世界经济模型分析和中国经济 陈 沙 世界经济 1991.6

论国际价值与国际价格 李 翀 广东社会科学 1991.4

从经济结构的变化看现代资本主义的历史地位 池元吉 社会科学战线 1991.2

论世界自由港的发展 杜 强 国际贸易问题 1991.10

跨国公司理论与中国跨国公司的发展 林 叶 天津社会科学 1991.2

跨国公司与发展中国家经济结构调整 李迅雷 世界经济文汇 1991.4

论发达国家企业的跨国战略联合 金 芳 社会科学(上海)1991.5

跨国公司的联合及其在竞争中的作用 黄 凯 世界经济 1991.7

跨国公司对外直接投资的最佳时间分析 覃广华 国际贸易问题 1991.6

跨国公司发展的无国界化 杨家林 学术月刊 1991.11

跨国公司若干理论述评 陈亚温 经济学动态 1991.8

八十年代以来国际贸易发展的重大趋势 薛荣久 对外经济贸易大学学报 1991.2

八十年代国际贸易的主要特点 廖至柔等 暨南学报 1991.4

1989—1990 世界贸易变化及其前景 储玉坤 国际贸易问题 1991.9

国际贸易趋向、体系与中国 杨淑进 世界经济 1991.10

国际贸易体制的演变趋势 陈晓华 国际贸易问题 1991.7

转口贸易及其在中转地经济发展中的作用 施健夫 国际贸易问题 1991.5

试论二十年来国际农产品贸易结构的基本特征 张 琦等 国际贸易问题 1991.6

技术贸易策略分析 岳咬兴 国际贸易 1991.1

国际金融市场创新初探 朱雪峰 世界经济文汇 1991.3

九十年代国际金融的发展趋势 唐建宇 国际贸易问题 1991.5

论国际货币与货币的国际化 吴富林 经济学家 1991.2

试析多国投资保险机构对促进投资的作用 侯放 国际贸易问题 1991.5

国际保险市场的产生和发展 边立铭 世界经济 1991.11

九十年代前期国际资金短缺趋势分析 邓建勤 国际贸易问题 1991.10

从发达资本主义国家国际债务战略的演变看国际债务的发展趋势 解德源 世界经济 1991.9

论 80 年代中期以来国际资本流动格局的新变化 李俊江 社会科学战线 1991.1

国际投资贯性论 王东京 世界经济 1991.4

西方国家的计划与市场相结合及其对我们的启发 梁小民 经济社会体制比较 1991.4

试论西方国家的经济计划 何自力 南开经济研究 1991.1

试论西方国家经济发展的趋势 张时伟等 北京社会科学 1991.3

现代西方经济周期理论述评 原毅军 经济学动态 1991.5

西方经济"滞胀"发展变化探源——基于美国经济的分析 仇启华等 世界经济 1991.5

当代西方生产率理论的演变与发展 张德林 经济学动态 1991.3

西方主要国家反通货膨胀政策比较 郑振龙 世界经济文汇 1991.4

西方货币需求经验模式述评 赵崇龄等 世界经济 1991.4

浅析西方商业银行业务表外化 周 立 南开经济研究 1991.3

西方股票交易所简析 钱荣堃 南开经济研究 1991.3

以比较成本为基础的西方国际贸易理论的缺陷 唐海燕 世界经济 1991.11

西方国家国有企业经营管理状况探讨 卢小珠 复旦学报 1991.6

科技革命的新高潮与西方经济的若干结构性变化 李 琮 管理世界 1991.5

西方跨国公司的组织体制——试论母公司与子公司的关系 张 玮 对外经济贸易大学学报 1991.3

欧洲形势巨变对世界经济的影响 滕维藻 世界经济 1991.2

欧洲共同体的发展及趋势 马国芝 对外经济贸易大学学报 1991.3

当前欧共体经济的变动趋势与我国的对策 李天德 四川大学学报 1991.3

欧洲经济区初探 薛彦平 世界经济 1991.11

全欧经济区形成概述 朱正圻 社会科学(上海) 1991.3

九十年代西欧经济可望重新崛起 林进成 世界

经济 1991.8

九十年代欧洲经济的主要趋势 李述仁 世界经济 1991.8

欧共体统一大市场与世界经济多极化 郭吴新 武汉大学学报 1991.1

1992 年欧洲一体化对跨国公司及发展中国家的影响 邵天光等 世界经济 1991.6

论欧洲共同体的经济货币联盟——一个市场,一种货币的纲领 易梦虹 世界经济 1991.8

浅析战后西欧对外贸易的发展及其趋势 董平 世界经济文汇 1991.4

关于欧共体贸易发展问题 马根喜 国际贸易 1991.2

美洲经济集团化发展趋势 陈德照 世界经济 1991.8

九十年代美国经济现实与政策选择 萧琛 世界经济 1991.7

试论美国经济复苏缓慢的根源 储玉坤 世界经济 1991.11

九十年代决定美国经济周期进程的主要因素与趋向 韩世隆 世界经济 1991.3

美国经济危机的特点及其性质 蔡述理 国际贸易 1991.8

美元国际地位的回顾与前瞻 王春法 世界经济 1991.11

美国削减预算赤字新法案剖析 肖赞 经济学动态 1991.2

西方关于财政赤字的理论与当前美国财政赤字的困境 陶继侃 南开经济研究 1991.5

是“持续滞涨”还是“高失业——高赤字” 刘佳炎 世界经济 1991.9

美国债务问题浅析 张彬 世界经济 1991.9

美国财政政策的调整及对其经济的影响 薛敬孝等 世界经济 1991.2

从“停滞膨胀”到“呆滞膨胀”看美国的经济病 薛伯英 世界经济 1991.2

美墨贸易的发展与北美自由贸易区的前景 储玉坤 国际贸易问题 1991.5

美加贸易协定及其对国际贸易的影响 徐峘 世界经济 1991.6

论中美经济关系 吴大琨等 世界经济 1991.7

论美国与发展中国家的经济关系 易梦虹 杨灿英 南开学报 1991.5

浅析德国统一对欧洲格局与经济影响 王绍西 特区经济 1991.4

论战后日本的产业保护与扶值 李和国 亚太经济 1991.4

论日本技术开发的新特点及对经济发展的影响 杨书臣 世界经济 1991.6

日本的政府主导型市场经济体制 刘大庆 中国经济体制改革 1991.6

国际经济集团化的趋势与日本构筑“经济圈”的设想 池元吉 吉林大学社会科学学报 1991.3

高技术产业化对日本经济的影响 冯昭奎 中国经济体制改革 1991.11

日本与发展中国家的经济关系 姜春明 南开经济研究 1991.5

日本指示性计划的特点成功原因及其启示 刘东 经济学动态 1991.7

美日德法四国宏观经济调节的比较 佟福全 中国工业经济研究 1991.8

中、美债务投资比较与借鉴 陈云贤 经济科学 1991.2

欧共体、美国、日本工商企业税负比较研究 李志辉 南开经济研究 1991.5

各国住宅市场的比较研究 邓宏乾 中国房地产 1991.1

八十年代美日经济实力对比发生巨变的原因 王俊宜 经济科学 1991.4

国外农业宏观调控比较研究 赵俊缓等 农业经济问题 1991.11

发展中国家的不发达商品经济 谈世中 世界经济 1991.10

发展中国家的发展危机及其前景 巫宁耕 世界经济 1991.7

发展中国家的经济发展与引进外资的战略 谢识予 世界经济文汇 1991.5

发展中国家与地区对外经济发展战略比较 陈漓高 南开经济研究 1991.4

发展中国家的汇率制度选择 陈平 南开经济研究 1991.4

发展中国家债务危机回顾与发展 马君潞 南开经济研究 1991.6

发展中国家外债症结的原因和对策 刘旭红 国际贸易 1991.5

发展中国家的城市化研究 高佩义 天津社会科学 1991.2

90 年代南北经济矛盾将加剧 罗龙等 国际贸

易问题 1991.3

九十年代的南北经济关系 史 敏等 世界经济 1991.11

九十年代亚太地区经济发展前景浅探 应世昌 亚太经济 1991.1

亚太地区经济集团化的发展前景 陈建军 亚太经济 1991.5

亚太区经济合作的道路 宫占奎 南开经济研究 1991.1

亚太地区特区发展的特点与经验 张 淳 特区经济 1991.5

东南亚经济特区、开发区发展态势及其经验 张淳 亚太经济 1991.2

亚洲"四小"经济发展的周期问题 金泓汛 世界经济 1991.1

亚洲"四小"发展新技术产业的共同经验 黄先荣 复旦学报 1991.6

亚洲"四小"经济调整与发展前景——从依附达到"自立"模式的评价 胡天民 世界经济 1991.1

亚洲"四小"经济发展过程中的工资结构特点 王瑞芳 亚太经济 1991.3

亚洲"四小"的利率、汇率政策与出口导向型经济发展 慕海平 亚太经济 1991.4

90 年代南亚区域合作 王宏伟 南亚研究 1991.2

九十年代东北亚经济合作的几个问题 王鼎永 广东社会科学 1991.1

关于当前南朝鲜经济的几个问题 白凤南 亚太经济 1991.5

南朝鲜的经济发展与经济体制 崔日明 亚太经济 1991.2

南朝鲜资金市场的发展 郭振林 国际贸易 1991.3

新加坡和香港的土地管理制度 郝寿义 南开学报 1991.5

新加坡住房发展及其经验 金行仁等 经济社会体制比较 1991.3

新西兰经济改革的进展 杨宇光 世界经济文汇 1991.1

东亚地区外向型经济的发展与转型 吴传远 世界经济 1991.1

东亚经济圈 李 力 世界经济 1991.5

东亚发展模式的含义 慕海平 世界经济 1991.9

论东亚资本主义政治发展模式 郭定平 社会科学(上海)1991.7

论东北亚区域贸易结构及贸易政策 唱 新 吉林大学社会科学学报 1991.3

论印度的经济计划与市场调节相结合 文富德 南亚研究 1991.3

印度农业发展的回顾与展望 左连材 南亚研究 1991.2

非洲国家对外贸易近况 江 林 世界经济 1991.11

非洲经济的宏观调整与改革 吴兆契 世界经济 1991.7

埃及经济的几个主要特征及经济体制改革的发展趋势 于 吉 世界经济 1991.5

智利调整经济结构过程中的宏观政策措施 江春泽 经济社会体制比较 1991.1

略论国际许可合同的违约救济 王蕙菁 南开经济研究 1991.6

论世界自由港的发展 杜 强 国际贸易 1991.10

中东市场特点及我们应采取的对策 陈 伟 国际贸易 1991.11

经济学博士学位论文摘选

社会总供需及其平衡调控问题研究

王 春 新

研究社会总供需,必须从考察供需规律入手。供需规律是商品经济运行的一般规律。尊重和运用供需规律,是有计划商品经济的客观要求。社会总供需平衡是国民经济综合平衡的集中表现。社会总供需理论是经济学理论体系中最重要的经济理论,经济学和经济统计学都要以社会总供需作为研究的发端和归宿。供需均衡的思想渊远流长。中国古代朴素的供需均衡思想十分丰富,其产生比西方早得多。作为西方古典经济学基础的供需均衡理论,在发展过程中出现了从均衡到非均衡、从供给决定到需求决定,以及从静态均衡到动态均衡等三大转变。供需均衡学说是马克思经济理论体系中的一朵奇葩。认真学习和研究马克思的供需均衡学说,对于发展和完善我国社会总供需理论具有重要意义。

社会总供需研究的角度,应该是社会再生产全过程。从这一角度出发考察社会总供需,主要应把握两点:(1)社会再生产过程首先是商品(包括劳务,下同)的再生产过程,从而,社会总供给和总需求首先是商品的总供给和总需求;(2)商品再生产必然伴随着资金的循环运动,货币资金的供给规模及运动方式直接影响商品总供需的平衡,因此,研究社会总供需必须同时研究货币资金的供给和需求。商品总供需和货币供需,构成了社会总供需的两项基本内容。

社会总供需研究和核算的口径,应当是全社会商品总周转额,即总产出+流通性产品。由于生产和流通的特殊地位,使得我们不得不特别重视生产过程中中间产品和流通过程中流通性产品的供需问题。鉴于中间产品和流通性产品都处在周转和循环状态,它们皆未进入最终使用领域,故我们把它们合称为周转性产品。与周转性产品相对应的是使用性产品,即国民生产总值(GNP)。周转性供需的主要特点是为供而需,供给是目的,需求是达到目的的手段;使用性供需的主要特点是为需而供,需求是目的,供给是达到目的的手段。

研究社会总供需的运行机制,就是考察其形成、决定和效应。社会产品和劳务的使用价值运动,形成社会总供给,价值运动形成社会总需求。社会总供给由生产过程和流通过程共同决定,社会总需求由生产过程和分配过程共同决定。国民经济中客观上存在的错综复杂的生产技术和经济联系,使供需关系出现高度的相关性,形成了供给效应和需求效应。因而正确理解和把握供给效应和需求效应,对于正确认识供给和需求的辩证关系,搞好社会总供需的平衡,具有十分重要的作用。

商品总供需可以有不同的涵义,它们分别反映商品总供需的不同侧面,组成了一个严密的、多层次的范畴体系。为了准确地描述它们的数量特征,对不同范畴的商品总供需应采用不同的数量化方式:(1)"本期形成总供给"的计算方法,是总产出(价值量)+商业部门商品购进总值+进口总量(价值量);"本期形成总需求"可以有三种计算方法——"价值分配法"、"收支差额法"和"实际使用法"。(2)"有效总供给"是"本期形成总供给"扣除"非意愿"库存增加额之后的余额;"有效总需求"是"本期形成总需求"扣除"非意愿"库存需求增加额和正常储存之后的余额。(3)"潜在总供给"必须在计算整个经济的产出对"瓶颈"部门的产出弹性系数的基础上,利用柯柏－道格拉斯生产函数进行拟合而设。

对商品总供需进行实际测算和实证分析,是当前经济研究的难点所在。对此,本文作了初步探索,为我国进行社会总供需的宏观调控提供了一个清晰的现实图象和可供操作的数量界限。

社会总供需的平衡,归根结底,表现为商品的供给和由货币供给形成的商品购买力之间的平衡。流通中,货币与价格指数存在着极强的正相关,用流通中货币的增长变动来说明价格变动和商品总供需平衡,比用全部货币和贷款总量更有现实意义。

宏观调控模式取决于一定社会的经济模式。我国社会总供需的宏观调控模式,是计划调节和市场调节的有机结合。在这种模式下的各种调控手段,具有不同的功能和作用,必须灵活地加以运用。在我国,不论长期还是短期,都既要调控总供给,也要调控总需求;调控总供给的重点是供给结构,调控总需求的重点是需求总量。社会总供需的调控,应以价格总水平的基本稳定作为主要目标;调节居民最终收入,是调节社会总需求的最终途径。要严格控制现金净投放;各种调控手段和方法要协调一致;要充分发挥库存、财政和进口三个"蓄水池"的作用。

作者:厦门大学 1991 年博士毕业生

导师:钱伯海教授

宏观非均衡的微观基础

杨 瑞 龙

宏观经济学考察的是国民经济作为整体的功能,研究生产资源总量的决定;微观经济学考察的是既定资源总量的配置。长期以来,宏观经济学与微观经济学处于割裂状态,古典学派的瓦尔拉斯均衡分析结构显然难以成为凯恩斯宏观失业模型的微观基础。

透视社会主义经济理论的发展史,宏观分析与微观分析相互脱节的现象也是十分明显的。在宏观分析时,一般总承认存在超额需求,即描述了宏观非均衡态;但在进行微观分析时,又摆脱不了瓦尔拉斯一般均衡论的影响。因此,研究社会主义宏观经济运行,也需要以非瓦尔拉斯均衡理论作为它的微观基础。当然,我们不能照搬西方非瓦尔拉斯均衡理论。我们可从这一理论中汲取有用的研究方法,以建立反映社会主义经济运行特征的非瓦尔拉斯均衡理论,构筑宏观非均衡的微观基础。本文的研究重点是:

1. 探索供求之间的均衡与非均衡问题,考察非瓦尔拉斯均衡理论对于构造社会主义宏观非均衡的微观基础的适用范围。社会主义经济运行的现实形态,是非瓦尔拉斯均衡。这是因为:(1)在短期内价格具有刚性,这可用折拐的需求曲线加以证明。如果价格被管制,则在长期内价格是固定的。(2)交易者并不对市场具有完全的信息,交易者不仅对价格变动作出反应,而且也对数量信号作出反应。(3)价格机制并非无代价地传递信息。(4)未来具有不确定性。(5)在频繁的行政干预下,企业的预算约束是软的。在以上条件下,非均衡的商品市场与劳动市场的多种组合,会相应出现多种宏观非均衡态。非瓦尔拉斯均衡理论便构成社会主义宏观非均衡模型的微观基础。

2. 本文把注意力集中到对双重体制并存条件下的宏观非均衡态的考察。在双重体制下,由于企业的双重依赖性、投资决策的责任与利益的非对称性、价格的双轨制、产业结构严重失衡、市场发育的多重不对称等,出现了西方经济学家在逻辑上排斥在研究范围之外的那种复杂形态的宏观非均衡。它表现为:(1)总量缺口与结构性缺口并存;(2)资源约束性缺口与需求约束性缺口并存;(3)固定资产投资膨胀性缺口与流动资金积累不足性缺口并存;(4)扩张性缺口与萎缩性缺口交替出现。探索这种复杂的宏观非均衡态的微观机理,具有现实意义。

3. 着重研究在双重体制并存时的宏观非均衡下的市场运行机制,实际上就是试图以微观经济主体在非瓦尔拉斯均衡环境下的行为变异来解释那种复杂的宏观非均衡态,并探索出清的市场如何通过事后调整达到均衡。(1)分别研究非均衡市场下的居民户、企业、地方政府的行为规则;(2)研究非均衡市场下的价格调整及其宏观效应;(3)研究非均衡市场下的数量调整及其宏观效应。

4. 对双重体制并存条件下的非瓦尔拉斯均衡态进行规范分析,即通过选择一个价值标准,判断现实经济中的非瓦尔拉斯均衡态是否在社会可容忍的限度内,并论证通过政策调整与体制改革可以改变经济的运行轨迹,缩小经济运行对瓦尔拉斯均衡点的偏离度。在体制不变的条件下,经济政策的效能往往会受到体制因素的约束,这表明体制改革处于更重要的地位。因此,为了协调宏观与微观的关系,促使总需求与总供给平衡,必须推进经济体制改革,尤其是要深化企业改革。

作者:中国人民大学 1991 博士毕业生

导师:胡乃武教授

资源倾斜配置研究概要

李 昌 宇

所谓资源倾斜配置(以下简称倾斜),是指产业之间在资源投入增加速率上的差别。倾斜的基本特征,在于它是反映长期发展过程中资源配置格局变化的一个动态概念。倾斜的基本功能，在于它直接引致产业结构（包括投入结构和产出结构）的变动。倾斜是结构转变的启动器。

工业化实质上是产业结构的转变过程，因而，倾斜就成为工业化的必由之路。

倾斜概念的性质和特征表明，它的高低即倾斜度，应当用产业的资源投入增加速度这一动态指标来衡量。倾斜度S等于个别产业资源投入增加的实际速度x'与产业总体资源投入增加的加权平均速度X'之比，再减去同步性变动因素1。其模型可用下式表示：

$$S=\frac{x'}{X'}-1$$

笔者运用上述模型，测算了中国历年来各个产业的投资倾斜度和劳动倾斜度，考察了技术倾斜状况，并对测算结果分别按照改革前后两个阶段以及包括在其中的八个时期作了截面分析。在此基础上，对于倾斜状态及其各种效应进行时间序列综合研究，证实了极为重要的经验结论：只有实现适度倾斜和有效倾斜，避免过度倾斜和无效倾斜，才能赢得经济发展的成功。

所谓有效倾斜，必须满足两个条件：其一倾斜方向的正确和倾斜程度的适当；其二是倾斜的功能得以发挥的外部条件必须正常。若二者缺一，便会出现无效倾斜。这里所指的外部条件，包括总量平衡、运行机制和产业政策等。

纵观中国经济发展过程，在1953～1957年和1979～1984年这两个时期曾出现了有效倾斜，当时的经济繁荣是众所皆知的。而无效倾斜及其造成的严重恶果，在1958～1960年显得特别突出。中国40多年的经济发展，包括其辉煌的成就和惨痛的挫折，无不与倾斜息息相关。因此，不应因噎废食，仅以无效倾斜及其危害为据，便全面否定倾斜。更何况，中国仍处于工业化进程中，倾斜趋势必将继续。

在社会主义经济发展中，使倾斜成为客观趋势的决定因素主要是：赶超型工业化中发挥后发优势的必要性、产业间技术进步的差别和需求变动对不同产业的拉力的差别。后起工业化国家要把经济落后的劣势变成后起直追、后来居上的优势，即后发优势，就要把重点产业的优先发展作为突破口，通过倾斜来实现产业结构的跳跃式转变。赶超型工业化中发挥后发优势的这种必要性，作为历史背景性因素，从总体上决定了倾斜趋势；而各时期倾斜状态的具体特征，则是由技术进步和需求变动这两个因素决定的。首先，各个产业在新技术的应用上总是有先有后的，因而生产率和收益率的提高也总是有快有慢的。产业间技术进步率的这种差别，必然要引起倾斜。其次，需求的结构性变动给不同产业带来的拉力有大有小，从而使各个产业的生产发展有快有慢。需求变动对不同产业的拉力的这种差别，也使倾斜成为必然。

作为一种长期的经济实践，社会主义工业化中的自觉倾斜，是客观趋势与主观选择的统一。倾斜过程要依赖一定的调节机制和运行方式。经济体制是倾斜的实现方式。历史经验证明：要实现有效倾斜，必须进一步完善发展战略和产业政策，并深化经济体制改革。

在走向现代化的中国的长期发展中，倾斜趋势仍将继续，但又面临着一系列困扰。产业政策选择的出发点和原则，应当以对倾斜趋势的这种预测为根据，把分别属于不同层次利益主体的资源都动员起来，实现有效倾斜。

作者：南开大学1991年博士毕业生

导师：谷书堂教授

流通作用过程探索

王 诚 庆

一、流通在社会再生产中的地位

流通在再生产中的地位，要从不同的角度、不同的层次、不同的经济发展水平等方面去认识。应当区分基础理论和应用理论的任务，区分经济运行的内容及其表现形式，区分生产过程和流通过程在不同场合的具体内涵，区分经济活动的目的和手段，区分微观与宏观的不同作用范围，区分经济发展的不同阶段。如果要研究基础理论，要从总体上揭示经济关系深层的、本质的内容，就要将分配、消费等作为生产的要素进行考察。当然，生产决定流通是毫无疑义的。尤其是在商品经济的低级阶段上，当消费目的受着生产手段制约时，更是如此。然而，如果研究应用理论，就要从经济内部，从微观上研究经济关系的作用方式，将分配、消费等看作独立于生产之外但与流通紧密联系的要素，那么，流通也将表现出明显的决定生产的作用。在商品经济的高级发展阶段，当消费这个最终目的真正表现出决定性时，尤其如此。流通是社会经济的联系形式。

二、流通的微观作用过程。

流通的基本职能是实现所有权与产品的转移，以及由此派生出的信息传递职能。在微观范围内，流通的产品转移职能分解为两个阶段，一前一后为生产的连续准备物质条件和价值条件;而信息传递职能则充当微观经济组织的神经系统,决定着生产的方向、规模和结构的动态调整。

三、流通的中观作用过程

流通作为一个体系,在中观上表现为多分支的作用过程。

1.商品流通。通过购买、运输、储存、销售等解决商品在批量、品种、空间、时间、价值与使用价值分离、所有权分离等方面的矛盾。

2.货币流通。不仅直接媒介商品交换,使生产与流通得以顺畅进行,还充当计划与分配的手段。

3.劳务流通。通过扩大社会分工的范围,使社会在更大的范围和更深的层次上发挥专业化分工的优势,提高社会总体的劳动生产率,提高社会成员消费生活的水平与质量。

4.信息流通。在初级层次上,在生产布局既定,从而供求的地域分布、时间分布和品类结构等既定的条件下,信息流通为流通的合理化创造条件,通过降低流通费用而提高社会再生产的效率;在高级层次上,信息流通减小经济活动的不确定性,从而能动地引导生产和消费,通过提高生产与消费的符合程度,而提高再生产的质量和效率。

四、流通的宏观作用过程

从流通对产业结构的调节看,商品经济中的调节力量,如价值规律、供求规律或市场机制等,都要通过流通过程而现实地发挥作用,通过流通而实现资金、人力和资源的转移和配置。具体表现形式有三种:

1.在市场经济制度下,市场机制是最权威的调节者,其作用表现为流通的自行调节;

2.在计划经济体制下,政府计划机关按照流通的规律,对生产和流通进行统一的计划管理,表现为以流通为基础的计划调节;

3.在社会主义商品经济条件下,国家调节市场,市场引导企业,计划调节不仅以流通为依据,而且藉流通发挥作用,表现为计划指导下的流通调节。

从流通对地区经济平衡的调节看,在资金、资源、技术、劳动力等的地区分布都为既定的条件下,经济的效率主要取决于三种经济效益,既规模经济效益、级差经济效益和集中经济效益。流通的发展依循它自身的规律而集中,形成一个个经济中心和围绕这些中心运转的经济区域,从而将以上三种经济效益有机地结合起来,并藉流通中心的辐射和吸引作用,将整个经济区域结成一个有机整体。在不同的经济区域之间,流通同样通过商品、资金、技术等的转移,在效益与利益原则下,实现地区经济的协调发展。

从对于整个国民经济的发展看,流通所特有的机制,使之具备了一系列至关重要的功能:(1)显示器功能;(2)平衡器功能;(3)变速器功能;(4)稳定器功能;(5)转换器功能和放大器功能。

作者:中国社科院研究生院1991年博士毕业生

导师:高涤陈研究员

货币控制论

郑 先 炳

在商品经济条件下,货币是一个重要的经济变量,在一个国家的宏观经济运行中居于最中心的环节。国家政府要实现其宏观经济调控与管理的主要目标,就必须有效地控制社会总需求的增长。而社会总需求在很大程度上又是由中央银行通过调节货币供给来操纵的。因此,国家政府能够将宏观经济的运行控制到什么程度、控制的效果如何,关键就在于中央银行对货币的控制程度与效果。

中央银行在控制货币的实践中,通常是从货币定义体系中选择某一种或两种货币作为控制重点。我国现在选择的对象是M_0和M_1;但从各方面综合考虑,有必要将控制重点过渡到大口径的M_2上面。

对货币总量的控制,各国有不同的做法。但比较而言,以之因素控制方法即参照经济增长、价格变动和货币流通速度变化等情况来确定货币增长率的方法最为科学。因为它完全符合货币流通规律的客观要求,能使货币变动与经济变动紧密地联系起来。但困难在于如何从数量上比较准确地测算决定货币供应量增长率的三个因素。从我国经济发展的趋势及增长潜力看。在今后若干年内,国民生产总值增长率每年保持8%左右是可以做到的。这也许是一个较高的速度,但国民经济的发展需要这样的速度,也可以实现这样的速度。鉴于我国治理整顿以来在抑制物价上涨方面所取得的成效及今后进行价格体制改革的需要,价格上涨率可定在每年7%左右。另外,根据我国的货币流通现状及发展形势,货币流通速度变化率暂时可测定为零,这样,我国的货币总量增长率可以确定在15%。再考虑到货币控制的有效性与准确性的要求,货币总量增长率的区间幅度可以设定在13~17%之间。

中央银行对货币的控制还需要检验其效果。从实际情况看，我国近几年来的货币控制有成效。但也有不少问题。最突出的问题，是在促进经济成长时未能很好地控制住社会总需求，致使物价变动较大；在抑制通货膨胀过程中，又未能有效地阻止经济过份滑坡。因此，我国的货币控制尚有许多需要改进之处。

为此，本文提出十点建议：

1. 用 M_2 取代 M_0 和 M_1，作为中国货币控制的重点层次；

2. 用“滚动限额弹性约束制度”控制现金发行量；

3. 在充分考虑经济成长潜力、价格变动趋势和货币流通速度的运动动态的前提下，将货币总量增长率控制在15%左右；

4. 鉴于我国当前经济增长迟缓、效率低下且有潜力的情况，近期内的货币政策应该在不放松控制的前提下适度扩张，紧缩力度可以调小；

5. 用相对数控制取代绝对数控制；

6. 用区间控制取代定点控制；

7. 用长期控制补充短期控制；

8. 用事前控制取代事后控制；

9. 用“顶风”控制取代“顺风”控制；

10. 取消部分中央银行的政府银行职能，矫正财政与银行的关系。

作者：中南财经大学1991年博士毕业生

导师：周骏教授

通货膨胀探索
——实证研究与理论分析

万 存 知

通货膨胀在本质上是商品经济条件下供不应求的一种市场失衡状态。其理论定义是货币供应量大于货币需要量，其现实表现在一般情况下是物价总水平的持续上涨；但在实行物价管制情况下，现实表现还有其它许多变形，如财政价格补贴、企业经营性亏损、产品质量下降、凭票证限量供应商品等。实证分析新中国成立以来的历次通货膨胀，主要原因有四：一是基本建设投资规模过大；二是再生产过程中的经济效益差；三是政治运动使生产停滞下降；四是管理体制变革中各种政策措施不配套和失误所引发的宏观失控。

深入研究通货膨胀，必须区分通货膨胀和通货膨胀政策这两个截然不同的范畴。通货膨胀在发展变化过程中具有周期波动的特性。决定通货膨胀周期波动的是“三合一”机制。“三”是指经济周期、供求结构变动周期和政策周期这三个周期；“一”是指三周期的影响统一于货币金融领域。根据实证材料分析，通货膨胀周期与经济周期的关系表现为：若经济增长主要靠提高经济效益来推动，则通货膨胀周期对经济周期不产生实质性影响；若经济增长主要靠追加新的投入来推动，则通货膨胀周期就决定着经济周期。

通货膨胀的影响是全方位的。在社会再生产过程中，若经济增长的动因主要来自投资效益，则没有货币数量的渗入，经济也能增长；反之，若经济增长的动因主要来自投资的数量，则由于投资是货币资金和商品物资的双重投入，所以在这种情况下，货币数量对经济增长就起着决定性的作用。据此，效益型经济受通货膨胀的影响较小，而数量型经济受通货膨胀的影响则很大。由于通货膨胀可以改变资源的再分配，因而在短期内对经济增长是有刺激作用的。但随着时间的推延，这种刺激的效应会递减，其最终结果是阻碍和破坏经济的增长。通货膨胀对不同社会公众的影响是极为不相同的。由于通货膨胀的价格传导过程不是同步同幅进行的，所以社会公众对通货膨胀客观上就有一个先后接受和承受的问题，所以我们必须研究社会公众对通货膨胀的承受能力。通货膨胀的社会承受能力的质的规定是：在生产发展的基础上，物价的上涨不能降低人民的实际生活水平。其量值区间是 $(\frac{G-E}{E}, G)$（其中，G表示人民货币收入增长率；E表示社会劳动生产率的增长率）。量值区间的经济含义是：物价上涨率必须低于人民的货币收入增长率，但又必须高于名义收入超过实质经济增长的弹性系数。核心思想是把握两条：一是经济不能负增长；二是人民不能负增收。

通货膨胀的最大危害，是带来币值、经济和社会三个方面的不稳定。治理通货膨胀是一项系统工程，单靠货币政策不行，国民经济各个综合管理部门和各项经济政策必须协调配合。

由于物价本身是一个货币均衡机制，所以治理通货膨胀不能等到物价上涨以后再采取措施，而必须防患于未然。我们应当建立和健全通货膨胀的预警系统，从定性和定量两方面多层次地观测经济运行状况，以争取把握治理通货膨胀的主动权。

作者：中南财经大学1991年博士毕业生

导师：周骏教授

东西方价格体制的比较研究
——兼论社会主义市场价格体制

刘 佐 太

社会主义有计划商品经济体制,应该是计划与市场内在统一的体制,这种体制不是一方吃掉一方,而是以一种合理的方式契合起来。社会主义商品经济的运行,从宏观角度看,是在国家计划的调控下进行的;从微观角度看,它又是在市场调节之下进行的。与这种经济体制相适应的价格体制,就是社会主义的市场价格体制。

研究社会主义市场价格理论,不能离开对西方发达国家市场价格的分析和批判。作为商品生产和市场机制的一般规律,无论在资本主义制度下,还是在社会主义制度下,都有某些共性。对比一下东西方国家的价格体制,不难看出,以均衡价格理论为基础的西方市场价格,是在商品的交换过程中按照供求规律形成的。而社会主义国家的计划价格,特别是传统的计划价格,基本上排除了供求因素的影响,是在商品交换过程之外形成的,是行政制定的或行政干预决定的。这是东西方价格形成机制的一个重大区别。在一切商品经济中,不论是市场价格的形成,还是固定价格的实现,都必须凭借一定的商品供求关系。供求关系不仅是制约价值的实现,而且是价格形成的中介与条件。脱离具体的供求关系,就无法确定价值。所以,过去抛开供求关系去计算商品价格的做法,其准确性很值得考虑。

在社会主义国家,自50年代以后,人们开始承认价值规律在公有制经济中的客观作用。但所有的价格理论都把价值作为一种静止的、绝对的数量来看待,企图通过一定的折算来求得价值或价值的转换形态,并由此形成价格。因此,价值和价格与市场仍然是脱钩的。也就是说,价格形成是模拟一种静止状态的价值量,而与实际供求结构无关。其实,从经济运行过程看,反映价值与反映供求是运动的同一趋势,不可能存在一种反映了价值而不反映供求关系,或反映了供求关系而不反映价值的现实价格。如果从静止的角度看,价格仅是商品价值量的显示器;但从市场交换过程看,价格则是在调节市场供求比例关系变化的运动中反映出商品价值的。因此,传统的计划价格体系不合理,从根本上说,这个价格体系的形成过程本身就是不合理的。所以,社会主义国家的价格改革,不应把主要的注意力放到价格体系的结构调整上,而应该花大力气从根本上改变计划价格的形成过程,这才是根本性的改革。要真正从商品经济的基本规定出发,切实让商品在交换过程中通过商品需求与供给的运动自然地形成价格。这也是整个经济体制转到有计划商品经济的轨道上来的必然要求。

简单地"调"与"放",无法实现价格体制的改革。改革的实践证明,简单地放开对价格的计划控制,并不等于形成了市场机制。缺乏市场机制运转所需要的基本条件,放开价格只能引起混乱与市场波动。这些基本条件之一,是企业的财产风险约束;基本条件之二,是一个较完善的市场体系和相应的竞争约束。在既无财产约束、又无竞争约束的条件下,放开价格,等于给了企业乱涨价、乱收费的权利。

"双轨制"也不能完成目标模式的转换。"双轨制"对于导入市场机制具有积极的意义,但并不能完成价格体制的转型。

社会主义市场价格体制的建立,是一场深刻的革命。任何局部性的调整与改革,都无法实现价格机制的转换。唯一的途径只能是培育市场,发展市场。

作者:中国社科院研究生院1991年博士毕业生
导师:王振之 研究员

二元经济下农产品价格政策研究

王 德 章

在一定时期内,农户经济行为的两面性(追求利润和维护生计)中,一般总有一方占主导地位的;而究竟哪一方占主导地位,则取决于一定的社会经济环境。改革前,我国农户的经济行为倾向于非经济理性;1979年以后,农户的经济行为趋向追求利润最大化。二元经济结构对城乡收入差距的影响,大量剩余劳动力的存在和工农业产品价格剪刀差,是造成农民收入增长缓慢的最主要原因。在我国目前主要农产品购销价格"双轨制"的条件下,调动农户积极性的途径有两条:(1)通过提高合同定购价格,减少农民的亏损;(2)通过扩大市场调节部分,相应增加农民的收入。在农产品购销体制和价格改革的初期,宜采取第一种办法;但随着改革的深入,特别是国家财力难以支付提价补贴时,则宜采取第二种办法。

农业剩余,包括劳动力剩余和农产品剩余或其货币转化形态资金的剩余,其转移方式的选择,是各国在工业化过程中都曾遇到的一个极其复杂的问题。从理论上讲,农业剩余的转移应遵循价值规律的要求,通过工农产品等价交换,以农业的发展促进工业化进程。但从各国的发展实践看,在工业化过程中都犯了"急性病",并且都走了通过贸易条件的恶化获取农业剩余的道路,结果导致农业剩余的非同步转移。农业剩余非同步转移,是指在农产品剩余的货币化形态资金剩余向非农业转移的同时,剩余劳动力没有转移或转移得较少;或者是在剩余劳动力向非农业转移的同时,由于农业的投资环境不利,原本应留在农业的积累资金外流到非农产业。可以用以下两个指标来测度农业剩余非同步转移的问题:(1)农业劳动力向非农产业的转移速度应快于社会总劳动力的增长速度,并与农业产值变化保持一定的关联度;(2)农业基本建设投资占全社会基建投资的比重要达到10%以上。1979年以前,我国农业剩余的非同步转移的特点表现为劳动力转移严重滞后。1979年以后,特别是1985～1988年期间,农业剩余的非同步转移表现为应用于农业的积累资金外流到非农产业。导致劳动力转移滞后的主要原因在于资本的密集型投资和生产要素价格扭曲;引起农业积累资金外流的原因则在于农产品的低价格和农业的低投资收益率。

取得中国农业发展史上"黄金时代"(1979～1984年)的主要经验是:政府在指导思想和政策措施上,都重视了农民利益和农民收入这一农产品价格政策研究中最本质的问题,取得了主要农产品产量和人均占有量、农民人均收入提高以及"剪刀差"缩小的好成绩。从1985～1988年的农业徘徊中所应引出的教训是:(1)合理的农产品价格是吸引农民增加投资的必要条件,比较利益原则是农民在新形势下择业的标准;(2)应当建立主要农产品价格与生产资料价格联动的保障机制,以确保农民利益不受到侵害。两种不同的农产品价格政策所得到的效果不同,但经济发达国家的农产品价格支持政策既有其积极的一面,又有一定的局限性。

在二元经济条件下,制定农产品价格政策的指导思想,一是马克思关于农业是国民经济的基础和毛泽东关于国家、集体、个人三者利益兼顾的原则;二是兼顾生产者和消费者利益,特别要强调保证生产者利益的原则;三是农业与工业要保持动态的平衡发展;四是工农业产品要实行等价交换。

合理的农产品价格有两层含义,一是农民从事农业生产的收入要逐年有所提高;二是农民收入的提高要大体接近同等情况下做工和经商的利益。合理的农产品价格政策的目标能否实现,在二元经济条件下,除了它本身的科学性和合理性外,还取决于其它相关政策的配合和支持,如产业政策、就业政策、外贸政策和收入政策等。

作者:中国社科院研究生院1991年博士毕业生
导师:张卓元研究员

论确定性和不确定性社会项目评估

冯 金 华

社会项目评估理论是发展经济学的重要组成部分。几乎所有国家,尤其是发展中国家,当前都面临着一个基本的经济问题,即如何将有限的资源合理地配置于各种不同的用途,以最大限度地增加社会福利。

在传统的西方经济学中,上述基本问题是交给市场去解决的。但是,大量的实践经验证明,单纯的市场机制并不能求得最大福利,而可能导致资源枯竭、环境污染和生态失衡,引起两极分化,带来种种社会问题。

许多发展经济学家强调发挥政府的积极作用。政府可以有三个主要方法来指导和评价资源的配置:(1)国民经济计划;(2)投入产出计划;(3)社会项目评估或成本——收益分析。项目评估不同于其它两个方法之处在于,它的分析对象不是国民经济的宏观全局,也不是国民经济的部门结构,而是具体的、单个的"项目"。尽管项目评估本身只涉及单个项目,因而属于"微观"问题,但发展经济学所强调的是社会项目评估,即从整个社会范围的角度来评估项目。因此,在发展经济学中,项目评估理论在某种意义上被"宏观化"了。这种宏观化主要表现在两个方面:(1)它通过影子价格等方法来帮助解决全社会的资源配置问题。对于许多发展中国家来说,它们的市场很不完善,计划又很不健全,既不能象发达的资本主义国家那样主要依靠市场经济,也不能完全依赖于国家的宏观计划来解决问题。在这种情况下,项目评估理论就成为一个强有力的工具。(2)它通过分配权数等方法来帮助解决全社会的收入分配问题。这主要是因为,发展中国家的税收、转移支付等调节收入分配的宏观财政手段不够健全和有效,因而需要通过支持那些更具"平等"倾向的项目来达到目的。正是由于项目评估的这种宏观化,使它成为发展经济学的一个重要组成部分。

项目评估的理论,基本上可以划分为两个部分,即确定性的项目评估和不确定性(或风险、随机)的项目评估。就确定性项目评估而言，它的一些原理和方法不仅适用于发达国家，而且适用于发展中国家，甚至在某种意义上更加适用于发展中国家。发展中国家面临着特殊的经济环境、社会环境和国际环境的制约，这些制约造成了特殊的经济问题：社会经济结构缺少弹性，市场不够完善，分配不公平，等等。这些特殊问题的存在，使得发展中国家有必要运用确定性项目评估的一些方法。例如，由于市场不够完善，资源的市场价格不能很好地反映其真正的社会价值，从而不能有效地配置资源。这就需要运用项目评估中的影子价格概念来正确评价资源的价值，以合理地分配资源和进行生产。又如，由于分配不平等，一个项目是加剧还是减轻不平等的程度，对整个国民福利将产生重大影响。这就需要运用项目评估理论中的分配权数方法，来认真分析其分配效应，以保证（在其它条件相同时）优先实施更具平等倾向的投资项目。

值得注意的是，尽管确定性项目评估理论比较切合发展中国家的实际情况，但流行的现存不确定性项目评估理论则并不如此。流行的不确定性项目评估理论以期望效用假说为基础，对不确定性项目的价值作了简单化的线性假定，即假定它等于期望效用。当不确定程度不太高时，可以认为上述期望效用假说近似地反映了人们在风险条件下的决策行为；但是，当不确定程度很高时，期望效用假说就会出现很大的问题。与发达国家相比，发展中国家面临着更多的不确定性。因此，与确定性项目评估恰恰相反，流行的现存不确定性项目评估理论，相对来说比较适用于发达国家，而不太适用于发展中国家。

作者：武汉大学 1991 年博士毕业生

导师：谭崇台教授

投资调节论

张　中　华

投资调节，就其实质而论，属于社会劳动按比例分配的问题，包括社会将多少劳动用于投资，以及将这些劳动分配于哪些不同的投资职能。在不同的生产方式下，投资调节的方式也不同。

所谓调节方式，是指实现投资按比例分配的社会形式，其主要内容包括：社会在何种利益关系的支配下由谁决策，通过何种经济机制使投资按比例分配。计划调节和市场调节不是等量齐观的。由于公有制占居主导地位，因而决定了社会主义投资调节方式是计划主导调节。

为了建立投资计划主导方式，必须以搞活微观经济和稳定宏观经济为基本目标，正确界定国家与企业的投资权限。为此，必须区分生产经营权与投资决策权、宏观决策权和微观决策权、不同所有者的投资权、不同资金来源的投资权、不同产业和不同地区的投资权、外延性投资权与内含性投资权、大中小型项目的投资决策权、投资项目决策权和实施权、不同时期的投资决策权。

在分权条件下，国家是投资的主体，也是计划主导调节的主体。除国家投资和个人投资外，大量的将是企业负责决策的投资。为了保证企业有效地行使投资决策权，必须把企业为社会利益与为局部利益的双重动力统一起来，建立责权利相统一的微观经济机制。

好的经济体制和经济运行机制，为投资按比例分配提供了可能；但要把这种可能变为现实，还必须自觉地认识和利用生产力再生产的规律，科学地确定投资调节目标，其基本方法则是综合平衡。这种方法的基本思想是：通过财政、信贷、外汇和物资的平衡，制约整个社会的分配；通过分配结构的调整，保证总供给和总需求平衡，并促进生产结构和消费结构相协调。其关键则在于保持投资规模与国力相适应，促进投资结构与消费结构、生产结构、外贸结构相协调。不顾生产对分配的制约，盲目扩大投资规模，盲目追求经济结构水平的提高，必然遭受挫折。

为了实现投资的规模和结构目标，必须通过财政、信贷、外汇、价格等经济机制的作用，并辅之以必要的行政手段和法律手段，对全社会的投资运行进行调节。社会主义财政是国家有计划地组织国民收入分配的总枢纽，从收入和支出两方面制约着投资规模和结构，是实现投资计划主导调节的主要手段。在有计划的商品经济条件下，投资的运动是以货币为媒介的；投资按比例分配的前提条件，是有货币支付能力的投资需求与社会可能提供的生产资料和生活资料在总量及结构上相适应。为了以信贷制约投资规模并调节投资结构，必须坚持信贷平衡原则，以稳定币值、促进经济发展为货币政策的基本目标，合理确定信贷总规模、投资信贷规模及贷款利率；同时还必须加强中央银行的宏观调控能力，充分发挥投资专业银行的作用，正确处理直接融资和间接融资的关系。在对外开放的条件下，为了有效地利用外资，必须坚持外汇收支平衡的原则，以出口的合理增长制约进口的规模和利用外资的规模，并以合理的进口规模和利用外资规模制约投资总规模。

作者:财政部科学研究所1991年博士毕业生

导师:陶增骥研究员

社会主义工业化论

芮 明 杰

社会主义工业化是工业化的一种类型,具有与其它类型工业化相一致的共性和为其所独有的特性。这些性质规定了社会主义工业化的基本任务和目标。这一目标在工业化过程中,具体地转化为社会主义工业化道路怎么走,经济管理体制应作什么样的变革,政府根据工业化的一般规律又应该怎么做等问题。

马克思社会再生产理论及由此导出的"生产资料优先增长规律",是在一定的假设条件下得出的。从历史的角度看,这一规律是正确的。但在开放经济的条件下,一个国家可以通过对外贸易来补缺拾遗,故在一定时期内可不必优先发展本国的生产资料生产,而首先发展自己有优势的产业,以期促进本国经济的迅速发展。那种认为优先发展重工业是社会主义工业化唯一道路的观点是错误的。工业化道路从起步方式看,大致有四种:(1)开放经济条件下的各产业的均衡发展;(2)开放经济条件下的某些产业的重点发展;(3)封闭经济条件下的各产业的均衡发展;(4)封闭经济条件下某些产业的重点发展。工业化起步之后,由于可以采取重工业优先或轻工业优先,或各产业均衡发展以及进口替代或出口导向的推进方式,因而社会主义工业化道路有四类。而选择什么样的道路,则要根据本国当时所处的国际、国内环境而定。

社会主义工业化过程,是一个非均衡的经济发展过程。其非均衡性可以从四个方面观察,即:(1)经济波动;(2)产业非均衡发展;(3)短缺;(4)结构变动。这样一个非均衡发展过程,由四个主要动因激发:(1)自力更生迅速赶超发达资本主义国家的愿望;(2)技术进步趋势;(3)需求变动;(4)企业家的创新才能。这四个动因,在传统体制的约束下,只有第一动因经常在起作用。然而,工业化一旦开始,又会不断地演化下去,尽管这种演化所需时间长短各国不一样,原因是工业化本身的机制在其内引导进行。社会主义工业化机制有:(1)产业关联机制;(2)比较利益机制;(3)二元机制;(4)生产方式演进机制。这些机制的共同作用,使社会主义工业化过程中有一些明显的结构变动趋向:(1)所有制结构变动;(2)产业结构变动;(3)二元经济结构变动;(4)贸易条件与结构的变化。正是由于工业化过程中如此剧烈的变动,使得工业化演进中经济管理体制的改革与发展更有必要。在现实条件下,社会主义经济管理体制的基本模式为集权与分权相结合的体制模式;其前提是社会主义经济是有计划的商品经济。

社会主义国家的政府在工业化过程中负有重要的使命。政府在工业化中的直接作用是:(1)对关系国计民生的产业直接投资;(2)发展教育,培养工业化需要的人才;(3)在运输、通讯、能源等方面提供服务;(4)信息与社会保障;(5)法律仲裁,规范经济社会秩序。间接作用有:(1)规范市场,引导合理价格体系形成;(2)对某些产品市场进行保护或开放;(3)引导企业间的竞争与协作正常化;(4)加快某些市场的发育成长。根据上述作用,政府在工业化过程中的宏观对策主要为:(1)总量控制;(2)结构调整;(3)政策体系变换;(4)经济波动淡化处理。微观对策主要为:(1)规范市场结构与市场行为;(2)推进大机器生产方式的扩展;(3)促进企业家阶层的形成;(4)引导企业规模合理化。从中国40年工业化过程的实证分析来看,中国的工业化尚处于初期阶段完成,刚进入第二阶段的时期;传统的重工业优先发展道路已造成了众多问题,诸如结构失调、重工业自我循环、人民消费水平过低、二元结构反差过大等,致使中国工业化历时40年仍然效果不理想。因此中国进一步推进工业化必须:(1)深化体制改革。(2)重构工业化目标体系;(3)实行工业化道路转轨,即未来工业化道路不应再以重工业优先或轻工业优先为核心,而应以解决当前产业结构性瓶颈、臃肿为出发点,理顺结构比例条件下各产业比较均衡发展的道路。其推进方式是初级进口替代已完成的产业实行出的导向,对新兴产业继续并迅速实行高级进口替代,然后逐步推动其出口导向;其生产规模的扩大应以内涵式为主,走集约经营之路。(4)构造新的工业化推进手段体系。

作者:复旦大学1991年博士毕业生

导师:苏东水教授(复旦大学)、闵建蜀教授(香港中文大学)

资产积累的来源、途径及配置效果
——中国积累问题的现实分析

王 光 伟

在积累来源上，过去一直只把社会剩余 m 作为唯一的积累源，而把劳动者的劳动收入 v 看作与积累完全对立的“消费资金”，这就把社会主义初级发展阶段的“v”作了完全静态的解释。实际上，按劳分配的原则意味着劳动者一旦不能再为社会提供劳动(退休)后，其生活费支出只能是过去劳动收入的积存，而在社会福利尚不可能统一安排的社会主义初级发展阶段里，“退休”后的生活费大都只能由劳动者自己积存。在基本符合现实中的社会主义的假定下，可以证明这种“劳动收入”的积存在宏观上总是存在而且是日益增加的。那么根据马克思的再生产理论，积存的这一部分 v 既然不进入消费，就只能进入生产，从而这一部分 v 在动态过程中就取得了积累资金的形态，具有参与剩余产品形成的特殊使用价值，本文将其称为工资或劳动收入的动态积累 V_m。V_m 是随着劳动者综合劳动支出的增加(主要是劳动的技术水平和熟练程度的提高)而形成的，因此每个劳动者在社会主义经济发展中都会由于劳动收入的增加而形成逐渐增加的 V_m。同时，由于社会主义初级发展阶段并不否定商品生产和交换的法则，各经济实体在取得有限资金使用权的时候又具有竞争性，这就决定了 V_m 在进入生产时，取得 V_m 的一方要向 V_m 的所有者支付报酬。剩余产品向个人直接分配的机制就形成了。

在这里，劳动者凭借 V_m 取得“财富收入”并不会形成少数人始终占有剩余产品 m 而大部分人始终不占 m 的资本主义经济关系，而是形成了每个劳动者在动态过程中都以这样或那样的方式，分享和占有社会剩余的新型社会主义经济关系，因为每个劳动者在动态过程中都会形成 V_m 并取得“财富收入”。因此，产权分散和积累源的分散是社会主义初级发展阶段的客观必然趋势。

我国的经济体制改革为 V_m 在经济上的实现提供了可能，并首先在农村形成了独立经营、自己投资、利润归己的现实，城市中的个体经济也有了很大发展，这就使改革前后的积累途径发生了重大变化。改革前城市经济中基本上不允许分散积累主体的存在，工业企业的利润统统上交，投资也由财政统一拨付，同时“剪刀差”也在很大程度上集中了农业剩余，事实上形成了政府作为唯一积累主体的局面，政府只要规定了“工资率”就可以控制社会积累，那时增加税收则只会减少上交利润，同时在很低的工资率下，扩大货币发行也只意味着成本的全面上升，实际剩余并不会增加。因此除了行政性地规定工资率外，改革前的积累途径只剩下“剪刀差”这一种方式。在体制改革以后，不但社会剩余直接向个人分配的情况已经出现，而且国营企业、地方政府都具备了一定的资金所有权和使用权，因此税收、货币发行和变动相对价格对积累的影响也有了重大差别。剪刀差在分散农户独立经营的局面下，其集中剩余的能力也因为农户的经营活动可灵活地向价格较高的产品转移而减弱，同时还对农业的专业化和适度规模经营，以及土地的有效利用和养护都产生了不利影响，限制了农业供给能力的进一步提高。

与剪刀差相反，税收在财富分散的情况下却日益重要，它除了为政府集中进行经济建设和管理所需的资金外，还可经适当设计后用来刺激积累、增加就业。税收的这一作用尤其值得充分重视，因为动态积累 Vm 得以贯彻社会主义原则的重要前提之一就是对就业机会的保证。

虽然在社会剩余已直接向个人分配的情况下，货币发行具有对剩余进行再分配的功能，而且一般认为货币发行者(政府)和利润获得者可在通货膨胀中获益，社会总积累可能增加。但对我国情况的进一步考察表明，我国面临着比较严重的基础投入要素的瓶颈，有效供给难以较快增加以吸收增加的货币，使得货币扩张时我国的价格上涨效应非常明显。而且，单一的银行储蓄形式也容易促使公众在价格水平上升时放弃货币储蓄而购物保值，减少可供积累的资金。另外，通常并不考虑价格指数的国营企业承包制也使得利润被“截留”在企业，并且大部分变成了职工福利。所以，在我国的特殊国情下，货币扩张目前尚不能形成有利于积累的效应，相反却容易酿成难以控制的价格螺旋式上涨，对经济发展造成损害。因此，应该以各种经济手段刺激分散积累主体自愿积累。

积累的有效使用和增加积累至少具有同等重要的意义，而积累的使用效果取决于积累的配置机制。改革后，我国的相对价格结构和金融市场并没有随着多元积累主体的形成而得到所需要的调整与完善，基础部门产品的相对价格长期偏低，使得除政府以外的投资主体只向加工部门投资，造成了基础产品供不应求、加工部门生产能力大量闲置、经济效益长期难以提高的结果。

解决我国积累中问题的关键是完善要素市场，这不仅可以使动态积累的经济实现过程规范化，而且也是加强向基础部门投资的市场诱导机制的重要措施。比如，健全的要素市场在校正后的价格体系下可以通过债券、股票为基础部门筹集到所需投资；这些金融证券也有利于产权清晰化，并进而减少或杜绝工资侵蚀利润的现象，保证国有资产的正常增值和中央政府掌握必要的财力，有力地推动经济发展。

作者：南开大学1991年博士毕业生

导师：谷书堂教授

论社会主义经济中的最优积累

林 岗

我国经济学界关于积累和消费比例的研究，大体上可以说是确定积累和消费比例选择的可行范围。但是，在这种范围内可以作出的选择绝不只一种。于是，就产生了一个问题：在所有可行的选择中，哪一个最优呢？这是一个关于资源最优时际配置的问题，即根据给定的最优性评价标准和约束条件，在时间长度一定的计划期内找出积累（或消费）变动的最优时间轨线。本文在建立积累最优控制模型的基础上，探讨最优时间轨线的特征及其政策含义。

积累和消费比例的最优性评价标准，应当体现由社会主义经济关系宏观地决定的整个国民经济运动的价值取向，即社会主义生产目的。因此，本文将积累的最优性标准定义为：使社会成员的消费需要（物质和文化生活的需要）在一定计划期内得到最大满足。它可以表为如下形式：

$$\max J = \max\int_{0}^{T} L(0)e^{nt}C(t)dt \tag{1}$$

其中：L(0)为基期的社会人口数；C(t)为人均消费水平；n为人口增长率，时域[0,T]表示计划期。

本文将积累定义为社会生产资金的净增长。对于国民收入数量已定的任一时刻（例如某一年），由于积累和消费之间存在此消彼长的关系，因而有状态方程：

$$\begin{cases} \dot{x}_1 = x_2(t) \\ \dot{x}_2 = (r-n)x_2 - v(t) \end{cases} \tag{2}$$

其中：X_1 为社会资金存量；$\dot{X}_1 = \frac{dX_1}{dt}$ 为人均积累；$\dot{X}_2(t) = \frac{d^2X_1}{dt^2}$ 为人均积累的增长速率；r为净产值/资金的比率；$v(t) = \frac{dc}{dt}$ 为消费增长速率。

消费增长的选择范围或容许控制是：

$$v(t) \in [V\min, (r-2n)X_2(t)] \tag{3}$$

其中，Vmin是消费增长速率的下限即社会成员所能容忍的最低增长速率；$(r-2n)X_2(t)$ 为消费增长速率的上限，即在保证新增劳动人口按不低于既定人均资金存量就业条件下的最高消费增长速率。由式(1)、(2)、(3)再加上关于X1和X2的初值和终值的边界条件：

$$\begin{aligned} X_1(0) &= X_{10} \\ X_2(0) &= X_{20} \\ X_1(T) &= X_{1T} \\ X_2(T) &\geqslant 0 \end{aligned} \tag{4}$$

就得到了积累的最优控制模型。

根据这一模型，可以得到关于最优积累时间轨线特征及其政策含义的如下结果：(1)对于任一时间长度确定的计划期来说，积累和消费变动的最优时间安排必然具有“积累增长领先；消费增长殿后”的特征。“消费领路”的发展战略不可能达成使计划期内社会成员消费需要的满足最大化的目的。(2)由模型可得出人均资金存量的容许取值范围，而由此又可导出关于计划期国民收入增长比例的容许取值范围。决策者必须将自己关于国民收入增长目标的决策约束在这一范围内，而不能超出这个范围去驰骋自己的“增长冲动”，否则最优性评价标准就无法满足。(3)由模型可解出计划期内消费由低增长转为高增长的最优时刻。计划期国民收入增长比例从而人均资金存量终值的取值越高，由低消费增长转换至高消费增长的时刻就越接近于计划期终了的时刻。一个背负高增长压力的国家，必须具有承受较长时期内的消费低增长的能力。(4)由人均积累水平的最优解，可导出积累率的最优时间轨线。对于一定计划期来说，不存在不变的积累率，随着消费增长速率由低向高的转换，积累率也会发生变动。(5)与积累率的最优时间轨线相对应，存在一条两大部类比例变动的最优轨线。两大部类比例能否按最优轨线适时调整，取决于由产品在两部类间的通用性和对外贸易提供的“自由度”。

作者：中国人民大学1991年博士毕业生

导师：吴树青教授

生产率理论分析与中国生产率实证研究

张 德 霖

马克思从劳动价值论的分析前提出发，把生产率严格地界定为历史的、社会的和劳动的生产率，进而把这一认识置于唯物史观的历史哲学高度。列宁根据资本主义进入垄断阶段后的经济特征，进一步发展了马克思、恩格斯的生产率的"历史论"和"制度论"，继而在十月革命之后，逐步创立了劳动生产率的"社会主义论"。西方早期的生产率理论主要是以使用价值为线索，以分工协作和财富增长为内容，并从工业和农业两个领域展开的，其概念相对偏重于劳动生产率。西方近代生产率理论已经脱离了早期的发展轨道，完全演变为以生产费用论、边际效用论等庸俗价值论为理论基础，以分配理论为核心，以维护资本主义制度为目的，以边际生产率论为特色的庸俗生产率理论。这一理论根深蒂固，长久地留在西方经济学中。随着世界新技术革命的爆发和系统科学的创立，西方经济学家们针对以往生产率理论中只注重单一生产要素的考察，而相对漠视诸要素相结合的综合分析的理论缺陷，并从发达资本主义国家的实践出发，创立了具有划时代意义的全要素生产率理论。这一理论的创立具有极大的实践指导作用。尽管当代西方经济学家们如何淡化其理论的分析前提和理论基础，但是至今他们始终未能摆脱其庸俗价值的窠臼。不过，当代西方经济学家也更加重视从要素的合理配置和有效组合的视角上分析不同要素投入对经济增长的贡献，这值得我们学习和借鉴。

两大生产率理论体系在理论上的差异：西方经济学体系中，通常是用生产率理论而不是生产力刻画人类与自然发生关系时创造财富的能力、力量和效率的。西方发达国家通常重视的是生产率范畴，而不是马克思主义体系中的生产力范畴。马克思主义经济学中，生产率理论是其学说的重要组成部分，特别是马克思主义奠基人对生产率的"制度分析"，有更高的理论视野；两大理论体系中生产率理论的最大差别是二者的分析前提——逻辑前提和理论基础的差异：西方生产率理论，以使用价值为线索，以生产费用价值论或边际效用价值论为基础和前提，把使用价值和具体劳动的一般范畴与价值和抽象劳动的社会历史范畴混为一谈，用不同要素对价值形成和价值增殖影响的"作用论"代替唯有劳动创造价值的"源泉论"，并运用边际分析方法研究经济过程中的投入产出关系的效率和效益。马克思主义生产率理论，总是指"劳动的生产率"，认为价值的实体是劳动，生产率只与使用价值及其生产这种使用价值的有用的具体劳动有关；认为凡是参加劳动过程或生产过程的一切生产要素都与作为最终有用形式的使用价值有关，都相应地具有使用效益和效率，亦具有生产率。马克思是按照他的劳动价值论的内在逻辑，把其它一切生产要素所具有的使用效益和效率，统统还原为物化劳动，并最终归结为活劳动的生产率。马克思否定作为物化劳动结果的生产要素本身能创造价值，但并不否认作为物化劳动结果的生产要素也具有使用效益和效率。马克思劳动价值论前提下的活劳动生产率、物化劳动生产率及其全部劳动生产率与以效用价值论或生产费用价值论为分析前提的西方庸俗生产率理论，有本质的区别。从不同的视角研究生产率问题，是马克思主义生产率理论同西方生产率理论的又一重大区别：马克思主义奠基人对生产率的研究，总是着力对生产率进行社会的、历史的和制度的分析；西方经济学家主要研究的是微观经济过程中的生产率问题。两大理论体系对生产率的量化分析也有差异：西方生产率的量化分析远比马克思主义生产率的量化分析细致和复杂得多。

生产率的内涵分析表明，生产率是社会物质生产和再生产过程中投入与产出相比较的效益和效率的关系，是生产力质的规定性的量的描述，是蕴涵于其中的生产性、有效性、相关性和社会性的有机统一。生产率的外延分析表明，生产率的上述内涵不仅表明在社会再生产的不同层次上(微观、中观、宏观和宇观)，而且也体现为投入要素或劳动相"分解"的部分生产率，以及投入要素或劳动相合成的综合生产率。生产率内涵与外延的统一，便构成了以"层次"生产率为"行"、以"分解"或"合成"生产率为"列"的网络系统：微观部分生产率和综合生产率、中观部分生产率和综合生产率、宏观部分生产率和综合生产率、宇观部分生产率和综合生产率。

对中国社会主义生产率变动趋势的实证研究，是通过生产率指数、平均增长率、弹性系数和相关性、贡献率、变量排列与经济类型的变动趋势五项内容进行的。实证研究综合为："双向"比较引起的反思：显著成就与巨大差距；艰难曲折的发展过程：徘徊、增长和波动；变动趋向的显示：结构变动的指示器与发展重点的选择，变动轨迹的强烈反差，劳动生产率优于资金生产率;“维尔杜恩一卡尔多定律”的再现:提高劳动生产率与扩大就业的矛盾;经济增长的主要来源:要素投入量的增长;变量排列与经济类型:蹒跚在“外延”道路上;变动时间分布;发展机制的巨大作用。

作者:中国社科院研究生院1991年博士毕业生

导师:骆耕漠研究员

区域产业经济分析
——广东产业经济发展的理论与实践

邓 伟 根

区域产业经济分析是空间(区域)经济分析和产业经济分析相结合的中观经济分析方法。区域经济和产业经济的有机结合,其理论基石是劳动分工向部门分工与区域分工分化、融合的客观必然反映。产业的调整与发展,不能不对各经济空间(区域)的经济社会发展产生极为重要的影响,而改变各经济区域之间的经济特点,又不能不对国民经济中的产业调整与发展予以极大的限制与约束,两者是国民经济中介层面两个密不可分的侧面。因而,区域经济不过是产业经济的空间表现,而产业经济发展又不可能脱离特定的区域条件。只有妥善地处理好两者的关系,才能较好地理顺中央与地方、地方之间以及产业间与产业内企业间的各种关系,而改革的基本任务就是要从根本上理顺这些错综复杂的经济社会关系,以提高我国的生产力水平。

区域产业经济实证分析的结果显示:(1)我国东、中、西部三大地区的工业化水平有显著差异;工业化进程中产业区域分工特点呈现一种“中西重、东部轻”的结构差别;各区域产业结构严重趋同,各自的优势不明显。(2)区域收入差异的不平等格局并不象J·G.威廉逊所描述的倒“U”字型格局,而呈现出一种明显的“U”字型格局,它说明了我国在目前现实条件下,经济水平的提高并没有使区域收入差异出现倒“U”字型轨迹的收效,而向两极分化推进,即“贫者越贫、富者越富”的区域马太效应相当明显。(3)局部省区(广东)的区域收入差异“U”字型格局尤为明显,它在一定程度上说明相对发达的省区(广东)同样存在突出的区域不平等特征,而且这种差异系数显著高于全国的平均值,即我国目前区内收入差异恐怕比区际间的收入差异还更趋严重。为此,我国区域发展应采取区域突进与协调的发展策略,即兼顾地区公平的利益协调基准以及采取适用的协调手段,以防止或避免在不平等条件下造成新的不平衡或扩大原有的不平衡,尤其是区内的不平衡。

区域优势最显不仅是现代区域经济发展的客观必然趋势,也是区域产业发展在空间上合理配量的目标要求。它体现两个基本方面:(1)各区域充分利用自己的区域优势实行专业化分工;(2)各地区都能利用发挥区域优势的高增长率产业作为带动区域经济发展的主导产业。广东近10年来产业发展的区域优势主要体现在地理位置优越、中央政策的特殊与灵活措施以及独特的人缘优势,它可以用“天时、地利、人和”来概括。扬长补短乃对广东区域优势进行实证分析后所得出的思想原则及现实选择。而区域主导产业的评价与选择主要体现以下几个原则:(1)优势最显原则;(2)区域乘数效应最佳原则;(3)社会经济效益最显原则;(4)生态环境趋于完善原则。

区域产业结构和产业组织分析是区域成长中产业经济分析的两大基本内容。40多年来,广东产业结构的演进大体以1978年分为两个阶段:在第一阶段,产业结构变化在以传统农业为主的基础上向初级工业强行推进,产业结构处于欠发达、低收入一类地区的水平;在第二阶段,产业结构在结构主层次均衡化的基础上开始向相对集中化方向推进,结构总体水平目前大体处于初级工业化基本完成,继而向工业化加速阶段迈进的过渡转换时期。广东产业组织呈现典型的“二重结构”,一方面不能适应产业结构升级的要求,成为广东产业经济发展的一大隐患;另一方面,企业经济效益又呈现出波动中趋于恶化的态势。低效益的扩大化、尖锐化问题为何恰恰 在实行改革开放以后或者说在率先进行改革开放的广东表现得如此突出呢?其症结在于企业的微观基础仍未得以彻底改造,商品经济的内核——即讲究经济活动的投入产出,实现经济效益最大化的机制至今仍没有确立或成熟起来,从而导致种种结构不经济、规模不经济、资源要素利用不经济及企业间、产业间、地区间经济关系不合理,经济效益不断恶化等现象。加上广东产业发展受到劳动力资源(劳动力素质)、自然资源(能源、原材料)及资金等方面的瓶颈制约,从而严重影响着广东产业参与国际竞争的能力。

区域产业政策作为政府调节产业活动的一系列政策总和,不仅反映了地区产业活动的自身特点和区域本身的经济利益,而且还体现着国家国民经济中产业发展的总体要求,即中央和地方政府共同规划、调节、协调某区域的产业活动以促进区域产业经济发展的一系列政策的总和。它是我国宏观经济实行二级调控协调管理体制的具体体现和客观要求。就其功能作用而言，它不仅是计划与市场有机结合的一种表现形式，而且区域产业政策的主要功能在于协调而非调控。区域产业政策具体包括以下内容：(1)区域产业结构政策；(2)区域产业组织政策；(3)区域产业国际化政策；(4)其它配套的政策。为了制定和实施有效的区域产业政策，需要创造出必要条件和良好的政策环境。一要重构区域产业政策客体的微观基础；二要转变地方政府管理经济的职能；三要建立合理的价格体系；四要完善财税体制和金融体制；五要建立区域信息系统（或说空间导向信息系统）。

作者：暨南大学 1991 年博士毕业生

导师：黄德鸿教授

区域政策的比较与选择

周 民 良

在各国经济发展中，由于市场力量的自发推动及各地区经济条件与社会基础的不同，构成了区域之间明显的不平衡发展格局，如何看待区域之间的经济差异，各国政府的看法差别很大。令人惊异的是，在战后几十年的发展中，资本主义与社会主义国家都采取了几乎相同的政策思路，并且使用了相近的地域组织理论来指导对不发达地区的经济开发，力图逐步消除区域之间明显的差异性。然而，在实践中，区域政策的执行结果却并不象政策制订者所预想的那样奏效。我认为，依赖行政手段来着力塑造不发达地区的发展基础是不可能取得良好效益的，虽然这有益于缩小区域差异，但既不利于发达地区的发展，也不利于国家总体经济的长期发展。

中国在建国后的一段时期内，曾着眼于消除区域之间的经济差异、因而在投资分配，城市化政策上都着眼了内地的建设，从 60 年代中后期开始，在总体区域政策上采取了避开了一线二线，着力发展三线的措施，结果三线建设耗去了大量投资但效果却不如人意。与此同时，沿海地区的经济发展潜力也受到了抑制。这一期间，我国区域之间的经济差异在进一步拉大。改革以后，由于基本上采取倾斜发展沿海的政策，这种政策有利于全国经济的长远发展，体现了效益优先的原则，但一些区域问题也随之暴露出来。比如，区域经济发展呈明显的不平衡格局，区域产业结构进一步趋同化，地带之间的经济差距进一步拉大，区域之间的经济矛盾与冲突加剧，城市化虽然有所发展但城市化水平仍然偏低，这说明我国区域政策需要进一步完善与变革。

比较区域政策是为了重新选择区域政策，重订我国区域政策的思路如下：

我国未来的新经济体制，按照十三大的设想，将以国家调控市场，市场引导企业为目标模式，依此思路，区域政策将除了与政府其它政策包括产业政策的目标相协调外，也应与企业的区域选择目标相统一，这种模式将既与传统体制下的区域政策相区别，也与资本主义国家的区域政策毫无共同之处。也就是说，中国的区域政策应把改革与发展结合起来。随着股份制企业的不断增加，国家将以各种经济杠杆调节和引导企业进入能获取最佳经济效益的目标区域，并以土地、资本等要素作价入股，银行信贷也可按照国家产业政策和区域政策的要求对进入目标区域的企业进行筛选，中央政府将从各种繁重的具体经济事务中解脱出来，着力解决跨区域的经济社会问题。在这种情况下，国家的区域经济分工及地域专业化与综合发展都通过由计划指导下的市场来实现。

现阶段，我国区域政策设计体系应包括以下四个方面：倾斜性区域政策、重点区域政策、中性区域政策和特殊区域政策。倾斜性区域政策包括东部改革性政策、中部投资政策和西部补偿性政策；重点区域政策包括重点区域发展政策和重点区域国土整治政策两类，前者将着重于能够取得较好经济效益的区域增加投入，而后者将重在对环境条件恶劣和环境质量下降的区域进行改造；特殊区域政策主要指对经济特区，沿海经济开发区和全国一些区域的高新技术产业区继续实行优惠和扶持政策；中性区域政策包括规范中央与地方分配关系的区域经济调控政策，着眼于发育市场的区域经济组织政策和以小城市为主、大中小并举的城市化政策。

作者：中国社科院研究生院 1991 年博士毕业生

导师：汪海波研究员

中国城乡经济关系研究

丁 宝 山

中国四十年的经济发展成就之所以举世瞩目。很大程度上归功于我国十年经济体制改革的巨大成功。而十年改革最大的成就就在于它开启了中国农村工业化的大门，或者说，改革使中国开始了第二次工业化的远征，形成了全新意义上的工业化局面。

十一届三中全会以后，我国经济建设的战略部署分为三步。我们现在已经基本上实现了第一步的战略任务。当前，最重要的是走好第二步。而走好第二步的一个关键是搞好农村的进一步工业化。

农村工业化至少包含如下内容：(1)进一步发展农村社会分工，提高和拉平工业生产和农业生产的实际社会化水平。在农业部门综合采用能够更有效地利用和调节生产的工业生产工艺、手段、形式和制度的基础上，逐步克服农业和农业劳动的原始的落后的社会经济特征，最终使得农业步入工业化和现代化的轨道。即实现农业的工业化。(2)在广大农村地区因地制宜地发展农村工业。彻底改变"城市工业，农村农业"的旧有产业分布格局，形成城乡工业相互补充、相互渗透、平等竞争、协调发展的局面，实现农村产业结构的转化。(3)大力发展农村第三产业，提高农村的社会化服务水平，改变农村落后的生产生活条件，逐步缩小城乡差别，推动农村商品经济的发展，推进农村城市化的进程。

在目前以至将来，中国工业化所应当采取的战略是：城市和乡村平行式的协调发展的工业化战略。

城乡经济关系作为宏观经济体系中众多关系中的一对重要关系，在目前乃至将来中国的经济发展中其作用和意义将日益重要，城乡经济协调发展作为实现中国经济起飞的发展战略正在并且将继续显示其巨大威力。

工业化是一个历史过程，从城乡经济关系的演进考察，可以将这一过程大体划分为以下三个阶段：(1)城乡经济摩擦加剧阶段，即工业化原始积累阶段。资金原始积累完成就标志着这一阶段的结束。(2)城乡经济协调发展阶段，即工业化成长阶段。在此阶段：工业已经形成自我发展能力，工业的扩张所需资金由依靠农业转向依靠自身积累。即工业和农业各自依靠自身积累而平行协调发展。(3)城乡经济融合阶段，即工业化成熟阶段。其特征是：整个经济的发展以工业积累为主，农业由依靠自身积累为主转向依靠工业积累而发展。即工业的资金回归于农业，形成所谓工业对农业的"反哺"；城乡经济相互融合，进入一体化阶段，城乡差别、工农差别趋于消失。

那么，我国目前究竟处于工业化的哪个阶段上？据1988年的统计，我国工业与农业的产值比例为7.6：2.4。农业劳动力占就业人口的比重为59.5%，城市人口约为30%。由此判断，我国早已进入工业化成长阶段。从就业结构看，也进入工业化成长阶段，但从人口结构判断，我国目前仍处在工业化初始阶段。目前和今后一段时期内，协调我国城乡经济关系的基本准则是：农业不应再为工业发展无偿提供资金积累，工业与农业都主要依靠自身的积累求得发展，两大产业的联系主要通过产品的平等交换来实现，政府的产业政策既不倾斜于工业也不倾斜于农业；拓宽乡镇企业的生长空间，政府产业政策应对城乡工业进行协调和合理分工，促使城市工业结构的高级化，推进农村工业化的进程。

作者：中国社科院研究生院1991年博士毕业生
导师：周叔莲研究员

中国经济周期的实证分析

卢 建

经济周期是国民经济运行过程中循环出现的上下波动现象。长期以来，它一直是经济学研究的一项重要内容。本文分析我国经济周期的目的，一是想为现实经济生活中的景气分析提供一个跨度较大的历史背景；二是想通过了解经济周期的客观规律和内在机制，寻求与经济周期相配合的经济政策，用以减小经济波动的频率和振幅，避免频繁的、剧烈的波动对国民经济发展造成严重的干扰和危害；三是想通过对我国经济周期运行节律和特点的把握，寻求经济改革与经济周期运行相配合的最佳方案，以提高我国经济体制改革抗周期干扰的能力，并获得较为理想的改革效果。

在对我国经济进行分析后，本文得出了三条结论：(1)中国经济增长与发展是在周期性波动中实现的。无论是高度集权的单一的计划经济，还是有计划的商品经济，都没能避免经济运行的周期性波动。但是，由于运行机制的变革，信号系统、决策方法和调节方式的改善，有计划的商品经济比单一的计划经济能够更有效地降低波动频率，缩小波动幅度，提高经济增长效率。(2)经济政策必须与经济周期相配合。我国经济周期的确认和运行轨迹表明，那种不管国民经济处于扩张、高涨，还是处于收缩、衰退阶段，都一味主张扩张需求的绝对观念，同一味主张紧缩的绝对观念一样，都是不可取的，必须加以扬弃；代之而起的，应当是强烈的周期观念、"反周期"意识以及与经济周期相配合的富有弹性的经济政策。(3)经济改革必须与经济周期相配合。各种经济改革方案的选择和实施，应当同经济周期的收缩或扩张阶段相配合。在经济收缩阶段，通货膨胀的压力缩小，选择这个时机实施重大的价格改革方案，可以同需求拉上的价格水平错峰；在经济扩张阶段，企业开工率高，就业机会多，利润率上升，职工收入增加，选择这个时机实施劳动就业制度改革等非价格性改革方案，可以减少阻力和社会摩擦，保证新方案顺利进入轨道。因此，研究各种经济改革方案与经济周期的最佳配合，将成为今后中国经济周期应用研究的新领域。

作者：武汉大学 1991 年博士毕业生

导师：董辅礽研究员 曹启贤 教授

中国经济增长分析
——实证检验(1949～1986)

舒　元

从 1949 年到 1986 年，我国国民收入总额从 358 亿元增加到 7790 亿元，按 1952 年价格计算增长了 14 倍，平均每年递增 7.6%。我国的经济增长速度与世界各国相比是比较快的，我国的经济实力大为增强。下面考察我国经济增长的决定因素和增长的模式。

经济增长的决定因素。首先，从供给的角度考察，采用具有外生非物化技术进步的考柏——道格拉斯生产函数、固定替代弹性生产函数和具有内生技术进步的生产函数等模型，实际估算规模报酬、要素投入、要素替代、综合要素生产率和技术进步对我国经济增长的作用。实证检验表明，现代经济增长分析有关模型设定经适当的修正，能用来分析我国的经济增长。实际估算显示，在 1952～1986 年间我国独立核算工业企业平均非物化技术进步比率是 2.4%，固定资产的产出弹性是 0.37，劳动的产出弹性是 0.59，工业净产值的生产呈规模报酬不变。固定替代弹性生产函数的估算显示，我国工业生产中要素的替代弹性为 0.1，生产要素互相替代的可能性很小。农业生产的要素替代弹性约为 0.7，因使用的技术较简单，所以要素结合的灵活性较大。我国工业生产的数据拒绝了卡尔多内生技术进步的假设，并证明阿罗的边干边学的内生技术进步假设对我国工业是成立的。在生产实践中学习是决定我国工业生产技术进步的重要因素。经济增长核算方法显示，在 1952～1986 年期间我国国民收入平均增长率 6.6%中，有 71%(即 4.66%)是由于生产性固定资产存量的增长，17%(即 1.11%)是由于劳动投入的增长；我国净产值增长的 88%是由于生产要素投入的增长，综合要素生产率增长的贡献只占 12%(即 0.83%)。我国经济的增长基本上是依靠要素投入的不断增长，技术进步的贡献只占很小的份额。而在工业化国家和一些亚洲国家与地区，综合要素生产率的增长则是经济增长最重要的源泉。为了加快我国经济的增长，我们必须使综合要素生产率以更快的速度增长。其次，从需求的角度考察，采用哈罗德——多马经济增长模型和乘数——加速数模型，估计我国的边际资本——产出比率、投资效率、总需求与总供给互相依存的关系。在 1952～1986 年期间我国边际资本——产出比率约为 5，即国民收入实际值每增加 1 元必须使生产性固定资产增加 5 元。我国以异常高的积累率为代价，只达到中等的增长率。可见，高积累率并不能保证实现高增长率，更重要的是提高投资效率。具有一阶滞后的乘数——加速数模型揭示我国总需求和总供给之间互相制约、互相转化的关系，我国国民收入的增长与波动有 99.1%可以由上一年的消费和积累的增长与波动来解释。为了使我国经济稳定地增长，必须使总需求(消费和投资)稳定地增长，避免大起大落。

经济增长的模式。我国经济增长模式的特殊性从而经济结构的特殊性，是与我国特殊的需求结构直接联系的。1986 年，我国个人消费占国内生产总值的 50%，比低收入、中等收入和发达国家的平均水平(62%、63%和 62%)低 12～13 个百分点，我国的储蓄(即积累)占 36%，大大超过低收入、中等收入和发达国家的平均水平(25%、24%和 21%)。我国的需求结构在低收入国家中是独一无二的，只有少数几个中等收入和发达国家，如南朝鲜、新加坡和日本，有类似的需求结构。我国的需求结构决定了我国的生产结构和就业结构，需求结构的急剧变化导致了生产结构的急剧变化。按 1952 年不变价格计算，1986 年我国农业、工业和服务业净产值占国民收入的比重为 16%、71%和 13%，分别比 1952 年下降了 42 个百分点、提高了 48 个百分点和下降了 6 个百分点。工业部门特别是制造业部门的比重极高，服务业的比重则非常低。就业结构变化比生产结构变化小得多，两者的巨大差距是由于我国农业劳动生产率增长极为缓慢而工业劳动生产率的增长非常迅速所致。我国仍有 60%的劳动者在农业部门，而我国农业劳动生产率又非常低，这是造成我国至今仍是低收入国家的主要原因。采用钱纳里模型分析我国经济结构变化的规律，以人均实际收入和总人口为解释变量，说明它们的变化对消费、生产、要素使用、贸易、需求和供给所产生的直接影响和间接影响，从而相当精确地说明我国经济结构的变化。

对解放以来我国经济增长历程的分析研究，使我们进一步认识到经济改革和对外开放的重要性。只有进一步推进我国的改革和开放，才能改变我国经济增长过程中的低效率以及资源配置和经济结构中的不合理状况，促使劳动生产率、投资效率和综合要素生产率的提高，加快国民经济的增长，使我国早日赶上中等收入和发达国家的经济发展水平。

作者：复旦大学经济系1990年博士毕业生

导师：宋承先教授

中国信息产业经济分析
——基础·结构·机制·战略·政策

金 建

对信息产业的经济分析，象其它产业经济分析一样，都需要对产业确立的要素，诸如产业化进程条件、产业结构、产业组织、产业布局、产业管理、产业关联、资源配置、市场机制、科技进步以及人员素质等各个方面进行综合的分析和判断，从而检验其产业成长的成熟程度。信息产业经济分析实际上是一个国家信息经济发达程度和国民经济状况与竞争力强弱的综合反映。

许多资料表明，我国产业结构极不合理，存在着农业基础不牢，轻工业太轻、重工业太重、服务业太落后的畸型产业结构，这与信息产业还没有完全形成和确立，以致在国民经济中的比重太小，其功能和作用没有充分发挥，远远不能满足社会的需要有密切联系。从历史上看，信息产业是第三产业的一个组成部分，但是，从世界经济发展的趋势和新技术革命的潮流来看，把信息产业从第三产业中独立分化出来已有必要和可能，当前发达国家信息产业发展的经验也已经证明了这一点。

通过分析信息产业形成的历史和现状，明确信息产业的基本特点和表现形式，有助于同其它产业相比较，探索如何发展中国特色的信息产业的新战略。根据信息产业具有的高渗透性、知识技术智力密集、高投入、科技进步影响最大、高增殖、增长快需求广、就业面大、综合性强、省资源、无污染等特点分析，表明了信息产业在国民经济中的地位是相当重要的。它已经成为当今世界上与农业、钢铁、能源、汽车相并列的五大支柱产业，同时也是未来高新技术产业发展中的重要组成部分，成为跨世纪的新兴产业。信息产业在国民经济发展中的各种作用，例如：促进国际经济一体化的作用；对其它产业的替代作用；增加就业机会，提高带动生产率的作用；改变人们生活方式和消除三大差别的作用，等等，都是其它传统产业无法替代的。现代社会生产力系统中一个极为重要的软要素（在某种程度上可以看作是第一要素）就是信息。信息生产力是信息产业形成和发展的核心内容。

信息生产力理论的确立对于丰富和发展马克思主义劳动价值论、生产力理论等有着极为深远的意义，同时也改变了生产劳动的传统观念，信息生产力的形成使劳动创造价值的形式发生了变革，以智力和信息劳动为主的劳动方式，逐渐代替了体力劳动的直接方式将更为复杂。

信息－作为生产力的第一要素，要转化为现实生产力，必须依靠信息技术本身的产业化，中国信息产业之所以比较落后，就在于信息技术产业化的规模和速度比较差。当然，信息产业的发展必须与信息经济的规模相联系。任何经济活动的发生和发展都以信息的活动为核心，两者的相互依赖达到空前的紧密。

国民经济的信息化是客观的发展趋势，一旦使信息化达到一定的程度，就使一国的经济从工业化转变为信息化。信息经济是相对于物质经济而言的，因而以信息形态的转换为主要特征。信息经济的规模应由信息产品的生产总值在国民生产总值中的比重和信息劳动者占全部就业人数的比重来反映。从整个社会进步和经济发展的综合角度来看，信息经济的规模不能过大也不能过小，它的发展要与社会物质产品的生产规模相适应。因此，信息经济的发展不能脱离整个国民经济发展的水平。

信息经济的形成和发展必须依靠商品经济的充分发展。没有信息的商品化，也就没有信息的社会化和产业的信息化。因此，信息经济的发展必须处理好工业化、现代化、商品化、社会化等相互之间的关系。

作者：暨南大学1991年博士毕业生

导师：黄德鸿教授

保险发展模式论

林 宝 清

社会主义保险经济的发展有两种模式可供选择。一种是金融型保险模式。其特征是:(1)保险经营是商品性经营;(2)保险机构是金融性企业;(3)保险与金融相互渗透互动发展。金融型保险与市场经济相适应。另一种是财政型保险模式。其特征是:(1)保险分配属财政分配范畴;(2)国营保险公司垄断市场;(3)保险公司只有组织经济补偿的单一职能。财政型保险与高度集中统一的计划经济体制相适应。迄今,我国的保险体制尚未摆脱财政型窠臼,具有市场高垄断、费率高水平、金融化程度低等粗放型经营特征,从而抑制了保险经济发展。社会主义有计划商品经济制度的确立,要求我国保险体制从财政型向金融型转换,引入市场机制。

严格界定保险与保险公司的性质和职能是正确认识保险商品属性、完成保险体制向金融型转换的关键。保险是经济范畴,有分散危险、补偿损失、积蓄保险基金和监督危险等四个职能。保险公司是经济组织,是实现保险分配关系的外部组织形式,有组织经济补偿、掌管保险基金、防险防损、融通资金和吸收储蓄等五个职能。金融型保险公司是组织经济补偿和融通资金两大基本职能的统一。它的优势在于既促使保险业务成为聚积资金的手段,又达到了组织经济补偿的目的。从而实现保险与金融的相互渗透,互相促进发展。

保险商品属性的研究和界定是实现保险经营模式从非商品性经营向商品性经营转换、引入市场机制的关节点。与保险公司组织经济补偿职能的商品化之"公司本位商品说"不同,本文提出了保险补偿损失职能的商品化之"保险本位商品说"。

保险需求与供给的定量分析为实现保险宏观计划调控从经验管理型向数量管理型转换提供科学的计量管理手段。保险需求定量研究的结果表明:(1)保险需求收入弹性系数值的置信区间落在1.015～1.058之间(均值为1.034),该值与各国的GNP大小无显著相关;(2)保险需求收入弹性系数值确实存在着大于1的倾向,并具有相当的稳定性;(3)一国的保险费收入占GNP的重具有随着GNP增长而增大的倾向;(4)测定我国未来十年保险费收入增长率的均值为9.6%(109.6%)=106%×1.034)。从而论证了"八五计划"和"十年规划"对第三产业提出平均增长率在9%以上的要求,对于保险业来说是合理的。保险供给定量研究主要运用保险经营财务稳定系数K原理,给出如下公式:(1)危险单位承保限额极限比率$L=\frac{2}{3}K(1+3K)$,当$K\leqslant 0.1$,L极值为0.087,小于10%的法定比率;(2)总准备金比率$r=3K$,用作公司承保总额自控的参照比率;(3)经营资本(自有资本+总准备金)比率$gB=3K$,用作保险当局对保险公司承保总额监控的极限比率;(4)保险公司资产流动性合理化结构:A:B:C:D=0.2KP:0.8KP::KP:KP(A,B,C,D序号表示流动性从高到低;P表示净费率总额)。如果上述比率和流动性结构都能得到满足,那么保险市场的稳定性就有了保证。

金融型保险要求保险市场从国营公司独家垄断向以公有制为主体的多元竞争模式转换。社会主义商品市场是有序的商品市场,而不是有限的商品市场。所以,保险体制深化改革的市场模式取向必然是垄断竞争模式。竞争规则是:(1)公有制主体原则,全国性大公司应以公有制经济成份为主;(2)公平竞争原则;(3)费率自主原则;(4)经营独立原则;(5)替代竞争原则;(6)税率一体原则。

保险发展模式的政策目标是:(1)尽可能扩大保险覆盖面,提高我国保险的密度和深度,增保险经济实力;(2)尽可能创造条件,让投保人能够以最小的保费支出获得尽可能大的保险保障;(3)在保险立法上立足于保证保险业的偿付能力和市场稳定,维护被保险人的合法权益;(4)推动保险与金融朝着相互渗透的方向发展。

作者:厦门大学1991年博士毕业生

导师:洪文金教授,张亦春教授

地区人口增长与经济发展关系的定量分析

孔 庆 凯

中国是个幅员广大、人口众多的发展中国家。各省区社会、经济、文化发展不平衡,人口再生产状况差别也不小。本文通过对天津人口经济循环运动过程的系统统计分析,探讨就人口增长与经济发展关系进行区域性定量研究的思路、模式和方法。

研究依据该地区现有统计资料,将经济计量学、投入产出分析和路径分析方法结合运用,从人口——经济效应过程和经济——人口效应过程两个方面,对人口增长与经济发展关系进行动态分析。这样，既可以在区域内形成一个样本，将该地区经济资料和人口资料结合运用在一个模式中，就人口增长与经济发展的联系，特别是就人口增长与该地区产业结构变动的联系进行研究，又可以将整个研究建立在人口经济循环运动的基础上，从而有助于从促进人口经济循环运动转入良性循环的角度观察和分析循环运动过程各重要环节上存在的问题。

针对人口经济循环运动两个效应过程的特点，从消费和生产两个侧面对人口——经济效应过程的研究主要采用经济计量学和投入产出分析的方法进行；对经济——人口效应过程的研究主要采用路径分析方法进行。然后，将两个效应过程的分析结果综合，才能在对现状和趋势评价分析的基础上进行对策研究，才能从促进人口经济循环运动转入良性循环的角度提出参考意见。

研究结果表明：(1)一定年龄结构、城乡分布结构的人口首先从与社会最终产品的联系上对经济运动过程发生影响，然后，经过若干中间环节将这种影响一直延伸到产业结构的变动。(2)经济因素对人口变动状态的影响是一个长期积累过程。只有在经济结构或经济发展水平的变化达到某一关节点时，才会对人口状态发生比较显著的影响。(3)经济因素对人口状态的决定性影响作用有直接影响和间接影响。定量分析时，应充分考虑社会经济发展水平、城市化程度、社会文化条件、生理因素、计划生育政策等影响因素的直接间接制约和影响关系。(4)逐步完成产业结构转变是促进人口经济循环运动走上良性循环轨道的一个重要环节。产业结构向高层次转变对就业劳动者文化素质提出更高的要求，从而进一步有利于未来人口数量控制，对树立“包括人口在内的完整经济观”有重要现实意义。

针对人口数量首先从对社会最终产品的联系上影响经济运动过程，特别是人口基数大，影响生产性资金积累，使国民收入在消费与积累(或广义消费与生产性积累)的分配中，难以做到两全其美的问题，本文提出，可按“长期广义消费最大”的原则来确定生产性积累率。

实践证明，这种分析模式能充分利用现有统计资料，对一个地区人口增长与经济发展的基本联系作出描述和评价，找出人口经济循环运动过程存在突出问题的环节。并能结合该地区社会经济发展现状和规划、计划生育工作的现状和规划进行对策研究，为制定和调整有关经济和人口政策提供参考依据。

作者：天津财经学院 1991 年博士毕业生

导师：杨曾武教授

副导师：周逸红、肖嘉魁、姜树荃教授

地产经营论

余 必 龙

土地有偿使用本来是商品经济发展到一定历史时期的必然现象。可是，在我国要建立这种制度，则必须经历一个艰难的改革过程。土地有偿使用不只是为土地的管理服务，它对于整个社会经济发展有重大的影响。土地有偿使用不能简单地认为是有代价地使用土地，其最具有实质性的内容则是地产的经营问题。

由地产取代土地这个概念本身就意味着社会经济的进步。在阶级社会中土地是某个阶级和某个人的财产，它是作为一种财产即地产被人占有、垄断和享受。在商品经济时代，土地不仅直接是地产商品，而且还能够在经营过程中创新出商品地产。我国是社会主义国家，地产是国家或集体的财产，在发展有计划商品经济进程中，地产经营问题具有十分重要的意义。对此，本文从以下几个方面进行了探索：

1. 地产的形成。马克思在论述土地物质和土地资本的理论时得出了一个科学的结论：土地由于土地所有权的作用转化为地产。地产与土地所有权同根而生，同日消亡。地产与土地在外延和内涵上都有所不同。狭义的地产是指具有所有权的土地；广义的地产是指综合地产(包括狭义地产和土地附属物)，亦称为不动产。在现代经济中，地产作为商品时的价值是由土地物质价值和土地资本价值所构成的。地产在运行过程中有五个基本特征：(1)地产总量的有限性和地产供给的不充分弹性；(2)地产使用价值的耐久性和广泛性；(3)地产增值的必然性；(4)地产的不动性和永存性；(5)地产流通的特殊性。

2. 地产经营规律。地产经营是地产在社会经济中处于基础地位和发挥着重要作用的机体。地产经营是关于地产投资开发、买卖、租赁、抵押等经济活动的总称。它既是一个经济范畴，又是一个历史范畴。地产经营是商品经济发展到一定程度的产物。它可分为两大类：Ⅰ类是以地产所有权有偿让渡为特征的地产经营；Ⅱ类是以地产产权分割为特征的地产经营。地产经营的性质因社会性质不同而具有根本差别。地产经营有其自身的规律体系：(1)地产经营的基本规律，即通过对地产的经营使地产不断增值的规律;(2)地产供求规律,即地产供求的总量不平衡和相对量平衡的规律;(3)地产价值变动规律,即地产价值增大和区位价值差别的规律。

3. 中国特色的地产经营制与地产经营发展战略。地产经营制是土地有偿使用的具体制度。建立中国特色的地产经营制是进行土地使用制度改革乃至建立有计划商品经济体制的关键,它至少要包括以下五个方面的内容:(1)坚持地产的社会主义国有制与搞活地产经营相结合;(2)地产经营计划导向与市场调节相结合;(3)地产经营的社会效益、生态效益与经济效益相统一;(4)在对地产使用权实行租赁、买卖和抵押经营的基础上进行地产开发经营;(5)地产经营和国家管制。

地产经营发展战略包括:首先要采取科学的战略步骤即:(1)逐步使地产使用"双轨制"向地产经营制过渡;(2)地产经营推广采取先试点后铺开,逐步推进,逐步建设三个环节。其次采取切实可行和有效的措施:(1)将建立地产经营制纳入整体经济体制改革构想中去,加快土地使用制改革进程;(2)理顺地产经济关系,制定地产利用规划和地产经营发展计划;(3)完善地产法规体系;(4)制订地产市场运行规则,完善和规范地产经营行为;(5)制订地产经营对外开放的特别政策;(6)构建地产经营的社会服务系统;(7)加强地产经营管理。

4. 批租地价理论与地产商品价格理论。由于我国地产市场是由两级市场所构成的,一级市场即政府批租土地使用权市场,二级市场即土地使用权买卖、抵押、租赁市场和地产商品买卖市场。因此,地产价格也就表现为批租地价与地产商品价格两种形式:(1)批租地价实质上是政府在租地产时批租金的买卖价格。批租地价理论包括底价理论和均衡价格理论。底价是地产的理论价格,是对地产估价的理论。按照什么原则和方法对城市地产估价是地底价理论的中心内容;均衡价格是由市场上地产供求关系所决定的一种价格,均衡价格理论是地产批租时,地产市场供求关系决定地产价格的理论。(2)地产商品价格实质上是一种劳动产品价格,与马克思劳动价格理论基本精神是一致的。所要强调的是在地产商品价格构成中,批租金必须是地产商品价格的一部分,但不是其成本价格的构成要素,预付的批租金只能通过超额剩余价值来补偿。不弄清楚这一点,就会陷入效用价值论中去,就不可能真正理解劳动价值论的科学意义,也就更加难以解决我国地产经营中的地价问题。

作者:中国人民大学 1991 年博士毕业生
导师:周 诚教授

中国跨国公司论

林 叶

跨国公司作为一种国际化生产和经营的企业组织形式,它并不是某些国家所特有的,而是世界上任何国家都可以利用的形式。但传统的折衷理论却认为,一国企业同时具有所有权优势、内部化优势和区位优势时,才会有对外投资。这种理论等于说发展中国家没有条件发展跨国公司。发展中国家的跨国公司实践的发展对这种理论提出重要的修正:(1)折中理论的所有权优势、内部化优势和区位优势同时具备才会发生对外投资,可以修正为,由于三个优势之间具有相互替代性,即使发展中国家不同时具备三种优势,仍然可能发生优势替代型投资。假定内部化优势 I、所有权优势 O 和区位优势 L 之间存在相互替代性,在 $I>O$,$O<L$,而 $I>L$ 时,内部化优势就弥补了 O 和 L 的劣势,就可能发生寻求在最大限度地发挥内部化优势的国家和地区的投资。同理可以证明 O、L 和 I 之间的相互替代性,从而发生寻求区位优势或所有权优势的对外直接投资。(2)折衷理论在分析对外投资与经济发展阶段的关系时认为,在人均 GNP 低于 400 美元的发展中国家没有直接投资流出。事实上,处在这一发展阶段上的发展中国家仍然可能发生对外投资,这是由这些国家在某些领域存在着比较优势决定的。(3)跨国投资行为是由多重因素决定的,而不仅仅是折衷理论列举的三种优势。

依据劳动价值论和国际价值论来分析跨国公司的投资行为,在理论上可以分成四大类型:(1)发达国家对发达国家的投资,投资国取得超额利润,东道国取得比较利益。发达国家对发达国家的投资,投资国一般集中在自己有优势的资本密集和技术密集型产业,这使得投资国以高于东道国的平均劳动生产率水平进行生产,产品成本低于东道国产品的平均成本,其高劳动生产率的劳动强度可以折算成高于东道国、甚至世界市场平均水平的劳动强度,而获取超额利润。另一方面,即使投资国和东道国都是发达国家,也存在着或是资本短缺,或是技术上的相对落后。投资国的资本进入,也弥补了资金缺口,同时带入先进技术,减少了技术引进成本。这种由外部资金进入,外部先进技术进入形成经济加速发展而带来的利益，就是一种比较收益，或称机会收益，即以某一种损失（如部分市场被占领、廉价劳动力或资源被利用的损失）而带来了资金和技术进入的利益，称机会收益。可见，投资国资本进入不可能用垄断优势、内部化优势和区位优势完全能解释，而是受比较优势和比较利益驱使的一种跨国投资行为。(2)同理可以证明，发达国家对发展中国家的投资，前者获取超额利润，后者获取比较利益。(3)发展中国家对发达国家的投资，双方都获取比较利益，这是由发展中国家资金、技术和管理水平一般都低于发达国家的现状所决定的。(4)发展中国家对发展中国家投资，投资国获取超额利润，东道国获取比较利益。

这四种投资行为的分析表明，跨国投资行为是一种在商品经济发展到较高水平产生的、受国际价值规律调节的、以国际生产领域和市场为舞台的生产和流通行为。比较优势和比较利益理论是跨国投资行为的一般理论。跨国公司形成的基础是对外直接投资，中国跨国公司的投资决定就成为跨国公司微观研究的基础。中国跨国公司对外投资决定受双重因素影响：一是由国家决定；二是由企业决定。国家决定主要有，弥补国际收支逆差、获取资源、获取技术的投资目的，总之，是以宏观经济发展的最迫切需要和长期发展需要来决定的。企业对外投资决定则追求最佳的投资和收益条件：在既定的总产量水平下，生产要素的投入使总成本最低，在既定的总成本条件下，使总产量最高；在既定的投资量条件下，寻求投资效益最大，在既定的投资效益条件下，寻求总投资量最省。中国的跨国公司属于垄断竞争性企业，其垄断性有其客观条件：(1)国家给国有跨国公司在一定部门生产和经营的特许权，形成特许权范围内的垄断；(2)经济管理体制中的条块分割，形成条块性垄断；(3)企业自身优势地位的垄断；(4)自然资源和地理位置优势占有的自然性垄断。中国跨国公司也有来自国内和国际两个方面的竞争。垄断竞争的发展必然走向高层次联合，中国跨国公司正好利用这种趋势走向集团化发展道路。通过对中国几个跨国度高的企业垄断的福利损失的计算，中国跨国公司以一定程度的垄断优势参与国际跨国公司体系的战略是正确的。

中国跨国公司计划和市场的结合方式，可分为跨国公司内部调节和国家对母公司的调节两个层次。目前，中国跨国公司的体制是垂直一体化形式，信息搜集、加工、储存，反馈系统也很发达，跨国公司内部实行严密的计划管理是可能的。国家对母公司的调节是计划和市场关系的集中体现。国家通过对跨国公司实行有弹性的、粗线条的指导性计划来规范跨国公司的发展与整个国民经济发展目标相一致。这种指导性计划包括：(1)规定跨国公司的若干主要经济指标；(2)提出国家对海外企业地区和行业分布意见；(3)划定国家与跨国公司的责权利关系。

中国跨国公司从产生到发展要经历四个阶段：(1)起步阶段。这一阶段是大的贸易性公司和大企业及企业集团在海外投资，设立一些贸易性机构，这时的海外投资是由扩大贸易引起的。(2)初步发展阶段。由外贸性公司向跨国公司转化，开始进行较小规模的跨国投资活动，设立一些小子公司，以获取生产资源和占领国际市场份额为目标。(3)进一步发展阶段。一部分公司已转化为跨国公司，开始有了中等规模以上的跨国投资，国外普遍建立了子公司。(4)成熟阶段。有大规模的跨国投资活动，海外子公司营业额普遍达到母公司营业总额的25%以上，跨国公司已成为国民经济的重要组成部分。目前，中国跨国公司正处于发展的第一和第二阶段。中国跨国公司发展初级阶段的目标是：通过跨国投资带动本国商品、技术及设备出口，取得国内急需的原材料和技术，开拓国际市场，发展和扩大国际经济合作。

从跨国公司的宏观角度看，个别跨国公司的利润和效率最大化，不一定是整个社会利润和效率最大化，个别公司投资效益的最大化，社会投资效率不一定也最大化。要使跨国公司的经济行为既能使公司利润增加，取得微观效益，又不使社会效益减小，就产生了对跨国公司行为调节的必要。对中国跨国公司行为的宏观调节要由宏观政策目标、调节政策和保证政策实现的手段形成综合调控体系。

作者：中国人民大学1991年博士毕业生

导师：张朝尊教授

论跨国公司与中国企业国际化

刘　研

进入90年代，主宰国际形势变化格局的大国之间的关系已越来越从政治、军事上的抗争让位于经济上的竞争与合作。而国际经济中的竞争也开始从单一的国家利益主体之间转向多国联合的利益主体之间，其具体表现形式为以下几方面：(1)建立在“地缘经济”基础上的国际区域一体化和企业跨国化、集团化的大趋势;(2)1992年欧洲十二国经济一体化、货币一体化的统一大市场的形成;(3)以美国为首的美加墨自由贸易区的开辟;(4)环太平洋经济圈的构想以及与中国的开放战略密切相关的东北亚合作圈和大中国经济圈的探索。所有这些最终将以国际化企业为主要角色,展开具体的竞争与合作。因此,跨国公司在国际经济区域一体化和集团化的进程中,实际发挥着穿针引线的作用。国与国之间的资本在跨国公司的互相作用下高度融合,跨国兼并与联合的例子更是不胜枚举,频频发生。

研究跨国公司的目的不仅仅在可对跨国公司有所了解,在引进外资方面增长经验,更为重要的是如何借鉴跨国公司这种当代较为先进的企业组织形式,把我国的大中型企业推向国际市场。对我国来说,汇入国际经济的潮流,参与国际竞争和分配,最有效的办法就是尽快培植一批"国家队"——企业集团。目前,我国正在抓紧百家企业集团的试点。动机之一正在于此。

在充分比较、借鉴国外各类企业集团的特征后,考虑到中国企业集团的组建必须符合国际规范。我认为,应把股份制集团作为我国企业集团发展的合理模式。根据我国大型企业的基本状况及其发展前景,可将企业国际化的主体形式确定为三类:第一类是具有相当的生产和经营规模的产业型企业集团,如二汽、首钢等;第二类是现有的国际经营能力较强的贸易进出口公司,包括中化公司、华润集团等;第三类是以金融业务为主体的公司的进一步拓展所形成的企业集团,其代表有中信公司、中银集团等。

中国企业的国际化进程,既不能循规蹈矩,也不能一哄而起,必须制订切实可行的发展步骤,以指导企业国际化的发展。对此,可归纳为四个具体阶段:(1)企业集团的培育阶段;(2)外向型企业集团的发展阶段;(3)外向型企业集团的国际化经营阶段;(4)跨国公司的形成阶段。

中国式的跨国公司是指建立在社会主义有计划商品经济、社会化大生产和公有制为主的基础上的,以企业法人之间的相互参股为主要联结纽带,从事国际化经营的跨国股份制企业集团。

为了创建这样的跨国公司,我们需要着重做好几项工作。(1)要把组建中国式的跨国公司提到战略高度来认识;(2)要设立一个得力的研究机构;(3)政府部门中应有一个专门机构负责外向型企业集团的管理;(4)加快改革步伐;(5)用产业政策引导投资方向;(6)制订有关海外投资的法律和法规;(7)培育一批具有国际经营经验的管理人才。

作者:中国社科院研究生院1991年博士毕业生

导师:马　洪研究员

财政政策原理研究

欧阳昌琼

财政政策研究与单个的财政现象如税收、公债、公共支出等应用研究有所区别:(1)政策研究属于规范研究,而单个财政现象的研究属于实证研究;(2)政策研究不研究财政运行机制本身,而是对财政运行机制进行社会评价和价值判断;(3)政策研究不仅是领导者、领导机关的任务,也是专家、学者们的任务;(4)政策研究需要运用多门学科的研究成果和知识,具有交叉性、综合性的特点。要重视财政政策的研究,第一,必须拓展财政研究的空间,把政策问题纳入财政学的视野;第二,有必要创立一门新的学科:财政政策学。

财政政策学

财政政策学以财政一般理论为依据,综合运用各门具体财政学科和其它学科的知识,研究财政政策在社会经济活动中的规律性、应用程序及方法。财政政策学有其独特的研究对象:(1)财政政策原理。它研究财政政策的基本要素的特性、功能和规律,研究财政政策过程应当遵循的准则和原则,从而为财政实践提供理论指导。(2)财政政策过程。它研究财政政策的各个具体过程及其实现的程序、步骤、方式、方法,为财政政策服务于实践提供应用理论。(3)财政政策技术。它主要研究在财政政策过程中所运用的一系列方法和技术问题。财政政策学是财政学与政策学"联姻"的"产儿",具有实践性强的特点,是一门应用科学,也是一门新兴的边缘学科,还是现代软科学的重要组成部分。创立财政政策学是为了架设财政理论通向实践的桥梁。长期以来,财政理论与实践相脱节的一个重要原因就是忽视了既联系理论又联系实践的中介——财政政策的研究。财政政策学的创立将弥补财政学科体系的一个空白。

财政政策要素

财政政策要素是财政政策的特有范畴。财政政策要素既包括静态要素,也包括动态要素;既包括内在要素,也包括外部要素。从内部构成要素看,包括财政政策主体即财政政策的研究者、决策者和执行者,财政政策目标,财政政策工具和财政政策效应;从过程要素,即财政政策活动过程中自身所引起的动态要素看包括政策研究、政策决策、政策执行和政策评估等过程；从环境要素看，财政政策环境是与财政政策运行过程相关的各种外部因素和条件的总和。财政政策的外部环境要素包括经济环境（主要是经济制度环境、宏观经济环境和微观经济环境）、政治环境（包括政治制度、国家职能、行政机构和干部制度等因素），以及文化环境。

财政政策目标

西方国家财政政策目标经历了一个由单一到多元的演变过程。充分就业、物价稳定，经济增长和国际收支平衡被普遍认为是现代西方国家财政政策的目标。分析西方国家财政政策的目标，会给我们以有益的启示：(1)西方财政政策目标的演变，反映了资本主义国家不同时期的经济状况和要求。我国财政政策目标的选择必须从国情出发，以客观经济形势和条件为前提。(2)目标不能单一化。(3)财政政策目标并不限于财政系统本身，而应着眼于整个经济的稳定和发展。不过，西方财政政策目标理论存在着庸俗性：(1)政策目标讳言为垄断资本服务这一本质；(2)多元目标之间始终存在着矛盾与冲突；(3)混淆了财政政策与货币政策甚至与微观经济政策在目标上的差别。在西方经济学中寻求中国财政政策的目标是没有出路的。

财政政策目标所关心的并不是为了解决一个个具体的财政问题，而是通过一个个具体的财政问题的解决去求得财政自身以外的社会经济问题的解决。经济界流行的把财政收支平衡作为财政政策目标的观点，其局限性在于视野狭窄。财政收支平衡不是财政政策的目标，而是实现目标的工具或手段。把手段当目标本身就是一个逻辑错误。从“经济——社会”的角度出发，我国财政政策的目标有五个：(1)国民收入的合理分配。它包括三个层次：第一层次是国民收入在国家、企业和个人之间的合理分配，体现效率优先原则；第二层次是国民收入在企业之间的合理分配，体现以公平促效率原则；第三层次是个人收入的合理分配，体现公平优先原则。(2)产业结构的优化。(3)社会总供给与总需求的平衡；(4)经济增长。(5)满足公共需要。前四个目标均为经济目标，第五个目标是社会目标；是财政政策目标的最高层次，是社会主义财政优越性的最终体现。

作者：厦门大学 1991 年博士毕业生

导师：邓子基教授

中西财政政策差异与我国赤字财政

张　馨

中国与西方财政政策的差异，首先表现在政策目标的差异上。西方的政策目标，是利用财政手段去影响和改变社会需求水平与结构，以达到充分就业、适度稳定通货和经济稳定增长等目标。这是由于西方不断遭受有效需求不足而引起的经济危机和衰退之苦决定的。在滞胀下，西方财政政策又被用于调节需要结构以克服滞胀状态。中国的财政政策目标，长期以来是保持国民经济的综合平衡，最大限度地促进国民经济发展。中国政府的直接计划调控是保持国民经济宏观总量和结构平衡的唯一基本动因，因而决定了这一政策目标。

双方财政政策差异还表现在双方据以操作的政策手段差异上。西方财政政策手段主要由公共支出与税收组成，政府通过税收增减和支出变动，影响宏观经济变量以实现政策目标。中国财政政策手段则有不同之处，收入除税收外，还有利润上交和公债等手段。而我国财政支出则是在“以收定支”原则下，被用来尽可能多地提供更多的建设资金和按比例安排支出，等等。在我国资源约束型经济环境中，它无法以扩大社会总需求为直接目的。

中西财政政策运用新产生的效应也不同。在市场经济的环境中，西方财政政策变量对国民收入具有乘数效应。其中，政府支出与税收各自的乘数效应的方向相反，绝对值不等。这就使西方政府在运用财政政策手段时可作多种选择和搭配。中国则不同。由于基本的经济模式至今仍是计划经济，市场仍处于不发育和不健全的境地，我国财政政策变量无法通过市场对国民收入产生强势乘数效应。不过，我国目前商品货币关系的发展，使财政乘数效应较前几年应有新增强和扩大。此外，西方财政政策手段在作用于宏观经济时，可区分为相机抉择和“自动稳定器”两大类。由于中国实际上还不存在企业破产和职工失业，也缺乏应有的社会保障制度，财政收支对于经济的自动稳定作用是很弱的。但从相机抉择看，中国在某些方面弱于而在另一些方面强于西方。

赤字和公债是与财政政策运用直接相关联的两个范畴。西方财政在扩大有效需求或调剂需求结构时，必然产生赤字或盈余。西方存在独立的公债政策，公债不仅被用来弥补财政赤字，并且产生由于市场利率上升而压缩私人投资危害经济发展的"挤出效应"。中国财政赤字的弥补，主要是通过向银行透支来完成的，而非发行公债。我国公债主要是作为一种取得收入的手段来运用的，因而不存在独立的公债政策。不过，中国公债是通过直接取走企事业单位和居民的财力，直接增大财政的重点建设投资，来完成自己的"挤出效应"的。此外，我国财政向银行透支也产生相似的"挤出效应"。这在我国近年来苦于财力过于分散，财政重点建设投资和必要支出无法保证的背景下，财政的这两种"挤出效应"不能不被认为是具有积极作用的，从而我国目前的财政赤字是具有利大于弊的效果的。

双方财政政策与货币政策的关系也不同。西方货币政策独立于财政政策，而我国的货币政策却缺乏应有的独立性。西方财政政策的作用对象是产品市场，货币政策的作用对象则是货币市场。我国的财政与货币两政策在很大程度上都既作用于产品供需又作用于货币供求的。这些差异是由双方政府对宏观经济调控方式的不同所引起的。改革开放前，资源约束型的经济环境和银行实力的弱小，决定了只能实行"双紧"的宏观经济政策搭配，才能保证以财政平衡为主导和关键的综合平衡的实现，防止经济的过热状态。改革使得我国经济在资源约束的总前提下，出现了某些需求约束现象，并且银行信贷实力大为增强而财政却处于入不敷出的困难中，这些都为在目前实行紧信贷与松财政的宏观经济政策搭配提供了条件。这就是财政以公债和向银行透支来扩大支出规模，产生"挤出效应"以促使国民经济结构向协调方向转化，同时配合以银行紧缩信贷规模来抵销由于财政赤字所可能诱发的总需求膨胀，保持社会总供需的平衡，为我国经济协调稳定发展提供必不可少的条件。实践也证明，我国目前实行某种有节制的赤字财政政策是合理的。

作者：厦门大学 1991 年博士毕业生

导师：邓子基教授

所得课税：理论与实践

解 学 智

所得课税是一种公平的税收。衡量某一税种是否公平的标准需视它与经济分配的关系而定。当经济分配被证明是公平的，对这一分配格局扰动较小的税种是公平的；当经济分配被证明是不公平的，对这一分配格局具有较大矫正作用——缩减不公平程度的税种是公平的。资本主义的经济分配由其经济性质决定是不公平的，课征所得税通常具有矫正作用，核心是使富有者负担较重的税收，因而具有公平的涵义。在社会主义条件下，相当部分个人收入分配是遵循按劳分配原则进行的，但仍存在按资分配及其它形式的分配，而且受种种条件制约，按劳分配还不完善，因而对个人收入征收所得税具有缩小收入差距，保护劳动收入的功效，合乎社会主义共同富裕原则，也是公平的。

所得课税并非是一种低效率的税种。考察税收效率应以该税种的经济影响为重心，不能只看税收成本高低。所得课税对个人课征有可能影响他的劳动努力程度，但只有在劳动供给曲线上扬，收入效应小于替代效应时才会降低个人的劳动努力程度。课征所得税一般不会降低个人的劳动努力程度。比较而言，企业所得税在抑制企业生产积极性，影响投资方面比较明显，但只要税负设计比较合理，也未必总会带来降低企业效率的结果。在一定条件下，课税有促进企业效率提高的功效。如果全面考察所得课税的效率，可知此税种对企业生产结构、个人消费行为影响较小，不会形成额外负担，在这一点上比之商品课税有益，即有利社会主义统一市场的形成和克服价格改革中的税收拖累。

所得课税还具有其它优点。由于此税采用累进课征制，税收收入平均增长和增量扩张的比率均高于其它税种，在抑制经济过度增长方面有较重要的地位。

现行所得税制必须改革。企业所得税的改革方向应是不分企业性质实行统一的法人所得税，理由在于：(1)公私企业同等课税是世界企业所得税发展的基本趋势；(2)统一征收法人所得税有利于各类企业平等竞争，特别是有利于国营企业的发展；(3)实行法人所得税既是两权分离的客观要求，同时也是国家两重身份，两重职能分解的必然结果；(4)统一课征法人所得税将改变中国过去处理对外税务关系上的不利地位，有利于维护民族权益和对外开放；(5)对所有企业一视同仁课税是横向公平原则的实现。

为了保证法人所得税的建立和发展，企业收益分配应改全面承包为税利分流。承包制在调动国营企业和职工生产和劳动积极性方面具有显著优点，是经济体制转换中可用的分配形式，但它本身也有难以克服的缺陷：(1)既不公平也不规范。不公平体现为各类企业一个一率，负担差异很大；不规范指分配比例调整频繁，随机性大。(2)承包制引致财政收入递减。承包制分配规则是企业超收多留，具有累退税性质，财政收入增长慢于企业收入增长。(3)承包制下企业效率递减。承包企业在短期目标趋使驱动下，只注重当前盈利，忽视技术改造和投资，降低企业生产能力，进而降低生产效率。

与承包制相比，税利分流具有三方面的优点：(1)税利分流体现了国家两重职能和权利，并以对所有企业一视同仁课税为基础，公平和规范程度很高；(2)税利分流恢复企业所得税财政收入功能，可保证财政收入稳定增长；(3)税利分流在一定程度上抑制了企业追求短期效益的行为，有助于企业长期效益的提高。

与企业所得税改革相适应的是个人所得税改革，改革的内容应该包括：(1)合并各种具有个人所得税性质的税种，内外一致，城乡一致；(2)实行起征点较低，累进速度较缓的课征制度，贯彻公平、效率准则；(3)实行综合收入课征制，并规定以年度为计征期，改定率和定额扣除为因素扣除；(4)对银行存款利息和一般性投资收入同等课税，对科研收益放宽优惠；(5)普遍推行个人所得申报制度，最终改源泉扣缴制为个人申报纳税制。

作者：中国人民大学 1991 年博士毕业生
导师：陈　共教授

现代审计基础结构研究

张　杰　明

现代审计基础结构，涉及现代审计所赖以存在和发展的外部环境和内部条件两个方面。现代社会中的受托责任关系，是审计存在的外部条件；审计独立性、审计技术水平和审计的成本效益是决定审计自身价值的内在条件。这四者有机地结合在一起，就构成了现代审计的基础结构。

受托责任关系。受托责任关系是审计存在的先决条件。受托责任关系实质上反映一定的生产关系，是为了维护统治阶级的根本利益而确立的。受托责任关系的社会属性使得审计也具有明显的社会属性。从静态上看，受托责任关系有单一型、链型、交叉型和多元型四种类型；从动态上看，受托责任关系包括确立责任，履行责任和检查处理三个阶段。审计是对受托责任完成情况的审查和认定的一种手段。

现代国家审计是公共受托责任扩大的结果。公共受托责任由程序性责任向绩效性责任扩展，使得现代国家审计演进为以“三 E”为主要内容的绩效审计。现代民间审计，是基于维护股份公司所有者经济利益的需要而形成的。股份公司的受托责任关系人范围由股东扩大到贷款银行、潜在投资者，继而扩大到消费者群体和一般公众；责任内容也由单纯的财务责任逐步扩大为绩效责任和社会责任，使民间审计由公司帐目审计到资产负债表审计和财务报表审计，并从财务审计向管理审计、社会审计方向发展。内部审计的发展决定于组织内部受托责任的要求。由于组织内部的受托责任在很大程度上要受外部受托责任内容的影响，因而现代内部审计与外部审计呈现出某种共同的发展趋势。受托责任是一个发展着的概念。受托责任关系越复杂，对审计的依赖性也就越强，从而使审计在社会生活中的作用也越重要。

审计的独立性。独立性是审计的本质特征。审计独立性有单向独立与双向独立之分。在现代社会，由于受托责任关系日益复杂，也使现代审计逐渐摆脱单向独立而向双向独立转化。

现代审计技术。审计的技术状况决定审计作用的发挥程度。现代审计技术比起传统的审计技术有很大的发展。受托责任关系的发展和内容上的变化，导致审计目标的变化，从而带来审计技术的变革。审计测试是现代审计方式的突出特征，是实验科学方法与现代审计实践相结合的产物。建立在内部牵制和管理科学基础之上的内部控制的发展与完善，为现代审计方式的形成提供了必要的条件。现代审计方式正是建立在各种审计测试和内部控制的基础之上的。随着内部控制研究与评价方法的逐渐成熟，审计程序也日益走向标准化。业务环节法的出现，使审计方式更趋合理。统计抽样方法、审计风险规划技术，以及电子计算机技术的广泛使用，对于提高审计效率，保障审计质量，起到了重要作用。

审计的成本效益。审计的作用，在于维护受托责任各委托人应得的利益。有了审计，这部分权益就有了保障，这就是审计的效益。另一方面，审计又是一项耗费资源的活动。它所花费的人力、财力和物力构成了审计成本。审计只有当其效益超过成本时才有意义。这就是审计成本效益规则。审计成本包括社会成本、项目成本与组织成本。审计效益有经济效益与社会效益、直接效益与间接效益、有形效益与无形效益之分。审计成本效益分析，有助于理解审计在现代社会中的作用。当然，并非有受托责任之处皆需审计。其判定断准之一，就是成本效益规则。审计成本效益分析还有助于审计人员选择适当的战略，正确规划审计方案，确定合理的审计证据数量和种类，从而取得最佳效果。成本效益规则的影响贯穿于20世纪审计发展的全过程。无论是审计内容的变动;审计规模的扩大,还是对审计技术的选择,都受这一规则影响。

作者:中南财经大学1991年博士毕业生

导师:杨时展教授

副导师:沈如琛副教授

宏观财务与会计准则

陈毓生

宏观财务是以国家为主体、国有经营资金运动为内容、国家与企业的价值关系,本质上体现着作为生产资料所有者的国家执行的分配生产资料、组织价值生产、控制价值分配的职能。它既是社会主义财务区别于资本主义财务的独特现象,也是社会主义国家财政区别于资本主义国家财政的一个重要标志。

会计准则是关于价值确认、计量和报告的规范。对价值确认、计量的规范和管理,是国家作为社会事务一般管理者职能的体现。

长期以来,我国社会主义经济采取了高度集中的计划经济管理形式,表现在宏观财务上就是统收统支,所有者职能代替社会事务一般管理者的职能,这既扭曲了价值信息的客观性和科学性,也不利于准确地考核财政实绩和进行正确的经济决策。改革的方向应是,严格界定宏观财务范畴和宏观会计事务管理范畴,形成国有经营资金相对独立的价值运动,同时建立会计准则,形成公共财政、宏观财务与会计准则既相配合又相制约的新机制。

健全宏观财务机制的核心在于,实现国有经营资金的独立运动,按经营资金运动规律的要求组织财务活动,以价值规律和资金效益原则为依据,建立国有经营资金的责任制。可行的办法是,建立复式预算体制,划分公共预算和建设预算,实现国有经营资金的投资、经营、收益的一体化,从而建立起真正负责国有经营资金运动的宏观财务主体,按权责利结合的原则开展经营活动,从此改变国有经营资金管理分散于各个部门、财政部门仅仅服务于政府活动的出纳地位的状况。

实现价值确认、计量规范化的核心在于,建立相对独立于财政部门和经济行政管理部门的会计事务管理部门,专司包括制定会计准则在内的会计事务管理业务。会计准则本身要形成一个逻辑严密、结构合理、层次清楚的规范体系,以保证价值确认、计量以及会计信息的科学性、客观性和通用性。

关于宏观财务与会计准则的现实联系,可以从宏观财务运行和宏观财务调节两个侧面进行分析。

宏观财务职能包括资金分配和收益分配两个方面。从资金分配来看,改革以后,企业资金在很大程度上实行自我循环,国家对企业拨款的渠道越来越窄,企业资金的顺利循环要以收入的合理确认和足额补偿为前提。资金周转方式的变化,要求改变补偿方式,建立企业收入合理确认和成本足额补偿的新机制。从收益分配来看,实行包括承包制在内的各种经济责任制以后,企业参与利润分配,由于成本补偿不足而虚增的利润按利润分享比例在国家与企业、职工之间分配,补偿不足直接表现为国有资金的流失。因此,只有引入会计准则机制,实现宏观财务职能与价值确认、计量职能的分离,实现价值分配的规范化,才能保证国有经营资金的安全和完整。

就宏观财务调节职能来说,其调节职能的实现除了运用规范的分配手段外,还有必要进入价值确认和计量领域,运用成本开支范围、折旧率等手段达到调整产业结构、推动技术进步、调整消费结构的目的。这与价值确认和计量的规范化要求是矛盾的。为了兼顾财务调节的灵活性和价值确认、计量的规范性之间的矛盾,有必要形成会计准则基础上的财务调整机制,即按会计准则进行日常的价值确认和计量,形成第一次价值确认和计量;在此基础上,按财务调节的要求进行第二确认和计量,即财务调整。采取这一模式的优势在于:同时满足了价值确认、计量的规范性和财务调节的灵活性这两方面的要求;采取调整的办法,使宏观财务对会计准则的背离得以量化,有助于制约宏观财务的不合理行为;采取调整的办法,使宏观财务对企业的政策优惠和财力支持得以量化,更便于监督企业的财务收支,保证优惠资金的合理使用,考核资金运用和实施财务政策的效果。

作者:财政部财政科学研究所1991年博士毕业生

导师:黄菊波教授

论会计事前管理
——预测决策会计的理论与方法

戴 德 明

会计在本质上是一种管理活动。现代会计的对象是会计实体的价值运动,在资本主义条件下具体表现为资本运动,在社会主义条件下则表现为资金运动。管理会计的产生使会计对象扩展为三个方面:过去资金运动、现在资金运动与未来资金运动。会计的基本职能是:"观念总结"与"过程控制",一般理解为会计反映与会计控制。在现代,会计反映已不再局限于事后反映,还包括事中与事前反映;会计控制也已从事后扩展到事中与事前控制。会计事前管理就是对会计实体未来资金运动的事前反映与控制。与此相关的理论与方法构成预测决策会计,它与事中的责任会计和事后的财务会计相并列,成为盈利组织会计的三大分支之一。

企业资金运动规律是会计管理的客观基础,也是预测决策会计的基本前提。这是因为,(1)企业资金运动是绝对动态性与相对静态性的统一,要求动态管理与静态管理相结合;(2)企业资金运动是连续性与阶段性的统一,会计管理要以企业继续经营为前提,分阶段实施,并保持事前、事中与事后管理的一致性;(3)企业资金运动效益具有多种可能性,这就使会计管理的组织形式、方式方法有广泛的选择性,使建立多种备选方案成为可能;(4)企业资金运动具有相似性,这就为在会计管理中运用类比方法提供了可能性;(5)企业资金运动具有相关性,这就要求我们在会计管理中,充分考虑各会计要素之间以及会计要素与其它要素之间的内在联系,并妥善地处理其关系;(6)企业资金运动具有统计规律性,人们可据以开展会计决策与控制;(7)企业资金运动具有可控性,这是人们赖以建立会计管理的认识论基础。

会计事前计量是会计事前管理的基本方法。对未来资金运动的事前计量贯穿于会计事前管理的全过程。其主要特点是:(1)面向未来,以未来资金运动为计量对象;(2)重视资金时间价值与资金成本的计量;(3)一般要考虑风险因素。

会计事前管理的结构。会计管理是企业管理系统的重要子系统,会计事前管理则是会计管理系统的重要子系统。会计事前管理系统又由以下基本要素构成:会计预测、会计决策、会计计划与会计预报。会计预测是会计人员借助于已经掌握的定性和定量会计信息以及其它有关信息,利用一定的数学方法、统计方法和逻辑推理方法,分析研究资金运动的规律性,对会计实体的未来资金运动情况所进行的事前会计反映。相对于传统的事后会计反映而言,它具有超前性、探索性、不精确性和灵活性的特点。会计决策是会计人员为了解决企业资金运动过程中所出现的问题和把握机会而制定与选择活动方案的过程。企业管理决策向群体决策方向发展,为会计人员参与决策创造了条件。会计计划是关于企业资金运动的计划。我国现行财务成本计划模式已经不能适应企业内部条件与外部环境的变化,需要从计划思想、内容与方法等方面进行变革。会计预报是以书面报告文件的形式,向外界有关方面预先反映某一会计实体在未来某个或几个会计期间最可能出现的经营成果、财务状况及其变动情况。它既有利于企业外部使用者作出正确的决策,也有利于企业筹集资金。会计事前管理系统的基本要素之间既有联系又有区别。会计预测是对未来资金运动的描述;会计决策是决定未来资金运动的策略和方法;会计计划是对未来资金运动的具体安排,它说明为实现会计决策目标所应采取的步骤、措施和方法;会计预报则是向企业外部有关方面提供未来资金运动的有关信息。会计预测要服务于会计决策,它是会计决策科学化的前提。会计决策的实施与落实则要通过会计计划来实现,会计决策是会计计划的灵魂,会计计划是会计决策的展开和具体化。同时,会计预测也是制定现实的、有科学根据的会计计划的不可缺少的环节。正确预测资金运动发展的各种可能性,有助于提高会计计划的科学性。会计预报要以会计预测与会计计划为前提,它要说明在企业将要采取一定的措施之后,未来资金运动将会怎样。所以,它直接依赖于会计预测,同时要反映会计计划的要求。根据会计管理的程序,会计预测在会计决策之前,会计计划在会计决策之后,会计预报则在会计计划之后。会计预测是基础,会计决策是关键,会计计划是保证,会计预报是手段。

会计事前管理系统的功能。其过程功能包括:价值运动未来信息的处理功能;价值管理的统一性构成与争执调节功能;未来价值运动过程中问题与机会的揭示、分析与求解功能。其成果功能有:减少价值运动的不确定性;协调企业价值运动;对价值管理有关的工作刺激。

作者:中国人民大学 1991 年博士毕业生

导师:阎达五教授

论国际投资动力、引力和惯性

王 东 京

一、国际投资动力。主要研究和分析一个国家进行对外投资的动机和发动能力。当代国际投资的动力，仍然是由“追求利润最大化”和“存在大量过剩资本”两个因素决定的。从定量分析的角度看，可以采用“国际投资动力模型”，即 $D'_t = H'_t / \frac{1}{2}(R'_t + I'_t)$ 去考察国际投资动力。该模型认为，一个国家在一定时期内对外投资动力 D'_t 的大小，与该国国内同期投资密度的变动指数 H'_t 成正比，与国内投资利润率的变动指数 I'_t 和银行存款利率变动指数 R'_t 的平均数成反比。

二、国际投资引力主要是研究投资对象国对外国资本吸引或容纳的能力。国际投资引力主要由宏观与微观两方面的四大因素构成：宏观方面有人均国民收入水平和中央银行利率；微观方面有行业利润率和行业投资密度。在对以上四个因素进行独立考察和综合分析的基础上，提出了一个“国际投资引力定律”：$E(a/b) = F(a/b) \cdot \frac{I(a/b) \cdot R(a/b)}{H(a/b)}$，该定律可以表述如下：即一个国家对另一个国家投资引力的大小 E(a/b)与这两个国家的人均国民收入的相对水平 F(a/b)成正比，与这两个国家的银行利率的比率 R(a/b)以及两国某同一行业的投资利润率 I(a/b)成正比，与两国同一行业投资密度的比率 H(a/b)成反比。国际投资引力定律的理论意义在于揭示了当时国际资本投向的形成原因，而现实意义则表现在它为发展中国家根据本国国情和对外资的需求程度，适时调节本国对外资的引力提供了决策依据。

三、国际投资惯性主要是研究和分析影响国际投资过程及其状态的力量。一个国家对外投资具有零投资惯性和正投资惯性两种状况。造成零投资惯性的原因主要有：(1)由于本国资金短缺造成的资本外流启动困难；(2)利润率导向反逆；(3)软资本疲乏。对外正投资惯性的形成原因有：(1)国际投资市场的竞争挤出效应；(2)跟进投资效应；(3)资金逆退效应；(4)贸易关税壁垒的反推效应。根据以上分析，可以得到“国际的投资惯性定律”即：$G(a/b) = D_a[M(a/b) + T(b/a)]$。其经济含义是，一个国家国际投资惯性的状态值 G(a/b)与投资自身的国际投资动力系数 Da 成正比，与投资国的内、外投资密度比 M(a/b)呈正向变化，与投资对象国的平均关税税率的变动指数 T(b/a)呈正向变化，并且当 G(a/b)>1 时，国际投资处于正投资惯性状态，即对外投资规模会不断扩大；G(a/b)<1 时，国际投资处于零投资惯性状态，即该国此时很难启动或开展对外投资。

作者：中国人民大学 1991 年博士毕业生
导师：宋　涛教授
副导师：陈耀庭教授

跨国公司与当代国际分工的发展
——对企业内部国际分工的剖析

冼 国 明

本文提出了以下关于社会分工及协调机制一般关系的论点：(1)在总结资本主义企业制度的历史发展过程的基础上，社会分工包含社会内部分工和企业内部分工。社会内部分工由市场予以协调，企业内部分工由企业管理机制予以协调。社会分工发展的总趋势是日益细致和深入。但在一定的技术和市场条件下，社会分工的发展在其边际生产率与边际协调成本相等时达到均衡。这个原则对于社会内部分工和企业内部分工都是成立的。(2)社会内部分工和企业内部分工彼此不是独立的，二者有着相互替代和相互促进的关系。(3)在社会分工和协调机制的历史演化中，企业制度的演化居主导地位，市场和技术的变化通过企业制度的变化影响社会分工的发展。企业制度对市场机制的替代存在着一个界限。这个界限是由企业内部交易与市场交易的相对效率和企业内部分工和外部分工的相对效率共同决定的。因此，社会分工在企业内部分工与社会内部分工之间的配置是由两种机制的相对效率决定的。

跨国公司的形成与发展过程可以划分为两个阶段：(1)二次大战前，跨国公司处于成长阶段。但制造业跨国公司的直接投资活动已具备当代跨国公司的一些基本特征。美国现代企业的发展使美国跨国公司取代英国企业，在当时制造业国际直接投资中居主导地位。(2)二次大战后，跨国公司走向成熟。跨国公司全球性组织结构的调整与完善对跨国公司内部国际分工体系的建立具有重要意义。跨国公司全球性组织结构是现代企业层级管理制在国际范围的延伸，它加强了公司总部对全部国际经营活动的管理、协调与决策能力。跨国公司因此能依靠其看得见的手来协调和管理企业内部国际分工体系，实现资源在公司内部的配置。

跨国公司已在当代国际分工中创造了一个十分复杂和庞大的企业内部国际分工体系。其特征是，将各国企业分散进行的、由市场机制协调的国际分工内部化，代之以公司内部有计划有组织的分工与协作。跨国公司内部国际分工最初是根据产品生命周期展开的，其特点是，各国企业首先根据本国市场及要素赋予特点进行产品和技术创新，利用出口来占领市场。当国外市场条件和生产成本变化时，企业则利用对外直接投资，将内部分工扩大到国际领域，但在跨国公司发展到在世界市场上展开竞争时，跨国公司将根据世界市场及技术的动态变化进行产品和技术创新，依靠企业内部国际分工和协作来加强竞争能力。跨国公司内部国际分工有两种基本形式：一是水平内部国际分工；二是垂直内部国际分工。水平内部国际分工的形成基于技术等无形产品市场的相对低效率，垂直内部国际分工的形成则基于中间产品市场的相对低效率。跨国公司分别根据内外部交易成本与生产成本来选择其内部国际分工的范围。在现实中，跨国公司内部国际分工是水平和垂直国际分工的不同程度的结合。世界市场的一体化程度、产品和技术性质、产品和中间产品生产中的规模经济和协作经济，以及跨国公司的市场定位政策影响不同类型跨国公司内部国际分工的构成以及内部分工与协作的紧密程度。但从总体上看，跨国公司内部国际分工存在一个效率边界。市场、技术、政府政策以及生产成本等因素的变化均对效率边界产生影响，从而使跨国公司内部国际分工的范围扩大或收缩。

作者：南开大学 1991 年博士毕业生

导师：滕维藻教授

“美、加自由贸易协定”研究

周　茂　荣

80 年代中期以后，促使美、加两国开展双边自由贸易谈判的经济背景是：(1)由于科技革命的进一步发展和国家垄断资本主义干预经济生活方式的改变，使资本主义经济国际化趋势明显加强；(2)世界经济格局进一步变化，经济集团化趋势加速发展；(3)“关贸总协定”及以其为核心的多边自由贸易体制缺陷的暴露，使多边贸易自由化陷于停顿；(4)美、加之间的贸易、投资关系加深，但双方矛盾频频发生，损害到双方经济利益。

“美加自由贸易协定”是迄今为止在任何两国之间所达成的最大的一项贸易协定，其最中心的内容是建立“美加自由贸易区”。与其它贸易协定相比，它所包括的贸易和与贸易有关的问题都要多。它不仅涵盖两国之间的商品贸易，也包括双边劳务贸易、相互投资及金融服务等在其它贸易协定中没有包括或很少涉及的领域。

就整体来看，组建“自由贸易区”的经济利益主要来源于：(1)由比较利益而来的专业化程度提高所导致的生产的增长；(2)由规模经济效益的更好发挥而带来的产量的扩展；(3)因竞争加剧所引起的效率的强制性变化；(4)整个集团与非成员国的贸易条件的改善，在国际贸易谈判中的实力增大；(5)在国际经济一体化所导致的经济结构变化的影响下，生产要素投入的数量和质量的变化。

从加拿大来看，“协定”对加拿大经济的积极影响是：(1)对外贸易是加经济的生命线，对美出口又占其出口总额 3/4 以上。由于“协定”将取消双边贸易中的关税，削减非关税壁垒，建立起解决双边争端的两套机制，使加拿大商品更多地更有保证地进入美国市场的目的基本得到满足；(2)市场扩大，规模效益提高，将降低加制造业平均成本，提高劳动生产率；(3)实际收入增加；(4)投资环境改善，促使更多美国资本投向加，外资在加经济发展中具有突出重要作用；(5)增加就业；(6)促进地区经济发展。其消极影响是：(1)加剧美加之间竞争同时形成某种保护，有碍加企业提高竞争力；(2)进口增长快于出口增长，加深美资对加经济控制；(3)扩大投资收益及劳务贸易收支逆差，使经常收支状况恶化。

从美国来看，“协定”对美国的经济影响主要是：(1)推进双边自由贸易，有利于美扩大对加出口；(2)加放宽投资政策，改善了美资在加投资环境，特别是有利于美国资本扩大对加金融业的渗透；(3)贸易摩擦常使双方受损，双边争端解决机制可预防摩擦的发生和扩大，也会使美受益；(4)推进劳务贸易自由化，美在双边劳务贸易方面具有明显优势；(5)有利于推进多边合作，带来“体制性”利益。“协定”给美国带来的无形贸易利益将超过有形贸易利益，长期利益将大于短期利益。美国也面临着因“协定”而引起的调整问题。

总之，作为“协定”的成员国，美、加双方都将分享到由“美、加自由贸易区”的组建所带来的经济利益。由于“协定”的实施，美加经济关系将会进一步加深，但很难得出加拿大将会成为美国的第 51 个州的结论。

作者:武汉大学1991年博士毕业生
导师:郭吴新教授

国际债务:经济增长和政策选择

张 志 超

二次大战后,以债务形式进入主权完整的欠发达国家经济过程的国际资本,其促进经济增长的积极作用主要来源于信用经济原理:(1)国际信用制度是在世界范围内发挥社会生产资料分配与再分配的功能;(2)债权、债务国对资本保值、增值与安全回流的双向责任性的基础是双方基本利益的一致性;(3)多样化债务结构与合理利率、期限安排等确实有利于借贷双方平等地分担风险与分配收益;(4)共担风险、共享收益机制使借贷双方相互依赖性趋于自然化,因而得以稳定与加快各自的经济增长过程。在信用经济中可能出现的债务危机已不再是发达国家借以干涉欠发达国家内政的契机,它成为强迫债务国迅速采取行动进行经济结构与政策的调整,而债权国会积极配合这一调整的时间安排。

欠发达国家政府推行债务经济的主要目的是为了使经济社会能在相对较短的时间内,在不影响正常国内消费的情况下,把国民收入总量提高到一个理想水平,即要求经济社会按目标增长率增长。另外,还由于国际债务的实物形态大多为先进资本品、技术、管理人才等,其在相当程度上起到了带动国内资源充分利用、改变原生产函数的作用。所以,从时间序列上看,经济增长与债务偿还并不矛盾,即欠发达国家实现免于债务危机的外部资助的经济增长既是可能的,也是现实可行的。

然而,国际债务的上述作用大多不是自发产生的,它须靠政府健全经济政策的实施才能充分发挥出来。因此,在此过程中,政府大体上应按一套近似规范化的政策目标来经营债务经济。即:(1)正确认识国内经济缺口产生的原因、规模(以避免过度卷入外债,在基本条件还不具备的情况下使用之);(2)合理规定与严格控制债务资金的使用方向(以避免外债资金的过度非生产性使用和增值无力);(3)不断加强国家财政在优化资源配置与提高公共储蓄方面的作用(以避免国内经济缺口仅仅会因为债务偿还而迟迟难于弥合);(4)为国家对外贸易的持续扩张作长期努力(以避免发生因债务偿还而引起的对外资源转移困难)。事实上,只有加入上述政策模型,债务经济的理论模型才是完整的。强调债务经济理论模型,特别是它的政策模型的理由是,政府不能效仿正确理论模型来经营债务经济的潜在危险有二:(1)使长期债务计划失去基本依据,造成政府日后可能经常地将债务偿还(而非债务运用)置于政策优先考虑的位置;(2)使债务管理失去应有的阶段性特征,造成政府有可能先是采取极端的借款方式,然后采取同样极端的还款方式来经营债务经济。它们共同导致经济社会自觉地或不自觉地从最初借入外债以促进经济增长的目标;事实上改变为发展经济以促进债务偿还的目标。对70年代末80年代初一些债务危机严重国家之政府政策失误问题所做的分析,大体上证明了这一点。

中国,作为经营债务经济时间不长,经验亦相对不足的世界债务大国(其长期外债余额目前高达年500亿美元,在欠发达国家中居第六位),在整个80年代于外债运用与管理方面既有成就,也存在着不少问题,有些甚至是严重问题。纵观80年代债务经济状况,可以发现中国债务经济过程中存在着一个经济社会对国际资本市场融通资金的长期大量需求与其极不相适应的经济效率基础的矛盾。正是这一主要矛盾导致中国债务经济(国际比较上)的高成本以及在稳定扩大融资规模上受到较强的限制。据此,90年代的债务经济的政策调整应主要地集中在以下两个方面:(1)推行以侧重公共赤字管理并兼顾收支调整为特点的审慎的财政政策,它是债务经济的必然要求;(2)推行旨在不断改善国际收支结构优势的资源转移政策。预期上述政策的调整将有助于今后降低债务经济的绝对成本与相对成本(包括风险),相应地提高债务资金的配置效率与使用效率。

总之,和一般经济增长过程相比,结合外债的经济增长过程具有更大的不确定性,欠发达国家债务经济实践的历史经验证明,政府充分内在化债务经济利益的关键在于谨慎地使用任何一笔借来的资金,而"谨慎"意味着政府必须为其制订出明确、可靠的经济政策,并且卓有成效地将这些政策加以贯彻与落实。

作者:南开大学1991年博士毕业生
导师:谷书堂教授

附：经济学博士毕业生、博士毕业生导师名录

国务院发展研究中心

导师		副导师		博士生		专业	研究方向	学位论文题目	毕业时间
姓名	职称	姓名	职称	姓名	性别				
孙尚清	研究员	—	—	马建堂	男	政治经济学	产业结构	周期变动与结构变动	1988.12
孙尚清	研究员	—	—	贺晓东	男	政治经济学	产业结构	经济结构的理论	1988.12
孙尚清	研究员	—	—	杨开忠	男	政治经济学	产业结构	区域结构的理论与实践	1988.12
孙尚清	研究员	—	—	姜近勇	男	政治经济学	产业结构	关于区域经济问题研究	1989.10

中共中央党校

导师		副导师		博士生		专业	研究方向	学位论文题目	毕业时间
姓名	职称	姓名	职称	姓名	性别				
王珏	教授	张大军	副教授	周晓寒	男	政治经济学	社会主义商品经济理论	宏观金融调控论——总体调控的新思路	1989.7
王珏	教授	张大军	副教授	丁宁宁	男	政治经济学	社会主义经济体制改革理论	我国现代化进程中市场发育问题	1990.6
龚士其	教授	谢世荣	副教授	卢中原	男	政治经济学	经济体制改革的理论	中国市场发育研究	1990.6
龚士其	教授	谢世荣	副教授	方加春	男	政治经济学	社会主义经济体制改革理论	计划市场与经济波动	1990.6
龚士其	教授	谢世荣	副教授	郭庆	男	政治经济学	社会主义经济体制改革理论	中国现代化历史进程中的农业剩余劳动力转移问题研究	1990.6
王珏	教授	庞永洁	副教授	胡文政	男	政治经济学	社会主义经济理论	地产论——地产供求与中国的经济发展	1990.12
王珏	教授	—	—	韩康		经济学	社会主义宏观问题	公有制经济再生产分析的五个支点——主体、积累、实现、市场、货币	1991

北京大学

导师		副导师		博士生		专业	研究方向	学位论文题目	毕业时间
姓名	职称	姓名	职称	姓名	性别				
陈岱孙	教授	—	—	陆晓明	男	西方经济思想史	西方经济思想史	关于西方经济理论的金融思想研究	1988
赵靖	教授	石世奇	教授	张鸿翼	男	中国经济思想史	中国经济思想史	儒家经济思想研究	1988
赵靖	教授	石世奇	教授	郑学益	男	中国经济思想史	中国经济思想史	中国近代经济开放思想研究	1989
张友仁	教授	刘方域	教授	胡健	男	政治经济学	社会主义经济理论	关于布哈林经济思想研究	1990
肖灼基	教授	—	—	杜辉	男	政治经济学	社会主义经济理论	关于社会主义经济周期理论研究	1990
肖灼基	教授	—	—	高佩义	男	政治经济学	社会主义经济	关于中外城市化理论的比较研究	1990
肖灼基	教授	—	—	刘伟	男	政治经济学	社会主义理论	关于社会主义所有制改革理论的比较研究	1990
张友仁	教授	刘方域	教授	立碣広		经济学		中国服务经济的理论与实践分析研究	1991

中国人民大学

导师		副导师		博士生		专业	研究方向	学位论文题目	毕业时间
姓名	职称	姓名	职称	姓名	性别				
吴大琨	教授	张帆	教授	赵涛	女	世界经济	美国经济	论资本主义经济发展中的长波运动	1986.7
吴大琨	教授	同上	同上	曹远征	男	世界经济	美国经济	资本主义世界经济体系中发达与不发达关系之研究	1986.7
卫兴华	教授	余学本 顾学荣	教授	洪银兴	男	政治经济学	政治经济学	经济运行的平衡与非平衡分析:调节机制的深层和表层考察	1987.7
卫兴华	教授	同上	同上	魏杰	男	政治经济学	政治经济学	社会主义宏观经济控制的静态考察与动态分析	1987.7

续表

导师		副导师		博士生		专业	研究方向	学位论文题目	毕业时间
姓名	职称	姓名	职称	姓名	性别				
吴树青	教授	—	—	范恒山	男	政治经济学	社会主义经济理论	论现阶段社会主义理想经济模式的基本规范	1987.7
宋涛	教授	—	—	曾湘泉	男	政治经济学	社会主义经济理论	经济增长过程中的工资机制——对中国工资问题的宏观考察	1987.7
卫兴华	教授	余学本 顾学荣	教授	李连仲	男	政治经济学	政治经济学	转轨时期的社会主义双重经济体制及其发展趋势	1987.7
戴世光	教授	—	—	蔡志洲	男	统计学	经济科学统计	国民经济核算体系和经济分析	1987.7
戴世光	教授	—	—	任若恩	男	统计学	经济科学统计	计量经济学方法论——关于在中国应用的研究	1987.7
戴世光	教授	—	—	袁卫	男	统计学	经济科学统计	辩证唯物主义是应用统计科学方法论的理论基础	1987.7
宋涛	教授	—	—	修培生	男	政治经济学	社会主义的经济问题	社会主义经济运行中的矛盾及协调	1987.7
卫兴华	教授	余学本 顾学荣	教授	王国刚	男	政治经济学	政治经济学	全民所有制企业经济运行的政治经济学分析	1988.7
卫兴华	教授	同上	同上	马庆泉	男	政治经济学	政治经济学	新短缺经济学	1988.7
塞风	教授	贺安 盛介眉	教授	陈淮	男	工业经济	工业经济	工业部门结构的理论导向	1988.7
吴树青	教授	—	—	黄泰岩	男	政治经济学	社会主义经济理论	社会主义经济运行中的市场	1988.7
吴树青	教授	—	—	高海燕	女	政治经济学	社会主义经济理论	中国经济发展与所有制的历史选择——社会主义公有制问题研究	1988.7
宋涛	教授	陈耀庭	教授	谢平	男	政治经济学	当代帝国主义研究	当代资本主义通货膨胀研究	1988.7
钟契夫	教授	周叔俊	教授	宁吉喆	男	国民经济计划与管理	国民经济计划与管理	我国地区经济发展的特征和战略	1988.7

续表

导师		副导师		博士生		专业	研究方向	学位论文题目	毕业时间
姓名	职称	姓名	职称	姓名	性别				
王传伦	教授	—	—	贝多广	男	财政学	财政理论与财政政策	中国资金流动分析	1988.7
黄达	教授	袁振宇	副教授	邓乐平	男	货币银行学	金融理论与金融政策	对我国货币需求一般理论和现实状态的考察	1988.7
黄达	教授	袁振宇	副教授	王松奇	男	货币银行学	金融理论与金融政策	货币政策与经济成长	1988.7
黄达	教授	袁振宇	副教授	周慕冰 周二国	男	货币银行学	金融理论与金融政策	经济运行中的货币供给机制	1988.7
卫兴华	教授	余学本 顾学荣	教授	余利平	女	政治经济学	社会主义经济理论与实践	中国产业结构变动和协调机制研究	1988.7
吴树青	教授	—	—	金碚	男	政治经济学	社会主义经济理论与实践	社会主义经济发展论——关于资金筹集和配置的研究	1989.7
王传伦	教授	—	—	李扬	男	财政学	宏观财政理论与政策	财政补贴经济分析	1989.7
钟契夫	教授	周叔俊	教授	王海平	男	国民经济计划与管理	社会主义经济计划的理论与方法	论县城经济的计划管理	1988.7
吴大琨	教授	张帆	教授	李青原	男	世界经济	美国金融和国际金融关系	试论战后美国金融资本的发展	1988.7
钟契夫	教授	周叔俊	教授	赵彦云	男	国民经济计划与管理	社会主义经济计划的理论与方法	中国经济增长的问题和计划管理	1988.7
钟契夫	教授	同上	同上	刘起运	男	国民经济计划与管理	社会主义经济计划的理论与方法	投入产出分析的扩展与计划模型	1988.7
钟契夫	教授	同上	同上	杨小苏	男	国民经济计划与管理	社会主义经济计划的理论与方法	中国农业劳动力转移战略研究	1989.7
胡乃武	教授	—	—	周振华	男	国民经济计划与管理	社会主经济调节与控制	产业改革的经济理论系统研究	1990.3
蹇风	教授	贺安 盛介眉	教授 教授	朱明春	男	工业经济	工业经济管理研究	区域经济理论与政策——从产业结构出发的研究	1990.7

续表

导师		副导师		博士生		专业	研究方向	学位论文题目	毕业时间
姓名	职称	姓名	职称	姓名	性别				
李占祥	教授	徐袒 解培才	教授 教授	沈炳熙	男	工业企业管理	工业经营战略	论中国企业集团及其战略	1990.7
钟契夫	教授	周叔俊	教授	吴晓求	男	国民经济计划与管理	社会主义经济的调节与控制	社会主义经济运行的供求分析	1990.7
刘再兴	教授	—	—	张文合	男	经济地理	布局论	流域开发论——兼论黄河流域综合开发与治理战略	1990.7
陈共	教授	—	—	刘尚希	男	财政学	财政基础理论	分配循环论——从存量和流量制衡关系考察	1990.7
阎达五	教授	—	—	陈亚民	男	会计学	经济效益与会计管理	会计规范论	1990.7
吴树青	教授	—	—	林岗	男	政治经济学	社会主义经济理论	论社会主义经济中的最优积累	1991.2
宋涛	教授	陈耀庭	教授	陆建人	男	政治经济学	社会主义经济理论	论"外贸带动增长经济发展战略"	1991.6
宋涛	教授	陈耀庭	教授	王东京	男	政治经济学	当代资本主义	国际投资论—当代发达资本主义国家对外投资研究	1991.6
张朝尊	教授	魏杰	教授	叶林	男	政治经济学	社会主义经济理论	中国跨国公司论	1991.6
李宗正	教授	成保良	教授	丛明	男	外国经济思想史	经济学方法论史	西方经济学方法论主流的历史演变——19世纪30年代至20世纪30年代	1991.6
胡乃武	教授	—	—	杨瑞龙	男	国民计划经济与管理	社会主义经济调节与控制	宏观经济运行与调控的微观基础	1991.6
蹇风	教授	贺安 盛介眉	教授 教授	卢东斌	男	工业经济	工业经济管理	中国产业组织分析	1991.6
周诚	教授	—	—	余必龙	男	农业经济	土地经济	中国城市地产经营论	1991.6
陈共	教授	—	—	解学智	男	财政学	财政理论	所得课税:理论与实践	1991.6

续表

导师姓名	导师职称	副导师姓名	副导师职称	博士生姓名	博士生性别	专业	研究方向	学位论文题目	毕业时间
阎达五	教授	—	—	戴德明	男	会计学	预测决策会计	论会计事前管理－预测决策会计的理论与方法	1991.6
刘再兴	教授	—	—	吴　清	男	生产布局	布局论	布局论—生产活动空间分析	1991.6
刘再兴	教授	—	—	李国剑	男	生产布局		区域开发论	1991.6

北京师范大学

导师姓名	导师职称	副导师姓名	副导师职称	博士生姓名	博士生性别	专业	研究方向	学位论文题目	毕业时间
陶大镛	教授	—	—	李羽中	男	世界经济	世界经济	现代资本主义条件下的价值和价格	1988.2
陶大镛	教授	—	—	张小济	男	世界经济	世界经济	西方“福利国家”社会福利政策评析	1988.12

南开大学

导师姓名	导师职称	副导师姓名	副导师职称	博士生姓名	博士生性别	专业	研究方向	学位论文题目	毕业时间
鲍觉民	教授	何自强	教授	李沛然	男	经济地理	世界经济地理	台湾经济发展因素及其策略研究	1988.2
鲍觉民	教授	何自强	教授	吴　浙	男	经济地理	世界经济地理	澳大利亚的自然资源及其开发利用	1988.10
鲍觉民	教授	何自强	教授	楚义芳	男	经济地理	人文地理	旅游的空间组织研究	1989.6
鲍觉民	教授	何自强	教授	王一鸣	男	经济地理	人文地理	中东政治经济地理研究	1989.6
鲍觉民	教授	何自强	教授	李小键	男	经济地理	人文地理	工业变化与公司活动——澳大利亚工业地理研究	1990.6
谷书堂	教授	—	—	陈宗胜	男	政治经济学	社会主义经济理论	经济发展中的收入分配	1990.9
谷书堂	教授	—	—	刘迎秋	男	政治经济学	社会主义经济理论	总需求变动规律与宏观政策选择——中国(1952—1990)经验的理论分析	1991.4

续表

导师		副导师		博士生		专业	研究方向	学位论文题目	毕业时间
姓名	职称	姓名	职称	姓名	性别				
陈国庆	教授	—	—	陈平	男	国际金融	国际金融	发展中国家的汇率制度选择	1991.4
魏埙	教授	—	—	郝寿义	男	政治经济学	当代资本主义经济理论	现代西方城市土地经济运行理论比较研究	1991.12
魏埙	教授	—	—	佟家栋	男	政治经济学	当代资本主义经济理论	美国股票市场价格变动与经济运行的关系	1991.12
滕维藻	教授	—	—	冼国明	男	世界经济	国际投资与国际企业	跨国公司与当代国际分工的发展——对企业内部国际分工的剖析	1991.12
滕维藻	教授	—	—	邱立成	男	世界经济	国际投资与国际企业	技术垄断、跨国公司与第三世界国家的经济发展	1991.12
熊性美	教授	—	—	吴孝田	男	世界经济	中外经济关系	中国进出口贸易与经济发展	1991.12
熊性美	教授	—	—	张诚	男	世界经济	中外经济关系	在加拿大的外国控制企业的外贸活动分析	1991.12
谷书堂	教授	—	—	王光伟	男	政治经济学	社会主义经济理论	资产积累的来源、途径及配置效果——中国积累问题的现实分析	1991.12
谷书堂	教授	—	—	李昌宇	男	政治经济学	社会主义经济理论	资源倾斜配置研究——中国产业结构转变过程	1991.12
谷书堂	教授	—	—	张志超	男	政治经济学	社会主义经济理论	国际债务、经济增长与政策选择	1991.12
谷书堂 王耕今	教授 研究员	—	—	郭万达	男	政治经济学	中国农业发展	我国农业现代化中的积累问题	1991.12

天津财经学院

导师		副导师		博士生		专业	研究方向	学位论文题目	毕业时间
姓名	职称	姓名	职称	姓名	性别				
李宝震	教授	—	—	杨永平	男	会计学	会计制度设计	论会计控制系统	1991.1
杨曾武	教授	—	—	孔庆凯	男	统计学	经济预测	地区人口增长与经济发展关系的定量分析	1991.5
李宝震	教授	—	—	郝振平	男	会计学	国际会计	论合并财务报表——中国企业集团发展中的会计思考	1991.11
李宝震	教授	—	—	蔡春	男	会计学	审计学	审计理论结构研究	1991.11

复旦大学

导师		副导师		博士生		专业	研究方向	学位论文题目	毕业时间
姓名	职称	姓名	职称	姓名	性别				
蒋学模	教授	伍柏麟	教授	胡汝银	男	政治经济学	社会主义经济	竞争和垄断——社会主义微观经济分析	1988.1
宋承先	教授	—	—	舒元	男	外国经济思想史	当代西方经济学	中国经济增长分析(1949—1986)——实证检验	1989.7
叶世昌	教授	—	—	戴金珊	男	中国经济思想史	中国经济思想史	寻求经济发展之路——中国近代资产阶级经济思想发展要览	1990.7
苏东水	教授	—	—	黄伟雄		工业经济		寻找经济发展之路	1990.
张薰华	教授	—	—	宋运肇	男	政治经济学	《资本论》与金融	亚洲金融改革与发展	1991.7
苏东水 闵建蜀(香港)	教授 教授	—	—	芮述明	男	工业经济	经济管理理论	社会主义工业化论	1991.
叶世昌	教授	—	—	欧阳卫民	男	经济学	中国经济思想史	中国消费思想研究	1991.3
宋承先	教授	—	—	林志远	女	外国经济思想史	当代西方经济学	货币需求与货币政策	1991.7

上海财经大学

导师		副导师		博士生		专业	研究方向	学位论文题目	毕业时间
姓名	职称	姓名	职称	姓名	性别				
娄尔行	教授	—	—	汤云为	男	会计学	会计理论	论重置成本会计	1987.7
娄尔行	教授	—	—	张为国	男	会计学	会计理论	会计目的与会计改革	1989.7
胡寄窗	教授	—	—	谈敏	男	中国经济思想史	封建地主经济思想	重农学派经济学说的中国渊源	1989.7
娄尔行	教授	—	—	吴艳鹏	男	会计学	会计理论	资产计量论	1990.7
胡寄窗	教授	—	—	陶一桃	女	中国经济思想史	中国古代经济思想史	中国古代经济思想的几个倾向	1990.7
胡寄窗	教授	—	—	赵晓雷		中国经济思想史	中国近现代经济思想	中国近代工业化思想的研究	1991
胡寄窗	教授	—	—	盛松成		西方经济学说史	当代西方货币理论	西方货币供给理论评述	1991

华东师范大学

导师		副导师		博士生		专业	研究方向	学位论文题目	毕业时间
姓名	职称	姓名	职称	姓名	性别				
陈彪如	教授	—	—	张志超	男	世界经济	国际金融	社会主义汇率经济学原理	1987.7
陈彪如	教授	—	—	陈琦伟	男	世界经济	国际金融	论发展中国家对外金融机制	1988.7
陈彪如	教授	—	—	周八骏	男	世界经济	国际金融	国际收支理论评价	1988.7
陈彪如	教授	—	—	奚　群	男	世界经济	国际金融	发展中国家国际储备需求的双重制约	1989.7
陈彪如	教授	—	—	王新奎	男	世界经济	国际金融	国际贸易和国际投资中的利益分配	1989.7

厦门大学

导师		副导师		博士生		专业	研究方向	学位论文题目	毕业时间
姓名	职称	姓名	职称	姓名	性别				
葛家澍	教授	—	—	林志军	男	会计学	会计基本理论与方法	基本会计观念原则与会计准则	1985.12
葛家澍	教授	—	—	李松玉	男	会计学	会计基本理论与方法	完成历史成本计算的通用模型	1987.11
余绪缨	教授	—	—	孙宝厚	男	会计学	现代管理会计	会计系统论	1987.11
邓子基	教授	—	—	董大胜	男	财政学	财政理论与政策	财政、信贷分配与社会总供给和总需求平衡关系的研究	1987.11
邓子基	教授	—	—	巫克飞	男	财政学	财政理论与政策	储蓄投资与社会总供需平衡研究	1987.12
余绪缨	教授	—	—	陈国钢	男	会计学	现代管理会计	论代理人说与我国国有企业管理体制改革	1988.7
邓子基	教授	—	—	杨　斌	男	财政学	财政理论与政策	治税策略：经济增长和税收公平	1989.5
邓子基	教授	—	—	葛南翔	男	财政学	财政理论与政策	跨国公司的国际避税战略及其对策之研究	1989.5
余绪缨	教授	—	—	陈双人	男	会计学	现代管理会计	管理会计与控制	1989.7
葛家澍	教授	—	—	曲晓辉	女	会计学	会计基本理论与方法	论物价变动会计	1989.7
葛家澍	教授	—	—	李若山	男	会计学	会计基本理论与方法	论审计与社会经济权责结构	1989.7
邓子基	教授	—	—	王开国	男	财政学	财政理论与政策	财政赤字论	1990.5
洪文金 张亦春	教授	—	—	赵　磊	男	货币银行学	金融理论与政策	专业银行经营机制研究	1990.5

续表

导师		副导师		博士生		专业	研究方向	学位论文题目	毕业时间
姓名	职称	姓名	职称	姓名	性别				
吴宣恭	教授	—	—	刘平	男	政治经济学	政治经济学	探寻计划与市场有权结合的经济运行体制	1990.5
余绪缨	教授	—	—	卢焕立	男	会计学	现代管理会计	论行为科学对现代管理会计的意义	1991.9
余绪缨	教授	—	—	黄礼忠	男	会计学	现代管理会计	论国际管理会计信息与控制系统	1991.9

暨南大学

导师		副导师		博士生		专业	研究方向	学位论文题目	毕业时间
姓名	职称	姓名	职称	姓名	性别				
黄德鸿	教授	—	—	金建		工业经济	产业结构	中国信息产业经济分析——基础、结构、机制、战略、政策	1991.9
黄德鸿	教授	—	—	邓伟根	男	工业经济	产业结构	区域产业经济分析——广东产业经济发展的理论与实践	1991.11

武汉大学

导师		副导师		博士生		专业	研究方向	学位论文题目	毕业时间
姓名	职称	姓名	职称	姓名	性别				
吴纪先	教授	—	—	陈端洁	女	经济学	世界经济	弗里德曼与托宾的货币理论	1987
吴纪先	教授	—	—	汤学义	男	经济学	世界经济	利息率研究	1987
吴纪先	教授	—	—	梁晓滨	男	经济学	世界经济	美国劳动市场结构和运行机制分析	1987
董辅礽 曾启贤	教授	—	—	宋宁	男	经济学	政治经济学	企业产权转让与合并	1990
郭吴新	教授	—	—	周茂荣	男	世界经济	美加经济	美加自由贸易协定研究	1991.6
郭吴新	教授	—	—	陈继勇	男	世界经济	美国经济	美国对外直接投资研究	1991.6
郭吴新	教授	—	—	高光雨	男	世界经济	发展中国家和地区经济	香港货币制度及其运行机制研究	1991.6

中南财经大学

导师		副导师		博士生		专业	研究方向	学位论文题目	毕业时间
姓名	职称	姓名	职称	姓名	性别				
杨时展	教授	沈如琛	副教授	张杰明	男	会计	现代审计理论	现代审计基础结构研究	1991.12

西南财经大学

导师		副导师		博士生		专业	研究方向	学位论文题目	毕业时间
姓名	职称	姓名	职称	姓名	性别				
刘诗白	教授	袁文平	教授	李建勇	男	政治经济学	社会主义经济理论	中国农村经济发展中的资金运行机制	1988.1
刘诗白	教授	袁文平	教授	丁任重	男	政治经济学	社会主义经济理论	社会主义企业理论与企业改革	1988.1
许廷星	教授	刘邦驰	副教授	张合金	男	财政学	社会主义财政理论	投资膨胀论	1990.6
王叔云	教授	—	—	吕火明	男	农业经济	农业技术经济	生产函数与农业经济分析	1990.6
刘诗白	教授	袁文平	教授	朱胜良	男	政治经济学	社会主义经济理论	我国社会主义工业化进程中的计划与市场	1990.6
王叔云	教授	—	—	吴天然	男	农业经济	农业经济管理	农村工业化论	1990.6
刘诗白	教授	袁文平	教授	邓映翎	男	政治经济学	社会主义经济理论	改革时期的通货膨胀	1991.6

陕西财经学院

导师		副导师		博士生		专业	研究方向	学位论文题目	毕业时间
姓名	职称	姓名	职称	姓名	性别				
江其务	教授	—	—	王兆星		货币银行学		中国金融结构论	1990
江其务	教授	—	—	黄志凌	男	货币银行学	银行信贷与金融投资	资金形成与金融发展	1991

辽宁大学

导师		副导师		博士生		专业	研究方向	学位论文题目	毕业时间
姓名	职称	姓名	职称	姓名	性别				
宋则行	教授	—	—	杨宝生	男	外国经济思想史	当代西方经济学	评西方经济学界关于马克思主义价值理论的研究	1988.5
宋则行	教授	—	—	赫明	男	外国经济思想史	当代西方经济学	西方国际收支理论研究	1988.5

吉林大学

导师		副导师		博士生		专业	研究方向	学位论文题目	毕业时间
姓名	职称	姓名	职称	姓名	性别				
关梦觉	教授	—	—	郑彪	—	政治经济学	—	中国经济体制改革：理论与实践	1989.7
关梦觉	教授	—	—	尹文书	—	政治经济学	—	市场不发育条件下的宏观调控	1989.7

东北财经大学

导师		副导师		博士生		专业	研究方向	学位论文题目	毕业时间
姓名	职称	姓名	职称	姓名	性别				
佟哲晖	教授	—	—	蒋萍	女	统计学	—	社会核算若干理论与方法问题研究	1990.11
佟哲晖	教授	—	—	邱东		统计学	—	多指标综合评价方法的系统分析	1990.11
林继肯	教授	—	—	夏德仁		货币银行学	—	经济发展与货币供应	1990.11

财政部财政科学研究所

导师		副导师		博士生		专业	研究方向	学位论文题目	毕业时间
姓名	职称	姓名	职称	姓名	性别				
许毅	教授	—	—	刘桂苏	女	财政学	—	国民经济有序结构的优化设计	1986.5
许毅	教授	—	—	王子林	—	财政学	—	国有资产论	1989.12
许毅	教授	—	—	付继军	—	财政学	—	经济结构与分配政策	1990.8
许毅	教授	—	—	顾晓平	—	财政学	—	财政控制与系统优化	1990.8
许毅	教授	—	—	梁惠民	—	财政学	—	系统协同与财政改革导向	1990.8
杨纪琬	教授	—	—	汪建熙	—	会计学	—	中国的股份经济及其会计问题	1990.8
许毅	教授	—	—	杨照南	—	财政学	—	财政金融协调制衡机理研究	1990.8
黄菊波	教授	—	—	陈毓生	男	财政学	企业财务	宏观财务与会计准则	1991.7
陶增骥	教授	—	—	张中华	男	财政学	固定资产投资	投资调节论	1991.7

中国社会科学院研究生院

导师		副导师		博士生		专业	研究方向	学位论文题目	毕业时间
姓名	职称	姓名	职称	姓名	性别				
于光远	研究员			忠东	男	政治经济学		企有论	1988.7
杨坚白	研究员			李拉亚		政治经济学		我国国民经济核算体系理论与方法研究	1988.7
于光远	研究员			肖炼		政治经济学		协同竞争论	1988.12
于光远	研究员			朱争鸣	男	政治经济学		新经济的发展形态	1988.12
于光远	研究员			黄小祥	男	政治经济学		市场导向与企业行为	1988.12
刘国光	研究员			杜海燕	男	政治经济学		论我国二元经济的转变—关于中国农村工业化的研究	1988.12
刘国光	研究员			李金早	男	政治经济学		—	1988.12
于光远	研究员			王师勤		政治经济学		经济发展与通货膨胀	1989.12
于光远	研究员			陈为群		政治经济学		我国农村工业发展问题研究	1990.8
杨坚白	研究员			尹艳林	男	政治经济学		国民收入理论与方法论	1990.8
杨坚白	研究员			袁钢明	男	政治经济学		发展中国家与外国直接投资	1990.8
杨坚白	研究员			吕忆环		政治经济学		SNA与MPS比较研究与分析	1990.8
杨坚白	研究员			王忠民	男	政治经济学		我国目前收入分配问题的研究	1990.8
吴敬琏	研究员			张春霖		政治经济学		企业组织与市场体制	1990.8
于光远	研究员	—	—	宋光茂	男	政治经济学	社会主义部分	经济创新论	1991.7
杨坚白	研究员	—	—	陈东琪	男	政治经济学	资本论	强波经济论—中国经济的增长与周期	1991.7
马家驹	研究员	—	—	罗德明	男	政治经济学	社会主义经济理论	中国经济增长的型式	1991.7
骆耕漠	研究员	—	—	张德霖	男	政治经济学	社会主义经济理论	生产率理论分析与中国生产率实证研究	1991.7
马家驹	研究员	—	—	贺若先	男	政治经济学	社会主义经济理论	国有经济论—从体制理论和国际经验的角度看中国的国有经济	1991.7
骆耕漠	研究员	—	—	牛仁亮	男	政治经济学	社会主义经济理论	势力利用的初步分析—中国的例证	1991.7

续表

导师		副导师		博士生		专业	研究方向	学位论文题目	毕业时间
姓名	职称	姓名	职称	姓名	性别				
马洪	研究员	—	—	杨沐	男	工业经济	工业经济	产业政策研究	1988
周叔莲	研究员	—	—	朱嘉明	男	工业经济	工业经济	论非均衡增长	1988
马洪	研究员	—	—	黄速建	男	工业经济	工业经济	公司论	1988
马洪	研究员	—	—	邵崇	男	工业经济	工业经济	新生产力论	1989
马洪	研究员	—	—	乔仁毅	男	工业经济	工业经济	社会主义社会市场组织	1989
汪海波	研究员	—	—	刘世锦	男	工业经济	工业经济	经济体制效率分析导论	1989
马洪	研究员	—	—	张冀湘	男	工业经济	工业经济	国有资产管理研究	1989
周叔莲	研究员	—	—	江小涓	女	工业经济	工业经济	中国工业发展中的对外经济贸易	1989
吴家骏	研究员	—	—	吕政	男	工业经济	工业经济	中国工业增长分析及其政策分析	1990
周叔莲	研究员	—	—	盛洪	男	工业经济	工业经济	中国工业的分工和专业化问题研究	1990
周叔莲	研究员	—	—	高拴平	男	工业经济	工业经济	我国农村工业发展问题研究	1990
吴家骏	研究员	—	—	任纪军	男	工业经济	工业经济	轻重工业结构和发展战略研究	1990
汪海波	研究员	—	—	丁敬平	男	工业经济	工业经济	产业组织政策研究	1990
陈栋生	研究员	—	—	庄志毅	男	工业经济	工业经济	论不发达地区经济发展	1990
周叔莲	研究员	—	—	丁宝山	男	工业经济	比较管理	中国城乡经济关系研究	1991.7
马洪	研究员	—	—	刘研	女	工业经济	工业经济结构	论跨国公司与中国企业国际化	1991.7
汪海波	研究员	—	—	周民良	男	工业经济	工业经济	区域政策研究	1991.7
蒋一苇	研究员	—	—	陈佳贵	男	企业管理	企业管理	社会主义企业论	1988
蒋一苇	研究员	—	—	张承耀	男	企业管理	企业管理	产品综合评价的理论及实践	1988
蒋一苇	研究员	—	—	周绍朋	男	企业管理	企业管理	论企业扩权与实行全面经济核算	1989
蒋一苇	研究员	—	—	郑海航	男	企业管理	企业管理	企业组织学导论	1990

续表

导师		副导师		博士生		专业	研究方向	学位论文题目	毕业时间
姓名	职称	姓名	职称	姓名	性别				
孙耀君	研究员	—	—	王元	男	企业管理	比较经济管理	比较企业决策体制－主要从信息和控制角度分析	1991.7
詹武	研究员			谭岳衡		农业经济		经济货币化的效应与管理——兼论农村信贷的宏观调节	1989.12
詹武	研究员			刘福垣		农业经济		论工农业收入差异	1989.12
刘文濮	副研究员			蔡昉		农业经济		二元经济与劳动力转移	1989.12
王贵宸	研究员	—	—	许均华	男	农业经济	经济发达地区农村发展	漳州农村经济发展模式研究	1991.7
张卓元	研究员			李晓西		商业经济		通货膨胀比较研究	1989.12
高涤陈	研究员			孙祥剑		商业经济		关于我国国内市场趋近国际化的几个问题	1990.8
高涤陈	研究员			田春苗		商业经济		论交易过程	1990.8
高涤陈	研究员			杨孚平		商业经济		农产品流通与国民经济成长	1990.8
王振之	研究员			李军		商业经济		公共物品价格与经营研究	1990.8
张卓元	研究员			吕福新		商业经济		自然资源价格与管理	1990.8
张卓元	研究员			殷克胜		商业经济		论价格波动与经济波动诸变化的关系	1990.8
张卓元	研究员	—	—	边勇杜	男	商业经济	价格理论	双重经济体制下的价格形成	1991.7
高涤陈	研究员	—	—	王诚庆	男	商业经济	商业经济理论及管理	流通过程的探讨	1991.7
王振之	研究员	—	—	刘佐太	男	商业经济	成本与价格	东西方价格体制的比较研究－兼论社会主义市场价格体制	1991.7
张卓元	研究员	—	—	王德章	男	商业经济	价格理论	二元经济下农产品价格政策研究	1991.7
王振之 杨圣明	研究员 研究员	—	—	郑兴科	男	商业经济	价格理论	中国粮食价格与市场研究	1991.7
张卓元	研究员	—	—	任建平	男	商业经济	价格理论	财政补贴福利分析	1991.7
薛葆鼎	研究员			于之翰		基本建设经济		环境经济问题探索	1988.7
薛葆鼎	研究员			柴强		基本建设经济		地价论	1989.12
林森木	研究员			靳新中		投资经济		我国经济增长模式与转换研究	1990.8
薛葆鼎	研究员			罗云毅		投资经济		积累率研究	1990.8

续表

导师		副导师		博士生		专　业	研究方向	学位论文题目	毕业时间
姓　名	职　称	姓　名	职　称	姓　名	性　别				
乌家培	研究员			汪同三		数量经济学		宏观经济模型论述	1990.8
乌家培	研究员			张　远		数量经济学		信息与信息经济学的基本问题	1990.8
徐寿波	研究员			闫　峰		技术经济		环境经济评价 ——理论、方法及应用	1990.8
徐寿波	研究员	—	—	张汉麟	女	技术经济	理论方法	商业技术经济理论与方法	1991.7
王绍飞	研究员			吴俊培		财政学		宏观财政分析	1989.12
王绍飞	研究员			谷志杰		财政学		论税收的经济效用	1990.8
高涤陈	研究员			白景明		财政学		国民收入分配的商业约束	1990.8
张卓元	研究员			石小抗		货币银行学		农业的稳定发展与农产 品价格机制的改进	1990.8
陈翰笙 钱俊瑞	研究员 研究员	—	—	高铁生	男	世界经济	世界经济学	苏南匈中四国市场 理论比较研究	1986.12
王怀宁	研究员	—	—	王燕然	女	世界经济	世界经济理论	金融发展论	1989.12
王怀宁	研究员	—	—	徐静之	男	世界经济	世界经济理论	国际直接投资与 宏观经济效益分析	1989.12
罗肇鸿	研究员	—	—	陈生军	男	世界经济	苏联东欧国家 经济体制比较	对经济动力系统的比较和 改革模式的选择	1989.12
罗肇鸿	研究员	—	—	张　谦	男	世界经济	苏联东欧 经济比较	级差均衡理论	1991.7
罗肇鸿	研究员	—	—	张宇燕	男	世界经济	苏联东欧 经济比较	对制度的经济分析	1991.7
朱绍文	研究员	—	—	樊　纲	男	西方经济学	西方经济学	现代三大经济理论 体系的比较	1988
朱绍文	研究员	—	—	左大培	男	西方经济学	西方经济学	弗莱堡学派研究	1988
朱绍文	研究员	—	—	陈　实	男	西方经济学	西方经济学	论政府与市场的关系	1989
朱绍文	研究员	—	—	陶永谊	男	西方经济学	西方经济学	西方经济学方法论论争史	1990
李文治	研究员			史志宏		中国经济史		清代前期小农经济研究	1988.7
汪敬虞	研究员			杜询诚		中国经济史		中国资本主义两个部分 的发展	1999.8

续表

导师		副导师		博士生		专业	研究方向	学位论文题目	毕业时间
姓名	职称	姓名	职称	姓名	性别				
彭泽益	研究员			萧国亮		中国经济史		清代前期封建国家对商业经济的干预	1988.12
吴承明	研究员			陈其广		中国经济史		中国近代工农产品交换比价及其理论思考	1988.12
吴承明	研究员			吴柏均		中国经济史		中国经济发展的区域研究	1989.12
巫宝三	研究员			鲁奇		中国经济思想史		元代农业经济思想研究	—
彭泽益	研究员			孔泾源		中国经济思想史		手工业与中国经济变迁	1988.7
巫宝三	研究员			叶坦		中国经济思想史		宋代经济思想研究	1988.12
巫宝三	教授	—	—	高文舍	男	中国经济思想史	中国经济思想史	汉唐租税思想研究	1991.7
彭泽益	教授	—	—	魏林	男	中国经济史	中国手工业商业史	鸦片战争前后的商人资本及向产业资本的转化问题	1991.7

经济学学术会议选介

首届全国信托投资公司经理研讨会

中国人民银行总行、11家全国性信托投资公司和中国人民大学法律研究院于1991年1月13～22日联合在北京召开。

与会者认为，信托投资公司是经济改革、金融体制改革的必然产物，是国家银行的必要补充，对加强预算外资金管理，拓宽信用活动渠道，提高资金使用效果等都有显著作用。信托投资业务支持了国民经济的发展。

与会者还指出，金融信托业的发展与体制改革的深化应该是同步的。没有股票、证券等金融商品与现代金融市场，没有大量广泛的直接信用活动，就没有现代金融信托业。因而，要处理好信托业发展与改革的关系。

对今后信托投资公司的发展方向和管理问题，与会者作了探讨，提出：(1)要把信托办成真正的信托，必须改变目前以存款方式吸收信托资金的做法，通过签订信托合同，明确信托资产所有权和经营权的转移及各方的利益关系；(2)除开展资金信托外，还应大力发展证券信托、投资信托和基金信托等业务，朝着以投资业务为主的长期金融机构的方向转化。在管理方面，要逐步实施银行业和信托业的分业管理，建立一个适应我国信托业特点的管理体制。

（矣　理）

中国价格学会第三届理事会

1991年1月16～17日在北京召开。

会长刘卓甫肯定了中国价格学界十年来取得的丰富研究成果，提出了近几年价格研究的重要课题：(1)十年和五年间价格改革的思路，设想和方针政策；(2)各类产品的合理比价及组织实施的具体方法和步骤；(3)实现少数重要商品和劳务价格由国家管理、大量商品和劳务价格由市场调节制度的步骤、方法和数量界限；(4)双轨制价格产生的历史背景，提出存利去弊、逐步并轨的理论根据和政策措施；(5)合理安排商品价格，减少国家财政补贴的途径；(6)如何在价格管理上体现并适应以公有制为基础的社会主义有计划商品经济发展和计划经济与市场调节相结合的经济体制及运行机制。

副会长成致平提出价格改革可分战略性、战役性和战术性三个层次进行。

（金　泓）

黑龙江省发展战略研究会第二届年会

1月16～19日在哈尔滨举行。会议重点讨论了边贸问题。

与会者认为，改革开放的逐步深入，为发展对苏、东的贸易提供了新机遇。有鉴于此，一是应把哈尔滨、齐齐哈尔、牡丹江、佳木斯等大中城市和省内一批大中型企业，以及拥有对方急需产品的中小型企业直接推向对苏经济技术合作的主战场；二是应针对目前对方的支付困难，可考虑接受灵活多样的支付方式；三是应在黑河、绥芬河建立经济特区。

（黑　文）

“国际市场价格波动对国内价格的影响及我们的对策”第二次研讨会

国家物价局涉外司于1991年1月24～26日在北京召开。

对人民币汇率调整的依据，与会者有不同见解。多数人认为，在国内价格体系、外贸体制基本合理的条件下，出口商品平均换汇成本基本上可以反映两国货币所代表的价值的对比关系。但目前我国价格体系、外贸体制远未合理，用平均出口换汇成本作为汇率调整的唯一依据，有相当大的局限性。有人认为，除考虑出口商品平均换汇成本外,还要考虑:(1)进口用汇成本;(2)我国的通货膨胀率与西方对华主要贸易国的通货膨胀率(平均水平)之间的差额;(3)出口商品交易会外销价格变化情况;(4)国内偿还外债能力和借债成本;(5)国内外汇调剂市场汇率(平均水平)。有人认为,有三种方针可供选择:一是"鼓励出口、兼顾进口,有利于非贸易外汇收入的增加";二是"鼓励出口,基本上不考虑进口及非贸易";三是"以进口贸易为主,基本上不考虑非贸易"。

与会者提出了"八五"时期人民币汇率改革的思路,认为现行的汇率"双轨制"是经济体制转轨时期必然的过渡形式,但政府要抓紧完善外汇调剂市场,适当放松进口管制,同时调整用汇序列,及时调整牌价汇率。

与会者还对进出口商品的价格管理提出了对策。有的提出,出口商品国内收购价格应实行分类管理;有的认为,要考虑国际市场供求和国内生产成本;还有的主张,应适应新的外贸体制的要求和为实现90年代出口任务服务。对于进口商品的价格管理,与会者提出:(1)对重要的进口商品集中经营、统一对外;(2)对从不同国家进口价格高低不一的同种生产资料,实行进口代理平均价格制度;(3)对国际价格低于国内价格的进口商品提高关税;(4)国际运费和保险费一般以占进口到岸价格的10%左右为宜;(5)制定合理的进口商品收费办法。

(一　理)

搞活国营大中型企业和首钢经验研讨会

北京市社会科学界联合会、北京市经济学总会等,于1991年1月30日至2月1日联合在北京举办。

与会者认为,振兴和搞活国营大中型企业,只能坚持和不断完善承包制,使企业和职工真正成为利益的主体。首钢的经验就是现阶段增强国营大中型企业活力的经验,其根本点就在于深化改革,使企业真正成为自主经营、自负盈亏的商品生产者和经营者。

与会者还提出以下建议:(1)充分利用北京科研机构多、高等院校多、专家学者多的优势,研究制定出坚持和完善承包制的具体方案,组织试点,推向全国。(2)从计划、财政、银行、外贸等体制上全面深化改革,放水养鱼、藏富于企业;减少税赋,不要杀鸡取卵,要鼓励企业多创多留。

(钢)

国有资产产权界定研讨会

1991年2月在沈阳市举行。会议探讨了国有资产产权界定的原则、依据和方法。

与会者认为,国有资产产权界定的原则应是:(1)维护社会主义公有制;(2)坚持"谁投资,谁所有,谁受益"的原则;(3)保持政策的连续性和协调性;(4)从法律上确定财产的归属;(5)简便易行,宜粗不宜细。

与会者指出,国有资产产权界定的依据有:(1)理论根据,即公有制基础上的有计划商品经济;(2)法律依据,即《宪法》、《民法通则》、《企业法》等;(3)政策依据,即建国以来颁布的合理的、适用于现有社会环境的政策;(4)事实依据。

与会者对国有资产产权界定的方法有不同见解。有的提出,应采用动态计算法;有的认为,在所有权界定初期应采取静态计算法,所有权归位后应采用动态计算法;有的认为,静态计算法的两种形式,扣除法较适合于国营企业,累加法对国营企业与集体企业均适用。

(朱　力)

工业调整与发展问题讨论会

中国社会科学院工业经济研究所、国家计委产业政策司和中国工业经济管理研究会于1991年2月联合在西安召开。

与会者分析了两年来我国工业结构调整进展缓慢,工业资产存量结构不合理的状况没有明显改变的原因:(1)国家通过指令性计划配置资源的主导地位已逐渐弱化,资源配置的行为主体、调整结构目标和途径都呈现多元化的特征。在这种情况下,国家仅以产业结构政策来引导结构调整,就难以达到目标。(2)价格体系不合理,阻碍着资金向基础产业的流动,也影响着基础产业部门的自我积累、自我发展能力的增强。(3)国民所有制企业由于预算约束软化,限制着对资产存量结构的有效调整。

与会者认为,结构调整的方法应是:把产业的数量结构调整同技术结构升级结合起来,实行补短与升级相结合的方针。

对于产业结构调整中的区域政策,许多人认为,不仅需要确定部门(行业)的发展目标,还需要有各地区的产业发展方向和建设重点，并使之互相配合，否则很容易出现各地区产业结构的趋同化。因此，需要尽快制订与国家产业政策相协调的地区产业政策，把产业倾斜与区域倾斜结合起来。

与会者还对进一步深化改革提出看法，认为应在社会主义有计划商品经济的前提下，向加强宏观调控和市场调节的方向着力。许多同志认为，宏观调控主要通过计划，微观调节主要依靠市场，而不是在传统的计划体制框架内引进一些市场调节因素。关于企业改革，多数人认为，仍然需要把增强大中型企业活力作为改革的中心环节。

（莫　土）

搞活国营大中型企业座谈会

《企业管理》杂志、吉林化学工业公司、北京内燃机总厂等于1991年2月在京联合举办。

与会者一致认为，搞活企业需要外部环境，但立足点不应是外部，应是企业内部，要通过挖潜、完善内部管理、建立有效的经营机制和约束机制来增强企业活力。

与会者还呼吁，国家应该认真总结前期改革经验，在强化宏观调控的同时，把搞活企业的政策落到实处。在条件许可的情况下，着力改善企业的外部环境，按产业政策的要求，适时地、有计划地增加对企业的投入，为企业的生存和发展创造良好的条件。

（瑢）

财政问题座谈会

中国财政学会于1991年2月21日在京召开。

与会者分析了当前的财经形势。一些人认为，财政已出现危机，如"八五"期间再解决不好财政问题，小康目标就很难实现。有人认为，今后财政形势将更加严峻，主要是还存在着许多隐患，如亏损挂帐，企业虚盈实亏、财政虚收实支，国家债务包袱加重，且面临偿债高峰，企业负债过度，国有资产大量闲置、流失，国有自然资源损失浪费、补偿缺位，肢解财政的因素不断增多等。因此，不能仅注意财政表面失衡，而忽视财政隐患。

与会者还探究财政处于困境的原因和对策。有人认为，解决财政困难不能就财政论财政，要立足于国民经济全局，特别是解决国营大中型企业的困难。办法是：(1)制定科学系统的产业政策、技术政策；(2)取消价格双轨制；(3)实行"税利分流、税后还贷、税后承包"的新型财务体制。也有人认为，摆脱财政困境，要转变机制：(1)从税利分流入手，统一征收35%的所得税，甩掉亏损补贴，税后利润归企业支配；(2)统一财源，整个上层建筑的经费一律由财政一个渠道供给，并改革那些自谋生路的创收政策；(3)集中财权，改变财权的无政府状态。还有人提出了两种选择：一是动"大手术"，或在国营企业改革上动大手术，或是在财政本身改革上动大手术；二是做一些小的改革，如改革非规范化的财政管理办法；改革按税收任务指标征收的税收管理办法；适当扩大债务规模。

（矣　理）

专业银行发展方向专题座谈会

中国农村金融学会《农村金融研究》编辑部于1991年3月2日在北京召开。

与会者对专业银行如何搞好政策性金融，有两种不同观点。一种观点认为，可以成立专门的政策性银行，从事政策性信贷业务，不以营利为目的；另一种观点认为，在专业银行内部分别两种业务，设立两本帐，实行"双轨制"。

对专业银行能否实行企业化管理，与会者也有两种不同观点。一种观点认为，专业银行企业化是我国金融体制改革的重要内容，实际上，各个专业银行已程度不同地实行了企业化管理。另一种观点认为，现行体制下专业银行不具备实行企业管理的条件，因为：(1)缺乏在经营规模、信贷结构、利率管理等方面的相应的自主权，难以要求自担风险、自负盈亏；(2)目前专业银行目标多重化，难以具有正常的企业行为；(3)现行体制下，企业自主经营机制尚未完全确立，价格体系尚未理顺，专业银行也难以实行企业化管理。

与会者对专业银行今后发展的方向也发表了不同看法。一种观点认为，在社会主义条件下，四大专业银行不可能办成象资本主义国家那样的纯粹的商业银行，而只能是既从事政策性经营，又从事企业性经营的混合型、多功能银行；另一种观点认为，专业银行的发展方向应该是商业银行式的金融企业。

（融　理）

全国十年生态与环境经济理论回顾与发展研讨会

中国生态经济学会生态经济理论研究会、中国人民大学环境经济研究所、《生态经济》编辑部于1991年3月5～9日联合在北京举行。

与会者一致肯定，10年来生态经济学作为一门由经济学和生态学相结合而形成的边缘性新兴经济学科，已取得丰硕成果。主要表现在：(1)提出和拓展了生态经济协调发展理论；(2)初步建立了我国生态经济学的基本理论范畴和理论体系。

与会者对今后生态经济理论的研究提出：(1)在逐步完善生态经济理论体系的基础上，进一步攻克难点，如生态经济协调发展理论；生态经济价值、自然资源价值和环境价值的科学内涵及其计量方法；生态经济的再生产理论；生态经济生产力的理论；生态效益和生态经济效益的可操作的计算方法；生态经济运行机制理论；生态经济调控理论；生态经济资源配置理论等。(2)要逐步建立和发展各种实用的生态经济理论，既普及生态经济知识，又指导生态经济实践活动。

（矣　周）

沿海中心城市经济体制改革理论研讨会

上海社会科学院部门经济研究所于1991年3月21～23日在上海召开。

与会者提出了一个从政企分开、转变政府经济职能入手，培育市场组织，建立一套社会服务体系和社会保障制度，加强社会的经济职能，实现经济运行机制转换的改革思路。这个思路基本框架由3个密切相关的部分组成：一是转变政府经济职能，确立企业为市场的主体；二是完善市场体系与社会服务体系，加强社会的经济职能；三是建立稳定经济运行的社会保障制度，包括失业保险、养老金保障、医疗保险等制度。

关于沿海中心城市体制改革的总目标，与会者提出，应坚定不移地推行宏观调控下的市场体系改革，实现一主多元目标的不同格局，形成以沿海带内地一体优化的格局。

（朱云雁）

中国市场学会成立大会

中国市场学会于1991年4月在北京举行。来自各省、区市场学研究会、营销学会以及全国高校市场学教学研究会的专家、学者和企业家近200人，出席大会。

与会者认为，市场学作为一门应用性较强的学科，是伴随着商品经济的发展而逐步形成的。我国对市场学的研究起步较晚，初期只是侧重于理论上的介绍，研究的深度不够，忽视了应用。目前，我国的经济工作者正抓住治理整顿的有利时机，开始注重对市场的研究和市场营销理论在实践中的应用，并在已取得的成效面前进行深刻的反思。这表明，我国在认识市场、培育市场、开拓市场方面的研究，已逐步走向成熟。

（瑢）

搞活国营大中型企业研讨会

中国社会科学院数量经济与技术经济研究所与北京技术经济和管理现代化研究会于1991年4月6日联合在北京召开。

与会代表指出，我国多数大中型企业缺乏活力的原因之一，是承包制没有解决国有企业产权主体的构造问题，产权模糊不清；提出：应建立社会主义全民所有制条件下的企业多元化产权模式，在分配上实行所有权和收益权部分分离。

对如何既保证增长速度又提高经济效益，代表们认为，必须把速度与效益置于一个大的执行系统中，提出量化要求和量化指标，否则就不能改变经济效益差的状况。

与会代表指出，企业要逐步实现向高效适速型的转变，应加强经济效益指标导向；完善日标责任体系；变“鞭打快牛”为“重鞭打慢牛”；对紧缺资源进行调配供应；有专门机构指导企业向高效适速型转变。

（金　泓）

证券和证券市场理论研讨会

1991年4月中旬在杭州市举行。

与会者认为，开放证券市场不仅给群众带来了方便，使其免遭损失，还可培养金融意识，更重要的是可以促进社会主义有计划商品经济的发展，广开筹资、融资渠道，给资金流通提供了场所。

关于发行证券和开放证券市场在我国改革开放中的作用问题，与会者认为：(1)它是金融体制改革的重点之一，可改变由银行单一供给资金的体制；(2)有助于改变企业吃银行"大锅饭"、职工吃企业"大锅饭"的状况；(3)为对外融资开辟了新路；(4)采用国际上通用的筹资、融资方式，是我国坚持对外开放的标志之一。

与会者认为，证券和证券市场是商品经济发展到一定阶段的产物，它不是资本主义所特有的。社会主义条件下的证券交易所，也不能与旧中国的交易所相提并论，不宜不加分析地一概视为投机倒把的场所。

(矣 理)

中国体改研究会年会

1991年4月下旬在山东泰安召开。

与会代表提出，搞活国营大中型企业必须进行综合治理。首先，在企业内部要健全面向市场经营机制、自我积累的发展机制、奖勤罚懒的分配机制、择优上岗的劳动用工机制和合理的企业领导组织机制，进一步理顺产权关系，深化国有资产管理体制改革；其次，在企业外部要切实落实《企业法》，坚持政企职责分开，所有权与经营权适当分离，减少政府部门对企业正常生产经营活动的行政干预。同时，要培育和完善生产要素市场，加快财税、物价、外贸、社会保障等配套改革。

(瑢)

"科学技术是第一生产力"理论座谈会

人民日报社于1991年4月27日在北京召开。

与会者一致认为，邓小平同志提出的科学技术是第一生产力的论断，丰富和发展了马克思主义关于科学技术和生产力的学说。依靠科技是实现我国"八五"计划和十年规划的关键。

中国科协副主席高镇宁认为，科技是第一生产力的论断，是当代世界科技、经济发展的客观反映和科学概括；在我国要树立"科技兴国"的强烈意识。

国务院发展研究中心主任马洪，详尽分析和论证了科学技术对我国不同时期经济发展的影响，提出：只有依靠科技进步推动经济高效益地增长，才能确保经济增长的质量，促进国民经济的良性循环。

国务院研究室副主任王梦奎在分析了国际经济竞争的实质是科学技术竞争之后，认为不坚定地走科学技术进步的道路，提高经济效益是不可能的。

中国农业科学院院长王连铮强调，农业要登上新台阶，必须依靠科技，增加科技投入，搞好科技成果的推广工作。

国家科委政策法规司司长张登义认为，发展科学技术要采取有效的政策措施，建立科技与经济紧密结合的运行机制。

(一 理)

社会主义分配经济学讨论会

中国社会科学院经济研究所、河北财经学院等于1991年5月联合在石家庄市举行。

与会者认为，在改革进程中建立社会主义分配经济学十分必要，它应以国民收入分配为研究客体，并应把对收入分配问题的研究置于经济和社会发展的大环境中进行。社会主义分配经济学的研究对象，是把收入分配活动纳入一个系统中进行总体研究，着力从整体揭示收入分配同外界环境交互作用的规律。

在研究方法上，与会者提出：(1)实证研究和规范分析相结合；(2)理论研究和对策研究相结合；(3)国内外收入分配理论和实践的比较研究，并加强国际间的交流和合作。

(高书生)

跨国经营理论研讨会

国务院发展研究中心国际技术经济研究所上海分所、上海社会科学院新学科研究中心等于1991年5月联合在上海举行。

会上有人提出，社会主义制度并不妨碍向外投资，到海外办企业是利用两种资源、两种市场，学会两种本领的不可分割的组成部分。那种认为办海外企业会冲击我国外贸出口，把利用外资和到海外投资对立起来的观点，是不正确的。认为我国目前资金短缺，不该去海外投资。

也有人建议：(1)把发展海外企业列入发展外向型经济的整体战略；(2)根据我国现有经济水平和优势特点，确定发展海外企业的行业和地区方向；(3)制订支持鼓励的具体政策。

(海 兵)

中国计划学会学术年会

1991年5月4～6日在北京举行。会议围绕计划经济与市场调节相结合的问题展开讨论。

与会者探讨了计划经济与市场调节相结合的形式和影响因素。认为，二者结合的程度、方式和范围，受如下因素影响：(1)社会经济发展阶段和水平；(2)社会经济发展战略目标和重点；(3)商品经济发展和市场体系的完善；(4)企业所有制结构和国营企业决策权力大小及自我约束程度；(5)国家宏观调控能力和方式；(6)社会分配结构；(7)经济总量平衡状况等。认为二者结合的方式有两个层次：一是根据发展战略目标的需要，计划调节和市场调节共同调节经济活动，按不同领域、行业、产品等，分别采用不同的计划形式和市场形式；二是计划与市场在不同层次上结合，即首先是由计划规范、组织、指导、调节市场，而市场在下一个层次上调节企业的经济活动。

与会者还认为，计划经济与市场调节相结合，无论是在理论上还是在实践上，都存在一些难点。例如：社会主义公有制与市场机制的相容是否存在一定极限？怎样把计划调节建立在价值规律的基础上？如何为评价标准？实行二者结合，对企业制度的改革有什么最低要求和约束条件？在国家与企业之间如何保证宏观经济与微观经济的衔接与协调，等等。

对于如何使二者结合得更好，与会者认为，除了对“结合”应有科学的理解外，还要形成相应的社会经济体制，包括合理的所有制结构，企业的真正法人地位，完善的社会主义市场体系，合理的分配制度，健全有效的宏观调控体系等。

（计　成）

社会主义公有制和商品经济结合理论讨论会

中国社会科学杂志社、上海社会科学杂志社等8家单位1991年5月6～10日在浙江金华召开。

在社会主义公有制和商品经济结合的问题上，与会者认为，从已取得的成就看，两者的兼容是无疑的，问题在于如何从理论上予以论证。

关于结合的理论依据，有这样几种观点：(1)公有制和商品经济的结合不存在理论上的障碍；(2)商品经济和资本主义似乎有内在联系，这一点正是说明公有制和商品经济结合的难点；(3)不能回避公有制和商品经济结合中的矛盾和困难，结合不是使矛盾消除，而是要使矛盾呈现一种优化状态；(4)相对于私有制和商品经济、公有制和产品经济等这几对矛盾，公有制和商品经济之间的矛盾是最小的，因而是一种最优的结合形式；(5)社会主义公有制多元型要求把产品当作商品来对待，承认等价交换，因而两者具有结合的必然性。

关于结合的程度与方式，有这样几种观点：(1)社会主义公有制与商品经济不是外在的结合问题，而是内在统一的关系，两者是同一个生产关系的不同侧面；(2)公有制与商品经济不是同一的经济关系形式，二者的结合是有机的对立统一的结合；(3)商品经济与公有制在本质上不相容，二者的结合是外在形式的结合。

（朱云雁）

生态经济学术讨论会

山东省生态经济研究会1991年于5月7日在济南召开。

与会者认为，近年来我国人口压力越来越大，城乡生态环境日益恶化，不合理开发自然资源的现象严重，使生态经济系统的承受力处于临界状态，我国人与自然之间物质交换的自然基础变得异常脆弱。因此，与会者认为，非常有必要加强生态经济理论研究，实现经济发展的生态化过程。

与会者探讨了90年代生态经济所要研究的新问题，如生态经济再生产的理论问题；生态价值、生态经济价值理论和计算问题；生态效益和生产经济效益的计算方法问题；生态经济调控理论问题等。

与会者还对山东省区域生态经济问题，特别是黄河三角洲综合开发、黄淮海平原农区开发等几个具有全国性重大意义的生态经济问题进行了研究。

（赵　峰　冯建军）

“90年代中国经济改革总体思路”理论研讨会

上海社会科学院经济研究所于1991年5月15～18日在上海召开。

与会者提出的总体思路是：(1)应结合80年代中国经济发展的实际情况，从90年代中国经济发展的客观要求来考虑，改革要服从于发展的要求，服务于经济发展;(2)指导90年代中国经济改革,必须分析利益格局变动的情况及其存在的问题,以便从本质上把握改革的基本趋势,更好地筹划和设计改革方案,减少在经济改革中的利益摩擦,寻求改革的稳定形式;(3)90年代深化改革旨在建立新的经济体制和运行机制,这就必须结合中国经济发展阶段的实际情况来判断计划与市场的地位和作用,发挥市场机制的作用;(4)要在90年代建立起有计划的商品经济新体制和运行机制,就必须进行多方面的改革,而使国营企业成为真正独立的商品生产者,则是90年代需要解决的最根本的问题。

(朱云雁)

我国引进外资的现状与问题讨论会

《财贸经济》编辑部、中国社会科学院《"八五"期间引进外资前景分析》课题组和中国市场学会咨询部,于1991年5月16日联合在北京召开。

80年代,我国在利用外资方面取得了明显成绩,但也存在一些问题:(1)外资投向的重点向沿海开放区和5个经济特区倾斜;(2)外商直接投资结构不合理;(3)相当数量的"三来一补"企业"虚亏实盈",外商利用掌握企业供销权,把利润转移到境外;(4)合资企业生产的产品与外贸出口产品争市场,挤占出口配额。与会者认为,进入90年代,国际环境发生了很大变化,引进外资的前景不容乐观。

关于90年代引进外资的战略,有的代表认为,应从数量型向质量效益型发展。考虑到我国消化、吸收和配套能力,应花更多的精力把现有的三资企业办好。有的代表认为,90年代引进外资要既慎重又积极,引导外资向内地、向国民经济的薄弱环节转移,向出口产业倾斜。也有代表建议鼓励外资进行成片开发。

与会者认为,为了有效地引进和利用外资,应进一步改革我国的经营管理体制。首先要把行政管理型体制转变为经营管理型体制;其次要完善投资环境,健全和完善法制;再次要抓紧推行企业股份制。

(金 泓)

邓小平经济思想学术研讨会

四川省社会科学院、四川省委党校等17个单位于1991年5月21~24日联合在成都召开。

与会者认为,邓小平是我国经济发展和改革开放的总设计师。对邓小平经济思想的核心,有几种看法:(1)认为是建设有中国特色的社会主义经济的思想;(2)认为是发展社会生产力的思想;(3)认为是发展社会主义有计划的商品经济的思想;(4)认为是改革、开放的思想;(5)认为是搞活和稳定的思想。

与会者研究了邓小平经济思想对马列主义经济理论的新贡献,认为主要体现在以下几方面:(1)无产阶级夺取政权后,应把工作重心转移到经济建设上来;(2)建设有中国特色的社会主义;(3)社会主义必须消灭贫穷,逐步实现共同富裕,反对平均主义和分配不公;(4)科学技术是第一生产力,增强综合国力;(5)实现国民经济持续、稳定和协调发展;(6)社会主义经济是建立在公有制基础上的有计划的商品经济;(7)打破封闭格局,实行全方位开放。

也有人认为,邓小平经济思想的特点是:(1)开创了中国富强的时代;(2)侧重于综合国力的增强;(3)以发展社会生产力作为社会主义的根本任务。

(矣 理)

集体企业产权问题理论讨论会

中国工业合作经济学会华北、东北地区于1991年5月22~24日联合在唐山市召开。

与会者认为,探讨集体企业产权问题意义重大:(1)有计划商品经济需要塑造企业产权主体,使企业以自主的商品生产者和经营者的地位跻身于市场竞争之中;(2)明晰企业产权关系,才能置产权于法律保护之下,使集体企业健康发展;(3)明确界定企业产权关系,才能摆脱"二国营"管理模式。

与会者探讨了集体企业资产界定的原则,提出:(1)要有利于大力发展生产,促进集体经济振兴;(2)要既尊重历史,又承认现状,宜粗不宜细;(3)要有利于在微观上深化改革,搞活企业;(4)要以事实为依据,以法律为准绳,实事求是,公平客观;(5)要既反对平调集体资产,又防止逆向无偿占有国有资产,以理顺企业同国家的关系。

与会者还探讨了由于国家对集体企业实行优惠政策而形成的资产归属问题,认为应归集体所有,并从法律、劳动价值论、借贷关系、减免税政策的效果等方面作了论证。

(合 力)

第四届全国高技术产业发展研讨会

1991年5月22日～25日，国家计委、国家科委、国家教委、国防科工委、中国科学院和中国社会科学院在杭州联合召开。

与会者认为，高技术产业发展因其自身规律，尤其是我国实行有计划的商品经济，需要国家予以有效的宏观指导。如：确立导向地位；加强管理工作；制定总体规划等。

近年我国高科技成果比比皆是，但产业化过程却步履维艰。因此，孕育中介组织至关重要。与会者认为应采取以下措施：(1)加强工程研究中心的建设；(2)发展风险投资事业；(3)发挥研究院所、高校的技术“辐射”作用。

高技术开发区的建设不应图形式，不宜“一刀切”。高技术开发区的代表提出“聚集——扩散——聚集”效应是检验高技术开发区发展的首要标准，为此，必须明确目的，合理选址，健全机制，创造支撑环境。

(金 泓)

投资领域计划经济与市场调节相结合问题研讨会

中国基本建设经济研究会、国家计委投资研究所于1991年5月27～29日联合在北京召开。会议对投资活动的各个层次、各个环节计划经济与市场调节的范围、方式与手段的大体划分和确立进行了探讨。

与会者认为，投资活动包括对投资总量和投资结构的计划与控制，以及对投资项目决策和建设实施的程序与管理两个层次，也即宏观经济活动和微观经济活动两个层次。他们提出，在投资总量的调控上，以指令性计划为主，在投资结构的调控上，以指导性计划为主；在投资项目的决策上，指令性计划和指导性计划并重；对投资项目的建设实施，以市场调节为主。

(吴兴国)

毛泽东财政思想研讨会

中国延安精神研究会、人民日报理论部等于1991年5月28～30日联合在北京举办。

与会者认为，毛泽东财政思想的科学内涵很丰富，是毛泽东思想的重要组成部分。他提出的“发展经济、保障供给”的总方针，仍然是建设有中国特色的社会主义经济工作和财政工作必须遵循的基本指导思想。对于毛泽东财政思想体系，与会者总结为：(1)发展经济、保障供给的总方针；(2)生产决定分配，经济决定财政的指导思想；(3)发展国民经济，增加财政收入，反对单纯财政观点的思想；(4)精兵简政，勤俭节约的思想；(5)国家财政要量入为出的思想；(6)集中领导，分散经营，统筹兼顾的思想；(7)正确处理积累与消费二者关系的思想。

与会代表还以毛泽东财政思想为核心，针对目前存在的财政困难等问题，从宏观角度进行讨论，提出要坚持生财、聚财、用财的有机结合，做到生财有道、聚财有度、用财有效的建设。

(金 理)

90年代企业改革与发展研讨会

复旦大学经济系、上海经济学会等于1991年5月29～30日联合在上海举办。

与会者通过对企业活力现状的深入分析，总结了企业改革成功经验、如观念转换，勇于开拓，强烈的“自律”能力，合理的激励机制，充分利用现有政策，拓展活动空间等。同时，又分析了企业不活的原因，主要是企业的行政性运行，就业工资制度不合理，中央财政体制上的弊端，价格不合理，产权关系模糊等。对于进一步增强国营大中型企业活力，与会者的总体看法是：“内外兼治、标本兼治、深化改革、敢于碰硬，着重在转变企业经营机制上下功夫。”具体建议有：(1)90年代企业改革的突破口可从劳动就业体制开刀；(2)搞活企业首先要搞活厂长；(3)企业要强化内部管理，练好内功；(4)改造企业组织形式，发展企业集团；(5)政企分开，让企业有充分的自主经营权；(6)改革现有的财税体制和价格管理体制，为企业创造平等的竞争条件；(7)以股份制作为企业制度改革的目标模式等。

(其 力)

货币流通与宏观调控研讨会

中国金融学会货币政策与金融宏观调控研究会于1991年5月29～31日在无锡市召开。

与会者认为，当前我国的经济金融形势已经明显好转，但还潜伏着一些隐患，一些深层次矛盾依然没有得到有效解决，如微观经济效益依然低下；经济结构未能有效调整；银行贷款投放偏多，同时流失又很严重；物价上涨的压力较大；工业生产已显过热的苗头等。

与会者分析了问题的原因，认为主要是：(1)整个经济管理体制仍然是一种重产值轻效益的单纯追求数量的体制；(2)企业缺乏一套优胜劣汰的竞争机制；(3)企业设备老化，更新改造力不从心；(4)资金分配渠道过于单一；(5)在经济高速增长、企业经济效益低下、国民收入分配又较多地向个人倾斜的情况下，经济增长在很大程度上是靠"吃老本"来支撑的。

与会者提出了如下建议：(1)深化经济金融体制改革，改进计划方法，逐步扩大市场调节范围，尽可能地发挥市场对生产要素的优化配置效应；(2)货币金融政策必须与其它各项政策配合；(3)改革现行的信贷资金管理体制；(4)在政策上应允许企业在商品赊购赊销、贷款预收预付之外进行货币借贷；(5)通过各种有效途径提高国营企业的资金积累能力；(6)运用法律、行政和经济等综合手段解决"三角债"拖欠问题；(7)改善并灵活运用金融宏观调整手段，现阶段要特别注意利率和汇率手段的运用；(8)压缩社会集团购买力，改变国民收入过多地向个人倾斜的态势，防止消费基金再度膨胀。

（金　理）

集体经济深化改革理论研讨会

中国合作经济学会、北京石龙实业总公司等发起，于1991年5月30日在京召开。

与会者指出，集体经济是公有制经济的一个重要组成部分，但在现实中仍有两种主要倾向影响集体经济的健康发展：一是力图把集体经济排斥在公有经济之外，把它看成是私营经济；二是用管理国营经济的办法来对待集体经济，有些地方甚至相继出现"集体企业转国营"的现象。与会者认为，当前有必要采取政策措施，确保集体企业的独立和商品生产者的地位，把发展集体经济作为一项战略任务抓好。

（瑢）

第二亚欧大陆桥与新疆开发开放讨论会

新疆经济研究中心、社会科学院和自治区经贸厅于1991年5月30日～31日在乌鲁木齐联合召开。

与会者一致强调，第二亚欧大陆桥贯通，为新疆的发展带来一大历史机遇。新疆地处边远，交通不便。现在中苏铁路已接轨，大陆桥已全线贯通，这对新疆发挥陆边对外开放的地缘优势，扩大"内联外引、东联西出"，促进新疆经济社会的发展，具有重大的意义。

与会者提出，新疆利用第二亚欧大陆桥扩大对外开放的中心应是：筹集资金，引进技术，开发资源，开拓市场，采取对国际国内开放并重的原则，并以开发优势资源、大力发展国内外市场需要的商品作为契机。同时，还要发挥新疆的地缘优势，要以陇海——兰新沿线经济带为依托，制定优于内地的对外开放优惠政策。

（裴英明）

社会主义经济均衡与非均衡理论研讨会

中国社会科学院经济研究所和国家信息中心研究所共同发起，于1991年5月31日～6月2日在北京召开。

中国社会科学院经济所的樊纲对均衡与非均衡概念作了阐述，他把均衡表述为"此时(均衡时)相互对立中的任何一种势力在各种条件制约下不再具有改变现状的动机或能力，即变量均等，行为最优；变量不均等，就称非均衡。"上海财经大学的费方域对约束均衡与短缺均衡理论的区别作了比较详细的分析。与会者认为，为了掌握均衡与非均衡理论，还需要了解各流派理论的共同点与分歧。

许多与会者运用均衡与非均衡理论对中国经济问题进行了分析。中国人民大学的吴晓求用包括总量关系和分量关系在内的"短边规则"来解释社会主义经济一方面供给滞存、一方面供给短缺的现象。他指出总需求包括现实需求和潜在需求，因此，市场疲软不意味短缺均衡状态的消失。与会者对社会主义经济的短缺原因也进行了探讨。

与会者还对我国历年总需求和总供给以及总供求缺口进行了测定，并运用均衡与非均衡方法，对价格变动的原因进行了实证分析。

（金　泓）

全国城镇职工工资收入问题座谈会

国家计委经济研究中心邀请劳动部、人事部、全国总工会、统计局、财政部、国家体改委、人民银行等8个综合部门和机电、冶金、纺织、化工等8个产业部门主管工资工作的有关同志于1991年6月在京座谈。

与会者认为，1979～1990年间，全国工资总额增长低于国民收入增长，职工实际平均工资增长低于社会劳动生产率增长，工资基金的增长基本适应整个国民经济的发展。

与会者分析了在工资分配方面存在的主要问题，并提出对策。(1)工资外收入增长过快，这是国民收入分配向个人倾斜的主要原因。(2)工效挂钩制度亟待完善，主要是宏观失控。(3)工资结构中标准工资所占比重大幅度下降，奖金、津贴所占比重大幅度上升。而奖金、津贴又是平均发放的，这是造成平均主义的主要原因。应逐步提高标准工资在工资收入中所占比重，争取在1995年达到70%，2000年达到80%。(4)企业工资制度中，工资标准起点太低，等级设置不当，八级工资容量太小。建议由国家控制总量，企业自主分配，适当提高工资标准，保证职工实际工资水平有所增长；承认地区间、企业间的差异，实行工资标准多样化。(5)机关、事业单位工资偏低。

(金　泓)

企业内部改革与外部环境专题研讨会

1991年6月，国务院发展研究中心企业部、经济日报理论部、《城市改革与发展》杂志社等在成都联合召开。

与会者指出，搞活企业必须立足于企业内部的改革，要建立和完善面向市场的企业经营机制、追求技术进步的自我发展机制、灵活有效的内部分配机制、灵敏高效的组织管理机制。此外，还应当加速企业制度的创新，使企业真正成为决策、管理、经营和约束规范化的现代化企业。

与会者认为，为企业创造生存和发展的外部环境，绝不是一味地放权让利，其侧重点应当放在稳定通货、理顺价格、完善法规，进一步完善金融市场、劳动市场方面；要提高产业政策的科学性和权威性；政策倾斜要从地区转向产业。目前除了要完善搞活企业的各项措施外，还要强调落在实处。

(瑢)

全国质量责任制学术研讨会

由民进中央、中国质协和人民日报经济部等于1991年6月上旬在北京联合举办。会议在“质量——中国经济的生命”、“质量——一项复杂的系统工程”的命题下展开讨论。

与会者认为，我国推行全国质量管理10多年来，取得了很大成就，但是，质量差、物耗高、效益低，仍然是制约我国经济发展的突出问题。雷洁琼认为，提高全社会、全民族的质量意识，是精神文明建设、提高全民族素质的重要内容；对质量问题的综合治理是一项复杂的系统工程，需要各方面协同努力。刘源张认为，质量是中国经济的生命；研究与推行质量责任制，可以促进我国经济实现质量效益型的转变。

(矣　周)

国防经济动员讨论会

中国兵器工业总公司规划设计研究所受国家计委国防司的委托，于6月4日～6日在北京召开。会议的主题是探讨具有中国特色的国防经济建设的路子，建立适应现代战争要求的经济动员体制。

与会者在认真分析和研究海湾战争经济保障等问题的基础上，联系我国实际，认为现代战争对经济、技术依赖性更大，因而对经济动员和技术准备的要求更高。一方面要看到“人的因素第一”；另一方面，不能忽视武器装备优劣对战争胜负的重要作用，要尽最大努力缩小同先进国家在武器装备方面的差距。

(张洪辰)

西南经济发展研讨会

西南五省区七方经济协调会等，于1991年6月10～13日联合在贵阳召开。会议围绕今后十年西南地区的经济发展、对外开放和区域合作进行了讨论。

与会者对西南地区能源和矿产资源开发的总体布局提出了如下构思：以攀西——六盘水地区为核心，成都、重庆、贵阳、昆明四个中心城市为依托，三江（长江、乌江、澜沧江）一河（红水河）为基地，铁路、公路、航空线为纽带，区内协调互补、区外辐射带动，把西南建成全国重要的、富有特色的能源、原材料基地，带动西南地区经济的发展。

与会者探讨了西南地区对外开放的格局，认为应实施“三沿”（沿海、沿江、沿边）并进的全方位、立体化、多形式的对外开放战略，构造一个以“三沿”并存为特征的对外开放新格局。有的代表提出了在西南建立内陆经济特区或边境贸易特区的设想。

与会者还就深化区域经济合作、实行区域集团化经营展开了讨论，认为应抓好原材料的深度加工，使能源资源优势通过联合开发和区域合作转化为现实经济优势和产业群体优势，并着力发展区域产业分工协作，最终形成一个优势互补的西南区域经济格局。

（希 发）

国营大中型企业“一厂两制”研讨会

由财政部牵头，陕、甘、晋、辽、川、桂等11个省、区财政部门的同志，曾于1991年4月对所在省、区76户大中型国营工业企业兴办的419户集体企业进行了调查。6月下旬，11个省、区代表聚会兰州，举行国营大中型企业“一厂两制”研讨会。所谓“一厂两制”，是指在国营企业内部兴办集体企业，实行两种经营体制。与会代表认为，“一厂两制”符合我国现阶段生产力发展水平。其理由是：(1)目前我国全民所有的固定资产中，处于经济闲置状态的有20～30%，这就为“一厂两制”提供了现实物质基础；(2)“一厂两制”充分利用了集体经济灵活经营的优势，弥补了国营企业的机制缺陷，显示出强大的生命力；(3)“一厂两制”拓宽了企业职工子女、家属就业和优化组合富余人员的门路；(4)“一厂两制”加强了企业与地方经济的联系，使人才、资金、技术等生产要素在更大范围内合理流动，带动了地方经济的发展。为建立和完善“一厂两制”合理的管理机制，与会者建议工商、财政和税务部门要协调一致，严格区分不同所有制形式，自主经营，独立核算，照章纳税，自负盈亏；要按照国家产业政策兴办集体企业，坚持正确的生产经营方向。

（杨文廷）

浦东开发与长江三角洲投资研讨会

中国投资学会和江、浙、沪两省一市投资学会于1991年6月21～23日联合在上海举办。

合力开发浦东，是发展经济的需要。对此，与会代表取得了共识。为开发浦东，与会者提出，要广筹国内外资金。在筹集内资方面，代表们提出：(1)由财政部出面，每年向银行、保险公司按其吸收的存款余额或资金的一定比例发行为期10～15年的债券；(2)创建多种形式的开发基金会；(3)在浦东组织面向全国的股份制、股权制企业，广筹资金；(4)吸收中央各部门、总公司和兄弟省投资办企业。在利用外资方面，代表们提出：(1)向国内外发行外汇债券；(2)吸收国外直接投资；(3)扩大土地批租；(4)组织国际银行贷款。

与会者认为，浦东开发不是老上海的一般延伸，要体现“新”和“特”，并提出了三种设想：(1)以高新技术、风险投资为主要门类；(2)以开拓生产资料市场为目标；(3)以第三产业为主的产业导向。还有人认为，在设计浦东产业结构和投资结构的定位上，可把上述三个方案综合起来。

（沪）

全国第三次市场体系理论研讨会

国务院发展中心市场流通部、中国社会科学院财贸所、四川省社会科学院等，于1991年6月22～26日联合在成都市召开。

与会者认为，中国市场从总体上看已经有了初步发展，中国经济已经迈进了有计划商品经济的轨道；但宏观调控手段还不适应市场发育的客观要求，企业没有真正到位，市场组织与市场结构也不合理。

与会者分析了影响市场发育的因素，认为，在思想方面，若明若暗地把市场与资本主义制度相联系；在政策方面，多次经济过热、通货膨胀，影响了市场发育；在体制方面，双重的体制和运行规则增加了计划与市场的外在矛盾，损害了经济运行的整体功能，使市场体系无法健康发展，等等。

与会者提出了促进市场发育、完善市场体系的对策：(1)深化企业改革，提高企业应变能力，推动市场主体到位；(2)培育、发展市场体系和市场网络，建立健全市场组织形式；(3)进一步深化价格改革，对少数关系国计民生的重要商品、劳务和具有垄断性质的商品，价格由国家管理，其它大量商品和劳务的价格由市场自由调节；(4)在计划与市场结合问题上，宏观调控要坚持以间接调控为主的方针，当前的重点，一是调整改革的搭配和力度，二是政府行为规范化。

（矣 理）

全国计划单列市固定资产投资管理问题研讨会

中国基本建设经济研究会、成都市计委于1991年6月29日至7月2日联合在成都市召开。会议围绕计划单列市的基本情况、地位和作用，投资管理面临的困难和问题，以及进一步加强计划单列市投资管理等问题进行了探讨。

会议对如何加强计划单列市投资管理，提出了以下建议：(1)凡各部、委管理的计划，应对单列市单列户头，凡中央赋予省级的国民经济、科技和社会事业的管理权，也应赋予单列市；(2)单列市享有真正独立的投资决策权和计划权；(3)严格划分单列市与中央、省的财权和人事权；(4)在生产力布局上，适度向单列市倾斜；(5)对单列市搞企业投资决策权扩权试点；(6)专项安排下达城市基础设施的计划规模；(7)允许单列市建立金融组织；(8)明确单列市的法律地位、权力、责任和义务，强化单列市计划部门对投资的综合平衡和协调，统一计划和管理的功能、权限和职责。

（吴兴国）

全国高等财经院校政治经济学研究会年会

1991年7月在庐山举行。

与会者就我国改革十年的经济效益提出了不同观点。一种观点认为，我国经济效益下滑是普遍性的，是1980年以来的一个趋势，其理由是：改革至今，不少主要的经济效益指标都不如改革初期。另一种观点认为，简单地从现行效益指标认定改革以来经济效益普遍下滑，是不符合实际的，其理由是：(1)我国经济发展的第一步战略目标已实现，人民生活得到改善，这都是以经济效益作为保证的；(2)现行核算方式下的经济效益指标可靠性差，今天企业在利率、税收、缴费、工资、摊派、福利诸方面的负担都高于十年前和“一五”时期，相应计算出的企业盈利率就不能直接同以前相比。从微观角度观察的“企业经济效益下滑”，不是“效益创造”低于以前，而是“效益使用”的方向发生改变，是“效益再分配”把企业的效益转移到了银行、财政、其它部门和其它企业。

（经）

中国股票市场发展研讨会

中国金融学会于1991年7月上旬在深圳召开。

与会者普遍认为，股份制是商品经济发展的必然产物，是一种特殊的企业组织形式，是同社会化必然联系的中性经济范畴。大量事实证明，股份制对于健全和完善企业经营机制及固有资产增值机制，对于调整产业结构、产品结构和企业结构，对于分散银行的信贷风险、提高社会资金的使用效益，对于开辟一条利用外资的新渠道等等，都有着重大意义。与会者指出，搞活企业的途径多种多样，股份制便是其中之一。即使是股份制企业，也有类别和层次之分。

与会者共商了我国建立股票市场的指导原则。认为，要建立具有中国特色的、以公有制为基础的股份制和股票市场，需要重点解决四个问题：(1)保持公有制的主导地位，探索公股的流通模式；(2)发挥股票投资的积极作用，抑制过分投机的消极作用；(3)保护合法经营，防止分配不公；(4)按照公平、公正、公开的原则，构造股票发行与交易的市场环境，杜绝不正之风。

与会者还讨论了保持公股主体地位及公股上市问题，股价波动问题，股票投资收益问题，利用股票市场吸引外资问题，多吸引机构设资者参与股票市场问题等。

（莫　土）

首届全国企业集团理论研讨会

1991年7月上旬在武汉举行。

与会者认为，经济结构调整所带来的生产要素重新组合，为我国企业集团向高层次发展提供了新机遇。按照资产一体化原则组建的企业集体公司，改变了“十个集团九个空”的松散状态，使集团内部企业之间的简单的生产协作，向人、财、物、供、产、销全方位联合发展。

与会者认为，我国企业集团的主要特征是：核心层、紧密层企业基本上都是国有大中型企业，这种企业集团显示了公有制旺盛的生命力。与会者指出，组建企业集团，可以变各自为战为集中优势、形成拳头，优化了企业的内部结构，能较好地解决资金紧缺的矛盾。

（企　理）

当前经济学领域若干重大理论问题座谈会

1991年7月4日，中国社会科学院经济学科片在北京召开。

关于公有制的实现问题。与会者持有三种意见：(1)新的公有制形式，首先必须能适应生产力水平及社会的客观要求，体现全民所有制的本质要求和现阶段的特点；(2)实行社会所有制；(3)实行公有股份制。

关于计划经济与市场调节相结合问题。与会者指出，资本主义有计划，社会主义有市场，这是客观事实。但是，资本主义的计划不能等同于社会主义的计划，计划经济是社会主义经济的本质特征之一，不能把计划同计划经济混同起来。

关于个人收入分配问题。与会者认为，当前个人收入分配方面的最大问题是分配不公，但是，可以通过税收机制调节过高收入，限制、打击、取缔"官倒"和私倒。

关于马克思主义经济理论在当代实践中的一些问题。一是改革开放中的姓"资"姓"社"问题。与会者认为，凡是有利于社会主义的东西，都可以移植，为我所用，挂在"社"这个姓上。有的学者提出：(1)不能不问姓"资"姓"社"，在理论上不能模糊；(2)不能乱按姓资姓社；(3)问姓"资"姓"社"并不排斥和否定一切。二是坚持和发展马列主义，反对资产阶级自由化问题。与会者指出：在经济学领域，必须坚持和发展马列主义，反对资产阶级自由化。但要准确区分资产阶级自由化观点同学术上的错误观点。对待西方经济学理论，要批判地吸收利用，同时应注意：(1)西方经济学中严格的假设条件；(2)西方经济学界也有争议的理论；(3)数学的精确性；(4)西方经济学流行理论的演变性质；(5)中国的市场、人口，基建和意识特点。

（金　泓）

全国企业技术改造高级学术研讨会

中国技术经济研究会、企业技术经济分会主办，1991年7月4～7日在北戴河举行。

与会者认为，改革、开放以来，我国企业技术改造规模不断扩大，由零星分散的挖潜革新改造，发展到对企业进行总体改造；促进了企业技术进步，改善了质量、品种、效益的落后状况；对企业技术改造的计划管理取得了初步经验。

对于企业技术改造面临的问题，与会者归纳为如下十个：(1)宏观调控措施不健全，缺乏行业规划管理；(2)投资主体多元化，企业技术改造缺乏动力和压力；(3)国家政策倾斜不够，已出台的政策可操作性差；(4)资金紧张，企业缺乏自筹能力；(5)引进与创新结合不好，外延化偏向严重；(6)技术改造与经济效益脱节，缺乏正确导向；(7)审批程序繁杂，立项成本太高；(8)企业技术改造风险较大，技术人员积极性受挫；(9)缺少合理的评价考核办法；(10)缺少必要的法规。

与会者对此提出了改进建议：(1)更新观念，明确提高经济效益才是企业技术改造的真正目的和直接动力。(2)加强管理，以决策科学化、精简立项审批程序和强化企业投资主体地位三个方面下功夫。(3)政策倾斜，包括投资、税贷、人才、奖励等。(4)深化改革，加快资产经营一体化进程；进一步拓宽企业技术改造和产品开发的资金筹措渠道；尽快健全有关的法规和实施条例。

（潜　理）

全国县域经济改革与发展研讨会

国务院研究室农村组、中国农业经济学会、全国农业区划办公室等于1991年7月6～10日联合在山东省昌邑县召开。

与会者对有关县的经济，有三种提法：(1)从区域经济角度考虑，称县域经济；(2)从县级政权管理经济的角度考虑，称县级经济；(3)从行政区划角度考虑，称县区经济。

与会者从四个方面深化和丰富了对县城经济地位和作用的认识：(1)从经济上看，县域经济是国民经济不可替代的区域基础；(2)从改革方面看，县是新旧体制矛盾的集中点，是深化城乡改革的突破口；(3)从发展角度看，县域经济是实现农村现代化的桥头堡；(4)从政治角度看，县级政权机构是领导农民走社会主义道路的前沿指挥部。

与会者还交流了县域经济改革与发展的成功经验，概括起来主要是：(1)具有改革、开放思想意识和驾驭商品经济过硬本领的县级领导班子，是发展县域经济的关键；(2)遵循产业结构递进规律，因时因地调整产业结构，是推进县域经济的必经之路；(3)建立产供销一体化的社会化服务体系，是实现县域计划经济与市场调节相结合的重要内容；(4)县域经济体制改革必须适应县域生产力的发展水平和当地发展商品经济的需要。

（赵　峰　马建军）

国有企业改革与经营机制理论研讨会

中国社会科学院经济研究所、《经济研究》编辑部和东北财经大学等于1991年7月8～12日联合在大连市召开。

与会者认为，国有大中型企业活力不足的主要原因是：(1)体制不顺；(2)企业经营机制不适应有计划商品经济运行和发展的要求;(3)政策多变和落实不够;(4)价格体系、社会保障系统和市场格局外部环境不协调。从企业外部环境看,主要是宏观上对企业放权让利不够,政企不分,现行有关政策不利于商品经济组织发展,不能促使职工成为企业主人。从企业内部看,主要是企业经营机制和管理存在问题,企业冗员过多。

为深化企业改革,与会者提出:继续按照"两权分离"的思路,进一步放权让利;重新界定国有资产的产权,从根本上解决政企分开、自负盈亏两大难点。

在深化企业改革的具体形式选择上,与会者提出了两种思路:一是完善承包制:(1)由国家对企业的一层承包向层层承包发展;(2)改单层承包为双层承包;(3)在企业董事会投入企业运行的基础上实行全员承包;(4)承包制的完善有赖于对企业家的培养和企业家的成长。二是实行股份制,设想有四种:(1)环形持股;(2)公有制为主体的社会化的有限股份经济;(3)股份制企业集团;(4)自由入股,建立有中国特色的股份制。

(金 泓)

中国工商行政管理学会成立大会暨首届理论研讨会

1991年7月9～11日在北京举行。

与会的不少人把我国现阶段工商行政管理的特点归纳为:(1)广泛性,即监督管理范围既涉及社会再生产过程的四大环节,又覆盖国民经济各部门;(2)间接性,依据法律法规,以外部对经济实体内部的产、供、销、人、财、物活动实行监督管理;(3)综合性,实行综合性的经济行政监督管理,不同于行政主管部门和一些专业性职能部门的监督管理;(4)强制性,依据法律法规,进行经济行政监督管理;(5)关联性,在特定条件下,依法调控其它调控主体或职能机构所调控的客体;(6)超脱性,与利益主体之间没有直接的利益关系,是经济监督体系中比较超脱的经济行政管理。

与会者针对目前工商行政管理还存在职能"缺位"或"虚位"的现象,有些同志提出:(1)实现管理观念和管理方法的转变;(2)拓宽监督管理空间;(3)处理好管与活的关系。有些同志从系统方法论的角度提出了工商行政管理的"整体功能"问题。还有人从构建新的宏观调控体系的视角,归类为控制生产经营单位增长量和发展方向、监督管理市场活动、调节国家与企业及经济行为主体之间经济关系等。

(商 理)

"90年代中国人口控制和社会经济发展"座谈会

中共中央宣传部、国家计生委、中国计生协等于1991年7月11日联合在北京召开。

国家计生委彭佩云认为,从1987年7月11日至今的四年时间,世界人口从50亿达到53.8亿,预计到本世纪末将达到63亿。控制人口过快增长已成为发展中国家的紧迫任务。

中宣部刘忠德指出,我国是世界上人口最多的发展中国家,对控制世界人口负有重任。实行计划生育既符合我国人民的根本利益,也是一项国际责任。

人民日报邵华泽指出,做好计划生育工作,要制定和贯彻有关的政策、法规、制度,同时还要抓好宣传教育,将法制的力量、政策的力量、行政的力量和思想工作的力量结合起来。

邬沧萍、冯立天、查瑞传等人强调,必须在全社会树立优生优育优教观念,将90年代变为自觉控制人口的黄金时期。

(宋 力)

第五次全国财政基础理论研讨会

财政部财政科学研究所、中国人民大学财政金融系于1991年7月16～20日联合在满洲里市举办。

与会者强调,振兴中华必须振兴经济,振兴经济必须振兴财政。与会者指出,由于新旧的体制转换和分配领域的各种关系尚未完全理顺,积累了一系列矛盾和问题,甚至可以说出现了严重的财政危机。所以,振兴财政已成为我们面临的最紧迫任务。

与会者认为,"振兴财政"不能就财政论财政,而必须着眼于国民经济全局。为此,需要:(1)清理分配渠道,整顿分配秩序;(2)调整分配格局;(3)调整积累结构;(4)改变粗放的经济增长模式。这是"振兴财政"的重要前提条件。

与会者还就"振兴财政"提出了政策思路和建议:(1)依靠全党动手振兴财政;(2)端正财政经济工作的指导思想;(3)从完善财政运行机制入手,逐步提高"两个比重";(4)继续抓好治理整顿,深化改革,治标治本相结合,长期措施与短期对策相结合;(5)调整结构,促进集约经营;(6)严肃财政纪律,加强财政管理和财政法制建设;(7)加强财税财务管理的基础工作。

(一 兵)

北京市经济体制改革理论研讨会

中共北京市委宣传部、市体改委、市社会科学院等于1991年7月21～23日联合在北京召开。

汪家镠认为,改革的最大难关是物价问题以及与此相关联的工资问题。现在进行改革的条件很好,生产在发展,经济实力也比过去强,人民的收入比过去有提高,对改革的承受能力比过去大了。所以,要利用这一改革的有利时机,闯过难关。

许多与会者认为,价格体制非改不可,改起来又有一定的风险。风险在于:有可能加剧通货膨胀及出现经济停滞。因此,要积极、大胆、稳妥地进行,并把价格改革与综合治理经济环境结合起来,与深化企业经营机制的改革结合起来,与推进工资制度的改革结合起来,与观念的变革结合起来,与发展生产、保障供给、稳定市场结合起来。只有这样,价格改革的风险才有可能被克服。

大多数与会者认为,当前企业经营机制的改革急需解决的课题是:(1)承包、租赁经营如何完善,将怎样向独立经营、市场导向的方向发展;(2)股份制试点的总结和可行前景的分析;(3)企业生产要素的合理配置及优化劳动组合的进一步完善等。

与会者还就价格改革的具体措施、政企分开、企业产权关系、社会保障制度等一系列经济体制改革的重大理论问题进行了研讨。

(莫　土)

中国社会主义政治经济学史研究会第三届年会

1991年7月21～24日在哈尔滨市举行。由哈尔滨师范大学主办。会议围绕社会主义经济理论流派及其标准进行讨论,这在中国尚属首次。

与会者认为,目前在中国,经济学还不能算是成熟的理论经济学,但十余年改革已经萌生了一些学术流派,如商品经济学派、经济运行学派、制度学派、生产力经济学派、生产关系主体学派、主体经济学派、经济体制模式学派等。这些理论经济学派有如下特点:(1)它不象西方经济学流派那样阵地分明,在理论上相互有交叉;(2)它不象西方经济学那样有自己比较稳固的学派团体和阵营;(3)它必须在马列主义指导下,开展百家争鸣。

虽然现在很少有人公开宣称自己学术观点是什么学派或属于什么学派,但与会者认为,在深层次的理论研究中,已经提出富于创新意义的观点和政策主张。有人提出了我国经济理论学派的具体划分:可按研究领域划分,如制度学派、生产关系学派;可按商品经济划分,如商品经济学派、半商品经济学派、产品经济学派等。

(李其光)

流通问题理论研讨会

1991年7月26～27日由云南省社会科学院综合经济研究所在昆明主持召开。

与会者认为,一个地方的经济要获得较快的发展,流通绝不可忽视。他们还就流通是不是一个产业、创不创造价值、流通是不是生产性劳动、流通能不能决定生产、流通的先后顺序等问题,展开了争论。与会者针对云南省存在的对流通重视不够、投入少、管得死、负担重、市场发育不全、流通秩序混乱,致使市场机制不能充分发挥作用等问题提出了改进意见:(1)提高对流通问题的认识;(2)设立流通管理机构,深化流通体制改革;(3)增加流通企业的固定资产投入和流通资金,壮大流通企业的实力;(4)加强对流通人才的培养;(5)完善市场体系,建立、健全市场法规,逐步放开价格;(6)加快边贸的发展。

(王力京)

中国数量经济学会投入产出专门委员会第二届年会

于7月26～30日在包头市召开。会议的中心议题是:探讨投入产出这一现代经济社会分析方法在我国的应用。

与会者对我国投入产出分析方法的应用提出了许多看法。主要有:(1)宏观投入产出表与微观投入产出表的衔接,应坚持以微观为基础设计宏观表;(2)投入产出编表的成本费用必须压低到与我国现有经济发展水平相适应的程度;(3)投入产出分析方法的应用必须与企业管理目标(质量与效益)相联系,与企业管理现状相协调;(4)要把投入产出分析方法与其它现代科学管理方法有机地结合,特别是要与确定外生变量的各种实用预测模型相结合;(5)投入产出的理论与方法的发展必须以应用为基础,要把握投入产出理论与方法的发展方向，同时要有超前性；(6)在全国范围内建设若干宏观、中观、微观的投入产出分析方法应用基地；(7)加强我国投入产出研究的横向交流与协作攻关。

（顾海兵）

发展经济学与中国区域经济发展研讨会

1991年7月29日至8月2日在呼和浩特市召开。

与会者提出，发展经济学的主要研究对象应是发展中的大国，必须拓宽研究范围，改进研究方法。研究的范围包括：实行市场经济的发展中国家和实行计划经济的发展中国家；战后发展中国家经济发展的理论、政策、实践，以及近代一些后进国家实现工业化和现代化的理论、政策、实践与经验教训。研究的方法，一要加强方案研究，进行实证分析；二要注重非经济因素的分析；三要引入空间因素，分析地理环境的影响，分析大国区域发展不平衡的原因及解决的途径。

与会者研究了中国区域经济发展存在的问题，主要有(1)区间贸易不平等问题；(2)行政区划与经济区域的错位问题。对如何消除贸易不平等的问题，有人主张主要靠增加对内地不发达地区的投资，提高不发达地区的开放程度，调整价格等措施；也有人提出，应把重点放在不发达地区的产业结构多元化和市场多元化上。

与会者还对区域经济发展的几个热点问题，如区域发展过程中平等与效率的关系，区域分配政策与创新政策的关系，区域平衡与不平衡发展的关系，以及区域专业化综合发展的关系等进行了讨论。

（矣　周）

北方八省、市、区商业经济理论研讨会

于8月8～11日在太原市召开。会议研讨了国营合作批发商业面临的困难及其对策。

与会者指出，1989年下半年以来，国合批发商业陷入困境，1990年出现建国以来首次全行业亏损，原因在于：(1)宏观调控措施不力，计划与市场未能恰当结合；(2)经营方式落后，缺乏活力和动力；(3)负担沉重，已无后劲；(4)社会批发企业发展失控，不正当竞争手段层出不穷；(5)工业自销的压力日增；(6)“三角债”的困扰；(7)企业内部管理落后；(8)经济效益严重滑坡。

与会者探讨了摆脱困难的对策，主要有：(1)完善宏观调控，发挥财政、金融在运行机制中的作用，以及税收、物价和工商行政管理部门的监督作用，从而创造宽松环境；(2)发挥主渠道作用，要掌握关系国计民生的重要商品的批发权，国家指定专卖专营商品的批发经营，高值高税的大件耐用消费品的批发等；(3)有条件地积极开办总经销、总代理批发业务；(4)发展商业企业集团；(5)深化改革，实行“四开放”(即放开经营、价格、用工制度、工资)经营；(6)改革结算方式，实行销售与要款捆在一起；(7)调整批发营销策略；(8)加强企业管理；(9)更新观念。

（莫　土）

承包经营责任制座谈会

国务院生产办公室和国家体改委于1991年8月中旬联合在吉林市召开。

与会者认为，承包经营责任制促进了企业经营机制的转变，初步确立了企业自主经营、自负盈亏、独立核算的社会主义商品生产者和经营者的法人地位。围绕这个目标，多数企业进行了内部配套改革，使承包经营责任制和厂长负责制、内部经济责任制结合起来，形成责任制网络体系，企业管理水平有不同程度的提高。承包经营责任制较好地处理了国家、企业、个人三者利益，保证了财政收入稳定增长，使企业具有一定的活力。与会者还交流了经验，提出要不断完善承包经营责任制。

（包　敏）

粮食价格改革研讨会

安徽、山东、江苏、辽宁、吉林、黑龙江和上海市的价格研究所，于1991年8月11～13日联合在吉林省延吉市召开。

与会者认为，从1979年开始的我国粮价放调结合的改革，成绩显著；但也存在一些不容忽视的问题。诸如：(1)国家定购价格偏低；(2)比价不合理；(3)粮食的各种差价没有拉开；(4)粮食政策不均衡，主产区订购基数高、价低；(5)流通领域混乱；(6)粮价构成不合理，没有体现“地租”。有的人认为，以上问题关键在于体制，表现在：(1)现行粮价政策不利于鼓励增产粮食；(2)现行的粮食经营管理办法不符合粮食商品化、市场化的要求；(3)粮价补贴着重于消费者，在一定程度上等于鼓励浪费。

与会者还探讨了粮价改革问题。在粮价改革的目标模式上，提出国家宏观调控下的市场价格模式；在向粮价改革目标模式过渡的办法上，提出有计划有步骤地逐步推进。有人主张分两步走，第一步主要利用计划行政手段，调整粮食价格关系；第二步主要利用市场机制手段，管理调控粮食市场及其价格。有人主张在粮价改革的近、中期阶段，主要应制定保护价格。

关于实现“八五”时期的粮价改革目标的步骤，与会者认为，应继续实行粮价的双轨制及粮食合同定购制，逐步完善、调整国家计划价格，有效地调控市场价格，使粮食价格形成机制开始向市场机制转变，使粮食价格既能反映市场供求关系的变化，又不失其计划性。具体做法尚有不同意见：(1)提出“稳购、压销、调价”的路子；(2)主张调整购销价格；(3)适当提高粮食定购价，放开调拨价，解决购销价格倒挂；(4)改进现行国家掌握粮食的办法；(5)提高粮食收购价格应采取控制提价总额，品种分散决策的办法。

（贯　研）

淮河、太湖地区防洪抗灾经济问题座谈会

中国水利经济研究会于8月12日在北京召开。

1991年的淮河、太湖地区的洪涝灾害是严重的。与会者反复强调防灾经济投入的迫切性和必要性，指出水利是基础产业，防洪就是为已形成的社会生产力提供安全保障，要切实按照流域综合治理开发利用规划执行。这样，水利这个基础产业的经济效益和社会效益就会显著。

与会者还提出了如下建议：(1)国家水利投资在一定时期应保持一定比例；(2)国家应设立防御自然灾害基金，并纳入国家预算；(3)吸取洪涝灾害的经验，对中国现代化建设的总体蓝图，应重新作全盘战略考虑。

（李文治）

小康问题理论研讨会

山东省县级经济管理研究会、山东省社会科学院等于8月15～18日召开。

与会者认为，由温饱进入小康是一个复杂的社会系统工程，既有经济含义，也有社会含义，是物质文明与精神文明的综合概念。研究和实现小康水平，需要建立一套能够全面系统地规划、评价和监测经济、社会向小康发展变化的综合指标体系。胶州市把这些指标分解为经济、文化、社会保障与政治生活四大类，在各大类中又力求设计出有主有次的量化指标。

与会者认为，实现小康必然会在经济生活各个领域发生一系列变化，为此：(1)不仅要提高劳动生产率，更要努力节约物化劳动，节约自然资源，为实现小康保持后劲；(2)要把实现小康过程中的各种关系，如城乡关系、工农关系、国家与农民间的经济关系与深化改革结合起来，并正确处理好；(3)环境保护问题也必须解决好。

与会者在研究本地区如何实现小康问题时，认为胶州市确定以继续大力发展粮食生产、多种经营、乡镇企业、第三产业和外向型经济是切实可行的。

（赵　峰　冯建军）

亚欧大陆桥经济研究会

甘肃省信息中心于8月19日在兰州召开会议研讨第二条亚欧大陆桥开通对甘肃经济社会发展的影响。

与会者结合甘肃的经济、地理特点，提出“双向开放、西进东挤”，加快沿线城市和地区的对外开放，开发新的向西出口的各种产品等战略对策。省政府发展研究中心提出：以向西贸易为先导，带动甘肃对外开放和经济的全面发展；以经济技术合作为主要内容，加强与苏联、西亚、中东国家的经贸关系；以科技、文化、侨务、旅游等多元交流为桥梁，积极引进这些国家的资金与适用技术；以甘、新联合为主要途径，借助各种边界口岸和新的钢铁之路，推动甘肃经济发展。

（杨文廷）

储蓄理论研讨会

中国金融学会储蓄研究会于8月下旬在浙江舟山召开。会议主题是：建立和完善我国居民储蓄动员机制。

与会者认为，“七五”期间城乡居民储蓄存款余额年均增长率达到34.1%，呈现高速稳定增长，而政府储蓄比重连年下降，企业储蓄比重徘徊不前；居民储蓄动机转向中长期消费和个人资产积累，金融机构已发展到在国家政策指导下经营居民储蓄存款。

与会者预测，“八五”期间我国居民储蓄仍将继续大幅度增长，提出存款利率的制定要注重科学性和连

贯性，同时要注意债券利率和存款利率的衔接；要继续推动金融资产多样化；要处理好储蓄存款增长和银行经营管理的关系。

（金　泓）

全国边疆少数民族省区基本建设经济理论研讨会

中国基本建设经济研究会、内蒙古基本建设经济研究会，于8月27日到9月2日在呼和浩特市召开。会议围绕如何发挥边少省区资源优势，搞好投资开发，加快经济发展步伐问题进行了讨论。

与会者认为，边少省区要逐步赶上时代发展的步伐。(1)必须由粗放型开发转向集约型开发，要注重科技进步的作用，在投资流量不断增长的情况下，积极发挥投资存量的作用，以提高边少省区的竞争能力。(2)必须采取外引内聚的办法，多渠道筹集资金，制定必要的优惠政策，以拓宽资金渠道。(3)国家应制定相应的政策，改善边少省区投资环境，扶持边少省区的经济建设。中央投资开发资源的建设项目，应尽可能放在边少省区。

（吴兴国）

1992年国际市场趋势讨论会

经贸部国际经贸研究所与黑龙江省经贸研究所于8月底联合在哈尔滨市举办。

与会者认为，从总体上看，海湾战争对世界经济的消极影响在逐步消除，西方国家降低利率又为促进经济的恢复创造了条件。美、英、加、澳等国已先后出现复苏迹象，但同时世界性资金短缺使长期利率居高不下，金融货币领域继续动荡，使多数西方国家经济回升乏力。此外，前苏联、东欧国家经济恶化加剧，贸易保护主义抬头，发展中国家经济难有大的改善等，拟制着世界经济的增长。

与会者认为，1992年世界贸易将趋于活跃，贸易量可增长5%左右。其主要原因是：(1)世界经济增长将推动贸易发展；(2)乌拉圭回合贸易谈判可能会有结果；(3)产业结构优化进程继续加快将促进世界贸易增长。

与会者还指出，在新的世界经济和贸易形势下，我国对外贸易的战略和策略都应及时调整，我国出口市场应尽可能多元化，避免过分依赖某一特定市场，出口产品应以质量取胜，增强竞争力，开拓制成品市场。

（一　理）

合作金融研讨会

中国农村金融学会于1991年9月在太原召开。会议就1990年中国人民银行总行颁布的《农村信用合作社管理暂行规定》和如何深入改革农村信用社问题进行了探讨。

与会者对《规定》提出了看法：(1)不要把农村信用社等同于“县属大集体”；(2)要创造条件搞活信用社，将其资金用足；(3)不能削弱农业银行对农村信用社的领导权与管理权；(4)对信用社要因地制宜、区别情况，进行分类指导。

关于农村信用社的政策，与会者认为，中国地域广阔，东部、中部、西部的经济发展也不平衡，应允许各种模式的农村信用社同时存在；要搞活信用社，促进农村经济的发展壮大。

（融）

海峡两岸中国人口研讨会

1991年9月2日，海峡两岸人口学者第一次聚首北京，共同研讨中国人口问题。与会者各抒己见，畅所欲言，共同探讨了如何进一步加强对计划生育的科学管理，并提出了有利于人口控制的设想和建议。国务委员宋平出席了会议，他在讲话中表示，海峡两岸的人口问题专家首次聚会，共同研讨中国人口问题很有意义。国家计生委主任彭佩云举行招待会，欢迎参加研讨会的人口学界、社会学界的专家学者。

（金　泓）

中国经济改革与发展的理论思考研讨会

中国社会科学院经济研究所、甘肃省体改委等于1991年9月5～8日联合在兰州市召开。

与会者认为，80年代我国经济体制改革有很大进展，经济发展成就显著，经济理论也有重大突破，但还滞存着若干深层次的矛盾亟待解决。在改革的推进方略上，提出了五大战略转换：(1)以经济手段推进改革为主；(2)以社会推进改革为主；(3)以综合配套为主；(4)以区别对待、体现特色的异步改革为主；(5)以长期战略导向推进改革为主。

与会者赞同党的十三届七中全会提出的关于所有制结构的新提法，但有两个问题要研究：(1)对公有制的基本规定性，不少人认为，改革大潮把原来意义上的公有制界定变得相对模糊了，国有非国营、“假集体”等形式相继出现，需要在理论上讲清公有制的基本规定性。(2)对不同经济成份发展的界限，一种意见认为，确定数量界限是必要的；另一种意见认为，硬性规定数量界限无必要，也难以确定；还有一种意见认为，公有制经济为主、非公有制经济为补充，并不是一个简单的数量界限和比例关系问题，需要在理论上辨明其相互关系。关于公有制的组织形式，与会者提出了四种类型：(1)完全由政府直接控制；(2)政府直接控制为主、间接控制为辅；(3)政府间接控制为主、直接控制为辅；(4)完全间接控制。

对搞活国营大中型企业，与会者提出了以下观点：(1)“内外因结合论”；(2)“近期措施与长期对策结合论”；(3)“企业市场开发能力论”；(4)“社会系统工程论”

对农村经济改革与发展，与会者有不同思路：(1)发展以村社为主的集体经济；(2)完善双层经营体制；(3)建立、健全农村的社会化服务体系；(4)重塑新的农村社会分工和建立稳定的农业增长机制。

(矣 理)

中国人力资源开发研讨会

由联合国教科文组织资助，受联合国教科文中国全委会委托，中国社会科学院数量经济与技术经济研究所牵头，于1991年9月11～17日在北京召开。

与会者提出，我国人力资源开发的特点是：(1)人口基数大；(2)劳动人口比例高；(3)整体素质低；(4)结构不合理；(5)分布失衡；(6)缺乏市场调节；(7)效益水平低。

与会者认为，《联合国教科文组织人力资源开发指标框架》文件，所列人力开发四个方面(健康、生存、自主和个性)，不完全适合中国情况。提出，我国人力资源开发的基本目标主要是：充分利用，提高素质，潜能开发，合理配置。

与会者还认为，人力资源开发计划指标，是国民经济和社会发展计划、长期计划和年度计划不可缺少的重要组成部分。目前我国计划统计中与此有关的指标有13项。这些指标具有一定的完整性和时代性，不仅提供了多方面的统计资料，而且便于对有关人力资源开发的方针、政策和计划执行情况进行检查和监督。

(金 泓)

经济效益座谈会

《财贸经济》编辑部于9月12日在北京召开。

与会者对当前国营企业经济效益持续滑坡及其原因作了分析，认为主要原因有：(1)政策因素；(2)企业机制不健全，缺乏有效的约束和刺激机制；(3)宏观失控；(4)技术改造落后；(5)体制因素等。

对如何提高国营企业经济效益，与会者提出了对策：(1)重新认识生产力标准，即效益标准；(2)调整产业结构，既要增加对基础产业的投入，又要严格限制加工业的过快发展，要注意城乡结构调整一体化；(3)加强管理，宏观上应立足于机制、体制的改革，创造一个公平、合理的竞争环境，微观上企业要继续完善自我循环、自我约束的经营机制；(4)深化改革，继续探索有计划商品经济的运行机制。

(经)

“后发国家现代化”研讨会

由上海社会科学院世界史研究中心等发起，于1991年9月17日在上海举行。

会上，有人就后发国家现代化进程中的国际关系提出了一系列新见鲜。主要是：(1)后发与早发国家现代化所处的国际环境不一样，面临着一个强手如林的国际竞争格局，迫使资本主义国家改变政策，表现为由殖民吞并转为联盟合作。(2)“核威慑”带来国际社会的相对稳定，“禁核”会不会改变这种稳定局面？能否采用其它更好的做法？(3)现在世界已进入全球文明阶段，应该改变国际秩序中西方文明独领风骚的状况，承认全球各种文明的共存。(4)国际关系的相互依存并非普遍现象。欧洲国家相互依存程度较高，亚洲国家则处于由均势向依存的过渡。(5)随着全球文明的到来，后发国家在对外策略上应正确处理世界文化的共同性与民族文化的特殊性之间的关系。(6)后发国家的民主化、市场化趋势，可以包容在“和平与发展”的国际潮流之中。

(朱云雁)

全国质量管理工作座谈会

国家技术监督局于1991年9月下旬在江苏省南通市召开。

与会者对今后实施质量管理系列标准提出了总体设想,主要是:(1)指导企业按标准建立完善的质量体系,不断提高产品质量;(2)建立我国的质量体系认证制度,逐步开展认证和企业注册工作,为企业打入国际市场创造条件;(3)逐步建立国内市场采购商品的体系审核制度,由采购单位促进生产企业完善质量体系,扭转物资采购中的不正之风,抵制劣质产品。

与会者指出,按标准进行质量体系认证和企业注册,已成为一个国际化的发展趋势。

(谈 力)

当前国际资本流动问题研讨会

中国银行总行国际金融研究所主办,于9月27日在北京举行。

与会者认为,当前国际资本流动的特点是:(1)资金供不应求的状况日趋严重,资金争夺战将会愈演愈烈;(2)融资方式发生了重大变化;(3)资金主要在发达国家或其集团之间对流。

与会的多数人认为,国际资本供求状况的变化和资本流向的变化,将使国际资本争夺战更为激烈,利率将会居高不下,借贷条件将更加苛刻,发展中国家将更难筹措到外资。也有人认为,国际金融市场形势严峻与否和筹资的难易情况是相对的,并将因国而异,一些政局稳定、法制健全、基础设施好、劳动生产率高、偿债信誉好的国家,在国际金融市场资金短缺时,经过努力,仍可避免筹资之难。

(莫 土)

全国中青年理论工作者投资体制改革理论研讨会

中国投资学会和中国人民建设银行投资研究所于1991年9月底联合在西宁市召开。

关于投资领域的计划与市场结合问题,与会者指出,应逐步缩小指令性计划、扩大指导性计划;应当进一步提高投资领域计划管理工作的水平。

关于投资领域资金管理等问题,与会者认为,从筹集资金的长远战略来看,"八五"时期乃至更长的时期,我们的投资来源是以内资为主外资为辅,建设资金短缺的状况将长期存在。因而投资领域管理应着重解决:投资资金的渠道、财政投资的管理体制、银行对固定资产投资的筹集、管理和使用,以及证券市场等问题。

针对当前投资体制改革的矛盾和难点,与会者指出,我国投资体制改革的矛盾和难点主要是:经济增长与投资增长的矛盾,资金供应渠道不畅和结构调整面临的矛盾。十二年来改革的方向是对的,只有大家齐心协力,才能探索出有中国特色的社会主义投资管理体制来。

(瑢)

1991年全国税收理论研讨会

中国税务学会于1991年四月上旬在杭州市召开。

与会者认为,近年来税收在贯彻国家产业政策、为企业创造公平税负、理顺分配关系和监督微观经济活动等方面发挥了重要作用,但由于税政不统一、税制结构不尽合理,税收调控功能未能充分发挥,甚至出现逆向调节。对此,需要在如下方面增强税收的宏观调控功能:(1)完善税制结构,合理运用税负政策;(2)统一税政,集中税权;(3)明确流转税的间接税性质;(4)健全税收机制。

在深化税制改革方面,与会者认为,应由原来以增加税种、扩大外延为主转为以调整税制结构、完善税制、内涵为主,改革的重点应放在主体税种的建设上。具体设想是:(1)改进和完善流转税税制结构,建立普遍调节的税种与特殊调节的税种相结合的双层次调节的流转税税制;(2)改进和完善所得税税制结构,建立统一的企业所得税税制;(3)完善地方税制,调整和改进特定目的税,研究开征社会保险税、遗产税和赠予税。

与会者指出,确定合理的税收负担,对增强国营大中型企业活力,缓解财政困难,深化税制改革等都有重大意义。

关于衡量企业税负水平,与会者认为,应考虑如下三个因素:(1)我国生产力发展水平,税收负担不能超过企业的承受能力;(2)明确我国是建设型财政的特点;(3)正确借助各种数据资料,并注意各种口径的统一。

（税　理）

1991年经济形势分析与预测秋季座谈会

中国社会科学院经济学科片《经济形势分析与预测》课题组、数量经济与技术经济研究所、中国数量经济学会于1991年10月10日联合在北京召开。

对当前经济形势总的评价有三种观点：第一种观点认为，我国经济在1991年继续回升中趋于稳定增长。第二种观点认为，我国经济增长还处于恢复发展阶段。第三种观点认为，经济形势已经好转，但基础不稳固，存在近期反复的可能性。

与会者认为，我国经济生活中多年积累下来的一些深层次问题，如经济效益不理想、财政困难、发展后劲不足、潜在的通货膨胀压力等，仍制约着经济的根本好转。

对1991年第四季度及1992年经济走势的预测，有两种观点。第一种观点认为，1992年将处于稳定增长时期，经济增长幅度将与1991年基本持平；第二种观点认为，目前的经济周期可能于1991年底或1992年上半年达到峰值，1992年下半年经济周期处于下降阶段，工业增长的水平将会再次降低。

对1992年及今后一段时期经济发展与改革的政策，与会者提出：(1)稳住速度、调整结构，提高效益；(2)把农业的发展放在十分重要的地位；(3)尽量减少财政赤字，控制其进一步扩大；(4)适度控制和保证投资总量，把握投资方向，提高投资效益；(5)继续控制信贷规模；(6)继续鼓励出口；(7)设立住房专项储蓄，适度扩大城市住宅建设规模。

（金　泓）

中国数量经济学会企业专门委员会学术研讨会

1991年10月10～14日在大连市召开。会议围绕振兴企业数量经济学，提高企业经济效益展开讨论。

与会代表认为，企业数量经济学是用数学方法研究企业的经济活动的学科。要振兴这门学科，应围绕企业经济工作这个中心，以应用为特点，把提高企业经营管理、增强企业活力作为目的。在学术研究应用方面应做到：三个结合：(1)同企业决策科学化相结合；(2)同成果的推广应用相结合；(3)同企业管理现代化相结合。一个健全：健全企业数量经济学的学科体系，编写《企业数量经济学》专著。二个加强：(1)加强包含信息管理在内的各项基础工作；(2)加强重大课题的联合攻关。

与会者还指出，企业数量经济学的研究领域，不仅要研究企业内部条件，还应包括企业的外部条件，如市场学和预测学等；既要研究企业的人财物与责权制，又要研究与生产、分配、交换相关的经济理论基础，更要研究企业放开经营、转变经营机制问题。

（吴连生）

搞好大中型煤炭企业座谈会

中国煤炭经济研究会于1991年10月15～20日在北戴河召开。

与会者提出，必须理顺煤炭价格，扭转煤炭价格与价值严重背离的状况，解决煤炭全行业亏损的问题，使煤炭企业走上自负盈亏、自主经营的正常轨道。

与会者认为，应提倡实行以岗位技能工资为主要形式的企业内部分配制度，向苦、脏、累、险岗位和一线生产职工倾斜；要改变煤矿工人工资水平低于许多行业工人工资水平的不正常状况；在煤炭企业内部，要进一步提高井下工人，尤其是采掘工人的工资水平。

与会者还对改进煤炭企业产品结构提出了建议，认为应进行煤炭深加工，发展煤炭综合利用和联合经营，如煤电、煤化、煤建(材)、煤路(铁路)等联合经营，以提高企业经济效益。

（中国煤炭经济研究会）

科技生产力与大中型企业发展研讨会

中国生产力经济研究会、第二汽车制造厂、十堰市人民政府于1991年10月16～19日联合在湖北十堰市举办。

与会者认为，科学技术是第一生产力的论断，是对马克思主义的重大发展。表现在：(1)它使马克思提出的科技是生产力的原理更加明确，并升华为马克思主义的又一基本原理；(2)它是对科技在生产力系统中的重要地位和作用以及现代生产力状况的高度概括；(3)它揭示了生产力发展的总趋势和社会生产力升级换代的深层奥秘；(4)它是人的因素第一的观点在当代的补充和发展。

与会者还认为，任何生产力因素在未“并入生产过程”之前，都是潜在的、可能的生产力，只有经过转化才能变成直接的、现实的生产力。科学技术也是如此，也有一个转化过程，而且转化往往不是一次完成的。在实践中，如果不懂或不重视这个转化，就会使大批科技成果束之高阁。

与会者还指出，必须充分发挥大中型企业在科学技术向直接生产力转化中的作用。企业是生产力的实际发生地，一切科技成果都要进入企业才能转化为直接生产力，而且大中型企业在推进这个转化中有着许多有利条件。同时，还必须建立起有利于科技转化为直接生产力的机制。

（张佐友）

科技进步与经济体制改革理论讨论会

上海社会科学院与上海市科委于1991年10月19日联合召开。

与会者认为，强调“科学技术是第一生产力”，与传统的生产力定义并不矛盾。这里的“第一”并非“唯一”，而是“首要”的意思。生产力中的诸要素不是互相割裂或孤立的，而是相互联系、相互作用的。多要素中有其最基本的方面，即人和物两个方面。对“科学技术是第一生产力”的理解，不能理解为在生产力本身的构成要素中又增加了新的要素，而是现代科技对当代生产力的发展——即人与物的互相联系和辩证结合——已起着第一促进作用。

与会者还认为，要使科研成果及时转化为生产力，尽快形成促使这一转化的良好运行机制是其关键。这方面的工作应包括：(1)深化经济体制改革；(2)深化科技体制改革，解决科技与经济脱节的问题；(3)完善法律调节，促进科技进步。

与会者还提出，“科学技术是第一生产力”中的科学，也包括社会科学在内。

（朱云雁）

全国贫困山区经济开发经验交流会

1991年10月下旬在西安举行。

与会者认为，稳定解决粮食问题是脱贫致富的基础。从建设基本农田入手实现粮食集约经营，提高贫困山区粮食生产水平和自给能力，比先发展其它，走“曲线”解决粮食问题的路子来得快和现实得多。有的人还指出，现在组织群众进行农田基本建设虽有难度，但也有有利方面。农民修自己承包的土地，可以直接从中得到实惠，只要政策对头和组织得力，贫困山区农田基本建设是会发展起来的。

会议期间，与会者还参观了陕西省白河县川河乡、大双乡兴隆村等地的农田基本建设，交流了全国14个不同类型的典型情况，并进行了广泛的讨论。

（瑢　理）

全国第二次经济计量学教学研讨会

中国数量经济学会高等院校专门委员会与西安统计学院，于10月28日至11月1日联合在西安召开。

与会者就课程建设的三个重要问题达成了共识：(1)进一步明确经济计量学在教学计划中的地位和作用。数量经济学、国民经济计划与管理、统计学、管理信息系统、系统工程专业应将经济计量学列为专业主干课，其它经济、管理类专业也应将这门课程作为专业基础课或选修课。(2)以马克思主义为指导，吸收国内外经济计量学的最新成果，编写符合我国国情的两种本科生经济计量学推荐教材：一种学时较少、适于文科、偏重经济；一种学时较多，适于理工科、偏重管理。两种教材都应理论与应用并重。(3)将经济计量学教学的领导纳入国家教委的有关专家咨询机构。经济计量学等具有交叉学科性质的数量经济学课程，不管归于经济学科还是归于工学下的管理学科，都应加强国家教委的领导。大多数与会者从学科性质出发倾向于归口经济学科。

（华如兴）

中国土地学会土地经济分会第一届学术年会

1991年10月29～31日在广西柳州市召开。会议集中讨论了我国城市土地使用制度改革中出现的行政划拨和有偿出让土地使用权两种方式（即通常所说的“双轨制”）并存的问题。

对此，与会者有三种不同的观点：(1)并存论。认为目前我国国有土地使用权不可能全部实行出让。对行政机关、人民团体、军事设施及社会公共事业仍以行政划拨方式提供土地使用权，甚至对国营大中型企业也可继续以划拨方式提供。其它用地单位，均应通过出让或转让方式有偿取得土地使用权。目前急需解决的问题是整顿土地市场秩序，加强土地市场管理，逐步缩小土地使用权出让金与行政划拨土地使用税(费)的差额,将土地隐形市场引入合法交易,纳入统一管理。(2)并轨论。老地老办法,新地新办法。即对过去行政划拨所取得的土地,继续无偿无限期使用,不允许转让、出租、抵押,如果确需转让,应补交土地出让金;对新的建设用地,全方位地纳入有偿出让轨道。(3)租赁论。取消城镇国有土地的无偿无限期使用制度,全面建立土地租赁制。这是兼顾国家、集体和个人利益,促进地产市场健康发展的新的土地制度。土地租赁制采取土地使用权出让和土地使用权有限期出租两种方式。

与会者还讨论了社会主义城市地租、地价和土地经济学学科建设问题。

(秦海荣)

社会主义消费问题理论研讨会

中国消费者协会于1991年11月在北京举办。

与会者认为,消费问题不仅是消费本身的问题,而且是重要的理论问题。社会主义消费在社会主义再生产中和整个社会生活中都具有重要地位和作用。

与会者还认为,社会主义消费观应以马克思主义的消费理论为指导,旨在通过消费建立文明、健康、科学的社会主义生产方式。在引导的内容上,应使广大消费者树立科学的价值观和人生观;把人们的消费支出投向我国优势资源;建立和完善新型的消费体制;建立合理的消费结构和产业结构等。在引导的方法上,政府应发挥税收、价格、信贷等经济杠杆的调节作用,并运用行政手段。

(矣 周)

全国马列主义经济学说史学会第三次学术讨论会

1991年11月在南京举行。

与会者讨论了马列主义的帝国主义理论,认为列宁的帝国主义理论仍然是我们认识当代资本主义本质及其历史发展趋势的理论基础,不管资本主义世界发生什么新变化,出现什么新现象,其根本性质没有改变。

关于马列主义经济思想史的发展,与会者认为,它作为一门独立学科,应有其完整的体系。因此,需要开展对"通史"的研究,而且要进行"断代史"的研究。在经济史研究的方法论方面,有的人提出,马克思主义经济思想史不仅要研究马克思主义创始人的经济思想产生、发展的历史过程及其规律,而且要研究一个半世纪以来的马克思主义经济思想发展的全过程,要加强对各个阶段的具体历史环境和理论发展特点的研究。

在当代社会主义政治经济学的发展方面,有的人认为呈现三个新的趋势:(1)基本观点从产品经济论向有计划商品经济论转化;(2)研究对象从对经济关系本质的研究扩展到对经济关系本质、运行、发展多层次的研究;(3)经济运行理论的研究方面,在坚持、发展马克思主义基本原理的同时,还批判地吸取了当代西方经济理论中的某些分析方法。

(一 理)

浦东开发与长江流域协调发展系列研讨会

四川、湖北、湖南、江西、安徽、浙江、江苏、上海七省一市于1991年11月联合在上海举办。

与会者认为,开发浦东新区将极大地发挥上海和长江流域腹地的经济资源和科学技术优势,实行优势互补、产业互补,推动长江流域乃至全国经济的振兴和发展。

与会者认为,全球经济一体化和区域经济集团化是当今世界的两大潮流。国际投资成为打破贸易保护主义壁垒、发展地区经济的主要力量和联合全球经济的主要纽带。90年代的国际资本将更多地呈现出"南北分流",减少向发展中国家投资的趋向。因此,上海和长江流域如果无所作为,就可能成为国际资本的"冷带"。同时,国内沿海和沿边开放地带的发展,也对上海和长江流域产生巨大的多向压力。此外,现行配制的弊端使长江流域经济一体化趋向被割断,上海作为长江流域"发展极"的各项功能逐渐退化。这都表明浦东开发与长江流域经济发展面临着困境和国内外激烈竞争的挑战。

与会者指出,开发浦东,意味着作为我国经济自东向西推进的最大通道和"T"型战略的主轴,长江流域将同沿海开发地带一起,成为本世纪乃至下个世纪中国重点开发的地区。因此,建设好中国最大的经济走廊,对于形成内陆与外洋交流的格局,对于内地依靠本区域资源,以及促进内陆商品经济发展等都具有战略意义。

(沪)

我国企业国际化经营管理模式研讨会

上海财经大学国际化经营研究中心等单位于1991年11月联合在上海举办。

与会者认为,为了突破发达国家的贸易壁垒,利用更多的海外资金,获得先进的生产技术和管理技能,以及在国际市场竞争中增强活力,中国企业应当而且能够在跨国经营的舞台上一展身手,这也是实现更高层次的开放所面临的迫切任务。

与会者指出,由于跨国企业是在世界范围内存在着经济发展水平和社会文化背景的差异、不同的通货、法令、国家目标及政治因素的差异,以及各方面的风险等情况下经营的,它远远比国内的环境复杂,这就要求跨国企业在各个方面都要有相当高的水平。

与会者探讨了跨国企业如何体现社会主义的基本特征,认为:(1)应主要采取国家资本形式,企业的对外投资既代表企业利益,又代表国家利益;(2)在海外的经营活动和投资意向均应在国家计划的经济范围内进行;(3)具有明显的政策性,不单纯的获利为目的。

跨国企业应向何处发展?有的人认为,应把重点放在以亚太及东南亚为主的发展中国家和地区,从长远看,也必须重视对欧美国际市场的投资。

与会者还研究了当前应做好的工作:(1)筹建具有跨国化经营能力的母体公司;(2)确立我国海外直接投资的战略;(3)加紧选拔和培养跨国经营人才。

(矣　理)

中国企业跨国经营政策研讨会

国务院研究室、对外经济贸易大学和对外经济贸易部国际经济合作司等于1991年11月上旬联合在北京举行。

与会者认为,发展跨国经营符合国际经济发展的潮流,适应社会主义有计划商品经济的需要,有利于外向型经济发展,有利于优化国内产业结构和出口产业结构,有利于把国营大中型企业推向国际市场,有利于拓展我国的出口贸易。

与会者认为,我国发展跨国经营事业是可行的,具有相对优势。其经营模式和战略,单纯以"东方模式"或"西方模式"作参考都不行,而应当创造出具有中国特色的新模式。应让大型国营企业或企业集团率先发展跨国经营业务;兼顾贸易性与非贸易性的行业,适当加快发展资源开发、零部件组装、高科技机电产品维修服务和房地产等方面的海外企业;应发展股权式和非股权式的海外投资,多发展一些合资经营企业;应鼓励更多的企业通过国际金融市场来筹资。

与会者指出,中国企业在发展跨国经营过程中,应注意如下问题:(1)积极稳妥,量力而行,不要一哄而起;(2)要明确发展跨国经营的目的;(3)要注意解决好海外企业人员的待遇和管理;(4)要加强海外企业固有资产的管理;(5)海外企业的发展要有统一的战略与规划,并加强协调工作;(6)海外企业要注意采取切实有效的措施来防范风险。

与会者还建议:要认真做好可行性研究,选择好合作对象;建立全国性的海外投资宏观管理机构等。

(矣　理)

深化改革,增强企业活力研讨会

中国社会科学院工业经济研究所、中国企业管理教育研究会等于1991年11下旬联合在西安市召开。

与会者认为,目前部分国营大中型企业缺乏活力,根本原因是体制还没有理顺,企业还没有真正成为企业。有的同志指出,工业资源产品成本上升和工业素质低下的矛盾,以及工业生产能力迅速增长与有效需求不足的矛盾,必然会对企业产生不利影响。有的同志认为,企业留利不足、过死的规定、过多的束缚等,使国营企业无法应付其它企业的不正当竞争手段。有的人认为,我国正处于经济转轨时期,需要有新的思想、观念、经营管理方法,有些企业适应不了这种新的形势。

与会者还认为,要从根本上解决大中型企业缺乏活力问题,不能靠"保"的办法,只能建立适应有计划商品经济发展的新型企业管理制度,把企业推向市场。近期应区别情况,采取不同的措施。至于改善企业管理,有的人认为,宝钢的现代管理思想和管理方法有普遍意义;有的人认为,企业内部管理改革不能急功近利,要避开与现代化大生产相违背的误区。

(其　政)

甘肃省企业文化研讨会

与会者认为,通过企业文化建设,形成符合国家、集体、个人利益要求和企业经营目标的共同利益观、价值观、道德观和企业精神,就能增强企业职工的向心力、凝聚力和创造力,推动企业生产经营管理进入更高水准。社会主义企业文化在改善企业内部环境,提高企业群体素质，增强企业活力方面所显示出的积极作用，以及它所提供的文化建设与现代企业经营管理有机结合起来的经验，已越来越多地被企业界所接受。与会者指出，加强社会主义企业文化建设，也是进一步搞好国营大中型企业的一项重要措施。

（杨文延）

全国提高国营商业组织化程度理论研讨会

中国商业经济学会、山西省商业经济学会等于1991年11月23～26日联合在太原召开。

与会者认为，发展商业企业集团是提高国营商业组织化程度的有效途径。

与会者针对发展商业企业集团中出现的问题，提出了如下对策：(1)尽快改革财政分灶吃饭体制，为企业之间的联合和集团的形成提供体制前提；(2)解决国营商业税负过重问题；(3)加快产权交易制度的建立，逐步完善企业集团发展的法律环境；(4)深化商业改革，分解行政职能和企业职能，使企业集团从一开始就以平等的身份参与市场竞争。

（韩云刚）

全国大中型企业生产率工程技术进步与人力资源开发研讨会

中国社会科学院数量经济与技术经济研究所和北京技术经济与管理现代化研究会于1991年11月27日至12月2日联合在珠海市举行。会议的中心议题是：技术进步与提高生产率、人力资源开发的关系问题。

与会代表认为，生产率是衡量企业技术进步的综合标志，其主要表现形式是综合要素的产出与投入之比。这个指标不仅能反映企业技术进步水平，也能反映企业发展的水平。

与会者还认为，人的因素是技术进步中的首要因素，因此对人力资源开发理论及其对技术进步的推进作用应予极大重视。一方面，一定数量的高质量的人力资源是企业发展和技术进步的基本条件，同时人力资源的开发利用也是技术进步的基本内容；另一方面，技术进步对人力资源开发也具有巨大的促进作用。

（金　泓）

社会主义市场体系理论研讨会

广东省的10多个单位于1991年12月在中山市召开。

与会者探讨了商品经济与市场经济的关系，认为，发达的商品经济就是市场经济，市场经济并不是社会主义与资本主义的分水岭；我国的社会主义经济的发展实践证明，商品经济与公有制是可以统一的，商品经济是一般，社会主义公有制是特殊。

与会者在计划调节与市场调节问题上有几种不同的观点。一种观点认为，计划调节和市场调节都是手段、方法，市场调节是客观的，而计划调节带有主观性。从这种意义上说，市场是基础，是第一性的；计划起引导作用，是第二性的。另一种观点认为，计划调节与市场调节的有机结合，体现在经济参数的调节，它不仅体现了市场机制的自动调节功能，而且受国家计划控制，体现了计划机制调节的功能。还有的人认为，计划调节与市场调节孰主孰辅的关系不可一概而论，它具有阶段性。当商品经济发展到一定阶段时，市场可能是主要调节者；而当商品经济进一步发展时，又会呼唤计划调节。有的人提出，当前应坚持改革的市场取向，宏观的计划调节应转到加强经济立法，运用税收、信贷、审计等手段，负责引导和开拓新市场，提供全面、及时、准确的经济信号上来。

与会者还探讨了社会主义市场体系问题，认为当前我国市场体系的发育不平衡，尤其是要素市场发展滞后，今后市场体系的建立与健全，应重点放在要素市场上。在劳动力市场建设方面，首先应健全社会保障制度；在资金市场方面，重点应放在直接融资市场的发展上；在生产资料市场方面，可以用建立期货市场等措施，将现行政府对生产资料的直接调控，改为由宏观间接调控。

（一　理）

全国中等城市经济发展研讨会

于12月初在陕西宝鸡市召开。会议着重讨论了搞活流通、搞好大中型企业、发展乡镇企业等问题。

与会者认为，流通作为相对独立的产业，在社会再生产过程中并不局限于静态的中介地位，而且具有能动的导向职能。搞活流通，是促进城市经济活跃的关键环节。在搞好大中型企业问题上，与会者指出，需要正确界定企业产权关系，在公有制基础上对国有资产实行商品化、价值化管理，通过以国家控股和公有企业相互参股为主的股份形式，构成我国微观经济基础，使公有制的资产管理适应商品经济发展的内在要求。

与会者还指出，90年代乡镇企业迅速发展的各种因素依然存在，特别是中西部地区，可能会出现或保持初始状态的迅猛发展势头，而东部沿海地区将转入提高阶段。

（瑢）

东南亚经济结构调整和中国的改革开放研讨会

广东省国际技术经济研究所于1991年12月4～7日在广州召开。

童大林认为，区域化趋势是世界经济格局的变化方向，90年代东南亚国家在世界经济中的地位将显著提高。因此，珠江三角洲必须从世界经济大背景中制订出自己的发展战略：利用国际经济竞争与合作的潮流，努力建设以香港、广州为中心的"华南大城市群"。

对亚太地区在世界经济中的地位，以及经济合作和调整问题，很多与会者认为，(1)在当前新旧政治经济格局转换的形势下，我们要推动公正合理的世界新秩序的建立，亚太地区，特别是东南亚地区则是重关和突破口，(3)亚太地区及东南亚经济合作将呈现出大区域的国家协调组织，中层次的区域合作，小层次的新、马、印尼等的小范围合作三个层次。

与会者对广东改革、开放问题提出建议：(1)90年代广东内外环境更为严峻，特别是在与东南亚发展经济关系上，挑战大于机遇，因此，经济体制改革及产业结构转型更具迫切性；(2)90年代广东及沿海地区应在搞活中发展，从新的角度、思路制定出新的经济外向战略，巩固和加强广东的经济地位；(3)进一步坚持外联内引，重视香港和兄弟省、市的作用。

（周双喜）

深化企业改革改善内部环境研讨会

1991年12月13日，全国企业劳动人事、工资分配、社会保险制度改革经验交流会在北京召开。

与会者认为，(1)要巩固、完善和发展劳动合同制，争取五年后普遍实行新的劳动用工制度；(2)坚持和完善企业干部聘用制，逐步对具有固定干部身份人员实行聘用制；(3)实行岗位技能工资制，工资分配向一线生产职工倾斜；(4)提高养老保险社会化程度，适当扩大待业保险范围；(5)坚持政企职责分开，全面贯彻执行"企业法"，并加强民主管理和民主监督。

（瑢）

附:1991年全国性经济学学术会议(部分)一览表

会议名称	时间	主办单位	地点	主要议题
第四次全国山区综合开发研讨会	1月	国家科学技术委员会	石家庄	如何把山区开发引向深入
中国与世界:90年代中国经济展望研讨会	1月9日	中国社会科学院科研局等	北京	展望中国经济发展
农村工业发展与农业现代化学术研讨会	1月11～12日	中国农学会、现代化研究会	北京	农村工业发展与农业现代化的关系,农业剩余劳动力转移等
粮食政策研讨会	中旬	农业部、世界银行	北京	中国的粮食生产、消费及生产前景等
中国价格学会第三届理事会	1月16～17日	中国价格学会	北京	价格改革问题
金融体制改革研讨会	2月	中国金融学院	上海	有关金融体制的改革
中国农村信贷与农民行为国际研讨会	2月8日	国务院发展研究中心、世界银行研究开发署	北京	农户与信贷
国营大中型企业在治理整顿和深化改革中的困难与对策座谈会	2月26日	中国民主促进会	北京	搞好国营大中型企业
农民合作基金组织建设研讨会	3月		北京	农民合作基金组织的现状、前景、经验教训,及其在农村社会化服务与金融体制改革中的作用等
沿海中心城市经济体制改革理论研讨会	3月	广东、天津、大连、上海等	上海	1.经济体制改革如何与不断扩大的开放度相适应;2.区域经济如何打破地区封锁;3.城市建设与管理的政府职能
东风汽车集团十年改革发展座谈会	3月上旬	东风汽车集团	北京	企业集团的发展与经验
1991年旅游研讨会	3月上旬	国家旅游事业管理局	北京	我国旅游业的发展
全国十年生态与环境经济理论回顾与发展研讨会	3月5～9日	中国生态学会、中国人民大学、《生态经济》编辑部	北京	建立和发展各种实用的生态经济理论等

会议名称	时间	主办单位	地点	主要议题
完善股份制和股票市场试点研讨会	3月6～8日	综合开发研究院、《改革》杂志社	北京	进一步推进试点工作,完善股份制,培育股票市场等
纺织工业企业、企业集团经济效益座谈会	3月10日	纺织工业部	北京	纺织工业如何贯彻中央提出的“质量、品种、效益年”
长江三角洲地区城市科学研究会年会	3月13～15日	长江三角洲地区城市科学研究会	苏州	长江三角洲城市发展面临的形势和加强城市现代化的进程
商业文化研讨会	4月5～6日	中国商报,中国商业文化研究会(筹)	北京	商业文化对商业发展的意义
金融政策与金融业务讨论会	4月16日	中国人民银行	武汉	中国当前金融政策及金融发展趋势
工农业协调发展理论研讨会	4月17日	《中国农村经济》编辑部、中国社会科学院农村发展所	北京	1.工农业协调发展的意义及含义;2.我国工农业发展不协调的原因及对策
全国贫困山区发展理论研讨会	4月21～26日	国务院贫困地区经济开发领导小组、中国社会科学院农村发展研究所等	湖南怀化	山区和贫困地区综合开发的基本经验,今后的方针及对策
中国世界经济学会全国中青年学术讨论会	5月	中国世界经济学会	黄山市	世界经济格局与我国的对外开放
我国高新技术产业发展道路专题研讨会	5月8日	国务院、北京市政府、北京市新技术产业开发区	北京	今后十年内中国新技术产业区在经济建设和社会发展中的作用、意义及其发展方向
“七五”期间上海经济发展评估与90年代展望讨论会	5月10日	上海市经济研究中心等	上海	“七五”经济发展评估与90年代展望
土地与科学专家座谈会	5月中旬	国家土地管理局等	北京	认识我国人地关系的严峻性,以及土地的科学管理
水利社会评价问题研讨会	5月13日	中国水利经济研究会	北京	水利评价的理论和方法及其指标体系
中日工业产权实务研讨会	5月14日	中华全国专利代理人协会、日本中国专利协力会	北京	加强知识产权立法,完善产权制度
我国引进外资现状与问题讨论会	5月16日	中国社会科学院财贸物资经济研究所、中国市场学会等	北京	我国前十年利用外资的经验与今后5～10年利用外资的前景
江南九省(区)一市煤炭经济研讨会	5月下旬	中国煤炭经济研究会	无锡	江南煤炭工业的发展

会议名称	时间	主办单位	地点	主要议题
全国百名大县经济与企业发展研讨会	5月21日	中国企业报社、中国经济体制改革杂志社等	重庆	县级经济与企业的深化改革，以及加强横向经济联合与协作
陕南秦巴山区扶贫开发研讨会	5月21～24日	中国社会科学院等	陕西商洛	秦巴山区的扶贫开发
中国会计学会第二次会议史理论研讨会	5月21～25日	中国会计学会	湖北宜昌	我国会计改革规律等问题
中国对外经济开放研讨会	5月22日	上海财经大学、复旦大学、浦东开发办公室、英国塞萨克斯大学、澳大利亚国立大学	上海	中国经济特区开放的成果评价、中国与亚太地区区域贸易和投资流向、浦东开发中的外资引进等
90年代企业改革与发展研讨会	5月29～30日	复旦大学经济系、企业研究所等	上海	深化企业改革等
西南四省(区)一市煤炭经济研讨会	6月上旬	中国煤炭经济研究会，四川煤炭经济研究会	成都	未来西南能源结构的展望和西南煤炭工业的发展战略
中国经济史学会首届年会	6月8～12日	中国经济史学会	郑州	中国经济史的研究领域与方法
中国国产精品研讨会	6月中旬	中国企业管理协会、中国公共关系协会、人民日报经济部	北京	中国国产精品及其开发
全国企业集团理论研讨会	6月20～24日	中国管理科学研究院	宜昌	建设有中国特色的企业集团的发展战略、优化模式、领导体制与运行机制等
城市基础设施与经济社会协调发展研讨会	6月21日	中国城市经济学会、中国城市科学研究会	上海	城市基础设施的完善对经济社会发展的作用
全国第三次市场体系理论研讨会	6月22～25日	中国社会科学院财贸经济研究所、国务院发展中心、四川省社会科学院	成都	我国市场发育状况的总体评价及促进市场发育的对策
科技进步和经济社会发展座谈会	7月8日	《哲学研究》编辑部	北京	科技在济社会的综合发展中的作用
中国劳动科学理论发展研讨会	7月18～19日	中国劳动学会	北京	劳动科学的学科建设及其在实践中存在的问题

会议名称	时 间	主办单位	地 点	主要议题
企业劳动工资管理经验与信息交流会	7月28～30日	中国劳动学会	包 头	如何实行"以人为中心"的企业管理
土地科学学术研讨会	8月	中国土地学会	丹 东	土地科学的体系及其分支学科的建设
工业项目节约用地研讨会	8月	中国土地学会建设用地分会、中国工业运输协会	洛 阳	国家大中型建设项目节约用地的途径
科技是第一生产力座谈会	8月7日	《经济研究》编辑部、《数量经济技术研究》编辑部	北 京	从经济学角度探讨科技是第一生产力的理论和实践意义
中部地区发展战略研讨会	8月中旬	山西等6省市	太 原	中部地区的发展
马克思主义农业经济基础理论研讨会	8月12～14日	中国农经学会、农业经济基础理论研究会、山西省社会科学院	北 京	农业基础理论；农村合作经济以及农村的土地制度等
陇海、兰新线煤炭经济研讨会	8月下旬	中国煤炭经济研究会	乌鲁木齐	新的亚欧大陆桥开通后陇海、兰新线经济带煤炭工业的开发、运输及其在国际贸易中的地位
中国西部发展与生态平衡国际研讨会	8月26日～9月1日		青海海南藏族自治州	中国西部发展与生态平衡问题
中国证券发展国际学术研讨会	8月28日	中国证券业协会	北 京	中国证券业发展的现状及前景
第三次土地利用学术讨论会	9月	中国土地学会土地利用分会	牡丹江	我国土地利用战略，土地利用总体规划与城市规划的关系
东北三省经济体制改革座谈会	9月	东北三省体改委	黑 河	进一步搞活东北大中型企业
改革开放与企业管理机制研讨会	9月	长沙"五一"文化用品商场、上海施乐复印机公司	长 沙	1. 建立和完善经销商和制造商的企业文化体系；2. 改革企业用工制度
周学熙实业集团与中国近代化国际学术讨论会	9月		秦皇岛、天津	周学熙资本集团的历史地位、兴衰原因和与中国近代资本主义工业化道路等
中国供销合作经济学会理论研讨会	9月	中国供销合作经济学会	北 京	坚持和发展社会主义公有制
华北、东北国有资产管理工作协会	9月6～9日	东北、华北十二省(区)、直辖市、计划单列市	鞍 山	清产核资的有关问题

会议名称	时　间	主办单位	地　点	主要议题
搞活林区经济对策研究讨论会	9月15～23日	中国林业经济学会	黄　山	1.森林工业企业集团； 2.缓解国有林区经济对策； 3.集体林区政策与改革
价格改革与价格补贴国际研讨会	9月中旬	财政部	西　安	我国价格改革与价格补贴问题
农村旅游研讨会	9月中旬	旅游经济学会	北　京	如何开发农村旅游资源
沿海开放城市第三次商业系统发展外向型经济理论研讨会	9月18～21日	中国商业经济学会、浙江省商业经济学会	宁　波	1.商业系统发展外向型经济对国民经济的作用； 2.机遇与困难 3.战略重点
全国企事业创造力开发研讨会	9月24日	中国发明协会	株　州	企事业单位如何开发职工创造力
改革时期我国工业企业经济效益研讨会	9月24～25日	国家体改委、经济体制与管理研究所、首钢研究与开发公司	北　京	工业企业如何提高经济效益
全国税收理论研讨会	10月上旬	中国税务学会等	北　京	税收的职能作用
国际会计理论研讨会	10月8～12日	中国人民大学	北　京	国际会计的理论与实践研究
全国高校社会主义经济理论与实践研讨会	10月14日	国家教育委员会	长　沙	搞好大中型企业等
世界经济发展与中外经济技术交流研讨会	10月21～23日	中国世界经济学会、中外经济文化研究委员会	成　都	开拓视野与深化改革
第四次土地复垦学术讨论会	11月	中国土地学会土地复垦分会	平顶山	交流煤炭、冶金、电力、建材等行业土地复垦的经验与成果
搞好国营大中型企业座谈会	11月	轻工业部	天　津	企业深化改革与转换内部机制
增强企业活力研讨会	11月	国家体改委、经济日报理论部等	北　京	增强企业活力及其对策
中国集体经济研究会年会	11月	中国集体经济研究会	哈尔滨	集体经济的现状及其发展

会议名称	时间	主办单位	地点	主要议题
中国乡镇企业协会第二届学术研讨会	11月	中国乡镇企业协会	杭州	乡镇企业在国民经济中的作用及其今后发展
企业改革研讨会	11月上旬	《学习与研究》杂志社	北京	改善企业外部条件与深化企业内部改革
增强企业活力研讨会	11月	中国企业改革与发展研究会	北京	建立有中国特色的社会主义企业体制
中国数量经济学会数理经济专门委员会第一次学术研讨会	11月4～7日	中国数量经济学会	北京	中国经济运行中各个环节的理论与模型
社会主义消费问题理论研讨会	11月6～8日	中国消费者协会	北京	消费在社会主义再生产中的地位和作用，如何确立适合国情的消费观念，调整消费结构和引导消费
自然资源与资产管理研讨会	11月中旬	国家国有资产管理局等	北京	自然资源产业化，资源产业的内涵与发展，资源及资产的管理等
军事经济管理理论研讨会	11月14～16日	军事研究中心、军事经济学院	西安	军事经济管理及军队房地产清查等
搞好大中型企业研讨会	11月15日	青岛鞋业集团公司、光明日报理论部	北京	实现大中型企业经营机制的转换，建立和完善企业内部约束机制、激励机制、用工制度、分配制度等
经济增长与宏观调控研讨会	11月26日	上海部门经济研究所	上海	经济增长与加强宏观调控的关系
东欧经济研讨会	12月3～6日	中国世界经济学会、南斯拉夫经济研究会和罗马尼亚经济研究会	北京	当前东欧各国的经济形势及其前景预测分析
流通领域计划经济与市场调节相结合的理论与实践问题理论研讨会	12月4～7日	中国商业经济学会、江苏省商业经济学会	徐州	流通领域计划经济与市场调节相结合的对策
全国企业劳动工资改革经验交流会	12月12日	劳动部、国务院生产办公室	北京	如何推进企业劳动人事、工资分配、社会保障制度的改革
中国金融体制改革国际研讨会	12月17日	国家体改委、世界银行、联合国计划开发署、中国人民银行	海口	中国的金融体制改革思路

（杜　琛　整理）

全国经济学会、研究会、协会

中国金融学会

办公地址： 北京市西城区二七剧场路西里7号楼
电　　话： 831.7378
业务主管部门： 中国人民银行总行
主要负责人：
会　长　李贵鲜
副会长　陈　元
秘书长　赵海宽
副秘书长　俞天一

中国投资学会

办公地址： 北京市海淀区万寿路西街6号
电　　话： 851.3696
业务主管部门： 中国人民银行总行
主要负责人：
会　长　周道炯
副会长　李锡奎
副秘书长　田椿生

中国钱币学会

办公地址： 北京市西城区成方街32号
电　　话： 601.6773　601.6774
业务主管部门： 中国人民银行总行
主要负责人：
理事长　童赠银
副理事长　张德勤
秘书长　戴志强
副秘书长　张季奇

中国税务学会

办公地址： 北京市宣武区枣林前街68号
电　　话： 326.6857
业务主管部门： 国家税务局
主要负责人：
会　长　金　鑫
副会长　刘志诚
秘书长　王平武
副秘书长　韩绍初

中国国际金融学会

办公地址： 北京市西交民巷17号
电　　话： 601.1170
业务主管部门： 中国人民银行总行
主要负责人：
会　长　卜　明
副会长　王德衍
秘书长　吴念鲁
副秘书长　麦国平

中国证券业协会

办公地址： 北京市复兴路乙11号写字楼561室
电　　话： 601.6423
业务主管部门： 中国人民银行总行

主要负责人：

会　长　　郭振乾
理事长　　金建栋
秘书长　　马忠智

中国国债协会

办公地址：　北京市西城区三里河二区一号
电　　话：　86.3898　851.0307
业务主管部门：　财政部
主要负责人：

会　长　　项怀诚
副会长　　朱福林
秘书长　　高　坚
副秘书长　　张　玮

中国统计学会

办公地址：　北京市西城区月坛南街 38 号
电　　话：　821.7776
业务主管部门：　国家统计局
主要负责人：

会　长　　岳　巍
副会长　　王一夫
秘书长　　马　安
副秘书长　　莫日达

中国价格学会

办公地址：　北京市月坛北小街 2 号 3 号楼
电　　话：　89.0651—403
业务主管部门：　国家物价局
主要负责人：

会　长　　刘卓甫
副会长　　成致平
秘书长　　沙训教
副秘书长　　陈德尊

中国内部审计学会

办公地址：　北京市海淀区太平路甲 18 号
电　　话：　821.5217
业务主管部门：　国家审计署
主要负责人：

会　长　　祁　田
副会长　　崔建民
秘书长　　王志钧
副秘书长　　周恩庆

中国会计学会

办公地址：　北京市西城区复兴门外三里河南横街 2 号
电　　话：　86.8731—791
业务主管部门：　财政部
主要负责人：

会　长　　张佑才
副会长　　迟海滨
秘书长　　张德明
副秘书长　　佘秉坚

中国注册会计师协会

办公地址：　北京市复兴门外三里河南横街 2 号
电　　话：　851.6080
业务主管部门：　财政部
主要负责人：

会　长　　杨纪琬
副会长　　顾树桢
秘书长　　张德明
副秘书长　　李希文

中国财政学会

办公地址：　北京市海淀区万寿路寿松饭

店7楼
电　话：821.9510
业务主管部门：财政部
主要负责人：
会　长　王炳乾
副会长　陈如龙
秘书长　宁学平
常务副秘书长　宋新中

中国城市经济社会发展研究会

办公地址：北京市复兴门外大街木樨地北里25号
电　话：36.1658
业务主管部门：中国社会科学院
主要负责人：
理事长　刘国光
副理事长　孙尚清
秘书长　项启源

中国城市经济学会

办公地址：北京市西城区月坛北小街2号
电　话：89.5324
业务主管部门：中国社会科学院
主要负责人：
会　长　汪道涵
秘书长　杨重光

全国经济地理研究会

办公地址：北京市中国人民大学静园13楼30号
电　话：256.7755—7379
业务主管部门：国家教委
主要负责人：
理事长　刘再兴
副理事长　胡兆量
秘书长　连亦同
副秘书长　况鸿琸

中国区域经济学会

办公地址：北京市西城区月坛北小街2号
电　话：89.0651—417
业务主管部门：中国社会科学院
主要负责人：
会　长　孙尚清
副会长　贾志杰
秘书长　陈栋生
副秘书长　利广安

中国国土经济学研究会

办公地址：北京市海淀区甘家口北沙沟101号
电　话：832.3565—25
业务主管部门：中国科协
主要负责人：
理事长　于光远
副理事长　吕克白
秘书长　覃定超
吴传钧

中国城郊经济研究会

办公地址：天津市
电　话：36.8742
业务主管部门：中国社会科学院
主要负责人：
理事长　包永江
副理事长　陈锡根
秘书长　魏　唯
副秘书长　张连成

中国寒地开发研究会

办公地址： 黑龙江省哈尔滨市道里区中医街34号
电　　话： 41.8484
业务主管部门： 国家计委
主要负责人：

会　长　　戴谟安
副会长　　张恒轩
秘书长　　张育盛

中国工业经济协会

办公地址： 北京市西黄城根南街9号
电　　话： 602.1306
业务主管部门： 国家计委
主要负责人：

会　长　　吕　东
常务副会长　　董绍华
第一秘书长　　郝正庭
秘书长　　夏志武

中国管理现代化研究会

办公地址： 北京市学院南路86号
电　　话： 831.18877—524
业务主管部门： 中国科协
主要负责人：

理事长　　何健文
副理事长　　谢绍明
秘书长　　刘颖水
副秘书长　　张宗溥

中国技术经济研究会

办公地址： 北京市海淀区学院南路86号
电　　话： 831.8877—526
831.8877—527
业务主管部门： 中国科学技术协会
主要负责人：

理事长　　吴明瑜
副理事长　　李京文
秘书长　　马　阳
副秘书长　　董福忠

中国产业经济技术研究联合会

办公地址： 北京市西城区西黄城根南街9号东院
电　　话： 66.7794
业务主管部门： 国家计划委员会
主要负责人：

理事长　　盛树仁
副理事长　　周才裕
秘书长　　范克坦
副秘书长　　黄小蕙

企业管理科学基金会

办公地址： 北京市海淀区紫竹院南路17号
电　　话： 841.6622
业务主管部门： 国家计委
主要负责人：

会　长　　袁宝华
副会长　　邱　晴
秘书长　　潘承烈

中国产业发展规划协会

办公地址： 北京市西城区西直门内北顺城街11号
电　　话： 601.4411—532
业务主管部门： 国家计委
主要负责人：

会　长　　刘　洪
常务副会长　　郭雪成
秘书长　　李德煜

代秘书长　　刘赋捷

中国工业企业管理教育研究会

办公地址：　北京市西城区阜成门外月坛北小街2号
电　　话：　835.2552
业务主管部门：　中国社会科学院
主要负责人：
会　长　　马　洪
副会长　　蒋一苇
总干事　　樊光鼎
副总干事　　刘春勤

中国系统工程学会

办公地址：　北京市海淀区中科院系统所内
电　　话：　28.5263　　254.1827
业务主管部门：　中国科协
主要负责人：
理事长　　许国志
副理事长
（兼秘书长）　　顾基发

中国工业与应用数学学会

办公地址：　北京海淀区清华大学主楼204号
电　　话：　255.2451—2024
256.7733—4109
业务主管部门：　国家科委
主要负责人：
理事长　　肖树铁
副理事长　　郭友中
吴　方
秘书长　　蔡大用
副秘书长　　刘坤林
江文华

中国煤炭经济研究会

办公地址：　北京市西城安德路67号
电　　话：　801.9922—246
业务主管部门：　能源部
主要负责人：
理事长　　贾林放
副理事长　　胡富国
秘书长　　孙　容

中国企业评价协会

办公地址：　北京市北三环中路
电　　话：　202.8142　　201.6699—575
业务主管部门：　国家国有资产管理局
主要负责人：
理事长　　孙尚清
副理事长　　汤丙午
秘书长　　李克穆

中国纺织工业企业管理协会

办公地址：　北京市东城区东长街12号
电　　话：　512.6633—318
业务主管部门：　纺织工业部
主要负责人：
理事长　　杜钰洲
副理事长　　曹东升
办公室主任　　王惠云
办公室副主任　　杨　峻

中国农村金融学会

办公地址：　北京市海淀区复兴路25号
电　　话：　821.9501
业务主管部门：　中国人民银行总行
主要负责人：
会　长　　韩　雷

常务副会长　王景师
秘书长　杨普文
副秘书长　路建祥

中国农村财政研究会

办公地址：　北京市三里河二区一号 206 房间
电　话：　851.2611
业务主管部门：　财政部
主要负责人：
会　长　项怀诚
副会长　蒋乐民
秘书长　汪雁题
副秘书长　丛安妮

中国农业经济学会

办公地址：　北京市白石桥路 30 号
电　话：　831.4433—2678
业务主管部门：　农业部
主要负责人：
理事长　何　康
常务副理事长　刘志澄
秘　书　长　赵冬缓
副秘书长　武兆瑞

中国林业经济学会

办公地址：　北京市安外胜古南里 17 楼
电　话：　421.0476
业务主管部门：　林业部
主要负责人：
理事长　雍文涛
副理事长　陈统爱
秘书长　金锡洙
副秘书长　任恒祺

中国林牧渔业经济学会

办公地址：　北京市朝阳区建国门外日坛路 6 号
电　话：　501.6018
业务主管部门：　中国社会科学院
主要负责人：
会　长　陈吉元
副会长　李克亮
副会长　林祥金
秘书长　朱应科

中国农村合作经济管理学会

办公地址：　北京市朝阳区农展馆南里 11 号
电　话：　500.3366—2282
业务主管部门：　农业部
主要负责人：
理事长　王常柏
常务副理事长　范小建
秘书长　富文业
副秘书长　谢金坪

中国粮食经济学会

办公地址：　北京市西城区复兴门内大街 45 号
电　话：　66.8581—2882
业务主管部门：　商业部
主要负责人：
会　长　赵发生
副会长　季　铭
常务副会长
（兼秘书长）　齐兴启
副秘书长　钱光民

中国棉麻流通经济研究会

办公地址：　北京市复兴门内大街 45 号

电　　话：　603.8581—2577
业务主管部门：商业部
主要负责人：
　会　长　　任　仿
　常务副会长　王世川
　秘书长　　于峻极
　副秘书长　赵士杰

中国商业经济学会

办公地址：　北京市海淀区复兴路 46 号院 2 号楼
电　　话：　821.8247
业务主管部门：商业部
主要负责人：
　会　长　　郭今吾
　副会长　　罗东明
　副会长　　蒙鼎铭
　副秘书长　钱光明

中国商业文化研究会

办公地址：　北京市阜成路 32 号
电　　话：　841.7832
业务主管部门：商业部
主要负责人：
　会　长　　胡　平
　常务副会长
　(兼秘书长)　贺名崙
　常务副秘书长　杨佐周

中国工商行政管理学会

办公地址：　北京市西城区三里河东路 8 号
电　　话：　851.3300—2421
业务主管部门：国家工商行政管理局
主要负责人：
　会　长　　刘敏学
　副会长　　卞耀武
　秘书长　　龚晓岚

中国商业企业管理协会

办公地址：　北京市西城区复兴门内大街 45 号
电　　话：　602.2744
业务主管部门：商业部
主要负责人：
　会　长　　潘　遥
　常务副会长　韩大林
　秘书长　　张建明
　副秘书长　李禧华

中国供销合作经济学会

办公地址：　北京市宣武区新文化街 36 号 1 门 102 室
电　　话：　65.6392
业务主管部门：商业部
主要负责人：
　会　长　　潘　遥
　常务副会长　杨培伦
　副会长
　(兼秘书长)　陈以恕
　常务副秘书长　朱纬文

中国市场学会

办公地址：　北京市月坛北小街 2 号
电　　话：　831.2445　89.5529
业务主管部门：中国社会科学院
主要负责人：
　会　长　　孙尚清
　常务副会长　贾履让
　秘书长　　刘溶沧
　常务副秘书长　任林书

中国物资流通学会

办公地址： 北京市西城区月坛北街25号
电　　话： 832.7253
业务主管部门： 物资部
主要负责人：
　会　长　柳随年
　副会长　桓玉栅
　秘书长　胡俊明
　副秘书长　周叔俊

中国物资流通技术开发协会

办公地址： 北京市通县邓家窑北京物资学院教学楼内
电　　话： 576.2994—480
业务主管部门： 物资部
主要负责人：
　理事长　吴兴中
　副理事长　宫月云
　副理事长（兼秘书长）　郝振铎
　副秘书长　吴　明

中国民族贸易经济研究会

办公地址： 北京市复兴门内大街45号商业部北楼202房
电　　话： 603.8581—3040
业务主管部门： 商业部
主要负责人：
　会　长　王兴让
　常务会长　杨德颖
　秘书长　苏学生
　常务秘书长　石昌新

中国民族经济对外合作促进会

办公地址： 北京市朝阳门外工体京都宾馆
电　　话： 5004208
业务主管部门： 国家民委
主要负责人：
　会　长　王福临
　副会长　马　平
　秘书长　杨　帆

中国少数民族经济研究会

办公地址： 北京海淀区中央民族学院少数民族经济研究所内
电　　话： 832.8877—2302
业务主管部门： 国家民委
主要负责人：
　会　长　赵延年
　常务副会长（兼秘书长）　施飞一
　常务副秘书长　李竹青

全国马克思列宁主义经济学说史学会

办公地址： 北京市海淀区中国人民大学资料楼
电　　话： 28.5431—2533
业务主管部门： 国家教育委员会
主要负责人：
　会　长　宋　涛
　副会长　鲁友章
　秘书长　商德文
　副秘书长　郭继严

中国经济史学会

办公地址： 北京西城区月坛北小街2号
电　　话： 89.5191
业务主管部门： 中国社会科学院
主要负责人：

会　长　　吴承明
副会长　　汪敬虞
秘书长　　魏金玉
副秘书长　　经君健

中国经济思想学会

办公地址： 北京市西郊北京大学经济学院
电　　话： 256.1166—3143
业务主管部门： 中国社会科学院
主要负责人：
会　长　　赵　靖
副会长　　叶世昌
秘书长　　石世奇
副秘书长　　虞祖尧

中国国际经济关系学会

办公地址： 北京市西城区西安门大街22号
电　　话： 309.8901
业务主管部门： 中国人民银行总行
主要负责人：
会　长　　尚　明
副会长　　何　方
秘书长　　戴伦彰
副秘书长　　丁乃宽

中国对外经济贸易企业管理协会

办公地址： 北京东城区东长安街2号
电　　话： 512.6644—684
业务主管部门： 对外经济贸易部
主要负责人：
会　长　　齐中堂
理事长　　刘山在
副理事长
（兼秘书长）　毛震亚
副秘书长　　张　利

中国国际经济合作学会

办公地址： 北京市东城区安外东后巷28号
电　　话： 421.6661—570
业务主管部门： 经贸部
主要负责人：
副会长　　冯天顺
秘书长　　田自勤
常务副秘书长　　王　君

中国世界经济学会

办公地址： 北京市东城区建国门内大街5号
电　　话： 513.7744—2735
业务主管部门： 中国社会科学院
主要负责人：
会　长　　浦　山
副会长
（兼秘书长）　王怀宁
副会长　　李　琮
副秘书长　　陈　沙

全国日本经济学会

办公地址： 北京市东城区张自忠路3号
电　　话： 44.5031—343
业务主管部门： 中国社会科学院
主要负责人：
会　长　　孙尚清
副会长　　孙汉超
秘书长　　王仲全
副秘书长　　黄晓勇

中国——欧洲经济技术合作组织

办公地址： 北京北三环中路 18 号
电　　话： 201.1807
业务主管部门： 对外经济贸易部
主要负责人：
　理事长　李　克
　副理事长　徐鹏飞
　秘书长　丘文敏

全国港澳经济研究会

办公地址： 广东省广州市东山新河浦路 6 号
电　　话： 76.5322
业务主管部门： 中国社会科学院
主要负责人：
　副会长　卢租法
　副会长（兼秘书长）　周维平
　副秘书长　卜东新

中国《资本论》研究会

办公地址： 北京市西城区月坛北小街 2 号
电　　话： 8350351—382
业务主管部门： 中国社会科学院
主要负责人：
　会　长　宋　涛
　副会长　卫兴华
　总干事　王成稼
　副秘书长　王辅民

中国比较经济学研究会

办公地址： 北京市阜外月坛北小街 2 号
电　　话： 831.2473
业务主管部门： 中国社会科学院
主要负责人：
　会　长　刘国光
　副会长　厉以宁
　秘书长　荣敬本
　常务副秘书长　余大章

中国基本建设经济研究会

办公地址： 北京市百万庄子区 38 号
电　　话： 831.7744—408
业务主管部门： 国家计划委员会
主要负责人：
　理事长　石启荣
　副理事长　邝业梅
　秘书长　吴兴国
　副秘书长　张泽鲁

中国工业经济管理研究会

办公地址： 北京市阜外月坛北小街 2 号
电　　话： 832.2552
业务主管部门： 中国社会科学院
主要负责人：
　理事长　戴伯勋
　副理事长　吴家骏
　秘书长　吕　政
　副秘书长　万振茂

中国知识产权研究会

办公地址： 北京市学院路黄亭子
电　　话： 201.9318
业务主管部门： 中国科协
主要负责人：
　理事长　高卢麟
　常务副理事长　沈尧曾
　秘书长　刘激扬

中国国有资产管理学会

办公地址： 海淀区万泉河路66号

电　　话： 2561485　2567744—257

业务主管部门： 国家国有资产管理局

主要负责人：

会　长　汤丙午

常务副会长　罗元明

秘书长　罗元明

常务副秘书长　王加春

中国计划学会

办公地址： 北京市月坛北街25号

电　　话： 839.1534

业务主管部门： 国家计委

主要负责人：

会　长　房维中

副会长　柳随年

秘书长　王积业

副秘书长　黄振奇

中国战略与管理研究会

办公地址： 北京市厢红旗2号院9楼103室

电　　话： 676.7368

业务主管部门： 中国社会科学院

主要负责人：

会　长　宦　乡

副会长　高鄂

秘书长　秦朝英

副秘书长　杨　毅

中国经济体制改革研究会

办公地址： 北京市西安门大街22号院

电　　话： 309.6091

业务主管部门： 国家体改委

主要负责人：

会　长　安志文

副会长　周太和

秘书长　董　峰

中国生产力经济学研究会

办公地址： 北京市西城区月坛北小街2号

电　　话： 835.0651—392

业务主管部门： 中国社会科学院

主要负责人：

会　长　于光远

常务副会长（兼秘书长）　薛永应

副秘书长　汪盛熙

副秘书长　张德霖

中国劳动学会

办公地址： 北京和平里西街小黄庄1号

电　　话： 421.5061—278

业务主管部门： 劳动部

主要负责人：

会　长　康永和

副会长　严忠勤

副会长（兼秘书长）　悦光昭

副秘书长　贺松源

中国发展战略学研究会

办公地址： 北京市玉泉路19号西楼66号

电　　话： 821.7031—724

业务主管部门： 国家科学技术委员会

主要负责人：

理　事　长　王玉民

常务副理事长　　张顺江
副理事长
（兼秘书长）　　宋　毅
副理事长
（兼副秘书长）　管益忻

中国社会发展科学研究会

办公地址：　北京市海淀区北蔡公庄55号
电　　话：　851.4801
　　　　　　851.5544—3810
业务主管部门：国家科委
主要负责人：
理事长　　李绪鄂
副理事长　孙鸿烈　曲格平　邓　楠
秘书长　　甘师俊
副秘书长　孔德涌

中国国情研究会

办公地址：　北京中国人民大学9640信箱
电　　话：　28.0260
业务主管部门：国家统计局
主要负责人：
会　长　　张　塞
副会长　　张　磐
副秘书长　张泽厚

中国大洋矿产资源研究开发协会

办公地址：　北京市西城区复兴门外1号
电　　话：　86.8941—270(或465)
业务主管部门：国家海洋局
主要负责人：
理事长　　陈炳鑫
副理事长　李廷栋
秘书长　　王建文

中国国土资源开发利用促进会

办公地址：　北京市东直门外新中街乙13号
电　　话：　48.2956
业务主管部门：国家土地管理局
主要负责人：
主　　席　　魏玉明
副主席　　　王先进
秘书长　　　阮　波
常务副秘书长　柳忠勤

中国邮电企业管理协会

办公地址：　北京市西城区西长安街13号
电　　话：　601.6292
业务主管部门：邮电部
主要负责人：
理事长　　谢高觉
副理事长　刘平源
副理事长
（兼秘书长）　刘馨芝
副秘书长　沈兆龙

中国地质经济学会

办公地址：　北京市西城区西四阜内大街64号
电　　话：　65.8561—436
业务主管部门：地质矿产部
主要负责人：
理事长　　张文驹
副理事长　王希凯
副理事长
（兼秘书长）　仲伟志
副秘书长　王风俊

中国生态经济学会

办公地址： 北京市朝阳区建国门外日坛路6号
电　　话： 501.6022
业务主管部门： 中国社会科学院
主要负责人：
理事长　刘国光
常务副理事长　石　山
副理事长
（兼秘书长）　沈亨理
副理事长　何迺维
（兼常务副秘书长）

中国科技成果管理研究会

办公地址： 北京市复兴路15号
电　　话： 851.4006
业务主管部门： 国家科学技术委员会
主要负责人：
理事长　李效时
副理事长　唐新民
秘书长　丁向阳
副秘书长　孙亚今

中国基本建设优化研究会

办公地址： 陕西西安市雁塔路31号
电　　话： 29117
业务主管部门： 国家地震局
主要负责人：
理事长　高文学
常务副理事长　王宏经
副秘书长　陈祥福

中国数量经济学会

办公地址： 北京市东城区建国门内大街5号
电　　话： 513.7744—3364
业务主管部门： 中国社会科学院
主要负责人：
理事长　张守一
常务副理事长　刘树成
秘书长　沈利生

中国合作经济学会

办公地址： 北京市西城区砖塔胡同56号
电　　话： 605.2031—364
业务主管部门： 农业部
主要负责人：
会　长　杜润生
常务副会长　谢　华
秘书长　唐宗焜
常务副秘书长　王广义

（民政部社团司供稿）

经济学新学科介绍

企 业 文 化 学

李 成 勋

企业文化学是80年代从企业经营管理的实践中产生的，是经济学和文化学相融合的结晶。社会主义的企业文化学在我国是近几年才出现的，它对于提高企业素质、企业经济效益和社会效益具有重要意义。

一、企业文化学产生的背景和形成的过程

"企业文化"这个词最早出现在日本。第二次世界大战后，日本满目疮痍，如何恢复和振兴经济，成为日本的头等大事。日本企业家们认识到，发展经济不仅需要足够的物质技术，而且需要一种精神力量。于是，他们一方面从西方引进先进的科学技术和严格的管理控制手段；另一方面，从中国儒家文化中吸取营养，并结合日本固有的民族文化特点，形成了以"忠"、"诚"为核心的价值观体系。这种企业文化模式，使日本企业具有较强的对外适应力和对内凝聚力，从而使日本经济迅速腾飞。

日本经济的兴起，使美国在世界经济中的垄断地位受到了严重挑战。美国一些管理学家和企业家开始对日本企业管理进行认真观察。他们终于发现美国以往只重视物、重视规章制度、重视定量分析的以理性化、程序化为特征的管理模式有很大的局限性，认识到没有强大的企业文化，再高明的经营战略也无法成功，企业文化是企业生存的基础，发展的动力，行为的准则、成功的保证。美国在企业管理上从见物不见人到重视人，由理性模式到非理性模式的转变，是价值观上的一次变革。

1979年，美国出版了哈佛大学沃格尔教授的《日本第一——美国要吸取的教训》一书。作者分析了日本企业管理中如何把本国的传统精神与西方的管理技术成功地结合了起来，强调应把对人的管理放在首位，把企业文化当作中心课题来研究，从而为企业文化的研究奠定了基础。1981年，美国又出版了巴斯克和艾素斯所著《日本的管理艺术》，提出战略、结构、制度、人员、作风、技能和最高目标是影响企业经营成败的七个关键性要素。很明显，其中不少要素都属于文化范畴。同年，美国还出版了威廉·大内的《Z理论——应付日本经济挑战的立论基础》一书，提出"传统和气氛构成一个公司的文化"。"Z型文化有一套特殊的价值观，比如长期雇用、信任、亲密的人际关系等，""其中尤以Z型文化对员工的影响最为重要。"这就进一步促进了企业文化学的产生。

标志着企业文化学诞生的是1982年美国出版的两部著作，一部是哈佛大学教授迪尔和麦金瑟管理咨询公司专家肯尼迪合著的《企业文化——现代企业的精神支柱》，另一部是美国学者彼德斯和沃特曼合著的《追求卓越——美国杰出公司成功的秘诀》。前者提出了企业文化的要素，后者提出了杰出企业的特质。1984年，美国又出版了著名管理顾问米勒的著作《美国企业精神》，提出了企业文化的八大原则，即目标原则、共识原则、卓越原则、一体原则、绩效原则、实证原则、亲密原则和正直原则。米勒的著作进一步丰富了企业文化的具体内涵。1985年以后，美国的企业文化研究开始走向深入。这一年美国出版了谢恩的《公司文化导论》一书，在理论上对企业文化的含义、形成、功能及演变机制作了系统深入的探讨。至此，企业文化学进入了比较成熟的阶段。

企业文化作为一种价值观念和意识形态，在不同社会制度下的企业里具有不同的性质和内容。新中国成立以后，我国社会主义企业在自身文化的培育方面作出了不少成绩，如50年代爱厂如家的"孟泰精神"，60年代艰苦拼搏的"铁人"精神和"三老四严"、"四个一样"的作风等，都属于社会主义性质的企业文化范畴。党的十一届三中全会以后，在改革开放的新形势下，企业逐步成为一个相对独立的商品生产者，于是就产生了建构自己的企业文化的内在要求；加上国外企业文化研究成果的不断引进，80年代中后期，在我国便很快形成了一个“企业文化热”。1987年6月，在北京召开了一次“企业精神座谈会”；同年9月，在北京又举行了“中国社会主义企业精神研讨会”；1988年7月，在无锡又举办了“企业文化与管理创新研讨会”。这样，我国企业文化的理论探讨步步深入。

我国经济理论工作者，以马克思主义为指导，以社会主义企业生产经营的实践为基础，批判地吸收西方企业文化的研究成果，近年来发表了一批有关企业文化方面的理论著作。其中影响较大的有1989年河南人民出版社出版的刘门楼、唐有功主编的《企业文化理论与建设》，1990年人民出版社出版的管益忻、郭延建合著的《企业文化概论》。这些著作的问世，标志着社会主义企业文化学在我国的诞生。

二、企业文化学的研究对象

文化这一概念到今天其内涵与外延都有很大发展，大体说来，有广义和狭义之分。广义的文化，是指人类所创造的物质财富和精神财富的总和，也即人类活动的全部结果。狭义的文化，是指科学、艺术等创造性活动及其在群众中的传播，即以精神财富为主的文化。企业文化也有广义和狭义之分。广义的企业文化，是指企业在其生产经营过程中所创造的具有本企业特色的物质财富和精神财富的总和。它包括企业的硬文化和软文化两大类。企业的硬文化，是指企业的物质状态和效益水平，包括企业的场地、设备、技术、原材料等，其主体是物。企业的软文化，是指一个企业在长期生产经营中所形成的具有本企业个性的思想、意识、价值观、行为习惯等，其主体是人。企业软文化还可分为外显文化和内隐文化两类：外显文化，是指企业的文化设施和教育机构等；内隐文化，是指企业的价值观、道德风尚和企业精神等。我们所研究的企业文化主要是指企业软文化中的内隐文化。也就是狭义的企业文化。

综上所述，企业文化学的研究对象，是对作为经营哲学、追求目标、行为标准、道德风尚、生活信念和传统习惯等价值取向总和的企业文化的开发、培育和运用。这一学科具有更强的理论性和实践性。

三、企业文化学的基本结构

(一)企业文化的要素

1.经营哲学。即企业在经营实践中逐渐积累和升华而成的经营管理的深层次的指导思想。如“薄利多销”的经营哲学。

2.最高目标。即企业全体员工长期追求的一种奋斗目标。一般来说，它是一种定性的要求，如“信誉第一，争占市场”就是一个奋斗目标。

3.企业精神。即在长期生产经营实践中形成的能激励员工团结上进的一种意识和信念。它是企业整体素质的表现。

4.战略意识。即在企业经营中从全局和长远角度观察问题和处理问题的一种意识。如整体意识、超前意识和危机意识等。

5.企业道德。即调整和约束职工与企业、职工与职工、企业与企业之间人际关系的行为规范。具体说，它是公与私、善与恶、真与假、诚实与虚伪、正义与非正义等的价值取向。如服务至上、顾客至上就是一种企业道德。

6.企业风尚。即企业职工在长期的生产经营中所形成的传统习惯、感情和志趣。它是企业人员的行为特征，如民主风尚、快节奏作风等。

7.企业礼仪。即一种虽无物质内容但有外在形式的企业文化。其形式是外显的，作用是内隐的。常见企业礼仪如入厂欢迎式、慰劳式、迎宾式以及戴厂徽、唱厂歌、念厂规等。

8.传统习惯。即企业人员在生产经营和共同生活中长期形成的共同行为倾向。如勤俭或奢侈、散漫或紧张等。

总之，企业文化各要素的核心是价值观，即重视人、关心人、尊重人的价值观，就是要培育人的良好的价值取向和精神风尚等，以利于企业的发展。

(二)企业文化的特征

1.时代性。一定的企业文化是一定历史时代的产物，随着时代的发展，企业文化必然改变自己的内容。此外，企业在自身发展的不同时期如创业期、发展期和衰落期等，也各有其不同的文化表现。

2.民族性。绝大多数的企业都归属于一定的国家和民族，因而企业文化必然具有一定国家和民族文化的特征。如日本的企业文化就带有家族主义的特色。

3.阶级性。企业文化作为一种意识形态必然具有阶级性。这不仅表现在企业的经营管理具有不同的价值取向，而且表现在培育和运用企业文化的目的性上的区别。

4.单元性。即企业文化的个性或特殊性。没有个性的企业文化是没有生命力的企业文化。

5.稳定性。企业文化作为企业经营的深层次因素必然具有稳定性。

6.流变性。企业文化既有稳定性的一面，又具有随着内外环境的变化而变化的流变性的一面。

(三)企业文化的功能

企业文化必然作用于企业的生产经营,但它是怎样作用于企业的生产经营的呢?这就要探讨企业文化的功能。也就是企业文化的作用机制。从这个意义上分析,企业文化的功能主要有以下几种:

1.导向功能;

2.凝聚功能;

3.激励功能;

4.辐射功能;

5.控制功能。

(四)企业文化的塑造

有企业的生产经营,就必然有企业文化,但它可能是自发状态下的企业文化。我们研究企业文化的目的是要自觉塑造一种有利于社会主义企业获得最大的经济和社会效益的企业文化。那么如何塑造呢?

1.挖掘和整理本企业固有的企业文化因素;

2.通过多种渠道长期倡导和批判某种企业文化模式和倾向;

3.学习先进单位的企业文化;

4.吸收和改造外来的企业文化。

重塑的企业文化必须坚持社会主义的方向,又必须有本企业的特色。

四、研究的发展企业文化学的意义

(一)研究和发展企业文化是为了开发和培育优秀的企业文化,而优秀的企业文化有利于提高企业的素质,扩大企业的知名度,使企业转衰为盛和久盛不衰。

(二)研究和发展企业文化学有利于促进整个社会文明程度的提高。因为企业文化是企业精神文明的重要组成部分,进而又是整个社会精神文明的一部分。

(三)在我国社会主义现代化建设过程中,企业硬件的发展不是一时可以实现的,在这种情况下,研究企业文化学,促进企业文化的发展,便具有特别重要的意义。

农 业 区 划 学

申 屠 军

农业区划学是为区域农业综合发展服务的一门新兴综合性边缘学科。

一、农业区划学的研究对象和学科形成过程

农业生产是自然再生产与经济再生产相互交织的特殊产业部门。影响农业生产的因素包括自然条件与社会技术经济条件两部分。一个区域的气温、降水、光照、土壤等影响农业生产的自然条件,受自然地域分异规律的影响,其空间分布呈现强烈的地域差异。由于农业发展历史的不同,农业生产的技术和管理水平及经济状况在空间分布上也呈现出强烈的地域差异。农业自然条件的地域分异规律与农业社会,技术经济地域分异规律的的共同作用,形成了农业生产地域分异规律。农业区划学正是以农业生产地域分异规律为依据,研究科学地划分农业区域的理论与方法,确定区域农业生产发展目标与途径,实现一定区域内资源,生产与社会需求三者的优化组合,促进农业生产地域分工合理化,达到分区、分类指导农业生产,发挥地区优势,扬长避短,增加效益的目的。

农业区划学是由地理学、农学、经济学等多学科相互渗透、融合而成的。它融自然、社会、经济、环境于一体,从高层次把握并研究农业发展问题,是隶属于农业科学范畴的一门独立学科。农业区划学的学科理论基础包括农业地理学、生产布局学、资源经济学、政治经济学、农业经济学等。

农业区划作为一门学科,是随着农业生产的发展而逐渐产生和发展的。我国古代《禹贡》划分中华为九州,就含有朴素的农业区划的思想。元代的《王桢农书》中有"九州之内,田各有等,地各有产,山川阻隔,风气不同,凡物之种,各有所宜"之精辟论述,反映了我国很早即产生了农业地域差异的思想,即农业区划的思想。从 18 世纪末以来,国外的一些地理学者、农业学者进行了划分农业区域的尝试与研究。1922 年,前苏联国家计划委员会开展了全俄经济区划工作,并将全俄划分为 21 个区。在此基础上,一些前苏联农业地理学者开展了农业区划研究。但上述研究多偏重对自然环境条件的研究,忽略自然规律与经济规律的作用,研究的理论与方法也不成熟。

新中国成立后，农业区划工作受到了政府的高度重视。1953年，为充分合理地利用自然资源、因地制宜地规划和指导农业生产，农业部组织开展了省级农业区划工作。1955年，农业部编制了《全国各省农业区划资料汇编》。在此基础上，拟订了《中国农业区划初步意见》和《有关划分中国农业经济区划初步方案》。1960年邓静中主编的《中国农业区划方法论研究》(科学出版社出版)，是探索具有中国特色农业区划方法论的首次尝试，标志着农业区划学科已具雏形。

党的十一届三中全会以后，我国农业区划工作进入了新的发展时期。1978年，农业资源调查与农业区划研究被列为《全国科学技术发展规划》第一项任务。1979年，召开了第一次全国农业区划会议，从中央到地方成立了相应的农业区划机构，并在中国农业科学院正式组建了农业区划研究所。之后，学术刊物《农业区划》、《县级农业区划方法论研究》相继出版发行。1987年，成立了全国农业区划学会，隶属中国农学会。目前，全国从事农业区划工作与研究的专业人员有1万多人。由此可见，农业区划学作为一门独立的学科，正在逐步走向成熟。

二、农业区域划分的类型

农业区划的类型，包括以下四种：

(一)农业自然资源和自然条件区划

它包括农业地貌区划、土地类型与土地利用区划、农业气候区划、水文区划、水文地质区划、植被区划、水土流失和水土保持区划、农业自然灾害区划、综合自然区划等。

(二)农业部门区划

它包括种植业区划、作物品种区划、林业区划、畜牧业区划、水产业区划等。

(三)农村经济与农业技术条件区划

它包括农业人口与劳动力区划、农产品加工区划、农产品供销区划、农产品运输区划、农业经济收入水平区划、农业教育与科技试验网区划、农业机械化区划、农业水利区划、化肥区划、植保区划、耕作制度区划等。

(四)综合农业区划

通过综合分析评价自然条件和社会经济条件，从农业生产总体和全局出发，按照农业生产地域分异规律，划分综合农业区划，指明各区综合农业发展方向，研究区域合理的产业结构，提出因地制宜地发展农业途径和措施。综合农业区划是农业区划学学科体系的主体和核心。

在具体划分农业区域时，其指导原则包括：

1.区内农业生产的自然、经济、技术条件及特点的相似性；

2.区内农业生产存在问题和发展方向的相似性；

3.区内农业生产的重大技术措施和建设途径的相似性；

4.适当保证一定级别行政区的完整性。

依据上述四条划区原则，在占有必要数据资料的基础上，通过辨识地域差异，把农业生产条件、特点、问题、发展方向相似的地方划归为一个农业区，并根据主次关系不同、划分1级、2级、3级等区。

三、农业区划学的方法

农业区划学常用的方法包括经验法、指标法、重叠法、模糊聚类法等。

(一)经验法

主要是指在综合分区时，借鉴历史经验，对历史形成的各种农业区进行客观分析，从中找出规律性的东西，作为分区的依据，进行农业区的划分。

(二)指标法

主要是对反映区域自然条件、社会经济条件等特征指标进行计算、分析、筛选、选出主导特征指标，进行分区划片。

(三)重叠法

又称套图法，通过编制等高线、等温线、等雨量线、土地利用现状、农作物分布等图件，把若干图件重叠在一起，根据重叠情况确定共同边界，进行分区划片。

(四)模糊聚类法

一种数理统计定量分析法。主要依据样本的自然属性和社会属性，定量地确定样本属性的相似性和差异性，把相似性较大的样本聚成一类，每一小类之间，其属性差异最小，而各大类之间则有明显的差异，最后得到一个树枝状的多级谱系，确定分区界线。

四、农业区划学和农业区划工作的特点

(一)农业区划学的主要特点

1.综合性。农业区划学研究方法的核心是综合聚类分析。农业区划超脱于各农业专业部门之上，博采多方建议，进行统筹规划和综合指导。综合性是农业区划学的灵魂。

2.战略性。农业区划学重点研究区域宏观农业发展类型及模式，通过划分农业区域，选择并制定不同区域农业生产发展战略目标，战略方针、战略重点和战略对策等。

(二)农业区划工作的特点

农业区划工作除了上述特点之外，还具有以下特点：

1. 周期性。农业区划是人们对客观存在的农业区域的主观认定与划分。由于农业区域的自然条件、社会经济条件和技术水平不断发展变化，已形成的农业区域必然处于经常重组、分化之中。因此，农业区的划分也必须依据客观农业区的分化组合状况，周期性地开展研究。

2. 阶段性。农业区划工作每一循环周期分为资源调查、区划与规划、规划方案实施三个阶段。每一阶段的工作分别有其特定研究内容并持续一定的时期。

3. 超前性。农业区划在分析农业区的历史、现状的基础上，还需着眼未来，正确预测各农业区发展变化的趋势，并对区域农业发展项目做前期论证与技术评估，为区域规划与区域农业发展服务。

证 券 经 济 学

杨 红 灿

证券经济学是研究证券的供求与国民经济的关系的一门学科，属于应用经济学的范畴，与货币银行学、金融学等学科有着十分紧密的联系。尽管证券经济学至今尚未形成完整的理论体系，但它却是经济学科中的一个新秀。证券经济学有广义和狭义之分。通常所说的证券经济学，是就其狭义方面而言的，即以股票和债券等为研究对象的证券经济学。

一、证券经济学的产生与发展

证券经济是商品经济发展的产物。17 世纪初，证券经济开始起步。18 世纪进一步发展，但其作用仍然有限。到 19 世纪下半叶，证券经济才真正显示其对发展生产的重要性。此后，它越来越受到各国政府的重视。许多经济学家先后对其进行了研究。

卡尔马克思在《资本论》中曾对证券经济做过深入的分析。他认为，证券经济推动了资本主义生产的大发展，并指出："不过很明显，积累，即由圆形运动变为螺旋形运动的再生产所引起的资本的逐渐增大，同仅仅要求改变社会资本各组成部分的量的组合的集中比较起来，是一个极缓慢的过程。假如必须等待积累去使某些单个资本增长到能够修建铁路的程度，那末恐怕直到今天世界上还没有铁路。"（《马克思恩格斯全集》第 23 卷，第 688 页）很明显，利用证券去筹资，转瞬之间就可以成为现实。马克思还认为，证券具有一定的虚拟性。因为证券是现实资本的纸制复本，是"并不存在的资本的名义代表"，"它们的价值额的涨落，和它们有权代表的现实资本的价值变动完全无关，尽管它们可以作为商品来买卖，因而可以作为资本价值流通。"（《马克思恩格斯全集》第 25 卷，第 540～541 页）正是因为证券的这一特点，马克思进一步指出，它往往被利用来投机和赌博，从而破坏社会经济秩序。"在这种赌博中，小鱼为鲨鱼所吞掉，羊为交易所的狼所吞掉。"（同上书，第 497 页）马克思对证券经济利弊的论述，是着眼于揭露资本主义的基本矛盾，因而没有对证券经济做更为系统、全面的论述，不过，可以看出他是相当重视证券经济的。

如果说马克思对证券经济的分析是从宏观上进行的话，那么，从此以后的经济学家对证券经济的研究，则主要偏重于微观方面。希法亭的《金融资本论》，可以说是这方面的第一部著作。希法亭在书中指出，资本在股份公司中具有双重形态：(1)在企业内以物质设备、工资等形态发挥作用的职能资本；(2)作为对利润分红请求权价值的虚拟资本。股票的虚拟资本价值，可以用市场利率除每股股票将来的股息收入来表示。根据这个表述，虚拟资本的价值是由两个因素构成的，即红利和利率。股票的虚拟资本价值与红利多少成正比，与利率成反比。企业活动的实况，从股票的虚拟资本价值大小中反映出来。也可以认为，决定利息高低的，是国民经济活动的水平或资本积累的多少以及市场繁荣程度。这样，国民经济的状态便直接地规定着股票的虚拟资本价值的大小。这是希法亭对较为成熟的资本主义经济下的金融经济、进而对证券经济所做的理论的分析。

西方一些经济学家对证券经济的研究，一般都是就一些具体问题进行的。美国格雷厄姆等的《证券分析论》，就是通过对证券内在价值的分析，说明证券供求关系的。他们认为，证券中有反映其发行主体的经营实质的内在价值，价格是不能长期脱离价值的。所以，必须仔细地研究有关发行主体的财务数值和其它资料，然后努力去发现该证券的内在价值。例如，对于具有平均水平以下的增长性和股票，可以用这样的公式来表示：

$$V = M \cdot (D + \frac{1}{3}E)$$

式中，D是每股的股息，E是每股的纯利润，M是利润乘数。这个公式，是按照分红性质，以2/3为标准而设定的。这种依照利润乘数计算股票投资价值的公式，本身的价值并不太高。但是，格雷厄姆等通过对这种公式的各个因素的详细的实践性研究，丰富了证券分析的内容。

迄今为止，对证券经济进行比较系统研究的，要推日本经济学家津村英文所著的《证券市场学》了。津村英文在书中主要就国民经济与证券市场、证券制度、证券供求关系、证券市场的均衡以及证券市场的国际化等问题进行了较为系统的阐述；从宏观和微观两方面阐明了证券市场在国民经济中的作用，及其对调节企业机制、调动个人（家庭）投资及消费等方面的影响。证券市场是证券经济的基础。津村英文正是通过对证券市场的功能、作用的分析，揭示出证券经济在国民经济中的地位和意义。

我国对证券经济的研究刚刚开始。党的十一届三中全会以后，证券市场重新设立，利用证券进行筹资，为经济建设服务，使证券经济的作用日益发挥。与此同时，对证券经济进行理论分析也已引起了经济学界的重视。

二、证券经济学内容

从国内外经济学家对证券经济的研究成果来看，证券经济学的主要内容，有以下几个方面：

（一）证券制度。包括证券的定义和分类，证券的产生与发展，股票概念及其分类，债券的意义及其分类，其它受益证券。

（二）证券的供给。包括证券发行的主体（国家、地方公共团体、股份公司、其它）、证券发行的方法（股票发行方法、债券发行方法及其它证券发行方法）、证券评级、证券发行价格。

（三）证券的需求。包括证券需求的动机、证券投资行为分析、投资选择理论、投资主体分析。

（四）证券的均衡。包括证券市场的意义、证券流通市场的结构及其机能，证券价格标准及其波动。

（五）证券的国际化。包括国际证券市场、国际证券供给、国际证券投资和国际证券业务。

（六）证券的未来发展。包括证券的大众化、证券的控制、证券对政治的影响、社会主义经济与证券经济。

（七）证券与宏观经济。包括证券与税收，证券与信用、证券与通货膨胀、证券与国际收支、证券与社会总需求、证券与储蓄、证券与财政货币政策。

（八）证券管理。包括国内证券管理和国外证券管理、国家证券管理、地方证券管理和公司证券管理。

（九）证券市场及其管理比较。包括世界各主要证券市场的体系、法律制度，我国证券市场管理的取向。

三、证券经济学的方法

科学的理论离不开科学的方法。要使经济理论系统地，完整地表述出来，必须依靠正确的方法。证券经济学所运用的方法，应以某一种方法为主，以其它方法为辅。

证券经济学的主要方法，我认为，应该是科学抽象法。即通过人的抽象力，对经济现象进行科学抽象，透过现象来认识事物的内部联系及本质。对于整个证券经济学体系的描述，应采取叙述方法，也就是从抽象上升为具体，从规定性简单的范畴上升到规定性复杂的范畴。也就是说，先研究证券一般。然后论述证券特殊；先分析证券内涵，再分析证券外延；先论述证券交易活动，再阐明证券交易活动管理等，从而形成系统的证券经济学理论体系。

财 政 信 用 学

李 承 烈

财政信用学是一门研究财政有偿分配理论和方法的学科，是财政分配融入信贷手段形成的学科。它揭示财政有偿分配活动的规律性及其经济关系。这门学科是在我国社会主义现代化建设发展中建立起来的，所以称为社会主义财政信用学。

一、财政信用学的产生

财政信用学是以财政有偿分配的产生与发展的实践为基础形成的。国家财政是以国家为主体，并为实现其职能，凭借自身的政治权力，对社会产品进行的集中性分配。财政分配中基本上是无偿分配，并有必要的有偿分配。

信用是借贷行为的总称，是有借有偿并支付报酬的价值运动。财政信用也就是财政按信用原则进行分配，即财政有偿分配，公债或国债制度就属此类。它以商品经济的存在和发展为前提，在国家财政发展到一定时期才出现。欧洲的希腊和罗马，在公元前4世纪已有国家公债的记述。17世纪，法国已开展了国家信用业务，政府直接向手工业者发放贷款，从而在一定程度上促进了经济的发展。当代国债制度已遍及世界各国，美国和日本都是有巨额国债的国家。我国早在公元初年王莽时期，即已出现财政有偿分配。当时所实行的“五均赊贷”制度中，就包括有财政作用的内容。官府备有财政资金，供民众赊贷。规定无息曰“赊”有息曰“贷”，用于祭祀的无息，十日归还；用于丧事的也无息，三个月归还；用于从事工商业或购置产业的，得按3%付月息，并须按明定时间偿还。唐代也曾采取过财政信用，在德宗(公元780～805年)时，因军需急迫，财政向京师富商借款500万缗，言明战争结束归还。宋代王安石实行变法理财，采用的“青苗法”、“农田水利法”等，官府用财政资金供民众借贷，均为当时的财政信用。现代的财政信用始于举办国债。我国外债始于清代咸丰、同治年间；内债首创于清代光绪年间，此后经数届政府，到中华人民共和国成立，近百年来均曾举借国债，并且种类繁多。我国实行改革开放以来，博采众长，搞活经济、完善分配体制，财政上更是积极采取有偿分配原则，运用信贷杠杆筹集和运用财政资金，以提高国家理财的经济效益和社会效益。广泛的财政有偿分配的实践，促使对财政分配关系、理财规律性的认识和研究日益加深，于是财政信用学便应运而生。

实践表明，封建制国家、资本主义国家、社会主义国家的财政均有有偿收支，成为财政分配的一种方式。但私有制国家是非生产性财政，财政分配的范围较小，有偿分配更有局限性。只有到了生产资料公有制的社会主义社会，国家是主要生产资料的所有者，有权有责直接经管经济，国家财政才成为生产性、建设型财政，经常需要大量建设资金。一方面，要用有偿方式筹集财政资金；另一方面，也有条件向生产建设领域进行有偿投资，使财政资金在再生产过程中保持自身的价值和实现增值。因而，财政分配中就必然存在着信用业务。财政信用业务的开展，使社会主义财政信用学的产生与发展具有客观必然性。湖南省财政工作者已编写、出版了一部《财政信用学》专著；厦门大学的财政专业本科学生开设了“财政信用学”课程，系统讲授财政信用学的内容；有些新编的财政学书籍中，也设有有关财政信用学的独立篇章。由此可见，在我国，财政信用学学科已初步确立。

社会主义财政信用学是财政学中分离出来的边缘性的学科。财政信用学研究财政分配问题；而财政分配属于社会经济的生产、分配、交换、消费总过程中的分配环节，因而，财政信用学也是一门经济学科。它是以生产资料公有制为基础的社会主义国家理财关系发展的产物。

二、财政信用学的研究对象和基本内容

社会主义财政信用学研究以生产资料公有制为基础的社会主义国家财政有偿分配的特殊矛盾及其运动规律和所形成的经济关系，包括有偿分配的财政资金运动的规律性，财政有偿分配形成的经济关系及其发展趋势，以及财政信用的方针政策、管理制度同有偿的财政资金运动规律的关系等。

财政信用所体现的生产关系，是社会主义生产关系的一个方面。

社会主义财政信用学的任务，总的来说，是对国家财政有偿分配进行业务分析，总结经验，察明关系，探索规律。通过一系列科学的观察与分析、综合与抽象，揭示出社会主义财政信用的本质，阐明生产性、建设型财政有偿分配资金运动的规律性及发展趋势。研究探索财政信用的规律，必须把财政信用的方针政策和规章制度密切地结合起来。只有这样，才能得出符合实际的科学结论。社会主义财政信用学研究的目的，也在于有效地促使财政有偿分配工作者更好地认识和遵循客观规律，积极开展财政信用业务，努力提高国家财政资金运筹的经济效益和社会效益。具体说，就是要加快社会扩大再生产的总体运转，促进国民经济各环节、各方面有计划、按比例、高效益地协调迅速发展，保持国民经济良性循环，不断增强国力，加速社会主义现代化建设。

社会主义财政信用具有自身的特征，即有偿性、周转性、增值性和信约性。开展财政信用业务，在于从财力上保证国家职能更好地实现，它会涉及社会主义社会的经济、文化、政治、人民生活诸方面。以我国财政信

用实践为基础的社会主义财政信用学，是一门具有鲜明政治性的学科，它必须以马克思列宁主义、毛泽东思想为指导，实事求是地透过财政信用业务的现象，探究财政信用内在的、本质的联系。

社会主义财政信用学可以概括为三个基本部分，即综述论、阐述财政信用的产生、本质、职能和作用，以及研究的指导思想、方法和意义等；筹集论——阐述采取信用方式筹集财政资金的理论与实务，包括向国外借款、在国内发行公债券、国库券、地方债券等；贷支论——阐述用信贷方式投放财政资金的理论与实务，包括基本建设有偿投资，发展农业、科教文卫事业；扶贫等各类财政周转金、信托投资等。

三、财政信用学的范围及其与相关学科的关系

社会主义制度下的财政有偿分配，密切联系着国民经济各个部门，既包括生产领域、经济基础，也牵涉非生产领域、上层建筑。社会主义财政信用学的范围，就是财政有偿收支所形成的经济关系所涉及的范围。

社会主义财政信用学与政治经济学、财政学、债务经济学、货币银行学、基本建设财务信用学等均有紧密联系。马克思主义政治经济学所阐发的理论和揭示的经济规律，对财政信用学均有指导意义。财政信用学与财政学是局部与全局的关系。财政信用学从实务关系上，可以说从属于财政学。财政信用学与货币银行学，从实务方式上讲，都是信用学科，各研究国家信用的一部分，但在资金来源与运动方式上又有区别：财政信用属于财政体系，银行信用属于金融体系。财政信用学与基本建设财务信用学、债务经济学密切相关，后者是财政信用学的组成部分。

社会主义财政信用学作为一门独立的学科，尚处在成长过程中。积极研究财政信用学，对于提高财政资金运筹的经济效益和社会效益，充分发挥财政作用，增强国力，均具有重要意义。

经 济 风 险 学

吴 鸣

经济风险学以经济风险在社会经济中的运行规律，以及由此产生的各种经济关系为研究对象，目的是使人们能够充分认识和利用经济风险的客观作用，促进社会经济的稳定发展。

在经济学说史上，不少经济学家对经济风险问题作过论述。例如，美国经济学家费雪在其《利息理论》一书中，曾对风险与利息的关系作过探讨。他认为，利息是由于“人性不耐”和“投资机会”这两个相反的力量同时发生作用的结果，而风险的大小是影响“人性不耐”的重要因素。“风险在一些情况下增加不耐，在另一些情况下则减低不耐，这要看风险发生作用的时间如何而定。基本事实是，在大多数人的心目中，某一特定时期丧失收入的风险，实质上便等于那一时期收入的减少，因而提高了那一时期所持有的单位收入的评价。”(《利息理论》第 66 页)，上海人民出版社 1959 年中文版 1921 年，芝加哥学派的代表人物之一，FH 奈特出版了《风险、不确定与利润》一书，对经济风险问题作了集中的论述。他将风险分为两类(1)可以计量的风险；(2)无法计量的风险，即不确定。他认为，不确定是利润的来源。风险如果可以计量，就可以用保险的方式予以避免；如果无法计量，则预期的情况与实际的情况便会发生差异，因而出现利润或损失。奈特的风险理论被认为是较有代表性的，对以后的经济风险理论研究具有重要影响。

在我国，经济风险问题在很长时期内都是被否定或回避的。但是随着改革开放的推进，我国经济生活中的风险和不确定性因素急剧增加。无论是作为微观经济活动主体的消费者、生产者和经营者，还是在宏观经济领域起决定作用的政府部门的决策人，都会发现：过去已经习惯了的那种十分确定的经济环境，如今越来越让人难以捉摸了。从这个意义上说，中国经济正在从无风险的经济转向充满风险的经济。因此，对经济风险展开研究，显然是十分必要的了。

经济风险这一概念，并不象人们通常认为的那样，是只会带来不利后果的可憎可恶的现象。实际上，经济风险的作用是双重的，它既可能带来经济损失，也可能产生风险收益。因此，经济风险学中研究的经济风险，其定义应该是：经济风险，是指在商品的生产和流通过程中，由于各种事先无法预料的(即不确定的)因素的影响，使商品生产经营者的实际收益与预期收益发生背离，有蒙受经济损失或获得额外收益的机会或可能性。同时，在经济风险学中，经济风险还是作为一种促进技术进步，推动经济发展的重要的经济机制来对待的。它特别注重分析经济风险与经济过程中的各种复杂因素的交互作用，并使经济系统形成一套自我调节、自我平衡的规则。从这一点看，经济风险学研究的经济风险，与保险学中研究的经济风险是有很大区别的。在保险学中，经济风险只是作为一种具有一定概率的经济损失来对待的。有的保险学教材中干脆称之为“危险”。可见，保险学中理解的经济风险的含义是比较狭窄的。

经济风险是与经济前景的不确定性联系在一起的。对经济风险的研究，除了需要研究可以计量的风险以外，还需要研究不可计量的风险。由于不可计量的风险在经济运行中起着更为重要的作用，它与其它经济因素之间的联系和互相制约也更为复杂，因此，在经济风险学中，对这种风险的分析应占据更为重要的位置。然而，不可计量的风险本身就意味着一种不确定性，要对它展开深入的研究，首先就要求在研究方法上有必要的转变。这种转变主要表现在以下三个方面：

1. 从片面依赖演绎分析到充分注重实证分析的转变。这是因为，经济风险学要探讨的是实际经济生活中的不确定性带来的各种影响，而这些影响又常常取决于诸如技术、体制、国家政策、经济组织之间的联系、个人的经济行为等多种易变因素。片面地依赖演绎分析，即从先验的前提或确定的模式出发，是无法理解经济风险的。

2. 从单纯强调静态分析到充分注重动态分析的转变。这是因为，静态分析实质上是一种均衡分析。这种分析是假定其它各种因素都不发生变动，只考察某一经济因素变动时是如何达到均衡的。但在经济风险学中，经济生活中的变化和不确定性不仅不能简单地抽象掉，而且是分析的重点。因此，对经济风险的研究，必须充分注重动态分析。经济生活中的各种变化，只要它对经济运行会产生实际的影响，都可以纳入分析范围。

3. 从否定心理因素到充分注重心理分析的转变。这是因为，对经济风险的研究必然会涉及人们对经济前景的预期，人们从事经济活动的动机，人们对待风险的态度等一系列有关心理状况的问题。因此，充分注重心理分析在经济风险的研究中，是十分必要的。

经济风险学的内容，除了有关经济风险的基本理论如研究对象、研究方法、基本概念等以外，还要从以下三个层次展开研究：

第一个层次，研究与个人经济活动相联系的经济风险。其内容可以包括经济风险与经济效率、经济风险与经济创新、劳动风险与劳动保险等等。从经济风险与经济效率的关系来看，可以提出效率来自不确定性的假设。由于经济风险除了使经济主体有蒙受经济损失的可能性外，还有带来丰厚收益的可能性。正是由于这两种可能性并存，才诱使经济主体遵循着效率原则去行动。从经济风险与经济创新的关系来看，经济创新本身具有极大的风险性。在商品经济中，风险与不确定性虽然给某些经济创新设置了创新成本过高的障碍，但更为重要的是，风险与不确定性也能以丰厚的创新收益呼唤着经济创新。从劳动风险与劳动保险的关系来看，劳动风险是在劳动者进行劳动的过程中产生的，劳动者必然要承担一定的风险责任。据此，必须改革我国的劳动保险制度，使之取得真正的成效，切实注意改变承担劳动风险的方式，逐步从片面强调分散的方式过渡到分散——积蓄并重的方式。在减少效率损失的前提下，增强社会承担劳动风险的能力。

第二个层次，研究与企业经济活动相联系的经济风险。其内容可以包括经济风险与企业管理、经济风险与企业投资、经济风险与企业组织、经济风险与企业破产，等等。从经济风险与企业管理的关系来看，风险管理在企业管理中有着重要的意义，其基本功能是以防损、减损为核心，保证企业的正常经营。从经济风险与企业投资的关系来看，企业的各种投资活动都必然具有不同程度的风险性，对各种投资风险进行科学的分析，是企业投资决策的重要任务。从经济风险与企业组织的关系来看，企业的组织形式是可以根据条件和需要不断地加以调整的，但事实上，企业作为风险的承担者，在企业组织形式的选择中，经济风险是一个基本的制约因素。从经济风险与企业破产的关系看，在现代商品经济中，破产是任何企业都可能面临的潜在危险，是企业蒙受风险损失的最高表现形式。在社会主义有计划的商品经济中，实行企业破产制度是完全必要的。

第三个层次，研究与国民经济运行相联系的经济风险，其内容可以包括经济风险与国家的经济职能、经济风险与经济计划、经济风险的国际传递，等等。从经济风险与国家的经济职能的关系来看，国家作为社会的中心，可以根据需要，在全社会范围内对风险进行控制和分配，从而改变和影响经济风险的作用方向。因此，国家控制和分配风险的职能能否正确行使，将会对整个国民经济的运行产生直接的影响，从经济风险与经济计划的关系来看，由于经济风险的存在，单纯依赖集中的计划调节，是难以实现资源的合理配置的。这是社会主义条件下实行计划经济与市场调节相结合的一个重要原因。从经济风险的国际传递来看，只要国家与国家之间存在着一定的经济联系，经济风险也必然会超越国界，在相互联系的国家之间产生传递效应。这种传递效应在不同的情况下会呈现不同的特点，并给实行开放政策的国家带来机会和风险。

环境经济学

周文彪

一、环境经济学的产生和发展

环境经济学是70年代发展起来的。它是由在此之前的生态科学的复兴和环境科学的兴起所促成的产物，也是在日益严重的环境危机压力下，经济学家被迫对传统经济学进行反思的一种结果。

早在17世纪中叶经济学的初创时期，威廉配第和魁奈就研究过环境问题。当时伦敦的大气污染已经比较严重，国会就大气污染的防治问题展开了争论。但是，自亚当·斯密以后，经济学变成了单纯地研究市场经济的理论，环境问题与都市问题、国家问题等一样，都被作为市场经济的外部事物排除在经济学的研究范围之外。

产业革命以后，环境问题越来越严峻，但是，此时经济学家的注意力仍然集中在市场关系的研究上，环境问题只是作为经济系统外部的公众卫生行政的研究对象来对待。在19世纪，J.S穆勒和马歇尔等人都把环境问题作为外部的经济来考虑，庇古则把环境问题所造成的社会损失看作是社会费用。这些近代的经济学家，都无一例外地把环境问题看作是一种异常的、偶尔出现的摩擦现象。这种对环境问题视而不见的态度，导致了经济学在分析和处理环境问题上经常陷于困境，并在指导制定经济政策时产生许多失误。

第二次世界大战以后，特别是50～60年代，西方各主要工业国都进入了一个经济高速增长时期，但随之而来的是环境问题日趋恶化。环境问题所日益显示出来的其本身与市场结构及经济制度之间存在内在联系的事实，迫使经济学家不得不从经济学的角度进行广泛而深入的探讨。不少经济学家逐渐意识到，既然环境问题源自现代经济结构，那么经济学应该而且能够在解决环境问题上发挥其应有的作用。

最早从经济学的角度尝试把环境问题作为经济学研究对象的是K·W·卡普。他从50年代起开始了这项研究工作，提出了将环境污染所造成的社会费用内部化的制度实现问题。同时，在美国，则发展了将环境视为资源的经济学研究。以A·V·克尼斯为首的未来资源研究所，在这方面提出了许多有创见的理论和观点。他们主张给环境定价，从而使环境污染产生的外部费用，有可能在市场经济制度中实现内部化。

不过，从50年代到60年代，环境经济学的研究仍然比较零碎，不成体系，大多数经济学家对环境问题仍未给予较大的关注。直到70年代初，环境经济学才引起普遍的重视。从此，大量的环境经济学文献发表，许多发达国家的高等学校中开始设置环境经济学课程。1974年，美国拉特格斯大学的约瑟夫·J·塞尼卡和迈克尔·K·陶西格合作出版了第一本《环境经济学》著作，这是一本面向本科学生的教科书。此后，E马修E·S·米尔斯等也陆续发表了一系列名为环境经济学的著作。自此，一个比较成体系的、较为成熟的环境经济学，作为一门新学科便正式诞生了。

环境经济学的发展历史才不过20来年，还是一门年轻的学科。环境经济学主要探求的，是经济发展和环境质量之间的持续均衡关系问题，涉及自然——经济——社会三个方面，关系错综复杂。因而，它的建立和发展在很大程度取决于是否善于吸取来自不同学科的知识和研究成果。从这一角度看，可以说环境经济学是一门综合性很强的边缘学科；另一方面，环境经济学的理论基础，主要来自微观经济学和福利经济学，它主要以经济学所提供的理论原理和分析方法来研究和处理环境问题。就这一角度而言，环境经济学又属于经济学科。

二、环境经济学的基本理论和研究方法

尽管环境经济学尚处在初创阶段，但由于它从一

开始就强调以新的思维方式来研究环境问题，又积极吸纳不同学科的理论和分析方法，因而在短短的时间里已经构筑起一个内容丰富的理论体系和简便实用的分析方法系统。其中，主要包括外部经济理论，公共商品理论、物质平衡理论、环境价值和价值理论、环境收费或税收理论、排污权交易理论、费用——效益分析、投入——产出分析、环境影响评价分析等。目前环境经济学主要有两大流派：即新古典学派的环境经济学和制度学派的环境经济学。前者把环境问题看作是市场功能不健全的一种表现，后者则从制度本身去寻找环境问题产生的原因。这里，仅就新古典学派环境经济学的基本理论和基本分析工具，作简要的介绍。

传统经济学认为，在理想条件下，市场经济系统合乎人们需要的社会特性，即在一个有效率的市场中可以实现帕累托最优度，这时相对于一定的收入分配状况，整个社会实现经济福利最大。但是，这种最优度事实上是不可能实现的。环境经济学认为，即使所有的市场都具有完全竞争性。当市场系统存在外部费用时，就起不到社会有效地分配资源和收入的作用。尽管环境资源在现代经济社会中同样是一种稀缺程度很高的物品，而且这种稀缺度有不断加大趋势，但由于其独特的存在形态和性质，却很难作为一种普通的经济商品进入市场，由此，它们的利用也不能正确地反映在商品生产和消费的价格体系之中。这样，在生产和消费的私人成本与社会费用把生产和消费活动利用环境资源所造成的社会损失费用计算在内之间就存在一个差额，这一差额就是环境资源利用的外部费用。环境经济学认为，这种环境资源利用所带来的外部费用，在现代经济结构中是一种普遍现象。从物质平衡的观点来看，人类的生产和消费活动，必然地伴随着废弃行为。人们对废弃物的处理，只能是使之产生较少消极作用，而不是使废弃物消失。废弃物进入环境，就必然对环境构成影响；由于环境资源具有公共财产的属性，即环境所提供的服务可以免费享受，因此，在缺乏社会强制力量制约的情况下，环境资源对废弃物的吸纳功能往往会被过度使用，从而带来社会损失，即社会费用。既然环境资源是一种公共商品，而现有的市场机制在调节环境资源的利用上又存在功能缺陷，那么，如果要在市场经济制度内部将环境资源利用所造成的外部费用内部化，就必须由作为环境所有者的政府来确定环境的公有财产权，通过建立相应的市场机制，来有效地分配环境资源。环境经济学据此首先提出了给环境资源定价，引进价格机制来调节环境资源利用的方法。但实践的结果表明，这一做法并不是最有效、最理想的控制手段。环境经济学在比较研究的基础上，又转向提倡分散的、以市场为导向的解决环境问题的办法。这一办法现在已引起人们越来越浓厚的兴趣，其中的排污收费制度和排污权交易许可证，尤其成为许多国家研究和应用的热点。环境经济学认为，之所以会发生过度利用环境吸纳废弃物功能的问题，是因为排放废弃物无需付钱，因此，只要按单位废弃物排放量进行收费，就能有效地减少环境资源的过量使用。排污权交易许可证从另一个角度来保证以最小的削减废弃物费用满足特定环境标准。政府可以规定一些特定废弃物的排放量，建立合法的排放权利予以出售。并允许这种权利象一般商品那样进行自由交易。供求规律将最终导向环境资源的有效配置。

在环境经济学所采用的分析方法中，最常用的基本分析工具，是费用——效益分析。这一分析技术最初是从水利部门发展起身的。在环境经济学中，主要是用来衡量减少环境污染损害的效益，也就是用来确定提供最大社会“净利益”的废弃物的适当排放量，保证企业以最小的环境污染防治费用达到环境标准。这对整个社会来说，也是最有效率的。

三、环境经济学在我国的研究和应用

我国对环境经济学的研究起步较晚，大致始于1980年前后。最近几年，主要从引进介绍西方环境经济学入手，结合我国的具体情况，探索建立有中国特色的环境经济学。目前，一些高等院校已开设环境经济学课程，开始试办环境经济学专业；国家也已将环境经济科学列入科学技术发展纲要和经济学科发展规划，正组织力量加快研究步伐。专家、学者认为，最近一时期，我国环境经济学研究的重点是：(1)环境经济学基本理论；(2)生产合理组织与环境保护的关系；(3)污染防治效果；(4)运用经济方法进行环境管理。

相对于理论研究的不足，我国在环境经济学的应用方面应当说是比较成熟和富有成果的。70年代末期，环境经济学的理论和分析方法(如收费制度理论等)就开始用于制定环境经济政策，指导环境管理的日常事务。近年来，这一趋势一直在不断加强，许多人认为，环境污染迅速增长的势头在最近几年已得到抑制，环境质量开始回升，这些在一定程度上与通过环境经济学所提供的理论和分析方法制定有效的环境管理方法有关。现阶段我国环境经济学的应用主要集中在这样几个方面：(1)研究污染防治与资源利用的经济效果；(2)采取经济措施，以强化环境管理和提高环境效果；(3)建立环境保护基金；(4)发展环境保护的产生部门。

中观经济学

潘功胜

中观经济学兴起于70年代。目前,中外经济学家对于它的研究对象有几种不同看法。第一种观点认为,中观经济学的研究对象是介于宏观经济与微观经济之间的经济部门、地区、企业集团的经济运行规律,其目的是为制定部门、地区、企业集团的经济政策提供理论依据;第二种观点认为,中观经济学是介于宏观经济分析与微观经济分析之间的一种经济分析方法,旨在弥补现有分析方法的不足;第三种观点则是按某一类经济问题的聚合和扩张来认识中观经济问题,例如环境保护中的经济问题、发展饲料工业问题、发展水电问题、旅客运输问题、排污收费问题等等,而不是把部门、地区视为中观经济的界限。

上述不同看法的区别在于:第一种观点将中观经济学视为与宏观经济学和微观经济学并存、且具有客观研究实体的经济学科;第二种观点将中观经济学视为一种有别于宏观、微观经济分析的经济分析方法,认为它没有客观的研究实体;第三种观点把中观经济学视为既不是研究介于宏观和微观之间的经济实体的学科,也不是一种经济分析方法,而是一种探讨跨地区、跨部门的,对国民经济的发展起着重大作用的某项具体的、较为关键的经济问题的学科。现在人们所说的中观经济学,一般是指第一种观点。

最早明确提出"中观经济"概念的,是德国奥斯登堡大学的汉斯·鲁道夫·彼德士博士。他认为,国民经济体系分类包括微观经济、中观经济和宏观经济。因为从国民经济角度来看,经济部门、地区和集团,就其规模来说,是介于个体经济和总体经济之间的中间聚合体,有必要把这个领域划分出来,并为它创立一种独立的理论。此后,英国产生了以垄断和多国资本为研究对象的中观经济学。澳大利亚莫那斯大学经济学教授兰亚昆,于1986年写了《中观经济学:一种微观——宏观分析》一书。他认为,中观经济学是一种容纳宏观和微观因素的经济分析方法,"它着眼于一个典型企业的微观经济分析,但同时考虑到经济变量(总需求、总产出、价格水平等)对企业的影响……它介于宏观经济分析和微观经济分析之间、局部均衡分析和一般均衡分析之间,所以,我们称之为'中观经济学'"。

在我国,80年代初开始重视中观经济学。改革开放使区域经济的联系有了长足发展,跨地区、跨部门的横向经济联合体迅速成长,区域经济的理论问题逐渐突出起来;另一方面,随着国民经济管理体制的改革,需要建立一种分级管理控制系统,部门和地区在调控系统中的地位和作用也日益突出,迫切需要对中观经济进行独立的研究。正是在这样的客观形势下,中观经济学在我国得到了发展。

就一般意义上的中观经济学(即视中观经济与宏观经济、微观经济相并列,其研究的出发点是经济地区、部门和集团)而言,其主要内容有:(1)中观经济实体。主要包括部门经济实体和区域经济实体;特区经济、中观经济横向联合体等也包括在内。(2)中观生产力系统。它是经济区域、部门的生产力的有机结构体,包括区域生产力系统、部门生产力系统、部门和区域生产力交叉联系系统,具有中间性(介于微观生产力和宏观生产力之间)、过渡性(从微观向宏观的过渡)和集散性(适当集中和适当分散)的特点。(3)中观经济系统功能。其功能主要有:一是转换功能。中观经济层次从各自的实际情况出发,对宏观管理与控制的目标、方针和政策等进行因地制宜的分解、转换,调整其作用的方向和方式,监督与检查执行的情况,以便使中观各层次的经济活动既符合宏观控制的要求,又符合本部门、本区域的经济情况。二是调控功能。中观经济系统在它所能涉及的部门或区域范围内,利用差别税率、地区财政支出、差别利率和差别价格等经济杠杆,对中观经济的运行进行调节和控制,中观经济调控在宏观与微观调控之间起阀门或缓冲器的作用。三是决策功能。中观经济系统负责部门或地区的经济决策,其决策的主要内容包括中观目标决策、中观优势决策、中观协作经营决策、中观经济开放决策等。(4)中观经济分析与模型。中观经济分析包括对部门经济的分析和对区域经济的分析;中观经济模型以中观经济理论为前提,通过设立若干适当的经济变量及其相互关系的数学形式，来表述中观经济的主要行为和运行关系，它是现实中中观经济关系的简化和抽象。其内容包括中观经济增长模型、中观福利增长模型、中观经济系统模型等。(5)中观经济运行机制研究。中观经济运行机制运用经济的、行政的和法律的手段，来协调中观经济系统的活动，这个运行机制至少包括中观决策层次、咨询服务层次和执行层次。整个中观经济系统运行机制的正常运行，有赖于这三个层次的协调行动；同时研究中观经济系统的运行机制，不仅要对各个层次及其职能分别进行研究，而且要对各个层次及其职能进行综合研究。

中观经济学把国民经济中部门、地区作为相对独立的系统进行研究，有助于了解和发挥各地区、部门内部的经济优势，建立和发展地区之间、部门之间的科学分工和协作；有助于加强地区、部门、集团的经济管理，发挥国民经济调控系统中中间环节的作用，促使宏观管理与微观管理更好地结合、国民经济持续协调地发展。

中观经济学的研究在中外都是刚刚起步，它的内涵是丰富的，它的研究前景是广阔的。

节约经济学

黄铁苗

一、节约经济学的产生

节约经济学是近些年由我国的经济理论工作者创立的。其产生的背景是：党的十一届三中全会以来，由于实行改革开放政策，我国在经济建设以及其它方面都取得了巨大成就。可是，经济生活中还存在不少问题，最为突出的是生产、建设、流通领域中普遍存在着高消耗、低效益、高投入、低产出、高耗费、低效率的现象；许多产品质量低劣，物质消耗升高，成本增大，亏损增加；基本建设项目过多，战线过长，不少工程不能及时投产。在消费领域中，不少人大慷国家之慨，挥霍奢侈之风愈演愈烈。我国经济理论工作者多方探讨经济建设乃至整个社会生活中厉行节约、杜绝浪费的理论与方法，曾发表过大量的论文，产生了一些有价值的成果。

二、节约经济学的研究对象

节约经济学的研究对象，主要包括以下几个层次的内容：

第一个层次，是社会经济生活中存在的浪费。浪费一般是指对有价值之物的滥用。从宏观方面观察，我国多次的比例失调造成的浪费，是无法用数字来统计的；产业结构不合理、投资决策失误、投资管理失误、投资建设周期过长、固定资产不能正常交付使用和交付后闲置不用等，也都造成了严重的浪费。从微观方面考察，在活劳动、劳动对象、劳动资料、资金、产品质量、资源、技术、购销、运输、储存、进出口产品、消费品等方面，都存在着严重的浪费现象。从社会财富的物质形态考察，存在着生产资料的浪费和生活资料的浪费。从时间上看，浪费现象从建国至今，一直存在。从空间上看，存在着国家浪费、单位浪费、家庭浪费和个人浪费，等等。上述种种浪费现象，一直严重地妨碍着我国经济的发展、人民生活的改善和社会主义制度优越性的发挥。所以，节约经济学首先从揭露浪费现象开始研究起。

第二个层次，是分析造成浪费的根源。我国严重的浪费现象，根源于传统的经济体制。经济体制是生产关系的具体形式。过去，政企不分，国家对企业管得太多、太死、加上产权关系不明晰，形成了无人负责制，导致了形形色色的浪费现象。当然，管理不善、技术落后、劳动者责任心不强等，也是造成浪费的重要原因。

如何消除浪费？这是节约经济学研究对象的第三个层次的内容。其根本措施，就是要在所有制的具体形式上进行深入改革。明确产权关系。这种改革不是改变公有制、寻求私有化，而是改革公有制具体形式中不利于节约的因素，以及探寻更加有利于节约的新形式。

第四个层次，是揭示节约规律。节约规律就是有价值之物在使用过程中量的变化的内在的、本质的、必然的联系及其发展趋势。它包括宏观和微观两个方面。宏观节约规律是从总量上观察的节约规律，如社会生产按比例发展规律；微观节约规律是从单位产品考察的节约规律。

概括起来说，节约经济学就是一门从揭露浪费入手,分析浪费根源、探寻节约途径、揭示节约规律的科学。其核心是要实现社会再生产总过程中人力、物力、财力等有价值之物的节省。人力的节省,就是活劳动的节约;物力的节省,就是物化劳动的节约;而财力的节省,就是物化劳动和活劳动节约的货币表现。一切节约,归根到底,都是劳动时间的节约。劳动时间的节约,可以从多角度、多方面进行考察。从社会再生产总过程考察,劳动时间节约表现为生产、交换、分配、消费过程的人力、物力和财力的合理使用和力求避免浪费;从宏观方面考察,劳动时间节约是指社会总劳动时间在各个部门能够得到合理分配,表现为产品结构合理,各部门比例协调,没有盲目生产;从微观方面考察,劳动时间节约是指单位产品的物化劳动和活劳动消耗都减少到了最低限度,表现为产品成本低、产品总量增加、企业盈利上升、竞争能力增强;从质量方面考察,劳动时间节约是指社会各部门提供的都是社会标准质量的劳动时间,表现为产品中的次品、废品降低到最小限度;而且运输没有损坏,到达消费者手中时,符合质量标准;从数量方面考察,劳动时间节约是指社会生产都符合社会需要,表现为各部门产品不存在滞销积压,社会总供给符合总需求。总之,节约等于增产,节约可以扩大经济效益,可以发展社会生产力,有助于使人民日益增长的物质文化生活需要得到最大的满足。这也正是研究节约经济学的目的所在。

三、节约经济学的主要内容

节约经济学的主要内容包括三部分。

第一部分,节约经济学的基本问题。主要阐述节约经济学的研究对象和方法,以及马克思主义有关节约的一般理论,包括劳动时间节约的内容、规律和途径;节约和发展社会生产力的关系;社会主义节约理论以及实现节约的根本措施。

第二部分,从社会再生产总过程的各个环节分析社会主义的节约。首先是生产领域的节约,包括活劳动、劳动资料、劳动对象的节约,以及资金占用和产品质量的节约。其次是流通领域的节约,包括商品购销、储运以及进出口过程中的节约。再次是分配领域的节约,包括从价值形态考察的资金分配中的节约,从使用价值形态考察的物资分配中的节约,以及从活劳动形态考察的全社会劳动力分配中的节约。最后是消费领域的节约,包括宏观消费决策方面的节约和微观消费方面的节约,还有对消费膨胀的治理等。

第三部分,节约是个永恒的主题。主要是从历史的制高点上认识节约的重要性和永恒性,包括对节约的历史考察和阐明节约是社会经济发展以及人生意义的永恒主题。

四、研究节约经济学的重要意义

首先,有利于完善和巩固社会主义制度。唐朝诗人李商隐在《咏史》中写道:“历览前贤国与家,成由勤俭败由奢。”这是千真万确的。浪费必将妨碍社会主义优越性的发挥和社会主义制度的巩固。加强节约经济学的研究和发展,将有助于杜绝浪费,从而有助于社会主义制度的巩固和完善。

其次,有利于发展社会生产力,建设社会主义的物质文明。物质文明是人类改造自然的物质成果。研究和发展节约经济学,探寻节约的途径和增产的方法,避免各种浪费,就能使同样的劳动消耗创造出更多的为社会所需要的物质财富,使人民的需要得到更大的满足,从而增加社会主义物质文明的程度。

再次,有利于社会主义精神文明建设。精神文明建设关系到社会主义的兴衰成败,是社会主义的一个重要特征。研究和发展节约经济学,能够增强人们的节约意识,使之自觉树立勤俭节约、艰苦奋斗的风尚,自觉与铺张浪费现象作斗争,这就能大大提高社会主义精神文明的程度。

最后,有利于社会主义的廉政建设。研究和发展节约经济学,有利于各级干部懂得俭可养廉的道理,从而自觉抵制各种腐朽思想的侵蚀和与各种腐败行为作斗争,自觉地进行社会主义的廉政建设。

社会主义分配经济学

高书生

一、建立社会主义分配经济学的意义

社会主义经济发展和经济改革的实践证明,分配在社会主义经济中具有十分重要的地位和作用。建立一门系统研究社会主义分配问题的学科，是繁荣经济科学的需要。首先，建国以来，学术界曾就社会主义分配问题开展过广泛而又深入的讨论，取得了重要的突破，并且出版了一些专著。然而，由于有关社会主义分配问题的研究长期以来大都从属于政治经济学和部门经济学，致使从事这项研究的人分隔于各个不同的"岛屿"，研究的领域受限制。形象地讲，就如同将社会主义分配这架机器拆得"七零八落"，不去研究整体，只去研究各个零部件。而部分和整体是统一的、不可分割的，只研究部分，不研究整体，就会导致只见树木，不见森林。对社会主义分配局部或部分的研究，只有在揭示了社会主义分配作为整体的特征和规律的基础上，才能有成效地进行。

其次，分配作为社会再生产的一个环节，它同生产、交换和消费环节一样，具有自身的运动规律和独特功能，因而是相对独立的整体，可以成为独立的研究客体。当然，我们把社会主义分配活动纳入一个系统中加以研究，并不意味着就分配论分配，而是要把这项研究置于经济和社会发展的大环境中进行。

二、社会主义分配经济学的研究对象

社会主义分配经济学的研究对象，是社会主义分配的自身规律及其同外界环境交互作用的规律。

社会主义分配是一个系统，这个系统包括若干子系统和分系统。子系统是分配活动中的"块块"，分系统是分配活动中的"条条"。从总体上看，社会主义分配系统的子系统包括微观分配和宏观分配两个方面。微观分配，是指以农户和企业为分配主体所进行的分配活动；具体地说，就是农户和企业在市场上获得经营收入并扣除生产资料消耗后将其分配给各个利益主体的活动。宏观分配，是指以政府(包括地方政府)为分配主体所进行的分配活动。社会主义分配系统的分系统包括税收分配、工资分配、租息红利分配、补贴分配和社会保障等。

三、社会主义分配经济学研究的内容

社会主义分配经济学主要研究以下问题：1.社会主义分配产生合力及整体功能效应的规律。一是优化分配结构和子系统的相互协调，是社会主义分配产生合力及整体功能效应的基础；二是分系统在子系统相互协调的基础上，通过各自内部及其相互之间的内在协调，可以充分放大子系统的各自功能，从而提高社会主义分配的整体功能效应。2.社会主义分配同其外界环境交互作用的规律。主要包括两个方面；一是外界环境通过各种途径和方式影响和制约社会主义分配的规律；二是社会主义分配依靠自身的内在协调，积极适应外界环境(产生免疫功能)、改变外界环境状态(产生分配效应)的规律。3.社会主义分配的统计分析。包括从总体上对社会主义分配进行定量分析，探索建立科学的社会主义分配统计分析体系。4.分配体制改革和收入分配政策。分配体制改革主要研究改革的总体推进战略，包括改革的总体目标、总体思路等；收入分配政策包括税收政策、工资政策、社会保障政策、租息红利分配政策、财政政策等。

经 济 社 会 学

杨 伟 民

经济社会学是把经济活动看作社会活动的一种类型，把经济系统看作社会系统的一个子系统，运用社会学的概念工具和理论体系，研究经济行为、经济组织、经济制度的一门学科。它是社会学与经济学的交叉学科。其研究对象基本上与经济学相同，但是研究的角度不同于经济学。它是运用社会学的观点、方法，来研究利用具有多种用途的稀缺资源进行的生产、交换、分配、消费等活动。

在现实中，人们的经济活动总是与非经济因素相关的。经济社会学主张运用社会学的概念和理论，通过对经济因素与非经济因素的相互作用的解释，来说明经济活动及其经济系统的运作。人类满足经济欲望的活动，不能脱离与他人的合作、组织、交换、竞争、支配等社会过程或社会关系。因此，一方面，人类的经济活动与非经济因素是相关的；另一方面，人类的经济活动同时也是社会活动。经济学的理论和方法，相对于其它社会科学学科是很发达的，并且取得了巨大的成就，但是，由于它忽视非经济因素对经济活动的影响，无法认识人的经济性活动中作为社会活动的侧面。经济社会学的任务，就是认识人类的经济性活动中作为社会活动的侧面，探讨经济系统作为社会系统的一个子系统，与其它社会子系统相互作用、相互影响的状况及其规律性。

经济社会学的产生既与社会学的发展有关，也与经济学的发展有关。经济学中的历史学派、制度学派，启发和推动了经济社会学的产生；社会学在融汇各种流派的基础上形成的结构功能主义，应用到经济社会学中，推动了经济社会学成为一门系统的学科。

早在19世纪中叶，经济学中的历史学派就提出：根据一些想象中的“经济人”的假设进行演绎推理是错误的；要理解国家的经济生活，只有通过其特殊的文化发展和历史发展。他们认为，经济学是关于特殊社会背景下特殊人们的具体经济行为的归纳性科学。受经济学中的历史学派的影响，德国社会学家马克斯·韦伯接受了经济活动必须在社会背景和制度背景下进行概括的观点。但是，他反对历史主义者的非理论性观点，认为这容易陷入单纯收集大量历史事实的困境。韦伯提出了一种关键性的概念工具“理想类型”，并用各种不同的“理想类型”作为进行比较研究的基本方法。韦伯的《经济与社会》一书发表于他去世后的1922年，该书以世界通史为对象，运用“理想类型”的方法，对各种经济形式、法律形式、统治形式和宗教形式进行比较研究，先后或同时论述了经济社会学、法律社会学、政治社会学和宗教社会学。因此，韦伯被视为经济社会学的早期代表人物。

美国的经济学家和社会学家索尔斯坦·凡伯伦，按照进化论和社会学的推理方式，对古典经济学进行了批判性的剖析。他主张把人们的经济行为放在社会背景之中加以分析，反对将人类的功利主义和享乐主义的习性作为经济行为的动因。凡伯伦认为，古典经济学家的范畴只能被应用于特定的历史环境，而且被应用的范围受到很大的限制。因此，他主张一种新的经济学，这种经济学是进化的，是建立在人的行为概念上的。个人的经济生活史是手段不断适应目的的一个累积过程；社会也是如此，也存在一个连续的经济手段适应经济目的的过程。进化经济学就是关于不断积累的经济制度的理论，关于经济利益决定文化增长过程的理论。这种经济学不仅仅研究经济问题，而且研究变化着的经济制度及与经济制度有关的一切问题。凡伯伦通常被视为经济学中的制度学派的创始人，实际上，他的思想也推动了经济社会学的产生。

出生于法国的意大利经济学家和社会学家淮尔弗里多·帕累托，也对经济社会学的发展做出了重要贡献。在帕累托看来，经济领域被自我限制在人类活动的单一方面，即获取稀有资源的合理活动或逻辑活动，而那些被排除在经济学家研究范围之外的不合理行为或非逻辑活动，在相当程度上影响着人类事务。经济理论研究的是决定社会的具体“经济”活动的一些变量，它必须由研究其它重要变量的不同的抽象体系来补充。他的社会学理论就是研究这些补充变量的。他试图用社会学和社会心理学的概念去弥补经济学的抽象性。

系统的经济社会学理论，形成于第二次世界大战以后。主要代表人物为美国的塔尔科特·帕森斯和尼尔·斯梅尔瑟。他们于1956年合著了《经济与社会》一书，系统地论述了经济社会学的研究对象、方法和主要内容。1963年，斯梅尔瑟又单独撰写了《经济社会学》一书。1974年，日本社会学家富永健一也编写了一本名为《经济社会学》的著作。

斯梅尔瑟的研究着重于经济活动中的经济因素与非经济因素的关系。富永健一的研究更侧重于用社会学的观点、理论研究经济活动、经济系统。他们的共同点是，都主要以帕森斯创立的结构功能主义社会学的概念工具、理论体系作为经济社会学的理论框架和研究方法。

按照帕森斯的社会学理论，两个或两个以上的作为特定社会角色的活动者的互动过程，就是一个社会活动系统。任何一个活动系统的存在，都必须满足四种基本的功能需求：适应、目标实现、整合、模式维持。这四种功能分别由活动有机体、人格系统、社会系统、文化系统四个子系统承担。每个子系统在与其环境的相互作用中，满足行为系统的一种功能需求。而且，任何一个子系统作为一种活动系统，也同样具有上述四种基本的功能需求。经济系统是社会系统中承担适应功能的子系统，与此同时，它作为一个活动系统，也具有适应、目标实现、整合、模式维持四种功能需求。因此，一方面，经济系统作为承担适应功能的社会系统的子系统，同其它社会子系统之间必然存在着功能上的联系；另一方面，在经济系统作为社会活动系统的情况下，其它社会子系统又是经济系统的组成部分，分别承担经济系统的各种功能，并且在经济系统中于功能上相互联系。家庭、医院、大学、工商企业等社会群体，或多或少都从事经济活动，都在经济之中；主要从事经济活动的工商企业，也要有政治、文化方面的考虑。经济社会学就是运用结构功能主义的社会学理论，用功能分析、系统分析的方法，将经济活动作为社会活动的一种类型，将经济系统作为社会系统的一个子系统进行分析研究的。

经济社会学的研究内容主要有：(1)经济活动，包括生产活动、消费活动、储蓄活动等。对这些经济活动的研究重点，是实证性地探讨职业、学历、社会地位、价值观念、社会意识、家庭背景等地位因素、态度因素，作为变量与经济活动的相互关系、相互影响。(2)经济系统，包括经济系统的结构所依据的经济制度、各种经济实体的组织规则及运行状况、市场的运行及规则、公共经济利益的实现状况等。对这些内容也是运用社会学的观点进行研究，着重于经济因素与非经济因素的相互关联。(3)经济系统的结构变动，包括市场体制与计划体制的相互替代，各种不同的社会经济形态中的经济系统的结构及其变动等。(4)与社会经济政策的决定过程有关的各种问题。

经济社会学作为一种理论、一门学科，有助于人们更深入地了解社会经济发展变化的实际状况及其规律性，这一点已为大家所公认。但是，由于系统的经济社会学理论必须是对经济学理论、社会学理论的准确把握和融汇贯通，因而，经济社会学至今还是一门尚未完全确立的学科，是一门发展中的学科。

非平衡系统经济学

钮 华 明

非平衡系统经济学，又称开放系统经济学，它以非平衡的开放经济系统的结构和功能为研究对象，根据系统——结构——功能的科学观点，结合历史，考察现代社会经济发展的规律，探讨开放经济系统相互联系、相互制约的关系，以及形成有序经济结构的条件与特点，属于现代应用经济学科。其任务是形成一个发展进化的、稳定有序的、有活力的、良性循环的自组织功能经济结构。

非平衡系统经济学是在马克思主义哲学原理指导下，应用非平衡系统与经济学相结合、自然科学与社会科学相结合、中国文化与西方文化相结合、传统科学与现代科学相结合、定性分析与定量分析相结合的方法研究经济问题，由此形成特定的哲学方法和系统分析方法，对经济问题进行科学的综合分析。所以，非平衡系统经济学是一门横跨现代物理学、生物学、数学、社会学、经济学等学科的边缘学科。

非平衡系统经济学是80年代初由我国部分自然科学工作者和经济理论工作者提出的。其理论渊源是本世纪60年代盛行的非平衡系统理论。随着科学的进步，热力学和统计物理学的研究范围从平衡态推向远离平衡态，形成了认识非平衡态规律性的非平衡系统理论。目前，国际上研究非平衡系统理论的学派主要有三派：一是1969年以比利时的普列戈金为首的布鲁塞尔学派，提出了耗散结构理论，普列戈金本人因此获1977年诺贝尔化学奖。二是1974年原联邦德国斯图加特大学著名物理学家哈肯创立的协同学，它受到了广泛的重视。三是原联邦德国柏林大学生物学家艾根于1977年提出的超循环理论，它解释了生物的演化和遗传变异的过程，为生命科学奠定了理论基础。耗散结构理论、协同学和超循环理论的研究对象，是远离平衡的开放的复杂系统从无序到有序的转变过程。研究目标是非平衡系统的组织结构。人们从不同的角度、不同的学科研究中，发现了一个远离平衡态的非平衡系统(不管是有生命的，还是无生命的)，当外界的条件变化达到某一值时，通过涨落，系统可能发生突变，自动产生一种自组织现象，即由原来的无序状态，形成一种时空功能有序的结构。这一理论称为非平衡自组织理论，它是研究非平衡系统的基础理论。

非平衡系统经济学正是以非平衡系统理论为基础来构筑自己的理论框架的。其主要内容是：根据耗散结构理论建立的耗散结构经济论；根据协同学原理建立的协同发展经济论；根据超循环理论建立的开放循环经济论；并综合形成了一般经济系统论、生态经济论、经济动力论等经济理论。这些内容构成了一个完整的、相互联系的有机整体。其中，一般经济系统论着重阐明经济系统的整体功能，以及保证整体功能的信息控制的原理。耗散结构经济论着重阐明开放系统引进的负熵流使平衡态向远离平衡态进化，而非平衡有序结构是由竞争作用的涨落触发形成的，其能量是由外界供给的。这里，系统与环境的开放性和竞争规律作用得到了科学的阐明，进而证明了实行市场经济的必要性。协同发展经济论着重从系统内部的稳定性上阐明协同作用的机制，从内部协同规律的作用证明了实行计划经济、加强管理和宏观决策控制的必要性。开放循环论揭示了经济发展必须符合循环规律，使经济系统具有良性循环功能，即系统内部的小循环要与系统外部的大循环衔接起来。系统内产生的物质应为别的系统有效地吸收，而不能阻碍和危及整个循环的进行。在这里，自组织规律为我们保证经济良性循环和经济结构具有生命力提供了科学认识。生态经济论阐明了经济系统与生态系统的相互关系，即发展经济时应注意人与自然的和谐关系。经济动力论则阐明了经济系统发展的动力问题，这种动力来源于系统外部环境和内部的相互作用。动力观点为人们引导经济系统不断向前发展提供了科学认识。

非平衡系统经济学是以以下八大原理作为自己分析社会经济问题的基本方法：

1. 系统原理。系统是一个多因素、多部门相互作用的整体，整体是有目标的、有序的。系统的整体功能大于各部分功能的总和。控制论的目的就是根据系统运行过程中的信息反馈，对系统整体目标进行调节控制。

2. 开放原理。经济系统的整体功能与系统对环境的关系影响甚大。与环境相互作用的开放系统，能够不断吸收外界的物质、能量、信息来充实和发展自己。开放的观点能够引导人们注意环境的变化和环境对系统的约束及发展动态，以利于建立发展目标和提高系统的应变能力。

3. 协同原理。系统对内要求各子系统围绕目标具有协同作用，以保证系统的整体性和与外界环境的适应性。系统的协同性产生功能放大，增强了系统的竞争能力，使系统处于发展状态。因此，系统的协同性是系统稳定发展的重要条件。

4. 非平衡原理。从系统内部的组成看，多样性非均匀的非平衡系统由于内部结构的互补性、非线性和差异性，保证了系统处于动态的发展状态。非平衡的观点引导人们认识经济系统的运动状态，促使人们自觉地将静态的平衡系统改建成动态的非平衡系统。

5. 良性循环原理。系统间相互作用的外部表现，都以各种各样的循环表现出来，在循环过程中的物流、能流、信息流的流量和速率，反映系统的运行状态。从时间的不可逆性和系统维系的广泛性影响来考察，就能看出长期增长趋势是良性循环还是恶性循环。良性循环的观点与长远利益和整体利益衔接起来，要求经济效益与生态效益、眼前效益与长远效益、微观效益与宏观效益结合起来，使经济系统处于良性循环的功能状态。

6. 信息原理。系统有序结构的形成，需有一定的信息，失去信息就是失去有序性。信息指导系统运行。所以，在经济系统的预测与决策中，信息的作用十分重要。由于信息是随时间的不可逆性不断生灭的，因此信息的时效性和处于生长点及变化点的时机识别是经济管理和控制的重要问题。

7. 自组织原理。由于人是社会的人，生产也是通过一定的群体和管理组织机构完成的。个人的作用和群体组织的作用紧密相联。自动组织起来的自组织，具有自适应、自调节、自繁殖的功能。因此，自组织观点会促使人们改革体制，使经济组织更具生命力。

8. 动力学原理。动力有系统外部的外动力和系统内部的内动力。同任何系统一样，经济系统的动力也是由外部竞争动力和内部协同动力推动的。

非平衡系统经济学的应用范围十分广泛，包括城市系统、农业系统、市场系统、人才教学系统等，其本身的理论拓延已涉及历史学、文学、社会学、教育学等学科。从其发展趋势看，有可能在我国逐步形成一种新的知识结构，以建立我国现代经济管理科学体系，并以它作为基础之一，发展成为内容更为广泛，更为全面的系统经济学。

这门新创立的边缘经济学科目前尚处于刚刚起步阶段。国内已经发表的主要论著有：1981 年秦麟征编辑的《开放经济论文集》；1982 年周豹荣编写的《非平衡系统经济学与计量经济学》；1987 年 5 月胡传机、周豹荣等编写的《非平衡经济学导论》；同年 10 月胡传机的专著《非平衡系统经济学》等。为适应我国国民经济发展的需要，我们尚需扩大这门学科的研究队伍，并提高其理论水平。

港口经济学

陈翔云

港口经济学是第二次世界大战后出现的一门应用性的经济学分支学科，它以港口的经济活动作为研究对象。港口这个概念有狭义和广义之分。狭义的港口，是指进行一些具体的业务活动，如船舶停靠、货物装卸作业和旅客上下等的场所。广义的港口是指一个国家或一个地区范围内港口区域的总称，包括与港口有密切依存关系的各种产业所在的区域，例如。自由贸易区、出口加工区，等等。港口经济学既研究港口具体业务的经济活动，也研究港口区域的经济活动，而以后者作为研究的重点。

一、港口经济学的形成与发展

港口经济学是随着商品经济的发展，国内外贸易的繁荣，交通运输业特别是水运的发展，港口在交通运输中的地位、作用日益显著和重要而发展起来的。本世纪50～60年代，交通运输业已发展成为一个独立的专业部门。在交通运输体系中，港口成为水陆交通的要道和联结各种交通方式的综合交通运输体系的重要环节；它又是港口城市的门户和相关腹地经济的咽喉，是城市以及与其有密切联系的区域、流域或海域经济的有机组成部分。在经济国际化的过程中，在世界经济一体化的推动下，它是我们走向世界的一个通道。随着港口的发展，港口与各方面的联系日益频繁与紧密，内部与外部有众多的经济关系和复杂的经济问题需要科学处理，港口经济学就是在这样的社会经济发展背景下产生的。

在我国，自从党的十一届三中全会以后，在发展有计划的商品经济过程中，港口逐步繁荣，港口建设的速度大为加快。港口发展中取得不少新经验，也遇到一些新问题，亟需以理论上加以分析、总结和概括。于是，近几年来，我国关于港口建设和发展的理论研讨开始活跃起来。中国港口协会已组织了两次港城关系讨论会；长江港口协会也先后举行过4次河港讨论会，从不同侧面探讨港口发展问题；出版了一些论文集和专著。这标志着港口经济学作为一门新兴学科，在我国已经初步确立。

目前，国外有关港口经济学的论著已在我国流传的主要有：瑞典经济学家J·O·詹森和D·施尼尔森著的《港口经济学》(人民交通出版社，1988年)、苏联P·H·斯密尔诺夫等著的《港口与港口建筑物》(人民交通出版社，1984年)、英国P·霍尔著的《城市和区域规划》(中国建筑工业出版社，1982年)等。国内已出版的著作主要有：《中国对外开放港口》(人民交通出版社，1985年)、《港口与城市文集》(上海人民出版社，1988年)、《港口经济学》(罗正齐著，学苑出版社，1991年)、《港口经济学》(黄大明、陈福星著，重庆出版社，1990年)等。

二、港口经济学的内容

作为一门新兴的学科，港口经济学的研究内容及其结构、体系还在形成和发展中。目前其研究内容可分为宏观和微观两部分：

在宏观方面，主要是从港口与航运的关系、港口与城市的关系、港口与腹地等的关系中，即从港口与外部环境的诸种关系中，来分析探讨各种经济问题。

在微观方面，主要是从港口的内部结构，从港口本身互相联结、互相作用的层次和部位来研究各种经济问题。亦即从港口的组成、种类、性质、功能、作用的分析开始，研究港口的运行机制和经营管理；投资分配与管理；资金的形成和运转；经营成本和费用；设备的折旧和提成；各种费率收取标准的确定与调整；财务管理；自我积累、自我改造和自我发展能力的形成与提高；运输市场的组织和管理；港口企业(或称为港埠企业)的发展方向和行业管理，等等。

港口经济学既分门别类，对港口经济活动的不同层次进行具体的研究，也把这些经济活动组成若干单元，进行综合的系统研究。按照系统分析方法，既研究港口的内部结构及其组成部分和整体的关系，又研究整体和外在环境的关系。总之，港口经济学揭示了港口经济的特点和发展规律，阐明了港口的地位、作用以及运行机制和方式。它是为港口的经营、开发、建设和发展服务的。

企业经营管理纪实

依靠技术进步，促进企业发展

彭健昂

(一)

衡阳市氮肥厂始建于1958年，1964年投产，是湖南省第一个生产碳酸氢铵的厂家。现有职工11350人，其中：干部214人，具有高级职称的6人，中级职称的44人，初级职称的117人。拥有固定资产总值2000万元。年产合成氨能力4万吨，石灰1.5万吨，甲醇1万吨，工业硬化油5000吨，还有液氨、民用燃料、灶具、精细石灰、包装编织袋等，已发展成“以肥为主，多种经营”型企业，是湖南省重点氮肥企业，也是衡阳市骨干氮肥企业。从建厂投产到1991年底止，向国家提供商品碳铵110.788万吨。主导产品“双钱牌”碳酸氢铵质量好，1987年被评为省优质产品，1989年被评为部优产品。“双钱牌”工业硬化油和“双钱牌”甲醇均被评为省优产品。1988年，被省政府命名为“省级先进企业，”被中共衡阳市委、衡阳市政府授予“文明先进单位”称号；1989年，衡阳市政府授予“科技型企业”称号，厂长陈尊和也被化工部授予“有突出贡献的先进个人”称号，连续五届被省石化厅评为优秀厂长；中共衡阳市委授予他“优秀中青年干部”称号；被衡阳市政府评为“优秀企业家”。

(二)

大力推进以节能降耗为中心的技术改造，是小氮肥厂发展生产、提高经济效益的根本出路。该厂发展的历史就是依靠技术进步，不断改造和完善的历史。

在推进技术进步、狠抓技术改造、调整产品结构、促进企业发展方面，该厂坚持突出三个重点：

1. 改革旧工艺，采用新技术。技改中首先确定改革工艺流程，淘汰落后的、能耗高的常压变换工艺，采用双加压流程，并注意采用各种较先进的技术。同时，通盘考虑全厂的实际情况，基本做到全厂各工段的设备能力平衡配套，为降低能耗，降低成本打下较好的基础。

2. 改造设备。建厂时因受客观条件影响，设计不合理，布局不适当，主要设备不配套，投产以来长期运转不正常。在改革工艺流程的同时，注意克服过去那种复制古董的传统习惯，大胆选用一些设计先进的设备。

3. 发动群众，大搞小改小革。为了更好地节能降耗，提高产品质量，增加经济效益，该厂广泛、深入地发动群众，大搞小改小革。1984～1991年共完成小改小革项目745项，其中第一轮承包期(1987～1990年，下同)完成412项，对促进生产，改善管理，提高经济效益起到了积极作用。

该厂在改革的10多年中有了长足的发展和进步。与改革前比较，碳铵产量翻了一番多，经济效益增加数倍。企业发展了，职工个人收入也有了很大提高。1991年，该厂职工人均收入为2180元，比1983年增加184.5%，比1978年增加335.5%。

依靠科技，开发505系列保健品

中国老年报社咸阳保健品厂

咸阳保健品厂创建于1988年6月，是一个以研制、开发505神功系列保健品为主的科研、生产、销售一体化的企业。建厂几年来，我厂在“经济建设必须依靠科学技术、科学技术工作必须面向经济建设”方针的指引下，依靠科技，艰苦创业，在实施“星火计划”、开发医药保健品方面取得了重大突破。1989年12月，我厂试制的一批505神功元气袋投放市场后，患者反应良好。1990年，“505神功系列保健品开发项目”列入国家和省“星火计划”，当年生产505神功元气袋、神功药枕50多万件，创产值755万元。1991年，实现销售收入

4868万元，人均创收29.5万元，实现利税650万元，人均创利税3.92万元；出口505神功系列保健品10万件，创汇150美元。505神功系列保健品的开发，促进了咸阳市医疗保健品产业的形成和发展。1990年以来，我厂生产的505神功元气袋先后荣获国际奖牌5个、国内奖牌26个。特别是1991年5月，厂长来辉武应邀参加了在美国纽约举办的第十四届世界发明家博览会，505神功元气袋以其神奇的功效轰动了纽约市，成为博览会上最受欢迎的产品，荣获"国际成果奖"，来辉武本人也被授予"世界发明家"的称号。1990年底和1991年6月，来辉武先后受到李鹏和李瑞环等中央领导同志的亲切接见。

一、505神功系列保健品是传统医学与现代科技的结晶

505神功系列保健品发明人来辉武为了挖掘祖国的传统医学宝库，近20年来，以浓厚的兴趣翻阅了大量中医学典籍和医学资料，多次涉足秦巴山区、渭河两岸以及甘肃、新疆、北京等地，进行广泛调查，遍访药农，搜集、整理百岁寿星长寿秘方、验方及宫廷保健配方500多例。在对这些宝贵遗产进行认真研究和总结的基础上，结合现代医学和中医学"内病外治、外病外治"的理论，精心设计了505神功系列保健品。为了使其具有更严密的科学性和适用性，我与陕西中医学院、山东中医学院、中国中医研究院西苑医院、陕西中医研究院、西安医科大学等科研院校协作，与有关专家、教授联合组成研究课题组，对505神功元气袋的使用效果进行了系统的临床应用观察和药效学实验，先后临床观察了1205个病例。研究结果表明，505神功元气袋对非特异性过敏性肠炎、浅表性萎缩性胃炎，妇科的月经不调、痛经，中老年虚损衰弱和多系统慢性病及儿科的部分慢性病症疗效显著，治愈率高达80～96.1%。现在，505神功系列保健品已畅销全国各地，并销往世界70多个国家和地区，享誉海内外。

二、科学求实，严格质量管理，牢固树立505企业形象

为了使505神功系列保健品和企业具有强大的生命力，并在中医药保健品开发方面保持领先地位，几年来，我厂重点抓了以下几项工作：

首先是制订产品的企业标准。505神功系列保健品经陕西省卫生厅批准生产后，为了确保质量，我们多次请有关专家和省、市技术监督局的同志深入生产现场考察了解，定期抽样检查，审查资料。在此基础上，由省技术监督局制订并颁发了企业标准，使505神功系列保健品实现了标准化生产。

其次是严格质量管理。为了适应开发工作和企业发展的需要，我厂相继建立了药材管理、成品和半成品管理、计量检测、质量检验等制度，并建立了厂长领导下的车间主任岗位责任制，对职工进行定期培训；在招收职工和选拔人员上严格考核，不滥用私人关系，从而保证了企业人员的良好素质。

再次是实行跟踪服务。对国内外来信坚持每信必复，并提出改进方案和办法。

三、大力开拓国内市场，积极发展外向型新产业

目前，我厂研制的505神功系列保健品不仅畅销全国各省、市、自治区，而且在美国、日本、法国、澳大利亚、东南亚等许多国家和地区也十分抢手。其原因近两年来，随着"505"声誉的提高，我厂按照"确保质量、互利互惠、便于销售、形成网络"的原则，精心选择了数百家大医药商店、医药公司和近千家中小医药店，作为我厂产品的经销点，这些经销点遍布全国各省、区及各大城市。此外，在国家及省、市外贸、医药等部门支持下，我厂积极与美国、英国、加拿大、新加坡、印度尼西亚、泰国、港、澳、台等10多个国家和地区的一些公司建立了购销关系，通过多种渠道，使505神功保健品打入国际市场。

宋本智带领职工革新技术，企业面貌大变样

张卫平　逯时宜

山西省介休市第二机械厂原是建于50年代的二轻集体企业，后因经营管理不善，连年出现亏损而被下放为乡镇企业。到1983年底，全厂固定资产和流动资金总共只有40万元，而银行贷款和外欠款却达50多万元，资不抵债，企业濒临倒闭，工人纷纷要求调离。1984年初，宋本智被全厂职工推荐，担任了二机厂厂长并以风险抵押的形式承包了该厂，他在短短的几年中，坚持以市场为导向、依靠科技进步，强化企业管理，注重经济效益，不断开发新产品，闯出了一条科技兴厂的路子。1991年完成产值978万元，实现利税120万元，分别是1983年的116.4倍和117倍。同年，人均创利8570元。宋本智于1989年、1992年两次被评为山西省劳动模范，1991年荣获"国家优秀星火企业家"光荣称号。

宋本智担任二机厂厂长时，农村已普遍实行了家

庭联产承包责任制。根据这个情况，二机厂生产了适合农民生产需要的小型农用机具和部分工业配件，如犁、耧、耙、平车、马车、拖挂车等，还开发了一批农用生产机具，从而改变了企业"无米下锅，生产不景气"的状况，很快扭亏为盈。到1986年，第一轮承包结束时，宋本智把自己应得的4万元承包费，分别给63名职工入了股，在全市率先实行了企业内部股份制。随后，通过1989年和1990年两次扩股，入股人数扩大到160多人，股金发展到60多万元。在实行股份制的同时，又从企业积累资金中拿出12万元，实行养老金统筹保险制度。企业股份制和职工养老金保险制度的建立和实行，使职工利益与企业的命运紧紧地联在一起，解除了职工的后顾之忧，形成了稳定的职工队伍，企业成为职工利益的共同体，从而较好地体现了职工的主人翁地位。

面对企业日益好转的形势，宋本智深知，市场竞争日趋激烈，企业要稳定发展，不仅要有雄厚的经济实力，更重要的是要有开发新产品、应用新技术的能力，有适销对路的产品。1985年，当煤炭加工转化刚刚在介休地区兴起时，宋本智认定焦化工业必将成为当地重要的优势产业，中小型机械化洗煤设备的需求量会迅速增加。于是，他及时派出技术人员进行考察研究，成立攻关小组，加快研制进程，很快试制成功适应中小型焦化厂使用的LTH－3.6m末煤跳汰洗煤机，成为该厂的第一代拳头产品。深受用户欢迎，获得山西省"优质产品"称号，畅销国内16个省、市、自治区。

当洗煤机的销路仍然兴旺，企业活力大为增强时，宋本智冷静地分析未来市场形势，果断地决定研制一种集经济效益、社会效益和环境效益于一体的新型焦炉，以解决当时大机焦上不起、小机焦效益低、萍乡炉炼焦污染大、质量差的问题。他带领全厂职工艰苦奋斗，克服了技术、资金等重重困难，历时两年多，经过上百次试验，JKH－89型焦炉终于研制成功，实现了"炼焦不渗漏，对空不污染，出焦质量高"的目标，摘取了炼焦王国的"皇冠"。

经过几年来坚持不懈的努力，介休市第二机械厂已由一个资不抵债的"烂摊子"，发展成拥有1270万元固定资产和自有流动资金，有较强发展后劲的企业。

施金昌治厂五年，
西安仪表厂面貌大变

丁盘川　倪玉明

施金昌在西安仪表厂担任厂长以后，由于他顶着困难上，勇于进取，终于使企业面貌改观，各项经济指标在陕西省大型企业中名列前茅。

一、措施得力

1. 始终坚持马克思主义理论的正确指导，端正办企业的指导思想。

施金昌在加强管理的同时，始终坚持党的基本路线，坚持依法治厂，牢牢抓住经济发展不放。他狠抓技术进步、新产品开发、市场开拓，强化管理；重视科技进步、跟踪世界先进技术，发挥人的积极性，致力于生产力的发展，把科学技术当作第一生产力；努力提高产品质量和服务质量，他坚持群众路线，倾听群众的呼声，实行民主决策、科学决策。凡是职工提出的正确要求、正确意见，他都采纳，凡涉及企业经营、职工生活的一些重大问题，都反复征求、听取各方面的意见，按照《企业法》的规定报请职代会审议。

2. 建立企业文化，加强两个文明建设。他确立的企业经营战备思想是：抓技术开发和市场开拓，促企业内部以生产为主体、质量为主线、人为中心的各项管理工作，即"市场、技术、管理"三轮模式；确立经营战略方针是：坚持四项基本原则，以改革为动力，以市场为中心，以技术进步为后盾，以人才开发为支柱，以现代化管理为手段，以经济效益为目标，使企业在生产、经营、技术、管理、人才等方面都不断有所进步；他确立的企业宗旨是：最大限度地满足用户的需求为我厂一切活动的出发点和落脚点；他确立的企业精神是：用户至上，团结、文明，优质、高效，求实、创新。

3. 狠抓技术进步。(1)确定技术进步总方针。放眼世界，立足当前，以我为主；借用国外技术和力量，引进、吸收与创新相结合，硬件与软件并举，设计技术与制造技术、应用技术并重；以过程控制系统为主体，向邻近领域扩展；以智能化为核心，更新产品结构；力争满足国家"八五"和"九五"重点工程需要，在国内继续保持优势，在国际市场争得一席之地。(2)技术开发。1987～1991年，共完成科研21项，样试102项，批试30项。工艺攻关40项，技术革新712项，质量改进24项；获省级以上科技成果43项，省优新产品4项。1988年，10项新产品通过省级鉴定，达到国际80年代先进水平。自1988年实行新产品开发和商品化一条龙承包以后，共完成新产品产值7771万元，1991年首次实现软件销售收入57.8万元。(3)技术引进。1988年引进DCS分散型数字控制系统，1990年引进444温度变送器，1991年引进μR100F智能式记录仪，并引入1151Smart智能变送器进行大部件组装，从而使该厂生产的引进

产品从5个系列增至9个系列.(4)国产化.1系列和1151系列已达95%以上,YS—80已过80%以上。(5)技术改造。完成"七五"技改投资5284.34万元。引进3项产品制造技术;建立10条加工和装配线;建立了计算机管理中心;对锅炉房、冷冻站进行系统改造;进口设备115台(套),其中数控数显加工设备及热处理设备48台;购置国内设备和自制关键非标设备379台,用电子技术改造老设备19台;设备完好率稳定在90%以上,固定资产新度系数已达0.55。(6)标准化。制订了技术、管理和工作标准。主要产品采用和达到技术标准54种,采标率100%;标准复盖率91.9%,贯彻率92.3%,受检率100%,产品达标率100%。1991年通过国家一级企业标准化水平验收,评为机电部"七五"期间标准化先进单位。(7)产品。从12大类416个品种6600个规格,增至12大类566个品种43700个规格,具有70年代末80年代初世界水平产品的产值已占全厂工业总产值的80%以上,部分进入当代最新水平;产品技术水平、质量和系统成套率均跃居全国同行业首位。

4.加强人才开发。努力造就一支门类齐全、配套成龙、高技能、有创造和献身精神的人才群体,培养一支以中、高级技术工人为主体、技术等级比较合理、具有较高素质的职工队伍。同时,扩展新的服务领域。创建软件所,创建仪表控制系统安装公司,并开展了成套检修。

二、成绩显著

1.企业经济效益明显提高。工业总产值由1.0709亿元增至2.3352亿元;利税总额由196万元增至4638万元,五年累计为1.9亿元,上缴税利由1449万元增至3782万元,五年累计为1.33亿元;企业留利由534万元增至2588万元,五年累计为7189万元;实现利润由1402万元增至3385万元,五年累计为1.37亿元;资金利税率(净值)由24.9%增至37.3%,净增12.4个百分点,全员劳动生产率由2万多元增到4万多元。

2.企业整体水平得到提高。1988年进入国家二级企业行列,1990年列入全国500家最大工业企业之一;1989、1990连续两年被评为中国500家最佳效益工业企业之一,并分别名列全国同行业第一、第二名,1991年又被评为全国68家质量效益型企业之一,独占全国仪器仪表行业鳌头;1989年达到国家一级计量合格企业;1991年通过国家节能一级企业预验收;1991年获国家级企业科技进步奖;1991年被评为省"七五"技术改造先进单位;1988年被评为全国机械工业设备管理优秀单位,1990年被评为全国设备管理优秀单位;1989年被评为机电部机械电子工业经济法制先进单位;1990年被国家体改委、司法部评为全国企业法律顾问工作先进集体;1991年成为获全国首届依法治厂"金帆奖"10家企业之一;1987年被评为全国思想政治工作优秀企业。

3.职工生活福利随企业发展而逐年改善。人均收入1991年比1986年净增1686元,增长1.1倍,五年共建楼房4幢,165套,平房53套。并完成厂招待所和幼儿园改造加固。1990年铺设家属区室外暖气管道1万多米,完成15万平方米住宅采暖工程。

从严治内,强化管理,老企业焕发生机

兰化公司经理办公室

中国石化总公司兰州化学工业公司(以下简称兰化公司)是我国"一五"期间建成的第一个石油化工联合企业。现在是全国石油化工产品品种最多的企业之一,产品行销全国29个省、市、自治区及世界14个国家和地区。

兰化公司作为新中国石油化工的摇篮,在出产品、出技术、出人才、出经验等方面,发挥了重要的作用。投产以来,累计向社会提供各种石化产品2000多万吨;为国内外设计了56套石油化工生产装置;承建和援建了125项石化工程;开发国内首创技术93项,其国16项达到国际先进水平;向全国29个省、市、自治区的300多个企事业单位及国家机关输送了近1万名管理干部、工程技术人员和技术工人。公司先后荣获全国"五一"劳动奖状、国家二级企业、全国思想政治工作优秀企业等荣誉称号。

兰化公司能够在困难和曲折中不断发展,有所作为,一条重要原因,就是这个公司在30多年的生产经营实践中,摸索和总结出了一套具有兰化特色的管理方法和管理模式。

一、从细从严,精心组织好安、稳、长、优、满生产

石油化工生产具有高温、高压、易燃、易爆、工艺流程长、操作技术复杂、自动化程度高、生产连续性强的特点。因此,客观上要求企业的一切工作必须细致、严格。而兰化公司是一个具有30多年历史的老企业,技术落后,设备老化,不安全因素多等问题十分突出。为了保证生产的安、稳、长、优、满运行,公司首先建立了

严密的生产组织体系，以及安全监督、工艺管理、设备维护和检查、质量管理、劳动纪律等7个保证体系，强化了以调度为中心的生产指挥。公司和厂两级领导坚持24小时指挥生产，实行"谁主管谁负责"的安全生产负责制，责任到人，一级抓一级，精心组织、认真检查，保证了安全生产。

其次，强化设备管理，在装置达标上挖潜力。为了确保主要生产装置在产量、质量、物耗、能耗、安全、环保和设备运转等7个方面全面达标，公司按照"分层管理、分类达标、全员参与、逐年深化"的办法，将主要生产装置分别落实到公司、厂、车间三级管理，明确提出了详细的达标指标、进度和措施。

再次，建立了一套完整的检查考核制度，定期检查，从严管理，奖勤罚懒，奖优罚劣。公司自下而上实行了班组、工段、车间、二级厂和公司五级检查考核制度，坚持不懈地进行岗位责任制大检查，保证了基础工作达标，做到生产的每一个环节，工作的每一个程序都有章可循。在此基础上，再进行严格考核，做到了考核有结果，检查有记录，结果有讲评，整改有措施。

二、夯"三基"、练内功，强化企业管理

加强基层建设、基础工作和基本功训练，是该公司强化企业管理的永恒主题。多年来，公司结合企业实际，本着"整治、建设、提高"的宗旨，广泛开展了"抓管理、增素质"活动。

整治，就是针对不同时期"三基"工作中存在的问题，从抓现场管理入手，动真的、干实的，在全公司大张旗鼓地开展以治理设备、治理安全环境、治理厂容厂貌和整顿劳动、工艺、施工、岗位、组织纪律为主要内容的"三治理、五整顿"活动。对设备，不论室内和室外的、传动和静止的、在用和备用的，都进行全面整治，从根本上解决设备脏、缺、松、漏、锈等问题。在治理安全环境和厂容厂貌中，对全公司2779个事故柜、260个可燃液体排放点、3160块安全警句牌和标志牌逐一进行检查和规范，并实行"三包"卫生责任区，形成了良好的生产秩序和工作环境。

建设，就是由治标转向治本，把整治的重点放到完善各项规章制度、加强班组建设上来。公司从上到下，修订健全了27个子系统的2400个管理标准、4200个工作标准和5053个技术标准，进一步落实了基层建设的任务和要求，使各项工作都有章可循。

提高，就是在整治、建设的基础上，组织开展"创建一类岗位、一类班组、一类车间、一类科(处)室"活动，使各项管理工作不断上新台阶。

三、开展职工培训，在提高全员素质上下功夫

加强职工培训教育，是强化企业管理、提高职工队伍素质的重要途径。几年来，兰化公司贯彻以人为本的思想，在培养"四有"职工队伍、提高全员素质上狠下功夫。

首先，坚持思想领先的原则。公司组织开展了"忆传统、讲奉献"，艰苦创业，开拓进取的企业精神教育和"学先进，做主人、创一流、多奉献"的主人翁意识教育，经常组织开展职工艺术节，运动会、灯展、花展等寓教于乐的活动，增强了职工热爱兰化，发展兰化的凝聚力。

其次，通过完整的教育网络，分五个层次对职工进行业务技术培训。一是以岗位等级达标为基础，以一专多能为目标，开展工人，尤其是化工操作工人的培训。二是以班组建设的"六个条件"为基本要求，组织班组长的培训。三是以创建一类车间为主要课题，以车间"三个条例"为基本教材，分别对车间主任、党支部书记、工会主席进行培训。四是以提高决策能力和管理水平为目标，组织厂长的培训。五是结合工作任务，带着攻关课题，进行工程技术人员的继续工程教育。

四、健全激励机制，调动职工积极性

兰化公司把调动职工积极性作为加强企业管理的重要方面，坚持从改革入手，理顺关系，强化激励机制，使职工积极性得到充分发挥。

首先，进一步完善各种形式的生产经营承包责任制。公司实行两级任期目标责任制，并对基层扩大了7个方面20条自主经营权，分别实行"百元产值工资含量包干"等14种形式的生产经营承包责任制，采取投入产出、计件工资、工效挂钩、联产计酬、安全、质量否决等多种形式的"包、保、协、挂"承包方法，使企业的效益和职工利益紧密结合起来。工资政策"向一线化工工人倾斜，向重点岗位倾斜，向专业技术倾斜"，稳定了一线化工工人和技术人员队伍。

其次，运用"全员目标激励法"，实行全员参与制。公司每年制订企业方针目标，各厂制定工厂方针目标，基层车间制订车间方针目标，职工制订个人工作目标，实行目标分解，以小保大，全员参与管理，指标责任到人，引导职工兢兢业业做好本职工作，积极主动参与企业各项管理。同时，在全公司范围内开展群众性的"双增双节"活动和合理化建议活动，开展"一斤一两"的节约活动、"一分一厘"的节支活动以及"减少一次非计划停车"、"搞好一次修旧利废"等活动，不仅增加了企业效益，而且培养了职工勤俭办企业的精神。公司还积极推进现代化管理，"七五"期间，共取得449项现代化管理成果，其中总公司和省级成果21项。

再次，开展争创“一流”活动，不断提高职工的进取精神。公司在全体职工中开展了以“做一流工作、创一流成绩、出一流产品、搞一流售后服务，争一流企业”为主要内容的创一流活动，激励了广大职工立足岗位、争创一流的进取精神和奉献意识，进一步提高了企业经济效益。

已故经济学家

孙晓邨
（1906～1991）

孙晓邨，浙江省余杭县临平镇人。1906年生于一个拥有房地产的富庶家庭。在家乡读完小学后，入杭州宗文中学；不久，转入上海震旦大学预科。1925年，考进北京中法大学。1926年，他与几个进步同学一起，创办了《人言》杂志；1929年秋，大学毕业。

1930年春，他受朋友刘呐欧、戴望舒、戴杜衡、施蛰存等邀请，到上海共同创办的水沫书店，担任编辑。半年后，到安徽省天长县立中学任教。从这时开始，他便做一些农村经济调查工作。1931年返回上海，在上海劳动大学附设的劳动中学任教。在这里，他结识了进步学者王学文、朱镜我，经他们介绍，同党领导的"社会科学家联盟"发生联系，并与陈高佣、陈志皋、曹亮等创办了《世界与中国》杂志。

1931年秋，他又回到杭州，在浙江省财务人员养成所和民众教育实验学校任教，同时研究农村经济问题，参加了由陈翰笙主持的"中国农村经济研究会"。1933年秋，经陈翰笙推荐，去南京政府农村经济复兴委员会任专员，主持农村经济调查工作。1934年，他与陈翰笙、薛暮桥等创办了《中国农村》杂志。为了保持这个杂志的合法地位，由他与冯和法的两个在政府内担任职务的人作为发行人。孙晓邨在《中国农村》杂志上发表了一系列颇有影响的经济理论文章，如《现代中国的土地问题》、《浙江的土地分配》、《中国田赋的征收》等。

这期间，他与王昆仑、曹孟君等组织了"南京读书会"。1936年夏，在"南京读书会"的基础上，成立了"南京各界救国会"，孙晓邨当选为负责人之一。同年6月1日，上海、南京、无锡等地救国团体在上海联合组成"全国各界救国联合会"，他被选为中央执行委员会的执行委员。11月，沈钧儒等抗日救国七君子在上海被捕时，他与曹孟君两人也在南京被捕，直到"七七"事变后才获释。

出狱后，经沈钧儒推荐，他出任军事委员会农产调整委员会专员。1938年，该会并入经济部农本局，他继续担任专员。抗战期间，他参加了"民主革命同盟"（简称"小民革"）。日本投降后，他在从事茶叶进出口业务的兴华公司担任副经理，同时兼任上海政法学院教授。这时，他以工商界人士身份从事民主革命活动，通过聚餐会形式团结工商界人士，协助黄炎培筹建民主建国会。

上海解放后，他任上海油脂公司经理、上海工商界联合会秘书长。1949年11月调北京，任中央财经委员会委员兼计划局副局长。从1951年起，他担任北京农业大学校长。"文革"期间遭受迫害。党的十一届三中全会后，他出任社会主义学院院长，兼任民建中央副主席、民建咨议委员会主任、全国工商联顾问、中国银行常务董事、中国国际信托投资公司董事、中国工商经济开发公司副董事长等职务。在第七届全国政治协商会议上，他当选为政协副主席。1991年5月4日因病在北京逝世。

孙晓邨对经济科学的建树，主要有以下几个方面：

1.关于农村经济调查和农业经济理论问题。他从30年代初，就深入农村进行经济调查。与陈翰笙博士接触后，开始用马克思主义原理和阶级分析的方法，去研究中国农村的生产关系和经济状况。他的文章有力地批驳了托派宣扬的"江南无地主"和"中国已经资本主义化了"的谬论。同时，也对乡村改革派、平民教育促进会等人用庸俗经济学方法进行的农村经济调查，做了科学的剖析和批判。

1954年，他在全国农业合作化高潮即将到来之际，与他人合著了《如何实现我国小农经济的社会主义改造》一书。书中指出，对于小农经济的改造，必须坚持"积极领导，稳步前进"的方针，既要反对放任自流，也要反对强迫命令；既要反对保守不前，也要反对盲目冒进。

2.对中国官僚资产阶级性质的分析。通过与上海、南京等地工商界人士的广泛接触，他深入地调查研究了我国新民主主义革命中，官僚买办资产阶级侵吞民族资产阶级财富和剥削广大人民群众的手段。根据调查材料，他指出，中国官僚买办资产阶级侵吞社会财富的手段大体上有以下三种：(1)垄断外汇。国民党政府一向都是按低于黑市牌价来调整外汇官价的，同时又限定民族工商业者出口茶叶，生丝等的外汇收入，必须全部交给中央银行。民族工商业者因此而贴赔了一大笔钱，而官僚买办资本开办的公司却可以随意地向中央银行申请外汇。到手后，又可立即到黑市上去出卖赚钱。(2)金融投机。由于外汇黑市牌价不断上涨，在社会舆论的压力下，中央银行不得不每经过一段时间就调整一次外汇官价。官僚买办均是事先得知调整的消息，便在调整前夕从黑市上大量收进，尔后再大量抛出，从中牟取暴利。(3)代销外货。官僚资本常以外国资本家代理人的身份代销洋货，既从中获取了暴利，又摧残了我国民族工商业。孙晓邨在《经济周报》、《生活周刊》和《世界知识》等报刊上写了一系列文章，阐述这些观点。

3.关于民族工商业社会主义改造问题。解放后，孙晓邨一直在工商联和民建中央工作。他根据工作中的体会，曾多次提出，对于私营工商业要在相当长的时间内允许其发展。1956年基本完成对私营工商业的社会主义改造，他认为这在国际共产主义运动史上是伟大的创举。

除了理论研究之外，孙晓邨大半生的时间都是在经济院校的课堂上或教育行政岗位上度过的。他既是一个经济学的实践家、理论家，又是一位教育家。

（邓加荣）

吴承禧
(1909～1958)

吴承禧，1909年1月30日生于安徽歙县。1928年进入复旦大学商学院银行系学习。1931年毕业后，入北平社会调查所任研究员；1934年出版《中国的银行》一书。芦沟桥事变之后，他长期任浙江兴业银行副经理，曾创办并主编《银线界》月刊，还与吴大琨等创办《经济周报》。解放后，曾任中国人民银行华东区行计划处处长、复旦大学经济研究所教授、上海财经学院教授和教务长、中国科学院上海经济研究所副所长。1957年，被错定为“右派”；1958年1月17日去世，年仅49岁。

吴承禧的学术成就，主要在金融经济学方面。按时期，可分为抗日战争以前及抗日战争时期、抗日战争胜利以后、上海解放以后三个阶段。

第一个阶段的代表著作，是《中国的银行》一书。他对中国银行业发生发展的背景和特点、银行资本、银行分布、银行资金的来源和用途等进行了全面的调查分析，并对银行业与工商业、政府财政与国民经济、银行与产业等方面的关系和作用，以及外籍银行、国内钱庄和银行业之间的关系，进行了分析和探讨。该书实际上是一部中国近现代金融史。该书认为，“近代新式银行的发展乃是伴随产业发展而来的一种并行的产物。产业的发展促进了银行业的发展，而银行业的兴盛与集中，又反作用于产业，使其兼并扩大。二者关系非常密切。”作者指出，中国是个产业落后的国家，银行业的发展比较幼稚与迟缓。在鸦片战争以前，中国的产业停滞在自给自足的前资本主义经济状态中，没有自发的产业革命，那时所需要的及所有的金融机关，就是专以汇兑为业务与融通商业资金为主的票号与钱庄；直到鸦片战争后，随着帝国主义在华经济势力的扩张，随着商品的输出与原料的掠夺，由于国内商业资金的需要，票号、钱庄才不得不相应地扩大，实际当时只有为帝国主义推销商品的职能，仍不能超越商业的范围而与产业发生密切关系。作者翔实地介绍了中国第一家自办的新式银行——中国通商银行及自此以后中国银行业的发展史，但“从中国银行业的勃兴与发展过程看，由于政治的需要者多，由于产业的刺激者少，故银行与产业分离，银行与财政密结不解之缘”，而对于产业的发展则毫无裨益。

在第二阶段，吴承禧在《经济周报》上发表了大量的经济时论，这些论文涉及的问题很广，有的针对某一具体经济问题而发，有的为全局性的重大财经问题而作，但都是根据当时的具体事实，提高到理论上加以评论，提出建议或看法。例如，关于日本投降前后上海经济的情况和特点；关于民族工商业的发展前途；关于中国农村经济情况的分析；关于物价问题；关于战后中国经济建设的路线和形式问题；关于战后中国银行业的情况的分析；关于通货膨胀的诸征象及其流毒；关于利率问题；关于中国经济建设如何脱出歧途问题；关于银行应推行承兑与帖理业务问题；关于法币的价值和发行原则；关于民族复兴与经济改造问题；关于商业银行目前的困难和改进；关于物价的连锁性与管制问题；关于中央银行应运用重贴现政策以促进生产的问题；关于银行国营问题；关于在通货膨胀下中国银行业的情况，等等。尽管涉及诸多经济问题，但更多的还是在金融经济学范围内，其中很多见解至今仍有重要意义。

在第三阶段，吴承禧出版了专著《中国经济新形势》(1950年)，并发表了一些论文。他就新中国经济情况的发展，以理论解释事实，以事实印证理论，体现了一个经济学者的爱国主义精神。他的论文中,有对解放后上海经济性质转变的看法,有关于民族资产阶级的前途问题的探索,有解决上海经济困难的建议,有对共同纲领经济政策的评价,有关于新中国经济形势的分析,有对苏联贷款的评价,有对统一国家财经工作的认识,有关于人民币在农村流转规律的研究,有对现代资本主义和社会主义的经济法则的思考,等等。不少意见对于新中国建立初期经济的发展,起过积极作用。

吴承禧生前还是中国民主同盟上海市第三届委员会常务委员、高教工作委员会主任、上海市第三届人民代表大会代表、中国共产党党员。

(方　治)

张仲实
(1903～1987)

张仲实,原名安人。1903年7月15日生,陕西省陇县人。20年代初,考入三原陕西省立甲种工业学校。在那里,接触了《新青年》、《向导》、《共进》等刊物,阅读了《共产党宣言》、《共产主义ABC》等书籍,遂投身革命活动。参加共产党后,成为中共渭北特友第一任书记,又被选为省学联主席,于1925年出席了在北平举行的全国学联代表大会,被指派为全国学联特派员。

1926年10月,被选派去苏联莫斯科东方大学深造。1928年4月,东方大学中国班与中山大学合并,张仲实分在中山大学翻译班,在张闻天领导下从事理论教材的翻译工作,从此走上了马克思列宁主义理论翻译、研究和出版的道路。他终生不渝,奋斗了六十个春秋。

1930年9月回国,任中共京东特委宣传部长。后转上海,担任《时事类编》半月刊特约编译。他的第一部译作是《政治经济学教程》,由商务印书馆出版。接着,在《时事类编》上连载《苏联五年计划的总结》,在《中山文化教育馆季刊》上连着发表了《帝国主义时代的经济特征及其发展趋势》和《资本主义经济危机论》两篇论文。1935年,经胡愈之介绍,张仲实进入生活书店,并任《世界知识》主编;次年底他又参加了《大众生活》杂志的编辑工作,接替邹韬奋任生活书店总编辑,并被推选为临时委员会主席。除创办《永生》周刊以替代《大众生活》外,他还坚持出版了《世界知识》(钱亦石主编)、《文学周刊》(傅东华主编)、《文艺阵地》(茅盾主编)、《译文》(黄源编,实为鲁迅主编)、《太白》(陈望道主编)、《妇女生活》(沈兹九主编)、《国民公论》(张仲实主编)、《读书与出版》(张仲实、林默涵主编)等一批进步刊物。组织编辑了"世界学术名著译丛"、"青年自学丛书"、救亡丛书"、"世界文库"、"百科小译丛"等系列丛书,主持出版了20多种马克思、恩格斯、列宁、斯大林、毛泽东等人的重要著作。在"青年自学丛书"中,有计划地推出了艾思奇的《思想方法论》、何干之的《中国社会性质问题的论战》、胡绳的《新哲学的人生观》、柳湜的《怎样研究政治经济学》和张仲实的《怎样研究世界经济》等,在当时都产生过重要影响。

抗日战争期间,张仲实翻译了《费尔巴哈论》、《家庭、私有财产及国家的起源》、《论民族问题》、《马克思主义的基本问题》和《政治经济学讲话》等著作,还在多种报刊上发表国际评论和抗战的文章90余篇。1939年初,他应杜重远邀请,赴新疆学院担任政治经济系主任,并任新疆文化协会副委员长。由于宣传抗日,遭盛世才忌恨,次年春逃离虎口。到达延安后,张仲实任马列学院编译部主任,除校订20卷本《列宁选集》译稿外,还在中央政治研究室、中央研究院从事理论研究,并兼任马列学院、陕北公学、中国女子大学等校的政治经济学、马克思主义原理课程。在此期间,参加编译了《马恩列斯思想方法论》一书,撰写了《毛泽东传》、《朱德传》,还发表重要论文多篇,诸如《列宁的著作遗产》、《列宁如何研究马克思、恩格斯著作》、《怎样研究＜资本论＞》以及《共产国际与中国》等。

为有效地提高全党的马列主义理论水平,张仲实根据中央指示,与有关同志拟定了"干部必读"12种书,经中央审批,作为全党理论学习教材。在12种书中,张仲实编译了《列宁斯大林论中国》、《列宁斯大林论社会主义建设》和《社会发展简史》。全国解放后,张仲实先在中共中央宣传部任处长、中共中央西北局宣传部副部长,后于1954年调任中共中央马恩列斯著作编译局副局长兼党组副书记。从此,他把后半生的全部精力投入编辑出版《马克思恩格斯全集》、《列宁全集》、《斯大林全集》这一巨大工程之中。他还重视对一些重要的马列著作进行系统的研究和介绍,为此发表了不少论著,如《＜神圣家族＞一书对历史唯物主义若干基本原理的初步阐述》、《＜德意志意识形态＞一书对历史唯物主义基本原理的阐述》、《巴黎公社和马克思列宁主义事业的发展》、《学习＜政治经济学教科书＞》等。

张仲实主张理论翻译和理论研究相结合,并在这方面为中国的社会主义经济建设和理论发展做出了重要贡献。1958年以前,"按劳分配"被译作"各取所值"或"按劳付酬";"按需分配"被译为"各取所需"。他认为,这两个译法都不准确,容易产生误解。后来,他提出以

“按劳分配”、“按需分配”代替过去的译文，得到了中央和社会的认可。1959年，他提出把“资产阶级法权”改译为“资产阶级权利”，当时未能达到统一认识；但他于18年后的1977年再次著文提出时，却得到了一致的赞同。他在《剥掉“四人帮”在“资产阶级权利”问题上的画皮》一文中，进一步指出：在社会主义时期，虽然还没有消灭资产阶级，但它已经被打倒，不占统治地位；这时的“资产阶级权利”是没有资产阶级的“资产阶级权利”。在这个意义上，他主张把这个词语译为“资产阶级式权利”或“资产阶级性权利”。

张仲实认为，“研究马列，一定要理论联系实际，要注意研究新情况、新问题，老在书本里打圈子没有出路。”在党的十一届三中全会后，他强调“邓小平同志提出的建设有中国特色的社会主义，就是很值得研究探讨的一个重大课题。”（参见《光明日报》1984年11月18日）

张仲实于晚年还写出了《马克思、恩格斯传略》、《列宁传略》，先后在1983年和1984年出版。他的理论研究论著，现已辑成《张仲实文集》三卷，约150万字，不久可望面世。

1984年3月，首都思想理论界隆重集会庆祝张仲实从事马列著作翻译、研究和出版50周年。与会者一致认为他是“本世纪翻译经典著作，一辈子宣传马列主义”。

张仲实于1987年2月13日逝世，终年84岁。他生前还是中国科学院哲学社会科学学部委员，全国政协第四、五届委员和第六届常委。

（方　涛）

施复亮
（1899～1970）

施复亮，浙江省金华市人。原名施存统，一度化名方国昌；笔名有光亮、亮、文亮、伏亮等。早年曾在本乡读私塾。1917年考入浙江第一师范学校。当时，新文化运动的风潮已在杭州西子湖畔激起反响，一师成为浙江新文化运动的中心。1919年下半年，他受《新青年》影响，撰写《文学革命私议》一文，倡导文学革命。此后，他的日记、信札都改用白话文。“五四”运动后，与同学组织起“书报贩卖部”，出售进步刊物，传播新思想；并将原学生团体刊物《双十》改为《浙江新潮》，写文《非孝》，抨击封建伦理纲常，主张家庭革命和社会改造。年底，施复亮到了北平，参加了由蔡元培、陈独秀、李大钊、胡适、周作人、王光祈等人发起组织的工读互助团。他试图通过劳心劳力结合，共同劳动，集体生活，造成一个新社会的雏型。但是，工读互助团很快失败，使施复亮领悟到：“社会没有根本改造以前，不能试验新生活。”

1920年4月，施复亮到了上海，结识沈玄庐、戴秀陶，并在《民国日报》副刊《觉悟》上发表文章，讨论婚姻和社会改造问题。此时，他信仰的仍是无政府主义思想。后与陈独秀等人筹组马克思主义组织。施复亮作为中国共产党最早的党员之一，参与了党的酝酿和筹建工作。当年6月下旬，他东渡日本，担任东京共产党小组负责人。通过勤奋自学，他很快掌握了日语，半年后就译出《劳动问题》，寄回国内，在《觉悟》上连载。1921、1922年，又先后译出《马克思主义和达尔文主义》、《马克思学说概要》两书，由商务印书馆出版。在日本期间，施复亮接触了大量有关马克思主义的日本版著作，逐步摆脱了无政府主义思想影响，转向信仰马克思主义，由此也奠定了他从事经济学研究的方向。

在日本和回国后，他几次遭到逮捕入狱。保释后，执教于上海大学，后任社会学系主任，开设过社会运动史、社会思想史和社会问题等课程。1926年下半年，又遭当局通缉，转至广州中山大学任教，并在黄埔军校、广州农民运动讲习所讲授革命理论。1927年2月，转赴国民革命的中心武汉，任中央军事政治学校教官和政治部主任。大革命失败后，他脱党，试图从孙中山三民主义理论中发现一条革命道路。1928年初，施复亮与许德珩、李达、邓初民等在上海组织了“本社”的团体；后在迷惘中加入过“改组派”；1929年，因政治主张不合而声明退出了“改组派”。由此潜心著述，“希望从学术上有所贡献于社会”。1929～1936年间，执教于北京师范大学、北京大学、民国大学和广西大学，在经济学、政治学方面撰述和翻译过不少著作。

抗战期间，施复亮先在北京、上海进行抗日救亡的宣传呼吁。1940年到重庆，任四川省银行经济研究处处长，主编《四川经济季刊》。抗战胜利后，施复亮成为民主建国会的发起人和领导人之一，被选为常务理事，担任言论出版组主任。1946年6月迁家到上海。1948年底，因避国民党当局迫害而前往香港。1949年进入东北解放区，后来参加了在北京召开的新政治协商会议，并在中央人民政府任劳动部第一副部长。他还是第一、二、三届人大常委会常务委员和全国政协委员。在繁忙的公务中，他仍孜孜不倦于经济学的研究，又有多种著作和译著出版。1970年11月29日逝世，享年71岁。

施复亮一生的专著和译著多达40余种，发表的论文近200篇。其学术贡献主要在以下几个方面：

1. 经济学方面。在向国内翻译介绍外国经济学著作上，他是20～30年代的主力之一，在传播和普及马克思主义经济理论方面功不可没。其经济学译著主要有：《资本论大纲》(1929年)、《唯物史观经济史》(1929年)、《辩证法与资本制度》(1929年)、《经济学大纲》(1929年)、《新经济政策讲话》(1930年)、《苏联经济政策及社会政策》(1930年)、《实用经济学》(1930年)、《经济史纲》(1931年)、《美国资本主义发达史》(1931年)、《财政学大纲》(1933年)、《转形期底经济理论》(1933年)、《资本主义经济发展史》等。其中，波格丹诺夫的《经济学大纲》是据日译本转译的，是应上海大学急需而作。1929年出版后，到1932年，先后印刷6版。施复亮于序言中写道："这本书对于我们中国人(特别是中国青年)，尤其有益，我们可以根据它来研究中国历史，也可以根据它来研究中国现状。"

施复亮把研究中国经济问题作为他"终身尽力的事业"，不论在20～30年代，还是在抗日战争时期，还是到新中国成立后，他都十分重视对中国历史和现状的研究。早在1932年，他就著有《中国现代经济史》。抗战期间，施复亮常在《四川经济季刊》上发表经济论著，如《中国经济的前途和中国人民的觉悟》、《战后中国应取的经济政策》、《稳定经济与争取胜利》等，以经济学研究与抗日救亡实践相结合，批评当局战时经济政策，呼吁改善人民生活，调动一切爱国力量参加抗战。后来，他还在四川进行粮政考察和经济地理调查，先后完成和出版了《四川征购粮食办法概论》、《四川东南山地区经济地理与经济建设》、《成渝路区之经济地理与经济建设》等专著。1952年，施复亮修订再版了《资本论大纲》。他在序言中指出："中国共产党所领导的人民革命的胜利，必然会涌现出一个经济建设和文化建设的高潮。而指导这一经济建设和文化建设的基本理论，就是马克思主义，尤其是马克思的经济理论。"在他遗留的资料和文稿中，尚有《社会主义的基本经济法则》《关于社会主义基本经济法则的作用》、《社会主义制度下的生产和消费》、《恩格斯论工农联盟和农业的社会主义》等专题，由此可以看出，他对社会主义经济理论的研究有着自己的见解。

在经济学组织和经济理论的通俗化方面，施复亮曾做过许多努力。他曾在解放前的《新民报》上以每日一题的形式，结合物价、统制经济、通货膨胀、定量分配、增加生产、法币回笼、劳工政策、改善税制、募集公债等实际问题，力图在民众中普及经济学知识。后来又应读者要求，将这些文章汇编为《经济漫谈》出版。当时学术界就认为："著者用极通俗的文字，把人们认为很难懂的理论用经济事实很平易地把它叙述出来，使人们读起来不像是在研究经济问题，像是在读一本故事书似地引人入胜。这种通俗化的写法，一定为读者所欢迎而得到普遍和深入的效果。"

2. 在政治学、社会学方面，施复亮也出版有多种著作和译著，如：《世界社会史》(1929年)、《社会进化论》(1929)、《社会意识学大纲》(1929年)、《苏俄政治制度》(1929年)、《欧美无产阶级政党研究》(1929年)、《日本无产阶级政党研究》(1929年)、《近代社会思想史要》(1930年)、《社会问题大要》(1929年)、《社会科学的研究》、《工会运动理论与实际》(1931年)等。我们从施复亮著作出版的时间可以看出，20～30年代是他学术活动的鼎盛时期，他的多数著作是在那个时期完成的。

(方　治)

徐节文
(1932～1986)

徐节文，1932年8月生于湖北省英山县一个贫农家庭。1951年1月参加革命工作。1981年6月加入中国共产党。参加工作后，历任乡土改工作组组长、小学校长、县税务局科员等职。他勤奋好学，自学成才，1956年考入武汉大学经济系，1961年本科毕业，1965年研究生毕业。后任高教部研究室科员。1975年调商务印书馆任编辑。1978年7月，调中国社会科学院经济研究所。曾任《经济学动态》编辑部主任、政治经济学研究室主任、研究员。因患癌症医治无效，于1986年2月逝世。

徐节文的经济学研究领域是劳动理论和工资理论。他关注经济生活实践，勇于提出自己的见解，不少观点在学术界独树一帜。他的主要学术观点如下：

1. 关于生产劳动与非生产劳动。我国经济学界在60年代和80年代两度就这个问题掀起讨论高潮。在这两次讨论中，对于社会主义生产劳动究竟应该包括多大的范围，出现了"宽"、"窄"、"中"三派观点。徐节文是"窄"派观点的代表人物之一，也是国内最早提出"窄"派观点的经济学家之一。60年代，徐节文从正面阐述他在这一问题上的思想，即社会主义制度下的生产劳动只能以生产物质资料的劳动为限。到了80年代，徐节文不仅继续坚持原有的观点，而且认为，把物质资料生产领域以外的劳动看成生产劳动的观点，就是资产阶级庸俗经济学的观点，从而使他的"窄"派观点更为完整和彻底。

2. 关于劳动就业理论。徐节文从我国劳动力供过于求的状况出发，提出了人人劳动不等于一切有劳动能力的人都参加同一形式的劳动的思想，并主张一部分参加社会劳动的人员回到家庭中去从事家务劳动。徐节文还坚决反对“低工资，多就业”和“铁饭碗”的就业政策。他提出，低工资不能调动劳动者的积极性，而且会带来高补贴和平均主义。以后的实践证明徐节文的这一思想是正确的。

3. 关于分配理论。徐节文从社会主义社会存在劳动力个人所有制这一命题出发，认为社会主义生产资料公有制和劳动力个人所有制决定了企业在经济利益上的相对独立性，决定了企业生产和交换的特殊的商品性质。因此，徐节文在经济改革初期就提出了两级按劳分配的理论，即国家根据企业集体提供的实际劳动量进行分配，企业根据职工个人提供的劳动量进行分配。

徐节文一生著述颇多。他的30多万字的《论按劳分配》，是我国第一部系统考察按劳分配思想形成和发展历史的学术专著。他所写的大量的关于劳动工资问题的文章中有一部分，在他逝世后，由他的同事编成一个集子，题为《社会主义劳动工资探索》，他自己还编选了几本关于劳动工资的论文选，它们成为我国经济学界颇有价值的学术研究资料。徐节文主编过几本系统介绍我国经济学界学术观点的资料书，并为《经济学动态》杂志的编辑出版付出了大量心血。此外，徐节文还翻译过国外同行关于劳动方面的学术著作。

徐节文在学术研究中坚持以马克思主义为指导，勇于创新，而且紧密联系经济生活实际。当他已经身患绝症，思想不能连贯，说话十分困难时，仍然请人代笔，写下了《脑力劳动者的工资问题》一文，为中国脑力劳动者工资水平低而大声疾呼。他所写的关于工资改革方面的政策性建议，受到有关部门的重视。

（王蜀伟）

曾启贤
(1921～1989)

曾启贤，1921年7月生，湖南省长沙市人。1939年毕业于湖南省立临时中学，1940年考入复旦大学经济系，1941年转至武汉大学，1948年获武汉大学经济学硕士学位。后留校，历任经济系助教、讲师、副教授、教授，直至逝世。他曾先后兼任武汉大学学术委员会副主席及哲学社会科学部主任，武汉大学经济学院社会主义经济理论研究室主任，《中国大百科全书·经济卷》总论副主编，中国《资本论》研究会理事，中国政治经济学社会主义部分研究会理事，湖北省哲学社会科学联合会副主席，湖北省经济研究中心常务干事，湖北省经济体制改革研究会副会长，以及湖北省经济学会、计划学会、劳动学会、武汉市劳动学会、房地产研究会顾问等职。1989年2月9日因病逝世，享年68岁。

曾启贤进入大学后，研读西方经济理论，师承彭迪先教授，学士学位论文是《希克斯的动态一般均衡理论述评》。读硕士研究生的导师是刘秉麟、张培刚教授，硕士论文为《资本积累与危机》。他以后的研究领域较为广泛，对于马克思主义经济著作、中国社会主义经济理论和实践、当代苏联及东欧的经济理论和实践、近现代西方经济理论和实践，都有涉猎。主要著作有《按劳分配有关范畴的分析》（与刘光杰等合著，1979年）、《学习马克思关于再生产的理论》（主要作者之一，1980）。他是两项国家重点研究课题《社会主义经济实践和理论的史的考察》、《社会主义经济基本理论问题研究》的主持人；在后一课题组中，他撰写了《社会主义经济分析引导》，力图依据马克思主义的基本方法，立足于中国的经济实际，有选择地汲取西方经济的分析方法，研究和分析有关社会主义经济运行和发展的一些基本理论问题。

进入80年代后，曾启贤发表了一些重要学术论文：《浅论消费与储蓄》（1982年）、《孙冶方经济理论体系试评》（1983）、《建设社会主义的经济理论试议》（1984年）、《商品生产、资金、股份公司》（1984年）、《社会主义经济分析的体系初探》（1984年）、《两种经济体制，两种运行过程》（1985年）、《土地经营使用的价格与市场》（1985年）、《建立中国宏观控制理论的重要途径》（合著，1986年）、《从不均衡中求均衡》（1987年）等，就社会主义经济理论和实践中的有关问题提出了自己的见解。他提出改治经济学社会主义部分的研究，应同财政、金融、贸易研究的一些重要问题有机地结合起来；指出，政治经济学不能只研究本质，而应着重研究社会主义经济的运行和发展。此外，对社会主义股份制问题，劳动力模拟市场机制问题、关于宏观调控理论和均衡理论问题等，他都发表了自己的观点和见解。

值得一提的是曾启贤逝世前半年所著述的《稀缺和社会主义经济》（《经济研究》1988年第10期）一文。作者开宗明义地提出：“稀缺是否专属西方经济理论？社会主义经济分析是否不必考虑稀缺？回答应是：社会主义经济分析必须十分重视稀缺。”还指出：“认为稀缺在马克思的经济理论中不占重要地位，甚至不占任何地位，是对马克思的经济理论的莫大误解。”然后，作者以充分的论证和大量的事实，论述了稀缺在马克思经济理论中的重要地位和在社会主义经济分析中的重要作用。

曾启贤认为，稀缺——资源有限，是已知的、人类社会普遍存在的客观现实，是节省和按比例分配劳动资源和自然资源的依据，也是进行经济分析的前提，或者说，是迄今为止，以及可较清晰地看到的未来的一切经济分析的前提。人类既然面对资源稀缺，也就必然力求缓解资源稀缺的压力。正是稀缺的压力，成为科学进步和生产力发展的重要动因之一。不能否认，生产力的发展和科学技术的进步在一定时期内的确缓解了稀缺的压力，并使生产增长、生活改善，否则，人类就纯属自然的奴婢，任何历史进步也无意义了。但也不应忽视，生产力发展和科学技术进步在缓解资源稀缺的压力后，在或长或短的时期内，又会加剧资源稀缺的压力，因而资源稀缺不可能真正消除。这种见解既非盲目乐观，也非一味悲观，是很值得重视的。

他指出，稀缺有广义和狭义之分。广义的稀缺，是指各种自然资源、各种经过人类劳动加工的物化资源、蕴含于人类本身的劳动资源，相对于人类的需要来说，都是有限的。广义的稀缺，既有在于商品经济，也有在于非商品经济。不但所谓经济货物是稀缺的，所谓自由货物几乎也都是稀缺的。当然，某些资源的稀缺并非一眼就能辨认，要经历社会经济的发展和人类需要的变化才会显示出来。自然界的许多资源，只是当科学技术达到一定水平后，才进入人类的需要；但一旦进入人类需要，就会呈现稀缺。这种广义的即最普遍意义的稀缺，甚至包括尚未进入人类需要的未曾开发的资源。这是因为，某种尚未发现或尚未开发的矿藏，某些尚未实现人工合成的产品，只要它被发现、被合成、而又为人类所需要，就是稀缺的，因为它是有限的。狭义的稀缺是指已经进入人类需要的各种资源（包括自然资源、人力资源、物化资源）都是有限的，从而是稀缺的。狭义的稀缺之所以对经济分析更具有直接意义，是由于以它为前提才能引导出节约和按照社会需要的比例分配或配置各种资源的必要，才能进一步引导出合理使用资源所取得的成果应如何进行分配的原则。

曾启贤在强调稀缺对于经济分析具有更直接的意义时，更进一步指出：“基于这样的理解，在我看来，西方经济理论由稀缺引申出的三大问题：生产什么，如何生产，为谁生产，确是任何经济制度都存在的基本问题。对这三大基本问题本身进行批判，甚至否定这三个问题的存在，是没有学术意义的。要进行分析批判，就应针对附加在这三个问题上的论点，剖析其是非曲直。教科书上传统的社会主义经济理论，往往过分地忽视各种经济制度中普遍存在的有共性的问题，又往往过分地重视社会主义经济在特定历史条件下出现的经历。这种经历即使违背了任何社会经济都必须遵循的一般规律，也加以粉饰肯定下来，以致在实践上和理论上屡屡出现重大失误。在这种气氛中，着重提出似乎属于不言自明的资源有限——稀缺，强调节约和按比例分配资源的必要性是以稀缺为前提，指明由此引出的生产什么、如何生产、为谁生产同样是社会主义经济中存在的问题，大家共同温习一下这种最基本的经济原理，对于实事求是地进行经济分析，应是有益的。”

曾启贤强烈地呼吁：“当前正是我国深化经济体制改革和力求经济稳定发展的关键时期，稀缺在社会主义经济中的重要地位不容再忽视乃至否定了。”他认为，在近几年研究经济改革和经济发展中，短期的具体对策的研究很多，这是必要的。但与改革和发展都有关联而又属理论上和实践上的基本问题，有时研究过少，这是不恰当的。“稀缺正是缺少研究的一个重要问题，而它对理论和实践都有关键性的意义。如果在经济改革和经济发展中置稀缺问题于不顾，不论是从短期效果看还是从长期效果看，对于一个有10亿以上人口的大国，都是有百害而无一利的。”

曾启贤在80年代曾先后多次参加国际学术讨论会，并访问了美、法等国一些著名高等学府、金融机构、重要企业和政府宏观调控机构。曾被英国剑桥国际传记中心列入《国际教育人名录》、《国际知识分子人名录》第七卷、《国际传记辞典》第二十卷，被美国传记协会列入《国际卓越工作者人名录》、《世界五千人》中。

（方 治）

彭迪先
（1908～1991）

彭迪先，四川省眉山县人。原名伟烈，1908年生。13岁即离家到成都高等师范附中就读，1925年赴北京求学。1926年冬，东渡日本留学，先在东京成城学校、东亚补习学校学习日文、英文；1929年考入日本东京庆应大学经济系预科；1932年毕业后，又进入九州帝国大学经济系本科；1935年毕业留校任助教。“中国留学生之任经济科助教者，实以彭为嚆矢，由此足证其学识、品格如何为大学所器重也。”（帝大教授波多野鼎在《现代经济学论》中文版序言）。

彭迪先在帝大任教的同时，又攻读经济系的研究生。这期间，除将波多野鼎的《现代经济学论》一书译为中文版外，还在国内刊物上发表过几篇学术性论文。1937年于研究院毕业时，恰值日本帝国主义发动侵华战争，他谢绝了帝大的挽留，毅然返回祖国，参加抗日与民主斗争。

1938年，彭迪先受西北联合大学聘请，赴设在陕西城固的该校法商学院政治经济系任教授；因参加民主运动而被学校解职后，到重庆生活书店总管理处任馆外编审。1940年，任武汉大学经济系教授；1945年，受聘于四川大学，并在华西大学、齐鲁大学、成都大学兼职。

四川解放后，彭迪先任四川大学法学院院长、经济系教授和临时校务管理委员会副主任等职。1953年调任四川大学校长、四川省人民政府委员、文教委员会副主任。1960年，专任民盟四川省主委，同时任四川省政协副主席。1979年，被任命为四川省副省长。他还是第一至七届全国人大代表，六届人大常委会常务委员，民盟中央副主席，四川外国经济学说史学会、四川金融学会、四川物价学会、四川中国经济史研究会的名誉会长，四川省社会科学联合会顾问。1991年7月22日逝世。

彭迪先的研究领域涉及政治经济学、经济思想史、世界经济史和货币理论等。主要著作有《战时的日本经济》(1938年)、《实用经济学大纲》(1940年)、《新货币学讲话》(1947年)、《经济思想史》(上册，1948年)、《世界经济史纲》(1948年)、《货币信用论大纲》(1955年)等；主要译著有《现代经济学论》(1936年)、《资本生产物的商品》(1940年)等。其有代表性的学术观点有：

1.关于"亚细亚生产方式"问题。在30年代，国内外经济学界曾就"亚细亚生产方式"问题展开了讨论。这个问题直至现在还是一个众说纷纭的重要问题。问题源于马克思1859年在《政治经济学批判》的序言中的一句话："大体说来，亚细亚的、古代的、封建的和现代的资产阶级的生产方式可以看做是社会经济形态演进的几个时代。"30年代的争论，大体有三种意见。第一种主张"亚细亚生产方式"是古代奴隶社会的变形；第二种主张它就是封建制或变相的封建制；第三种主张它就是原始共产主义社会或氏族社会。

彭迪先的观点属于第三种，他在《世界经济史纲》的第六章提出了自己的论点和论据：马克思之所以用"亚细亚生产方式"的概念，是因为原始共产主义社会的各种特征，在当时原始村社遗迹较多的亚细亚各国相对说来还保存较多的缘故。但到了稍后一些时间，哈克斯豪森、毛勤的发现，特别是1877年摩尔根的名著《古代社会》，对原始共产主义社会内部组织的典型揭示，证实了原始社会不仅存在于亚细亚诸国，而且存在于欧美各地，因而那种生产方式已丧失了纯粹的亚细亚的特殊性。所以，1884年，恩格斯《家庭、私有制和国家的起源》出版，对古代奴隶社会以前的生产方式已不再称为亚细亚生产方式，而称之为氏族制度了。也就是说，《政治经济学批判》上所说的亚细亚生产方式是氏族社会，也就是原始共产主义社会。他反对地域观点理论说。

2.关于国民党货币政策问题。1947年，生活书店出版了新著《新货币学讲话》。彭迪先是用货币知识为启蒙手段，抓住各阶层人民普遍关切的通货膨胀问题，揭露当局改头换面用金圆券欺骗民众的本质。

货币是什么？为什么它会有驱使人的力量？它又为什么会贬值？将来怎么办？等等。"货币之所以有这样大的力量，决不是天生的，也不是金银本身具有的，而是现代的社会制度造成它这样的……倘若我们知道货币的发生过程和货币的本质，就明白，货币的一切权力都是现代社会制度造成的。所以，要刨除金钱的种种罪恶，就必须变革资本主义的社会制度。"(第22～23页)该书除介绍了商品货币学说、各种货币名目学说、购买力平价说和货币数量学说外，还以大量的篇幅揭露了国发党政权货币政策的反动性，并预言了它崩溃的必然结局。作者指出："通货膨胀，实际上是一种无形的租税，而且是一种以民众为对象的征课。恶性的通货膨胀等于无代价地没收一般民众的资产。由于物价直线式的上升，他们的实际所得，比例地逐渐减少，减到难于维持最低的生活，挣扎于饥饿线上……另一方面，物价上涨形成所谓战时景气，特别是1939年左右，工商业的利润好象随物价而日益丰厚；而事实上，战时的暴利，确曾使若干人发了"国难财"，可是这些得到暴利的人，不外是投机操纵或囤积居奇的奸商，以及豪门资本、官僚资本之类。而正当的工商业却只是在野马式的物价压迫下喘息着，在苛捐杂税的重压下苟延残喘。由于这两方面的偏畸发展，致使社会的财富分配愈趋不均，愈集中于少数特殊阶级的手里，而95%以上的民众，均在经济上日趋没落。这便是战时通货膨胀所造成的惨痛的结果。"(第145～146页)作者驳斥了国民党当局及其政客推卸罪责的论调，最后从财政问题上发出了反内战的呼声。

3.关于资本主义货币信用问题。在50年代，他在《货币信用论大纲》的专著中提出，信用既促进资本主义的发展，也加深了资本主义经济的内在矛盾。这是因为，股份公司代替了私人企业，支配了整个社会的大部分资本，使资本家在一定限度内可以绝对支配别人的财产；信用促进集中，意味着中小资本家为大资本家所吞并，也意味着小商品生产者之被剥夺；信用促进资本有机构成的提高，造成失业的增加；信用使生产易于过份扩张而形成生产过剩；信用使购买和售卖行为长时间内互相分离而成为投机的基础。这些，在一定条件下，促使经济危机更加尖锐化。

彭迪先认为，资本主义货币信用危机，实质上是周期性生产过剩危机的必然的表现形式。它在货币流通上的表现是：(1)金本位制的彻底崩溃；(2)长期的通货膨胀；(3)大多数资本主义国家实行通货贬值。而在国际信用上的表现，则是使国际金融剥削中心由欧洲转移到美国。作者在书中还专设一章，批判了资产阶级货币学说，并特别指出，批判对现代资产阶级货币学说发展影响最大而为资本主义国家屡加试验的凯恩斯学说，具有重要的实践意义。在批判了1923年作为凯恩斯学说发展第一阶段的继承马歇尔的静态性质的"现金余额学说"和1930年作为其第二阶段的复杂的动态货币理论之后，着重介绍和批判了凯恩斯1936年作为他第三阶段的代表著《就业、利息和货币通论》的主要内容及其阶级本质。彭迪先指出，凯恩斯理论的谬误在于，其"有效需求"论忽视了投资的增加更将使生产和消费的不平衡进一步尖锐化；而其与这一观点有关的"消费定律"，则荒谬地把情况根本不同的工人阶级的消费和资本家阶级的消费混为一谈。

本书还详细地介绍了新中国的货币流通与信用制度。

日本经济学家把《货币信用论大纲》翻译为日文出版。

（方　治）

漆琪生
（1904～1986）

漆琪生，四川省江津县人。原名相衡，曾用化名齐苏，后以谐音改用现名。1904年10月生。1923年夏中学毕业后，即赴日本留学。次年春，考入东京第一高等学校预科。1925年，升入冈山第六高等学校本科。1928年，进京都帝国大学经济学都。留学期间，他参加学生组织"社会科学研究会"。恩格斯的《社会主义从空想到科学的发展》，是他为学习马克思主义理论的第一本入门著作。他感到，要深入理解马克恩主义，必须进一步学习政治经济学；而要掌握马克思主义政治经济学，就必须系统地、深入地钻研《资本论》。为此，他于1928年4月选修了著名的马克思主义经济学家河上肇博士主讲的《资本论》研究课程。

1931年1月，漆琪生由日本回国。先在中国公学讲授农业经济和土地政策，后于暨南大学、中山大学、广西大学、复旦大学等执教。他以《资本论》为指南，主授政治经济学、经济史、经济危机、经济循环、经济学说史等课程。从1945年即在复旦大学任教，历任经济系主任、经济研究所所长、政治经济学教研室主任和校务委员等职，主讲过经济学原理、中国经济史、农业经济、货币学和《资本论》等课程。上海解放后，除在华东军政委员会任参事、中央劳动部劳资争议司当副司长外，还担任过震旦大学法学院院长及经济系主任。他还是中国《资本论》研究会副会长、上海经济学会副会长。漆琪生于1986年4月29日逝世，终年82岁。

漆琪生的主要著作有：《社会主义基本经济规律在我国过渡时期的作用》（上海人民出版社，1956年）、《资本的循环和周转》（新知识出版社，1956年）、《两类社会矛盾学说对政治经济学的重大贡献》（新知识出版社，1958年）、《〈资本论〉大纲》（第1卷，人民出版社，1958年）等，另有经济学论文70余篇。其学术见解主要是：

在30～40年代，漆琪生主要研究农村经济和土地政策，论著主要发表在《行动月刊》、《学术月刊》、《文化建设》、《东方杂志》、《新中华月刊》、《文化论坛》、《邓演达先生纪念文集》、《行动时报》等报刊上。

关于当时中国的农村问题，他认为：(1)中国当时走工业化之路是行不通的。(2)中国当时走农村建设之路不仅是必要的，而且是可能的。(3)反对农业生产技术改良派、农村教育派、乡村救济派、乡村自治派，以及空想社会主义者在中国农村建设问题上的主张。他主张从中国国民经济的客观条件去考察中国农村建设的必要性和可能性。(4)主张通过改变农业生产关系，建立新的农村经济体制。

关于土地政策，他的代表性论文是：《由中国国民经济建设论目前农村之出路》《中国土地问题发生的由来及其对策》等。他指出：(1)中国当时农村经济的核心问题是土地问题。(2)中国当时土地问题的本质是土地分配，是土地所有关系和使用关系的矛盾。(3)解决中国当时土地问题的基本原则，应是废除地主经济和指导农民实行集体的农业生产。(4)在尚未实行土地改革以前，可以先实行"二五减租减息"等过渡办法。至此，可以看出他运用《资本论》的原理对农业问题进行的调查研究及剖析，本人已强烈地意识到没有开明的政治和为人民服务的政府，再好的主张也是不可能实现的。他的这种观点在当时一些有识之士中，是有着一定影响的。

关于马克思主义的农业理论，漆琪生于60年代曾发表《马克思关于农业的内容和特点理论》、《马克思关于农业基础作用的理论》等，主张“较广义的农业”；阐述“以农业为基础”的理论渊源；介绍马克思关于小农经济的理论，论述大农经济的特征及其发展趋势；对马克思关于农业资本主义发展的趋向和影响，马克思的地租理论，马克思关于农业危机的理论，马克思农业理论的发展，恩格斯、列宁和毛泽东农业理论的基本精神等问题，也都有一定的研究，并取得成果。

关于社会主义商品生产和价值规律，漆琪生的主要论著是：《论社会主义制度下商品的实质和特征》、《论社会主义制度下的等价交换与价值规律》和《社会主义基本经济规律在过渡时期的作用》等。对商品生产问题，他认为：(1)应该从生产关系三个方面来探讨社会主义商品生产和商品交换继续存在的原因，即生产资料所有制、相互关系和分配关系。(2)在社会主义社会，不仅国家向农村人民公社统购统销的农产品是商品，国家出售给机关和工厂职工的消费资料是商品，而且全民所有制内部交换的生产资料也是商品。(3)关于社会主义制度下商品的特征和消亡问题，他指出社会主义时代，正是商品生产从高度发展转入逐步消亡的过渡时期。对价值规律问题，他在生产、流通和分配方面发表了自己的见解：在社会主义的生产过程中，价值规律所发生的作用，已经不象在资本主义制度下那样，起着全面的生产调节者的作用，而只是在一定范围和一定限度内，还具有相对的影响生产和调节生产的作用；在流通过程中，价值规律所起的调节作用，虽然已与资本主义制度下的自发性的调节作用大不相同，但仍然有着较大的作用，主要表现在一般消费品和农产品的流通上面；在分配中，价值规律对于国民收入的再分配也起着一定作用，国家利用价格杠杆来调整积累资金与消费基金的比例关系。

关于社会主义基本经济规律，漆琪生认为，对整个国民经济的作用，不是一种绝对地决定着整个社会发展的一切主要方面和一切主要过程的统治作用；而是随着社会主义工业化的逐步实现，社会主义国营经济领导地位的日益增强，以及国家对农业、手工业和资本主义工商业的社会主义改造的不断进展，社会主义基本经济规律积极地增大其作用和扩大其作用范畴，并为最后取得对整个国民经济的绝对的全面支配地位创造条件。也就是说，社会主义基本经济规律对于我国过渡时期所发生的主导作用，不是自发地实现的，而是通过党和政府自觉地运用来实现的。

漆琪生坚持不懈地传播《资本论》的基本原理。他认为，《资本论》不但是一部政治经济学的经典著作，而且是一部最优秀的哲学和社会主义理论的伟大著作。他对考茨基所著《马克思的经济学说》这本《资本论》的通俗解说，指出它存在着极其严重的四大缺点和错误：(1)它违背了《资本论》第一卷的理论体系。(2)它混淆了绝对剩余价值和相对剩余价值的区分与差别，并把二者混为一谈。(3)它在书中只字未提资本的流通过程问题，对资本的循环周转理论毫未论及。(4)把价值和价格，剩余价值和利润，工资和资本收入等范畴各不相同、存在着对抗性剥削关系的问题，混淆在一起，抹杀了它们的本质区别。

他在《〈资本论〉大纲》第一卷中，提出了不少独到的见解。他在《自传》中曾这样说：“我坚持马克思关于使用价值和价值是‘商品二因素’的理论，而不同意不少人把它称为‘商品二重性’，因为商品二重性是指商品的使用价值和交换价值。‘商品＝因素’和‘商品二重性’是两个不同的概念，是不能混淆的。我在对《资本论》第二卷的研究中，极力反对所谓‘《资本论》第二卷不详述剩余价值剥削问题，是意味着具有赞成阶级调和论的明证’的荒谬说法。以货币资本的循环为例，明确指出在此循环过程中，即包涵着剩余价值的剥削和循环问题。因为这个循环的第一阶段，公式为 $G—W<^{A}_{PM}$，即资本由货币形态 G，转变为商品形态 W，即是转变为所雇佣的劳动力价值 A，和生产资料价值 PM’，资本家对这种劳动力和生产资料的购买，其目的在于藉此生产出新商品，从而使得原来预付资本的价值得以增加，也即是得以进行剩余价值的剥削。所以，这一循环阶段，是以剥削剩余价值为目标的必不可少的循环阶段。紧接着的就是第二阶段…P…，也就是实行新商品生产的阶段，同时亦即是实行剥削剩余价值的阶段，这是资本循环的本质阶段，至关重要。在这一阶段结束后，即进入循环的第三阶段，也就是 W’－G’ 的阶段，实际上是 W’(W＋w)＋G’(G＋g)的阶段，亦即是新商品价值 W’ 中，包含着原先投入生产的价值 W，以及新增殖的剩余价值 W，这个新商品 W’ 通过与货币 G’ 相交换，遂使货币 G’ 所包含的价值量，由原有的 G 的价值量，增加了与新增的剩余价值 W 相等的 g 量，从而实现了剥削剩余价值的货币增殖。货币资本循环的最终目标，至此遂告达到而结束。由此可见，资本循环的质量，是旨在通过它的循环运动，实现对剩余价值的剥削，研究资本循环问题，绝对不能忽视这个实质问

题，而言其它。"(《中国现代社会科学家传略》第3辑，山西人民出版社，1983年)

（方 涛）

中外学术交流

会议简介

中国文化与人口发展国际(亚太地区)学术研讨会(1991年)

1月5～7日由中国国际文化交流中心、中国社会科学院人口研究所、中国中外社会文化交流协会、澳门社会科学学会、澳门东亚大学共同主办,在澳门举行。会议从学术角度探讨了中国文化与人口发展的关系。共收到论文28篇。会议主要就以下问题进行了讨论:

1.文化与人口的关系。与会者比较一致地认为,文化与人口发展存在着很密切的联系,如文化是影响人口发展诸种因素的重要方面,文化是人口质量的内在要素等,但是在研究这个问题时也不能忽视经济等根本因素。

2.当代文化与人口的关系。与会代表一致认为,传统的中国文化对人口发展有持续不断的影响,主要表现在生育观,重工农,轻工商的职业观,历代政府制定的人口政策和孝文化,医学文化对人口发展的积极作用等。而当代文化是较之传统文化更复杂的文化,对人口变动的影响很大。从总体上看,人口的文化程度越高,生育率越低;反之,文化程度越低,生育率越高。

3.关于人口与文化转变问题。如何建立一种贴近现实、服务于现实社会的文化,促进人口观念的转变?与会代表认为,可以从建立新的生育文化、发扬传统文化优秀成份、以经济发展带动人口意识的转变等方面来考虑。

(金　泓)

第十九届太平洋贸易与发展会议

中国社会科学院工业经济研究所承办于5月27日～30日在北京举行。会议的主题为"经济改革的性质与国际化:中国与太平洋地区"。

与会者指出,由于实行改革、开放的方针,80年代中国经济运行方式发生了实质性的变化,由高度集中的、排斥市场的产品经济,逐步转向社会主义有计划商品经济的新体制。同时,经济体制改革极大地推动了80年代中国的经济发展。

与会者回顾和讨论了中国农村改革的历程和成就,对乡镇企业的迅猛发展给予了积极的评价。

与会者探讨了中国大陆与港、台、韩国的经济一体化问题。认为,由于香港有效的中间作用,大陆与港、台、韩国之间建立起了相当程度的一体化。因此香港的繁荣是中国实行开放政策的关键所在,也是一体化问题的关键所在。

与会者还对过去十年改革和开放过程中出现的某些问题和需要继续努力的方面做了分析。

(金　泓)

国有资产产权管理国际研讨会

6月20～24日,国有资产管理局在厦门召开。美国加利福尼亚大学哈罗德·德姆塞茨教授、哈佛大学约瑟夫·卡尔特教授、英国牛津大学现代中国研究中心林至人主任,以及中国学者和实际工作者30多人参加。

代表在会上发言中一致认为,国有资产管理制度亟需改革,改革的关键是使政府的行政管理职能和所有者职能相分离，明确产权，让产权机制进入企业。国外学者着重介绍了他们的产权理论和股份制企业的内部机制。大多数中国学者认为，经过改革，我国国有产权制度应成为最终产权主体一元化、政府双重职能分离化、产权管理价值化和专门化、企业组织经营股份公司化的产权制度。

（晓　亮）

防治通货膨胀财政政策国际研讨会

财政部举办于6月20日～24日在深圳市召开。来自美国、德国、日本、加拿大等国的专家和国内有关部门及大专院校的专家共60多人出席了会议。

1.关于通货膨胀与物价上涨问题。一种意见是，物价水平的持续上升就是通货膨胀；另一种意见是，不能将二者简单地等同起来，通货膨胀必然引起物价总水平上升，但物价总水平上升并不都是通货膨胀，如在价格改革中提高基础产品物价引起的物价总水平上升就是正常的，货币正常的供给增加也不会引起通货膨胀。

2.通货膨胀与经济发展。德国和日本长期稳定通货、稳定物价、经济相对稳定增长，引起了大家的兴趣。他们的经验，归纳起来有：(1)确定不同时期的宏观发展目标和产业发展方向，国家对主导产业在政策上予以倾斜；(2)发展高技术产业和增加技术贸易比重；(3)注重财政平衡，严格控制货币发行，注重财政与货币政策的协调等。

3.关于通货膨胀与财政货币政策。与会者认为，60年代以来美国财政货币政策的运用及对通货膨胀的影响，有以下几个方面值得我们借鉴：(1)一个国家持续出现财政赤字，最终会引起通货膨胀；(2)在出现财政赤字、银行收缩货币供给的情况下，容易造成经济增长缓慢；(3)赤字的债务化处理，中国一时还达不到，中国应把控制货币政策和稳定通货放在重要位置上。

4.近中期中国通货膨胀的趋势以及防治通货膨胀的宏观对策选择。与会者普遍认为，中国经过近两年的治理整顿，物价上涨的势头已大大抑制，通货膨胀状况初步得到治理，但近中期通货膨胀的危险依然存在。为预防近中期的通货膨胀，应采取以下对策：(1)把经济发展建立在注重效益的基础上；(2)加强国民经济运行的宏观约束，在重大比例关系的确定和资源配置方面主要发挥计划的作用；(3)完善政策调控体系。

（金　泓）

东北亚地区经济合作与发展国际研讨会

环渤海地区经济研究会、亚太研究组织、天津国际商会、环渤海地区市长（专员）联席会办事处，于9月2～6日联合在天津召开。参加会议的有来自日本、南朝鲜、蒙古、美国东西方中心、香港贸发局、联合国工友组织的官员和我国的著名专家学者等。

与会代表认为，目前世界各国在经济上的互相依存日益加深，国际分工得到新的发展，区域集团化趋势明显增强，欧洲、北美、东亚或东北亚地区将成为世界经济的三大支柱。未来世界经济发展将主要由这三个经济中心决定，并在全球经济秩序中对世界经济实力的抗衡起着决定性作用。

与会者认为，东北亚经济区的范围，主要指亚洲的东北部，包括日本、南朝鲜、苏联的东西伯利亚地区及其远东地区、蒙古和中国的六省（区）二市，涉及五国六方，面积达2000多万平方公里，有十几亿人口，其中包括环渤海地区，是中国对外开放的“黄金海岸”。

与会者分析了东北亚地区经济合作的利弊，认为有利条件大于不利条件，合作前景非常广阔，发展潜力很大。南朝鲜著名经济学家南德佑博士认为，东北亚国家以其人口、自然资源、潜在市场以及巨大的贸易和投资机遇条件，将构成世界上最大的经济区。

关于中国环渤海地区与东北亚区域经济合作的关系，日本经济发展研究会会长全森久雄教授认为，东北亚经济圈的形成，先要有一个“核”，环渤海地区正是一个“核”。

与会者对东北亚区域经济合作提出很多建议：(1)参加东北亚区域经济合作的国家应不分大小、贫富，一视同仁。(2)合作的方式可通过建立民间、官方、半官方的通商组织，推进双边贸易、边境贸易和多边贸易；积极发展合资合作企业；适当选择一些港口城市，建立自由贸易区和跨国特区。(3)合作的模式与步骤，先由东北亚五国六方及有关部门建立“东北亚经济合作联络中心”作为主体，以建立“东北亚开发银行”和“东北亚信息交流咨询公司”为两翼，分三个阶段逐步推进。

（陈祯权）

《孙子兵法》与企业经营管理国际研讨会

于9月中旬在山东省聊城举行。会议着重讨论了在企业管理中如何正确理解和运用这部世界公认的经典著作。

日本著名企业参谋、麦肯齐公司董事长大前研一说,给日本人造成极大影响的是《孙子兵法》。《孙子兵法》是最高的经营教科书。美国哈佛大学以及日本的许多公司都把《孙子兵法》作为培养企业管理人员的必读教材,甚至在全世界企业界还出现了"孙子兵法管理学派"。

与会的中国代表认为,为了建立有中国特色的企业管理理论和模式,搞活大中型企业,把经济效益搞上去,学习和研究这部伟大的著作具有重大的现实意义和深远的历史意义。

许多与会者强调,对《孙子兵法》的研究必须建立在现代化和民族化的基础上,要具有民族的风格,坚持理论联系实际的原则,特别要摈弃那种简单的对号入座,"立竿见影"的思维方法。季羡林认为,东西方文化的区别,概括成一句话就是:东方文化是综合,西方文化是分析。学习和运用《孙子兵法》必须从总体上掌握其精华、实质。经济和军事虽有共性,但毕竟是不同的领域。兵法运用到经济上不能生搬硬套。对《孙子兵法》的研究,应为企业管理所用,不能为赶时髦,将企业管理塞进《孙子兵法》的框架,现代化企业管理从《孙子兵法》中找相应的东西,其结果不是给《孙子兵法》穿上西服,就是给现代化管理贴上《孙子兵法》的标签。

(杜　一)

中日第七次企业管理讨论会

中国企业管理协会主办于9月11日在北京举行。

来自中日两国的专家、学者和企业家,围绕"90年代企业活力"的主题,就中日两国企业目前的状况和如何进一步增强企业活力的问题交流了经验。与会者认为,尽管两国的国情不同,但都面临着进一步加强企业活力的任务。两国在这方面的交流和了解,将有助于中日两国经济的发展。

(杜　一)

中国经济特区发展问题国际研讨会

中国社会科学院经济研究所、厦门市政府和澳大利亚国立大学国家发展研究中心联合,于9月13～14日在厦门市举行。

与会者认为,中国的特区建设取得了显著的成绩,但在评估实绩及其方法上,仍存在一些问题。因此,需要探索出一套新的、既包括经济因素、也包括非经济因素的指标体系。

与会者指出目前阻碍中国出口增长的主要因素,是宏观经济政策。在特区的出口企业,更多地受到实际利率和汇率的影响。因此,必须进行更深层的全国性的改革,才能使宏观经济政策的微观效应和微观经济政策的宏观效应得以很好发挥。

与会者认为,特区建设应注重社会——经济成本效益分析。对特区的公共投资项目进行财务分析和经济成本效益分析,首先应计算资金和劳动力的影子价格,然后适当调整投资结构。对于如何提高投资效益,与会者提出以下政策性建议:(1)降低基础设施的资本集约化程度;(2)减少外资在当地资金市场的借贷;(3)取消政府对公共服务设施的补贴;(4)提高劳动生产率,降低成本,提高熟练工人的报酬;(5)外商应按国际市场价格在我国国内市场销售。

有的与会代表认为,中国特区建设已有11年的历史,但管理上仍存在一些问题,最突出的是缺乏按国际惯例设置的外向型经济管理机构,有些特区管理还相当落后。

(金　泓)

首届中日会计统计制度比较研究国际学术研讨会

北京商学院和日本九州大学于10月上旬联合在北京举行。会议研讨了中国会计制度改革走向、中日会计原则及核算制度比较、折旧制度比较等。来自全国30多个院校和科研机构的专家学者参加了会议。

军转民国际合作研讨会

10月22～26日,中国和平利用军工技术协会与联合国科技促进发展中心在北京联合召开。会议主要研讨军转民及其国际合作方面的问题。出席会议的有联合国科技发展中心主任罗兹·巴尔先生,联合国裁军署政治事务高级官员斯瓦蒂丝·瑞娜女士,瑞士、罗马尼亚、奥地利等国政府代表以及10多个国家和地区的专家、学者、企业家,还有许多国家的驻华使节等。李鹏总理向会议发了贺词。会议的目的是通过互相交流,共同研讨军转民国际合作的方式,加深了解,增进友谊,建立联系,促进国际军转民的交流与合作,推动军工技术的和平利用。

(张洪辰)

中国企业竞争力国际研讨会

国家体改委、首都钢铁公司和联合国开发计划署于12月联合在北京举行。会议的主题是参考和借鉴国外关于企业国际竞争力研究与评价的方法和有关观点，探讨“八五”期间和未来十年中国企业如何通过改善经营机制和内部管理体制，提高在国内和国际市场上的竞争能力。

与会的外国专家介绍了目前在国际上有影响的、对世界上34个国家和地区的国际竞争力进行比较研究的《国际竞争力研究报告》的主要内容，其中的研究方法、评价方法和指标体系，对于开展我国企业竞争力的国际比较研究和企业活力的定量评价，都有借鉴意义。

与会者认为，在中国开展企业国际竞争力的比较研究是非常必要的，它对搞好国营大中型企业，对于开阔视野，借鉴发达国家和新兴工业化国家或地区的成功经验，意义尤为重大。

与会者还提出，必须改革政府管理企业的体制，规范政府与企业行为，创造稳定的外部环境，发挥《企业法》的权威性和强制性，并把企业推向市场。

（杜　一）

中国金融体制改革国际研讨会

国家体制改革委员会、中国人民银行、世界银行和联合国计划开发署，于12月中旬联合在海口举行。会议探讨中国金融体制进一步改革的方向和途径。

与会者提出，中国金融体制改革面临着两个突出问题：(1)在社会主义商品经济发展和市场发育过程中，如何加强中央银行的宏观调控；(2)探索储蓄转化为投资的方式，通过进一步发展证券市场，解决90年代的建设资金不足问题。

（杜　一）

中外学术交流大事记（1991年）

1月

▲应中国社会科学院邀请，苏联乌克兰科学院工业经济研究所副所长阿·伊·阿莫沙(A. I. AMOSHA)博士等一行4人于1月5～19日访华。主要是了解我国工业经济、特别是企业改革的情况，并到有关机构进行学术交流、参观企业等。

▲应中国社会科学院经济研究所邀请，美国加州大学戴维斯分校教授沈宗源先生(T. Y. SHEN)于1月8日至2月3日来华进行访问。沈宗源教授担任加州大学中国研究中心主任，长期从事发展经济学和工业组织研究，此次访华将到广州、深圳、珠海访问，并同有关学者进行学术交流。

2月

▲中国社会科学院农村发展研究所庾德昌等3人应东京大学经济学部中国农村研究会邀请，参加在东京举行的“中国农村工业对农村经济社会的影响”双边讨论会。会后考察了日本关东地区农村非农产业情况。

3月

▲根据国务院发展研究中心与联合国发展计划署“经济发展政策与规划的综合研究”合作项目的安排，产业技术政策研究组于3月10日至4月10日赴美国、法国考察。主要内容为：英法的产业技术发展现状、技术选择及评估、技术转移及科技成果产业化、产业技术政策的制订和实施等。

▲应国务院发展研究中心邀请，原美国芝加哥大学副校长、经济系主任、美中学术交流会美方成员，德·盖尔·约翰逊(D. Gale johnson)教授于3月22日至4月9日访华。此次访华的主要目的，是与我国有关部门讨论中国农村经济发展、深化改革以及中国粮食购销政策的改革等问题，并到河南、河北、湖北、广东等省部分农村参观访问。

▲应中国社会科学院邀请，日本亚洲经济研究所研究人员丸川知雄于3月31日来华研修，为期一年。丸川此次来华，主要研究中国产业结构和产业组织，包括地区产业结构，市场、价格和税收体系对产业结构的影响，各行业的市场结构和变化等。

▲应澳大利亚社会科学院人文院的邀请，以时正新为团长的甘肃农业经济考察团一行3人，于3月赴澳大利亚进行为期4周的考察，主要题目是：“澳大利亚区域农业结构与经营制度研究”。在澳期间，对澳大

利亚的农业结构、规模、政策、制度等进行了调查并获得研究资料。

▲由福特基金资助，以中国社会科学院农村经济发展所副所长刘福垣为团长的“泰国山区经济考察团一行5人，于3月10日赴泰国进行为期两周的访问和考察。主要内容是：泰国政府的山区发展政策；山区生态环境保护和资源的开发利用；山区的农业生产；山区的非农产业发展及劳动力转移等。在泰期间，访问了曼谷、清迈、清莱等地。

▲中国社会科学院世界经济与政治研究所研究员浦山，应邀于3月11～13日赴印度新德里参加亚太发展中心举办的“亚太发展中心第四次国际会议”，主要内容是：亚太地区的经济未来以及亚太崛起过程中南亚的作用。

▲应日本东京大学经济学都邀请，中国社会科学院经济研究所所长赵人伟为团长的访日代表团一行5人，于3月21日赴日本进行为期两周的学术访问。主要内容是：就中国经济体制改革问题进行学术交流，并就有关论文进行讨论、修改，然后由日本东京大学出版社出版。

▲以中国社会科学院财贸经济研究所郭冬乐为团长的“澳大利亚商品市场考察团”一行3人，于3月29日赴澳大利亚进行为期3周的访问。主要考察澳大利亚粮食、羊毛、肉类等主要农产品和几种主要基础工业产品的生产、流通、消费状况以及政府的管理方式。

4月

▲根据国务院发展研究中心与联合国开发计划署合作研究项目的协议，《中国贸易结构优化分析与预测研究》课题组一行5人，于4月29日至5月20日赴法国、英国考察。主要内容是英法主要产业发展及国际竞争力状况；欧洲统一大市场对英、法贸易政策和贸易结构的影响以及对中英、中法贸易结构的影响。

▲以中国社会科学院财贸经济研究所副所长赵效民为团长的“城市土地考察团”一行3人，于4月15日赴瑞典进行为期12天的访问。主要考察内容是：(1)公有土地的使用、经营与管理；(2)土地的规划与计划；(3)土地市场及土地价值评估；(4)政府有关土地住宅的公共政策与福利政策；(5)城乡结合部的土地利用与旧城改造；(6)现代化土地信息管理方法与手段。

▲由福特基金会资助，中国社会科学院经济研究所《收入分配》课题组访印代表团一行3人，于4月20日至5月20日访问印度。主要是了解印度的收入分配情况，进行收入分配的国际比较。重点了解了印度的收入政策和社会政策；区域间收入分配差异和城乡收入分配差异；贫困问题和政府政策等。

5月

▲应国务院发展研究中心所属世界社会主义研究所邀请，苏共中央社会科学院学术秘书斯·费·比罗戈夫教授(С·В·Пироков)和尔·阿·别洛乌索夫教授(Белоусов С·В·)于5月27日至6月7日来我国访问。访华期间，就“东欧的变化：总结和前景”问题与中方有关专家进行座谈讨论，并赴广州、深圳参观特区经济建设情况。

▲根据国务院发展研究中心与联合国开发计划署合作研究项目“宏观调控中的金融政策与体制”计划安排，研究中心组团，于5月25日至6月14日赴日本和香港进行有关金融政策和体制的考察。

▲根据中国社会科学院数量经济与技术经济研究所与美国匹兹堡大学关于合作进行“中国生产率与经济改革”研究的协议，应数技经所邀请，美国匹兹堡大学经济学教授罗斯基(Thomas G. Rawski)、美国布兰德斯大学经济学副教授谢千里(Gary H. Jefferson)、美国约翰·霍普金斯大学经济学教授费乐白(Robert M. Field)等，于5月10日来华进行学术访问。三位教授都是专门从事有关中国经济问题研究的。此次访华主要是与有关专家进行学术交流，整理可供发表的研究成果，并磋商下一步研究工作计划。

▲根据中国社会科学院农村发展研究所同日本日中农林水产交流协会的学术交流协议，应中国社会科学院邀请，以日本东京农业大学教授尾井功为团长，日中农交理事兼社会经济部会长阪本楠彦教授为顾问的日中农交访华团一行8人，于5月19日来华进行为期两周的学术访问。在华期间，访问了北京、太原、郑州、上海4个城市，并与有关部门座谈了解“八五”计划的农业政策、农业发展计划、乡镇企业、粮食批发市场等问题。

▲应中国社会科学院邀请，苏联农业专家、学者一行7人于5月18日来华访问两周，参加由中国社会科学院苏联东欧研究所牵头组织的“中苏农业改革讨论会”，并参观农村，了解我国农村改革开放以来的发展变化情况。

▲根据中国社会科学院数量经济与技术经济研究所及国际经济增长中心的协议，数技经所于5月6日组织“技术经济代表团”赴韩国、泰国、夏威夷访问23天。主要就韩国和泰国的产业发展政策及其出台的经济背景、与宏观经济政策的关系、外资外贸在产业发展政策中的作用等问题，与有关学者和政府研究机构进行了深入的探讨。

▲由福特基金会资助，中国社会科学院经济研究所“国有制课题访印代表团”一行3人，于5月10日赴印度访问20天。主要考察印度国有企业的经营状况、管理体制，为国有制课题收集有关文字资料，并进行实地考察。

▲根据中国社会科学院财贸经济研究所与美国公共管理研究所合作研究项目“中国城市土地的利用与管理”计划安排，财贸经济所“城市土地考察组”一行3人，于5月28日赴印度考察10天。主要了解印度土地制度，特别是城市土地使用制度方面的现状和经验，包括全国土地利用规划，解决人地矛盾的措施和经验；土地所有制度及其沿革；城市土地使用制度、土地市场及土地价格等问题。

▲应波兰科学院经济研究所邀请，中国社会科学院数量经济与技术经济研究所副所长郑友敬于5月31日访问波兰两周，主要就技术进步与经济增长，产业发展与产业政策，技术引进与技术选择等专题进行交流。

▲由中国社会科学院工业经济研究所与日本总合研究开发机构合作举办的“第四次中日经济讨论会”于5月在日本东京召开，会议议题为“中国经济的治理整顿与深化改革问题”。会议探讨了中国当前经济发展中的问题和解决方案。

▲由中华全国专利代理人协会和日本中国专利协会联合举办中日工业产权实务研讨会，于5月14日在北京举行，会议主要研讨有关中国知识产权的立法问题。

6月

▲应国务院发展研究中心邀请，由苏联科学院哲学研究所、国民经济预测研究所和苏联农业科学院农业研究所专家组成的苏联农村政策专家考察团一行6人，于6月28日至7月12日来华访问，主要对我国农村改革与发展问题进行考察和学术交流，并同中心农村经济研究部讨论有关农村改革与发展的合作研究计划。

▲应中国社会科学院邀请，以日本北海道大学农学院院长七户长生教授为团长的日本中国干旱地区畜牧经营研究访华团一行9人，于6月28日到7月16日来我国考察。此次来华主要对内蒙和新疆的草原畜牧业进行考察。

▲应中国社会科学院邀请，美国加州大学胡永泰(Wing－Thye Woo)教授于6月28日来中国社会科学院经济研究所进行学术访问，为期10天。此次来华主要是参加由中国社会科学院经济研究所与美国国民经济研究院合作项目“中国宏观经济政策与经济增长”的工作会议。

▲中国社会科学院数量经济学学术交流团，于6月3日赴荷兰进行学术考察和交流。在荷兰期间，还在有关部门、研究单位及大学经济系做了“就业与物价通论——关于滞胀问题的系统分析”、“宏观经济管理问题”的报告。

▲中国社会科学院“印度商品市场考察团”于6月7日赴印度考察印度商品分类流通和市场组织情况，以及政府的市场政策、法规和宏观管理等问题。

7月

▲根据中国社会科学院人口所与东西方中心人口所的合作协议，应人口所的邀请，美国东西方中心人口研究所研究人员任姗博士(Nancy E. Riley)于7月7～20日来华进行学术咨询等活动，包括与中国同行共同商讨修改调查问卷，并培训调查指导员等。

▲应中国社会科学院数量经济与技术经济研究所邀请，美国斯坦福大学经济系刘遵义教授(美籍华人)于7月19～25日来京进行学术访问。此次来华的主要目的，是与数技经所交流“中国宏观经济模型”研究的阶段性成果，并与其它单位负责人探讨其它合作研究问题和进行学术交流。

▲为发展我国与美国农业部门和农业界的联系与合作，研究美国政府的农业政策和农村经济动态，应美国驻华使馆邀请，国务院发展研究中心于7月1日组团赴美考察。主要内容是：美国农产品市场体系、贸易政策和政府调控，以及农业生产服务体系等。

▲为有效地利用外资，发展沿海外向型经济，扩大中国与世界经济的联系，根据中国政府与世界银行的合作研究计划，世界银行专家阿舒卡·摩迪(Ashoka Mody)和德博拉·贝特曼(Deborah A. Bateman，女)与国务院发展研究中心研究人员组成合作研究小组，于7月3～17日访问广东、福建两省，对两省外贸及外资利用情况、引进技术吸收能力、劳动力素质及投资环境等方面进行典型调查研究。

▲为扩大国际间的学术交流，促进我国定量研究工作的发展，提高定量研究人员的学术水平，国务院发展研究中心于7月1～13日在西安市召开“定量分析国际研讨会”及“定量分析讲习班”。请栗庆雄(Vincent Sn)、美国纽约市立大学巴鲁克学院教授萧政(Chong Hsido)、美国加州大学教授林武郎(Wan－Iong Lin)、联合国高级经济师上官永钦(Joscphinc Sn)、美国花旗银行副总裁等来华讲学。

▲中国社会科学院农村发展研究所副所长邓英淘等3人，于7月中旬赴澳大利亚考察澳大利亚国有土

地的管理问题。在澳期间，对澳大利亚的国有林地、牧场、农田的管理方式，国有土地管理中中央政府和地方政府的分工，国有土地和私有土地的管理、利用、效益、政策及资源保护效果，国有土地的管理机构、组织状况、人员构成等进行实地考察。

8月

▲根据1989年5月中国社会科学院数量经济与技术经济研究所、国家统计局平衡司、香港中文大学当代亚洲研究中心共同签署的“关于中国地区经济发展合作研究协议书”，港方课题组协调人薛天栋教授等，于8月1～11日在北京、乌鲁木齐进行学术与工作访问，主要就中国地区经济发展问题进行学术交流与讨论。

▲根据中国社会科学院同日本东京大学互派学者访问的交流协议，日本东京大学社会科学研究所副教授田岛俊雄，于8月14日来华进行一个月的学术访问。田岛长期从事中国经济问题的研究，此次来华主要就土地所有权和经营权、农村综合发展(包括基本建设投资、土地经营规模、农村社会化服务体系等)问题进行比较研究。

▲应中国社会科学院邀请，已故日本著名经济学家大岛清先生之子、日本城西大学教授大岛卓及其弟大岛彪，于8月12～24日来华进行学术访问，并考察中国汽车工业的发展。

▲根据国务院发展研究中心与世界银行合作进行“产业政策”的协议安排，以中心副主任张磐为团长的5人代表团，于8月13日至9月4日赴巴西进行调查研究。主要内容是：巴西产业政策制定和执行情况，巴西在工业化过程中引进外资的经验和外债管理失控的教训，巴西积累和消费关系的处理，巴西中央财政和地方财政的关系等。

▲应中国社会科学院邀请，苏联经济学家代表团一行12人，于8月27日来华参加题为“90年代中苏两国经济改革与发展”的第二次中苏经济学家讨论会。会后，代表团赴上海、广州、深圳经济特区参观访问。

▲中国社会科学院经济研究所访苏代表团一行3人，于8月23日赴苏访问15天。主要考察了苏联当前经济危机状况及苏联实施《反危机纲领》的效果；包括对现有几个反危机纲领的评价；苏联近几年经济改革的决定、决议实施情况、成效、问题；苏联如何协调政治改革与经济改革的关系；苏联农业现状及改革设想；苏联向市场经济过渡的步骤、目标，以及体制转轨时期如何防止经济失控、通货膨胀及分配不公等问题。

9月

▲经国务院台湾事务办公室批准，应中国社会科学院邀请，台湾农业经济考察团一行11人，于9月11日来大陆访问。此次来访的重点，是在北京与中国社会科学院农村发展研究所的学者举行“两岸农业经济座谈会”，并参观农业项目。

▲根据国务院发展研究中心承担的联合国开发计划署资助研究项目“治理通货膨胀”课题第二阶段研究计划，研究中心组团，于9月中旬赴英国和意大利考察其在治理通货膨胀方面的经验和做法，为期10天。

▲应中国社会科学院邀请，日本东京大学经济系教授伊藤诚于9月11日来华讲学并进行学术访问，为期28天。伊藤是当代日本《资本论》研究权威，是世界知名学者。此次来华，一方面把马克思主义经济学研究的最新成果通过讲座介绍给中国同行；另外，通过参观、访问，加深对中国经济和社会的了解。

▲应中国社会科学院邀请，澳大利亚国立大学国家发展研究中心海伦休斯教授等一行8人，于9月11～20日来华参加有关国际出口加工区的国际研讨会，并进行学术访问。

▲应香港中文大学香港亚太研究所邀请，中国社会科学院经济研究所副所长冒天启于9月8日赴香港，参加《中国的改革与政策实施：“将观念变成可行的现实”》学术讨论会，并在会上宣读了论文《企业承包制和改革深化的取向》。

10月

▲根据中国社会科学院和苏联科学院科学合作协议，苏联科学院远东研究所助理研究员沃尔科娃，(L. A. Volkova)于10月26日至11月8日访华。此次访问的主要题目是“中国农村改革的社会经济问题”。

▲应中国社会科学院财贸物资经济所邀请，美国纽约公共管理研究所国际项目部主任大卫·马门(David Mammen)于10月27日来华进行工作访问。他此次访华的目的，是根据合作研究的协议，商讨将于12月初在北京召开的“中国城市土地的使用与管理国际研讨会”所有关事宜，并讨论下一个合作课题“中国城市住房制度改革”的有关问题。

▲根据中国社会科学院与匈牙利科学院学术交流协议，匈牙利科学院社会学所什泽蒙博士(Dr. Szemman)于10月7日～21日来华进行学术访问。他此次来华主要是了解十年来我国经济改革与社会结构发展之间的关系，以及它对城乡社会政策的影响。

▲应中国社会科学院邀请，苏联科学院世界经济与国际关系研究所研究室主任阿尔扬诺夫·安纳托利(Elyanov Anatoly)、高级研究员米哈廖夫·弗拉基米

尔(Mikhalyov Viadimir)和奥尼基延科·安德烈(Onikienko Andrei)一行3人,于10月1日~11日来华进行学术访问,交流的主要内容是:(1)各国经济改革的理论和问题;(2)科技进步与东亚国家经济体制的变化;(3)发展中社会主义国家的经济改革;(4)建设和发展经济特区的经验;(5)在当前条件下如何发展双边经贸关系。

▲应中国社会科学院财贸经济研究所邀请,美国伯克利加利福尼亚大学商学院霍尔顿(R·H·Holton)教授于10月21日至11月7日来华进行学术访问。霍尔顿教授是美国加利福尼亚大学著名的市场学教授,是中美合作研究项目"中国商品市场的发育和完善"美方专家小组的负责人。此次来华是根据研究协议,与中方合作者交流第一阶段的研究成果,并对福建消费品市场进行实地考察。

▲中国综合开发研究院国际合作部与美国东西方研究中心、韩国亚太经济研究院共同举办的"中国工业经济效益与工业经济体制改革国际研讨会",于10月27日至11月1日在汉城召开。会议回顾和分析了中国工业经济体制改革的成就、存在的问题和困难、以及前景展望。会议还深入探讨了解决困难的办法和途径。我国代表以蒋一苇为团长,一行5人出席了会议。

▲全国证券理论与实务国际研修班于10月7~14日在杭州举办,各地证券部门80多位经理参加。研修班聘请日本、美国、南朝鲜及香港的专家、学者为我国培养证券高级人才。

▲国际房屋融资及自动化管理政策研讨会,10月23日在北京举行。这次研讨会由国际储蓄银行协会委托中国工商银行举办。参加会议的有来自10多个国家的30多名金融界人士,主要是各国储蓄银行的董事长、董事会成员及高级管理人员。会议就储蓄银行的住宅信贷业务和银行电脑化管理政策等问题进行了讨论。

11月

▲根据中国社会科学院与匈牙利科学院学术交流协议,匈牙利科学院世界经济所研究员梅可岚(Meszaros Kara)于11日2月~22日来华进行学术访问。他此次访华主要是就中匈经济关系的潜力、外资在中国经济中的作用和趋向、华侨在中国和南亚地区的经济作用、中国对外贸易的主要特点和伙伴、以及环境保护和所有制改革等问题同中国学者进行座谈。

▲根据中国社会科学院和波兰科学院科学合作协议,波兰科学院非欧洲国家研究中心副教授卡琳·托马拉(Karin Tomala)于11月11日~25日访华。此次访华的主要题目是:"中国的人口统计问题和计划生育政策",并了解我国计划生育政策和少数民族地区人口的统计问题。

▲应日本朝日新闻社邀请,国务院发展研究中心主任马洪于11日22日出席在日本大阪召开的主题为"展望环日本海经济区前景"的经济研讨会。

▲中国社会科学院数量经济与技术经济研究所副研究员钟学义,于11月30日赴美进行为期20天的考察。主要内容是:(1)美国产业结构、消费结构的演变及收入分配政策;(2)交流与探讨产业结构及消费结构演变的理论;(3)交换对世界产业发展前景的看法。此次考察是为完成由国务院发展研究中心预测部承提、VNDP资助的项目《产业结构及消费与收入分配》所做的进一步深入调查。

▲应中国社会科学院数量经济与技术经济研究所邀请,美国宾夕法尼亚大学经济系教授、诺贝尔经济学奖获得者克莱因(L·R·Klein)于11月14日~17日来华进行学术访问。此次访华的主要目的,是与数量经济与技术经济研究所商谈"黄海合作研究项目"事宜,并做学术讲演。

12月

▲应日本久留米大学商学部邀请,中国社会科学院经济研究所研究员马家驹,于12月18日赴日本讲学4天,内容 为中国的经济改革与经济发展。讲课之外还与久留米大学、佐贺大学、九州大学的经济学教授就计划与市场问题进行学术交流。

▲中国社会科学院工业经济研究所经济学家代表团一行9人,应邀出席12月4日在香港召开的"当前大陆、台湾与香港的经济与管理问题"研讨会。

▲由中国社会科学院主办,中国社会科学院财贸物资经济研究所与美国纽约公共管理研究所共同承办的"中国城市土地使用与管理国际研讨会",于12月2日~4日在北京召开。会议主要议题是:(1)城市土地产权及收益分配;(2)城市土地使用规划及土地市场;(3)城市土地管理。

▲应中国社会科学院人口研究所邀请,朝鲜社会科学院经济学研究所研究人员李吉淳(Li Gi Sung)、金晖(Kim Hun)于12月2日~24日来华进行学术交流活动。此次来华通过实地考察了解中国学术机构,特别是中国社会科学院人口研究所如何进行人口学研究,如何组织,实施课题计划,推广科研成果的经验,并结识我国人口学界的一些学者。

▲应中国社会科学院邀请,德国经济学家皮拉特(Herrman Pillath)教授于1991年12月10日至1992

年1月6日来华访问。此次访华主要是与中国同行交流以下问题:(1)德国东部地区经济的沿革;(2)通货膨胀、货币与变革;(3)文化与经济的长期发展。

▲中国社会科学院经济研究所中国收入分配课题组主持召开的中国收入分配问题国际研讨会,于12月27～30日在西安召开。会议着重讨论了中国城镇、农村居民收入水平、分析方法等问题。

国外学术动态（摘要）

平衡系统：是计划还是市场

[苏]尤·奥利谢维奇

（载[苏]《经济科学》1991年第4期）

现代经济允许我们丢开是"市场"还是"计划"的老问题，而用现代经济需要什么样的市场和什么样的计划这个问题取而代之。

苏联经济的计划经验目前还没有得到全面的分析和评价。如果说改革前的时期片面强调了计划的成绩和科学因素的话，那么现在却是片面强调了计划的耗费与失败。在这两种情况下，都有明显的夸张。客观态度显然要求承认，在实践中既有成功，也有失败。

我认为，苏联的实践中已经表明，指令性计划可以成为结构改革强有力的工具和增长的动力。但是，如果这种计划不是遵循在多年内达到社会经济总平衡的目标，那么国民经济就会出现二重性：一个是从总平衡中产生的评价和动因系统；另一个是从指令性定额计划平衡体制中产生的系统。在存在消费市场、有选择自由、有自由市场或冒牌自由市场等其它因素的情况下，双重评价系统将导致经营主体行为的双重标准，这不能不对经济产生破坏性的影响。

指令性计划在一定历史条件下和一定的计划目标上是有效的。当指令性计划用作经常维持总的不平衡的机制时，它就会失去有效性。

在指令性计划条件下，经济无效的主要原因不是缺乏动力，而是缺乏协调。缺乏协调是由集中制的内在缺陷，尤其是，由上述总的不平衡造成的。

市场能够做什么，不能做什么。

构成资本主义经营管理基础的市场机制，其优、缺点是什么？

市场能够有效地改变供应的数量和结构，使之适应有支付能力的需求；可以经济地分配资源，将其送往最需要的地方；可以迫使消费者选择最合理的消费结构，因为它是以与实际消耗相一致的价格为目标的。

实践证明，自动调节的市场不能实现下列目标：防止强者逐渐吞并或排挤弱者；避免在某些部门形成垄断而不是竞争；防止物价普遍上涨；确保足够的有支付能力的总需求，即避免再生产危机；防止大量失业；在全国范围内实行为期10～15年的重大结构改革；保证地区的和谐发展；防止不同社会阶层之间社会差别的加深；维护退休人员、青年学生、多子女家庭、残疾人的利益；满足低工资居民阶层的社会需要；使周围的自然环境不受破坏，等等。

总之，战后的实践经验表明，私有制并不是市场机制存在和运转的必要前提；无论在所有者怎样灵活的监督形式下，经营自主权是市场机制存在和运转的必要前提。另一个前提是没有严重的不平衡。市场能够校正不太大的失衡。当严重缺乏动力资源或积累过剩时，会损害市场机制，要求外部干预。

向市场经济过渡的前提

[苏]加·沃伦斯基

（载[苏]《经济科学》1991年第3期）

坚决而又痛苦最少地向市场过渡需要研究一些基本前提，没有这些前提，过渡是不可能的。

向市场经济过渡最重要的前提是：

1. 为产品生产者部门内部的竞争和争夺用户的经济竞赛创造条件。为了解决这一课题，不仅必须保证商品的供应超过需求，而且还必须通过实施反垄断法，采取一系列坚决的技术组织措施来消除大企业的垄断。这里是指将最大的企业垄断者划分成小企业，并且全部或部分地改变它们的专业；建立企业联盟（其基本经济环节就是现实的竞争者）；组建其产品具有很强竞争能力的合资企业。我认为，通过建立子企业使生产多样化也能起重要作用。

2. 倘若不真正实现向多成份的经济，向所有制多元化过渡,上述措施是不会产生重大效果,不能促进市场环境(即竞争环境)的形成的。因为国营企业的真正竞争者只能是建立在集体、私人或混合(股份)所有制形式之上的经济单位。因此,大部分国营企业的非国家化和私有化在创造市场经济前提的过程中具有特殊的意义。非国家化可以采用不同的方法进行。由劳动集体租赁、而后赎买国营企业便是非国家化一种非常重要的形式。现在还确定了另外两种形式。一是建立广泛的小型企业网络,二是使大中型国营企业股份化。

3.作为行政命令管理体制堡垒的部门超级垄断,是应当取缔的。主张撤销专业部的人是正确的。实行市场经济的发达国家的经验清楚地证明,市场经济中没有专业部存在的余地。但是,为了防止国民经济出现混乱,必须事先建立市场基础设施(即组织结构),没有这种结构,市场经济就无法运转。这里所说的是多部门的康采恩、企业集团、企业自愿联合的其它形式、商品交易所、商业银行。另外,还要根本改变国家银行的作用和职能,使之成为不依附政府的金融机构。

4.与此同时,必须通过根本改进干部培训制度,改造身份证制度,把国有住房转让或出卖给房客(即建立住房市场),保证为劳动力的自由流动创造条件。住房市场的建立可以使一种最重要的、能够吸收居民很大一部分有支付能力需求的商品进入流通领域,而住房改革也将促进劳动力市场的形成。

5.向市场经济过渡的必要前提是:为商品生产者的经营活动和市场基础设施奠定法律基础,坚决克服日益增长的本位主义倾向。这种倾向对经济进行根本改革能否成功缺乏信心,试图只靠某个地区的潜力克服困难。这是同国民经济一体化进程,包括统一的全联盟市场的形成进程背道而驰的。

民主社会主义的社会经济结构

[苏]尤·柳比姆采夫

(载[苏]《经济科学》1991年第1期)

现在,正在就怎样建立市场的问题进行激烈辩论。我认为,问题不只是怎样建立市场,而是如何从非市场的社会转向市场社会。市场问题不只是纯经济的问题,而且是社会的、政治的、民族的和国家的问题,是从一种阶级财产关系体系向新的社会经济体制的过渡。

可以认为"民主社会主义"是处于过渡状态的社会,这种社会兼有三种主要结构:国家社会主义、社会主义化的社会结构(非国家化的集体所有制)和重新产生的资本主义及其各种形式。

在相当长的稳定发展中,出现某种复杂的共性、特殊的均势、国家—集体社会主义同市场资本主义的平衡是完全可能的。这将是类似于发达的"民主社会主义"形式的东西。

国家公共财产首先包括生产和社会基础设施、国家预算、部分银行系统。国有制的收入应当保证社会公正,保护那些不拥有足以满足个人需要的财产的社会阶层和社会成员。全国所有制应当服务于稳定社会的目的,使社会分化过程平稳进行。在市场经济中,这种分化是必然的、合乎规律的、很显然的。全国所有制是为克服国民经济比例失调,优先发展一系列科技进步部门和方向所必需的,也是为巩固国防、保证国家安全所必需的。

国有制将不仅仅由"纯"国营企业和部门来代表。它将在入股和股份原则的基础上"运用于"混合(国家—集体、国家、私人、本国—外国)企业形式。因此,国营生产部门比国有制的范围要狭窄得多,这无疑会使国营生产和商业活动具有更大的进取心和灵活性,医治垄断主义的许多痼疾。

向市场过渡与向劳动群众转交产权是两个相互联系的问题。解决与否,归根到底取决于谁掌权。为了不至沦为"光杆司令",工人阶级必须同苏共一道向新社会,向市场推进。

为了使工人阶级不再摇摆不定,把它吸引到党的政策一边,需要在实现苏共、苏联总统和联盟政府的倡议时,尽速把产权转交给劳动集体和对全民财富作出过贡献的所有劳动者。

造福于人民的,经济非国家化的现实性,只有在下列条件下才能得到保证:国内存在强大的联盟中央和巩固的国家政权,中央和各共和国密切协作,清除破坏势力和无政府主义的阻力。

如何破除单一的全民所有制?

[苏]弗·梅德韦杰夫

(载[苏]《消息报》1991年6月4日)

可以有充分的根据认为,非国家化和破除单一的全民所有制形式,是当前经济政策中的关键问题。不对财产实行非国家化,没有多元化的财产形式以及这些形式的平等权力,就不可能建立起健康的市场和竞争的环境。也就是说,不能形成发展经济的强大的刺激因素。

我认为,非国家化和破除单一的全民所有制就是用私有制全面取代公有制的提法是不能接受的。民主改造是和各种不同形式的所有制(公有的、集体的、个体的)自然也包括私人的所有制)有机地联系在一起的。

这方面的主要判定标准,是要看某种所有制形式和经营形式能否带来最大的社会经济效益。运输业、重工业是一回事;轻工 业、农业、商业和服务行业是另一回事。重要的是要使各部门都成为实际的商品生产者,使它们都处于竞争的市场环境中并成为完全独立自主的单位和对自己的事务承担完全的责任。

选择非国家化和破除单一的全民所有制的具体形式的基础应该是自愿原则,是考虑具体条件和达到实际效益的原则。具体形式可以是股份制,可以是赎买形式,也可以是把国家财产以租赁形式转让给今后有赎买能力的集体,在一定条件下是把财产以优惠或无偿形式转让到集体手中。

正如其它国家的经验所证明的那样,不可能由于发布一次法令就使非国家化和破除单一的全民所有制推行开来,这一进程需要时间。它是以市场经济的确立过程紧密联系着的,后者包括价格开放、实行反垄断措施、建立商品交易所和证券交易所,并建立起一整套市场基础设施。没有这些措施,破除单一的全民所有制的结果可能只是分配了财产。这样,破除单一全民所有制的声誉必将受到破坏。

如果谈到最需要实行破除单一全民所有制和实行中见效最快的部门,这就是商业、服务行业、中小型的消费品生产单位和农业。

我还想指出的是,整顿消费市场和服务市场,向形成自由价格过渡,都迫切需要在这些领域破除单一的全民所有制。否则我们将寸步难行。

实行非国家化和破除单一的全民所有制,要求做细致的准备工作。必须对各个部门、对每一个稍大一点的企业,制定深思熟虑的详细计划。需要对固定资产详细清查,估评其价值,要有向新的工作过渡的现实条件。

在我国现有条件下,非国家化和破除单一的全民所有制所面临的最严重的问题之一,就是财政方面的问题,即为赎回国家财产所必需的资金来源问题。这一问题之所以引起重视,是因为公民有理由担心人民财产会落入黑市经济生意人手中,担心劳动人民的社会权利得不到保障。

正是基于这一点,曾提出过这样的建议:即向全体公民支付息票和债券,或给每个公民开设获取非国家化的财产的股票专门账户。这些建议中不乏诱人成份,而首先是承认和肯定了这样一点:用人们的劳动创造积累起来的国家财产应当属于人民并为人民所用。

非国家化和破除单一的全民所有制的目的是使劳动者同生产资料结合起来。这种结合将会通过市场关系鼓励人们的劳动积极性和企业经营者的积极性。

至于涉及到赎买和股份制的主要资金来源,那么最具有长远意义的决策就是利用企业和机关的自有资金,各种储备基金、社会团体和联合组织的自有资金。国家银行和商业银行本身可以成为股票的重要购买者。居民可观的储蓄也可用于购买股票和其它有价证券。在前苏联投资的外国企业家也可以购买股票。

国家通过联盟共和国的国家财产基金会,将持有数目可观的大笔股票。在多数情况下,可以对企业和职工优惠或无偿提供股票。把国家企业租赁给企业全体人员、以后再靠企业挣来的资金和个人储蓄逐步赎回企业,这种形式已经显示出是有前途的,并可赋予分期赎回的权利。

对私有制的理解

[苏]B. 韦斯宁

(载[苏]《经济科学》1991年第11期)

按照经典作家经济思想中的定义,所有制是反映人们占有生产资料并借以创造物质财富的相互关系,所以私有制就是私人的占有。在俄语辞典里,“私有”这个词解释为“属于个人,不属于社会,不属于国家”,“属于个人、个体掌握的活动和经营”。这种表述恰好是卡尔·马克思的理解。

然而,要是仔细研究“私有”这个词,就会发现它所包含的不是一个,而是两个完全独立的意思。

“私有”的第一种含义的实质是“个体”,第二种含义的实质是“独立自主”。在马克思时代,所有者既是个体的又是独立自主的。这两种含义的概念当时在事实上融为一体,并在一个术语里很好地溶合了。这样一来,就正如大家所看到的,无论是小的所有者,还是大的资本家都是个体的主人。但是,事实上,私人所有者的主要特征还恰恰不在于个体性,而在于法律上不依属于任何人的自主性和经济上的绝对独立性。

私有制的独立自主特征的原本性体现在以下三方

面的所有者经济职能的实现上:首先体现在所有者的所有物——生产资料的客体命运的决定上。私有者对生产资料的处置不依赖任何人,他可以根据生产资料的用途来生产商品,提供服务,创造利润。同时,他也可以把自己的生产资料卖掉,送人甚至毁掉。反正按主人的愿望处置它们。

其次,也体现在经营活动上。私有经营者就是利益独立的生产者。他在生产的组织过程中,既遵循着自身利益的原则,也同时承担着商业风险。所以他应该独立自主地解决生产中的一系列问题。

再次,还体现在生产成果的占有上。所有者在完税,支付银行利息和上缴其它必需的支出后,就独立自主地决定其收入分配的比重问题即多少用于进一步发展事业,多少用于增加银行存款,等等。可见,占有和分配收益的经济职能和生产资料的占有职能是密切相联的。

如果用上述观点来看待我们今天的经济现实,完全可以断定:目前能保障私有制独立自主特征的形式,可以按照法律上讲的三种:(1)个体所有制或者家庭所有制;(2)各种合作制和劳动集体所有制;(3)股份制以及各种形式的独立团体所有制(强大的国家企业也可以是股东)。

未来一百年经济学发展展望

[英]《经济学家》编辑部

(载[英]《经济学家》周刊 1991 年 3 月 9 日)

世界将需要哪一类和将得到哪一类的经济学,是很难预料的。英国皇家经济学会最近出版了《经济学杂志》创刊百年纪念专刊,并邀请一些最杰出的撰稿人对未来 100 年经济学的发展作了推测。

经济学试图回答的新问题,象过去一样,会受历史的影响。最近,世界目睹了东欧发生的变化。J. 布坎南认为,20 世纪最大的意识形态斗争的结束,将使经济学从现在起更富有成果。在社会主义之后的世纪中,他期望少进行一些分极化的争论,并恢复讨论的规范化。哥伦比亚大学的 J. 巴格瓦蒂认为,世界经济日趋一体化,正在使货物、资本和劳动在国际间的流动成为经济研究的前沿和中心。第三个历史趋势,是日益增长的对资源和环境的压力。现在,更多的经济学家正在开始探讨增长是否可以持续。象耶鲁大学的 W. 诺德豪斯这样的主流派经济学家正转向环境经济学。

需求一方　　如果说经济学是一个受经济力量支配的市场,那么这种市场有需求一方和供应一方。在需求一方,现代经济学存在一些明显的空白点。

最大的空白点是公司理论。微观经济学很了解公司群体(即各种产业)的情况,但单个企业仍是个谜。因此,这是经济学再开辟一块永远属于自己的领地的机会。加利福尼亚州立大学伯克利分校的 O. 威廉森,正单枪匹马地实行一项研究单个公司所面临的选择的计划。这项研究着眼于关于合同、产权、信息和交易成本的经济学,旨在解释造成公司当时的状况和公司所做所为的原因。这类著作肯定会纷纷出笼。

第二个大空白点是增长理论。在 50 和 60 年代,早期的 R. 索洛等人的开拓性工作之后,经济学的这一分支沉寂了 20 年。最近,人们对增长理论的兴趣又恢复了。在芝加哥大学的 P. 罗伊默和 R. 卢卡斯的带领下,经济学家们正在建立一种给予技术进步以应有地位的令人信服的理论。

第三个空白点是影响最深刻的,填补它会极大地改变经济学的特征。许多经济学家越来越对作为经济学基石的合理性概念感到烦恼。他们开始考察"近于合理性"的含义。为此,他们正在利用社会学、人类学而主要是心理学的研究成果。

供应一方　　上述经济学特征的转变,将被供应一方的发展强有力地加速。犹如许多产业部门一样,经济学也由其生产者的利益推动。经济学家们常常能找到新的分析方法,然后寻找容易被这种方法解决的问题。50 和 60 年代数学和统计学方法的发展,对形成此后几十年经济学研究的方式起到了很大的作用。

现在,新一代的方法遥遥在望。华盛顿大学的 S. 图尔诺夫斯基看到了非线性方法的光辉前景。当前的经济理论家主要利用线性关系进行研究。实际上,非线性关系常常能够用数理方法转换成线性关系。经济活动通常是不断地循环运动,这些运动更易于用非线性关系再现。非线性方程式还可应用于其它方面。它们使人们把握了这样的事实,即小的紊乱常常会产生惊人的、巨大的影响,这是无序论研究的基础。许多经济过程是无序的,所以这种新的数理研究方法对经济学大有帮助。

多年来,经济学家曾希望博弈论会给这个学科带来革命性变化。博弈论关注谈判和"战略选择"问题。直到最近,这种理论还是更善于强调传统经济学的缺陷,而不是更善于就经济问题提出自己的答案。不过,这种情况已经改变。麻省理工学院的 J. 蒂罗尔的有创见的工业经济学著作,就是建立在博弈论的基础上的;战略贸易理论也是如此。可以说博弈论的各种应用正大量增加。

由于有了计算机，这些新方法将随着经济学范围的扩大与软件化而汇合到一起。计算机可以用来进行模拟和试验。未来的经济学家将比以往更加严密地受到计算机的限制。不过，这有助于他们改进自己的理论，从而增进他们对世界的了解。

对制度经济学三种不同研究方法的评价

[美]A. C. 格鲁奇

（载[美]《经济问题杂志》1990年6月号）

制度主义者们所采用的方法大体上可归结为杂文法或时事法、论题法以及范式法。在遵循第一种方法时，制度主义者们的兴趣如此广泛和不同，以至于一些异端经济学家感到他们有资格去研究任何他们感兴趣的议题。他们打破了由正统经济学家所确立的狭窄边界，并且自由地去探讨任何有助于阐明所考虑议题的事物。此方法的确有其长处，比如它使人们去注意那些被正统经济学家们所忽视的经济问题；它还促使人们去关注制度经济学的广阔领域。然而，制度经济学的这一方法的确也有某些严重的缺陷——一种理论方面的连贯性。

制度经济学的第二个方法是论题法。它关心的焦点是各种业已确立的基本论题。在《新帕尔格雷夫经济学词典》中，有关制度经济学这一条目写到，一般认为这种经济学包括六项基本论题：(1)政府的作用；(2)技术的重要性；(3)价值概念；(4)社会控制理论；(5)文化的影响；(6)制度的作用。论题法的目标在于缩小杂文法或时事法的范围，并且阐明构成制度经济学基础的基本一致性。此方法包含有相当规模的理论内容。然而，它所欠缺的，却是一个全面的、与制度经济学基本论题在基本一致性上相吻合的解释框架。例如，一般认为约翰.R.康芒斯沿用了一种论题法。他研究了大量的论题，如美国经济体系中有组织的工人的作用，工业调解的作用，城市政府的管理效率，资本主义的法律基础以及货币在国民经济运行中的功能，等等。然而，他竟没有一个理论体系使得他能够融汇其各论题以发展出一套美国资本主义理论。

制度经济学的第三种方法是范式法，其中，基本的解释框架被用于制度经济学的分析之中。在使用这一方法的地方，调研者用演进的过程概念取代了静态的均衡概念，索尔斯坦.凡勃伦是这一范式法的早期倡导者。此方法将经济体系看作是一个演化的、发展的过程。然而，值得一提的是，凡勃伦并未详细论述演化过程这一概念。

由于要寻求为全面分析提供一个理论框架，范式法比论题法又向前迈进了一步。范式法的典型特征在于它的高深的理论层次或本体层次。它接受了旧有均衡方法（该方法仍在支配着正统经济学）中有用的部分，但同时又超越了它，以便应付出现于分析中的任何问题，即把经济体系视为一个演化过程的被分析的问题。

为什么把过程范式法植入制度经济学十分重要？在我看来，坚持这种方法的最强有力的理由在于，它澄清了制度经济学本质和意义的内涵，并且它还有助于处理那些制度主义者和制度经济学所关心的并被正统经济学所忽略的问题。制度经济学的实质内容是对经济体制现实性的关心，是把经济体制看成是历史——文化现象和演进过程；制度经济学的结构包含着对解释现实的历史——文化数据的分析。明确地和令人信服地确定制度经济学的实质内容和结构，将大大有助于说明为什么对正统或主流经济学来说制度经济学是一个有力的和重要的挑战，并大大有助于说明为什么它在解释美国资本主义体系目前状况及转化方面具有重要的地位。

经济学的未来

[日]小出厚之助

（载[日]《经济评论》，1991，No3）

经济学被皮亚杰评价为人类科学中最进步的领域，这不是指经济史或经济学中制度学派方面，而是指模仿自然科学方法的数学模型或计量经济学。的确，经济学经常采用数学手法，以分析精密而自豪。但是，经济学过分追求理论的精密性，一味地助长了“工具的理性”，故意回避不宜于数字分析的问题，忽略模糊性现象，反而降低了经济学作为科学的本来作用。

希克斯曾把经济学大体分为交换之学和增长之学。交换之学，根据市场参加者的目的，提出的假定是：作为个人要求效用最大，作为企业要求利润最大，作为变化形态要求销售额最大以及企业的继续发展等。但在个人经济行为中凭借能力反复进行交换的结果，出现了社会所难以忽视的财富差别。而对于经济行为的结果所产生的不平等,须在多大程度上予以容忍或给予修正,却没有明确标准。在经济过程中有一种帕累托·罗尔斯标准,即如果有的人不再穷,有的人不再富,整个社会就算很不错。亚里士多德根据古希腊城市国家的生产力和各种状况,暂定标准容许财富最大差距不得超过4∶1。任何社会财富差距如果过大,都会象S.穆勒说的那样,助长人类最大的弱点嫉妒心。援用帕累托标准,希望国民经济增长率越高,使收入差距成为社会问题的可能性就越小。"增长"几乎是经济学家的共同目标。哥尔德斯密斯根据20世纪前期的美国资料,证明美国曾有一个长期的稳定,但近年美国犯罪率增加,使人怀疑是否与收入的阶层分配不均完全无关。另外,许多低开发国家如罗尔斯指出的那样,显著的贫富差别已成为经济增长的羁绊。

经济学所遇到的危机,就是因为经济学靠模仿自然科学的严密方法所能解决的重大经济问题微乎其微。加之,为了维护经济学作为"普遍科学"的地位,把自己只局限于去解决市场上的难题,极力回避政治及其它社会问题,把时间范围划分得越短越好所造成的。

反管理家革命

[日]中村秀一

(载[日]《经济评论》,1991,No3)

在整个80年代,无论东方还是西方,左右经济政策基本方向的"政府"与"市场"关系,都在急剧发生变化。从70年代占优势的"大政府"介入市场的福利国家的经济政策,重新转向"小政府"的以"市场"功能为主体的经济政策。这种逆转现象用詹姆斯·伯纳姆的话来说就叫"反管理家革命"。

在经济学上从宏观理论方面把伯纳姆所指出的这一时代趋势加以理论化的是凯恩斯。他1926年的论文《自由放任的终结》是向当时以"小政府"为基本传统的经济学的正面挑战,是强调"政府"在经营管理中的积极作用的最初宣言。因凯恩斯而发生的"凯恩斯革命"是积"管理家革命"之大成。但同一时期的经济学家弗里德里希·A·哈耶克批评经济社会以"管理"为前提的这种动向是"走向仆从的道路"。从此,凯恩斯与哈耶克的对立就在所难免。哈耶克认为,"管理"观念,与以"自发秩序"为本质的"市场"观念水火不容,是一种危险至极的观念。

80年代以后发生的正是与伯纳姆所说的相反的动向,模仿他的说法,就叫"反管理家革命"。哈耶克发表了著作《致命的骄傲——社会主义的失误》。哈耶克所说的骄傲,指的是社会主义与凯恩斯主义的共同特点即"设计合理主义",即"管理"的骄傲。

80年代以后发生逆转的原因之一,是发达国家70年代以前完成的高度增长后的经济变化,即国民生活方式的变化和需求的多样化,以及与此相对应的产业结构的变化和经济的软件化动向。对于这种变化有多种说法,如:从"工业社会"到"后工业社会";从"傻大黑粗型"到"小巧玲珑型";从"大批量生产制"到"多品种小批量生产制;从"福特制"到"后福特制",等等,所有这一切都与人们的生活方式的变化和消费需求的多样化相对应。

80年代以后,无论东方还是西方,国民经济基本的运行越来越依靠"市场机制"。市场具有某种自动调节机制,具有形成一定秩序的能力,这是亚当·斯密以来经济学的基本前提,但对于这是一种什么性质的秩序,经济学家们之间的看法未必统一。80年代以后,注意力集中在哈耶克所称的市场秩序的"自发秩序"上。哈耶克把社会现象中所看到的秩序从观念上区分为两类:一类他称为"创造的秩序"、"人工秩序"、"管理秩序"、"外生秩序"或"组织";另一类他称为"增长秩序"、"内生秩序"、"自组织秩序"、"自发秩序"等。市场秩序属于后一种。

就今后的市场化动向来看,首先,市场不是计划经济那样的人为的秩序,而是自发的秩序;由于是长期酿成的,不可能按人的意志在短期内随意引进或排除。如果认为人们的主体意识可以不变,只改变工具,这是大错特错。如果继续把市场视为可以随意利用的"工具"或"手段",市场化的道路将十分严峻。所以,在市场化的同时还必须进行人的思想意识的改革。其次,市场本来是分权体制,不可能通过中央集权实行自上而下的改革。

保守主义得势后的凯恩斯主义的演变

[苏]И.奥萨恰娅

(载[苏]《世界经济与国际关系》,1990,No9.)

本文主要研究了在保守主义取得进展的背景下凯恩斯主义演变的历史过程。

作者将现代凯恩斯主义分为以下几个流派。(1)60～70年代形成的后凯恩斯主义。其宗旨在于创建一个广泛的观点体系和类似“非古典综合”形式的占统治地位的正统思想。(2)制度学派。其代表人物率先对新古典学派发起攻击,并提出在分析经济过程时应考虑社会经济与政治制度体系的存在和相互作用的新的方法论。(3)货币学派。它所关注的重心是货币、货币流通、财政资产与负债结构,以及它们对再生产过程的影响。

80年代又诞生了“新的凯恩斯主义”(与60～70年代沿用的“新凯恩斯主义”不同)。作者认为,“新的凯恩斯主义”分析的主要问题有二:一是“货币的非中立性”;二是价格形成问题。

“新的凯恩斯主义”的代表人物之一H.明斯基认为,承认货币体系的非中立性意味着在凯恩斯理论和新古典派理论之间存在着深刻的区别,而这种区别正是新的凯恩斯主义所分析的对象。

解决价格形成问题是近年来凯恩斯主义演变的主导方向。新的凯恩斯主义者认为,当代资本主义经济关系完全建立在合同的基础上,而合同不可能不以固定价格为基础。如果价格变动了,合同中所确定的任何计划和预期都将化为泡影。在评述不同市场的价格形成状况时,他们还提出了一些新的概念和理论,“效益工资”概念便是一例。

作者指出,在当前,围绕凯恩斯理论所展开的争论,归根结底是对宏观经济政策的目标和手段的选择。众所周知,在经济国际化和通货膨胀这两个新的因素产生之后,采用过去的增加预算和信用货币的做法是不可能达到经济增长这一目标的。不仅保守派经济学家,就连凯恩斯主义者也不得不承认国家支出和预算赤字的无限制增长是危险的。因此,在国家大量负债情况下如何使需求调节的宏观经济政策变为稳定经济的有效工具,这将是凯恩斯主义所探讨的中心课题。

最后,作者总结说,凯恩斯主义的危机引起了新古典派的复苏,也促进凯恩斯主义自身演变过程中产生新的趋势。从微观经济学角度看,现代凯恩斯主义者与其新古典派批评者之间的分歧往往趋于零;在宏观经济学方面出现的分歧,最终反映了保守派与改革派力量的对比发生了变化,而这种变化将对发达资本主义国家现阶段经济政策与社会政策的形成发生明显的影响。

博弈论与经济学

[日]今井晴雄

(载[日]《经济论坛》,1991,No4)

在传统价格理论中出现的决策问题,很少明确考虑利害的相互依存关系,看来有些使人感到奇怪。如果把通过物的生产和消费结成的人的关系看作是经济的话,利害的相互依存关系是经济所要分析的主要关系。

由于微观经济学的发展,单纯以完全竞争作为假定前提已难以得出满意的说明。这就是经济学承认博弈论是有用的基本原因。相互依存关系成为经济学主要课题的根据是:(1)少数卖主在同类商品竞争中形成的垄断市场问题。卖主是少数人时,是增加还是减少销售额,必然影响到价格。这时是卖主本人的意志决定价格的。(2)是通过经济主体间的消费活动和生产活动形成了利害的相互依存关系。如工厂引起的大气与水质污染问题就是例子。在经济学中作为外部经常问题处理。(3)对市场交易以外的事项做出决策已成为经济学的显著课题。如对多国间的经济政策进行调整问题。基于上述分析,博弈论已成为经济学频繁使用的手法之一。

经济和伦理

[德]w.科尔夫

(载[德]《议会周刊副刊》,1990,No30—31)

世界的未来基本取决于人们所选择的经营管理方式。这个世界赖以生存的合理性问题,取决于它固有的发展过程。换言之,就是要从伦理学的角度去建设一种现代经济。可以认为,这种现代经济能将人类的发展机会和发展质量提高到一个崭新的阶段上。

在未来的经济发展中,乌托邦式的粉饰现实的危险狂热是没有市场的,技术万能论者玩世不恭的态度也令人唾弃。这里需要的倒是一种真诚的和谨慎的态度:正确地把握和认识今天,才能为明天做出更多的贡献。

怎样把握和认识今天呢?怎样理解和建立一种无论今天还是明天都将会合理存在下去的经济呢?关键是对经济伦理问题需要作出明确回答。首先需要回答下述四个难题:(1)现代经济的特征是什么?(2)现代经济的结构前提是什么?(3)现代经济有什会么样的伦理标准?(4)谁负责实行这些标准?

现代经济本质上是一种革新经济。它不同于至今人类历史上出现过的任何一种经济形式。它的革新的结构来源于从方法论上采用和推广合理的技术手段去创造、生产和分配满足人们需要的产品,同时还进一步去开发和准备生产至今还无人知晓的产品。这些产品虽然已能满足人们的一定需要,但是,人们的需要也会不断发展。因此,可以说现代经济是一种文化体系的结果,同时又是文化体系发展的动力。文化体系就其出发点而言,旨在以各种方式丰富人们的公共设施和知识。人们想在打上科学技术印记的经济基础上创造出这样一个世界,它将使人类以往的一切成就相形见绌。

现代经济结构的前提问题是以什么为经济发展的动力问题。借助革新的生产方法使经济自身得以发展,同时又进一步焕发出人们的科学技术潜能。这样,科技文化就产生不断地向前发展。科技文化的研究成果在经济过程中找到自己的出路。因此,对经济说来,科学和技术是社会生产力。

现代经济的伦理标准有三条:(1)人对他所在的社会的同时代人的责任。(2)人对他所处的自然环境的责任。(3)人对他自身的责任。人的属性是负有责任感的和具有道德风尚的。人就其本质而言是一个道德实体。人绝不是自然界创造出来的一个错误的机体。那种认为人无法驾驭科技进步过程中产生的伦理问题的论断是错误的,也是危险的。在人的道德理性和技术理性之间并不存在一条进化史上无法逾越的鸿沟。

没有竞争对手的资本主义才有大崩溃的恐怖

[日]角间隆

(载[日]《政界往来》,1991,No1)

本文是日本学者角间隆采访美国哈佛大学名誉教授、著名经济学家加尔布雷斯的谈话记录。文章认为,资本主义内部孕育着大崩溃的恐怖,应对马克思和凯恩斯重新加以评价,实行资本主义和社会主义折中的"混合经济"。其主要观点如下:

加尔布雷斯说,在认为"社会主义完全失败,资本主义取得了绝对胜利"的今天,才最需要对资本主义体制本身内部存在的不确定性重新加以认真研究。

资本主义为胜利而冲昏头脑,就有失控的可能性。现在,关于日本"肥皂泡"经济崩溃的议论很是热闹。象这样的麻烦事始终缠绕着资本主义,自产业革命以来已经多次产生。

加尔布雷斯的另一部著作《喜极恐怖》(意为乐极生悲),以"南海泡沫事件"为例,说明资本主义体制内潜伏着危险性。1919年9月突然袭击纽约证券交易所的大暴跌、1980年的"黑暗的星期一",究其根底都属"喜极恐怖"。没有比进入信息化社会的今天更危险的时候了。特别是没有了社会主义作为竞争对手的资本主义骄傲起来,失控的危险性就会越来越大。

加尔布雷斯认为,对于马克思的经济观和社会观应该重新加以认真研究。亚当·斯密、李嘉图及其继承者都认为。工厂、机器和土地之类私有的经济社会是符合自然之理的,从而加以全面肯定。斯宾塞和萨姆纳也认为,私有制社会在社会和道义上都是最正确的(社会达尔文主义),从而给予了最大支持。只有马克思针锋相对地提出了异议。马克思在抨击李嘉图记述的经济社会时,反而援用了李嘉图的不少观点。因而就连信念坚定的保守主义者、澳大利亚著名经济学家熊彼特也极力称赞:"马克思是天才、预言家,而且作为经济家也是极其博学的人。"

加尔布雷斯说,他至今仍然深信马克思主义不愧是能够同资本主义相抗衡的思想。马克思主义同恩格斯结识后写下的《共产党宣言》下笔千均,震撼人心,就连美国的民主党和共和党、英国的劳动党和保守党、法国的右翼和左翼在阐述自己的政治目标时,也总是要极力模仿其强硬的语调。作为思想的社会主义绝对没有错,只是社会主义国家没有按照这种思想去实行。

加尔布雷斯至今为止,一有机会就表明:"即使把我称为凯恩斯主义者,我也不在乎。"他认为,在当今这样的时代,需要有一种制止资本主义乱来的理论,那就是凯恩斯主义。

加尔布雷斯认为,放任自流的自由竞争,有重新使美国社会变成弱肉强食的可能性。极端个人主义会向随心所欲的方向发展,拥有资本和土地之类的人会为所欲为,因而影响整个社会的活力。在这样的社会,弱者一旦沉入社会底层,就很难再浮上来,而且人们不愿弄脏自己的手去工作和劳动。这就是所谓的美国病和法国病。

加尔布雷斯主张实行资本主义和社会主义折中的"混合经济"。

现代开发经济学展望

[日]小野冢佳光
(载[日]《经济评论》,1991,No1)

现代开发经济学的发展方向有三点令人注目:(1)世界化;(2)民粹主义;(3)绿色运动。本文根据奈杰·哈里斯、加文·基钦、比约恩·黑特涅的研究成果就现代开发经济学作一展望。

在开发过程中所遇到的现实问题是,理想的开发形式是市场还是国家?"开发经济学"或"第三世界"的终结,按新古典派的真理表述方法,既不是国家社会主义的失败,也不是新的世界经济结构的一部分发生变化,按N。哈时斯的说法,新兴工业化地区的出现和第三世界的衰退,与世界资本主义的发展有关。哈里斯否定了民族国家发展国民经济的想法。政府发展工业化的主要目的不是为了使经济合乎理想地发展,而是出于军事目的。通常经济发展得更快的国家,其政府对经济的控制能力很低,世界性联合促进了必要的调整,民族国家的性质目前正在改变。

现代世界的资本积累同时伴随着现存社会的暴力性解体贫困的增加。G.基钦认为,第三世界的思想是各种不同的开发战略,实质上是来自外围地区的民粹主义对世界现代化的反抗。反对不人道的工业化和城市化的思想和运动是伴随现代社会的产生而产生的。这些人所要求建立的是在小农经济基础上的更为平等、自由、和平与自然和谐的牧歌式社会,寻找与以往的发展不同的社会生活方式,即民粹主义社会。

B.黑特涅认为,开发经济学今后已没有必要再存在下去。开发经济学的基本危机在于需要调和民族国家的开发政策在现实的世界化与地区性政治意识之间发生的分裂和矛盾。他对开发论的展望可概括为内部化、世界化和代替战略三部分。内部化是摆脱西欧中心主义的开发思想,使世界各地的开发经验同等化。另外,目前的主要趋势是世界化。有关开发论的内发论和外发论,包括内部化问题,在某种意义上都可通过世界化而获得解决。作为工业化的代替战略应重视政治经济学上的平衡思想,甘地的佛教经济学、西欧的绿党等思想和运动都在考虑之列。与现实的危机相对应,会出现保守的浪漫主义、乌托邦的社会主义、无政府主义、民粹主义及绿色运动。在这一基础上可能形成第三种政治体制(或社会运动)。

在黑特涅与弗里贝格合写的论文中,他们在比较"蓝"与"红"时更重视"绿"的意义。"蓝"指扩大资本积累的现代化;"红"指由工人阶级改变资本主义社会而进行现代化;而"绿"则是指消灭现代社会的共同开发模式,与前两者有根本区别。"绿"继承了民粹主义传统,代表着农牧社会性的超民主的平等社会理想。这一运动因"蓝"与"红"的解体而得到发展。今天只有"绿"能够补充"蓝"而成为进一步发展资本主义的思想准备。

开发经济学既不能解决能够适合一切国家的开发问题,也不能解决第三世界的特殊低开发问题。在某种意义上说,还须回到古典经济学,根据世界化的开发问题现状,重新确立经济学。虽然至今还存在开发问题,但固有的开发经济学已不复存在,它作为经济学的一个限定的应用部门已失去意义。

寻租理论的由来与发展

[英]《经济学家》编辑部
(载[英]《经济学家》,1991.2.19～15)

"寻租"一词,是世界银行前任首席经济学家安妮·克鲁杰尔在1974年首先使用的。在"寻租社会的政治经济"一文中,克鲁杰尔夫人特别关注政府在使用定额限制进口商品的供应或限制各经济部门所得到的外汇数量时所创造的垄断利润。这种垄断利润即是一种"租金"。许多发展中国家的政府都是这样利用定额获取垄断利润,为获取定额租金而进行活动,即是"寻租"。

这些以及其后的研究于1982年后形成当代经济学一个蓬勃发展的分支,其时贾格迪什·巴格瓦蒂揭示了寻租的全部范围。他将其称之为直接寻求非生产性利润。这种说法准确,涵盖了比上述寻租范围广得多的活动,它包括:(1)克鲁杰尔夫人所分析的那种寻租。一种贸易政策几乎总是引起对非生产性利润的直接寻求。例如:院外活动集团将千方百计进行游说活动,以改变关税模式,使之对他们有利。(2)进行游说以获得政府支出中的较大份额,这是另一种形式的对非生产性利润的直接寻求。大多数政府在教育、卫生事业、交通、国防等方面耗费巨额资金。各种院外活动集团将互相竞争,以获得所有这些预算中的较大份额。(3)如果政府对某些集团实行优惠的税制,在做这样的倾斜时也得到别人送来的好处。(4)院外活动集团不仅对政府开支和税收,而且对政府调控也感兴趣。安全带生产厂家发现支持规定必须系安全带的立法有利可图,因而值得支持这种立法;拥有专利的药品制造商到处游说,要求制订更严格的法令,阻止具有竞争性的医药品进入市场。在许多发展中国家,政府对银行的利率加以限制,结果按实额计算亏损很大的利率很常见。这就人为地造成信贷短缺;中间人于是乘虚而入,在贷方和借方之间牵线搭桥,在这个过程中抽取部分租金。(5)逃避政府的税收政策。例如:想方设法要求免税,甚至采取非法手段逃税。走私在第三世界特别普遍,就是直接寻求非生产性利润的明显例子。(6)另一种更微妙的情况是行贿受贿。贿赂本身就是直接寻求非生产性利润的行动,因为商人付出贿赂金,购买价值无比的进口配额;有时候支付购置开店设厂的权利。在这两种情况下,贿赂的目的都是寻求巨大的经济非生产利润。

由于巴格瓦蒂和其他学者的努力,"寻租"理论现在在经济文献中已牢牢地占据了一席之地。目前,学者正从事两项工作:(1)在研究经济模型时,需要把直接寻求非生产性利润行为考虑在内。(2)研究这种行为发展到什么程度就会对社会实际产生重大影响,同时探讨减少这种行为的办法。据克鲁杰尔夫人的研究,她估算印度经济中的寻租现象60年代中期占国民生产总值的7%,特别要注意除了寻租、寻求非生产性利润所花的成本之外,还要考虑政府和寻租者为掩盖这种利润所付出的成本。寻求非生产性利润的理论得出以下结论:政府对经济进行多种形式的干预,其成本比以前想象的要大得多。

经济政策与计量经济模式

[日]栗林世

(载[日]《中央评论》,1990,No12)

30年代诞生的计量经济学在经济理论、经济统计、数理统计学以及计算机理论与应用进一步发展的情况下获得了长足的发展和完善,而计量经济模式在计量经济学方法论的带动下也逐步得到开发和应用。目前,计量经济模式被广泛应用于政府制定经济政策以及民间的各种经济活动。特别是在经济预测方面,计量经济模式起到了相当重要的作用。

家庭、企业和政府的各种经济活动构成了现代经济的主体。对经济信息进行数据分析是各经济主体进行意向决策的重要依据。而经济行为的结果大多表现在消费量、生产量和价格等数量关系上。对数量的把握、验证以及对未来的验证是计量经济模式的重要内容。

计量经济模式在政府经济决策中所起的作用,主要包括下列几个方面:(1)经济计划。政府在制订经济计划时,用计量经济模式对各种经济环境的变化参数和经济计划的目标进行综合分析和考察,以确定一种合理的经济计划或规范。(2)对经济计划的测定。即利用经济学的测定方法,如结构方程式中的各种系数关系、数值分布等来推断政府经济政策实行的可能后果。它实际上是对政府经济政策的一种估价。(3)对经济政策在执行过程中进行核实和检测。通常是对某一个经济方面进行计量经济模式检测,从而为修正整个经济政策提供依据。(4)对经济政策进行预测和模拟实验,从而纠正在实施经济政策时出现的管理偏差和计算标准的偏差。

成立地区性贸易集团的利弊

[英]《经济学家》编辑部

(载[英]《经济学家》,1991.8.31～9.6,55.)

地区性贸易集团有利于世界经济的发展还是会危及世界经济的发展,麻省理工学院的经济学教授保罗·克鲁格曼谈了他自己的看法。

他认为,对相关国家及世界经济来说,任何自由贸易的展开都包含着代价和利益,这些代价和利益包括:(1)贸易转移。如果美国只取消对某一国钢材进口的壁垒,但并不同时取消对所有其它国家的壁垒,那么贸易就会转向这个国家。很明显,那些失去贸易的国家就会受到损害。但这种贸易的转移也有可能危及美国的利益。当美国对所有国家都筑起贸易壁垒时,美国如想进口钢材,它可以选择最便宜的,但现在由于有差别性贸易壁垒的限制,美国将再也不可能买到现成的最便宜钢材,也不可能用进口的便宜钢材来代替国内低效益的产品了。因此,贸易转移的发生有可能使自由贸易区内成员国的经济受损。(2)规模经济。如果生产者能够在一个更大的市场上销售商品,那么自由贸易区的一个大优点就会表现出来,即能够从规模经济中得到好处。(3)垄断权。贸易集团的建立增强了成员国对非成员国谈判时讨价还价的力量,从而使非成员国受到损害。马来西亚总理马哈蒂尔提出"东亚经济集团"的建议,与其说是想在亚洲实行自由贸易,不如说是想抬高亚洲的谈判实力以防北美和欧洲在与亚洲的贸易交往中对亚洲国家施加压力。

克鲁格曼认为，在理论上，建立自由贸易集团的代价超过了利益，他甚至举出了一个模型来显示，对世界经济的健康发展来说，最糟的结果就是出现三大贸易集团并存的局面。但是他认为，这种模型依据的是非现实的假设，即在自由贸易体制下，任何一对贸易伙伴之间的贸易都会与任一其它贸易伙伴之间的贸易一样多。但在实际上，由于运输和通讯费用不同，地理因素成了各国在进行贸易时必须加以考虑的一个方面。

克鲁格曼认为，如果贸易集团是由相邻的国家组成的（象欧共体及拟议中的北美自由贸易区），那么利益就可能大于代价，相对较小型的贸易转移出去了，但更大宗的贸易会在集团内产生。这样，规模经济的益处就会表现出来，从而使贸易集团的存在对有关国家及世界经济都有好处。

工业化的政治经济：拉丁美洲与东亚新兴工业区的比较

[荷]R.詹金斯

（载[荷]《发展与变化》，1991，No2）

作者认为，在国民生产总值增长速度、工业产量、工业品出口、就业、收入分配、债务偿还及控制通货膨胀等方面。东亚新兴工业区所取得的成就较之拉美国家要大得多。

大多数学者认为，东亚新兴工业区采用的是出口替代式的“外向型”政策，而拉丁美洲国家则热中于走“内向型”进口替代式的工业化道路。东亚新兴工业区经济政策的特点是偏重于市场；而在拉美国家由于国家过多地干预经济活动，经济呈现畸形发展趋势。这一切说明，拉美国家应当遵循东亚新兴工业区的发展道路——减少国家的干预作用。

东亚国家和地区所采取的行之有效的工业政策具有以下四个重要特征：灵活性、选择性、一致性和强调促进而非调整，这与拉美国家的政策形成了鲜明的对照。

当某些经济政策没有达到预期目标，人们既有意愿又有能力改变这些政策时，灵活性就得以充分体现。60年代初期，南朝鲜人意识到，按照外汇比价来发展本国汽车装配工业则成本偏高，于是该计划未被采用。80年代初期，面对日益严重的经济困难，一些雄心勃勃的重工业发展计划也被搁置一旁。相形之下，在拉美国家，尽管存在着外汇浪费极大且劳动效率低下的现象，但政府仍在实行扶持工业的政策。

东亚国家和地区采用的经济政策选择性较大，不同时期重点扶持特殊工业部门。从某种程度上说，这也包括政府具体指令某些企业生产某种产品，如南朝鲜的汽车工业。

东亚新兴工业区经济政策的第三个特点是政策的一致性。人们对预期的经济目标意见统一，共同协调政策以达到预期的目的。而拉美国家的经济政策常常是反复无常和自相矛盾的。

东亚新兴工业区经济政策的最后一个特点是，强调促进私营企业而不是调整私营企业。东亚国家和地区政府不愿意以政府的名义出面帮助企业摆脱困境，这与拉丁美洲国家的现状形成鲜明对照。在那里，人们在维持就业的政治压力下，由政府出面进行干预，挽救濒临破产的企业，这种现象已司空见惯。

正如统计数字所示，南朝鲜和台湾工业产量的增长速度大约是拉美国家（阿根廷、巴西和墨西哥）的两倍。在80年代中期，南朝鲜和台湾的工业品出口额是这三个拉美国家工业品出口总额的两倍以上。

东亚国家和地区还有一个引人注目的特点，即经济决策权高度集中。自1961年以来，南朝鲜经济计划委员会负责制定计划和预算，同时也干预价格控制、外援、借贷、投资及技术转让等工作。拉美国家的经济决策权相对来说较为分散，许多政府部门和机构都参与制定经济政策，工作效率很难保证。加之，企业缺乏经济自主权，这一切使得拉美国家在制定和实施经济政策的过程中自然会遇到许多困难。

纵观东亚新兴工业区和拉美国家近年来的经济发展进程，还可以得出一个重要结论：把握住促进经济发展的时机，对于任何一个国家来说都是至关重要的。

跨国企业与民族国家的关系

[日]加藤哲郎

（载[日]《一桥论丛》，1991，Vol. 105，No2）

目前，在跨国企业研究中，从理论上探讨跨国企业与民族国家的关系还很少。美国学者吉尔平把政治经济学分为自由主义的、马克思主义的和重商主义的三种类型，试图根据当代世界的经济、政治基本原理着重验证和说明跨国企业问题。日本经济学家宫崎义一参照吉尔平的模式就跨国企业的未来提出5种模式和7种矛盾关系,即:(1)走向末路的国家主权模式;(2)美国超帝国主义模式;(3)帝国主义国家间的对立模式;(4)新重商主义模式;(5)超帝国主义模式。七种矛盾关系是:(1)发达资本主义国家间的矛盾;(2)跨国企业间的矛盾;(3)发达国家与第三世界间的矛盾;(4)跨国企业与民族企业间的矛盾;(5)跨国企业组织内部的矛盾;(6)跨国企业与被异化的大众之间的矛盾;(7)跨国企业与本公司所在地国家之间的矛盾。

宫崎义一针对跨国企业与民族国家主权的关系提出了4个问题:(1)跨国企业的发展成为"民族国家的黄昏","主权国家的极限";(2)使国家利益与跨国企业的企业利益发生分离;(3)国家组织原理与跨国企业组织原理发生分离;(4)国家的公共时间与24小时都从事企业活动的跨国企业的时间安排发生矛盾。从事企业活动的时间越多,从事政治活动的时间越少,使"企业战士"脱离政治。跨国企业以时差而脱离民族国家的空间,单纯为本企业目的安排生产和劳动。

知识产权制度与国际政治经济

[日]齐藤 攸

(载[日]《化学经济》,1990,No6)

世界霸权的基础从资本转向科学技术及经济、政治、科学技术的世界化,是当代世界发展的趋势。这两个世界发展趋势之间相互矛盾,前者具有独占、集中、支配的倾向;后者具有扩延、普及、协作的倾向。同时又相互统一。知识产权制度能够兼容两者。

由于世界霸权的基础从资本转向科学技术,为了重建世界霸权和体制,需要建立世界科学技术秩序,也就是要把知识产权和制度国际化。急于重建世界霸权体制的美国十分重视科学技术政策,他们把知识产权制度纳入关贸总协定体制,并极力在世界范围内提倡这一制度。美国把知识产权战略和通商政策相统一,同劳务贸易的自由化相结合。这是适应时代发展方向的英明的决策。

随着国际关系的变化,知识产权的对象和内容 也发生变化,知识产权出现新领域:(1)属于以往的学科所难以覆盖的,但却代表时代潮流新科技领域,如生物工程学领域;(2)原来无足轻重,而今越来越有发展前途的领域,如电脑作出的软件产品;(3)在调整知识产权制度的过程中,产生的新制度领域,如贸易保护法;(4)新种类知识财产领域,如非物质的精神产品。

知识产权制度的实施,一方面带来科学技术的发展;另一方面,带来科学技术的商业主义化。商业主义化是必要的,但是完全商业主义化也会带来弊端。

知识产权制度的国际化是必然趋势。但是,在这个过程中,如果过分偏向于对发明者和发达国家权利的保护,而忽视技术转让和发展中国家的需要的话,会使南北之间的技术差距进一步扩大。

发达国家常常强迫发展中国家改善和配备知识产权制度,并要求依次引进新领域的知识产权制度。相对而言,技术转移却很少。发展中国家对此很不满。希望发达国家在让发展中国家引进新领域的知识产权制度的同时,在技术转移方面给予应有的协作。这样,对双方都有利。

第三世界的发展出了什么问题?

[澳]T.特雷纳

(载[澳]《社会选择》,1990,No3)

第二次世界大战以后,第三世界国家的人均国民产值曾以前所未有的速度大幅度增长。在发展初期,经济增长速度较发达国家快得多。但进入80年代后,人均国民产值的增长速度迅速减缓,有些第三世界国家甚至出现了负增长。

就生活水平而言,多数第三世界国家与发达国家之间的差距十分明显。据统计,占世界人口半数左右的贫穷国家的人均收入,每年仅增加7美元左右,而发达国家则为270美元。根据世界银行的统计数字,1978年,发展中国家的收入额占世界总收入的5.6%,而到了1984年,下降为4.56%。此外,世界上还有5.2亿人的年均收入仅为87美元。第三世界国家的人均收入增长缓慢,贫困状况也没有得到根本改善,其原因在于,人口的大幅度增加和巨额的债务负担已成为经济发展的桎梏。

人们难以想象,带着这样沉重的债务负担,第三世界国家何时才能踏上经济繁荣之路。

随经济衰退而来的是一系列社会问题。失业、住房短缺和生活贫困等现依然如旧。同时,土地剧减和生态环境破坏等问题十分严重,这些问题是多年积累下来的,短期内难以解决。

近年来,南北经济差距不仅没有缩小,反而有进一步扩大的趋势。据统计,200年前发达国家人均收入与第三世界发展中国家人均收入的比例为1.5:1,1960年为20:1,1980年为46:1。

然而,台湾、南朝鲜、新加坡和香港等国家和地区近年来却取得了令人瞩目的成就,国民经济发展速度很快。这些国家和地区的人口仅占第三世界人口总数的2%,资源并不丰富,但它们采用了增加出口的发展战略,扩大海外市场,充分调动国内的生产加工潜力,以此促进了工业经济的发展。其它第三世界国家应当借鉴它们成功的经验。

由此看来,问题的关健不在于发展不足,而在于经济发展是否得当。错误的发展战略和盲目发展是十分有害的,有限的资金应集中投向迫切需要发展的工业部门,发展中国家应改变轻视工业和重视农业的错误战略。如果发展的目的是尽快增加国民生产总值,那么,资源就不可避免地要优先分配给产出利润较高的消费品生产部门,尤其要分配给生产出口商品的部门,满足基本需要则是次要的任务;如果发展的目标是满足基本需求,那么,资源应当用于基础设施的建设,对国民生产总值不产生直接的影响,相对来说,国民生产总值的增长就较为缓慢。

还有一点必须强调指出的是,第三世界国家的经济发展要与第一世界和第二世界国家的发展战略相适应,从而能与发达国家一起共享全球性资源。

从地缘政治学到地缘经济学

[美]E.N.勒特韦克

(载[美]《国家利益》,1990,夏季号)

目前,世界上除了纯粹由于地区的或内部的原因而继续存在战争的那些地区外,由于冷战的消失,军事力量在世界事务中的重要性正逐渐削弱。现在人们都认为,商业方法正在取代军事方法——用可以使用的资本代替火药,以民用品的发明代替军事技术的进步,以市场的渗透代替驻军和基地。

但是,事情并不那么简单。国际舞台仍然主要被国家和国家集团所占领,国家不可能遵循那些会使它们不顾自己国家利益的商业逻辑,世界政治仍然没有让位给世界商业。目前将出现的情况是,主张"地缘经济学"的国家并没有完全改变其国家活动性质。

事实上,"地缘经济学"在世界经济中所起的作用远比地缘政治学在整个世界政治中所起的作用要小,(1)各个国家从地缘经济学出发采取行动的倾向互不相同,甚至比它们从地缘政治学出发采取行动的倾向更不同一些;(2)对于一些从"地缘经济学"出发采取行动的国家和国家集团来说,存在诸多限制,它们必须在不完全属于自己的场合内行动,要同大大小小的私营经济经营者,小到个人,大到最大的跨国公司共存。国家几乎占领着整个世界的政治空间,它们却仅占领整个经济空间的一部分,而全球政治、经济趋向,例如:私有化,正在使这部分空间越来越小。一方面,在世界经济舞台上需要国家支持的、政治上举足轻重的企业,当它们设法为达到自身目的而操纵官僚政治时,它们与政治家之间便发生了重要的、积极的相互作用。或者,从另一方面来看,当国家在设法引导大公司来达到自己的地缘经济的目的时,它们之间也同样有着激烈的、积极的相互作用。

国际经济体制发展阶段论

[日]池本清

(载[日]《国民经济杂志》,1990,No7)

国际经济体制发展的第一阶段,作者认为是国际自由贸易阶段,也是国际经济的黄金时代。在这一阶段,各国在贸易方面强调的是国际协调。但是,第二次世界大战以后,自由贸易阶段的格局被打破,随之而来的是资本主义和帝国主义大国向海外直接投资的新的贸易阶段。这不仅打破了原有的国际贸易秩序,而且国际贸易的不均衡状况也随之出现了。

国际经济体制发展的第二阶段,作者称之为管理贸易阶段。它开始于70年代后期,是通过以美国、日本和欧洲共同体各国率先采取在产业结构方面相互完善和补充贸易的形式而形成的。管理贸易与自由贸易的最大不同点,就是管理贸易通过各种手段、协议等来限制出口贸易,以达到缓解贸易的不均衡。但这种做法会导致贸易摩擦的进一步加剧和高技术产品方面的激烈竞争。

作者认为,随着时间的推移,国际经济体制也不会永远停留在这一阶段。未来将会出现作者所称的最终阶般,即在经济体制方面逐步形成世界联邦制。作者将这种体制称为理想阶段。在这一阶段,整个世界经济体制犹如一个国家,有统一的货币,工人及其他产业人员可以自由流动,所得标准也将达到平均化的程度。进入这一阶段的前提是,由世界联邦经济体制统一征税、统一财政收支,等等。1992年,欧共体所创建的欧洲统一大市场,将是一种建立未来世界经济体制的尝试。

国际货币基金组织的改革与发展中国家

[南]D.约沃维奇

(载[南]《金融》,1991,No1～2)

在长达45年的历史中,国际货币基金组织帮助发达国家解决了许多支付平衡问题。然而,它在相当程度上却忽视了发展中国家的切身利益。基金组织直接受美国的控制和影响,美国在国际货币基金组织作出不符合美国利益的所有决定中拥有否决权。发展中国家尽管在国际货币基金组织中构成多数,但它们还远不能对这个国际组织政策的制定施加决定性影响。

根据迄今的实践经验,可以确认有必要根本改革国际货币体系和国际货币基金组织。建立发达国家和发展中国家相互平等基础上的新关系。这需要以美国为首的最发达工业国家在态度上有重大改变。国际货币基金组织的改革应同国际货币体系的改革协调,以支持世界经济特别是发展中国家经济的发展。

国际货币基金组织改革与发展中国家有关的重要问题是:(1)修改国际货币基金组织的份额,是它改革的实质问题之一。只有改变份额,才能纠正发展中国家迄今在基金组织中的不平等地位。(2)加强发展中国家在基金组织决策过程中的作用。这意味着加强发展中国家的表决力量,从而达到同发达国家集团票数的平衡。(3)国际货币基金组织应在信贷政策、增加资金的方式等方面进行一定的改革。由于预期经常项目支付逆差在今后几年内会增加,因而迫切需要在可接受的条件下和基金组织各种财政优惠的范围内提高财政援助的水平。(4)改革外汇制度。新建立的汇率制度应具有这样的特点,既克服了货币平价(固定汇率)制的刚性,也没有浮动汇率制的不稳定缺陷。(5)国际货币基金组织应在改变世界经济存在着的结构性危机方面发挥作用。基金组织需要有一个对发展中国家的支付平衡进行调整的更长期措施。(6)基金组织为发展中国家制定的计划应该建立在可接受的条件基础上,并具有相应的灵活性。条件要按成员国的特点来确定。(7)国际社会还远未实现货币改革目标,即以国际货币基金组织创立的特别提款权为国际货币体系的中心。如果特别提款权的建立与世界贸易和生产相联系,那么就可能消除通货膨胀的危险。特别提款权的逐步增加应该与世界贸易和国际储备的增长率相适应。(8)解决发展中国家债务危机的基本行动方针是:致力于增加资金援助和减少债务本身。第一个行动只是延缓债务负担,而第二个行动才是真正减轻债务国负担。基金组织必须更多地推动经济发展,以便通过增加外汇收入来提高发展中国家的支付能力。再加上降低利率,就能够逐步减少发展中国家的巨额外债。

发展中国家经济发展的经验

[英]《经济学家》编辑部

(载[英]《经济学家》,1991.7.13～7.19)

世界银行最近发表1991年世界发展报告,题为“发展的挑战”,提出发展中国家经济发展的经验。

报告说,跟早些时候的历史相比较,发展中国家过去40多年来发展很快,在工业化的初期阶段人均实际产量翻一番所花的时间大为减少。为达到翻一番的目的,英国于1780年之后大约花了60年时间,美国在1840年之后花了近50年,日本在1885年之后花了大约35年;为达到同一目标,土耳其在1957年以后用去20年,巴西在1961年以后用去18年,南朝鲜在1966年以后用去11年,中国从1977年起花了10年功夫。

历史表明:穷国在可以比较的发展阶段的确比富国发展快得多。主要原因是技术的进步。通过贸易,今天的穷国借助输入手段(商品、技术和思想),可以使自己的资源(劳动力和土地)产生出更多的效益。

但发展中国家的发展速度各不相同。1950～1989年间,亚洲按3.6%的年平均增长率发展。而同一时期,拉丁美洲的年增长率只有1.2%,撒哈拉以南的非洲国家情况甚至更糟,年增长率只有0.8%(在近20年中实际还是负增长)。就地区而论,发展的差别更大:在亚洲,南朝鲜等地区发展最快;在拉丁美洲,智利和阿根廷发展最快。

世界银行的世界发展报告表明:这种发展上的不平衡主要是经济政策造成的,即发展中国家政府既可以选择让自己的国家繁荣富强的政策,也可以选择停滞不前的政策。过去40年还未能对发展经济学中的每个问题都作出回答,但现在的证据已充分表明哪些政策可能起良好作用,哪些政策肯定导致失败。

一些新证据再次证实了世界银行多年来一直告诫各国政府的道理:政府干预要少,以便价格合理。这将导致国内微观经济的竞争力更强,与外部世界的联系更紧密。另外，要使国内的经济有效，必须对基础建设进行投资；如果要想抓住新的投资机会，则需要身体健康和教育程度较高的人才，这就要求对教育进行投资。还有，宏观经济政策要起稳定的作用。具有竞争力的微观经济、稳定的宏观经济、与全球经济的联系、对人力资源的投资，这四个因素是相辅相成的，对经济发展起着良好的作用。

1991年诺贝尔经济学奖获得者——科斯

（林时时摘自《经济评论》1991年第6期王荣、叶琳文章）

美国芝加哥大学法学院科斯·罗纳德·哈里教授，由于对经济的体制结构取得突破性认识而荣获1991年度诺贝尔经济学奖。

科斯1910年出生在英国的米德尔塞克斯，现在是芝加哥大学法律学院已退休（1981年）荣誉经济学教授、高级法学与经济学研究员。他1932年获伦敦大学商学士，1951年获理学博士（经济学），从1964年起任芝加哥大学教授，1979年成为美国经济学会“杰出会员”。

科斯教授此次获奖，据瑞典皇家学院诺贝尔奖评审委员会指出，是由于他发现并阐明了交易费用和财产权在体制结构中的重要性及其在经济中的作用等方面的成就。在相当长的时间里，经济学家们大都着重于研究在体制结构的框架内经济是如何运行的，而科斯教授却对体制结构本身的特殊原则作出了经典的解释。他的这些贡献有力地推动了当代经济学和法学的研究。

科斯很早就在西方经济学界享有盛誉。在他近60年的经济学学术生涯中，始终治学严谨，注重实证；虽然他仅仅发表过十几篇经济论著，但几乎每一篇都是货真价实的成熟之果，引发过学术界的强烈反响。科斯并不象大多数经济学者那样尽可能地发表论文和著作，而是尽量多地让学者们对他的论著进行评论和探讨，因而曾被誉为“最富创意性的经济学者”。他的两篇最为重要的经济学论文是1937年11月发表的《公司的本质》和1960年10月发表的《社会成本问题》。

《公司的本质》发表40年后，才逐渐被经济学界所重视，成为70年代末兴起的政府经济学及政府理论的代表性著作。科斯认为：市场交易往往要付出高昂的费用，所以在某些情况下，市价是难以决定的。即使是在私有产权体制下，资源的配置常常也是不能以市价为指引的。定价的费用是交易费用中很大的一项，包括量度费用、检验费用、讨价还价及履行合约等各种费用。由于交易费用大，而又难以决定市价，公司便会形成，以替代市场，在内部完成各种资源的配置，从而免却很多种市价的决定，节省交易费用。

在科斯的理论范围内，公司与政府显然是大同小异的，而公司的某些结构往往与政府的结构相同。在这一点上，科斯与列宁的见解是一致的——政府其实就是一家大公司，这对后来政府经济学的发展起过较大的推动作用。历来经济学者都希望找出一个“规律”，来断定哪些种类的经济活动政府办理会比市场有较高效率。虽然这一“规律”尚不得而知，科斯的公司原理及交易费用理论却使得对这一问题的探讨更加深入化。

《社会成本问题》可以称得上是科斯在经济学方面的杰作。文章博大精深，是被经济学者引用次数最多的论著之一。科斯的理论，30多年来赢得了经济学家的普遍赞誉。这一著作在理论上的突破，给予了在一定经济体制结构框架内的经济运作一个基本而完整的解释。

科斯对“财产权和总产出问题”的答案，用了两个完全相反的假设，却得到一个相同的效果——即所谓的“科斯定理”：以这一论据为基础，在没有交易成本而且对财产权作出明确规定并加以实施的条件下，外差因素不会引起不恰当的资源配置；在这一场合，与外差因素相关的两方会有一种市场动力，促使双方达成互利互惠的交易。也就是说，使外差因素内部化（没有政府干预）。这个中性原理认为，享有资源使用投票权的财产所有者，不管是外差因素中的生产者还是消费者，交易过程的结果总是完全一样的。这一定理有力地驳斥了以“火车与禾田”的例子而冒然地指责市场已经失败，主张政府应该干预，由著名经济学家庇古提出的观点和论调。

“科斯定理”的主旨在于论证：不论财产权属谁，只要界定清楚为个人所有，市场的运作能力便会自动行使，产权买卖的双方通过谈判互计合约，可以使资源的运用达到最高的生产总净值。

在《社会成本问题》一文中，科斯定理只不过是个小贡献，更为重要的贡献是科斯将该定理引伸到有交易费用（非生产费用）的情况中去。他提醒当代的经济学家：在实践上分析经济制度（体制）时，一定要考虑财产权和那些可观的交易或非生产费用。

近30年来，科斯的理论经过了无数实证资料和各种理论演变的考验。目前较为流行和满意的结果仍然是:只有在界定清楚的产权制度下,人类才会有自利的缘故,千方百计地把各种交易费用所占的比重尽量减低。从某种意义上说,这也算是由科斯理论所演变出来的对西方国有制和公司体制所做的贡献。

海外经济学家对中国的评论

生机盎然的中国社会主义经济

[日]伊藤诚

(摘译自日本《经济学家》1991年12月)

在苏联、东欧各国体制发生剧变,陷入了经济上困境与危机之中的同时,坚定地走社会主义道路的中国的经济体制改革与发展正呈现出良好的态势。

1978年实行经济体制改革以来,十多年来中国经济的实际增长率平均每年为9.9%,这一成就显然不能单纯地被看作是市场商品经济自然增长的结果,而是包含着更深层的原因。在农村实行家庭联产承包经营责任制、乡镇企业的发展、国营企业实行承包经营责任制、私营企业和企业集团的发展以及地方投资机限的扩大等方面的改革,由于包含着各权力的调整和利益的再分配,因此使得经济体制改革更艰巨和复杂。中国在实行这些改革措施方面,是在稳定而强有力的政治领导下,以坚持土地和生产资料公有为前提,在没有发生大的社会混乱的情况下逐渐实现的。伴随着经济发展过热中产生的严重的通货膨胀以及1988年后经济领域内出现的一些混乱现象,中国的经济体制改革也曾遇到了极大的困难。此后,经过了几年的治理整顿,中国经济仍维持了4%的年增长率,在比较短的时间内抑制了通货膨胀,为经济的重新增长创造了条件。为此,1991年3月通过的《国民经济社会发展十年规划和国民经济第八个五年计划》中规定,今后10年的经济增长率保持在6%左右,在本世纪末实现国民生产总值翻两番。1991年9月底,李鹏总理正式宣布,从1988年秋季开始的治理整顿的任务已基本完成。

我在1986年访华时留下的印象,中国人已经开始接受了商品经济。那以后过去了五年,中国的经济生活发生了更多的变化。

分析中国经济发展的原因,我认为有两个最基本的方面:其一,在政治方面,中国坚持走社会主义道路,坚持共产党领导的政治体制和马列主义思想;其二,在经济体制方面,强调发挥市场的作用。这样,中国在一个比较稳定的社会环境中发展了自己的经济。

通过扩大社会主义市场商品经济,中国经济已经增强了活力,但同时也存在着一些问题。第一,各地区经济发展不平衡。与广东等地区的经济结构相比,天津等地基本上处于老的重化工工业阶段。而特区的发展经验能否推广到其它地区,特别是内陆地区,则是一个值得研究的课题。第二,城市居民的收入差别扩大。在城市甚至出现了百万元的个体企业主。与企业职工的收入和福利相比,教师和科研人员的收入较低,脑力劳动和体力劳动者之间的收入差别扩大。第三,国营企业亏损面扩大,已占国营企业总数的36%。在亏损企业中,既有因价格扭曲的政策而亏损的基础原材料企业,也有因压缩基建投资面则受冲击的建筑和设备生产企业,也有因生产能力过剩而亏损的纺织企业。而"软预算"和"三角债"带来的企业之间的信用关系的膨胀,又支撑了亏损企业的扩大。亏损企业不仅影响了效率,也减少了大量收入。第四,由于企业的亏损面扩大,财政出现了较大赤字。而财政上的中央和地方"分灶吃饭"又难于进一步解决经济生活中正在扩大的不均等和不平衡。

展望中国经济的发展,如何克服这些问题,显示社会主义的优越性,是中国面临的课题,也是全世界瞩目的焦点。

中国经济进入从重视数量到重视质量的转折时期

[日]下村恭民

(摘自日本《经济新闻》1991年8月13日)

总的来看,可以说,中国经济的成就在发展中国家当中是优秀的。不过,拥有难题也是事实。1988年前后,表现为通货膨胀激化和经济混乱。似乎可以说,目前正以国营企业经营不善这一形式表现出来。目前,在中国,工业产品的庞大库存量成了问题。工业生产虽已恢复,但产品库存也在增加。到今年5月底的库存已经达到2000亿元。另一方面,"三角债"的规模目前已突破2000亿元。很显然,这会对经济的顺利循环产生障碍。产品库存和"三角债"问题可以说是紧缩政策的后遗症,因而造成资金短缺和需求停滞。但问题的性质并不那么简单。第一点,尽管为解决这一问题而继续进行贷款,但库存和"三角债"都没有减少,最近反而处于增加的趋势。第二点,产品滞销很引人注目,另一方面,对以进口产品为中心的物资短缺问题有很多议论,而且,货币金融部门也正在为如何处理过剩流动性问题而伤脑筋。这种状况表明,现在存在两种类型的市场。第一种类型是,在产品质量等方面不能满足用户要求的产品供应过剩。这种市场是生产库存和"三角债"的温床。第二种类型是,产品符合用户需求,但产品短缺。在这种市场上,有可能产生购买力过剩现象,成为通货膨胀的导火线。目前的难点是国营企业问题。国营企业经营活力不足,据国家统计局公布,在1990年度中,1/3的国营企业出现赤字。总的说来,扣除税款前的利润比上一年度约减少了20%。不言而喻,国营企业萧条导致了财政的恶化。1990年度的财政赤字为509亿元。不过,可以设想,只要国营企业取得正常的业绩,那么,就不会出现财政赤字。中国政府也已充分认识到这个问题。政府把今年定为"质量、品种、效益"年。而且,在新的五年计划中,提出要经常"把提高经济效益作为一切经济工作的中心"。由此可以看出,政府把提高经济效益作为重点。如果讨论经济效益问题,就不能不研究国营企业的体制改革问题。五年计划提出的旨在进一步搞活国营企业的措施,主要是解决生产管理和经营管理等方面的问题的。首先是改革生产技术、推进伴有新技术的设备投资和研究开发。其次是改善以贯彻"所有权与经营权分开"这一方针为中心的经营体制。不过,只靠这些措施不足以触及问题的本质。重工业产品等基础物资的价格向上调整并推进价格改革是不可缺少的。提高经济效率的必要性一旦突出出来,那么,推进经济改革的必要性就会越来越明显。关于第八个五年计划,引人注目的一点是"重视改革"和"重视计划"这两条路线互相影响的程度。

中国:改革的经验和教训

[苏]波尔佳科夫

(摘自苏联《经济与生活》1991年第27期)

中国的经济体制改革取得了非常重要的成果,现在正在坚定不移地沿着社会主义有计划商品经济的方向前进,同时,市场调节的方法也越来越被掌握。总的看来,改革能胜任摆在它面前的任务——促进社会生产力的发展、促进综合国力的增强和人民生活水平的提高。

从改革进程本身的角度看,也取得了非常重要的成果。正坚定不移地沿着"社会主义有计划商品经济"的方向前进。在这一进程中已经产生以财产公有制(国家所有和集体所有)形式为主的十分有价值的多种成份的经济。1990年非公有化成份(个体、私人和有外国资本参加的合营经济)的比重在工业生产中占8.6%,而在零售商品流转额中约占29%。遵循把企业变成独立商品生产者的方针,诸如承包、租赁、实行股份制这类把所有权和经营权分开的方案得到了核准。实际运用了宏观控制的经济杠杆——税收、贷款利率、外汇牌价、价格等等。

在指令性计划领域明显变小的情况下,国家并没有丧失协调和控制国民经济各个环节行动的能力。同时市场调节的方法也越来越被掌握。

无论对于市场发展来说,还是对于总的经济改革来说,关键性的问题都是价格改革,它包括调整价格比例、改善价格形成机制和逐渐消灭价格双轨制(低计划价格和高市场价格)。这项工作进行得相当积极:1989年提高了10种商品和服务的价格,而到了1990年又提高了15种商品和服务的价格。今年又采取了一系列曾长期被推迟的步骤,这些步骤旨在减轻国家补贴和谷物价格的负担。国家按固定价格销售谷物的总额将受到谷物合同采购总量的限制,而用于扩大按合同价格买卖谷物的额外费用将由谷物加工部门和谷物运入地区的消费者直接承担。除此之外,多年来一直未变动过价格的按定量供应给居民的粮食和植物油的价格也提高了。与此同时,中国严格兼顾价格的提高和居民的心理承受能力。据认为,可以接受的价格增长的最高限度为每年10%。其中的3%的增长与为发展经济服务所必须的货币发行有关,另外7%是价格调整的比例。

宏观调节的财政杠杆对于中国来说具有特殊的意义。今后五年将保持可以调整中央和地方相互关系的财政承包,制度同时还规定要进行划分收税制度的试验,以便有助于更清楚地分配中央和地方的收入来源及财政权限。拟实行"复式预算"制度。

总之,预计在今后的十年时间里中国将初步建立起社会主义有计划的商品经济体制和符合该体制的使经济能够发挥作用的机制,这种机制的特点是把计划经济和市场调节的有机结合。可以确认，中国经济改革依靠的是深思熟虑的平衡战略。这为综合地、坚持不懈地实施90年代的改革任务提供了相当有力的保证。

90年代中国经济的课题

[日]黑泽详

(摘自《人民日报》1991年11月14日)

回顾80年代中国的发展，即使进行国际间的比较，也应给予高度评价。特别是农村的改革取得了丰硕成果，经济特区、沿海地区的工业发展也留下了巨大的足迹，中国经济取得了平均年增长率超过9%的实际增长率。在提高11亿人民的生活水平方面也取得了了不起的成果。在这种变化中，以轻工产品为中心的产业竞争力显著提高，中国出口大幅度增加。中国经香港向美国的转口贸易迅速增长，引起了全世界的瞩目。

为适应国际形势的发展，中国今后面临着新的政策选择。

考虑到中国在经济发展中面临的新问题和国际形势的严峻变化，我认为，中国有必要实行从历来重视量的发展转向重视高质"国际化"的观念。这个转变将适应国民的需要，也可以成为将在90年代具体化的、探索实行"一国两制"的基础。

从重视量转为重视质，需要在"技术的高质化"方面有飞跃的发展。领导有必要以灵活的创意努力对待"国际化"问题。中国在80年代执行了对外开放路线，向国内引进了华侨等境外资本，工业化取得很大成果。在90年代，中国需要在继续广泛引进外资的同时，中国的企业本身应该参加国际分工，参与国际市场的竞争，需要下决心进一步"国际化"。中国应该制定的方针是:增强了实力的、具有生产优质消费产品能力的中国企业，应着眼于为世界的消费者服务;为了增加中国出口换汇的能力，更大胆地引进外资，当务之急是加速提高技术水平，应该倾注全力为更多地购买外国机械等创造可能的条件。

希望中国作出勇敢的决断，把"国际化"作为中国90年代的课题，并希望尽快研究解决以下四个问题。

第一，促进国营企业自主经营。

现在，不能把国营企业置于温室之中，有必要使它经受强劲的北风，强化体质。为此，国营企业应该与国家机关分离，使它们的经营思想转变为以服务于国民的生活为第一要务。树立了企业是社会机构的观念，就应该向社会正确地报告其每年的生产业绩。这在国际上是"大企业经营"的常识。如果确立了包括信息公开在内的系统制度，世界上的企业就会更易考虑与中国的企业进行合作。

第二，重视彻底尊重经济原则的资金分配。

在中国，尽快建立用最近不断扩大的民间储蓄资金向企业提供产业资金制度。在财政与金融分离的同时，确立"重视经济原则的投资案件审查"制度，是国际上易于得到理解的金融惯例。这样做，外国金融机构在中国的业务就会更加顺利地开展。

第三，积极研究恢复人民币的可兑换性。

在世界经济一体化、国际分工发达到全球规模的今天，一国的货币不仅作为国内经济的支付手段，希望作为国际交易的支付手段也能够安心地使用。

第四，希望推行明确的外汇管理制度。

考虑到中国非常需要外汇，我判断恢复人民币可兑换性时，将在一个相当长的时期内附加一定的限制条件是不得已的。我认为，明确易懂的外汇管理制度是尽快恢复人民币可兑换性的前提。倒不如说需要暂时实行严格的外汇管理。我希望制定外国人容易理解的、明确的规定，并充分公开。

中国人在国内交易中保持重视人际关系的传统是很自然的。但在国际交易中，希望明确地表现出遵守国际惯例的姿态，并以国际上易于理解的方式公开国内的各种规定。

论中国外资政策的重要变化趋势

[美]王念祖

(摘自《经济体制改革》1991年第5期)

中国的经济体制带有混合体制的成份，其外资政策势必成为整个混合体制的一部分。在这种体制下，中国开创投资局面大致曾有过三种主要措施。其一，对于地区明确限制，外资可能投向基础结构和配套服务设施比较完善的发达地区。这主要反映在对沿海地区的倾斜政策上。实际上，国外投资的最初目标是14个沿海开放城市，而沿海一带的经济特区的基础设施仍很薄弱。当深圳作为经济特区时，还仅仅是个小镇，所有的公路、港口设施、电力通讯、民用和商业建筑都面临着新建和劳动力的投入，由于邻近香港，才使它发挥了独具特色的地理位置优势。而基础设施比较完善的地区则应作为中国的投资重点。其二，为了保持地区优势，吸引外资，在某些特别合作项目上进行重点投资。实行开放政策以来，中国敏锐地认识到社会主义经济中可以允许合资经营这种新生事物。因此，1979年制定的合资经营法给予这种合作形式以特殊的鼓励。其三，为鼓励国外投资，把投资集中在特定的范围内。在国家计划目标指导下，国外投资将投向最薄弱的重要领域，其中包括能源、交通和通讯，特别是投资者目睹中国外汇短缺和技术落后这一事实，投资者也开始注意到促其出口产品和高技术方面。

现有鼓励国外投资的政策，既表明了中国坚持开放政策的决心，也是对投资者的倾向作出的明确回答，这显示了中国政策较大程度上的灵活性。除此之外，中国应将注意力从给予国外投资者特殊优惠转向排除各种投资的障碍：在解决个别国外投资者的问题方面，应减少经营中正式和非正式交易谈判的范围；在选择国外投资方面，避免武断地凭经验办事的做法，注重于经济的成本效益分析。

鉴于香港、澳门地区地位的演变，经济特区的内涵的扩大是历史发展的趋势，过去那种从政治动机出发的考虑，认为经济特区是香港化的评介，在香港1997年归还中国和现有制度至少维持五十年的事实下（澳门也是类似），情况变得不合时宜。因此，关于制定一项深圳、珠海与其近邻香港、澳门一体化的明智政策将会收到显著的成效。为了进一步促进国外投资，在这些地区逐步将向以市场体制为主的趋势发展。这种过渡有助于缓解香港、澳门土地、物资和人力资源的短缺，从而保持繁荣稳定。

未来显著的重要变化是取消对出口企业和先进技术制定的优惠政策。中国目前的出口企业或先进技术企业的划分是相当狭窄和模糊的。这种划分笼统地排斥了许多从事于出口、进口替代的企业以及象运输和中间技术这样的非出口领域。

总之，一切重要转变的关键在于取消强制性的行政管理，谈判交易应建立在竞争的基本原则上。根据比较优势，有利于投资的地区理所当然要吸引国外投资，除非投资者受到压榨和阻力。有效地与各国投资者相处，是基于公平竞争的目标准则，中国应充分考虑外商所要求的产品标准以及复制这些工艺技术所要花费的成本。同时，外商也不应低估中国其它地区的潜力。我们可以设想，在中国有许多小型的新加坡和香港，某些相对小的城镇甚至乡镇企业的发展态势证明了地方行政机构已懂得为投资者创造一个良好环境的重要性。

（摘自《人民日报》1991年11月14日）

对华投资中的诸问题

[日]青井舒一

90年代的亚洲经济虽然将比高速增长的80年代有所减速，但是，与世界其他地区相比，亚洲地区仍将继续保持最高的增长率。亚洲各国为了谋求本国和本地区经济的发展，将纷纷减少相互间的壁垒。亚洲地区发展成一大市场，将能改变世界贸易的不平衡，并为世界和平作出贡献。

我们在决定向亚洲地区投资时，需要对各种事情进行反复调查、比较和研究。以下这8点是过去曾经发生过的问题和今天仍感到难办的地方。

首先谈第一点，与投资和开办企业有关的规定及其透明度问题。在中国，对于在与办厂有关的基础设施的费用负担，与户籍制度有关的雇佣事项，在事业的有关变更、缩小、撤退的规定和手续等问题上，最初与中国打交道时也是不知所措。我认为，中国方面在考虑投资的问题时，对于费用和工厂运营的条件等，应该事先作出准确的计划和评估，并介绍给准备投资的一方。

中国在这些方面已经作出了相当努力，但我们希望中国方面能够抓紧制订具体细则和实施事例，多想些办法，尽可能公开这些细则，切实地说明和指导。

第二点，随着事业的全球化，当企业在全世界建立多层次的事业基地时，机构之间需要有信息网络紧密联接起来。我们期待着拟议中的“中国网络”早日完成，充实发展。

另外，在建设工业城市时，应鼓励建通勤用铁路网。

企业为了稳定经营，必须有一个以合理的成本为基础的经营环境。申请办企业时，首当其冲的是土地价格问题。由于中国的地价不伴随所有权转移，只有所谓的使用权，因而与其他国家相比，中国的地价较高。此外，在零部件和材料的筹措方面，如果质量、成本、交货期等与国外相同，都愿意从中国国内筹措，这对投资者、对中国的工业都有利。要做到这一点，希望中国能建立一个在价格、关税和筹措时间等问题上，对国内外企业都一视同仁的体制。作为基础设施的一部分，希望促成能在经济开发区内为日本人建立学校和提供价格适当的住宅。

第三点，关于市场开放问题。这是与一个国家扶持国内资本政策密切相关的大难题。要积极地谋求引进外资和产业的均衡发展，似有必要有意识地、分阶段地采取灵活的市场开放政策。例如，当按照中国的政策独资建立出口基地时，仅从出口规模上很难发现是否合算。结果，往往是只搞低附加值的以组装为主体的工厂,零部件和其他必要的加工环节依然靠进口。这样,不仅不能引进系统的技术,对改善贸易收支也起不到多大作用,实际对中国来说并不合算。

第四点,对发展中国家来说,如果仅仅采取依靠本国产业与外资系统的出口型产业独立并存的办法发展经济,已经不能指望产业有更大的发展。解决问题的方法之一,我建议应该扶持和发展支援基干产业的零部件配套产业。眼睛不能只盯着成品,应该把具体生产零部件技术、生产技术能力的配套产业群体作为基础产业加以重视和扶持,形成工业发展的基础。希望中国在资金、技术等方面研究积极扶持、支援这些中小型企业的问题。

第五点,技术人员和中坚管理人员的不足是发展中国家的一大弱点,不是由少数技术尖子,而是要由一大批经过实践、有高度创造热情的技术人员群体来推进一个国家的工业现代化。基层的技术教育很重要,希望中国从社会和制度上下功夫培养和稳定新的工业技术人员群体,与经济发达国家大力进行人员交流。

第六点,我感到在中国有个习惯,那就是企业办社会。在国营企业里这种倾向更为明显。我认为,国家或地方所承担的社会福利事业与企业为了经营而采取的必要措施还是应该分开,否则会混淆成本管理和雇佣关系。对于有关人事费中的福利和社会保险等费用的负担、住宅建设和所有权、运用方法以及医疗费等各种费用支付负担问题,希望进一步建立起合理的社会机制。

第七点,在制造业全球化的今天,日本的目标是实现任何国家都达到与日本相同的质量、成本和交货期的水平。为此,有必要真正实施日本式的生产方式。特征就是人力资源,通过纵的和横的组织,形成以相互信赖为基础的“团队”,保证企业内教育和训练的所谓“与制造有关的经验性的专门技能”。其基础是高度的稳定性,是技术、技能、管理相结合,是生产系统不断加以改善的技术能力。

最后一点是亚洲各国面临的问题。合资企业或独资企业,当规定有义务引进一定比例的国内资本时,会出现合作伙伴不能满足随着企业发展而需要的资金。由于出现了资本从劳动密集型向资本密集型产业转移的趋势,这个矛盾将越来越明显。看来,资本市场的形成有待时日。

我认为,日本在与中国进行政府间开发资金合作的同时,民间企业将有更多的机会通过直接投资、技术合作等形式,为中国的经济发展进行合作。

中国股份投资问题

[英]蒂莫西·比德森

(摘自中国社会科学院数量经济与技术经济研究所座谈会报告)

中国80年代初制订的国民生产总值翻两番的计划是正确的,头一番已经实现了。但是,未来90年代或更长期的持续增长可能会面临资金紧缺问题。从何处获得足够的资金支持这种发展,是很重要的问题。现在中国担负的520亿美元的外债,从构成来看,主要是各种贷款和外商直接投资,没有股份投资。事实上,近年来国际资金市场上股份投资已经日益成为一种十分重要的吸引外资的方式。股份投资者主要是各类证券公司集团、保险公司集团和各种基金组织等金融机构,这些公司集团吸引了巨额资金,可用于发展中国家建设投资。股份投资与直接投资不同,其特点是不带技术(不要求买其设备、技术),不参与管理,仅投资取利。股份投资的主要方式是购买企业股份和 BOT(Buil ding Opcra tion Transfor 项目全权移交)。前者是由资金输入国出售股份以吸引外资,后者则是按一定条件由国外投资者在资金输入国建设某一项目并在一定时期内全权经营管理,期满后全权移交给资金输入国。近年来,BOT 资金引进方式在东南亚非常流行,特别适合于大型基础建设。例如,菲律宾就以这种方式建设了电厂等基础设施项目。

理想的股份投资运作条件是存在证券交易所和股票上市公司。中国金融市场与此尚有一定差距:(1)规定了划一的外国股权比重,限制了资金投入;(2)外汇管制,引入资金和汇出资金按同样汇率计算;(3)中国人总认为市场未准备好,不愿开放金融市场。这三个问题阻碍了中国决定和实际引进大量这类资金。实际上,中国已经有了现实的利用股份投资的机制。例如:外汇调剂市场,其汇率不断变化并接近市场自由汇率、投资者承认这种半自由市场、愿意承担其风险。作为需要外资的中国方面,只要能确保外汇进大于出即可,而这一点恰恰是可以肯定的。其它发展中国家的经验证明了这一点。关于外资股权比重的规定也是可以理解的,其它国家也都对此作了不同规定,问题在于中国应分行业部门和轻重缓急制订出有差别的大致比重,而不要各行业同样笼统对待。据说中国正在准备发行针对国外投资者的外汇股票,这种股票不同于国内发行的普通股票,只在外国人中买卖。这是复杂化的做法,市场将由此被分割开来。应该形成统一的市场。其次,中国有些人顾虑市场发育不完全，因此不好吸收国外的股份资金。这种说法不全面。任何国家的金融市场都不可能等到准备得十全十美时才开始，而只能在运作中发展完善。国外先进股份投资的金融机构什么恶劣的市场条件都见过，有能力把握面临的各种机会和解决遇到的问题。不同的金融机构有不同的经营发展战略，有些机构或公司愿意充当开避新市场的先驱者，而另一些则会在条件稍好些时才介入。关键是要把门打开，让投资者自己选择是否进入，愿先则先，愿后则后。从国际金融机构投资者的角度来看，重要的要评议其投资收益与风险之间的关系，如果投资者确信能获得预期收益，那么他就将进行投资。

尽早开放中国金融市场，发展股份投资对中国具有如下益处：①可引进大量资金；②可帮助中国更快地发展资本市场，因为投资者关心市场发展，会帮助中国完善它；③对中国的企业有利，这些投资机构不干涉企业具体管理事务，但要了解企业状况，阅读企业管理报告。这对企业也会形成一种压力，促使它们改善管理。

总之，股份投资是一种重要的引进外资方式，有很多有利之处，希望中国应加以利用。

中国近年来盲目引进造成的损失

（摘自美国洛杉矶《国际日报》1991年4月22日）

近年来，中国在引进当中确实存在不少问题。引进技术和设备增长过猛，已达到国力所能容纳的极限。以机电设备进口为例，连年增长，最高额达到225亿美元。如今机电设备进口一年用汇就超过“五五”、“六五”时期十年用汇额。很多人都有过这样的疑问：这些设备都是非引进不可的吗？大量的调查表明，引进设备中相当大一部分国内完全可以制造。为弄清楚机床进口概况，有关部门曾组织了数百人次，分赴上海、广东等10个海关，查询了近400万份机床进口报关单据。经逐项分析，得出的结论是：这批进口机床中有半数是国内能制造，不须引进的。

对于中国这个11亿人口的大国来说，出现一些重复引进是在所难免的。但是，重复引进、不必要引进比例如此之大，则令人吃惊。重复引进的一个主要原因是多头审批，上、下级单位同具有审批权。据介绍，目前中国拥有500万美元以下项目进口审批权的单位多达130个，其中有的还拥有3000万美元以下项目的进口审批权。

近年，中国已先后引进了17套大化肥生产装置，共花外汇十几万美元。按理说，这时已没有必要再成套进口这类装置了。然而，在主管部门不同意的情况下，某省仍是与外商签订协议，造成既成事实，结果是用汇8000万美元又引进一套大化肥装置。与此同时，中国费尽九牛二虎之力搞出来的大化肥生产设施却被打入冷宫。如果说某省进口大化肥装置采取了“绕道过关”办法的话，那么全国各地引进铝型材挤压设备的手法可以说是“硬闯过关”了。统计数字表明，到目前为止，中国已引进同类型的铝型材挤压机达132台，用汇几亿美元。这些挤压机每年需用原料铝40万吨，而中国每年能用于铝型材的原料铝，满打满算也不过10万吨。日本一家公司老板曾宣称，假若该公司在中国售出的铝型材挤压机能达到50台，就要庆祝一番。后来他果然如愿以偿。而国内建的这些铝型材料，由于没有原料，有的不得不转产，还有几家已宣布破产。

为了赢得引进项目，有的地方还采取了“化整为零”的方法。针对国家对地方有权审批500万美元以下引进项目的规定，把超过500万元“分解”为若干个，由地方自行审批。有一家钢厂，计划花1000万美元引进一台高速线材轧机。计划部门考虑到该地方原料供应不能保证，引进审批部门也认为类似装置国内已引进不少，都不同意再引进。这个厂就把项目“分解”为二，一个计划用汇499万美元，一个计划用汇498万美元，由省内批准，匆匆上马。类似这样“上有政策，下有对策”的事实在不少。

影响中国工资差别的因素

[英]约翰·奈特

（摘自中国社会科学院经济研究所收入分配课题组国际会议论文）

用来控制中国工资就业的诸种制度性安排为大部分在职者提供了很大的安全感，亦为企业形成其专门化劳动技术能力留有余地，并且还能够使得国家以追求平均为目标。与这些有利条件相悖的是，分配方面的无效率，产生对劳动力在供给与需求最佳状态的不敏感，而且还会限制经济激励。许多在市场经济中决定工资的因素：诸如对人力资本以及其他生产性补偿没有在中国起到必要的作用。

在国家对工资的控制下，雇员个人的经济生产特征在多大程度上可以得到的（工资）收入为形式的偿付？如果按照具有不同生产性特征的以收入来定义工资类别，那么国家干预竟会在何种程度上创造或抑制由劳动市场而产生的工资类别？

众所熟知的年龄与收入的倒U关系在中国也是明显的，并不比那些劳动力竞争更为强烈的社会要弱。在20多岁与50多岁的工人组之间，后者有收入要高2/3，而后则开始下降。这样的关系在各种收入类别，以及在各种所有制部门都同样明显，不过在收入类别中的基本工资制和所有制部门中的国家所有制则更为清晰。国家的工资政策较偏向于雇员的工龄，而比较忽略具有竞争性的市场化技能，因为技能可以通过工作培训，通过经验去获得。对工龄的强调从经济角度作出的解释总比较牵强，不过有一点要说明的是，中学教育之后的人力资本也倾向于获得较高的收入。

在中国，收入与教育水平的正向关系同其他国家相比要弱一些。非国有制部门的收入分配更为明显地依赖于职工的教育水平，这是因为在这类部门中由制度所产生的的压力要弱一些，而市场的作用则更大一些。职工的受教育程度影响到他们对职业的获得；技能要求较高的职业通常得到较高的收入。但是，由于技能可获得高收入，还是激励使职工得到技能。工资与教育水平的正向关系在年龄较长的一组中比中年一代更为显著。

在占主导地位的国家所有制部门中，中央政府所属的企业比地方政府的收入明显要高；服务行业与生产行业，也存在着明显的收入差距，这种差距则可能是由于收入与利润之间的挂钩所产生的。

大部分城市雇员为终身或合同工，享有“铁饭碗”的优惠，他们中的小部分则没有得到职业与收入的保障，而且这一批人的报酬也少得多，他们常常被认为是在城市劳动市场中最不易于竞争的那批人，从1988年城乡家庭调查的数据中可以得出，城市收入水平对乡村人口的移入有足够的吸引力。不过在中国，劳动力的流动，尤其是乡村流入城镇是受限制的，而且曾经还对城市的自我解决就业问题的人口有所限制。

按照国际标准，中国城市的工资结构是压缩型的。对一个公平为强烈目标的政府而言，这个制度具有很大的优越性，而中央计划体制比之市场经济对这个目标的实现也很有利一些。然而，由于近年来中央集权的逐渐弱化，中国政府对工资水平平均化的控制也减弱，恐怕仅仅局限于基本工资而非其他收入的范畴之中了。

另有一些研究结果表明：中国的就业体系在反映同就业经验与教育水准相对应，人力资本收入报酬等方面已有了市场化特征，当然同具有完善功能的竞争性劳动市场相比较，其弹性是不足的。1980年的企业改革更有助于拉开企业之间的收入差异，而未必更多地创造了职工个人的生产积极性。工资制度中反映出的这个刚硬成份便是基于如下事实：就业不仅仅提供了“私人工资”，而且还产生了“社会工资”。当“社会工资”依然与职业相联系时，那么，则将既要取消对工资与就业决策的集权主义，又要集中对社会福利与社会保障的管理。

中国改革的误区

[苏]莫洛佐娃

（摘自苏联《经济和工业生产组织》1991年第9期）

近10年来，中国在经济上取得了令人瞩目的成就。但是，过去遗留下来的经济落后现象仍然存在，中国仍然大大落后于经济发达国家。改革目前还不能够转向一条发展和提高生产效率及产品质量的集约化道路。由于担心经济“过热”，国家机关1980年开始加强对经济的集中控制，对生产的直接行政干预。降低投资限额，银行减少发放货款，保证大中型企业的紧俏原料和燃料供应。“调整”国民经济的紧急措施很快就使经济生活的节奏正常化，使供求关系趋于平衡了。但是，1986年第二季度由于放松了行政控制，再次造成了经济的过快增长。再次出现的“经济过热”是以通货膨胀加剧，货币流通紊乱，原料和燃料短缺更加严重的形式表现出来的，1988年通货膨胀率急剧上升到18%。政府担心会出现不稳定，决定再次“刹车”。1988年9月，中共中央全会提出“整顿经济秩序，改善经济环境”的任务。

1978年开始的经济履行的理论基础是把社会主义看作具有多种所有制形式和经营形式的“有计划的商品经济”。

在形成市场的条件下实行的这一美好的创举含着改革的第一个“误区”。是“权力下放”在进行行政改革和明确划份各级行政和经济管理机关职能之前就开始了。从中央主管部门权力下分出来的企业受其所在区域的控制，形成了一个所谓“行政分权管理”体制，同时相伴产生的是离心倾向和自给自足的倾向。各地开始对进出产品设置障碍，给全国统一市场造成了威胁。

经济改革的第二个“误区”是合同制。建立在各方妥协基础上的整个签合同程序都是与纳税义务的标准原则相矛盾的，因为纳税义务是把各个经营单位置于平等的竞争条件下的。实行这种统一的所得税的想法没能实现，因为价格体制，不同的经营外部条件都使中国企业不可能在“平等的”条件下竞争，于是，成千上万的中国企业都面临破产的危险。合同制造成了“定额多元化”的复杂局面，其表现形式是价格多样化(固定价格、合同价格和市场价格)、交换形式和货币的多样化，以及债务形式的多种化。由于向实行统一的所得税过渡的决定没有正式废除，而经营合同责任制是建立在向国家预算上缴不同的利润提成以及在混乱的财政报表制度中有许多“漏洞”可钻的基础上的。

改革的危险“误区”是丧失了指令性的计划与不完善的市场的结合。后者的出现是对超计划(或超合同)产品实行自由价格开始的，这本来应该对生产者起到促进作用。由于同类产品出现了价格“双轨制”，企业开始利用定价与合同价格的差别。“既有计划又有市场”实际上等于“既没有计划也没有市场”。由于放开价格首先涉及到的不是专业生产，而是补充生产和副业生产，并且资金市场尚未形成，所以，结构改革进行得极为困难。保留下来的卖方市场没能促进企业降低价格和寻找新的生产活动。对亏损企业的补偿更加强了业已形成的这种生产结构。企业渴望得到廉价的贷款，把它用于扩大生产，而把额外利润用于提高工资，这就造成了生产需求和消费需求的膨胀。最后，实行新的经营形式给国库造成了不少损失，挥霍了国家财产：在实行承包经营制时，通过压低折旧提成来人为地增加利润率，追加企业基金提成；在实行租赁时，企业领导人力求降低租赁场地和设备的价值，减少租金数额；在成立股份企业时，部分利润和国家财产擅自变成了“企业股份”；在国营企业中正在成立集体企业，这些集体企业从自己的主体企业抢走一部分属于主体企业的国家财产。调查表明，由于违反清点手续和不完备的估价方法，国家财产出现大量流失。有近20%的生产基金在统计核算之外。在成立合资企业时，中国方面的投资(土地、设备等)常常得不到恰当的估价，这使国家的股息受到了影响。

中国改革对美国政策的影响

[美]R·德恩伯格

(摘自《国外社会科学情况》1991年第3期)

过去10年中，中国的领导集体实行了一项急剧的经济改革方案，超过了其他任何社会主义国家在过去20年中的改革方案。中国改革者在改革中没有总的方案，也没有抄其他国家以前进行的改革。因此，中国改革方案是处于一种不断变化的状态，是一种相互交错的前进与调整的动态过程。实际上，有充分理由认为，他们所提出的“有中国特色的社会主义”目标体制将会保留一些传统苏联模式经济体制的要素，同时采取一些市场的因素。中国经济改革方案与其他社会主义国家经济改革方案有以下共同目标：即下放生产和收入分配决策权以提高积极性和效率；降低国家计划部门的控制，使私人和集体部门以及市场发挥更大作用；从中央计划和拨款的投资项目向地方自筹资金项目转变；放松对个人和地方工作进行物资奖励的控制；更大程度地开发对外贸易和开放经济，依靠国外贷款和外国直接投资。与其他国家的改革比较而言，中国在以下方面走的更远：允许私营企业雇工；集体企业变成真正的集体企业，许多小型国营企业被出售或租赁给私营或集体经理人员，非国营部门不断扩大的经济活动主要由市场力量决定，而国营企业也在某种程度上根据市场力量进行经营；重新强调私营和集体企业自筹资金和自由市场调节进行经营导致了更大程度的不平等，但这种不平等已被接受并得到中国改革者的鼓励，被作为经济发展中的客观真理。虽然在所有权、市场的作用以及收入分配方面的变化是中国经济改革的明显特征，但其具有特色的特征是外国人的作用的变化。通过对涉外部门的改革，中国已经改变了过去世界上对外贸易额最大和世界银行最大债务国之一。

从统计数字中很容易看出，1978～1988年是中国经济发展的转折点。过去较高的增长率已被超过，而且消除了不利的时间趋势，大大降低了过去的不稳定性。中国在过去10年参与世界经济的积极性实在是非凡的。虽然发生了显著变化，但经济改革也导致了一些严重的经济问题。例如：由于试图压低城市消费者的价格，导致巨额财政补贴；而粮食生产较低的净收入使国家难以获得充足的供应，迫使国家重新实行配额。还有，虽然全员生产率、效益和利润在经济中的一些部门都有所提高，但许多大型国营企业仍未解决旧体制低效益的难题。还包括地方计划外投资和进口的大幅度上升。下放权力和强调物质刺激促使地方投资和消费需求扩大，大大超过产量增长幅度。这些需求的上升是通过银行信贷和货币供应扩大而实现的，经济改革使这些压力转化为价格上涨。这种支出扩大的大部分涉及到政府补贴，从而财政赤字成为中国经济的常有的特点。由于外汇汇率不符合实际而高估人民币价值，因而一旦进口控制放松，进口增长就会超过出口增长，造成巨额贸易逆差。一旦放松对借外债的控制，地方就大量举债，使毫无准备的中央政府遇到债务管理问题。

由于这些问题的产生，中国的领导层不时地从急于推进改革转为更稳妥的步伐。但由于经济改革方案造成一定程度的权力下放,因而重新控制经济很困难。所以,在"经济杠杆"或间接控制机制未建立之前,取消过去依靠的许多直接控制经济的手段是经济改革方案中的严重缺陷。最后,由于经济中普遍存在短缺和不合理的价格,改革就为投机者造成多种"可乘之机"。

产权和对中国国有企业产权制度改革的建议

[美]德姆塞茨

(摘自1991年在厦门召开的国有资产产权管理国际研讨会上的发言)

产权是个由非常复杂的整体而产生的概念。比如说,我拥有一块土地,只有在我没有与别人缔结任何契约时才能说完全拥有这块土地,但如果我与别人有其它契约,允许别人安居于这块土地种地并收获作物,那么,我就不能说我完全拥有这块土地的全部权利。由此可以看出产权的概念是变化多端的。

关于两权分离问题

两权分离问题是中国国有企业产权管理制度改革中一个突出的问题,你们给予了极大的有时甚至过高的重视。其实,在美国也存在着大量的两权合一的企业。我现在所说的两权分离主要指股份公司,因为股份公司很自然地是两权分离的。

但在真正意义上,即使是在现代公司里,我也并非认为真正存在着两权分离。因为两权是否分离,董事会、经理人员的权利完全是由所有者决定的。选择在多大程度上控制能够最有效、成本最低,取决于各种各样的因素,如股权的结构、股票市场的发达程度、外在敌意接管的可能性,等等。在股份公司里,经理人员有其独特的利益,从他自己的利益出发,他可能构造出很大的集团,大到无法有效地控制和管理,但这却对经理人员有利,他可通过这样的方式自由支配一部分资金来满足自己的需要。

我认为,谁是真正的所有者,谁就该行使所有权。问题是在于强调公司的市场价值时,就要分清楚由哪一组人行使所有权效果最好,最有利于公司财产使用的市场价值的实现和扩大。我的观点是,在此前提下,这个人或这组人如果和企业没有切身利害关系的话,在企业里他就不会成为最聪明的决策者来行使所有权的职责。因此,如果经理人员和董事会能够在市场上从经济效益角度更好地经营企业,这有利于所有者,那么,在美国就应该使所有者把所有权让渡给经营集团。现在美国确实已让渡了一部分,不是全部。所以,并没有出现法人所有者这个概念。当然,在不同的情况下授权的程度不一样,不同的公司授权也不一样,没有固定的规律。

关于股票市场的作用

现代股份公司是一个现代经济社会的产物。股份公司的发展主要是本世纪的事,最初开始于18世纪中期,而高速发展却是在本世纪。一旦股份公司进入经济生活,股票市场的重要作用就非常明显。股票市场对于满足企业股份筹资、分散风险、建立利益分享机制的作用是人所共知的。

股票市场是所有者对经营者行使有效约束的主要手段。因为有了股票市场,当经理们作出相当糟糕的决策时,股票的价格就会下跌、使得某些股东易于得到更多的股票而使股权集中。在美国,当发生敌意接管时,接受者可以一下子买到很多股票,而兼并方的公司往往是由少数几个股东控制管理的,权力比较集中。敌意接管后,往往会马上解散董事会和经理人员,将效益低的投资卖掉。这样做,股票价格往往会上升。敌意接管人之所以付较高的价格,是因为他们预见到接管后会把公司整顿好,股票价格会上升。股票价格是同公司的收益紧密联系的,这就给我们提供了一个很好的评价考核公司经营业绩的指标。

公有产权与私有产权的区别

我必须强调的是,我们所指的产权同样包括国家所拥有的产权,国家同样有权利和别人谈判,有权利决定如何处分资源,甚至出售资源。我所说的不同经济体制的区别不在于有没有行动的权利,在这点上基本上是一样的,不同的是在于灵活程度不同。所有者采取行动的时候,他的指导思想是什么,这一点不同体制是不一样的。西方产权由私人拥有,他们的利益决定了他们如何采取行动,但不管在中国或美国,官员在采取行动时,并没有多少利益涉及到产权,与他们个人的利益关系不大。所以,即使他们作为国家所有者采取行动时,我们也不能期待他们会象私人所有者那样来处置产权。这也大概是中国强调"政企分开"的一个原因吧。我想你们不可能在不久的将来采用私人所有者的体制,但你们想要让国家所有者在产权问题上类似于私人所有者行动。

对改革中国国有企业产权管理制度的几点看法

第一，对国有企业的经营业绩必须有比较明确的考核评价标准。如果没有比较明确的考核评价标准，国有企业就没有办法经营好。我认为，象上海和深圳那样的股票交易所将来要发展起来的话，那么其价格指数将是一个较好的评价考核标准。

第二，你们必须找到某种制度化的方法，确保可以能够约束企业的经营。在资本主义社会，并没有禁止职工拥有企业或禁止职工雇佣经理人员的法律，但我们很少看到职工拥有企业或让职工去雇佣经理人员，为什么呢？因为如果企业的经理人员是全体职工雇佣的话，那么，经理人员很难对职工实施纪律约束，他要对职工实施纪律约束，他有可能被后者解雇。所以，在资本主义社会，如果职工成为企业的所有者，那么它就成为一个效益不高的企业。

第三，关于两权分离问题，你们似乎有一种意义更广泛的所有权(指中国学者提出的法人所有权)。在美国也存在所有者和经营者完全不分的企业，而且这种企业大量存在。这种企业和我们现在讲的两权分离毫不相干。我所说的两权分离主要指股份公司，因为股份公司很自然地是两权分离的。如果你们要致力于搞两权分离式的企业，弱化行政控制，搞股份制当然是合适的。

第四，关于企业的董事会的组成问题。中国在试图搞股份制试点和企业集团、与此相应董事会的组成就是一个重要问题。企业的董事会由什么组成，必须考虑的问题就是能不能执行纪律，执行控制和监督。如果选择董事会的成员的标准是不同集团的代表形成的联合体，如工会的代表、党的代表、政府的代表、经理人员代表，我怀疑用这种标准能否构成一种有效的管理机构。我所说的董事会成员，必须是能有效地管好企业，使企业有更好的经济效益，而不是有效地代表不同利益的集团。

考虑到中国政治以及意识形态方面的因素，你们的董事会应该有如下三方代表构成：国家国有资产管理局代表，现有的政府企业主管部门代表以及企业资产对所发行有股票权的股东。国家资产局代表国家行使国家股权，政府主管部门主要行使监督权和参与企业投资决策。随着中国经济改革深化，现主管部门占有的董事会成员逐步减少，逐渐为国家机构和社会上的其它股东所构成。

第五，必须允许私有部门得到发展，并使它们和国有企业处于平等地位展开竞争，这意味着要消除对国有企业的财务补贴，同时要减轻国有企业的负担，公平税负，政府要为公有企业和私有企业创造公平的竞争环境。国家可用利润指标作为考核国有企业经营的主要指标，它也应成为银行为这些企业(包括国有和私有企业)提供贷款的主要依据。

第六，必须相信专业化的力量。在美国，管理人员是专职的，专业化的，他们在生产、营销、降低成本、提高质量方面是行家，但他们并不是使企业承担社会责任方面的好专家。因此，如果把社会责任置于他们的身上，他们并不会很好地承担责任。如果企业能够很好地承担社会责任，那么我们会动员他去竞选官员，我们倾向于社会责任由政府去承担，而不是由企业。我们不把苹果和桔子混在一起，而提倡专业化分工。如果把两者混为一体，我们就无法判断企业的经营业绩。这一点对中国企业产权制度改革尤为重要，因为你们还未形成一批企业家队伍，你们仍然把政府行政责任和企业经营责任混在一起，你们的企业还是在向国家推卸经营亏损责任。

中国：对国营企业进行改革

(余大章摘自1992年1月1日)
《日本经济新闻》年终专稿《展望1992年》

中国不顾原苏联和东欧出现迅速摆脱社会主义的现象，而把最大的重点放在发展经济方面，正在推行独自的社会主义路线。“要以经济发展所取得的成果，使人民体会到社会主义的优越性”，在这一点上党内已达成共识。

1991年仍然是推行发展经济，走独自的社会主义路线的一年。国营企业已成为效率低和大锅饭意识的代名词，对它的改革成功与否将成为检验这条路线的试金石。党和政府在去年已经制定了一系列的改革方案。其中最主要的内容是，明确了企业的责任并给企业在生产、销售和人事等方面的自主权。简言之，中国采取的是一种通过资本主义式的经营来谋求维持中国式社会主义的战略。

但是，可以预料，要对拥有40多年的历史，而且已被经营者和工人习惯了的旧结构开刀，将会遇到相当大的阻力。人们以往的观念是，社会主义中国不会出现破产和失业现象。当这种虚构性明显表现出来时，中国领导人对此将作如何解释，如何求得群众的合作？如果经济改革带来收益差距扩大和失业等混乱局面，那么对“以经济为主的改革路线”的批评将日益强烈。

1992年是决定稳定的大国——中国能否取得发展

的重要的一年。

中国城镇住房改革:问题与可供选择的方案

世界银行报告

(摘自《经济参考报》7月2～10日)

形成一个总体改革战略

构造住房改革战略,需要高度重视在既定的改革目标下那些基本原则。住房应该作为一种商品来生产、管理以及依据商品原则进行交换。补贴作为收入的补充应该直接提供给困难户,而不应该把补贴投向具体的住房。政府应该把它的作用限制在提供:(1)一个引导开发多样化的生产资源地方性的调控环境;(2)一个重新界定产权的法律框架;(3)一个在郊区帮助扩展基础设施的土地开发,在城市中心区推动填充式开发、改善环境和再开发的地方性规划框架;(4)一个与宏观经济考虑协调的,并且有利于形成自我良性循环的,不需要补贴的金融机制的抵押贷款金融框架。

改革次序的选择应该考虑操作上简便易行,以及对其它方向改革和未来改革的影响,等等。

从本质上讲,初始的改革措施应该很快能恢复消费者在现有公共房产上的决策权威,重新引导大规模的住房建设投资,以适应在现有收入水平和偏好下的居民户选择意愿。必须切断工作单位与住户之间住户选择的联系,把房产的分配与维持方面的控制权转移给独立的财产管理的实体—住房出租公司。

中国城镇住房生产应该受消费者选择的约束。政府、国营企业、公共部门均应逐步从市场中撤出,让未来的住房生产完全以新的住房出租公司和居民户的需求为转移。为确保一个有效的体制转换,在转换过程中还需要引进一些其它的措施。因为住房是一项寿命很长的资产,应该引入长期金融,即引进带有竞争性收益率的抵押贷款机制。新的住房生产者应该比现在归市政府所有的房地产开发公司小得多,并且能够通过正常渠道象现在享受多种优惠的少数几个公司一样,获得建房土地、建筑材料和建设信贷。目前,在诸如民房建筑密度等一系列问题上由城镇规模标准取代消费者选择的做法,应该终止。最后,现有城市住房融资机制必须进行重新考虑,要高度重视基础设施项目的长期性融资使之与较高的使用者交费和地方选择性税收结合起来。这将减弱现在流行的从新建筑物购买者那里掠取很大一部分资源的诱惑,从而大大降低每套住房的价格。

建议采取的措施之一:产权

对住房出租需要实行定期、可更新的租约,对租户要有"消费者保护"的条款;并且保持在延迟交房租的条件下有强迫性收回出租住房的权利。更进一步,遇有再开发情况,需要把现有租房户的权益限制在一定数量的经济补偿,而不作任何有关保证租户能移居到再开发后的新住房中的允诺。

所有有关限制利用个人财产赚利的限制性条文都应该废除。应允许所有者以市场租金出租和转租房屋,允许住房转作商业用房(遵守健康、安全及环境保护的条款),制裁靠再出售住房获取巨额收益的行为。后一条的一个例外情况是,曾经在自有住房单元中投过资的第三者,应允许其分享住房再出售所得的资本收益。

此外,应该改革城镇土地市场,通过对住宅区土地使用者提供长期租用权(建筑物出售时可以转让)的方式,提高土地利用效率。

最后,必须把工人与他们的雇主之间的脐带永久性地切断。工作单位应该把它们自己从住房的日常管理中解脱出来,把这些委托给住房出租管理公司,作为报酬,它们可以得到选举公司董事会的一定数目的投票权。在每一个城镇区域,或者大城市的一个区,应该努力建立一种竞争性的环境,不让任何一个公司取得该区域出租市场的控制权,作为补充,政府控制的企业和机构应该每年对这些管理公司进行财务和管理审计并公诸于众。

所有住房单元都应该在谁先来谁承租的基础上出租,除非有很小比例的新房或空房可以留出来为官方确认的"困难"户备用。新建的出租住房,应该靠出租收益维持,并用来偿还由金融媒介提供的抵押贷款。

在向市场租金转移的过程中,应该高度重视出售现有房产的实践。事实上,政府应该抵制全国推行住房自有的企图。原因是简单的:要使这种努力成为可能,工作单位和政府就不得不给有希望的所有者一份"厚礼",即给工人相当于与目前房租改革相联系的工资调整额在剩下被雇佣年限中的总数的一笔款子。当以后工人决定在城区选择另外的工作,或者干脆移出该管辖区时,就会造成一系列问题。除非原始工作单位和地方政府愿意把住房再出售时所得到的资本收益作为早些时候"厚礼"的补偿,那么重新安置人就又成了繁重的义务。住房自有的气候,应该适应住户行为选择以及产权和价格改革的需要,逐步形成。

建议采取的措施之二:房租改革

房租不能只调整一次。单是通货膨胀就会把房租的实际价值吃光。房租改革将不得不分阶段进行,开始房租依据标准房租公式提高，接着再实行有控制的浮动，然后才是放任自流。在最后这个阶段上，经过“试错法”等结构性实验，房租将依据空房率的升降而进行调整。值得特别指出的是，给定消费者选择和收支方面的限制，市场租金并不必然与在供给驱动方式下建造的住房的全成本租金水平一致。

在任一给定的市和镇，转换的选择包括如下内容：(1)允许所有的工人和工作单位步调一致地逐步提高建筑面积的房租，直到房租完全不再控制为止；(2)对(1)作适当的调整，在毫不拖延地把所有年轻的固定期限的合同工包括到改革方案中来这一条上，对那些处于严重经济困难的企业可以允许它们作有限的时间上的拖延；(3)可实行“三部分标准收费”的方式：①对一个“最低限度”的人均建筑面积(如为1990年中位数的一半)提高租金水平以包含维修和管理费用，而不调整工资；②从“最低限度”到1990年中位数的人均住房面积设立较高的租金，同时部分地或全部地由工资调整作补偿；③对人均住房面积高于1990年中位数的部分的住房设立包含投资成本的租金水平，并且不在工资方面进行补偿。

为反映与新建住宅的质量不同，“三部分标准收费”的房租(用在于在某个确定的日子之后所建住宅)，应高于现有房产平均所交的房租，这将有助于导进更多需求反应型的住房选择，同时也便于检验这样的假说，即目前计划驱动增加的房产依然没有脱离开始于1979年的资产存量还欠帐的调整过程。此外，在力图调整现有住房租金时，这也有助于抑制内在于住房持续大规模生产中的经济上的“大出血”(即通过抑制高标准大规模进行的住房建设，而使公共部门减少开支，同时也使居民户在改革中减少超额支出。——译者注)。

与房租改革相联的负担分享的问题，需要给予更多注意。公式可以变化，但是房租增加的成本却需要居民户、他们的工作单位，以及政府分担(税收减免亦属政府负担的份额)。现实的选择在很大程度上讲是政治性的。然而，居民户在没调整工资的条件下负担维持现在住房的费用，看起来是较合适的。这将把居民户的租房费用从占收入的约1%提高到接近5%。此后，地方当局应该充分地利用较高的工资、较大的企业留利，以及较多的(主要是地方)政府收入等形式的增长红利，制定改革金融的一揽子计划。由雇主和政府推行的把现有实物收益货币化的量，将远远低于近年来新建住房的年投资成本(在大的繁华区域尤其如此)。这样做的理由是简单的：目前实物补偿的很大一个部分，是与新增和保有高质量工人的劳动报酬结构相脱节的，同时也是为有“硬”预算约束的企业所效法不起的。

从国有部门开始向市场转换时起，就应该允许住房私有者或者依据市场价格水平调整房租，或者在连续不到两年或三年的时间内以渐进的“有控制的浮动”价格接近市场价格水平。有两个原因表明这个加速的日程表是合理的：(1)那些租用私人住宅(特别是那些住在郊区农民家)的居民户支付的房租远远高于那些租用公共房产户所支付的房租；(2)这样的房租调整，与产权和城镇计划改革相结合，将会鼓励形成一个新的住房出租的私营部门，增加出租房产的总量，从而减缓任一具体地点房租总水平上升的压力。这将类似工业部门发生的变化，在那里，生产和就业边际增量是由非国营部门推动的。

最后，公共部门有理由引人一个严格定向的住房照顾方案，以对那些生活条件极差的住户(包括因失业、丧失工作能力、退休，或者家庭挣钱人去世等而沦为赤贫的困难户)进行一定形式的补助。与所建议的改革精神相一致，这样的补助同样应该向自有住房的这种居民户提供。

这种房租改革与所提议的产权改革同时进行，会收决策者所未看见的好处。

建议采取的措施之三：住房生产改革

给定历史上高住房单元价格——居民户年收入的比例(大城市尤其如此)，很有必要对新住房的生产体制进行彻底反思。

已经提到的一项改革，可以改变住房单元购买者的结构，用住房出租管理公司、个人或者合作社取代工作单位。这些新的购买者，由于不得不在一个价格和房租没有控制，“硬”预算约束流行的环境中运作，就有助于在市场上恢复消费者主权，强迫生产者或者是适应需求的变化生产，或者是停产。

反过来，这种方式成功的前提条件是，地方政府愿意对城市规划政策和调节新住房生产者的一系列规章制度进行调整，允许老的生产者变革他们的行为方式，并给所有生产者在诸如确定密度(建筑面积与土地面积的比例)、单元面积、位置，以及使用结构等方面更大的自由。政府将主要关心健康、安全、环境等方面的限制性条款的落实。在实施这些限制性条款之前，应该首先把它们公诸于众。所有潜在的生产者可以在同等条件下得到建筑标准，并且在管理税收方面获得同等待遇。此外，地方当局将不得不通过以下方式调节消费者需求：为土地的再开发提供便利；对大区范围的基础设施采用新的筹资方式；重新制定总体规划；去掉有关用来进行微观管理和冻结一部分土地使用方向十年或更多时间的条文。

在这种新的环境下,"高密度、低高度"的战略将被更多地采纳,结果是带有个人化了的空地的平房将有明显的增长,而为维持不良的对居民只有很少益处的公共场地环绕的高层住宅将引入注目地减少。在这些新的开发方式下,商业空间的建设将依据经济上最有效率的准则进行,常常会适应"商店住房"混合使用的需求,而直接与居住建筑溶为一体。

除非再开发问题得到解决,生产改革不会完成。待再开发区域的租户将没有在原来位置重新安居的特别权利,新的使用结构应由开发者依据市场分析而作出决定,新租户要按市场价格支付。随着改革过程中的一系列转变,绝大部分(如果不是全部)的再开发经济上缺乏吸引力的障碍将被去掉。

建议采取的措施之四:住房金融

金融媒介介入住房领域的第一个可能的落脚点,是向自主的住房出租管理公司提供住房改善贷款和抵押贷款。当然,同时也可以向开发者提供短期建设贷款。

除此之外,还需要为可能出现的自有住房者阶层作准备。在这方面,新加坡公积金制中的一些手段是可供借鉴的。当然,借鉴的前提要依据健全的金融原则进行管理,而不是把它当成强迫掠夺居民储蓄的手段。而且,任何这样的基金,如果要承担起一个市政府社会保障的功能的话,必须与诸如医疗保险、退休保障以及失业补偿等方面的改革协调进行。

无论目的怎样,金融中介都不应期望在动员居民户储蓄时有存款利率方面的限制。更进一步,抵押贷款利率应该最大限度地不去控制,在任何情况下都不应使之成为对买房者的一种隐蔽的补贴方式。

在现有的金融框架内,可以通过减少现期支付和延长抵押贷款还款期限的办法提高居民的支付能力。在中国,贷款——房价比例(50%)与贷款期限(10~15年)较之其它有住房金融发展成功经济的发展中国而言,限制性太大了:贷款——房价比例可以提高到80%,还款期可延长到20年。为保证这些调整的顺利实施并且行之有效,需要引进谨慎的保险业的准则,并要求大宗贷款项目有几个担保人和实行强迫性的取消抵押品赎回权的法律。

发展长期性的金融并不能替代发展有支付能力的住房单元(由流行的每套新住宅的价格与家庭年收入的比例衡量)的努力。如果抵押贷款金融在中国要起到象在更为市场导向的经济中所起到的作用,必须采取多方面的辅助性的措施。

中国金融媒介迄今很少有对个人借款者进行商业性贷款的经验。这样,为使这样的实体正常工作,金融部门的改革将需要在调控手段和法制建设方面作很大的调整。

外国投资再次活跃起来

艾尔弗雷德·岑

(摘自香港《南华早报》1992年1月13日)

新年伊始,或许有必要回顾一下过去一年发生的事情和展望一下今后一年的前景。

1991年,中国的经济发展取得长足进展。由于在海湾战争期间支持盟国,中国又被迎回到世界舞台,而且又能得到国际资金了。外国投资者对对华投资再次产生兴趣,并且签订了许多新的投资项目。需要指出的重要一点是,这次许多投资公司大多是外国公司,它们要留下来投资办厂。

在国内方面,中国也取得了重大成就。上海和深圳证券交易所的发展至少是惊人的。由于外国投资公司可以同这些证券交易所来往,而且一些股票上市的公司可以发行供外国投资商进行交易的"B"种股票,这两个证券交易所现在已成为中国经济体制的重要组成部分。

此外,一些个人和外国投资商放松对不动产的所有权也引起了国内经济结构的变化。来自香港的投机潮也使中国南方的不动产价格提高到了令人头昏目眩的程度。总之,人们注意到,中国正在逐渐向资本主义类型的经济过渡,他们的制度和我们的制度差别越来越小了。

在制定规章制度方面,当局在1991年也取得了重大进展。中国实行了许多新的法规,以向外商提供更加明确的、更容易理解的投资环境。这方面关键性的一点是,中国当局表示愿意听取意见并改善投资环境。

中国当局今年将着重抓一抓存在种种弊端的国营企业。预计将向这些企业施加更多的压力,以使它们能同一些竞争者展开竞争,特别是同那些有外国投资支持的竞争者展开竞争。

预计将关闭或合并一些效率较低下的企业。此外,人们还预测,越来越多的国营企业将通过证券交易所寻求新的资金。

如果上海和深圳的证券交易所办得成功,中国其他城市也将谋求建立自己的证券交易所,这是一个必然的发展趋势。

中国当局还必须制订指导股票上市的公司的活动法规。这将会为中国资本市场的进一步扩大和国际投资公司对它的承认创造条件。

简　讯

（一）

1991年3月7日，“东风汽车集团10年改革发展座谈会”在京举行。高仲文、贺光辉、高狄、汤丙午、马洪等有关方面的负责人及专家学者在会上发言。

1991年3月11日，由联合国计划开发署、对外经济贸易部中国国际经济技术交流中心等单位联合举办、我国200多家大型企业集团负责人参加的“中国企业集团高级国际研修班”在京开幕。中国、美国和日本的20多位专家学者对研修班的大型企业集团负责人进行了为期10天的业务培训。参训人员就有关企业集团的理论、机构设置、运作方式等作了深入研讨。

1991年3月，民进中央邀请首都部分企业家和经济学家，在北京召开了题为“国营企业在治理整顿和深化改革中的困难与建议”座谈会。会议就“国家需要增强对经济工作的宏观调控”、“努力健全市场机制”、“继续强化企业的经营机制”等问题进行了讨论。

1991年4月，国务院发展研究中心与世界银行研究开发署合作的《中国农村信贷与农户行为》课题研究宣告结束。该研究结果表明，尽快完善我国农村信贷市场是增加农业投入的一条重要途径。这一研究成果已经过世界银行论证。该课题的主持人是林毅夫和费尔德博士。

1991年4月24日，中国社会科学院经济研究所举行茶会，祝贺著名经济学家杨坚白同志从事学术研究50周年暨80寿辰。经济所中与杨坚白长期共事的老同志，以及杨坚白曾主持过工作的原平衡组。国民经济问题研究室及现宏观经济研究室的同志，参加了茶会。中国社会科学院领导和院老干部局的代表也到会表示祝贺。

1991年4月29日，中国社会科学院经济学科片召集了“经济形势分析与预测1991年春季座谈会”。会议由数量与技术经济研究所所长李京文主持，刘国光副院长致开幕词。参加者除来自院办公厅、科研局、数量与技术经济研究所、财贸经济研究所外，还有来自有关部门的专家和学者。各单位利用自已研制的经济数学模型，对我国当前的经济形势和全年经济发展进行了定性与定量相结合的分析。

1991年7月5日，《人民日报》报道：由中国社会科学院组织全国1000多名社会科学工作者开展的全国百县、市情调查，第一批41个县市全部结束，大部分已形成调查专著书稿；第二批20个县、市的调查工作业已进入准备阶段，不久将陆续进行试点。

中国社会科学院在进行多学科协作的国情调查过程中，选择了不同类型的100个县、市，对其政治、经济、文化、思想、社会等各个方面的现状和历史，做了全面、系统的综合性调查和研究，最终形成《中国国情丛书——百县市经济社会调查》。

1991年7月22日，《光明日报》理论部和上海金三角企业家俱乐部在上海联合召开座谈会，邀请上海市学术界、企业界的同志就“科学技术是第一生产力”这一问题进行了讨论。

1991年7月30日，国家科委、中国科协、科技日报、中央人民广播电台、山东科学技术出版社等单位就联合编辑的《科学技术是第一生产力》一书，在人民大会堂举行出版座谈会。

由国家统计局承担的《中国1987年投入产出模型编制及应用》课题于1991年11月6日通过国家鉴定。这是我国软科学研究的重大成果。专家们认为，该模型坚持了马克思主义社会再生产的理论，广泛吸收了东西方两大核算体系投入产出的优点和长处，容纳了全国的经济、社会、科技等大量信息。国家统计局运用该模型，对宏观经济运行、价格调整、产业结构、固定资产投资规模等难点、热点问题进行定量与定性的分析，得出了符合客观实际的结论，为党政领导的科学决策提供了重要依据，取得了明显的经济效益和社会效益。

1991年12月22日，《人民日报》报道：由薄一波题写书名的《现代金融大辞典》，在吉林大学出版社出版。这本书由陈立主编，共收集了近8000个专业名词术语，是目前国内收集词条最多的一部大型金融工具书。

（二）

1991年度孙冶方经济科学奖励基金评奖揭晓，发奖会于1991年6月11日在北京举行。这是第四届评选。宋平同志给孙冶方经济科学奖励基金会写了贺信："得悉孙冶方经济科学奖第四届评奖揭晓，特致信祝贺。希望经济学界的同志继续坚持理论联系实际，以马列主义、毛泽东思想为指导，努力研究和探索现实经济生活中提出的问题，为实现第二步战略目标，做出积极贡献，多出研究成果。"此次获著作奖的有4部，获论文奖的有8篇，都是从全国各地的许多学术单位、专家学者(博士生导师)推荐的134部专著和80余篇论文中评选出来的。

获1990年度孙冶方经济科学奖著作奖的是：

严中平主编：《中国近代经济史》(上、下)，人民出版社1989年10月版(中国社会科学院经济研究所经济史研究室、朱绍文推荐)；李江帆：《第三产业经济学》，广东人民出版社1990年3月版(张卓元推荐)；李扬：《财政补贴经济分析》，上海三联书店1990年6月版(上海三联书店、中国人民大学财金系推荐)；胡代光、魏埙、宋承先、刘诗白主编：《评当代西方学者对马克思＜资本论＞的研究》，中国经济出版社1990年7月版(中国经济出版社、北京大学经济学院推荐)。

获1990年度孙冶方经济科学奖论文奖的是：

蔡江南、符钢战、沈晗耀、林绥：《企业劳动动力面临的问题及其出路——对上海企业的调查研究报告》，《上海经济研究》1987年第6期(上海社会科学院经济研究所推荐)；樊纲：《灰市场理论》，《经济研究》1988年第8期(《经济研究》编辑部推荐)；吴歌琏：《通货澎胀的诊断和治理》，《管理世界》1989年第4期(《管理世界》杂志社推荐)；贝多广：《论社会资金流动的综合平衡》，《经济研究》1989年第7期(中国人民大学财金系推荐)；陈吉元、邓英淘、姚钢、徐笑波：《中国农村经济发展与改革所面临的问题与对策思路》，《经济研究》1989年第10期(中国社会科学院农村发展研究所推荐)；程秀生：《中国传统的积累模式和经济体制改革的特殊性》，《管理世界》1989年第6期(国务院发展研究中心办公厅推荐)；中国社会科学院经济学科片形势分析小组：《以改革促稳定、在稳定中发展》，《经济研究》1990年第7期(中国社会科学院经济研究所、财贸物资经济研究所推荐)；国务院发展研究中心"八五"计划基本思路研究组：《"八五"经济发展：方针、途径与政策》，《经济研究》1990年第7期(国务院发展研究中心办公厅推荐)。

1991年8月26日，"产权管理制度改革征文"颁奖会在北京举行。有关部门负责人和著名专家、学者吕东、袁宝华、顾明、高尚全、项怀成、刘国光、王梦奎、吴树青、黄达、罗元明、李永贵、管德出席了颁奖会。

"产权管理制度改革征文"获奖作品是：一等奖：贺阳(北京市体改办)《改革产权制度——建立新体制的基础》；唐丰义(中国社会科学院)《略论国有企业产权管理制度的改革》。二等奖：唐宗焜(中国社会科学院)《职能分离：产权管理制度改革的关键》；王子林(国家国有资产管理局)《产权界定的体制目标和基本规则》；王凤岭(辽宁省国有资产管理局)《建立系统化、科学化、法制化的产权管理制度》；周殿昆(四川省社会科学院)《重建国有产权与非国有产权制衡机制》；曹钢(中共陕西省委党校)《公有制所有权的收利性和产权管理制度改革》；金炎(新疆社会科学院)《建立适合国情的产权经营制度》；高书生(河北财经学院)《建立租息红利分配制度的理论思考》；陈彩虹(中国人民建设银行)《论国有资产的产权分配》)；应宜逊(中国人民银行浙江分行)《关于完善公有制产权管理制度的若干基本问题》；钱连源(上海财经大学)(构建复合产权主体有机结合的新型产权管理制度)；戴绵朝、蒋中权(二汽企管办)《论建立多层次的国有资产目标责任制的必要性》；陈志平(内蒙古自治区国有资产管理局)《民族地区国有资产管理模式初探》。

1991年10月27日，《光明日报》公布了"光明杯"优秀哲学社会科学学术著作获奖书目，其中经济类获奖书目如下：荣誉奖：马洪主编《中国工业经济管理》，经济管理出版社；卓炯《论社会主义商品经济》，广东人民出版社。一等奖：蒋一苇主编《中国社会主义工业企业管理研究》，经济管理出版社；宋则行主编《社会主义宏观经济学》，辽宁大学出版社；李江帆《第三产业经济学》，广东人民出版社；。二等奖：林继肯《稳定通货论》，中国金融出版社；王珏主编《中国社会主义政治经济学40年》，中国经济出版社；刘方棫主编《生产力经济学教程》，北京大学出版社；曾康霖、谢应辉《资金论》，中国金融出版社；黄家声主编《农村联产承包制及其发展趋势》，安徽人民出版社；方明主编《生产资料流通经济学》，中国物资出版社；吴硕、李思恒《粮食经济学概论》，中国商业出版社；陈栋生《经济布局的理论与实践》，辽宁大学出版社；丁举贵、何迺维主编《农业生态经济学》，河南人民出版社；李万忍《科学技术与生产力革命》，陕西科技出版社；徐寿波《技术经济学》，江苏人民出版社；陈征《<资本论>解说（修订本）》，福建人民出版社；仇启华主编《世界经济学》，中央党校出版社。三等奖：罗秀荣主编《宏观经济调控分析》，厦门大学出版社；周万钧《合作经济概论》，中国商业出版社；周海粟主编《乡镇经济发展论，南京大学出版社；魏杰《宏观经济政策学通论》，中国金融出版社；王文斌《通货膨胀概论》，陕西人民出版社；刘永佶《政治经济学方法论史》，中央党校出版社；蔡孝箴主编《社会主义城市经济学》，南开大学出版社；魏埙主编《中国社会主义经济发展论》，河北人民出版社，王国刚《企业经济导论》，南京大学出版社；吕东升《中国山区经济对策》，云南人民出版社；张恩平《流域经济学》，湖北人民出版社；薛敬孝《产业结构分析的理论基础》，河北人民出版社；邓伟根《产业经济·结构与组织》，济南大学出版社；邓子基、杨炳昆《<资本论>与社会主义财政理论》，厦门大学出版社；石毓符《中国货币金融史略》，天津人民出版社；徐文通主编《城市建设经济学》，中国物资出版社；马庆泉《新短缺经济学》，求实出版社；杨德明《当代西方经济学》，山西经济出版社。

1991年11月，中国社会科学院日本研究基金91首届评选优秀科研成果揭晓，其中获奖的经济学著作有：金明善（辽宁大学日本研究所）《现代日本经济问题》，辽宁人民出版社1983年版；孙执中（河北大学日本研究所）主编《日本垄断资本》，人民出版社1985年版；刘义璞（中国社会科学院农村发展研究所）《现代日本农业》，中国社会科学出版社1983年版。

（三）

▲《深圳商报》1991年1月2日复刊，该报为深圳市政府机关报，是一张综合性的经济报纸。

▲1991年9月，一个专门研究市场理论与实践问题的学术团体——中国市场学会在北京成立。经济学家、国务院发展中心副 主任孙尚清被推举为会长。

▲1991年7月，由财政部主办的以财政经济宣传为重点的全国性经济类报纸——《中国财经报》创刊。

▲1991年7月23日，由国家国有资产管理局主办的机关刊物《国有资产管理》杂志在京创刊。

▲1991年7月，由《经济日报》社主办的《中国经济信息》杂志与《经济文摘》报正式创刊。

▲1991年8月28日，由国家科委社会发展科技司、山东师范大学等单位主办的大型科技期刊《中国人口·资源与环境》创刊。

▲1991年10月，由《金融时报》社主办的《中国金融信息》杂志正式创刊。

▲中国企业改革与发展研究会于1991年11月15日在北京成立，名誉会长薄一波为大会发来贺词，著名经济学家蒋一苇担任研究会会长。

（四）

▲1991年1月24日，中国社会科学院经济研究所顾问、研究员，中国经济史学会会长严中平去世，终年82岁。

▲1991年2月23日，中国社会科学院工业经济研究所副研究员邹静蕴去世，终年68岁。

▲1991年3月3日，中国社会科学院工业经济研究所编审李鑫去世，终年65岁。

▲1991年5月，中国社会科学财贸物资经济研究所价格学专家王振之研究员去世，终年62岁。

▲1991年6月27日，中国金融学会常务理事、中国金融战略和金融体制改革研究会主任、中国人民银行总行学术委员会、陕西财经学院前院长冯大麟教授去世，终年71岁。

▲1991年7月22日，第七届全国人大代表、中国民主同盟第六届中央参议委员会副主任、经济学家彭迪先去世，终年83岁。

▲1991年8月6日，原上海财经学院党委书记兼院长、经济学家、教育家姚耐去世，终年82岁。

▲1991年8月15日，北京大学经济学系副教授侯建儒去世，终年67岁。

▲1991年9月23日，经济学家、中国经济思想史学会名誉理事、中南财经大学经济研究所侯厚吉教授去世，终年81岁。

▲1991年9月19日，湖北省社联学术委员会委员、经济学会理事、产权研究会常务理事、华中师范大学教授黄恩谦去世，终年57岁。

▲1991年12月19日，经济学家，中国民主同盟盟员、北京大学经济学系教授罗志如去世，终年90岁。

（京）新登字 029 号

责任编辑　卢小生
技术设计　张　马
封面设计　赵子航　陆雅丽

中国经济科学年鉴（1992）

主　编　李京文　张卓元　晓　亮　（常务）
副主编　张朝尊　肖灼基　刘福垣　张问敏

*

经济管理出版社出版
北京市西城区新街口红园胡同 8 号
（邮政编码：100035）
新华书店首都发行所总发行　　各地新华书店经销
北京地质印刷厂印刷
787×1092　1/16 开本　30.75 印张　953 千字
1993 年 11 月　第一版　　1993 年 10 月北京第一次印刷
印数：1～1000 册
ISBN　7－80025－704－5/F・569
定价：26.00 元